JLA Librarian's Handbook
6th revised and second enlarged edition, 2016

図書館ハンドブック

第6版

補訂2版

日本図書館協会
図書館ハンドブック編集委員会
【編】

日本図書館協会

2016

JLA Librarian's Handbook
6th revised and second enlarged edition, 2016

compiled by Japan Library Association, Tokyo

© 2016 Japan Library Association
Printed in Japan

図書館ハンドブック
1952年12月 5 日　　初　版　発行
1960年 2 月20日　　改訂版　発行
1960年 7 月20日　　増訂版　発行
1977年 3 月25日　　第 4 版　発行
1979年 8 月10日　　第 4 版補訂　発行
1985年 8 月30日　　第 4 版追補　発行
1990年 4 月30日　　第 5 版　発行
2005年 5 月25日　　第 6 版　発行
2010年 2 月15日　　第 6 版補訂版　発行
2016年 9 月30日　　第 6 版補訂 2 版　発行

図書館ハンドブック　／　日本図書館協会図書館ハンドブック編集委員会編. － 第 6 版補訂 2 版. － 東京 : 日本図書館協会, 2016. － 694p ; 22cm. － ISBN978-4-8204-1609-8

t1. トショカン　ハンドブック　a1. ニホン　トショカン　キョウカイ
s1. 図書館－便覧　①010.36

はじめに

　『図書館ハンドブック』の第6版をお届けいたします。
　第5版刊行以後の15年はまさに激動の時代でした。それは今後もますます激しくなっていくように見えます。地球さえもが人間の横暴に耐えかねて，反逆を始めたのではないかと思うようなこのごろです。それでもこの世界で，考えるという能力を豊かに持ち，その思想や行動や感覚の記録をつくり，それを次の世代に伝えていけるのは人間という動物だけです。その人間が絶滅しない限り，これでいいのか，と疑問を持ち，考え，そして地球上の生き物たちの調和を図ることが必要なのだと思います。
　そのためにも，またわれわれのもっと日常的な問題の解決のためにも，人間には「考える材料」が必要です。それを系統的に収集し，保存し，提供する機関が図書館であることはいうまでもありませんが，その図書館自体もまた流動する社会の中で，考え方が拡散し，混乱を来たします。それは収集する資料や情報の大量化と多様化，そしてそれを求める人の要求がまこと多彩なために避け得ないことです。でもその中で目標を見失わずに生きるために，いつも手元において参照できるように，と編纂したのが本書なのです。
　事典やハンドブックなどの参考図書は，①その事柄についての説明が的確であること，②その背景を説明していること，そして③その説明から発展して，その次の段階に進むための準備がある，つまり適切な参考文献が含まれているかどうかによって評価されます。その意味で本書は，図書館のことを考えるための大事な参考図書の一つになると思います。事柄から背景へ，そして次の段階へ，という，「働きのある本」として，このハンドブックをお目にかけます。十分にご活用くださって，みなさんと図書館活動が豊かに実りあるものとなりますよう，期待しております。

2005年4月

日本図書館協会　理事長

竹 内 悊

はしがき

　本書の第5版が刊行されてから15年になる。この変化の激しい時代にあって15年は長きに過ぎるし，改訂の要請も久しかったが，諸般の事情で現在に至った。この間の図書館および図書館をめぐる動きはかつてなく急であり，設置および管理・運営の多様化，情報環境の変容と新たな技術を生かした活動の広がり，職員体制の流動化がとりわけ顕著である。それらをコンパクトに盛り込み，今後の展開への示唆を示すことが，まずは今回の改訂の主眼となった。

　本版に向けての計画の着手は2003年2月であり，第1回編集会議の開催は同年3月であった。本書の大部な内容を考えると，刊行までの日時は早かったと言えよう。ご多用の中，編集・執筆に協力いただいた各位の格別のご努力に感謝する次第である。その人選にあたっては，刊行後の少なくとも10年近くを見守り，その維持に力を寄せていただける人を，と考え，比較的若い世代の方々をお願いし，執筆の分担もあまり細分しないようにと要請した。その意図を受け止めていただけた結果だと思っている。

　『図書館ハンドブック』の活用は，図書館で働く実務者，研究者や図書館に関心を寄せる利用者の方々など，多岐にわたるが，図書館員を志望して司書の採用試験にチャレンジする人も多いようだ。受験の対策に「これ一冊を」というときには，日本図書館協会のハンドブックで，という経験者の話はよく聞くところである。

　そうした需要に応えるべく，本版では構成の大枠は第5版を踏襲しつつ，実態の進展に即して「協力とネットワーク」を独立の章から除き，各章に内容を取り入れるようにした。また，動きの急な事項に対処するため，「特論」という形でカレントなテーマをいくつか設けた。この部分は，増刷等に際して臨機応変に手直しが容易なように，という意図での新機軸である（索引から除いている）。

　図書館に寄せる社会的な関心が一段と高まる現在，本書がこれまでの版と同様，図書館への理解を深める基本的な座右の書として広く活用されることを願っている。ご活用いただいてのご批判，ご叱正をお寄せいただければ幸いである。

第6版補訂2版刊行にあたって

　2005年に版を新たにした第6版の二度目の補訂である。前回の補訂では教育基本法，社会教育法，図書館法の改正に対応することが大きな課題であったが，今回は制度上の大きな変化として2014年の学校図書館法改正がある。長年にわたって実質的な「人」が不在であった学校図書館に初めて「学校司書」という専門家を制度化することになった。多くの不備や課題は残しながらも，図書館の専門職に新しい職種が新設されたことは，単に学校図書館にとって，というにとどまらない意味を持っている。加えて，各館種を通して管理運営に多様化の動きが一段と急であり，職員配置の構造が大きく変化している。

　そうした動きへの対応を主に，併せて最小限可能な事実の補記と統計データの更新を行ったのが今回の補訂である。

　本版の編集委員の氏名と担当は，所属の異動を除けば変わりなく，下記のとおりである（五十音順）。

　　　小田　光宏（青山学院大学）　　　　総合調整，索引
　　　川崎　良孝（前京都大学）　　　　　第Ⅰ章
　　　岸本　岳文（京都産業大学）　　　　第Ⅲ章
　　　齋藤　泰則（明治大学）　　　　　　第Ⅱ章
　　　塩見　　昇（前大阪教育大学）　　　総合調整総括，資料編
　　　柴田　正美（前帝塚山大学）　　　　総合調整，参考文献
　　　田村　俊作（前慶應義塾大学）　　　総合調整，年表
　　　中村　恭三（前大阪芸術大学）　　　第Ⅶ章
　　　那須　雅熙（東京農業大学）　　　　第Ⅴ章
　　　松岡　　要（前日本図書館協会）　　第Ⅵ章
　　　山本　昭和（椙山女学園大学）　　　第Ⅳ章

2016年8月
　　　　　　　　　　　　　　　図書館ハンドブック　編集委員会
　　　　　　　　　　　　　　　　　　代表　塩見　昇

執筆者一覧 (五十音順)

相原　　信也 (国立国会図書館)
逸村　　　裕 (筑波大学)
井上　　靖代 (獨協大学)
植松　　貞夫 (跡見学園女子大学)
上保　　佳穂 (国立国会図書館)
大串　　夏身 (前昭和女子大学)
大柴　　忠彦 (国立国会図書館)
奥泉　　和久 (前横浜女子短期大学図書館)
尾城　　孝一 (東京大学附属図書館)
小田　　光宏 (青山学院大学)
金中　　利和 (元日本大学)
川崎　　良孝 (前京都大学)
岸本　　岳文 (京都産業大学)
齋藤　　泰則 (明治大学)
斎藤　　陽子 (清泉女子大学)
塩見　　　昇 (前大阪教育大学)
柴田　　正美 (前帝塚山大学)
清水　　悦子 (国立国会図書館)
鈴木　　智之 (国立国会図書館)
鈴木　　正紀 (文教大学越谷図書館)
田窪　　直規 (近畿大学)
竹島　　昭雄 (前栗東市立図書館)
田村　　俊作 (前慶應義塾大学)
冨江　　伸治 (前筑波大学)
中沢　　孝之 (群馬県草津町温泉図書館)

中村　　恭三 (前大阪芸術大学)
那須　　雅熙 (東京農業大学)
西尾　　　肇 (鳥取短期大学)
野末俊比古 (青山学院大学)
長谷川豊祐 (前鶴見大学図書館)
原井　　直子 (前国立国会図書館)
平久江祐司 (筑波大学)
平田　　満子 (大阪市立旭図書館)
福井　　佑介 (京都大学)
堀川　　照代 (青山学院女子短期大学)
松井　　正英 (長野県茅野高等学校)
松岡　　　要 (前日本図書館協会)
松島　　　茂 (前墨田区立緑図書館)
三浦　　太郎 (明治大学)
南　　　亮一 (国立国会図書館)
三村　　敦美 (座間市立図書館)
宮部　　頼子 (前立教大学)
村上　　泰子 (関西大学)
村橋　　勝子 (村橋社史研究所)
山口源治郎 (東京学芸大学)
山本　　昭和 (椙山女学園大学)
山本　　宏義 (前関東学院大学)
薬師院はるみ (金城学院大学)
吉田　　右子 (筑波大学)
脇谷　　邦子 (前大阪府立中央図書館)

(2016年 4月現在)

目次

CONTENTS

はじめに………………iii
はしがき………………iv
執筆者一覧………………vi

I 総論 ———— 1

A 図書館とはなにか……………2
1 図書館の意義…………2
2 図書館の機能…………3
3 図書館の構成要素…………3
4 図書館の種類…………4
5 図書館サービスの統合…………8
6 21世紀の図書館状況…………9

B 図書館と社会……………10
1 社会と図書館…………10
2 知的自由と図書館…………16
3 法と図書館…………21
4 テクノロジーと図書館…………27

C 図書館情報学……………32
1 用語の定義と領域・方法…………32
2 領域の展開…………33
3 図書館情報学…………39
4 図書館研究の広がりと課題…………40

D 図書館運動……………42
1 図書館運動の意義…………42
2 図書館運動の歴史と現状…………43
3 図書館運動の課題と展望…………48

E 図書館関係団体……………………49

1 意義と役割…………49
2 種類…………51
3 個別団体の概要…………52
4 図書館関係団体の現状と課題…………57

II 図書館サービス ————————— 63

A 図書館サービスの意義……………………64

1 図書館サービスの理念…………64
2 図書館サービスの展開…………65
3 図書館サービスの方法…………67
4 館種別図書館サービスの特質…………68

B 資料提供サービス……………………70

1 閲覧…………70
2 貸出…………72
3 読書案内…………77
4 複写サービス…………78
5 リクエスト・予約サービス…………80

C 情報サービス……………………81

1 情報サービスの種類と特性…………81
2 レファレンスサービス…………83
3 情報検索サービス…………90
4 レフェラルサービス，その他の情報サービス…………93

D 利用教育……………………94

1 利用教育の定義…………94
2 利用教育の種類…………95
3 館種別の利用教育…………97

E 図書館の文化活動 …………………………… 99
- 1 文化活動の意義 ………… 99
- 2 広報活動 ………… 100
- 3 資料展示・展示会 ………… 102
- 4 行事・集会活動 ………… 103

F 利用者別の図書館サービス …………………………… 105
- 1 児童サービス ………… 105
- 2 ヤングアダルトサービス ………… 107
- 3 一般成人サービス ………… 108
- 4 高齢者へのサービス ………… 109
- 5 障害者へのサービス ………… 110
- 6 施設入所者, 在日外国人等へのサービス ………… 113

G 図書館サービスと著作権 …………………………… 115
- 1 図書館サービスと著作権制度 ………… 115
- 2 複写サービスと著作権 ………… 117
- 3 貸出サービス, 上映会, 障害者サービス等と著作権 ………… 118
- 4 電子メディアの提供と著作権 ………… 119

III 図書館経営 ——— 123

A 総論 …………………… 124
- 1 図書館経営 ………… 124
- 2 図書館サービスの管理 ………… 125
- 3 図書館組織の管理 ………… 126
- 4 図書館経営とリーダーシップ ………… 127
- 5 図書館の広報活動 ………… 128
- 6 図書館における安全管理 ………… 129

B 公立図書館の計画と評価 …………………………… 129
- 1 図書館の基本計画 ………… 129
- 2 図書館の基準 ………… 134
- 3 図書館の目標管理 ………… 135
- 4 図書館の評価 ………… 137

C　公立図書館の運営……………………………140

1　図書館の振興…………140
2　法令と条例・規則…………141
3　組織…………143
4　財政…………144
5　管理…………145
6　図書館協議会…………148

D　図書館づくりと住民参加……………………148

1　「図書館づくり」三つのケース…………148
2　地域に新しい図書館をつくる方法…………149
3　図書館建設・開館のための手順と住民…………150
4　既存の図書館をよりよくする図書館づくりの方法…………151

E　大学図書館の運営……………………152

1　歴史と政策…………152
2　法令・規則と基準…………158
3　組織と財政…………159
4　管理と評価…………162

F　学校図書館の運営……………………163

1　歴史と政策…………163
2　法令・規則と基準…………165
3　組織と財政…………167
4　管理と評価…………169

G　専門図書館の運営……………………171

1　専門図書館の特色・特殊性…………171
2　専門図書館の運営…………173
3　変容する情報環境と専門図書館が直面する問題…………176

H　図書館の統計と調査……………………179

1　統計の意義…………179
2　統計の種類…………180
3　図書館調査…………187

IV　図書館資料 ———————— 195

A　総論……………196
1　図書館資料とは…………196
2　蔵書の量と質…………199
3　蔵書構成論・資料選択論…………200
4　分担収集・分担保存・相互貸借…………202

B　出版流通……………204
1　出版流通の基礎知識…………204
2　出版流通の現況と課題…………206
3　図書館と出版流通…………208

C　蔵書構成方針……………209
1　蔵書構成方針と収集方針…………209
2　収集方針の成文化と公開…………210
3　収集方針と「図書館の自由」…………211
4　収集方針にかかわる事件…………212
5　収集方針の実例…………214
6　蔵書構成における図書館長の権限…………217

D　収集の実際……………218
1　収集・選択についての考え方…………218
2　選択者…………219
3　選択の方法…………220
4　収集・選択のためのツール…………221
5　リクエスト（予約）制度と複本購入…………224
6　児童書の図書選択…………226
7　ヤングアダルト向け資料の選択…………232
8　寄贈…………235

E　印刷資料……………236
1　図書…………236
2　雑誌…………237
3　新聞…………239
4　小冊子………240
5　地図…………241
6　政府刊行物…………242
7　地域資料…………243
8　その他の資料…………244

xi

F 非印刷資料……………………246
 1 点字資料…………246
 2 マイクロ資料…………248
 3 映像資料…………250
 4 音声資料…………251
 5 パッケージ系電子資料…………253
 6 博物資料…………254

G ネットワーク系電子資料……………………255
 1 特徴と意義…………255
 2 利用と問題点…………258
 3 図書館からの資料・情報提供…………259
 4 今後の展望…………261

H 資料の維持・更新・保存……………………261
 1 蔵書更新の意義…………261
 2 蔵書更新率…………262
 3 除架の基準…………263
 4 蔵書評価…………265
 5 資料の紛失…………268
 6 資料保存…………270

Ⅴ 資料・メディアの組織化 ——279

A 総論……………………280
 1 資料組織化業務…………280
 2 多様化するメディアと電子資料の増加…………284
 3 目録環境の変化…………284

B 書誌コントロール……………………285
 1 書誌コントロール…………285
 2 国際レベルの書誌コントロール…………288
 3 標準化…………290
 4 日本における書誌コントロール…………291

C 書誌情報の作成・流通・管理 292

1 MARC 293
2 全国書誌 297
3 総合目録と共同目録事業 298
4 書誌ユーティリティ 301

D 目録法 303

1 記述目録法と主題目録法 303
2 目録の意義，目的，機能 304
3 目録の歴史 305
4 目録の形態・種類 308

E 記述目録法 309

1 記述目録法の概要 309
2 目録規則 310
3 目録作業 311

F 主題目録法 320

1 主題目録法の概要 320
2 分類法 324
3 件名法 331

G 各種メディアの組織化 336

1 パッケージ系メディア 336
2 ネットワーク情報資源 343

H オンライン閲覧目録 347

1 OPACの発展過程 347
2 OPACの特徴（形態） 348
3 OPACの特徴（利用） 348
4 OPACの問題点 349
5 OPACの展望 349

VI　図書館職員　——— 353

A　図書館員の専門性……………354
1　図書館員の役割，業務…………354
2　図書館員の専門職性…………356
3　倫理綱領…………361
4　図書館長…………362
5　専門職団体…………363

B　人事制度……………………364
1　司書職制度…………364
2　地方公務員の人事制度…………366
3　公立図書館…………367
4　高等教育機関の図書館…………369
5　学校図書館…………371
6　専門図書館…………372
7　国立国会図書館…………372

C　労働……………………372
1　図書館労働の意義…………372
2　要員，労働の実態…………373
3　非常勤・臨時職員…………374
4　派遣・委託職員…………375

D　図書館員養成教育と研修……………………376
1　養成教育の意義と形態…………376
2　日本の図書館員養成…………379
3　図書館員の研修…………384

VII　図書館施設　——— 387

A　図書館施設の概況……………388
1　図書館の館種と施設…………388

- 2 公共図書館············388
- 3 大学図書館············389
- 4 学校図書館············390
- 5 専門図書館············391
- 6 国立図書館············392
- 7 特定の機能をもった図書館············392

B 図書館網計画の進め方······························393
- 1 図書館網計画の考え方············393
- 2 地域に対する計画の進め方············393
- 3 広域に対する計画の進め方············398

C 図書館建設の進め方······························401
- 1 企画から開館まで············401
- 2 建築計画書の構成とつくり方············401
- 3 設計者の選定············402

D 図書館の建築計画······························404
- 1 全体計画の構成············404
- 2 図書館の構成要素············408
- 3 利用部門の計画············408
- 4 書庫および業務部門の計画············415

E 家具・備品などの計画······························418
- 1 図書館家具············418
- 2 書架・机・いす・カウンターなど············418
- 3 開発途上の機器とシステム············422
- 4 サイン計画············423
- 5 設備計画············424

F 施設計画上の課題······························427
- 1 館内スペースづくりでの課題············427
- 2 図書館の設置・配置計画の再考············428
- 3 保存システムの確立············429
- 4 施設の安全管理と危機対応············430
- 5 建築技術上の課題············431

VIII 特論 ——— 433

A 学校図書館法の改正と職員制度の整備 ……… 434
1　はじめに……434
2　学校図書館の現代化の流れ……434
3　学図法改正と学校図書館の「人」……435
4　学校図書館職員制度とその課題……436

B 多様化する図書館づくり ……… 438
1　「民間能力」の活用……438
2　業務委託の拡大……439
3　PFIによる図書館づくり……439
4　指定管理者制度の動向……439
5　図書館づくりの多様化と今後の課題……441

C 多様化，流動化する図書館職員 ……… 442
1　図書館職員の動態……442
2　雇用に関する政策動向……443
3　多様化する職員構成……443
4　大学図書館の場合……443
5　学校図書館の場合　学校司書の法制化……444
6　司書の資格と採用……445
7　多様化，流動化がもたらす課題……445

D オープンアクセス　大学図書館の動向を中心に ……… 446
1　はじめに……446
2　学術情報流通の進展……446
3　電子ジャーナルとコンソーシアム……447
4　オープンアクセスの現状……448
5　オープンアクセスの今後……449

E 著作権の動向　障害者サービス・アーカイブ事業をめぐる法的整備を中心に ……… 450
1　障害者サービスをめぐる法的整備に関する動向……451
2　アーカイブ事業のための法的整備に関する動向……452
3　その他の動向……454

F　東日本大震災からの復興，図書館の危機管理 ……………………………455

　　1　東日本大震災における図書館の被害…………456
　　2　事業継続計画と危機管理マニュアル…………457
　　3　地震に備えるために…………457
　　4　おわりに…………459

G　情報資源組織化をめぐる最新動向 ……………………………459

　　1　はじめに…………459
　　2　FRBR，RDAの制定…………460
　　3　MARCからBIBFRAMEへ…………462
　　4　書誌・典拠データのLD/LOD化…………462
　　5　日本におけるRDAの受容と新しい日本目録規則…………463
　　6　書誌情報と図書館システム…………463

資料編 ——————————————467

- ●参考文献……………………468
- ●図書館関係法規・基準等……………………489
  - 図書館法…………489
  - 図書館法施行令…………492
  - 図書館法施行規則…………493
  - 図書館の設置及び運営上の望ましい基準…………496
  - 国立国会図書館法………502
  - 学校図書館法……………507
  - 学校図書館司書教諭講習規程…………509
  - 子どもの読書活動の推進に関する法律…………510
  - 文字・活字文化振興法…………511
  - ユネスコ公共図書館宣言　1994年…………512
  - ユネスコ学校図書館宣言…………514
  - 図書館の権利宣言…………516
  - 図書館の自由に関する宣言…………516
  - 図書館員の倫理綱領…………518
  - 公立図書館の任務と目標…………521
  - 著作権法　抄…………529
  - 著作権法施行令　抄…………547
  - 身体障害者福祉法　抄…………550
  - 障害を理由とする差別の解消の推進に関する法律　抄…………551
  - 公共サービス基本法…………551

- ●年表･･････････････････････553
  日本編･･････････554　　外国編･･････････615

- ●索引･･････････････････････663
  和文･･････････664　　欧文･･････････689

I

総論

- **A** 図書館とはなにか……………2
- **B** 図書館と社会……………10
- **C** 図書館情報学……………32
- **D** 図書館運動……………42
- **E** 図書館関係団体……………49

この章では,図書館とはどういうものか,
どのようにして生まれ,どのように発展してきたかを知るための
基本的な知識が得られます。
図書館のことをまず知ろうとするときに,
また,図書館とは何なのかをもう一度基本に立ち返って考えるときに,
目を通しておきたい章です。

A. 図書館とはなにか

1 図書館の意義

a 図書館の意義

人類が無文字社会から文字社会に進むと，必要な情報は人間の頭脳の中に蓄積されるだけでなく，頭脳外の何らかの物に文字によって記録されるようになる。情報が文字として記録されることによって，情報の伝達は，時間や空間の制約を越えることが可能になる。情報の記録媒体としては，石や粘土のほかに，パピルス，獣皮，樹葉，帛，竹片，木片などが用いられた。石や粘土は記録の耐久性という点ですぐれ，パピルスや獣皮などは持ち運びができるため，記録の空間的拡大という点においてすぐれていた。しかし，いずれも，印刷術による情報の記録化には適さなかった。2世紀初頭，中国で紙の生産が始まると，紙は人類の最も重要な記録媒体として利用されるようになった。記録媒体としての紙の最大の利点は，印刷に最適であったということである。

情報の記録である資料は，いつでも利用できるように集められて，整理・保存されていなくてはならない。そのような機能を果たすものとして，人類は図書館を発展させてきた。図書館は記録媒体の違いや，資料の量の違いによって，また，時代や地域によって，いろいろな形態をとったが，資料の収集，整理，保存，利用というその基本的機能はすべて同じである。図書館こそは，人類の過去と現在を結びつけ，国や地域の違いを越えて，人と人とを結びつける「黄金の鎖」である。

b 図書館という言葉

日本の図書館法では，図書館とは"図書，記録その他必要な資料を収集し，整理し，保存して，一般公衆の利用に供し，その教養，調査研究，レクリエーション等に資することを目的とする施設"と定義している。このような施設を日本で「図書館」とよんだ最も早い例は，1877（明治10）年の東京大学法理文学部図書館である。それより早く，文部省が1872年9月に東京湯島に開いたものは「書籍館」と称された。このように，明治初期，図書館にあたる施設の呼称には二通りがあった。当初は書籍館という呼称が一般的であったが，1890年代には図書館という呼称が一般化し，1899年の図書館令の公布によって，図書館という呼称が定着した。

東京大学法理文学部図書館の場合「トショカン」とよばれていたことが，同学部一覧の英文版からわかるが，1875年4月に文部省が設置した東京書籍館は，その洋書分類目録によれば「ショセキカン」とよばれていた。東京書籍館は1880年に東京図書館と改称されたが，1886年の同館出版の洋書目録によれば，同館は「ズショカン」とよばれていた。このように，図書館の読みには当時二通りの読みがあったが，1880年代から90年代にかけての英和，和英辞書等では，書籍館に対して"Shojak-kwan"という読みを示すものもあるところから，書籍館も「ショセキカン」と「ショジャクカン」の二通りの読みがあったと思われる。しかし，時代とともに，図書館という言葉が書籍館に取って代わり，読みも「トショカン」に統一されていった。

1880年代から日本で使われ始めた図書館という言葉は，20世紀初め以来，中国でも

使われ始め，今日，韓国や台湾でも，「図書館」はライブラリーを意味する言葉として使用されている。

2 図書館の機能

歴史的には図書館はまず，情報の記録である資料の保存機能を中心にして発展してきた。古代，中世においては，文字を読みうる者の数は限られており，また，記録された資料は貴重であった。したがって，図書館は資料の利用よりも，保存と整理に重点をおいた。なお紀元前7世紀のアッシリアのアシュルバニパル（Ashurbanipal）王の粘土板の図書を集めた図書館も，すでに分類がされ目録があった。古代世界最大の図書館といわれるアレクサンドリアの図書館も，紀元前3世紀にはカリマコス（Callimachus）によって，ピナケス（Pinakes）とよばれる目録を備えていた。

中世後期の西欧において，ようやく利用者が増大してきたとき，資料の保存と利用という相反する二つの機能を調整するために採用されたのが，図書を鎖で書架や閲覧机につなぐ方式（chained book system）であった。このシステムは僧院図書館に始まったとされるが，中世後期に大学図書館が発展してくると，14世紀以来，大学図書館に広く採用されていった。

ルネッサンス以後の西欧において，人類の過去の文化遺産の記録を集積した図書館は，すべての人の利用のために公開されるべきだという理念が早くもあらわれるが，そのような理念が現実化するためには，19世紀後半の公的に設置，運営される公共図書館の成立まで待たなければならなかった。

しかし，公共図書館の成立によって，直ちにすべての人が，過去の文化遺産の記録に自由に接しうるようになったわけではない。図書館がすべての人によって利用されるためには，(1)利用者側の識字率の向上，(2)資料への接近を容易にする図書館側の工夫，さらに(3)情報の自由な入手に社会的な制約が加えられないことが必要である。それは，民主主義社会の成熟によってはじめて可能になる。公共図書館の発展は，民主主義社会の発展なくしてはありえない。

資料を収集，整理，保存し，それを利用に供することは，図書館の基本的機能である。図書館のもつこれらの，いわば内在的機能は，時代によって，どの機能に重点をおくかは異なっても，機能そのものは時代を越えて変わることはない。とはいえ利用に供する目的は時代によって異なった。古代，中世においては，少数のエリートたち，とくに聖職者や学者たちの宗教上または学術上の研究に利用されたが，近世以降の市民社会の発展とともに，市民の読書要求に応える多様な図書館が生まれる。さらに19世紀後半に公共図書館が成立すると，利用目的は調査や研究だけに限られず，成人教育さらにはレクリエーションまでを，その目的に含むことになり，図書館は住民の日常生活の諸側面と緊密に結びついたものになっていく。図書館がそれぞれのコミュニティの中で果たす社会的な外在的機能は，図書館がおかれているコミュニティの相違によって異なってくる。

3 図書館の構成要素

図書館の基本的機能が資料の収集，組織化，保存，利用にあるとき，図書館を構成する要素として，資料と，それを利用する利用者と，さらに，資料を整理，保存して利用に供する場としての施設が考えられる。この三つの構成要素のうち，どれか一つを欠いても図書館は成立しない。ところが，図書館という言葉が「館」という文字をも

つため，図書館はその機能面よりも施設面に重点をおいて理解されやすい。そのため，図書館を設置するというとき，果たされるべき機能よりも，館としての施設がまず考えられることが今日もなお存在する。これは残念なことである。

　図書館が単なる施設ではなく，果たすべき重要な機能をもつものであるとき，資料，施設，利用者という三つの構成要素を結びつけて，図書館の機能を実現していく働きをするのが図書館員である。図書館員を欠くとき，三つの構成要素だけでは，図書館の機能を実現する活動を展開することはできない。その意味で，図書館員を欠いては図書館は存在しえないのである。したがって，図書館の歴史の始まりとともに，図書館員は常に存在した。紀元前1400年の古代エジプトのパピルスの図書を集めた図書館にも，紀元前2000年の古代バビロニアの粘土板図書を集めた図書館にも，すでに図書館員が活躍していたことが知られている。

4 図書館の種類

　図書館は各時代の文化，社会の要求に応じて，さまざまな形態をとりながら今日に至っている。歴史的には，図書館には教区図書館（parochial library），会員制図書館（subscription library），学校区図書館（school district library）など，多くの種類があったが，ここでは，今日一般に利用されている図書館の種類をみていく。図書館を分類するとき，設置者別，機能別，利用者別等いくつかの観点を考えることができるが，利用者別によって，図書館は通常以下のように区分される。

a　国立図書館（national library）

　国立図書館は，一国の国民全体を利用対象とする図書館である。国立図書館は国内の図書館サービス網の中心となって，「図書館の図書館」として国民全体に奉仕する。

　国立図書館はまず第1に，国内出版物の網羅的収集に努める。そのため，国立図書館が，文献の発行者から法律によって納本を受ける法定納本制をとる国が多い。第2に，国立図書館は，網羅的に収集した自国刊行物についての書誌サービスを行う。書誌サービスとしては，全国書誌，各種の主題書誌の作成が行われる。第3に，自国刊行物を国の文化資源として保存していく。そのため，国立図書館は自国刊行物に対する文献探索の最後のよりどころとなることが期待されている。最後に，国立図書館にとって国際的な協力や交流は重要であり，利用対象や利用機関も国民全体というよりも，いっそう広い展望を有する。

　日本の場合，国立図書館の機能を果たしているのは，1948年に設置された国立国会図書館である。この図書館は国立図書館であるとともに，国会図書館の役割も併せもっているが，各国の国立図書館にも，他の館種の図書館の役割を併せもつものがある。なお，2002年10月には国立国会図書館関西館が開館した。同館は「サービス」，「図書館協力事業」，「電子図書館事業」を基本機能とし，「サービス」については遠隔利用サービス，館内利用サービス，アジア情報サービス，「図書館協力事業」については総合目録の構築と運営，図書館情報学研究と図書館員研修，障害者図書館サービス協力事業，そして「電子図書館事業」については電子図書館システムの開発・運営・調査，電子図書館コンテンツの構築とサービスの提供を柱に，サービスを展開している。

b　公共図書館（public library）

　公共図書館は，地域住民すべてに，一般的な図書館サービスを無料で提供する図書館である。「パブリックライブラリー」と

いう言葉は，英，米でも厳密に定義されることなく使用され，その意味内容には，時代による変化があった。そのような意味の多義性は日本においてもみられ，公費負担の有無，有料制か無料制かよりも，一般に広く公開されている点に重点をおいて理解されることが多かった。今日では，公共図書館とは公開性とともに，その利用が無料であり，地域住民の税金である公費によって運営され，明確な法的根拠（図書館法）を有する図書館として理解される。それは，地方公共団体によって設置される公立図書館である。パブリックライブラリーの概念が，このように限定された意味をもってくるようになるのは，英，米においても，19世紀半ばに公布された図書館法に基づいて，地方公共団体によって設置されるようになってからである。日本の場合は戦後の1950年図書館法を待たねばならない。

なお図書館法は20世紀末の地方分権，規制緩和の流れの中で，1999年に改正された。この改正は，(1)国庫補助を受けるための基準の廃止（第9条），(2)国庫補助を受けるための図書館長の資格の廃止（第13条第3項），(3)図書館協議会の委員構成の緩和（第15条）の3点である。

さらに図書館法と不可分の関係にある教育基本法が2006年12月に全面改正され，それを受けて2008年6月に図書館法が改正された。主たる改正点は以下のとおりである。図書館奉仕に家庭教育の向上に資することや，社会教育での学習の成果を生かす機会の提供を，図書館資料に「電磁的記録」を加えた。司書資格取得を講習主体から大学における課程主体に改め，国と都道府県に司書研修の実施の責務を課した。「設置及び運営上望ましい基準」を私立図書館にも適用した。公立私立図書館が運営状況の評価を行い，改善のための措置を講じ，運営状況に関する情報の提供を行うことを規定した。図書館協議会委員に"家庭教育の向上に資する活動を行う者"を加えた。

公共図書館は地域住民に対する生涯教育のための重要な施設であるとともに，公共図書館が担うべき社会的役割は，社会や時代に規定されてきた。日本の戦前の場合は思想善導が前面に出ていた場合も多かった。イギリスの公立図書館の成立時に期待されたのは，主として労働者に対する社会教化的な役割であった。アメリカの場合，1890年代から1900年代の大都市公立図書館では，東欧や南欧からの移民のアメリカ化（Americanization）が重視されたし，専門職としての司書を道徳的検閲官としての図書館員の中に見い出していた。

今日，公共図書館は住民に広く図書や情報を提供することで，地域住民の生涯学習を支える重要な施設と位置づけることができる。また地域における情報センターとしての役割，ビジネスを支援する役割，さらには集会室や展示空間などを積極的に地域住民との協働で活用し，情報や思想が行き交う場としての図書館の役割などがある。そして地域のニーズを的確に把握したサービスと，そうしたサービスの評価が求められている。

c 大学図書館（academic library）

大学図書館の成立は，西欧中世末の大学の成立期に求められる。成立期の大学は，まだ制度として未整備であったため，初期の大学図書館は主として，当初学生のための宿舎であった学寮（college）に成立する。したがって，ヨーロッパの古い大学では，学寮図書館（college library）や，それに遅れて発達する学部図書館（faculty library）よりもさらに遅れて，大学全体の図書館である"university library"が設けられたことが多い。

アメリカの場合，1638年にハーヴァード

カレッジ（Harvard College）が設立され図書館ができる。大学図書館は1850年の時点でも年ごとの図書購入費はなく，遺贈や寄贈に頼っていた。学生は組合を作っていわば会員制図書館を運営し，自分たちの興味に合致する図書を購入し，図書館を維持・運営していた。大学教育に資する大学図書館というよりも，保存（ただし一貫性のある方針の下ではない）と一部の教員のための大学図書館であった。こうした大学図書館から脱皮し，年間図書費をもち教育と学生の利用を意識した図書館の出現には，大学の教育方法などが変革する1870年代以降を待たねばならない。

　今日の大学図書館にとっては，学習と研究という両機能を広げ，深め，またどのように調整するかが重要な問題である。同時に，大学図書館は国内におけるきわめて重要な学術情報源として，いかに国民全体に公開していくかという課題に応えていかなければならない。学習を例にとると，大学および大学をとりまく環境の変化を視野に入れたサービスが，現実に不可欠となってきている。例えば非伝統的学生といわれる人々（社会人，高齢者，留学生など）が非常に増えてきている。また夜間大学院や都心部サテライトなどでの授業，さらには遠隔教育も発達途上にある。こうした学生の多様化と教育形態の多様化，さらには資料形態の多様化に対して，大学図書館は図書館利用教育や情報利用教育の提供なども必要である。また資料や情報の収集，提供，配布，保存，それに情報の発信に新たな思考と実践が欠かせない。その場合，実践結果の測定，評価を常に意識する必要がある。

d　学校図書館（school library media center）

　学校システムに属する図書館として，その主要な役割は学校カリキュラムを支援し豊かにすることにある。1999年の「ユネスコ学校図書館宣言」（IFLA/UNESCO School Library Manifesto）はいっそう幅広く"学校図書館は，今日の情報や知識を基盤とする社会に相応しく生きていくために基本的な情報とアイデアを提供する。学校図書館は，児童生徒が責任ある市民として生活できるように，生涯学習の技能を育成し，また，想像力を培う"と規定している。こうした学校図書館が真に成立しうるためには，学校の教育課程の展開と結びつくとともに，学校の教育活動の中に組み込まれて，児童・生徒の人間的な成長に寄与するものでなくてはならない。

　アメリカの場合，学校図書館は19世紀末からみられるが，本格的な施策は1957年のスプートニク（Sputnik）ショック以後，連邦政府が教育（とくに科学教育）への全面的なテコ入れに着手した後である。日本の場合，制度としての学校図書館の成立は1953年の学校図書館法ということになる。なお同法は附則で"学校には，当分の間，……司書教諭を置かないことができる"と規定していた。1997年の学校図書館法改正は，司書教諭の配置に関するこの附則を原則撤廃したもので，2003年度以降は12学級以上の学校には必ず司書教諭が発令されることになった。また総合学習の授業など，図書館が学校教育の中心になって何らおかしくない状況も出現している。しかし一方では，学校図書館をめぐる状況が混沌としているのも事実である。例えば"カリキュラムを支援し豊かにする"という文言が示すところを，学校図書館の具体的な働きとしてイメージできる社会の認識は乏しい。また長年にわたる「人」不在の図書館という弱さも克服されなければならない。さらに学校図書館職員像についても共通理解が弱いという現状がある。

e　専門図書館（special library）

専門図書館は，特定の限定された目的をもつ各種の組織体によって，その所属構成員を利用対象として，組織体の目的実現に必要な施設として設置される図書館である。したがって，収集される資料も，特定の専門分野に限定される。

英，米の場合，専門図書館は19世紀末から多くなる。産業化，専門化，市場での競争を背景に，大企業が本格的に資料室を設置し始めたのである。アメリカで専門図書館協会（Special Libraries Association）が創設されたのは1909年である。日本の場合，戦前から専門図書館はあったが，本格的な発展は戦後で，1952年に専門図書館協議会が創設された。同会加盟の組織体は，第1に，国の府，省，庁，地方公共団体等のいわゆる官公庁の設置する図書館で，それぞれの組織体の目的達成に必要な調査・研究にサービスをする。第2は，民間の団体，企業体の設置する調査研究のための図書館である。第3は，地方公共団体の議会に設けられる議会図書館（室）で，議会の審議活動に必要な資料を収集，提供する。第4は，研究機関（研究所，学協会，大学など）に設置されている図書館である。

専門図書館は特定専門分野に関する資料および情報提供サービスをその活動の中心とし，他の館種の図書館のように，教育，レクリエーション等に資するための幅広い活動は行わない。また，その設置目的から，利用者は一定の範囲に限られることが多く，公開性は概して高くないが，公的機関の図書館（室）の公開は，今後大いに進むであろう。

f　その他の図書館

五つの館種のほかに，点字図書館，病院患者図書館，刑務所図書館など，施設におかれている図書館がある。英，米において は，国立図書館，公共図書館，大学図書館，学校図書館以外は，すべて"special library"に含めてしまうことが多い。ただし，アメリカでは，精神的，肉体的，行動的に障害や問題をもつ者に対して，治療的，矯正的な活動を行う施設におかれる図書館を，"institution library"（施設図書館）と称することがある。

日本の視聴覚障害者情報提供施設は身体障害者福祉法に基づく更生援護施設として，法的な位置づけが与えられているが，その他の図書館は，一般に法的な裏づけをもたない。しかし，どのような境遇や環境にある人といえども，人間としてできる限り平等な図書館サービスを享受しうるよう，そのような人をとくにサービス対象とする図書館の発展が欠かせない。それとともに，この種の図書館をサービス地域内にもつ公共図書館は，それらの図書館と協力して活動を支援するとともに，公共図書館自体によるサービスも発展させていかなければならない。

また，図書館を設置者別にみるとき，国立，公立でない図書館はすべて私立図書館とよぶことができるが，2008年11月まで図書館法では第2条第2項で，私立図書館を"日本赤十字社又は民法第34条の法人の設置する"ものに限定していた。民法第34条の法人とは，営利を目的としないいわゆる公益法人である。それ以外のものが設置した図書館は私立図書館ではなく，図書館法第29条でいう図書館同種施設である。第29条は"図書館と同種の施設は，何人もこれを設置することができる"とあり，だれもがいかなる届出や認可の必要もなく，自由に図書館活動を展開できる。多くの家庭文庫や地域文庫が自由な活動を展開しているのも，そのためである。

しかし2008年12月には公益法人制度改革の影響を受けて，図書館法が規定する私立

図書館は"日本赤十字社又は一般社団法人若しくは一般財団法人の設置する"ものと変化した。私立図書館の設置主体が「民法第34条の法人（旧公益法人）」から，幅広く「一般社団法人若しくは一般財団法人」に変更された。この変更は私立図書館の在り方に大きな影響を及ぼす可能性がある。また，現行図書館法では，私立図書館も「望ましい基準」や図書館評価の実施に関する規定の適用を受ける。これらは私立図書館への干渉につながり問題がある。

5 図書館サービスの統合

日本の場合，1960年代後半から，資料を利用者に積極的に近づけようとする行政や図書館員の側の努力によって，とくに公共図書館や大学図書館では，それまでの停滞を打破して，発展への道を切り開いた。さらに，1960年代より急速に情報社会化し，情報爆発といわれるほど情報生産量は膨大化してきた。一方，利用者側の情報要求の高まりも，ただ量的な拡大だけにとどまらず，質的な多様性をもってくる。このような時代を迎えたとき，図書館はどのように大規模な図書館であっても，もはや単独では利用者側の多様な情報要求，膨大な情報生産量に対応できなくなってしまった。そこから，図書館の協力組織網を通じてよりほかには，図書館本来の機能を発揮することが困難になった。

図書館間の協力活動ということは，戦前にもみられたことであるが，それは，特定の館種，例えば医学図書館とか，国立大学図書館などで行われ，館種を異にする図書館までも含めた地域的，さらには全国的なものにまでは発展しなかった。その協力も図書館の善意に基づく互恵的なもので，契約に基づく制度的なものにまで達していないことが多かった。

制度的な協力組織網は，コンピュータと通信手段の技術革新に支えられて，欧米の図書館先進諸国では1960年代以降急速に進み，互恵的な協力組織の段階から，図書館のネットワーク化へと進む。それとともに，書誌記述の標準化をはじめ，ネットワークをいっそう効率的にするための各種の標準化が国際的にも進められ，図書館の資源共有（resource sharing）の思想が確立されるに至った。今日では利用者の要求を個々の図書館だけで支えられるものではなく，また図書館自体も個々の図書館だけで発展しうるものでもない。図書館界全体としての発展に支えられなければならない。このようにして相互貸借がサービスの前提として必要となり，各種の標準化が国際的にも進められ，図書館界としての協力活動が不可欠になっている。

と同時に，公共図書館，大学図書館，学校図書館といった館種に特徴的なサービスや問題が，現実に対処すべき課題として多く出現してきている。公共図書館の場合，幼児，児童，ヤングアダルト，成人，高齢者など，年齢によるサービスの分化がみられる。また多文化，ビジネス支援，地域資料・情報サービス，利用者用インターネット端末の提供といったサービス面での広がりや分化もうかがわれる。これらはいっそう充実したサービスを志向するもの，成熟した社会でのサービスの多様性を示すものである。

このように館種を越えた「図書館」全体としての活動と，各館種および各館種内での分化や専門化という両面が，同時に顕在化している。この場合，館種を越えた図書館サービス，さらに国際的な広がりをもつ図書館活動を成り立たせるためには，日本はもちろん世界中の図書館員が図書館全体についての共通理解をもち，価値を共有することが，図書館サービスの前提として重

要となる。

　国際連合第3回総会が1948年に採択した「世界人権宣言」（Universal Declaration of Human Rights）は，とくに第19条で"すべての人は，意見及び表現の自由に対する権利を有する。この権利は，干渉を受けることなく自己の意見をもつ自由並びにあらゆる手段により，また，国境を越えると否とにかかわりなく，情報及び思想を求め，受け，及び伝える自由を含む"と規定している。これを受けて2000年に全面改正された国際図書館連盟（International Federation of Library Associations and Institutions）の「規約」第6条は「基本的信条」を4点列挙している。その第1番目は，"情報・思想・創作物に対するアクセスの自由の原則及び世界人権宣言第19条に謳われている表現の自由の原則を支持する"と規定した。続く第2番目は，"公衆，社会及び組織"にとって，そうしたアクセスが"社会的，教育的，文化的，民主的及び経済的福祉のために"必要不可欠としている。これは日本国憲法が明記する「表現の自由」（第21条）だけでなく，「教育を受ける権利」（第26条），「学問の自由」（第23条），「社会的生存権」（第25条）に直接的に連なってくる。歴史的にみたとき，日本の図書館界では，1960年代から，そうした憲法規定を実現するものとして公共図書館を位置づけようとする動きが生じていた。1970年代以降，学習権，読書権，知る権利，プライバシー権といった権利に関する，教育学や法学の議論を図書館環境に最適化させながら受容していった。

　上記のような，日本を含む国際的な動向を踏まえれば，人間にとって根源的な「知る」ということを保障する社会的装置として図書館を把握することができる。図書館が基本におくべきは，資料や情報へのアクセスであり，それを保障するにはさらに貸出記録など個人識別情報の秘密性を守らなければならない。この二つの思想的基底の上に，各館種の目的に合致した特徴的なサービスが構築されていると考えてよいであろう。

6　21世紀の図書館状況

　上述のように，資料や情報へのアクセスの保障ならびに図書館利用記録や利用者のプライバシーの保護は，図書館の基本的価値として認識されてきた。しかし21世紀に入ってこうした基本的な価値に揺らぎが生じている。

　資料や情報へのアクセスの場合，1960年代から情報の爆発といわれながらも，資料や情報を現実に保存し提供しているのは，図書館や文書館などに限られていた。この領域で図書館は独占的な地位を占めていた。とはいえ21世紀に入って，とりわけ歴史的な資料がデジタル化され，だれもが活用できるようになってきた。また最新の情報はもっぱら電子環境に頼るようになってきた。そしていまや図書館よりも，はるかにそうしたデジタル資料の量が莫大である。また建物としての図書館を意識しなくても，ネット環境で資料や情報が入手できるようになってきた。ここではあらためて図書館というスペースのあり方について関心が高まっている。

　またアメリカの場合，2001年の世界貿易センタービルへの同時多発テロ攻撃の後に成立した合衆国愛国者法（USA PATRIOT Act）によって，国家安全保障を重視し，プライバシーが軽視されるという方向に向かった。またインターネットを通じてのさまざまな利便性を求める過程で，プライバシーが軽視される傾向があり，利用者の方にもプライバシーよりも利便性を求める傾向がある。そして個人識別情報の秘密性や利用者のプライバシーの保護を絶対視すると

いう従来の考えから，プライバシーを重視しつつ利便性を提供するという方向に図書館は向かいつつある。これとの関連であらためて図書館や図書館員の倫理への関心も高まっている。

なお従来の図書館は利用者のアクセスを保障する，利用者にサービスを提供するという考えに基づいていた。しかし21世紀に入って，図書館と利用者が図書館サービスを協同して作り上げていくという方向がみられる。抽象的な言葉でいえば，参加と共有である。これは公立図書館での第3の場，大学図書館でのラーニングコモンズ，さらには利用者が主体となって図書館のスペースを作り上げていく創造の場としての図書館など，さまざまな模索や展開がなされている。それらは思想や情報が自由に行き交うひろば（forum）としての図書館志向といえるが，そのことによって住民の知る自由を保障するという考えに揺らぎがもたらされてはならない。

（川崎良孝・福井佑介）

B. 図書館と社会

1 社会と図書館

a 社会と図書館の関係の捉え方
(1) 図書館の形態と社会

1731年に若い印刷工フランクリン（Benjamin Franklin）を中心として，フィラデルフィア図書館会社（Library Company of Philadelphia）が発足した。いわゆる会員制図書館の成立で，その後この種の図書館は発展する。会員制図書館の思想がフランクリンの考案であったとしても，それを受け入れる社会的条件が整っていたことを示している。1837年にマサチューセッツ州ではマン（Horace Mann）が無償公教育制度を確立する。そして公教育の効果を持続・発展させるためには，学校卒業後の住民にも図書を入手する機会を保障しなくてはならないとの論理から，学校区を基盤にすべての住民を対象にした学校区図書館を構想して実践した。

しかし19世紀中葉に，ボストン市で広く住民を対象とする無料の図書館の設置が欠かせないとの合意が形成され，先行形態の会員制図書館と学校区図書館が批判的に検討されたとき，前者は利用に料金を徴収しており，これが利用に障害となっていた。それを乗り越えるための学校区図書館ではあったが，1850年当時のマサチューセッツ州の学校区図書館の状況は図書館数700，各館平均131冊の蔵書という状態であった。学校区図書館の思想はともかく，図書館行政の枠としての学校区は財政基盤が弱すぎて図書館として機能しなかった。したがって，住民全体に無料の図書館サービスが欠かせないとの合意が形成されたとき，以前の形態の図書館を乗り越える形で，公立図書館が制度として成立したのである[1]。

以上のことは，ある地理的，歴史的に規定された一つの図書館形態が生まれ，それが社会に適応できなくなったとき，他の形態の図書館に取って代わられることを示している。このことはさまざまな形態の図書館や図書提供機関を所与のものとするのではなく，そうした図書館の原理，理想，歴史，現実を，常に社会の動きや方向とのかかわりで確認，批判，検討しなくてはならないことを示している。

(2) 社会機関としての図書館：シェラ

例えば第1次世界大戦のとき，アメリカ図書館界は戦時図書館サービス（Library War Service）に全力を尽くし，駐屯地での図書館サービス，検閲などを軍と協力して行った。これは社会が図書館を規定していることを端的に物語るが，戦時という特殊状況への図書館の対応とされたのである。

社会と図書館との関係を明確に図書館界が認識したのは比較的新しく，それにはいくつかの要因が必要であった。例えば，大恐慌は現場図書館員の1人1人に図書館が社会に規定されていることを実感させた。また1928年に開校したシカゴ大学図書館学大学院（Graduate Library School）は図書館を研究対象として外側から客観的に理解するという方向をとっており，そこにはシカゴ大学を拠点とする社会学の影響もあった。シカゴ学派のシェラ（Jesse Shera），ジョッケル（Carlton Joeckel）[2]などの重厚な図書館史，図書館行政に関する研究は，いずれも社会が図書館を規定するとの認識から出発している。事実シェラは『パブリック・ライブラリーの成立』（1949）の序文で，"本書は一貫してパブリック・ライブラリーを社会機関（social agency）と把握しており，……社会制度（social institution）とは考えていない"[3]と断言している。そしてこの区別が，図書館と社会環境との関係を完全に理解する基礎になると強調した。家族や国家は「制度」で第一義的，基礎的であり，「機関」は第二義的，派生的である。したがって，『パブリック・ライブラリーの成立』は，社会「機関」としてのパブリックライブラリーの成立と成長に直接，間接に貢献した社会的要因を歴史的に解明しようとするものであった。そしてこの認識，およびシェラが提出したアメリカ公立図書館についての民主的解釈（アメリカの民主的性格を体現するものとしての公立図書館）は受け入れられ，権威として確立していく。

(3) 社会機関としての図書館：ハリス

シェラは社会が図書館を規定するとの基本的認識をもち，公立図書館の成立と発展については民主的な解釈を提示した。しかし公民権運動が象徴する1960年代の社会状況を受けて，また歴史学でのニューレフトヒストリアンズや教育史学のリヴィジョニストの動きを受けて，1973年にハリス（Michael H. Harris）は，アメリカ公立図書館史についての包括的な仮説図式を提出した[4]。そこではシェラと同じように社会が図書館を規定するとの認識のもとに，公立図書館の主要な目的は住民に対する社会統制にあったという解釈を提示した。こうした解釈も，社会と図書館の関係についての意識を高めることになった。

ところで，シェラは『パブリック・ライブラリーの成立』の序文で，さらに"機関は制度の手段であり，制度はこの手段を利用して多くの社会統制をおこなう。両者の区別は単なる程度の差ではなく，権力や権威の流れを含む"[5]と指摘してはいた。しかし，"パブリック・ライブラリーの歴史は，偏狭な保存機能から民衆教育をめざす広範なプログラムへの移行の記録である"と続けることで，"権力や権威の流れ"の内実に目をつむってしまった。またハリスの社会教化・統制論は，あくまで一般的な仮説図式であり，問題提起の側面が大きかった。一方，図書館実践の場合，あらゆる見解の収集と提供という図書館の目的が，図書館を政治やイデオロギーから離れた場においてきたし，概してアメリカ図書館界もそうした方向を好んだのである。

(4) レトリックと現実：ウィーガンド

ハリスの問題提起を重視しつつ，グラムシ（Antonio Gramsci）のヘゲモニー（hegemony）の理論などを援用して，シェラがいう"権力や権威の流れ"を図書館サービス

と利用者を視野に入れて具体的に記述したのが，ウィーガンド（Wayne A. Wiegand）である。例えば19世紀末から20世紀中葉にかけて，アメリカ図書館協会は『A.L.A.図書館目録』（*ALA library catalog*），『ブックリスト』（*Booklist*）など，図書選択ツールを刊行するのだが，それらは強固に白人中産階級の価値，主流出版社の資料に偏っているとする。また有用（useful）な図書や情報が重視されるものの，それらが住民のニーズよりも社会経済体制を支援する内容のものであるとも示している[6]。さらにゲラー（Evelyn Geller）は，いっそう詳細に上記の選択ツールなどを分析し，アメリカ図書館協会の図書推薦リストが，自然主義，共産主義，社会主義，スラム文学を排除することで，主流の価値を前面に押し出したとしている[7]。こうした研究は，中立，均衡といったそれ自体は価値中立とされ，またそのように思われてきた言葉の内実を歴史的に問いかけ，いずれも階級性，イデオロギー性をもっていたことを明らかにしたのである。端的にいえば，図書館は蔵書という強力な武器を用いて社会の主流となる文化，思想，価値を補強してきたという。

このように社会と図書館との捉え方は，いっそう鋭敏になってきており，図書館という制度，思想，それに現実の具体的なサービスの分析から，図書館と社会との関係を探るという方向が顕著になっている。

b 社会と図書館：アメリカの場合
(1) 社会と図書館の動的関係：1960年代から1970年代[8]

前項「(3) 社会機関としての図書館：ハリス」で示した解釈は，社会と図書館との次のような現実を土台にしていた。人種別学を違憲とした1954年の合衆国最高裁のブラウン事件判決（*Brown v. Board of Education*, 347 U.S. 483）を起点に，公民権運動の時代に入る。そこからさらに原住アメリカ人などのマイノリティ，大学闘争，消費者運動など，弱者の権利の回復と差別の撤廃が主張された。また対外的にはベトナム戦争があった。それに1950年代から白人の大都市郊外への移動，黒人などマイノリティの大都市中心部への流入という現象があった。こうした社会状況は図書館にも次のような影響を与えた。

クリーブランド市立図書館の分館の貸出は，1935年の580万冊から1970年には197万冊と3分の1に低落した。またアメリカ図書館協会は1961年に「図書館の権利宣言」を改訂して，第5条"図書館の利用に関する個人の権利は，その人の人種，宗教，出生国，あるいは政治的な見解のゆえに，拒否されたり制限されることがあってはならない"を新設した。さらにアメリカ図書館協会では1969年に「社会的責任に関するラウンドテーブル」（Social Responsibilities Round Table）が成立したのである。

まず貸出冊数の低減は，社会の動き（サービス地域の人口構成の大幅な変化）に対応できない図書館の姿を示している。こうした事実と図書館の社会的役割への認識から，図書館界はアウトリーチという新しい言葉を用いて，サービス地域に住みながらサービスが届いていないさまざまなグループ（英語を話せない人，受刑者，入院患者，移民，障害者など）へのサービスを開始した。しかしこのサービスの展開は，例えばスペイン系の住民が多い地域にスペイン語の本をおけばよいという単純なものではなかった。歴史的に図書館員は白人中産階級からなり，白人中産階級の生活様式，文化的価値を身体化しており，それを大学や図書館学校がさらに強化していた。したがって，的確なサービスの展開には養成の段階，さらにいえば図書館学教育者の問題意識と姿勢にも関係していた。過去の図書館の理論

と実践の総体を再検討する必要があった。

次に「図書館の権利宣言」は，1961年改訂で初めて図書館利用者の権利を盛り込んだ。文言では"人種，宗教，出生国……"と並んでいるが，直接的には「人種」，すなわちとくに南部図書館での人種隔離（例えば中央館を黒人が利用できない）を意識している。アメリカ図書館協会は一貫して南部図書館での人種隔離を地方（region）の問題と把握して回避してきた。その立場が社会状況を受けて転換したのである。

最後に「図書館における社会的責任に関するラウンドテーブル」の成立で，たしかにこのグループは，ベトナム戦争にアメリカ図書館協会が反対決議を上げることを主張した。そのため特定の政治的，社会的な題目の主張グループと捉えられかねない。一方，図書館協会の主流派，「図書館の権利宣言」を奉ずる知的自由派は，あらゆる見解の収集と提供に専心する図書館や図書館関係団体が，特定の政治的立場をとることは，図書館への信頼をなくすと主張したのである。しかし重要なことは，両派の衝突が「図書館の権利宣言」の是非ではなく，実践とのかかわりでの解釈をめぐる衝突であった点にある。焦点になるのは「図書館の権利宣言」第２条の文言"現代の問題や争点に関して，どのような観点に立つ図書……であっても，それらを提供すべきである"であった。当時，主流の思想や実践に対抗するオルタナティブ資料が大量に出版されていた。社会的責任派の主張は，「権利宣言」を実質化するには，オルタナティブ出版資料も積極的に収集，提供しなくてはならないというものであった。ここでも図書館界や図書館員の体質が俎上にのせられた。例えば図書館学校は既存の書評メディアからの「中立」的で，「均衡」のとれた選択を教え込む。しかしそうしたメディアは決定的に社会の主流となる価値，主流出版社の図書を取り上げており，意識的にオルタナティブ出版資料を購入しないと，中立で均衡ある蔵書構築ができないというのである。たしかに当時の社会にあって，知的自由派の「中立」的立場は決して中立ではなく，大いにイデオロギー的であった。

このように1960年代から1970年代の前半は，公立図書館史上で最も社会と図書館とのかかわりが図書館実務との関連でダイナミックに動き，また検討された時代であった。

(2) 社会と図書館の関係のゆらぎ：1990年代以降

前項「(4) レトリックと現実：ウィーガンド」では，20世紀初頭を対象にする研究を取り上げたが，レトリックは何も20世紀初頭に限られはしない。アメリカの図書館界は憲法の保護下にある表現を住民に保障するために，また資料提供の枠を広げるために努力してきた。しかし1990年代後半から利用者用インターネット端末の配置を始めるにつれて，憲法の保護下にある有害情報の扱いが，現実の問題になってきた。現在では3分の1の図書館が，そうした情報を遮断するとされるフィルタリングソフトウェアを導入している。公立図書館史上初めて，資料提供の幅を狭めることへの関心が，広く地域社会や図書館員を巻き込んで出現してきたのである。これもまた図書館が抱いてきた一つの理念が実はレトリックであり，社会あるいは図書館員自体からの働きかけで揺らいできたことを具体的に示している[9]。

図書館員は社会と図書館との関係，利用者（未利用者）と図書館との関係，それにサービス自体の社会的意味について，いっそう鋭敏になる必要がある。また図書館の理念，原則，前提とされているものを所与のものとすることは，許されない。

c　社会と図書館：日本の場合

(1) 国家と図書館

　図書館は，それを生み出す社会の歴史的社会的特徴や条件を色濃く反映する。欧米とは異なる歴史的社会的条件の下に形成された日本の図書館制度には，図書館としての共通性とともに，欧米とは異なるさまざまな特徴がある。

　1853年の黒船来航に象徴されるように，日本は欧米列強国の植民地世界分割の圧力の下に，近代国民国家形成の歩みを開始した。遅れて近代化の道を歩まざるを得なかった明治政府にとって，植民地支配の危機に抗し，国家的独立を果たし，欧米列強国に伍していくためには，急速な近代化の推進と，それを可能にする強力な国家権力，政治体制が必要とされた。そして明治維新以降，専制的政府の形成，近代的軍隊の創設と強化，中央集権的地方制度の創出，近代学校制度の創設などが矢継ぎ早に進められた。図書館制度もまたこうした近代化政策の一環として，国家によって創設され，一定の普及をみた。

　公立図書館制度が創設される前提として，18～19世紀アメリカの会員制図書館に典型的にみられるように，地域社会に図書館を必要とする社会的文化的諸条件が醸成されており，図書館をつくり出す民衆的努力が広範に存在していることが必要である。近世日本社会においても，幕末期には民衆のリテラシーの向上を背景に，中上層農民，町民の間で貸本文化にみられる読書活動が広がりをみせていた。また少数ながら，地域の文化人の中から，図書館をつくる努力や，書籍の共同利用などが行われていたことも知られている。

　しかし明治期に政府によってつくられた図書館制度は，そうした近世の民衆的努力をくみ上げ，促進するものではなく，国家政策によって欧米の制度を移入する形で創設されたものであった。そのため，民衆的努力に対立する性格を内包することとなった。このことは自由民権運動の中での読書施設づくりと，それに対応する明治政府の書籍館政策の関係にも示されている。

　明治期に広がった自由民権結社の多くには，新聞縦覧所，書籍縦覧所などの読書施設が存在しており，会員の学習活動，思想形成に貢献していた。五日市学芸討談会の「盟約」は"会員ハ各自智識ノ進歩ヲ計ラン為，本会ニ備エ置ク書籍ヲ閲読スルコトヲ得"（第5条）と規定している[10]。

　しかし当時の文部省は，こうした自由民権運動とそこでの読書・学習活動の高揚に対し，1880年教育令を改正し私立書籍館の設置を認可制にして統制を強めた。また1882年に出された『文部省示論』では，"書籍館等"の項で"蔵書ノ選択ハ実ニ要件中ノ最要件"とし，"不良ノ書"は"不良ノ思想ヲ伝播"し，ついには"邦国ノ安寧ヲ妨害"するとして，書籍館においてはこの"不良ナルモノヲ排棄"すべきとされた。こうして図書館は国家目的，とくに思想対策と，天皇制国家の「臣民」形成という教育理念に深く結びつけられていった。そしてこの方針は明治末期の地方改良運動，昭和期の教化動員運動，国民精神総動員運動など，国家の主導の下に展開された国民動員運動の中の図書館政策に貫かれていく。

(2) 社会と図書館

　明治後期以降，「社会政策」，「社会問題」，「社会主義」，「社会教育」などの言葉が登場してくるように，「国家」とは異なる「社会」に注目が集まる。すなわち，新たに賃労働者階層や都市下層，新中間層などの社会階層が，産業化の結果として形成され無視しえなくなったこと，住宅，衛生，貧困など新たな対応を迫られる問題群（都市問題など）が生まれてきたこと，さらに義務教育の普及とともに，本を読み，考える力

をもった人々が大量に養成され，そうした人々が，労働運動，農民運動などを自ら組織し，国家と資本，地主などに対抗するようになってきたこと，普通選挙権運動にみられるように，民衆が政治への参加を求めるようになったことなど，国家の統制を離れたところで「社会」が独自の動きをみせるようになった。

こうした社会変動の中で，国家と図書館の関係の間に「社会」が入り込む。すなわち，国家が図書館のあり方を一義的に規定するのではなく，「社会」もまた図書館を規定する重要な要素となったのである。とくに大正期の都市部の図書館においては，デモクラシー思潮の影響を受けて，国家が一時的に後背に退き，新中間層を中心とする都市市民の要求を，積極的に図書館活動の中に取り入れようとする動きが始まる。

東京市立図書館では，1906年設置の日比谷図書館以降，1921年までに19の分館を設置するとともに，無料制（日比谷図書館は有料），開架制の導入，児童へのサービス，端緒的なレファレンスサービスの実施，都市生活者にかかわる参考文献目録の作成など，市民の要求に対応するサービスを積極的に展開している[11]。

農村部においても，長野県下伊那郡にみられるように，農村青年の中等教育への要求やデモクラシーの思潮を背景に，青年団員を中心とした学習活動や図書館設立の動きが活発化する[12]。そして，こうした民衆の要求を背景に，1920年代には年平均288館もの図書館が全国に設立されていった。

文部省内部でも，川本宇之介の図書館論にみられるように，「教育的デモクラシー」を実現する最も重要な社会教育施設として図書館を捉え，その振興を提唱する官僚も現れてくる[13]。また1919年の臨時教育会議の通俗教育（社会教育）に関する答申は，デモクラシー思想や出版物を消極的に取り締まるだけでは"国民ノ思想ヲ善導スルコト困難"であると認識した。そしてより積極的に"善良ナル読物ノ供給ヲ豊ニ"する施策の必要性を提言し，巡回文庫通俗図書館の普及を重視した。それは「社会」に対する国家の妥協であった。

しかし，日本の戦前期の図書館は基本的に国家の強い統制の下に，「臣民」の形成と国民の思想善導（思想対策）を担う機関としての役割を割り当てられていた。世界恐慌からファシズム，第2次世界大戦への道に入り込む1920年代末以降，デモクラシー的傾向が駆逐され，思想善導の世界が図書館を支配していく。そして1930年代半ば以降になると，戦時体制の確立とともに，図書館は「読書指導」の名の下に，より積極的に国民の思想動員に邁進していく。

(3) 戦後社会と図書館

第2次世界大戦の終結と戦後日本の改革は，図書館の役割を大きく変えていく。日本国憲法の人権保障理念に基づき，少なくとも法制度的には，図書館は国民の"教育を受ける権利"（憲法第26条）を保障する機関に転換した。1950年に制定された図書館法の「図書館奉仕」理念は，この新しい図書館制度の基本理念を示している。しかしこうした法制度理念が，内実を伴って実現され，定着するには，その理念を支持し，積極的に担う図書館員と国民＝利用者が，層として形成されている必要がある。こうした戦後図書館理念の支持層が形成されるのは1950年代末以降，とくに高度経済成長期であった。

高度経済成長は日本社会を農村型社会から都市型社会へと急速に変貌させた。都市型社会への変貌は，人々の労働，生活，家族，人間関係，政治意識，教育等を大きく変えていった。また高度経済成長は，新中間層とその家族（いわゆるサラリーマン家族）を大量に生み出した。この階層とその

家族は，すでに大正期の都市部に生まれていたが，高度経済成長期に大衆化する。そしてこの階層とその家族こそが，戦後図書館理念の積極的な支持者となっていったのである。

新中間層とその家族は，消費と教育，とくに子どもの教育に大きな関心をもつ「教育家族」であった。そして，多くは都市郊外に新たに造成された集合住宅団地に集住した。しかし都市郊外地域の生活環境，子育て環境はほとんど未整備状態にあった。そのため，生活や子育て環境の整備を求める住民運動が，急速にこの地域に広がっていった。

図書館に関する要求もそうした要求の一つとして掲げられ，子ども文庫運動や図書館づくり住民運動として発展していく。またこの運動を通して，図書館利用が権利であるという認識が育っていった。地域住民の動きに呼応して，東京都や多摩地区自治体では，図書館を都市住民の生活権，教育権保障に位置づけ，積極的に施策化を図った。また，図書館，図書館員の側からも，地域住民に奉仕する図書館サービスの具体的方法と内容が提起され，実現への努力も開始された。『市民の図書館』(1970)が"徹底して児童にサービスすること"を掲げ，「買物籠をさげて図書館へ」というスローガンが唱えられたように，戦後の図書館サービスの転換と図書館法理念の実質化は，まずは都市郊外地域において，新中間層とその家族（子どもと主婦）の支持と要求運動の下に開始された。

図書館に対する権利意識が広まり，サービスが地域に普及するにつれて，障害者など図書館利用に不利益を受けている人々の存在など，「住民」の内実が改めて問われた。60年代に掲げられた「いつでも，どこでも，誰でも」というスローガンが，実は地域の障害者を十分に視野に含んだものではなかったことが再認識された。そうした中での1970年の視覚障害者読書権保障協議会の結成と「読書権」の提唱は，当事者による権利宣言であった。また国際障害者年（1981）は，「障害者」概念の転換と，図書館利用に不利益を受けている人々へのサービスの遅れを認識する契機となった。

さらに図書館が知る権利の保障に果たす役割や，図書館員の社会的，専門的責任も改めて問われた。「図書館の自由に関する宣言」（1979年改訂）や「図書館員の倫理綱領」（1981）の制定は，そうした社会の期待に応えようとするものであった。

他方，1970年代半ば以降，低成長時代への移行，人口構成の少子高齢化，経済のグローバル化，高度情報化，90年代におけるバブル経済の崩壊，財政危機の進行など，社会経済文化構造の大きな転換期を迎えている。これに対応して80年代以降，福祉国家的政策への批判が強められ，新自由主義的改革が進められてきた。そうした中で図書館サービスの縮小と市場への開放，図書館サービスの専門性の後退，有料制論の台頭などがみられる。しかし，こうした政策や論議が，住民の知る権利と読む自由の保障につながるのかは疑問の多いところである。

（川崎良孝・山口源治郎）

2 知的自由と図書館

知的自由（intellectual freedom）を基本的人権として定義づけ広く受容されているのは，国連第3回総会が1948年に採択した「世界人権宣言」である。とくに第19条は"すべての人は，意見及び表現の自由に対する権利を有する。この権利は，干渉を受けることなく自己の意見をもつ自由並びにあらゆる手段により，また，国境を越えると否とにかかわりなく，情報及び思想を求め，

受け，及び伝える自由を含む"となっている。図書館における知的自由とは，こうした基本的人権を図書館という場で実質化していく取り組みの総体をいう。おうおうにして図書館における知的自由は，図書館資料への検閲にかかわる問題と考えられたりするが，それは狭い見方である。

a　知的自由と図書館：アメリカの場合
(1)　知的自由と図書館：前史

図書館における知的自由に関連する関心は，19世紀後半に明確になる。それは公立図書館が制度的に成立，発展し，公立図書館の目的と図書選択との関係について，具体的議論が展開されたことによる。アメリカ公立図書館の基本的性格を決定したとされる1852年の『ボストン市立図書館理事会報告』(Report of the Trustees of the Public Library of the City of Boston, July 1852) は，"できるだけ多くの人に広く一般的な情報の伝達手段が行きわたっていることで，最大多数の人が読書に向かう"ことが，不可欠だとしている。とはいえ同時に，"健全で滋養に富む本を求めた場合"，"最新の楽しい健全な本を読みたいと願うまさにそのとき"，"民衆の好みが不健全なものを求めない限り"という語句も頻繁に出現している[14]。

ここには民衆の状況を改善しようとするエリートの関心，すなわち自己教育機関を通してパターナリスティックに住民を導いていくという意図がうかがわれる。そのため住民が求める図書を自由に提供するという考えは微塵もなかった。むしろ提供すべき本，所蔵すべき図書について，慎重な検査を行っていた。このことは19世紀末になって開架制が導入されると，いっそう明確になった。ゲラーが示したように，開架制は図書館の意図や目的を具体的に露呈することになった[15]。当時にあって，資料の収集と提供は一致してはいなかった。端的にいえば，もっぱら図書の道徳的価値（そのときどきの主流の価値）で資料を取捨選択し，開架には道徳的価値が高い本をおいて，積極的に住民に提供した。一方，例えば道徳的価値は高くないが文学的価値が高い図書は，閉架においたり，分館にはおかず中央館の参考部門においたりしたのである。

こうした考えを象徴するのが，ボストウィック（Arthur Bostwick）が1908年に行ったアメリカ図書館協会の会長就任演説「検閲官としての図書館員」である。ボストウィックは，"明らかな誤りを推奨し，……罪の楽しみを教えときには不作法を盛った本は，ますます広まっている。……この種の本も図書館員を誘惑できない。美しくもなく，正直でもなく，真実でもない本に何の興味もない図書供給者が，土壇場に待ちかまえている"[16]と述べた。ボストウィックは図書館員に検閲官としての役割を期待し，まさに検閲官としての図書館員にプロフェッションとしての存在意義を認めたのである。こうした公立図書館の思想と実践を乗り越え，現代に至る図書館思想の骨格を形成したのが，アメリカ図書館協会が1939年に採択した「図書館の権利宣言」(採択当初はLibrary's Bill of Rights, 1948年以降はLibrary Bill of Rights) である。

(2)　「図書館の権利宣言」の成立と発展[17]

ナチによる焚書や検閲，さらにはジョン・スタインベックの『怒りのぶどう』への検閲が象徴する偏狭な姿勢に対抗して，アメリカ図書館協会は「図書館の権利宣言」を採択した。「権利宣言」は，従来の教育主義，道徳主義に基づく図書選択を拒否し，幅広く見解を包み込むという図書選択の原理（偏向のない図書選択，均衡ある蔵書）を正式に表明したものである。また翌1940年には知的自由委員会（Intellectual Freedom

Committee) を設置したが，1940年代の取り組みは概して緩慢であった。

1948年，アメリカ図書館協会はニューヨーク市の公立学校での『ネイション』（Nation）の禁止に対して，初めて外部団体と共闘する。そして図書選択原理としての「図書館の権利宣言」から展望を広げ，検閲への反対と対処法を示す二つの条項を「権利宣言」に追加した。また外部団体との協力には，図書選択原理としての「権利宣言」を乗り越え，大きな脈絡で「権利宣言」を位置づける必要があった。それが当時の知的自由委員長バーニングハウゼン（David Berninghausen）にとっては，合衆国憲法修正第1条が規定する言論の自由の保障にほかならない。そののち図書館協会はこの位置づけを高めようと努力する。

次に重要なのは，公民権運動の影響を受けて，図書館利用に差別があってはならないとの条項を設けた1961年である。すなわち新たに第5条を設け，"図書館の利用に関する個人の権利は，その人の人種，宗教，出生国，あるいは政治的な見解のゆえに，拒否されたり制限されることがあってはならない"と書き込んだ（1967年には「年齢」，「社会的見解」を追加）。これは大きな進展で，この条項を思想的な梃子にしてアウトリーチサービスが展開される。なお1961年の新条項はあらゆる利用者の利用を保障するということだが，そのためには利用者の読書の秘密を守ることが利用の前提として欠かせない。こうした秘密性への関心は1970年代から高揚していく。1970年に国税庁が図書館に貸出記録の調査を申し入れ，アメリカ図書館協会は1971年に「図書館記録の秘密性に関する方針」（Policy on the Confidentiality of Library Records）を採択して対応を開始した。そののちは貸出記録のみならず個人識別情報の秘密性に拡大して現在に至り，その重要性を高めている。

なお1967年の改訂で「年齢」を追加したが，この措置はとくに子どもの図書館利用を意識している。年齢中立の原則は，図書館界の理念を示すものであるが，図書館における知的自由にまつわる現実の問題は，多くが「年齢」という語に関係している。

ところで「図書館の権利宣言」は，1939年初版から一貫して図書館を「民主的な生き方を教育する」機関と位置づけてきた。しかし1980年にはこの位置づけを放棄し，図書館を新たに「情報と思想のひろば」（forums for information and ideas）と再定義した。「権利宣言」から政治的意味合いや価値をもつ語句をすべて取り去り，そのことであらゆる価値を取り込むという姿勢を徹底させたものである。現在の公立図書館の基本的性格は，憲法の保護下にあるあらゆる見解を，形態を問わず収集，提供するということであり，それらが行き交い流通する場が図書館なのである。

(3) 図書館における知的自由：領域と組織

アメリカ図書館協会は知的自由を図書館を包括する概念と捉えている。そして経験的に四つの領域にまとめている。まず「出版資料などへの検閲」であり，基本的な考えは，憲法の保護下にある資料や情報を利用者に保障するということである。図書館界は一致して検閲に反対している。次に，「図書館資料への利用者のフリーアクセス」である。コミュニティのすべての人々にサービスの差別をしてはならず，またそうしたアクセスの保障にとって利用者識別記録の秘密性を厳守しなくてはならない。ただし未成年者が成人と同等のアクセスをもつことについては，図書館界の中でも反対者が存在する。続いて「図書館員と知的自由」という領域である。この領域は，図書館員が専門職としての使命として知的自由を実践したがために，損失を被った場合（解雇

など）に関係する。こうした場合，図書館界はそうした図書館員を守らなくてはならないと合意している。最後に「図書館と知的自由」という領域である。これはあらゆる見解の提供を信命とする図書館なり図書館関係団体が，特定の政治的立場をとることの是非に関係する。具体的にはベトナム戦争，核兵器，湾岸戦争などへ，例えばアメリカ図書館協会が反対決議を上げることの是非である。こうした場合，決議を上げるならば，図書館に関係する部分に焦点をあてて採択するとの妥協が一応できている。

とはいえ，図書館における知的自由を育成，擁護，深化，展開するには組織的な活動が必要で，図書館現場に反映され，また現実の対処ができなくては意味がない。そのためにアメリカ図書館協会は，方針作成機関である知的自由委員会を支える「知的自由部」（Office for Intellectual Freedom）を協会本部に設置して，具体的な取り組みを支えている。また法律問題や裁判闘争を支援する「読書の自由財団」（Freedom to Read Foundation），会員の自発的なグループである「知的自由ラウンドテーブル」（Intellectual Freedom Round Table）を設置している。知的自由の擁護には，方針とそれを支え，広めていく組織やネットワークが成立してはじめて可能なのである。

b　知的自由と図書館：日本の場合

日本の図書館界において，知的自由の問題が図書館の本質にかかわる問題として認識されるのは，ここ30年程度のことである。確かに1954年には「図書館の自由に関する宣言」が採択され，その中で「知る自由」が提唱されたことの先駆性は高く評価されてよい。しかしそれが図書館実践の指針として意識され，図書館の自由を侵害する事件に対し，社会的にも宣言を根拠に対応するようになったのは，「図書館の自由に関する宣言」1979年改訂前後からである。

(1) 戦前期における知的自由と図書館

戦前期の場合，そもそも「知的自由」や「図書館の自由」を議論する余地はほとんどなかった。国家は人間の精神や内面に干渉しないとする近代国家の原則自体が，未確立だったからである。自由民権期に植木枝盛が示した「日本国国憲案」には，信教の自由，言論出版集会結社の自由が無条件に規定されていたが，明治政府によって制定された大日本帝国憲法は，そうした人権規定を実質的に欠いていた。

とくに知的自由に関しては，"日本臣民ハ安寧秩序ヲ妨ケス及臣民ノ義務ニ背カサル限リニ於テ信教ノ自由ヲ有シ"（第28条），"法律ノ範囲内ニ於テ言論著作印行集会及結社ノ自由ヲ有ス"（第29条）と規定し，"法律ノ範囲内ニ於テ"いかようにも制限できた。事実，数々の出版法制，警察・治安法制によって，思想の自由，表現の自由に厳しい制約が加えられたのである。さらに戦前国家は，国民の内面形成にかかわる公教育は，これを天皇の権限とし，帝国議会の関与を財政等に狭く限定し，天皇の制定する勅令によって規制した。

そうした戦前社会で，知的自由と図書館にかかわる事例を探すとすれば，大正期の青年団自主化運動の図書館と，1928年の検閲論争があげられる程度である。長野県下伊那郡では1920年代に青年団自主化運動が広がっていった。その中で青年団図書館がつくられるが，千代村では資料選択権をめぐり，村当局と青年たちの間で争いが起こっている[18]。これはまれな事例である。

また，共産党員大量検挙事件を契機に「思想問題」が注目を浴びた1928年，全国図書館大会において，文部大臣諮問"輓近我カ国ニ於ケル思想ノ趨向ニ鑑ミ図書館ニ於テ特ニ留意スヘキ事項如何"が提出され

た。これに対する答申案"検閲ヲ一層厳密ニセラレタキコト"に対し，何人かの図書館員が批判的発言を行った。中田邦造は"図書は一時的なものではない。後世に迷惑が及ばないよう第二の最後の項を削除すべきである"と指摘している。その結果，答申案は"検閲ニツキテハ今後一層御考慮アランコトヲ望ム"と微温的な表現に修正された[19]。しかしこれは図書館における読書の自由を求めたものではなく，出版統制の緩和を求めたものにすぎなかった。戦前期とくに戦時下の図書館の場合，警察当局による発禁図書，左翼関係図書等の没収が日常化し，それに対する図書館員の抵抗は，きわめて微弱であった。

(2) 戦後社会と図書館の自由

戦後，日本国憲法が，"思想及び良心の自由"（第19条），"信教の自由"（第20条），"集会，結社及び言論，出版その他一切の表現の自由"（第21条），"学問の自由"（第23条）など，知的自由の保障を規定したことは，図書館における知的自由擁護の議論と実践に法的正当性を与えるものであった。しかし占領期には，連合国軍総司令部（GHQ）の「宣伝用刊行物」の没収指令によって，図書館からも出版物が没収されたにもかかわらず，図書館側からの批判はほとんどなく，むしろ自己検閲を行う例が多かった。

知的自由擁護の問題が，図書館界で本格的に議論されるのは1950年代に入ってからである。その背景には，戦前の治安維持法の復活を思わせる「破壊活動防止法」の審議開始，警察による進歩的雑誌購読者の調査，秩父市立図書館における中島健三を囲む座談会に関連した警察の調査などがあった。『図書館雑誌』は「図書館と中立性」に関する討論をよびかけ，特集「図書館の抵抗線」を5回にわたって掲載した[20]。また埼玉県公共図書館大会では「図書館憲章」制定の提案がなされた。さらにアメリカにおける「図書館憲章」も紹介された。こうした動きを経て，1954年5月，「図書館の自由に関する宣言」が採択された。

「図書館の自由に関する宣言」は，"基本的人権の一つとして，「知る自由」をもつ民衆に，資料と施設を提供することは，図書館のもっとも重要な任務である"とし，"資料提供の自由"，"資料収集の自由"，"すべての不当な検閲に反対する"ことを宣言した。宣言は当時の法学界においても認知されていない「知る自由」という権利概念を先駆的に提唱したが，宣言採択に消極的な意見も根強くあったため，1954年の全国図書館大会では，「図書館の自由」の理念と実践的指針を具体化した副文の部分を保留することにより，かろうじて採択するなどの問題点をもっていた。そのため，宣言は知的自由を擁護する実践的指針としての役割を十分果たせず，時々に「確認」されるにとどまった。

こうした状況に変化をもたらしたのは，60年代後半からの図書館サービスの発展であり，「知る権利」や「プライバシー権」に関する議論の進展である。

60年代後半以降，地域住民の図書館利用が広がるとともに，利用者＝住民の知る権利を現実に擁護し，図書館と利用者との信頼関係を築くためにも，実効性のある宣言と実践が求められた。とくに1973年の山口県立図書館における図書抜き取り事件は，その必要性を図書館関係者に認識させることとなった。日本図書館協会はこれを受けて，1974年に「図書館の自由に関する調査委員会」を発足させ，宣言の普及と，図書館の自由の侵害事例に関する調査活動を行うとともに，宣言の改訂に向けた議論を開始した。1979年には「図書館の自由に関する宣言」の改訂版が採択された。

改訂された宣言は，旧宣言の資料の収集および提供の自由，検閲反対に，"利用者

の秘密を守る"ことを新たに主文に加え，1954年の宣言では採択されなかった副文を改訂し宣言に含めた。宣言はとくに部落差別，障害者差別，プライバシーの侵害など，人権侵害につながる表現を含む資料の扱いについて原則を規定した。

1950年代とは異なり，70年代には，情報化社会の進展，国家機能の増大，企業の社会的責任，マスコミの肥大化，参加民主主義への認識の深まりなどを背景に，「知る権利」，「プライバシー権」の研究が法学界において進められた。こうした中で，東京都日野市立図書館市政図書室（1977年開室）のように，積極的に地方行政資料を収集提供し，自治体行政の情報公開の一端を担う実践も現れた[21]。また東京都東村山市立図書館では1974年の設置条例で，"図書館は，資料の提供活動を通じて知り得た利用者の秘密を漏らしてはならない"と規定し，図書館法制において初めてプライバシー保護を規定した。その後，条例ないし教育委員会規則にこうした規定をもつ自治体が広がっていった。

図書館の自由に関しての司法の判断がある。最高裁は2005年7月，船橋市西図書館司書が特定分野の図書を廃棄した事件について，図書館の位置づけと司書の役割，著者との関係について判決した。図書館の位置づけについては"公立図書館は，住民に対して思想，意見その他種々の情報を含む図書館資料を提供して，（住民の）教養を高めること等を目的とする公的な場"であることを示し，そのことを前提に司書の役割について"独断的な評価や個人的好みにとらわれることなく，公正に図書館資料を取り扱うべき職務上の義務を負う"と明確にした。さらに図書館が所蔵する資料の著者との関係について"閲覧に供されている図書を著作者の思想や信条を理由とするなど不公正な取扱いによって廃棄することは，当該著作者が著作物によってその思想，意見等を公衆に伝達する利益を不当に損なうもの"であり，基本的人権にかかわる"人格的利益を侵害するものとして国家賠償法上違法となる"とした。この判決は図書館が担う任務を憲法上の基本的人権にかかわって明確に示したものとして画期的であり，「図書館の自由に関する宣言」の精神に一致するものである。

（川崎良孝・山口源治郎）

3 法と図書館

アメリカでは1956年に図書館サービス法（Library Services Act）が連邦法として採択された。同法は人口1万人未満の地域の公立図書館を対象に，新しいサービスについて補助金を拠出するという内容であった。19世紀中葉に成立した公立図書館は，ボストンから周辺に普及し，中西部に展開していった。19世紀末からはカーネギー（Andrew Carnegie）が自治体に図書館設置の寄付をするとともに，州が公立図書館設置に補助金を拠出するという動きが出てきた。20世紀初頭からは，人口が希薄な地域へのサービスを展開するためにカウンティライブラリーという形態の公立図書館が発展してきた。こうした発展を知ると，図書館サービス法は，公立図書館を国内のすみずみに浸透させるため，最大の行政の枠である連邦が乗り出し，公立図書館設置の切り札として成立したといえる。そして図書館サービス法は社会の動きと図書館状況を受けて，1964年には図書館サービス建設法（Library Services and Construction Act），1996年には図書館サービス技術法（Library Services and Technology Act）につながっていった。

この種の法律の重要性は指摘するまでもないが，本項目は行政的な施策の動向を概観するのではなく，むしろ法にあらわれた

公立図書館思想を概略する。それは公立図書館という場が，社会的にどのように認知されているかを理解する一つの方法と把握してもよい[22]。

a 法と図書館：アメリカの場合
(1) 公立図書館という場の捉え方：前史
1980年代末になるまで，公立図書館の基本的性格や役割を主たる争点とした裁判はなかった。とはいえ断片的にそうした性格に言及した判決は存在した。大枠において公立図書館は楽しみ（recreation）に資するという認識は，最も初期の裁判事件であるイギリスのサンダーランド事件（1875; *Attorney General* v. *Corporation of Sunderland*, 2 d Ch.Div. 634）から共通していた。この裁判は"歩道や楽しみの場"と用途が限定されている土地に公立図書館を設置できるか否かを争った事件である。しかし楽しみの場という全体的な捉え方の中でも相違はあった。サンダーランド事件の下級審は図書館を"楽しみの場"として温室や博物館の側におかず，美術学校の側においた。これは一部の人の勉学の場と把握したからであろう。またフォートワース事件（1938; *Fort Worth* v. *Burnett*, 115 S.W.2d 436）では公園に公立図書館を設置する是非が争われ，テキサス州最高裁は建設を認めなかった。その際，楽しみの場としての公立図書館という考えは成立するとしつつも，その楽しみは豊かな教育ある人がもつ特権と把握したのである。

さらに公立図書館建設の公用収用の是非を争ったボルティモア事件（1930; *Johnson* v. *Baltimore*, 66 A.L.R. 1488）がある。市は一般的な"公共の目的"と結びつけて，公立図書館を市の重要事項と主張した。判決は学校の延長として公立図書館を把握し，代議制民主主義を実質化するための場として公立図書館を把握した。これはボストン市立図書館を成立させた論理の一つでもあった。

そしてニューヨーク・パブリック・ライブラリー事件（1942; *Abbott* v. *New York Public Library*, 32 N.Y.2d 963）では，教育的目的と楽しみという目的を同等においた。なおこの事件はある利用者が他の利用者からナイフで傷害を受け，数日前にもその利用者が館内で傷害事件を起こしていることから，図書館側の手落ちを主張した事件である。

(2) 公民権の時代から1970年代：過渡期
公立図書館に関する最初の合衆国最高裁判決がブラウン事件判決（1966; *Brown* v. *Louisiana*, 86 S.Ct. 719）である。判決は図書館での人種隔離を憲法違反としたのだが，"静寂，知識，美"に専心する"神聖な"場として公立図書館を把握し，"被差別者と抑圧者が対峙する舞台になった"ことを嘆いていた。ここには当時の最高裁が抱いていた公立図書館像があらわれている。利害対立とは無縁で，活字文化を蓄積する"神聖"な場としての公立図書館であり，そうした高尚な活字文化の吸収にいそしむ利用者といった捉え方である。

ところで学校図書館蔵書にかかわる裁判が1970年代から目立って増加してきた。最初の事例であるプレジデンツ事件（1972; *Presidents Council, District 25* v. *Community School Board. No.25*, 457 F.2d 289）は，教育委員会の権限を重視することで教育委員会による図書の除去を認め，一つの判例の系譜の出発点となった。一方，ミナーシニイ事件判決（1976; *Minarcini* v. *Strongsville City School District*, 541 F.2d 577）は，学校図書館という場を"思想の自由市場における強力な資源"と位置づけ，教育委員会による図書の除去を認めず，いま一つの判例の系譜の起点となった。ピコ事件での合衆国最高裁判決（1981; *Board of Education, Island Trees Union Free School District No.26* v. *Pico*,

457 U.S. 853）で反対意見を執筆したレーンキスト（William Rehnquist）裁判官の言及は興味深い。保守派のレーンキストは教育委員会の権限を最大限に重視し，教育委員会による除去を認める強固な反対意見を執筆した。その過程で学校図書館を公立図書館と対比し，結果として公立図書館を"自由な探求"の場と把握し，大学図書館と同列においたのである。

(3) パブリックフォーラムとしての公立図書館：1990年代

合衆国憲法は，言論の自由という権利を行使したいと願うあらゆる人に，公有財産の性格，あるいは話し手の言動から生じる混乱とはまったく無関係に，アクセスを提供するようには求めてはいない。政府は私有財産の所有者と同じように，管轄下にある財産に対して，所定の目的のための利用に限定する権限を有する。この権限を決定するについて，合衆国最高裁は伝統的，制限的，それに非パブリックフォーラムという三つの基準を設けてきた。伝統的パブリックフォーラムとは，公道，公園など伝統的に表現活動の場として認められてきた場で，規制にあたっては時間，場所，態様などで合理的かつ最小でなくてはならず，表現活動の内容について中立でなくてはならない。規制は重要な行政上の利益に役立つときに限られ，規制を狭く具体的に特定するとともに，表現活動のための代替手段を十分に用意しなくてはならない。一方，制限的パブリックフォーラムは，政府が創設した目的もしくは限定された目的をもつフォーラムで，表現活動の場として広く開放されたものである。その規制は伝統的パブリックフォーラムに準じる。

公立図書館の捉え方に転機となったのがオックスフォード事件（1989; *Concerned Women for America, INC. v. Lafayette County*, 883 F.2d 32）で，問題となったのは「アメリカを懸念する女性」による図書館集会室の利用である。判決は，図書館の設置目的に照らして図書館は集会室の利用を制限できるが，集会室は実態としてパブリックフォーラムとして運用されており，そうである限りこの団体の利用を排除できないとした。

続くモリスタウン事件（1992; *Richard R. Kreimer v. Bureau of Police for the Town of Morristown*, 958 F.2d. 1242）は，ホームレスの図書館利用を扱った事件である。判決は，合衆国憲法修正第1条が保障する表現の自由の必然的結果として，思想や情報を受け取る権利を認め，この権利を行使するについて公立図書館が重要な役割を果たすとした。そして連邦控訴裁判所は公立図書館を思想や情報（とくに文字コミュニケーション）を受け取るための制限的パブリックフォーラムと位置づけたのである。

さらにラウドン事件（1998; *Mainstream Loudoun v. Loudoun County Library*, 2 F.Supp.2d 783; 24 F.Supp.2d 552）は，すべての利用者用インターネット端末にフィルタリングソフトウェアを導入した問題を扱った。判決はオックスフォード事件，モリスタウン事件を踏襲し，公立図書館を制限的パブリックフォーラムと位置づけ，図書館の措置を憲法違反と判示した。

最後にアメリカ図書館協会事件（2002; *American Library Association v. United States*, 201 F.Supp.2d 401）である。連邦地裁は，連邦補助金を得る条件としてフィルタリングソフトウェアの導入を強いる連邦法を憲法違反とした。そこではモリスタウン，ラウドンの判決を受け継ぎ，公立図書館でのインターネットアクセスの提供を制限的パブリックフォーラムと把握した。さらに補助金にまつわる条件としての内容制限については，もともと公立図書館は私的言論を推進する場であって，そうした意図を有する

場での内容制限は憲法に違反すると結論している。一方，合衆国最高裁（2003；539 U.S. 194）は，同法が補助金にまつわる条件であること，またフィルタリングソフトウェアの解除手続きが設定されているとの理由で合憲とした。

(4) 法と公立図書館

このように1989年のオックスフォード事件を契機に，公立図書館の基本的性格をめぐる事件が，集会室のあり方，ホームレスの利用，利用者用インターネット端末の扱い，補助金の条件としてフィルタリングソフトウェアの強制装備を求める連邦法など，社会の動向と密接にかかわる事件として生じている。判決は概して公立図書館を制限的パブリックフォーラムと規定している。こうした判例の蓄積と解釈は，「図書館の権利宣言」が意図する方向と軌を一にしており，その点で1990年代は「図書館の権利宣言」の示す理念や道徳力が，一連の裁判の過程を経て法的に認知を得た時代といえるであろう。

b 法と図書館：日本の場合

近代的図書館制度の特徴の一つに，図書館制度が法的根拠をもつことがあげられる。図書館は法に基礎づけられることによって，社会的に公認され制度的な安定を得る。と同時に法に規制拘束される。

しかし法が図書館制度や活動のすべてを規制するわけではない。すでに「1 社会と図書館」で触れたように，法の社会的支持層の有り様によって法理念の実現の程度は変化する。図書館は社会と法の相互規定関係の中に位置づけられる。また，法の執行にあたる行政のあり方によっても，法のあり方は異なってくる。とりわけ日本の場合，行政（官僚）の裁量権が広範に認められており，行政のさじ加減で法の理念や規定が有名無実化することも多い。さらに図書館法規以外の言論法や教育法，地方制度法などが実質的に図書館のあり方を規制することもある。

(1) 戦前期の図書館と法

近代日本で図書館に法的根拠が与えられたのは，1879年の教育令である。この教育令は第1条で"全国ノ教育事務ハ文部卿之ヲ統摂ス故ニ学校幼稚園書籍館等ハ公立私立ノ別ナク文部卿ノ監督内ニアルヘシ"とし，書籍館（図書館）が文部卿（教育行政）の所管に属することのみを規定した。その後1899年に，8条からなる図書館令が単独法令として制定され，1921年には公立図書館職員令が制定された。さらに1933年には中央図書館制度を内容とした図書館令ならびに公立図書館職員令の改正が行われた。

この戦前期の図書館法令は，戦後のそれとは異なる特質をもっていた。すなわち図書館令は勅令で，帝国議会が定める法律ではなかったことである。教育に関する立法は天皇の権限に属していたからである。また1930年代に入ると府県レベルで図書館令施行規則の制定が相次ぐが，これも現代の地方自治体が制定する図書館条例とは異なっていた。府県議会とは何のかかわりもなく，天皇の官吏たる府県知事が自らの権限で制定したからである。しかも，国法である図書館令の「施行規則」として制定されたのであった。

こうした図書館立法のあり方にみられるように，戦前期の図書館は，天皇の機関という法制度的性格を与えられていた。また教育理念と同じように，図書館の基本理念も教育勅語という法ならざる法によって与えられていた。さらに図書館令の内容が非常に簡略であったことと相まって，法が行政活動の規範としての役割を果たしえず，府県知事の施行規則制定にみられるように，図書館のあり方は行政および官僚の無制限ともいえる裁量に委ねられていた。

(2) 戦後の図書館と法

　戦後の図書館法規は性格を大きく転換する。勅令という法形式が否定され，すべての法は国会が定める法律の形式をとることとなった。図書館法の制定はこの意味で法形式における国民主権原則を体現している。また憲法が規定する地方自治の原則に基づき，地方自治体（議会）に条例制定権が付与され，地方自治体が住民の意思に基づき図書館設置条例を制定し，図書館サービスを提供する権限が与えられた。さらに行政活動はすべて法に基づき行われるという法治主義の原則が明確にされ，行政の裁量に一定の制約が加えられた。

　1950年に制定された図書館法は，こうした諸原則の上に新たな図書館理念を規定した。第1に，図書館法は戦前の国家のための図書館から，国民の教育を受ける権利を保障する機関へと性格を転換した。国民への奉仕を謳った「図書館奉仕」の理念はそのことを示している。しかし図書館は狭い意味での社会教育機関ではなく，"一般公衆の利用に供し，その教養，調査研究，レクリエーション等に資すること"（第2条）と規定されたように，"もっと寛いだもっとやわらかい楽しみをも含"む機能が期待されたのである。第2に，図書館は住民の意思によって設置され，住民の希望に沿って運営されるべきであるという地方自治と住民自治の原則を明らかにしている。条例による設置と図書館協議会の設置の規定が，これにあてはまる。とくに図書館協議会は，住民と図書館をつなぐ制度として構想されている。第3に，図書館奉仕を実質化するために，専門的職員（司書・司書補）の配置と資格・養成方法等を規定した。戦前の図書館令にも司書という職名規定はあったが，その資格・養成は規定されていなかった。また国庫補助金の受給資格ではあるが，図書館長に司書資格を求めていた。第4に無料原則を定めて，権利としての国民の図書館利用を保障し，第5に国および地方自治体の条件整備義務を定めている。第6に戦前への反省をふまえ私立図書館への補助金支出を禁じ，国民の自由な学習活動に対する公権力の干渉を禁じた。第7として図書館を制度上「教育機関」（地方教育行政の組織及び運営に関する法律第30条）に位置づけ，教育行政からの相対的自律性を保障しようとしたことである。

　こうした戦後の図書館法理念は，現在でも基本的に維持されている。しかし1950年代には，図書館員のレベルにおいても地域住民のレベルでも，図書館法理念を積極的に支持する動きは微弱であった。むしろ戦前的な理念に基づく図書館法改正要求が支配的であった[23]。また国および地方自治体についても，積極的に図書館法理念の実現を図ろうとする動きはほとんどなかった。

　しかし1960年代に入ると，「1　社会と図書館」で触れたように，都市近郊地域の新中間層とその家族を担い手とした図書館づくり住民運動が起こり，そうした動きに呼応した図書館員の図書館サービス改善運動と地方自治体の図書館振興施策が生み出されていった。図書館法は積極的な支持層を獲得し，法理念に基づくサービスの展開と図書館の普及が進められていった。

　また1960年代以降のこうした歩みを通して，図書館法理念の深化と新たな創造，とくに住民の図書館利用に関する権利概念が深められていった。教科書裁判における学習権論に学び，図書館を住民の学習権から基礎づける議論，視覚障害者の図書館利用を新たに「読書権」の権利概念から意義づけた，視覚障害者読書権保障協議会の提案，図書館利用を都民の「シビルミニマム」（最低条件）として，「生活権」の視点から位置づけた1970年代の東京都の図書館振興政策，これらは国民の図書館利用にかかわる

権利を，狭く教育にかかわる権利にとどめず，生活や文化にかかわるものとして再構成した。また権利主体である「国民」の内実を問い返し，障害者など図書館利用に不利益を受けている人が含まれることを認識し直そうとした。また図書館利用者のプライバシー保護を規定した東村山市の図書館設置条例（1974）は，「図書館の自由」を日本で初めて法に規定した点で，画期的意義を有する。

(3) 現代の図書館と法

1990年代後半以降，とくに公共図書館の法と制度に，次に見るような，構造的ともいうる変化と新たな緊張関係が生まれている。

第1に，図書館法の空洞化と図書館法改正の動きである。1990年代に入り図書館の委託を合法化するため，「既成の概念や法的な枠組み」にとらわれない図書館運営を唱え，図書館法を法的根拠としない「公立図書館」が設置された。しかし図書館法は地方自治体による直営を前提としており，脱法的なこうした手法は，図書館法理念からも，法に基づく行政という点からも大きな問題をはらんでいる。

また図書館法が図書館長の司書資格や司書の配置基準を最低基準で規定していたことに対し，地方行政関係者から批判が繰り返されてきた。そうした要求に沿い1999年，図書館法が改正され，最低基準の廃止，補助金交付要件としての館長の司書資格の廃止，図書館協議会委員の選出区分の大綱化などが行われた。また図書館法第17条の無料制に関し，商用データベースの提供などについて有料制を容認する解釈が採用された。

さらに，公共施設の設計，建設，運営を一括して民間企業に委ねることを可能にするPFI法（民間資金等の活用による公共施設等の整備等の促進に関する法律）の制定（1999），公の施設の管理権限の委託，民間営利企業への委託を可能にする指定管理者制度の創設（2003年地方自治法改正）など，図書館法の外に，図書館法理念を空洞化する制度がつくられるという事態が生じている。

第2に，教育基本法改正の問題である。2006年12月，教育基本法が全面改正された。図書館法は1947年教育基本法と不可分の関係のもとに制定されている。それゆえ今回の改正が，図書館のあり方にどのような影響を及ぼすのか懸念される。

改正教育基本法は，旧法とは対照的に，教育目標に多くの価値観や態度を規定し，教育行政権限を強化したことなど，「戦後教育」理念からの決別と，国家権限の強化を内容としていた。また新たに「生涯学習の理念」を規定し，社会教育については，新たに「個人の要望」と「社会の要請」を強調する条文が登場した。

教育基本法の改正を受け，2008年6月図書館法が改正された。主な改正点は，①「図書館奉仕」に，家庭教育の向上に資することや，社会教育での学習の成果を生かす機会を提供することが，図書館資料に「電磁的記録」が加えられた，②司書の養成，研修に関し，大学での司書養成を主たる方法とし，国と都道府県に司書研修の実施の責務を課した，③「望ましい基準」を私立図書館にも適用した，④公立私立図書館が運営状況に関する評価を行い，改善のための措置を講じ，運営状況に関する情報を提供することを規定した，⑤図書館協議会の委員に"家庭教育の向上に資する活動を行う者"を加えたこと，である。

今回の改正では，望ましい基準や図書館評価の実施等を私立図書館にも適用するなど，私立図書館への不干渉原則に抵触する部分，有料制容認解釈を維持しているなどの問題点はあるが，戦後図書館法理念を大

きく変更するものではなかった。
　他方，図書館資料に「電磁的記録」を加えたこと，大学での司書養成を主たる方法としたこと，司書の研修の実施，図書館評価の実施など，社会の変化や図書館関係者の要望に沿った改正点など評価できる点も少なからず存在する。
　第3に，市民による図書館裁判の提起である。この点に関しては「2．知的自由と図書館」でふれたのでここでは省く。
　　　　　　　　　（川崎良孝・山口源治郎）

4　テクノロジーと図書館

a　紙メディアを中心とする図書館

　情報の記録媒体は時代や社会によって変化してきた。紙以外にも，粘土，皮革，木，竹，布などさまざまなものが使われてきた。図書館についても，粘土板の図書を集めたアシュルバニパル王の図書館，蔵書の大部分がパピルス製の巻子本といわれるアレクサンドリア図書館のように，紙媒体以外の資料を中心に所蔵していた図書館が存在した。しかし2世紀初頭に中国で発明された製紙法は世界各地に広まり，紙は次第に情報の記録媒体の中心的地位を占め，図書館資料についても同じことがいえた。とくに15世紀半ばにヨーロッパで活版印刷術が発明され，図書の生産方式が根本的に変化した。そののち図書の生産は等比級数的に伸び，現在に至っている。
　図書館が紙に依存していたのは資料だけにとどまらない。資料の受入や管理，それに貸出をはじめとして，多くの業務やサービスも紙を前提にしていた。目録技術など，資料検索の技法についても，紙の技術を前提に開発や改良が重ねられ，その可能性と限界の下で発展してきたのである。
　文字文化の伝承をおもな目的としてきた図書館の世界が変容していくきっかけとなったのは，19世紀後半から20世紀前半にかけての電信，電話，ラジオ，テレビをはじめとするエレクトリックメディアの発明と発展であった。エレクトリックメディアは図書に取って代わるものではなかったものの，新しいメディアの出現によって図書館資料の構成に変化が起こり，それが結果として図書館員のメディアに対する意識を変えたのである。何よりも図書館をとりまく情報環境が変化したことで，重大な転換点が生じた。文字文化の伝承をおもな目的としてきた図書館界は，エレクトリックメディア出現期にラジオや映画などのメディアの受容をめぐって，きわめて大きな葛藤を経験することとなったからである。
　20世紀に入りラジオ，テレビなどがニューメディアとして社会に出現し市民生活に浸透した時点で，図書館員は図書サービスを通じて培った情報収集，蓄積，提供のテクニックを，図書以外のメディアに適用することに挑戦し始めた。例えば映画フィルム，レコードの貸出を行うとともに，アメリカではラジオ放送開始からわずか2年後の1922年には，公立図書館がラジオ放送を開始している。図書以外のメディアを積極的に図書館サービスに取り入れることによって，資料を扱う専門職としてもつ能力を新しいメディアにも発揮したのである。
　しかしラジオやテレビを利用した図書館放送活動は，正規の図書館サービスではなくPR手段としてみなされた。メディアテクノロジーに対する図書館員の敏速な対応は特筆すべきだが，その実践は図書館員個人の意識と適応性に帰するところが大きく，図書館サービスそのものへの影響力はほとんどなかった。マスメディアのような非パッケージ系メディアに対する実践理念をもち得なかったために，20世紀初頭のメディアの変容は，図書館サービスをダイナミックに転換する契機とはならなかった。

ただし新しいテクノロジーの導入は，図書館が多様なメディアをサービス手段として用いることのできる柔軟な文化機関であることを立証するものでもあった。図書館は核となる資料を紙媒体の図書とした上で，技術発展により出現した新たなメディアを特殊資料として処理することとなった。とくに音楽レコード，フィルムなどのパッケージ資料は，視聴覚資料として，図書館が扱うべき資料の枠組みの中で規定された。実際，日本の図書館法では，1950年の制定当初より，図書館が"レコード，フイルムの収集にも十分留意"（第3条）すべきと明記され，この種の資料も図書館資料と位置づけられている。

図書館の運営理念の転換は，伝統的なライブラリアンシップからではなく，ドキュメンテーション運動などの新しい情報処理の手法と理念によって促された側面が大きい。専門情報の組織化と流通を目的とするドキュメンテーション運動は，マイクロカード，マイクロフィルムというテクノロジーを利用することで，理念を実践へと展開させた。例えば1920年代のアメリカでは図書館資料のマイクロ化を組織的に行い，マイクロ資料は保存性や経済性，それにスペースの節約といった利点から重要性を高めていく。1944年にライダー（Fremont Rider）は，主要大学図書館の蔵書の変遷を詳細に分析し，1世紀後の2040年には，イェール大学図書館は2億冊の蔵書で書架は延べ6千マイル，目録カードの箱は75万個で8エーカーの場所，さらに6千人以上の目録係が必要と試算している[27]。こうした問題を解決するために，目録と図書のマイクロカード化を強力に推奨したのである。すなわちマイクロ資料は技術の進展とともに，それを受け入れる図書館現場での環境がそろっていたといえる。

ドキュメンテーション運動によって切り開かれた情報組織化のためのさまざまなテクニックは，1950年代以降に発展する情報検索へと引き継がれた。利用者のニーズに合った情報を抽出するための理論と技術の体系である情報検索は，ライブラリアンシップの中核となるスキルでもあり，その進歩は情報技術に直接依存する。マイクロフィルムから機械可読ファイル，オンラインコンピュータシステムへという情報検索の進歩は情報技術の発展を示している。

とはいえ図書館での技術の導入や機械化を考える場合，1960年代以前と以降で区別できる。要するに1960年代以前の機械化は，作業効率を高めるための機械化であり，新媒体の資料も印刷資料の補完的役割を果たすにすぎなかった。またそれらの新媒体による資料も，保存や利用は場所に制約され，記述内容を変更できず，柔軟性を欠くといった点では，紙媒体の資料と似た性質をもっていた。ほとんどの資料，サービス，業務が紙の技術を土台にし，そういう意味でバックランド（Michael K. Buckland）のいう"紙メディア図書館"であった[28]。

b 機械化された図書館：1960年代以降

図書館にとって目録は重要な道具である。かつて図書館目録は，形態を問わず紙媒体に依存していた。しかし現在ではコンピュータを利用したものが主流である。この変化が象徴するように，図書館は紙からコンピュータ中心の時代へと移動している。その始まりは1960年代のアメリカで，主として政府機関や大学が，コンピュータを用いた情報検索システムの開発にあたった時期にある。この技術は図書館界にも取り入れられ，とくに目録技術に代表される資料組織や検索の様式が劇的に変化していく。

例えばアメリカ議会図書館は，目録カードをコンピュータで処理できる形態に変換する方法についての研究を進めた。1966

年1月には,同館を中心にMARC (machine readable catalog) プロジェクト, すなわち機械可読形式の目録情報を作成して多くの図書館に配布するための研究が発足した。そして1969年3月には,いわゆるMARCを磁気テープの形で配布するサービスを本格的に開始している。また1967年にオハイオ州の大学図書館の連合体で機械化と協同作業をめざすOCLC (Ohio College Library Center, 1981年にOnline Computer Library Centerと名称変更) が設置され,そののち機械化された協同目録事業が開始された。

　図書館の目録は,以前の冊子体,カード形式の目録から,COMCAT (COMcatalog: computer output microform catalog), OPAC (online public access catalog), そしてWeb OPACという方向に進展していった。COMCATは,機械可読の書誌レコードから直接的に,COMレコーダー (COM recorder) という記録装置を使って,マイクロフィッシュやマイクロフィルム上にアウトプットした形態の目録である。オンラインでつながってはおらず,いわば従来のカード目録とオンライン目録との過渡期の目録と考えてよい。そしてOPACはオンライン目録と同義で,それをWebフロントにしたものをWeb OPACなどとよぶ。

　オンライン目録はカード目録に比べて格段に柔軟性に富み,機能的にもはるかにすぐれたものとみなされていた。それは,紙という媒体が必然的にもつ不便さや硬直性,そして保管場所の問題など,カード目録の難点を解消するものとしてアメリカ図書館界から大きな期待で受け入れられたからである。すなわちカードからオンラインへの移行は,単なる提示形態や媒体の変更にとどまるものではなかった。

　実際,資料組織化の業務にコンピュータを導入することで,各館で費やされる労力は大幅に減少した。また,複数館の目録情報が通信回路で接続されると,どこからでも自らの手により書誌情報や所蔵情報を瞬時に入手でき,利用者にとっても格段に便利になった。のみならず,目録データベースは,カード目録や冊子体目録では不可能な論理演算による多面的検索も可能にした。ただし,オンライン目録が図書館界にもたらしたものは,単なる業務の効率化,サービスの向上だけの道具的利便性ではなかった。目録概念自体の変容を余儀なくさせ,ひいては図書館のあり方や利用のしかたにも根底的な変化を予想させるものであった。

　1970年代末以降,日本の図書館界にもコンピュータ化の波がおしよせた。ただし日本の場合,コンピュータは大量の貸出・返却業務を迅速に処理する目的で取り入れられた。既存の業務の効率化や省力化に役立つ道具として採用された。そのためか,日本の図書館界でコンピュータの問題を論じる際には,しばしば道具的存在としてのコンピュータを強調してきた。

　しかし情報化の現実的な影響力は,当初の予測や理解を追い越していく。コンピュータは既存の業務を効率化する手段というよりも,むしろ既成事実化したコンピュータという存在が,図書館への理解そのものの変更を求めたともいえる。やがて新たな時代の波の中で,図書館自体が大きく変化していく。1980年代には国立国会図書館がJAPAN/MARCを開発した。1986年には,文部省の大学共同利用機関として学術情報センター (2000年,国立情報学研究所に組織変更) が設置され,書誌ユーティリティとしての機能を果たすようになった。またこうした動きと並行し,図書館電算システムのパッケージソフトウェアが開発され,図書館業務の中に取り入れられていった。そしてOPACの導入も,まさにこの時代,すなわち1980年代後半から1990年代にかけて

であった。

ただし日本の図書館界でもこの新形態の目録には，導入当初より単なる提示形態の変化以上の効果が予期され，期待されてもいた。OPACは図書館サービスの様式や利用のスタイルを一新させ，図書館のあり方をも大きく変化させるといわれることもあった。実際，カード目録からコンピュータ目録への移行は，図書館のコンピュータ化を広く利用者に実感させた最初の出来事でもあった。OPACの登場は，情報化が図書館に与える影響力に明確な形を与えたのである。要するに日本の図書館でも，オンライン目録の導入は，コンピュータに代表される新技術に伴う図書館の変容を論じる契機になったのである。

c　情報革命と図書館の変容

1990年代半ばから驚異的な速度で利用者を増やしたインターネットは，1969年にアメリカ国防総省が軍事目的で構築したARPAnetが発端である。接続サイトは徐々に増加し1986年には全米研究教育ネットワーク（National Research Education Network）の前身であるNSFnetが構築された。1990年代に入ると，それまでの学術的目的の利用から民間利用が顕著な伸びをみせ，とくにクリントン政権の全国情報ハイウェイ構想といった施策，さらには技術の絶え間ない革新によって，国民生活に深く浸透するようになり，現在に至っている。そして世界規模で，コミュニケーション，経済，教育，金融，文化など，生活の全領域に影響を与えている。この急速な過程を情報革命と称したりする。いずれにせよ，現代ではあらゆる社会的なシステムが，情報通信を核に再構築され，それに伴う変容を余儀なくされている。

図書館も例外ではない。それどころか伝統的に紙媒体に依存し，印刷資料を通じて知識や情報にかかわってきた図書館は，情報革命やそれに伴うメディアの多様化に対して，他の分野に劣らない大きな影響を受けている。電子メディアが出現するまで，図書館の世界では図書というメディアの優位性は完全に保たれ，メディアに対する問題意識も概して低かった。しかし電子的な情報の処理や組織化が，図書館業務において新たな課題を生み出している。さらに電子的な情報を扱うことにより発生する個々の技術的な問題以外にも，電子メディア時代における図書館の位置づけや図書館の守備範囲についての議論も起こっている。図書館・情報機関がネットワーク上の情報資源を活用するようになったことで，図書館のあり方そのものが問い直されているといってよい。

例えば情報の記録媒体が多様化するにつれ，図書館はそれらの資料を無視できなくなり，図書館資料の概念に揺らぎが生じている。また，かつて分類や目録作業には図書館学の専門知識が要求され，同時に司書の資料に対する知識を向上させる上でもきわめて重要と把握されてきた。しかし現在では，多くの図書館がMARCに依存し，独自に分類や目録の作業を行うことも少なくなった。さらに新しい情報通信技術の導入で物理的に離れた図書館相互のコミュニケーションが促進され，運営のみならず利用のあり方までが大きく変化した。加えてインターネットを通じて外部からのアクセスが可能になると，図書館に対する地理的，時間的な制約は大幅に解消される。要するに，今日の情報革命に伴って図書館の全側面が，何らかの形で変化しつつある。

無料の原則や貸出業務の重要性といった事柄でさえ，決して例外ではない。例えば1998年，生涯学習審議会社会教育分科審議会計画部会図書館専門委員会は，「図書館の情報化の必要性とその推進方策につい

て」[29]を提出した。この報告は図書館の一部有料制を容認するかのような提言を行ったことで知られる。その是非はともかく，同報告は情報機器や通信回線といった情報通信基盤の整備を不可欠とする一方，無料原則に関しては必ずしも堅持する必要がないと位置づけているのである。

また日本の図書館現場をみると，1990年代後半より大学図書館を中心に，自動貸出返却装置が導入され始めた。この装置の導入については，司書が貸出という基本的業務を放棄するものとして反対されるなどした。それでも事実として自動貸出機の導入は進んでいる。またこうした動きと前後するように，最近では貸出業務の再検討などが求められた。つまり貸出が図書館における重要なサービスであるにしても，そこに新たな技術が導入され，その結果，司書のもつ技術や専門性が従来ほど必要とされなくなってきたというのである。そのため貸出作業の陰でこれまで不十分だった業務，例えば読書案内サービス等に力を入れるという主張が提出されることもある[30]。さらには貸出だけを重視する考え方を改め，情報ストック，すなわち情報を利用可能な形で蓄積する作業を重視すべきとの意見もある[31]。いずれにせよ技術革新は，司書に求められる能力，果たすべき役割の変容を生んだ。そして最重視されてきた無料原則までもが俎上にのせられ，最も基本的機能として把握されてきた貸出のあり方までもが影響を受けつつある。

d　情報革命期における図書館司書

ベル（Daniel Bell）がいう脱工業化社会は，物質生産よりも情報や知識が重視される情報化社会と重なる。ハリスによれば，しばしばアメリカ図書館界は情報化社会の到来を，司書職が専門職の地位を獲得する好機と捉えたという。そしてあたかもベルの理論を図書館界に応用したかのようなランカスター（F.W. Lancaster）の議論を，その代表例と位置づけている[32]。

たしかにランカスターは，情報化が進む社会にあって，司書も情報提供者として社会的評価を高めうるとの見解を示した。しかしランカスターが予期したのは，あくまでも情報提供者としての司書が社会的に重視される機会を得る可能性についてである。図書館や司書が受動的変容を遂げるだけで評価が高まると指摘したのではない。それどころか従来型の図書館はいずれ消滅すると予測し，司書は図書館という施設から独立し，情報やサービスを利用者に直接的に提供する情報専門職として活動することを勧めた。ランカスターの真意は，情報化時代においては，司書は情報の専門家へと脱皮する必要があるという提言にあった[33]。

この見解には反論も提出された。例えばバーゾール（W. F. Birdsall）は，電子図書館に図書館の未来像を描いたランカスターなどに対して，図書館を単なる情報機関と把握していると手厳しく非難した。そして，今後も司書は図書館という施設から離れるべきでなく，むしろ図書館という枠組みの中でこそ，専門職としての確実な地位を獲得できるとの見解を示している[34]。

ただしバーゾールにしても，昨今の図書館界で電子図書館が重視されているという事実は認めている。のみならず，情報革命が進行する中で，図書館や司書がいっそう高い社会的評価を獲得するか，少なくとも現状の地位を維持するためには，対応策を要すると考えている。この点では，ランカスターとバーゾールの見解は一致している。両者の違いは，司書が図書館という施設の内部で情報化社会に対応していくのか，施設とは無関係に情報専門職になるべきなのかという点に集約できる。いずれの立場に立つにせよ，図書館は社会における情報技

術の進展と成果を取り入れ，情報化に対応すべく従来のあり方を何らかの形で変更すべきであり，また変わらざるを得ないとの認識が，図書館界の一般的見解となっていくのである。

現実の歩みをみると，その是非はともかく，図書館は情報化に対応すべく変容しつつあり，司書は情報提供者としての役割を強化しつつあると認めないわけにはいかない。この事実に照らせば，かつてランカスターが予測したように，司書が情報専門職へと脱皮しつつあるようにも思える。しかしながら情報専門職は，必ずしもかつての司書の単純な延長線上に位置づくわけではない。むしろ司書から情報専門職への変化は，司書がもはや司書とは命名し難い存在へ変化してしまう危険性もはらんでいる。

図書館を支える知識や技術が情報の管理や処理のみになれば，もはやそうした知識や技術は図書館固有のものではない。実際，司書の技術的専門知識は，数学や情報学をはじめとして他の学問分野と融合，競合する傾向が進んでいる。これは司書のアイデンティティが危機に瀕することになりかねない。司書が自らの地位を維持，向上させるには，情報化社会への対応が欠かせないとしても，そのことが同時に，かつて保持していた司書職固有の役割を脅かすことにもなりかねない。しかし図書館および司書は単に情報科学やコンピュータ技術の追従者にとどまることはできない。司書が司書であり続けたまま，技術革新や情報革命に対処しようとすれば，単に技術に追随するような新技術の受容には慎重にならざるを得ない。図書館の理念や原則といった規範的側面は，技術的側面のみから把握すべきではなく，むしろ規範的側面を技術的側面の土台にすべきであろう。

図書館はたしかに技術から大きな影響を受けてきた。活字印刷術の全盛期には紙という資源を生かしてきた。同じように電子環境の時代には，デジタル資源を生かし，それを活用しなければならない。だが紙の時代にあっても，図書館は独自の価値，役割を確立してきた。このことは情報化社会にもあてはまる。情報化社会に対応しながら，図書館および司書は，自らに固有の機能および役割を，社会の認知を獲得できる方向で形成することが求められる。

（薬師院はるみ・川崎良孝）

C. 図書館情報学

1 用語の定義と領域・方法

図書館情報学は，図書館の実務を支える専門知識を体系化した図書館学に，メディアと情報技術の発展を契機として生まれた情報学が付加され，1950年代から60年代に誕生した学際領域である。

図書館学は，人間の多様なコミュニケーション表現として創造された記録情報の処理を中心テーマとする領域で，図書館の実践活動と密接な関係をもつ。ライブラリアンシップとよばれてきた図書館活動にかかわる専門知識体系が，一つの学問分野として大学内部に制度化されたのは20世紀初頭であった。一方，情報の組織化と流通を学術コミュニケーションという枠組みで捉えた上で，そこに生じる諸課題の解明をめざすドキュメンテーション運動が，19世紀末のヨーロッパに生じた。そしてドキュメン

テーション活動は，アメリカに移入されマイクロ資料技術と結びつき発展した。また第2次世界大戦前後には戦時情報政策とのかかわりで，情報検索の研究が進展した。図書館学，ドキュメンテーション，情報学等，図書館情報学の基盤は20世紀半ばに形成された。

図書館情報学は多様なコミュニケーション様式とその成果として生み出された記録情報，情報表現を可能にする技術，情報にかかわる社会制度などを研究対象として，図書館および情報センターの管理運営を理論的に支える役割を果たしてきた。メディアの発達に伴う図書館資料の電子化やコンピュータネットワークの発展によって図書館のあり方が問われている現在，図書館情報学の存在意義も根幹から問い直す段階にある[1]。

図書館情報学は，実践の場である図書館とメディアの発展に伴い，段階的に変化してきたが，ある特定の情報要求をもつ利用者およびコミュニティに対する記録情報の選択，収集，組織化，提供過程を一貫して研究の対象としてきた。この原則により図書館情報学は，実践的な学問として現実的な課題とその克服のための技術的側面をとりわけ重視してきた。図書館情報学は研究成果を還元すべき実践の場を抱えた領域であり，研究は常に実践との緊張関係を伴って進められる。

2 領域の展開

a 図書館学
(1) 図書館学の誕生

図書館学を最初に提唱したのはドイツのシュレチンガー（Martin W. Schrettinger）である。シュレチンガーは1807年に図書館の資料整理と組織化にかかわる問題群の表現として"Bibliothekwissenschaft"の語を用い，図書館学という語が用いられた最初のきっかけとなった。自らの図書館業務の経験に基づき図書館にかかわる実務および専門知識を体系化したシュレチンガーは，図書館学の全体像を著書『図書館学全教程試論』（Versuch eines Vollständigen Lehrbuchs der Bibliothek-Wissenschaft, 1808-1829）にまとめあげた。なおシュレチンガー以前に図書館学の理念を表現した人物にノーデ（Gabriel Naudé）がいる。宰相マザランの司書を務めたノーデは，資料整理と組織化の実践を通じて，図書館業務に不可欠な要素と諸問題を『図書館を創るための提言』（Advis pur dresser une bibliothèque, 1627）で発表した。その後，ドイツではエーベルト（Friedrich A. Ebert）やモールベック（Christian Molbech）が図書館管理に着目した図書館学を提唱した。19世紀末から20世紀初頭にかけて，ドイツでは図書館学の領域をめぐって活発な議論がなされた。ミルカウ（Fritz Milkau）の編集した『図書館学提要』（Handbuch der Bibliothekwissenschaft, 1931-1942）は，シュレチンガーによる図書館学の提唱以来なされてきた図書館学の領域と内容の議論を集大成するものとなった。

イギリスでは公共図書館運動の指導者エドワーズ（Edward Edwards）が，図書館の管理運営にかかわる業務を整理し導き出された専門知識体系にライブラリーエコノミーという語を与えた。ここでライブラリーエコノミーという語に与えられた意味は，図書館の効率的運営にかかわる方法論であった。1859年の著作『図書館に関する覚書』（Memoirs of libraries）では一部をライブラリーエコノミーにあてて，資料の整理，組織化から図書館運営，図書館サービス，図書館建築に至る図書館業務全般にわたる領域を提示している。1903年にはブラウン（James D. Brown）が『ライブラリーエコ

ノミー便覧』(*Manual of library economy*)を著わした。同書はその後セイヤーズ(W.C.B. Sayers)が数回の改訂を行い,イギリスにライブラリーエコノミーの語が定着することになった。

ドイツとイギリスで芽生えた図書館学の萌芽は,アメリカに移入後,学問分野として本格的に展開されることになる。ドイツの"Bibliothekswissenschaft"という語には,1876年に"Library Science"の訳語があてられた。図書館運営の効率化を中心とするエドワーズのライブラリーエコノミーの概念は,アメリカ図書館学の創始者ともいえるデューイ(Melvil Dewey)に強い影響を与えた。デューイがコロンビア大学に設置(1887)した図書館学校は図書館学の出発点となり,その後も図書館員養成と図書館研究の抜本的な見直しが段階的に進められていった。1928年にシカゴ大学に博士課程をもつ図書館学大学院が設立され,図書館学は大学内部に学問領域としての位置づけを得たのである。

(2) アメリカ図書館学の発展

デューイ十進分類法の発案者として知られるデューイは,経験あるいは先達の方法の踏襲にとどまっていた図書館の諸技術を,大学での正規の教育に移行させた。デューイは体系的な図書館員養成制度が欠如していることを指摘し,高度な専門性をもつ図書館職にふさわしい専門職養成機関の必要性を説いた。エドワーズは図書館の管理と運営にかかわる総合的な知識体系としてライブラリーエコノミーを把握していたが,デューイはライブラリーエコノミーを図書館専門職の中核に位置づけ,"図書やその他の資料を最も経済的な方法で選択,購入,収集し,目録・分類作業を施して管理するという一連の活動に必要な専門知識全般"と再定義している[2]。

1883年にコロンビア大学図書館長に就任したデューイは,1884年から86年まで実験的に図書館学の授業を行った。その後,1887年1月にコロンビア大学図書館学校が設立され,図書館の経営管理を中心とする初の図書館専門職の教育が開始された。しかし図書館学校は大学関係者の理解と支持を獲得できず,1889年3月にわずか2年2か月で閉校に追い込まれた。デューイがライブラリアンシップを経験的技術から専門職へと引き上げたことによって,図書館教育は大きく前進するとともに図書館を対象とする研究が始まった。デューイの影響は19世紀末から20世紀初頭にかけて非常に大きかった。しかしながら,当時の図書館学校の目的は学究的真理の追究よりは,むしろ専門職務の向上,とりわけ技術面の習得におかれていた。

一方,アメリカ公共図書館建設への財政的支援の中心であったカーネギー財団は,1910年代末から政策課題を図書館サービスおよび図書館専門職の教育と研究へと移行する。財団は図書館学校改革のため,ニューヨーク・パブリック・ライブラリーの経済部門主任ウィリアムソン(Charles C. Williamson)に図書館学教育と研究の現状調査を委託した。調査報告書として1923年に刊行された『ライブラリーサービスの教育』(*Training for Library Service*)は,図書館員の専門性とその教育について提言を行うとともに,ライブラリアンシップを学問分野として展開する重要性にも言及している。また図書館学校を大学の内部に独立した教育研究機関として設置することも提唱された。カーネギー財団はウィリアムソン報告を受けて,「図書館活動推進10年計画」に沿って図書館学校の再編に着手する。その過程で博士課程をもつ図書館学大学院設立の機運が高まり,シカゴ大学に全米初の博士課程をもつ図書館学大学院が設立された。1928年のことである。

シカゴ大学図書館学大学院の最初の教授陣は，成人教育，読書研究，分類・目録，図書および印刷史，公共図書館の経営，図書館学教育など，ライブラリアンシップの関連領域および隣接領域から招聘された。図書館学大学院が他学部との交流を積極的に進める中で，教育学部，社会学部等の研究手法が図書館研究に取り入れられた。また1931年に図書館学の専門雑誌『ライブラリークォータリー』(Library Quarterly) を創刊するなど，アメリカ図書館学界を研究面で先導した。そしてシカゴ大学図書館学大学院の研究者は，それまでこの分野で使われてきたライブラリアンシップという広義の用語を却下して，ライブラリーサイエンスを用いた。図書館学は実質的にシカゴ大学で開花したといえる[3]。

図書館の現場と緊密な連携をとりながら図書館の実践を向上させていくことは，シカゴ大学図書館学大学院の目標の一つではあった。とはいえ従来の図書館学校がめざしてきた図書館にかかわる実務からなるライブラリアンシップの教育は，この大学院の中核とはならなかった。大学院の最大の目的は，図書館学という学問そのものの構築にあり，隣接領域も含め図書館活動と専門職にかかわる知識体系を研究領域として確立することにあった。書誌学，教育学，文学，哲学，政治学，心理学，経営論，社会学，統計学など，図書館学の関連領域としてあげられた分野の研究手法を図書館学に取り込んだ。研究範囲も図書館に限定せず，図書館が扱う多様なメディア，成人の読書行動全般が分析対象となった。また図書館の存在基盤となるコミュニティの研究も行われ，図書館と外部との社会的接点が明確に示されるようになっていった[4]。

バトラー（Pierce Butler）による『図書館学序説』(An Introduction to Library Science)は，図書館学の学としての構想を展開したものだが，それは同時にシカゴ学派図書館学を説明したものでもあった。バトラーは，図書館員が自己の経験のみに基づいて職務を行ってきた状況は改善されるべきで，図書館の科学を研究する者が必要であるとした。そして図書館学への科学的手法の導入を強調した[5]。『図書館学序説』は，図書館とライブラリアンシップを社会的および知的影響力によって形づけられた現象として把握している。そのことによって，図書館の枠内にとどまっていた従来のライブラリアンシップの枠組み自体を問い直す新たな図書館学を提唱していた。バトラーの図書館学論の出現により，図書館学研究を支える思想的基盤が築かれたのである。

(3) 図書館研究の二つの視座

図書館学という名称で学問体系を構築しようとする1920年代からの動きは，図書館学に内在する二つの性質を浮かび上がらせた。まず，図書館学は図書館実務への貢献が強く期待される実践に即した学問であるという性質である。次に，図書館学は複数の分野に学問的源泉を求めるという学際的な性質である。

第1番目の性質は，図書館学と図書館すなわちアカデミズムとプロフェッションの関係に帰着する。1920年代の図書館学は司書職のもつ専門知識やサービスの理念を科学的方法論によって検証し，研究成果を再び図書館の現場に還元することを目標に掲げたものの，図書館学の確立と実践への貢献は必ずしも同一の方向性をもつものとはなりえなかった。両者とも図書館の実践を立脚点としているものの，実践課題を克服しうるものと把握する学の立場と，実践の問題を科学的手法による解決に完全には委ねられないとする立場の違いは歴然としていた。こうした両者の相違により，1930年代初めには研究者と実務家の間に図書館学論争が起こった。両者の隔たりは大きく，

論争は実りある結果を生み出すどころか，逆にアカデミズムとプロフェッションとの図書館研究に関する認識の相違を浮かび上がらせた[6]。

第2番目は学際領域としての図書館学をめぐる問題である。図書館学は図書館という社会的な場に基盤をもつ学問であるという共通項を別にすれば，多様な領域にかかわる学際的な分野である。このことはシカゴ大学図書館学大学院の設立に際し，複数の分野から研究者が集められたことからも明らかである。異なる研究理念および研究手法を内包する図書館学なので，定義や方法論について統一的な理論の確立には困難がつきまとった。異なる分野の中でもとくに顕著な相違を示したのが社会科学派と人文学派で，研究理念を二分した。社会科学派は還元主義的な立場から図書館現象を解明しようとし，データの収集と分析を中心とする定量的アプローチをとった。一方，人文学派は人文主義的な思想と科学的思考方法の均衡を考慮して，図書館をめぐる多様な課題に取り組む立場をとった[7]。シェラは両者の図書館学へのアプローチの差異を指摘し，シカゴ学派では両者が融合しなかったと結論づけている[8]。

その後も図書館学では，図書館に関する問題群を最小単位へ解体した上で，個々の問題に対し一定の法則や理論をあてはめていく自然科学研究の基本的手法がとられた。これは実務中心の図書館研究とは一線を画すものであり，経験的アプローチを打破する科学的手法として，図書館学研究の主流となった[9]。一方で，図書館学に対する科学的方法の適用への懐疑は，初期には科学的方法の適用を主張していたシカゴ学派のバトラーによって提示された。バトラーは，ライブラリアンシップにかかわる問題すべてを定量的な方法に還元することはできないという立場をとった。科学，技術，人文学的思想の均衡の上に構築されるべきライブラリアンシップに対し，図書館学研究者が堅固な科学と効率のよい技術を希求していることに危惧を抱き，実証主義に依存しすぎた図書館学に対して警鐘を鳴らしている[10]。しかし実証主義への懐疑や批判が図書館学研究者の間で論じられることはなく，実証主義的手法は図書館研究の主流として，そのまま情報学，図書館情報学という新たな領域に受け継がれていった。

b　ドキュメンテーション

ドキュメンテーションは，19世紀末にヨーロッパで始まった自然科学および技術分野における専門領域の情報を対象とする研究分野で，情報の収集，組織化，蓄積，検索，流通にかかわる点で図書館学の隣接領域になる。ブリュッセル生まれの法律家オトレ（P. M. G. Otlet）が，協力者ラ・フォンテーヌ（Henri La Fontaine）とともに，学術文献の書誌情報の国際的収集をめざして，世界書誌の編纂に着手したのが発端である。1895年には学術情報の国際交換を目的に，国際書誌協会（Institut International de Bibliographie）が設立された。世界書誌作成のために1905年に考案された国際十進分類法は，論文レベルの組織化と各文献に含まれる主題間の関係表現を可能にしたもので，ドキュメンテーション活動推進のためのツールとして用いられ，現在に至る。

ヨーロッパのドキュメンテーション運動の流れを受け，アメリカではドキュメンテーション技術の専門団体として，1937年にアメリカドキュメンテーション協会（American Documentation Institute）が設立された。ドキュメンテーション運動の移入とマイクロ資料の普及の時期がほぼ重なったアメリカでは，両者が新たな情報組織化の技術として接合される形で発展した[11]。

ドキュメンテーションは，専門分野の情

報交換を世界規模で行い,しかも組織化の対象を論文単位のレベルまで下げるという点で,従来のライブラリアンシップとは異なる枠組みをもつ。論文を書誌記述の単位とする主題分析の考え方は,1960年代以降の情報検索技術に結びついた。図書館など特定の場所における情報処理を前提する伝統的な図書館学とは異なり,専門情報の組織化と流通を主たる目的とする情報組織化の理念は,20世紀半ばから発展する情報学および図書館情報学と強い共通性をもつ。

C 情報学

情報学は,情報の蓄積,組織化,流通を通じた個人およびコミュニティへの情報提供過程を対象に,情報,メディア,利用者を総合的に研究する領域である。その中心的な課題は,社会的文脈を視野に入れて情報ニーズの発生や情報利用行動を明らかにすることにより,人間の知識コミュニケーションを解明することにある[12]。

(1) 情報学の展開

情報学の史的発展の中で最も重要な出来事は,1945年にブッシュ(Vannevar Bush)が考案した情報交換装置メメックス(Memex)の構想である。ブッシュの構想は情報学の基本的な目標を包含し,情報流通に伴う多様な問題点を,情報技術によって解消しようとする情報学の方向性を明確に示していた。

第2次世界大戦中から情報工学,経営学の領域で研究が進められてきたオペレーションリサーチ等の経営管理手法が,多様な情報システムに適用されるようになり,情報学および隣接領域にも広がりがあらわれた。1957年には,ソ連が人工衛星スプートニクの打ち上げに成功し,アメリカでは科学技術情報の流通が国家的な急務となった。情報流通にかかわる政策の実施や研究推進のためのプロジェクトは,情報学の発展への推進力となったのである。

情報学の発展には情報量の爆発的な増加も強い影響を及ぼしている。情報量の増加への懸念は1960年代初期には社会問題となると同時に,社会資源としての情報への認識が高まり,情報流通モデル全体を捉えた情報の収集,処理,利用のプロセスの分析が,情報学の課題となった。また情報学の基礎研究として,情報理論,認知科学,論理学,数学,哲学を援用した情報の特性の定式化,情報の利用者と利用行動の分析が重要な課題であった。さらに学術情報の流通経路や科学者間の研究交流を解明するために,特定の分野に所属する研究者の生産性や研究活動の状況,研究論文の被引用頻度などを調査することによって,学術情報を数量的に捉え,学術研究の様態や専門情報の流通を分析するための多様な手法が開発され,ビブリオメトリックスなどとよばれる領域を形成した[13]。

情報学は記録物の効果的な利用を研究の中心とする点で図書館学と共有点をもつものの,問題の立て方や理論的課題と枠組み,検証方法といった点で,伝統的な図書館学とは異なる。また情報の記述とアルゴリズムのプロセスの体系化に主眼をおくコンピュータサイエンスと情報学は研究対象を部分的に共有するが,前者が情報の遷移に焦点を当てるのに対し,後者は人間の情報利用に着目する。さらに情報学はコミュニケーション科学とも領域的な重なりがある[14]。

アメリカでは,情報処理研究のために使われていたドキュメンテーションという用語に,情報学という言葉が使われるようになった。アメリカドキュメンテーション協会は,1968年にアメリカ情報学会(American Society for Information Science)へ,2000年にアメリカ情報科学技術協会(American Society for Information Science and Technology)へと改称し,今日に至っている。

(2) 情報検索

　情報学の中でも図書館情報学にとってとりわけ重要な概念が情報検索である。情報検索とは，蓄積された情報の中から利用者の情報ニーズに合った情報を抽出するための仕組みをいう。それはライブラリアンシップの中核となる技術でもある。図書館での情報検索は主として図書を対象とするが，20世紀半ばから発展した情報検索システムはメディアすべてを対象とし，検索のために用いる技術自体も，初期のマイクロ技術からコンピュータ技術へと進展してきた。

　情報検索という語は，1951年にムーア（Calvin Mooers）が情報の記述，検索システム，検索技術にかかわる領域として創案したものである。1955年にケント（Allen Kent）とペリー（James W. Perry）によって，ウェスタン・リザーブ大学にドキュメンテーションコミュニケーション研究センターが設立された。このセンターは図書館学部長のシェラの指導のもとで，コンピュータを利用した情報検索システムの開発，情報学の基礎理論，図書館オートメーションの開発などに取り組み，情報学研究の拠点となった。

　情報検索研究は，情報プロセスの記述や検索技術とシステムの検証だけでなく，情報の性質，知識構造とその記述，人間の情報検索行動，情報検索の効果といった情報学にとっての本質的な問題を浮かび上がらせている。情報検索研究により人間のコミュニケーションプロセスの理論的，技術的解明に焦点が当てられるようになり，情報学自体の進歩が推し進められた[15]。

d　コミュニケーション科学

　コミュニケーション科学と図書館情報学の研究テーマには，情報の生成から利用に至るプロセスやマスコミュニケーションの機能などの点で，強い共通性がある。コミュニケーション科学が主として情報伝達の物理的プロセスを研究の中心とするのに対し，図書館学は情報の内容物であるメッセージおよびメディアを研究の対象としている。両者とも情報源，メディア，情報利用者を研究対象にした学際領域である[16]。

　図書館情報学にとって，1940年代後半に提唱されたシャノン（Claud Shannon）とウィーヴァー（Warren Weaver）の通信モデル，ウィナー（Nobert Wiener）によるサイバネティクス論は，とりわけ重要な理論である。シャノンは情報伝達のメカニズムを数学的モデルによって表現することに成功し，人文・社会科学の分野におけるコミュニケーションを分析する際の理論を確立した[17]。しかしコミュニケーション理論はあくまでも情報理論の一種であり，情報伝達の物理的側面でコミュニケーションを捉える点で，人間によるコミュニケーションに重点をおく図書館情報学の理論的基盤として完全ではない。

　また図書館情報学とコミュニケーション科学の結びつきは，シャノンらの情報理論を出発点として捉えられてきたが，思想的な関係性はそれ以前に遡ることができる。そもそもコミュニケーション研究は，大きく二分することができる。すなわちコミュニケーションの媒介物である記号作用に焦点を当て，記号のもつ意味伝達の分析を中心とする研究と，コミュニケーションを人間関係の基盤とし，そこに出現する社会関係を考察の中心とする研究である[18]。シャノンらの研究は前者に位置づけられ，コミュニケーション科学で主流を占めるが，後者のアプローチも図書館情報学とのつながりで考慮すべき重要な視点である。こうしたコミュニケーション研究は，20世紀初頭にメディアについての論考を残したクーリー（Charles H. Cooley），ミード（George H. Mead），デューイ（John Dewey）等の思想

家に源流をたどることができる[19]。

シカゴ学派のウェイプルズ（Douglas Waples）は，読書や図書館といった概念をコミュニティのコミュニケーションという観点から捉え，研究対象を拡張していく過程で図書館学をコミュニケーション研究として展開していた。同じくシカゴ派のベレルソン（Bernard R. Berelson）は，コミュニケーション科学の牙城となっていたコロンビア大学応用社会学研究所でラザースフェルド（Paul F. Lazarsfeld）を中心とするロックフェラーラジオプロジェクトに参加して，コミュニケーション研究に本格的に参入している[20]。

3 図書館情報学

a 図書館情報学の成立と発展

図書館情報学は，情報理論，情報処理技術，図書館・情報センターの管理・運営などの幅広い領域を含む学際分野である。図書館の運営と管理および資料の整理技術を中心とする伝統的な図書館学と，情報の特性や解釈，情報検索，情報流通，情報利用にかかわる多様な側面を研究する情報学が，融合をめざし新たな分野を構築しようとする中で図書館情報学は誕生した。歴史的にはアメリカの"Library School"が，コンピュータ技術や情報検索をカリキュラムに取り込んで"School of Library and Information Science"と改称し始めた1960年代半ばから1970年代にかけて，学問として定着した。

図書館学，ドキュメンテーション，情報学は，いずれも現場での実務的な課題のために開発された技術や，同時代のコミュニケーションの様態と密接な関連をもっていた。同じように図書館情報学も現在のメディアテクノロジーおよびメディア環境に深くかかわっている。とりわけ1990年代以降にインターネットが世界規模で普及したことにより，図書館・情報機関はネットワーク上の情報資源を視野に入れた情報サービスを展開するようになった。資料の電子化やコンピュータネットワークで接続された電子図書館の実用化が，この領域の重要な研究課題となり，図書館の概念そのものが問い直されている現在，図書館情報学は領域と方法論を再構築すべき段階に入っている。もとより図書館情報学は，時代のメディア環境に応じて研究領域を拡張し発展させてきた経緯をもつ。したがって領域の変化は決して否定すべきことではなく，むしろ図書館情報学の発展を促す要因と把握してよい。ただしその過程で，自己の研究対象領域の範囲と内容の適合性について，批判的に検討する必要がある。

b 理論と研究方法

多様な領域から研究手法と成果を取り込むことで自らの領域を拡充してきた図書館情報学の場合，図書館情報学独自の理論や手法が確立していないという指摘がある。また隣接領域と図書館情報学の関係性が明確に規定されていないという問題点も抱えている[21]。知識の生成から情報の利用に至る人間の知的コミュニケーションの全プロセスを説明する統合的な理論が求められるが，現段階では諸現象を個々に取り上げ解明していく段階にとどまっている。

依拠する理論モデルにより実証的研究，モデリング，現象記述型，歴史研究，理論研究などに分かれるものの，基本的に図書館情報学の研究手法は，研究手続きの明確化，定義の厳密性，データ収集の客観化，研究結果の再現性などを特徴とする実証主義的方法論が中心である[22]。これは1930年代にシカゴ大学図書館学大学院が，量的測定法に基づく社会科学の方法論的手続きを持ち込み，この分野での方法論を確立したことによる。

しかしながら図書館情報学の中心的なテーマである情報流通と情報利用が，常に社会的文脈の中で行われることを考慮すれば，実証主義的アプローチには限界がある。図書館情報学が図書館，メディア，情報の機能的側面の分析に重点をおいてきた結果，人間の知識コミュニケーションにかかわる科学であるべき図書館情報学の理念的基盤の確立が，後に残されてきたのである。近年，社会文化機関としての図書館，人間の情報行動といった図書館情報学の根幹部分にある基礎的概念が，再び注目を得ている。そこでは新たな研究手法が模索されており，従来の研究手法への反省がみられる。社会学，心理学，人類学，教育学等，社会科学研究における質的研究（qualitative research）の増加を反映して，図書館情報学研究においても質的研究が増加している[23]。

4　図書館研究の広がりと課題

　実践の場としての図書館を支える，専門職の知識体系を源流とする図書館学にとって，図書館は理論形成の立脚点であった。図書館研究と図書館の現場には絶え間なく往復運動が繰り返され，両者は一定の距離を保ちつつ互いの存在を規定してきた。一方で，学術情報の国際的交換をめざすドキュメンテーションや情報学の場合，図書館など特定機関の存在は研究対象として必然的な条件ではない。資料のデジタル化やコンピュータネットワークの発展によって，場としての図書館の存在はむしろ薄れているといわれたりする。図書館という社会機関への求心力は，図書館情報学の史的発展の中では，段階的に弱まってきたといえるかもしれない。
　しかし図書館学が情報学，ドキュメンテーションといった隣接領域を取り込みながら，図書館情報学という新たな領域として学際的性質を強く帯びた独自の研究手法と理論モデルを構築していく中でも，こうした領域が実践と乖離して存在したことはなかった。人間の情報活動にかかわる実践を基盤として成立している図書館情報学には，常に参照すべき実践があり，実践活動への貢献が研究を方向づけている。

a　図書館の捉え方

　バックランドはコンピュータネットワークを中核とする図書館情報学をとりまく技術要素を視野に入れつつ，図書館と利用者というライブラリアンシップの根幹を見直しながら，図書館情報学研究を再検討している[24]。理念上の分析対象としての図書館は，図書館情報学において重要性を失ってはいない。1930年代にアカデミズムでの研究が開始されて以来，図書館を社会的に位置づけ同時に社会における図書館の意味を問い続けてきたという点で，図書館学と図書館情報学は連続しており研究関心を共有している。
　社会的存在として図書館を最初に明確に位置づけたのはバトラーである。バトラーは知識が記述により個人を越えて社会に記憶されるものであること，知識の社会的蓄積について図書館がとりわけ重要な役割を果たすことを指摘して，図書館の社会的役割を明らかにした。またシカゴ学派のカーノフスキー（Leon Carnovsky）も社会機関としての図書館という視座を明確にしつつ，図書館の存在基盤としてのコミュニティについて検討している。カーノフスキーは，公共図書館の活動をコミュニティに照準を合わせた文化サービスから公共善の追究へと広がる社会的営為とし，個々のコミュニティから市民社会の概念を視座に入れた図書館の存在理念を討議している[25]。
　一方，図書館学を研究の出発点とし，後

年ドキュメンテーションおよび情報学研究にも深くかかわったシェラは，図書館のコミュニケーション機能に着目した。そこでは記録された知識の利用を目的とし，それらの保存と流通をめざす一つのシステムとして図書館を規定した。図書館を社会的コミュニケーションシステムの一つと位置づけたのである[26]。図書館をコミュニケーション機関として捉えた場合，図書館研究は情報の物理的現象および事象を扱う情報学の研究者や知識と，思想の流通を人文学的に捉える司書職のいずれの範囲をも越えた領域として展開される必要がある。シェラは知識の社会的影響力や知識が社会的に流通するプロセスで観察される複合的な問題群を研究対象とする領域「社会認識論」を，図書館情報学の理念的基盤として提唱した。社会認識論は知識コミュニケーションと社会の接合点に図書館が存在することを念頭に，図書館で展開される知識と社会的活動の相互作用を，新たなコミュニケーションプロセスとして組み直そうとするものである。シェラは社会認識論を理念的領域と実用的領域を併せもつ複合的な研究領域として定義している[27]。

b 実践の記述

図書館情報学は情報活動をめぐる実践と離反することはありえず，人間の知的活動と情報メディアの連関を批判的に記述していくための方法論が問われている。ところで図書館の史的発展過程で，図書館とその利用者についてさまざまな言説と批評が生成されてきた。図書館情報学における批判的研究の先駆者は，民主主義機関としての図書館像にかかわる固定的な視座と主流文化中心の認識を批判し，公共図書館史の修正理論を提出したハリスである[28]。ハリスが切り開いた図書館の批判的研究は，閉じられた解釈枠組みに依拠していた図書館研究を，広く社会的状況に照らして検討する契機ともなった。

専門職サービスを文化的多元主義，文化再生産などの観点から批判的に検討するための枠組みがライブラリアンシップに適用されたことで，コミュニティの文化コミュニケーションの結節点として機能してきた図書館を，社会的文脈の中で分析していく方向が生じてきた。

ハリスの修正解釈は，その後も公共図書館研究を中心に鉱脈を広げてきた。1990年代半ばから，歴史，文学，社会学の領域における研究者と研究対象領域を共有しながら，読みという実践の記述を試みる読書の批判的研究リーディングスタディも，図書館情報学の新たな研究領域の一つである[29]。分析対象となる読書実践はコミュニティの文化的基盤に基づいた共同体的な活動とみなされ，読書は主流文化への対抗力をもった社会活動として，文化政治的な視点から論及される[30]。

例えばウィーガンド (Wayne A. Wiegand) やポーリー (Christine Pawley) の図書館史研究は，「図書館の生活の中における利用者」から「利用者の生活の中における図書館」という視座への転換を主張している。前者は，従来の研究の主流で，公の行政文書，図書館専門職団体の声明や主張，指導的図書館員の主張や論考を基礎資料に，いわばトップダウンの図書館史記述に向かった。それにたいして，後者は利用者の利用実態などから現実の図書館像を構築していこうとする。そこには図書館管理者や図書館員と利用者との相互作用の分析が含まれる。そして階級，ジェンダー，人種などが色濃くかかわってくる。こうした研究は図書館や図書館史への理解をいっそう豊かなものにしている[31]。

図書館情報学にとって，理念と実践の相互関係を批判的に再構成していく作業はき

わめて重要である。実践との緊張関係を保ちながら多様な言説を構築していく過程で，これまでの図書館情報学において所与の条件とされてきた事柄が浮かび上がり，議論が促されることになる。批判的視座に貫かれた図書館研究の成果は，図書館という社会機関にとどまらず，情報サービスや情報提供にかかわる専門職について記述するための手がかりにもなりうる。情報やメディアについて従来の解釈を問い直していく過程は図書館情報学研究の視野を押し広げる可能性を，示唆するものである。

〈吉田右子・川崎良孝〉

D. 図書館運動

1 図書館運動の意義

　図書館運動は，社会問題としての図書館問題の解決をめざす社会運動である。社会問題とは"社会的な原因で生み出され，解決すべき課題として人々に措定され，社会的な制御・解決がめざされる事象"[1]であり，社会運動とは"現状への不満や予想される事態に関する不満に基づいてなされる変革志向的な集団行動"[2]である。すなわち図書館運動は，"社会的な原因で生み出され，解決すべき課題として人々に措定され"るような，図書館の"現状への不満や予想される事態に関する不満に基づいてなされる変革志向的な集団行動"である。

　より具体的にいえば，図書館運動は図書館の設置や普及，図書館サービスの改善や充実，図書館における知的自由の擁護，専門職員制度の確立，図書館運営への住民参加などをめざし，主として地域住民，図書館員，教員，またはその集団ないし組織（住民団体，図書館協会，労働組合等）などを担い手とし，組織的，継続的に取り組まれる行動である。このうち地域住民が運動の主たる担い手となるものを図書館づくり住民運動という。

　また図書館運動は，行政（公権力）との関係では，自発性と自律性を特徴としている。戦前期に国や地方行政の指導と統制の下に行われた図書館普及活動や国民読書指導運動，戦後期の「一坪図書館」運動や「草の根図書館」運動など，国家目的ないし行政目的の実現をめざす，いわゆる「官製運動」は，外見的には社会運動と類似の活動形態をとることがある。しかしこれは，公権力による「大衆動員」のカテゴリーに属するものであり，社会運動としての図書館運動とは概念的に区別される必要がある。

　図書館運動という用語の使用は，すでに大正期にみられる。『図書館小識』（1915）は，1910年代に図書館の設置が盛んになってきている現象を，"近年各地に勃興せる図書館運動の萌芽"[3]と捉えている。また和田万吉は『図書館雑誌』（1922年7月）に，「図書館運動の第二期」と題する論文を掲載し，今後いっそう図書館の普及・充実等の課題に取り組む必要性を訴えている。ここでは運動の担い手は主として図書館員とその団体であると考えられている。

　図書館運動の担い手を図書館員とその団体を中心にみる観念は，戦後の早い時期に，浪江虔（なみえ　けん）が国民主体の図書館運動を構想提唱し，実践していたにもかかわらず[4]，長らく図書館関係者の中に残っていく。例えば『図書館ハンドブック』増訂版（1960）では，図書館の設置や普及，

図書館サービスや図書館技術の充実・発展をめざす活動を総称するものとして「図書館運動」が使用され，"運動の中心をなすのが図書館協会である"[5]とされている。また『図書館用語辞典』(1982)においても，図書館運動を"図書館員を核とする主権者国民の社会的運動"[6]と定義している。

しかし1960年代後半から，住民を主体とする図書館づくり運動が地域において広がり発展する中で，こうした図書館運動観は大きく転換する。『図書館ハンドブック』第4版(1977)は，"図書館運動・読書運動"の項目中に，「図書館づくり住民運動」という用語を登場させ，図書館運動の中に位置づけるとともに，運動の担い手としての地域住民に注目するとともに，その意義と特質を述べている。また『図書館づくり運動入門』(1976)の刊行は，「図書館づくり運動」や「図書館づくり住民運動」という用語を広め，図書館づくり運動が，住民の権利としての運動であり，高度経済成長によって生み出された地域の生活，教育，文化環境のひずみや貧困を是正する，すぐれて社会的な運動であることを明らかにしている。

2 図書館運動の歴史と現状

a 戦前の図書館運動

図書館運動は戦前期においても，いくつか先駆的な事例をみることができる。例えば1870〜80年代の自由民権運動期において，自由民権結社の多くに新聞縦覧所や書籍縦覧所などの読書施設が存在したことが知られている。宮津の天橋義塾の社則には"社員ノ権利"として"社有ノ書籍新聞紙ヲ借覧スルコト"が規定され，6か条の「書籍出納規則」が苾定されていた。自由民権運動そのものは図書館づくりを直接の目的とする運動ではないが，読書施設は民権結社の重要な機能の一つであり，運動の学習研究活動，会員の思想形成を支えるものであった[7]。

また1920〜30年代の長野県では，青年団(会)の自主化運動が進められる中で，青年たち自身による図書館づくりが取り組まれていたことが知られている。青年団図書館はすでに国策として明治末期の地方改良運動や，青年団政策(青年団の官製化)を通して進められていた。しかしそれらは教化的性格の強いものであった。これに対し長野県下の青年団図書館では，運営権，資料選択権を青年団の側に獲得することがめざされ，行政当局との間に激しい争いが引き起こされている[8]。

これら戦前期の民衆による図書館運動は，天皇制国家による思想統制，思想善導政策に抗し，民衆自身が自ら図書館を作り出し運営することによって，学ぶ自由，読む自由など自由な読書空間を確保しようとするものであった。しかしそのほとんどは，国家権力の抑圧を受けて消滅するか，思想善導型図書館への変質を余儀なくされた。

学校図書館については，大正自由教育運動や昭和前期の生活綴り方運動，生活教育運動などの中で，学校に図書室を設ける例や，教師個人が児童のための図書室を設ける例(静岡の戸塚廉など)も散見されたが，制度としての学校図書館の成立は戦後のことである[9]。

1892年，"図書館及び図書に関する事項を研究し総て本邦に於ける図書館事業の進歩発達を計ることを目的"として，日本文庫協会が結成された。日本文庫協会はそののち日本図書館協会と改称するが(1908)，『図書館雑誌』を創刊(1907)するとともに，図書館事項講習会の開催，全国図書館大会の開催など，図書館員の養成，図書館関係者の組織化と交流，文部省に対する図書館職員の地位向上や図書館の普及・充実政策

の提言など，戦前期の図書館運動の中心的役割を担った。

1927年には，関西の図書館員を中心に青年図書館員聯盟が結成された。青年図書館員聯盟は結成にあたって，"図書館をして飢えたる民衆に対する"心の糧"の給与所たらしめ"ることは，"わが図書館従事者に課せられた歴史的使命である"とし，"挙国的単一団体の結成を促進し，諸種の図書館運動の組織化によって全般的図書館事業の発達と，図書館員の共同利益の保護増進を期せん"と宣言している。青年図書館員聯盟はその後，『圕研究』を創刊（1928）して理論活動をすすめるとともに，日本十進分類法，日本目録規則，基本件名標目表という3大ツールを完成させ，図書館用品の規格化など，図書館整理技術の発展に大きな足跡を残した。しかし戦時下の1943年解散を余儀なくされた。

b　戦後の図書館運動
(1) 戦後初期の図書館運動

敗戦による占領と戦後改革の開始は，図書館運動に新たな局面をもたらした。図書館関係者は，図書館法の制定に向け大きなエネルギーを注ぎ，義務設置，強力な国庫補助，中央図書館制度，図書館員の待遇向上など，戦前には果たしえなかった夢を一気に実現しようとした。しかしこれらの夢は，図書館法ではほとんど実現しなかったため，1950年代の図書館法改正運動に引き継がれていった。

他方この時期，東京の多摩地域では，浪江虔が「農村図書館」づくりの運動を提唱していた。それは単なる教養のための図書館ではなく，農民の労働や生産技術，生活，政治に結びつき，農民自身がつくり出す図書館であり，「教育革命の原動力」となる図書館を構想するものであった[10]。また長野県の青年団においても戦後の新たな状況の中で，青年たちによる読書会や図書館づくりが再び活発化していった[11]。しかし60年代に入り，高度経済成長による農村地域の急激な変貌によって，これらの図書館運動は衰退していく。

それに代わって農村地域では，「不読書層の開拓」を掲げた読書普及運動が登場する。長野県立図書館のPTA母親文庫や滋賀県立図書館の「明日からの家庭を明るくするための本を読むおかあさん運動」など，農村の既婚女性をターゲットにしたもの，また鹿児島県立図書館の「立体的読書活動」，石川県立図書館の読書会活動など，県立図書館を中心に展開されたことが特徴的である。

しかしこうした読書普及運動は，一定の行政目的の下に，その実現をめざす行政活動として行われたものであり，「運動」の擬制を用いていたとしても，冒頭でも触れたように，図書館運動の範疇に属するものではない。またそれが図書館員の善意から出たものであったとしても，住民の読書過程に図書館員が指導者的にかかわることに対し，のちに図書館サービスの本来的あり方から批判されるようになる[12]。

(2) 図書館運動の転換：市民のための図書館づくり

1940〜50年代は，図書館法制定による新たな発展が期待され，「民衆とともにある図書館」が標榜されたが，めざましい発展をみることもなく，逆に沈滞や曲がり角論が図書館界ではささやかれていた。そうした空気が，いっそう法改正による図書館振興への期待を高めていた。しかし同時に，こうした法と権力に依存する図書館振興に対し批判的な勢力が，若手図書館員の中に育っていた。図書館問題研究会（1955年結成）は，"公共図書館の発展は，新しい時代の担い手である民衆の支持を受けてのみ可能である"と綱領に謳い，戦後の図書

運動の方向を模索していた。また図書館法改正法案に対して，それが大図書館中心のものであり，最も重視すべき町村図書館の振興が軽視されていることなどの点を厳しく批判し，もっと現行法を生かす努力をすべきであると主張する者もあらわれた[13]。こうして図書館法はようやくその積極的な支持者を図書館界に見い出したのである。

こうした中で，日本図書館協会事務局長の有山崧（ありやま　たかし）は，新しい公共図書館像を探るべく，若手図書館員を中心に，協会内に調査委員会を設置する（1960）。中小公共図書館運営基準委員会と名づけられたこの委員会は，1963年に『中小都市における公共図書館の運営』を発表した。この報告書は，"中小公共図書館こそ公共図書館のすべてである"と，図書館振興の戦略を定め，"資料提供"こそが"公共図書館にとって本質的，基本的，核心的なものであり，他の図書館機能のいずれにも優先する"と，公共図書館の本質的機能を明らかにし，めざすべき新しい公共図書館像を鮮明に提起した。

この報告書の作成は，図書館運動の観点からみても重要な意味をもっていた。報告書の作成過程で71館の図書館調査が行われたが，その調査には7人の中央委員と49人の地方委員が参加していた。有山崧が"地方の優秀な若い人を調査に動員することにより，相互に知り合い，他館の様子を知ることができる"[14]と述べていたように，この調査は，地方の若手図書館員を組織する性格をもっていた。そしてこの調査に参加した少なからぬ図書館員が，のちに図書館運動の担い手となっていった。例えば大牟田市立図書館の小柳屯（こやなぎ　たむろ）は，困難な条件の中で，安全開架方式から完全開架への閲覧室の切り替え，貸出重視への転換，閲覧票の廃止，整理方針の簡略化などの「業務改善」に取り組んでいった[15]。

『中小都市における公共図書館の運営』が示した新しい公共図書館像と戦略は，日野市立図書館の実験によって，その有効性が確かめられていった。1965年9月，移動図書館1台で図書館サービスを開始した日野市立図書館は，移動図書館の機動性を最大限に活用し，市域全域へのサービスを展開するとともに，個人貸出，児童へのサービスを重視した。また資料提供を支える図書費を重視し，初年度500万円，翌年度には1000万円の図書費を計上した。その結果，1966年度には登録率13.37％，市民1人当たり貸出冊数2.17冊，翌67年度には18.03％，4.18冊という当時においては驚異的ともいえる市民の利用と支持を生み出した。

日本図書館協会では，こうした『中小都市における公共図書館の運営』に基づく図書館実践を総括し，理論化を図るために，公共図書館振興プロジェクトを発足させた（1968）。このプロジェクトでは，五つの公共図書館の実践とサービス計画が検討されたが，最終的には日野市立図書館の実践と経験を基礎にして，『市立図書館の運営－公共図書館振興プロジェクト報告1969』（1970）が作成された。これは数か月後に新書判の『市民の図書館』（1970）として刊行された。

『市民の図書館』は，『中小都市における公共図書館の運営』の考え方をふまえながらも，理論的に再整理し修正を加えた。まず公共図書館を"国民の知的自由を支える機関であり，知識と教養を社会的に保障する機関である"とし，その社会保障的性格を強調したこと，『中小都市における公共図書館の運営』に色濃かった団体貸出重視ではなく，個人貸出を重視したこと，"［個人］貸出こそが図書館の仕事の最も重要な基礎であり核心"であり，"貸出の基礎の上にレファレンスが築かれる"と，図書館サービスを構造的に把握したこと，図書館

を本館,分館,移動図書館からなる組織(システム)として捉えたこと,図書館が利用者に役立つためには,当面人口の2倍の貸出を達成する必要があると提言したこと,などである。

また図書館の発展を実現するためには,①市民の求める図書を気軽に貸出すこと,②児童の読書要求に応え,徹底して児童にサービスすること,③あらゆる人々に図書を貸出し,図書館を市民の身近に置くために,全域へサービス網をはりめぐらすこと,この3点を最重点課題として取り組むべきであると提言した。この明快な公共図書館像と発展戦略の提起は,短期間に図書館関係者に受け入れられ,住民の支持を得ることとなった。この点で『市民の図書館』は『中小都市における公共図書館の運営』以上に,大きな影響を及ぼしたのである。そうした中から"求められた資料は草の根をわけても探します"(大阪市立西淀川図書館)といった取り組みも生まれていった。

そして図書館問題研究会も,1967年の全国大会で,"貸出をのばすことが目下の急務であり,相対的重点である"という運動方針を掲げ,住民に利用され,支持される図書館サービスのあり方をめざすとともに,小石川図書館調査(1968),府中市立図書館調査(1971)など,図書館活動の科学的な調査と理論化に向けた活動を精力的に展開していった。

(3) 図書館づくり住民運動の発生と発展

他方,図書館協会など図書館員とその専門職能団体の運動とともに,図書館利用者=住民自身による運動が,1960年代半ばから都市郊外地域で急速に広がっていった。この運動の原動力となったのは,地域の母親たちを中心とする,親子読書運動,子ども文庫づくり運動であった。

この時期,都市近郊地域を中心に,図書館づくり住民運動が発生した背景として,高度経済成長に伴う生活環境未整備,教育文化環境の劣悪化の問題がある。またテレビやマンガなどによる子ども文化の悪化も問題にされていた。そうした中で石井桃子の『子どもの図書館』(1965)の刊行や,子どもの読書に関心を寄せる教師などからの刺激を受け,親子読書活動,子ども文庫活動など,よりよい子育て環境,読書環境を自ら地域の中につくり出す取り組みが,若い主婦層の中から生まれていった。

子ども文庫はその後急速に全国各地に広がり,1981年の全国子ども文庫調査実行委員会の調査では,4,500を超えるまでになった。また文庫連絡会や親子読書・地域文庫全国連絡会(1970年結成)など,地域的,全国的な連絡組織を生み出すまでに発展していった。

さらに各地の子ども文庫と文庫連絡会は,公立図書館の設置とサービスの充実を地方自治体に要求する運動へと発展していった。1985年の全国子ども文庫調査実行委員会の調査によれば,文庫連絡会の実に8割以上が行政への働きかけを行い,約3割が議会への請願・陳情を行っている[16]。また『図書館要求(陳情・請願)事例集稿』(1972)や,『図書館づくり運動入門』(1976)の事例に示されているように,施設の設置要求にとどまらず,図書館サービス網の形成,児童サービスの充実など質の高いサービスの展開,専門職員(司書)の配置,子ども文庫活動への支援,図書費の増額など要求内容は多岐にわたっている。

このような文字通り下からの図書館づくり住民運動の発展と,運動が掲げた図書館要求は,自治体の図書館政策にも大きな影響を与えていった。東京都東村山市の公団久米川団地では,保育所,児童館,遊び場などを求めて「子どもの施設をつくる会」が結成され,その中から団地住民有志によって,「くめがわ電車図書館」がつくられ

た（1967）。これ以降市内に次々と子ども文庫がつくられていく。そして1970年にはこれら子ども文庫や地域団体から，市立図書館設置の請願・陳情が出されている。こうした動きの中で，東村山市では図書館の設置を決定し，文庫関係者7人を含む11人で構成される専門委員を設置し，1中央館，6分館，移動図書館からなる図書館サービス網を内容とする「市立図書館建設基本計画」（1973）を策定し，1974年に中央図書館を設置した。またこの専門委員の会議は，"利用者の秘密を守る義務"，"地域図書館活動に対する援助"などの条文を盛り込んだ図書館設置条例を提案するなど，市民参加による図書館づくりという新たな運動の到達点を築いたのであった。

また運動の発展は，図書館と図書館員のあり方に対しても大きな影響を与えた。一つには利用者本位のサービスを実現することにとどまらず，積極的に図書館づくり住民運動を支援し，それと連携し，住民参加を深めながら図書館づくりをすすめるようになったことである。子ども文庫関係者が図書館協議会の委員に委嘱されるようになるのもこの時期からであった。二つには，公共図書館での児童サービスの定着と充実である。これは地域の子ども文庫運動の存在抜きには実現しえなかったものである。第3に，「図書館の自由に関する宣言」（1979年改訂），「図書館員の倫理綱領」（1980）を策定するなど，社会と利用者の期待に応え，知的自由を擁護する図書館，図書館員のあり方が明らかにされていったことである。

C　図書館運動の新たな展開
(1) 行財政改革と図書館づくり運動

しかし1980年代に入ると，地方財政危機に伴う行財政改革が進められる中で，図書館運動は，公立図書館の管理委託や資料費削減，専門職制度の未確立の問題など，新たな問題に直面する。とくに管理委託問題は，1981年の京都市図書館を皮切りに，東京都足立区，埼玉県和光市，長野市，福岡県内の図書館と続いた。これに対しいくつかの自治体で反対運動も取り組まれたが，強行されていった。また戦前の図書館体制を想起させる「図書館事業基本法」制定の動きもこの時期に起こされた。

こうした中で，単に反対するだけではなく，運動側から積極的に図書館政策を提起し，その実現をめざす取り組みが進められた。80年代前半の図書館問題研究会の「政策づくり」，日本図書館協会の「公立図書館の任務と目標」の策定（1989）などである。また住民運動においても，横浜に図書館をつくる住民運動連絡会の「わたしたちの望む横浜市の図書館」（1979），仙台にもっと図書館をつくる会の「図書館をもっと身近に暮らしの中に」（1985），福島市立図書館を育てる市民の会の「福島市の図書館基本計画案」（1989）などにみられるように，要望書のレベルをはるかに越える体系性と緻密さを備えた図書館構想がつくり出されていった。

(2) 図書館利用に不利益を受けている人々の読書権

障害者に対する図書館サービスに関しては，『市民の図書館』にもほとんど触れられておらず，「市民」の中に障害者も含まれているという観念は希薄であった。国際障害者年の1981年の調査でも，障害者サービスを実施していた公共図書館は38％にすぎなかった。しかし1970年代には，視覚障害者読書権保障協議会（1970年結成）の運動にみられるように，当事者である障害者自身が「読書権」を提唱し，障害者サービスの実施を求めていた。そしてこの「読書権」は障害者に固有の権利としてではなく，「すべての人びと」という場合の「すべて」の内実を問い直す重要な視点を提起するも

のであった。

障害者サービスは，その後，英米におけるアウトリーチ活動の紹介や，世界保健機構（WHO）の「障害者」概念の普及をふまえ，狭い意味での障害者ではなく，図書館利用にさまざまな不利益を受けている人々へのサービスとして捉え直され，施設入所者，受刑者，非識字者，在住外国人，高齢者などを含むものと理解されるに至っている[17]。

(3) 学校図書館づくり住民運動の発展

学校図書館づくり運動に関しては，全国学校図書館協議会や教職員組合を中心に，学校図書館法の改正を中心課題とした運動が長年続けられてきた。そこでは学校図書館法附則第2項の撤廃による司書教諭の配置，学校司書の法制化と待遇改善など，主として職員問題の解決をめざす運動が展開されてきた[18]。しかしこれらの運動は学校図書館関係者の範囲に狭くとどまりがちとなり，みるべき成果もなく推移していた。

しかし，1985年に個人加盟の学校図書館問題研究会が結成され，学校図書館での豊かな実践とそれを支える学校司書（とりわけ小中学校司書）の活動が紹介され市民の共感をえるとともに，長年子ども文庫運動を担ってきた人々が，学校図書館のあり方に関心を向け，学校図書館づくり運動に積極的にかかわるようになった。1990年代に入ると各地に学校図書館を考える会が結成され，とくに可能性のある地方自治体に対し「正規，専任，専門」の学校図書館職員の配置を求める運動が，積極的に展開された。その結果，多くは嘱託身分であるという問題はあったが，独自に学校司書を配置する自治体もあらわれ広がるようになった。

そうした中で1997年の学校図書館法改正で，12学級以上の学校に司書教諭を置くことが実現した。また2014年の改正によって初めて「学校司書」が法制化されたのは，学校図書館関係者と市民の長年の運動の成果には違いないが，学校図書館専門職員の整備ということでは，なお多くの課題を残している。

3 図書館運動の課題と展望

以上のように，図書館運動とりわけ戦後の図書館運動は，図書館観の転換，図書館の普及とサービスの充実・発展などを推し進める原動力としての役割を果たしてきた。とくに図書館運動が，地域住民に担われるとき，最も大きな力を発揮してきた。またあらゆる社会運動がそうであるように，図書館運動もまた，学習運動としての側面をもっていた。またそのことなしに運動の発展もなかった。要求の実現と学習という運動の二つの過程を通して，運動の担い手は，図書館に対する深い理解，人々を組織し協同する力，高い政策立案能力を我がものとしていった。

しかし現在，構造的ともいえる社会の大きな変化の中で，図書館運動は，運動の目標，担い手，方法などの点で新たな課題に直面している。

公共図書館に関してみれば，依然としてその量的拡充，とりわけ町村，政令指定都市での図書館設置の促進が求められているが，それとともに今日，「構造改革」政策の下で，図書館サービスの「スリム」化と市場化，指定管理者制度，PFI（private finance initiative）など新たな運営形態の出現，職員の非専門職化と非正規化が進められる中で，それに対抗しうる新たな図書館像と，専門職制度の確立，基準の策定を含む新たな図書館政策の提起が課題となっている[19]。

また近年，各地に生まれている図書館友の会では，成人男性，高齢者，NPO（non-profit organization；特定非営利活動法人）活

動にかかわる人々など，子ども文庫関係者以外の多彩な人々が参加し，図書館づくりにかかわるようになってきている。図書館にかかわるNPOが子どもの居場所づくりに取り組んでいる例もある（大阪府箕面市）。このように，図書館づくり運動が，在住外国人や障害者などを含め，より多彩で広範な地域住民に担われ，NPOなど地域の住民活動，行政との連携協力関係をも深めながら，コミュニティ形成運動へと発展させていくことも今後の課題である。

さらに近年，図書館づくりにおいて，住民，図書館，行政，設計者が，同一のテーブルにつき，それぞれの立場から要求を出し合うことを通して，図書館像を共有し，高め合っていくという，プロセスを重視する手法をとるところがあらわれている（愛知県田原市）[20]。こうした参加と共同のプロセスは図書館建設時にとどまらず，日常の図書館の経営プロセスにおいてもいっそう重視される必要がある。すなわち，「住民とともにつくる図書館」という内実と，住民と図書館との間の積極的な意味での緊張関係をどうつくり上げるかが今後の課題となっている。

（山口源治郎）

E. 図書館関係団体

1 意義と役割

ある職業が社会的に専門職として認知される重要な要件としては，一般的に高度な知識基盤に基づく大学での養成教育，自律性，倫理綱領，利他主義などとともに，専門職団体の有無があげられる。図書館専門職の場合は各国を代表する図書館協会をはじめとして，さまざまなタイプのいわゆる図書館関係団体とよばれるものがある。ここでは，それらの図書館関係団体の意義と役割，種類，個別団体の概要などについて述べる。

a 定義と意義

まず代表的な図書館専門職団体である「図書館協会」に関して，図書館情報学分野の各種用語辞典類の解説をまとめてみると以下のような内容になる。

> 図書館協会　library association：図書館職員，図書館管理者，図書館事業の振興に関心をよせる一般市民などが参加して構成される，図書館事業の振興を目的とする職能団体。個人ではなく特定館種の図書館のみによって構成される団体などもある。全国的なものや地域的なもの，館種によるものもある。館種・職種を越えた全国組織として，日本では日本図書館協会が結成されており，イギリスやアメリカの図書館協会も著名である。さらには，図書館協会を中心とする国際的な組織として国際図書館連盟も結成されている。そうした団体のおもな活動には，教育・研究・研修活動，出版活動，基準や規準の制定，広報・啓蒙活動，議会や行政への働きかけ，図書館・図書館関係団体との連絡・調整，その他が含まれる。

b 図書館専門職団体設立の背景と歴史

19世紀にヨーロッパとアメリカでは産業化が進み，経済，社会，文化に大きな変化が生じた。こうした変化を可能にしたのは，ある程度は科学や技術の発達であり，工場

制度や産業化は社会構造の変革を生んだ。そして旧来の社会を急速に置き換えていった典型的な産業社会においては、職業の数と種類が飛躍的に増加した。例えばアメリカでは、1870年代から1930年代の間に、新しい職業の数が劇的に増加した。同様に、すべての職業に占める専門職の比率も大きく伸びたのである。

医者、法律家、聖職者などと同じように、図書館員は古くから存在していた。正規の職としての司書職は、少なくとも18世紀には始まるといわれたりする。しかしながら、図書館員が近代的な姿を整えたのは、19世紀末の4半世紀から20世紀初頭にかけてであった。最初の図書館員養成学校、最初の大学における図書館員養成教育、さらには図書館に関する専門職団体の結成などは、すべてこの時代を起点にしている。

1853年にアメリカ最初の図書館員大会がニューヨークで開催され、約80人が参加した。大会の目的は"良書に関する知識を普及させたり、良書に接する手段を拡大するのが目的である。我々の願いは、人びとが益することにあり、自分たちの利益ではない"という格調の高いものであった。この大会では、全米総合目録の作成、公文書の広範な配布、各館印刷体目録の相互交換など、いわば図書館界としての活動を前提とする決議を多く掲げている。しかしながら1853年大会は単発的なものに終わり、後の図書館活動に直接的にはつながらなかった。その意味では、専門職団体の結成に向かう前走者といえる。

画期をなすのが1876年の図書館員大会である。M.デューイらの熱心な運動が実ってフィラデルフィアに集まった103人は、"図書館員をはじめ、書誌的事項や図書館の効率化に関心を持つ人々"であった。そこでは図書館間でのコミュニケーションの必要性（専門雑誌、大会、団体などに関する事柄）、図書館業務（分類、目録など）の標準化の必要性が主張された。そして最終日には"全国に図書館への関心を高める目的で、また図書館員をはじめ、図書館の管理運営 (library economy) に関心を持つ人々が知識と友好を増し、相互に益する目的で、アメリカ図書館協会を創設する"との決議が採択された。ここにアメリカ図書館協会が成立したのである。

これに続いてイギリス（1877年結成）、そして日本でも図書館協会が設立されていった（1892年設立の日本図書館協会は当初は「日本文庫協会」と称していたが、1908年に「日本図書館協会」と改称された）。日本に続いて、1895年にはスイス図書館協会、1896年にオーストリア図書館協会が設立されている。1900年にはドイツ図書館協会、1905年にはデンマーク図書館協会、1906年にはフランス図書館協会、1907年にはベルギー図書館協会、1908年にはスコットランド図書館協会およびオランダ図書館協会、1910年にはニュージーランド図書館協会、フィンランド図書館協会が設立された。その後、1913年にはノルウェー、1915年にはスウェーデン、1917年ポーランド、1923年フィリピン、1928年アイルランド、1930年イタリア、1936年インド、1937年オーストラリア、1946年カナダ、1949年スペインの各図書館協会が設立されている。最近の重要な変化は、旧ソビエト連邦および中欧・東欧諸国の図書館協会が民主的路線で再編成されたことである。1989年にはユネスコとの契約により国際図書館連盟が、図書館協会運営のためのガイドラインを作成したが、各国図書館協会は民主的運営のためにこれを指針として利用している。

このように世界各国に図書館協会が設立されるようになった現在、一国の図書館情報サービス改善のための最善の機会は、図書館協会の効果的な働きを通して得られる

ことになる。この認識は，関係者全体に浸透しているといってよいであろう。図書館協会は専門職をまとめることにより，図書館員だけではなく図書館情報サービス全体の利益を代表することができる。

c 役割
図書館専門職団体は図書館員が提供する図書館および情報サービスの水準を維持できるように，さまざまな保護を与えることを大きな目的としている。その構成員は目標や規範を共有しつつ，それらに基づいて共同して専門職としての質の維持・向上を促し，質の高いサービス提供を図ることが求められる。具体的には以下のような役割が含まれる。

(1) 図書館振興のための法規整備その他，必要に応じて政府に対して請願を行う。
(2) 専門職としての資格基準を維持するために，試験制度の確立と実施，図書館員養成機関の認可，学位の認定などを行う。
(3) 図書館員の継続教育，新入職員の講習会の開催，図書館員養成機関の設立促進を行う。
(4) 新知識や新技術の普及，経験や情報交換を目的として図書館大会,研究会,研修会などの主催・後援を行う。
(5) 図書館政策や技術などのさまざまな問題に関して調査・研究を行う。
(6) 図書館相互間の協力・調整を助ける。
(7) 図書館サービス，図書館資料，図書館施設・設備に関する基準作成を行う。
(8) 会誌・会報その他，図書館関連資料の編集・出版を行う。
(9) 図書館員の社会的地位,労働条件,賃金の向上のための運動を行う。

2 種類

a 総合的な団体
全国規模で館種，地域，主題領域などを問わず，個人および機関が会員として登録できる団体である。国際団体としては，世界レベルでの総合的団体である国際図書館連盟（IFLA）が代表的である。また，国内団体としては，日本図書館協会（JLA），アメリカ図書館協会（ALA），イギリスの図書館・情報専門家協会（CILIP，前身はイギリス図書館協会）などをはじめとする，世界各国の図書館協会がある。

b 館種別団体
大学図書館，公共図書館，学校図書館，専門図書館，国立図書館，児童図書館，病院図書館，刑務所図書館，その他，サービス対象を特定した図書館で働く図書館員を主な構成員としている組織である。国立大学図書館協会，私立大学図書館協会，全国公共図書館協議会，専門図書館協議会，全国学校図書館協議会，日本病院患者図書館協会など多数ある。

c 主題別団体
医学，農学，音楽，法律，経済などの特定主題をもっぱら扱う図書館員を主な構成員とする組織である。例としては，日本医学図書館協会，日本看護図書館協会，アメリカ医学図書館協会（MLA: Medical Library Association），国際音楽資料情報協会（IAML: International Association of Music Libraries, Archives and Documentation Centres），アメリカ法律図書館協会（AALL: American Association of Law Libraries）など多数ある。

d 地域別団体
日本の例でいえば，各都道府県に図書館

協会・協議会等が結成されている。アメリカの場合も各州にさまざまな団体が組織されている。また，ヨーロッパ，東南アジアなどといった地域ごとにも多くの団体がある。

e　その他の関連団体，学協会など

学協会の例としては，日本図書館情報学会，日本図書館研究会，情報科学技術協会，情報処理学会，国際文書館評議会（ICA），図書館情報学教育協会（アメリカ，ALISE: Association for Library and Information Science Education）などがある。

3　個別団体の概要

これまでみてきたさまざまなタイプの図書館関係団体の中から，おもなものを取り上げて，以下に概要を述べる[1]。

a　国際団体

(1) 国際図書館連盟（IFLA）

IFLA（International Federation of Library Associations and Institutions，通称：イフラ）は非政府・非営利団体の国際機関である。1927年9月30日にスコットランドのエジンバラで，イギリス図書館協会の50周年記念大会に参加した15か国の図書館協会代表の署名により，「国際図書館および書誌委員会」（International Library and Bibliographical Committee）として設立された。1929年には名称が「国際図書館協会連盟」（International Federation of Library Associations）と改められ，さらに1976年に"機関"（Institutions）を加えて現在に至っている。本部はオランダのハーグにある。アフリカ，アジア/オセアニア，ラテンアメリカ/カリブには地域オフィスがある。ユネスコとは公的連合関係にあり，国際連合からはオブザーバーの資格を与えられている。国際文書館評議会などとともに，「文化遺産保護のための委員会」（ICBS: International Committee of Blue Shield）の設立メンバーとなっている。

①目的：IFLAは以下のような目的を掲げている。
・高水準の図書館情報サービス提供を促進すること。
・優れた図書館情報サービスの価値に関する理解を世界中に広めること。
・世界中において会員の利益を代表すること。

②会員：会員数は150か国から1,500を超える。協会会員（図書館情報専門職の各国協会および国際協会）と機関会員（図書館情報サービスの個別機関）は投票権を有しているが，個人会員（図書館情報学分野で働く人々や学生）は投票権をもたない。日本からは協会会員として日本図書館協会等，機関会員として国立国会図書館等が加盟している。

③組織・運営：投票権を持つ全会員参加の総会（General Assembly）が最高議決機関である。通常は年次大会期間中に開催され，会長，執行委員会メンバー，専門職委員会メンバーを選出する。

理事会（Governing Board）は総会決議に基づき，IFLAの運営・財政・専門的方向性に責任をもち，連盟の法的および公的行為を代表する。構成は会長，次期会長，10人の直接選出委員，専門職委員会委員長，各部会（Divisions）代表，図書館協会運営セクションの常任委員会委員長からなる。IFLA事務局長は職権上の理事会メンバーである。

執行委員会（Executive Committee）（会長，次期会長，財務部長，専門職委員会委員長および2人の理事会メンバー）は理事会から委任された業務を執行する。

専門職委員会（Professional Committee）は各部署全体の調整強化を担う。構成は委員

長，5部会（Divisions）各代表，理事会代表2人，次期会長，戦略的プログラムのFAIFE（情報への自由なアクセスと表現の自由）およびCLM（著作権と他の法的問題）委員長などである。

④活動：毎年8月ないし9月初めに世界各都市持ち回りで「世界図書館情報会議：IFLA大会・総会」（World Library and Information Congress: IFLA General Conference and Assembly）を開催し，3,000人余が参加する。図書館情報サービス分野では最も大規模な国際会議である。その他にも専門職会議，セミナー，ワークショップ等が随時世界各地で開催されている。

IFLAの最も重要な事業は組織を構成している各種グループの中で展開されている。5部会（館種，図書館コレクション，図書館サービス，図書館専門職支援，地域活動）の下では，館種や地域，各種図書館サービスに特化した48の分科会（Sections）が活動している。さらには途上国における図書館情報学教育など，さまざまなテーマに関する7種のディスカッショングループ（Special Interest Groups）も活動している。

⑤おもな機関誌：*IFLA Journal*（年4回）

(2) 国際文書館評議会（ICA）

ICA（International Council on Archives）は，1946年の国際博物館協議会創設に続いて，ユネスコの戦後における非政府機関設立への関心を基礎に1948年に設立された国際的非政府機関である。すべての媒体・形式の記録・文書管理を扱っており，世界中の記録保護と強化に寄与している。第1回大会は1950年，パリのユネスコ本部で開催された。本部はパリにある。

①目的：世界規模での文書館開発奨励と支援，人類の文書遺産の保存，世界規模での記録管理・文書館運営の促進，文書館およびアーキビストの相互協力関係の強化・維持，専門職研修の促進などを目的として

いる。

②会員：当初はほとんどが欧米の国立文書館館長であったが，その後国際的な機関となり，現在は199か国に1,400の機関および専門家個人会員を擁している。

会員には以下の4つのカテゴリーがある。
A：中央もしくは国立の文書館，B．記録物の保管管理もしくは文書館専門職教育養成にかかわる全国的協会，C．記録物，古文書の管理保管や文書館専門職養成教育にかかわる，地方あるいは全国的機関，D．現在もしくは過去に情報管理や文化遺産分野に従事していたすべての国の個人

③組織・運営：ICAの運営は全体総会（General Assembly）と理事会（Executive Board）が担っている。全体総会は最高議決機関であり，組織運営や長期戦略の方向性に関する決定を行う。それに基づいて，全体総会の間の執行責任を理事会が担っている。理事会は全ての地域支部およびほとんどのセクションの委員長で構成されている。

年次大会（Annual Conference）は，ICAにとって比較的新しい試みであり，国際的な記録管理関連会議として主要なものとなっている。年次大会では，組織運営会議，専門家向けプログラム，国立公文書館館長フォーラムが含まれる。会期中には全体総会，理事会およびプログラム委員会，支部，セクション，専門委員会などの会合が開かれる。また4年ごとに1,000人を超える専門家が参加する国際文書館評議会会議（ICA Congress）を開催する。

④活動：多数の専門家委員会が研究活動を行い，その成果を国際的な文書館界に流している。委員会としては，鑑定，温暖気候における文書館建築，法的問題，科学・技術文書館，電子環境下における文書館，伝統的環境における文書館，記述の水準，情報技術，文献，オーラルヒストリー，アウトリーチと利用者サービス，温暖気候に

おける保存，熱帯気候における保存，専門職養成訓練，印章学，編集などがある。

またラテンアメリカ，西インド諸島をはじめ，非ヨーロッパ地域に13の支部があり，独自に活動を行っている。

文書遺産の復元に関してユネスコと共同で途上国のための国際的マイクロフィルム化プログラムも実施している。ユネスコの総合情報プログラムの中の記録文書管理プログラムでは，研究やガイドラインの準備，国際地域セミナーの組織，途上国での相談役を担うなど，協力・提携関係を結んでいる。

⑤おもな機関誌：*Comma: International Journal on Archives*（年4回）

(3) その他の国際団体

例えば次のようなものがある。

国際学校図書館協会（IASL：International Association of School Librarianship），国際児童図書評議会（IBBY：International Board on Books for Young People），国際標準化機構（ISO：International Organization for Standardization），国際フィルムアーカイブズ連盟（FIAF：International Federation of Film Archives），国際分類学会連盟（IFCS：International Federation of Classification Societies），ユネスコ（UNESCO：United Nations Educational, Scientific and Cultural Organization）。

b 国内団体

(1) 日本図書館協会（JLA）

JLA（Japan Library Association）は1892（明治25）年に，その前身である「日本文庫協会」が設立されてから現在に至るまでおよそ120年間，日本の図書館界を代表する総合的な全国組織として活動している。1908年に名称を日本図書館協会と改めた。2014年1月には「社団法人」から「公益社団法人」に移行を果たした。アメリカ図書館協会，イギリス図書館協会に次いで，世界で3番目に設立された全国的図書館協会である。本部は東京にある。

①目的：基本規定である「定款」は協会組織の目的を次のように定めている。"この法人は，公共図書館，大学図書館，学校図書館，専門図書館，公民館図書室，国立国会図書館，その他の読書施設ならびに情報提供施設の進歩発展を図る事業を行うことにより，人々の読書や情報資料の利用を支援し，もって文化および学術ならびに科学の振興に寄与することを目的とする"。

②会員：個人会員，施設会員，団体会員，賛助会員，準会員（個人の学生）を合わせて2015年現在およそ6,000である。

③組織・運営：従来は総会および評議員会が意思決定機関であったが，公益社団法人移行後はこれが年2回行われる代議員総会に変わった。代議員は選挙区ごとにおおむね正会員100人の中から1人の割合をもって選出され，任期は4年である。代議員総会では，会費の額，会員の除名，理事および監事の選任または解任と報酬等の額，定款の変更などが決定される。

役員としては理事（15人以上20人以内）と監事（1人以上3人以内）が置かれ，理事の中から理事長1人と副理事長1人が選定される。さらに業務執行理事として，専務理事（2人以内）および常務理事（4人以内）が選定される。理事の任期は2年である。定例および臨時の理事会では代議員総会に関する事項，規則の制定・変更および廃止に関する事項，法人の業務執行の決定その他を行う。また，理事会の決議を経て代議員総会において推載された名誉会長（任期4年）および任期2年で理事長が任命する顧問および参与を置くことができる。専務理事兼事務局長の下で，総務，企画調査，出版のスタッフが日常業務を行っている。

④活動：事業内容としては大きく分けて，

公益目的事業，収益目的事業，管理運営活動，がある。

公益目的事業としては，講座・セミナー・育成（全国図書館大会開催，研究集会等の開催，認定司書事業，図書館職員の育成など），研究・資料収集（図書館に関する調査研究および成果の普及，図書館関係史料室の運営），図書館の振興（政策提言に関する事業，図書館設置および運営に関する相談・助言・支援，日本図書館協会建築賞，国際交流，被災地支援など）を行っている。

収益目的事業としては，JLA会館施設の貸与を行っている。

管理運営活動としては，会員の拡大，公正・透明な管理運営の推進，健全な財政基盤の確立等を目指して活動を行っている。

事業を進める主力は部会と委員会である。部会は，公共図書館，大学図書館，短期大学・高等専門学校図書館，学校図書館，専門図書館，図書館情報学教育の6部会がある。また委員会には，図書館政策企画，著作権，図書館の自由，図書館利用教育，資料保存，障害者サービス，児童青少年，国際交流事業，図書館雑誌編集，現代の図書館編集，出版，図書館年鑑編集，目録，分類，件名標目，研修事業，図書館調査事業，施設，出版流通，多文化サービス，健康情報，認定司書事業，選挙管理がある。

毎年秋に開催される「全国図書館大会」は2015年で101回目を迎えたが，すべての館種の関係者が一堂に会する唯一の全国大会で，およそ2,000人が参加している。また，これにあわせて日本図書館協会建築賞などの表彰も行われる。JLAは，国際的な専門職団体である国際図書館連盟とは創設以来，深いつながりを保っている。

⑤おもな機関誌：『図書館雑誌』（月刊），『現代の図書館』（季刊），『図書館年鑑』（年刊）。

(2) アメリカ図書館協会（ALA）

ALA（American Library Association）は，1876年に結成された世界最初かつ最大の図書館協会である。本部はシカゴにあるが，連邦議会や政府機関への働きかけに便利なように，ワシントンD.C.にも事務所を置いている。その使命は，最高の質の図書館情報サービスの促進と人々の情報アクセスの促進にある。

①会員：2014年現在で個人，図書館機関を含めて55,000あまりの会員を有する。

図書館支援という共通の目的のもとで，すべての館種における図書館専門職，事務職，理事・評議員，図書館友の会会員，退職者，外国の図書館専門職および関係者等を擁している。

②目的：ALAは，学習の強化およびすべての人々の情報アクセスを保証するために，図書館情報サービスと図書館専門職の発展・促進・改善のためのリーダーシップを供することを目指している。

③組織・運営：ALAは評議員会および理事会によって運営される。評議員会は最高議決機関で，夏の年次大会時を含む年2回開催され，政策決定を行う。現在，毎年夏の年次大会と冬期大会を開催している。評議員会は，会員から選出される最大100人の選出評議員，会長・副会長・会計・事務局長を含む理事会メンバー，各部会代表，各州の図書館協会代表，各地域支部代表，ラウンドテーブル代表などで構成される。理事会は会長，次期会長（兼副会長），前会長（兼会長補佐），会計担当，事務局長，選出理事で構成され，評議員会で決定された政策を事務局長のもとで実施・運営する。さらに，ALA直轄の（ライブラリースクール）認定委員会ほか21，および評議員会直轄の予算委員会ほか16，合計37の常任委員会がある。

④活動：協会および評議員会直轄の常任

委員会として，（ライブラリースクール）認定，国際関係，リテラシー，オリエンテーション・トレーニングおよびリーダーシップ開発，専門職倫理，出版，女性図書館員の地位，知的自由，教育，研究および統計等々，各種あわせて40近くの委員会が活動を展開している。また，館種および図書館専門業務のタイプ別に以下の11部会がある。公共図書館，学校図書館，大学・研究図書館，専門・企業図書館，児童サービス，図書館管理・運営，図書館資料およびテクニカル・サービス，レファレンスおよび利用者サービス，青少年サービス，図書館委員会・支持者，図書館情報技術。

また，会員の自主的活動として，エスニックおよび多文化情報交換，展示，連邦および軍部の図書館員，ゲーム，ゲイ・レスビアン・バイセクシュアルおよび性超越，政府関係資料，知的自由，国際関係，図書館史，図書館利用指導，図書館研究，など20のラウンドテーブルが活動している。

ALAの行っている注目すべき活動として，専門職の養成教育・資質向上のために厳しい基準に基づいた大学院レベルのライブラリースクールの認定事業がある。2015年現在，アメリカ国内45，プエルトリコ1，カナダ8の合計54のライブラリースクールが認定を受けている。また，知的自由の領域をはじめ各分野において半世紀以上にわたって先進的な活動を重ね，国際的にも影響力が大きい。さらには，活発な出版活動を展開していることなども特色としてあげることができる。

⑤おもな機関誌：*American Libraries*（月刊）

(3) 図書館・情報専門家協会（CILIP）

CILIP（Chartered Institute of Library and Information Professionals）は，イギリス図書館協会（LA：The Library Association）とイギリス情報専門家協会（IIS：The Institute of Information Scientists）が統合して2002年4月に発足した図書館・情報学分野の専門職団体である。前身の二つの団体の機能を継承しつつ，21世紀の情報社会における新たな専門職の確立を目指して統合され，リテラシー・情報アクセス・知識伝達に支えられた公平かつ経済的に反映した社会を目指している。本部はロンドンにある。

①目的：CILIPは図書館専門職コミュニティー確立のための強力な発言を行い，図書館情報専門職の労働力開発のための近代プロフェッショナリズムを提供することを目的としている。そのための方策として，優れた管理，安定した技術，優れた職員配置の実施，健全な財政，をあげている。

②会員：CILIPは個人会員および組織会員合わせて13,000あまりのコミュニティを形成している。個人会員の中には，下記のような「登録専門職の資格」があり，有資格者は自らの名前の後ろに該当する称号をつけることができる。

・FCLIP（Fellow of the CILIP）：最高位の専門職資格であり，個人的な業績と貢献に基づいて与えられる。
・MCLIP（Member of the CILIP）：第2レベルの専門職資格である。図書館情報専門職のためのさまざまなキャリア開発の機会を得ることができる。
・ACLIP（Affiliate Member of the CILIP）：2009年から導入された2年以上の勤務経験を有する准専門職（paraprofessionals），準会員（affiliated members）に対して与えられる。

③組織・運営：理事会が最高議決機関であり，12人の評議員が4年任期で理事を務める。これら直接選挙で選ばれる12人のほかに，最大3人の増員が可能である。理事会は少なくとも年4回開催される。

現会長・副会長（従来の次期会長）・前会長からなる会長チームが理事会をサポー

トする。会長および副会長も直接選挙で選ばれ任期は1年であるが，理事とはならず，大使・スポークスマンとしてCILIPを代表する役割を担う。理事会は理事長，副理事長，財務担当理事等で構成され，理事長は倫理的，監督的役割を担う。理事会メンバーを各委員長とする，政策委員会，資源委員会，会計監査委員会，倫理委員会，規律委員会，給与・報酬委員会が組織され，これらの委員会で課題ごとに臨時専門家グループや政策フォーラムなどが対応し，理事会に報告を行う。また国際理事会および専門職登録・認定理事会は必要に応じて招集され，理事会に報告を行う。事務局長は理事会により任命され，事務関連業務全般に責任を負うが，理事会メンバーではない。ウェールズ，アイルランドには理事会がオフィスや支部を置いているが，スコットランドはCILIPS（CILIP in Scotland，加盟機関）として独自の組織運営を行いつつ，CILIP本部と緊密な連携協力を保っている。

　④活動：毎年，年次総会が開催される。CILIPは対外的にはメディア，政府および政策決定者に対して専門職を代表して発言し，対内的にはメンバーに対して，教育，専門職資格，求職，継続教育開発等の現実的な支援を各種の支部活動やグループ活動を通して提供している。教育面では17の学部および大学院図書館情報学コースの認定を行っている。

　⑤おもな機関誌：*Library & Information Update*（月刊）

4 図書館関係団体の現状と課題

　以上のような状況を踏まえた上で，図書館関係団体の現状と課題に関して以下のような点を指摘することができよう。

　図書館・情報専門職の多様化と専門化：情報化社会が急速に進展するにつれて図書館という機関がこれまで社会において果たしてきた役割も変化を迫られている。他館種や図書館類縁機関との連携・協力がいっそう必要とされてきている。それを受けて，図書館関係団体の組織化にも多様化・多角化がみられる。一方では，情報技術の進化に伴い，より専門性の高い特定領域に特化した団体・機関の結成もみられる。こうした多様化と専門化が今後もいっそう強まるものと思われる。

　情報格差：とくに発展途上国においては主として自国の経済状況から，さまざまな制約を強いられる場合が多い。例えば国際図書館連盟の世界大会参加に関しても，経済的理由から図書館員を送り出すことが困難な国が少なからず存在する。そこに発生する，世界レベルでの情報共有を阻んでいる「情報格差の問題」に対して，より積極的に取り組んでいくことが求められる。

　図書館情報専門職のアイデンティティ：図書館情報専門職としてのアイデンティティをどこに求めるかという問題は，それぞれの団体・機関が一様に直面している課題である。それと同時に，他の関係団体・機関との緊密な連携協力を通して，情報化社会の将来展望を描き，それに対応していくことも求められている。その際の，さまざまな特色をもつ多様な団体・機関を結びつける中心的理念は，「利用者を中心に置いた，いっそう良質の図書館・情報サービスの提供」ということになるであろう。

（宮部頼子）

注
<B　図書館と社会>
1) 川崎良孝『アメリカ公立図書館成立思想史』日本図書館協会，1991，p.106-109；川崎良孝『図書館の歴史：アメリカ編』増訂第2版，日本図書館協会，2003，p.169-175.
2) Joeckel, Carleton B. *The government of the*

American public library. Chicago, Univ. of Chicago Press, 1939.
3) シェラ，ジェシー・H.『パブリック・ライブラリーの成立』川崎良孝訳，日本図書館協会，1988，p.iii.
4) Harris, Michael H. "The purpose of the American public library," *Library Journal,* vol. 98, 1973, p.2509-2514.
5) シェラ，前掲書，p.iii.
6) ウィーガンド，ウェイン・A. "20世紀の図書館・図書館学を振り返る"川崎良孝編著『図書館・図書館研究を考える』京都大学図書館情報学研究会発行，日本図書館協会発売，2001，p.3-44.
7) ゲラー，イーヴリン『アメリカ公立図書館で禁じられた図書』川崎良孝，吉田右子共訳，京都大学図書館情報学研究会発行，日本図書館協会発売，2003.
8) 以下に依拠している。川崎良孝『図書館の歴史』*op.cit.*, p.207-210, 226-246；セイメック，トニ『図書館の目的をめぐる路線論争』川崎良孝，坂上未希共訳，京都大学図書館情報学研究会発行，日本図書館協会発売，2003.
9) 川崎良孝，高鍬裕樹『図書館・インターネット・知的自由』京都大学図書館情報学研究会発行，日本図書館協会発売，2001，p.170-178.
10) 新井勝紘 "自由民権運動と図書館"『図書館史研究』4号，1987，p.11-12.
11) 清水正三 "1915（大正4年）における東京市立図書館の機構改革とその成果について"『図書館史研究』4号，1987．参照
12) 是枝英子『知恵の樹を育てる』大月書店，1983．参照
13) 山口源治郎 "草創期社会教育行政と公共図書館論"森耕一追悼事業会『公立図書館の思想と実践』1993，p73-75.
14) "ボストン市立図書館理事会報告"川崎良孝解説・訳『ボストン市立図書館は，いかにして生まれたか』京都大学図書館情報学研究会発行，日本図書館協会発売，1999，p.58.
15) ゲラー，イーヴリン *op.cit.*, とくに第5章"アクセスの自由"，第7章"検閲官としての図書館員".
16) Bostwick, Arthur, "The librarian as a censor," *Library Journal,* vol.33, 1908, p.257-264；河井弘志『アメリカにおける図書選択論の学説史的研究』日本図書館協会，1987，p.137-157.
17) 本項目と次項目の事実や文書の全訳については，以下を参照。アメリカ図書館協会知的自由部編纂『図書館の原則』改訂版，川崎良孝，川崎佳代子，村上加代子共訳，日本図書館協会，2003.
18) 大串隆吉 "大正自由教育と青年会自主化運動（中）"『教育』1980年8月，p.117-119.
19) 『図書館雑誌』110号，1929.1，p.32-45.
20) この特集に寄せられた主要な論文は『図書館の自由に関する宣言の成立（図書館と自由1）』（日本図書館協会，1975）を参照
21) 砂川雄一 "行政に対する資料・情報サービス"『図書館界』vol.34, no.1, 1982．参照
22) この項目のアメリカについての記述は以下に依拠している。川崎良孝『図書館裁判を考える』京都大学図書館情報学研究会発行，日本図書館協会発売，2002.
23) 山口源治郎 "1950年代における図書館法「改正」論争について"『図書館界』vol.42, no.4, 1990, p.238-239.
24) 山口源治郎 "公立図書館の課題"『図書館界』vol.45, no.1, 1993, p.12.
25) 山口源治郎 "図書館法第17条（無料制）の意義と解釈"『図書館界』vol.51, no.4, 1999, p.235.
26) 塩見昇・山口源治郎編『図書館法と現代の図書館』日本図書館協会，2003．参照
27) Rider, Fremont. *The scholar and the future of*

the research library, New York, Hadham Press, 1944, p.12.
28) バックランド，M. K.『図書館サービスの再構築』高山正也，桂啓壮共訳，勁草書房，1994.
29) 生涯学習審議会『図書館の情報化の必要性とその推進方策について：地域の情報化推進拠点として（報告）』生涯学習審議会社会教育分科審議会計画部会図書館専門委員会，1998.
30) 薬袋秀樹 "読書案内サービスの必要性" 『図書館雑誌』vol.88 no.6, 1994.6, p.401-405; vol.88 no.7：1994.7, p.477-481.
31) 根本彰『情報基盤としての図書館』勁草書房，2002.
32) Harris, Michael H. & Stan A. Hannah, *Into the future.* Norwood, N.J., Ablex, 1993.
33) ランカスター，F. W.『紙からエレクトロニクスへ』田屋裕之訳，日外アソシエーツ，1987.
34) バーゾール，ウィリアム・F.『電子図書館の神話』根本彰，山本順一ほか共訳，勁草書房，1996.

＜C　図書館情報学＞
1) Benton Foundation. "Buildings, books, and bytes," *Library Trends,* vol. 46, 1997, p.178-223.
2) Dewey, Melvil. "School of Library Economy at Columbia College," *Library Journal,* vol.9, 1884, p.117-118.
3) Richardson, John V., Jr. *The spirit of inquiry.* Chicago, ALA, 1982, p.121.
4) 初期シカゴ学派の代表的研究には以下がある。Waples, Douglas. *What people want to read about.* Chicago, ALA and Univ. of Chicago Press, 1931; Wilson, Louis Round. *The geography of reading.* Chicago, ALA and Univ. of Chicago Press, 1938.
5) バトラー，ピアス『図書館学序説』藤野幸雄訳，日本図書館協会，1978, p.23-27.
6) Thompson, C. Seymour. "Do we want a library science?" *Library Journal,* vol.56, 1931, p.581-587; Waples, Douglas. "Do we want a library science?: a reply," *ibid.,* p.743-746.
7) Richardson, John V., Jr. *The gospel of scholarship.* Metuchen, N.J., Scarecrow, 1992, p.91-92.
8) Shera, Jesse H. *The foundations of education for librarianship,* New York, Wiley, 1972, p.408.
9) ハリス，マイケル・H.『図書館の社会理論』根本彰編訳，青弓社，1991, p.20-21.
10) Butler, Pierce. "Librarianship as a profession," *Library Quarterly,* vol.21, 1951, p.235-247.
11) Farkas-Conn, Irene Sekely. *From documentation to information science.* Westport, Conn., Greenwood, 1990, p.16-22.
12) Saracevic, Tefko. "Information science," in Pertti Vakkari and Blaise Cronin eds. *Conceptions of library and information science.* Taylor Graham, 1992, p.11.
13) *Ibid.,* p.10.
14) *Ibid.,* p.12-18.
15) *Ibid.,* p.8-9.
16) Ruben, Brent D. "Redefining the boundaries of graduate education," J. M. Pemberton & Ann Prentice eds. *Information science.* New York, Neal-Schuman, 1990, p.70-83; Jana Varlejs ed. *Communication/information /libraries.* Jefferson, N.C., McFarland, 1985, p.viii.
17) ロジャーズ，E. M.『コミュニケーションの科学』安田寿明訳，共立出版，1992, p.78.
18) 内川芳美他編『基礎理論』東京大学出版会，1973, p.15-16.
19) ロジャーズ，前掲書，p.23.
20) ラザースフェルド，ポール・F. "社会調査におけるひとつのエピソード" 荒川幾男他訳『社会科学者・心理学者』みすず書房，1973, p.181-287；Charles R. Berger & Ste-

ven H. Chaffe eds. *Handbook of communication science.* Newburg Park, Calif., Sage, 1987, p.53.
21) MacGrath, William E. "Explanation and prediction," *Library Trends,* vol.50, 2002, p.350-370.
22) McKechnie, Lynne (E. F.) & Pettigrew, Karen E. "Surveying the use of theory in library and information science research," *Library Trends,* vol.50, 2002, p.406-417; Jana Bradley and Brett Sutton eds. "Symposium on qualitative research," *Library Quarterly,* vol.63, no.4, 1993.
23) Mckechnie, 前掲書, p.405-410.
24) Buckland, Michael K. "Five grand challenges for library research," *Library Trends,* vol.51, 2003, p.675-686.
25) Carnovsky, Leon. "The state and the community library," Leon Carnovsky, & Lowell Martin eds. *The library in the community.* Chicago, Univ. of Chicago Press, 1944, p.1-11.
26) Shera, Jesse H. "Librarianship, philosophy of," Robert Wedgeworth ed. *World encyclopedia of library and information science,* Chicago, ALA, 1993, p.461.
27) *Ibid.,* p.463.
28) Harris, Michael H. "The purpose of the American public library," *Library Journal,* vol.98, 1973, p.2509-2514; Harris, Michael H. "Portrait in paradox," *Libri,* vol.26, 1976, p.281-301.
29) Danky, James P. and Wiegand, Wayne A. eds.*Print culture in a diverse America.* Urbana, Univ. of Illinois Press, 1998, p.1-13; Rose, Jonathan"Alternative future for library history," *Libraries & Culture,* vol.38, 2003, p.50-60.
30) Wiegand, Wayne A. "Out of sight, out of mind," *Journal of Education for Library and Information Science,* vol.38, 1997, p.319-322.
31) この視座からの実質的な図書館史記述については，以下を参照。ウェイン・A.ウィーガンド『メインストリートの公立図書館：コミュニティの場・読書のスペース・1876-1956年』川崎良孝・川崎佳代子・福井佑介訳，京都図書館情報学研究会発行，日本図書館協会発売，2012．クリスティン・ポーリー，ルイーズ・S.ロビンズ編『20世紀アメリカの図書館と読者層』川崎良孝・嶋崎さや香・福井佑介訳，京都図書館情報学研究会発行，日本図書館協会発売，2014．

＜D　図書館運動＞
1) 宮島喬編『岩波小辞典・社会学』岩波書店，2003，p.112.
2) 同上　p.101.
3) 日本図書館協会編『図書館小識』日本図書館協会，1915，p.2.
4) 浪江虔『図書館運動五十年』日本図書館協会，1981.
5) 日本図書館協会編『図書館ハンドブック』増訂版，日本図書館協会，1960，p.101.
6) 図書館問題研究会編『図書館用語辞典』角川書店，1982，p.428.
7) 利光鶴松『利光鶴松翁手記』小田急電鉄，1957.
8) 大串隆吉"大正自由教育と青年会自主化運動（中）"『教育』1980年8月，p.117-119.
9) 塩見昇『日本学校図書館史』全国学校図書館協議会，1986，p.113-122.
10) 浪江　前掲書　p.10.
11) 長野県下伊那青年団史編纂委員会編『下伊那青年運動史』国土社，1960，p.231-239.
12) 前川恒雄"公共図書館の発展を"『図書館雑誌』vol.63, no.1, 1969.　参照
13) 渡辺進"立法の基本方針に混乱がありはしないか"『図書館雑誌』vol.52, no.2, 1958, p.38.
14) 『図書館雑誌』vol.55, no.5, 1961, p.152.
15) 小柳屯『木造図書館の時代』石風社，1999.
16) 全国子ども文庫調査実行委員会『子ども

の豊かさを求めて 2 :全国子ども文庫連絡会等調査報告書』日本図書館協会, 1989, p.20-23.
17) 日本図書館協会障害者サービス委員会編『障害者サービス』日本図書館協会, 1996.
18) 全国学校図書館協議会編『学校図書館法改正』全国学校図書館協議会, 1983.
19) 山口源治郎 "「構造改革」と公立図書館の公共性"『月刊社会教育』2003.10, p.9-10.
20) 山口源治郎 "図書館づくり運動の新たな動向"『出版ニュース』2001年9月中旬号, p.7-8.

＜E　図書館関係団体＞
1) 各機関のURLは以下のとおりである。
   IFLA　http://www.ifla.org/
   ICA　http://www.ica.org/
   JLA　http://www.jla.or.jp/
   ALA　http://www.ala.org/
   CILIP　http://www.cilip.org.uk/

II

図書館サービス

- A 図書館サービスの意義……………64
- B 資料提供サービス……………70
- C 情報サービス……………81
- D 利用教育……………94
- E 図書館の文化活動……………99
- F 利用者別の図書館サービス……………105
- G 図書館サービスと著作権……………115

この章では,図書館が行うサービスに焦点をあわせて,
重点的に解説しています。何のためにサービスを行うのか,
どんなサービスを提供しているのか,
資料の提供と著作権との関係はどうなっているのかが,
わかりやすく示されています。
図書館がいかに多くの人々に,
幅広く資料を提供しているかが理解できます。

A. 図書館サービスの意義

　図書館の基本的機能は，情報資源へのアクセスを保障し，利用者のあらゆる資料要求，情報要求を充足することにある。これを実現するための諸活動を図書館サービス（library service）という。また，図書館奉仕，図書館活動（library activity）ともいわれるが，現在では図書館サービスが定着して使われている。

　図書館サービスは，広義には，資料の選択・収集，組織化，保管・保存などの収集・整理業務であるテクニカルサービスと，資料・情報の利用・提供にかかる閲覧・奉仕業務であるパブリックサービス（利用者サービス）を含む概念である。狭義には，パブリックサービス（利用者サービス）だけを指して使われることが多く，本書でもこの意味で用いている。

　パブリックサービスは，図書館の種類やサービス対象によって異なるが（A－4参照），基本的には，テクニカルサービスが適切かつ十分に機能してはじめて，利用者にとって有効なものとなる。

1　図書館サービスの理念

　図書館員が図書館サービスに取り組む際の理念や指針を，具体的に表明した主要なものには，次のようなものがある（「資料編」参照）。これらに共通しているのは，図書館サービスはあくまでも利用者中心に計画・実行されるべきもの，という思想である。

a　「ユネスコ公共図書館宣言」

　ユネスコ（1946年発足。日本は1951年加盟）による「公共図書館宣言」（UNESCO Public Library Manifesto）は，公共図書館の本質的役割や目的，運営の原則を表明したものであり，1949年に採択され，その後の公共図書館のサービスの展開に合わせて，72年と94年に改訂されている。

b　アメリカ図書館協会の「図書館の権利宣言」

　「図書館の権利宣言」（Library Bill of Rights）は，アメリカ図書館協会（ALA: American Library Association）が1939年に，言論の自由が抑圧される当時の風潮の中で，図書館利用者の知的自由を守るための基本方針として採択したもので，48，61，67，80年に改訂されている。現行の宣言は，1948年に採択されたものをもとに改訂されたもので，6か条からなる。

c　日本図書館協会の「図書館の自由に関する宣言」

　1950年代始めに起こった「図書館と中立性」の論議を踏まえ，図書館の社会に対する責任を表明したもので，1954年に全国図書館大会で採択され，79年に改訂された。前文で，"図書館は，基本的人権のひとつとして知る自由をもつ国民に，資料と施設を提供することを，もっとも重要な任務とする"とし，この任務を果たすために，①資料収集の自由を有する，②資料提供の自由を有する，③利用者の秘密を守る，④すべての検閲に反対する。そして，後文で，"図書館の自由が侵されるとき，われわれは団結して，あくまで自由を守る"と謳っている。

d　日本図書館協会の「図書館員の倫理綱領」

　図書館員が，「図書館の自由に関する宣

言」によって示された図書館の社会的責任を自覚し，図書館員としての職務を遂行していくための自律的規範として，1980年に採択された。前文および12か条の本文からなり，各条は主文とそれを解説した副文からなる。

e ランガナタンの「図書館学の五法則」

インドの図書館学者ランガナタン（S. R. Ranganathan）が，1931年にその著書の中で提示したものが「図書館学の五法則」（The five laws of library science）で，簡潔な表現の中に図書館サービスの規範的原理を表している。

①図書は利用するためのものである。②いずれの読者にもすべて，その人の図書を。③いずれの図書にもすべて，その読者を。④図書館利用者の時間を節約せよ。⑤図書館は成長する有機体である。

2 図書館サービスの展開

わが国に西欧の近代的な図書館が紹介されて，一般公衆の読書施設としての図書館が誕生したのは，明治に入ってからである。一部の例外を除いて閉架式の館内閲覧サービスが主流であり，多様な図書館サービスの提供は，戦後の民主主義社会の到来を待たねばならなかった。ここでは，公共図書館を中心として，わが国における戦後から現在までの図書館サービスの歩みをみる。

a 模索期（1945－1960年）

戦後の混乱期でもあり，教育関係法の整備が進み，「図書館法」が1950年に公布されたが，その新しい理念を生かせないままに推移した。その中で，開架式の閲覧方式，ブックモビル（自動車図書館）による館外サービス，レファレンスサービス，読書普及活動などで，先駆的な役割を果たした図書館もあった。

b 中小図書館のサービス指針の発見（1960年代）

低迷するサービスの実態を解明して現状を打開するために，日本図書館協会は，1960年10月に「中小公共図書館運営基準委員会」を設置して，人口規模5～20万の市の図書館の実態調査を行い，63年3月にその報告書『中小都市における公共図書館の運営』（通称「中小レポート」）を刊行した。この中で，地域住民にサービスを提供する"公共図書館の本質的な機能は，資料を求めるあらゆる人々やグループにたいし，効果的かつ無料で資料を提供するとともに，住民の資料要求を増大させるのが目的である"[1]とし，①資料提供，②館外奉仕の重視，③図書費の確保，の重要性を提起した。1965年9月に開館した東京都日野市立図書館は，ブックモビルによる巡回サービスという館外サービス方式によって資料提供活動を展開し，「中小レポート」の提言の妥当性を実証した。

さらに日本図書館協会は，日野市立図書館や同レポートの方向で活発な活動をしていた図書館の実践経験を全国に広げることを目標に，1968年「公共図書館振興プロジェクト」を発足させ，その成果としてまとめられた『市民の図書館』を1970年5月に刊行した。この中で，"公共図書館の基本的機能は，資料を求めるあらゆる人々に，資料を提供することである"ことを確認し，サービスの重点目標として，①貸出，②児童サービス，③全域サービスをあげた。

c 図書館サービスの伸展（1970年代）

『市民の図書館』が示した重点目標にそって，図書館サービスの実践が全国に広がった時代である。児童サービスについては，1950年代にその萌芽をみた読書普及運動が，

地域文庫・家庭文庫活動として花開いた。貸出サービスはリクエスト・予約サービスや資料の相互貸借の活性化を促した。また，誰にでも，どこにでも，という理念から，サービス対象も障害者，とくに視覚障害者へのサービスが始まった。

d　サービスの機械化とサービス対象の広がり（1980年代）

コンピュータ技術の図書館への導入は，サービス面においても大きな変革をもたらした。貸出業務の迅速化，省力化に加え，機械可読目録（MARC: MAchine Readable Catalog）の開発による目録の機械化，情報検索によるレファレンスサービスの高度化と情報サービスの発展をもたらした。機械化はまた，音声による入出力機器などの開発を促し，視覚障害者サービスの可能性を急速に広げた。サービス対象も，障害をもつすべての人々に，また，病院，老人ホーム，刑務所などの施設の入所者に，さらに，国際化の進展とともに増加する留学生，外国人労働者，在日外国人へと広がりをみせた。これまで図書館サービスが十分に及ばなかったこれらの人々へサービスを広げていく活動，すなわちアウトリーチサービスにも光が当てられた。

機械化はまた，図書館システムやネットワークの整備を促し，広域利用，相互貸借，協力複写，協力レファレンスなど，図書館協力による資料・情報サービスの拡大にも大きな力となった。

e　サービス体制の充実とネットワークの推進（1990年代）

生涯学習がさけばれ，住民の情報要求は多様化し高度化するが，図書館は人員や資料費の削減といった厳しい状況で推移した時代であった。この状況のもとで，図書館は互いに資源共有を図るために，広域利用を推進し，図書館協力を密にした。また，住民の要望に応えて開館日の拡大，開館時間の延長でサービスの改善に努めた。

一方，情報技術の進歩は電子出版や既存の所蔵資料の電子化による電子メディアの流通を盛んにした。電子メディアによる情報の収集・利用，提供サービスに拍車をかけたのが，1990年代半ば頃から急速に普及したインターネットであった。ホームページを開く図書館がしだいに増え，インターネット対応の端末を設置して利用者に開放し，館内外からのアクセスを可能にした。インターネットの普及は，図書館の資料提供・情報サービスのまさに構造改革ともいえるものであった。

f　課題解決支援サービス（2000年以降）

2000年以降，インターネット環境の進展，少子高齢化や地方分権，さらには国際化等の情勢を踏まえ，貸出中心の図書館の在り方が再検討されるようになった。こうした社会情勢の変化を受け，2005年には，『これからの図書館像－地域の情報拠点をめざして』において，課題解決や調査研究を支援できる「役に立つ図書館」の在り方が提言された[2]。この提言を機に，公共図書館では課題解決支援サービスの導入が図られるようになった。

2012年に告示された「図書館の設置及び運営上の望ましい基準」では，地域の課題に対応した情報サービスの必要性が指摘されている。すなわち，利用者および住民の生活や仕事に関する課題や地域の課題の解決に向けた活動を支援するサービスの提供が求められている[3]。

その後，課題解決支援サービスは多くの公共図書館で導入が進み，2014年度に全国公共図書館協議会が実施した調査によれば，課題解決支援サービスの利用が増加していると回答した都道府県立図書館は59.6％

(28館），市区町村立図書館は43.6％（564館）となっており[4]，課題解決支援サービスの定着が見られる。

3 図書館サービスの方法

　図書館が提供するサービスは，①サービス提供の場所（どこで＝where），②サービスの対象（誰に＝whom），③サービス提供の方法（どんな方法で＝how）の三つの要素で類型化される。しかし，インターネットによる情報の検索や提供が可能となったことは，類型化を複雑にさせている。

a　サービス提供の場所

　館内サービスと館外サービスをめぐって，「館外奉仕の重視」を提起した「中小レポート」は，"館外奉仕とは，図書館員が図書館という建物から外に出てサービスする形態であり，館内奉仕は図書館の建物の中でサービスする形態である"[5]としている。しかし，現在ではサービス対象者である利用者を主体的に捉えて，来館者サービスと非来館者サービスという区分が用いられるようになった。

　来館者サービスは当然館内サービスとなるが，非来館者サービスには，来館しなくてもサービスが提供できる利用者へのサービス（例えば電子メールやオンラインによる目録情報の検索，情報の送付など）と，何らかの理由で来館できない利用者（例えば高齢者，障害者，施設に入っている人々など）へのサービスの両方が含まれる。この非来館者サービスは，従来から電話，FAX，郵送，配送といった伝統的な手段で対応されてきたが，情報通信技術とメディアの電子化の急速な進歩によって，ますます拡大の可能性をもっている。非来館者サービスは，各図書館のサービス提供の地域的範囲を越えたサービスを生み出す。この意味で，これは「遠隔利用サービス」とよばれるようになった。

b　サービスの対象

　サービスの対象，すなわち利用者別の図書館サービスは，個人と団体に分けられる（F参照）。

個人：①幼児・児童，②青少年（ヤングアダルト），③成人，④サービスを提供する上でさまざまな配慮を必要とする人々（高齢者，障害者，入院患者，受刑者，在日外国人など）

団体：①団体（各種事業所，同好会，サークルなど），学校，各種施設（病院，老人ホーム，刑務所など），②相互協力の相手図書館，類縁機関（博物館，公民館，文書館，情報センターなど）

c　サービスの方法

　図書館が行う広義のサービスは図書館法第3条（図書館奉仕）に規定されているが，そのうちパブリックサービスの方法は，大きく資料提供サービス，情報サービス，施設の提供に分けられる。

　なお，2008年6月の図書館法改正によって，地域住民の生涯学習の成果を生かす機会と場を提供する事業の実施が規定された。

(1) 資料提供サービス

　図書館は利用者が何らかの資料要求をもって訪れることを前提としているが，求める資料を入手し利用に至るまでのおもな行動は，次のようになる（B参照）。

(a) 利用者が直接に，または蔵書目録を検索して資料の所在を確認して書架に行く。そして求める資料を取り出して閲読する。これに対応するのが「閲覧サービス」である。

(b) その資料を一定期間占有して利用しようとする。これに対応するのが「貸出サ

ービス」である。

(c) 資料全体ではなく，その一部を必要とし，その部分を入手しようとする。これに対応するのが「複写サービス」である。

利用者が(a)の「閲覧サービス」または(b)の「貸出サービス」を受けるためには，利用者が求める資料を特定していて，しかもその資料が書架上に存在していなければならない。資料を特定しておらず，しかもほかに適当な資料を見つけられない利用者を支援するのが「読書案内・相談」である。特定していてもその資料が貸出中であるときは，返却されしだい優先的に提供する。また，特定した資料を図書館が所蔵していないときには，購入するか他の図書館から借りて提供する。このサービスが「リクエスト・予約サービス」である。

(2) 情報サービス

資料提供サービスが，主として資料単位でのサービスであるのに対し，情報サービスは，資料に関する情報や資料が含む事実やデータといった主として情報単位でのサービスといえる。このような利用目的に対しては，資料に含まれる情報を的確に提供できる「情報検索サービス」や，利用者の質問を受けて回答する「レファレンスサービス」が提供される（C参照）。

「レファレンスサービス」は図書館員が行う人的援助サービスであり，ほかに「利用案内」「読書案内・相談」「レフェラルサービス」などが関係する。

(3) 施設の提供

会議室や集会室など図書館の施設は，講演会，映画会，読書会，おはなし会，資料展示会など，図書館の所蔵資料を活用して催される各種の集会・行事活動や，地域住民の自主的な学習活動の場として提供される。これは地域住民の文化活動を活発化させるとともに，図書館への関心を高めるのに有効である。

4 館種別図書館サービスの特質

図書館の種類は，一般に国立図書館，公共図書館，大学図書館，学校図書館，専門図書館，その他の図書館に分けられる。いずれの図書館も，利用者の資料・情報要求に応えるという社会的な役割については基本的な違いはないが，その設立目的によってサービス対象が異なるため，サービスの方法についても重点のおき方が変わってくる。

a 国立図書館（national library）

国立図書館は国を代表する図書館であり，その国の国民全体をサービス対象とする。さらに，国外の各種図書館に対しても要求に基づいて必要なサービスを提供する。

日本の国立図書館機能を果たしているのは1948年に設置された国立国会図書館であり，現在は東京本館（1961年11月開館），関西館（2002年10月開館）および国際子ども図書館（2002年5月全面開館）の3館を中心としてサービスを提供している。サービス対象は，国会議員，行政および司法の各部門，そして国内の各館種の図書館および一般公衆である（国立国会図書館法第2条，第8章）。提供するサービスは，来館者および非来館者を問わず，資料提供サービスやレファレンスサービスなど，あらゆるサービスに及んでいる（ただし，来館者への「個人貸出」は除く）。非来館者へのサービスは，公共図書館はじめ各館種の図書館を通して提供される。全国民に等しくサービスするために，「誰でも，どこからでも，時間を意識せずに，的確・迅速なサービスを受けられる」ことを目標に，各種の書誌情報データベースや全文データベースをインターネットで検索できる，「遠隔利用サービス」を提供している[6]。

b 公共図書館（public library）

公共図書館のサービス対象は，図書館法第2条で一般公衆とされている。すなわち，地域住民および住民が参加し組織された地域の団体すべてをサービス対象としている。

また，実施すべきサービスの種類は同法第3条に示されているが，原則としてあらゆるサービスを必要に応じて提供する。公共図書館には公立と私立の図書館があるが，そのほとんどは公立図書館であり，公立図書館には市町村立図書館と都道府県立図書館がある。市町村立図書館は，中央館，地区館，移動図書館などによる図書館システムや近隣自治体とのネットワークを介して多様なサービスを提供するが，とくに「貸出サービス」に力を入れている。

都道府県立図書館は，地域内の市町村立図書館を支援することで住民にサービスを提供し，来館利用者には直接に，図書館未設置の自治体の住民には可能な限り移動図書館や「団体貸出」の手段でサービスを提供する。公立図書館のサービスや，市町村立図書館と都道府県立図書館との役割分担については，旧図書館法第18条に基づいて定められた「公立図書館の設置及び運営上の望ましい基準」（平成13年7月18日文部科学省告示第132号）や「公立図書館の任務と目標」（日本図書館協会図書館政策特別委員会，1989年1月確定公表，2004年3月改訂）に示されている。

また，近年の利用者の情報要求の高度化と多様化に対応して，生涯学習を支援するサービスに加えて，ビジネス支援，医療・健康情報や法律情報の提供など，目的を意識した新しいサービスを提供している。

c 大学図書館（university library, college library）

大学図書館の主たるサービス対象は，当該大学に所属している学部学生，大学院生，教員，研究者および職員である。しかし，近年は各種の公開講座や，立地を活かしての生涯学習事業を展開しており，大学図書館の地域への開放も進んでいることから，地域住民や社会人にもそのサービス対象を広げている。

提供するサービスは，「閲覧」「貸出」「複写」などの資料提供サービスはもちろんのこと，多様な学術情報を提供するための情報サービスが重要となる。このために，図書館間の相互協力，コンソーシアムの結成，コンピュータネットワークによって，各大学の特色を生かした広範かつ高度な資料・情報の提供サービスが行われる。

d 学校図書館（school library）

学校図書館のサービス対象は，児童・生徒と教員である。さらに学校図書館の開放によって，副次的利用者としてPTA会員である保護者や地域住民に及ぶこともある。

学校図書館の目的は，教育課程の展開に寄与するとともに，児童・生徒の健全な教養を育成すること（学校図書館法第2条）とされている。具体的には，一つは教科学習に役立つ各種のメディアを用意し，調べ学習を行うためのメディアセンターとしての機能と，その活用能力を養うための利用指導を行うことである。もう一つは自由な読書を楽しむ読書センターとしての機能と，そのための「読書案内」と「閲覧・貸出サービス」が行われる。

学校図書館の所蔵する資料だけでは，児童・生徒の学習意欲，読書意欲を満足させるには十分とはいえない。したがって，日ごろから地域の公共図書館と協力し，「団体貸出」を受けたり，公共図書館が提供する「児童サービス」や「ヤングアダルトサービス」を活用するように導く必要がある。

このような環境を整えるためには，熱意ある司書教諭や学校司書の配備が不可欠で

ある。2003年4月からは，12学級以上の規模の学校には司書教諭が発令されているが，司書教諭や学校司書には，教員や公共図書館の関係職員との人的ネットワークを密にしてサービスを提供することが望まれる。

e　専門図書館（special library）

専門図書館は，その設置母体の目的にそって，特定の専門領域の資料や情報を収集・整理し，その専門領域の専門家や研究者にサービスを提供する。したがって，サービス対象も特定主題領域の人たち，または，その組織・機関に所属する人たちに限定されている場合が多い。公益法人が設置している専門図書館では全面的に公開しているものもあり，広く誰にでもサービスを提供するものもある。

サービスの特徴は，資料提供サービスよりもレファレンスサービス，情報検索サービス，カレントアウェアネスサービスなどの情報サービスに重点がおかれる。職員にも情報検索技術の習得が要求される。

専門図書館の規模は他の館種と比べて小規模であり，所蔵資料の廃棄更新も激しいことから，利用者の要求に応えるために，主題別，地域別に館種を越えた協力ネットワークによって資源の共有を図っている。また，特定分野の専門資料や情報を所蔵しているので，他の専門図書館や他館種の図書館からのレフェラルサービスの対象となることが多い。

f　その他の図書館

点字図書館や，病院，老人ホーム，刑務所などの施設に付される図書館は，特殊な形態の資料を扱ったり，特別な環境のもとにある利用者を対象としたりする。しかし，サービスは公共図書館との重なりが大きく，その支援協力を得て行うことが望まれる。

（金中利和・齋藤泰則）

B. 資料提供サービス

資料提供サービスは，図書館にとって基本的なサービスである。

公共図書館は，住民の意思によってつくられ，住民は公共図書館を設置することによって，多種多様な資料・情報を活用して，よりよい生活，よりよい地域社会をつくろうとしている。そこで，住民の資料活用の始まりの部分を支援する図書館サービスが資料提供サービスである。具体的には閲覧，貸出，それに読書案内，リクエスト・予約サービス，複写である。

1　閲覧

a　閲覧とは

閲覧とは，利用者による資料利用の一形態である。

求める資料や情報が図書などの資料の一部にあって，それらを利用者が系統的，体系的，時系列的，比較対照的に必要とする場合に採用されるのが閲覧である。物理的に一つの資料の一部だけを，それも複数，時には数十にわたって必要とする，また必要な部分だけメモをとる，あるいは複写すればよいので，閲覧で終わる場合が多い。時にその中のものを，さらに詳しく調べたいという場合は資料を借り出す。ある種の図書を読みたいとき，丁寧に内容を見たり，一部を読んで，借り出す図書を決めるときにも採用される。

また，図書館側が設定をした資料扱いの条件によって館外へ借り出すことができな

い資料については，閲覧という利用形態が採用される。

閲覧は，社会的には住民の知的な遺産，創造物を図書館という建物の内部で活用する方法で，それを通して住民はさまざまな情報を入手して生活や仕事に役立てる。図書館の内部では，借り出す資料を比較検討して決めるという意味で「貸出」へ至る過程であり，系列的，体系的，時系列的，比較対照的利用という意味で，図書館が収集したコレクションを生かす方法といえる。図書館のコレクションは，書店などと異なるコレクションである。例えば年鑑類にしても，多くのタイトルを時系列に収集，整理，保存しているという特徴をもっているのである。

b 閲覧スペース

閲覧スペースには，通常の机，いすのほか，数種類の資料を広げて比較対照できる広い机，大型図書・地図等を見る専用机，社会人優先席，コンピュータ使用可能な場所などを用意する。書架のそばにキャレルを配置して，書架から取り出した資料をすぐに広げて読むことができるようにする。保存図書館や大学図書館などでは，別の基準が必要である。

c 館内利用の資料

図書館側の資料扱いの条件には，次のものがある。

図書館側が貸出になじまないと考えるもので，その内容として，①利用が多く競合するので借り出されて一定期間書架に存在しないことによる不都合，あるいは利用の公平性という点から問題がある，②文化財としての価値を有するもの，③劣化が進んでいるもの，④希少なもの，などである。寄託図書の場合，寄託者から館外への貸出を行わないという条件がつけられているものがあるが，これも貸出はできない。

具体的には，①「情報」がコンパクトに収録されている二次資料のうち「参考図書」として利用されているもの，②雑誌の最新刊のもの，③新聞のうち製本されていないもの，④「貴重書」として扱われているもの，⑤「貴重書」ではないが，郷土資料などですでに入手が不可能なもので1部しかないもの，⑥劣化が進んでいるもの，⑦著作権処理が行われていない映画ビデオなど，⑧その他貸出になじまないもの，が考えられる。

これらは利用者の立場を考えた場合，できるだけ範囲を狭く設定した方がよい。また，可能なものは「一夜貸し」で，一晩だけ貸出を行う。

d 開架書架のもつ意味

利用者の立場を考えると，自由に資料を手にすることのできる範囲ができるだけ広い方がよい。理由は，利用者の読書意欲，知的興味を高め，また学習過程を豊かにするからである。図書館のもつ生涯学習の機能を高めることにも結びつく。

特定の図書を利用者が求めている場合であっても，書架の間をその図書を求めて見てまわる過程，すなわちブラウジングする過程で，関連の資料を見つけることができる。こうしたことを通じて読書意欲を高めたり，知的好奇心を刺激され，知的な興味を高めることができる。利用者の要求行動の中に「あるテーマに関する図書を読みたい」，ばくぜんと「何か面白いものはないか」というものがあるが，この場合ブラウジングによって効果的に資料にアクセスできる。また，ブラウジング自体がそのテーマに関する学習の一環にもなるので，より多くの資料に自由に接することができることが望ましい。

管理面でみた場合，開架スペースを広く

すると，それだけ資料の破損や損失が多くなるという消極的な意見があるが，資料はより多くの人に活用されれば，それだけ新しい価値を生み出すものであり，その過程で生じる一定の物理的なマイナスは許容されなくてはならない。より多くの人に利用してもらい，より多くの価値を生み出すように努める方が，公共図書館の姿勢として望ましい。

「閉架」の範囲を少なくすることは，以上のような積極的な意味をもつが，同時に図書館経営という点では，書架出納のための人員を少なくすることにつながる。人員を少なくすれば，それだけ人件費だけでなく人員管理に要する事務経費，時間を少なくすることができる。

2 貸出

a 貸出の意義

貸出は，利用者が図書館の資料を館外に持ち出し，一定の期間占有して利用する方法である。

貸出は，1960年代後半から日本の図書館サービスの柱の一つと位置づけられてきた。このサービスは，その後の公共図書館の発展を支えてきたといわれ，住民の間に大きな支持を得てきた。

図書館の貸出サービスの社会全体での意義は，住民が拠出した税金によって購入された多様な資料を，住民が一定期間，個人あるいは団体で占有することによって，①利用者がライフスタイルにあわせて一定期間占有して読んだり，楽しんだり，調べたり，学んだりすることができる。十分細部にわたって情報を活用することを可能にする。②これによってさらに図書館の資料の利用を促進，増加させる。③また，個人の知識の増加，文化・教養の向上，人間的成長に資するものである。④さらに，読書を促進したり，地域の課題の解決や地域の活性化などに資するものである。

貸出サービスは，地域社会と個人にはかりしれない効果，価値をもたらす。その意味で，貸出はいっそう拡大すべきであるし，図書館未設置の自治体を少なくしなくてはならない。

貸出は，先にふれたように1960年代後半から，公共図書館の発展を支えたサービスであった。それは公共図書館を住民の要求に基づくサービス機関へと変えた。さらに，図書館の資料を十二分に住民に活用してもらう，つまり資料の価値をそれだけ社会に還元することを可能にした。

ブックモビルを使った貸出や地域の家庭文庫などへの団体貸出は，地域住民に等しいサービスを保障し，地域の中でのより利用しやすい条件をつくり出してきた。貸出を量的にも，面的にも拡大することによって，住民の中に図書館サービスを広げることができ，それを通して図書館の資料をより多く，すみずみまで利用してもらえるようになると同時に，住民の読書環境を整備し，読書意欲をかきたて，読書を促進する。とくに現代社会における読書の重要性を考えるなら，図書館の貸出サービスはいっそう拡大，充実が図られなくてはならない。

b 貸出に関する規程等

貸出に関する規程は，条例，規則で定める。さらに，必要に応じて「運用要綱（要項）」を定めておく。ただ，あまりに煩瑣にわたるようなものとならないようにする。必要事項を組織として意思決定をしておき，住民への説明責任を果たせるようにするという視点が大切である。

c 個人を対象とした貸出

(1) 貸出を受けることができる人

貸出を受けることができる人は，当該自

治体内に居住する人,当該自治体内に通勤・通学している人,貸出協定を結んでいる周辺自治体に居住する人,また通勤・通学している人,このほか,短期滞在者などで貸出および返却など資料の活用に支障がない人,また館長がとくに許可する人などである。

貸出を受けようとする人は,貸出申込書（登録票,登録カードなどいろいろなよび方があるが「貸出申込書」に統一する）に記入して申し込む。

(2) 住所確認の方法

住所を確認するには,勤務先または学校長等が発行する各種証明書,身分証明書など,住民票,運転免許証,健康保険証,このほかの公的証明書,自宅あての郵便物などの中の一つを提示してもらう。外国人には,IDカードなどを提示してもらうといった方法がある。もっていない場合は,仮に登録して貸出し,後日来館したときに持参してもらうか,図書館から住所にはがきを出し,それを持参してもらう。小学生はこれらを必要としない。継続申込みの場合は,とくに住所などの変更がなければ,証明書などは必要としない。

(3) 貸出カードを手渡す

貸出申込書に基づいて貸出カードを作成して手渡す（貸出券,利用券,利用カードなどいろいろなよび方があるが,ここでは「貸出カード」とする）。貸出にかかわる基本的な事項は印刷物にして,貸出カードを発行するとき手渡して簡単に説明し,何かあれば,いつでも職員に直接か,電話,FAX,電子メールなどの手段で聞くように言い添える。貸出カードの裏には,開館日,開館時間,図書館の電話番号などを記載しておくとよい。貸出カードの有効期限は,1年から3年程度とする。

(4) 貸出にかかわる個人情報の保護について

貸出申込書に記載した情報を含めた個人情報の取扱いについては,国が定めた「個人情報の保護に関する法律」,自治体で定めた個人情報保護条例,また「図書館の自由に関する宣言」（日本図書館協会,1979年改訂）,「貸出業務へのコンピュータ導入に伴う個人情報の保護に関する基準」（日本図書館協会総会決議,1984）も参考にしながら,説明文書を作成する。これは,貸出カードにそえて手渡す。

個人情報の取扱いの説明書の項目は,①図書館の貸出にかかわる個人情報の定義,②個人情報収集目的の明示,③個人情報の第三者への非開示,④個人情報の日常的管理方法,⑤個人情報の消去・廃棄,⑥個人情報に関連する法令等の遵守,⑦利用者自身の個人情報のコントロールについて,などとなる。

貸出に伴う個人情報の保護については,前述の「貸出業務へのコンピュータ導入に伴う個人情報の保護に関する基準」がある。ここで示された考え方は,現在でも堅持されなくてはならない。その骨子は次のようなものである。①貸出に関する記録は,資料を管理するために行うもので,利用者を管理するために行うものではない,個人情報が外部に漏れないコンピュータシステムを構成しなければならない。②データの処理は,図書館内部で行うことが望ましい,③貸出記録のファイルと登録者のファイルの結合は,資料管理上必要な場合のみとする,④貸出記録は,資料が返却されたらできるだけすみやかに消去する,⑤貸出登録者の番号は,図書館独自で与えるべきで,住民基本台帳等の番号を利用することはしない,⑥貸出登録者のデータは,必要最小限に限り,その内容およびそれを利用する範囲は,利用者に十分周知しなければなら

ない。利用者の求めがあれば，当人に関する記録を開示しなければならない。

貸出申込書は，個人情報が含まれているので慎重な取扱いをして，保存年限が過ぎて廃棄するときは，責任者が責任をもってシュレッダーにかけて処分する。

(5) 警察，官公署などからの問い合わせへの対応

警察等から，図書館の本が拾得物として届けられたので，落とし主（借り出し人）に届けるから名前を教えてほしい，といった問い合わせが寄せられることもある。これについては，プライバシーを保護する必要性を説明して丁寧に断り，借り出し人へ図書館から連絡する。そのほか，官公署などからの個人登録情報および貸出に関する問い合わせには回答しない。

(6) 貸出カードの紛失・再発行

利用者が貸出カードを紛失したときは，すみやかに図書館に申し出てもらい，貸出カードを再発行する。住所の変更などで貸出申込書の記載内容に変更が生じたときも，すみやかに図書館に申し出てもらう。

(7) 貸出冊数および貸出期間

図書館資料の貸出冊数は，自治体によって異なる。数冊から10冊という数を決めているところもあるし，制限がなくても自ずと数は限られるので決めていないというところもある。貸出期間（期限）は，おおむね2週間であるが，それより長く設定しているところもあるし，資料によっては短く設定している場合もある。例えば，視聴覚資料については，利用が多いことを理由に1週間としている図書館もある。

資料の種類によって貸出冊数および貸出期間を定めた場合，資料の種類や利用者の希望によってとくに配慮が必要な状況も生じるので，館長の判断で上限や期限を変更できるようにしておいた方がよい。

なお，貸出が制限されている貴重書，参考図書などについては，「一夜貸し」ができるようにする。

CD-ROM，DVDなどパッケージ型電子資料，フィルムの貸出も行うが，再生装置をもっていない人もいるので，あわせて再生装置を貸し出すことも考える必要がある。

(8) 貸出期間の延長

貸出期間の延長は，1回に限り認めているところが多い。ただし，予約がかかっていない資料についてという条件がある。

(9) 返却の方法・督促

来館による返却を基本とするが，駅前などに返却ボックスをおいて，その中に入れてもらうなどの方法もとる。

期限が過ぎても返却されないときは，「督促」を行う。その時期は，返却の期限日から2週間ないし1か月後くらいがよい。

督促は，原則として電話で行う。不在のときは，はがき，電子メールなどで行う。督促を行ったときは必ず記録を残し，必要に応じて利用者などとのやりとりを含め，状況を記録しておく。

借りている資料名などは，当人だけに知らせる。はがきの場合，冊数だけを記載して，早く返却するように促す。電話の場合，当人が不在で家族が出たときは，貸出を行った資料の返却期限が過ぎている旨を知らせて，後日また電話すると伝える。家族によっては，資料名などを聞いて，自分で代わりに返却にいくとか，探しておくなど親切に気を回してくれる人がいるが，丁寧に断る。

なお，他の図書館等から借り受けている資料の返却が遅れている場合は，必要に応じて貸出延長を申し込むなどして，所蔵館に迷惑をかけないようにする。

(10) 資料の紛失・著しい破損など

利用者が資料を紛失したときは，ただちに事故届けを出してもらい，一定の猶予期

間をおき，その間に探してもらう。それでも出てこないときは，原則として同一資料を購入して持参してもらう。すでに刊行から時間がたち，同一資料が入手できないときは，これに代わる資料を図書館が指定し，購入して持参してもらう。ただし，後者の場合，刊行から一定期間を経た資料は減価していると見るのが妥当で，減価した上でそれに見合う購入資料を指定するようにした方がよい。

現金による弁償の場合は，会計処理の上，領収書を発行する。弁償後に紛失した資料が発見された場合は，すでに弁償された資料または現金は返還しない。発見された資料は，蔵書印等を消した上，利用者に引き取ってもらう。

また，自然災害や火災によって紛失した場合は，弁償の必要はなく，事故届けを出してもらう。盗難による紛失は，当人の不注意でもあるので，購入などの対応をしてもらう。汚損・破損の場合は，原形をとどめていれば問題がないが，そうでないときは館内の関係部署で協議の上，弁償してもらうかどうか決める。

(11) 貸出の停止の措置

返却期限を過ぎて，督促してから一定期間が経過してなお資料が返却されないときは，一定期間の貸出停止措置をとる図書館が多い。これは，利用者に反省を促す意味がある。

(12) 資料の特別貸出

報道関係者などが番組制作などのために，資料をとくに必要とするときがある。これについては特別の規定を設けて貸出をする。また，貴重書，郷土資料などを博物館などで展示する場合も特別貸出となる。これは，申請者の申し出に基づき館長が許可する。ただし，この場合は，資料によっては取扱いについて条件をつけ，汚損・破損，劣化が進まないように配慮する必要がある。

(13) 貸出方式

貸出方式は，コンピュータを使った方式が普及している。また最近，利用者が自分で貸出処理ができる貸出機（自動貸出機）も普及してきた。

さらに，自動貸出機を使って24時間貸出サービスする図書館も登場してきた。中にはリクエスト・予約資料の貸出だけに限定して，一部のスペースに書架を設け，外から資料を確認して，あれば貸出カードをスロットに差し込みドアを開けて，所定の資料を書架から抜き出し，自動貸出機で処理をして借りることもできるようになった。

手作業による貸出方式には，ブラウン式貸出方式，ニューアーク式貸出方式などがある。これらについては，旧版のハンドブック（『図書館ハンドブック』第5版，p.70-74）に詳しい説明があるので参照されたい。

(14) インターネット上での電子出版物の貸出

インターネット上で電子出版物を「1冊単位」で貸出すシステムもつくられている。このシステムは，①利用者から申し出があったら専用ソフトを送信して利用者のコンピュータにインストールしてもらい，②借りたいときは，専用ソフトを起動して図書館のサーバーにアクセスし，貸出のメインのページに入り，そこで資料の検索や書架のブラウジング，立ち読みなどを行って，借り出す資料を特定し，③貸出の手続きを行って，例えば2週間インターネット上で借り出して，利用者のコンピュータで読み，2週間たったら返却するというものである。これは，電子出版が普及して，図書館でも購入するようになったら，導入しなければならないシステムである。

d 団体を対象とした貸出

市町村立図書館が当該自治体内で行うも

のは，学校，公民館，PTA，読書会，子ども会，学童クラブ，保育園，児童館などを対象とする。

各団体は責任者を定めて，図書館と話し合って貸出を受ける。貸出冊数，貸出期間などは図書館が一般的な基準を設けるが，話合いで，できるだけ個々の団体側の要望に合わせるようにする。図書館は，団体貸出用資料を自動車で巡回して届ける。

各団体における資料貸出の方式は，利用カード等を使った手作業となることが多いが，利用者のプライバシーが最大限守られる方法を採用するように勧め，援助する。

こうした市町村立図書館による団体貸出は，子どもの読書環境を整備するという意味などを含めて積極的に展開する必要がある。また，学校図書館へは，学校図書館支援という視点からも積極的に展開する必要がある。

都道府県立図書館は広域サービスを担当している。図書館未設置自治体の住民に対しては，ブックモビルと団体貸出を併用してサービスを行う。団体貸出は，都道府県立図書館が直接地域住民と話し合って実施する場合と，一度当該自治体の教育委員会に貸出して，当該教育委員会が地域住民と話し合って活用するという方法とがある。いずれの場合でも未設置自治体で図書館建設に結びつくような働きかけを行う。

e　ブックモビル
(1)　ブックモビルによるサービス提供の意義

ブックモビルは，自治体内の中央図書館，分館のサービス圏から遠い地域の住民に対するサービスを行うもので，図書館の全域サービスを実施するためには不可欠のものである。図書館に足を運ぶにはやや難がある人々に対するサービスとしても貴重なものである。例えば，養護老人ホームの高齢者たちにとってはかけがえのない図書館サービスであり，また，子どもの読書環境を整備するという意味でも重要な意味をもつサービスである。これを使ったサービスはいっそうきめ細かく，かつ拡大されなくてはならない。

(2)　ブックモビルで使用する車

使用する車には，3,000冊以上積載できる大型車，1,500～2,500冊を積載できる中型車，1,000冊程度の小型車がある。また，書架も内側書架，外側書架，内外書架がある。これらは地域の道路事情や気候等を考慮して，適切なものが選ばれる。

(3)　ブックモビルのステーションでの作業・巡回頻度

ブックモビルは，一定の時間，ステーションに駐車して資料の貸出などを行う。できるだけ多くの巡回頻度を確保したい。コンピュータも搭載してオンライン閲覧目録（OPAC: online public access catalog）やインターネット情報源の検索ができるようにするとともに，簡単な読書案内の質問，レファレンス質問にも回答できるようにする。

f　相互貸借
(1)　相互貸借の必要性

相互貸借は，利用者の資料に対する要求を満たす一つの重要な方法である。現在日本で手に入る図書は，商業ルートを通して入手できるものに限定しても50数万点ある。絶版になった過去のものも含めると膨大な数となり，行政資料なども加えるとさらにその数は多くなる。これらを一つの図書館，自治体，都道府県立図書館で所蔵することは不可能である。

所蔵していない資料を探し出して利用者に提供することは，公共図書館の重要な役割である。同一自治体内，隣接自治体どうし，地域ブロック内，都道府県内，都道府県間，国全体の各種図書館が協力し合って利用者

の要求を満たす努力をする。都道府県立図書館は，都道府県内の各種図書館が相互に資料を貸借できる体制をつくり出し，県民が県内の所蔵資料をできるだけ多く，スムーズに利用できるようにすべきである。

(2) 相互貸借の方法

自治体間，あるいは図書館間で協定を結んで，相互貸借ができるようする。資料の範囲は，できるだけ広いことが望ましい。また，量的に多い場合は専用の運搬・巡回車を回して実施した方がよい。少ない場合は，郵送によって行う。

3 読書案内

a 読書案内の定義

読書案内とは，貸出カウンターに隣接したカウンター，あるいは書架の間などで行われる，図書や雑誌などについての相談に対応するサービスである。貸出部門で行われるレファレンスサービスという性質をもつ。

図書や雑誌を読んだり調べたりすると，もっと関連の資料がないか，同じ著者の作品はないか，などいろいろな疑問がわいてくる。こうした図書や雑誌などについての相談に応じる活動を読書案内という。

b 読書案内の範囲および内容

読書案内は，ちょっとした疑問からかなり複雑な相談まで広範囲にわたる。図書や雑誌にかかわるものだけでなく，事実調査に相当するものもあり，レファレンス質問と同様と考えることができる。利用者にとっては，図書館側が考えているような相談・質問区分はなくて，相談のカウンターがあったから，職員が排架作業をしていたからということで相談してくる。したがって，図書館としては，読書案内のカウンターでかなりの程度まで回答するという姿勢が必要となる。

小さな図書館ではとくにレファレンスカウンターは設けずに，入口近くの相談カウンターですべての質問に答えるようにした方が現実的とも考えられている。

c 読書案内の準備

読書案内の準備には，書架図の作成，日本十進分類法（NDC）簡略版相関索引の作成，別置資料および各種請求記号の一覧作成，読書案内のツールの整備・排架などのほかに，インターネット情報源のうち読書相談に役立つサイトやページのリンク集の作成，簡単なレファレンス質問にも答えられるように百科事典，国語辞典，新語辞典，統計年鑑などをカウンターの近くの書架におく，などがある。また，読書案内の専門的な研修が必要である。

児童資料などに色ラベルをはってわかりやすくしている図書館もある。そうしたところでは，色ラベルをあわせて一覧表にしておくとよい。これは利用者にもわかるように印刷物にして，書架図と一緒に手渡すことができるようにしておく。

また，NDCの一部の記号を短縮して置き換え記号を使っている図書館もある。例えば，「91」を「J」というようにである。この場合も一覧表に織り込んでおくとよい。

書架図では，わかりにくい分類番号やよく聞かれる分類番号は忘れずに書き込んでおく。

d 読書案内での対応

読書案内はカウンターのほか，電子メール，電話，FAXなどでも行われる。カウンターでは，質問を受けたら，利用者と一緒に書架に行き，資料を前にして，あるいは資料を手にとり，応答しながら相談に応じるようにする。コンピュータを使った検索

では，必ず利用者に画面を見せながら行う。いずれにせよ，気持ちよく帰ってもらい，また相談しようという気持ちになるようにサービスすることが必要である。相談の記録はメモにして残して，あとで点検，活用できるようにしておく。

4 複写サービス

a 複写サービスの意義

複写サービスは，館内での資料の利用と密接にかかわるものである。利用者が資料の一部だけ，あるいは雑誌や新聞の記事，図書の一部をそのままの形で持って帰りたいという場合，複写サービスを利用してもらう。その場合，著作権法に基づいて複写を行うことになる。

b 複写サービスの法的根拠

著作権法第31条第1項で定めた条件は，①複写の主体は図書館である，②複写の対象は図書館資料に限る（利用者個人が持参した資料はできない），③利用者の調査研究のために行う，営利を目的としない，④複写は原則として全体のうち一部である，⑤部数は，一人につき一部である，個人的利用に限る。

④の運用として，複写できる範囲は一つの著作物の2分の1以下としている。発行後相当期間を経過した定期刊行物に掲載された個々の著作物は，その全部を複写できる。雑誌の場合，最新刊のもので，次の新しい号が出た場合，発行後相当期間を経過し，入手が困難になったという解釈で，運用として個々の著作物も全部複写ができる。最新号の確認ができない場合は，週刊誌の今週号，月刊誌の今月号に掲載されている著作物は，1著作物の2分の1以下とする。

c 地図，図版，楽譜，歌詞などについて

図書，雑誌中にある地図，図版，楽譜，歌詞は，上記の一般的な運用の考え方に沿いながら，さらに検討する必要がある。

通常，図版は，文章では意を尽くせない説明資料として掲載されていると解釈されるので，その資料の一部と解釈して複写を許可する。しかし，中には個々の図版の著作権およびその取扱いについて指示がある図書等があるので，その場合は指示に従う。ただし，そうであっても一つの著作物の2分の1までは運用上複写できると解釈されるので，小さな図版でも個々の2分の1までは許可する。この場合，図書館側が立ち会い確認する必要がある。そうした図書は数が少ないので，別に一覧にしておくとよい。

楽譜は，一つの楽譜が1著作物と考えられるので，2分の1以下とする。歌詞も同様である。

地図も1地図1著作物なので，複写できるのはその2分の1以下である。ただし，地図帳で見開きの場合は，左右それぞれ1著作物と考えられるが，見開き1枚を1著作物と解釈して許可している図書館もある。

d 複写ができない資料

他の図書館所蔵の資料（借受け資料），そのほか貴重書，劣化が激しい資料など館長が禁止したものは複写ができない。利用者には事情を説明して理解してもらう。

翻訳書などで著作権処理が行われていない印刷物については，著作権処理が行われていない以上，複写は許可できない。行政などの施策の立案のために海外の論文，報告書などを内部資料として翻訳して，作成したものがあるが，これらは図書館としては収集しても通常の整理は行わないものである。とくに求めがあったときには，条件をつけて閲覧してもらうが，複写はできないことを伝える。

e　インターネット上の情報の複写

全部複写できるのは，著作権がない法令などのページと，作成者が著作権フリーであることを明示しているページあるいはサイトである。これ以外は原則複写できない。なお，写真などの一部，ページの一部を複写することは，著作権法上も可能だが，実際には文字情報の一部を除いて不可能なので，一律できないとした方が混乱がない。

f　電子資料の複写

CD-ROM，DVDなどのパッケージ系電子資料は，図書館所蔵資料なので，印刷の一般資料と同じ扱いにする。プリンターにコイン式の複写機能がない場合は，複写後，カウンターに持ってきてもらい，枚数を確認して料金を徴収する。

g　機材持ち込みの複写・撮影

機材を持ち込んで複写をする場合がある。研究者，専門家による写真撮影，ビデオ撮影などや，報道機関などによるものである。これには複写機を使わないだけの個人利用という場合と，番組，出版などに使うという場合がある。番組等に使う場合は著作権と利用内容を確認して，適切な利用であれば許可する。所蔵を明示するなどを求め，さらに問題が発生した場合は撮影者が責任をもって処理することを確約させる。

さらに，放送番組，図書などでの利用について述べておくと，①放送番組での放映の場合は，その番組に限定して利用すること，②複製物を掲載または引用等を行うときは，原本が図書館の所蔵であることを明示すること，③無断で複製物を再複製して刊行したり，翻刻したり，また複製物を販売したりしないこと，④撮影方法は，係員の指示に従って行うこと，とくに貴重書はライトの照度など制限を加え，資料の劣化が進まないようにしなければならない。

なお，最近，携帯電話についたデジタルカメラによる撮影，ハンディスキャナーによる複写が許可なく行われるようになったが，気がつきしだい，著作権法の趣旨を説明して，適正な手続きを行った上で複写してもらう。

h　複写の手続き

カウンターでの申込みを原則とするが，電話，文書，電子メールによる申込みも受け付ける。図書館が申込みを受けたときは，複写手数料，郵送料を申込者に知らせ，すぐに所定の金額を現金書留または郵便為替等で送金してもらい，送金が確認されしだい，コピーを送付する。今後は，電子決済が普及するので，これに対する対応も必要となる。その場合，あらかじめ登録しておいてもらうとよい。

カウンターで複写の申し出があったとき，著作権法第31条第1項に基づくサービスであることを，利用者にまず確認してもらう。その上で，第31条第1項の範囲内でサービスを行う旨伝える。疑問が出されたときは，誠実に説明，対応する。利用者は，どうしても広い範囲を複写したいという希望をもっているし，仕事上などでどうしても必要だという気持ちが強いので，対応のしかたを誤るとトラブルが発生しやすい。丁寧に条文を示して説明をする。できれば，寄せられた疑問・質問をまとめてQ&A（質問回答集）の形にしておくとよい。

i　複写記録への警察等からの問い合わせ

複写の記録は利用者のプライバシーにかかわるので，まず図書館側としては，複写が終わったら，利用者と複写物との関係がわからなくなるように，申込書の項目の間にミシン目を入れておいて別にする。警察など外部からの問い合わせに対しては断る。

5 リクエスト・予約サービス

a リクエスト・予約サービスの意義

リクエスト・予約サービスは利用者が求める資料に直接応えるという意味で重要なサービスである。「予約」は，図書館に所蔵する資料に対する要求について，貸出中のために要求された時点で応えられない場合に，返却されたら優先して貸し出すというサービスである。「リクエスト」は図書館に所蔵していない資料を購入したり，他の図書館等から借りて提供するというものである。後者は，図書館に所蔵していない資料を要求されるという意味で，図書館の資料収集を見直す契機にもなる。こうした要求に誠実に対応することによって，コレクションに個性が生まれるし，それが日本の図書館全体のコレクションの多様性に結びつく。

利用者にとっては，リクエストした資料を提供してもらえるという意味で，新しいサービスの発見につながり，利用者にとってはさらに図書館を利用しようという動機づけになる。実際に，リクエストに応えてもらってから，日常的に図書館の利用をするようになったという人も多く，社会人の利用を増加させたサービスでもある。社会人の利用の増加は図書館のコレクションの構成を変えてきたし，サービス内容も変えてきた。これは，図書館の社会的な役割も変えてきたといえる。その意味でも，リクエストサービスは非常に重要なサービスである。

b リクエスト

事務処理の流れの上では，リクエスト・予約はとくに区別しないで受付をする。来館した利用者には，リクエスト・予約カードを記入して提出してもらう。電話，FAX，電子メールでの予約の申し出の場合は，館員が予約カードに記入して申込みを受け付ける。受け付けたら，まず所蔵情報を調べ，あれば「予約」として処理し，なければ「リクエスト」として処理する。

リクエストされた資料を購入するかどう

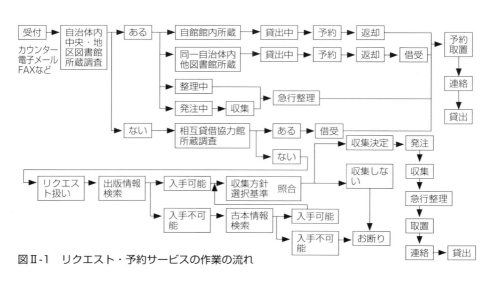

図Ⅱ-1　リクエスト・予約サービスの作業の流れ

かは，原則として資料収集方針に照らし合わせて決める。収集すると決まった資料は，すぐに収集の手続きに入る。一般図書は，取次会社提供のデータベースを検索すれば，在庫状況がわかり，入手できる日も予想できる。絶版の場合は入手ができないことを伝える（新刊本でないものは古本屋で購入する図書館は，古本屋のデータベースも検索する）。収集したら，できる限り迅速に提供できるようにする。

c　予約

予約本が返却されたらすみやかに貸出す。予約資料が，返却期限を過ぎても返却されないときは，ただちに督促をして，返却してもらう。

予約を受け付けたとき，予約状況がわかれば利用者に知らせる。予約件数が多い場合は，早くていつ頃になるのかを，他の図書館等から借り受けるときは，その旨といつ頃到着するかを知らせる。

（大串夏身）

C. 情報サービス

1　情報サービスの種類と特性

図書館の情報サービスは，何らかの情報要求をもっている図書館利用者に対し，必要とする情報あるいは情報源を効率よく入手できるように援助する図書館員によるサービスであり，それを有効に行うための関連諸業務からなる[1]。情報サービスには，レファレンスサービス，利用案内，レフェラルサービス，情報検索サービス，カレントアウェアネスサービスなどの基本サービスと，コミュニティ情報サービス，読書案内などの伸展的サービスがある。これらの情報サービスは，表Ⅱ-1に示したように，利用者と図書館員との関係，サービスの能動性の有無，使用する情報源の範囲・種類の三つの面からその特徴を捉えることができる。各サービスの具体的内容は以下の各項で述べることとし，ここでは情報サービスについてこれらの三つの特徴から概観する。

第1の特徴は利用者と図書館員との関係である。情報サービスは，図書館員が利用者に対面して提供する直接的サービスと，図書館員と利用者とが間接的にかかわるサービスに区別される。レファレンスサービスのうち，図書館員がカウンターにおいて利用者と直接，対面して質問を受け付け回答を提供する質問回答サービスは，利用者と図書館員との関係は直接的となり，情報源の維持・管理など利用者の情報探索環境を整備するサービスでは，利用者と図書館員との関係は間接的となる。次節Dで取り上げる利用案内では，館内で実施される図書館オリエンテーションや文献利用指導は，図書館員が利用者と対面して実施されることから，その関係は直接的となる。それに対して，利用案内パンフレットの準備，図書館のホームページ上での利用案内情報の提供は間接的なサービスとなる。

第2の特徴は情報サービスの能動性である。情報サービスは，利用者の求めに応じて提供するという受動的なサービスと，利用者の要求を予測してサービスを事前に準備しておく能動的なサービスとに区分される。利用案内のうち，図書館オリエンテーションや文献利用指導は図書館側で企画，

立案し，実施するという点で，能動的サービスといえる。

第3の特徴は情報サービスに使用する情報源の範囲・種類である。情報サービスは，使用する情報源を当該図書館の所蔵する文献を中心とするサービスと，その他の図書館の情報源や，専門機関・専門家など文献以外の情報源を使用するサービスとに区分される。4項で述べるレフェラルサービスは，利用している図書館の情報源では対応できない質問に対して，他の図書館やその他の類縁機関や専門家に照会し，あるいは利用者にそれらの情報源を紹介するサービスである。

このように，情報サービスの情報源には，文献以外に専門機関や専門家が含まれるが，中心的な情報源は文献である。レファレンスサービスでは，辞書・事典，書誌・索引等の二次文献を使って利用者の要求する情報を探索し，提供するものである。レフェラルサービス以外の情報サービスも，基本的に文献を情報源とするサービスである。一般に，文献は，出版・編集という社会的活動を通して生産された公的知識（public

表Ⅱ-1　情報サービスの種類と特性

サービスの種類	利用者との関係	能動的／受動的	具体的なサービス	情報源
レファレンスサービス	直接的	受動的	質問回答サービス	文献（図書館蔵書，他の図書館蔵書），WWW上の情報源
	間接的	能動的	レファレンスコレクションの形成	文献（図書館蔵書）
利用案内	直接的	能動的	図書館オリエンテーション	文献（図書館蔵書）
			文献利用指導	
	間接的	能動的	利用案内パンフレット	文献（図書館蔵書），WWW上の情報源
			HPでの利用案内情報提供	
レフェラルサービス	直接的	受動的	照会サービス	文献（他の図書館蔵書），専門機関，専門家
			紹介サービス	
読書案内	直接的	受動的		文献（図書館蔵書）
カレントアウェアネスサービス	直接的→間接的	受動的→能動的	カレントコンテンツサービス	文献
			SDIサービス	文献
情報検索サービス	直接的	受動的	代行検索サービス	文献
	間接的	能動的	OPAC	文献（図書館蔵書）
			データベース検索サービス	文献
コミュニティ情報サービス	間接的	受動的	案内紹介サービス	地域の各種機関，専門家
		能動的	地域情報サービス	地域の各種機関，専門家

knowledge）を記録したものであり，何らかの事柄について知る上で典拠（cognitive authority）となる情報や知識を含むものである[2]。文献が認知上の典拠として機能するのは，そこに含まれる情報・知識内容の公共性，信頼性にある。今日では，従来の紙媒体の文献に加えて，インターネット上の情報源が情報サービスに使用されるが，インターネット上の情報源についても，公的知識，認知上の典拠として機能することが情報サービスの情報源としての要件となる。

2 レファレンスサービス

レファレンスサービスとは，何らかの情報要求をもつ利用者に対して図書館員が行う人的援助である。この人的援助には，利用者の質問に対して回答を提供する質問回答サービスと，レファレンスコレクションの維持・管理，各種情報源の作成などの準備的サービスとに分けられる。表Ⅱ-1に示したように，質問回答サービスは，図書館員と利用者との関係が直接的であることから直接的サービスとよばれ，レファレンスコレクションの形成は，その関係が間接的であることから間接的サービスとよばれる。各サービスの内容は図Ⅱ-2に示したとおりである。

直接的サービスには，情報あるいは文献を提供するサービスと，情報や文献の探索法の援助指導を提供するサービスがある。この違いは，利用者の提示する質問内容の違いからくる。情報自体を提供するサービスの例として，「福澤諭吉の誕生年はいつか」という質問に対して人名事典を参照し回答する事例があげられる。一方，「福澤諭吉の自伝はないか」という質問に対して書誌や目録などの文献検索用情報源を参照し，福澤の自伝の書誌的事項を回答する事例は，文献を提供するサービスとなる。

それに対して，情報や文献の探索法が問われる場合がある。例えば，『日本の参考図書』の使い方や，伝記関係の図書の探し

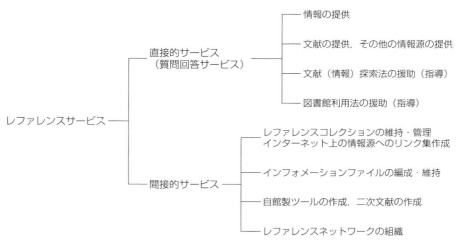

図Ⅱ-2　レファレンスサービスの種類

出典：長澤雅男著『問題解決のためのレファレンス・サービス』日本図書館協会，p.26の図を一部削除のうえ加筆。

方を問うような質問である。利用者はこの質問への回答を受けて、必要な情報あるいは文献を自ら探索することになる。

　間接的サービスは、質問回答サービスで利用する情報源を準備しておくサービスである。具体的には、図書館に備えるべき辞書、事典、書誌、索引などのレファレンス資料を選択、収集し、レファレンスコレクションとして組織化するサービスである。また、行事案内や各種団体などが発行する案内書などのパンフレットやリーフレットなどの非図書資料をバインダーに整理し、インフォメーションファイルとして編成、維持する作業も含まれる。これらのファイルは、レフェラルサービスや案内・紹介サービスの際に有効な情報源となる。さらに、新聞記事や雑誌記事の切抜きなどのクリッピング資料の作成[3]や、質問が予想されるテーマに関する文献リストの作成など、自館作成ツールの準備も重要なサービスとなる。そのほか、インターネット上の情報源からレファレンスサービスのための有効なものを選別し、図書館のホームページにリンク集として掲載し、アクセスできるようにするサービスも必要である。さらに、利用者の質問に対して自館の情報源では回答できない場合、他の図書館に協力を依頼する協力レファレンス体制の構築も、間接的サービスの重要な作業となる。

a　レファレンスプロセス

　レファレンスプロセスとは、図Ⅱ-3に示すように、利用者からの要求をレファレンス質問として受け付け、回答を提供するまでの過程をいう[4]。この過程は次の三つの段階からなる。第1段階は、利用者からの質問の受付、その質問の内容を把握するためのインタビューの実施、情報要求を反映したレファレンス質問の作成に至る段階である。この段階では、図書館員は利用者の

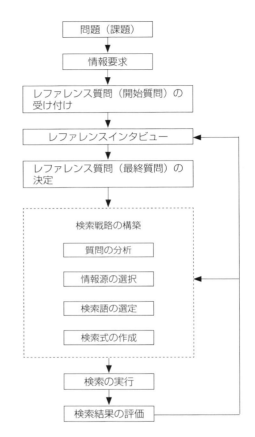

図Ⅱ-3　レファレンスプロセス

真の要求を把握し、検索戦略の構築が可能な手がかりを得るために、利用者に質問を行う。この図書館員から利用者への質問をレファレンスインタビューという。なお、レファレンスインタビューについてはcで詳しく取り上げる。

　次の段階が検索戦略の構築である。これは、レファレンス質問の分析、情報源の選択、検索語の選定、検索式の作成という四つの段階からなる。「質問の分析」では、質問を主題と要求事項に分ける。例えば、「不登校児を扱った雑誌記事」という質問では、

主題は「不登校児」，要求事項は「雑誌記事」である。また，「不登校児の平成15年度の人数」という質問では，主題は同じく「不登校児」であるが，要求事項は「平成15年度の人数」となる。質問の分析結果をもとに「情報源の選択」が行われる。一般に，要求事項によりレファレンス資料の類型が決まり，主題によってその類型に属する特定の情報源を選択することになる。前者の質問では，要求事項が雑誌記事であることから，文献検索用情報源である書誌が選択され，後者の質問では，要求事項が人数というデータであることから，事実検索用情報源である統計資料が選択される。さらに，主題により，前者では特定の主題書誌，後者では具体的な統計資料がそれぞれ選択されることになる。

次の段階が「検索語の選定」である。ここでは，質問の主題を構成する概念を検索語で表現する。ここで注意すべきことは，質問の主題を表現している語がそのまま検索語として選ばれるわけではない点である。上記の質問例では，その主題は「不登校児」という用語で表現されている。しかし，選択した情報源において，不登校児という概念に対しては「不登校児」ではなく「登校拒否児」が件名標目として使用されている場合には，「登校拒否児」を検索語として選定しなければならない。

次の段階では，主題を構成する概念間の論理的関係に基づき論理演算子を用いて検索語を組み合わせ，検索式を作成する。上記の質問例でいえば，標題中の語を検索語として使用する場合には，不登校児の同義語である登校拒否児も検索語として使用する必要があろう。そこで，それらの語を論理演算子の「論理和（OR）」を使って「不登校児 OR 登校拒否児」という検索式を作成することになる。

次の段階は，検索式を使って検索を実行し，得られた検索結果を評価する段階である。検索結果が情報要求を十分に反映していない場合には，検索戦略を再検討する必要がある。具体的には，情報源の選択，あるいは検索語の選定を再検討することになる。また，レファレンスインタビューの段階にまで戻り，情報要求自体を改めて確認することが必要となる場合もある。こうして，再度構築された探索戦略によって，情報要求に適合した検索結果が得られたならば，使用した情報源を典拠として示しながら，その結果を利用者に回答として提供する。なお，適切な回答が得られなかった場合には，利用者に探索経緯を説明するなどの事後処理が必要である。

以上の検索戦略の構築および検索結果の評価については，改めて「3 情報検索サービス」で詳しく取り上げる。

b レファレンス質問

利用者が提示するレファレンス質問は表Ⅱ-2に示すように5類型に分けられる。案内指示的質問は資料の排架場所や図書館施設の案内を問うような質問である。例えば「伝記関係の図書はどこですか」という質問がこれにあたる。

利用指導質問は，特定資料の利用法，情報や文献の探索法を問う質問である。例えば「福澤諭吉を扱った文献の探し方は」という質問がこれにあたる。これらの2類型の質問は，利用者が必要とする情報や文献を直接，表現したものではない点に注意する必要がある。

それに対して，即答質問，探索質問，調査質問は，情報あるいは文献自体を求める質問である。即答質問は，所定の情報源を使って比較的簡単に回答できるような質問である。探索質問は，その多くが特定の主題に関する文献を求める質問であり，複数の情報源を使って探索を行い，一定の時間

表Ⅱ-2　レファレンス質問の類型

レファレンス質問の類型	回答様式		事例
案内指示的質問	資料の排架場所・所在指示 図書館の案内	問	「伝記関係の図書はどこですか。」
		答	280（NDC）番台の書架を指示する。
即答質問	情報自体	問	「福澤諭吉の誕生年は。」
		答	人名事典を参照し，回答する。
	書誌データ・所在情報	問	「福澤諭吉の自伝があるか。」
		答	蔵書目録を検索し，福澤諭吉『福翁自伝』慶應義塾大学出版会と，その請求記号を回答する。
探索質問	情報自体	問	「昭和初期の大学の数，教員数，学生数を知りたい。」
		答	『昭和国勢総覧』を参照し，該当データを回答する。
	書誌データ・所在情報	問	「不登校といじめとの関係を扱った雑誌記事がないか。」
		答	『雑誌記事索引』を検索し，該当記事の書誌データを回答する。さらに，該当記事を掲載している雑誌の所蔵図書館を調査し，回答する。
調査質問	二次文献の作成・提供	問	「ゆとり教育と学力低下問題について論じた図書および雑誌記事を網羅的に集めたい。」
		答	『日本件名図書目録』，『雑誌記事索引』等の書誌索引を検索し，該当文献のリストを作成し提供する。また，一般図書に収録されている文献リストの有無を『書誌年鑑』を使って調査し，該当文献リストがあれば回答する。
利用指導質問	文献探索法	問	「福澤諭吉を扱った文献の探し方は。」
		答	『人物文献目録』，『人物書誌索引』等を紹介し，その使い方を回答する。

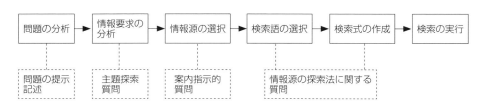

図Ⅱ-4　情報探索過程とレファレンス質問の類型

を要するような質問である。調査質問は，探索に多くの時間と労力を要する複雑な質問であり，多様な情報源を使って網羅的な探索を行う必要のあるような質問である。調査質問では，二次資料の作成など，検索結果の評価を加えた新たな調査資料の作成が求められる場合もある。

利用者の提示する質問にこのような類型の違いが生じるのは，利用者の情報探索過程が関係している。図Ⅱ-4に示したように，利用者は最初に情報が必要となった問題や課題について分析を試みる。この段階で利

用者が図書館を訪れ，援助を求める場合には，自らの抱える課題や問題を表明し，その解決のために必要な情報や文献を求めるような質問となる。

　利用者が課題や問題の解決に必要な情報や文献を分析する段階では，その分析結果をもとに必要な情報や文献の主題を示し，回答の提供を求める即答質問，探索質問や調査質問の形式をとる場合が多い。

　情報源の選択・検索語の段階に進んだ利用者は，自らが選択した情報源の排架場所を問う案内指示的質問や，選択した情報源の探索法を問う利用指導質問を提示することになる。これらの類型の質問の問題点は利用者の情報要求を直接，表現していない点である。案内指示的質問では，利用者が選択した情報源が果たして情報要求に適合する情報を含んだ情報源かどうかが問題となる。利用指導質問の場合には，利用者が想定している探索法によって，情報要求を満たすような情報の入手につながるかどうかが問題となる。もちろん，即答質問，探索質問，調査質問のような主題探索型の質問の場合でも，常に，情報要求を直接，表現しているわけではない。しかし，不十分ではあっても，必要な情報や文献の主題が提示されているという点で，案内指示的質問や利用指導質問に比べて，真の情報要求に近接しているといえる。いずれの類型の質問についても，利用者の真の情報要求を把握するためには，レファレンスインタビューが必要となる。

　さて，探索質問や即答質問など，情報や文献を求める質問が提示された際の回答様式には，求められた情報や文献を回答する場合と，情報や文献の探索法や情報源の紹介を回答として提供する場合がある。どちらの回答様式を選択するかは，レファレンスサービスの方針にかかわる。前者のように，求められた情報や文献を可能な限り回答し，利用者の要求に最大限に応えるサービスを提供すべきだという考え方を最大論または自由論という。一方，後者のように，利用者の要求に直接回答するのではなく，探索法の指導など，最小限の範囲のサービスにとどめるべきだとする考え方を最小論または保守論という。どちらか一方の考え方に依拠するのではなく，その中間をとる考え方を中間論，または中庸論という。

　一般に，教育機能を有する大学図書館，学校図書館では最小論が推奨され，研究者を対象とするような専門図書館では最大論によるサービスが提供されているといえよう。大学図書館の場合でも，研究活動を支援する場合には，最大論で臨むことが求められる。

　一方，不特定多数の利用者を対象とする公共図書館では，利用者の属性に応じた回答様式を採用することが望ましい。すなわち，児童・生徒の学校の宿題などに関連した質問については最小論で臨むべきだが，一般成人の中でビジネス支援を求めるような利用者に対しては最大論で対応する必要がある。

c　レファレンスインタビュー

　ジャホダ（G. Jahoda）らは，レファレンスインタビューを必要とする利用者の質問の特徴として次の6点をあげている[5]。

① 真の要求なのか。
② 主題は把握されているか。
③ 質問は曖昧な点がなく，明確になっているか。
④ 求める情報の量が明示されているか。
⑤ 回答のレベルが明示されているか。
⑥ 言語，期間，出版地，資料形態に何らかの条件があるのか。

　この中で，とくに重要なものが①の真の要求である。真の要求を表していないと考えられる手がかりとして，ジャホダらは，

特定の資料の排架場所や特定の類型のツールの探索法を求めるような案内指示的質問や利用指導質問をあげている。なぜ特定の資料やツールにかかわる質問が問題となるのかといえば，それは，利用者が選択した特定の資料やツールによって情報要求が満たされる可能性が低いと考えられるからである。レファレンス資料に関する種々の情報源について熟知している利用者であれば，自ら適切な情報源を選択し，そこから得られた情報によって利用者は要求を満たすことができよう。しかし，利用者は情報源について必ずしも十分な知識をもっているわけではない。そのため，適切な情報源を選択できず，情報要求を満たすことができないことが考えられる。この場合，図書館員は，レファレンスインタビューを行い，情報要求の分析，さらには問題の分析の段階で示されるような質問を引き出すことが重要となる。こうして真の要求を把握した上で，図書館員が最も適切な情報源を選択することが，利用者の情報要求を満たす回答の提供につながる。

　以下，②から⑥について簡単に述べておく。②は，図書館員が質問の主題を把握しているかどうかを指している。質問の主題の専門性が高く，図書館員に不案内な主題の場合には，利用者にその主題について説明を求め，主題について一定の理解を得る必要がある。③は，質問に使用されている用語の意味が複数ありうる場合，その意味が特定されているかどうかを意味している。④は，文献検索質問の場合であれば，必要な文献数が示されていることを意味し，事実検索質問の場合には，その事項に関する説明の詳細さの程度が明示されていることを意味する。例えば，ある人物の経歴に関する事実質問の場合，その経歴がどの程度詳しく記述されているものを求めているのかが把握されている必要がある。⑤は，回答の内容の専門性のレベルを意味している。これは，利用者の主題知識，既有知識，経歴などの利用者の属性，および情報利用の目的などと密接に関係する。⑥は，求める情報や文献が記述されている言語や文献の出版年が指定されていることを意味している。日本語で書かれた情報や文献でよいのか，最近出版された文献に限定してよいのか，さらには図書に限定してよいのか，雑誌記事やその他の形態の資料は必要ないのかを確認しておく必要がある。

　以上のジャホダのあげたインタビューが必要となる質問とは，利用者の情報要求を反映していない可能性の高い質問である。それでは，利用者の情報要求を反映した質問を引き出し，情報要求を満たす回答を提供するためには，レファレンスインタビューを通して，利用者からどのような事項を確認する必要があるのだろうか。テイラー（R.S. Taylor）は，次の五つの事項あげている[6]。

① 必要な情報の主題。
② 情報を得ようとする目的。
③ 利用者の属性（知識状態，探索歴，経歴）。
④ 受け入れ可能な回答（回答のレベル，文献数など）。
⑤ 情報源の探索が可能な質問。

　テイラーは，レファレンスインタビューは情報要求を反映した質問を得るための濾過装置としての役割を果たすものとし，上記の事項は濾過装置におけるフィルターとして機能すると説明している。これらのフィルターの中で，とくに重要なものが①，②，③である。①は，ジャホダのあげた③に対応しており，求める情報の主題を明確にすることである。同時に，ジャホダが②にあげているように，図書館員がその主題を理解することをも意味している。テイラーがとくに重要なものとしてあげているのが②

の情報を得る目的である．必要な情報の主題が確定できても，目的によっては，探索する情報源の範囲や専門性のレベルが異なる．例えば，特定主題に関する文献を求める質問の場合，その主題について基礎的な知識を得る目的であれば，初学者向けの図書を提供することになろう．そうではなく，その主題に関する研究論文の作成を目的とする大学院生であれば，その主題に関する外国語の研究文献を含めた包括的な書誌を求めることになろう．

利用者の情報要求を把握するために行われるレファレンスインタビューは，図書館員が利用者に質問し，利用者がそれに応答するという形式で進められる．そこで，ダービン（B. Dervin）は中立質問法（neutral questioning）というインタビュー法を提案している[7]．この質問法は利用者の情報探索を意味付与（理解）のための行動としてとらえる考え方に基づいている．すなわち，関心のある問題や取り組むべき課題を解決するために，自分のもっている知識では対応できないとき，人間は情報を必要とする．したがって，利用者の要求に適合する情報を把握するには，①抱えている問題や課題は何か（状況），②その解決のためにどのような情報が不足しているのか（ギャップ），③得られた情報を利用してどのように問題を解決するのか（利用），これらの3点について利用者に質問し，応答を得ることが必要となる．図Ⅱ-5に中立質問の質問法とその事例をあげておく．中立質問への応答内容は，図書館員にとって利用者の要求に適合した情報を提供する上で重要な手がかりとなり，利用者にとっても中立質問に応答することは有効な回答の入手につながる．

状況の把握：
・この問題がどのようにして生じたのか．
・この状況の中で，何をしようとしているのか．
・どんなことが起こって，あなたは立ち止まることになったのか．

ギャップの把握：
・そのことについて何を知りたいのか．
・そのことを理解する上で何が欠けているように思われるのか．
・あなたは何を理解しようとしているのか．

利用の把握：
・この情報をどのように利用するつもりか．
・あなたが求める援助がきちんとわかっているならば，それは何なのか．
・この情報はあなたをどのように援助することになるのか．その情報はあなたが何をする上で役立つのか．

＜中立質問法の使用例＞
　利用者の開始質問：「大企業についてより詳しく扱ったものがありますか？」

状況：　あなたが取り組んでいる問題について教えていただければ，何が役立つのかもっとよくわかるのですが．
ギャップ：　大企業について何を知りたいのですか．
利用：　この情報をどのように利用するのか，少し教えてください．

図Ⅱ-5　中立質問法（neutral questioning）

後述するデジタルレファレンスサービスにおけるレファレンスインタビューにおいても，中立質問の有効性が指摘されている[8]。なお，中立質問の内容は，図Ⅱ-5の事例が示すように，利用者のプライバシーにかかわる事項を問う部分もあるため，利用者の意思を確認しながら，慎重にインタビューを進めていく必要がある。

d　レファレンスサービスの測定と評価

レファレンスサービスのうち，質問回答サービスの測定・評価にあたっては，質問の類型別処理件数などの統計データとともに，個々の事例の記録・蓄積が必要である。個々の事例については，質問者の属性，質問内容，使用した情報源，探索過程，回答様式などの項目を記録する。これらの記録データは，インタビューを通じて利用者の要求を把握できたのか，適切な情報源を選択し回答を提供できたのか，レファレンスコレクションの質と量は十分であったのか，回答不能の場合の理由は何か，これらの点を評価し，改善していく際の貴重な資料となる。同時にこれらのデータは，レファレンスサービス担当者の研修・教育にも活用できる。

e　デジタルレファレンスサービス

インターネット環境下の新たなレファレンスサービスの形態をデジタルレファレンスサービス（digital reference service，以下，DRS）という。DRSはインターネット上の情報源の活用とインターネットによる質問の受付・回答の提供にその特徴がある。ALAのレファレンス・利用者サービス部（RUSA）では，インターネット上にある情報源の中から，レファレンスサービスのために有効な情報源を選択するための基準を示している。そこでは，情報内容の信頼性・正確さ，情報の更新・改変の明示，典拠として認知されている情報発信機関など，従来のレファレンス資料の選択基準にもあてはまるものがあげられている。

DRSの最大の特徴は，電子メールやウェブ上から利用者の質問を受け付け，回答を提供する点にある。これまでも，電話や文書によるレファレンス質問の提示・受付方法はあるが，開館時間帯に限定されることなく，24時間どこからでも即時に質問を提示できるこの方式のもつ意義は大きい。さらに，ネットワークの特性を使った協同デジタルレファレンスの提供も重要である。米国では，2002年から，アメリカ議会図書館（LC: Library of Congress）とOCLC（Online Computer Library Center）がQuestionPointというグローバルな協同デジタルレファレンスサービスのシステムを形成し，利用者の質問を最適な図書館に回送し，回答する機能を組み込んでいる[9]。わが国でも，国立国会図書館関西館によってレファレンス協同データベース事業が行われており，全国の公共図書館，大学図書館が自館のレファレンス事例を登録し，共同利用できるシステムの構築を進めている[10]。

3　情報検索サービス

情報検索サービスは，レファレンスサービスのうちの質問回答サービスとして提供される場合と，図書館が用意する情報源を使って利用者自身が求める情報を検索できる環境を提供するサービスに分けられる。前者は図書館員が利用者に代わって検索を行う代行検索サービスであり，後者は印刷媒体のレファレンスコレクションの形成，各種データベースの検索環境の整備など準備的サービスとなる。ここでは，代行検索としての情報検索サービスを取り上げ，主にオンラインデータベースなどの電子媒体の情報源を対象とする検索プロセスを示す。

a　情報検索プロセス

　情報検索プロセスは，レファレンスプロセスと同様に，利用者からの質問の受付，インタビューの実施，検索質問の作成を経て，検索戦略の構築，検索の実行と評価，回答の提供からなる。使用する情報源としてオンラインデータベースを選択する場合，以下で述べる論理演算子を用いた複雑な検索質問の表現が可能となる。そこで，利用者の情報要求を詳細に把握するためのインタビューがとくに重要となる。なお，このインタビューをプレサーチインタビューとよび，レファレンスインタビューと区別することがある。

　プレサーチインタビューにより把握された情報要求は検索質問として表現される。この検索質問を分析し，検索に使用するデータベースを選択する。データベースは，レファレンスデータベース（書誌文献データベース），ファクトデータベース，マルチメディアデータベースに分けられるが，この中から質問の主題と要求事項に基づいて最適なデータベースを選択することになる。これらのデータベースの多くはインターネット上で利用可能であり，2016年3月現在，国内で利用可能なおもなデータベースは表Ⅱ-3のとおりである。

　データベースの選択に続いて行われるのが検索語の選定である。検索語には，標題や抄録中の語を検索対象とする自由語と，シソーラスあるいは件名標目表に登録されている統制語がある。図Ⅱ-6は『基本件名標目表』第4版の「情報検索」の部分を示したものである。統制語は，ある特定の概念を表現する語が複数存在する場合に，その概念を代表する語（優先語）を示したものである。すなわち，UFは「を見よ参照あり」を示し，情報検索については，IRではなく，情報検索を使用することがわかる。また，件名標目表では，概念間の上位，下位関係，関連する概念の関係が示されており，TTは最上位標目，BTは上位標目，NTは下位標目を示し，RTは関連主題の標目を示している。検索語の選定にあたっては自由語と統制語のどちらを選択するのか決定し，統制語を使用する場合には表現したい概念の優先語を確認する必要がある。統制語は，検索モレが防げるが，最新の概念

表Ⅱ-3　インターネット上で利用可能な国内の主なデータベース

データベース名	内容	作成機関
NDL-OPAC	国立国会図書館蔵書目録，雑誌記事索引	国立国会図書館
国立国会図書館サーチ	国立国会図書館をはじめ，国内の各機関から収集した文献情報等を収録	国立国会図書館
CiNii Books	全国の大学図書館の所蔵資料の総合目録	国立情報学研究所
CiNii Articles	日本の学術論文を中心とした文献情報を収録	国立情報学研究所
magazineplus	国立国会図書館の「雑誌記事索引」のほか，学会年報・研究報告論文・一般誌・ビジネス誌・地方史文献の情報を収録	日外アソシエーツ
Web OYA-bunko（大宅壮一文庫 雑誌記事索引検索 Web版）	雑誌専門図書館「大宅壮一文庫」が所蔵する雑誌の記事データベース	大宅壮一文庫
JDream Ⅲ	科学技術や医学・薬学関係の国内文献情報および海外文献情報を収録した科学技術文献データベース	ジー・サーチ
医中誌Web	国内医学論文情報を収録	医学中央雑誌刊行会
聞蔵Ⅱビジュアル	朝日新聞全文記事データベース）。地方版の記事（沖縄を除く）のほか，『AERA』『週刊朝日』『知恵蔵』の記事も収録	朝日新聞社
日経テレコン(日経四紙)	新聞記事や企業情報を中心とした総合データベース	日本経済新聞社
JapanKnowledge	『日本大百科全書』『日本国語大辞典』ほか各種辞典・事典，東洋文庫の全文検索，会社四季報最新号などのコンテンツを収録	ネットアドバンス

```
情報検索
    UF:   IR
    TT:   情報科学
    BT:   情報科学
    NT:   索引法, データベース
```

図Ⅱ-6　基本件名標目表

を表現できないことがあり，また索引作業に多くの労力を要するという問題がある。一方，自由語は，検索モレが生じやすいが，最新の用語を使用できる利点もある。

検索語が選定されたならば，主題を構成する概念の論理的関係に基づき検索語を組み合わせ，検索式を作成する。論理的関係には，論理和（OR），論理積（AND），論理差（NOT）の3種類がある。「大学図書館」，「公共図書館」，「利用者案内」の三つの語を使った検索質問と検索式の例を以下に示す。

　検索質問：大学図書館または公共図書館における利用者教育
　検索式：（大学図書館 OR 公共図書館）AND 利用者教育
　検索質問：大学図書館または公共図書館に関するものうち，利用者教育を扱ったものを除く
　検索式：（大学図書館 OR 公共図書館）NOT 利用者教育

検索式が作成されたならば，その検索式を入力し実行する。得られた検索結果の評価については次のbで述べる。

b　情報検索結果の評価

検索結果については，検索式が表現している主題に検索された文献の主題が合致しているかどうかを評価する適合性（relevance）評価と，情報要求を満たしているかどうかを評価する適切性（pertinence）評価がある。

検索式を実行した結果，検索対象のデータベースに収録されている文献は，検索された文献と検索されなかった文献に分かれる。さらに，検索された文献は，検索式の主題に合致している適合文献（その件数をA）と，合致していない不適合文献（その件数をB）に，検索されなかった文献についても同じく，適合文献（その件数をC）と不適合文献に分けられる。

そこで，適合性は，検索された文献のうち，検索式が表現する主題内容に適合している文献数の占める割合「$A/(A+B)$」を使って評価する。この割合を精度（precision）といい，この値が1に近いほど，検索結果の適合性評価は高くなる。逆に，この値が低い場合には，検索語の選定さらにはデータベースの選択にまで戻って再検討が必要となる。

検索式が表現する主題に適合している文献がデータベース中に存在するにもかかわらず，検索式によって検索されなかった文献が多い場合も，検索結果の評価は低下する。そこで，その評価については，データベース中の適合文献のうち実際に検索式によって検索された文献の割合「$A/(A+C)$」を使って行う。この割合を再現率（recall ratio）といい，この値が1のとき，データベース中のすべての適合文献がもれなく検索できたことになる。一般に，精度と再現率は反比例の関係にあり，精度を高めると再現率は低下し，再現率を高めると精度は低下する。

一方，適切性は，情報要求と検索結果との関係を示す指標である。検索された文献の主題と検索式が表現している主題が一致していても，それらの文献がすでに入手済みの文献であったり，あるいは難解で利用できない文献や利用目的に合致していない

文献など，文献の主題内容以外の要因で利用者に受け入れられない文献は，情報要求を満たす文献とはいえない。このような場合には，再度インタビューを実施し，目的や動機，利用者の属性などについて把握することが必要となる。

4 レフェラルサービス，その他の情報サービス

a レフェラルサービス

利用者の情報要求に対して利用している図書館の所蔵資料では回答ができない場合には，二つの方法がとられる。一つは，他の図書館や専門機関，専門家に問い合わせを行い，入手できた回答を利用者に提供する方法である。もう一つは，回答提供が可能な他の図書館や専門機関，専門家を紹介する方法である。他の図書館に問い合わせを行い，あるいは他の図書館を紹介する方法は，協力レファレンスとして捉えることもできる。さて，レフェラル（referral）という用語は，差し向けるとか，紹介するという意味であることから，レフェラルサービスを第2の方法，すなわち他の図書館や専門機関，専門家を紹介するサービスとして限定的に捉えた場合には案内・紹介サービス（information & referral service）とよぶこともある。この案内・紹介サービスのうち，地域の各種専門機関に関する情報を記録したコミュニティ情報ファイルを作成し，地域住民の日常生活に必要な情報を提供するサービスについては，コミュニティ情報サービスとよぶ場合もある。

b その他の情報サービス

このほか，図書館では，最新の文献情報を提供するカレントアウェアネスサービスや読書相談サービスなどがある。

カレントアウェアネスサービスには，コンテンツシートサービスとSDI（selective dissemination of information）サービスがある。前者は，利用者に関心のある分野の専門雑誌を対象にその最新号の目次情報を提供するサービスである。研究者にとって新着雑誌に目を通すことは興味ある論文の発見につながることが多く，目次情報の提供は，セレンディピティ（偶然による情報発見）とよばれる情報探索を支援するサービスとしても重要である。それに対して，SDIサービスは，選定情報提供サービスと訳される場合もあるが，利用者からあらかじめ提示された情報要求を利用者プロフィールとして検索式の形式で登録し，特定の文献データベースを対象に定期的に検索を実行し，その結果を提供するものである。これにより，利用者は研究テーマに関する最新の文献を随時，知ることが可能となる。

読書案内は，B節でも取り上げているが，利用者の読書関心・要求を把握するためにインタビューが必要であることから，レファレンスサービスの中に位置づける場合もある。なお，レファレンスサービスが主として調査研究を支援するサービスであるのに対して，読書案内は，娯楽や教養を得る目的で来館した利用者に対して，小説など，おもに文学作品を選択し，推薦するサービスに特徴があるとし，レファレンスサービスと区別する考え方もある[11]。

（齋藤泰則）

D. 利用教育

1 利用教育の定義

a 定義

　図書館の資料・情報は，かなり複雑な仕組みによって組織化，蓄積され，提供されている。図書館を利用者が「使いこなす」ためには，「図書館の使い方」を一定程度まで理解，習得している必要がある。この意味において，利用者が「図書館の使い方」を理解，習得するために提供されるサービス，すなわち利用教育(library use education/ user education)は，図書館にとって「必然的」なものである。

　かつて利用教育は，付随的，副次的なサービスとして，とくにレファレンスサービスの一環として理解，実施されてきたが，現在では利用者サービスの一つとよべるまでになっている。すなわち，「図書館の使い方」を伝えることに留まらず，"すべての利用者が自立して図書館を含む情報環境を効果的・効率的に活用できるようにするために，体系的・組織的に行われる教育"的なサービスと定義されるまでに至っている[1]。背景には，オンラインデータベースなどを含め，図書館が扱うメディアの多様化・高度化が進み，体系的，組織的な「指導プログラム」の必要性が高まってきたことを指摘できる。利用者の「自立」，すなわち情報リテラシーを身につけることをめざし，「図書館以外」での情報活用までを視野に入れた指導が展開されることも増えてきた。わが国でも実践・研究の両面において，利用教育への取り組みがなされてきたが，ここにきて十分な広がりをみせているといえる。

　なお，利用教育については，館種によって使われる用語が異なり，意味するところにも多少の違いがあるが，ここではすべてを包括する用語として利用教育を用いている。図書館利用教育や利用者教育は，利用教育とほぼ同義に使われる。「サービス」としての側面を強調した，指導サービス(instruction service)といった表現も登場している。

b 意義

　図書館が利用教育を実施する意義について，ここでは3点に分けてまとめておく[2]。第1は，利用の効率化である。多様化，高度化する利用者のニーズに対し，図書館が一斉，一様にサービスを提供するのは効果的ではない。かといって，個別に対応していくのは効率的でなく，限界がある。これに対して，利用者がニーズに応じた「図書館の使い方」を習得することによって，適切な利用を促進することができる。図書館としては，人的資源を含め，資源が有効に活用できることになる。

　第2は，マーケティングとPRである。すなわち，潜在的利用者（未利用者）に対して図書館利用の有効性や有用性を周知したり，既存の利用者に対してさらに活発な図書館利用を促進したりするためのマーケティング，および設置母体や関係機関などと友好関係を保つためのPRである。

　第3は，利用者の育成である。潜在的利用者を含め，利用者の間には，情報社会において必要な「情報を使う力」を身につけたいという考え方が広まっている。図書館は，これに対して，「図書館を使う力」の習得・向上を支援する役割，すなわち教育

的機能を果たすことができる。近年,「図書館を使う力」,すなわち図書館リテラシー (library literacy) は,「情報を使う力」,すなわち情報リテラシー (information literacy) の (重要な) 一部であると捉えられるようになっており, 利用教育は「情報リテラシー教育」という社会的文脈の中におかれることになる。すでに米国では, 情報リテラシー (教育) は図書館の使命や目的における中核的な理念と位置づけられつつあり, とりわけ学校図書館や大学図書館については基準が策定, 公表されるなど[3], 積極的な活動が展開されている。

2 利用教育の種類

a 内容

利用教育は, 内容のうえから, 図書館オリエンテーション (library orientation) と文献利用指導 (bibliographic instruction) とに大別されることが多い。ここでは, 日本図書館協会図書館利用教育委員会が作成した「図書館利用教育ガイドライン 総合版」によって, それぞれの内容を確認しておきたい。

「ガイドライン」では, (1)印象づけ, (2)サービス案内, (3)情報探索法指導, (4)情報整理法指導, (5)情報表現法指導, という五つの領域に分けて利用教育の「目標」をまとめている (表Ⅱ-4)。オリエンテーションの内容はおもに(1), (2)に該当する。「認識」や「理解」が目標となっていることからもわかるように, 1-bでも触れた, 図書館PR (広報) とよばれる活動とも関連することになる。

一方, 文献利用指導の内容はおもに(3), (4), (5)に該当する。大学図書館や学校図書館において「レポート・論文の書き方」の指導が実施される場合などのほかは, 従来, 文献利用指導が一般に対象としてきたのは(3)の領域, すなわち情報の「探索」にかかわるものであった。しかし, 情報リテラシーに対する認識の広がりを受けて,「探索」にとどまらず,「整理」「表現」まで, すなわち情報探索・利用過程の全体が対象となってきたのである。なお,「文献利用指導」とよばれているが,「文献」に限らず, さまざまなメディアによる「情報」までもが対象となっていることを, 念のため補足しておく。

b 方法

利用教育を方法の観点からみると, 直接的方法によるものと間接的方法によるものに分けられる。前者は, 図書館員などが利用者と「対面」して指導を行うもので, 図書館で行うツアーや講義, 実演, 演習などによる講習会が代表的な形式である。また, 学校 (図書館) や大学 (図書館) においては, 授業も重要な指導の場である。授業においては, 図書館員とチームティーチングを行う場合を含め, 教員が相応の役割を果たすことになる。このように図書館員以外が指導にあたることもある。なお,「グループを対象とした形式」(集合形式) のほか, チュートリアルやレファレンスサービスにおける利用案内 (指導) のような「個人を対象とした形式」(個別形式) も直接的方法に含まれる。

後者は, さまざまなメディアを利用した方法である。メディアとしては, 冊子やパンフレット・リーフレット, ポスターなどの印刷メディア, ビデオなどの視聴覚メディア, CD-ROMやウェブ (ホームページ) などの電子メディア, といった多様なものが用いられる。利用ガイド, パスファインダ, マニュアルなどが作成され, 配布や閲覧に供される。図書館が独自に作成するほか, 市販のものを利用する場合などもある。最近, インターネットを用いた遠隔学

表Ⅱ-4 利用教育の目標

	領域1 印象づけ	領域2 サービス案内	領域3 情報探索法指導	領域4 情報整理法指導	領域5 情報表現法指導
目標	以下の事項を認識する。 1. 図書館は生活・学習・研究上の基本的な資料・情報の収集、蓄積、提供機関 2. 図書館は資料・情報の受信、発信、交流のメディアを提供する機関 3. 図書館は様々なメディアを提供する機関 4. 図書館は物理的な空間という「より世界に開かれた情報の窓」 5. 図書館は気軽・便利・快適で自由な休息と交流の場 6. 図書館は個人の知る権利を保障する社会的機関（知る権利） 7. 図書館は生涯学習を支援する開かれたサービス機関（学ぶ権利） 8. 情報活用技能の重要性 9. 図書館の種類と特徴 10. 図書館とそのサービスポイントの所在地	以下の事項を理解する。 1. 自館の特徴 2. 施設・設備の配置（分館、サービスポイントの所在地） 3. 検索ツールの配置と利用法 4. 参考図書・ツールの存在と有用性 5. 利用規程（開館時間等） 6. サービスの種類（貸出、複写、レファレンス、予約、リクエスト、情報検索、相互貸借、アウトリーチ、利用指導等） 7. 対象別サービスの存在（障害者、幼児、児童、ヤングアダルト、成人、高齢者、多文化サービス等） 8. 図書館員による専門的サービスの存在（調査・研究支援） 9. 図書館員による親切丁寧な案内・援助・協力を受けられること 10. 利用マナー 11. 行事の案内（講演会、展示会、上映会、お話し会、ワークショップ等）	以下の事項を理解し習得する。 1. 情報探索法の意義 2. 情報の特性 3. 情報の評価のポイント 4. 資料の基本タイプと利用法（図書、雑誌、新聞、参考図書、AV資料、CD-ROM、オンラインデータベース） 5. アクセスポイントと使い方（著者名、タイトル、キーワード、分類記号、件名、目録、ディスクリプタ等） 6. 検索ツールの存在と利用法（書誌、索引、目録、OPAC、レファレンス・データベース等） 7. サーチエイドの存在と利用法（分類表、件名標目表、シソーラス、マニュアル等） 8. 情報検索の原理（AND/OR/NOTトランケーション） 9. 情報探索ストラテジーの立て方（一般的、専門的） 10. 自館資料の組織法と利用法（分類、請求記号等） 11. レファレンス・サービスの利用法 12. 他機関資料の調査と利用法 13. ブラウジングの効用	以下の事項を理解し習得する。 1. 情報内容の抽出と加工（要約、引用、言い換え、抄録、翻訳、解題等） 2. 情報内容のメディア別の記録法（メモ、ノート法、カード記録法、クリッピング、データベースのダウンロード、録音録画等） 3. 情報内容のメディア別の整理法（ファイリング、コンピュータによる加工法等） 4. 資料の分類とインデックスの作成法（キーワード、見出し語の付与等） 5. 書誌事項、アクセスポイントの記録法 6. 発想法（ブレーンストーミング、KJ法等） 7. 分野別・専門別の整理法 8. 情報整理法の意義	以下の事項を理解し習得する。 1. 情報倫理（著作権、プライバシー、公正利用等） 2. レポート、論文、報告書、資料の作成法（構成、書式、引用規則等） 3. 印刷資料の作成法（パンフレット、リーフレット、ミニコミ紙等） 4. AV資料の作成法（ビデオの撮影、編集法等） 5. コンピュータによる表現法（グラフィック、作曲、アニメーション等） 6. コンピュータ・ネットワークによる情報発信（電子メール、インターネット等） 7. プレゼンテーション技法（話し方、OHP、板書法、AV、マルチメディア、学会発表等） 8. 分野別の専門的な表現法 9. 情報表現法の意義

出典：日本図書館協会図書館利用教育委員会編『図書館利用教育ガイドライン合冊版』2001, p.16.

習，いわゆるeラーニングが注目されているが，インターネットに限らず，メディアを利用した方法（間接的方法）は，多様な状況におかれた利用者のさまざまなニーズに対応し，自学自習を可能とする点において重要性を増している。いうまでもないが，メディアが直接的方法における教材や教具として利用されることもある。

ここでいう「利用ガイド」とは，通常，図書館で「利用案内」とよばれている，主にパンフレット・リーフレット形式の印刷物のことである。サービスとしての「利用案内」と混乱するので，「利用ガイド」という表現を用いている。また，パスファインダ（pathfinder）とは，ある主題について，関連する資料・情報を入手法とともにリストアップしたものであり，一般にリーフレット形式でまとめられる。マニュアルは，大部で詳細なものではなく，例えばOPACの一般的な利用法を簡易にまとめるなど，コンパクトなものも重要である。いずれもウェブで公開されることも増えている。

間接的方法は，利用ガイドなどを含めると，ほぼすべての図書館で実施されているといえる。重要なのは，間接的方法と直接的方法とをあわせて，体系的，組織的かつ計画的に利用教育を実施することである。なお，以下では，グループを対象とした形式（集合形式）を念頭において進める。

3 館種別の利用教育

a 大学図書館

大学図書館では，用語としては，利用教育のほか，利用指導や利用者教育，およびこれらに図書館を冠したものも用いられる。多くの大学図書館において，新入生を対象としたオリエンテーションや，図書館や授業における文献利用指導が実施されている。利用教育は，"情報リテラシー教育の一環として，大学図書館の協力の下に，全学的に取り組むことができるよう，教育体制の整備が必要である"との考えも広がり[4]，利用教育を情報リテラシー教育の一環と位置づけ，とくに初年次教育（導入教育）の授業科目として設定する動きが広がっている[5]。

利用教育の内容は，「図書館利用教育ガイドライン　大学図書館版」などから全体像（目標）を知ることができるが[6]，実践上では，オリエンテーションのほか，OPAC利用法，文献探索法（一般的なものや主題別のもの）の指導が中心となっている。CD-ROM・DVD-ROMやオンラインのデータベース，電子ジャーナルの利用法などもますます重要になっている内容である。授業科目（専門分野）や論文・レポート作成と関連させて指導が実施されることもある。論文・レポート作成法，あるいは研究・学習法そのものも指導内容となる。

方法としては，図書館が企画，実施する講習会が主であり，講義，実演，演習などの形式で指導がなされる。加えて，授業との連携も行われており，図書館員が授業の一部を受け持ち，授業科目（専門分野）の学習において必要となる文献の探索法などを指導する場合が多い。こうした方式は学科関連（course-related）指導とよばれている。これに対し，とくに医学系図書館などで従来から実施されてきた，授業科目（カリキュラム）の内容（目標）の中に文献の探索法などを組み込んだ方式は，学科統合（course-integrated）指導とよばれる。また，例えば「情報リテラシー」や「文献探索法」などといった授業科目を設定し，図書館情報学担当教員などが指導を行う，独立科目方式もある。

大学図書館では，ハンドブックが刊行されるなど[7]，利用教育は確実に定着したものとなっている。もっぱら利用教育を担当

する部署が設置されている図書館もある。今後は，理論的な枠組みづくりを強化しつつ，教員との協力体制の構築，指導者（図書館員）の技能向上（研修）などといった実践上の課題に取り組んでいく必要がある。なお，学生だけでなく，教員などを対象とした利用教育も重要であることを付言しておく。

b 学校図書館

学校図書館では，利用教育は，一般に利用指導や図書館利用指導などとよばれている。学校図書館は，"学校の教育課程の展開に寄与する"（学校図書館法第2条）ために，"図書館資料の利用その他学校図書館の利用に関し，児童又は生徒に対し指導を行う"（同法第4条）こととなっており，利用教育を本質的な役割としているといえる。

学校図書館では，文部省（文部科学省）の働きかけもあり，利用教育への取り組みは早くから進められてきた。ただし，職員配置を含め，学校図書館そのものの体制が必ずしも十分でなかったことなどから，一部の先駆的な例を除いては，政策や理論のみが先行してきた印象は否めない。

しかし，近年，「調べ学習」などとの関連において，利用教育は積極的な展開を見せている。2002年（高校は2003年）から実施の学習指導要領において，「総合的な学習の時間」や教科「情報」をはじめ，各教科・科目を通して，「問題解決能力（生きる力）」としての「情報活用能力（情報リテラシー）」の育成が強調されるようになったことなどを受け，利用教育は，実践上も着実に進展してきている。

利用教育の内容は，例えば，「情報・メディアを活用する学び方の指導体系表」で確認することができる[8]。「体系表」は，「Ⅰ 学習と情報・メディア」「Ⅱ 学習に役立つメディアの使い方」「Ⅲ 情報の活用の仕方」「Ⅳ 学習結果のまとめ方」に分けて整理されているが，「問題解決学習（調べ学習）」，すなわちとくに教科・科目において，課題（テーマ）について自ら調査し，レポート（発表）などにまとめていく，という活動が念頭におかれていることがわかる。実際には，こうした中から，例えば「辞書の使い方」などといった事項が，学年（学齢）に適したレベルにおいて指導されることになる。

方法としては，授業によることが多い。すなわち，学級活動・ホームルームの時間などを使った「図書館の時間」などによる場合（いわゆる特設方式）や，各教科・科目の授業の中で指導を行う場合（いわゆる融合方式）がある。後者では，とくに司書教諭と教科担当教諭とのチームティーチングによる指導が効果を発揮する。なお，利用教育（図書館）の目標と教科・科目（授業）の目標との関連をめぐっては，利用教育を図書館独自で行う「関連なし」の段階，教科・科目との関連で行う「関連あり」の段階，両者が統合的な共通の目標（カリキュラム）をもつ「統合」の段階，という3段階に分けて捉えられる[9]。

学校図書館法の改正によって司書教諭が原則必置となるなど，学校図書館をめぐる体制も整備されてきている。必要な能力をもった司書教諭がその役割を発揮して，教科担当教諭や学校司書などとの協力の中で，体系的，組織的な指導を実践していくことが，すべての学校（図書館）において期待されている。実践を支える研究の充実も必要であることはいうまでもない。

c 公共図書館

公共図書館では，おもに利用案内などの用語が使われる。とりわけ学校や企業などに属していない利用者にとって，公共図書館は，情報・資料を利用するだけでなく，

利用に必要な知識・技能を習得，向上する機会としても貴重な存在である。すなわち，公共図書館には本来的な意味での「社会教育（生涯学習）施設」として，教育的な機能が期待されている。「サービスとしての教育」を強調した実践例もある[10]。

こうした動きの背景として，いわゆる社会的技能（social skill）としての情報リテラシーへの対応を指摘できる。"図書館の新しい役割"として"地域住民の情報活用能力［情報リテラシー］の育成支援"が提言され[11]，「公立図書館の設置及び運営上の望ましい基準」(2001)でも"住民の情報活用能力の向上を支援するため，講座等学習機会の提供に努めるものとする"と明確に位置づけられた。

利用教育の内容としては，オリエンテーションやOPAC利用法の指導などが中心であり，なかには，データベース，パソコン，インターネットの利用法などを指導する事例もあるものの[12]，全体としては，「図書館利用教育ガイドライン　公共図書館版」にみるような，情報リテラシーの広がりを見据えた，多岐にわたる内容を用意する段階には至っていない。方法としては，講習会形式が主となっている。

今後は，他の館種に比べて手薄であった理論的基盤の構築（研究）もめざしていく一方で，実践上は，地域住民のニーズを見据えながら，内容・方法とも拡充した取り組みを進めることが期待される。情報社会における「地域の情報拠点」として，公共図書館の役割は小さくない。

（野末俊比古）

E. 図書館の文化活動

1　文化活動の意義

図書館では，時代と地域の事情によってさまざまな文化活動が工夫され取り組まれている。

図書館はただ本を借りて読むところというだけではなく，多様な方法により資料の魅力を発見し，自ら必要とする仕事や暮らしに役立つ知識と情報を得るところであり，経験や学習成果を発表するなど人々との交流を可能にする場として活動している。

かつて，大正デモクラシーの中で，長野県下伊那郡上郷村の青年団は自分たちの読みたい本を読むために文庫を創設し，自己学習と文化活動を盛んに行う中から，知識を身につけ，村民の念願である村に電気を灯す事業を実現させた。昭和年代になり，青年の集会への特高警察の目が光るようになると，青年団は自由に集会を開ける場所をつくろうと，奉仕活動によって資金を集め青年会館と図書館を兼ねた建物を建設した[1]。こうした例は図書館が民主主義の実現のための根幹的な施設であり，文化活動は自主的な市民の学習や集会を支援するということの証しである。

1965年農村モデル図書館となった北海道置戸町立図書館が，「貸出し」とともに積極的な文化活動により「置戸クラフト」という産業を興した事例は，図書館が地域へのかかわりを積極的にもつことで貸出を伸ばすことはむろんのこと，町おこし，村お

こしの核となることができるということを示した。

1970年の『市民の図書館』では,「貸出しとレファレンス」を図書館の核とし,文化活動は資料提供によって自然に導き出される仕事として捉えた。貸出を伸ばし,まず市民の資料要求に応えることが重点だった時代である。1980年以降になると,「本のある広場」として東京都墨田区立八広図書館が開館したように,図書館は広場としての場を地域に提供し,地域の文化的な交流を可能とするようになった。長野県松本市あがたの森図書館や佐賀市立図書館のように,「住民とともに」をモットーに,子どもたちや市民グループと夏まつりや図書館まつりを行ったり,福岡県苅田町立図書館や,埼玉県鶴ヶ島市立図書館など,「広場」としての図書館を運営の基本に掲げる図書館がつくられるようになった。かつて町村の広場が祭礼や盆踊りなどの行事のほかに,生産の共同作業場や集いの会所であったり,告知や教育の場所であったように,広場のもっている機能は,人々の集まる図書館にも見られるようになったのである。

「ユネスコ公共図書館宣言」(1994)では公共図書館の使命として,子どもたちの読書習慣の育成,自主的な教育の支援,個人の創造的な発展のための機会提供,青少年への想像力と創造性への刺激付与,文化遺産の認識,芸術と科学的な業績や革新についての理解促進,あらゆる公演芸術の文化的表現に接する機会提供,異文化間の交流助長,口述伝承の援助,情報を検索しコンピュータを駆使できるようにする,など,図書館サービスの核にすべきことが12項目あげられている。

文部科学省が2001年7月18日に告示した「公立図書館の設置及び運営上の望ましい基準」では,対象別のサービスの充実や多様な学習機会の提供に努めるよう取り組むべき内容が示され,その後,告示された2012年12月の「図書館の設置及び運営上の望ましい基準」では,地域の課題に対応したサービスが付加された。

図書館が利用者および住民の要望並びに地域の実情を踏まえて,起業や仕事,子育て,教育,若者の自立支援,健康・医療,法律,政策決定などの資料・情報の整備・提供を行い,地域の課題に対応した各種のサービスに努めることが示されたのである。

こうした期待に添うべく,図書館は図書館の豊富な資料やレファレンス,関連機関との相互協力などを活かし,利用者・住民の要望と地域の課題に即して,資料展示,講座・講習会の開催,自主的な学習の支援や集会・交流の場を提供するなど,さまざまなサービスを工夫し実施することが求められている。図書館の文化活動は,このように,地域の文化活動の拠点として地域と地域の文化に積極的な役割を果たすことに,その意義があるといえる。

2 広報活動

a 広報活動の意義

広報活動は図書館と利用者,図書館と地域,図書館と行政機関,図書館とマスコミというように,図書館と人と機関を結びつける仕事である。図書館の基本方針やサービスについて地域社会に受け入れられ人々の共感を得るコミュニケーション活動であり,図書館が政策をもちサービスを展開していくための計画的なプログラムともいえる。

図書館の存在感を示す顔といった華やかな面と,苦情処理といった労苦の伴う仕事でもある。CI (Corporate Identity, コーポレート・アイデンティティ) を導入し,専門家の助言を取り入れ,図書館の意思表示を明確なものとしてトータルデザインしてい

る図書館もある。

広報の第一歩は,図書館の役割とその図書館の基本方針や利用方法を知らせることである。図書館員はサービスの現場はむろんのこと,積極的に自治体の本庁舎にも地域にも出かけ図書館の役割をPRする。自治体の広報誌はもとより地域の新聞,テレビ,町の情報誌,学校のPTAや団体の機関紙など,地域の主要なメディアに必要な情報を流し,図書館が地域の文化と不可欠にかかわっていることをアピールすることは,図書館が社会的に認知されることに役立つ。誰でも利用できる図書館はどこでもPRの場となりうる。

b 広報の方法

図書館の利用方法を知ってもらうものに図書館利用案内がある。図書館利用案内は児童,成人,視覚障害者,高齢者,外国人というように利用対象別のサービスと対応してつくられるパンフレット形式のものが多い。休館日のわかるカレンダーや図書館のサービスポイント,ブックモビルの日程などがわかる地図が掲載されている。別に,資料の利用や施設・設備利用に応じた案内もつくられる。図書館利用案内パンフレットは,誰でも図書館を同じように使いこなせるようにするために必要なものである。

館内の利用案内には,書架配置など館内案内のほかに基本方針,収書方針,利用規則なども館内のわかりやすい場所に掲示されることが多い。利用者とのコミュニケーションが最も必要とされるところだからである。

館報は,図書館の具体的な資料紹介やサービスの実際など,一般に見えない仕事の中身,行事の案内や報告,利用者の声など必要な情報を発信するためにつくられる。編集に利用者を入れて,共同で誌面をつくることもある。その場合は利用者が地域の情報を集めたり,利用者から見た図書館像を載せるなど,地域のコミュニティ誌としての面も期待できる。

図書館要覧は年度ごとにつくられ,予算,

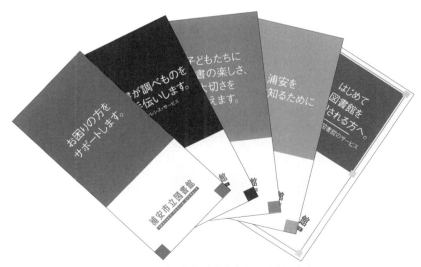

図Ⅱ-7 利用案内(浦安市立図書館の例)

事業内容，利用統計などデータを集約し図書館評価の基礎となるものである。

パソコンの普及により，図書館のホームページは新しい広報の手段として期待されている。所蔵資料の検索や予約のほかにも，特殊コレクションや地域の地図など資料の案内，展示や行事の案内，お知らせ，レファレンス事例，各種サービスの案内，情報源や地域情報へのリンク集，図書館友の会の案内などを見ることができる。ほかにも，時事に関する情報提供や利用者が自由に資料相談，苦情，要望，意見，感想などを書き込めるなど可能性は広がっている。

地方局のテレビやラジオなどで，図書館PRのための番組をもつところもある。図書館の行事を知らせたり読書案内などをしている。また，子どもの読書番組や地域文化講座の番組をもったり，レファレンス事例を知らせたりするなど，工夫して幅広いメディアを利用することも考えられる。

電話や手紙，電子メールなどは，対象を絞った行事の案内や督促や苦情の回答に有効である。督促や苦情への対応もPRの一環である。図書館の仕組みや役割が十分理解されていないことからくることが多いからである。

そのほか，広報活動にあたるものに図書館見学がある。図書館見学は一般の希望者を募って行ったり，学校の授業の一環であったり，他の図書館や自治体から視察として行われるものがある。見学案内の基準となるマニュアルや短時間で理解できるよう見学用資料を用意しておく必要がある。

PRは館長やスタッフのリーダーはむろんのことだが，図書館員の誰もが広報マンという意識が大切である。広報活動の中で集められた意見や質問，図書館への評価，苦情などは図書館員全員のものとし，検討を経ることでサービス改善など図書館運営に反映させることができる。

3 資料展示・展示会

展示は，展示する主題と資料への関心と理解を促すことを目的とする。図書館資料の広がりや豊かさを実感してもらう機会であり，自主的な学習や研究への案内となる。

展示するものは図書を中心として，絵画，写真，地図などのほか，文化財，美術工芸品，地域の生産物や生活用品など網羅的に含む。展示は，資料センターとしての図書館の役割を示し，活かすことができる活動である。図書館が地域の文化を収め，同時に広い世界とつながっていると感じられる空間をつくり出したい。

図書館では書架に書籍の表紙を見せて展示する工夫をしたり，新刊案内のための展示書架をおいている。利用者が手に取りやすく，貸出を促す工夫といえる。しかし，一つの主題が形式や形態等によって書架が分かれてしまう場合は少なくない。排架分類とは別に，自由な主題で一定期間展示できる展示架が必要なゆえんである。

図書館法に"時事に関する情報及び参考資料を紹介し，及び提供すること"（第3条第7号）という条項があるが，資料展示という方法もある。現在国民の多くの注目を浴びている出来事や地域の関心事について資料を集めて展示し，資料と情報のリストを作成して配布するなら利用者はより早く関心のある資料へ到達することができる。集めた図書は貸し出すことにし，展示が続けられるよう近隣の図書館で協力しあう。関心は一つとは限らないので，各図書館が展示主題を連絡・調整し，協力しあうことができる。資料展示は，主題に関して資料の不足をチェックできると同時に，解説とリストを保存し編集することで，利用者と図書館員のために役立つツールができる。展示と貸出サービスとレファレンスサービ

スとを有効に連携させることで，図書館における資料展示の意義は増す。

博物館なみの展示ケースやギャラリーの設備があれば，貴重資料，写真，絵画作品，現物資料なども展示できるし，博物館や地域のコレクターなどの協力を得やすい。

絵本の原画展，戦災資料展，地域の焼物展など多種多様な展示がある。高齢者の認知症予防に効果があるとして，昔の町の写真や地図，昔使った生活用品などの資料要求もある。図書館で収集した資料や地域の資料が活かされるような展示を企画したい。

地域の専門家や展示に関心のある人たちの協力を得ることで，展示の可能性を広げることができる。思わぬ貴重資料に出会うこともある。展示スペースを一般に開放して町のコレクターを紹介したり，地域の人々による絵画展や写真展を開いたり，生け花や工芸作品展など文化的な行事や研究発表の場に利用することも積極的に行われている。創作活動や研究をしている人は，図書館資料ばかりでなく発表の場も求めている。地域の人々が自由に使える掲示板があったり，ギャラリーなどの展示スペースが無料で気軽に利用できることにより，地域での文化的な交流が活発になり，自主的なコミュニティが形成される。

4 行事・集会活動

図書館の集会活動は，図書館の行事として催される集会活動と，自主的な学習や娯楽のための場として集会施設を整え利用を促す活動がある。学習や研究には資料が必要であると同時に，自分の経験や考えを述べ，話し合ったり討論したりすることも欠かせない。図書館はさまざまな趣味によって地域の人々が交流する楽しみのためにも，行事を企画したり設備を提供している。

a 図書館行事

図書館の行事は，地域の人々が図書館を自分たちの図書館として利用する楽しみを覚え，地域の誰もが文化に触れる喜びを受けられるようさまざまに工夫された活動である。時には開架スペースでコンサートが開かれるなど，図書館のイメージは地域の人々の要望によって大きくふくらんでいる。

児童サービスの一環として週や月ごとに定例的に行われるものに，おはなし会がある。おはなし会はストーリーテリングと絵本の読み聞かせ，ブックトーク等を組み合わせたものが多い。工作会や簡単な実験なども，科学読み物の紹介とあわせて行われている。季節行事としては七夕会やクリスマス会などがある。宗教的なものではなく，季節に沿ったおはなし会や，人形劇などが行われる。乳幼児健康診査の際に絵本の読み聞かせや絵本のリストを配布したり，図書館員が出かけて学校や保育園で行う行事の出前もある。図書館では，子どもや親たちが図書館を利用するようにいろいろな場で機会をつくっている。

高齢者住宅や老人ホーム，病院などに出かけて紙芝居を演じたり，みんなで童謡を歌ったり，出張貸出として，その場でリクエストのあった資料や用意した資料も貸し出すといったサービスも行われている。来館して利用することができない高齢者や入院患者等に対してのサービスである。

こうした行事は，関連のある公共施設などの協力や地域のボランティアグループと共同で行うこともある。施設やグループの枠を越えて，地域が一体となって取り組む行事といえる。地域のボランティアを育成し支援するための図書館の講習会は，地域ぐるみのサービスの基をつくっている。

夏休み行事として，子どもたちの宿題を助ける意味で学校の先生や博物館の学芸員を図書館に招いて，自然観察会や自由研究

などへのアドバイスを行うものもある。また，「夏まつり」としてイベントを行うところもある。実行委員会をつくり，地域の子どもたちと青年や大人たちが一緒に考え，企画を立て実行する。アイディアを出しあい協力しあって，町村のあちこちから材料を持ち寄り，手づくりの地域の文化を創り出す。「図書館まつり」は，こうした方法のほかにも，図書館を利用している人々や地域の団体が文化的創造の発表の場として成果を見せ，同時に他との交流を深める場として催されている。図書館はいろいろな人や団体をつないでコーディネート役を担うが，そのためには，地域とそこに暮らす人々を知っていなければならない。

　図書館で戦争体験を伝えるために，体験者を招いて講演や座談会など交流のための集会を開く例がある。戦災に関する資料だけではわからない体験が実感として伝わる。村や町の古老の話から，どの資料にもなかった町や村の，普通だがそこにしかない暮らしが記録され，資料となることもある。

　地域の作家や人気の著者等を招いて講演会を行うこともある。直接著者に接するインパクトは強い。著作への理解と，もっと読みたいという意欲につながる。地元の専門家が講師となって，自分の日頃の研究の成果を発表する講演もある。

　図書館主催の講座は，図書館と利用者が身近に接する機会であり，新たな利用者をつくり，講座の仲間どうしの交流ができたり，新たなワークショップができたり，新しい資料や情報をもたらすといった利点がある。子どもの健康や教育，商店の活性化や起業支援，税金や保険の問題など仕事や暮らしに役立つ講座，地域の伝統文化を再発見したり町おこしを考える講座など，地域の要望を基礎に，地域の課題に取り組むための講座や催しが多々考えられている。

　読書会への援助は読書相談を含むサービスであり，資料と関連情報の支援，会場の確保等を行う。自主的なグループの支援が主だが，地域資料や，古典文学を読むといった読書会の形成にかかわることも少なくない。自分の読んだ本について人に話したい，同じ本を読んだ人と感想を交わしたい，難しい資料をみんなで読み解いてみたいなど，図書館の利用者が自然にもつ要求に沿って読書会を形成し，自主的に運営されるよう支援している。図書館は読書グループどうしや他のグループとの交流の調整役となる。読書会への支援も読書を通じて人々が交流し，地域の文化を形成することにつながっている。

　図書館利用は立場や意見の違いに左右されない。地域を二分するような問題について自由に討論できる集会を図書館で開くことができれば，民主主義の尺度ともなる。誰にでも開かれた図書館であることが常に広く認識されていることが大切である。

b　集会施設の整備

　地域のあちこちで自主的団体による集会活動が盛んに行われているが，気楽に利用できる集会の場が不足している。団体登録が必要で，名簿の提出，年間計画，活動内容の報告等が義務づけられ，かつ有料であるなど煩瑣で負担が少なくない。図書館で気軽に利用できる集会室を用意することは，地域の多くの団体や個人の要望するところとなっている。

　集会施設を無料で誰でも気軽に利用できるように方針を立て，運営の規則とマニュアルをつくることが肝要である。集会室やホールの使い勝手，備品など地域の団体の規模や目的に応じて考慮する。印刷機の利用をはじめ，音響機器，映写機器等の貸出利用を図れば，利用者・住民の自主的な学習活動の支援を館外にも及ぼすことができる。集会室の他にも囲碁，将棋や茶会ので

きる部屋があったり，グランドピアノや卓球台を備えミニコンサートやダンス，スポーツもできる図書館もある。利用者同士の談話スペースや保護者などが催しに気軽に参加できるように保育室なども求められている。地域のさまざまな要望や意見を反映するため利用者懇談会等を開催することも大切な集会活動である。

　図書館の集会活動の意義は，誰にでも等しく利用できる地域の文化活動の拠点として，資料と場とコーディネーターとしての役割を果たすところにある。

（松島　茂）

F. 利用者別の図書館サービス

　図書館では，人々のさまざまな情報要求に即した対応をするために，利用者をグループ化してその特性に適したサービスを発達させてきた。図書館利用者は，年齢層からみると，「乳幼児」「児童」「ヤングアダルト」「成人」「高齢者」と分けることができる。また，図書館利用に障害のある人々という面からみると，「障害者」「施設入所者」「在日外国人」などに分けられる。以下では，これらの利用者グループを対象とした図書館サービスについて述べる。

1　児童サービス

a　児童サービスの定義と意義

　児童サービスは，おもに0歳から12, 13歳くらいまでの乳児・幼児・児童とその保護者を対象とし，さらに児童資料を利用する学生や研究者等を含めた一般成人や，児童関連機関の人々をも対象としている。とくに乳幼児を対象としたサービスを乳幼児サービスとよんでいるが，これは児童サービスの範疇に含めて考えられている。

　児童サービスは，子どもと本の世界を結びつけ，子どもたちに本を読む喜びや楽しみを伝え，子どもたちが自立した読者となるよう支援することを目的としている。その目的を果たすためには，適切に選択されたコレクションと訓練された児童サービス担当図書館員の存在が不可欠である。

　多くの子どもにとって公共図書館の利用は，公共機関を自主的に利用する初めての体験であり，公共性に触れ公共性を学ぶきっかけとなる。さらに，公共図書館の利用は生涯学習の入口となり，子どもが将来にわたって図書館のよき利用者，理解者となることが期待される。

b　児童サービスの歴史

　米国や英国では，19世紀末から児童サービスが開始され，ブックリストの作成やストーリーテリングなど子どもと本を結びつけるサービスの方法が確立されてきた。

　わが国では，1902年に山口県立図書館が公立図書館で初めて児童室を開設した（開館は1903年）。明治期には9の県立図書館に，大正期には12の市立図書館に児童室が設けられ児童サービスが普及したが，1931年の満州事変から第2次世界大戦へと経る中で，人手・経費の不足により，公立図書館ではまず児童サービスが縮小・停止されていった。

　戦後は，新教育が実施され，新たな児童観が提唱される中，連合国軍総司令部民間情報教育局（CIE）図書館の児童サービスがモデルともなり，日本の児童サービスは再び動き出した。しかし『日本の児童図書館：1957・その貧しさの現状』（日本図書

館協会，1958）によると，1956年に公立図書館725館のうち児童室を設けていたのは213館（29.3％）であった。

1963年の『中小都市における公共図書館の運営』（日本図書館協会）には貸出の重要性が主張されていた。これをもとに1965年にブックモビルによるサービスから開始した東京都日野市立図書館では，1967年の貸出38万1千冊のうち，児童書が23万2千冊を占めるほど[1]，子どもは好んで本を借りることが実証された。1970年刊行の『市民の図書館』（日本図書館協会）では，これからの図書館サービスの三つの重点目標の一つに児童サービスがあげられており，児童サービスは公共図書館サービスに大きな位置を占めることが認識されたのである。

c　児童サービスの現状

『公立図書館児童サービス実態調査報告2003』（日本図書館協会，2004）によると，2003年に館内で直接児童サービスを実施している館は，県立図書館の89.7％，市区町村立図書館の99.8％であった。図Ⅱ-8は，「児童サービスで重要と思うもの（回答は3つまで）」という質問に対する市区町村立図書館の回答結果である[2]。「選書」「子どもの本の知識」「ストーリーテリング・読み聞かせ・ブックトーク」「参考業務・読書案内」が上位にあげられている。

子どもと本を結ぶ技術として，「読み聞かせ」，「ストーリーテリング」（お話を覚えて語る），「ブックトーク」（あるテーマのもとに流れをつくって本を紹介する）という方法がある。これらのほか，「アニマシオン」（事前に本を読み，その内容に関してゲームをする）や，リテラチャーサークル（3～5人で役割分担して同じ本を読み話し合う）などが学校関係中心に実施されており，「ビブリオバトル」（5分間で紹介された本の中から一番読みたい本を選ぶ）が

年齢を問わず全国的な広がりを見せている。

児童サービスは，館内だけでなく，地域の機関と連携してサービスを展開している。

保健所との連携では，来所する子どもたちのために図書館で廃棄する絵本を提供したり，健診時に保護者向けに行う絵本に関する講演を引き受けたりしている。

保健所との連携は，英国で1992年に誕生したブックスタートが2000年にわが国に紹介されて以来，より広く認識されるようになった。ブックスタートは，地域の保健所で行われる0歳児健診の際に，赤ちゃんと保護者に絵本の大切さを伝え，絵本を手渡す運動であり，わが国では2001年4月に12市区町村から開始された。図書館では，これまでにもわらべうた遊びなどの乳幼児プログラムを実施してきたが，ブックスタートをきっかけに，乳幼児とその保護者へのサービスの拡大を意図して，赤ちゃんが初めて出会う絵本のコーナーをつくったり，わらべうたの会などの乳幼児向け講座を開いたりしている。

図書館と保育園・幼稚園との連携では，図書館員が，園の集会・行事でのストーリーテリングや，保護者向けの講演を依頼されたり，定期的に読み聞かせやストーリーテリングをしに園に出かけたりしている。

公共図書館と学校図書館の連携は，学習指導要領の改訂により小・中学校で2002年度から総合的な学習が実施されて以来，これまで以上に児童サービスの課題となっている。学校図書館で不足する資料を貸し出したり，情報探索の方法を印刷物やホームページで解説したり，教科関連テーマの資料リストを作成したりするなどの支援が行われている。地域の図書館の資源共有化を目的に，公共図書館が核となって学校図書館ネットワークを形成したり，公共図書館に学校図書館支援センターを併設したりしているところもある。また，公共施設を学

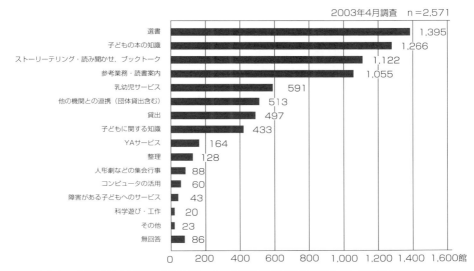

図Ⅱ-8 市区町村立図書館の児童サービスで重要であると思うもの（回答は3つまで）

ぶという授業の一環として図書館見学に来る児童を受け入れたり，学級を招待して図書館利用指導を行ったりしている。

d 子どもと読書をめぐる動き

子どもと読書をめぐる動きは，1993年3月に「子どもと本の出会いの会」が設立され，同年12月に「子どもと本の議員連盟」が結成されて以来，追い風を受けている。子どもの読書や学校図書館等に関する調査や，学校図書館の整備等に関する事業が実施され継続されている。また，国立の「国際子ども図書館」が2000年5月5日に部分開館（2002年5月全面開館）し，これを記念して2000年は「子ども読書年」とされた。

2001年12月に「子どもの読書活動の推進に関する法律」が公布・施行され，この法律に基づいて2002年8月に「子どもの読書活動の推進に関する基本的な計画」が策定され，2008年3月には第二次，2013年5月には第三次基本計画が策定された。国の基本的な計画に基づいて，都道府県における子どもの読書活動推進の基本計画が策定され，さらに市町村においても同様の基本計画が策定されることが推奨されており，地域全体の子ども読書活動を推進・調整する役割が児童サービスに期待されている。

2 ヤングアダルトサービス

図書館サービスで対象とするヤングアダルト（YA）とは，わが国ではおもに中学・高校生を指すことが多い。実際には，YAは小学校高学年から大学生まで含めた幅広い概念と捉えられており，YAサービス実施館によって年齢の設定が異なる。ALAのヤングアダルト図書館サービス協会（YALSA）では，YAを12〜18歳と定義している。

このYAを対象とした図書館サービスでは，YAは「大きな子ども・小さな大人」ではないことを理解し，青少年の身体的・情緒的発達特性や社会的・自己的行動特性について認識し，そうした発達・行動特性ゆえの情報要求や，彼らの興味や関心，学

習等に対する情報要求に即したサービスを展開することが重要である。そして，図書館の情報・資料やサービス，プログラムに対して平等のアクセスを保障することが大切である。

米国では，1920年代から青少年に対する図書館サービスが行われてきたが，その重要性が認識されたのは1960年代以降である。

わが国では，1974年に大阪市立中央図書館が青少年向けの「あっぷるコーナー」を開設して以来，「青少年コーナー」「ジュニアコーナー」などの名称のコーナーが設置されてきた。1979年にヤングアダルト出版会が創設されたこともあって，「ヤングアダルト」の名称が広がってきている。

『公立図書館におけるヤングアダルト・サービス実態調査報告』（日本図書館協会，2003）によると，YAサービス実施率は，1992年の25.7％から2002年には40.8％へと増加しており，2002年の実施館の66.2％がYAコーナーを設けている。しかし，「ヤングアダルト・サービスについて知りたいことは何ですか」（複数回答三つまで可）という設問には次のような回答があった。

　　「資料の種類とその選書方法」（25.8％）
　　「他館のYAサービスの状況」（19.2％）
　　「コーナーの設営と運営方法」（15.1％）
　　「YAの興味・関心」（13.8％）

これをみると，YAサービスは，全体としてはまだ試行錯誤の状況であることがうかがえる。

表Ⅱ-5は，「具体的にどのようなサービスを行っていますか」（複数回答可）に対する結果である。「お薦め本や新着リスト」「宿題援助」が上位にあげられている[3]。

ALAヤングアダルト図書館サービス協会の『ヤングアダルトに対する図書館サービス方針』第2版（1993）には，YA向け図書館プログラムやサービスの企画立案や資料選択等，図書館の意思決定過程にYA

表Ⅱ-5　YAサービスの内容

	項目	回答数（件数）	割合（％）
1	お薦め本や新着リスト	342	14.4
2	宿題援助	328	13.8
3	一日図書館員	208	8.8
4	掲示板	171	7.2
5	展示会	154	6.5
6	会報の作成と配布	132	5.6
7	図書館ボランティア	118	5.0
8	落書きノート	106	4.5
9	投書箱	100	4.2
10	ブックリスト	91	3.8
11	図書館の見学ツアー	66	2.8
12	ブックトーク	52	2.2
13	映画会	52	2.2
14	講演会	38	1.6
15	読書会	15	0.6
16	コンサート	13	0.5
17	お茶会	12	0.5
18	その他	275	11.6
19	無回答	96	4.1
	計	2,963	100

（注3の文献の表を修正したもの）

が参加することの意義が指摘されている。YAの情報要求は彼ら自身が最もよく知っているのであり，図書館の意思決定に参加することによって彼らは，"集団力学を学び，リーダーシップの技を磨き，地域に貢献し，地域奉仕活動の重要性を認識するよい機会を"[4]得るのである。

3　一般成人サービス

一般成人といっても，性別，年齢別，学業・職業の有無等，利用者のタイプも，情報要求もさまざまである。近年，『これからの図書館像』（文部科学省，2006）に見られるように，特に課題解決支援（行政支援，ビジネス支援，子育て支援など）が重要視されている。ここでは，一般成人へのサービスを五つの面からとりあげよう。

a　余暇活動支援

　図書館は，人々の教養・趣味・娯楽などに必要な情報・資料を提供したり，居場所を提供したり，映画鑑賞会などの集会・行事を企画・実施したりする。図書館は地域の文化の広場であり，利用者どうしの交流や，著者と読者との時空間を越えたコミュニケーションを深め楽しみ，生活を豊かにする場所でもある。

b　学習・生活および調査・研究支援

　図書館では，個人やグループの利用者に対して，日常生活や学習，調査・研究のニーズに即した情報・資料を提供したり，情報探索の方法を教えたりする。各種講座を開き学習の機会を提供し，学習や発表の場を提供する。地域内の大学図書館と連携して，住民に図書館の共同利用の便を図っているところもある。

　とくに，医者からの一方的情報だけでなく，主体的に治療や医療にかかわろうとする人々のニーズの高まりに対応して，健康医療情報を提供する図書館が増えている。「闘病記文庫」を開設している図書館もある。そのほか，子育てや就職，福祉，法律など，生活に必要な領域さまざまな情報の提供が工夫されている。

c　IT支援

　社会のIT化が進展するにつれて情報格差は広がりやすく，その解消を担う図書館の役割はさらに重要となる。『図書館の情報化の必要性とその推進方策について：地域の情報化推進拠点として（報告）』（生涯学習審議会社会教育分科審議会計画部会図書館専門委員会, 1998）に明記されているように，公共図書館は"地域の情報拠点"であり"地域住民の情報活用能力の育成支援"を行う。そのために図書館ではIT講習を開催したり，情報検索講座を開催したりする。上述の報告書には，とくに，情報活用能力の習得の機会を得にくい高齢者や女性への支援に配慮すべきであると記されている。

d　行政支援

　図書館は，当該自治体の政策立案・決定や行政事務に必要な情報・資料を収集し，それを自治体の組織やその人々（首長，役場職員，議員等），あるいは住民に提供する役割をもつ。この役割は，地方分権の推進によりさらに高まっている。地域の課題に目を向け，地域や行政に関する情報・資料を収集したり，地域関連記事索引を作成したりする。

e　ビジネス支援

　図書館は，ビジネス情報やその関連情報を提供することによってビジネスにかかわる人々へサービスを提供する。神奈川県立川崎図書館では，国内外の工業規格や会社史・団体史情報，あるいは特許公報類情報の収集提供を行っている。こうしたサービスは従来から行われてはいたが，菅谷明子によって[5]ニューヨーク公共図書館のビジネス支援サービスが紹介されて以来，このサービスへの関心が高まってきている。

　具体的には，企業情報の収集，専門機関との連携，記事索引データベースの提供，起業や発展のための講演会，セミナー，個人相談会などが実施されており，2001年にはビジネス支援図書館推進協議会が設立された。

4　高齢者へのサービス

　総務省統計局によると，2013（平成25）年9月15日現在の高齢者（65歳以上）の割合は，全人口の25.0%を占める。

　高齢者は一般に，視力・聴力・脚力など身体的機能が衰えたり，社会的役割の変化

による心理的・生活的な変化を経験したりする。高齢者の図書館利用を促進するために，図書館では，①高齢者のニーズに即した内容の情報・資料の収集・提供，②大活字本・録音資料等の収集や拡大鏡の設置等，③施設のバリアフリー化や図書館までの公共交通機関の確保，などを考慮しなければならない。

また，④対面朗読や資料の宅配・郵送などの高齢者向けサービスの提供や，⑤世代間交流，IT講習，回想法（過去のことを回想させるような資料を収集・提供し，過去のことを話し合って記憶や感動を共有することで意識を活性化させる方法）などの高齢者向けプログラムの実施も必要である。⑥町内の老人会，高齢者読書グループ，老人ホーム等の団体や施設と連携して，団体貸出をしたり図書リストを作成・配布したり，読み聞かせやブックトークなどの出前サービスをしたりすることも望まれる。

わが国ではこれまで，「図書館利用に障害のある人々」の範疇で高齢者へのサービスが考えられることが多かったが，英国や米国では第2次世界大戦後から高齢者への図書館サービスが取り組まれてきた。ALAでは，高齢者サービスのガイドラインを1975年に作成しており，2008年の改訂版には，55歳以上を高齢者として，図Ⅱ-9に示した7項目が柱にあげられている[6]。

5 障害者へのサービス

図書館において「障害者サービス」といえば，「図書館利用に障害のある人々へのサービス」を意味しており，身体障害者のほか高齢者，在日外国人，施設入所者等を含んだ概念である。2010年の「公共図書館における障害者サービスの実施状況の調査」によると，全国の公共図書館の66.2％が何らかの障害者サービスを実施しており，その実施状況は表Ⅱ-6のとおりである[7]。

2016年4月から障害者差別解消法が施行され，公共図書館においても障害者への合理的配慮が義務づけられたが，障害者サービスの充実がさらに求められている。

a 障害者サービスの歴史

視覚障害者のための点字文庫が，1916年には東京市の本郷図書館におかれており，昭和初期には各地の図書館に点字文庫や盲人閲覧室が併設されていた[8]。しかし1949年制定の身体障害者福祉法により，身体障害者更生援護施設の一つとして点字図書館を規定したことから，点字図書館と公共図書館は分離した。この「点字図書館」という名称は，1990年の身体障害者福祉法一部改正により，「視聴覚障害者情報提供施設」と法定化され，2000（平成12）年の一部改正で次のように定義されている。"視聴覚障害者情報提供施設は，無料又は低額な料金で，点字刊行物，視覚障害者用の録音物，聴覚障害者用の録画物その他各種情報を記録した物であつて専ら視聴覚障害者が利用するものを製作し，若しくはこれらを視聴覚障害者の利用に供し，又は点訳（文字を

```
①高齢者人口の最新データを計画や予算に織り込む
②地域の高齢者の特別なニーズや関心が，図書館のコレクションやプログラム及びサービスに確実に反映される
③図書館のコレクションや施設・設備がすべての高齢者にとって，安全で不自由なく魅力的である
④図書館が高齢者への情報サービスの窓口となる
⑤図書館の計画に，高齢者層をターゲットにする
⑥来館できない地域の高齢者にサービスを提供する
⑦礼儀と尊敬をもって高齢者へサービスするように図書館職員を訓練する
```

図Ⅱ-9 高齢者への図書館情報サービスのガイドライン（ALA 2008）

表Ⅱ-6 障害者サービスの状況
小林卓ほか『公共図書館における障害者サービスに関する調査研究』国立国会図書館 2011

障害者のために実施しているサービス
(2010年調査 複数回答可)

	回答館数	回答割合(N=1,503)
1 対面朗読	591	39.3%
2 障害者サービス用資料(録音・点字資料など)の来館貸出	1,311	87.2%
3 図書資料・視聴覚資料の郵送貸出	432	28.7%
4 録音・点字資料の郵送貸出	479	31.9%
5 その他の障害者サービス用資料の郵送貸出	149	9.9%
6 宅配	353	23.5%
7 利用者対象の催しや研修	77	5.1%
8 病院へのサービス(資料貸出等)	194	12.9%
9 施設へのサービス(資料貸出等)	555	36.9%
10 学校へのサービス(資料貸出等)	452	30.1%
11 障害者サービス用資料(録音・点字資料など)の製作	378	25.1%
12 その他	75	5.0%
無回答	13	0.9%

資料製作館数
(タイトル数の回答館 ※は該当調査なし)

	1998年	2005年	2010年	2010年の製作館／所蔵館
録音図書(テープ版)	162	165	148	41.7%
録音図書(DAISY版)	※	28	77	62.6%
録音雑誌(テープ版)	65	21	44	53.7%
録音雑誌(DAISY版)	※	1	12	41.4%
点字図書(冊子体)	73	69	51	15.0%
点字雑誌(冊子体)	11	2	5	3.0%
字幕・手話入りビデオ・DVD	2	0	2	2.2%
マルチメディアDAISY	※	※	0	0.0%
拡大写本	15	7	10	38.5%
さわる絵本・布の絵本	49	54	75	26.0%

点字に訳すことをいう。)若しくは手話通訳等を行う者の養成若しくは派遣その他の厚生労働省令で定める便宜を供与する施設とする。"(第34条)

公共図書館における障害者サービスは、盲学生の団体からの要請を受けて、1969年に東京都立日比谷図書館が対面朗読を試験的に実施し、翌1970年から正式に開始したことに始まる。1971年の全国図書館大会公共図書館部会では、視覚障害者読書権保障協議会(視読協、1970年6月結成)が「視覚障害者の読書環境整備」を求めるアピールを行い、全国の公共図書館における障害者サービスに関する認識を深めた。1974年の全国図書館大会で初めて「身障者への図書館サービス」をテーマに部会が設けられ、国際障害者年の1981年の全国図書館大会では、アメリカ議会図書館の盲人・身体障害者全国図書館サービス資料開発部長の講演が行われ、わが国の障害者サービス活動の国際的発展を促した。

b 障害者サービスの現状

障害者サービスで考慮しなければならないのは、①障害者に適した施設・設備を整備し、②障害者の利用に適した資料を揃え、その提供方法(対面朗読、宅配、郵送等)を工夫し、加えて、③図書館員が各障害の特徴を知り手話や点字を習得するなど、コミュニケーション能力を高めることである。

障害者サービスの対象は、視覚障害者、聴覚障害者、肢体不自由者、内部障害者、知的障害者、精神障害者、学習障害者、入院患者、施設入所者、在宅療養者、在日外国人と多岐にわたる。以下では、視覚・聴覚障害者、肢体不自由者、学習障害者へのサービスをとりあげる。

(1) 視覚障害者へのサービス

館内には視覚障害者誘導ブロック(点字ブロック)を敷き点字によるサインを設置すると同時に、弱視の人にもわかりやすいように各種サインを大きな文字で目の高さにつける。

点字資料、録音図書、録音雑誌、拡大写本、大活字本を収集し提供する。視覚障害児やその周囲の大人のために、布の絵本やさわる絵本、点訳絵本も揃える。点訳絵本は、もともと、視覚障害のある母親が健常

の子どもに読み聞かせをしてやるために開発されたものである。

そのほか，カタログの点訳など個人のニーズに対応したプライベートサービスも行われる。館内には拡大読書器を備え，対面朗読や宅配・郵送サービスを行うことも必要である。

録音図書は，従来のカセットテープによるものからデジタル化されたデイジー（録音）図書となってきた。その録音資料制作用システムのDAISY（digital accessible information system）は，国際的に共同開発され，1997年国際図書館連盟（IFLA）大会で国際標準として認められた。さらにマルチメディアDAISY（テキストと音声が同期している）が開発され，より多様なニーズに対応できるようになった。

(2) 聴覚障害者へのサービス

聴覚障害は外観からは障害の見分けがつきにくいので，意識して配慮することが必要である。日本語が音で入ってこないために，文章の読み書きが苦手な人も多い。館内のサインは文章を簡潔にして漢字にルビを振るなどわかりやすくし，電光掲示板や館内用テレビなどを設置して連絡しやすいようにする。FAXや電子メールによる情報提供を行い，手話や字幕入りの映像資料を提供する。補聴器の援助システムである磁気誘導ループを導入したり，図書館員が手話・筆談によるコミュニケーションがとれるようにし，「手話・筆談に応じます」などの表示をしておくことも大切である。

(3) 肢体不自由者へのサービス

外出や移動が困難な利用者へは，資料の宅配・郵送サービスをする。館内では，書架の高さや間隔，手すり，スロープ，使いやすい家具などバリアフリー化に配慮することが必要である。

(4) 学習障害者へのサービス

発達障害のなかでもとくに読書と関連があるのは，学習障害(LD: learnig disabilities)である。学習障害とは，「学習障害児に対する指導について（報告）」（学習障害及びこれに類似する学習上の困難を有する児童生徒の指導方法に関する調査研究協力者会議，1999）によると，"全般的な知的発達に遅れはないが，聞く，話す，読む，書く，計算する又は推論する能力のうち特定のものの習得と使用に著しい困難を示す様々な状態を指すもの"と定義されている。その中でもとくに，ディスレクシア（dyslexia，読字障害：視覚情報の認知機能障害のために文字を理解することが困難な状態）の人々に対して，読み聞かせや対面朗読や漢字にルビのついた図書の提供が必要となる。また，マルチメディアDAISYの利用が，彼らにとって有用であることが認識されてきた。LLブック（やさしく読める本：スウェーデン語のlättläst）も有用である。これは，書かれている内容を単純明快にしたり文を短くしたり写真や絵を用いたりして読みやすくわかりやすくした本である。

c 資料・情報のデジタル化とネットワーク

国立国会図書館では1982年から『点字図書・録音図書全国総合目録』を編集・刊行しており，NDL-OPACにより検索ができる。また，公共図書館等が製作した音声DAISYや点字データを収集したものと，国立国会図書館で製作した音声DAISYと点字データをインターネット経由で視覚障害者等個人や図書館等に送信するサービスを2014年1月より開始した。これは，「著作権法の一部を改正する法律」（2012年6月公布，2013年1月施行）により，従来は館内のみの利用であったデジタル化資料のうち，入手困難な資料を全国の図書館等に送信することができるようになったのである。

1988年にIBMが立ち上げたパソコン通信

システムによる点字情報ネットワークシステム「IBMてんやく広場」は、1993年に「てんやく広場」、1998年に「ないーぶネット」と改名し、全国視覚障害者情報提供施設協会(全視情協,当時は協議会)に引き継がれた。2010年4月、その改修版の視覚障害者情報総合システム「サピエ」の運用が開始された。これは、日本点字図書館がシステムを管理し、全視情協が運営するもので、視覚障害者および視覚による表現の認識に障害のある人々に、点字やDAISYデータをはじめ、暮らしに密着した地域・生活情報等を提供するネットワークである。

2009年6月の「著作権法の一部を改正する法律」(2010年1月施行)では、「障害者の情報利用機会の確保」が目的の一つとされ、点字図書館等に限定されていた主体が公共図書館を含むものに拡大し、録音図書の作成等限られた行為が、デジタル録音図書(デイジー図書)等の作成、映画・放送番組への字幕・手話の付与等、幅広く可能となり、視覚・聴覚障害者のみでなく発達障害者等も広く対象となった。前述のように、2016年4月から障害者差別解消法が施行され、障害のある人にもない人にも、多様な情報へのアクセスの保証が目指されている。

6 施設入所者，在日外国人等へのサービス

a　施設入所者へのサービス

施設入所者とは、病院,刑務所,少年院,老人ホーム等に収容されている人々を指す。

(1) 病院入院患者へのサービス

病院に設置されている図書館を一般に病院図書館(hospital library)とよぶが、医師や看護師等に専門的情報を提供するものを医学図書館(medical library)、入院患者等に娯楽・一般的資料を提供するものを病院患者図書館(patients' library)と区別している。

欧米において、古くは病院経営は宗教関係者によるものが多く、心の薬として宗教関係者が患者に適書を処方したという。

ボーア戦争時(1899～1902)に戦地の病院で多くの傷病兵が本によって慰められた経験をもとに、第1次世界大戦時に、英国で戦地の野戦病院に本を送り届ける運動がおこった。それを受けて、戦後、英国赤十字社が国内の病院で本の貸出を組織的に行なったのが、現在の病院患者図書館の始まりである[9]。

公共図書館の病院入院患者へのかかわりは、米国では1920年代から、英国では1930年代から見られる。欧米の病院患者図書館は、病院と公共図書館の共同で経営されたり、公共図書館の分館となったりしているところもある。

わが国では、1950年代から病院へ団体貸出が始まっている。公共図書館の病院入院患者へのサービスは、①団体貸出、②病院をブックモビルのステーションにする、③院内に臨時あるいは常設の図書コーナーを設ける、④ブックトラックなどを利用して病室を巡回する、⑤小児病棟でおはなし会などを開く、などの方法がとられている。

病院患者図書館は、1980年代までは心の慰めや教養を主とした教育・文化的なサービスを提供していたが、1990年代に入り、"インフォームド・コンセントの必要性、セカンド・オピニオンを求める自由、そして治療法の選択権など患者の知る権利と自己決定権の一層の実現化への要求が、病院内外から強ま"[10]り、健康医療情報の提供サービスが加わった。

日本病院患者図書館協会では、ウェブ上で「Web患者図書館」を開設し、健康法や病気の解説、治療法などに関する文献データを提供している。

(2) 老人ホーム等の施設入所者へのサービス

特別養護老人ホームや老人保健施設、障

害者施設等に入所している人々に対する図書館サービスとしては，施設への団体貸出という形態が多い。ブックモビルで巡回したり，図書館員が施設内を巡回するサービスを提供しているところもある。

施設に対するサービスではなく，入所している個々人を対象とした対面朗読やおはなし会，朗読会，ブックトークなどの出前サービスも望ましい。

(3) 矯正施設入所者へのサービス

矯正施設とは，法務省所管の刑務所・少年刑務所・拘置所・少年院・少年鑑別所・婦人補導院のことを指す。これらは，前者3つが刑事施設（約190か所），後者3つが刑事施設以外（約100か所）と分けられ，全国の収容者数は約8万人といわれる。

刑務所や拘置所に収容されている人々の読書については，「刑事収容施設及び被収容者等の処遇に関する法律」（2005年5月成立，2006年6月施行）に，"被収容者が自弁の書籍等を閲覧することは，この節及び第12節の規定による場合のほか，これを禁止し，又は制限してはならない"（第69条）や，"刑事施設の長は，第39条第2項の規定による援助の措置として，刑事施設に書籍等を備え付けるものとする。この場合において，備え付けた書籍等の閲覧の方法は，刑事施設の長が定める"（第72条第2項）などの記述がある。公共図書館が提供するサービスとしては団体貸出が多く，移動図書館のサービスポイントに矯正施設を組み込んでいる館や，除籍した資料や受入れなかった資料等を寄贈している館もある。

全国公共図書館協議会の2010年の調査によると，矯正施設と連携している図書館は35館，検討中が36館であった[11]。同2010年9月には，矯正施設と図書館との連携充実や矯正施設内の読書環境整備を目的として，「矯正と図書館サービス連絡会」が発足した。

欧米では刑務所内に図書館(prison library)が設置され，地域の公共図書館の協力・連携によって運営されており，入所者に対して，教育プログラムや娯楽・教養のための資料を提供している。

b 在日外国人へのサービス

民族的，言語的，文化的少数者（マイノリティ）のための図書館サービスを多文化サービスというが，これは，1960～70年代以降，北アメリカ，北西ヨーロッパ諸国，オーストラリアなどを中心に発達してきたものである。

日本では1970年代から東京都立中央図書館で中国語，韓国・朝鮮語資料の収集・提供が行われてきたが，とくに1986年のIFLA東京大会でこのサービスの不足が指摘されたことが多文化サービスの概念普及の大きな契機となった[12]。1988年には大阪市立生野図書館に韓国・朝鮮図書コーナーが，神奈川県厚木市立中央図書館に国際資料コーナーが設けられた。

日本には，従来から韓国・朝鮮の人々が多く定住しており，外国人労働者や留学生が増え，国際結婚も増加してきた。こうした在日外国人に対して，図書館は，母国に関する情報・資料や，日本で生活するための情報・資料を提供する。とくに，多言語の新聞・雑誌，児童書，実用書（料理の本，旅行案内書等），日本語学習書，辞書・事典類が有用である。多言語の図書館利用案内や館内掲示，生活ガイドブックの作成，案内看板の設置も必要である。地域住民との交流などのプログラムも実施されている。また，多言語の資料は，在日外国人を支援する人々や，異文化を理解しようとする日本人にも役立つ。

日本図書館協会障害者サービス委員会編『「多文化サービス実態調査1998」公立図書館編　報告書』（日本図書館協会，1999）によると，「外国人のための資料要求の問合

表Ⅱ-7　多文化サービスの状況

		都道府県	市区立	町村立
図書館数		64館	1,606館	1,012館
利用案内がある		33 (51.6%)	375 (23.3%)	84 (8.3%)
専用コーナーがある		28 (43.8%)	222 (13.8%)	83 (8.2%)
所蔵外国語 図書資料の 形態	図書	60 (93.8%)	1,058 (65.9%)	703 (69.5%)
	雑誌	51 (79.7%)	498 (31.0%)	102 (10.1%)
	新聞	48 (75.0%)	665 (41.4%)	168 (16.6%)
	すべて所蔵	45 (70.3%)	405 (25.2%)	61 (6.0%)
所蔵外国語 図書の言語 （上位3語）	英語	58 (90.6%)	722 (45.0%)	358 (35.4%)
	中国語	31 (48.4%)	153 (9.5%)	42 (4.2%)
	韓国・ 朝鮮語	25 (39.1%)	131 (8.2%)	39 (3.9%)

（注13の文献から）

せを受けたことがある」のは，1988年には45館（3.9%）だったが，1998年では1,266館（55.7%）に増加している。

『日本の図書館2002年ミニ付帯調査』によると，多文化サービスの「利用案内」を作成している図書館は，都道府県立図書館の51.6%，市区立図書館の23.3%，町村立図書館の8.3%であり，専用コーナーがある図書館はこれよりさらに割合が低い。所蔵されている外国語資料は，表Ⅱ-7のように図書の形態が多く，英語のものが多い[13]。

2007年の全国図書館大会（東京）で多文化サービスははじめて単独の分科会を持ったが，ここで今後の課題として，①マイノリティ出身職員の採用，②マイノリティの母語で検索できる目録システムの構築，③対象となるコミュニティの実態とニーズの把握，④図書館および関係機関とのパートナーシップの確立などがあげられた[14]。

以上，グループごとにそのサービスの概要を見てきたが，個々の利用者が複数のグループに属している場合もある。例えば，高齢者で視覚障害があり老人ホームに入居しているというような場合である。また，視覚障害者向け資料が高齢者やディスレクシアの人々にも有用であるように，特定の資料は特定グループの人々にのみ利用されるものでもない。図書館においても，バリアフリーからユニバーサルデザインへと転換が図られねばならない。

重要なことは，利用者別サービスは個々別々のものではなく，図書館内で有機的に結びつけられ一つの統合されたものとして運営されなければならないということである。各サービスの担当者は，図書館内で協力しあい，地域の各種機関と連携しあってこそ，利用者に満足されるサービスを提供できるのである。

（堀川照代）

G. 図書館サービスと著作権

1　図書館サービスと著作権制度

図書館は，さまざまな態様での情報資料の提供を通して，図書館法に定められた"国民の教育と文化の発展に寄与する"という図書館の目的の達成を図ろうとしている。図書館が扱う情報資料の多くは，著作権法の保護対象とされる著作物を含んでいる。一方，著作権法は，図書館サービスで行われているような著作物のさまざまな態様での利用について，著作者等の経済的あるいは人格的な利益の保護を図ることによって，"もつて文化の発展に寄与する"（著

作権法第1条。以下条項は，すべて著作権法の条項を指す）ことを目的としている。このように，図書館法と著作権法とは，「文化の発展」という一つの共通する目的のために，著作物をめぐって相克する立場にあるともいえよう。

しかしながら，著作権法には，"文化的所産の公正な利用に留意しつつ"という規定があり，これを受けて著作権を制限する種々の規定が定められている。その中に図書館における複写その他のサービスを可能にする制限規定が含まれており，これが教育文化の発展に寄与する図書館の公共的性格を認めたものとなっている。

図書館サービスの実施にあたっては，著作権法の理念を尊重し，法を遵守すべきであることはいうまでもない。著作権の制限規定も，著作権者の経済的利益を著しく損ねないという点に考慮して策定されたものであることに思いを致さなければならない。

著作権法の規定は，著作物の利用形態に変化をもたらす情報技術の発達等に対応して改正が重ねられてきている。図書館サービスもまた，情報技術等の諸要因により変化する。図書館サービス担当者は，著作権法の現行規定を理解して実務にあたると同時に，その時々に求められる図書館サービスにふさわしい著作権の制限のあり方について考え，提言していかなければならない。また，図書館利用者に対して，著作権法に対する理解の浸透を図っていくことも大切である。

著作権法の保護対象とされるものは，"思想又は感情を創作的に表現したものであつて，文芸，学術，美術又は音楽の範囲に属するもの"（第2条第1項第1号）である。具体的には，小説，脚本，論文，講演，音楽，舞踊，絵画，版画，彫刻，建築，地図，学術的な図面，図表，模型，映画，写真，コンピュータプログラム，データベースなどが相当し（第10条，第12条の2），創作と同時に保護対象となり，個人の著作物の場合死後50年を経過するまで保護される（映画の著作物は公表後70年）。著作権法が保護対象とする著作物とは，図書館資料自体ではなく，例えば小説の構成（思想）と文章（創作的表現）である。

著作権法の保護対象とされないものに，憲法その他の法令，国や地方公共団体の告示や通達，裁判所の判決等がある。また，保護対象とされるものであっても，著作者があらかじめ許諾しているものについては，自由に利用できる。文化庁は，自分の著作物が自由に利用されることを望む著作権者の意思表示を容易にし，著作物の活発な利用が推進されるように，「自由利用マーク」を定め，その普及を図っている。

外国の著作物については，わが国が締結発効した著作権にかかわる国際条約，「文学的及び美術的著作物の保護に関するベルヌ条約」，「万国著作権条約」，「知的所有権の貿易関連の側面に関する協定」（世界貿易機関（WTO）TRIPS協定），「著作権に関する世界知的所有権条約」（WIPO著作権条約）に加盟する国の著作物である場合には，国内の著作物と同様に保護義務を負うが，非加盟国については保護義務はない。

図書館サービスにかかわりのあるおもな著作者等の権利と，権利制限規定関連条項は，表Ⅱ-8のように示されるが，著作権法については，文化審議会著作権分科会において継続的に見直しが検討されていることに留意が必要である。

著作物を自由に利用できる範囲を越えて利用しようとする場合には，著作権者を特定し，著作権者全員から利用許諾を得て，著作権処理を済ませることが必要となる。著作権処理の際には，著作権者の特定と，保護期間に関する細かな規定，すなわち，団体名義や無名・変名の著作物の場合には

表Ⅱ-8　図書館サービスに関連する主な著作者等の権利と制限規定条項

図書館サービスの種類	著作者等の権利	関連する制限規定条項
複写（利用者向け）	複製権（第21条）	第31条第1項第1号
図書館資料の保存のための複製		第31条第1項第2号
他館のための入手困難な資料の複製		第31条第1項第3号
ファクシミリによる文献の送信	公衆送信権（第23条）	制限規定なし
貸出　映像資料以外	貸与権（第26条の3）	第38条第4項
映像資料	頒布権（第26条）	第38条第5項（補償金の支払）
上映会	上映権（第22条の2）	第38条第1項
お話会，朗読会	口述権（第24条）	第38条第1項
展示	展示権（第25条）	第45条，第46条，第47条
障害者サービス		
点字図書，点字データの作成，インターネットでの送信	複製権，公衆送信権	第37条第1項，第2項
視覚障害者等のための録音図書，拡大図書，デジタル録音図書等の作製等	複製権等	第37条第3項
聴覚障害者等のための映画の字幕等の作製等	複製権等	第37条の2
対面朗読	口述権	第38条第1項
電子メディア		
インターネット端末でのダウンロード・プリントアウト	複製権	制限規定なし
動画を含むCD-ROM，DVD等の貸出	頒布権	第38条第5項
国立国会図書館における所蔵資料の電子化	複製権	第31条第2項

公表後50年，著作権者が複数である場合には最後の1人の死後50年，特定の時期に発行された著作物には戦時加算による保護期間の延長がある等の適用判断に困難が伴うことも多い。

著作権処理の方法には，著作権者と個別に交渉するほか，日本複写権センターなどの著作権の集中処理団体や，著作権者団体を通して利用許諾を得る方法がある。

2　複写サービスと著作権

複写サービスは，資料の複製を作成し，これを利用者に提供するサービスである。資料の複製を作成すること，ならびにこれを公衆に提供することは，著作者の権利（第21条（複製権）および第26条の2（譲渡権））であるが，複写にかかわる著作者の権利制限を定めた第31条（図書館等における複製）第1項第1号，および複製権の制限により作成された複製物の譲渡を定めた第47条の9の規定により，定められた範囲内において自由に複写サービスを提供することができる。

第31条第1項第1号に定められた要件は，"図書館利用者の求めに応じ，その調査研

究の用に供するために，公表された著作物の一部分（発行後相当期間を経過した定期刊行物に掲載された個々の著作物にあつては，その全部）の複製物を1人につき1部提供する場合"に，営利を行わない事業として図書館が保管する資料の複製を行うことができるというものである。

この条文の解釈，および適法な複写サービスの実施方法に関して，さまざまな点が問題とされてきた。その一つに，「著作物の一部分」の解釈がある。この点については，"少なくとも半分を超えないものを意味するものとする"とする『著作権審議会第4小委員会（複写複製関係）報告書』(1976)に基づいて，著作物全体の半分まで複写できるものとされている。著作物全体の半分とは，必ずしも1点の資料全体の半分でない場合があることに注意を要する。また，定期刊行物の「発行後相当期間を経過した」の解釈については，「次号が発行されている場合」とされている。

セルフ式コピーにおいては，複写物を作成する行為主体が図書館でなければならないという点と，法定範囲を越えた複写が行われる可能性が問題とされてきた。前者については，業務委託による場合と同様，複製作業行為者は問わないとされているが，後者については，法定範囲を越えた複写が行われないような配慮が求められる。

図書館間相互貸借における複写では，第31条にいう"利用者の求めに応じ"たものであるか，複写物のファクシミリ等による送信が認められるかが問題とされてきた。1点目については，依頼館が利用者の代理人として行う求めであり適法であると解釈されている。ファクシミリ等による送信は，公衆送信権に触れるものであるが，文化審議会著作権分科会により2002（平成14）年に開催された権利者と図書館側の協議では，権利制限の対象に加える法改正を支持することで両者の意見が一致している。現物貸借で借り受けた図書の複製については，借受館が当該利用者の求めに応じ複製物の提供を行うことが第31条の運用に関するガイドラインで示されている。

なお学校図書館では，第31条は適用されず，第35条（学校その他の教育機関における複製等）に規定される授業の過程における使用のための複製を行うことができる。

3 貸出サービス，上映会，障害者サービス等と著作権

貸出サービスに関する著作者等の権利としては，一般に貸与権がかかわるが，動画が含まれるビデオ，CD-ROM，DVDなどの「映画の著作物」については，貸与権ではなく，頒布権（第26条）という別の権利が働き，著作権法上の取り扱いが異なる。

映画の著作物を除く図書館資料の貸出は，第38条第4項により非営利かつ無料の貸出が権利制限の対象とされることから，著作権法上は問題なく行うことができる。

しかしながら，近年，わが国における図書館数の増加や貸出数の増加と，出版不況を背景に，図書館の貸出が著作権者の経済的利益を損ねているという見方があり，文化審議会著作権分科会において，その損失補償を目的として図書館資料の貸出について補償金を課す公貸権（public lending right）の導入の是非が検討されている。

公貸権は，図書館における図書等の無料貸出もしくは所蔵に対して，著作者等に報酬請求権を認めるものである。1946年に公共図書館の所蔵に応じて著作者に権利金を支払うことを定めたデンマークをはじめ，欧州を中心とする諸外国において導入されている。1992年11月に採択された「貸与権及び隣接権に関するECディレクティブ」において，図書館等の非営利の貸与についても著作者に許諾権を与えることを原則と

し，非営利無料貸与については，例外的に報酬請求権のみを与えればよいとする内容が示されるなどの国際的な動向を受け，わが国でも公貸権に関する議論が活発化した。

ビデオ，DVDなどの映画の著作物については，相当な額の補償金の支払いを条件として，政令で定める公共図書館等の施設での無料の貸出が認められている（第38条第5項）。なお，映画の著作物の館内での視聴や上映会については，第38条第1項の規定により著作物を非営利，無料，無報酬で上映することについて許諾が不要とされているが，商業的な映画上映と競合することなどの観点から，見直しをする方向で文化審議会著作権分科会での検討が行われている。日本図書館協会は，権利者側の日本ビデオ協会（現・社団法人日本映像ソフト協会）の意向を受けて，専門委員会を設置して，「図書館におけるビデオ映画上映の基本的方針と上映作品選定の基準について」(1996（平成8）年9月10日）において，社会教育施設としての図書館の使命にそった上映会のあり方を示している。

障害者サービスでは，図書館資料をそのままの形態で利用することが困難な利用者に対して，点字図書や録音図書，拡大図書の製作や，対面朗読などを行う場合があるが，これらも著作者の複製権や口述権等に該当する。2009年6月の著作権法改正では，障害者の多様な情報へのアクセスを可能にするため，自由に利用できる範囲が広げられた。従来許諾を必要とした公共図書館による視覚障害者等（発達障害，色覚障害等を含む）のための録音図書，拡大図書，デジタル録音図書等の作製，貸出，インターネットでの配信（第37条第3項）や，聴覚障害者等（発達障害，難聴等を含む）のための映画の字幕，手話等の作成，それらを付加した複製物の貸出等（第37条の2）が可能となった。

点訳については，点字図書の製作，コンピュータを用いた点字データの作成，インターネットでの配信も含めて，許諾を得ることなく行うことができる（第37条）。外国語資料を翻訳して点訳することも認められている（第43条第2号）。また，対面朗読は，無料で，かつ朗読者への報酬支払いのない場合には，許諾を得る必要がない。

著作物の自由な利用を可能にするために，自分の著作物を他人に使ってもらってよいと考える権利者がその意思を表示する方法として，文化庁の推進する自由利用マークのほかに，EYEマーク・音声訳推進協議会によるEYEマークがある。

図Ⅱ-10 文化庁の「自由利用マーク」(上)とEYEマーク・音声訳推進協議会の「EYEマーク」(下)

4 電子メディアの提供と著作権

著作権法が定める著作者の権利は，媒体に依存するものではない。ある資料にどのような著作権が働くかは，そこに含まれる著作物の種類によって決定されるため，電子メディアにあっても，従来のメディア同様に取り扱えばよいことになる。しかしながら，電子メディアに固有の利用・提供方法もあるため，その著作権法上の扱いについて確認しておくことが必要であろう。

電子メディアのプリントアウトやダウンロードは，著作物の複製を作成することで

あり，紙媒体と同様に図書館等における複製を定めた第31条第1項第1号に規定される範囲内で自由に行うことができる。ただし，インターネット上の著作物については，図書館資料に該当しないとされるため，プリントアウト等の行為には著作権者の許諾が必要となる。図書館が購読する電子ジャーナルやデータベース等については，その可否は契約条件によることになる。

また，電子メディアには，動画が含まれることも多く，その場合映画の著作物として取り扱わなければならないことに注意が必要である。動画ファイルをダウンロードして提供することができないほか，動画の含まれるCD-ROMやDVDの貸出には，第38号第5項の規定により，相当額の補償金の支払いが求められることになる。

電子図書館サービスなどのように，図書館資料を電子化して提供する場合には，資料の電子化に複製権，サーバーへのアップロードに送信可能化権，ネットワークでの送信に公衆送信権が働くため，個々の資料について，著作権者の特定，著作権の存続の有無，著作権者の所在確認，許諾手続きなどの著作権処理が必要となる。こうした著作権処理手続きは煩雑で困難を伴うため，電子図書館サービス提供の障害となる。著作権処理を簡略化するための方策として，国立情報学研究所が行う電子図書館事業では，各学協会に掲載論文の著作権を譲渡してもらい一括して許諾を得る方式を採用している。

2009年6月の著作権法改正により，国立国会図書館においては，所蔵資料を電子化することが認められた（第31条第2項）。しかしこれは，原資料を納本直後の良好な状態で文化的遺産として保存することを目的とするものであり，電子図書館サービスに利用することを認めたものではない。

（斎藤陽子）

注
＜Ａ　図書館サービスの意義＞
1) 日本図書館協会編『中小都市における公共図書館の運営：中小公共図書館運営基準委員会報告書』日本図書館協会，1963.（復刻1973）p.21.
2) これからの図書館の在り方検討協力者会議『これからの図書館像：地域を支える情報拠点をめざして』2006, 86p.
3) 「図書館の設置及び運営上の望ましい基準」（平成24年12月19日文部科学省告示第172号）
4) 『2014年度（平成26年度）公立図書館における課題解決支援サービスに関する実態調査報告書』全国公共図書館協議会, 2015, 91p.
5) 日本図書館協会編，前掲書，p.68.
6) "特集・国立国会図書館利用者サービスの新展開"『図書館雑誌』vol. 97, no. 7, 2003. 7, p.438-454.

＜Ｃ　情報サービス＞
1) 長澤雅男『問題解決のためのレファレンス・サービス』日本図書館協会, 1991, 259p.
2) Wilson, P. *Second hand knowledge: an inquiry into cognitive authority*. Greenwood, 1983, 210p.
3) 新聞記事の多くがデータベース化されている現在では，全文データベースから必要な記事をダウンロードし，編集する作業がクリッピング資料の作成となる。
4) 利用者の要求のうち，身上相談，法律相談，医療・健康相談，美術品等の鑑定など，図書館員の専門外の事項については，レファレンス質問としては受け付けず，回答はしない。
5) Jahoda, G and J.S. Braunagel. *The librarian and reference queries: a systematic approach.* Academic Press, 1980, 175p.
6) Taylor, R.S. "Question-negotiation and information seeking in libraries," *College and*

Research Libraries, vol.29, p.178-194 (1968).
7) Dervin, B. and P. Dewdney. "Neutral questioning: a new approach to the reference interview," *RQ,* vol.25, p.506-513 (1986).
8) Lipow, A.G. *The virtual reference librarian's handbook.* Neal-Schuman Publishers, 2003, 199p.
9) The QuestionPoint service. (online), available from <http://www.QuestionPoint.org>,（accessed 2004.5.18）.
10) レファレンス協同データベース事業 http://crd.ndl.go.jp/GENERAL/servlet/common.Controler（accessed 2010.1.6）
11) Saricks, J.G. and Brown, N. *Readers' advisory service in the public library.* American Library Association, 1997, 160p.

＜D　利用教育＞
1) 日本図書館協会図書館利用教育委員会編"図書館利用教育ガイドライン総合版"日本図書館協会図書館利用教育委員会編『図書館利用教育ガイドライン合冊版：図書館における情報リテラシー支援サービスのために』日本図書館協会, 2001, p.11-17. p.13.
2) 次の文献において，利用教育の「目的」としてあげられた3点をもとにまとめた。小田光宏，柳与志夫"利用者教育における概念的枠組みの再構築：公共図書館における利用者ガイダンスへの展開"『図書館学会年報』vol.42, no.3, 1996, p.135-147.
3) Association of College and Research Libraries. *Information literacy competency standards for higher education.* 2000 [http://www.ala.org/acrl/ilcomstan.html], [http://www.ala.org/ala/mgrps/divs/acrl/standards/standards.pdf]（accessed 2009.6.23）日本語もある。[http://www.ala.org/ala/mgrps/divs/acrl/standards/InfoLiteracy-Japanese.pdf]（accessed 2009.6.23）
　American Association of School Librarians, Association for Educational Communications and Technology. *Information literacy standards for student learning.* American Library Association. 1998.（翻訳が次の文献にある。『インフォメーション・パワー：学習のためのパートナーシップの構築』渡辺信一監訳，同志社大学, 2000.）
4) 学術審議会『大学図書館における電子図書館的機能の充実・強化について（建議）』文部省, 1996. 次も参照。科学技術・学術審議会学術分科会研究環境基盤部会・学術情報基盤作業部会『学術情報基盤の今後の在り方について（報告）』文部科学省, 2006.
5) 川崎良孝編『大学生と「情報の活用」：情報探索入門』増補版，京都大学図書館情報学研究会, 2001.
　慶應義塾大学日吉メディアセンター編『情報リテラシー入門』慶應義塾大学出版会, 2002.
6) 日本図書館協会図書館利用教育委員会"図書館利用教育ガイドライン大学図書館版"日本図書館協会図書館利用教育委員会編『図書館利用教育ガイドライン合冊版』p.35-47.
7) 日本図書館協会図書館利用教育委員会編『図書館利用教育ハンドブック大学図書館版』日本図書館協会, 2003.
8) 全国学校図書館協議会「情報・メディアを活用する学び方の指導体系表」2004. [http://www.j-sla.or.jp/shiryo/pdfs/taikeihyou.pdf]（accessed 2005.1.14）次も参照。日本図書館協会図書館利用教育委員会"図書館利用教育ガイドライン学校図書館（高等学校）版"日本図書館協会利用教育委員会編『図書館利用教育ガイドライン合冊版』p.19-33.
9) 福永智子"学校図書館における新しい利用者教育の方法：米国での制度的・理論的展開"『図書館学会年報』vol.39, no.2, 1993, p.55-69.

10) 梅原由紀子"都立中央図書館の利用教育サービス"『みんなの図書館』no.299, 2002, p.56-65.
11) 生涯学習審議会社会教育分科審議会計画部会図書館専門委員会『図書館の情報化の必要性とその推進方策について：地域の情報化推進拠点として（報告）』文部省, 1998. 次も参照。地域電子図書館構想検討協力者会議『2005年の図書館像：地域電子図書館の実現に向けて（報告）』文部省, 2000. これからの図書館の在り方検討協力者会議『これからの図書館像：地域を支える情報拠点をめざして』文部科学省, 2006.
12) 仲西正彰"情報リテラシー研修：図書館におけるパソコン教室"『ネットワーク社会の公共図書館：役割・機能・サービス』高度映像情報センター, 2000, p.38-40.

＜E　図書館の文化活動＞
1) 上郷史編集委員会編『上郷史』上郷史刊行会, 1980, p.1346-1347.

＜F　利用者別の図書館サービス＞
1) 日本図書館協会児童青少年委員会編『ひらいてごらんひみつの扉：いま, これからの子ども図書館』日本図書館協会, 2000, p.9.
2) 日本図書館協会児童青少年委員会『公立図書館児童サービス実態調査報告2003』日本図書館協会, 2004, p.79.
3) 『公立図書館におけるヤングアダルト・サービス実態調査報告』大阪市立大学学術情報総合センター図書館情報学部門, 日本図書館協会, 2003, p.8.
4) ヤングアダルト図書館サービス協会著『ヤングアダルトに対する図書館サービス方針』第2版, ヤングアダルト・サービス研究会訳, 日本図書館協会, 1999, p.31.
5) 菅谷明子の発表したものには例えば次のものがある。
"進化するニューヨーク公共図書館（ルポ）"『中央公論』vol.114, no.8, 1999, p.270-281. "討論「ビジネス支援」で図書館を変える"『本とコンピュータ第二期』no.6, 2002, p.142-154. "もう一つの創業支援「ビジネス支援図書館」とは"『経済産業ジャーナル』vol.35, no.12, 2002, p.44-47.
6) ALA. *Guidelines for Library and Information services to Older Adults* http://www.ala.org/ala/mgrps/divs/rusa/resources/guidelines/libraryservices.cfm （accessed 2009.5.21）
7) 小林卓ほか『公共図書館における障害者サービスに関する調査研究』国立国会図書館, 2011.
8) 日本図書館協会障害者サービス委員会編『障害者サービス』補訂版, 日本図書館協会, 2003, p.25-29.（図書館員選書12）
9) 菊池佑『病院患者図書館』出版ニュース社, 2001, p.200.
10) 同上　p.238
11) 『2010年度公立図書館における協力貸出・相互貸借と他機関との連携に関する実態調査報告書』全国公共図書館協議会, 2010.
12) 小林卓「図書館の多文化サービス」http://homepage3.nifty.com/musubime/document/long.htm （accessed 2004.1.20）
13) JLA図書館調査事業委員会事務局"多文化サービスについて：2002年図書館調査ミニ付帯調査報告"『図書館雑誌』vol.97, no.2 2003.2, p.106-107.
14) 平田泰子"公共図書館の多文化サービスを進めるために：情報ニーズ調査の必要性"『カレントアウェアネス』No.296　2008年6月20日　CA1661　http://current.ndl.go.jp/ca1661 （accessed 2009.5.21）

III

図書館経営

- A 総論……124
- B 公立図書館の計画と評価……129
- C 公立図書館の運営……140
- D 図書館づくりと住民参加……148
- E 大学図書館の運営……152
- F 学校図書館の運営……163
- G 専門図書館の運営……171
- H 図書館の統計と調査……179

この章では，図書館がどのようにしてつくられ運営されているのかが，
図書館の種類ごとに解説され，
また図書館のはたらきを確認するために
どのような調査を行えばよいのかが記されています。
図書館の運営計画と評価，財源，職員など，
図書館が存立するための基礎がここにまとめられています。

A. 総論

1 図書館経営

　組織はそれぞれに固有の目的をもってつくられる。その目的を達成するために，事業方針が定められ，定められた方針に沿って組織が整備されて事業活動が実践される。「経営」はこの一連のプロセスであり，図書館経営も図書館の設置目的を実現していくためのプロセスとして把握される。

　『図書館用語辞典』では"図書館の目的を直接実現させる貸出し・受入れ・整理・レファレンス・集会活動などの第一次的経営活動に対し，これらを円滑に進めるための企画，予算の確保，職員の研修，組織の整備，指揮命令系統の整備，人事などの第二次的経営活動を図書館の管理という"[1]としている。図書館にとって独自の業務である第1次的経営活動に対して，それを支えるための管理的業務という見方である。

　ここで管理的業務とされている第2次的経営活動は，図書館固有のものではなく一般的な事業活動あるいは行政事務にも共通するものでもある。ただし，このように図書館業務を専門的業務と一般的業務に二分する見方が，専門的業務については効率化の追求が優先課題とされ，結果としてさまざまな形での業務委託の問題を生み出し，一方で管理的業務の比重が高くなる図書館長には司書資格を有する図書館の専門職よりも，行政事務に精通した一般行政職の方が適しているのではないかといった意見を生み出す背景となったことは否めない。求められているのは，この二つをどのように統一的に捉えるかということである。

　そのためには，図書館経営を図書館サービスの提供と利用という側面から考えることが必要である。提供と利用は図書館サービスの生産と消費といってもよい。図書館の最も基本的な業務が利用者への資料・情報の提供であるということからいえば，利用者への資料・情報を提供するためのシステムをどのように組織し運営していくのかという図書館サービスの生産としての側面と，利用者から図書館がどのように見えているのかという図書館サービスの消費の側面から図書館経営を捉えることとなる。

　図書館サービスが図書館から利用者への一方的な資料・情報の提供ということであれば，図書館サービスを生産する主体としての図書館の組織とその効率的運営を考えればよい。しかし，利用者への資料・情報の提供は利用者からの要求に応じてその場で個別に提供される，言い換えれば利用者と図書館との間で常に新しく生産されると同時に消費されるものである。このように，生産の過程に利用者も参加することではじめてサービスが成り立っているといえるのが図書館であるから，その経営を考える上で利用者の視点を欠くことはできない。

　利用者にとっての図書館といえば，まずは書架に並べられた図書や雑誌である。そして貸出やレファレンスサービスのカウンターで接する図書館員がいる。そこで読みたい本や雑誌が発見できたり，図書館員に相談することで必要な情報を手に入れたりすることができれば，利用者の要求は満たされる。また，書架の並ぶ空間にゆとりがあり，落ち着いて本を選ぶことができたり，図書館員の対応が的確で心地のよいものであったりすれば，利用者の満足感はより高まるだろう。利用者が図書館と接する場面

を構成しているのは、図書館員という人的資源と蔵書構成や施設などの物理的な環境である。

利用者の図書館に対する評価を決定づける最も重要な要素は図書館員であろう。資料や情報に関する専門的知識や技術は当然のこととして、応対時の言葉遣いや態度、行動、外見など図書館員が利用者に与える印象によって利用者が図書館を見る目は大きく変わる。図書館の評価を左右する最も大きな要因であるカウンターで働く図書館員を、図書館サービスを提供するシステムの中にどのように位置づけるのかということが一つの課題となる。

物理的な環境には蔵書や書架などの家具類および建物としての施設あるいはBGMや窓から見える風景など、利用者が図書館という空間で感じるあらゆるものが含まれる。また、オンライン閲覧目録（OPAC: online public access catalog）などの資料検索機能、あるいは来館しない利用者にとってはオンラインで利用できる電子図書館機能なども物理的環境の要素となる。

こうした利用者が直接出会い、経験している図書館の活動とは別に、利用者から直接には見えにくい図書館の仕事として、総務部門の仕事や図書の選定・発注・受入・整理などの仕事がある。これらの利用者に接していない部分の仕事に支えられて、図書館は日常の活動を展開している。利用者にとっての図書館がカウンターの図書館員と物理的環境に集約されるとすれば、それに対して図書館の裏方ともいえる部分の仕事に要求される最も重要なことは、カウンターにいる図書館員を支援することと物理的環境を整備することとなる。このためには、サービスが提供されている場からフィードバックされる情報によって、カウンターには出ない職員も利用者から要求されるさまざまな事柄を常に把握していなければならない。図書館におけるそれぞれの仕事の焦点が利用者へのサービスの提供という一点に集中することではじめて、図書館におけるサービスの質を高めていくことが可能になる。図書館サービスの質を高めるために、図書館の仕事をどのように組織化するかが、図書館経営におけるもう一つの課題となる。

2 図書館サービスの管理

利用者の側から図書館サービスを見たとき、利用者が図書館から受けている作用として三つの要素が考えられる。1番目の要素はその図書館が利用者に対してどのようなサービスを提供しようとしているのかという「方針」であり、2番目の要素はサービスが実際に提供されるための「システム」であり、3番目の要素はサービスを提供する人としての図書館員＝「司書」である。図書館におけるサービスを管理していく上で重要なことは、利用者への作用を構成する「方針」「システム」「司書」の3要素をいかに統合していくかということである。

図書館がその目的を達成するために、それぞれの図書館において目的達成へ向けての方針が立てられる。この方針は目的を達成するために、その図書館が実践しようとしていることを具体的に示すものであり、これに基づいてすべての仕事が組み立てられる。そして、この方針は図書館員全員が共有していると同時に、外部の利用者に対して図書館が展開しようとしている活動をわかりやすく知らせ、その実行を明確に約束するものでもある。そのためには方針を立てるにあたって、まず利用者がその図書館に要求することあるいは期待することを確実に把握し、その上でそれらの中心的なニーズを反映した方針を作成することが求められる。また、常に利用者の要求や期待

に沿った形で図書館サービスが提供されているかという点検を行い,それに基づき方針の見直しを行うことによって,図書館から利用者への働きかけがより適切で効果的なものとなる。

　方針を実現するのは,図書館サービスのためのシステムと司書である。

　サービスのためのシステムは,利用者の出会う図書館の物理的環境と利用にあたってのさまざまな手続きとで構成される。物理的環境の中心をなすのは蔵書と施設であり,手続きは図書館にかかわる法令や条例をはじめ,図書館独自の利用規則や要綱などによって規定されるものである。基本となる蔵書構成は図書館の方針を資料面で具体化したものであり,システムにおいて利用者への作用が最も大きい。施設の配置あるいは施設の管理のあり方も方針から決定される。この意味でも,サービスを提供する場としての図書館の建設にあたっては,それに先立って十分に検討された方針の存在が不可欠である。

　また施設の管理においても,その目的は利用者への快適な環境の提供にあることを忘れてはならない。清掃やメンテナンス等の施設管理関連の業務は業者へ委託されることが多いが,この場合もこれらの業務の目的が単に施設の維持にあるのではなく,利用者のための環境整備にあることを徹底しておくべきである。

　カウンターで応対する職員だけではなく,図書館で働いている人の動きのすべてが利用者の図書館に対する印象をつくりあげているのだから,誰もが利用者の視線を意識して動いていることが求められる。利用規則や要綱など図書館利用上の手続きを規定するものも,図書館の方針とその方針に基づいてサービスを提供しているカウンターの職員の働きを妨げるものであってはならない。つまり,図書館におけるサービスのためのシステムに求められるのは,細部に至るまでその図書館の方針と論理的に整合していることである。

　サービスを提供する主体はカウンターの司書である。カウンターの司書には,図書館の目的と方針が理解されていることと,それを実践するための知識と経験の蓄積が求められる。また,利用者と直接対応することによって得られる利用者のさまざまな要求——利用者から寄せられた意見だけではなく,利用者の動きや反応から感じ取れる事柄も含めて——を組織としての図書館にフィードバックすることも必要な役割である。

　サービスを管理するのは,十分に管理されたものとしてのサービスを利用者に提供するためである。サービスを十分に管理することで,利用者に満足してもらえるサービスが提供できるのであり,そのことが図書館への信頼を生む。「方針」「システム」「司書」の三つの要素を通じて,利用者に対する図書館の姿勢が一つの統一されたメッセージとして利用者に伝わるようにすることが,図書館サービスの管理に求められることである。このメッセージが利用者を触発し,利用者自身の要求を引き出す力になる。こうした利用者の要求が,図書館の新たな可能性を広げていくのである。

3　図書館組織の管理

　図書館サービスは,「モノ」としての一定の形をもった商品とは異なり,常に生産と同時にその場で消費されるという特性をもっている。このことは,図書館サービスが利用者の個別の要求に基づいて提供されるということを意味する。一定の形がなく利用者との対応からサービスが創出されるものであるとすれば,利用者は自分の受けるサービスに関しては,できるだけ大きな

満足を得られるようにしたいと望むはずである。

利用規則やカウンターマニュアルが整備されていることは当然であるが、個別の要求には規則やマニュアルだけでは対応できない場合、あるいは規則やマニュアルどおりの対応がかえって利用者の反発を生むケースもある。このときカウンターの職員には利用者の要求にどのように応じれば、利用者の満足をより大きくすることができるのかということについての判断が求められる。利用者に満足されるサービスを提供するためには、この判断がすみやかに、かつ的確にできるようにすることが必要である。そのためには、サービスを提供する現場であるカウンターの職員に個別の判断を可能にする裁量権が委ねられていなければならない。カウンターの職員の行動を利用者と図書館の双方にとって最適なものとすることで、利用者にとってのよい図書館サービスが生み出される。

利用者と図書館の双方にとって最適な行動とは、その図書館の基本的な方針に合致した上で、利用者の要求に最大限応えようとするものである。職員にその図書館の方針が徹底されていること、そして図書館全体が利用者との接点でなされた判断を尊重しそれを実現するために努力するという意志を共有していることが、最適な行動を生み出す条件である。

職員の研修は方針を徹底するために行われる。その上で個々の業務について、それが利用者へのサービス提供とどうかかわり、どのような意義をもつのかを明確にする。自らの仕事を通じて利用者を意識し、その仕事が利用者にとってもつ意味が、日常業務を行う中で再確認されるように図書館業務を組み立てる。

資料の選択・収集・整理など図書館固有の業務だけでなく、予算の執行や施設の維持・管理などの業務も、図書館サービスの中にそれぞれの意味をもって位置づけられる。そのような位置づけができない業務があるとすれば、それは図書館にとって不要な業務であるか、あるいは図書館における仕事の組織化に失敗しているかである。図書館が組織全体として利用者の要求に向きあうことではじめて、カウンターの職員が有効な裁量権をもって行動できるようになる。

図書館組織の管理とはサービス提供の現場であるカウンターを支援できるようにすべての仕事を組織化していくことであり、それ以外の意味はない。もちろん、カウンターに寄せられる要求が利用者の要求のすべてではない。図書館で提供されるサービスの品質は、利用者が実際に受けたサービスの実績と、利用者が図書館に対して事前に抱いていた期待との比較によって規定される。事前の期待を上回るサービスを提供されれば、利用者は質の高いサービスを受けたと思うし、期待はずれのものであれば、サービスの質が悪いと判断するであろう。

サービスの質に利用者側の図書館への期待が影響するということは、カウンターでの利用者要求の把握だけではなく、図書館を利用していない人々も含めた、より広範な図書館に対する要求を把握していくことが求められているということでもある。こうした図書館への要求や期待について図書館は敏感でなければならないが、結果としてそれは、カウンターでのサービスとして実現されなければならないのである。

4 図書館経営とリーダーシップ

図書館におけるサービスと組織の管理についての責任を担うのは図書館長である。職員と予算という人的資源と財的資源を確保し、それらを最も効果的に活用すること

で，より質の高いサービスを生み出すことが館長に課せられた役割である。館長にはそのために必要な決定権限が与えられていることが最低限の条件である。

図書館長に専門的資格である司書資格とあわせて図書館での経験が求められるのは，図書館業務に熟知していなければこうした責任を果たすことが困難だということもあるが，それ以上に館長には個々の業務を図書館サービスの中で的確に評価することが求められているからである。個々の業務が効率的に遂行された上で，かつそれらが図書館サービスを展開する上で効果的になされているかどうかを評価するには，専門的知識と経験の蓄積が不可欠である。業務とそれを担う職員に対する適切で正確な評価が館長への信頼となり，組織において館長のリーダーシップが発揮される基礎を築く。

さらに，図書館サービスは一つの図書館で完結するのではなく図書館間の相互協力の上に成り立っていることが，館長に図書館界全体を視野に入れた活動ができる能力を要求している。社会における図書館の役割を見通し，各地のさまざまな図書館の活動を客観的に評価することを通して，自らの図書館の現状を分析する。図書館長に求められているのは，こうした視点に立っての図書館経営である。

館長は自館の職員に対して，図書館が社会に果たす役割と自館がそこで担うべき任務を具体的な方針として明らかにすることと，そこにおいて職員個々の業務がもつ位置づけを示すことをすべきである。それを説得力をもって行うことでリーダーシップが生まれる。仕事を変えていくのは個々の職員の自覚である。一人一人の職員が自分の担当している仕事の意義を発見して，それが適切に評価されれば仕事の内実は深まっていく。仕事の意義づけと評価によって職員の自覚を促し，すべての仕事の方向が

利用者へのサービスという一点に集中するように組織化していくことが館長の責任である。そうした館長のリーダーシップが，図書館の提供するサービスを社会にとって価値のあるものにしていく。

5 図書館の広報活動

広報はPR（public relations）の訳である。このことから，広報とは事業内容や商品などをさまざまな媒体を通じて人々に広く知らせることであるが，その目的は知らせることによって人々に理解されることであり，理解されることを通じて社会的な関係を築いていくことにあるといえる。

図書館にとっての広報は，まずはその存在を広く知らせ人々の認知を得ることにある。その上で，図書館の働きを理解してもらえるようにするために，サービスの具体的な方針をわかりやすく伝えることが大切になる。多くの人にとって，図書館は必ずしも自分の人生に重要なかかわりをもつ存在ではないだろう。そのような環境にあって，図書館のもつ各種の機能が人々の生活や学習にどのようにかかわっているのかを伝え，図書館を利用することで人々が自らの可能性を広げていくことができるのだということを理解してもらうことが，図書館の広報に最初に求められることである。

さまざまなサービスの案内や主催行事のお知らせなどにも，そのことを通じて図書館のもつ働きが利用者に伝わるように工夫することが必要であろう。そのためには，広報によって届けられるメッセージと，図書館サービスを利用することによって利用者に伝わるメッセージの両者が，整合性のあるものでなければならない。広報によって図書館に対するイメージを高め，実際に提供されるサービスによってそのイメージを定着させるというサイクルが，図書館の

存在を確かなものにする基本となる。

6 図書館における安全管理

　図書館の利用が増えるとともに利用する層が広がってきたことで，図書館における安全管理が大きな課題となってきた。図書館が守らなければならないのは，利用者の安全と職員の安全，そして資料の安全である。安全管理を検討する上での対象となるのは，施設の配置計画と防災のための設備，災害や事故を想定した安全管理マニュアルの整備とそれを活かすための訓練および事故・事件発生時の対外的対応である。

　施設の配置計画を作成するにあたっては，利用者と職員の動線をサービスの面から検討することとあわせて，災害発生時の合理的な避難経路の確保など，安全面への十分な配慮がなされるべきである。例えば公共図書館における児童室や，障害者あるいは高齢者向けのサービススペースの配置については，利用者層に応じた安全面からの検討も欠かせない。

　地震などの自然災害や火事などの事故災害に対しては，それらを未然に防止したり被害を最小限に抑えるための防災設備の導入を積極的に進めるべきであるが，同時に防災訓練などの実施によって，各種設備の機能とその限界を把握しておくことが必要である。

　安全管理のためのマニュアルは災害・事故・事件などさまざまなケースを想定した上で，それらの発生した状況や時間帯に応じた個別の対応方法を確認できるものにしておく必要がある。マニュアルはそれに沿った訓練を伴って　はじめて実効性のあるものになる。館内だけではなく外部機関等との連絡体制を整備し，時にはそれら外部機関の協力を得た訓練を実施することで，マニュアルの内容を点検することも必要である。

　安全管理においては初期対応が重要となるが，このためにも利用者の最も近くにいるカウンターの職員に適切な裁量権を委ねた組織をつくっておくことが求められる。図書館の利用が増え，さまざまな人が図書館を訪れるようになった現在，図書館でもあらゆることが起こりうることを前提にして安全管理を考えなければならないが，その上で事故や事件が起こった場合に問われるのは，往々にして，起きてしまった事柄ではなく，その出来事への対応のしかたであることも考慮しておくべきである。図書館側の安全管理に対する不備を指摘されることを怖れるあまり，事故・事件とそれへの対応に関する説明や報告に，事実の歪曲あるいは隠蔽などがあってはならない。こうした不誠実な対応が，結果として当事者をより窮地に追い込む事例は多く見受けられるところである。安全管理は危機を防止するために努力することであるが，防止できなかった際においても，その対応の誠実さこそが以後の安全管理を意味のあるものにするということを忘れてはならない。

（岸本岳文）

B. 公立図書館の計画と評価

1 図書館の基本計画

　図書館が絶えず自己革新を遂げ，ランガナタン（S.R. Ranganathan）のいう「成長

する有機体」(第5法則)であるためには，これまでのサービスや運営をただ漫然と続けるのではなく，自己の活動を常に点検し，改善の方策を立て，実行していくことが必要である。さらに，その際の改善の方向は，地域の変化に対応し，住民の要望に的確に応えるようなものでなければならない。

そのような経営を実現するための適切な方策として現在最もよく知られているのは，目標を立て，目標を実現するための計画を練り，計画を実施し，実施した結果を評価し，評価結果を基に次の計画を立案するといった合理的・計画的なサイクルに従った経営法である。この経営法はもともとは企業経営において発達した手法であるが，今日では非営利団体や行政機関においても広く採用されている。公立図書館も例外ではない。

以前の自治体経営論の中心は，計画的な行政を志向する一方で，減量経営による運営の効率化を図るものであったが，自治体財政が悪化し，行政改革が強く求められるようになった近年では，目標の設定から結果の評価に至る全過程を効果的に管理する手法や，中枢部門と実施部門とを分け，実施部門をアウトソーシングする手法など，企業経営に範をとったさまざまな経営手法が導入されるようになった。とくに，従来はあまり論じられてこなかった結果の評価が重視されるようになり，公立図書館の経営にも大きな影響を及ぼしている。

こうした公立図書館を取り巻く経営環境を取り上げる際に念頭においておくべきことをあらかじめ述べておこう。

① 近年，国や自治体の行政に盛んに導入されている行政運営理論は，ニューパブリックマネジメント論をはじめ，北欧やアングロサクソン諸国を中心として，欧米諸国において発展してきた理論である。わが国の現状は，これら外国産の理論をわが国の行政環境に適合するように修正して適用することにより，行政改革の実績を上げようと試みているところと見ることができる。公立図書館の経営を考える際にも，これらの経営理論と自治体経営の動向を理解することは重要である。

② パフォーマンス指標をはじめ，公共図書館の経営改善を目的に，主として米国で開発されてきた各種の経営ツールは，こうした諸外国の行政環境の下で，公共図書館により堅固な経営基盤を確保することをめざすものであった。したがって，これらの経営ツールは，わが国の公立図書館と，それを取り巻く今日の行政環境下にただちに適用することはできないものの，その修正と適用可能性の検討は，公立図書館が，厳しさを増す経営環境の下で発展する上で有用であろう。

以上2点を念頭におきつつ，本項では，公立図書館の経営計画に関して，①自治体における計画行政の概略，②ニューパブリックマネジメント論をはじめとする行政運営理論の動向，③公立図書館における経営計画の概略と基本計画，の順で説明する[1]。

a　自治体における計画行政

計画に沿った行政，すなわち，自治体の事業について，その目的を明確化し，到達目標と達成方法を定めることによって，各種事業を無駄なく，かつ自治体のあり方に即して適切に実施できるようにすることの重要性は，すでに戦前から認識されており，都市計画法等の法規も存在していた。戦後になって，都道府県を中心に自治体の事業全体を対象にする総合計画の策定が進められたが，これが市町村段階にまで普及することになったのは，1960年代後半からのことである。

市町村に総合計画を普及させ，今日の自

治体総合計画のあり方のもととなったのは，1966年3月に，市町村計画策定方法研究会が自治省（当時）に提出した研究報告と，1969年の地方自治法改正である。

研究報告では，自治体の計画を基本構想，基本計画，実施計画の3段階に分けている。
① 基本構想は10年を単位とし，当該市町村の課題解決のためのビジョン（目標）と解決手段としての基本的施策とによって構成されている。
② 基本計画は5年を単位とし，基本構想を受けて，そのビジョンを実現するための基本政策として，基本構想に掲げられた施策の具体化と，その推進のための内部管理合理化方策とで構成されている。
③ 実施計画は3年ないし5年を単位とし，基本計画に掲げた事業のうち，実施に移されるものについて，その具体的な事業計画と，事業実施のための財政計画とからなっている。

1969年には地方自治法が改正され，市町村は議会の議決を経て基本構想を定めるべきことが盛り込まれた。これは，地域の将来ビジョンは地域の総意で決めるべき，との考えからである。

さらに自治省による指導もあり，基本構想－基本計画－実施計画という3本柱による計画行政は，地方自治体に広く普及して今日に至っている。なお，計画期間は今日，基本構想で10～20年，基本計画で5～10年，実施計画で3～5年とされている。また，実施計画については，毎年実施状況や予算の状況などにより計画を見直し，適宜修正することが多い。これをローリングシステムという。

b　近年の動向

長年にわたって実践を重ね，すっかり定着した感のある3層構造の行政計画であるが，同時に，その問題点についても早くから指摘されてきた。本来計画とは，目標を達成するための手順を定め，「ひと，もの，かね」の資源を合理的に投入するものであるが，現実の計画策定では，計画に合わせて組織や資源を調整するのではなく，逆に予算獲得の材料とすることを主たる目的として，各部局の計画を集め，調整したものが多く，結果として，予算獲得や事業の実現に力が注がれ，結果の評価や組織や資源配分の見直しにつながることにはならなかった。

また，ビジョンを提示する基本構想と基本計画に対して，実施計画は現実の諸条件に適合するように修正されていくために，時とともに基本計画と実施計画とは乖離する傾向になり，結局，基本構想と基本計画は，「絵に描いた餅」としか関係者に認識されなくなってしまう。こうして，計画（plan）に続くべき実行（do）は，当初計画と関係の薄いものになり，また，評価（see）も行われないために，計画は実効性の薄い，単なる「あるべき姿」を述べるに留まっていた。

1990年代後半から，こうした従来の計画手法に対する見直しが行われるようになった。その背景には，自治体の財政逼迫と，市民意識の高揚があるといわれている。

長期にわたる不景気の下で，自治体の財政は悪化し，もはや予算増を前提とした，新規事業予算獲得のための計画を望むことはできなくなってきた。何らかの資源の再配分なしに，新規事業を実施することが難しいのだとすれば，単に各部局の計画を集めただけの計画では，実効性はますます弱いものになってしまう。それどころか，財政赤字の下での予算の一律カットもすでに限界に近づいており，あらゆる事業にまんべんなく資源を配分するという従来の手法に代わる新たな行政手法が必要とされるに至っている。さらに，予算の執行に対する

市民の目も厳しさを増しており，予算の配分だけでなく，その執行状況や成果を問う声も聞かれるようになってきた。

このような背景の下で，ニューパブリックマネジメント論に代表される新たな行政運営手法が，これからの行政の方向として，その導入が進められている。

ニューパブリックマネジメント論は，1980年代の半ば以降，英国やニュージーランドなどのアングロサクソン諸国を中心に，行政の現場から形成されてきた理論で，いまや行政改革の世界的な潮流となっている[2]。その核心は，民間企業における経営理念・手法，成功事例を導入して，より効率的に行政目標の達成を求めることにあり，具体的には次の4点を原則とする。

(1) 業績・成果による統制

従来のように，予算と規則によって，あらかじめ計画の執行過程を統制するのではなく，執行部門（現場）に権限を委譲し，執行過程の裁量を認める代わりに，事前に取り決めた目標の達成を求め，達成状況に応じて報酬を決めるというやり方である。

(2) 市場主義

(1)の基底には，現場に業務を委嘱する中枢部門と，業務を遂行して報酬を受け取る現場との関係を，契約関係と見る見方が存在している。市場主義とは，契約当事者間に競争原理を働かせることである。競争原理は，事業を実施する執行部門相互や，民間部門との間に想定される。

(3) 顧客主義

住民を行政サービスの顧客と見て，顧客のニーズに即したサービスの提供を目標とする。言うまでもないが，顧客主義は市場主義と相応している。

(4) 組織のフラット化

中間管理職を削減して組織をフラット化し，現場に権限を委譲することにより，人件費とモニタリングコストを削減し，事業に機動性をもたせるとともに，業績・成果による統制を容易にする。

こうした考え方をベースに，計画についても，従来とは異なる計画のあり方が提唱されている[3]。戦略計画とよばれるこの種の計画では，環境をモニターして，環境に適応するように組織の事業展開の目標を定め，目標達成に向けて組織の改革や資源配分等の戦略を立てることにより，環境に即応して効果的・効率的に組織の使命（ミッション）を果たすことをめざす。その具体的内容は「3　図書館の目標管理」の項で述べる。

従来の総合計画が，既存の組織などを前提とした上で立てられていたのに対し，戦略計画は，明確で具体的な目標の達成に向けて，組織のあり方や資源配分を決めていく点が異なっている。さらに，戦略計画では，目標の達成状況の評価を通じて，計画の実効性の確保をめざしている点でも，従来とは異なっている。なお，評価については「4　図書館の評価」の項で述べる。

現実には，総合計画が姿を消したわけでは決してなく，総合計画を残しつつ，その一部に戦略計画を導入している自治体も多い。それぞれの自治体における計画行政の動向，とりわけ評価に基づく戦略計画の動向を把握しながら，図書館として現実的で適切な計画の立案と執行を行うことが望まれる。

c　公立図書館における経営計画と基本計画

公立図書館における経営計画には，年次単位で立案・執行され，予算措置を伴う各種の計画と，5年から10年程度の期間を想定して策定される計画とがある。前者の代表には，図書館の基本方針や年度の重点事業を明らかにする事業計画や，その下での各種事業の運営計画がある。後者は一般に

基本計画とよばれてきた。

『市民の図書館』(日本図書館協会, 1970)では,「8 奉仕計画」で, 3か年程度をめどとしたサービス計画の立て方が提示されている。貸出や児童サービスを軸に, 目標の設定と, 目標実現のために重点的に資源を配分することを明確に示した実践的な手引きであった。

すでに見てきたように, 公立図書館も, 自治体の計画行政全体の動向に呼応して, 適切な基本計画をもつことが望ましい。基本計画は自治体の総合計画に対応しており, 戦略性をもち, 年次計画と連動していることが望まれる。近年のように, 戦略経営が強調され, 評価に基づく事業の見直しが行われている状況下では, このことはとりわけ重要である。基本計画は, 図書館が新たに建設されるときに, 施設計画や奉仕計画を立案する必要から策定されることが一般的であるが, 本来基本計画は, 日常の経営のためにこそあることを忘れてはならないであろう。

また, 総合計画をはじめとする自治体の各種計画中に図書館の計画を織り込んでいくことも重要である。とくに, 新館建設や電算化などの大きな事業を実施するときには, 自治体の総合計画にあらかじめ組み込まれていることが必要である。

図書館の計画, とくに戦略計画の一般的な策定・実施手順については,「3 図書館の目標管理」の項で触れることとして, ここでは図書館の基本計画の内容を簡単に紹介する。

基本計画には, 一般に次のような事項が盛られている(現状分析は除く)。
① 図書館の役割・使命(ミッション): 現状認識をもとに, 図書館が当該自治体で果たすべき役割を簡潔に明らかにする。なお, この部分は「基本構想」として別にまとめられることもある。

② 役割を達成するためのサービス機能とその達成目標
③ サービス目標を達成するための施設・設備等の整備事項とその目標
④ 計画の推進・管理

①〜③の目標は階層関係にあり, 下位の目標は上位の目標を達成するための手段と位置づけられる[4]。このうち, ①は, 図書館の設置目的の公式の表明として, 戦略計画において強調されているもので, 最近の計画には含まれていることが多い。②と③については, 次項「2 図書館の基準」で触れる。また, 計画の推進・管理は「3 図書館の目標管理」で取り上げる。

既述のように, 市町村立図書館では, 新館建設や改築の際に, 基本計画が策定されるのが普通である。そこでは,「Lプラン21」[5]に記された「図書館のはたらき」や,「アメリカ社会に役立つ図書館の十二箇条」[6]などと類似した図書館の役割が提示されるが, その内容は図書館によりさまざまである。地域の実情に即し, サービスとして具体的に実現可能なものであることが必要である。

大阪府八尾市図書館は, 第4次八尾市総合計画を受けて, 2004(平成16)年1月に八尾市図書館サービス計画を策定した。ニーズの調査や現状分析をもとに中央図書館の建設を核とする基本構想を立て, 構想を具体化するためのサービス計画および運営計画を策定している。目標年次は総合計画と同じ2010(平成22)年である[7]。

都道府県立図書館でも同様に, 新館建設時や改築時に基本計画が策定されている。直接サービスの提供のほかに, 市町村立図書館への援助と県域ネットワークの整備, 図書館未設置地域への補完サービスなどが基本機能として謳われるほか, 高度情報化への対応なども強調されることが多いが, 役割としてどのようなことを表明するかに

ついては，今後の課題であろう。

最後に，図書館ではないが，都道府県は，県内図書館振興に関する基本計画を策定することがある。有名な東京都の「図書館政策の課題と対策」(1970)は，1971（昭和45）年度～1976（昭和51）年度の東京都中期計画に組み込まれて，予算措置がとられた結果，大きな効果を発揮したのであった。

2 図書館の基準

基準とは，一般に，物事を判断したり決定したりするときの基礎となるよりどころのことで，法令関係では，認可や許可の際に満たさねばならない一定の要件のことを意味することが多い。「大学設置基準」や「身体障害者社会参加支援施設の設置及び運営に関する基準」のように，基準を満たすことが必須の要件とされているものも多いが，単に運営上の目標と指針を与えることを目的とするものも存在する。また，法律以外にも，行政機関が政令，告示などとして出すほか，業界団体なども，独自の運営上の指針を定めて，自主的に業界の質的向上を図ることがある。

公立図書館に関係した国の基準に，「公立図書館の設置及び運営上の望ましい基準」（平成13年文部科学省告示第132号，平成20年一部改正：資料編参照，以下「望ましい基準」）がある。これは図書館法第7条の2の規定に基づき定められたもので，同基準に関する各都道府県教育委員会教育長あての通知では，同基準を図書館行政を推進するにあたっての指針とするように述べていることからも，この基準は満たすことを求められる要件というよりは，目標としてめざされるべき運営上の指針であるといえよう。基準は設置および運営上の一般的な留意事項を述べた総則と，市町村立図書館の運営のあり方を述べた部分，および都道府県立図書館の運営のあり方を述べた部分の3部より構成され，図書館のあるべき姿をもっぱら記述していて，数値目標はない。これについては，総則の(3)において，各館がサービスの指標およびその数値目標を定めるとともに，目標の達成状況を点検・評価すべきことが謳われている。すなわち，本基準の範囲は公立図書館のあるべき姿の描出に留まり，その具体的な達成方法は各館に委ねられているのである。前項の基本計画との関連でいえば，「②役割を達成するためのサービス機能」が網羅的にあげられることによって，実現されるべき図書館活動の輪郭が示されており，実現するための具体的な達成目標は，各館に委ねられているということになる。

日本図書館協会図書館政策特別委員会が1989（平成元）年に発表し，2004（平成16）年に改訂した「公立図書館の任務と目標」[8]は，公立図書館のあるべき姿を示し，サービス計画立案の指針となることを意図して作成された。「望ましい基準」同様，あるべき姿が定性的に述べられているが，末尾に，延床面積，蔵書冊数，開架冊数，資料費，年間増加冊数，職員数について，人口段階別に資料貸出点数の多い上位10％の図書館設置自治体の平均値が，早急に達成されるべき数値基準として提示されている。なお，第1章（基本的事項）および第4章（公立図書館の経営）において，公立図書館は計画・評価に基づく経営を行うべきことが謳われている。

日本図書館協会町村図書館活動推進委員会が2001（平成13）年に発表した「Lプラン21」[9]は，町村における図書館活動の振興を目的とした政策提言であるが，その中に，数値基準として，設置の最低基準と，数値目標とが提言されている。

「望ましい基準」等を受けて，地域の実情を考慮し，また，数値目標まで含めた基

準を策定した都道府県が存在する。これらは都道府県単位の基準と見なすことができる。

山口県では，山口県図書館協会が主体となって，山口県版の望ましい基準「山口県の未来をひらく　やまぐち2010年の図書館像」[10]を策定・公表した。同文書では，まず，「山口県の未来をひらく　やまぐち2010年の図書館像」として，2010年までに達成されるべき10個の図書館の役割（ビジョン）が提示されている。これは前項で述べた基本構想に相当するものである。次に，望ましい基準として12個のサービス目標を掲げている。一部に数値目標は含んでいるが，基準は基本的に定性的に実現すべき図書館機能を列挙したものである。さらに，具体的なサービス目標・整備基準として，人口段階別の数値目標が掲げられている。

秋田県教育委員会は，国の「望ましい基準」，日本図書館協会の「Lプラン21」，山口県の基準などを参考に，「あきたLプラン15：秋田県公立図書館振興のための提言と設置及び運営に関するガイドライン」[11]を策定・刊行した。同文書では，まず，「Lプラン21」にならい，冒頭に図書館の基本理念，図書館の社会的な位置づけ，図書館のはたらき，図書館の基盤整備と，基本構想に相当する図書館の役割表明がなされた後に，県内各図書館が目標とすべき基準が，必須項目と選択項目に分けて提示されている。選択項目は各館がその実情に応じて選択すべきもので，有資格職員数や蔵書冊数といったインプット指標と，入館者数や貸出密度といったアウトプット指標とに分けて提示されている。基準数値は人口段階別に算出されており，県内市町立図書館の基準達成状況を示す表がつけられている。

国際的な指針も存在している。公共図書館の基本的使命とあり方を述べた「ユネスコ公共図書館宣言　1994年」[12]を受けて，国際図書館連盟（IFLA）とユネスコ（UNESCO）とは，公共図書館運営の指針となることを意図した文書，「理想の公共図書館サービスのために：IFLA/UNESCOガイドライン」[13]を2001年に作成・公表した。作成の際に，ワーキンググループ内では，指針に留まるべきか，数値基準も提示すべきか議論があり，結局必要に応じ数値基準や世界各国の実例が示されることになった。はじめに公共図書館の役割と目的を述べた後に，制度的枠組み，サービス，コレクション，職員，管理運営と，図書館運営の全領域にわたって指針を提示している。

以上見てきたような基準や指針は，日常的な図書館運営にも，よりどころとして役立てることができるだろうが，図書館の計画上では，基本計画を立案する際に，図書館運営の全領域についてあるべき姿を提示し，目標を設定するときの参考資料として，重要な役割を果たす。とくに数値基準は，計画における具体的な達成目標を与えてくれる点で有用である。一般に類似自治体との比較が目標設定の際の大きなよりどころとされていることを考えると，「公立図書館の任務と目標」や「Lプラン21」などが，優れた実績を上げている自治体の統計数値を基に，人口規模別に目標値を算出しているのは，計画立案の際の正当化の根拠として有用である。

3　図書館の目標管理

図書館に限らず，一般的な組織の経営管理サイクルでは，計画（plan）を立て，実行（do）し，その結果を評価（see）して，再度計画を練り直す，という過程を繰り返すことにより，組織の目標と環境に適合したよりよい経営の実現がめざされる。

「1　図書館の基本計画」の項で述べたように，近年の行政計画では，計画の戦略性，

すなわち，明確な目標を定めて，限られた資源を効果的・効率的に運用することがめざされている。そのために，従来の総合計画に比べて，計画立案の部分よりも，目標設定から実施，評価の部分が重視されるようになってきた。ただし，戦略計画を実施するには，なお多くの課題があるので，現実には，従来の総合計画に業績評価を組み込んだり，目標管理の部分のみを行ったりする例も多い。

典型的な戦略計画の実施手順は，一般に次のようなものである[14]。

① 住民のニーズや関連機関・団体の状況，自治体の財政状況といった環境と，職員，資料，施設といった経営資源の現状を分析・評価する。とくに図書館の強み，弱みを把握する。

② ①をもとに課題を整理し，最上位の目標である図書館の役割・使命を明らかにする。例えば，「図書館はまちの歴史と文化の広場としての役割を果たします」という役割を設定する。

③ 役割を達成するための具体的なサービスの目標を設定する。目標としては，次項で述べるパフォーマンス指標などの定量的目標が基本となり，計画目標年度までの数値目標を設定する。例えば，地域資料の蔵書回転率を現在の0.8から5年後には1.2に上げる，という目標を設定する。

④ サービス目標を達成するのに必要なインプット指標の目標を設定する。例えば，地域資料の年間受入冊数を現在の300冊から450冊に増やす，という目標を設定する[15]。

⑤ ニーズ，環境，図書館の弱み，強みなどを検討して，目標間に優先順位をつける。

⑥ 優先順位に従って事業計画と予算配分計画を立てる。

⑦ 事業を実施する。

⑧ 目標の達成度を評価し，達成度に応じて優先順位を見直す。また，計画策定以後の環境変化などを検討し，適宜目標を修正するなど，計画を修正する。

⑥〜⑧のプロセスを5年程度の期間にわたって繰り返した後，再度計画全体を見直し，新たに①からのプロセスを始める。

このプロセス中で最も重要なのが③〜⑥の部分，すなわち，具体的な目標を立ててそれを実施する部分と，⑧の成果を評価して，経営の改善を図る部分であり，したがって，戦略計画は本質的に目標管理型の計画である。

ただし，目標管理は必ずしも戦略計画に固有のものではない。目標管理というのは，指示・命令によって管理する代わりに，明確な目標を設定し，その達成に向けた活動を担当者・担当部門に委ねることによって管理する経営手法のこと[16]で，担当者・部門の自発性とやる気を引き出すことを狙いとしている。目標管理には，組織の業績の向上を目的とする業績指向型の目標管理や，個人の能力の向上を狙いとする能力開発型の目標管理など，種々のものがあるが，戦略計画での目標管理は，業績指向型のものである。戦略計画は，目標管理があってこそ有効であるといえるであろう。

このように「目標」，とくにサービス目標は戦略計画・目標管理の要である。目標は図書館のあるべき姿の端的な表現であるだけでなく，図書館のあるべき姿についての関係者（自治体住民，財務担当者，図書館等）間の合意の産物である。それは数値で表現され，住民にとってもわかりやすいものでなければならない。

この最後のポイント，「わかりやすさ」は時として難しい問題を引き起こす。例えば，文化・芸術関係は，常に誰にとってもその活動が「わかりやすい」ものでなけれ

ばいけないのだろうか。住民の支持を得るためには、わかりやすくなければならないが、わかりやすくした結果が、事業の意義を減殺するようなことになったとしたら、本末転倒である。

具体的な数値目標のあり方は、評価と密接に関係するので、次節「4　図書館の評価」で説明することにする。

実効性のある戦略計画を実現するためのいま一つの課題は、予算と権限委譲の問題である。「1　図書館の基本計画」の項で述べたように、戦略経営の重要なポイントは、執行過程の裁量を認める代わりに、成果を要求する、というものであった。これは目標管理でいうところの、自発的・自主的な活動により業務を改善し、成果を上げる、という考え方にも沿うものである。そのためには、予算その他の執行権限が執行部門に委譲されている必要がある。仮に予算が前年度踏襲型で、費目別に年度当初に決められていて、しかも一律にカットされ、他方で前年度より高い数値目標を要求されるようなことがあるとしたら、執行部門の苦労は察するに余りある。こうした場合には、当初の数値目標を故意に低く設定したり、予算の流用といった好ましくない事態が起こることも考えられる。

実効性のある戦略計画を立案・執行するには、どのようにして目標間に優先順位をつけるか等、ほかにもクリアしなければならない課題がある。総じて、現行地方自治制度の制約の下では、実効性のある戦略計画の実施は難しい。

もし図書館が自治体全体の総合計画や戦略計画との関連のもとに、独自の計画をもつことが認められるのであれば、「1　図書館の基本計画」の項で述べた基本計画に目標管理を取り入れたり、あるいは施設計画等を除いて、事業計画について目標管理を導入することは、自治体行政の現在の動向を考慮するならば、十分に意味のあることである。また、役割・使命の検討、数値目標の設定といった計画立案の過程に住民が参加することも望ましい。

計画立案の実際的な手順については、長田薫[17]が詳しい。長田は上記①～④の過程を次のように具体化している。

・地域条件、住民の生活条件の分析：資料・統計・調査に基づく。また、類似・近隣市町村と比較する。
・図書館サービスの現状・課題の整理：統計・調査に基づき、類似・近隣市町村と比較する。図書館サービスの全体構造を把握し、現状を図書館の発展過程に位置づける。
・目標の設定：先進事例等関連情報を収集する。行政計画の中での位置づけを明確にする。できるだけ数値目標とし、また、根拠を示す。
・計画立案：実現可能性を考慮し、段階的に実施するものとする。計画実現時の効果と経費の関係を明らかにし、経営資源の増加が見込めない中で、資源配分を見直す。研修や組織の活性化により計画の実現をめざす。

4　図書館の評価

目標管理型の行政にとって、評価はその目的とする効果的・効率的な行政を実現する上で、非常に重要な手段である。特に近年は、財政状況の悪化や市民意識の高揚に伴い、税の効率的運用の観点から、執行部門の活動を評価し、その結果を予算配分や組織の見直しに利用する自治体が増加している。図書館法においても、平成20（2008）年の改正により、公立図書館・私立図書館ともに、その運営状況の評価を行い（第7条の3）、また、運営状況に関する情報を地域住民等関係者に提供すること（第7条

の4）が，新たに努力義務として加えられた。図書館界では，評価の問題は以前から論じられてきており，評価に際して，他館の評価例とともに，関連文献を参照することが望まれる[18]。

評価をするときには，①どのような指標で評価するのか，および②善し悪しの基準をどのように設定するのかが課題となる。

a 評価指標

ここで指標（indicator）といっているのは，図書館の特定のサービスや業務について，その活動状況を示す数値のことで，測度（measure）とよばれる実際の測定値を組み合わせることによって作成される。指標を組み合わせることによって，次元（dimension）という図書館経営の特定の局面を評価する，とする考え方もある[19]。例えば，貸出サービスの指標としての貸出密度は，年間個人貸出冊数という測度と人口という測度とを組み合わせて作成される。また，貸出密度，人口当たりの来館回数・レファレンス件数・予約件数などを組み合わせ，例えば利用者サービスという次元を評価するのに用いる。

図書館の評価指標は，経営サイクルのどの領域にかかわるかによって，次の4種類に分けられる[20]。

① インプット：金銭的資源，情報資源，人材，施設・設備などにかかわる指標
② アウトプット：図書館が提供したサービスの利用状況にかかわる指標
③ アウトカム：図書館の活動が生み出した効果，使命（役割）の達成度にかかわる指標
④ プロセス：インプットからアウトプットに至る過程の効率性にかかわる指標

行政評価では，短期の業績を見るアウトプットの評価から，次第に長期的な効果を見るアウトカムの評価を重視する傾向にあ

表Ⅲ-1　図書館の評価指標

①インプットに関する指標
　　人口当たり図書館費・資料購入費・
　　　図書購入費
　　人口当たり購入冊数
　　人口当たり職員数・司書率
②アウトプットに関する指標
　　貸出密度
　　登録率
　　実質貸出密度
　　人口当たり予約件数
　　集会・行事開催数，参加者数
③④アウトカム・プロセスに関する指標
　　行政効果・貸出便益
　　蔵書回転率
　　職員1人当たり貸出冊数

注：森耕一編『図書館サービスの測定と評価』日本図書館協会，1985，301p　などをもとに作成

る。図書館評価で現在提案されているアウトカムの指標は，利用者満足度くらいしかないが，アウトプット指標やプロセス指標の中にも，アウトカム指標として使用可能なものがある，との指摘もある[21]。

図書館サービスに関する指標としてこれまでよく用いられてきたものを，①から④に仮に整理して表Ⅲ-1にまとめた。

最近は，評価手法の一つとして，与えられた条件の下で，組織体がどれだけの実績を上げているかを示す一群の指標の開発が，さまざまな分野で進められている。実績の目安としては，アウトプットを一定にしたときに，インプットがどれだけ減少したか，逆にインプットを一定にしたときに，アウトプットがどれだけ増加したか，あるいは，アウトカムがどれだけ増加したかなどがあり，これらについて分析・評価できるような指標がパフォーマンス指標であり，パフォーマンス指標に基づく評価がパフォーマ

表Ⅲ-2　四類型から見たJIS X0812の29指標

	インプット指標	プロセス指標	アウトプット指標	アウトカム指標
資料の収集・整理	要求タイトル所蔵率 受入に要する期間 整理に要する期間	タイトル当たり目録費用		利用者満足度
資料の利用・提供	タイトル利用可能性 要求タイトル利用可能性 要求タイトル一定期間内利用可能性	利用者当たり費用 来館当たり費用 蔵書回転率 貸出当たり費用 職員当たり費用	特定サービス対象者の利用率 人口当たり来館回数 人口当たり館内利用数 資料利用率 閉架書庫からの資料出納所要時間 開架からの資料探索所要時間 人口当たり貸出数 人口当たり貸出中資料数 図書館間貸出の迅速性	
情報サービス・情報探索			正答率 タイトル目録探索成功率 主題目録探索成功率	
施設・設備	施設利用可能性 コンピュータシステム利用可能性		設備利用率 座席占有率	

出典：糸賀雅児　アウトカム指標を中心とした図書館パフォーマンス指標の類型と活用＜日本図書館情報学会研究委員会編『図書館の経営評価』勉誠出版，2003（シリーズ・図書館情報学のフロンティア　No.3)＞p.90.

ンス評価である。

　図書館の世界では，1970年代から米国を中心にパフォーマンス指標とそれに基づく戦略計画の開発が進められ，その成果は国際規格ISO 11620-2008およびその2003年改定版の翻訳規格JIS X0812:2007「図書館パフォーマンス指標」としてわが国にも紹介されている。表Ⅲ-2は，JIS X0812の2002年版の29のパフォーマンス指標を，上記の①から④に糸賀雅児が整理したものである。

　JIS X0812は国際規格がベースになっており，対象館種も公共図書館に限定されていないことから，わが国の公立図書館の事情にそぐわないものもあるが，貸出中心となっている従来の指標類（表Ⅲ-1）を補うものとして有効であろう。また，指標を類型に分けて，図書館活動のどの領域を示すものかを明確にすることも，有効な評価を行う上で役に立つだろう。

　なお，ISO 11620は2008年に改定され，新たに電子図書館サービスのパフォーマンス指標などが追加された。電子的サービスの指標を考える際には，こうした規格の動向にも注意を払うべきであろう。

　注意しなければならないのは，評価指標は図書館の自治体での役割や方針と無縁のものではないということである。評価指標によって表現されているものは，図書館の活動領域であり，したがって，図書館が地域の中でどのような活動を展開しているかによって，採用する指標は変わってくる。評価指標の特定の値は，基本計画や目標管理型の計画における目標値となる。有効な目標値であるためには，指標が図書館内部の運営上意味のあるものであるだけでなく，財務部門や住民からも，図書館活動の適切な表現であるとして，理解してもらえるようなものであることが要求されよう。

　こうした評価指標に基づくものとは別の評価法もある。「図書館評価のためのチェックリスト」[22]は，「公立図書館の任務と目標」に盛られた事項の実施状況を3段階で評価するもので，図書館のあるべき姿を基準にした定性的な評価法と見ることができよう。図書館職員が自ら記入・評価するこ

とにより，自館の活動の自己点検に役立てることができる。

b　評価基準

指標をもとに評価をするときには，算出された数値が望ましい値か望ましくない値かを判定する基準が必要である。この基準設定から業務改善を導く手法としてよく取り上げられるのが，「ベンチマーキング」である[23]。ベンチマーキングは，そもそもは企業の経営改善手法として発展したもので，特定の業務プロセスについて，業種を越えて優れた実績を上げている企業から，「ベストプラクティス」とよばれるその実践方法を学び，自社に適するように修正して導入することによって，業務の改善を図る，というものである。行政分野でのベンチマーキングでは，「ベストプラクティス」だけではなく，適当な外部基準値を目標値として用いることも多い。こうした外部基準値には，「2　図書館の基準」で紹介した各種の基準値や，例えば，『日本の図書館』の調査項目のように，全国の図書館のデータが得られる場合には，パフォーマンス指標の値が高い上位10館の平均値などがある。

このようにして定められた外部基準値が評価の際に用いられるとともに，外部基準値をもとに「3　図書館の目標管理」の目標値が定められることになる。

（田村俊作）

C. 公立図書館の運営

1　図書館の振興

a　国の政策

1998年度から，国の図書館政策の最も重要な柱であった「公立社会教育施設整備費補助金」が廃止された。図書館法に基づいて支出されていたこの補助事業は，わが国の図書館振興に大きな役割を果たしてきたといえる。なぜなら，その交付には図書館法の求める基準を満たすことを条件としており，一定水準以上の図書館をつくることに寄与してきたからである。

廃止の理由として「地方の社会教育施設の整備がすでに一定の水準に達している」ことや「図書館整備率が54.9％」に達していることがあげられ，さらにこの補助金を受ける自治体が少ないことも理由とされていた。これに対し，町村の図書館設置率が30％にすぎない現状にあること，整備率には人口1万人以下の町村が考慮されていないこと，補助金額の低さが事業補助を受けにくいものにしているといった図書館側の事情も主張されたが，廃止に至っている。

国のこうした動きは，それまで多くの県で実施されていた振興策による補助事業にも影響を与え，建設費補助等の廃止が続くこととなった。

文部科学省によるその他の国庫補助に，日本図書館協会や全国公共図書館協議会への補助事業がある。この補助によって実施された日本図書館協会の『中小都市におけ

る公共図書館の運営』(1963)と『市民の図書館』(1970)の発刊は,その後の日本の図書館振興に多大な成果を上げることになったことは周知のとおりである。

b 都道府県の振興策

都道府県が独自に策定した振興策の中で,実効あるものとして生かされた例はあまり多くない。その中でも,とくに大きな成果をあげたものとして,東京都と滋賀県の振興策がある。

滋賀県の図書館振興施策は,1980年に出された「図書館振興に関する提言」にまとめられている。この提言を受けた形で,翌年から市町村立図書館の図書整備に対する補助制度が新しく設けられた。これによって,それまでの建設費補助と移動図書館車購入費補助を合わせて,滋賀県の図書館振興施策の全体が整備されたといえる。

とりわけ,図書費補助を「公立図書館の設置及び運営上の望ましい基準(案)」(1973(昭和48)年,文部省社会教育審議会)による年間図書収集冊数を満たす図書購入費に対して3分の1を補助するとしたことで,市町村立図書館の資料費を大幅に引き上げる効果を生み出した。このことは,単に設置率を高める振興策ではなく,住民の期待に応える一定水準以上の図書館をつくることこそ,真の図書館振興につながることを証明することになった。

振興策策定後の10年間の市町村立図書館設置状況は表Ⅲ-3のとおりであるが,新たな課題に対応する振興策の改訂も要請されるようになった。そして,1988年に「湖国の21世紀を創る図書館整備計画」が出され,1991年から新たな振興施策が実施されることになった。そこでは,新館開館時の蔵書の最低基準を2万冊とし,その3分の1を補助する新設の制度と延床面積の最低基準を600m²とする改訂がなされた。

『図書館年鑑』1991年版(日本図書館協会)では,こうした滋賀県の振興策による成果をもとに特集を組み,望ましい図書館振興策の条件を以下にまとめている。

① 市町村における図書館サービスの望ましい目標の設定。
② 市町村に対する図書館施設(移動図書館を含む)整備補助制度の設定。
③ 市町村立図書館の活動が一定の水準以上を達成できるための資料購入費補助制度の設定。
④ 市町村立図書館の活動の充実に役立つ設備・機器等の購入の助成。
⑤ 県下公立図書館職員の研修と交流の機会の設定とそれに要する経費助成。
⑥ 県民に対する図書館に関する情報・資料の提供。
⑦ 公立図書館未設置自治体に対する啓蒙,情報・資料の提供。
⑧ 市町村立図書館の活動を援助するための県立図書館の整備・充実[1]。

表Ⅲ-3 滋賀県下の公立図書館の変化

		1980年	1990年	2000年
図書館数	(館)	6	16	39
蔵書冊数*	(冊)	0.5	2.0	4.6
資料費*	(円)	53	271	595
登録率	(%)	5.2	23.4	34.8
貸出冊数*	(冊)	0.6	3.0	6.2
職員数	(人)	66	146	211

*人口1人当たりの数値

2 法令と条例・規則

a 法令

図書館に関する法令は,日本国憲法第26条の「教育を受ける権利」を受けて制定された教育基本法第12条「社会教育」に依拠

している。この教育基本法の精神をふまえた社会教育法第9条で，図書館については別の法律で定めるとされ，これによって図書館法は制定されている。

また，行政法体系においては，地方自治法，地方教育行政の組織及び運営に関する法律（地教行法），地方公務員法，地方財政法に図書館関係の規定がある。このように，図書館法は社会教育に関する法制と地方行政に関する法制という二つの系列の上に位置しているのである。

図書館法は，1999年7月8日の地方分権一括法の成立により改正され，2000年4月1日に施行されている。改正内容は，第13条第3項（国庫補助を受けるための館長の要件）・第19条（国庫補助を受けるための公立図書館の基準）・第21条（国の補助交付義務）の削除，第15条（図書館協議会委員の構成）の大綱化である。

削除の理由は，国庫補助事業の廃止に伴うものとされているが，これらの廃止は図書館法の制定時に込められた法の精神を歪めかねないし，公立図書館の危機的状況を招くおそれがある。館長の司書資格要件と設置および運営上の最低基準は，公立図書館が本来の機能を発揮するための最低の条件であった。これを失うことは，図書館に求められる社会的使命を放棄するものといわざるを得ない。

一方，文部科学省は第19条・21条の削除に関連して，第18条（公立図書館の基準）に基づく「公立図書館の設置及び運営上の望ましい基準」の策定を生涯学習審議会図書館専門委員会に委嘱し，2001年7月18日付けでこの基準を文部科学大臣名で告示している。図書館法制定から50年を経て，ようやく大臣告示となった。

この「基準」の評価として，とくに注目されたのは数値目標が示されるかどうかであったが，示されないままの公布となった。

その後，2008年6月11日に改正図書館法を含む「社会教育法等の一部を改正する法律」が公布され，第18条を削除して新たに第7条の2で私立図書館を含む基準として「図書館の設置及び運営上の望ましい基準」を定めている。ただ，図書館法第26条の"私立図書館の事業に干渉を加え……てはならない"との関係で疑義が残る。

b 条例

図書館法第10条は，公立図書館の設置事項は地方公共団体の条例で定めなければならない，としており，この条文を条例第1条の「設置目的」の根拠にしている図書館が多い。その他に「名称と位置」と「委任」を定めたにすぎないものも多い。

しかし，図書館法第10条は，図書館を設置した場合に条例を定めることを義務づけているにすぎないものである。したがって，第1条の設置に関する条文は，下記に掲げる東京都東村山市立図書館の設置条例（1974（昭和49）年）のように，設置の目的を明記したものにすべきである。

（設置）
第1条　東村山市は，市民の図書その他の図書館資料に対する要求にこたえ，自由で公平な資料の提供を中心とする諸活動によって，市民の教養・調査・レクリエーション等に資するため，東村山市立図書館（以下「図書館」という。）を設置する。
（構成）
第2条　図書館は，中央図書館・地区館及び分室をもって構成する。
（名称及び位置）
第3条　中央図書館・地区館及び分室の名称並びに位置は，別表のとおりとする。（別表は略）
（職員）
第4条　図書館に次の職員を置く。

(1) 館長
(2) 地区館長
(3) 司書
(4) 司書補
(5) その他必要な職員
2　図書館の館長は，図書館法（昭和25年法律第118号）第4条に規定する司書の資格を有する者とする。
3　図書館職員の定数は，東村山市職員定数条例（昭和32年東村山市条例第2号）の定めるところによる。
（資料の選択・収集及び廃棄処理）
第5条　図書館資料の選択・収集及び廃棄処理については，図書館長がこれを決定する。
（利用者の秘密を守る義務）
第6条　図書館は，資料の提供活動を通じて知り得た利用者の個人的な秘密を漏らしてはならない。
（地域図書館活動に対する援助）
第7条　図書館は，東村山市内で地域活動を行う者に対し，これを援助する。
（委任）
第8条　この条例に定めるもののほか，この条例の施行に関し必要な事項は，東村山市教育委員会規則で定める。
（以下略）

専門職の必要性を条例化することは，きわめて重要なことである。東村山市では第4条第1項で司書職名を明記している。さらに，第2項では，館長に図書館法第4条に規定する司書資格を求め，専門職館長の必要性を定めている。図書館法が改正されるまでは，館長の司書資格は第13条第3項（国庫補助を受けるための館長の司書資格要件）を適用する図書館が多くみられた。この条文の廃止により，条例の廃止に踏み切る自治体もあるのではないかと懸念されるが，上記の第4条のように規定している図書館も多くみられる。

第5条における資料の選択・収集・廃棄処理が，図書館長の権限にあることも非常に重要な点である。これによって，館長の権限を明確にするとともに，これらの事務処理もスムーズに遂行されることになる。

第6条は，利用者のプライバシーを保護することを，図書館自らが遵守することを定めたものである。これに違反すれば処罰の対象になりうる拘束力をもつことになる。

c　規則

規則とは，条例で定めたもの以外の細則であり，教育委員会規則として規定される。規則の定め方にはいろいろあるが，おおむね以下の内容に分けられる。
①　運営規則　図書館を利用する住民がもつ権利や義務と図書館が行うべき事項を定めたもの（休館日・開館時間・貸出事項・事業内容等）。
②　処務規則　図書館の組織，館長等の権限，事務分掌を定めたもの。
③　資料管理規則　図書館資料の特殊性により，一般の物品管理規則とは別に定める規則。
①と②を一つにまとめている規則もみられるが，少なくともこれらの規則内容が定められていなければ，運営に支障を来たすことになる。

3　組織

公立図書館は地教行法第30条により教育機関とされ，同法第23条第1号により教育機関は教育委員会が管理し，執行すると規定されている。したがって図書館は，教育行政機関の内部組織である教育委員会事務局とは別に，教育委員会の管理の下「みずからの意思をもって継続的に事業の運営を行う機関」として機能するための組織構造となっている。

制度的には，図書館は教育委員会が管理する教育機関であるが，長部局の管理も少なからずある。スポーツ・文化は長の管理とすることもできるとの特例（2007年地教行法改正　第24条の2），社会教育施設の所管の検討（平成20年2月中教審答申）など，教育行政のあり方をめぐる状況の反映がみられる。

教育機関の組織編成や管理運営の基本的事項は教育委員会規則で定めるものとされている（地教行法第33条）。図書館の内部組織としては，館長のもとに庶務・整理・奉仕という3係（課）制をとるのが一般的な組織形態であったが，整理業務の委託が進むにつれ，整理のセクションは少なくなっている。

社会的な環境の変化や多様化する利用者ニーズに迅速に対応するためには，図書館の組織にフレキシビリティをもたせることが重要である。整理・奉仕といった固定化された組織から脱却して，常に業務の見直しを行いながらニーズに的確に対応できる組織を形成していく工夫が求められている。

また，組織の構成は組織の意思決定のあり方も決定する。図書館サービスの質を高めるためにも，利用者と接する図書館業務の現場にできるだけ権限が委譲され，意思決定が迅速で円滑になされるように，組織がつくられるべきである。

4　財政

a　図書館経費の財源

公立図書館の経費は，設置自治体の公費で賄われる。自治体の公費は税金を財源とする。自治体全体では，収入の約3分の1が地方税であり，残りは国（地方交付税や国庫支出金等）と県からの支出金や地方債によって構成されている。

このうち公立図書館の経費は，主として地方税における普通税から供出される。普通税とは一般的に何にでも使える税であり，目的税は使い道が限られている。都道府県税のおもなものは都道府県民税・事業税・地方消費税であり，市町村税では市町村民税と固定資産税になっている。

b　予算の原則

地方自治体の予算は，地方自治法が規定する原則に則り，編成，成立，執行，決算という過程を踏む。この予算原則は，予算の内容・形式についての原則と編成・執行についての原則とに分けられる。

内容・形式についての原則は，①歳入・歳出はすべて計上しなければならないこと（地方自治法第210条），②予算は一つでなければならないことである。

編成・執行についての原則には，①会計年度ごとに議会の議決が必要であること，②議会の議決は会計年度前に必要であること（地方自治法第211条），③会計年度の歳出は，その年度の歳入でまかなうこと（同法第208条第2項），④予算は住民に公開されていること（同法第219条第2項），がある。

しかし，これらの原則には，首長の原案執行権や専決処分権など，予算の円滑な執行を確保するための例外的な規定も設けられている。

c　予算の編成

図書館の予算編成は，まず首長が出す予算編成方針を受けて予算要求書を作成し，これを財政担当者に提出する。財政担当部署では，提出された要求書を調整しながら査定を行い，この査定が終了すると首長に提出する。首長による査定が行われ，この査定が終了すると，図書館に査定結果が内示される。内示された内容に不足する事業費があれば，復活要求書を作成して首長の

再査定を受けて予算が確定する。この編成過程は，10月上旬から翌年の2月中旬にかけて行われる。

こうして編成された予算は，議会に提出され，常任委員会の議案として付託されて，審議の結果承認されれば本会議で採決され，可決されると予算は成立する。

公立図書館の予算の中で，資料費は市民サービスへ直接影響する最も重要な経費である。全国の公立図書館の資料費の総額でみると，1998年度をピークに年々減少を続け，2012年度決算額ではピーク時の約79%となっている。これを1図書館当たりでみると，ピークは1993年度であり，資料費の減額傾向は長期にわたって続いている。ただし，自治体の人口当たりで比較したとき自治体間で最も格差の目立つのが資料費であり，まだ多くの自治体ではあまりにも不十分すぎる資料費しか確保できていないというのが現状である。不十分な資料費は，結果として図書館にかかる経費全体を無駄な投資にしてしまうことになるということを強く訴えていくことが必要である。

5 管理

a 管理と経営

地方自治体の管理業務は，一般的に財務管理(予算・決算・予算執行等)，人事管理(事務分掌・組織・研修等)，財産管理(施設・設備・資料等の管理)に分けられる。図書館でのこうした管理は，図書館サービスが適切にまた効率よく展開されるためになされるものであることはいうまでもない。

しかし，ともすると管理の一面である事務管理に携わる者が，サービスに従事する者に対して優位な立場で発言し，サービスの拡大や向上を妨げることがある。管理のすべては，よりよいサービスのために行われることを認識しなければならない。

管理には事務処理としての管理のほかに，館長の主たる業務である図書館経営という側面がある。館長の任務には"①経営方針を立てる ②職員の能力をたかめ働く意欲をおこさせる ③働きよい職場をつくる ④人材を集め，人材を育てる ⑤予算を獲得する ⑥不必要なことはしない"[2]などがある。①から⑤は当然のこととして，⑥の"不必要なことはしない"ためには，図書館業務に精通するとともに，経験に裏打ちされた一定の識見と図書館のあり方についての強い信念が必要である。こうした識見と信念を備えたものとして，館長に司書の有資格者が求められるのである。しかし，『日本の図書館』2014年版(日本図書館協会)では，公共図書館総数3,246館に対して有資格図書館長の数は671人(20.7%)にすぎない。

このような館長人事の現状は，自治体為政者や市民に教育機関としての図書館の使命が理解されていないことを示すものであるといえる。図書館管理を単なる事務管理のレベルで捉え，図書館の経営的視点を見落とし，館長の役割を矮小化するものである。図書館管理を本来の姿のものにするためにも，「資料提供」に徹したサービスとその質によって市民の信頼を得ながら，図書館の果たす役割を理解してもらう努力が求められる。

b 管理・運営の委託

近年，図書館の管理・運営やカウンター業務を委託化する動きが急速に広がっている。その背景には，①行政改革の影響(「地方行政改革大綱」1985)，②生涯学習体制・事業への民間市場の導入(「臨時教育会議最終答申」1987,「生涯学習振興法」1990)，③地方分権・規制緩和による法改正(「地方分権推進委員会第二次勧告」1997,「生涯学習審議会答申」1998,「地方分権一括法改正」

1999），④地方自治体の財政悪化，などがあげられる。

その結果，NPO（non-profit organization,「特定非営利活動促進法」1998年3月成立）による図書館運営，PFI（private finance initiative,「民間資金等の活用による公共施設等の整備等の促進に関する法律」1999年7月成立）の手法による図書館建設と管理・運営委託，人材派遣会社を使ったカウンター業務等の新たな委託手法が進行しはじめている。

さらに，指定管理者制度（地方自治法第244条の一部改正（2003年6月，9月2日施行））の導入により，地方公共団体が設置する公の施設の管理を民間へ委託（丸投げ）することが可能となった。この制度を受けて，文部科学省は内閣府に設置された経済財政諮問会議に対して，公民館・図書館・博物館の民間への管理委託に関し「今後は館長業務を含めた全面的な民間委託が可能であることをあらためて明確に周知する」と説明した。これまでの"図書館の根幹的な業務については，これは民間の委託にはなじまない"（1986年3月の第104回国会における文部大臣答弁）[3]とする見解を覆すものであり，委託化への国の歯止めはなくなったといえる。

2008年の図書館法改正を前に，日本図書館協会は国政の場で図書館振興が審議される大事な機会と捉え，国会で十分な審議をしてもらうよう議員に働きかけた。その結果，文部科学大臣の「指定管理者制度はなじまない」という答弁を導くとともに，国会は"社会教育施設の利便性向上を図るため，指定管理者制度の導入による弊害についても十分配慮して，適切な管理体制の構築を目指すこと"と附帯決議した。

委託の問題には，以下のことがある[4]。
① 公的責任の放棄：図書館業務のほとんどすべてが公平性と中立性にかかわるものであり，こうした業務は公がなすべき責務として行われねばならない。委託はこの責任を放棄するものといえる。
② 市民から遊離した運営になりやすい：委託の方式は，企画や図書選択，サービス方針といった運営施策にかかわる業務とカウンターなどの日常的業務が切り離されることが多い。そのことによって，市民の声が運営に反映されにくくなるとともに，市民と直接対応する委託職員のモラル低下も起こりやすい。
③ 業務の連続性がくずれ，専門職集団が形成されにくい：委託の主たる目的は経費の節減であり，それは人件費を削減することにほかならない。そのために，公務員以下の給料や一定期間内での解雇，無昇給といった悪条件で雇用されることになる。図書館の業務は長い年月をかけて成り立っており，また専門職集団によって進められている。継続雇用が期待できない委託方式では，業務の連続性を維持し，専門職集団として進められるべきこともできなくなるおそれがある。
④ 図書館の発展が期待できない：図書館は，館長がサービスの実績や成果をもって財政当局や時には首長と折衝する中で予算を獲得してきた。しかし，委託の場合は，書類で審査され与えられた条件の範囲内でのみ業務が遂行されることになる。これでは，市民の願いを受けてサービス水準を高める回路は見出せないものとなり，発展への芽は摘まれてしまうことになりかねない。

c 文書管理

文書管理は，①文書の作成，②文書の収受・配布，③文書の起案・決裁，④文書の保存・廃棄，に分けられる。地方自治体ではそのために文書管理規定を定めているが，その目的とするところは文書を適切に管理することによる事務処理の効率化等に加え

て，情報公開に対応するための一元的な行政文書の管理という側面が強まっている。

　今後は紙文書の管理だけではなく，紙文書と電子文書の統合的な管理を行うためにも，規定に基づいた文書の管理をより徹底することが求められる。図書館があらゆる資料を提供する役割を担っていることが基礎となって，行政文書の情報公開は住民の「知る権利」を保障する制度としての実質を伴ったものになる。この意味でも，図書館における文書管理は適切なものでなければならない。

d　人事管理

　図書館法は公共図書館に"専門的職員，事務職員及び技術職員を置く"としている。ここでいう専門的職員とは，「司書」「司書補」のことである。ただし，多くの自治体で専門職としての司書制度が確立されていない現状では，正規職員に占める司書の割合は低下傾向にある。市町村立図書館で職員数が20人未満程度ならば，事務職員などをおかずに，正規職員は全員を専門職員とすることが，図書館を運営する上では最も効率的である。

　人事においては，まず図書館における専門職としての司書の位置づけを明確にすることが最優先事項となる。その上で業務を通して司書を育てていく視点が求められる。できるだけ職員に裁量権を与えて仕事を任せていくことで，担当する仕事に対する責任感を自覚できるようにすることから始まり，適切な異動によって図書館業務全体を経験できるようにすることで，個々の仕事が図書館業務においてもつ意義を発見できるようにすることや，目標を与えて目的意識をもった仕事をさせることなど，個々の図書館内における研修の実施も含めて，図書館では司書を組織の中で成長させていくための工夫が望まれる。

e　財務管理

　経済の成長に伴って自治体の財政規模も大きくなる中では，図書館の予算編成にあってもいかに予算を増やし事業を拡大できるかが重要課題となっていた。しかし，社会環境の変化によって，事業の規模や内容よりも，その事業によって実現される成果や実施される事業の品質が重視されるようになってきた。予算を編成する上でも，まず事業の目的や目標に対しての効率性が問われる。地域において図書館が果たす役割と個々の事業が地域にもたらす効果を，予算書をもとに明確に説明できるようにしておかなければならない。

　予算の執行にあたっても，従来はそれが法令あるいは自治体の財務関係諸規則に則って執行されているかどうかということが重視され，そのことが監査の対象であったが，外部の第三者を加えた監査や事業評価制度などが導入されることで，予算執行の手続きよりも予算に基づいて実施された事業の成果そのものが問われるようになっている。このことは事業の成果が当初の目標に到達しなかった場合には，その原因とあわせて今後の事業手法の改善方策についても説明する責任をもつこととともなる。

　財務管理においては適正な執行とともに，事業目標の達成に向けて事業全体の進行を適切に管理していくことが重要である。

f　財産管理

　どの図書館も頭を悩ませていることの一つが，図書や雑誌の紛失問題であろう。これは資料の管理責任と同時に，管理することの意味が直接問われる問題である。

　よりよいサービスのための管理とは，管理することの意味が図書館の目的に沿っていることである。施設を管理するのは利用者のために快適な環境を用意することで，利用者に図書館で心地よい時間を過ごして

もらいたいからである。そして，その意味を職員が理解した上で，利用者に伝えようとする姿勢が重要である。

資料や施設の管理が，利用者へよりよいサービスを提供するためであるということが利用者に伝わっていてはじめて，例えば図書の紛失についての防止対策をとることが一部利用者に不便な部分を生じさせるとしても，その必要性に関して理解が得られるようになるのである。

6 図書館協議会

図書館協議会は，図書館法第14条に基づいて設置され，第15条によってその構成員が定められている。

その性格は，同法第14条第1項で任意の設置とされ，設置する場合には第16条第1項により，条例で定め議会の承認を得なければならない。また委員は，第15条第1項により教育委員会が任命することになる。

図書館協議会の役割は，館長の諮問に応じることと図書館奉仕について館長に意見を述べることにある。しかし，現状はあまり活発にこうした役割を果たしていない状況にあるといえる。その原因は，主として図書館側と委員側の双方に，図書館運営への意見交換が積極的に行われないことにある。ともすると，図書館側の事業報告に対して委員が承認するだけという形式になりがちである。

協議会運営の責任のすべては，図書館長にあるといえる。とりわけ，図書館法第15条の構成員規定が改正された今日，どのような人物を委員に推挙するかが，活発な協議会にするための重要なポイントになる。図書館と本に関心があり，その図書館の利用者であることが，まず委員として求められる要件である。

さらに，その運営にあたっては館長の姿勢が大切となる。館運営にあたっての問題点や困っていることなどは，あまり協議会の場に出したくないという心理が働くものである。しかし，諮問に応じてもらい意見を求めることは，図書館への理解を深め正しい発展への支援者になってもらうことにほかならない。

そのためには委員の積極的な参加が不可欠であり，委員自身が自らの問題として取り組んでもらえるようにすることが，協議会運営にあたって何よりも大切なことになる。図書館とともに考え，図書館の悩みを共有しながらともに成長しあう関係が形成されてこそ，本来の役割を果たす図書館協議会になる。

（竹島昭雄・岸本岳文）

D. 図書館づくりと住民参加

1 「図書館づくり」三つのケース

「図書館づくり」は，住民主体の活動である。これには，①地域で新しい図書館をつくる，②すでにできている図書館をよりよいものとする，③すでにある図書館を建て替える，と大きく分けると三つのケースがある。

①は，住民による図書館づくりだけでなく，最近では，行政として図書館づくりを行うという意味でも使われるようになってきた。②は，最近多くなってきた取り組みで，問題があるのでよりよくしたい，問題

はないが，もっとサービス内容を質的によくしたいと，さらに図書館の事業活動に参加したいという意味でも使われるようになった。③は，建替えが必要になってきた図書館が少なからずあり，今後さらに増えることが予想される。

　ここでは，①を中心に内容とその方法について住民の視点に立って述べる。

　なぜなら，公立図書館は地方自治体が設置・運営するものであり，地方自治は住民自治と団体自治とで構成されている。基盤となるのは住民自治である。住民の意思によって行政サービスの内容，水準，質が決まる。図書館も同様である。その意味で，ここでは住民に視点をおいて，それぞれの図書館づくりの方法を見ていきたい。

2　地域に新しい図書館をつくる方法

a　幅の広い仲間づくりから

　新しい図書館をつくろうとしたときに，まず必要なのは，幅の広い仲間づくりである。地域の中で図書館をつくりたいという希望をもった人をできるだけ立場を越えて集めて，「図書館づくり」という一点で協力しあう関係をつくることである。このためには，地域の中の個人はもとより，さまざまな活動をしているグループ，組織にも働きかける必要がある。

　そうしてある程度のメンバーがそろったら，次は，図書館に関する共通の理解づくりが必要である。その内容は，①図書館サービスの基本について学習をする，②図書館サービスの技術のうち実際にできるものはやってみる，③図書館を見学して，図書館員に話を聞く，などである。これらを組み合わせて，かつ継続的に行う。例えば，②では，児童にかかわる「読み聞かせ」「ブックトーク」「お話」などである。③では，優れた活動を展開している図書館を見学する。また，図書館司書の話を聞くこともぜひすすめたい。

　こうした活動を通して図書館に関する共通の理解を深め，図書館に関するイメージをふくらませる。

b　地域の中での活動

　仲間づくりと共通の理解がある程度できたら，次は地域の中で継続的な活動を行い，図書館をつくりたいということをアピールしていかなくてはならない。

　地域の中での継続的な活動としては，地域の中で「読書」に関するさまざまな活動を行う，地域のイベントに読書や図書館関係のテーマで参加する，文庫などの活動をする，図書館に関する講演会・展示会を開く，図書館づくりワークショップを開催する，などがある。とくに，地元や県の書店商業組合に協力を求めて児童書の展示即売会を開くことなどは有効だ。また，図書館づくりワークショップは，近隣の図書館の職員のアドバイスを得て行うとよい。市町村の教育委員会との共催という形をとれば，参加者も多くなるし影響も大きい。

　こうしたことを通してグループの一人一人の主体的な力量を高め，組織を整備し，住民に活動を知ってもらい賛同者を得る。さらに，図書館づくりをしている他の地域のグループとの交流や，図書館づくりに成功した経験談を聞くこともすすめたい。とくにうまくいったことも重要だが，うまくいかなかったこと，壁にぶつかったこと，それをどのように克服するべく努力したか，という点は丁寧に聞いておいた方がよい。そうしたことは，対外的な働きかけをするときに役に立つ。全国図書館大会，地域の図書館大会への参加も，交流の輪を広げるのに役立つ。

c 行政，議会等への働きかけ

　グループとしてまとまり，地域でも一定期間活動して，ある程度の実績をあげたら，いよいよ行政，議会等へ本格的に働きかけ，図書館の実現へ向かうことになる。

　この段階でグループのメンバーが共通の理解をしておくことは，図書館がなぜ地域で必要なのか，図書館が地域で果たす役割はどのようなものがあるのか，図書館ができると地域の生活にとってどのようなよい点があるのか，などである。質問・回答の想定問答集をつくっておき，また，質問を受けたらそれを集めてみんなで考え討論し，それを質問・回答集に加えるようにするとよい。

　行政に働きかけるときは，行政の仕組みを十分理解しておくことが必要である。まず，図書館の担当課・係となるのは教育委員会事務局の生涯学習あるいは社会教育担当課・係で，まずここに話をしにいく。事務局のトップの部・課の部課長にも面談しておくとよい。教育長に会って，図書館についての理解を求める。一度だけでなく，機会あるごとに図書館の必要性を訴える。予算要求の時期や計画を策定するときには，必ず図書館建設の要請を行う。計画は，教育委員会関係の計画だけでなく，首長部課管轄の福祉や経済産業関係など関連がある計画策定のときには，図書館関連の施策を盛り込むように提案・要請するとよい。長期計画策定時も同様である。図書館の建設を盛り込むように提案・要請する。

　市町村長にも同じように働きかける。図書館建設の最終的な判断は市町村長が行う。市町村長に会ったときに，地域の活動状況や住民の意向，また，どのような図書館を望んでいるかなど，具体的に聞かれる可能性が高いので，そうしたことはすぐに説明できるようにしておく。できれば図面・図表など想定してつくっておくとよい。図書館のサービス表やイメージ図は不可欠だ。また，住民のニーズとそれに対する図書館の個々のサービスの一覧表もあれば，市町村長が考える際に役立つ。

　議会への請願や議員への要請，会派への説明や要請などは，それぞれの自治体のルールがあるので，あらかじめ議会事務局によく聞いておく。署名活動を行って請願を提出する，議員を対象に図書館についてのアンケート調査を行い公表する，選挙のときに公開質問書を立候補者全員に渡して，回答を求めるなどの活動も視野に入れておくとよい。

　また，自治体内の業界団体，商店街振興組合，自治会・町内会・婦人会，PTA等へも働きかける。

3　図書館建設・開館のための手順と住民

a　庁内の組織と検討会

　図書館建設の予算が議会を通過したら，本格的な図書館づくりが始まる。この段階からは行政がもっぱらすすめることになる。その手順をみておこう。

　まず，行政内部で検討会が開かれる。役所の中の勉強会といってよい。教育委員会事務局だけでなく，財政課も含めたできるだけ多くの組織が参加できるようにしたい。これは，ある程度の図書館についての考え方をまとめた「検討のまとめ」を市町村長に出して終了する。次に，建設準備室がおかれる。以後，ここを中心に作業がすすめられる。

b　図書館構想委員会，建設委員会の設置と答申等の策定

　図書館構想委員会（懇談会）を設置する。ここでは，長期にわたる地域あるいは自治体内での図書館のあり方を検討する。構成員は，学識経験者，社会教育関係団体の代

表あるいは長，自治会・PTAなど地域の団体の長，住民代表などである。できれば公募で住民から委員を募りたい。「答申（報告書）」は，教育委員会に提出され，議会に報告され，公表される。これに対するパブリックコメント，つまり住民が意見を述べる。このときは積極的に意見を出す。

次に，図書館建設委員会を設置し計画を策定する。用地も決まり具体的に建設する計画を策定する委員会である。施設の内容やサービスの種類と水準も，ある程度ここで決められる。委員には建築家などの専門家を交えるが，ここでも公募委員を加える。「計画」は，構想と同様に議会の承認を経て公表される。住民が意見を述べる機会や，ときに住民説明会が開かれる場合があるので，積極的に参加して意見を述べる。

c 設計業者の選定から開館準備へ

建設計画に基づき設計者の選定を行う。方法は，特命方式，ヒアリング方式，競技設計方式，プロポーザル方式がある。競技設計方式とプロポーザル方式は公開度が高い。設計・施工過程への図書館準備室の関与としては，設計・施工業者とよく連絡をとって意見交換する。住民の関与については節目，節目に住民の意見を求めることができるようにする。また，住民との協働や住民参加を実のあるものとするために，ボランティア室や多目的室などのスペースを確保することを忘れてはならない。開設準備室の仕事としては，図書館サービスの計画の立案，条例・規則の作成，職員の確保と研修，業務マニュアルの作成，建物建設の準備，開館の準備などがある。ここでは運営方法をどのような方法にするのかも大きな仕事となる。また，その過程で図書購入費の寄付，花壇や庭の樹木の寄付，本の寄贈など，住民・企業から図書館への寄付という形での協力も求めることが望ましい。

4 既存の図書館をよりよくする図書館づくりの方法

図書館は住民とともにつくり上げていくものである。図書館側の中心になるのは司書であることはいうまでもない。住民からみた図書館づくりの方法は，大きく分けて二つある。

一つは日常活動への住民参加で，友の会活動，ボランティア活動などである。ボランティアの場合，図書館任せでなく住民側も世話人をおいて，自分たちで調整・企画立案，図書館側へ提案ができるようにする。また，図書館に関する学習活動も日常的に行うようにしたい。ボランティアの参加者が多くなると，グループをサービス別に分けたり，地区別に分けたりする。同時に，NPO団体化も視野に入れた活動をすることも必要となる。事務の量が多くなるだけでなく，経費もかかるようになり，ときには物品の売り上げなどで税金面での対策も必要となるからである。友の会として日常的に図書館の活動に協力するだけでなく，独自のイベント，講演，講習会なども開催する。

二つは，図書館のサービス評価を通して改善等の意見・提言を提出する。評価は，「公立図書館の設置及び運営上の望ましい基準」でも，図書館協議会の協力を得て図書館が行い，公表するように求めているが，図書館側が行うのを待つのではなく，積極的に住民からみた図書館のサービス，運営の評価を行いたい。サービス評価の方法はわかりやすいものがよい。その例として，チェックリスト方式があるので，「望ましい基準」を参考につくる。日本図書館協会図書館政策特別委員会が「公立図書館の任務と目標」に関連して作成したチェックリスト，全国図書館大会群馬大会（2002）で報告された群馬県版「図書館評価のための

チェックリスト」なども参考になる。同時に近隣の自治体の図書館，優れた活動を行っている図書館の見学をして比較することも必要である。これらをまとめて，図書館に対する提言を行う。

　評価の視点として欠かすことができないのが，司書の職務内容・サービスにかかわるものについてである。司書は運営，資料・情報の収集と提供，レファレンスサービス等の図書館固有の専門的なサービスを担うが，その仕事を一言でいえば資料・情報と利用者を結びつけることであり，その内容と方法は多岐にわたる。ヒアリングなども含めて，その内容を十分理解した上で評価するように望みたい。

　運営方法に関しては直営のほか，NPO団体への委託，PFI，地方自治法に規定される指定管理者制度などの方法がある。住民の立場からみると効率的で良質なサービスを実現し，住民参加をすすめることが望ましい。こうした点から，どのような方法であれ図書館は自己点検，自己評価を行い，公開して住民に意見を求めることが必要である。その評価でも先の視点は欠かせない。

　地域社会でのこれからの図書館の重要性を考えれば，司書が継続的に仕事に従事し，質的にサービスを向上できるようにすることが必要である。その意味で雇用関係が途中で断絶したり，短期に更新を繰り返すなどの運営形態は望ましくない。

　既存の図書館の建替えは，手順としては新しい図書館をつくるときと同じだが，大きく違うのはすでに友の会やボランティア団体があって，図書館との関係がつくられているということである。いっそうの住民の意見の反映が望まれる。

（大串夏身）

E. 大学図書館の運営

1　歴史と政策

a　大学図書館の現状

　大学図書館は資料と情報の収集・組織化・保管，利用者の情報要求に応じた資料と情報の提供，学習研究の場としての施設提供，そしてレファレンスサービスなどの人的・物的・情報サービスを行う組織である。大学図書館の目的は多様な資源を活用した大学の教育研究支援である。「新私立大学図書館改善要項」（私立大学図書館協会，1996）にはサービス機関としての大学図書館への確信が記されている。

　　まずサービスが存在し，それを充足するために資料と職員があり，それをマネージする組織と財政の確立をめざし，またその手段としてコンピュータとネットワークがあるとの確信のもとに，この「新改善要項」を策定した[1]。

　大学図書館は設置母体別に国立，公立，私立に分けられる。大学図書館は設置母体である大学の運営に影響を受ける。近年の学術情報量の増大と学術社会の変容，情報技術とインターネットの進展，財政問題，学生気質の変化，国際化の進捗といった環境変化も，大学図書館に多大な影響を与えている。

　大学にかかわる量的な推移を見ると，2008（平成20）年時点で国公私立を合計した4年制大学数は国立86，公立90，私立589の計765校である。国立大学は2002年以

来，統合が続き，微減となっている。公私立大学は，新規設立や短期大学からの編成替えにより微増が続いている。一方，短期大学はこの数年，2桁の減少が続いている。大学に在籍する学生数は284万人，教員数は約17万人に増加した。1991年の大学審議会「大学院の整備充実について」以来の大学院強化政策により，大学院生は約26万人に増加している。社会人学生の増加もある。

大学学部名称の多様化が進んでいる。新制大学の体制が整った1952年に48種類であった学部名称は，1973年には64種類であったが，1990年代に入ってから急増し，2003年には288種類の名称が存在する。大学院研究科を加えるとその数は300種類を超える。このことは学術分野のいっそうの学際化，複合化が進んでいることを意味している。

1983年，「21世紀の留学生政策懇談会」は教育の国際交流を推進し，21世紀初頭に10万人の留学生を受け入れるとする提言を行った。その結果，留学生数は1983年の約1万人から1993年には5万人，2008年には12万人を超えた。その8割はアジア諸国からの留学生である。さらに2008年には留学生30万人計画が発表された。

これら大学にかかわる量的な拡大は，さまざまな点で大学図書館サービスに影響を与えている。

一方，18歳人口の急減に伴い，学生の量的確保が大学の懸案事項となっている。1992年度を頂点として入学志願者数は急減し，2008年に定員割れした4年制私立大学は全体の40％に及び，今後も18歳人口の減少は続くことが予想されている。この対策として，経費および人員の削減，また積極策として図書館を巻き込んだ独自の特色を打ち出した学生募集活動が行われはじめている。

2003年7月「国立大学法人法」の公布，同年10月の施行により，2004年4月，国立大学は法人化された。これにより，国立大学では図書館職員を含め，教職員は非公務員となり，財務関連でも運営交付金に効率化係数が課されることが決まった。このことは年々，予算が削減され，競争的資金に回されることを意味する。各国立大学は短期間に新たな制度設計を余儀なくされ，「中期計画・中期目標」を定め，今後への対応に追われている。

b　大学図書館の歴史

大学図書館の歴史は，中世ヨーロッパでの大学誕生から始まる。教材として図書が用いられ，図書が集まり，図書室がつくられた。活版印刷術普及以前，図書は貴重な存在であり，図書は鎖で書見台につながれることもあった。17世紀の学会の誕生と発展，19世紀以降の大学における教育研究活動の活発化により，大学図書館は多くの資料を収集・収容し，サービスを行う施設であり組織，という今日的なイメージが定着した。

日本における大学の歴史は，1877（明治10）年に東京開成学校と東京医学校を合併してできた東京大学に始まる。その前史をみると，大学南校とその後継である東京開成学校には「図書館」があり，大学東校東京医学校には「典籍局」があった。この東京開成学校を改組し，法・理・文の3学部，東京医学校を改組し，医学部を設置した。東京開成学校では1874年に校内に「縦覧室」を設け，"翻訳所を初め我が国の正史及び野史等その正しきものを選みこれを準備し生徒課業の余暇従覧"させていた。1876年には東京開成学校に"東京書籍館支設法律書庫を設け，旧教師館の一部を以ってこれに充当し，本学生徒は勿論，一般人士の閲覧"も許可していた。これらの図書館は"参考書は勿論教科書の如きも学校にて購入し

て必要に応じ生徒に貸与し，以って学修の便を図"[2]る役割を担っていた。

1886年に帝国大学令が公布され，東京大学図書館は帝国大学図書館となり，図書館規則が制定された。その第1条には"帝国大学図書館は大学院及分科大学の図書を貯蔵する所とす"と定められていた。大学図書館は設置当初から，利用と資料保管の任を担っていたのである。

1920（大正9）年，大学令により慶應義塾，早稲田，明治，法政，中央，同志社が私立大学として認可を受けた。多くの私立大学は，その前身から「図書館」の歴史をもつ。1922年に「大学」として認可を受けた龍谷大学には，すでに1639（寛永16）年京都に学寮が創立され，1649（慶安2）年には図書の寄贈を受け，1652（承応元）年に図書出納係「捨頭」を任命したとの記録[3]がある。

各図書館は1920年代にはそれぞれ10万冊を超える蔵書をもつようになり，組織と図書館規則を備えるようになっていた。

1923年，関東大震災により東京地区の東京大学，明治大学，日本大学，専修大学，法政大学等の図書館が甚大な被害を被った。

その後，震災に遭った大学の復興が行われ，蔵書の充実，閲覧室の増設，目録規則や総合目録の整備，貸出，指定図書制度，レファレンスサービスの萌芽としての人的援助といったサービスが行われはじめた。他方，1920年代からは思想学問の自由への圧迫が大学に及び，図書館に関連しても思想統制からの図書の押収，禁止図書抜出し，図書館の自己規制，そして第2次世界大戦下での空襲の被害と資料疎開といった苦難の歴史が記録されている。

太平洋戦争後，多くの教育改革が行われた。大学令は廃止され，1949（昭和24）年私立学校法，国立学校設置法制定と整備が進んだ。新制大学制度により，日本の高等教育は再出発を遂げた。太平洋戦争以前40校ほどであった大学数は，戦後急増した。2008年時点での大学および図書館にかかわる数値を表Ⅲ-4に掲げる。

大学の増加とともに，大学図書館は量的発展を遂げた。大学図書館は蔵書を増やし，

表Ⅲ-4 高等教育機関図書館統計 2008

	数	図書館数	図書館員数（専従）	蔵書数（千冊）	年間図書購入冊数（千冊）	資料費（百万円）	学生数
国立大学	87	293	3,728 (1,824)	95,494	976	20,258	625,466
公立大学	76	123	956 (338)	17,916	327	3,635	129,969
私立大学	550	919	9,195 (3,640)	171,281	3,623	46,262	2,112,049
四年生大学計	713	1,335	13,069 (7,171)	284,691	4,926	70,155	2,786,078
短期大学	541	246	798 (311)	13,459	260	1,235	102,875
高等専門学校	62	61	280 (96)	4,535	58	314	55,222
総計	1,316	1,624	14,409 (7,745)	302,685	5,244	71,704	2,944,175

『図書館年鑑 2008』より作成

図書館員を増強し，建物を新築・増築した。
　サービスに関しては，館外貸出の一般化，開架式書架の増加，そしてレファレンスサービスの導入と広がりが見られる。1952年，慶應義塾大学がレファレンスサービスを開始し，1954年には国際基督教大学がレファレンスルームを開設した。1959年には私立大学図書館協会東地区部会研究部にレファレンス分科会が設立された。1972年からは参考業務強化のため，全国立大学を対象に職員の増員が行われ，10年で115人が定員化された。1970年代後半からはオンラインデータベースも導入されはじめた。1988年，参考業務実施率は国立87.3％，公立78.0％，私立77.5％，全体で80.5％に達した。しかし，同時期に行われた大学図書館レファレンスサービス実態調査[4]では，国公私立ともに全体としてその内容は活発とはいいがたい。2002年度のレファレンスサービス実施率は国立90.9％，公立73.9％，私立76.2％，全体で79.4％となっている。
　この10年あまり，大学図書館の地域開放が進んでいる。文部科学省『大学図書館実態調査報告　平成15年度』によると，98％以上の大学図書館が大学関係者以外の利用を認め，平日時間以外の図書館開館時間も10年前に比べ大きく増加した。学外利用者数は100万人を超えている。

c　図書館業務へのコンピュータ導入とサービスの高度化

　1952年，文部省は学術情報関連業務を分離し，大学学術局学術情報室を独立させ，学術情報事業の強化を図った。1965年には国立大学図書館を所管とする情報図書館課が設置された。その後，学術国際局学術情報課を経て，2001年の省庁再編により，文部科学省研究振興局学術基盤整備室が所管することとなった。この間，学術情報基盤の整備の一環として，大学図書館へのコンピュータ導入とサービスの高度化への政策を推進した。

　大学図書館業務へのコンピュータ導入は，1960年代に始まる。1968年，国立大学図書館協議会図書館機械化調査研究班により検討が行われ，大阪大学，群馬大学で図書館業務機械化が始まった。私立大学では1968年京都産業大学において図書館システムが稼働し，慶應義塾大学，南山大学が業務機械化に着手した[5]。これらはいずれも，単館レベルでの部分的業務へのコンピュータ導入であった。

　1980年，学術審議会による「今後における学術情報システムの在り方について」答申が出され，1986年に東京大学文献情報センターを引き継いで「学術情報センター」（NACSIS: National Center for Science Information System）が発足した。学術情報センターは日本における主たる書誌ユーティリティの活動を担い，分担共同目録作業，総合目録データベース（DB）であるNACSIS-CATの作成，ILL（inter-library loan）システムの提供を行い，大学図書館界の本格的なコンピュータ化をなしとげる原動力となった。学術情報センターは2000（平成12）年に改組され，「国立情報学研究所」（NII: National Institute of Informatics）にその機能は引き継がれた。

　2003年時点でNIIは目録所在情報サービス（NACSIS-CATとNACSIS-ILL），情報検索サービス（NACSIS-IR），電子図書館サービス（NACSIS-ELS，NII-REO），学術情報ネットワーク（NICE）に加え，学術情報基盤の開発整備，学術情報および学術情報システムと情報学全般に関する研究開発，メタデータデータベースの構築，国際学術情報流通基盤整備事業（SPARC/JAPAN），そして教育研修活動といった事業に取り組んでいる。

　NACSIS-CAT，NACSIS-ILLへの参加数は，

2003年11月末時点で905機関1,310組織，大学図書館の接続は621館である。2002年度のNACSIS-ILLによる複写依頼件数は104万3529件，貸借は87,133件となっている。総合目録DBの収納件数は627万件，所蔵レコード数7000万件である[6]。しかし，大学図書館全体では2億6000万件を超える所蔵があるとされ，毎年の入力件数も700万件にとどまっており，網羅的な学術情報提供への道のりは先が長い。

なお，NIIは国立大学法人法により，大学共同利用機関法人の「情報・システム研究機構」の一部となった。

d 電子図書館への動き

バックランド（Michael K. Buckland）は1992年，"図書館の主たる目的は，情報にアクセスしたいとする利用者に対し，必要なサービスを提供することにある"[7]とし，図書館業務は紙メディア図書館からコンピュータ技術を利用する機械化図書館，そして電子図書館になると示唆した。

一方，日本でも1993年「大学図書館機能の強化・高度化の推進について（報告）」，さらに1996年「大学図書館における電子図書館的機能の充実・強化について（建議）」が学術審議会から出された。

大学図書館は，学内・大学間の情報流通の中核的存在としての機能を越えて，国内・国外の知的生産活動全体にとって重要な役割を果たすべきであり，また果たしうるものへと変貌をとげつつある。すなわち，学術情報ネットワークの高度化及び学内LANの整備等，情報通信基盤が急速に整備される中で，大学図書館は単に大学の学術研究や教育活動に対するサービス機関にとどまらず，広く人類全体の知的営為に貢献するものとしての機能を期待され，またそれにこたえる性格のものへと歩みはじめてきたのである。

このような現時点において緊要なことは，上述のように整備された学術情報ネットワークの結節点としての各大学図書館がもつ機能の飛躍的向上であることは言うまでもない[8]。

これにより，1996年「先導的電子図書館プロジェクト」が開始された。奈良先端科学技術大学院大学など5国立大学に，電子図書館推進経費による電子図書館計画が実行された。2000年からは「電子的情報の収集・検索システム」として，さらに12国立大学で開発が開始された。

私立大学においても，慶應義塾大学のHUMIプロジェクト，明治大学電子図書館DL OPACなど多くの活動[9]がみられる。

2002年度における電子図書館の進捗状況は表Ⅲ-5のとおりである。

1989年時点では20%台であったオンライン閲覧目録（OPAC）の普及は2002年には93.9%に達している。インターネットの普

表Ⅲ-5　大学図書館電子化進捗状況　2002　N=686　（　）は%

	目録所在情報電子化	一次情報電子化	学内LAN上へのサービス提供	電子ジャーナル提供	図書館ホームページの開設
国立大学	99 (100)	59 (59.6)	99 (100)	91 (91.9)	99 (100)
公立大学	72 (96.0)	9 (12.6)	65 (86.7)	23 (30.7)	63 (84.0)
私立大学	473 (92.4)	104 (20.3)	441 (86.1)	176 (34.4)	417 (81.4)
合計	644 (93.9)	172 (25.1)	605 (88.2)	235 (34.3)	579 (84.4)

「平成14年度大学図書館実態調査結果報告」より作成

及により，学外への公開も増加し，その率は67.2％となっている[10]。目次情報を搭載し，OPACと連動させ，利便性を高めた東京大学附属図書館の「ブックコンテンツ・データベース」，小規模図書館でも名古屋柳城短期大学の「OAPC」（蔵書目次検索）のような活動が活発化している[11]。OPAC以外にも，大学図書館機能の公開機能をもつホームページの開設が84.4％に及んでいる。

国立大学図書館のおもな電子図書館的機能については，2003年にまとめられており[12]，琉球大学附属図書館「電子化資料を提供しているサーバー」[13]には一連のサーバーリストが掲載されている。

インターネットの普及とともに，電子ジャーナルが急速な普及を見せた。電子ジャーナルのメリットに利用者からすると，図書館の開館時間に左右されず，時と場所の制約を越えて利用可能であり，冊子体よりも早く入手でき，アラート機能により最新情報がいながらにして入手でき，検索機能による関連論文が利用可能であり，OPACや二次情報データベースとのリンクができており，また他の利用者に影響されることもなく，製本中による利用不可という制約もない。図書館側からも印刷配送，チェックイン，排架と製本が不要であり，書架スペースをとらない，アラート機能等によるサービス展開を図れる，といったメリットがある。

一方，デメリットとしては契約期間の問題，ネットワーク等の不安定さによっては利用ができなくなること，出版社変更等の対応が不十分，そして継続して続く価格高騰があげられる。

1994年にはインターネット上で利用できる雑誌は500種以上となり，2003年にはその数は4万種に届こうとしている。この時点で，日本の大学図書館は電子ジャーナル導入については一定の成果をあげた。しかし電子図書館全体としては，さまざまな試行を重ねているが，予算措置の脆弱さ，連携の弱さなど課題が山積しており，十全に成功しているとはいいがたい。ネットワーク対応，著作権処理，コンテンツ展開，地域連携や国際化対応に多くの問題を抱え，メタデータ（metadata），検索方法，ビューアーについても共有化と標準化が進むことが望まれる。

e　新しいサービス展開

2002年，科学技術・学術審議会研究計画・評価分科会情報科学技術委員会デジタル研究情報基盤ワーキンググループから「学術情報の流通基盤の充実について（審議のまとめ）」[15]が発表された。ここでは電子ジャーナルの発展など学術形態が歴史的な変革を遂げつつある中で，研究情報の体系的かつ高度な流通体制の整備構築は喫緊の課題であるとし，日本国内での研究成果の国際的な発信強化，社会貢献そして資料保存の重要性を謳っている。

この課題は大学図書館の存在意義を問うものである。高校への科目「情報」の導入が始まり，パーソナルコンピュータ（PC）やインターネット，携帯電話，ICタグ等の浸透により，学生や教員の情報技術に対する習熟度と意識は大きく変化している。大学図書館の対象とすべき情報源の範囲は，図書，雑誌から記録史料，オンラインデータベース，電子ジャーナル，さらには電子ブックなど多くのネットワーク情報源へと幅広くハイブリッド化しつつある。教育面での遠隔教育（e-learning）の浸透も予想され，そこでの大学図書館機能が試されることになろう。一方，学術情報の電子化とメタデータの普及により，これまで棲み分けられていた他の文化施設である博物館，美術館，史料館およびその関連資料とも関係をもた

ざるをえなくなっている。

2003年，国立大学図書館協議会図書館高度情報化特別委員会は報告書「電子図書館の新たな潮流」[16]をとりまとめた。ここでは"情報の発信者（生産者）と受信者（利用者）を結ぶ付加価値を持ったインターフェイス"を21世紀初頭の電子図書館のコンセプトとして捉え，機能として①学術機関リポジトリ（institutional repository）による学内学術情報の発信強化，②資料電子化の高度化と電子化コンテンツの利活用，③図書館ポータルを通じた情報アクセス支援，④サブジェクトゲートウェイによるインターネット情報資源へのナビゲーション，⑤同期型デジタルレファレンスサービスによる利用者支援，⑥情報リテラシー教育を支援するための主題ベースのオンラインチュートリアルの作成とその前提としてのサブジェクトライブラリアンの養成，⑦以上の機能を実現するための手段として，プロジェクト型の電子図書館プログラムの取組みを行うべき，と述べている。

今後は従来型の図書館機能に加え，電子ジャーナルなどネットワーク情報源の安定した提供を含めた電子図書館機能，そして広い意味でのハイブリッドな情報源が情報サービスの対象となる。また，1970年代から徐々に定着してきた情報リテラシー教育（図書館利用教育）での図書館員の教育能力を含めた大学図書館サービスの展開が問われている。

2 法令・規則と基準

大学図書館とは，4年制大学，短期大学，高等専門学校の図書館,学部研究科の分館や部局図書室，研究所等の図書室を指す。1949年に制定された「国立学校設置法」（2003廃止）では第6条に"国立大学に，附属図書館を置く"と定められていたが，2003年の「国立大学法人法」には同様の規定はなくなった。

1956年文部省令による「大学設置基準」では，図書館を備えることが明記された。蔵書に関しては，"大学は，授業科目の種類に応じ，次の各号に掲げる冊数及び種類数の図書及び学術雑誌を系統的に整理して備えるものとする"として一般教育・外国語・保健体育・専門教育科目に関する図書について主題別に細かく定め，さらに専門教育科目に関する学術雑誌種類数にも最低数値を設けた。

1991年，大学審議会「大学教育の改善について」が答申された。これを受け「大学設置基準」が改定され，大綱化された。第38条では，図書館の資料および図書館について以下の記述がある。

（図書等の資料及び図書館）
第38条　大学は，学部の種類，規模等に応じ，図書，学術雑誌，視聴覚資料その他の教育研究上必要な資料を，図書館を中心に系統的に備えるものとする。
2　図書館は，前項の資料の収集，整理及び提供を行うほか，情報の処理及び提供のシステムを整備して学術情報の提供に努めるとともに，前項の資料の提供に関し，他の大学の図書館等との協力に努めるものとする。
3　図書館には，その機能を十分に発揮させるために必要な専門的職員その他の専任の職員を置くものとする。
4　図書館には，大学の教育研究を促進できるような適当な規模の閲覧室，レファレンスルーム，整理室，書庫等を備えるものとする。
5　前項の閲覧室には，学生の学習及び教員の教育研究のために十分な数の座席を備えるものとする。

これは学術情報流通の電子化と情報源の

ハイブリッド化を反映しているものといえる。そして「大学設置基準」は大学が教育研究活動状況について自ら点検・評価することを求めている（同規定は2004年，学校教育法施行規則に移行）。

このほか「大学図書館基準」（大学基準協会，1952），「国立大学図書館改善要項」（文部省，1953），「私立大学図書館改善要項」（私立大学図書館協会，1956，新版：1996），「公立大学図書館改善要項」（公立大学図書館協議会，1961）等があり，それぞれに望ましい図書館基準を謳っている。

1966年，文部省は「大学図書館施設計画要項」を発表した。ここでは施設だけでなく，組織と運営のあり方も示されている。大学図書館を中央図書館，分館，部局図書館さらに"これに準ずるもの"に分け，それぞれの役割や条件について述べ，機能面から学習・研究・総合・保存の4種類の図書館に分け，そのあるべき機能とサービス，施設，具体的任務や，資料の集中・分散管理方式等，資料配置，冊数の基準，図書館の具体的設備，閲覧座席数についても触れている。そして全体計画立案に関する指針として施設計画を作成する際の基本方針を解説し，どのような条件のもとに計画を立てるべきかについて記している。図書館の必要面積については，1999年度に改定されている。

3 組織と財政

a 大学図書館組織

大学図書館組織は，その規模と対象とする主題によって異なる。小規模大学を中心とした単独館のみの場合と，大規模大学での中央図書館と分館あるいは（部局）図書室での運営が行われている場合がある。分館等は地理的，主題的に分かれることもあり，利用対象層を三として，学部生を対象とする学部学生用図書館，研究者を主対象とする研究図書館，また双方を一つの建物の階層に分けてサービスを展開する図書館も存在する。図書や雑誌の管理業務を中央館で行い，資料管理と利用者サービスを個々で展開することもあり，その運営形態はさまざまである。

1980年代から進められた学術情報基盤の整備により，大学内外のオンラインデータベース，電子ジャーナルその他多くの電子情報源の利用が一般化し，OPACが学内外に公開されるようになった。また大学にかかわる多くの業務にコンピュータネットワークを用いることにより，「館」でのサービスが大きく転換しつつある。そのため，図書館とコンピュータセンターとの組織統合が見られる。国立大学では1999年以降，大型計算機センターを改組し，図書館との連携を視野に入れた情報基盤センター（大学により名称が異なる）の発足が続き，そこに図書館組織の一部を組み込む例が見られる。

例えば，名古屋大学は2002年に改組を行い，図書館組織の一部を組み込んだ「情報連携基盤センター」を発足させた。教育を担当する「情報メディア教育センター」と「附属図書館」との情報関連3部局が協力体制を組むこととし，情報連携基盤センター教員3人を「附属図書館研究開発室」兼任にし，情報リテラシー教育に関する研究，図書館所蔵の古文書・和漢古典籍の整理，デジタルアーカイビングとメタデータ整備，ハイブリッドライブラリーの研究開発，機関リポジトリ開発，学術情報基盤の整備充実を行っている。

b 図書館長と管理組織

日本の大学図書館では，教員による図書館長職兼任が多い。図書館長は大学図書館組織運営の最高責任者であるが，その実態

は多様である。

「国立学校設置法施行規則」（1964年文部省令，2003年廃止）では，館長には"その大学の教授をもって充てる"とされていた。しかし"必要がある場合には，事務職員をもって充てる"こととある。制度としては事務職員が館長職につくことは可能であるが，実際には学内規程等により，国立大学附属図書館長に事務職員がなった例は近年ではない。これは公私立大学図書館でも同様である。ちなみに，2002年時点であるが専任の大学図書館長は4館であった。

図書館長は日本では名誉職の扱いを受けることが多いが，組織運営と予算，人事交渉に強い意志を見せる図書館長も現れている。大学全体の情報組織を束ねるCIO（chief information officer）をとして，副学長が図書館長を兼任する例もある。一方，「副学長」となると，大学全体の経営管理が中心となり，「図書館長」としての責務が果たせない，とする大学もある。2004年6月時点で87国立大学附属図書館長のうち，24人が理事，27人が副学長，3人が学長補佐を兼ねている。

図書館長を補佐する組織としては，事務部課係のラインと，各学部研究科などの代表からなる図書館委員会，選書・コンピュータ化を計画する委員会組織があるが，大学の事情により，多様な形態をとっている。図書館として独立した組織をもつ大学とは別に，コンピュータセンター，教務・研究協力系事務部局との統合を図った大学もある。

c　図書館員と業務委託

2002年度の『大学図書館実態調査報告』によると，大学図書館職員数は前年度より189人減少して13,475人である。そのうち専任職員は7,851人（専任の占める率は57.5％）である。設置母体別に見ると国立3,875人（専任2,197人，同56.7％），公立820人（専任505人，同61.6％），私立8,969人（専任5,149人，同57.4％）となっている。過去のデータと比較すると，開館時間の延長等の業務増加に比し，委託業務が進んでいるためか，図書館員数，専任数ともに減少する傾向にある。

財政緊縮によるコスト抑制とアウトソーシングが進んでいる。90％を超える大学図書館では，外部委託あるいは派遣職員の受入を行っており，その内容も製本，清掃，警備，時間外利用者サービスといった業務から，受入・整理業務，そしてレファレンスサービスを含む図書館業務全般を委託する例も現れてきている。

図書館員の新規採用については，公私立大学では専任採用が減少している。国立大学においても2005年度以降，採用制度の抜本的改定が進められているが，その方向性は明らかではない。

d　図書館協力組織

図書館間横断組織は，1924年に発足した「帝国大学附属図書館協議会」に始まる。これは現在も「国立七大学附属図書館協議会」として活動が続いている。1927年に発足した「官立医科大学附属図書館協議会」（日本医学図書館協会の前身），1930年設立の「東京私立大学図書館協議会」（私立大学図書館協会の前身），1954年に第1回総会を開催した「全国国立大学図書館長会議」（国立大学図書館協議会の前身，2004年より国立大学図書館協会），1956年には公立大学図書館連絡会が組織され，1969年「公立大学協会図書館協議会」と名称を変更し，活動を行っている。1977年には「私立短期大学図書館協議会」が113校の参加により創立された。そのほかにも地域，主題別に組織が存在する。

また，国公私立大学図書館の各組織を母

体とし，国公私立間の壁を越えて事業を行う「国公私立大学図書館協力委員会」が1979年に組織された。ここでは機関誌として『大学図書館研究』，ニュース誌として『大学図書館協力ニュース』が刊行されている。2002年度には著作権をめぐる状況に対応するため「大学図書館著作権検討委員会」が設立され，「大学図書館における著作権問題Q&A 第2版」[17]が2003年3月に公開されている。また，とくに電子ジャーナル対策において，国公私立の枠を越えた電子ジャーナルコンソーシアム形成の可能性について，「日本国公私立大学図書館コンソーシアム連合」（JCOLC）の設立が検討されている。

e 財政

2002年度の図書館総経費（図書館資料費＋人件費＋図書館・室運営費）が大学総経費に占める割合は，国立大学2.3％，公立大学3.7％，私立大学3.7％，全体の平均は3.3％となっている。「国立大学図書館改善要項」では，この比率は10％が望ましいとされていた。今日，図書館業務と情報サービスの多くは学術情報ネットワーク上で行うことが一般化しており，図書館経費相当の計算は複雑化している。

国公私を問わず，財政緊縮と資料費高騰の問題は大きな問題となっている。とくにその影響は外国雑誌購入に表れている。外国雑誌が大学図書館予算に占める割合は高く，医学系図書館では90％に及ぶ図書館もある。総合大学図書館でも資料費予算のかなりの部分を占める。

1977年からは「外国雑誌センター」により，国内未所蔵学術雑誌を9国立大学図書館で分担し，全国で未所蔵の学術雑誌の収集に力を入れた。さらにNACSIS-CATやNACSIS-ILLを活用し，文献複写料金の相殺など相互協力体制を築いてきた。1989年に全国の大学図書館が所蔵していた学術雑誌タイトル数は39,000タイトルまで増加した。しかし，学術資料は一貫して価格高騰が続き，米国の研究図書館協会（ARL: Association of Research Libraries）[18]によると，1986年から2000年の間に学術図書は34％，学術雑誌は170％価格が上昇した。

このため多くの大学図書館は資料購入削減を余儀なくされ，その結果，国内大学購入学術雑誌タイトル数が急減するという事態を招いた。2000年の報告[19]では，1997年度の購入タイトル数は2万以下になっている。この数は1977年「外国雑誌センター」発足時の33,000タイトルをも大きく下回っている。

2000年に活動を開始した国立大学図書館協議会電子ジャーナルタスクフォースは，電子ジャーナル導入のために出版社と協議交渉を行っている。この活動により，国立大学における電子ジャーナルの導入は，2001年以降急速に進んだ。2001年に1,000種以上の電子ジャーナルを提供していた国立大学図書館は9大学にすぎなかったが，2003年には82大学となり，平均提供タイトル数は4,000を上回っている[14]。文部科学省は2002年度から，国立大学図書館に対し，電子図書館推進経費の一部として電子ジャーナル導入経費を予算化した。公私立大学図書館においても日本医学図書館協会の活動もあり，研究基盤としての電子ジャーナル導入は著しい[13]。

雑誌価格関係の契約交渉だけではなく，学術コミュニケーションそのものへの関与を図る動きもある。一部出版社による学術雑誌寡占化が進んだことにより，学術雑誌編集と流通のプロセス全体が出版社のコントロールのもとにおかれるようになった。その結果，学術雑誌価格上昇と図書館購入数の減少を生み，学術情報の生産者であり消費者である研究者のもとに必要な情報が

入りにくくなる現象を生んでいる。これを「雑誌の危機」(serials crisis)と捉え、学術コミュニケーションのプロセスを研究者のもとに取り戻す動きであるSPARC (The Scholarly Publishing and Academic Resources Coalition)が、欧米の図書館を中心に始まり、成果をあげている。日本もこれに応じ、2003年度からNIIが学協会、大学図書館等と協力し、「SPARC/JAPAN」とよばれる「国際学術情報流通基盤整備事業」を開始した。ここでは日本の研究成果である学術論文の多くが、海外学術雑誌に投稿されている現状を問題とし、日本で発行され国際的に流通する英文論文誌の強化と電子ジャーナル化への対応を行い、日本発の優れた英文論文誌を国際的に認知させることを目的としている[20]。また広範な学術情報へのアクセスを保証するための「オープンアクセス」や、「機関リポジトリ」活動が盛んになっている。

資料費の減額は、学生用図書購入にも影響を与えている。国立大学図書館には1975年度から学生用図書購入費が予算計上されている。当時10億4800万円（学生1人当たり2,580円）であり、1981年度には19億6024万円（4,612円）と増大した。しかし、その後減額を続け、2002年度には5億4716万円（880円）まで急減している。公立大学図書館も地方自治体の財政状況悪化があり、私立大学図書館も厳しい経営状態にある。

4 管理と評価

1991年に改定された「大学設置基準」には第2条に自己評価等の規定があった（同規定は2004年、学校教育法施行規則に移行）。

　　大学は、その教育研究水準の向上を図り、当該大学の目的及び社会的使命を達成するため、当該大学における教育研究活動等の状況について自ら点検及び評価を行うことに努めなければならない。

この指摘を受け、大学と大学図書館は、活発な評価活動を行っている。図書館において評価活動が行われる目的には以下がある。
① 現在のサービス水準の確認
② 今後のサービス改善のためのデータ収集
③ それらのデータを分析し、将来のサービス改善に役立てる
④ 予算増額、資料増強、施設改善、人員確保

いずれの場合も特定の大学図書館の現状を調査し、改善案作成に役立てる、ということが基本である。近年では設置母体である大学当局に対する説明義務(accountability)や、出資者（学生等）への活動報知といった文脈から行われる評価がある。「大学設置基準」に定められた"大学図書館の自己評価あるいは第三者評価"活動を多くの大学が行い、公開している。

1980年代後半からこれまでの投入（input）を重視した評価だけでなく、産出（output）、成果（outcome）、効率（process）といった側面のデータを収集し、統計数値からより多くの意味を引き出すために、複数の数値を組み合わせて係数や比率を出し、サービス向上や経営改善に役立てる動きが、図書館パフォーマンス指標として盛んになってきている。2002年には「図書館パフォーマンス指標」(ISO11620)がJIS X0812になった。また、大学評価・学位授与機構などの組織が、図書館評価の検討に入っている。

電子図書館機能に対するサービス評価もEU（欧州連合）のEQUINOX、ARLのE-Metricsなどの動きがある。

また、マーケティング研究の成果を援用しこれまでの投入、算出といった指標に加え、サービスの品質、満足と効用充足度と

いった利用者（顧客）の効用を測る顧客評価の手法が図書館評価に取り入れられる傾向がある。サービス品質の調査手法として広く使用されてきたのがSERVQUALである。SERVQUALは、顧客の主観に基づくサービス品質概念を測定可能な形式に定義し、具体化したものである。ARLでは、2000年からSERVQUALを図書館に応用しようとする「LibQUAL+」[21]を開発するプロジェクトを進めている。

日本でも「LibQUAL+」とは別にSERVQUALを応用して図書館評価に活用する試み[22]が行われている。

大学は激動の波に襲われている。大学および大学図書館の評価方法については、十分に確立しているとはいいがたい。適正な評価は大学人を大いに励ますことになり、一方、不適切な評価はシステム全体を疲弊させる。大学図書館がその存在意義を確認する多面的な評価とその支えとなる調査研究活動は重要な役割を担っている。

（逸村　裕）

F. 学校図書館の運営

1 歴史と政策

日本における学校図書館の歴史は、それほど古くはない。戦前にも、自学重視の教育活動を展開した一部の私立学校などで図書館が設置されたが、全体から見れば少数であった[1]。

戦後、占領政策における重要な柱として、教育改革が進められた。1946（昭和21）年に出された『第一次米国教育使節団報告書』は、民主的な社会のための教育は、規定された学校課程と定められた教科書とに制限されていてはならず、教師の自由が必要だと主張している。「新教育」とよばれた当時の動きは、子どもの主体的な学習と教師の自由な教育活動を尊重しており、学校図書館の必要性にも理念的に結びついていった。

国の施策としては、1947（昭和22）年に制定された「学校教育法施行規則」で、はじめて学校に図書館の設置が義務づけられた。それと平行して、文部省[2]は『学校図書館の手引』を編纂した。1948年に発行されたこの『手引』では、"学校図書館は、新しい教育においては、きわめて重要な意義と役割を持っている"と位置づけ、組織、図書の整備、運用などの実務的な指針を提示した。その翌年には、文部大臣の諮問機関である「学校図書館協議会」が「学校図書館基準」を上申し、学校図書館が備えるべき基準を示した。

1950（昭和25）年に出された『第二次米国教育使節団報告書』では、学校図書館が明確な形で取り上げられた。その中で、学校図書館は図書以外の教材も備える"教材センター"として位置づけられ、"学校の心臓部"とまで表現されている[3]。

一方、学校現場でも学校図書館への関心が高まり、それぞれの学校の努力で学校図書館づくりが進められた。学校図書館の普及は、国による政策だけでなく、各地の学校図書館運動にも支えられていたといえる[4]。

ただ、一連の施策には予算的な措置がなく、学校図書館の整備は施設・資料・職員などの面においても不十分なものだった。「学校図書館基準」は作成されたものの法的拘束力がなく、こうした状態に不満を感じていた現場から、その法制化を求める声

が強くなっていった。1950年に民間の研究団体として結成された全国学校図書館協議会が中心になって、法制化の運動が進められ、1953年に議員立法の形で学校図書館法が制定された。

しかし、皮肉なことに、1950年代半ばころから教育行政の反動化が強まり、その後学校では系統的に知識を教え込む教育が広まっていく。それに伴って、学校教育における学校図書館の位置づけも弱まっていった。そして、学校図書館について積極的な政策がほとんど打ち出されないという状態が、それから何十年も続くことになる。

学校図書館法に規定された司書教諭も、附則が足かせとなって、東京都立高校など一部を除いてほとんど置かれることはなかった。司書教諭の配置が進まない中、自治体によっては、実務を担当する職員を配置する動きが見られた。これらの職員は「学校司書」とよばれ、身分や雇用形態はさまざまであったが、多くの学校で実質的に図書館運営を担ってきた。

1980年前後になって、学校教育のあり方を見直す動きが出てくる。1970年代半ばに出された教育課程審議会の答申に、すでに"自ら考え正しく判断できる力"という表現が見られ、1984年に発足した臨時教育審議会の答申などを経て、自己教育力の育成や教育内容・指導方法の多様化の推進がいわれるようになってきた。ここにおいて、再び学校図書館の存在が少しずつ注目されるようになる。

学校図書館の設置については法律の必要規定もあり、ほとんどの学校で実現していたものの、施設や資料の面では貧困な状態のところが多かった。さらには、上述のように職員配置も不十分であったため、授業のある日でも閉館している例が少なくなかった。関連団体や現場からは、こうした状況を打開し、学校教育に学校図書館を位置づけようという働きかけが絶えず行われてきた。また、1990年前後から、学校図書館の整備を求める市民運動も全国的な広がりを見せていた。

1987（昭和62）年、文部省は「学校施設のリニューアル」を発表した。ここでは、「図書室」の項で、例として、余裕教室を利用して"学校の中心に移動"したり、"あらゆる情報メディアを扱う室"とするなどがあげられている。さらに1992年には、小学校と中学校の施設整備指針を作成した（高校は1994年作成。また、小・中・高ともに2014年改正が最新）。その中で「図書室」は、"学習を支援する学習センター的な機能、必要な情報を収集・選択・活用し、その能力を育成する情報センター的な機能、学校における心のオアシスとなり、日々の生活の中で児童がくつろぎ、自発的に読書を楽しむ読書センター的な機能について計画することが重要"としている。

1993（平成5）年からは「学校図書館図書整備新5か年計画」が始まった。これは公立小・中学校などの学校図書館の蔵書を、5年間で現状の1.5倍程度まで増加することを目標に、総額500億円を地方交付税によって措置したものである。2012年からは第4次の5か年計画が始まり、従来の図書整備に加えて、新聞配備や学校図書館担当職員（いわゆる「学校司書」）の配置についても予算化している。ただ、地方交付税の性格上、その使い道は各自治体に委ねられている[5]。

1997年には、学校図書館法が一部改正され、司書教諭の配置について、"当分の間"としてきた猶予期間を2003年3月31日までと明確にした。これにより、11学級以下の学校を除き、2003年4月から全国的に司書教諭の配置が行われている。一方、学校司書についてはその附帯決議で触れられるにとどまった。

2001（平成13）年，議員立法で「子どもの読書活動の推進に関する法律」が成立した。これを受けて，翌年「子どもの読書活動の推進に関する基本的な計画」が閣議決定された（2013年に第3次計画決定）。この計画は，学校図書館について，"読書センターとしての機能"と"教育課程の展開に寄与する学習情報センターとしての機能"を果たし，"学校教育の中核的な役割を担うことが期待されている"と述べている。また，資料，施設の整備・充実や人的配置の推進についても触れている。

　2005（平成17）年には，同じく議員立法で「文字・活字文化振興法」が成立し，そこでも学校図書館の整備充実に必要な施策を講ずる，としている。

　引き続き「生きる力」を理念として，2008（平成20）年（高校は2009年）に改訂された「学習指導要領」には，総則に"学校図書館を計画的に利用しその機能の活用を図り，児童（生徒）の主体的，意欲的な学習活動や読書活動を充実すること"と盛り込まれ，いくつかの教科においても学校図書館に関連する記述がなされている。

　2014（平成26）年，学校図書館法が改正され，新たに第6条に学校司書が位置づけられた。

　文部科学省は学校図書館に関して，2007年から2009年にかけて「子どもの読書サポーターズ会議」を，2013年から2014年には「学校図書館担当職員の役割及びその資質の向上に関する調査研究協力者会議」を設置し，それぞれ報告をまとめた。後者の報告では，学校図書館担当職員（学校司書）の役割として教育活動に協力・参画することを明記した。また，2014年の法改正を受け，2015年から2017年まで「学校図書館の整備充実に関する調査研究協力者会議」を設け，学校司書としての資格・養成のあり方等について検討している[6]。

　ところで，学校図書館というと，指導機関としての側面ばかりが重視されがちだが，サービス機関としての面も押さえる必要がある。必要とされる資料を確実に提供することは，授業を支援し，子どもたちの知的要求に応え，学びと育ちを支えることであり，また生涯にわたって図書館を利用する習慣を身につけることであり，ひいては民主的な社会の一員としての素地を養うことにつながる。そのためには子どもたちの知る自由を意識しながら，「図書館の自由に関する宣言」に沿った図書館運営やリクエスト制度の導入，幅広いレファレンス業務などのサービス活動を行うことが必要である。

2 法令・規則と基準

　学校図書館に関する法令[7]としては，まず「学校図書館法」（以下，学図法）がある。名称のとおり学校図書館を単独でとりあげた法律であるが，これを理解する際には，憲法－教育基本法－学校教育法という系統の中で捉える必要がある。

　また，文部（科学）省が学校図書館に関する細かい基準を定めたものに，「学校図書館基準」がある。ただ，この基準は1959（昭和34）年が最終改訂となっており，現状にそぐわない部分が多い。その後，文部（科学）省は蔵書冊数や施設について，いくつかの基準や指針を作成している。しかし，これらの基準には法的拘束力はない。

　国際的には，ユネスコが1980年に「学校図書館メディアサービス宣言」（School Library Media Service Manifesto）を採択している。さらに1999年，ユネスコ総会において「ユネスコ学校図書館宣言」（IFLA/UNESCO School Library Manifesto）を批准した。

　全国学校図書館協議会（以下，全国SLA）では，1991年に「学校図書館憲章」

を採択した。これは，学校図書館の理念，機能，職員，資料，施設，運営について，これまでの論議をまとめたものである。また，全国SLAは政府による基準作成の不備を補う形で，資料や施設に関して独自の基準を作成している。

a　目的・機能

学校図書館は，"学校の教育課程の展開に寄与するとともに，児童又は生徒の健全な教養を育成することを目的"とする（学図法第2条）。

それを実現するための活動として，学図法第4条では，学校は「資料の収集・提供」「資料の適切な分類排列と目録の整備」「読書会，研究会，鑑賞会，映写会，資料展示会等の実施」「資料の利用その他学校図書館の利用に関する指導」「他の図書館，博物館，公民館等との協力」をすると規定している。さらに，学校図書館基準の「H 運営」には"各種の広報・集会活動を通じて宣伝啓発に努める"とある。利用指導については，「I　図書館の利用指導」で，指導すべき事項を列挙して，"これらの指導は，小・中・高等学校ごとに，教科および教科以外の諸指導を通して，計画的，組織的に行うことが必要である"としている。

b　整備と充実

"学校には，学校図書館を設けなければならない"（学図法第3条）。学校の設置者の任務は，"この法律の目的が十分に達成されるようその設置する学校の学校図書館を整備し，及び充実を図ること"（学図法第7条）である。また，国は"学校図書館の整備・充実や司書教諭の養成に関する計画の樹立""設置や運営に関する専門的，技術的な指導・勧告""整備・充実に必要と認められる措置"の実施に努めなければならない（学図法第8条）。同様の規定は，学校図書館基準やユネスコ学校図書館宣言にも見られる。

c　職員

"学校には，学校図書館の専門的職務を掌らせるため，司書教諭を置かなければならない"。この司書教諭は，司書教諭の講習を修了した"教諭をもって充てる"（学図法第5条）。また，1997年の「学校図書館法の一部を改正する法律案に対する附帯決議」では，司書教諭のあり方について，政府は"担当授業時間数の軽減や司書教諭の専任化を含め，検討を行い，その結果に基づいて所要の措置を講ずること"としている。しかし，現状では予算的措置がないため，ほとんどの司書教諭が専任でなく，授業時間の軽減も十分でない。司書教諭の講習については，「学校図書館司書教諭講習規程」に定められている。

また，"学校図書館の運営の改善及び向上を図り，児童又は生徒及び教員による学校図書館の利用の一層の促進に資するため，専ら学校図書館の職務に従事する職員（次項において「学校司書」という。）を置くよう努めなければならない"（学図法第6条）。学校司書の職務の内容は"専門的知識及び技能を必要とする"。ただし，配置のあり方については何ら規定がなく，資格・養成のあり方についても今後の検討事項とされた。

「公立義務教育諸学校の学級編制及び教職員定数の標準に関する法律及び公立高等学校の設置，適正配置及び教職員定数の標準等に関する法律の一部改正等について（通知）」（各都道府県教育委員会あて文部省教育助成局長通知，1993）には，事務職員の定数について言及がある。しかし，現状は必ずしもこのとおりになっていない。自治体によっては，「学校司書」の配置について条例で定めているところもある。なお，現状では「学校司書」はその採用にあ

たって，司書あるいは司書教諭の資格を問われることが多い。

d 資料

学校図書館基準は，蔵書数や年間の受入冊数，蔵書の配分比率などの基準を示し，"片寄りのない調和のある資料構成"に心がけるとともに，蔵書の配分においては"学校の課程，地域の実情などを考慮して設定する"ようにとしている（学校図書館基準「D 学校図書館資料」）。

文部省が1993（平成5）年に設定，2007年に改正した「学校図書館図書標準」には，小・中学校および特別支援学校の小・中学部における，学級規模ごとの目標蔵書冊数が定められている。

全国SLAが2000年に制定した「学校図書館メディア基準」は，広範にわたるメディアを収集の対象とし，それぞれの校種別，学校規模別の基準を示している。また，図書においては，蔵書の配分比率および年間購入冊数と購入費の基準も掲載する。図書費の基準はいずれも「学校図書館図書標準」を大幅に上回ったものになっている。

e 施設・設備

学校図書館基準は「D　建物・設備」で，"学校図書館は専用施設とし，教育活動に便利な場所がよい"とし，閲覧室の収容定員や面積などについて規定している。また，先述の「学校施設整備指針」でも，「図書室」のあり方について触れている。

全国SLAが1990年に制定，99年に改定した「全国学校図書館協議会学校図書館施設基準」は次のように指摘している。学校図書館施設は，社会や科学技術の進展に伴う資料・情報の多様化に"積極的に対応しながら，学校図書館の活動を円滑に実施できるよう考慮して基本計画を作成する必要がある"。この基準は「学校図書館施設の基本原則」「スペースごとの最低必要面積」「建築および設備の条件」の3部より構成され，"全国どの地域，どの学校においても，学校図書館の活動を達成するためには最低これだけの施設が必要である"としている。

f 各学校における規則・基準

学校図書館を運営するにあたっては，上述した一般的な法令や基準のほかに，各学校の課程や特徴を考慮した独自の規則や基準を作成し，明文化すべきである。それに沿った運営をすることによって，担当職員が交替しても一貫性と継続性を保つことができるとともに，倫理綱領的な意味合いも含ませることができる。

必要なものとしては，「学校図書館の目的」「運営方針」「資料収集方針」「除籍方針」「運営組織」「経理」「資料の分類・目録・装備・配架」「閲覧・貸出規程」などがあげられる。これらは職員会議の議論を経て，学校全体の理解と承認を得ることが大切である。また，「学校図書館の目的」「運営方針」「資料収集方針」「除籍方針」「閲覧・貸出規程」などは，児童・生徒も容易に目にすることができるよう，「生徒手帳」に印刷したり，「利用の手引き」というような形にまとめてオリエンテーション時に配布したりする[8]。

3　組織と財政

a　組織

学校図書館は，小・中・高校，特別支援学校と校種もさまざまで，また学校規模にも差があるため，その運営組織にも多様性が見られる。しかし，どのような組織形態をとるにしても，学校図書館の機能を十分に発揮するためには，担当職員のチームワークが必要であるし，さらに校内全体の協力体制が欠かせない。運営組織は，それを

可能とするような構成と位置づけでなければならない。

運営組織の職務は学図法第4条に列挙されているが、もう少し具体的にあげると次のようになる。

第1に、「管理・経営的職務」で、運営計画の立案、予算案・決算報告の作成、施設・設備の管理、校内外との連絡・協力、評価と改善などがある。第2に、「技術的職務」で、資料の選定・発注、分類、目録、データ入力、装備と排架、二次資料の作成、資料の管理などがある。第3に、「奉仕的職務」で、閲覧、貸出・返却、リクエスト、レファレンス、利用案内、読書相談、教科等との連携、相互貸借、広報活動、行事の企画・実施などがある。第4に、「指導的職務」で、利用者教育、読書の推進、図書委員会活動の指導・援助、教育課程の編成・展開への参画などがある。

日常的に図書館運営に携わる担当部署のあり方としては、おもに次の二つがある。

一つは、図書館部というように独立していて、教務部や生徒指導部などと並列におかれている場合である。この場合、学校の中に図書館をきちんと位置づけやすく、主体性をもった運営をすることができる。司書教諭、学校司書、その他数名の職員で構成され、原則として他の分掌と兼務しないことが望ましい。また、最近では、視聴覚や情報といっしょになっている学校もある。ただし、合併した機能を果たすためにはそれなりの人数が必要である。

もう一つは、教務や学習指導など、他の部に組み込まれている場合である。小・中学校や小規模校に比較的見られる。この場合、図書館担当を含んでいる部署の特性を活かすことができるが、活動内容がそれに左右されてしまうおそれもある。さらに、学校全体の意識として学校図書館の位置づけが弱くなり、図書館としての主体性が発揮できないことも心配される。

こうした担当部署のほかに、学年・教科・分掌などの代表者によって構成される委員会をおいているところもある。このような委員会は、運営の全般的なことについての審議機関的な性格をもっていることが多い。さまざまな部署から委員が出るため、図書館運営に学校全体の意見を反映しやすい。おもな例としては、「図書館運営委員会」と「資料選定委員会」がある。前者は、運営計画の立案、予算案の作成などの管理・経営的職務の一部を担う。上述した図書館担当部署は、委員会の決定に沿って運営を行うことになる。

反対に、教育課程や予算を検討する委員会などに、図書館担当部署から代表が参加できるような体制も必要である。

担当部署にしろ、委員会にしろ、学校図書館運営にかかわる事項は職員会議に提案し、承認を得なければならない。それによって、学校図書館の諸活動を職員全体に理解してもらうとともに、さまざまな場面で協力を得ることができる。

組織ではないが、ボランティアは、職員の不足を補うというような安易な発想によるべきでない。ボランティア活動の受入れは、あくまでも、きちんとした職員体制を前提とすべきである。

児童・生徒によって構成される図書委員会も、学校図書館の運営にいろいろな形でかかわっている。学校図書館基準にも"児童・生徒の委員を選出して、積極的に運営・奉仕に参加させる"(「H　運営」)とある。

図書委員会の構成は、各クラスから選出される場合、希望者が委員となる場合などがある。活動としては、貸出・返却のカウンター当番や書架整理、図書館だよりの発行、図書館行事の企画・運営、児童・生徒の視点からの資料選定などがある。ただし、図書委員会活動は、児童・生徒会活動の一

部としての自主的な活動であり，さらには図書館運営に児童・生徒が主体的に参加するためのシステムとして機能していくことが望ましい。

学校の枠を越えた組織としては，図書館間のネットワークがある。調べ学習や探究学習では，特定の分野についてまとまった資料や，児童・生徒のニーズに応じた多様な資料が必要になってくる。求められた資料を自館で購入できない場合も少なくないので，地域の学校図書館や公立図書館が組織的に連携していくことが求められている。

文部科学省でも，モデル地域を指定して，学校図書館の蔵書のデータベース化と地域のネットワーク化や，「学校図書館支援センター」を中核としたネットワークの構築について調査研究を進めてきている。

また，地域の学校図書館職員どうしの研修組織も重要である。業務の見直しや標準化について話し合ったり，さまざまな課題について研修したりして，職員の技能を高めることによって，より充実した学校図書館運営が可能になる。

b 財政

学校図書館の経費は，学校図書館基準にもあるように，"公費で支弁されなければならない"（「D　学校図書館資料」）というのが公立学校の原則である。しかし，公費だけでは不十分という現状があり，PTA費など私費から援助を受けている学校も少なくない。もちろん，厳密に公費だけでまかなっている自治体もあるが，その場合でも公費による経費が必ずしも十分なわけではない。

学校図書館経費は，自治体から学校に予算が配当されるときに，図書館用と指定されるところもあれば，図書館への配分は学校内で決められるところもある。校内で配分される場合，その比率が学校における図書館の位置づけを反映することは否めない。校内で予算を獲得するときは，学校図書館の果たす役割と予算の必要性について，理解が得られるように訴えていくことが大切である。

学校図書館経費は，資料費とそれ以外の費用に大きく分けることができる。資料費には，図書費，新聞・雑誌費，視聴覚メディア費，電子メディア費などがある。それ以外の費用には，設備・備品費，消耗品費，製本費，広報費，図書館行事費などがある。ただ，設備や消耗品については，汎用のものなどは学校全体の経費から支出されることが多い。人件費については，一般的に学校図書館経費には含まれない。また，児童・生徒図書委員会の活動費は，学校図書館経費とは別に，児童・生徒会の予算から配分される場合が多い。

学校図書館経費の内訳については，予算案を職員会議に諮るとともに，決算報告を行う。また，その執行にあたっては，資料収集方針に則り，学校の教育課程や児童・生徒および教職員のニーズに合わせて計画的に行うことが必要である。

4 管理と評価

a 管理

資料のデータ管理は，コンピュータが導入されていれば，おもにコンピュータで行う。そうでない場合は，原簿や目録カードを作成する。帳簿類は原簿のほかに，除籍簿，予算執行の出納簿，資料以外では物品管理簿などがある。

納品された資料は，検収，登録，分類，目録，装備などの作業を経て，書架に並べられる。

学校図書館基準「D　学校図書館資料の整理」には，"図書の分類は，日本十進分類法（NDC）による"とある。ただし，何

桁までとるかは，それぞれの学校の特性に応じて判断する必要がある。"目録カードの記入は，日本目録規則（NCR）に"より，排架目録，件名・書名・著者目録などを整備する。コンピュータの場合は，検索しやすい入力内容とシステムが必要である。

資料の管理として大切なものに蔵書点検がある。点検の目的は，原簿に記載されている資料が存在するかどうかを確認することと，資料の利用価値を再評価することである。蔵書点検は，少なくとも年に1回行うことが望ましい。実際の作業は排架目録などと資料を一致させていく。コンピュータ化されているところでは，バーコードを読み取っていく。点検後，不明図書については公表し，返却を呼びかける。学校の場合，3年間出てこなければ紛失したものとして除籍するところが多い。

また，内容が古くなったり，不適切になったりして，利用価値が低下したものや，汚損・破損が激しいものは書架から抜き出し，除籍する。資料を抜き出すときは，各学校で作成した除籍方針・基準に沿って行う。資料は定期的に更新を図り，書架を新鮮に保つことが大切である。

魅力的な図書館であるためには，環境の整備も大切である。明るく清潔な館内の維持はもちろん，排架のしかたやレイアウトの工夫，案内板や見出しの整備，時節に合わせた展示などを心がけなければならない。また，資料が探しやすく，利用しやすいという観点だけでなく，居心地がよいという観点も必要である。

ところで最近，学校図書館でも管理・運営を民間委託する例が見られる。学校内の連携等を考えると，慎重に考えるべき問題である。

また，学校図書館のコンピュータ化が著しいが，コンピュータによる資料管理や検索は，あくまでも学校図書館サービスの一部にすぎない。読書相談や教科への支援，レファレンスなどは，コンピュータのデータをベースにしながら，さらに豊富な経験と知識を必要とするものである。学校においても，コンピュータ化すれば専門的職員が不要になるわけでは決してない。

b　評価

学校図書館の運営や活動は，評価を行うことによって改善していかなければならない。評価の材料としては，数量的に示しやすいものは統計をとり，そうでないものは利用者にアンケートをとったり，自己点検をしたりする。

学校図書館でとるべき統計は，経費統計としては「資料購入費や物品購入費の総額と内訳」，資料統計としては「蔵書数」「年間受入数」「年間除籍数」，利用統計としては「貸出総数と1人あたりの貸出数」「授業等の利用記録」「リクエスト件数」「レファレンス記録」「相互貸借数」「行事の記録」などがある。これらの統計は，2で述べた諸基準と照らし合わせたり，経年的な変化を追ったり，他校の統計や全国的な調査と比べたりして評価する。

利用者アンケートは，年度末などに，児童・生徒や職員に図書館利用について尋ねたり，教科等で使われた場合は，その都度，利用した職員に回答してもらったりする。

自己チェックは，各学校で独自のチェックシートを作成して行ってもよいし，すでにできあがっているチェックリストを利用してもよい[9]。

こうして得られた材料をもとに，担当部署や委員会で反省を行い，運営計画や活動内容の目標と改善策を検討する。さらに職員会議でも検討を加えて，学校図書館の課題を学校全体のものにしていくことが必要である。

（松井正英）

G. 専門図書館の運営

1 専門図書館の特色・特殊性

a 定義の両義性

専門図書館とは，情報資源や利用者など対象を限定し，専門化した図書館である。定義づけには，基本的に二つの視点がある。

第1は情報資源に重点をおくもので，"いわゆる学術図書館のうち，医学図書館，法律図書館，農学図書館等々，専門領域を限ったもの"[1]はもちろん，例えば，公立図書館ではあるが科学・技術に特化した蔵書構成をもつ神奈川県立川崎図書館も，専門図書館とみなすことができる。

第2は設置目的やサービス対象など組織的側面，つまり，利用者に重点をおくもので，"組織の目標を追求する上で，そのメンバーやスタッフの情報要求を満たすため，営利企業，私法人，協会，政府機関，あるいはその他の特殊利益集団もしくは機関が設立し維持し運営する図書館"[2]である。

このように専門図書館は両義性を有してはいるが，第2の視点に立っていても，利用者を限定すれば必要な情報資源も特定分野に絞られるので，実態として両者は重なっているケースが多い。

本稿では，第2の視点に立った「組織内図書館」，とくに企業内ライブラリーを念頭において記す。

b 設置目的と運営

専門図書館の設置・運営については，法的に何ら規定されていない。企業等，各機関(以下，「親機関」)が独自のニーズに基づき，自発的に設置した「組織のための図書館」「仕事のための図書館」である。当然，運営方針や資金計画は親機関のそれと整合性がなくてはならないが，運営方法やサービスは融通がきき，柔軟性がある。それは，インフォメーションサービス，情報センター，情報メディアグループ，データルーム，ナレッジセンターなど，名称もさまざまであることにも表れている。

しかし，制度的保証や保護がないために存立基盤は脆弱である。生殺与奪の鍵を経営陣や管理部門が握っており，親機関の事情や景気に大きく左右される危険性をはらんでいる。

c 非公開性と利用者との関係

専門図書館の利用者は，基本的に親機関の成員に限定される。とくに企業内図書館は非公開性が強く，外部に公開しているところは13.5％にすぎない。OPACの公開も9.5％にとどまっている[3]。

利用者と専門図書館員の関係は非常に重要かつ密接である。公共図書館では利用記録を残さないなど，利用者のプライバシー保護に配慮しているが，組織内図書館では「その時・その人・その事に対する完璧な対応」が求められるから，利用者のニーズはもちろん，個々人の行動パターンや心理状態まで把握・分析する必要がある。また，組織の各部門・各業務との有機的な連携，相互の有効なフィードバックも欠かせない。

設立目的が明確でサービス対象も限定されているから，コレクションは主題分野・テーマを中心に据えて，高い専門性のもとに構築される。資料は「形式よりも内容」で，例えば「和雑誌と洋雑誌」「一般誌と専門誌」「学術雑誌と商業雑誌」といった区分

はあまり重視されない。単行書，逐次刊行物，小冊子・リーフレット，社内資料，電子資料，データベースなど，その形態や媒体も多様である。また，入手・探索すべき情報の範囲は，市販の図書・雑誌だけでなく，いわゆる灰色文献（政府や民間研究機関の調査報告書，会議録，社史など，通常の出版ルートには乗らず，所在・入手情報が困難だが，内容的には重要な出版物）や，人間，組織など無形のものにも及ぶ。

d　小規模

専門図書館は他館種に比べて小規模館が多い。2014年8月現在の企業内図書館の状況を見ると，約50％がスタッフ数5人以下[3]で，ワンパーソンライブラリーもめずらしくない。

年間の情報資料購入費は，49％の館が1000万円未満であり，蔵書数の平均は24,835冊，面積の平均値は321.1m^{2}となっている[3]。

小規模という条件のもとで，自館のテリトリーに関する情報資源は確保しなくてはならないこと，また，後で述べるようにサービスは高度なものをめざしているので，総じて，業務の外部委託や機械化など，省力化，合理化に熱心である。職員の構成を見ても，長期臨時職員，嘱託，アルバイト，派遣などの非正規職員が日常業務のかなりの部分を担っているケースが多い。

e　専門図書館の業務内容

専門図書館は，組織の情報・資料管理を，在来の図書館が長年培ってきた資料整理の手法を用いて行っているが，「図書館」であるから，基本的には他館種と同様，収集（選書，発注，購入，寄贈依頼等），整理（受入，分類，書誌データ入力，装備，排架，保存），蓄積・保管・廃棄，提供（閲覧，貸出，複写，レファレンスサービス）といった業務を行っている。しかし，特定分野の資料を扱っていることから，分類は独自分類によるなどの工夫をしているところが少なくない。

情報提供機能を最も重視するので，受入・整理作業は効率化・省力化する傾向が強い。持てる力や時間を専門的かつ高レベルの，迅速・的確な情報サービスに注ぐためで，相談や各種リクエストへの対応は「早く」（すぐにとりかかる）と「速く」（短時間で処理する）が要諦である。さらに回答にはプライオリティやコメントを付したり，分析・加工するなど，付加価値を付すことを心がける。自機関で必要なデータベースを構築したりもしている。

情報を早く入手することには非常に積極的で，リクエストに対しては即日入手・即日貸出に努め，技術系専門図書館では，オンラインジャーナルなど，電子媒体資料への転換が進んでいる。

専門図書館では，いわゆる図書館業務のほかに，図書館の技術やノウハウを生かして，その周辺近接業務をも担っているケースが少なくない。例えば，企業内情報の共有化・組織化のためのインハウスデータベースの構築ならびに運用，社内報や機関誌の編集，社史・年史の編纂，親機関のホームページの編集や継続的なデータ更新，Webマスターなどがあげられる。

また，親機関のために外部情報を収集・提供するだけでなく，親機関の公開情報（おもに文献）を外部へ提供する窓口の役割を担っているケースも多い。

f　組織

専門図書館は親機関の中の特定の一部署であり，上位部門の管理下におかれるから，公共図書館などと比べて独立性は低いが，運営に際しては独立した経営体としての意識が必要であること，利益を追求する民間企業等の中にありながら，その性格や手法は非営利であるなど，二重性をもった特異

な組織でもある。

　一般に，組織では指揮命令系統が明確で，意思決定のヒエラルキーに従って物事が決裁される。しかし，専門図書館では，職員（正規職員だけでになく人材派遣等によるスタッフを含めて）が一連の図書館業務から，予算管理，施設管理まで担っていること，また，管理職が非専門職であったり他部門との兼務が多いこともあって，スタッフとラインの業務や権限の仕分けが不明確になりやすく，日常業務を取り仕切っている勤続年数の長い者があたかもすべての権限を有しているような錯覚に陥っている場合がめずらしくない。つまり，結果的に命令の鎖から離れて，図書館の内部でも，親機関内の位置づけとしても，曖昧になりがちである。そして，このことが予算やマンパワーの獲得に有効性を発揮できない原因ともなっている。組織内図書館がその組織の一部門として確立するには，常に組織的対応をするよう心がけ，実行することが必要である。

g　相互協力とネットワーク

　自館の限られた情報資源だけでは利用者の情報要求に迅速・確実に応えられないために，専門図書館では，昔からさまざまな相互協力活動を展開してサービスを補強してきた。

　専門図書館協議会や情報科学技術協会など図書館の職能団体である「アソシエーションネットワーク」，神奈川県内の企業資料室等の集合体である「神奈川県資料室研究会」や東京都千代田区大手町にある専門図書館で構成する「大手町資料室連絡会」など地の利を生かした「ローカルネットワーク」，運輸，薬学など共通する専門分野を核にした「スペシャルインタレストネットワーク」，館種や規模等を問わず，互恵を原則にした「オープンネットワーク」，個人どうしでつながった「インフォーマルネットワーク」，資料を組織化することに焦点をあてた「ユーティリティネットワーク」など，多様なネットワークがあり，ニーズと目的に応じて使い分けてきた。しかし，コンピュータ化の進展に伴い，従来のような相互協力は難しくなっている。

　専門図書館の相互協力の多くは実務者レベルで行われ，また，個人どうしがお互いに協力・融通しあうというオフラインのインフォーマルな側面が強かった。これは，フットワークが軽く小回りがきく半面，属人的要素が強いために不安定さがつきまとい，相互協力の基盤をもろくしたのである。

2　専門図書館の運営

a　職員と人材育成

　専門図書館の職員は，図書館員である前に，親機関の一員である。したがって，専門図書館独自の採用はきわめてめずらしく，配置は親機関内の人事異動によるものが大部分である。司書有資格者も平均0.9人と少ない[4]。

　もっとも，司書資格は最低のレベルを維持するために必要とはいえ，取得が安易なことに加え，受けた教育の質・内容にばらつきが大きく，専門職としての水準や資格要件が証明しにくいために，組織の中で重視されないという側面がある。

　おかれている状況・条件は厳しいにもかかわらず，専門図書館員には，プロフェッションとしての自覚が必要で，情報の探索・組織化に関する高度な知識，能率的な事務処理能力，旺盛なサービス精神など，高い能力が求められる。備えるべき知識・技能には，①情報源（資料，ツール），②情報提供技術，③自館の蔵書やシステム（蔵書構成，分類法，排架法，蔵書管理システム，利用できる商用データベースなど），④主

題・専門知識（親機関の目的・動向・業務内容等に関する特定分野の専門的知識），⑤利用者の情報ニーズ，⑥新しいメディアを使いこなす「メディアリテラシー」，⑦情報・資料の調達・利用の具体的手続き，⑧語学力などがあげられる。また，指導力，コミュニケーション力，情報発信能力，幅広い人脈なども必要である。仕事のやり方の面では，柔軟性，適応性，迅速性，洞察力等も必要で，実務能力と企画・交渉能力を兼備していることが求められる。

いずれにしても，専門図書館員に必要不可欠の要件は「人に興味があり，人が好きであること」である。専門図書館員の仕事は人が相手だからだ。資料はそのための道具にすぎない。

職員は1人で複数（場合によってはすべて）の業務に対応できる体制を原則としており，一般事務・初歩的な作業と高度かつ知的で専門的な業務，また，ミクロなことからマクロなレベルまで，さまざまな業務・作業が混在している。

職員の教育・訓練は，専門図書館協議会や情報科学技術協会など職能団体やベンダーが主催するセミナー・研修会と，現場でのOJT（on-the-job training）が中心になっている。

少ない職員でかなりの仕事量をこなし，高いレベルのサービスを可能にするには，人材育成に力を入れなくてはならない。この場合，考慮すべきいくつかのポイントがある。

まず，一般的な技術の継承だけでなく，意味づけ（この仕事・作業はなぜやるか）やプライオリティ（どれが重要か）を理解させ，その意識を共有化・高度化することである。職員の教育訓練，とくにOJTにおいては，「やり方」だけを伝授する傾向があり，また，近年はパソコンの操作など情報技術に関心と重点がおかれているが，単なる手順や作業に終始していては，伸びは期待できない。

次に，何ごとも，抽象論・一般論ではなく，「大きなこと・全体」と「小さなこと・部分」を有機的に結びつけ，考えさせることである。「積極的なサービス」も「先端的な仕事」も，それがどんなことの集合体なのか，具体的にイメージできてはじめて実現できるからである。

業務マニュアルを整備しておくことも必要である。業務の機械化が進んだ今日では，ちょっとした具体的な手順・やり方がわからないために，業務に混乱を来たすことが多い。機械化時代にこそ，マニュアルは必須であろう。

また，マニュアルは，仕事の手順だけでなく，基準を示すものであるから，自分が行うべき仕事のポイントや目標が明確になる。マニュアルづくりによって，全員の作業・意識の標準化も図れる。詳細かつ具体的なマニュアルをつくり，逐次改訂する必要がある。

b　財政と予算

専門図書館が必要とする費用は，資料調達にかかわる費用（資料購入，複写など），スタッフにかかわる費用（人件費，研修・教育など），施設・設備にかかわる費用（機械化，備品など），その他の費用（団体の会費など）とさまざまだが，それぞれは密接に関係しているから，全体的に整合性を図って積算しなくてはならない。

予算は，親機関の業務・財務計画に基づいて決められるが，ほとんどの専門図書館は間接部門，一般管理部門に位置づけられる。このため，コストのみが意識されることになって，経営環境が厳しくなると真っ先に予算削減の対象となりやすい。したがって，予算の編成・獲得に際しては，予算の配分者である経営陣や総務・財務部門に

専門図書館の業務や機能をよく説明し，納得してもらわなくてはならない。

企業の，例えば製造・販売などの直接部門では，費用対効果が明確に数値化できる。しかし，専門図書館ではそれは困難であり，また，単純計算だとコストが便益を上回ってしまう可能性が高い。そこで，便益や効果を「利用者の満足度，あるいは図書館サービスによって利用者が有効かつ新しい価値を産み出すこと」と考え，親機関に有用性を主張すべきだろう。

予算管理と業務管理は裏表の関係にある。各専門図書館においては，経営計画・活動計画を策定し，それを具体的な金額に表さなくてはならないが，それは，親機関の方針と乖離したものであってはならない。的外れの要求にならないためには，親機関の方針や状況をしっかり把握しておく必要がある。また，経営計画は，単年度だけでなく，短期，中期，長期について重点のおき方を考え，準備しておかなくてはならない。

予算の範囲内で当初計画を達成するには，年間，四半期，月間と，それぞれ計画を立て，進捗状況を業務と金額面の両方から定期的にチェックし，また，予算総額に対する消化率や前年同期比などに気を配り，バランスよく使わなくてはならない。

専門図書館予算の大きな部分を占める情報資料費は，近年，厳しさを増してきている。予算額が減少傾向にある一方，資料費，とくに海外雑誌や電子ジャーナルの値上がりが急激であること，官庁刊行物など従来非売品で受贈可能であった資料が市販化されるようになったこと，従来印刷物であったものがデジタル化され高額化していることなど，予算圧迫要因が増えているからである。このため，予算獲得に努める一方，購読雑誌の誌数を減らしたり，資料を「所有」から「必要な都度調達」に切り替えて対応しているところも少なくない。

商用オンラインデータベースの利用も，便利で手放せないというメリットがある一方，検索費用の事前見積もりができないから予算管理が難しい。的確なキーワードを選ぶなど，効率的な検索を心がけなくてはならない。カネの管理と業務の効率化が表裏一体になっている。

業務や資料が電子化されると，当然ながら設備・装置の整備・充実・メンテナンス料も必要になり，その金額も大きなものになる。従来とは別の予算獲得努力も必要になった。

情報環境の変化や効率的・効果的な情報獲得ニーズへの高まりを背景に，専門図書館界では新たな動きも出てきている。従来はコストセンター（直接的には利益を生み出さない部門）であった専門図書館をプロフィットセンター（利益を生み出す部門）として捉えるケースが，企業内図書館において散見される。情報検索，文献調達など，情報サービスの質や量に応じて料金を設定し，それを利用部門に振り替え，請求するのである。これをさらに進めて，専門図書館（情報部門）を別会社化したり，外部に情報サービスを「商品」として売る例も出はじめている。

このような独立採算制の専門図書館は数の上ではまだきわめて少数だが，費用対効果を厳しく計る企業等では，今後漸増していく可能性がある。

c　組織に対するPR

専門図書館は，その活動が親機関に有用・有効であると認定されてはじめて存立が可能となる。また，経営母体の理解・評価なくして専門図書館の未来はない。ゆえに，図書館を常に意識の中に入れ，理解してもらうため，また，実像・実態を正確に知らせ，古いイメージや誤った推測を払拭するため，自らのPRに努めなくてはならない。

専門図書館では，PRの対象として利用者以上に親機関に重点をおく必要がある。

組織に対するPRは，利用者相手とは目的が異なるのだから，内容や手法も変えなくてはならない。顧客である利用者には，活動実績をあげるためにもマーケティング感覚に基づいたPRが必要であるのに対し，親機関には「的確・密接・強力なコミュニケーション感覚のPR」を意識したい。

具体的には，①業務の中身・状況をこまめに報告する，②ルーティンワークや現象の意味づけ（解説や分析）を明確にする，③日々の動き（変化，推移，比較）を理解させる，④将来計画，未来像を描き，それに向かって活動する，などである。

親機関の責任者が考えていることと，専門図書館やその利用者のニーズは必ずしも一致していない場合があるから，親機関が何を重要視しているかを見極め，組織や経営者の価値観や目的に合った情報を，タイミングよく，わかりやすく提供しなくてはならない。

また，利用統計や受入統計など数字のみの報告では「単にルーティンワークをやっているだけ」とみられがちである。仕事や活動を振り返り，その意味づけと説明を付す——つまり「業績に転換させた報告・PR」が重要である。

3 変容する情報環境と専門図書館が直面する問題

専門図書館は，外部環境や社会変革の影響を他の館種以上に強く受ける傾向がある。情報技術の発達，情報環境の急速な変化は，専門図書館に多大の影響を与え，また，多くの問題を突きつけている。

a 存在意義の希薄化

専門図書館の存在意義は，二つの側面から問われている。

一つは，利用者の情報入手法の変化である。インターネット上の情報は確実性・信頼性に不安があるとはいえ，手軽に，しかも無料で，かなりのニーズを満たすことができ，従来予想もできなかった便益を人々に与えている。また，電子メールは，国内はもとより，海外の専門家や機関とも簡単にやりとりできるだけでなく，アドレスを登録しておくことによって，継続的な情報提供を受けることもできる。このように，利用者個人が広範囲の情報資源へ直接アクセスするようになったために，従来に比べて図書館への依存度が低くなったのは否めない。

第2の要因は，外部の情報サービス機関の充実や業務受託業の成立・発展である。公的図書館や公開専門図書館などが充実してきて，これら外部機関を利用すれば，ほとんど無料で必要なものが得られる。

図書館業務受託業の存在や各種データベースの拡充も専門図書館をおびやかす。資料・情報の入手や整理を全面的にアウトソーシングしたり，既製のものを必要に応じて購入すれば，経費削減と効率化ができて，組織経営の論理に合うからである。

こういった背景により，組織内に図書館が必要であるということについて，説得力が弱くなりつつある。

b 主題・専門知識の取得

図書館員の領分は「文献・情報をシステマティックに探せること」であるが，よりよい情報サービスのためには，探すもののテーマに関する専門知識もなくてはならない。ところが，近年，どの分野も非常に細分化・高度化し，より専門的かつテクニカルになってきた。にもかかわらず，仕事をしながら自然に主題・専門知識を得ることが確実に減ってきている。

ひと昔前は，図書館員自身が資料の受入・

整理に携わり，その過程で逐一自館に受け入れる資料に接していた。雑誌記事索引も，自館独自のものをつくっており，記事採録作業の中で，資料，執筆者，テーマとさまざまなことを知ることができた。しかし，図書館業務のアウトソーシングが進むと，そのような効果は期待できない。

また，合理化・省力化と利用者の便宜を考えて進めた機械化は，皮肉にも専門図書館と利用者の関係を大きく変え，利用者ニーズの把握や専門知識の吸収に影響を及ぼしつつある。利用者がパソコンで情報源に直接アクセスするようになり，図書館への来館が減って，相互のコミュニケーションが希薄化したからである。

かつてのように図書館への来館が多ければ，図書館員と利用者とのコミュニケーションも活発で，図書館員は，利用者が取り組んでいる問題がよく理解でき，専門知識・主題知識を補えるし，資料収集にも反映できた。利用者自身が情報をもってきたからである。しかし，利用者が自分の席にとどまり，レファレンスサービスなども電子メールで「〇〇についての文献」とか「誰それの略歴と関係文献」と単なるキーワードを示してリクエストするだけでは，かつてのような効果は期待できない。

c 困難な人材育成

専門図書館員は情報コンサルタント，情報アナリスト，企業内知識管理者などの役割も果たすべきだという声がある。図書館情報学や母体組織に関する分野の知識はもちろん，優れたサービス気質やリーダーシップ，はてはコンサルタントや事業家としての能力や卓越したコミュニケーションスキルまで求められている。図書館のハイブリッド化に対応するには，図書館技術だけでなく，各種メディアやコンピュータにも強くなくてはならない。

しかし，このような万能人間はきわめて少ない。それどころか，専門職として組織内で必ずしも客観的に評価されているわけでもないのが現実だ。

教育システムや方法論が欠けているにもかかわらず，期待が大きすぎ，あるべき姿・求められるものと実際のレベルが乖離しすぎているきらいがある。「時代の変化に対応できる人材を」とか「能力ある人がほしい」という抽象論では，必要な知識・技能の中身が曖昧で，混乱が起きる。抽象論にとどまっている限り，実地に役立つ人材は育たない。

図書館のさまざまな業務・作業を分析し，初級から上級へ何段階かに分けて，求められる能力要件・目標を明確に定める必要がある。理想的な職員に育成するには，さらに，環境変化にかかわらず変わることのない根源的なものと，変化に対応した能力開発を要するものとを峻別し，プログラムも常に更新するのが理想的だ。

OJTと外部研修を組み合わせた段階的・計画的・継続的な教育が望まれるが，専門図書館は非常に多様で，各館の専門分野も異なるから，専門図書館協議会など職能団体が画一的に研修することが難しい。例えば，社会科学系と自然科学系の専門図書館を比較してみると，研究対象も文献や利用者の特性も大きく異なり，図書館員の育成も，社会科学系は社会現象についての幅広い知識や人脈形成が重視されるのに対して，自然科学系では，新研究の展望やより深い主題・専門知識，情報処理技術などに重点がおかれる。したがって，職能団体等での外部研修は，基礎的・最大公約数的なものにとどまらざるを得ない。

結局，職場や機関のニーズやレベルに合った実践的・具体的な能力開発は，自館独自の研修によるしかないが，多くの専門図書館では，効果的な教育ができる人材が乏

しいことに加え，管理職が専門的な業務知識をもたないために，正しい育成・啓蒙や評価ができず，自己啓発に大きく依存した「捨て育て」になっているケースが多い。また，非正規職員が多いために，人材育成に対する関心と熱意が薄れがちであることも指摘できる。

内部での育成・訓練は，一般的には，レファレンス記録の共有やレファレンスレビュー，定例打合せによる業務情報の共有，各種回覧，OJTなどによっている。OJTは，機会を多く設けられるだけでなく，自然に，しかも意識的に行えるという面があるので，ほとんどの専門図書館で実施してはいるが，体系化が困難で断片的なものとなりやすく，また，目先の業務達成が優先されがちだ。

社会の急激な変化，媒体の多様化，問題の学際化，出版・流通の複雑化など情報環境の変化・進歩に伴って，図書館員の役割も拡大・高度化が望まれている一方，職員の業務範囲は安定性と明確さを失いつつある。専門図書館の人材育成は多くの困難をかかえているとはいえ，「教える」と「育てる」を分けた効果的な教育・育成策の模索・確立が喫緊の課題である。

d　ネットワークのゆくえ

情報資源の拡大と大容量化の中で，小規模な専門図書館が多様な利用者ニーズに迅速かつ的確に応えるために，他館との資料・情報の共有化・相互利用・分担保存等の必要性がますます高まっている。

職員レベルで対応できるインフォーマルな相互協力だけでなく，今後は，地域，館種，テーマを越えた大規模な図書館協力体制の構築・強化が求められるところである。しかし，民間の専門図書館は，例えば情報・システム研究機構国立情報学研究所（NII）が運用しているような公的学術情報ネットワークへの参入は難しい。

それでは，専門図書館独自の大規模なネットワークが構築できるか――。進歩したコンピュータや通信技術を利用すれば，技術的・理論的には可能であり，期待できる。

しかしそのためには，参加館の間で共通の活動目標が設定され，相互の調整による意思決定と運営が行われなければならない。設備投資等の費用も要するとなると，参加する専門図書館のすべてが上司や親機関の了解を取りつけなくてはやっていけなくなるが，大部分が小規模の専門図書館が，その実現に向かえるかどうか，大きな課題である。

また，相互協力がギブアンドテイクの考えに基づくものであることを考えれば，独自で質の高いコレクションの構築やサービスの充実にいっそう努め，それを外部に公開する必要がある。「組織のため」「親機関の仕事のため」という使命を担う専門図書館が，どの程度それを可能にできるかも問われるところである。とくに，収益を求めて独立・事業化した専門図書館との互恵をどう考えるのか，新しい課題を突きつけられてもいる。

専門図書館では昔からネットワークや相互協力のニーズが高いが，それは常に自分の側のニーズ・要望であることを考えれば，現実に参加できるネットワークはきわめて限定されたものにならざるを得ず，大学図書館や公共図書館に比べて，遅れをとるのではないかという危惧がある。

e　管理職の意識改革

従来，専門図書館の存在は，そのサービスの良否，換言すれば職員であるスペシャリストの仕事が決め手になっていた。そして，仕事のやり方としては，職員があれこれ考え，それを上司に諮るボトムアップ方式が多かった。

一方，管理職に他部門との兼務が多いこ

と，専任の場合でも，一時的な配置であるという認識のために，当事者意識が薄かったことが指摘される。

しかし，これからの専門図書館活動では，マネージャーの存在が重要になり，マネジメントが命運を決する鍵になるであろう。「わが図書館は何のためにあるのか。どんな人材を育て，どんな設備を備え，どんなサービスをするのか」——情報環境や情報技術がさらに急激に変化する中で，自館の機能や目的を明確にし，最も効果的な運営・サービスを実行しなくてはならない。

媒体が多様化した今日，従来どおりの書籍・雑誌と，**CD-ROM**や**DVD**，オンラインジャーナルをどのように組み合わせ予算配分するのか，商用データベースはどれを選ぶべきか，図書館の設備をどう整えるのか，さまざまな選択・判断を迫られている。さらに，組織内のフォーマルな情報をスタッフに与え，生き生きと働ける職場をつくること，外部情報機関や図書館協力組織をうまく活用するための組織内外への働きかけなども必須である。

設備や資金を確保し，人を育て，部門としての成果もあげるという，本来管理職が果たすべき役割を自覚し，当事者意識をもって確実かつダイナミックに自らの仕事をする真のマネージャーが数多く登場することによって，専門図書館は活性化するはずである。管理職の意識改革が望まれる。

〈村橋勝子〉

H. 図書館の統計と調査

1 統計の意義

統計はその機関の活動記録であり，今後の活動を検討する際の基礎資料であり，また活動を評価するためのものでもある。従来ともすれば活動記録としての統計のみが重視されてきたが，これすらもアカウンタビリティ（説明責任）からの見直しが迫られている。

そして，近年重視されはじめたのが「計画のための統計」であり，「評価のための統計」である。現場ではその時々の活動に目を奪われがちであるが，明確なビジョンをもち，それに近づくために計画的な組織運営を行うことがより重要である。

なお図書館の統計や評価に大きな影響を与えているISO（国際標準化機構）の「図書館パフォーマンス指標」は，2002年にJIS（日本工業規格）に「X0812」として採用され，2007年にはISOの2003年の改訂を受けJISも改訂されている。

また，2008年6月の図書館法改正に伴い第7条の3で「運営の状況に関する評価等」を定め，第7条の4で「運営の状況に関する情報の提供」も努力目標として追加された。このように図書館統計は，図書館の自己評価や説明責任としての意義などをいっそう増したということができるだろう。

さらに忘れてならないのは，統計が本当に活用されサービス対象者に高い満足を与えるためには，流れが必要ということであ

る。図書館の経営には，ビジョンがあり，そこに至る計画があり，それを推進する「人」が必要である。統計や調査はこれらを裏づけあるいは評価し，方向性の正否を測るものさしといえるだろう。

a 報告のための統計

報告に関して問題になるのは，誰に対しての報告なのか，という点である。まず，通常考えられるのが親機関（上部機関）への報告である。もう一つがサービス対象者への報告である。これまで親機関への報告は行っても，サービス対象者への報告は親機関用のものの併用かそのダイジェストが多かった。

しかし，サービス対象者へのアカウンタビリティという面を考えるならば，無機質な数字の羅列である場合が多い親機関への報告用とは別に，見やすくわかりやすい表現の報告が必要である。また，近年ホームページ上で統計を公開する事例も多い。

b 計画のための統計

近年重要となってきたのが，計画のための統計である。先に述べたように図書館経営においては，使命→目標→計画→実践→評価→計画→実践というサイクルが重要である。計画のための統計とは，短期から長期に至る計画策定の基礎ともいうべきもので，また目標を立てる際の根拠になるものである。

計画のための統計は，アメリカなどでは盛んに利用され，アメリカ図書館協会ではマニュアルも策定されている。しかし，日本では十分利用されているとはいえないが，2001（平成13）年に告示された「公立図書館の設置及び運営上の望ましい基準」では目標をそれぞれの図書館で定めることが求められており，今後計画のための統計が活用される素地ができつつある。

c 評価のための統計

評価は，行政評価の流れの中で図書館でも否応なく適用を迫られている。しかし，評価のためだけの統計では本末転倒であり，本来サービスレベルが利用者にとってどうであったかという点が評価の本質である。このことは，統計を評価に利用するにあたり忘れてはならない点である。評価のための統計には次のようなものがある。
・自館で策定した数値目標との比較
・公開されている基準類との比較
・同規模自治体との比較
・類似自治体との比較
・近隣自治体との比較
・地域内，あるいは都道府県内の比較

このような評価を行うことにより，達成度や自館の位置づけが可能になる。また，「パフォーマンス指標」の項目を自館の目的に合わせ適宜使用することにより，評価をより多角的に行うことも可能である。

2 統計の種類

a 資料統計

(1)「所蔵統計」

図書館に所蔵している資料をカウントしたもので，資料に関する統計の代表であり，図書館の規模を表した統計ともいえる。通常，図書，新聞，雑誌，参考図書，郷土資料，地図，マイクロ資料，視聴覚資料等といった種別に分け，さらにそれぞれの分類別統計をとる場合が多い。さらに，図書，逐次刊行物，視聴覚資料等のくくりで報告されることもある。

図書，参考図書，郷土資料，地図，マイクロ資料，視聴覚資料等は所蔵点数で，新聞，雑誌は所蔵タイトル数で表示される。このほか，テクニカルレポートや規格などもある。

(2) 「収集・除籍統計」

年間あるいは月間で受入した資料の数を「収集統計」といい，何らかの理由により不用として所蔵登録を抹消した資料の数を「除籍統計」（「払出統計」ともいう）という。統計上の分類は，「所蔵統計」に準じる場合が多い。

また，収集統計を受入方法別（購入，編入，寄贈，その他等）に区分して統計をとる場合もある。

(3) 「データ統計」

資料整理にあたり，自館で目録作業を行う比率は年々減少し，外部のデータ提供機関からのデータ提供や，整理委託が増えてきている。そのため，一部の図書館ではデータの入手先別の統計を採取し，業務改善や効率化に取り組んでいる。

b　利用統計

(1) 「貸出統計」

(a)　意味と採取方法

通常個人に対し貸出された資料（図書，雑誌，視聴覚資料等）数をカウントしたもの。実数で使われる場合も多いが，比較するときには人口割，職員割にして使う（指標化）。

(b)　特徴と課題

貸出統計は図書館の利用状況を示す数字として，また図書館評価の指標として最も頻繁に利用されるものである。しかし近年図書館を評価する基準として，貸出統計に偏重しすぎているのではないかという疑問も提起されている。

この点に関し，次の点を確認しておきたい。

・『市民の図書館』[1]で貸出が重視されたことが，公共図書館を資料主体の組織から利用者主体の組織へとパラダイム転換させる契機となった。
・貸出件数はさまざまな要素（例えば，資料費，職員数，予約への取組み，レファレンス担当者の質など）が影響しており，貸出件数の多寡だけによる図書館の評価は困難である。これはどの要素がプラスに作用し，どの要素がマイナスに作用しているのかといった評価に不可欠の点が分離不可能な形で含まれているからである。
・貸出件数は，図書館サービスのレベルが向上すれば結果的に増えてくる。
・貸出件数は目的ではなく結果であり，必ずしも貸出件数の多い図書館イコールすぐれた図書館ではないが，貸出件数が平均を下回っている図書館は図書館サービスのどこかに問題があるといえる。つまり，貸出件数はすぐれた図書館かどうかを判断する際の必要条件ではあるが，十分条件ではないということである。
・貸出は図書館PRの側面をもっている。

(c)　貸出統計の標準化

貸出統計を扱う場合，公共図書館では児童の範囲や継続利用のカウント方法が問題となる。とくに他館との比較を行うときには，統計採取の標準化がされていないと無駄な比較をすることになる。例えば児童の貸出統計を比較するとき，対象が児童図書の貸出資料数なのか児童に対する貸出資料数なのかといったことを，統計を利用する目的に応じて明確にしておく必要がある。また，貸出統計に障害者サービスや移動図書館での利用，視聴覚資料を含めるかどうかなど，自館の比較ではいずれかの基準を決めて採取すればよいが，他館との比較ではやはり標準化が不可欠である。

(d)　詳細な貸出統計

貸出統計を考える際，コンピュータの能力の向上，図書館用パッケージソフトの充実などにより，より詳細な貸出統計が採取可能となった。その館の実績として，また仕事量を考える際には総計でよいが，自治

体内外の利用状況，年齢別の利用状況など，手作業では困難であったものが容易に手に入るようになったわけである。しかし，「統計の意義」で述べたように，統計のための統計であったのでは意味がない。ビジョンに近づくため，目標を達成するため，「サービス計画」を策定するため，評価するために必要な貸出統計は何かをよく検討し，本当に必要な貸出統計を決め，それを活用することが求められている。

(e) 統計の頻度

貸出統計は通常1日単位，1か月単位，1年単位で採取されることが多い。しかし，時間単位，曜日単位，国民の祝日だけなどの切り口での採取も，人員配置や計画策定の貴重な情報となる場合がある。

また，経年変化のように年単位の統計を累積すれば，評価や計画策定の材料や根拠となる。

(2)「登録者数」

(a) 意味と採取方法

当該図書館（自治体内に複数図書館がある場合も共通カードとしている場合が多い）に登録し，貸出券を交付されている人の総数。通常，延べ登録者数（有効期限内の登録者数）と，新規登録者数（年度内に新規に登録した人の数）がとられることが多いが，有効期限が1年というところでは，延べ登録者数と新規登録者数は同じになる。

また，居住自治体別，自治体内の地域別，年齢別等の統計もサービスの浸透状況を知る手がかりとなる。

(b) 特徴と課題

登録者については，自治体内の地区別登録状況など自治体内で使用する場合には運営上有用な統計である。しかし，他館との比較を行う場合には，自治体によって採取の方法がさまざまなため現状では使えない。有効期限3年の図書館と有効期限10年の図書館では，数字上の比較はまったく意味がないということである。

他館との比較を行うためには，例えば実利用登録者数（1年間に1度以上利用した登録者数）を使うなど標準化する必要がある。

また，広域利用が行われているところでは，自治体内の登録者数と自治体外の登録者数を分けて考えなければならない。

(3)「予約統計」

(a) 意味と採取方法

来館者については利用者の求める資料が棚になかった場合，返却待ち，購入，借用等の手段により対応するが，その件数をカウントしたのが予約統計である。

また，インターネットや所蔵館以外に設置してあるOPACからの予約については，取置き（所蔵資料を予約者のために優先的に取り置く措置）も統計に含まれる。近年，インターネットでの予約受付が急速に普及しており，この取置きの件数が増えている。

この場合，受付件数と処理件数が発生するが，『日本の図書館』では受付件数でカウントし，処理件数しかカウントできない場合のみ処理件数を使っている。

(b) 特徴と課題

公共図書館では，予約は1980年代半ばより積極的に進められたサービスである。予約サービスは利用者本位の図書館に転換したことを示す典型的サービスであり，貸出件数との相関関係も強い。また，予約は利用者と図書館の信頼を築くという側面もある。

予約統計では，返却待ち，購入，他館からの借用，処理不能といった取扱内容別統計と，窓口予約，館内OPAC予約，Web OPAC予約等，取扱方法別統計がある。また，必要に応じてそれぞれと利用者の年代等を組み合わせることにより，さまざまな分析が可能となる。

また，提供までの日数（予約受付日から

準備できるまでの日数)を採取することができれば，購入方法の見直しや複本の冊数などにも応用でき，よりきめ細かな対応の材料となる。

(4) 「レファレンス統計」
(a) 意味と採取方法
レファレンスサービスの受付件数をカウントする。質問の依頼形態(口頭，電話，文書，メール等)で分けて報告する場合が多い。『日本の図書館』では口頭，電話，文書の3種類で調査している。

また，調査によっては書誌調査，所蔵調査，所在調査，文献調査，事項調査等に分けて調べる場合もある。

(b) 特徴と課題
レファレンスサービスに関しては，館によってレファレンスサービスの捉え方に差があり，他館との比較は実質困難である。たとえレファレンスサービスについて厳密に定義しても，多忙な館などではチェックもれ等があるし，「件数×所要時間」で計ることが提唱されることもあるが，質問の難易によって，また担当職員の力量によって件数も所要時間も影響を受けるため，必要な精度が出ない。結局レファレンスサービスに関しては，自館のサービス改善のためにその館なりの定義を定め，経年的な変化や評価を行うのがよいだろう。

他館との比較を行うのであれば，通年の統計よりもサンプル調査の方が，条件を揃えたりすることを考えれば，少ない労力で必要な情報が採取できる。

(5) 「入館統計」
(a) 意味と採取方法
その図書館に入館した人の数。ブックディテクションシステム(BDS: Book Detection System)等を使って入館時にカウントし，退館時にはカウントしない。再入場が人数としてカウントされる分，若干実利用人数より多くなるが，貸出者数による代用に比べ，閲覧やレファレンス利用の人をカウントできる利点がある。

ICチップを利用することにより再入場のチェックも可能だが，貸出券を保有している人に限られるため，やはり正確な数字とはいえない。

(b) 特徴と課題
近年図書館(とくに公共図書館)の集客力が注目されつつあり，また図書館の存在意義を訴える材料ともなってきている。実際，その集客力を見込んで(もちろんそれだけが理由ではないが)，駅ビルに図書館を設置する事例もある。

従来公共図書館では，入館証が必要だった時代の反動や，入館者数のカウントの困難さなどから，入館者数をとっている図書館は少数であった。しかし，BDSを導入する館が増えてきた現在，多少の誤差はあるものの容易に入館者数がカウントできるようになった。

(c) 留意点
問題はこのようにして採取された統計を，どのように活用するのかという方針が明確になっているかどうかという点にある。ほかの統計にもいえることだが，この点が不明瞭では単なる統計に終わってしまう。

(6) 「障害者サービス統計」
(a) 意味と採取方法
所蔵資料数，貸出件数，登録数などのほか，サービスごとの利用状況(宅配，郵送，対面朗読等)の統計を採取する。

(b) 特徴と課題
障害者サービスは日本においてはまだ発展途上のサービスであり，統計についても標準的な形式はない。視覚障害者サービス，聴覚障害者サービス，肢体不自由者サービス，病院サービス，その他のアウトリーチサービスなど対象や内容ごとの統計も考えられるが，現状ではサービス水準がそこに至っていない場合が多い。

(7)「相互貸借統計」

まず借用と貸出に分け，その中を対象館ごとに件数，冊数をカウントするのが通例である。さらに連絡手段（電話，FAX，ネットワークその他）で区分する方法や，内容（例えば日本十進分類法（NDC）10区分など）で区分する方法もある。

大学図書館や専門図書館の場合は文献複写による相互貸借があり，この場合も件数をカウントするのが通例である。

(8)「団体貸出統計」
(a) 意味と採取方法

登録団体数，利用回数，貸出件数をカウントするのが通例である。図書館によっては団体内の利用や，団体が貸出した数の報告を求める場合もある。

(b) 特徴と課題

団体貸出に関して近年注目を集めている事柄がいくつかある。一つは，コミュニティの活性化に向けての動きであり，もう一つは学校図書館との連携である。どちらも従来から団体貸出の利用対象であったが，その存在が新しい形で再登場した意義は大きい。図書館としても積極的にかかわりを深めていく必要があるだろう。

また，ビジネス支援に関連しての団体貸出は，新しい対象として登場している。今後は登録団体を種別に統計採取する必要も出てくるだろう。

(9)「行事・集会の統計」
(a) 意味と採取方法

図書館で行った行事・集会等を，その内容ごとに開催件数，参加者数をカウントする。児童向け，大人向け，高齢者向け等の対象者別に集計する場合もある。

(b) 特徴と課題

近年は，ビジネス支援の講座やインターネット検索，ホームページ作成講座等を開催する事例や，商工会や商店街等との共同事業，あるいは地域住民主催の図書館事業を行う事例もある。

図書館は情報提供の場であるとともに，コミュニティ醸成の場でもあることを考えれば，図書館を場として活用したこのような事例も新しいカテゴリーとして統計を採取することは意義がある。

c 職員統計
(1) 意味と採取方法

通常年1回，年度始め（4月1日現在）あるいは年度末（3月31日現在）で採取されることが多い。7月異動，10月異動を採用している自治体もあるが，『日本の図書館』では年度始めの数字でとられている。

また，職員統計は仕事量や，職員1人当たりという場合，使用する頻度の高い統計であり，経年変化もぜひ採取したい統計である。

(2) 特徴と課題

職員統計を採取する場合，最も気をつけなければならないのは，職員の雇用形態である。通常，正規職員と非正規職員（非常勤職員，臨時職員，アルバイト等）に区分し，非常勤・臨時職員についてはフルタイム換算の数字で表すことが多い。ちなみに『日本の図書館』では1,500時間換算で計算している。なお，指定管理者制度や委託による企業等の人員が記載されていないのは問題である。

また，詳細に統計をとるのであれば，司書資格の有無別，経験年数別での職員統計が，他館との比較という意味において有用である。

d 経費統計

経費に関する統計は，自治体等運営主体の経営上必ず集計され，報告されている。その形式は運営主体によって大きく異なってはいるが，図書館として重要なのはおおむね次のものである。

(1) 経常的経費

図書館の運営に必要な経費から，臨時的経費を除いたもの。通常，資料購入費（資料費），人件費，その他の物件費の合算されたものを指す。『日本の図書館』の「図書館費」には人件費が含まれていない（図書館予算に職員の人件費が計上されていないため，正確な統計数値の収集が困難なことから，『日本の図書館』では1995年調査以降，人件費の項目がなくなった）。

(2) 人件費

図書館の職員に支給される給料や諸手当の総額を指す。通常，人件費は図書館運営機関の人事部門で一括計上されることが多く，『日本の図書館』でも非常勤職員の報酬や臨時職員の賃金は図書館費に含まれているものの，職員の人件費は含まれていない。

しかし，図書館活動の評価（例えば貸出当たりの費用等）を行う場合に，人件費を含む実際に要した費用統計は必須である。

(3) 資料購入費〔資料費〕

備品費，消耗品費といった費目を問わず，図書館の資料購入に要した費用を資料購入費（資料費）という。資料購入費（資料費）はさらに図書購入費，雑誌・新聞費，視聴覚資料費，その他の資料費に分けて統計をとる場合が多い。『日本の図書館』もこの区分で採取している。

(4) 臨時的経費

用地取得や建物の新築・改築，その際の設備，備品等の購入費，臨時的な資料購入費（資料費）などの経費を指す。必要に応じて臨時的な資料購入費（資料費）を抜き出して示す場合もある。

e　比較統計

比較統計は，自館の現状を客観的に探るため用いる手法である。これは主として計画策定時に，あるいは評価時に用い，各種基準との比較とは違い，実際の活動事例との比較であり，一定の訴求力をもつ。以下では公共図書館を念頭において述べるが，大学図書館等でも類似機関，同規模機関との比較という形でこの手法を使うことができる。

(1) 同規模自治体との比較

多く使われているのは，人口規模でみる場合である。例えば，人口10万人の自治体ならば人口8万人から人口12万人の自治体の図書館と比較するとか，人口7,000人の自治体であれば人口1万人以下の自治体の図書館と比較するなどがその例である。

この比較の利点としては，人を対象にサービスする図書館にとってサービス対象が同じ規模であるということを意味すること，自治体自体の財政的規模も比較的近いこと，『日本の図書館』が人口段階別に集計されていて比較が容易であること，などがあげられる。

欠点としては，産業構造の違いや年齢構成の違い，自治体の面積や地域性の違いといった，サービス方法に大きな影響を与える要素が考慮されないことにある。

(2) 類似自治体との比較

これはおもに産業構造や就業実態あるいは自治体の歴史的な位置づけに着目し，このような要素が比較的似ている自治体間で比較するものである。これに人口を組み合わせる場合もある。

利点としては，住民の層が類似しているため行動形態や要求等が類似しており，量的だけでなく質的な比較が可能になることである。

欠点としては，『日本の図書館』だけでは情報が得られないので，複数の情報にあたる必要があることと，絞り込みすぎるとサンプル数が不足すること等があげられる。複数の基準で絞り込むのであれば，むしろいくつかの点で類似している優良図書館を

表Ⅲ-6 評価指標

指標名	計算式	特徴と課題
貸出密度・住民一人当たりの貸出件数 （活動状況を見る指標。図書館の指標として最も使われている）	貸出件数／人口	人口規模に大きな差がある場合，同一俎上で比較することが妥当かどうかという問題がある。また，広域的な貸出を行う図書館が増えてきており，その自治体の人口で考えることが妥当かという問題もある。さらに，根源的なこととして，資料の貸出がその図書館の評価と直接結びつくのかという議論が常に行われている。
住民一人当たりの資料費 （自治体の投資状況を見る指標）	資料費／人口	資料費は蔵書数や貸出と強い相関関係にあり，比較指標として妥当と思われる。しかし，人口規模に大きな差がある場合，同一俎上で比較することが妥当かどうかという問題がある。
住民一人当たりの予約件数 （予約の普及状況を見る指標）	予約件数／人口	予約件数は職員数や蔵書数，雑誌タイトル数と相関関係を示すほか，貸出とは強い相関関係にある。比較指標としては妥当と思われる。
登録率 （登録状況を見る）	登録者／人口	自治体によって登録者の定義が違う。また，有効期間も違う。また広域利用者の取り扱いもまちまちである。自館の利用状況の分析としては使えるが，比較指標としては使えない。
実質貸出密度 （登録者一人当たり年間何点貸出したかという数字）	貸出件数／有効登録者数	この場合も，自館の分析としては使えるものの，他館との比較などは登録者の定義が館によって違うので使えない。
蔵書回転率 （貸出件数と蔵書のバランスを見る指標）	貸出件数／蔵書数	貸出冊数との相関はあるものの，どの程度の数字が妥当なのかという基準がなく，比較指標としてはあまりふさわしいとは言えない。
購入資料回転率 （購入資料数と貸出の関係を見る）	貸出件数／年間購入資料数	蔵書回転率とともに自館の業務分析には役立つ。しかし，比較項目として見ると，貸出が少なくても購入数も少なければ一定の数字が出るなど，必ずしも活動の状況と一致した結果が出ないという問題がある。
貸出便益 （『市民の図書館』で提唱。住民への還元額）	（平均単価＊貸出件数）－図書館費	貸出件数の絶対量との相関が強く，また資料購入の平均単価にも左右される。平均単価の差は意外に大きく，2千円以上の差がある場合もある。
貸出サービス指数 （費用と便益＜住民への還元＞の比率。「100」で収支ゼロ。「200」以上が目安となる）	（平均単価＊貸出数／図書館費）＊100	これも基本的に「貸出便益」と同じで，実際の活動状況よりも平均単価の影響が大きい場合もある。
総職員一人当たりの貸出冊数 （職員の仕事量を見る指標）	貸出件数／総職員数	総職員数とは専任職員数と非常勤職員等の人数（年間勤務時間1,500時間換算の人数）を合せた数。自館の分析や比較指標として使える。ただし，どの程度が妥当なのかはわからないので基準としては使えない。

(3) 地域内，あるいは都道府県内の比較
　自治体の場合，比較的地域内での結びつきが強い。連絡協議会を設けたり，一部事務組合を設置したりしての行政間のつながりのほか，住民も生活圏が重なっていたりするため，現実味のある比較ができる。また，説明資料としての説得力もある。また，都道府県内の比較も，同様な意味で有意義である。
　留意しなければならないのは，人口格差（例えば，人口7,000人の村と100万人の都市）を比較することが果たして意味があるのか，あるいは性格のまったく違う自治体同士を比較することで得られた結果は適用可能なのか，といった問題を潜在的にもっている点である。そういう意味では，補助的な意味合いの強いものといえる。

f　評価指標
　よく使われる評価指標を表Ⅲ-6に示した。

3　図書館調査

　図書館調査は社会調査の一つである。社会調査は一般に，"社会的な問題意識に基づいてデータを収集し，収集したデータを使って社会について考え，その結果を公表する一連の過程"[2]と定義されている。
　社会調査は現代社会において重要なツールであり，新聞などでも頻繁に行われている。しかし，中には誘導的調査や妥当性を欠く調査もあり，社会調査についての知識の有無が調査主体である図書館への信頼を損ねるだけでなく，調査対象となった住民の個人的な生活に影響を及ぼす可能性がある。図書館では社会調査の結果を資料として提供する場合も多いことから，図書館員には社会調査に関する知識が必要と思われる。

　『図書館用語集』三訂版[3]では，図書館調査は次のように定義されている。"一般には図書館がその目的を遂行するために，管理・運営，資料の収集などのあらゆる面から行う測定，調査，研究，およびこれらの資料に基づく図書館評価の作業を総称していう。"

a　意義
　統計だけではつかみきれない量的・質的データを得ることは，図書館運営上有益である。とくに，使命に基づき目標を定め，サービス計画を立て，実践し評価を行うという流れの中では，必要に応じて適切な図書館調査を設計し実行することは非常に重要である。

b　調査の方法
　社会調査には大きく分けて量的調査と質的調査がある。これを図示すると図Ⅲ-1のようになる。
　(1) 量的調査
　(a) 調査票調査（アンケート調査）
　社会調査の主力であり，アンケート調査ともよばれる。アンケート調査には依頼方法と回収方法によって次のような種類に分けられる[4]。
・訪問面接調査（調査員が対象者宅を訪問しその場で回答を得る方法）
・訪問留め置き調査（調査票を事前に渡しておき，後日回収する方法）
・来場者面接調査（施設等への来場者に対しその場で短時間の面接を行う方法）
・来場者自記式調査（施設等への来場者に対しその場で調査票に記入してもらう方法）
・会場アンケート調査（通行人等に対し用意した会場に来てもらい調査を行う方法）
・郵送調査（送付，回収を郵便で行う方法）

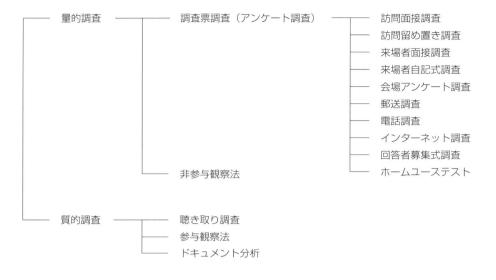

図Ⅲ-1　社会調査の種類

- 電話調査（調査員が対象者に電話で質問し，回答を得る方法。FAXや携帯電話等の通信手段を使って行う方法もある）
- インターネット調査（インターネット上に質問票をおき，回答してもらう方式）
- 回答者募集式調査（回答者をメディア等で募集し調査する方法）
- ホームユーステスト（調査対象品やサービスを実際に家庭等で試してもらい評価や問題点を探る方法）

図書館に関しては，満足度調査などで使われる来場者自記式調査が比較的よく使われる。この方法では短時間で大量のデータが収集できること，回収率がよいことなどでよく使われるが，来場しない人々に関するデータが得られないなどの弱点があり，図書館で使う場合でも他の方法を組み合わせるなどの工夫が必要である。

(b) 非参与観察法

観察調査の重要性はマーケティングなどの世界でも注目されている[5),6)]。観察法には実際に調査対象の中に入り観察する参与観察法と，第三者の立場で調査対象をありのままに観察する非参与観察法がある。

図書館での応用は例が少ないが，利用者の行動を観察することによりサインの使い勝手や機器類の配置の良否，室温や雑音といった環境の状況など多様な情報を得る有力な手段となりうる。図書館現場でももっと使われてもよい手法である。

(2) 質的調査

(a) 聴き取り調査

聴き取り調査は調査票による面接調査と似ているが，調査票による面接調査は質問が固定され誰に対しても同じ質問がされる指示的面接法とよばれるのに対し，聴き取り調査は相手や状況により質問内容や質問順序などが変更される非指示的面接法といわれるものである。

(b) 参与観察法

参与観察法は調査対象（集団や組織，地域社会など）に入り込み，活動や生活を共

にしながら質的データを収集する手法である。生の素材が収集されるだけでなく，調査者の体験自体も素材となるため，精度の高い素材を収集することができるというメリットがある。

ただ，素材収集で終わらせるのではなく，データ化したり分析したり公表することで社会調査として完結することを忘れてはならない。

(c) ドキュメント分析

ドキュメントとに記録のことであり，私的記録（日記など）や公的記録（議会議事録など）から質的なデータの材料を収集し分析する手法である。

c 利用者満足度調査，サービス品質調査

図書館調査の中でも近年注目されているのが，利用者満足度調査でありサービス品質調査である[7]。調査事例も報告されつつある[8,9]。

利用者満足度調査は，図書館利用者にその館のサービスや図書館資源（施設，蔵書，職員など）について5段階から10段階の評価をしてもらうもので，サービス品質調査は理想と現実のギャップを測定するものである。

これらの調査は来館者に対して行う調査であり，比較的調査が容易なこと，サービス全般の評価だけでなく個々のサービスや資源（施設，蔵書，職員など）についての評価を知ることができる点で有益である。

一方，調査対象図書館に好意的な（少なくとも否定はしていない）人々への調査となるため，その図書館のサービスレベルにかかわらず一定の満足度が示される傾向があること，調査が相対評価であるため利用者の図書館体験に左右される傾向があるという弱点がある。

また，近年はギャップ調査などの品質調査も行われている。

d 実際の調査事例

図書館や図書館関連団体，研究者等によって多くの図書館調査が行われている。単独の手法が用いられる場合もあるし，いくつかの手法を組み合わせて行われる場合もある。多くの調査が行われ報告書や論文として公表されているが，ここでは報告書が出されているもので典型的な例をいくつか紹介する。

(1) 一図書館の調査

優秀な図書館の形成過程やサービスの状況を調査するベンチマーキング的調査である。図書館問題研究会（以下，図問研）が1980年代から1990年代初めにかけて行った町村の図書館調査が典型例で，とくに1980年の置戸調査以降，1987年末までに20の調査が行われている[10]。

調査手法としては，北海道置戸町立図書館[11]の場合はおもにドキュメント分析と聴き取り調査を主体に，神奈川県大磯町立図書館[12]ではおもにドキュメント分析，聴き取り調査，来館者アンケート調査で構成されている。

図書館が独自に行った事例としては，千葉県浦安市の例[13]がある。これは来館者アンケート調査単独の手法で行われており，サービス計画策定の基礎資料という位置づけである。

(2) 地域での調査

特定の地域で行われる調査。大阪府下で行われた職員アンケート調査[14]や，東京都練馬区の図書館調査[15]がある。大阪の例では図書館職員に対するアンケート調査である。練馬の例は，ドキュメント分析，観察調査，来館者アンケート調査などの手法を使って行っている。

(3) 特定主題に関する調査

① 日本図書館協会図書館員の問題調査研究委員会編『図書館労働力実態調査予備調査報告』日本図書館協会　1978

全国の図書館のうち80館を抽出して調査。手法としては，調査票による面接調査を中心に行っている。業務内容や労働内容，労働時間など図書館労働の実態把握を目的に行った調査である。
② 図書館問題研究会予約制度調査研究グループ編『予約制度は定着しているか：予約制度調査報告書　1991』図書館問題研究会　1991

全国の図書館のうち194館を抽出して調査。調査票を郵送で行う手法で行っている。予約サービスの実態把握に焦点を絞った調査で，質問項目は72項目に及ぶ。
③ 日本図書館協会目録委員会編『目録の利用と作成に関する調査報告書』日本図書館協会　1998

この調査は1997年に日本図書館協会の『日本の図書館』調査の付帯調査として行われたものであり，公共図書館，大学・短期大学・高等専門学校等の図書館すべてに調査票を送付した悉皆調査である（回答数は3,774館）。調査の手法は館に対するアンケート調査である。
④ 『図書館における自己点検・評価等のあり方に関する調査研究報告書：平成14年度文部科学省委嘱調査研究』日本図書館協会　2003

貸出活動の上位に位置している岩手県川崎村，静岡県浜岡町，福岡県苅田町の3図書館を調査対象とし，各町村500人の住民調査を行った事例。調査手法は調査票の郵送法で行っている。

（三村敦美）

注
＜A　総論＞
1) 図書館問題研究会編『図書館用語辞典』角川書店，1982，p.446.
＜B　公立図書館の計画と評価＞
1) aおよびbはおもに次の文献によっている。

『自治体と計画行政：財政危機下の管理と参加』日本都市センター，2003，208p.
2) ニューパブリックマネジメント論については，おもに次の2文献によっている。

荻原幸子"ニュー・パブリック・マネジメント論と公共図書館経営論"日本図書館情報学会研究委員会編『図書館の経営評価』勉誠出版，2003，p.3-28.（シリーズ・図書館情報学のフロンティア　3）

大住荘四郎『パブリック・マネジメント：戦略行政への理論と実践』日本評論社，2002，224p.
3) 坂野達郎"第1部第5章　長期計画から戦略計画へ"『自治体と計画行政：財政危機下の管理と参加』日本都市センター，2003.

米国行政学会・行政経営センター『行政評価の世界標準モデル：戦略計画と業績測定』東京法令出版，2001，102p.
4) 森耕一"図書館と目標管理"『図書館雑誌』vol.81, no.6, 1987.6, p.336-339. および長田薫"図書館のサービス計画"（2003年度JLA中堅職員ステップアップ研修 第4回）〈http://www.jla.or.jp/kenshu/resume2003/osada.pdf〉（accessed 2004.11.21）
5) 日本図書館協会町村図書館活動推進委員会『図書館による町村ルネサンス　Lプラン21：21世紀の町村図書館振興をめざす政策提言』日本図書館協会，2001，62p.
6) 竹内悊編訳『図書館のめざすもの』日本図書館協会，1997，63p.
7) 八尾市図書館サービス計画〈http://web-lib.city.yao.osaka.jp/anke/keikaku/serviceplan.pdf〉（accessed 2004.11.21）
8) 日本図書館協会図書館政策特別委員会編『公立図書館の任務と目標　解説』改訂版増補，日本図書館協会，2009，107p.
9) 日本図書館協会町村図書館活動推進委員会『図書館による町村ルネサンス　Lプラ

ン21』前掲

10) 山口県図書館協会政策委員会編『山口県の未来をひらく　やまぐち2010年の図書館像』山口県図書館協会，2003, 53p.

11) 秋田県図書館振興調査研究委員会編『あきたLプラン15：秋田県公立図書館振興のための提言と設置及び運営に関するガイドライン』秋田県教育委員会，2003, 25p.

　また，次の論文も参照のこと。

　　山崎博樹"公共図書館基準の作成の取り組みと図書館評価の課題"日本図書館情報学会研究委員会編『図書館の経営評価』勉誠出版，2003, p.125-144.（シリーズ・図書館情報学のフロンティア　3）

12) "ユネスコ公共図書館宣言　1994年"武田英治，山本順一編『図書館法規基準総覧』第2版，日本図書館協会，2002, p.1681-1683.

13) 国際図書館連盟公共図書館分科会ワーキング・グループ編『理想の公共図書館サービスのために：IFLA/UNESCOガイドライン』日本図書館協会，2003, 156p. なお，本書にも「ユネスコ公共図書館宣言」が収録されているが，前掲書とは異なる訳である。

14) 公共図書館の戦略計画に焦点を絞った概説書には次の翻訳がある。

　　パーマー, V.E., ほか著『公共図書館のサービス計画：計画のたて方と調査の手引き』田村俊作ほか訳，勁草書房，1985, 308p.

　また，次も参照のこと。

　　Nelson, S. *The new planning for results: a streamlined approach.* Chicago, American Library Association, 2001. 315p.

15) インプットとアウトプットとの関係については，例えば次の文献が参考になる。

　　栗原嘉一郎，中村恭三『地域に対する公共図書館網計画』日本図書館協会，1999, 62p.

16) 森　前掲.

17) 長田　前掲.

18) 図書館評価について考える際には，次の3文献が参考になる。

　　森耕一編『図書館サービスの測定と評価』日本図書館協会，1985, 301p.

　　日本図書館情報学会研究委員会編『図書館の経営評価』勉誠出版，2003, 170p.（シリーズ・図書館情報学のフロンティア　3）

　　岸田和明"図書館経営の評価"（2004年度JLA中堅職員ステップアップ研修(2)）〈http://www.jla.or.jp/kenshu/resume2004-2/6.kishida.pdf〉（accessed 2005.1.20）

　次の雑誌特集号も参考になる。

　　"特集：図書館パフォーマンス指標と経営評価の国際動向"『現代の図書館』vol.40, no.3, 2002.

　　"特集：評価／経営する図書館へ向けて"『現代の図書館』vol.41, no.1, 2003.

19) 糸賀雅児"図書館評価における「効果」の概念"日本図書館学会研究委員会編『図書館経営論の視座』日外アソシエーツ，1994（論集・図書館学研究の歩み　第13集），p.111-113.

20) 上記14)『現代の図書館』vol.40, no.3, 2002の特集中の糸賀論文および徳原論文参照。

21) 糸賀雅児"アウトカム指標を中心とした図書館パフォーマンス指標の類型と活用"日本図書館情報学会研究委員会編『図書館の経営評価』勉誠出版，2003, p.87-104.（シリーズ・図書館情報学のフロンティア　3）

22) "図書館評価のためのチェックリスト改訂版"日本図書館協会図書館政策特別委員会編『公立図書館の任務と目標　解説』改訂版増補，日本図書館協会，2009, p.89-107.

23) 荻原　前掲　p.20-21.

＜C　公立図書館の運営＞

1) 日本図書館協会図書館年鑑編集委員会編『図書館年鑑』1991年版，日本図書館協会，1991, p.241-242.

2) 清水正三編『公共図書館の管理』日本図書館協会，1971，p.74.
3) 『第104回国会衆議院予算委員会第3分科会議録　第1号　昭和61年3月6日』
4) 前川恒雄"公立図書館の民間委託はしてはならない"『三角点』復刊4号，2002.9，p.1-4. では委託の問題を考える視点として「公的責任」「二重構造」「職員」「発達の芽があるか」「住民にとっての図書館の重さ」をあげている．

＜E　大学図書館の運営＞
1) 私立大学図書館協会『新私立大学図書館改善要項』1996，7p.
2) 東京帝國大學編『東京帝國大學五十年史上巻』東京帝國大學，1932，p.1094-1096.
3) 龍谷大学学術情報センターの沿革
http://opac.lib.ryukoku.ac.jp/web/index.htm（accessed 2003.12.15）
4) 戸田愼一，長澤雅男"大規模大学中央館における参考業務の実態：1987年度調査"『東京大学教育学部紀要』vol.28，1988，p.211-232.
　海野敏，長澤雅男，戸田愼一"参考業務にかかわる変量間の相関分析：わが国の大学図書館の実態" Library and Information Science. no.27，1989，p.115-129.
5) 細野公男"日本における図書館機械化の特徴" Library and Information Science. no.14，1976，p.211-227.
　浅野次郎"国立大学図書館機械化のあゆみ：図書館機械化調査研究班の活動を中心に" Library and Information Science. no.15，1977，p.97-105.
6) NACSIS-CAT NACSIS-ILL参加・利用機関数/組織数
http://www.nii.ac.jp/CAT-ILL/contents/nill_stat_prtc.html（accessed 2003.12.15）
7) Buckland, Michael Keeble. *Redesigning library services: a manifesto.* Chicago : American Library Association, 1992. 82p. 邦訳：高山正也，桂啓壯訳『図書館サービスの再構築：電子メディア時代へ向けての提言』勁草書房，1994，129p.
8) 学術審議会「大学図書館における電子図書館的機能の充実・強化について（建議）」1996年7月29日．
http://www.lib.kyushu-u.ac.jp/kyogikai/kengi~1.htm（accessed 2003.12.15）
9) 慶應義塾大学HUMIプロジェクト
http://www.humi.keio.ac.jp/japan/contents-f.html（accessed 2003.12.15）
　明治大学電子図書館DL OPAC（Digital Library Online Public Access Catalog）
http://www.lib.meiji.ac.jp/DL/DLpage.html（accessed 2003.12.15）
10) 上田修一「日本の大学図書館，公共図書館とのリンク＋OPAC」
http://www.slis.keio.ac.jp/~ueda/libwww/libwwwstat.html（accessed 2003.12.15）
11) 東京大学附属図書館の「ブックコンテンツ・データベース」
http://contents.lib.u-tokyo.ac.jp/contents/index_j.html
　名古屋柳城短期大学の「OAPC」（蔵書目次検索）http://ryujo.opac.jp/
12) 文部科学省研究振興局情報課『学術情報発信に向けた大学図書館の改善について（報告）』107p，2003.
http://wwwsoc.nii.ac.jp/anul/material/kaizen.pdf（accessed 2003.12.15）
13) 琉球大学附属図書館「電子化資料を提供しているサーバー」
http://www.lib.u-ryukyu.ac.jp/erwg/denshika.html（accessed 2003.12.15）
14) 電子ジャーナルタスクフォースについて
http://wwwsoc.nii.ac.jp/anul/tokubetsu/ejtask/aboutus.html（accessed 2003.12.15）
15) 科学技術・学術審議会　研究計画・評価分科会　情報科学技術委員会デジタル研究情報基盤ワーキング・グループ『学術情報

の流通基盤の充実について（審議のまとめ）』2002年3月12日，32p.
http://www.mext.go.jp/b_menu/shingi/gijyutu/gijyutu2/toushin/020401.htm（accessed 2003.12.15）
16) 国立大学図書館協議会図書館高度情報化特別委員会「電子図書館の新たな潮流」
http://wwwsoc.nii.ac.jp/anul/Kdtk/Rep/73.pdf（accessed 2003.12.15）
17)「大学図書館における著作権問題Q&A第2版」
http://wwwsoc.nii.ac.jp/anul/Kdtk/copyrightQA.pdf（accessed 2003.12.15）
18) Monograph and serial costs in ARL libraries, 1986-2000.
http://www.arl.org/newsltr/218/costimpact.html#graph（accessed 2003.2.15）
19)「日本学術会議情報学研究連絡委員会学術文献情報専門委員会報告　電子的学術定期出版物の収集体制の確立に関する緊急の提言」2000年6月26日．
http://www.ul.hirosaki-u.ac.jp/pub/today/today03.html（accessed 2003.12.15）
20) SPARC
http://www.arl.org/sparc/home/index.asp?page=0（accessed 2003.12.15）
SPARC/JAPAN HOME
http://www.nii.ac.jp/sparc/（accessed 2003.12.15）
21) LibQUAL+
http://www.libqual.org/（accessed 2003.12.18）
須賀千絵"サービスの質を評価する方法：図書館へのSERVQUALの適用"日本図書館情報学会編『図書館の経営評価』勉誠出版，2003，p.65-84．（シリーズ・図書館情報学のフロンティア　3）
22) 永田治樹"大学図書館の経営計画と「顧客評価」"日本図書館情報学会編『図書館の経営評価』勉誠出版，2003，p.29-47．（シリーズ・図書館情報学のフロンティア　3）

＜F　学校図書館の運営＞
1) 戦前の学校図書館については，塩見昇『日本学校図書館史』全国学校図書館協議会，1986．（図書館学大系　5）を参照．
2) 2001（平成13）年1月5日以前の文部省時代における記述については基本的に「文部省」，それ以外は「文部科学省」と表記した．
3) 塩見昇編『学校図書館論』教育史料出版会，1998．p.57．（新編図書館学教育資料集成　9）
4) 今村秀夫"我が国の学校図書館誕生の実像"『学校図書館』627号，全国学校図書館協議会，2003.1，p.31．
5) 5か年計画の実施状況については『学校図書館』の毎年11月号に掲載されている．
6) 学校図書館の整備充実に関する調査研究協力者会議の報告（「これからの学校図書館の整備充実について（報告）」）に基づき，文部科学省は，2016年11月に，10科目20単位からなる学校司書モデルカリキュラムを公表した．これに基づき，2017年度以降，高等教育機関における，学校司書養成課程の開設への取り組みが進められている．
7) 法令・基準の引用は，おもに全国学校図書館協議会編『学校図書館・司書教諭講習資料（第7版）』全国学校図書館協議会，2012．によった．
8) 全国学校図書館協議会の「選定基準」「廃棄基準」が『学校図書館・司書教諭講習資料（第7版）』（上述）に掲載されている．
9) 学校図書館のチェックリストとしては，全国学校図書館協議会の「学校図書館評価基準」(2008)や，学校図書館問題研究会「学校図書館活動チェックリスト」などがある．

＜G　専門図書館の運営＞
1) 日本図書館協会用語委員会編『図書館用語集』四訂版，日本図書館協会，2013，

p.172.
2) 丸山昭二郎, 高鷲忠美, 坂本博監訳『ALA図書館情報学辞典』丸善, 1988, p.132-133.
3) 専門図書館協議会調査分析委員会編『専門情報機関総覧2015』専門図書館協議会, 2015, p.784-794「統計表A　機関種別統計表」
4) 前掲書。この数字は, 2014年8月現在,「有資格者数」について回答した126件の総平均である。

＜H　図書館の統計と調査＞
1) 日本図書館協会編『市民の図書館』日本図書館協会, 1971, 151p.
2) 大谷信介ほか編著『社会調査へのアプローチ：論理と方法』ミネルヴァ書房, 1999, p.6.
3) 『図書館用語集』三訂版, 日本図書館協会, 2003, p.231.
4) 酒井隆著『図解アンケート調査と統計解析がわかる本：アンケート調査の企画・実査・集計から統計解析の基本と多変量解析の実務まで』日本能率協会マネジメントセンター, 2003, p.12-29.
5) アンダーヒル, パコ著『なぜこの店で買ってしまうのか：ショッピングの科学』鈴木主税訳, 早川書房, 2001, 348p.
6) ケリー, トム, リットマン, ジョナサン著『発想する会社！：世界最高のデザイン・ファームIDEOに学ぶイノベーションの技法』鈴木主税, 秀岡尚子訳, 早川書房, 2002, p.31-63.
7) ハーノトン, ピーターほか著『図書館の評価を高める：顧客満足とサービス品質』永田治樹訳, 丸善, 2002, 225p.
8) 大塚敏高"神奈川県立川崎図書館における「評価シート」の作成と今後の課題"『現代の図書館』vol.41, no.1, 2003.3, p.15-25.
9) 三村敦美"「座間市立図書館利用者満足度調査」概要"『現代の図書館』vol.41, no.1, 2003.3, p.26-33.
10) 松岡要"図問研まち・むら調査の意義と課題"『図書館評論』29, 図書館問題研究会, 1988.7, p.5-12.
11) 図書館問題研究会編著『まちの図書館：北海道のある自治体の実践』日本図書館協会, 1981, 424p.
12) 『はつらつ町の図書館：大磯町立図書館調査報告書』図書館問題研究会神奈川支部, 1987, 127p.
13) 『浦安市立図書館利用者調査報告書』浦安市立図書館, 2000, 74p.
14) 日本図書館協会図書館員の問題調査研究委員会編『公立図書館の職員像：大阪府下公立図書館職員アンケート調査報告書』日本図書館協会, 1991, 142p.
15) 『図書館組織網の形成へ＜データ編＞：練馬区の図書館調査』図書館問題研究会東京支部, 1983, 233p.

図書館資料

- A 総論……………196
- B 出版流通……………204
- C 蔵書構成方針……………209
- D 収集の実際……………218
- E 印刷資料……………236
- F 非印刷資料……………246
- G ネットワーク系電子資料……………255
- H 資料の維持・更新・保存……………261

この章では，図書館が利用者に提供する
最も重要なものであるリソースについて，
その選択・収集・保存や蔵書の構成方針の立て方などを詳細に解説しています。
図書館が収集した資料を利用者に提供するまでの
さまざまな過程が理解できるとともに，
そうしてできあがったコレクションの
維持と評価の大切さがわかります。

A. 総論

1 図書館資料とは

a 図書館資料の意義

　図書，逐次刊行物，視聴覚資料，電子資料などは，人類の知識や想像力の成果を集積したものであり，人々の生活に欠かすことのできない情報伝達の手段である[1]。図書館は，それらの資料を，幅広く豊富に収集し，保存し，公開し，人々の利用に供することについて，社会的責任をもつ機関である。

　図書館のそのような働きが十分に機能することによって，人々は自分が必要とする知識や情報を，いつでも何でも自由に入手できるようになる。また，ある時代の人々の思想や意見が，次の世代へと確実に伝わっていく。

　図書館が扱う資料のうちで，長い間情報伝達手段の中心となってきたのは，図書・逐次刊行物などの印刷資料であった。これらは今でも図書館の中核的資料であるが，社会の進展や科学技術の発達によって，ビデオテープ，CD，DVDなど，さまざまな形態の資料も生み出されている。

　自由な情報伝達を人々に保障することが図書館の責務である以上，そうした資料の収集・提供についても，図書館は積極的でなければならない。「ユネスコ公共図書館宣言」（1994）は，"伝統的な資料とともに，あらゆる種類の適切なメディアと現代技術が含まれていなければならない"と述べている。

　また，資料・情報に対する人々の多様な要求に応えるためには，公刊されている資料を収集・提供するだけでは不十分である。そのために図書館は，ファイル資料，写真資料，録音・録画資料などを作成し，図書，小冊子などの出版も行う。

　図書館利用者の中には，視覚障害・聴覚障害などのために，一般の資料をそのままの形態では利用しにくい人々がいる。そのため図書館では，点字図書，録音図書，大活字本，字幕・手話つきビデオソフトなどの収集にも努める。また，それぞれの障害者の利用に適した資料の製作にも努める。

b 図書館資料の定義と類型

　図書館資料の法的な定義は，図書館法（1950年制定）の第3条（図書館奉仕）第1項にあり，"郷土資料，地方行政資料，美術品，レコード及びフィルムの収集にも十分留意して，図書，記録，視聴覚教育の資料その他必要な資料（電磁的記録（電子的方式，磁気的方式その他人の知覚によつては認識することができない方式で作られた記録をいう。）を含む。以下「図書館資料」という。）を収集し，一般公衆の利用に供する"と規定されている。

　もちろん，ここに規定されている資料はあくまでも例示であって，現在の図書館が収集・提供している資料には，図書館法第3条に明示されていないものがたくさん含まれている。また今後も，新しいタイプの資料が生まれてくることが予想される。このため，図書館資料とは「図書館奉仕のために必要な資料すべて」と考えるのが一般的である。

　こうしたことから『図書館資料論』（日本図書館協会，2008）では，図書館資料のことを"利用者が図書館に求めるあらゆる資料（情報）群を指し，その形態を問わな

い"と定義している[2]。

また『図書館用語集』四訂版(日本図書館協会, 2013)は, 図書館資料(library material)のことを"現に図書館に収集され, あるいは収集される可能性のある資料をすべて総称"すると規定している。図書館資料と類似の概念として図書館資源(library resource)があり, 司書はこれを"図書館で扱われる可能性のある資料をすべて一括していう"と規定している。

図書館資料の類型については, これまで種々の類別がなされてきたが, 大きく分けると三つの方法がある。資料の内容によって類別する方法, 資料の形態によって類別する方法と, その二つを混在させる方法である。図書館で実際に使われている類別方法は, 次のような混在形が多い。
① 図書(一般書・児童書・外国語図書)
② 雑誌
③ 新聞
④ 参考図書
⑤ パンフレットとクリッピング
⑥ 地域資料
⑦ 視聴覚資料

この類別方法には, 図書・雑誌・新聞といった形態による類別と, 一般書・児童書・参考図書・地域資料といった内容による類別とが混在している。類別の論理的整合性よりも, 図書館運営における実際上の便利さが優先されているのである。

本章では, 図Ⅳ-1のとおり, 現代の図書館で扱われる可能性のある資料すべて(図書館資料)を原則として形態別に類別し, それぞれの資料について説明する。

全体をまず「印刷資料」と「非印刷資料」に分けたのは, 公立図書館が実際に扱っている資料としては印刷資料が圧倒的に多いという現状によるものである。「政府刊行物」「地域資料」については, 資料の形態ではなく, 内容による類別となっている。

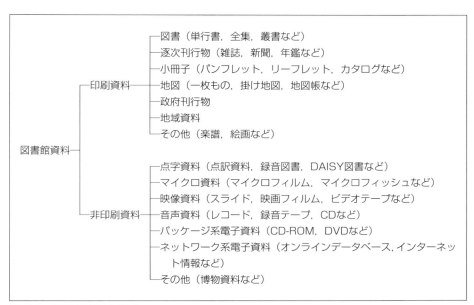

図Ⅳ-1　図書館資料の類別

「電子資料」については,「映像資料」や「音声資料」などと重複する部分がある。

「電子資料」を,パッケージ系電子資料とネットワーク系電子資料に分けたのは,同じ電子資料であっても,図書館での利用方法や,料金の支払方法などが,大きく違っているからである。例えば,パッケージ系は図書館内のコンピュータだけで利用可能だが,ネットワーク系の場合はそれに加えて図書館外部との通信が必要となる。また,ネットワーク系の場合,利用量に応じて料金が課金されることもある。

図書館法第17条は"公立図書館は,入館料その他図書館資料の利用に対するいかなる対価をも徴収してはならない"と規定している。ネットワーク系電子資料が,この第17条でいう「図書館資料」にあたるかどうかは,公立図書館にとっては大きな問題となる。

生涯学習審議会社会教育分科審議会計画部会図書館専門委員会(1998)は,第17条が規定する図書館資料を"図書館によって主体的に選択,収集,整理,保存され,地域住民の利用に供されている資料"と捉え,"図書館においてインターネットや商用オンラインデータベースといった外部の情報源へアクセスしてその情報を利用することは,図書館法第17条にいう「図書館資料の利用」には当たらない"と解釈した。

この解釈をもとに,同委員会は"電子化情報サービスに伴う通信料金やデータベース使用料などの対価徴収については……図書館の設置者である地方公共団体の自主的な裁量に委ねられるべき問題と思われる"と結論づけている。

ただしこの結論は,教育を受ける権利の保障が図書館の設置目的である(図書館法第1条)ことや,図書館奉仕(第3条)についての対価を徴収しないことを定めるのが第17条の主旨ではないかとの観点からして,疑義のあるところである[3]。

また,実務上の問題としても,通信料金やデータベース使用料については,取り扱い業者と図書館とが固定料金制の契約を結ぶことが一般的になってきている。このため,ほとんどの公立図書館では,利用者からの対価徴収は行われていない。

なお,著作権法第31条(図書館等における複製)では,"[図書館等においては]次に掲げる場合には,……図書館等の図書,記録その他の資料(以下この条において「図書館資料」という。)を用いて著作物を複製することができる"と規定している。この条文においては,相互貸借によって他の図書館から借りてきた資料の複製は許されないとの解釈が一般的である。すなわち,著作権法第31条における図書館資料とは,その図書館の所有している資料に限定されるものと解釈されている。そのため,ネットワーク系電子資料の複製(プリントアウトやダウンロード)は,図書館ではできないことになっている。

c　図書館資料の組織化

図書館資料の収集は,あらかじめ作成し公開しておいた収集方針・選択基準に基づいて行う。方針・基準に従って図書館員が選択した資料は,発注され,納品され,蔵書として登録され,目録が作成され,ラベルなどが装備され,最後には書架へ並べられる。

選択してから書架へ並ぶまでに要する時間は短いほどよい。その資料が利用できるようになるのを待っている利用者がいるからである。また,あまりに長く利用者を待たせるなら,利用することの意義がなくなってしまうからである。

この点については,すでに1963年の『中小都市における公共図書館の運営』において,"事務能率の見地から,多くの時間と労

力を費やしてまで不必要な帳簿類を数多くそなえる必要はない"と述べられている[4]。

「図書館学の五法則」の第1法則のとおり，"図書［図書館資料］は利用するためのものである"[5]のだから，図書館が収集した資料はまず開架に並べなければならない。ところが，利用よりも保存が重視された古い時代には，資料のほとんどが閉架に並べられ，そのために資料と読者との出会いの機会が失われていた。

現代の図書館は，できるだけ多くの資料を開架に並べるようにしている。しかも，資料の排列にあたっては，わかりやすい書架配置や適切なサインなど，利用者が資料を見つけやすくするためのさまざまな工夫を行っている。

開架に並べて，できるだけ多くの人に利用してもらおうとするなら，本に貼り付けるラベルはできるだけ小さいものでなければならない。ラベルが大きいと，背に書かれた著者の名前や，カバーに描かれた魅力的なデザインが隠れてしまうからである。

また，ビニールフィルムで本をコーティングする図書館も多い。魅力的なデザインのカバーをつけたままで本を利用してもらうためである。また，頻繁に利用されても本が傷まないようにするためである。

目録の作成から，ラベル等の装備を経て，排架までの作業を，資料組織化という。図書館は，収集した資料を一定の体系のもとに組織化し，書名・著者名・主題などの手がかりから容易に資料が探し出せるようにしておく。

近年の目録は，ほとんどがコンピュータ総合目録になっているので，利用者がどのサービスポイントにいても，他のサービスポイントの資料を自分自身で探し出せるようになっている。また，多くの図書館ではホームページ上で蔵書目録を公開しているので，家庭や遠隔地の図書館からでも，インターネットを使って資料検索できるようになっている。

資料を収集することだけが図書館の役目なのではない。魅力的な蔵書構成を維持していくためには，資料の更新や除籍も必要である。資料の更新や除籍についての方針は，収集方針の中に規定しておく。また，市町村立図書館で除籍した資料は，地域住民へのリサイクルや，都道府県立図書館への譲渡などによって活用を図る。

2 蔵書の量と質

公共図書館の蔵書の量は，多ければ多いほどよいというわけではない。重要なことは，一定の資源を用いてどれだけ質の高い図書館サービスを提供しているかという点にある。古くて利用の少なくなった資料をたくさん所蔵する図書館は，閉架書庫も含めた広い書架スペースを維持するための光熱費や，資料出納や閉架書架整理などに要する人的資源のことも考えておかなければならない。

日本の公共図書館の蔵書規模は，ほかの図書館先進国と比較すると，大きいという統計上の結果が得られる[6]。ただし，それらの蔵書は，必ずしも利用されている蔵書というわけではなく，閉架書庫にしまわれている古い資料という場合が多い。これは，日本では保存図書館や相互貸借制度が未発達だったために，資料の廃棄がなされず蓄積されてきたという経緯と関係している。

蔵書の量的な問題としてむしろ重要なのは，年間図書購入冊数や，開架蔵書新鮮度（年間図書購入冊数／開架蔵書冊数）である。これらの値があまりに小さいと，図書館の蔵書によせる利用者の期待感が失われてしまう。

日本では1年間に，およそ8万1千点（コミック・学習参考書などを含む）もの新刊

書が出版されている。それらの平均単価は2,307円（『出版年鑑2015』）である。仮にすべての新刊書を購入するとすれば，およそ2億円近い図書費が必要になる。年間購入冊数については，新刊出版物の何パーセントまでを，蔵書として住民に提供するのかという問題に帰することになる。

『公立図書館の任務と目標　解説』(改訂版増補，日本図書館協会，2009)には「図書館システム整備のための数値基準」が収録されていて，蔵書にかかわる数値基準も掲載されている[7]。同基準によると，例えば奉仕人口18,115の自治体の図書館であれば，開架蔵書冊数79,005冊，開架蔵書新鮮度11.5％が基準値である。これだと，年間に9,086冊の本が購入されることになる。

公共図書館の蔵書の質を，所蔵している1冊1冊の本の質から測定するのは困難である。本の質というものは主観的なものであり，その計測は容易ではないからである。定評のあるリストをもとにした蔵書チェック調査などで数値化する方法も考えられてはいるが，実際にはそのような定評あるリストは存在していないのが実情である。

蔵書がどのくらい利用されているか，来館者の望みの本がただちに入手できるかといった事柄を数値化し，それらをほかの図書館と比較することによって，蔵書の質を計測することは可能である。これらの指数とその測定方法についてはJIS X0812（図書館パフォーマンス指標）で規格化されている。ただし現状では，貸出冊数以外のデータを収集している図書館は少ない。

図書館の蔵書は，住民の資料要求を満たすためにある。しかし過去には，図書館員のつくった規範に適うものだけが蔵書として収集されていた時代があった。そのために住民は，自分たちのほしい資料がないものと図書館を見放していた。現代の図書館員は，そのようなことのないよう，どのような資料が住民に求められているのかを常に把握しておかなければならない。

住民の資料要求を把握するためには，一般的な読書調査が参考になる。定期的に実施されている読書調査には，「読書世論調査」(毎日新聞社)，「読書に関する世論調査」（読売新聞社）などがあり，読んだ本，好きな作家，好きな雑誌などの調査結果を紹介している。ただし，どの読書調査も，図書館の蔵書構成に生かせるほど詳細な調査とはいえない。

詳細な調査という点からいえば，図書館での利用実態調査の方が役に立つ。現代の図書館では業務のほとんどがコンピュータ化されているので，利用統計のデータを分析することは容易である。分野ごとの貸出回数や蔵書回転率，利用の多い本や少ない本のリストなど，参考となるデータは多い。

ただし，こうした数値データの分析だけでは必ずしも十分ではない。むしろ，カウンターで利用者に接していることで，本質的な資料要求が把握できるという考え方もある。どのような本が読まれているのか，どのような本がいつも不足しているのか，それはなぜなのか，そうしたことは，借りられる本を実際に眺め，借りていく人の言葉を実際に聞くことによって，はじめて理解できることである。

3　蔵書構成論・資料選択論

a　選択論における価値論と要求論

蔵書を計画的につくりあげるために，図書館は蔵書構成方針を作成する。蔵書構成方針には，どのような資料をどのようにして収集するかについての方針と，どのような資料をどのようにして除去するかについての方針が含まれる。

ところが最近までは，資料を除去することがあまり重視されなかったため，収集に

関する方針だけを規定した蔵書構成方針が多かった。そのために，蔵書構成方針のことを「収集方針」とよぶのが一般的になっている。

収集方針（蔵書構成方針）をもとにしながら，個々の図書についてそれを収集すべきかどうかを判断することを図書選択という。したがって，図書選択論は本来，蔵書構成論の中に含まれるものである。

ところが古くは，1冊1冊の本を厳密に審査し選択し続けていけば理想的な蔵書が形成されるものと考えられていた。このため「図書選択論」に一般的に，蔵書構成論を表す広い意味の言葉として使われている。

図書選択論は，時代の影響を受けつづけてきた。例えば，19世紀末のアメリカ図書館界では，フィクションを収集し提供することの是非をめぐって論争が展開された。一般にフィクション論争とよばれているものである。この論争は，"ピューリタニズムとこれをのりこえようとする新しい時代思想の相克の歴史の一断片"であったといわれている[8]。

また，1939年には「図書館の権利宣言」（Library Bill of Rights）がアメリカで採択されている。この時期に「図書館の権利宣言」が採択されたのは，"知的自由に図書館の基盤をみるようになったアメリカ図書館人たちが，ナチスの焚書という文化統制を嫌悪し，道徳的な口実で図書を攻撃する国内の反理性的な動きに抗することに自らの使命を見いだすようになった"ことが原因であったといわれる[9]。

さらに1960年代のアメリカは，政治的にも社会的にも激動の時代を迎え，人々の心の中にも価値観の変化や多様化が起こっていた。そのような時代認識のもとで，ニューヨークのブルックリン公共図書館は1964年に収集方針を改訂した。新しい収集方針には"すべての場合に適用できるような唯一の基準というものはない。ある資料は，主にその芸術的価値とか学術的価値，あるいは人間のドキュメンタリーとしての価値で判断されるかもしれない。また，ほかのある資料では，地域社会のレクリエーションや娯楽での要求を満たすために選ばれるかもしれない"と明記されている[10]。

さまざまな図書選択論がこれまで提示されてきたが，それらは基本的に二つの考え方にまとめることができる。一つは，図書自体の価値を基準とし価値の高い図書を選択していこうとする考え方である。もう一つは，利用者の要求を基準とし要求の高い図書を選択していこうとする考え方である。カーノフスキー（Leon Carnovsky）は，前者を価値論（value theory），後者を要求論（demand theory）とよび，アメリカでは主導権が前者から後者へ移行してきたことを指摘した。1936年のことである[11]。

フィスク（Marjorie Fisk）は，価値論と要求論のかわりに，質志向型（quality oriented）と要求志向型（demand oriented）という二極モデルを設定した。このモデルをもとにフィスクは，カリフォルニア州の図書館員を対象とした意識調査を行った。この調査結果をみると，要求志向型に近い考えをもつ図書館員が多数派であった。ただし質志向型にしろ，要求志向型にしろ，その型に徹底している図書館員というのはまれであった[12]。

b 日本における選択論

わが国における戦前の図書館は，国民教化の機関として設置・運営されたため，そこでの図書選択は利用者の要求とは無縁の選択であった。文部大臣の小松原英太郎による1910（明治43）年の訓令（小松原訓令）に表れた"而シテ此ノ類ノ図書館ニ在テハ健全有益ノ図書ヲ選択スルコト最肝要ナリトス"ということが，公共図書館運営の基

調であり，また図書選択の基調でもあった。
　この「健全有益の図書」の内実は時代とともに，「思想善導に必要な図書」や「皇国民の教化錬成に必要な図書」へと変質していき，やがては「思想戦の武器としての図書」までも唱えられるようになる。
　戦後になり，図書館法が新たに制定されてからも，図書選択論の基本は「良書」を選ぶことであった。そして図書館員の仕事は，その「良書」を住民に読ませることであった。戦前と違っていたのは「良書」の基準が，国家の価値観から，選択者の価値観へと変わったことだけであった。
　価値論一辺倒のこうした選択論から，利用者の要求に基づく選択論への転回点になったのは，『市民の図書館』（日本図書館協会，1970）であった。同書の図書選択の項では"図書館の図書選択はあくまで，市民の図書費を図書館があずかり，市民のために図書を選ぶのであることを忘れないようにしよう。市民の読書水準は図書館が考えているほど低くはない。多くの市民は，図書館に行ってもほしい本はないと思ってあきらめている。特に専門的な図書については市立図書館はまだ信頼されていない。図書館はこのような市民の要求を正確に知って，選択しなければならない"と述べている。
　この頃からわが国でも，要求論が主導権をもつ時代に入ることになる。しかしながらこの時期の図書選択論においては，利用者の要求に応える図書選択と，蔵書の質を高める図書選択がどのような関係にあるのかがはっきりしていなかった。1980年代になると，そのことがしばしば指摘されるようになった。つまり，要求に応える図書選択とは，質の低い図書を選択することではないかとの批判が現れるようになった。
　前川恒雄は，このような批判に答える形で，要求論と価値論との統合をめざす選択理論を提唱した。それは次のようなものである。図書館員は，あくまでも利用者の要求を予想して選択する。利用者は，図書館員の選んだ本によって知的好奇心，知的向上心を刺激され，さらに質の高い要求をするようになる。図書館員は，利用者の利用とリクエストを敏感に受け止め，次回の選択に反映させる。自由な予約制度とすぐれた図書館員が統合のための触媒となる[13]。
　伊藤昭治らのグループは，1980年代から，利用統計データを分析することで，利用者の要求を知り，それを蔵書構成に反映させるための方法を提示してきた。また，図書館サービスにおいて予約制度を重視するとともに，蔵書構成における予約制度の意義を強調してきた[14]。
　同グループの理論は，1970年代から展開されてきた要求論の延長線上にある理論ともいえるし，前川の理論の"利用者の利用とリクエストを敏感に受け止める"という部分を実証的に深めた理論ともいえる[15]。
　2000年代になると，経済不況の影響が強くなり，人気のある本を図書館が大量に貸し出すことによって出版界が経済的損失を受けているとの主張が，一部の出版社・著者からなされるようになった。利用者に人気のある本ではなく，ともかく多様な本，文化的価値のある本，永続的価値のある本を購入することが図書館の社会的役割だとの主張である。
　この主張には，図書館界では克服された古いタイプの価値論への傾斜が見られる。また，富める人も貧しい人もすべての人に読書の自由を保障するという公立図書館の役割も軽視されている。

4 分担収集・分担保存・相互貸借

　個々の図書館が使用できる資料購入費には限度がある。そのために，どの図書館も選択しながら資料を収集している。そこで，

選択しなかったものが利用者から求められたとき，どのようにしてそれを提供するかが問題となる。

また，個々の図書館が確保できる書庫スペースにも限界があり，収集した資料のすべてを永久に保存していくことも困難である。そこで，除籍してしまった資料を利用者から求められたとき，それをどのようにして提供するかということも問題となる。

これらの問題を解決するための方法が，分担収集・分担保存・相互貸借である。分担収集とは，複数の図書館が協定を結び，担当分野の資料については各図書館が責任をもって収集することである。分担保存とは，複数の図書館が協定を結び，担当分野の資料で所蔵しているものについては各図書館が責任をもって保存することである。

各図書館で分担収集された資料は，その分野については網羅的なものであり，しかもそれらは分担保存されるのが普通である。このため，特定分野についての資料を利用者に確実に提供するという点からすれば，分担収集は効果的な仕組みである。

しかし，分担収集を実行するためには，担当分野の資料を収集するための余分の資料購入費が各図書館に必要となる。また，そうして網羅的に収集した資料を，責任をもって保存しなければならないという資料管理上の負担もある。一方，分担収集を伴わない分担保存であれば，所蔵している特定分野の資料を保管するだけなので，金銭的な負担は少ない。

分担収集の例としては，国立大学図書館が1980年から始めた「外国雑誌センター」制度がある。これは，それまで国内で未購入だった外国雑誌を対象として，体系的・網羅的な収集・保存を，九つの拠点大学図書館が分担して行うという制度である。

海外の分担収集の例としては，アメリカにおいて大学図書館を中心に1948年から1972年まで実施されたファーミントンプラン（Farmington Plan）が著名である。これは，参加館が分担して，学術的価値のある外国出版物を網羅的に収集・保存するというものであった。ファーミントンの名称は，計画書を作成した地名に由来するものである。このファーミントンプランの事業は，1966年に始まる全米集書目録計画（NPAC: National Program for Acquisition and Cataloging）に引き継がれる。NPACとは，世界各国の新刊学術書をアメリカ議会図書館（LC: Library of Congress）が網羅的に収集するという事業である。

資料保存に関する図書館協力の形態には，主として次のようなものがある。

① 複数の図書館が特定分野をそれぞれ受け持って保存するもの（分担保存）

　例えば，神奈川県の湘南6市（平塚・鎌倉・藤沢・小田原・茅ヶ崎・逗子）の図書館では，「湘南6市図書館の雑誌相互保存に関する協定書」(1976)を結んでいる。同じく神奈川県の県央8市1町では，「県央地区公共図書館新聞・雑誌共同保存に関する協定書」(1990)を結んでいる。

② 大規模図書館が他の図書館の保存書庫となるもの（広義の分担保存）

　同一自治体内の図書館システムにおいては，分館で不要になった資料は中央館に保存するのが一般的である。同様な考え方のもとに，市町村立図書館で不要になった資料を都道府県立図書館で保存する制度がみられる。例えば滋賀県立図書館では，市町村立図書館で不要になった資料を受け入れており，県内公共図書館の資料保存センターとして機能している。

③ 複数の図書館が保存庫を共有するもの（保存図書館の共有）

　複数の図書館が共同して設置する資料保存用の図書館としては，シカゴ大学内に設置されたCRL（Center for Research

Libraries）が著名である。これは，アメリカ中西部の大学図書館が1949年に組織した中西部図書館相互協力センター（MILC: Midwest Inter-Library Center）が，全米規模の共同保存図書館として1965年に改組されたものである。

なお，資料の保存を主要な目的とする図書館のことを，保存図書館（デポジットライブラリー, deposit library）という。ただし，保存図書館という用語は一般に，複数の図書館が共同して設置するものに限って用いることが多い。

分担収集・分担保存などによって各図書館に所蔵されている資料は，相互貸借制度によって他の館に届けられ，そこから利用者へと提供される。あるいは，必要な部分の複写物が他の図書館へ届けられ，それを利用者に提供することになる。

（山本昭和）

B. 出版流通

1 出版流通の基礎知識

a 概要

出版社・出版販売会社（取次）・書店，これを「業界三者」という。製造業・卸売業・小売業の，いわば三位一体の関係で，出版物の約72.3％がこの「書店ルート」を経由して流通している。その他の販売ルートには，「CVS（コンビニエンスストアルート）」(13.4％)，「インターネットルート（「ネット書店・宅配ルート」とも）」(10.1％)，「生協ルート」(2.0％)，「駅売店ルート」(1.5％)，「スタンド販売ルート」(0.7％) などがある。出版物の売上げが落ち込み，各ルートの販売金額が軒並み前年比マイナスとなる中で，急速にシェアを伸ばしているのが「インターネットルート」である。日販の「2015年出版物販売額の実態」によれば，「インターネットルート」の統計が新設された2007年に4.4％だった構成比が，2014年には10.1％と7年間で2.3倍に増え，他のルートがすべて前年比減となる中，「インターネットルート」のみ推定販売額約1626億円で101.2％のプラスとなっている[1]。

統計には表れにくいが，「直販ルート」には他に新聞販売店ルート，専門店ルート，職域直販ルート，図書教材ルート，宗教書ルート，大手予備校ルートなどがある[2]。

2014年の日本における出版物の実売総金額は1兆6891億6306万円であった[3]。この金額に対して，公立図書館3,226館の2014年度予算のうち資料費総額は292億2306万円で，出版物の実売総金額に占める割合は1.7％である。また，公共図書館（私立図書館含む）に大学・短大・高専図書館を合わせた2013年度の資料費決算額は945億1893万円で5.6％である[4]。

b 出版社

出版社は「版元」ともよばれ，『出版年鑑2015』によれば2015年3月現在，全国で3,534社（前年より54社減）である。そのうち約76％にあたる2,702社が東京に集中しており，53％が従業員10人以下の経営である。また，3,534の出版社のうち，総売上げの51％は上位50社によって占められ，84.3％が上位300社によって占められている。出版社の数は年々減少し，ピークだった1997年の4,612社より1,078社も減っている[5]。

同じく『出版年鑑2015』によれば，2014

年に出版された新刊書籍は約80,954点，休日も含め，1日平均で約222点の書籍が刊行された計算になる。総発行部数は12億547万冊で，実売総金額は8088億6555万円である。これは雑誌の売上げを合わせた総売上金額1兆6891億6306万円の48％にあたる。

また，2014年に出版された雑誌は約3,761点，総発行部数は27億4807万冊で，実売総金額は8802億9751億円である。これは総売上金額の52％にあたる。なお，雑誌全体の発行部数のうち，月刊誌の占める割合は63％，週刊誌の占める割合は37％となっている。

c　出版販売会社（取次）

全国の書店が出版社と個別に直接取引するのは多大なコストと労力を要し，非効率である。そこで，出版社と書店の間に立って，出版物の情報と物流を支えるのが「取次」と称される出版販売会社である。

明治時代の初期には，書籍は出版社が全国の書店と直接取引を行い，雑誌は中央の新聞取次店から地方に送られていた。しかし，出版物が増えるにつれて新聞販売店が書籍と雑誌の取次業務を行うようになり，やがて出版物の取次を専門とする出版販売会社が現れた。大正時代には，その数は300以上にのぼったという[6]。

戦時下の1941年，政府は日本出版配給株式会社（日配）を設立し，出版販売会社を統合して，出版流通を政府の統制下においた。しかし，終戦後の1949年，連合国軍総司令部（GHQ）の命令によって日配は解体され，東京出版販売株式会社（現・トーハン），日本出版販売株式会社（日販）など，新たに九つの出版販売会社が誕生した。

2015年3月現在，出版販売会社は36社（うち日本出版取次協会＝取協に加盟しているのは25社）で，83％が東京に集中している[7]。また，「書店ルート」の売上げの70％以上が日販とトーハンの2社で占められるといわれ，寡占による弊害も指摘されている[8]。

d　書店

全国の書店の数は，年々減少している。通産省（現・経済産業省）の「商業統計調査」によれば，1991年に27,804店あった書店が2007年には17,363店に激減した。「商業統計調査」には古書店，楽譜店等が入っているので，書店調査会社アルメディアの調査に従えば2001年に20,939店あった書店が2007年には17,098店に，2015年5月1日現在では13,488店まで減少している[9]。日本書店商業組合連合会（日書連）加盟の書店数で見ても，1993年に11,537店あった会員書店が2014年には4,140店と，7,000店以上減っている[10]。アルメディアの調査によれば，2000年から2008年までの9年間で転廃業した書店は11,212店にのぼり，新規開業した3,739店の3倍にあたる。1日3店以上の書店が消えていったことになる[11]。

一方，書店の売り場面積は増えている。先の「商業統計調査」によれば，1991年の売り場面積は241万5300m^2だったのが，2007年には375万3993m^2に増床している。書店の数自体は1万店以上も減少しているのに，である。アルメディアの調査でも，2001年に125万7261坪（415万6235m^2）だった売り場面積が2007年には137万6560坪（455万612m^2），2015年5月現在では138万6728坪（458万4225m^2）に増床している[12]。これはすなわち，書店の大型化が進んでいることを示している。加えて，24時間営業で書籍・雑誌も扱うコンビニエンスストアの伸張や，「ブックオフ」に代表される新古書店，コミック喫茶などの進出が，資本力に乏しい中小書店に打撃

を与えたことが考えられる。

「オンライン書店」（あるいは「ネット書店」）の急速な発展も見逃せない。先駆けとなったのは1995年にアメリカで開業した「アマゾン・コム」である。インターネットを用いた無店舗型の書籍通信販売ビジネスは，アメリカの書籍小売業界に「流通革命」を起こし，2000年10月には世界約200か国に2500万人の利用者をもち，27億5000万ドルの売上げを上げている[13]。

日本でも1995年に図書館流通センター（TRC）と丸善がインターネット書店を始めて以来，紀伊國屋書店，三省堂書店など主要書店がオンライン書店を立ち上げてきた。当時は，インターネットの利用者は日本にまだ少なく，2000年の売上げは70億円程度であった。しかし，パソコンの普及や取次，有力書店，宅配業者等の参入に伴って利用が急激に増え，さらに2000年11月の日本法人アマゾン・ジャパンの事業開始が進展に拍車をかけた。

アマゾン・ジャパンは売上高を公表していないため実数は不明だが，2004年時点での日本における書籍売上げは約624億円と推測されている[14]。アマゾン・ジャパンはその後も毎年2桁台の成長を続け，2013年の日本での書籍売上高は1500億円～1900億円にのぼると見られる。国内最大規模の書籍販売業者となっていることは間違いない[15]。

オンライン書店の登場は，注文品の早期納品や商品の単品管理を促し，大手取次の物流改善にも寄与した。しかし既存のリアル書店（現実の書店）に対しては大きな脅威となっている。これについて講談社営業企画室部の永井陽一は，「生き残るリアル書店の3つのタイプ」として，厳しい現実の中でも成長している書店の特徴を次のようにまとめている。

① 「ショーウィンドウ型書店」：広大な売り場面積を背景に，幅広い顧客を遠方からでも集めることができ，どのような本でも在庫している書店

② 「特定ジャンル特化型専門書店」：限られた売り場スペースを有効に活用するために，あらゆる顧客を対象とせず，むしろ対象顧客の絞り込みを図り，狙った読者に対して特定ジャンルの商品を充実させて提供し，客単価アップをめざす書店

③ 「最寄り型コンビニ書店」：読者の距離的利便性を重視し，読者の当座の要求に応えることができ，とりあえず必要なジャンル，商品群で構成された書店[16]

2 出版流通の現況と課題

a 概況

「不況に強い」と言われ，右肩上がりで売上げを伸ばしてきた日本の出版産業だが，1996年の2兆6980億円をピークにマイナス成長に転じた。『出版年鑑2015』によれば，2014年の日本における出版物の総売上金額は1兆6891億6306万円（前年比4.6％減）で10年連続の前年割れとなった。ピークの1996年から18年間で1兆円の売上げ減となり，30年前の1984年のレベルにまで後退したことになる。書籍と雑誌の割合で見ると，書籍の売上げは8088億6555万円で前年比4.1％の減，雑誌は8802億9751万円で前年比5.1％の減で，書籍よりも雑誌の減少率が高い。雑誌の売上げは年々低迷しており，1994年の推定実売金額が1兆5158億円だったのに対して2014年は8803億円と58％も減少している。広告収入等，収益性の高い雑誌売上げの不振は出版産業全体に大きな影響を与えている。

ところが，これだけ売上げが落ち込んでいるにもかかわらず，新刊書籍の発行点数は増大する一方である。2005年には8万点を突破して80,580点（同4.6％増）となった。

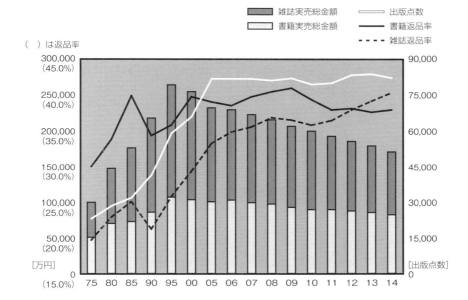

図Ⅳ-2　出版点数と出版実売総金額，返品率
『出版年鑑2014』（出版ニュース社），「出版データブック2015」（「新文化」編集部編）より作成

2014年には80,954点で，前年と比べて2％減少したものの，20年前の1994年の発行点数53,890点と比較すると50％以上増えている。1994年の書籍実売金額は1兆339億円で，20年間に売上げは22％も落ちているのに，新刊の発行点数は50％も増大していることになる[17]。こうした問題の背景には，一定の条件のもとで自由な返品ができる「委託販売制度」というわが国独特の取引ルールの弊害があると考えられる。

出版文化の多様性を広げるために，新刊点数の多いことは歓迎すべきであるが，出版物の粗製乱造はかえって返品率を高め，自らの手で自らの首をしめることにもつながりかねない。業界のコンセンサスとされる返品率は，書籍で30％以内，雑誌で20％以内といわれている。しかし，1997年以来20年近くにわたって書籍の返品率は40％近い数値で推移している。雑誌の返品率も2001年以来30％を超える高い率を示してきたが，2013年には書籍37.7％，雑誌38.7％と返品率が逆転し，2014年も書籍38.1％，雑誌39.9％と，ここでも雑誌売上げの不振を裏付けている[18]。

b　再販制度と委託販売制度

再販制度と委託販売制度は，わが国の出版流通の大きな特色である。再販制度は正式には「再販売価格維持制度」といい，出版社が決めた販売価格を出版販売会社（取次）や書店が守る定価販売制度のことである。この制度のおかげで，われわれは日本中どこに住んでいても，同じ出版物を同一の価格で購入することができ，書店も価格

競争を回避できる。本来なら，こうした行為は「私的独占の禁止及び公正取引の確保に関する法律」（独占禁止法）で禁止されているが，出版物のもつ文化的価値と，文化・教養の普及という観点から，1953年，独占禁止法の一部改正により適用が除外されたものである。

しかし，1978年に公正取引委員会（公取委）が見直しの意向を表明し，1989年の日米構造協議を機に，一気に見直しの機運が高まった。これに対し，出版流通業界では大規模な再販制擁護運動を展開し，自由価格本（バーゲンブック）セールの実施など，弾力的な運用を通して再販制維持をアピールしてきた。2001年3月，公取委は文化・公共面での影響が生じるおそれから，再販制を「当面存置」するという結論を発表するに至った。しかし，オンライン書店の競争が激化すれば，再販制撤廃の議論が再び沸き起こることは想像に難くない。

委託販売制度は返品制度ともよばれ，一定期間内（新刊書籍で105日間，月刊誌60日間，週刊誌45日間）であれば，売れ残った商品を書店が出版社に返品できる販売方法のことである。取次から自動的に新刊が送られてくる「データ配本」（あるいは「ランク別配本」「パターン配本」とも称する）というシステムがある。各書店の規模や販売実績などをコンピュータで管理しながら，取次が書店のランクを決めて新刊書籍や雑誌の配本部数を決めているのである。そのため，少部数の出版物が全国すべての書店に並べられることは物理的に不可能といえる。また，売り場面積に限りのある書店では過剰な送本は返品を増大させてしまう。

委託販売制度は，リスクが少ないので書店が安心して商品を仕入れることができ，読者と本との出会いの機会を広げられるというメリットがある。しかしその反面，安易な仕入れを促し，場合によっては書店の

資金調達の手段として「金融返品」とよばれる現象まで引き起こすデメリットも抱えている。

なお，書店の仕入れには，新刊委託・重版委託のほかに，長期委託（通常6か月以内）や常備寄託（1年），さらには返品のできない注文品や買切品，繰延勘定＝延勘（のべかん）品など，さまざまな取引形態の商品がある。

3 図書館と出版流通

出版不況の要因として，2000年の初めころから公共図書館におけるベストセラーの貸出や複本購入に対する批判の声が上がりはじめた。

日本ペンクラブは，2001年6月に「著作者の権利への理解を求める声明」を発表し，大手文芸書出版社でも「出版社11社の会」を設立して，全国の図書館に対しアンケート調査を実施した。同年9月には日本ペンクラブ主催で「激論！作家 vs 図書館－どうあるべきか」と題したシンポジウムが東京で開催され，権利者側から公貸権の実現や新刊の貸出猶予期間設置などの要求が出された。この動きはその後も継続しており，2003年2月には日本文藝家協会主催のシンポジウム「書籍流通の理想を求めて」が，同年11月には日本ペンクラブ主催の2回目のシンポジウム「作家・読者・図書館－公貸権を考える」が開催されている。また，2015年2月には日本文藝家協会主催のシンポジウム「公共図書館はほんとうに本の敵？」が東京で開かれ，『文學界』2015年4月号がこのシンポジウムを再録した「『図書館』に異議あり！」という特集を組んだり，『新潮45』2015年2月号が「『出版文化』こそ国の根幹である」と題した特集を組むなど，公共図書館の貸出に対する批判が再燃している。

作家や出版社からの批判に応えるため，日本図書館協会では2003年6月に日本書籍出版協会と共同で「公立図書館貸出実態調査」を行った。全国500の市区町村立図書館対象に，1999年と2000年のベストセラー各20点や芥川賞，直木賞など主だった賞の受賞作品について，所蔵冊数や予約件数，貸出回数などを尋ねたのである。その結果，複本の数については『五体不満足』『模倣犯』『ハリー・ポッターと炎のゴブレット』の3点の平均で4.78冊，他のベストセラー作品18点の平均は1.55冊であった。また，都市部と町村部では所蔵冊数にかなりの地域差があることも裏づけられ，規模の大きな自治体にあっては，人口1人当たりのベストセラーの所蔵数はかえって少なくなることもわかった。

　図書館の総貸出冊数を例にあげて利益損失を主張する声もあるが，貸し出される本のうち，発刊後6か月以内の「新刊書」の割合は全蔵書の8％にすぎないという報告もある[19]。現状をきちんと分析した上で，冷静な議論をすることが望まれる。

　冒頭にも記したように，2014年度の全国の公立図書館3,226館の資料費予算総額（新聞・雑誌・視聴覚資料含む）は292億2306万円で，2014年の日本の出版物実売総金額の1.7％にすぎない。私立図書館や大学・短大・高専図書館の資料費をすべて合わせても945億1893万円（平成13年度決算）でわずか5.6％にしかならないのだ。

　しかも，各自治体とも財政難で公立図書館の資料費は年々削減される一方である。2014年には公立図書館の閉館数が新設館数を上回り，前年度から2館減少するという事態になった。年間貸出点数も2011年度からマイナスに転じている[20]。図書館が業界三者や著作者そして住民と一緒になって，いま声を大きく上げるべきは資料費の増額要求である。

　さらに，業界三者の中で最も身近な存在である地域の書店を「育てる」という視点を大切にすべきである。書店は図書館と同様，地域に密着した情報の宝庫である。書店を育てることは，地域の文化の底上げにもつながる。

　「図書館員の倫理綱領」には次のような一文がある。"第12　図書館員は，読者の立場に立って出版文化の発展に寄与するようつとめる。"　出版流通の問題を考えることは，図書館員としての社会的責任であることを，深く心に刻みたい。

（西尾　肇）

C. 蔵書構成方針

1　蔵書構成方針と収集方針

　それぞれの図書館は，どのような蔵書をどのように構成していくかについての方針をもっている。その方針のことを蔵書構成方針という。蔵書構成方針のことを，日本では一般に「収集方針」とよんでいる。

　収集方針と混同されがちな用語として「選択基準」がある。選択基準とは，個々の資料を図書館の蔵書として収集すべきかどうかを判断する際に用いる細かい実務的な基準である。

　選択基準をもっている図書館では，それは収集方針の一部分として作成されている場合もあるし，収集方針とは別に作成されている場合もある。どちらの場合でも，選

択基準の内容は，その図書館の収集方針から導かれるものであり，収集方針がないのに，選択基準だけがあるというのは合理的ではない。

2 収集方針の成文化と公開

塩見昇は収集方針のことを"図書館サービスの方法を資料の面で表現したもので，どのような蔵書（資料群）を構成するかの基本的な考え方を集約したものであり，日常の資料選択・収集業務に対する指針となるとともに，住民の図書館資料への期待の拠りどころとなるものである"と定義している[1]。

図書館の蔵書は，個々の職員の恣意によって構成されてはならない。また，館長や担当職員が交代したからといって蔵書の内容が大きく変わってはならない。目標の蔵書を構成するためには，職員全員による継続的な努力が必要となる。このためには，収集方針を成文化しておき，蔵書構成についての基本的な考え方を職員全員共有のものにしておかなければならない。

どのような蔵書をどのように構成するかということは，どのような図書館をどのように運営するかということと密接に関連している。住民には当然のこととして，図書館からどのようなサービスを受けられるのかを知り，それに対して意見を述べる権利がある。図書館側も，図書館運営に対する住民の参加と協力を歓迎する。このために収集方針は，住民に公開されていなければならない。

収集方針がこのような意義をもち，塩見のように定義されるものなら，それは成文化され公開されているのが当然である。しかし日本の図書館では，収集方針は必ずしもすべての館で成文化されているわけではない。また，成文化されていたとしても，そのすべてが住民に公開されているわけではない。

日本図書館協会図書館の自由委員会は2011年に，全国の公共図書館に対するアンケート調査を行った。調査項目の中には，"資料収集に関する方針を成文化していますか？"という問いがあり，945館から回答が寄せられている。結果をみると，945館のうち「収集や保存の方針」を成文化していると回答した館は629館（66.6％）であった。また，その方針の公開については以下のとおりであった[2]。
・館内で自由に閲覧可能（99館）
・ウェブサイトに公開（130館）
・求めに応じて公開（321館）
・公開していない（179館）

収集方針というのは，成文化され公開されていれば，それでよいというものではない。当然のことだが，最も大きな問題は，それがすぐれた収集方針かどうかということである。いったいどのような収集方針がすぐれた収集方針なのであろうか。

各図書館の収集方針を分析した結果をもとに，塩見は，収集方針には「抑制型」と「拡張型」という二つのタイプがあることを主張した[3]。

抑制型の収集方針とは，それが存在することによって，利用者の要求が抑制されてしまう収集方針のことである。どのようなサービスをするのかを図書館側が一方的に決めてしまい，それをもとに収集する資料の範囲を限定し，そこからはずれる資料要求を切り捨てようとするタイプの収集方針である。「〇〇は××なので収集しない」という表現が多い。

一方，拡張型の収集方針とは，そこに記述してあることを読むことによって，図書館サービスの広がりが感じられるような収集方針である。図書館がどのような蔵書構成をしようとしているのかを進んで示すこ

とで，利用者の資料要求を積極的に喚起しようとするタイプの収集方針である。

収集方針が「図書館サービスの方法を資料の面で表現したもの」であり，蔵書構成についての批判や協力を住民によびかけるものと考えるなら，いうまでもなく後者の方がすぐれた収集方針である。このような事情をふまえて塩見は，収集方針を成文化する際に盛り込むべき内容として，次の6点を提唱している[4]。

① その図書館の奉仕対象とサービス活動が基本的にめざすところ

図書館が誰の，どのような利用に応えようとしているか，サービスの現状に照らしてどのような課題をもっているか（サービスの拡張計画）を明らかにすることが，資料収集の基本を示す上で欠かせない。

② 図書館資料と知的自由との関連

図書館が備える資料の量と広がり，蔵書の連環は住民の図書館利用の意欲と関心を決定的に左右する。資料収集が住民の知的自由，知る権利の保障と深くかかわっていることを明示し，「図書館の自由に関する宣言」を支持し，その理念に則ってなされることを謳うことが望ましい。

③ 収集・選択の機構と決定にあたる責任の所在

資料収集を館内のどのような組織機構によって行うかの大綱を述べ，最終決定の責任が図書館長にあることを明示する。選択の機構としては，利用者に対する資料提供に直接あたる職員が実質的に責任を負い，専門職員の合議を尊重して館長が最終決定をするというのが最も望ましい形態であろう。

④ 収集する資料の範囲

図書館活動の根態に応じて（利用対象，中央館・地域館の別，主題別など諸室をもつ場合はその別等）収集する資料の範囲，選択においてとくに留意する事項について大綱を述べる。図書以外の各種メディアについてもふれる。

⑤ 利用者からの要求（リクエスト）と蔵書に対する批判への対処の方法

未所蔵資料への住民からのリクエストが，蔵書構成への住民参加であるという認識を基本にもち，リクエスト要求は尊重し，収集に生かすことを明示する。図書館に備え，利用に供している資料に対し，住民等から批判が寄せられることがある。それに対しては，ただちに収集への干渉であるといった受け止め方をするのではなく，図書館サービスのありよう，図書館づくり（蔵書の形成）への住民意志の発動とまずは受け止め，基本的にそうした参加を歓迎するという立場を鮮明にすべきである。アメリカの図書館のカウンターでよく見られる「特定の資料についての再評価請求票」はそういう視点から用意されているものであり，その姿勢に学ぶとともに再評価の手順など参考にしたいものである。先に述べた「抑制型」と「拡張型」の違いが最も端的に現れるところである。

⑥ 蔵書からの除去，廃棄についての基本的な考え方

蔵書をより魅力あるものへと発展させるためには，新たに何かを加えるだけではなく，不要なものを積極的に除去することも重要である。除去も大事な（新たに加えること以上に難しい）選択であり，その基本的なあり方も，広い意味で収集方針の一項に加えておくのがよい。

3 収集方針と「図書館の自由」

「図書館の自由に関する宣言　1979年改訂」や「公立図書館の任務と目標」には，収集方針（蔵書構成方針）を成文化し，そ

れを公開しておくことの必要性が強調されている。また「図書館の自由に関する宣言1979年改訂」には，資料の収集にあたって留意すべき点が 5 点あがっていて，どのような収集方針であろうと，この 5 点だけは最低限盛り込んでおく必要がある。

○『図書館の自由に関する宣言　1979年改訂　解説』第 2 版
　第 1　図書館は資料収集の自由を有する。
　1.　図書館は，国民の知る自由を保障する機関として，国民のあらゆる資料要求にこたえなければならない。
　2.　図書館は，自らの責任において作成した収集方針にもとづき資料の選択および収集を行う。
　　その際，
　　(1)　多様な，対立する意見のある問題については，それぞれの観点に立つ資料を幅広く収集する。
　　(2)　著者の思想的，宗教的，党派的立場にとらわれて，その著作を排除することはしない。
　　(3)　図書館員の個人的な関心や好みによって選択をしない。
　　(4)　個人・組織・団体からの圧力や干渉によって収集の自由を放棄したり，紛争をおそれて自己規制したりはしない。
　　(5)　寄贈資料の受入れにあたっても同様である。
　　図書館の収集した資料がどのような思想や主張をもっていようとも，それを図書館および図書館員が支持することを意味するものではない。
　3.　図書館は，成文化された収集方針を公開して，広く社会からの批判と協力を得るようにつとめる。
　　（中略）事前に図書館協議会や図書館運営委員会の意見を求めるとか，教育委員会などの管理機関の了承を取り付ける

ことが適当である。
　留意すべき点としてあげている(1)から(5)は，収集方針のうち特に重要なものを整理したもので，これですべてがつくされているわけではないが，少なくともこれらは盛り込んでおく必要がある。
　さらに，……市民や利用者からの意見やクレームを，ただちに圧力や干渉・検閲として受け止めることはせず，収集方針やその運用に対するひとつの意見として生かしていくよう，適切な処理手続きを定めておく必要がある。

○『公立図書館の任務と目標　解説』改訂版
　38　資料は，図書館の責任において選択され，収集される。
　　図書館は，資料の収集を組織的，系統的に行うため，その拠りどころとなる収集方針及び選択基準を作成する。これらは，資料収集の面から図書館サービスのあり方を規定するものであり，教育委員会の承認を得ておくことが望ましい。
　　収集方針及び選択基準は，図書館のあり方について住民の理解を求め，資料構成への住民の参加と協力を得るために公開される。

4　収集方針にかかわる事件

　「図書館の自由に関する宣言」に関係した事件の中で，収集方針にかかわる重要な事例を二つ紹介する。一つは「品川区立図書館に対する区議会議員からの蔵書リスト提出要求」であり，もう一つは「世田谷区議会における読書会『偏向』発言」である。

a　品川区立図書館に対する区議会議員からの蔵書リスト提出要求

　品川区立図書館では1983年，区立大崎図書館を訪れた区議会議員が，社会科学系の

蔵書構成に偏りがあると感じ，館長に説明を求めた。説明に納得できなかった区議は，品川図書館（中央図書館）を訪れ，館長に「品川区立図書館全館の社会科学部門の蔵書目録を提出してもらいたい」と要求した。

品川区立図書館は，職場討議や地区館長会議での検討をふまえた上で，地域住民の信頼に応える立場からこの要求に積極的に対応すること，今後とも図書館資料の収集・選択基準を明らかにし住民に普及させていくこと，などを決めた。そして，大規模館や児童図書館的性格の強い館を除く4館の蔵書リストを提出するとともに，同議員との懇談会を持った。

区議会において議員からは，「図書館の自由に関する宣言」を評価した上で，4館のうち3館については「図書館員の好みで図書購入をしているように思えた」，「図書選定基準をすべての図書館で明確にしていただきたい」，「選定基準の作成後は，区民の皆さんに公表して，批判と協力を得るように努めるべきである」との発言があった。

当時9館あった品川区立図書館のうち，「収集方針」「選択基準」をもっていたのは6館だけであった。しかも，品川図書館のもの（1963年作成）以外は，各館のマニュアルの一部として作成されたものであった。議会で行った答弁をもとに，品川図書館では全館共通の「収集方針・選択基準」を作成することになり，1985年には，教育長決裁の「収集要綱」と，図書館長決裁の「選定要綱」を作成し，区民に公開した[5]。

b　世田谷区議会における読書会「偏向」発言

世田谷区立図書館では1984年，親子読書会への団体貸出用として購入している本について事件が起こった。区議会においてある議員が，親子読書会は政治的中立の観点からいって偏向している団体であり，その人たちのために何十冊も同じ本を購入するのは問題であるとする質問を，繰り返し行ったのである。

区当局は，親子読書会が団体貸出センターとしての登録要件を満たす団体であり，今後も複本サービスを続けていく旨を回答している。また，読書会・文庫関係者・図書館員・児童文学者らが結成した「読書の自由・世田谷問題協議会」を結成し，議員への質問状などで対抗した。

このような過程の中で，当時の世田谷区立図書館の収集方針・選択基準における政治的中立の概念と，「図書館の自由に関する宣言」における政治的中立の概念"著者の思想的，宗教的，党派的立場にとらわれて，その著作を排除することはしない"との矛盾が，議員から指摘される場面があった。

当時の世田谷区立図書館の選択基準は，次のような抑制型のものであった。また中立性を謳ってはいるものの，それは穏健で中性的なものだけを収集することを意味しているように見えるものであった。さらにいえば，特定のタイプの図書を図書館から排除することを意図した検閲的なものとさえいえる。

（収集方針）
第7条　図書館資料の収集に当たっては，中立性，客観性及び主体性並びに広い視野を持ち，時代の流れを的確にとらえなければならない。
2　図書館資料は，地域住民の要望に沿い，日常生活に役立ち，教養，調査研究及びリクレーションに資するものでなくてはならない。また，児童のために成長の糧となるものでなければならない。
（主題別図書資料選定目標）
一　人文科学に関する図書資料
独創性及び論理性において優れ，その表現が適切であり，利用者の情操を高め，知的満足を与えるものとする。著者の思

想傾向，趣味等において偏向がある資料又は文体，用語等が難解すぎたり，若しくは懐疑的，詭弁的言辞の多い資料は注意しなければならない。
二　社会科学に関する図書資料
　諸学派又は学説の代表的著作で典拠が明らかな資料とする。特定の思想を故意に妥当化しようとするもの，個人的又は党派的偏見に満ちているもの，煽動的内容の強いもの又は著者の独断が多く客観性に乏しい資料を除く。
　この事件のあとで，世田谷区立図書館が新しく作成した収集方針は，次のような拡張型のものとなっている。
　1　総括的方針
(1)　資料収集の自由を守り，蔵書構成の中立性・公平性をめざす
　　図書館は，「図書館の自由に関する宣言」にもうたわれているように，全ての住民の知る自由を保障するための社会的機関である．資料選択にあたっては，図書館（員）が，資料自体の価値及び地域住民の要望に基づき，責任をもって主体的に判断する．外部の権力や社会的圧力によって資料選択が左右されてはならない．
　　蔵書構成の中立性・公平性についても，大切なことは個々の資料自体の中立性ではなく，収集範囲の不偏性をめざすということである．従って政治・思想・信条・等についての資料選択においても，その収集に消極的になるのでなく，できるだけ様々な立場や視点からの資料を選択・収集し，蔵書全体としての中立性・公平性をめざす[6]。

5　収集方針の実例

　現代的で拡張型の収集方針とはどのようなものかを知るには，実例をみるのがわかりやすい。そこで比較的新しく作成され，しかも高い評価を受けている収集方針を二つ紹介する。一つは神奈川県藤沢市総合市民図書館の収集方針であり，もう一つは大阪府茨木市立図書館の収集方針である。

a　藤沢市総合市民図書館の収集方針

　「藤沢市総合市民図書館収集方針」には，市民参加型の収集方針であるという特徴がある。"広く市民の批判と協力を得て，市民の資料要求にこたえられる蔵書構成を作ること"が同館の目標である。このために，収集方針は案の段階から市民に公開し，積極的な提言と支持を求めた。つまり，職員の討議によって案を作成し，その案を市民に公開して意見を聞き，その上で正式な方針として確定させたのである。
　こうしてできた「藤沢市総合市民図書館収集方針」は次のような構成になっている[7]。
　収集方針（案）の公開にあたって
　1．基本方針
　2．一般書
　3．参考図書
　4．藤沢図書
　5．神奈川資料
　6．市民文庫
　7．特別コレクション
　8．児童書
　9．ヤング・アダルト資料
　10．視聴覚資料
　11．雑誌
　12．新聞
　13．収集方針（案）公開後の市民の意見並びに図書館の回答
　このうちで「1．基本方針」が厳密な意味の収集方針に相当し，「2．一般書」から「12．新聞」までが選択基準に相当する。
　「1．基本方針」では，図書館の任務を"基本的人権のひとつとして知る自由を持つ市民に資料を提供する"ことにあると規定し，

"市民の要求にもとづいて資料を収集する"ことを収集の大原則としている。また「図書館の自由に関する宣言　1979年改訂」第1条第2項にある「資料収集における五つの留意点」は，そのまま本文に取り込んでいる。さらに"収集方針は常に市民の議論の対象となるよう市民に公開され，より豊かで実質的な内容あるものとしていく"と結んでいる。

　「2．一般書」以降の部分では，細分化された分野ごとに，選択のために基準を記述している。そこでは「網羅的に収集する」「体系的に収集する」「幅広く収集する」「○○に留意する」など，選択のための実務的な基準を記述している。「××は収集しない」といった抑制型の表現はほとんどみられない。以下に「2.一般書」のうちから「社会科学」の一部分を掲載する。

　社会科学
(1) 社会科学は，各分野の基本書を体系的に収集する。
(2) 社会科学は，さまざまな学説や主張が抗争している分野なので，多様な観点に立つ多様な資料を幅広く収集する。
(3) 社会科学は，その時々の時代性と深く結びついている分野なので，今日的主題を重視して収集する。
(4) 入門書，概説書は，常に新鮮な資料をそろえ，利用の多い分野については，類書や複本も用意する。
(5) 参考図書（辞典類）については，総論から各論まで，ある程度専門的なものも含め，幅広く収集する。
(6) 社会科学は，市民が高度の調査研究に進み得る分野なので，専門の研究者にもある程度のサービスが提供できるよう，必要な専門書は積極的に収集する。
(7) 日常生活及び実務上に必要な実用書，実務書は，豊富に収集する。
　　　特に重点的に収集する主題を以下に列記する。

政治・経済・社会・文化事情（302）
○話題になっている資料，新しい資料を豊富に収集する。

社会評論（304）
○時代を代表する評論，話題になった評論は，もれなく収集する。（書評にとりあげられたもの，論争を喚起したもの，評価の高い著者の評論等）

叢書，全集，講座（308）
○主要なものは，もれなく収集する。
○ただし，一般教養的内容のもので，内容に多数の重複が考えられる資料については，選択の対象とする。

社会思想（309）
○自由主義，民主主義
○マルクス主義
○社会民主主義
○社会改良主義
○無政府主義
○全体主義，ファシズム
○代表的な思想家の資料は，もれなく収集する。
○それぞれの社会思想において，時代を代表する資料，および話題になっている資料は，もれなく収集する。

政治論（310.4）
○話題になっている資料，時事性のあるもの，著名な著者によるものは，もれなく収集する。

政治学，政治思想（311）
○多様な観点の資料を幅広く収集する。
○国家論，ファシズム，社会主義，共産主義関係のものは，利用が多いので，豊富に収集する。

政治事情・政治史（312）
○利用の多い分野なので，話題になっているもの，時事性のあるものを中心に幅広く収集する。
○多様な観点のものを収集するよう留

意する。
天皇制（313）
○一定の利用があるので，多様な観点の資料を収集する。
議会（314）
○日本の議会に関する資料は，明治期の帝国議会等についての専門資料も含め，幅広く収集する。(以下略)

b　茨木市立図書館の収集方針

一方，茨木市立図書館の収集方針では，「図書館の自由に関する宣言　1979年改訂」のいう「資料収集における五つの留意点」が「資料収集についての留意点」の中に直接引用されている。また，「図書館の自由に関する宣言　1979年改訂」の解説にしたがって，教育委員会の承認という形式をとり，塩見昇の提唱する6項目も，明確に盛り込まれている。以下に全文を紹介する。

○茨木市立図書館資料収集方針（平成8(1996)年7月26日茨木市教育委員会承認）

〔基本方針〕
1. 茨木市立図書館は，市民の基本的人権の一つである「知る自由」を社会的に保障する機関の一つである。そのため市民が必要とし市民の知的関心を刺激する多様な資料を図書館の責任において豊富に備える必要がある。
2. 図書館法に示された公立図書館の役割，すなわち市民の「教養，調査研究，レクリエーション等に資する」資料を収集する。
3. 資料の収集にあたっては，利用者の資料要求と関心，および地域社会の情況を反映させ，組織的，系統的に行う。そのよりどころとして，本収集方針を定め，図書館員共通の理解のもとで運用する。
4. 市民の知的関心に応える証として本収集方針を公開し，広く市民の理解と協力を得て，市民の資料要求に応えられる蔵書を形成する。

〔資料収集の種類〕
5. 収集する資料の種類は次のとおりとする。
①図書　②逐次刊行物　③地域資料　④行政資料　⑤視聴覚資料　⑥障害者用資料　⑦複製絵画　⑧その他

〔資料収集の分担〕
6. 中央図書館，分館，分室，移動図書館において，それぞれの役割と機能に応じた蔵書構成に留意するとともに，茨木市立図書館全体の体系的な資料の充実をはかる。
7. 分館は，一般教養，実用，趣味および娯楽に資する資料のほか調査研究に資するための基本的，入門的参考図書を収集する。
8. 分室，移動図書館は，限られた収容力のなかで資料要求に応えるため，小説，実用書，児童書，絵本を中心に利用頻度の高いと思われる図書資料を収集する。
9. 中央図書館は，図書館システム上のセンターとしての役割を担い，分館，分室，移動図書館に対する資料補給および保存の機能をもつ。そのため分館，分室，移動図書館が収集する資料のほか専門的図書，参考図書，地域資料，行政資料その他の資料をも網羅的に収集する。

〔資料収集についての留意点〕
10. 資料収集にあたっては，次の点に留意する。
    ① 多様な対立する意見のある問題については，それぞれの観点にたつ資料を幅広く収集する。
    ② 著者の思想的・宗教的・党派的立場にとらわれて，その著作を排除しない。

③ 図書館員の個人的な関心や好みによって選択しない。
④ 個人・組織・団体からの圧力や干渉によって、収集の自由を放棄したり紛争をおそれて自己規制しない。
⑤ 寄贈資料の受入にあたっても同様である。

　以上のような基本方針で収集した図書館資料が、どのような思想や主張をもっていようとも、それは図書館および図書館員が支持していることを意味するものではない。

〔資料選択の組織〕
11. 資料の選択については、利用者サービスに従事する図書館員全体があたる。収集する資料の選定調整は、「資料選定会」において合議により行う。

　「資料選定会」は、成人図書室、児童図書室、参考図書室、分館、分室、移動図書館の担当者から選ばれた者、及び発注担当者で構成する。

　資料の選択についての最終責任は、中央図書館長にある。

　収集した資料の利用状況等について、図書館員全体によって検討し、資料選択に生かしていく。

〔蔵書の更新・除籍〕
12. 図書館は、常に新鮮で適切な資料構成を維持し、充実させるために資料の更新および除籍を行う。

　利用者が直接資料に接する開架書架は、常に利用される図書で構成されていることが大切である。
① 利用頻度の落ちた資料、新たな資料によって代替できる資料、古くなった資料価値の乏しい資料は、臨時書庫に移す。
② 資料全体をみきわめ、将来の利用を予測して資料価値の無くなった資料は除籍する。
③ 分館・分室・移動図書館の資料は、中央図書館との間で調整し効率的な保存をはかる。
④ 長期にわたってよく利用される資料が、破損などのために利用に供せなくなったときは、同一資料の買い替えなどの更新を行う。

〔市民の要望や意見の尊重〕
13. 利用者からリクエストされる資料は、できる限り提供するように努める。その際、図書館未所蔵の資料は、図書館の蔵書構成への意志の反映としてこれを受けとめ、収集するように努める。
14. 市民や利用者からの蔵書についての要望や意見は、図書館の蔵書構成への意志として大いに歓迎するという認識のもとに、十分検討のうえ蔵書に生かすように努める。

6　蔵書構成における図書館長の権限

　『図書館の自由に関する宣言　1979年改訂　解説』第2版では、収集方針は"事前に図書館協議会や図書館運営委員会の意見を求めるとか、教育委員会などの管理機関の了承を取り付けることが適当"としている。管理機関の了承を得た収集方針の中に、「資料の収集・提供・廃棄などについての最終責任は図書館長にある」などと明記してあれば、蔵書構成についての権限は図書館長にあることになる。

　そのような収集方針ではないとしても、蔵書構成や資料の取り扱いの権限が図書館長にあることは、図書館法から明らかである。同法第13条に"館長は、館務を掌理し、所属職員を監督して、図書館奉仕の機能の達成に努めなければならない"とあるからである。

　資料の取り扱いの裁量権を館長が持つとした判例はある。『新潮45』（1998年3月号）

の記事を，東京都東大和市立図書館が閲覧禁止措置にしたことに対する損害賠償請求裁判の判例である。二審の東京高裁判決（2002年1月29日）には，"図書館の具体的な管理に関する定めは地方自治法244条の2第1項［普通地方公共団体は，法律又はこれに基づく政令に特別の定めがあるものを除くほか，公の施設の設置及びその管理に関する事項は，条例でこれを定めなければならない］に基づく東大和市図書館条例の委任を受けた運営規則で定められており，運営規則10条では，図書館長は，必要と認めた資料について，その利用方法を制限できると定められている。そして，これによれば，図書館長には，所蔵する図書について，閲覧禁止を含めた管理に関する裁量権が付与されているものと解される"とある[8]。

だだし，そうした裁量権は無限定的なものではない。この点については，「新しい歴史教科書をつくる会」の関係者の著書が，千葉県船橋市西図書館で集中的に廃棄されたことに対する損害賠償事件の判例が画期的である。最高裁判決（2005年7月14日）は，"公立図書館は，住民に対して思想，意見その他の種々の情報を含む図書館資料を提供してその教養を高めること等を目的とする公的な場"であり，"そこで閲覧に供された図書の著作者にとって，その思想，意見等を公衆に伝達する公的な場"でもあるとした。そして，図書館職員は"公正に図書館資料を取り扱うべき職務上の義務を負う"ものであり，"合理的な理由のない不公正な取扱いをすること"はその義務に反することになるとした。この最高裁判決からは，資料の収集・利用・保存・廃棄などの場面において，資料に対して「合理的理由のない不公正な取扱い」をするような権限は，館長を含むいかなる職員に対しても認められていないことがわかる[9]。

（山本昭和）

D. 収集の実際

1 収集・選択についての考え方

2014年の統計によると，日本における新刊書の出版点数は80,954点となっている[1]。一方，日本の公共図書館数は3,248館であって，これらの図書館全体で1429万8千冊の図書を購入している[2]。単純に計算すると一つの図書館は，およそ8万1千冊の新刊書の中から，4,400冊ほどの図書を選んで購入していることになる。

個々の資料について，それを収集するかどうかを図書館が判断することを，資料選択という。資料選択は単に選択と略されることが多い。また図書館の収集する資料には図書が多いので，資料選択のかわりに図書選択や選書という語もよく使われる。選択と同じ意味の語として，選定という語が使われることもある。

選択は，収集方針や選択基準に基づいて行う。ただし，収集方針や選択基準はあくまでも指針であって，それらに照らし合わせさえすれば選択の問題がすべて解決されるというものではない。例えば，「人生論・処世法」（日本十進分類法（NDC）159）に関する本について，「利用が多いので，幅広く収集する」と，収集方針・選択基準の中に書かれていたとする。ところが，NDC番号159の本は1年間に700冊近くも発行されるので，それぞれの本を収集すべきかどうかの判断は必ずしも容易ではない。

一方，収集した結果が正しかったかどう

かは，購入したあとの利用状況を調べることで比較的容易に判断できる。例えば，購入したあと，特別な理由もないのに何年たっても誰にも読まれない本があったとすれば，それは基本的には選択ミスである。また，ひっきりなしに読まれている本があれば，少なくともその本についての選択は正しかったといえる。このため，同種テーマや同一著者の本が過去にどのくらい利用されたかについてのデータは，図書選択の際の重要な判断材料となる。

なお，図書選択をするときに図書館員が読むのは，それぞれの本の目次・解説・本文の一部などだけである。始めから終わりまですべてを読み，中身を完全に理解した上で選択するわけではない。年間におよそ8万点もの本が出版され，その中から図書館員は，毎年数千点から数万点もの本を選ばなければならない。仮にすべての出版物を実際に手に取ることができたとしても，それらのすべてを読んでいる時間は図書館員にはない。また読んだとしても，すべてを理解できるとは限らない。

図書館員は，その本が扱っているテーマや著者名を確認し，一部を読むことによって，それがどういう本で，利用者にどのくらい求められているのかを把握する。もちろん，このときには間違いが生じることがある。この間違いを少なくするためには，できるだけたくさんの本を日常的に読んでおくことと，できるだけたくさんの利用者に日常的に接しておくことが必要となる。

2 選択者

図書館員が最も多く選択するのは新刊書である。新刊書の中には，ベストセラー作家の新刊書などのように，中身をまったく読まなくても選択できる本もある。しかしその一方で，いくら熱心に読んだとしても，ある世代の図書館員や，ある種の図書館員には，何をテーマとした本なのか，どのような人が読むのか，理解しにくいという本もある。このため選択には，一人ではなく複数の職員がかかわる必要がある。

古い時代の図書館では，選択にかかわるのはごく少数のベテラン職員だけであった。そしてその職員は，整理部門の職員であることが多かった。しかし現代の図書館では，若い世代の職員も含め，できるだけ多くの職員が選択にかかわるようになっている。しかも整理部門ではなく，カウンターで利用者と接している職員の意見が優先されるようになっている。

選択にかかわる職員のことを選択者という。選択者には，当然ながら，本と利用者についての知識が求められる。また，住民の知的自由を保障し，人と本との出会いの場をつくるという図書館の役割を理解していることも必要である。この点について前川恒雄は，選択者に必要な条件として次の3点をあげている[3]。

① 本を知っていること。
② 利用者の気持ちを知っていること。
③ 図書館の使命を自覚していること。

本を知るために，図書館員はたくさんの本を読む。たくさん読めば読むほど，自分の知らない本があることに気づく。またカウンターで利用者に接していると，知らない本がたくさんあることに気づく。そこで図書館員は，どのような本が過去に発行されているのかを調べる。調べた本の中から，何冊かを読む。読めば読むほど，知らない本があることにまた気づく。こうしたことの繰り返しによって，図書館員は，本についての知識と，本を知る手段についての知識とを増やしていく。

利用者の気持ちを知るために，図書館員は利用統計をよく使う。また自分が本をたくさん読むことによって，本を読もうとす

る利用者の気持ちを知ることもできる。ただし図書館には，さまざまな人が，さまざまな理由で，さまざまな本を求めてやってくる。そうした利用者の気持ちは，統計や推測だけでは十分に知ることができない。カウンターで利用者とじかに接することによって，はじめて十分な知識を得ることができる。

　図書館員の使命は，本を知り利用者を知った上で，両者の出会いを保障することにある。図書館員も人間なので，発行されるたくさんの本の中には，がまんできないほど好きな本もあれば，自分の信条とはあいいれないと感じる本もある。また，購入して書架に並べておくと誰かから攻撃されるかもしれないとの恐怖心から，自己規制したくなるような本もある。しかし図書館員は，そうした心情をのりこえて，本と利用者との出会いを保障するために本を選ばなければならない。それが，選択業務において図書館員に課せられた責務である。

　このように考えると，図書館における選択は，図書館員にしかできないことがわかる。逆にいえば，図書館員でない人の場合，選択者となりうる条件下にはないことがわかる。ところが，いくつかの図書館では，図書館員でない人に選択を任せようとする考え方がみられる。

　例えば，特定分野については，その分野の専門家に図書選択を委ねるという考え方がある。専門家なら本をよく知っているだろうとの単純な発想である。しかし，利用者の気持ちを知っているか，図書館の使命を自覚しているかという観点からみれば，明らかに誤った考え方である。もし特定分野についての本の知識が図書館員に不足しているのなら，複数の図書館員が協力しながら，選択のために必要な程度の知識は図書館員自身が取得すべきである。

　また，図書館が収集する本の一部を，住民が選択してもよいとの考え方もある。利用者の気持ちは利用者が一番よく知っているといった安易な発想であり，住民参加の一形態であるかのような錯覚もみられる。しかしながら，図書館利用者にはさまざまなタイプの人がいるので，ある一部の利用者が，そのほかの利用者の気持ちをよく知っているとはいえない。また，図書館における選択とは，さまざまな利用者のさまざまな気持ちを，公平に確実に蔵書に反映させていく作業でもある。この作業の結果について，図書館員は利用者に対して責任をもたなければならない。もし利用者が選択するのであれば，利用者が利用者に対して責任をもたなければならないことになってしまう。

3　選択の方法

　選択には二つの方法がある。一つ目の方法は，実物の資料を手に取りながら行う直接選択である。直接選択には，書店や取次が図書館内へ持ち込んだ資料の中から図書館員が選択する場合と，書店や取次へ図書館員が出かけていって選択する場合との二つがある。

　直接選択のうちの前者，すなわち，書店または取次が図書館に定期的に資料を持ち込み，その中から必要なものを図書館が選ぶ方法のことを「見計らい」という。書店や取次が図書館に持ち込む資料の範囲は，契約や取り決めによってあらかじめ定めておく。持ち込む資料は新刊書が主であり，持ち込む頻度は1週間に1度という場合が多い。図書館員はできるだけ多くの資料を持ち込んでほしいと考え，取次や書店はできるだけ運送経費などのむだを避けたいと考え，そのバランスの上に見計らい制度が成り立っている。

　書店や取次が図書館の近くにあれば，そ

こへ図書館員が出かけて行って選択する場合もある。これが，直接選択のうちの後者である。書店や取次に行けば，ムック・地図・資格試験問題集など，見計らい用としては持ち込まれることの少ない資料を選択することができる。また，特定分野の資料を補充したいときにも，実物を見ながら選べるという点で有効な方法である。

直接選択の長所は，必要な資料かどうかを，実物を手に取って総合的に判断できることである。書かれている内容は選択の重要な要素ではあるが，装丁や活字，その本のもつ雰囲気なども軽視できない要素である。例えば背のタイトルが読みにくいために書架に埋もれてしまうタイプの本とか，本文のイラストやレイアウトが美しいせいでよく読まれるタイプの本があるが，そういうことは実物の本を見ないとわからない。また，実物がすでに確保できているので，改めて発注する必要がなく，その本がすぐに納入されることも長所である。直接選択の短所は，網羅性のないことである。つまり，取次や書店にそのときあった資料や，図書館に持ち込まれた資料だけが選択の対象となってしまうことである。

選択のもう一つの方法は，出版物リスト・パンフレット・書評など，各種のツールをもとに行う間接選択である。間接選択の長所は，選択用リストに網羅性を求めることが可能なこと，特定の主題だけに絞った選択が可能なこと，時間や場所の制約が少ないことである。短所は，資料の形態的特徴が把握しにくいこと，選択・発注から受け入れまでの時間が長くなること，選択した本が品切れなどで納入されない可能性があることである。

選択のために会議を開く図書館は多い。この会議のことを選択会議・選書会議・選定会議などという。会議の頻度は1週間に1度という場合が多い。選択会議のもち方は，図書館の規模によって違っていて，職員全員が参加する場合もあれば，委員会方式の場合もある。

多くの職員が選択にかかわり，会議が頻繁に開かれるようになると，選択に時間がかかりがちになる。しかし，選択には早さも要求される。その本が書架に並ぶのを待っている利用者が大勢いるし，遅くなるとその本を読む意欲がなくなる利用者も多いからである。

早く選択し，早く書架に出すために，各図書館ではさまざまな努力をしている。例えば，見計らいとして図書館に届いた本については，選択から排架までの作業を1週間以内に必ず終了させるようにしている図書館が多い。また予約のある本については，見計らいの本が届いたその日のうちに選択や整理を終え，利用者に提供している図書館もある。

4 収集・選択のためのツール

a 新刊書を選択するとき

図書選択とは，入手可能なすべての本の中から，図書館に必要な本を選ぶ作業である。入手可能な本の中には古書や自費出版の本も含まれるが，実際に公共図書館で選書の対象となっている本は，ほとんどが一般書店で入手できる本である。そしてその大多数は新刊書である。

新刊書の中から必要な本を選ぼうとすれば，新刊書を網羅したリストが必要となる。そのようなリストとして公共図書館がよく使うのは，取次が作成する週刊版の新刊書全点リストである。例えば，『新刊全点案内』（図書館流通センター（TRC））などがそれにあたる。それぞれの取次は，それらのリストに対応する機械可読目録（MARC）を作成している。MARCデータが業務に必要な図書館は，どれか一つのリストを使っ

て本を選び，その本と該当MARCとをセットで購入することになる。はじめからすべてのMARCを購入しておき，それを選択用のリストとして使う図書館も多い。

取次は週刊版の近刊・新刊案内も発行している。それらに紹介されている本の記事も，新刊書を選ぶときの参考になる。取次以外が発行する近刊案内としては，『これから出る本』（日本書籍出版協会，月2回刊）がある。各出版社の発行するPR誌やパンフレット類にも，近刊や新刊についての情報が掲載されている。取次や出版社・オンライン書店などは，インターネット上でも新刊案内情報を提供していて，それらの情報も参考になる。

入手可能なすべての新刊書から選ぶということでいえば，一般書店では扱わない本も含めた新刊書リストがほしい。そのような網羅的なリストとして『日本全国書誌』（国立国会図書館，インターネット上で無料公開）があるが，出版された本が同誌に掲載されるまでに要する時間は非常に長いので，新刊書の選択という点では実用的ではない。なお，地方小出版社の新刊書を紹介する案内誌としては，『アクセス』（地方・小出版流通センター，月刊，インターネット上でも公開）がある。

当然ながら，新刊書の情報をいくらたくさんもっていたとしても，利用者がどういうものを，どのくらい求めているかについての情報がなければ，図書館員は本を選べない。

新刊書に対する利用者の要求度は，まず類書の利用状況によってある程度把握できる。例えば，ある小説家の新刊が出たとき，利用者がどのくらいその本を求めているかを把握しようと思えば，同じ著者が書いたほかの本について過去の利用回数を調べればよい。絵手紙，ガーデニング，漢字検定，家相といった特定のテーマについての新刊書が出たときも，同じテーマの本の過去の利用回数を調べればよい。ただしカウンターで仕事をしている職員にとっては，利用統計の大半は，調べるまでもなく了解されていることが多い。

利用者がどういうものを求めているかを把握するためには，図書館員は，利用者が新刊書の情報をどのようにして得ているのかについても知っておかなければならない。利用者の情報源として最も一般的なのは，新聞の下段に掲載される出版広告である。これを切り抜いて来館し，所蔵しているかどうかたずねる利用者は多い。だから，この部分を読んでおくことは，新刊書の選択のための情報を得るという点からいっても，利用者の質問にカウンターで要領よく答えるという点からいっても，図書館員には欠かせないことである。

新刊書についての利用者の情報源としてはテレビもある。例えば料理番組のレシピが本になるとか，人気ドラマのシナリオが本になるとか，人気のある歌手や俳優のエッセイが出版されるといったことを利用者はよく知っている。だから図書館員も，そうした情報には注意しておく必要がある。テレビをあまり見ない図書館員は多いが，そのことによって利用者の感覚とかけはなれた選択にならないよう気をつけなければならない。

b　新刊書の収集もれの補充

図書館が行う選択に完璧ということはありえない。新刊書の選択についても，収集もれが必ず発生する。また，最初は需要がほとんどなかった本が，しばらくたつうちにベストセラーとなることもある。そこで図書館は，時期をみて，収集もれになっている新刊書を補充する。このときの情報源としては書評紙（誌）をよく使う。『週刊読書人』（読書人，週刊）と『図書新聞』（図

書新聞，週刊）が，図書館員にとっての代表的な書評紙（誌）である。これらの書評紙には，書評だけでなく，出版業界のニュースや各種の統計などの情報も掲載される。特定の本についての書評を探すときは『出版ニュース』（出版ニュース社，月3回刊）誌上の「新聞・雑誌書評リスト」を調べることもある。もちろん同誌にも，新刊書の紹介記事や出版業界のニュースなどの記事が掲載される。

このほかに，日本図書館協会が行っている選定図書のリストを補充の参考にする図書館もある。選定図書についての情報は『選定図書速報』（日本図書館協会，週刊）に掲載され，解説を付したものが「選定図書週報」として『週刊読書人』に掲載される。ただし，日本図書館協会の図書選定事業は2016年3月で終了したため，このリストは新刊書の補充には使えなくなった。

出版後しばらくたった本について，最も一般的に利用者が情報を得ているのは，やはり新聞の書評や紹介記事である。だから図書館員も，各新聞の書評欄を読んでおかなければならない。また利用者は，日常的に読んでいる週刊誌や月刊誌の書評欄からも，多くの情報を得ている。だから図書館員も，専門雑誌の書評だけでなく，そうしたポピュラーな雑誌の書評にも目を通す。

このほかにも利用者は，いろいろなところから情報を得ている。各種のベストセラーリスト，テレビで取り上げられた本，映画化された本，年末に発表されるミステリーのベストテンリスト，各種の文学賞などである。そうした情報についても気をつけて資料を補充しないと，図書館は利用者の信頼を失うことになる。

書店に並んでいる本をみて，それが図書館にあるかどうかをたずねてくる利用者も多い。だから図書館員は，できる限り書店に足を運び，どのような新刊書が売れているのか，平積みになっている本は何かといったことも確認しておく。住民の読書要求に対して書店は敏感なので，書店の品ぞろえは図書館の選書にはたいへん参考になる。そういう努力を怠ると，書店ではベストセラーになっている本なのに図書館には1冊も所蔵していないという事態が生じることがある。

図書館側の収集もれは，たいてい，利用者からのリクエスト（予約）によって明るみに出る。だから，利用者が気軽にリクエスト（予約）を申し込める雰囲気をつくっておくことは，適切な選書をするという点からいっても非常に重要な事柄である。利用者は，読みたいと思った本をどんどんリクエスト（予約）する。図書館員は，リクエスト（予約）が出る前にそうした本を収集しておこうとする。それは利用者と図書館員との一種の競争であり，図書館員が努力すればするほど，利用者からの信頼感が増すことになる。

c　一般的な補充

図書館が補充するのは新しい本だけではない。貸出や返却などの日常業務の中で，あるいは利用者からの予約に触発されて，あるいは蔵書評価をすることによって，蔵書の不備が見つかることがある。例えば，世の中で話題となっている本を所蔵していなかったり，三部作となっている本の一つが欠けていたりする。ある著者の本が少なすぎるとか，あるテーマの本がいつも貸出中であるといったことに気づくこともある。そういうときにも，図書館は必要な本を補充する。

補充すべき本の書名がわかっているときは『日本書籍総目録』（『出版年鑑』の付録CD-ROMであったが，現在はインターネット上で無料公開されている）に掲載されているかどうかを調べる。ここに掲載されてい

るなら，原則として現在購入可能である。それぞれの本について，書名・著者名・出版者・出版年・ページ数・価格などの情報が記述されている。またこれの著者名索引は，特定の著者の本を補充するときにも使える。インターネット上で在庫検索ができるような取次やオンライン書店の目録データベースも同種の役割を果たす。

雑誌の補充について，『日本書籍総目録』と同じ役割を果たすリストとしては，『雑誌新聞総かたろぐ』(メディア・リサーチ・センター，年刊）がある。つまり，そこに掲載されている雑誌は原則として現在購入可能である。

特定のテーマについての本を補充するときは，補充に適当なリストがあればそれを使う。特定の分野について現在購入可能な本を集めたリストとして，例えば『哲学思想図書総目録』(人文図書目録刊行会，年刊)，『歴史図書総目録』(歴史図書目録刊行会，年刊)，『日本理学書総目録』（日本理学書総目録刊行会，年刊）といった各種の目録が発行されている。

書店で現在購入可能かどうかを問わなくてもよいのであれば，『BOOK PAGE 本の年鑑』(ブックページ刊行会，年刊）がある。これは，1年間に発行されたすべての本を分野別に並べ，短い解説をつけた本である。書名と著者名の索引もついている。同書にはオンラインデータベース版もある。この解説の部分を読みたければ，インターネット上のWebcat Plusで検索して読むことが可能である。

このような電子化されたデータベースを用いれば，テーマ検索や著者検索が容易になる。過去にどのような本が出版されたかを知りたいとき，最も一般的に使われているのは，国立国会図書館の蔵書目録のデータベースと，国立情報学研究所の運営する大学図書館総合目録CiNii Booksである。

5 リクエスト（予約）制度と複本購入

a　リクエスト（予約）制度の意義

リクエスト（予約）制度は現代の公共図書館には欠かせないものであり，蔵書構成や図書選択に対しても大きな影響力をもっている。現代的な拡張型の収集方針では，利用者からのリクエスト（予約）を，蔵書構成への要望や批判として積極的に受け入れようとするからである（以下でいう「予約」という語は，その資料が図書館に所蔵されている場合もそうでない場合も含めて，「読みたいという申し込みを利用者がした」という意味で用いる）。

例えば，所蔵していない資料への予約があると，図書館は，それを収集しもらしていたのではないかと反省し，利用が見込まれるならその資料を購入する。また，所蔵している資料への予約についても，同じ本への予約が何度も重なるなら複本を購入する。

蔵書に魅力がない図書館ほど予約が多くなると思われがちだが，そうではない。利用者は現在の蔵書に触発されて予約をするので，蔵書が魅力的であるほど予約は増えてくるからである。また，複本が少ないと予約が多くなると思われがちだが，これもそうではない。複本が少ないとあまりに長く待たされるので，利用者はその本へ予約することをあきらめてしまうからである。逆に複本が多いと，近いうちに読めるという利用者の期待感が増し，予約は増えてくるものである。つまり予約の多い蔵書というのは，利用者の読書意欲を盛んに刺激している魅力的な蔵書であるといえる。

予約制度は急速に発展してきている。『日本の図書館』（日本図書館協会，年刊）によると，1995年には全国の公共図書館（2,363館）で920万件の予約があった。それが2014年には8815万件（3,246館）へと増加し，

平均すれば1館当たり27,157件となっている。また，単館で受けつける予約件数が，年間10万件を超すような図書館もある。このような状況の中で，蔵書構成に及ぼす予約の影響力は非常に大きくなっている。例えば，予約されそうな本は予約が出る前に買っておくとか，早めに複本を購入しておくといった方針は，多くの図書館で積極的に採用されている。

　予約制度と収集方針との間には，あつれきが生じることがある。つまり，利用者の予約した資料が，収集方針の規定している範囲を越えることがある。抑制型の収集方針をもつ図書館では，とくにこれが多発する。そういう場合，予約制度に対する理解が十分でない図書館では，予約に応えることを断ることがある。しかし，住民が求める資料であるなら，たとえ収集方針の範囲を越える資料であっても，ほかの図書館から借りるなどの手段を用いてそれを提供しようと努力すべきである。またもし，そのような事態があまりに多発するのなら，収集方針の方が誤っているのであり，その場合は，収集方針の内容を改訂しなければならない。

b　複本購入

　予約制度が利用者に定着してくると，複本を何冊買うかという問題が必然的に発生してくる。同じ本を待っている人が10人や20人いるという事態は，どんな小さな図書館でも頻繁に起こり，そうした資料要求に応えようとすると，早めに複本を購入することがどうしても必要となるからである。このために，予約者の多さを基準としながら複本を購入している図書館が多い。

　例えば貸出期間が2週間であったとすると，延滞が生じたり予約者に連絡がとれなかったりするために，1冊の複本が1件の予約を処理するのに約3週間が必要となる。

仮に，どんなに遅くても3か月（12週間）以上は待たせないことを目標とするなら，1冊当たりの予約件数が4件以下という状態を保っていなければ間に合わない。つまり4件の予約につき1冊の複本が必要ということになる。

　複本は，早く資料要求に応えるためだけでなく，蔵書を魅力的にするためにも必要である。どんなに予約制度が定着しても，書架をながめながら気に入った本を探すという，利用者の一般的な行動様式は変わらない。いつ行っても人気のある本は貸出中というような書架では，読みたい本を図書館に求めることを利用者があきらめてしまう。これを防ぐためには，利用が多くて書架に残ることがほとんどないという本についても複本が必要となる。

　複本を多数購入する際の問題点として，よく指摘されるのは「ブームが去ったあとで書架に残骸をさらす」と「蔵書の多様性が失われる」である。残骸をさらすという点でいえば，利用がすたれて書架に残骸をさらすまでに要する時間は，同時期に購入した他の本に比べて，それらの複本の方がとくに短いわけではない。また，すたれるまでに利用された回数を数えてみれば，同時期に購入した他の本よりもはるかに利用されていることがわかる。蔵書の多様性が失われるという点でいえば，蔵書の多様性を増すという名目で複本のかわりに買った本が，複本を買った場合よりも住民の資料要求を満たすことに本当に貢献したかというと，まったくそうではない。

　近年，図書館が複本を多数購入することについての不満の声が，出版社側から聞こえることがある。「複本を大量に購入して貸し出すことで，書店での売り上げが阻害されている」との声である。この意見には，図書館が複本を購入しなかったからといって利用者がその本を購入するとは限らない

こと，図書館で自由に本が読めることによって書店での購買者層がむしろ広がっていること，住民の読書を効率よく公平に保障するために税金を使うのが図書館であること，などへの理解が不足しているものと思われる[4]。

なお，公共図書館が複本をどのくらい購入しているのかについては，2003年に全国実態調査が実施されている。500の自治体を対象とし，ベストセラーや各賞受賞作を図書館が何冊所蔵していて，それらが何回借りられたかを調査したものである。複本については，"政令指定都市立図書館など大規模な自治体で数が多くなっていますが，人口あたりで考えると逆に町村の方が多く，大規模な都市ほど少なくなっています"との結果であった[5]。

c　住民の資料要求に応える

このように，住民の資料要求を重視しながら形成した蔵書について，「どの図書館も同じような蔵書構成をしていて，金太郎飴のようだ」という批判もある。しかし，資料費や蔵書の規模が似ているなら，どの地域の公共図書館であろうと，蔵書構成が似てくるのは当然のことである。日本国内であれば，どの地域の住民も似たような資料要求をもっているからである。特異な資料要求のあることがはっきりしている地域とか，大規模な蔵書や莫大な資料費をもっている図書館なら別だが，そうでないなら，特徴をもたせること自体を蔵書構成の目的とすべきではない。

金太郎飴のようでない蔵書として「特色ある蔵書構成」を推奨する意見もある。それぞれの図書館が「特色ある蔵書構成」を行い，相互貸借制度によって資料を相互に利用すれば，少ない資料費の有効活用が図られるというものである。しかし，読みたい本のタイトルがあらかじめ決まっている利用者は，比率としては少ない。ほとんどの利用者は，書架に並んでいる本の中から気に入った本を選んで借りていく。そこには思わぬ出会いもある。もし，最寄りの図書館の蔵書が非常に特殊であり，読みたい本の多くはタイトルを決めてほかの図書館から取り寄せなければならないとしたら，その近くに住んでいる住民は不幸である。

蔵書は住民の資料要求に応えるためにある。また蔵書は利用するためのものである。この原則が選択の場で実現され続けるなら，蔵書の利用頻度が増えてくるのは当然である。つまり，行った選択のよしあしは，蔵書の利用の多寡となって表れてくるものである。中には，利用を増やそうとするなら質の低い本を大量に選択すればよいと考える人もいる。これは，利用者は質の低い本ばかりを読むとの憶測から生じる考え方であるが，本が借りられていく様子を利用の多い図書館で実際にみれば，その憶測は誤りであることがわかる。また，そもそも本の質の高低とは何かという根本的な問題が未解決のままである。

（山本昭和）

6　児童書の図書選択

a　選択の前に
(1)　運営方針の確認

本を選ぶ前に，自館の運営方針，サービス目標をしっかり頭に入れておくことが肝心である。それによって自館の収集方針が決まり，その収集方針に基づいて本を選ぶからである。運営方針やサービス目標が明確になっていないと，選書にぶれが生じ，蔵書構成に一貫性がなくなり，利用者からの信頼も損なわれる。

館種を考えることも必要である。都道府県立か，市区立・中央館，市区立・地域館，町村立等の条件に加えて，規模や予算によ

っても，資料選択の幅は異なってくる。また，図書館の立地条件，地域の特性などもきちんと把握する必要がある。

都道府県立ならば，市町村立図書館の支援，研究者も含めた成人利用者への調査研究支援等を勘案して，できる限り全点購入が望ましい。児童書研究のための参考図書類，研究図書類，関連雑誌など，周辺資料の収集も怠ってはならない。

大規模な市区立の中央館ならば，収集の幅を広げることができる。かつ，利用度の高い図書の複本も十分に揃えることが可能になる。小規模の図書館ならば，利用度の高いものを中心に考えざるをえない。

立地条件等も考慮する。すぐ近くに学校があれば，調べ学習用の資料を十分に用意する。幼稚園や保育所が近くにあれば，絵本を充実させる。子ども人口が少ない地域だと，複本はそれほど用意する必要はない。

(2) 児童書の選書は特別か：要求論と価値論について

長い間，図書館の蔵書構成は価値論に支配されてきた。公費を使うのであるから，質の高い，後世に残す保存の価値あるものを選ぶという考えである。とりわけ児童書の選書現場においては，教育的配慮から出てきた良書主義が現場を強く支配してきた。子どもによいものを選んで提供するのが，大人の義務であるという考えである。リクエスト制度が定着した今も，子どもの場合は例外である図書館が少なくない。

基本的には，大人と子どもで異なる扱いはすべきではない。子どものリクエストにも真剣に応えるべきであるし，子どもたちが読みたがる人気のある本も当然用意すべきである。だからといって，子どもに人気（要求）があるからと，キャラクター本や一部の人気本ばかりを用意すればそれでよいと考えるのも，あまりに子どもを軽視した選書である。

子どもの読みたい気持ちを大切にしながら，子どもにも図書館の機能をきちんと伝えたい。知りたいこと（情報）を知ることができる，調べたいことを調べることができる，そうした情報の拠点としての図書館の働きをきちんと伝える選書をしたいものである。また，子どもたちが成長していく過程で，人間やものごとに対する見方の幅を広げ，その時々に共感を覚え，生きることの意義や社会の有り様を考えさせてくれる本と出会う場であってほしい。

b 選択にあたって

(1) 選ぶための基準（ものさし）

本を選択するには，その本の価値を素早く読み取る目が必要である。本を評価する目のことである。自分にとってよい本かどうかは誰でもわかるが，子どもにとってどういう本がよくて，どういう本がよくないのかを判断するのは難しい。判断基準（ものさし）を自分の中につくる必要がある。

では，そのものさしはどのようにしてつくるのか。一つの方法は時代を越え，国を越えて読み継がれてきた古典を読むことである。すぐれた要素をもっているからこそ，時代や空間を越えて生き残ってきたのである。それらの古典を読むことで，評価する目は養われる。もう一つの方法は書評を行うことである。数人で本を読みあい，批評しあうことで，他の人が評価する視点を知ることができるし，自分が漠然と感じている評価点を客観的，論理的に表現し，再確認することができる。複数の担当者で本を読み，書評を書き，定期的に選書会議をもつことは，本を評価するものさしをつくる上できわめて効果的である。できるだけ多くの本を読み，雑誌・新聞等の書評欄に目を通すことも大切である。

ただし，評価と選択を必ずしも一致させる必要はない。つまり，館のサービス方針

によっては、「ある本には非常にすぐれた人間観があり、人間の可能性や信頼性を大きく高め、深い感動を与えるすぐれた本ではあるけれど、本の装丁が地味で、子どもが積極的に手に取る本ではない」、また「ページ数も多く、話の導入部も現代の子どもにとっては入りにくく、相当読書力のある子どもでないと読みこなせない」といった本の場合、中央館や県立にあればよい、という判断で選書から外すということはありうることである。そういった判断をするためにも、本を評価する力は不可欠である。忘れてならないのは、子どもの視点と評価である。選択するのは大人であるので、ともすれば子どもの視点を置き去りにして評価してしまうおそれがある。子どもの評価を常に気にし、注意深く子どもの反応をうかがうべきである。往々にして、子どもたちは私たち大人が気がつかない楽しみ方を教えてくれるものである。

(2) 基本図書

児童書は一般書に比べて、長く読み継がれているものが多い。20年～30年以上読み継がれている児童書は少なくない。絶えず読み継がれ、評価の定まったもので、各図書館で共通して所蔵されているような図書群を基本図書というが、児童サービスを行うにあたって、基本図書は不可欠なものである。日本図書館協会の『図書館でそろえたいこどもの本』(「えほん」(1990),「文学」(1994),「ノンフィクション」(1997))のリストをはじめ、種々のリストがあるので、まずはそれらを参考にして、ある程度の基本図書はそろえておきたい。

(3) 選ぶための手順

選択にあたっては、できる限り実物を見て選ぶのが望ましい。選ぶためのツールとしては、新刊情報や新聞・雑誌の広告や書評、各出版社の出版案内・販売目録などがあるが、実物をみるにこしたことはない。見計らい選書が可能な図書館でも、見計らいからもれた本がないかどうか、地方・小出版流通センターや自費出版等の出版物も確認を怠ってはならない。選ぶにあたって、複数の職員で選ぶことや選書会議を行うことは大切なことではあるが、評価に時間をかけすぎて、提供が大幅に遅れるといったことになってはならない。

(4) 選択の要点

児童書は大きく分けて、絵本・読み物・知識の本・その他の資料に分けて考えられる。次に児童書の種別ごとに選択の要点を考えてみよう。

(a) 絵本の選択

絵本には一般的な絵本、赤ちゃん絵本、昔話絵本、知識絵本などがある。

おおむね3歳以上の子どもたちが読む一般的な物語絵本は、翻訳書も含めて多くの作品が出版されている。ある程度、評価の定まった作者の絵本は選びやすい。翻訳絵本も翻訳出版するための選択をくぐっているので、ある程度の質の保証はある。絵と文章、構成のしっかりしたものを選ぶ。最近注意しなければならないことは、大人やヤングアダルト向きの絵本の出版が増えていることである。一例をあげると『はっぱのフレディ』などは子どもが喜んでみる絵本ではない。絵本のコーナーにおくよりは大人のコーナーにおいた方がよい。

赤ちゃん絵本の評価は難しい。赤ちゃんは感想を語ってくれないからである。赤ちゃんの反応も、読み手と赤ちゃんの関係、そのときの赤ちゃんの状態、まわりの環境等に大きく左右される。一般的にいって、はっきりしたシンプルな絵、抽象化した絵よりも具体的、写実的な絵の方がよい。文章はわかりやすくリズムのあるものであることが大切である。どちらかといえば、絵本を素材にして、赤ちゃんに語りかけ、言葉を引き出すことのできる絵本がよい。サ

イズ，装丁，製本も考慮されたものでなくてはならない。

　昔話絵本は話の骨格をきちんと伝えているものを選ぶ。不用意に教育的な作為（残酷すぎるからと結末を変えるなど）がなされているものは選ぶべきでない。文章は素朴な語り口調を生かしたものがよい。もともとは耳で聞いて個々人が想像していたものを，絵にすることでイメージを固定化してしまうおそれもあるので，絵も慎重に吟味する必要がある。最近は国際理解や多文化社会を反映して，アフリカや中南米などの昔話絵本の出版も増えている。

　知識絵本にも，物語絵本と同じくらい深い感動を与えるすぐれた絵本が少なくない。ものの見方や考え方の幅を広げる絵本や，知的好奇心を刺激し，自然の不思議や社会のしくみについて考えさせてくれる絵本など，積極的に提供したい。

(b)　物語の選択

　多くの図書館の児童書の蔵書構成をみると，50％以上は物語や読み物が占める。子どもたちは物語を楽しんで読むことによって，知らず知らずのうちに考える力・生きる力や，国語力を獲得していく。それだけに物語・読物の選択は重要である。主人公の内面の成長を描く物語，人間性への信頼，勇気，問題解決，友情などを描く読物は積極的に提供していきたい。それと同時に，今を生きる子どもたちが等身大の自分をみつけ，共感を覚える読み物を提供することも忘れてはならない。

　子どもに人気の高い『かいけつゾロリ』などの読み物を，くだらないと決めつけて排除してはならない。子どもに人気があるということは，子どもの心を捉える何かがあるということである。何よりも子どもに「あなたの読みたい本はくだらない本だ」というようなことを感じさせてはならない。また，質のよくない図書は購入せず，都道府県立から借りて提供すればよいと考えるのも間違っている。子どもが読みたがる人気の高い本を，資料的価値がないと決めつけ，自館の蔵書としようとせず，あるいは十分な複本を用意しないのは問題である。

(c)　知識の本

　総合学習に積極的に取り組む学校が増え，調べ学習用の本の需要が高まっている。また，情報化社会を反映して，さまざまなテーマのノンフィクションや，科学の本の重要性が高まっている。児童書の分野ではこれまで，絵本や物語の本が相対的に重視され，知識の本はそれほど重視されていなかった。しかし，情報化社会は子どもの世界をも変えた。子どもが望むと望まないにかかわらず，テレビ，インターネット，ビデオ等のメディアを通してさまざまな情報が入ってくる。それらの情報を通して，新たな興味や疑問を抱き，あるいは好奇心を刺激され，もっと見たい，もっと知りたい，と思うのは自然である。また，興味も多様化し，さまざまな知識の本が必要な社会になってきている。子どもたちが情報の拠点としても図書館の働きを意識し，生涯にわたる図書館利用のきっかけになってくれることを期待したい。そのためには，幅広い知識の本の収集と選択に力を入れるべきである。

　調べるための基本図書，辞典・事典類，図鑑，年鑑，各種統計書やデータ類，テーマによっては大人用の資料も含めて用意したい。調べ学習，総合学習と銘打って，同工異曲のシリーズ本が氾濫しているが，どこも似たり寄ったりの企画が多い。学校教師との連携により，資料の有効性の検証等にも取り組む必要がある。

(d)　その他の資料

① 紙芝居：紙芝居には絵本にない楽しみ方があり，従来，絵本よりは低くみられてきた紙芝居の価値が，最近になって見

直されてきている。これも紙芝居でしか表現できないものを中心に，子どもが心から楽しめるものを選ぶようにする。
② マンガ：マンガであるという理由で選択の対象から外すべきではない。マンガは今や日本が誇る文化になっている。マンガでしか表現できない質の高い作品や，子どもに人気の高い作品，他に代わるものがない分野の作品は積極的に選ぶとよい。
③ 外国語資料：地球は狭くなっている。日本における国際化も確実に進んで，在住外国人の数も増えてきている。在住外国人の子どもたちのために，母語の児童書を用意することが大切である。自分たちの町にどの国の人々が住んでいるか調査し，必要な外国語資料は手を尽くして用意する。母語の異なる子どもたちどうしの相互の理解を深めるために，それらの国々について書かれた日本語の資料もあわせて用意するとよい。日本語以外の言語を母語とする子どもたちが，図書館を身近に感じることができる蔵書構成を心がけたいものである。
④ 映像・音響資料：子ども用のビデオ，CD，DVD等の映像・音響資料にも留意する。これらの資料は現物を見て選ぶことが困難である。資料選択の勘を養うために，購入後であっても，きちんと視聴して評価していくことが重要である。映像・音響資料を評価した資料は少ない。このビデオはこういう点でよかった，悪かった，などという情報を図書館員どうしで交換し，共有しあうために，評価の結果を積極的に発信していくことも必要だろう。学習用・教育用の資料は積極的に収集する。言語能力の発達段階にある子どもたちにとって，視覚・聴覚資料は知識の獲得に役に立つので，活字資料と合わせて提供できるとよい。

⑤ CD-ROM等の電子資料：児童書の分野ではCD-ROMやハイパー絵本等の出版はまだ多くはないが，図鑑や検索資料等は活字資料にない利便性があり，今後しだいに増加することが想定される。これらの資料も図書館員がきちんと見て評価していくことが大切である。
⑥ 障害児のための資料：図書館はすべての子どもたちのためにある。障害をもった子どもたちのための資料も用意していく。活字資料を読むことが困難な視覚障害児のために，点字図書，点字絵本，さわる絵本，録音図書等を用意する。一部市販されているものもあるので，最低限市販されているものは購入する。布の絵本は，情緒障害の子どもにも健常児にも喜ばれる資料である。製作が必要なものはボランティア等の協力を得て用意する。製作する児童書の選択は，まさに図書館員の任務である。聴覚障害児にとって，ビデオやマンガはなくてはならない資料である。デイジー図書（DAISY，マルチメディア図書）はあらゆる障害に対応できる可能性をもっており，今後は，この分野の図書にも注目していきたい。

(5) 複本について
　児童書の選択において，複本を何冊入れるかということはきわめて重要な要素である。児童書は一般書よりも複本の重要度が高い。少子化により，児童書の出版点数が落ちている。よい本だったので追加発注を，と思ったときには品切れ絶版になっていたケースも少なくない。購入決定の段階で，作品の出来，著者，テーマ，出版社，自館の利用者層や，その本に対する利用度を勘案して，複本の冊数を決定する。

c　常に問い直すこと
　完璧な選書，完成された選書などというものはありえない。与えられた条件，予算，

館種，規模，地域性により，必要な本は異なる。時代，社会の変化により，求められるものは変わってくる。保存センターとしての役割を果たすべき都道府県立図書館を除き，普通の市区町村立図書館では常に，今を生きる子どもたちのための選書を心がけるべきである。

図書館は子どもたちの憩いの場であり，情報の拠点であり，楽しみのための場であり，知の刺激を受ける場でもある。それら多様な要求をしっかりと受け止めるために，図書館では本を選ぶのである。子どもに代わって選ぶ図書館員は，常に子どもの視点を忘れてはならない。子どもに代わって，大人の判断を一方的に押しつけてはならない。子どもたちの読みたい気持ちを大切に，どの子どもにもその子の本を用意してあげたいものである。限られた予算（もちろん予算を増やす努力は不可欠）の中で，頭を悩ませつつ，子どもたちの反応を手がかりに，子どもの最善の利益を目標に，1冊の本との出会いが生きる喜び，生きる力につながることを信じて本を選ぶことが大切である。

ただし，選びっぱなしではいけない。次の段階では，選んだ本をどう見せて，どう利用に結びつけるかを考えなければならない。効果的に見せる排架のしかた，子どもや親への読書案内やフロアワークを通じての本への誘いを忘れてはならない。

また，「選ぶ」ということは「落とす（選ばない）」ということでもある。そのことの重みを自覚しつつ，自分たちの選書のものさしに狂いが生じていないか，独善的な選書になっていないか，常に問い直し，子どもたちから学ぶという姿勢を忘れずに，悩みながら，問い直しながら選んでいきたいものである。

d　児童書出版の維持・発展のために

少子化の影響で，児童書の出版が危機に陥っている。ここ数年で，いくつかの児童書出版社が倒産した。児童書出版が事業として成り立たなくなると，質のよい出版が望めなくなる。全国に2,700館ある図書館が質の高い児童書をきちんと購入すれば，出版の目処が立つ。このことを，われわれ図書館員は自覚して，きちんと評価し，質のよい児童出版物を買い支え，欠点は出版社に指摘するなどして，児童書の質の確保のために働きかけることも必要である。

知識の本ならば，テーマの取り上げ方，記述の正確さ，わかりやすく伝えているか，客観的，論理的に記述されているかなど，ある程度客観的な評価は可能であろうが，絵本や物語については個々人の好みや感性もあり，必ずしも評価は一致するものではない。子どもにとってよい本とはどういう本かということを常に考え続け，問い直してほしいものである。

子どもと大人の最も大きな相違点は，子どもとは未完成で成長し続けている存在であるということである。したがって，よい本とは子どもの成長を助けるものでなくてはならない。①子どもの知的好奇心を刺激し，満足させる。②子どもの想像力を伸ばす。③人間に対する信頼感を養い，人間性に対する見方を広げる。④生きる喜びや感動を与えてくれ，人生について考えさせる。⑤科学的なものの見方，考え方を教えてくれる。⑥自然や社会に対して，正しい認識を深めてくれる。⑦子どもたちが心から共感を覚え，楽しむことができる。⑧生きていく上で役に立つ知識を教えてくれる。以上のような観点が，子どもの成長に役立つと考えられる。子どもの心を揺り動かし，子どもの心の成長を大きく動かす本をキャッチすることが大切である。

（脇谷邦子）

7 ヤングアダルト向け資料の選択

a　ヤングアダルトサービスの特徴

　従来は青少年サービスとして，児童サービスの延長，あるいはその一部分と考えられてきたヤングアダルトサービス（以下YAサービス）も，おもに公共図書館では徐々にその存在を認められてきたようである。日本図書館協会の公共図書館調査付帯調査として行われた2002年の調査では[6]，YAサービスを実施している館は1,031館，回答館の40.8％となり，1992年調査の460館・25.7％から大きく増加している。また，実施館に限られるが，サービスの位置づけとして，児童と成人サービスの中間を回答した館が74.7％，ヤングアダルト（以下YA）の対象年齢については，12～18歳（中学・高校生）という回答が42.7％と最も多く，少なくとも公共図書館の中では，YAサービスについて一定のコンセンサスができつつあるといえる。

　2002年調査において，YAサービスに関して知りたいことは何かという問いに対して最も多かった答が，資料の種類とその選書方法であった（実施館の25.8％）。

　YAに提供する資料の難しさは，おもにそのサービス対象であるYAの難しさに起因する。いわゆる思春期，「第2の誕生」といわれるように，アイデンティティの確立を迎え，社会的にも心理的にも過渡的な段階にあるYAに対しては，専用のコーナーをつくるかどうかは別にして，特段の配慮をもって資料の収集にあたることが必要とされる。

　この世代は，身体的・心理的に児童とは明らかに異なる「もう子どもではない」状態だが，成人とも異なっていまだ十全な心理的・社会的・経済的自立を果たしていない「まだ大人ではない」状態，いわば宙ぶらりんの状態である。自己確立をめざす年代ではあるが，その分不安定となり，自分の居場所をもてない，実感できない，非常に不安な状態である。また，そういう状態に自分自身が一番いらだっている。エネルギーはあるが，その発散する方向や意義が見出せず，暴走しがちな年代でもある。その興味・関心は広い範囲にわたり，かつ，流動的で変化しやすい。また，個人差が非常にある時期でもある。

　一方，YA独自向けの資料というものは，出版物の中でも非常に少ない。YA向けと銘打って出版されるものはあるが，必ずしも現在のYAの読みたいものとは限らない。児童とは別の配慮をもってその必要とする情報・資料を幅広く用意し，児童とは別の方法で提供できるようにしていなくてはならない。専用のコーナーを設置するかどうかは，各図書館の立地・全体的な計画によるので，ここでは資料の収集に絞って述べたい。

　現在のYAは，生まれたときからさまざまなメディアに接して育ってきた世代である。活字よりも活字以外のメディアとの接触の方が早く，身近な場合も多い。図書館資料も，従来の資料構成にとらわれず，図書よりも他のメディアを優先するぐらいの収集方針を立てた方が，YAのニーズに沿った収集ができるのではないだろうか。これは極論としても，YA向け資料の構築にあたっては，内容・媒体ともに，常に鮮度に注意を払って，収集・維持にあたることが重要である。

　収集にあたっては，できるだけ当のYA世代のアドバイスやリクエストを取り入れる。予約だけでなく，成人資料で利用の多いものや，カウンターでのやりとり，学校との情報交換などからニーズをこまめに吸収して資料に反映していく必要がある。また，後段で述べる資料の特性から，選書リ

ストで選ぶよりも，なるべく見計らいや店頭などで内容を確認して選ぶ方がよい。

　YAが図書館を使うおもな目的としては，宿題などの課題解決，勉強以外の情報収集，レクリエーションなどが考えられる。資料収集の際の考え方として，課題解決，レクリエーション，情報提供という目的・内容で分けて組み立てることも考えられるが，図書館での資料収集の実態を考え，ここでは資料形態の種類別に分けて述べる。

b　図書

　ここでいう図書とは，従来の図書館で考えられる図書以外に，定期刊行以外の刊行形態をとるもの（ムック，雑誌の増刊）を含む。

　図書収集の基本として，成人と同じように考えることがまず求められる。音楽やファッション，メディア関係など，いわゆる「若い人が関心をもつ」ジャンルを重点的に集めることも重要だが，いながらにして世界中の情報を受容できる環境にいる人々が必要としているのは，かなり広い範囲にわたるものと考えなくてはならない。情報があふれているからこそ，わかりやすく，的確な資料群が求められる。YAは，幅広い情報に接しているようで，案外狭い範囲の情報世界で満足していることが多い。社会・時事問題など，理解しやすいように工夫して書かれているもの，性・教育・労働問題など，若い世代の視点に立って書かれているもの，あるいはまったく新しい視点や状況を伝えるものなどを幅広い資料の中から選ぶべきである。いわゆる「青少年向き」に書かれたものも考慮に入れるが，それだけで事足れりとすることは避けたい。

　また，社会の動きや流行に敏感でありたい世代だけに，図書だけでその関心を満足させることは難しい。時事的な問題や流行は，図書という形をとる頃には，すでに時期遅れ，陳腐化していることが多い。逆に，その問題について深く正確な知識・情報を得たいときには，やはり図書形態が役に立つ。また，マスメディアで取り上げにくい地味な話題や地道な取材に基づく作品にも気をつけるとよい。

　他メディアと関連のある資料として，写真集，イラスト集，絵本，楽譜などがある。感性に直接訴えるものだけに，YA向けのものには，従来の図書館資料とは相容れないものもあるかもしれないが，なるべく入れるようにする。

　YAの図書館利用として最も多いのは，やはり宿題などの課題解決である。YAに図書館を効果的に利用してもらうためにも，学校の課題・宿題にすぐ役立つ資料をそろえておかなくてはならない。教科書や副教材，新しいデータ集など，図書館で収集できる資料はいろいろある。ブックレット類も，時事問題を簡潔にまとめていて使いやすい。いわゆる学習参考書も，収集方針内であれば選ぶとよい。とくに大学図書館・学校図書館では，学生自身が活用できる資料の構築が必要とされる。公共図書館は，できれば，地域の学校と連携してその時々の課題を把握し，関連資料をそろえておくようにする。

　次項の雑誌に準ずるものとして，ムックや雑誌の増刊などにも目を配りたい。これらは，つくり手側も読者の反応を見て出版するものが多いので，新しい話題・流行を取り上げることが多く，また，そこから流行をつくり出すこともある。取り上げる素材とともに，刊行頻度・内容などチェックが必要である。

　マンガについても情報収集が欠かせない。今や日本のマンガは一つの文化である。図書館資料としてまだ十分に認められていない面もあるが，YA向け資料としては，文字資料と並んで選書の対象としたい。マン

ガにしか表現できないもの，マンガならではの内容をもつものをそろえていくとよい。出版点数は膨大なので，自館の利用層を見極めて，その関心・心情にあった作品を集める。各種の賞や，マンガ情報誌・マンガ専門店のニュースなどが参考資料になるが，それぞれの傾向をふまえて参考にする。ただ，マンガ＝YA資料といった捉え方でマンガを収集するのは，現在では出版の現状にも利用状況にもそぐわない。成人・児童の利用も多いので，内容によって判断する。また，人気作品は，雑誌掲載という大多数のマンガの性質上，どうしても多巻ものとなり，管理も難しくなりがちである。自館の蔵書規模，予算も考慮して購入する必要がある。マンガ喫茶やブックカフェにないようなマンガをそろえて，差別化を図る方法もある。文庫化された作品も多いので，その中から評価の定まった作品を選んで入れてもよいだろう。

c　定期刊行物

ここでは，ふつう雑誌といわれる資料や，ミニコミ誌など定期的に刊行される資料を考える。

変化の激しい現代社会にあって，時期に応じたトピックを取り上げることができるのが，この形態の長所である。反面，休廃刊や増刊・創刊も多い。図書館では継続して購入することが求められるので，その動きに十分応えられないのが難点である。

YAは常に新しい情報を求めているので，そのニーズに応えられるような雑誌類の収集が必要である。また，関心が多様化している中で，できるだけさまざまなジャンルの雑誌をそろえることに努める。多様な品揃えは，それだけでYAに魅力ある書架をアピールすることができる。

内容的には，若い世代に読者を絞ったもののほかにも，音楽，映像，芸能，ゲーム，ファッション，占い，自動車，オートバイ，スポーツなど，若い世代が関心をもつジャンルの雑誌が求められる。各ジャンルに1誌はそろえておきたい。雑誌目録・YA向け情報誌の情報のほかに，書店やコンビニエンスストアでの品揃えや利用が参考になる。

規模にもよるが，公共図書館の場合，YA向けコーナーに無理に集める必要はない。ただ，雑誌コーナーに若い世代向けの雑誌があることを，案内資料やポスターなどで知らせる工夫は求められる。

また，一般の流通に乗らない地域のミニコミ誌や情報誌などもおきたいものである。YAは案外，自分の守備範囲以外では，身近な情報を見落としがちな年代である。YA世代を対象とする施設どうしで連携し，情報交換するなどして，幅広い収集をめざすことが大切である。

d　その他印刷資料

図書や雑誌など，いわゆる冊子体以外の形でYA向けに出された，あるいはYAが興味をもつ事項についてのパンフレット，リーフレット，チラシ，フリーペーパー，ポスターなどをそろえると，情報源として活用されやすい。時事的な事項を扱ったものも課題解決に役立つ。

地域にもよるが，コマーシャルポストカードなど，無料で配っているカフェやギャラリーもある。YA世代の発信しているものも多いので，同じ世代の関心も高く，収集して地域やジャンルで分けるなど，工夫次第で有効な情報源となる。

前項と同様に，若い世代を対象とする施設相互に発行物や情報の交換などを行い，収集物を増やす努力が必要である。

e　映像・音声資料

公共図書館では，YA限定のコーナーを

つくることは難しいと思われるが，やはりかなり関心の高いジャンルであるので，人気のあるタイトルはそろえるとよい。

テレビやラジオで放送される頻度や，CD売上げ，映画動員数，視聴率，レンタルショップの順位なども一つの目安になる。

ただしここでも，YAの興味・関心は一人一人異なるので，特定のジャンルに偏らず，なるべくいろいろなジャンルのものを入れるようにする。

レンタルショップで入手できる媒体でもあるので，むしろそのようなショップなどでは見つからない，図書館ならではの資料構成をめざすことも一つの方法である。ただそれが，人気タイトルが一つもない，魅力のないものとなってはいけない。YAにとって，自分の関心あるジャンルとともに，自分の知らない，より広い映像・音声の世界へ誘ってくれる品揃えが魅力あるものとなる。

f　電子資料

現在日本国内で，大学・専門図書館以外の図書館ではネットワーク系電子資料へ利用者が直接アクセスすることはまだまだ難しい状況である。パッケージ系電子資料についても，提供するハードの問題もあり，どの図書館でも自由に提供できる段階にはない。しかし現在，時間・空間を越えてつながり，情報を収集できる手段であるインターネットを無視して情報提供は考えられない。すでに学校の授業でネットワーク接続の機会が与えられているYA世代にとっては，電子情報の活用は大前提となる。YAが宿題などでインターネットを使うことは当たり前となっている。

図書館での提供については，解決するべき問題も多いが，提供を前提にYA向けのウェブサイトの選択，使いやすいサーチエンジンの準備などが必要である。学校図書館での提供にあたっては，教師との連携が必須であるし，公共図書館においても，フィルタリングソフトの選択（使うかどうかも含め）や，効果的かつ適正な使用を促すプログラムとともに提供していきたいものである。

（平田満子）

8　寄贈

図書館における寄贈とは，"個人や団体が，自分の蔵書や著作物・発行物などを図書館に無償で提供すること"[7)]である。具体的には次のようなものである。①著者・編集者・発行者などからの寄贈。②官公庁からの配布。③市民が自分の蔵書を寄贈する。

図書館が必要とする資料の中には，自費出版物，社史，団体史，紀要，行政資料など非売品の資料も含まれる。そのような資料については，著者や発行者などからの寄贈によって収集しなければならない。この場合は，図書館側から寄贈を依頼することになる。

非売品かどうかにかかわらず，著者や発行者が自発的に，図書館へ寄贈してくれることは多い。また，図書館が身近なものになるにつれ，自分のもっている本を図書館へ寄贈しようとする市民も多くなる。このような寄贈も，図書館は歓迎すべきである。

ただし，寄贈された資料の受入については，図書館の収集方針・選択基準に基づいて判断することになる。寄贈者に誤解が生じないように，そうした考え方を図書館は明文化しておく必要がある。

「図書館の自由に関する宣言　1979年改訂」は，寄贈資料の受入について次のように記している。

> 図書館は，自らの責任において作成した収集方針にもとづき資料の選択および収集を行う。

その際,
(1) 多様な,対立する意見のある問題については,それぞれの観点に立つ資料を幅広く収集する。
(2) 著者の思想的,宗教的,党派的立場にとらわれて,その著作を排除することはしない。
(3) 図書館員の個人的な関心や好みによって選択をしない。
(4) 個人・組織・団体からの圧力や干渉によって収集の自由を放棄したり,紛糾をおそれて自己規制したりはしない。
(5) 寄贈資料の受入れにあたっても同様である。

(山本昭和)

E. 印刷資料

1 図書

a 図書の定義

図書とは,ユネスコの定義によれば,"うらおもての表紙を除き,49ページ以上の印刷された非定期刊行物"[1]ということになる。図書を一般書や児童書,外国語図書などといった利用対象者を配慮して類別し,政府刊行物や地域資料などといった内容から類別することもある。

単行書(monograph)とは,"単独で発行された図書"[2]であり,単行本ともいう。単行書は,全集や叢書として発行された図書に相対する言葉として使われていたが,現在では図書を総称する言葉として使われることもある。つまり,全集や叢書のうちの1冊であっても,上・下2冊本のうちの1冊であっても,単行書とよばれることもある。

b 形態と特質

『図書館用語集』四訂版では,次の4点をあげて,「図書」を定義している[3]。
① 文字・図・写真などの伝達を目的として内容があること。
② 内容が紙葉に印刷されていること。
③ 紙葉がばらばらにならないようにひとまとめにされ,製本によって表紙がつけられていること。
④ ある程度の分量の非定期刊行物であること。

また,図書には次のような特質があると考えられる。
① 記録性:文字・記号・図形などにより,意味を記録し伝達できる。
② 保存性:一過性でなく,いつまでも保存できる。
③ 反復性:繰り返し読み返すことができる。
④ 復元性:復刻,複製が可能である。
⑤ 量産性:印刷術の進展により大量生産が可能になる。
⑥ 保管性:形態が同じで保管が容易である。
⑦ 軽便性:鞄やポケットに入れて携帯できる。
⑧ 経済性:比較的安く入手できる。
⑨ 選択性:多品種であり,主体的に選択できる。価値評価が多様である。

テレビ番組や映画などの画像情報,ラジオ番組などの音声情報,オンラインデータベースやインターネットなどのネットワーク系電子情報などは一過性が強く,「情報」を記録し,保存し,反復して,まったく同

じ形で再伝達可能にするものとはいいがたい。また，電子媒体の資料が登場してからの歴史は浅く，記録性や保存性などの特質が確たるものとは断言できない。そのため，①～⑨の特質は活字媒体である図書にのみ，見い出されるとされてきた。しかし，情報媒体の発達により，必ずしもそうとはいいきれなくなる可能性もある。

c　利用

図書館では，洋装本であるハードカバーと，文庫本や新書などのペーパーバックとの組合せによる資料構築が，読者の多様な要求に合致し，効果的である。

ハードカバーは紙・革・布などを使い，角背綴じや丸背綴じなどの手法により製本されている。ハードカバーは耐久性が高く，長期間の激しい利用に十分耐えうるもので保存に適しているが，一般的に単価が上がるとともにかさばり，携帯しにくいことが多い。ペーパーバックは，購入予算の問題や携帯の利便性などで，公共図書館では利用が盛んである。ただ，耐久性が低いので破損しやすく，活字の大きさがハードカバーに比べ小さいので，高齢者や弱視者には読みにくい。

このように，同じ内容の資料であっても，紙質や印刷された字体やその大きさ，挿絵や写真などの色彩や精巧性，表紙や大きさなど，全体の本としてのデザインは，ハードカバーとペーパーバックでは大きく異なる。利用者の要求は多様であり，大きな活字の本を求める高齢者や弱視者もいれば，派手な表紙の文庫本を好む利用者もいる。しかし，最大公約数的な利用者の要求に応じる図書形態を，資料構築の際に配慮しなくてはならない。

また，美本や貴重本の保存は図書館の仕事の一つであるが，そのために利用者の要求をおろそかにするようでは困る。こわれやすいとか表紙の絵がマンガだとかという理由で文庫本を収集しなかったり，見栄えがよいという理由で美本の全集ばかりそろえたりということはあってはならない。

受入の際に問題となるのは，単行書形態で出版されたものが，逐次刊行物化してくるものである。また，ムックのように，雑誌扱いになるが，形態としては単行書である印刷物の出版も盛んになってきている。したがって，購入する際に，単行書として受け入れるのか，逐次刊行物として受け入れるのかを決定しなければならない。

2　雑誌

a　定義

雑誌（magazine, journal）とは『図書館用語集』四訂版によれば，"逐次刊行物のうち，多くは週刊から季刊程度の頻度で定期的に刊行され，通常は一定の誌名を掲げ，毎号逐次番号（巻・号数，逐巻番号ともいう）を持ち，一般に複数の執筆者による多数のそれぞれ独立した記事を各号に含み，かつ通常は仮綴じ冊子の形態で終期を予定せず発行される出版物" としている[4]。

逐次刊行物（serials）とは『日本目録規則　1987年版』改訂3版によれば，"完結を予定せず，同一のタイトルのもとに，一般に巻次，年月次を追って，個々の部分（巻号）が継続して刊行される資料" の総称である[5]。逐次刊行物は，次から次へと順を追って刊行される出版物のことであり，雑誌・新聞・年報・年鑑・団体の紀要・会報などがそれにあたる。ただし，モノグラフシリーズや新書，文庫などの出版社シリーズは，原則として逐次刊行物として扱わない。

逐次刊行物は，定期的に出版されるものと不定期に出版されるものに分けられるが，定期的刊行物として雑誌や新聞がある。

b　類別

雑誌には以下のようなものがある。

① 商業雑誌：書店などで一般的に販売される雑誌で，その種類は4,000種類を超える。
② 学術雑誌：おもに学術団体や学協会の会員を対象に頒布される学会誌や協会誌，大学や研究所などで発行される紀要など。学術論文を掲載する論文誌のほか，論文の書誌データにキーワードをつけてまとめた索引誌，論文記事を10～15行にまとめ並べ換えた抄録誌，論文を評したりしている評論誌，技術関係の研究報告を掲載したテクニカルレポートなどがある。
③ 業界誌：ある一定分野の業界の情報を中心とした内容のもの。
④ 同人誌：同好の人が編集・発行し，作品などを発表する雑誌。
⑤ 社内誌・社内報：会社組織内での広報を目的とする刊行物。
⑥ PR誌：消費者などを対象とした商品や会社の広報誌。
⑦ ニュースレター・会報：ページ数は少ないが速報性の高い刊行物。
⑧ ムック(mook)：単行書形態で出版されるものが多い。magazineとbookの合成語。
⑨ 電子ジャーナル：オンライン上でのみ情報提供している雑誌。分野は技術・工学・医学・薬学などが目立つが，急激に増加する傾向にある。

上記の雑誌以外に，逐次刊行物として，以下のものがある。

① 報告書：株式上場会社が財務省に報告義務をもつ事業報告書である有価資産報告書や事業報告，会社や団体組織が毎年公表する年次報告書や年報・要覧などがある。
② 会議録：学会や議会などでの会議録。
③ 官公庁誌：中央官庁や地方自治体が出版する『官報』『公報』（県報など）がある。これらはウェブ上で公開されているが，『官報』は2週間経過すると有料になるため印刷媒体での保存が必要となる。特許・実用新案・意匠・商標の許可公告である『特許公報』もこれにあたる。
④ 年鑑：新聞社などが発行する年刊出版物や政府・その外郭団体・研究所・民間団体などが発行する統計書。

c　特質

雑誌は単行書に比べ，収録情報内容の速報性にまさっている。一定の編集のもとに，多様な論文や記事で構成されているのが特徴である。最新情報や単行書になりにくい主題・分野の情報を入手するのに役立つ。雑誌の刊行頻度は日刊，週刊，旬刊，月刊，隔月刊，季刊，半年刊，年刊などがある。

雑誌は，長期保存に耐えにくい紙質のものが多いので，一定期間たてば保存のために合冊製本するか，マイクロ化するなどの対応が求められる。雑誌の附属資料としてCD-ROMがついたり，雑誌そのものが電子ジャーナル化することも増加しており，保存方法にも注意が必要である。

雑誌の電子ジャーナル化の傾向は，科学技術分野から社会科学分野へと広がっている。図書館では，電子形態でのみ発行している雑誌についても，利用者がそれを読める環境を整備するべきである。

d　選択と収集

雑誌は，各図書館の利用者集団を把握し，そのニーズを配慮し，資料収集方針と予算規模によって選択していく。雑誌は継続して購入・受入していくので，将来計画をふまえて選択しなければならない。電子ジャーナルの増加に伴って，図書館設備の変更も必要となる。雑誌や新聞など逐次刊行物は継続し収集・保存することによって情報

価値が格段に増加する。利用者の幅広い情報要求に応えるため，多様な分野の雑誌を備えておくことが重要である。

収集方法としては購入と寄贈，交換などがある。刊行頻度が各雑誌により異なり，また，タイトルや出版元が変更されることが多いので，欠号が出ないように注意を要する。受入後はすみやかに整理し，書誌情報を記録する。

公共図書館では，地域で出版された雑誌やミニコミ誌（紙），同人誌なども積極的に収集する必要がある。また，それらを索引化して地域データベースとしてインターネット上に公開すると，児童・生徒の学習活動に役立ち，多様な地域情報提供活動に利用できる。

e　利用

公共図書館や大学図書館では，最新号を除いて貸出できることが多い。大学図書館や専門図書館では，雑誌は複写利用が多い。複写は著作権法との関連からみると，さまざまな問題をかかえる利用方法であるので注意を要する。

ただし，貸出利用も複写もできないとなると，切取りや盗難が増加することもあるので，注意しなければならない。

雑誌の総索引や総目次は，検索ツールとして利用できるので，わかりやすい位置に排架するなどの工夫が必要である。CD-ROMやインターネット上で雑誌記事索引検索が可能になっているものが増加しているので，自館にない雑誌記事でも相互貸借制度や文献送付サービスで取り寄せが可能であることを利用者に広報しておくべきである。

3　新聞

a　定義と特質

新聞は逐次刊行物の一種で，速報性の高い報道を主目的として編集された出版物である。刊行頻度は日刊が一般的である。表紙がなく，折っただけのものを新聞とすることが多い。最近ではインターネット上でも公表されるが，蓄積情報としての遡及的資料価値を考えるなら，新聞原紙を保存するか，有料の新聞データベースを購入する。

判型を小さくし索引を付与して製本した縮刷版は，利用・保存の両面で効果的である。しかし，販売されている縮刷版のほとんどは東京本社版なので，地域情報の収集・保存という点で難点がある。そのため，地域資料として新聞をそのまま保存したり，切り抜いてクリッピング資料としたり，索引を作成して活用を図る図書館が多い。

b　類別

ミニコミ紙やコミュニティ紙などを含め，新聞の発行点数は2,300以上とされる。大きさではブランケット判が多いが，専門紙ではタブロイド判が多くなる。ブランケット判は家庭に配達されたり，売店で販売される一般紙のサイズで，タブロイド判はその半分の大きさのものである。タイプ別に見ると以下のようなものがある。

① 一般総合紙（全国紙，ブロック紙，地方紙）：日刊が一般的で，速報性のある情報内容を掲載している。発行時間や地域によって，同じ新聞でも内容が異なる。
② 専門紙（業界紙，各種団体紙，政党・政治団体紙，宗教団体紙など）：掲載内容は多岐にわたる。店頭で販売されず直接注文で郵送されることが多い。発行頻度は日刊のものは少なく，その分野での最新情報が掲載される頻度となる。経済・政治関係の新聞では，地域社会でのビジネスや地方政治にかかわる重要な情報が掲載されることも多いので，必要に応じてその号だけ購入して資料とすることも考えられる。

③ コミュニティペーパー：一つの町や商店街，団地だけといったごく狭い範囲で配布される地域新聞である。有料のものと，広告主の宣伝費で運営される無料のものとがある。地域活動が記事として掲載されるので，地域資料として収集し，記事を索引化することが望ましい。
④ スポーツ紙：一般紙と専門紙がある。スポーツ記事のほか芸能や趣味・娯楽記事が多い。専門紙は武道関係やテニス，ゴルフといった限られたスポーツについてのみの新聞である。
⑤ タブロイド紙：ゴシップ記事を中心とした新聞である。イギリスで出版されはじめた頃，タブロイド判が多かったのでこのように称される。現在では一般紙と同じサイズのものもある。
⑥ 子ども向け新聞（児童や生徒向け新聞）：小学生向け新聞では活字を大きくし，ふりがなをふるなどの工夫がされている。図書館では，おもに学校図書館で購読されるが，公共図書館の児童室やYAコーナーなどでも利用される。
⑦ 学生新聞：各大学で発行している新聞である。新聞部など学生団体が発行していることが多い。
⑧ 外国語の新聞：日本国内と海外での発行に分かれる。国内のものには日本人を含めた語学学習と，在住外国人のための情報提供を目的にしたものがある。外国人の図書館利用が増加する現在，利用者のニーズにあわせた言語の新聞を選択し，収集し，提供するべきであろう。

c　選択と収集

選択方針は，各図書館の利用者の要求と地域の特異性を考えて決定する。年齢層や地域の産業，言語などが選択の条件となってくる。大都市圏の図書館では，多様な利用者のニーズに対応して，他地域の地方紙を受け入れていることが多い。『雑誌新聞総かたろぐ』や『出版年鑑』などで地方紙や専門業界紙などの出版情報を入手し，直接注文して収集・提供することもできる。

d　利用と保存

新聞は館内閲覧が基本であり，新聞ラックに備えつけて提供する。印刷媒体とは別に電子媒体のものがあるが，縮刷版やCD-ROM版は地域情報が少ないので，併用した形で保存し，遡及検索に利用する。オンラインデータベースやインターネットで提供される新聞も増加傾向にあるが，有料であることも少なくない。雑誌と同様に，利用の環境を整備するべきである。同時に利用方法の援助や利用者への教育，ダウンロードやプリントアウトなどにおける著作権の問題も考える必要があるだろう。

4　小冊子

a　定義と特質

ユネスコの定義によれば，小冊子（pamphlet）とは"表紙を除き，5ページ以上48ページ以下の，完結した製本していない非定期刊行物"を指す[6]。パンフレットともよばれ，一般書店では入手しにくい情報資料が多い。各種団体や政府，外郭団体があるテーマについて，読者の啓蒙を目的として作成することもある。ある一定のテーマを設定し，基礎的な情報を速報性をもって提供し，読者の教養を高めたり，問題提起をしたりすることを目的としているものが多い。

リーフレットやビラ，チラシ，案内，説明書，解説書なども小冊子と同じ扱いとなる。リーフレット（leaflet）は"狭義には，1回折りたたんだ1枚の小さな紙葉に印刷し，かがったり製本したりしていない2ないし4ページの刊行物"[7]とされる。1枚の

印刷物を三つ折りないしは四つ折りなどにしたものである。

b 選択と収集

小冊子は，書店などで入手困難なものが多いだけに，図書館で収集・整理して提供すべきである。インターネットでも入手できる情報もあるが，インターネットでは検索に時間がかかり，また見つからないこともある。両者をあわせて提供するようにすると速報面と遡及面での情報価値が高まる。印刷媒体のものは一定部数を収集し，配布することもある。情報の信頼性は図書館の選択に基づくものであり，印刷媒体の小冊子は図書館資料として活用価値が高いといえよう。

選択は，他の図書館資料と同様に収集方針に基づき行うべきである。利用者が求める生活情報や生涯学習情報，ビジネス情報，レクリエーションやコミュニティ活動についての速報性のある広報として有用である。入手方法は購入よりも寄贈が多いので，寄贈依頼など迅速な対応が望まれる。市役所や関係公共施設などから，健康衛生や教育，災害に関する情報などについての小冊子を収集することが大事である。

美術館や博物館などの社会教育施設の案内書や特別展の説明書などを収集しておくと，児童・生徒の学習活動にも役立つ。インフォメーションファイルとして整理・収集しておくと，一定の情報源として資料価値が高くなる。

c ファイリング

これらの資料はファイル資料として整理し，提供・保存する。ページ数が少ないので，ケースやファイルに入れて書架上に排架するシェルフファイリングか，ファイルキャビネットにバーチカルファイリングしておくなどする。キーワードをつけ，検索できるようにしておくことが重要である。子どもたちの調べ学習を配慮して，子どもたちが理解できる件名をつけることも考える。キーワード・件名をデータベース化して，図書や雑誌・新聞記事索引とともにオンライン閲覧目録（OPAC）で検索できるようにしておくとよい。

利用に適さなくなった資料は，保存するか廃棄するかを迅速に決定する。速報性の高い小冊子は内容の新鮮さを維持するため，常に更新を行う必要がある。要求される情報内容に近い資料を幅広く収集して，提供していくべきであるが，地域情報資料として記録保存すべきものは保存しておく。

5 地図

a 定義

『英米目録規則』第2版（AACR2）では，地図（map）とは"地球やその他の天体の表面を，事項を選択するか，特徴を抽象化するか，またはそれらの相互関連により，通常は縮尺して平面の媒体上に表現したもの"としている[8]。また『日本目録規則1987年版』改訂3版では「地図資料の特定資料種別」を"地図，ダイアグラム，断面図，対景図，リモート・センシング図，地球儀，天球儀，模型"から記録するとしている[9]。海外の図書館にはマップライブラリアン，つまり地図資料を専門とする図書館員がおり，さらに詳細な資料種別を設けているところもある。

地図には，一般的な基本地図と主題ごとの特殊地図があり，地名索引や地名事典など地図に付随する情報をも含めて地図資料として認識できるだろう。

b 類別

地図は形態と内容から分けて考える。排架や保存面で配慮すべき形態からみると，

平面図としてのmapやchart，冊子体にした地図帳（atlas），地球儀や地形模型，触地図のような立体地図，カーナビゲーションシステムや携帯電話で利用される電子地図，それに地図索引や事典といった図書などがある。

　内容からみると，一般基本図である地形図や地勢図が中心であるが，気象図や地質図，海図，航空図，人口分布図，民族・宗教・言語分布図，経済地図，歴史地図などの主題図，といったものがある。

c　選択と収集

　形態と内容の両方から，正確であり信頼のおけるものを収集対象とするが，地図作成は各国で国家事業となっているところが多いので，官製地図を収集するところから始めるとよいだろう。

　人文科学・自然地理・社会科学的数値を組み合わせた分析的内容の地図などの場合，そのデータの信頼性のみならず分析方法などにも配慮する。歴史資料的価値のある地図の収集も考慮する。地図は更新されることが多いので，新規購入に際しては地名変更などを確認する必要がある。国土地理院では電子地図に移行することになっており，収集には注意を要する。

　また，利用者や地域を配慮して選択・収集することも重要である。例えば災害に関するハザードマップは，大事な収集対象である。視覚障害者のための触図も備えておくべきだろう。学校図書館や公共図書館の場合，子どもや入門学習者向けのわかりやすい地図や，山歩きの人々のためトレッキングポイントを描いた地図，営業担当者が求める地域の詳細な住宅地図なども選択すべきであろう。

d　利用と保存

　貸出や閲覧，複写という利用は図書と同じであるが，畳（たたみ）物は傷みやすいので注意が必要である。一枚物を折り畳まずにそのまま保管する場合には，引出し式の地図ケースに入れたり，裏打ちして垂直型で閲覧に供する。絵図や古地図には軸物になっているものもある。

　地名や地誌の検索に関しては，その利用の便を配慮して，地名索引など検索方法の把握が重要である。地域の古地図などについては，プライバシーにかかわる情報が記載されている場合があるので，公開には注意を要する。

6　政府刊行物

a　定義と類別

　国や地方公共団体および外郭団体が発行した出版物を政府刊行物とよぶ。官公庁刊行物ともいわれる。図書形態のものからパンフレットなど小冊子，『官報』など公報や新聞，雑誌などの逐次刊行物，さらに広報ポスターなど視聴覚資料といった幅広い形で出版・発行されている。

　典型的な政府刊行物としては，各省庁の年次報告書である白書がある。現在日本では，外郭団体発行のものも含め，30数種類刊行されており，時事問題や年間活動報告を国民にわかりやすく広報することを目的としている。また，海外向けに外国語版も発行している。外国の司法行政機関や国連など国際機関の作成・出版した資料も，政府刊行物に含めて考えることもある。

　政府刊行物は，広義には地方行政資料を含めて，行政資料とも称する。地方行政資料は地域資料として，他の郷土資料等とともにまとめて取り扱われることも多い。

　発行の目的は，行政団体の活動報告や時事問題に関する広報，各種会議や審議会などの記録や報告，統計，財政・経済状況，環境問題といったテーマでの調査報告など

多岐にわたっている。「行政機関の保有する情報の公開に関する法律」（情報公開法）や自治体の情報公開条例の成立により，その役割はますます増大している。その資料を大きく分けると以下のようになる。

① 議会資料：国会や地方議会，審議会の会議録（議事録）や，議会審議のため提出された資料など。
② 司法資料：憲法や各種法令，条例，通達や裁判記録・資料など。
③ 行政資料：行政が作成する公文書や年間計画書，コンペなどの記録，各省庁や部局が調査研究した結果報告書など。

b 選択と収集

図書館法第9条に，"政府は，都道府県の設置する図書館に対し，官報その他一般公衆に対する広報の用に供せられる独立行政法人国立印刷局発行の刊行物を2部提供するものとする"とあるが，すべて送付されているとは限らない。また，"国及び地方公共団体の機関は，公立図書館の求めに応じ，これに対して，それぞれの発行する刊行物その他の資料を無償で提供することができる"としている。さらに地方自治法第100条で地方公共団体の議会図書室への送付について定められているが，公共図書館への送付義務はない。条例で図書館への刊行物送付義務を明確にしたところは少なく，各図書館が積極的に政府刊行物を収集する努力が重要となっている。

c 利用

民主主義社会の基本である人々の「知る権利」を保障するためには，政府刊行物の収集・提供は不可欠である。情報公開法や条例の成立により，情報公開資料室などが設置されている自治体が増加しているが，利用時間や条件などかなり制限があり，人々が自由に情報を入手できるとはいいがたい。また，公文書館法による文書館を設置している地方自治体もあるが，まだ少ない。これらの施設は，図書館ではないため，貸出利用はできず閲覧のみというところがほとんどである。電子情報化による公開は進展しているが，所蔵目録公開にとどまっているところが多く，検索や原資料入手などいろいろな問題がある。やはり図書館が積極的に官公庁資料を収集し，整理し，提供していくことが重要となってくる。

同時に，こうして提供を受けた資料の中には，職員名簿などのようにプライバシーに配慮しなくてはならない資料もあるので注意を要する。

7 地域資料

a 定義

図書館法では，「郷土資料」「地方行政資料」とされているものを，地域資料として扱う。

図書館法が成立した頃に，戦後農地改革や社会改革により散逸しつつあった近世文書や古文書，「町村合併促進法」（1953）により廃棄されつつあった行政文書などは，郷土史の原資料と考えられ，「郷土資料」と称されて図書館で収集・保存されてきた。

『中小都市における公共図書館の運営』（日本図書館協会，1963）では，市民生活に直接結びついた資料提供が公共図書館の使命とされ，限られた人たちのための資料中心，整理・保存中心の図書館サービスの典型として「郷土資料」は批判された。その後，「郷土資料」とは郷土の資料であり，郷土に関する資料であり，今日的な資料収集を行い，利用者に提供すべきであると主張されるようになった。「郷土資料」は文書館（アーカイブ）が収集・保存・提供すべきものとの論議もなされた。

1960年代後半になって，「地域資料」と

いう表現が用いられるようになり，自治体の行政サービスを知るための資料であり，さらに刊行物のみならず，住民運動や労働組合運動の発行物など，地域行政と住民の生活を結ぶ資料として捉えられるようになってきた。どのような範囲で選択・収集し，住民の情報要求に対応できるようにするかが図書館に問われる，重要な資料となっている。

b　選択と収集

収集・提供範囲として以下のようなものが考えられている。

① 地方行政資料：地方自治体，その部局や外郭団体が刊行あるいは作成した資料。司法・議会・行政関係など多岐にわたる。
② 地域内出版物：地域で活動する団体・個人などが刊行した資料。商工会議所や農協，学校などが刊行する報告書や調査研究なども含まれる。
③ 地域関係資料：地域に関係する商業出版物。文学やビジネスなど，その地域をテーマとして捉えている資料全般を含む。
④ 郷土資料（歴史的資料）：古文書や古地図など歴史的資料を中心とする資料。
⑤ 国際関係資料など：海外と姉妹・友好都市関係にある地域の資料や環日本海資料など国際的な地域資料。

形態としては，図書や逐次刊行物，小冊子類，ポスター・絵はがき・写真などの印刷資料，祭りや地域行事の記録フィルムなどの映像資料，民謡や民話の語りなどを録音した資料など幅広いものがある。

人文科学分野では，地域関連の作家や人などについての資料や，歴史・文学・芸術に関するものが収集されている。さらに社会科学分野として，地域の産業に関する基礎調査報告，地方自治体や外郭団体の報告書などが資料となる。自然科学分野では，環境問題に関連した統計調査資料，自然地理についての地図なども考えられる。こういった資料は，児童・生徒の学習に利用されたり，地域産業ビジネス活性化の基礎データ資料として活用されたり，地方史研究資料として利用されたりする。

c　課題

地方自治体には情報公開条例が制定されているところが多く，人々の「知る権利」を保障する役割を果たしている。図書館もそのための機関として機能している。しかし，本庁内などの情報公開資料室や公文書館，視聴覚ライブラリーなどに資料を分散して収集・提供している場合が多い。インターネットによる公開も増加しつつあるが，検索や利用などで問題が多い。貸出・複写，さらに参考調査業務としての援助，利用条件の困難さなどを考えると，必ずしも人々の「知る自由」を保障する活動とはいいがたい。

図書館が公的機関として責任をもって，全般的に収集や分類・目録・所在情報にかかわる情報管理を行い，図書館外の所蔵資料が入手可能なネットワークを形成していくことが重要である。さらに，図書館自体が地域資料を収集し，提供する場としての図書館の役割を，地方自治体をはじめとして地域の関係団体や人々に認識してもらい，資料収集を円滑に行えるよう努力をしなければならない。

8　その他の資料

図書館で扱う印刷資料には，上記以外に多様なものがある。複製絵画やポスター，絵はがきや写真などの画像資料，楽譜のような音声資料に関連する資料，あるいは点字資料の中でも特殊なインクで印刷された出版物や大活字本なども含まれる。

公共図書館や大学・学校図書館で所蔵され利用されることの多い資料としては，以下のようなものがある。

a　楽譜

楽譜には，図書形態になったものと，シートミュージック（sheet music）という綴じていない1枚刷りのものとがある。日本では図書形態のものが多い。琴や三味線など日本古来の楽器の楽譜は，折本や和綴じになっているものもある。ヨーロッパの図書館では，ドイツやオランダを中心として，シートミュージックの所蔵数が多く利用頻度も高い。

楽譜は音楽教育に使われるとともに，自分で演奏するのに利用したり，地域の合唱団などで活用したりと，世代を越えての利用がある。

問題は散逸しやすいことであり，ファイルに入れて貸出する。演奏楽器数あるいは合唱者の人数分を図書館で複数所蔵し，利用を促すことが必要である。

音声資料の関連資料としては，楽譜などのほか，レコードやCDなどの附属資料である歌詞カード，解説のパンフレットやリーフレットもある。

b　コミック

日本文化を象徴する資料として，マンガやコミック，アニメがある。コミック本では以下のようなものが出版されている。

① 新聞や雑誌などに掲載される1コマだけの風刺マンガや4コママンガなどを集めて再編集し，図書として出版されているもの。

② 欧米ではグラフィックノベルともよばれ，YA向け図書館資料として人気の高いストーリーマンガ。子どもから成人向けまで幅広い。ギャグマンガからポルノマンガまで内容は多様である。

③ 学習マンガ。理科や日本史や世界史といった社会科などの学校の科目に準じたものや，伝記などから成人向けに経済事情などをわかりやすく説明するために描かれたものまである。

④ アニメ番組や映画，ゲーム，ボーカロイドなど音楽を図書形態に編集し直したもの。

⑤ 日本では絵本として扱われているが，ヨーロッパではコミックとして扱われるコマ割り絵本（BD）。ハードカバーが多い。

利用者のニーズを考えれば，図書館資料としてコミックも選択・収集・提供の対象となる。収集方針に基づいて，各図書館でその判断を決定する。選択については，出版社がつけた読者対象レベルをそのまま受け入れるのではなく，あくまでも図書館が主体になって選択・収集すべきである。しかし，利用者が未成年だという理由だけで利用を拒否するべきではない。未成年者にも成人にも図書館資料としてふさわしいコミックを選択・収集・提供するべきである。資料形態としては，文庫やハードカバーなど頻繁な利用に耐えうるものが望ましいが，形態を理由として収集しないのも望ましいことではない。

原作のあるコミックの場合，その原作や作品の背景を解説する印刷資料，コミックを映像化した資料など，関連資料をあわせて提供できるかどうかに，専門職としての司書の力量が問われることも多い。

c　教科書

教科書も印刷資料として，図書館での収集対象となる。公共図書館が地域の小・中学校が採用している教科書を収集・提供すれば，地域住民が子どもたちの学習内容を理解したり，図書館員自身が子どもたちの学習援助資料として活用することができる。

また，教科書の内容に連動して，多様な資料を収集することで，地域の子どもたち

d 画像資料

　印刷資料の中には多様な画像資料がある。再生機器を必要としない資料群であり，複製絵画やポスター，絵はがき，写真，紙芝居，さらにはビラやチラシなどである。

　絵はがきや写真は，地域資料としてだけでなく，学校での調べ学習用資料として活用できる。自治体の都市計画課などが所蔵していた資料を寄贈してもらい，地域資料として役立てている図書館がある。個人などからの寄贈による収集が多いが，分類・目録をとり，ファイルキャビネットなどで整理したり，さらには電子化することにより情報価値が増す。

　複製絵画やポスターなどを額縁に入れて，貸し出す公共図書館がある。図書館内に飾るものも図書館資料であるが，利用者が借りて帰って自宅に一定期間飾ったり，自分で絵画を描く模写のテキストとして利用したり，学校の授業で活用したり，その用途はさまざまである。図書館資料として所蔵し，提供することによって，活用される資料である。

　紙芝居は，公共図書館での子ども向け資料として不可欠である。専門家による手描きのものは数が少ないが，出版社から印刷資料として刊行されている。また，外国語版も作成されている。紙芝居用の木枠，すなわち紙芝居舞台を備えれば上演もできる。また，貸出も盛んである。

（井上靖代）

F. 非印刷資料

1 点字資料

a 点字資料とは

　点字資料は，狭義では点字図書のみであるが，①点字図書，②録音図書，③拡大写本，④点訳絵本，⑤「デイジー」（DAISY，後出）仕様の資料（電子図書）などを広義の点字資料として扱う。さらに点字雑誌（逐次刊行物）や触地図，点字楽譜なども点字資料となる。

　点字はフランスのブライユ（Louis Braille）が実用化に向け発展させ，日本では石川倉次がこれを翻案したといわれる。視覚障害者のための「さわる」文字である。弱視者のためには拡大文字が使われる。各国で多様な言語版の点字が使われている。普通の文字を墨字とよぶ。墨字を点字になおすことを点訳といい，点字を墨字になおすことを墨訳という。

b 点字図書

　点字資料は，①点字用紙に点字製版機で印刷したもの，②発泡インキを用いて印刷し，熱を加えてその部分を盛り上げさせたもの（おもに図版に使われる），③パソコンのソフトを利用して点字プリンターで打ち出したもの，④サーモフォームを利用したもの，⑤塩化ビニールに手作業で点字を打ったもの，などがある。紙の片面のみを使い，また凹凸があるため，密着した形では保存に適さない。点訳した資料は，原資

料よりかなり多いページ数になり，かさばってしまう。

　電子機器の発達により点訳ソフトや点字プリンターが増えたとはいえ，市販されている点字資料は少ない。また，一般書店の店頭に並んで販売されているわけではない。各図書館などで専門技術を有する多くのボランティアの協力により製作された資料が，図書館利用に障害をもつ利用者のための図書館コレクションを支えている。

c　録音図書

　視覚障害者（児）向け資料として，カセットブックや録音テープ等の音声資料も，公共図書館や大学図書館では積極的に製作・収集されている。カセットテープやCD形態で提供されており，障害者向けというより一般消費者向けに市販される数は増加の傾向にあるが，欧米に比べると種類や数はまだ少ない。

d　拡大図書（拡大写本）

　一般の印刷文字が小さすぎて判読できない弱視者や高齢者のために，文字を拡大した図書である。高齢者向けに印刷文字を拡大した大活字本の市販数が増加してきた。しかし，弱視者は個々の状況に応じて，文字を拡大し字体を変更することが必要となる。

e　点字絵本など

　障害のある子ども向け資料としては，①点字絵本，②布の絵本，③点訳絵本などがあり，総称して「さわる絵本」とよぶこともある。

　「点字絵本」は点字用紙におはなしを点訳し，絵を発泡インキで描き，あとから熱を加えて盛り上げたものや，ふちどりの上に塩化ビニールシートを切り取って貼り付け，触ってわかるようにしたものである。

　「布の絵本」は布にアップリケをぬいつけたり，スナップやファスナーでくっつけたりはがしたりできるようにした絵本である。

　「点訳絵本」は市販の絵本の上に，塩化ビニールシートで点訳したおはなしを貼り付けたものである。視覚障害児向けだけでなく，視覚障害のある親が，自分の子どもたちに読み聞かせするために作成され，利用されている。

　ほかに，日本の公共図書館にある，木でつくった素朴なおもちゃやぬいぐるみなどは，障害のあるなしにかかわらず，子どもたちに人気の高い資料である。貸し出している公共図書館も多い。

　おもに障害児向けにおもちゃを製作・提供し，利用に供しているのは，おもちゃ図書館である。おもちゃ図書館では，障害をもつ子どもの育成だけではなく，その両親やさまざまな人々のボランティア活動の拠点となっている。

f　DAISY仕様の図書（電子図書）

　DAISY（digital accessible information system，デイジー）は，視覚障害者のための，CD図書を作成するシステムであり，国際図書館連盟（IFLA）で世界共通の国際的録音資料製作方式として採用されたものである。マルチメディアを使った表現（音声・テキスト・イメージ画像）を記録し，弱視者や学習障害，読字障害（失語症＝ディスレクシア），知的障害，その他何らかの障害のために通常の読書が困難な人や高齢者まで，使用可能な図書として作成され，DAISY e-bookとして市販されている。

　またインターネット標準仕様SMIL（Synchronized Multimedia Integration Language）なので，インターネットから電子図書や電子ジャーナルをダウンロードすることも可能である。読み上げソフトや点訳ソフトが利用可能なように，文字を電子情報化したCD図書も作成・市販されている。

g　課題

2009年の著作権法改正により，図書館等においては，従来許諾を必要とした視覚障害者等のための図書の媒体変換を自由に行えるようになり，サービスの対象者と作成できる資料の範囲が広がった（Ⅱ－G参照）。これを機会に障害者向け資料の充実が求められる。

一方，許諾の手続きの煩雑さを解消し，できるだけすみやかにメディア変換を実施し，利用に供するために，原印刷資料の出版時点から障害者向け資料への変換をあらかじめ了承している旨記載しているものもある。EYEマーク・音声訳推進協議会が進めている「アイマーク」や，文化庁が進める自由利用マークの「障害者のための非営利目的利用OKマーク」である。自由利用マークはメディア変換のみならず，コピーや資料を送信することも含んでいる（マークはⅡ－G参照）。

すべての資料を一つの図書館で点訳・音声化するには限界があり，利用者の要望のすべてに対応するわけにもいかない。作成に時間がかかるし，利用者が自由に選ぶ範囲を狭めることにもなる。

作業実務担当者は，多くの場合，図書館員以外の専門訓練を受けたボランティアなどの人々である。自ら点訳あるいは手話ができることが理想だが，司書の専門的業務としては以下のものがあげられる。

① ボランティアに対する専門的な訓練と養成講座（講習）の企画・実施
② 専門訓練を受けた技術をもつ専門ボランティアの組織化や人事管理を含めた円滑な運営
③ 視覚障害者（児）へのサービスの充実
④ 業務の的確な評価
⑤ 図書館と行政組織や他の障害者（児）関連施設や団体・機関，社会福祉関連団体との協働作業のための連絡調整，など。

また，これら点訳・音声化された資料の総合目録の作成・充実，目録に基づいた資料の相互貸借利用の拡充が求められる。

『NDL-OPAC　点字図書・録音図書全国総合目録』がインターネット上に公開されているが，さらに展開していくことが期待されている。

2　マイクロ資料

a　定義と類別

マイクロ資料には，ネガフィルムを反転させたものと，ポジフィルムに印刷資料を縮小して複写したものの二つの方式がある。印刷資料数が増大するにしたがって，保存・検索・利用に困難が生じてきたため，マイクロ資料化することが考えられ，媒体変換が行われてきた。雑誌・新聞やテクニカルレポート，論文など逐次刊行物を中心として変換されている。検索に手間がかかるが，大量の情報を長期間保存するという面からは安定性がある。

マイクロ資料には，①マイクロリール（ロール），②マイクロフィッシュ，③アパーチュアカード，④スライド，⑤フィルムストリップ，などがある。収録されている内容には，既存の図書や雑誌などを複製したものもあり，オリジナルもある。

マイクロリールは，25mmあるいは16mm幅のマイクロフィルム100フィート長をロール形式にしたものである。新聞や雑誌など逐次刊行物の1年分や1月分ずつなどをまとめて収録している。

マイクロフィッシュは105×148mmが標準サイズで，碁盤の目のように複数ページを1枚に収めたものである。A4判の雑誌や図書なら60ページ分くらいを収められる。大学図書館や専門図書館では，論文やテクニカルレポートなどを収めることが多い。

アパーチュアカードはフィルムを切断し

てマウントに入れ，整理しやすい形にしたものである。フィルムそのものには付加情報は入れられないが，マウント部分に書き込めるため便利である。地図や設計図，特許資料，工業関係資料などを収める。サイズが大きかったり，頻繁な利用に適さない状態の資料などを保存・検索・利用しやすくするのに便利である。ただし，連続した情報を伝達するのには不適である。

　スライドはポジフィルムを1枚ずつマウントにはめこんで利用する資料である。そのままスクリーンに拡大投影してみることができる。一般的には幅が35mmであり，拡大するには限界があるので，利用には参加人数や場所などを考慮に入れる必要がある。博物館や美術館では，収蔵品資料の画像情報として不可欠の資料である。この蓄積の発展として，デジタル画像化が進められているのである。

b　特質

　マイクロ資料の特質としては，以下のものがあげられる。

① 　縮小性：かさばる資料をまとめてコンパクトに保存でき，印刷資料のみならず立体資料も整理・検索・利用しやすくなる。図書館内のスペースの節約に有効である。
② 　品質性：情報の再伝達には機器が必要だが，文字情報や画像情報の解像度は高いといえる。プリンターで印刷することも可能であり，復元性に強い。
③ 　耐久性：保管が適切であれば（温度21℃以下，湿度15〜30％），最低100年はもつといわれる。50年くらいで再び新しいフィルムに転写することによって，保存継続が可能である。CDなどは読み取るコンピュータの型が安定していないので，50年先も読めるかどうかわからないが，マイクロ資料はその点安定して再生できる。
④ 　定型性：多様な原物資料形態を一定化しているので，保管が容易で管理しやすい。反面，検索に時間がかかるので，索引などを作成して，検索を容易にする工夫が必要である。また，利用者へ機器利用方法を教えることが求められる。

c　収集

　収集には，①購入，②自館製作，③外部の専門業者への委託製作，④寄贈，⑤交換，といった手段が考えられる。

　購入する場合，新聞や雑誌，学術論文などはUMIといった専門大手業者へ注文するか，各新聞社などで出版・販売しているので，そこから購入するとよい。

　都道府県立図書館や大学図書館では，館内にマイクロ資料製作作業室があって，専門訓練を受けた職員が製作しているところもある。地域資料や古文書，古地図などの資料を保存する面でも，自館でのマイクロ資料作成は重要な意味をもつ。

　外部専門業者へ製作を委託するのは，館内に作業のための設備もなく，技術をもつ職員もいないなどの場合などが考えられる。

　他の図書館や団体などが製作したマイクロ資料を，資料交換や寄贈で入手する場合もある。スライドなどは，個人からの寄贈も多い。受入については，収集方針に従う。整理や扱いの困難さを理由として受入を拒否するのではなく，静止画像情報資料としての資料価値を認め，図書館資料とするべきであろう。

d　利用と保存

　マイクロ資料は一般開架においておくと散逸しやすいので，専用の書架に整理・保存し，ケースなどに書誌情報を記入しておく。目録情報を整理して，図書館や博物館

などでの相互利用ができるように工夫するべきである。マイクロ資料の総合目録の作成と相互利用が求められるところである。

マイクロ資料は個人でも利用されるが，図書館行事や学校・団体など集団でのプログラムでも利用される。講演会や講習，学校教育の資料として役立てるなど，幅広く利用できる。著作権法上，スライド化に際しては原資料の形態によって制約が異なるので注意を要する。

デジタル化が進んでいる現在，マイクロ資料の特質を見極め，収集・整理・利用・保存していくべきだろう。保存方法などについては，国際文書館評議会（ICA: International Council on Archives）の「マイクロ資料の保存ガイドライン　1996年改訂版」[1]を参照するとよい。

3　映像資料

a　定義

視聴覚資料のうち，主として映像情報を伝達する資料のことをいう。再生装置を必要とする映画フィルムなどの動画資料と，スライドやトランスペアレンシー（TP）などの静止画資料とを指す。音声情報を伴う視覚・聴覚資料であることも多い。そのほか再生装置を必要としない絵はがきや写真，紙芝居なども含めて画像資料と称することもある。

『日本目録規則　1987年版』改訂3版の「映像資料の特定資料種別」では"映画カセット，映画カートリッジ，映画リール，スライド，トランスペアレンシー，ビデオカセット，ビデオカートリッジ，ビデオディスク，ビデオフロッピー，ビデオリール，フィルムストリップ"とされている[2]。

b　類別と特質

再生装置を必要としない画像資料は簡易視聴覚資料ともいわれ，写真や絵はがき，絵画，ポスター，紙芝居，地図，掛図など視覚に訴える資料である。印刷された市販資料もあるが，手書きのものなど地域資料として収集・活用すべき資料も多い。

再生装置を必要とする静止画資料には，前述のマイクロ資料があり，さらにCDやDVD，LDに収められた電子資料もある。TPは透明のシートに文字や画像をプリントし，オーバーヘッドプロジェクター（OHP）によって，スクリーンに拡大投影して利用する資料である。図書館資料として保存されることは少ないが，学校教育用の資料として活用されることは多い。

再生装置を必要する動画資料が映像資料である。映画フィルムやそれをビデオ化したもの，CDやLDなど電子資料化したものがある。映画フィルムは8mm～70mmまでの幅のものがあり，スクリーンや上映する場によって条件が限定される。内容は興行目的の商業映画，教材や産業映画，広報映画や記録フィルムなど多様である。

ビデオカセットやDVDの図書館での所蔵は，近年増加が著しい。著作権処理をした資料は貸出できるので，とくに利用者の人気が高い。地域資料や記録，教育目的の映像資料は，レンタルショップにはほとんどないので，図書館資料として十分注意して収集すべきであろう。また，多文化資料として外国語のものを収集・提供したり，聴覚障害者のために字幕つき映像資料を収集・作成したりすることも重要である。ビデオカセットは再生回数に限度があるとされるので，最初から利用頻度が高いと予想される資料については複数所蔵しておくことも配慮すべきであろう。

c　課題

(1)　映像資料情報の分散

映像資料は公立の視聴覚ライブラリー

（フィルムライブラリー）で集中して所蔵されることが多いが，一般個人への貸出は行っていない。また，学術的記録として，博物館や美術館等の図書室で所蔵されているものは，一般への貸出を行っていないことがほとんどである。利用者の映像資料への情報要求が高い現在，公共図書館への期待は大きい。学校教育・学習や生涯学習を目的とする映像資料利用の機会が増大するにしたがい，図書館とこれらの機関との資料や情報の交換などを求め，総合目録の作成や図書館間相互貸借（ILL）を通じての資料流通などを配慮していくべきであろう。

(2) 再生装置の多様化

再生装置を必要とする資料の場合，機器が不可欠であるが，対応する型式や電源などで利用が制限される場合がある。個人所有が少ない最新機器については，資料を所有するならば，その再生装置を図書館に設置し，情報の伝達を保障することが必要となる。

(3) 専門職員の養成・訓練

資料や機器の多様化が進展していくと，図書館資料の一つであると位置づけた上で，担当図書館員の専門技術などの訓練が必要となる。資料の劣化や褪色，保存や再生など，資料保存の知識と技術も要求される。音楽図書館員やフィルムライブラリアンなど，メディアスペシャリストの養成が課題となる。

(4) 著作権と図書館利用

映画資料は著作権法第38条第5項の中で，図書館法第2条第1項に定める図書館においては，貸与による頒布ができるとされている。ただし，その場合は著作権者に補償金を支払わなければならない。図書館での貸出利用は，必ず原物資料が対象となる。映画フィルムからビデオカセットへのメディア変換は複製にあたるので，著作権者の許諾が必要である。CDやDVD形態で文字情報や音声情報に動画情報が含まれる場合には，映画資料とみなされる。学校の授業での活用の場合には，教室内および公衆送信による利用は著作権法第35条により可能とされる。なお，著作権法の一部が改正され，2005年1月1日より映画の著作物の保護期間は70年に延長されている。

4 音声資料

a 定義

音声資料は録音資料ともよばれ，視聴覚資料のうち，音声を記録・複製した資料を指す。一般的には，映画やビデオカセットなど映像情報を伴う資料や，電子情報を記録するDATなどは音声資料に含めない。

公共図書館で多く所蔵・利用される資料は，テープ形態とディスク形態である。磁気テープに音声を記録した録音テープには，オープンリールとカセットテープなどがある。ディスク形態には，レコードやソノ（フォノ）シート，CD，MDなどがある。

レコードにはSP盤，EP盤，LP盤があり，CDで製作されることの方がかなり多いが，ラップ音楽の流行とともにLP盤の製作も増加の傾向にある。ソノ（フォノ）シートは塩化ビニール円盤をプレスした薄いレコード状のもので，図書や雑誌の附属資料として多く作成された。現在ではCDに代わっている。

デジタル録音であるCDには8cmのミニCDなどがあるが，12cmのCDが一般的である。再生・解析度が高く，保存性もすぐれている一方，レコードと同じく傷がつくと修復はむずかしいので扱いに注意を要する。

広義の音声資料には，オルゴール盤や自動ピアノの演奏用シート（ピアノロール）など，さらに音源である楽器（博物資料）までも含むこともある。

b　収集

内容は音楽を録音したものが多いが，語学の教材や落語，民謡や民話の語りの録音，方言などの記録，放送や演劇用の効果音など多様なものがある。また，視覚障害者向けのオーディオブックなど市販のみならず，各図書館や地域の団体などが作成したものも多い。したがって，収集には以下のような方法がある。

① 購入：音楽や朗読などの音声資料は購入可能なものが多い。流通経路が印刷資料とは異なるので，刊行情報を入手し，各図書館の資料収集方針に従って選択し，収集・提供すべきである。
② 自館製作：多くは視覚障害者（児）向けのDAISY仕様の資料や朗読テープである。さらに，地域の小・中学校向けに開発された教材や，ヤングアダルトなど一般利用者の演奏活動の録音資料もある。図書館主催の講演会や職員研修の講習などを記録したものもある。
③ 寄贈：地域の昔話や語り，民謡など歴史的な聞き語りや講演会の記録を保存したものが寄贈されることがある。地域資料として資料価値があると判断されるものは，積極的に受け入れる。
④ 交換その他：図書館で製作した資料や地域資料としての音声資料を，他館などと交換して資料を増やすことも考えられる。

c　利用

録音資料を含めた視聴覚資料全般については，個人への貸出を積極的に行っている図書館が増加する一方で，所蔵すらしていない図書館がある。所蔵していても障害者に限定し，あるいは館内視聴のみに制限しているところも少なくない。単価の割高感や取扱いの煩雑さなどの理由で，利用者の要求に応じないのは問題である。視聴覚資料は図書館資料であり，印刷資料と同じく活発な利用が望ましい。

再生機器を所有していない利用者に配慮し，館内に設備をおくことが望ましいが，たいていの機器は個人所有が普及しているので，普及率が低いと思われるマルチメディア資料に対応する機器をおく方がよいだろう。また，集会室やホールなどで，図書館行事として活用できる設備を設置しておくことも考える。

映像資料と同じく音声資料にも，再生回数などに限界があるので，品質のよいものを選び，利用に供する。音声のチェックをこまめに行い，傷や音の消去などに気をつける。また，附属資料である歌詞カードや説明書などが紛失することが多いので注意を要する。

印刷資料と同じく，資料数が少なく新鮮度が低下すると，利用も減少する。予約サービスなどをとりいれ，多様な資料提供を心がける。

d　課題

ヨーロッパの公共図書館では，視聴覚資料専門図書館やコーナーがあり，専門司書が配置されている場合が多い。参考調査に十分に対応したり，技術面で処置したり，盗難や紛失に備えたりといった面を配慮している。視聴覚資料の貸出利用が拡大展開しつつある日本の図書館では，いくつかの課題がある。

音楽CDの所蔵数の少ない図書館では，ケースだけ開架に出し，利用者がカウンターにケースをもってきたら，本体を入れて貸出を行う方式をとっているところが多い。しかし，所蔵数量が増加すると対応する職員の負担が増え，サービスが低下する。一方で，そうした対策をとらないと紛失・盗難などが増加する。ブックディテクションシステム（BDS: Book Detection System）に

よって防ぐことを考える必要がある。

　視聴覚資料と設備に関して，専門的な知識と技能をもつ図書館司書の養成と訓練が必要である。レンタルショップと異なり，視聴覚資料本体についてのレファレンスサービスのみならず，関連する図書や新聞・雑誌記事など印刷資料などを含めて対応できるのが図書館の強みである。担当司書は専門的なレファレンスサービスの能力のみならず，資料の特質と機器の扱いに習熟し，内容や流通に関して的確な選択の判断ができ，資料提供・保存さらに集会活動などに活用する企画力・実行力をもつことが，これからの公共図書館に必要とされる。さらに，視聴覚資料はマルチメディア化していく傾向にあるので，コンピュータ機器やメディア編集ソフトについても熟知することが望ましい。

5 パッケージ系電子資料

a　定義

　コンピュータ等の電子情報機器を再生機器とする記憶媒体の資料をパッケージ系電子資料とし，ここで扱う。物理的形態が明確であり，図書館資料として容易に判断されるもので，**CD-ROM**や**LD**，**DVD**などの光ディスクなどがある。さらに機器と一体化した電子辞書なども登場してきており，多様化が進行している。

　これらの電子情報資料は日本工業規格（JIS）で規格が決められており，国際標準化機構（ISO）の定める国際規格をもとにしている。図書館における分類・目録もこれらに準じて行われる。

b　特質

　パッケージ系電子資料としては，**CD-ROM**が一般的である。文字や映像・音声をデジタル情報として記録し，読み出し専門で利用する外部記憶媒体で，文字だけなら『広辞苑』が約20冊分収録できる。

　特質としては，①大容量，②複製可能，③ランダムアクセスが可能，④情報の劣化がなく保存性にすぐれる，⑤コストと保存スペース面での経済性，⑥マルチメディア情報の保存が可能，などがあげられる。一方，⑦読み出し専用なので更新は不可能，⑧容量の大きさに比べ収録されている情報量は少ない，⑨音楽CDと同じく傷がつくと再生が困難である，⑩内容は参考図書や索引・目録，新聞や雑誌の長期間のデータ，統計などが多く，単価が割高，⑪LAN（local area network）契約を結ばない限り，基本的にアクセスできるのは一度に一人だけ，⑫検索ソフトが必要，⑬再生機器やオペレーションシステム（OS）の変更にしたがって更新が必要，なども考慮しなければならない。

　図書や雑誌の附属資料としてだけでなく，独立した形で電子図書として市販されることも増加している。一方，語学教材としての電子資料は，印刷資料とセットになっていることも多い。

c　選択・収集・利用

　電子資料は情報機器の変化とともに変化していき，その速度は非常に速い。個人が購入して利用するようなビジネスソフトなどのアプリケーションソフトより，情報内容のあるものをまず収集していく。辞書や百科事典，統計といったレファレンスツールや，新聞・雑誌などの逐次刊行物を遡及入力した蓄積情報資料，図鑑や美術館・博物館所蔵資料，歴史資料などマルチメディアとしての資料価値の効果を発揮するノンフィクション，子どもや入門者向けの語学・数学・社会などの教育ソフトなどをまず収集対象とする。

　館内で利用できるかどうかという状況も

把握する必要がある。スタンドアロン型で提供するのか，LANあるいはWi-Fi対応で提供するのかなど，設備面での配慮が必要である。コンピュータや周辺情報機器は，価格や性能が一定していないので，予算化するときに問題が生じるが，資料そのものはインターネットや商業データベースに比べ，利用の度合いによる予算化をしなくてすむので，安定している。図書館では将来への投資として，情報機器のアップグレードを継続して行わなければならない。

受入や整理・利用については著作権を配慮しつつ行う。海外の図書館ではゲームソフトの貸出利用も活発なところがある。レンタルショップの利用状況をみても，潜在的資料要求はあると考えられる。将来的には，ゲームソフトや教育ソフトも図書館資料として注目してよい。

また，オンライン上でも電子情報は多く提供されている。パッケージ形態の電子情報は保存性にすぐれているが，迅速な伝達性の面ではオンライン系の方がすぐれている場合も多い。

d　課題
(1)　入手方法
購入の場合，印刷資料とは異なる生産流通経路をもつものも少なくない。刊行情報を入手して，選択・購入する経路を把握しておく必要がある。また，製作コストが下がり，個人や団体で高度な技術がなくても，多様な内容の資料を製作できるようになってきている。これらの資料入手をどうするかが課題である。
(2)　経費
電子資料のコストのみならず，再生のための情報機器のコストや電気代など，維持経費は大きい。予算化の際に配慮すべきである。

(3)　利用案内
利用方法を利用者に伝える必要がある。多様な利用者層を抱える公共図書館では，電子資料を活用できる層とできない層に分かれ，情報格差が生じやすいので，その不平等を解消する努力が必要である。情報機器を使いこなすためのコンピュータリテラシーの習得，電子資料の検索・利用のための情報リテラシーやメディアリテラシーの育成支援が大事である。

情報強者（information rich）と情報弱者（information poor）を生み出してはならない。誰もが公平に情報利用できる社会を図書館は支えている。図書館がすべきことは，人々が情報入手できることへの保障である。したがって，図書館は電子資料活用のための情報リテラシー学習支援を積極的に実施しなければならない。同時に，最新情報機器を所有しない人々のために機器を提供するなど，情報環境格差の拡大を防ぐことが図書館に求められる。

電子資料や情報機器の利用を保障するのみならず，印刷資料や視聴覚資料の所蔵など，図書館の存在そのものがマルチメディア化している現在，利用者が多様な図書館資料を駆使して，生活情報を入手できる最大の援助活動を図書館が行うことが重要である。図書館は成長する有機体であり，新しい図書館資料を増やし，多様化していくことも成長の一つなのである。

6　博物資料

『日本目録規則　1987年版』改訂3版では博物資料を扱っており，"彫刻・染織・陶芸などの美術品，民具や出土品・標本，模型・玩具・機械や器具などの展示・陳列品等，あらゆる種類の多元的形状をなす有形資料"を博物資料としている[3]。博物館法第3条では"実物・標本・模写・模型・

文献・図表・写真・フィルム・レコード等"を博物館において収集・保管・展示する資料と定めている。このうち,「書写資料」とされる写本や古文書類,著名作家の稿本や原稿などの文書・文献類が,主として図書館資料とされる。書写資料は文書館や史料館などでも収集・所蔵されており,整理についてはそこでの方法が参考となる。

図書館にも博物資料が所蔵されており,地域資料の一部である郷土資料として扱われる場合が多い。『日本目録規則　1987年版』改訂3版による「特定資料種別」では,大きく有形文化財と民俗文化財に分けて分類している。

楽器や「おもちゃ」,農機具や写真機などを所蔵し,展示するだけでなく,貸出を行っている図書館もある。

(井上靖代)

G. ネットワーク系電子資料

1　特徴と意義

a　定義

ネットワーク系電子資料とは,ネットワークを介してアクセスできる,デジタル化されている情報である。

インターネット上に存在する情報を意味する用語には,ネットワーク情報資源[1)-3)],ネットワーク情報源,ネットワーク系電子資料,ネットワーク系電子出版物[4)]などがある。それぞれ,対象とする情報資源の範囲に若干の相違がある。

利用者にとっては,CD-ROMなどのパッケージ系電子資料をLAN経由で利用すると,パッケージ系とネットワーク系のメディアを区別することは困難である。一般には,インターネットという言葉で,すべてのインターネット上の情報資源を意味している場合も多い。

ウェブページ,ウェブページの検索ツールであるサーチエンジン,オンラインデータベース,情報コミュニティ,オンラインショッピングなどの情報資源や情報システムまでを範囲とした場合を「ネットワーク情報資源」,図書館資料という観点から情報コミュニティとショッピングを除外した場合を「ネットワーク系電子資料」,出版物という観点から学術情報などの情報資源に限定する場合を「ネットワーク系電子出版物」とすることもできる。

『図書館情報学用語辞典』第2版[5)]では,ネットワーク情報資源(networked information resources)を,"インターネットを基盤とするコンピュータネットワークを介して探索,入手,利用可能な情報資源。一般的特徴としては,①多様な表現様式を一元的に記録,伝達し,加工や再利用が容易である,②パッケージ系メディアと通信系メディアの特徴を合わせもつ,③情報の更新,移動,削除などが頻繁に行われ,存在が流動的である,④WWWの普及にともないハイパーテキスト構造をもつものが多く,情報が断片化すると同時に癒着しており,書誌的単位が不明瞭である,などの点があげられる"としている。インターネット上に存在する情報の定義と特徴が,最も簡潔に説明されている。

b　特徴

ネットワーク系電子資料には,従来のメディアや情報環境にはみられなかった特徴

がある[3]。また，従来の情報利用行動を大きく変える特徴もあわせもっている。インターネット上の情報について話されることは，ネットワーク系電子資料の一面しか表していないことが多い。ネットワーク系電子資料を利用する際には，以下の特徴を把握して有効に活用したい。

(1) 多様な表現形式の一元的な取扱い

文字，画像，動画，音声と多様な情報を，ハイパーリンクなどの多様な表現形式を使って，一元的に記録・伝達できる。

(2) 伝達に関して距離と時間が無意味化

インターネットに接続したパソコンなどの情報機器さえあれば，いつでも，どこからでも情報にアクセスできる。

(3) 情報の複製・加工が容易

デジタル化された情報のため，劣化することなく複製が可能。蓄積した情報の再利用・再加工を簡単に行うことができる。複製した情報とオリジナルの情報との区別がつかない。

(4) 情報の単位が断片化

パッケージ系メディアと異なり，情報の単位が細分化してそれぞれが独立したデータやファイルとして存在する。ウェブサイト全体なのか，ページ単位なのか，ページの中にある一つの画像ファイルなのか，引用を行う際にも，書誌記述をつくる際にも，指し示す先が不明瞭になる場合がある。フレームを使ったサイトや，ページの分量が大きな場合も同様である。

(5) 蓄積系メディアと通信系メディアの境界消失

ウェブサーバーに情報を蓄積することと，ネットワークに情報を流す作業が同時に行われる。掲示板などは情報の伝達とともに蓄積が行われる。また，電子ジャーナルで典型的であるが，紙媒体の情報と並行して公開されることも多い。

(6) 一次情報と二次情報の境界消失

従来の情報資源へのアクセスに際しては，資料の検索，所在確認，貸出・複写による利用，ILLによる文献複写など，いくつかのサービスを組み合わせて，情報を手に入れていた。ネットワーク系電子資料の場合は，検索したその画面からすべての情報を入手できる。

(7) 誰でも簡単に世界に向けて情報発信が可能

インターネットに接続するだけで，個人が匿名でも不特定多数に向けての情報発信を簡単に行える。パーソナルメディアとマスメディアの境界が消失し，私的な情報と公的な情報の境界も消失している。図書や雑誌の製作過程で行われる出版者による編集作業がないため，情報の内容は玉石混交で，信頼性の低い情報もある。ウェブページを簡単につくることができる反面，消えるサイト，更新されないサイトも多く，存在や所在が流動的である。サイトの内容も頻繁に更新されるため，サイトの同一性も保持されない。

(8) 利用には情報機器が必要

ネットワーク系電子資料の利用に際しては，インターネットなどのネットワークに接続した，パソコンを代表とする情報機器を必要とする。

(9) 図書館の所蔵資料ではない

無料でアクセス可能なウェブページや，年間のアクセス契約を結んだオンラインデータベースや電子ジャーナルは，従来の図書館資料のような物理形態をもたず，図書館の所蔵資料とはいえない。購入によって所有権が移転している従来の図書館資料とは，運用・管理面で大きく異なる。

c　情報資源の種類

実態調査でみる個人のインターネット利用動向から[6]，ネットワーク情報資源を，

コンテンツ，コミュニティ，ショッピングの三つに区分する。デジタルコンテンツがネットワーク系電子資料にあたる。さらに，デジタルコンテンツは従来の図書館の資料区分で一次情報と二次情報に分けることができる。

誰もが自由にアクセスできるウェブページを「表層ウェブ」（surface Web），データベースのレコード，有料コンテンツ，OPACの書誌・所蔵データなどアクセスが技術的に制限されているウェブページを「深層ウェブ」（deep Web）として区別することもある[7]。

(1) デジタルコンテンツ

一次情報には，ニュース，ビジネス情報，生活情報，電子書籍，電子ジャーナル，ソフトウェアなどがある。二次情報には，サーチエンジン，転職・就職サイト，OPAC，オンラインデータベース，情報共有による集合知を応用したサービスであるウィキペディア[8]などがある。

(2) 情報コミュニティ

掲示板，チャット，メール，メールマガジンなどがある。ブログやソーシャルネットワーキングサービスも増加している[8]。

(3) オンラインショッピング，オークション

書籍・CD，旅行・チケット，コンピュータ，自動車，不動産などがある。

d サイトの種類と情報量

ウェブページの所在場所を指定するURL（Uniform Resource Locator）から，そのサイトを運営している団体・機関などの種類を知ることができる。官公庁，教育機関からの情報は信頼性が高い可能性が大きいなど，インターネット上にある情報の評価を行うために，サイトの種類を把握することも有効である。

表Ⅳ-1　jpドメインの種類と登録数

種類	登録数 (15/11/01)	対象
ad.jp	260	JPNIC会員
ac.jp	3,556	高等教育機関，学術研究機関
co.jp	377,204	日本国内で登記を行っている会社
go.jp	593	政府機関や各省庁所管の研究所，特殊法人，独立行政法人
or.jp	32,361	会社以外の法人組織
ne.jp	14,273	ネットワークサービス
gr.jp	6,607	任意団体
ed.jp	4,987	初等中等教育機関
lg.jp	1,842	地方公共団体
地域型	2,380	都道府県名，政令指定都市名，市町村名
汎用jp	948,594	日本国内に住所をもつ個人・団体・組織であれば誰でも
総計	1,392,657	

インターネット上にあるコンピュータを特定するためのドメイン名は，インターネット上の住所にあたる。例えば「www.tsurumi-u.ac.jp」では，右側から国を表す「トップレベルドメイン」（jp），以下左へ順に，機関・団体の種類を表す「第2レベルドメイン」（ac），機関・団体名を表す「第3レベルドメイン」（tsurumi-u）で構成される。これが，ドメイン名をトップレベルドメインで分類した場合の国コードトップレベルドメインの構成である。国コードをもたない分野別トップレベルドメインもある。

JPドメインの種類と登録数（表Ⅳ-1）[9,10]と，分野別ドメインの種類と登録数（Ⅳ-

表Ⅳ-2　分野別ドメインの種類と登録数

種類	登録数(15/07)	対象
com	121,506,116	商業組織用（世界の誰でも登録可）
net	15,413,268	ネットワーク用（世界の誰でも登録可）
org	10,565,758	非営利組織用（世界の誰でも登録可）
edu	未公開	米国高等教育機関用
gov	未公開	米国政府機関用
ほか		mil, int, info, biz, name, pro, museum, aero, coop
総計	156,473,667	

2)[11]を示す。JPドメインのインターネット上にあるコンテンツ量は増加を続け，2013年度末で，接続世帯の割合は84.9％と上限に達し，トラフィック（日本の総ダウンロードの1日のピークの月平均）は増加を続けている（図Ⅳ-3）[12), 13)]。

2　利用と問題点

a　情報の探索

　ネットワーク系電子資料を探索するためのツールは，インターネット上で提供されている。インターネット上の膨大なウェブページから必要とするウェブページを検索する代表的なツールがサーチエンジン（検索エンジン，検索サイトとも表される）である。

　サーチエンジンは，インターネット上のウェブページから，必要な情報を検索する

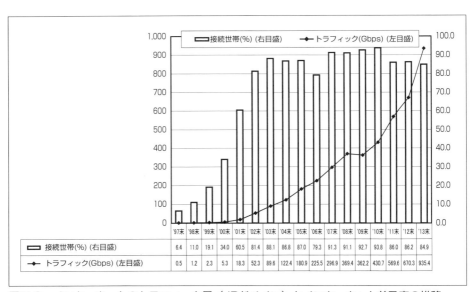

図Ⅳ-3　インターネットのトラフィック量（JPドメイン）とインターネット普及率の推移

サービスである。人手でサイトを選択して登録するディレクトリ型と，コンピュータが自動で登録する全文検索型がある。検索は，あらかじめ用意されたカテゴリをたどる方式と検索式を入力する方式がある。ほかに，メタサーチ型，分野特化型，対象特化型などの種類もある。90年代以降に登場した検索サービスの種類は多いが，グーグルの占有率が高くなっていった[14]。

b　コンテンツの収集・提供
(1) 有料コンテンツ

学術的な内容の商用オンラインデータベースや有料電子ジャーナルは有用な情報資源であるが，予算・契約面ではさまざまな問題を内包している。
- 有料コンテンツの資料費の捻出
- 物理形態をもたない資料の購入に際しての会計処理
- 固定料金でない従量課金のデータベースの無料提供か料金徴収かの方針策定
- データベースサービス機関や出版社との契約交渉

(2) 無料コンテンツ

無料のコンテンツである多くのウェブページでは予算的な問題は生じないが，有料コンテンツと異なってサイトの内容が多様で，著作権の対応が未整備なため，運用面ではこれまでの情報サービス提供の概念から大きくはみ出す問題が存在する。運用方針の策定[15]が必要になる場面が多い。
- 所蔵資料のように提供資料の選択ができないため，インターネット上の有害・違法情報への対処についての方針策定（制作者が無意識のうちに著作権を犯しているサイト，フレーム内への他サイトを表示させるサイトなど）
- 図書館所蔵資料でないウェブページのプリントアウトの要望への対応
- 掲示板，チャットなどのコミュニティサイト，ショッピングサイト，オークションサイトなど，どこまでネットワーク情報資源を提供するのかの方針策定
- ネットワーク基盤と情報機器の整備

c　サイトの信頼性

サイトの内容や種類によってある程度の情報の信頼性[16],[17]を評価することは可能であるが，最終的にはサイトの制作者，内容，デザイン・操作性から総合的に利用者自身で判断することが必要になる。その際の目安を以下にあげる。

(1) 制作者
- 制作者の存在が明示されている（制作者の解説，オフィスの写真，加盟会員リストなど）
- 制作者が誠実で信頼できる（信頼できるサイトからリンクされている）
- 制作者にコンタクトできる（住所，電話，FAX，電子メール，地図）

(2) 内容
- 情報の内容が正確である（個々のページのタイトルが適切，情報の出典を明示）
- 情報発信者と提供されているコンテンツやサービスに専門性がある
- 定期的に更新されている
- 小さな誤りがない（正しい日本語，誤字・リンク切れがない）
- 量が豊富（他のサイトへのリンクが充実）

(3) デザイン・操作性
- デザインがよい（見やすい，テーマが明確）
- 使いやすく便利である（ページ内のテーマが統一）
- 宣伝的な要素に節度がある

3　図書館からの資料・情報提供

a　ウェブページの開設

ネットワーク系電子資料は，ウェブページをプラットフォームにして提供される。

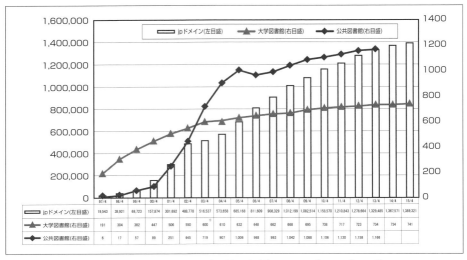

図IV-4　JPドメイン名の登録数と図書館（公共・大学）のウェブページ開設数

2003年11月現在で，都道府県立ではすべての図書館がウェブページを設置している。市町村図書館では，2011年4月時点で，全自治体数1,417のうち，図書館が設置されている自治体は，市町村合併が進み90.1％の1,279自治体であり，ウェブページを開設しているのは図書館設置自治体の79.7％にあたる1,130自治体である。大学図書館では，2015年3月現在，95.6％の大学が開設している。公共図書館のウェブページ設置は，2000年以降から急速に増加している（図IV-4）[18)-20)]（大学図書館における数値は，正確な比較をするため，年度末の数値を次年度当初の数値とみなしている）。これに伴い図書館からの情報発信量も増加している。

b　電子資料の利用

雑誌記事索引や新聞の全文データベースに代表される有料オンラインデータベースは，大学図書館では一般的に提供されている。公共図書館では導入が始まったばかりで，2001年の導入実績は4.8％[21)]，2014年の調査でも，電子書籍貸出サービスは73％の館が導入する予定がない[22)]など，低調である。

c　資料の電子化

図書館で行われている資料の電子化は，著作権のきれた貴重書などの資料が大半を占めており，行政資料や大学紀要などの著作権処理の比較的簡単な資料から始められている。また，サブジェクトゲートウェイの作成など新たな役割も求められている。

機関リポジトリは，学術コンテンツを電子的形態で集積・保存し，無料で一般公開する電子アーカイブシステムであり，「JAIRO（ジャイロ）」[23)]などにより利用できる。日本の論文データベース・サービスである「CiNii（サイニイ）Articles」[24)]は，無料で一般公開されている論文も豊富で，有料公開の論文も個人登録により利用できる。「国立国会図書館デジタル化資料」[25)]は，国立国会図書館で収集・保存しているデジタル資料をインターネットで公開し，検索・

閲覧できるサービスである。国立国会図書館内限定の資料もあるが,「図書館向けデジタル化資料送信サービス」では,絶版等の理由で入手が困難な資料について,国立国会図書館に利用申請を行い,承認を受けた公共図書館・大学図書館等において画像で閲覧できる。

4 今後の展望

a 情報化の推進

ネットワーク系電子資料でしか利用できない情報も多い。情報化社会における情報環境の変化に対応して,図書館が守備範囲としていたメディアにネットワーク情報資源を組み込んでいかなければならない[26),27)]。電子図書館化に関する事例も紹介され[28)],先進的な取り組みを開始している図書館も多い。

b 利用者への支援体制の整備

8割以上の世帯においてインターネットが利用され,インターネット上の情報量も急増している(図Ⅳ-3)。図書館でも,重要な情報提供サービスの一つとしてインターネットに接続したパソコンの開放と,情報リテラシー講座などがなされている。

図書館のパソコンからネット書店で本を購入することまで,図書館におけるサービスとみなすかどうかは意見の分かれるところであるが,それぞれの図書館の判断でサービス範囲やサービス対象を決めていかざるを得ない。将来的には「情報提供サービス」として,SNSなどの新しいツールの利用や,ネットワークを経由した個人での商取引も,自宅や図書館のパソコンから行えるように,利用支援体制を整備しなければならない。

c 職員の研修

利用者への支援体制を整備するためには,図書館員の情報リテラシー能力の向上が課題になる。デジタル情報資源に関する図書館員の役割・技能には,ネットナビゲーター,情報技術ゲートキーパー,情報コンサルタント,情報マネージャー,教育者などがある[2)]。図書館員が受けてみたい研修テーマでもインターネット利用が上位にあげられている[29)]。

d 恒久的な保存

ウェブページの消滅や更新は頻繁に起こるため,ウェブページの保存は図書館の社会的な使命となる。「国立国会図書館インターネット資料収集保存事業(WARP)」や,「Internet Archive」などのサービスが始まっている[30),31)]。

(長谷川豊祐)

H. 資料の維持・更新・保存

1 蔵書更新の意義

住民のニーズや地域社会の状況は時間とともに変わっていく。その変化に合わせて,新しいニーズや新しい状況に対応する資料を,図書館は次々と収集する。収集した資料はすぐに書架に並べるが,書架スペースには限りがある。そこで今度は,不要な資料を書架から除くことになる。不要な資料を除いたスペースには,次の新しい資料を

並べる。それは除いたものと同じ分野の資料ということもあれば、まったく新しい分野の資料ということもある。このように、所蔵資料の新陳代謝という点からみた蔵書構成のサイクルを蔵書の更新という。

積極的に蔵書を更新することによって、次のような効果が生まれる。
① 古ぼけた資料が減って新鮮な資料が充実するので、魅力的な蔵書構成が実現し、利用が増える。
② 内容の古くなった資料が除かれることによって、蔵書全体に対する利用者からの信頼感が増す。
③ 不要な資料を書架に維持していくための、余分な労力や経費が節約できる。

もし蔵書の更新に消極的であれば、次のような逆の効果が生じる。
① 古ぼけた資料が多い蔵書構成となり、蔵書に魅力がなくなって利用が減る。
② 内容の古くなった資料が書架に残っているために、蔵書全体に対して利用者が不信感を抱くようになる。
③ 資料探索、書架整理、本の修繕などで、余分の労力や経費が必要になる。

不要な資料を書架から除くことを英語では普通weedingといい、weedingに対応する日本語としては、除架・間引き・不要資料選択などが使われるが、どの用語も定着していない。ここでは「除架」を用いることにする。

開架書架から除架した資料は、閉架書庫に入れるか、あるいは廃棄する。今のところ事例は多くないが、ほかの自治体の図書館の書庫へ送ったり、地域住民へリサイクル資料として配布することもある。

廃棄した資料や、ほかの図書館に移管した資料は、その図書館の蔵書ではなくなるので、蔵書記録からその資料の記録を削除することになる。この作業を「除籍」という。

書庫をもたない図書館や、もっていても

その容量が小さい図書館では、除架した資料のほとんどは除籍することになる。そういう図書館では、除架にはじまり所蔵記録の削除に至る一連の作業全体を指して除籍とよぶこともある。

なお、不要な資料を書架から除くのは、新しい資料を並べるスペースを確保するためだけに行うのではない。開架蔵書を利用者にとって魅力的にするために行うのである。たくさんの資料が並んでいるほどよい蔵書だと図書館員は考えがちだが、そうではない。不要な資料が詰まっている書架は利用者に嫌われる。

除架を行うためには、現在の蔵書がどのような状態にあるのかを把握しておかなければならない。同様に、収集を行うときにも、現在の蔵書がどのような状態にあるのかを評価しておかなければならない。収集方針に照らして、どういうところがすぐれていて、どういうところが劣っているのかなど、現在の蔵書の状態を把握・評価する作業を「蔵書評価」という。

2 蔵書更新率

積極的な更新によって、蔵書は魅力的になり、利用が増える。しかしながら、資料購入費は有限であり、図書館が収集できる資料の数は限られている。蔵書はいったい、どのくらいの率で更新すればよいだろうか。

図書館の資料は一般的にいって、古くなればなるほど利用が減る。ある資料が書架に並んだ時点から、利用がほとんどなくなったり、物理的に傷んだりするまでの年数を耐用年数という。耐用年数が決まれば蔵書の更新率が決まる。

『市民の図書館』（日本図書館協会、1970）では、蔵書全体についてこの耐用年数を4年、また蔵書回転率を4回転と見積もっている。つまり『市民の図書館』は、毎年、

蔵書の4分の1を更新しながら蔵書の4倍の貸出を行うことを提唱している。

「公立図書館の設置及び運営に関する基準について（報告）」（文部省通知，1992）では，"市町村立図書館は，毎年，開架冊数の5分の1以上の冊数を収集するよう努めるものとする"と規定した。つまり毎年開架冊数の5分の1以上を更新するよう提唱した。

この5分の1以上という数値は，「公立図書館の設置及び運営上の望ましい基準」（文部科学省告示，2001）では採用されなかった。しかし，告示に先立つ「公立図書館の設置及び運営上の望ましい基準について（報告）」（生涯学習審議会社会教育分科審議会計画部会図書館専門委員会，2000）には，数値目標の例が掲載されている。これは，奉仕人口の段階ごとに「人口1人当たり貸出」の多い順に10％の図書館を選び出し，蔵書冊数・開架冊数・開架に占める新規図書比などの数値平均を算出したものである。そこでは，「開架に占める新規図書比」（開架蔵書新鮮度）として，人口段階ごとに9.1％から10.9％の値を採用している。この値であれば，およそ10年で蔵書が更新されることになる。

同じ考え方に基づく数値基準が，『公立図書館の設置及び運営上の望ましい基準活用の手引き』（日本図書館協会，2001）や『図書館による町村ルネサンス　Lプラン21』（日本図書館協会，2001），『公立図書館の任務と目標　解説』（改訂版増補，日本図書館協会，2009）にも収録されている。

3　除架の基準

a　除架へのためらい

図書館員の多くは，除架や除籍に対して慎重である。図書館員が除架や除籍に消極的になる理由として，スロート（Stanley J. Slote）は次の5点を指摘している。
① 蔵書数は多いほどよいと思われている
② 作業がたいへんである
③ 住民が不満に思う
④ 本を神聖視する気持ちが図書館員にある
⑤ いろいろな基準がぶつかり合う

これ以外にも日本では，保存図書館や相互貸借システムが十分発達していないことも理由としてあげられる。つまり一度除籍した資料は，二度と提供できない可能性があるためである。

こうした背景から，これまで紹介されてきた除籍基準は，非常に限定的な基準が多かった。例えば「紛失した資料」，「汚損・破損のひどい資料」，「内容が改訂された旧版」，「利用の少なくなった複本」，「回収不能になった資料」などが除籍の対象とされていた。

しかしながら，毎年次々と増加していく資料を並べるスペースを確保するために，増加分だけの資料は除籍しなければならないという図書館は多い。そういう図書館で実際に除籍している資料の大半は，紛失本や汚破損本などではなく，物理的には使用できるけれども不要であると判断された資料である。そこで本来は，この部分についての適切な基準が必要となる。スロートはこの部分について，次のような除架（除籍）基準を提唱している。
① 除架のときの目標はコアコレクションを維持することにある。ここでいうコアコレクションとは，現在の全蔵書で満足させている資料要求のうちの，95から99％までを満足させている本の集団のことである。
② 除架した本は二次書庫や中央書庫に運ぶことも考えておく。
③ 除架は毎年きちんと行う。
④ 除架するかどうかの判断は，その本が

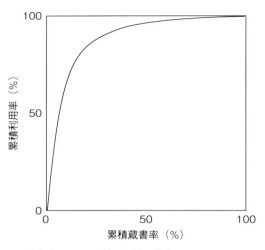

図Ⅳ-5　蔵書中における利用資料の分布
F.W.ランカスター『図書館サービスの評価』丸善, 1991, p.43.より

将来利用される可能性がどのくらいあるかということだけに基づいて行う。
⑤　それぞれの図書館で書架滞在期間を測定すれば，上記の基準を満たすことができる。書架滞在期間を測定するということは，「ある日付以降一度も利用されていない本をすべて除架する」という目標を設定することに似ている。
⑥　形式は多少違うかもしれないが，通常の図書以外の資料についても同様な基準が設定できる。

b　コアコレクションの維持

ここで，コアコレクションについての説明をしておく。図書館資料の利用状況を分析すると一定のパターンがみられる。少数の資料によって利用の大半がまかなわれていて，ほかの大部分の資料はあまり利用されていないというパターンである。

このことに関して，ランカスター（F.W. Lancaster）は，図Ⅳ-5のようなモデル曲線を示している。曲線によれば，全利用の60％が蔵書の10％でまかなわれ，全利用の80％が蔵書の20％でまかなわれている。

このような，ごく少数の部分が全体の大部分を支えているという現象は，図書館以外でも，いろいろな場面で観測される。例えば，言語コミュニケーションの大部分はごく少数の単語によって成り立っているとか，機械の故障の大半はごく少数の部品に起因するとか，特定の主題に関する論文はごく少数の雑誌に集中的に掲載されているといった現象である。そうした現象では，図Ⅳ-5のように，結果全体の約80％が原因全体の約20％によって支えられていることが多い。そのために，この現象は一般に「80／20法則」（eighty-twenty rule）といわれる。

図書館の蔵書についていえば，よく利用される少数部分のことをコアコレクションという。どの程度の資料が，どの程度の利用を支えているかということは，図書館によって異なっている。また，どの程度の資料をコアコレクションというのかも，図書館によって異なっている。

スロートによれば，小規模図書館におけるコアコレクションの定義は，次のような

ものである。フィクション蔵書については全利用の95％を支えている資料，ノンフィクション蔵書については全利用の97％を支えている資料，参考図書については全利用の99％を支えている資料。

c　除架の手順

除架の手順についても，スロートの考え方[1]を簡単に紹介しておく。ある本が書架に返却されたときから次に貸出されるときまでの期間を，その本の書架滞在期間（shelf-time period）という。この書架滞在期間のパターンを，それぞれの図書館で調べる。調べる方法に，本に押した返却期限日印を用いるサンプル調査でもよいし，コンピュータを用いる全数調査でもよい。パターンが把握できれば，書架滞在期間が一定期間より長い本をすべて除架した場合に，全貸出回数がどのくらいダメージを受けるかがわかる。つまり，一定の年月以降一度も借りられていない本をすべて除架した場合に，現在のコアコレクションを維持できるかどうかわかる。現在のコアコレクションを維持できるよう一定の年月日（切断日，cut-off point）を設定し，そのとき以降一度も借りられていない本をすべて除架する。これが除架に対してのスロートの考え方である。

スロートの考え方を意識しているかどうかは別として，日本の公共図書館でも，実際には同種の除架が行われてきた。ただし，次のようにもう少し現実的な方法がとられている。つまり，除架予定冊数をあらかじめ算出しておき，その数に応じて切断日を設定するのである。除架予定冊数は，受入冊数と同じ程度になるので，毎年ほぼ一定の数になる。また，特定の切断日を設定すると何冊の本を除架することになるかは，コンピュータを用いて算出したり，経験的に把握したりする。なお切断日は，例えば文学とその他，というように分野ごとに変えることも可能である。

ここで，書庫をもたない図書館における除架（つまり除籍）の一般的手順を紹介しておく。除籍した資料は他の施設へ移管したりせず，そのまま廃棄するものとする。

除籍したい冊数分の資料をリストアップするために，コンピュータを用いて切断日を割り出す。次に，切断日以降一度も借りられていない資料を，コンピュータを用いてリストアップする。リストアップされた資料を，書架から引き抜く。書架から引き抜いた資料は，箱詰めにするなど廃棄の準備をする。ただし，書架から引き抜いた資料でも，館内利用が確実にある資料とか，年に一度は確実に必要になるなどの資料は書架に戻す。次に，書架から引き抜いた資料と，蔵書点検で紛失が確認された資料，汚破損のひどい資料，回収が不可能な資料，利用者が紛失した資料などをまとめて，除籍のための書類手続きをする。書類手続きが済めば，コンピュータ上の除籍処理をする。コンピュータ上での除籍処理が終わると，除籍資料はOPACに表示されなくなる。

4　蔵書評価

適切な蔵書を構成するためには，蔵書を継続的に評価する作業が必要である。つまり，蔵書を評価することによって現在の蔵書の長所や短所を把握し，それを今後の収集や除架に役立てるのである。また，評価の結果によっては，それまで行っていた資料選択の方法を変更したり，蔵書構成方針に修正を加えたりすることもありうる。

『ALA蔵書の管理と構成のためのガイドブック』（アメリカ図書館協会図書館蔵書・整理業務部会編，日本図書館協会，1995）では，蔵書の評価法を2種類に分けて説明を加えている。一つは「利用を中心にした評

価法」であり、もう一つは「蔵書を中心にした評価法」である。利用を中心にした評価法とは、蔵書がどの程度利用されているのか、どの部分が利用されているのか、誰に利用されているかなどを明らかにする方法である。これには、貸出調査法、館内利用調査法、利用者意見調査法、書架上での入手可能性調査、シミュレーション利用調査がある。

一方、蔵書を中心にした評価法とは、蔵書の全体あるいは一部について、その大きさ、幅、深さなどを明らかにする方法である。これには、チェックリスト法、直接観察法、比較統計分析法、蔵書基準適用法がある。

a 貸出調査法

実際の貸出データを分析することによって、利用者が蔵書のどの部分を利用しているのかを明らかにする方法である。蔵書回転率を主題別に測定したり、よく貸し出されている資料や、まったく貸し出されていない資料を主題別にリストアップしたりする。また、そのようなデータと利用者のデータとを、組み合わせて分析することもできる。

この方法の利点は、さまざまなタイプのデータを収集することが可能であり、しかもそのデータに客観性のあることである。貸出システムがコンピュータ化されて主題別の蔵書回転率、主題別の貸出中資料の割合、刊行年別の年間貸出回数、資料費に対する貸出冊数の比率など、さまざまなデータが容易に収集できる。一方、欠点は、館内でのみ使われた資料の利用実態や、貸出が禁じられている資料の利用実態がわからないことである。また、業務がコンピュータ化されていない館では適用しにくいことも欠点である。

b 館内利用調査法

図書館内での利用実態を調査する方法である。つまり、館内で利用されたが貸出はされなかった資料や、館外貸出を禁じている資料の利用実態を明らかにする方法である。利用者に依頼して、館内で利用した資料を書架へ戻さないで所定の場所に残しておいてもらい、その資料を分析するというのが一般的な方法である。

貸出調査法と組み合わせることによって、資料の利用実態の全容が明らかになることが、この方法の利点である。欠点は、利用者の協力をあてにしなければならないので、正確なデータが得にくいことである。

c 利用者意見調査法

現在の蔵書が資料要求をどの程度満たしているかを、利用者に直接たずねる方法である。詳しい質問項目をあらかじめ作成しておき、利用者に文書あるいは口頭で回答してもらう。質問項目を自由に作成できることや、利用者の意見を直接聞けることが、この方法の利点である。欠点は、精密なデータ分析がしにくいことや、調査に時間がかかることである。また、蔵書に対する積極的な意見をもたない利用者は多いし、実際の利用のしかたとは違った回答をする利用者がいることも問題である。

d 書架上での入手可能性調査

来館した利用者が求める資料を入手できたかどうかを調べる方法である。利用者に直接インタビューしたり、図書館を出るときにアンケート調査を行ったり、見つからなかった資料を書き込むための用紙を入館時に渡したりする。求める資料を利用者が入手できない原因としては、図書館がその資料を所蔵していない、誰かが借りていて書架にない、蔵書にあるはずなのに紛失している、などが考えられる。そうした事実

をこの調査によって具体的に把握し，蔵書の短所を明らかにするわけである。

　この方法の利点は，利用者が入手できなかった資料や入手できなかった理由が，具体的にわかることである。欠点は，すべての利用者が積極的に協力してくれるとは限らないことや，調査に時間がかかることである。

e　シミュレーション利用調査

　書架上での入手可能性を，利用者ではなく，図書館員が調査する方法である。利用者が求めそうな資料を集めたリストをあらかじめ準備しておき，それらの資料が実際に書架上で入手できるかどうかを図書館員が調査する。

　この方法の利点は，利用者の求める資料を提供できるかどうかに関しての，蔵書の能力を評価できる客観的なデータが得られることである。一方，欠点は，このような調査に適当なリストをみつけるのが難しいことである。

f　チェックリスト法

　リストに収録されている資料を所蔵しているかどうかチェックする方法である。特定の分野あるいは全蔵書を評価するのにふさわしいチェックリストを用意し，そのリストに収録されている資料を，図書館が所蔵しているかどうかを調べる。所蔵している率が高いほど，その図書館の蔵書構成が適切であると考える。

　利点は，作業が比較的容易なことである。またリストをチェックすることによって，図書館員の知識が増えるという利点もある。このために，例えば，毎月のベストセラーリストや年末に発表されるミステリーの話題本リストをチェックする作業は，たいていの図書館で実施されている。一方，この方法の欠点は，適当なリストがなかなかないことである。蔵書評価にふさわしいリストなどは作成されていない分野が多い。たとえ作成されていたとしても，そのリストは資料選択の段階ですでに使っているということもある。またリストの多くが，必ずしも利用者の関心を反映していないという問題もある。

g　直接観察法

　特定の分野について詳しい人が来館して，書架に並んでいる資料を観察する方法である。蔵書の規模・幅・深さ，刊行年の幅や分布，資料の物理的状態などが観察される。観察する人は，一人の場合もあれば複数の場合もある。

　この方法の利点は，蔵書を手早く評価できることである。非常に専門的な分野の蔵書とか，小さな分野の蔵書を評価する場合は，とくに効果が大きい。欠点は，適切な観察者を探すのが難しいということである。仮に適切な人がいたとしても，その人に時間がなかったり，費用が高くつくことは多い。また利用が多くて蔵書の4分の1から5分の1が貸出中といった図書館では，主要な資料が書架上にないという問題点もある。

h　比較統計分析法

　自館の蔵書統計と，ほかの図書館の蔵書統計とを比較分析する方法である。例えば全蔵書冊数，分野ごとの蔵書冊数，年間資料費，年間増加冊数，年間除籍冊数などがよく比較される。こうした比較に使える全国的な統計書としては，日本図書館協会が毎年発行する『日本の図書館』がある。『日本の図書館』に収録されていない項目を比較分析しようとすると，新たにデータを収集することが必要となる。例えば紙芝居・文庫本・コミックなどを何冊所蔵しているか，複本をどのくらい購入しているか，と

いったデータは，比較分析したい館が，ほかの館のデータを独自に集めなければならない。

この比較統計分析法の利点は，どの図書館でも同じような統計をとっているために，統計データの比較が容易なことである。また，ほかの図書館との比較が数値で示されるので，説得力もある。だが，数値を比較しただけでは，蔵書のよしあしを正確に評価できないという欠点もある。蔵書は多ければよいというものでもないし，特定の分野に蔵書がたくさんある方がよいというわけでもない。このために，利用統計も蔵書統計とともに比較分析することが必要となる。

i 蔵書基準適用法

蔵書構成に関しての説得力ある基準と比較する方法である。そのような基準として日本では，「公立図書館の設置及び運営上の望ましい基準について（報告）」（生涯学習審議会社会教育分科審議会計画部会図書館専門委員会，2000）に付された数値目標の例がある。そこには，蔵書冊数，開架冊数，開架に占める新規図書比などについて，数値目標の例が記述されている。

このほかにも，日本図書館協会が公表している『公立図書館の任務と目標　解説』（改訂版増補，2009）がある。同書改訂版では，第36条から第49条までと，第72条から第80条までが，図書館資料についての記述と解説である。また，「図書館システム整備のための数値基準」が掲載されている。

この評価法の利点は，基準自体に信頼性があることによって，蔵書評価の結果に説得力が生じることである。一方，この方法の欠点は，基準の記述が一般的・抽象的であることが多く，客観的な蔵書評価には不向きなことである。また，最低基準を一般的基準と誤って使ってしまう場合もあるし，基準値を超えている図書館で資料収集が抑制されてしまう可能性もある。

5 資料の紛失

a 蔵書点検の意義

図書館員による除架によって，蔵書は計画的に更新される。ところがその一方で，図書館の蔵書の中には紛失する資料がいくらかある。紛失は，図書館資料の非計画的な除籍となる。

資料が紛失することによって，目録上の蔵書と実際の蔵書との間に差異が生じる。つまり目録上では所蔵しているが，実際には紛失していて所蔵していないという資料が生じる。この差異を放置しておくと問題が起こる可能性がある。

まず利用者に迷惑がかかることがある。目録で所蔵を確認した利用者が，実際には所蔵していない資料を求めて書架へ行くことがあるからである。目的の資料が見つからなくても職員にたずねない利用者は多いし，職員にはたずねにくい資料を探している利用者もいる。そういった利用者は来館するたびに，実際には所蔵していない資料を求めて書架を探すことになる。

職員も困ることがある。利用者からたずねられたときや予約を受けたときに，実際には所蔵していない資料を求めて書架まで行くのは，労力のむだである。また紛失した資料に気づかなければ，それを補充することもないので，本当に必要なときになってはじめて，その資料のないことに気づくことになる。

これらを防ぐために図書館は蔵書点検を行う。蔵書点検とは，目録では所蔵していることになっている資料が，本当にあるのかどうかを確認する作業である。蔵書点検の結果，紛失していることが判明した資料は除籍する。つまり目録から削除する。除

籍した資料のうちで必要なものは補充する。

蔵書点検に対して否定的な意見もある。最も多いのは，点検のために図書館を閉館すること自体がサービスの低下であるとの意見である。また，作業に要する労力を考えると，蔵書と目録との不一致を修正するだけでは，サービス向上の効果が薄いとの意見もある。

b 蔵書点検の手順

蔵書点検を行う頻度は1年に1回という館が多い。一度の点検で全蔵書を点検できる館もあれば，蔵書の一部しか点検できない館もある。点検期間中はたいていの図書館が休館する。蔵書点検のための休館期間は1週間から2週間というところが多い。

書架に並んでいるすべての本のバーコード番号あるいはICタグをスキャナー等で読み取る。読み取った番号に対応する本の目録データに，コンピュータ上で確認マークをつける。貸出中の本の目録データについても，コンピュータ上で確認マークをつける。コンピュータ上で確認マークのついていない本が，その時点での行方不明本である。行方不明本の一覧はコンピュータを用いてプリントアウトする。

1回目の点検で行方不明だったからといって，その資料をすぐに除籍するわけではない。1回目の点検では行方不明であっても，2回目の点検では所蔵していることが確認されるという資料がある。そこでたいていの図書館は，連続して2回，あるいは3回行方不明であった資料に限って，紛失したものとみなして除籍するようにしている。

c 紛失率

蔵書の大部分を閉架書架にしまっていた昔の図書館では，紛失する資料はごく少なかった。しかし現代の公共図書館では，ほとんどの資料を開架書架に並べているので，紛失する資料も多くなっている。紛失資料の数は，利用の多い図書館ほど多い傾向にある。開放的で使いやすく，蔵書が魅力的な図書館ほど紛失が多くなってしまうからである。

公共図書館で，毎年どのくらいの資料が紛失しているかについての報告は少ない。蔵書点検によって各図書館での実数は把握されているものの，その値が公表されることはまれである。公表することによって開架制に何らかの制限が加わることを，図書館がおそれるからである。

伊藤昭治・山本昭和による1986年の調査によると，市立図書館42館の「年間紛失冊数／開架冊数」の平均は1.50％であった。ただし，年間貸出冊数が30万を超える図書館18館に限ると，その平均は2.20％であった。また，市立図書館43館の「年間紛失冊数／年間貸出冊数」の平均は0.75％であった[2]。

また『浦安の図書館と共に』では，千葉県浦安市の近隣にある図書館7館における「不明率」の表が掲載されていて，1.7％～3.6％という数値が紹介されている[3]。

「年間紛失冊数／年間貸出冊数」についていえば，書店における万引きの実態調査も参考になる。2002年のアンケート調査（回答店舗数123店）によると，「年間万引被害額／年間売上額」の結果は以下のとおりであった。0.3％未満（回答数の54％），0.3％以上0.6％未満（回答数の18％），0.6％以上1.0％未満（回答数の11％），1.0％以上（回答数の17％）[4]。

なお，『中小都市における公共図書館の運営』（「中小レポート」）では，"貸出業務における［開架冊数の］5％前後の亡失は当然である"と述べている[5]。また『図書館学の五法則』では"貸出10,000冊につき17冊"（0.17％）の紛失があるとの見積も

りが紹介されている[6]。

多くの資料が開架になっていて、自由に手に取れるということは、現代の図書館では欠かせない事柄である。ところが紛失しそうな本・雑誌、値段の高い本、地域・行政資料などを閉架におくことで、紛失を防ごうとしている図書館もある。閉架にしないまでも、カウンター内に取り込んでいる図書館もある。もし、あまりに紛失が多くて開架制が十分に維持できないなら、そういう方法ではなくBDSを導入することが必要である。

BDSには、以下のような問題点もある。利用者に心理的な圧迫感を与える。磁気テープ代などの必要経費がかさむ。誤作動がある。ペースメーカーへ悪影響を及ぼすことがある。図書館職員の身体へ悪影響を及ぼすことがある。貸出・返却時の作業量が増える。しかしながら、開架制を十分に維持しながら紛失を少なくする方法は、今のところBDSの設置しかない[7]。

6 資料保存

a 資料保存の考え方

図書館資料は、時間の経過とともに劣化していく。資料が劣化する要因は、図Ⅳ-6のとおり、資料の内的要因と外的要因とに分けられる。内的要因とは、資料の物理的および化学的耐久性にかかわる要因であるが、とりわけ著名なのは酸性紙問題である。外的要因としては、頻繁な利用、劣悪な環境、自然および人的災害などがある。

図書館は、こうした要因に配慮しながら、資料を可能な限り保存していく。ただし、すべての図書館がすべての資料を永遠に保存する必要はない。一般的な資料を大量に保存するのは、都道府県立図書館や大学図書館の役割である。資料保存における各市町村立図書館の責務は、その図書館しか所蔵していない貴重資料や地域資料を保存することにある。

図書館は、すでに劣化してしまった資料の治療方法を検討するだけでなく、蔵書全体の劣化予防計画についても検討しなければならない。劣化をひきおこす要因とその対策について検討し、資料をできるだけ長く利用できるようにする。

劣化がはなはだしくて原資料が利用しにくい場合は、ハードコピー・マイクロフィルム・デジタルデータ化などの方法で代替物をつくり、それを利用してもらうという方法も有効である。ほとんどの利用者にとっては、原資料そのものでなくても、原資料に記録された内容が読めれば目的が十分達せられるからである。

b 劣化のおもな要因について

(1) 酸性紙

酸性紙とは、pH検査で弱酸性を示す紙

図Ⅳ-6 資料の劣化要因

のことである。印刷用の紙が酸性を示すのは，インクのにじみ防止のために酸性剤が使われるからである。酸性剤に含まれている酸は，紙の主成分であるセルロースを分解し，紙を劣化させることになる。

酸性紙を用いて作製された本は，年月がたつと黄ばんで脆くなり，触れただけでぼろぼろに崩壊するようになる。酸性紙で製作された本を保存するための脱酸処理技術は進んでいるが，蔵書全体にわたって効率よく脱酸処理することは容易ではない。

中性紙を用いた本の製作を心がける出版社もあるが，多数ではない。印刷用紙の選択にあたっては，中性紙かどうかということよりも，紙の風合・色調・厚味などが優先されるためである。資料の保存という観点からすれば，中性紙の活用がさらに広がることを図書館は期待している。

(2) 利用

頻繁に利用されることによって，資料が劣化していくのは当然のことである。利用を制限すれば劣化の進行は抑えられるかもしれないが，それでは何のために保存するのかという根本的な問題に突き当たる。図書館の本は利用するためのものであり，よほど貴重な資料でない限り，破損・汚損の可能性をおそれて利用が制限されてはならない。

利用による劣化を防ぐためには，あらかじめ資料を補強しておく方法がある。例えば雑誌のバックナンバーを合冊製本しておくことは，利用と保存とを勘案したときには有効な方法である。また，先に述べたように代替物を製作して，そちらを利用してもらうことも有効である。

(3) 温度・湿度

紙を保存する場合は，低温・低湿（温度10℃以下，湿度30〜40％）で保管することが望ましいとされる。しかしながら，書庫内の環境を常時その状況にしておくことは現実的ではない。また，職員が入庫することによって生じる温度・湿度の急激な変化は，むしろ資料の劣化を招くことにもなる。

書庫内の温度・湿度については，『IFLA資料保存の原則』（1987年刊）によると"一般的には，書庫内温度は16〜21℃，相対湿度は40〜60％が望ましい"としている。しかし『IFLA図書館資料の予防的保存対策の原則』（2003年刊）には，"あらゆる種類の図書館資料に適した理想的なひとつの状態というものはない"とあり，"もし温度が20℃以上に上昇した場合は，湿度が望ましい水準を超えたり，低くなりすぎたりしないようにすることが非常に重要である"とだけ記述されている[8]。また，国立国会図書館では"温度22℃，相対湿度55％を目標に管理している"との紹介がある[9]。

c 容器に入れる・代替物をつくる

書庫内全体を，資料保存にとっての理想的環境に保ち続けることは現実的ではない。また，ある資料にとっては理想的な環境であっても，ほかの資料にとってはそうでないこともある。そこで，特定の資料だけを保存したい場合は，その資料の保存にふさわしい小環境（容器）をつくり，そこへ資料を入れて保存することが行われる。ここでいう容器とは，桐の箱であったり，中性紙で作成した紙箱であったりする。

原資料そのものが利用できなくても，そこに記録されているものが読めればよい場合には，原資料の代替物を作成することもある。最も単純なのは，コピー機で複製を作成することである。

長期間にわたる古い新聞全体とか，明治期の図書全部といったように，大量な資料についての代替物を作成する場合は，資料を撮影してマイクロフィルム化するのが一般的である。

近年では，資料をデジタルデータ化して，

表Ⅳ-3 保存の方策を決定・選択するための一覧表

(出典:木部徹「利用のために保存する―公共図書館と資料保存」『とりつぎ』8 p.1-10, 1992)

	保存のニーズをつかむ			保存のためのアクションと技術				
	現物保存の必要性のレベル ①	モノとしての状態のレベル ②	利用頻度のレベル ③	保管環境(防ぐ技術) ④	容器の必要性(防ぐ技術) ⑤	利用と点検(点検する技術) ⑥	代替と廃棄(取り替える技術)(捨てる技術) ⑦	治癒的な措置(治す技術) 非専門的or専門的 ⑧
A	必ず現物として残す	○ △	○ △ ×	環境制御されていれば、そのまま可	できるなら容器	そのまま利用が原則。利用後に点検	とりわけ貴重なものはモノとしての状態がよいものでもハードコピーやマイクロ等で代替し、これを利用させることもある	利用による傷みのうち、非専門的な簡単な補修でもよい場合は三原則に則して行う。傷みがひどいときには下の範疇(C)に入る
B		△	○ △ ×	制御は必須	できるなら容器	そのまま利用が制限。前に点検し、利用者に注意。後にも点検		
C		×	○ △ ×		容器	右の代替物を利用へ(の原則)。現物の利用は極力制限する	ハードコピーやマイクロ等で代替しこれを利用へ	そのままでも、利用によっても、傷みが広がるようならば専門的な措置をとる
D	できるだけ現物として残す	○	○ △ ×	そのままor容器 そのままでも そのままでも	そのままor容器	後に点検		右の治癒的な措置でも利用不可能な場合には、現場を現物で代替する。これが不可能ならば下の範疇(F)に入る
E		△	○ △ ×	制御が望ましい	そのままor容器 そのままでも	前後に点検		利用による傷みのうち、非専門的な簡単な補修でなければ非破壊的・可逆的に行う。傷みがひどいばでの範疇(F)に入る

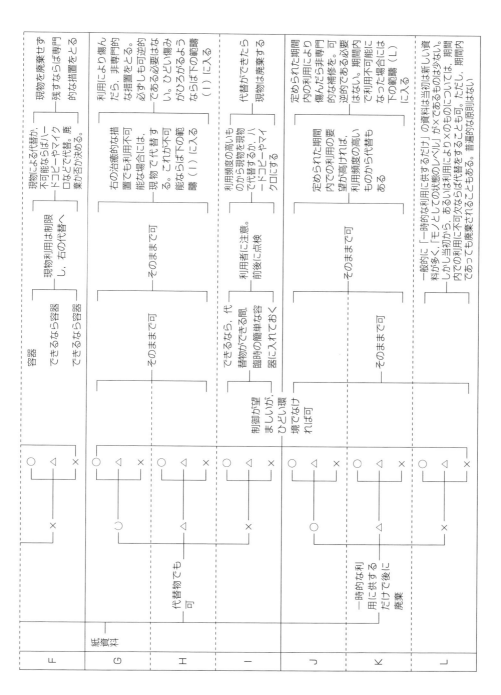

CD-ROMやDVDといった各種の代替物を作成する方向へと進んでいる。デジタルデータ化しておくと，利用の面でさまざまな利点がある。例えば，内容の検索が容易であったり，インターネットで公開できたり，ほかの施設へデータを配布できたりする。

ただし，保存性という観点でマイクロフィルムと比較したとき，デジタルデータ化した代替物には不安がある。データを再生するための装置が，科学技術の進展とともに急速に変化していくからである。

このような代替物を作成することは，著作権法第2条に規定する複製にあたる。そのため，代替物を作成する時期が著作権の保護期間内であれば，国立国会図書館以外の図書館の場合，原則として著作権者の許諾が必要である。国立国会図書館に限っては，著作権法第31条第2項によって，所蔵資料のデジタルデータ化が認められている。

なお「図書館資料の保存のため必要がある場合」は，著作権法第31条により複製が認められてはいる。ただし，ここに規定された複製は，あくまでも純粋な保存を目的とした場合であって，原資料を保存しながら多数の利用に対処するためとか，原資料を保存しながら電子図書館サービスを提供するためなどの場合にはあてはまらない。

どのような資料を，どのような方法で保存するかについての考え方を，表Ⅳ-3に示しておく[10]。

（山本昭和）

注
＜A　総論＞
1) 日本図書館協会図書館政策特別委員会編『公立図書館の任務と目標　解説』改訂版増補，日本図書館協会，2009，p.40.
2) 馬場俊明編著『図書館資料論』日本図書館協会，2008，p.12.（JLA図書館情報学テキストシリーズⅡ　7）
3) 塩見昇・山口源治郎編著『図書館法と現代の図書館』日本図書館協会，2001，p.176.
4) 『中小都市における公共図書館の運営』日本図書館協会，1963，p.140.
5) ランガナタン，S.『図書館学の五法則』森耕一ほか訳，日本図書館協会，1981，p.27.
6) 例えば，『世界の統計』2004，総務省統計局，2004，p.358.
7) 日本図書館協会図書館政策特別委員会編『公立図書館の任務と目標　解説』改訂版増補，日本図書館協会，2009，p.82-87.
8) 河井弘志『アメリカにおける図書選択論の学説史的研究』日本図書館協会，1987，p.90.
9) 塩見昇『知的自由と図書館』青木書店，1989，p.30.
10) Bass, D. "ブルックリン公共図書館の資料選択方針"『現代の図書館』vol.8, no.3, 1970，p.139.
11) 河井弘志　前掲書　p.188.
12) Fisk, Marjorie. *Book selection and censorship.* Berkeley, Univ. of California Pr., 1959, p.8-16.
13) 前川恒雄『われらの図書館』筑摩書房，1987，p.69-96.
14) 伊藤昭治・山本昭和編著『本をどう選ぶか：公立図書館の蔵書構成』日本図書館研究会，1992，257p.
15) 馬場俊明　前掲書　p.200.

＜B　出版流通＞
1) 日販"販売ルート別推定出版物販売額2014年度"『出版ニュース』2015年11月中旬号，出版ニュース社，2015.
2) 『新・よくわかる出版流通のしくみ』メディアパル，2014，p.4-5.
3) 出版年鑑編集部ほか編『出版年鑑2015』出版ニュース社，2015.
4) 日本図書館協会図書館調査事業委員会編『日本の図書館：統計と名簿2014』日本図書館協会，2015，p.22，p.235.

5) 注3)参照
6) 清水文吉『本は流れる：出版流通機構の成立史』日本エディタースクール出版部，1991.
7) 注3) 名簿p.210-215
8) 木下修『書籍再販と流通寡占』アルメディア，1997.
    秦洋二『日本の出版物流通システム』九州大学出版会，2015.
9) 日本出版学会編『白書出版産業2010』文化通信社，2010.
    小田光雄「出版・読書メモランダム/出版状況クロニクル85」2015年5月1日～5月31日 http://d.hatena.ne.jp/OdaMitsuo/20150601
10) 注3)参照
11) 『白書出版産業2010』p.130-131.
12) 『白書出版産業2010』p.130-131.
    小田光雄「出版・読書メモランダム/出版状況クロニクル85」2015年5月1日～5月31日
13) 木下修著『オンライン書店の可能性を探る：書籍流通はどう変わるか』日本エディタースクール出版部，2001，p.95-96.
14) 『白書出版産業2010』p.138.
15) 高須次郎"アマゾンの値引きと再販制度"『出版ニュース』2014年3月下旬号，2014.
16) 出版教育研究所編『出版界はどうなるのか：ここ10年の構造変化を検証する』日本エディタースクール出版部，2002，p.82-83.
17) 蔡星彗『出版産業の変遷と書籍出版流通』増補版，出版メディアパル，2012.
    注3)参照
18) 注3)参照
19) 常世田良 "公共図書館は出版界の敵にあらず"『季刊本とコンピュータ』2002年春号
    常世田良『浦安図書館にできること：図書館アイデンティティ』勁草書房，2003，p.173-182.

20) 松岡要 "図書館事業の「数値基準」の欠落は何をもたらしたか"『出版ニュース』2014年12月中旬号，2014.
    松岡要 "公立図書館数はじめて前年割れで厳しい状況に"『出版ニュース』2015年4月下旬号，2015.

＜C　蔵書構成方針＞
1) 日本図書館協会図書館の自由に関する調査委員会編『収集方針と図書館の自由』日本図書館協会，1989，p.21.（図書館と自由10）
2) 日本図書館協会図書館の自由委員会編『図書館の自由に関する全国公立図書館調査2011』日本図書館協会，2013，p26-28.
3) 塩見昇 "収集方針の意義と作成"『図書館界』vol.31, no.1, 1979, p.10.
4) 注1) p.24-25.
5) 注1) p.84-91.
    日本図書館協会図書館の自由に関する調査委員会編『図書館の自由に関する事例33選』日本図書館協会，1997，p.22-29.（図書館と自由 14）
6) 日本図書館協会図書館の自由に関する調査委員会編『図書館の自由に関する事例33選』日本図書館協会，1997，p.199-206.
    注1) p.72-75.
7) 注1) p.194-226.
8) 判決文は以下に収録。日本図書館協会図書館の自由委員会 "図書館を利用する権利の法的位置づけ：図書館所蔵資料の閲覧請求を中心に"『現代の図書館』vol.41, no.2, 2003，p.116-117.
9) 判決文は以下に収録。『図書館年鑑』2006，日本図書館協会，p.405-407.

＜D　収集の実際＞
1) 出版年鑑編集部ほか編『出版年鑑』2015年版，出版ニュース社，2015，p.298.
2) 日本図書館協会図書館調査事業委員会編『日本の図書館：統計と名簿2014』日本図書館協会，2015，p.22.

3) 前川恒雄『われらの図書館』筑摩書房，1987，p.75-78.
4) 山本昭和"複本購入の問題に関する総合的研究"『図書館界』vol.54, no.1，2002，p.2-9.
5) 『公立図書館貸出実態調査2003報告書』日本図書館協会・日本書籍出版協会，2004. http://www.jla.or.jp/kasidasi.pdf（accessed 2004.10.20）
6) 日本図書館協会編『公立図書館におけるヤングアダルトサービス実態調査報告』日本図書館協会，2003，62p.
7) 日本図書館協会用語委員会編『図書館用語集』四訂版，日本図書館協会，2013, p.56.

＜E　印刷資料＞
1) 日本図書館協会用語委員会編『図書館用語集』四訂版，日本図書館協会，2013，p.218.
2) 前掲書　p.188.
3) 前掲書　p.218.
4) 前掲書　p.102.
5) 日本図書館協会目録委員会編『日本目録規則　1987年版』改訂3版，日本図書館協会，2006，p.414.
6) Young, Heartsill編『ALA図書館情報学辞典』丸山昭二郎ほか監訳，丸善，1998，p.189.
7) 前掲書　p.251.
8) 『英米目録規則』第2版日本語版，日本図書館協会訳，日本図書館協会，1982，p.627.
9) 注5)　p.120.

＜F　非印刷資料＞
1) Guidelines for the Preservation of Microforms, 1996改訂　下記にその紹介がある。小川千代子"マイクロ資料の保存ガイドライン"『月刊IM』1997.5，p.26-32.
2) 日本図書館協会目録委員会編『日本目録規則　1987年版』改訂3版，日本図書館協会，2006，p.174.
3) 前掲書　p.416.

＜G　ネットワーク系電子資料＞
1) 高鍬裕樹"ネットワーク情報資源"『図書館界』vol.53, no.3，2001，p.337-344.
2) 逸村裕"ディジタル情報資源の評価"『情報の科学と技術』vol.50, no.5，2000，p.266-272. http://ci.nii.ac.jp/naid/110002828147（accessed 2015.11.25）
3) 海野敏"2.10　ネットワーク情報資源"図書館情報学ハンドブック編集委員会編『図書館情報学ハンドブック』丸善，1999，p.244-256.
4) 「納本制度調査会　21世紀を展望した我が国の納本制度の在り方－電子出版物を中心に－答申（平成11年2月22日）」p.4. "電子出版物の定義及び区分"（accessed 2015.11.25）
5) 日本図書館情報学会用語辞典編集委員会編『図書館情報学用語辞典』第2版，丸善，2002，p.184.
6) 日本インターネット協会編『インターネット白書　2005』インプレスR&D，2005，p.50-55. http://iwparchives.jp/（accessed 2015.11.25）
7) 「納本制度審議会ネットワーク系電子出版物小委員会　ネットワーク系電子出版物小委員会における調査審議について（平成15年3月13日）」p.11. http://dl.ndl.go.jp/info:ndljp/pid/1001004（accessed 2015.11.25）
8) 上田修一，倉田敬子監修『図書館情報学』勁草書房，2013，p.89-91.
9) 「JPドメイン名の種類」http://jprs.jp/about/jp-dom/spec/index.html（accessed 2015.11.25）
10) 「JPドメイン名の登録数」http://jprs.jp/about/stats/registered/（accessed 2015.11.25）
11) 「gTLDの登録数」https://www.nic.ad.jp/ja/stat/dom/gtld.html（accessed 2015.11.25）
12) 「総務省情報通信統計データベース」インターネット普及率の推移」http://www.soumu.go.jp/johotsusintokei/new/index.html（accessed 2015.11.25）

13)「我が国のインターネットにおけるトラヒック総量の把握」http://www.soumu.go.jp/johotsusintokei/field/tsuushin01.html（accessed 2015.11.25）

14) 日本情報経済社会推進協会編『情報化白書』翔泳社，2012，p.10-12.

15) スミス，マーク著，根本彰監訳，戸田あきら［ほか］訳『インターネット・ポリシー・ハンドブック：図書館で利用者に提供するとき考えるべきこと』日本図書館協会，2003，221p.

16)「Stanford guidelines for Web credibility」https://credibility.stanford.edu/guidelines/（accessed 2015.11.25）「信頼性と説得力のあるWebサイトの科学」http://www.ringolab.com/note/daiya/archives/000504.html（accessed 2015.11.25）に簡単な紹介がある。

17) 上田修一，久野高志，安形輝，石田栄美"Webページ評価の視点と基準"『2000年度三田図書館・情報学会研究大会発表論文集』2000，p 33-36. http://www.mslis.jp/am2000/ueda.pdf（accessed 2015.11.25）

18)「JPドメイン名の登録数の推移」http://jprs.jp/about/stats/domains/index.html（accessed 2015.11.18）

19)「日本図書館協会．公共図書館Webサイトのサービス」http://www.jla.or.jp/link/link/tabid/167/Default.aspx（accessed 2015.11.25）

20)「上田修一　大学図書館OPACの動向」http://user.keio.ac.jp/~ueda/libwww/libwwwstat.html（accessed 2015.11.25）

21)『2001年度公立図書館における電子図書館のサービスと課題に関する実態調査報告書』全国公共図書館協議会，2002，p.40. http://www.library.metro.tokyo.jp/Portals/0/15/pdf/allchap.pdf（accessed 2015.11.25）

22) 植村八潮，野口武悟編著，電子出版制作・流通協議会著『電子図書館・電子書籍貸出サービス：調査報告』ポット出版，2014，p.90.

23)「JAIRO」http://jairo.nii.ac.jp/（accessed 2015.11.25）

24)「CiNii Articles」http://ci.nii.ac.jp/（accessed 2015.11.25）

25)「国立国会図書館デジタル化資料」http://dl.ndl.go.jp/（accessed 2015.11.25）

26) 戸田慎一"ネットワーク情報資源と図書館・情報サービスの将来"『情報の科学と技術』vol.44, no.1，1994，p.3-9.

27) 海野敏，戸田慎一「図書館」の社会的機能縮小の必然性－情報流通の構造変化と図書館の存立意義－" 日本図書館情報学会研究委員会編『電子図書館－デジタル情報の流通と図書館の未来』勉誠出版，2001，p.11-45.（シリーズ・図書館情報学のフロンティア　1）

28)『2002年度公立図書館における電子図書館のサービスと課題に関する報告書』全国公共図書館協議会，2003，118p. http://www.library.metro.tokyo.jp/Portals/0/15/pdf/chapt99.pdf（accessed 2015.11.25）

29) デジタルライブラリアン研究会編『「情報化に対応した公共図書館職員の研修のあり方に関する調査」報告書』デジタルライブラリアン研究会，2003，p.28.

30) 長塚隆"インターネット上の情報資源の恒久的な保存と公開"『情報管理』vol.45, no.7，2002，p.466-476. https://www.jstage.jst.go.jp/article/johokanri/45/7/45_7_466/_pdf（accesssed 2015.11.25）

31)「国立国会図書館インターネット資料収集保存事業（WARP）」http://warp.ndl.go.jp/（accessed 2015.11.25）「Internet Archive」http://www.archive.org/（accessed 2015.11.25）

＜H　資料の維持・更新・保存＞

1) Slote, Stanley J. *Weeding library collections: library weeding methods*. 4th ed. Libraries Unlimited, 1997.

2) 伊藤昭治・山本昭和編著『本をどう選ぶか』日本図書館研究会，1992，p.102-117.

3) 竹内紀吉『浦安の図書館と共に』未来社，1989，p.205.
4) "書店における万引きに関するアンケート結果について"『出版ニュース』2002年12月上旬号，p.16.
5) 『中小都市における公共図書館の運営』日本図書館協会，1963，p.139.
6) ランガナタン，S.R.『図書館学の五法則』森耕一監訳，日本図書館協会，1981，p.242.
7) 長谷川雄彦"大規模開架制の維持"『図書館人としての誇りと信念』伊藤昭治古稀記念論集刊行会，2004，p.127-133.
　西河内靖泰"不明本とBDS"『現代の図書館』vol.40，no.2，2002，p.92-98.などに詳しい。
8) アドコック，エドワード・P.編『IFLA図書館資料の予防的保存対策の原則』国立国会図書館翻訳，日本図書館協会，2003，p.48-53.（シリーズ・本を残す　9）
9) 水谷愛子"国立国会図書館の資料保存と修復の現状"『図書館雑誌』vol.98，no.4，2004，p.203.
10) 木部徹"利用のために保存する"安江明夫・木部徹・原田淳夫編著『図書館と資料保存』雄松堂出版，1995，p.48-53.

V

資料・メディアの組織化

- A 総論……………280
- B 書誌コントロール……………285
- C 書誌情報の作成・流通・管理……………292
- D 目録法……………303
- E 記述目録法……………309
- F 主題目録法……………320
- G 各種メディアの組織化……………336
- H オンライン閲覧目録……………347

　この章では,図書館が収集した資料を
利用者が探しやすいように整理するための技術,
あるいは求める主題にたどりつけるようにするための手法を解説しています。
資料についての情報を作成し,利用者に向けて発信し,
利用者が資料にアクセスしやすい環境をつくることは,
図書館の大切な役割の一つであることが確認できます。

A. 総論

1 資料組織化業務

　図書館の業務を資料の流れにそって大別すると，資料の選書・発注から受入までの収集業務（acquisition services），資料の受入から整理，装備，排架・保存に至る整理業務（technical services），利用者に資料を提供し，レファレンスや調査依頼に回答をする利用者サービス（user services, reader services, public services）の三つの業務がある。資料組織化業務とは，このうち利用者サービスの基盤整備となる業務，すなわち資料を利用できるようにする一連の業務を指し，具体的には収集業務のうちの受入業務（accession work）から排架までの広い意味での整理業務を意味している。

　収集した資料が組織化されて利用できる状態になっているということは，利用者が資料そのものにアクセスできるということと，または資料に関する情報（書誌情報）にアクセスし，その書誌情報を利用し，それを通じて資料そのものを利用するシステムが構築されているということである。その意味で，資料組織化には，資料そのものの組織化と書誌情報を作成する業務の二様の業務があるといえよう。資料そのものの組織化については，本節の「資料組織化の流れ」で詳述する。

　一方，目録作業（cataloging）および索引作業等の書誌情報を作成する業務によって作成された書誌データを流通させるシステム，すなわち書誌データの生産から流通，利用に至る全体の社会的な仕組みについては「書誌コントロール」と総称される。「書誌コントロール」についてはB節で概要を述べ，C節以下で各論について具体的な説明を行う。

a 資料組織化の流れ

　資料組織化の業務の流れは，受入業務に始まり，目録作業，装備を経て排架までの工程となる[1]。

(1) 受入業務

　図書館が，利用者に提供する資料を蔵書として受け入れるための作業で，それらの資料を整理部門に回送するまでの業務をいう。資料を可能な限り迅速かつ効率的に入手し，蔵書として管理するための記録を作成し維持することがその目的である。

　受け入れる資料の種類は，「Ⅳ　図書館資料」を参照されたい。資料を受け入れる方法（収集方法）はさまざまであるが，図書館が対価を支払うか否かで有償，無償に大別できる。有償には購入があり，無償には寄贈，交換がある。その他の方法には複数の図書館で共有する資料の共同受入，寄託，編入，保管換え，分冊・合冊による数量更正，欠本補充の帳外受入，図書館で製作した資料（電子化，マイクロ化も含む）の生産受入等がある。また，国立国会図書館など各国の国立図書館等は，納本制度（法律で定められる場合が多い）によって，一国の出版物について収集を行い，国の文化財として保存している。

(a) 受入業務の流れ（購入の場合）

・発注前に，重複調査および書誌調査を行う。重複調査は，受け入れる資料の重複を避けるため，または複本について調査するものである。書誌調査は，書名，著者名，版次，出版年，国際標準図書番号（ISBN）など，発注に必要な正確な書誌

情報を調査する。
・発注伝票を作成する。
・出入りの書店または版元に発注する。最近日本では，後述するような民間の機械可読目録（MARC）作成機関に，資料とその書誌情報を一括して発注する図書館が増えている。
・受注した書店等では，請書を発行し，現品発送を行うとともに，請求書などの書類を作成する。
・納品された資料の包装を解き，その後の作業のために図書，雑誌，新聞，各種メディアなど資料別に仕分けする。
・発注伝票，現物，納品書を照合し，乱丁，落丁，破損などがないかどうか検収する。書名や版の違い，重複，欠陥本等の不都合があれば返本し代替を要求する。
・見積書，納品書，請求書などの会計処理に必要な書類を整えて，会計担当部署に回付する。
・資料の登録事務として，まず物品管理法や会計法に定められているように，資料を備品扱いと消耗品扱いに区分する。備品扱いは図書原簿に，登録番号，編著者，書名，出版者，出版年，受入種別，価格などを記載し登録する。資料には，バーコードラベルを貼付して，登録番号，受入日付などを表示し，蔵書印を押印する。消耗品扱いにも同様に，バーコードラベルを貼付し必要事項を表示する。

(b) 受入区分

資料種別（形態）言語別，刊行地別，利用別などによる受入区分を設けて資料をグループ分けし，その後の目録作業，利用および保管をしやすくする。区分は資料の登録番号に表示するなどし，プロセスグループごとに目録作業を行う。

(2) 目録作業

目録作業には，記述目録作業，主題目録作業（分類作業，件名作業）がある。すべての資料を同じ詳細さで目録をとる必要がない場合や，利用上も資料によって詳細な目録と簡略な目録があってもよい場合には，整理区分を設ける。作業の実際については，それぞれ「E　記述目録法」，「F　主題目録法」で述べる。通常，主題目録法により付与された分類番号の中でさらにその資料を特定するために付与される排架記号，図書記号により，請求記号が決定され，資料を排架する位置が決まる。

(3) 装備

整理を終えた資料には，利用のため，また資料の保護のため，排架する前に以下のような装備を行う。

① 一般的な装備（排架記号・請求記号ラベルの貼付，添付物や付録の装着，フィルムによるコーティングなどの補強的措置，背文字記入などの補足的措置など）

② 利用目的による特別な装備（ブックポケット・ブックカード・バーコードラベルの装着などの館外貸出用の装備，参考図書，禁帯出の表示などの公開書架用の装備など）

(4) 排架・保存

受け入れた資料は，最終的に書架に排架され利用に供されることになる。資料の利用には，公開書架で利用者が手にとって見られる開架式と，書庫に収納し利用者の求めに応じて出納する閉架式がある。排架の方法には，大別して資料の受入順や大きさなど外的な要素で排架する固定排架と，資料の分類順による移動排架がある。利用者が書架上の資料を利用するには，主題別の移動排架の方が圧倒的に利用しやすいが，スペースをとり資料の平行移動に手間がかかる。固定排架は平行移動の手間がなく収蔵能力が高く，集密書架や自動出納システムに向いているが，資料を探すには目録が必要である。また，特殊な形態，特殊資料については，特別の書架やキャビネットを

用意し，資料にとって最適な保管環境を整える必要がある。

以上は，一般的な組織化の流れであるが，各メディアにより，また単行資料（モノグラフ）と逐次刊行物とでは資料の特性から違いがある。ここでは，図書および雑誌の組織化の流れを図示しておく（図V-1）。

b　コンピュータの利用と書誌情報ネットワーク

かつては図書館の目録といえば，カード目録が主体であった。個々の図書館が目録カードを作成し，各種の閲覧目録を編成していた。アメリカ議会図書館（LC: Library of Congress）や国立国会図書館などが，印刷カードを作成し頒布するようになると，個々の図書館は自分で作成せずにそれを利用するようになった。いわゆる集中目録作業の始まりである。やがて1960年代〜70年代にかけて，目録作業が機械化された。MARC（「C-1　MARC」参照）の開発によって，目録はデータベースとしてコンピュータの記憶装置に蓄積，保存され，目的によって自由に各種目録を出力，編纂する仕組みが可能となり，印刷カードの打出し，冊子目録の編纂，磁気テープ，CD-ROM等での提供が行われるようになった。国立国会図書館は1981年からJAPAN/MARCテープの頒布を開始している。日本では，民間会社の作成する民間MARCの発達も顕著である。各種図書館におけるそれらMARCの導入により，集中目録作業がさらに進み，MARCレコードを利用した図書館の機械化が進展していった。

当初の目録の作成，入力方法は，目録をとるカタロガーがワークシートを完成し，パンチャーが別途入力する形であったが，その後，カタロガー自らが端末やパーソナルコンピュータに向かって入力をする方法（オンラインカタロギングシステム）も定着した。

その間，コンピュータネットワークの発展は著しいものがあった。1970年代はホストコンピュータと端末のネットワーク，1980年代は，ホスト接続範囲内でデータを流通させるスタンドアロンネットワーキングが進んだ。共同で目録をつくるシステムが構築され，オンラインにより書誌情報を提供する公益事業体である書誌ユーティリティ（「C-4　書誌ユーティリティ」参照）が相次いで誕生した。それらの書誌情報ネットワークに参加する機関の共同により，各種の総合目録が作成されるようになった。日本では，1984年に大学図書館を中心に「目録所在情報サービス」が発足し，後に国立情報学研究所（NII）のNACSIS-CAT（「C-3c(1)　NACSIS-CAT」参照）に発展した。

1990年代にはサーバークライアント方式による分散型のネットワークコンピューティングの時代に入る。ネットワークに接続されたさまざまなコンピュータが相互に連携し，それぞれの資源を双方向にやりとりし共有する。各図書館では，書誌情報を基礎に収集（選書，発注，受入），逐次刊行物のチェックイン，製本，蔵書管理，貸出，複写サービス，レファレンスサービスなどを行うとともに，図書館間では，書誌情報をそれぞれが分担して作成し資源を相互利用する図書館統合システムが構築されるようになった。

目録の作成においては全国書誌作成機関の目録作業，民間MARCといった集中目録作業および総合目録の作成，書誌ユーティリティへの参加などといった共同目録作業の発達が促進され，オリジナルカタロギングとコピーカタロギングの機能分担，目録の相互利用が進んだ。目録の提供はオンライン閲覧目録（OPAC: online public access catalog，「H　オンライン閲覧目録」参照）が

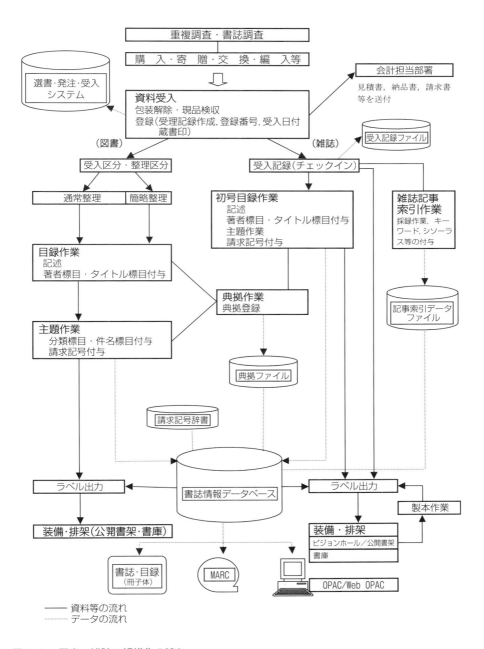

図V-1　図書・雑誌の組織化の流れ

普通になり，インターネットにより遠隔利用が可能になった。共同目録作業による総合目録の作成だけでなく，個々のOPACを横断的に検索し，相互利用するシステムの構築も可能になっている。

c　資料組織化業務の外部委託

MARCの導入を契機として，図書館では，各種図書館業務を受注している民間会社等に，目録作業そのものを外部委託する図書館が増えた。とくに日本の公共図書館や大学図書館でみられる現象であるが，全面的な委託や部分的な委託，日常的委託や大規模コレクションの整理，遡及入力などに限定した臨時的委託など，外部委託にはさまざまな形態がある。

目録データベースの作成方法をみると，公共図書館では民間MARCなどの外部データベースの利用が圧倒的に多く，大学図書館では，国立情報学研究所のNACSIS-CATへの参加と自館作成に大きく二分しており，民間MARCの利用は少ない。しかし最近は館種を問わず，外部データベースの利用や目録作業の集中化，外注化が進んできている。

選書，受入，目録作業を一括外注する公共図書館もみられ，目録作成に携わる図書館員が少なくなっている。そのため，所蔵資料に関する専門知識に乏しくなる，MARCの選定，自館ローカルデータの追加等の加工や個別に収集した資料の整理ができない，目録の利用ができないという職員が増える傾向にあり，図書館の蔵書構築や日常のレファレンスサービスなどの専門的業務の遂行に及ぼす影響が懸念されている。

2　多様化するメディアと電子資料の増加

出版量の増加に伴う図書館資料の増加，そのメディアの多様化および電子資料の台頭と急激な増加が近年の特徴である。目録をとる対象は，図書や雑誌，新聞といった従来の紙媒体の図書館資料だけでなく，非図書資料，すなわち地図，録音資料，映像資料，CD-ROMなどのパッケージ系電子資料に加えて，電子ブック，電子ジャーナル，各種サイトで提供されるネットワーク情報資源まで広がっている。

電子情報が社会的基盤として重要になっていくに従い，図書館では，従来の図書館資料に加えて電子情報を収集・蓄積・保存・提供する電子図書館システム，契約した電子情報資源を管理・活用する電子情報資源管理システム（ERMS）の構築と電子図書館サービスの提供が課題となっている。

3　目録環境の変化

これまでみてきたように，情報通信技術の発展とインターネットの普及，メディアの多様化，そして図書館における電子図書館機能の展開により，目録をとりまく環境は激変した。

OPACは，電子図書館における図書館ポータルの構築や各種情報資源へのゲートウェイを通じてグローバルなシステムの一部となりつつある。目録は多様なメディアを取り扱い，図書館ポータルは各館を相互にナビゲートする。さらに図書館の枠組みを越えて，博物館や美術館といった図書館以外の組織・機関のもつ情報資源にもナビゲートされ，利用者は1個の総合的な図書館ポータルにアクセスするだけで，世界中の情報資源にアクセスすることができるようになっていくであろう。

そのためには，従来の図書館資料の目録情報，その図書館で電子化した資料の目録情報，収集しサーバーに蓄積し固定したオンライン情報資源の目録情報，オンラインにより他の図書館や図書館以外の組織・機

関のもつ情報資源にナビゲートするための目録情報が必要となる。そのような目録情報としてメタデータ(「G-2 ネットワーク情報資源」参照)が考え出され,世界的に互換性のある標準的な新たな国際目録規則(「D-2 目録の意義,目的,機能」参照)も検討されてきた。情報環境の変化に適切に対応するべく,世界の図書館では精力的な活動が続けられている。その動向については,「特論 情報資源組織化をめぐる最新動向」を併せてお読みいただきたい。

(那須雅熙)

B. 書誌コントロール

1 書誌コントロール

a 定義

書誌コントロール(bibliographic control)という用語は,アメリカ合衆国で1940年代に初めて用いられた[1]。利用者が求める資料や情報に効率よく到達できることを目的として,図書館をはじめとする書誌コントロールの主体が,資料や情報(情報資源)に対して行うさまざまな工夫や活動の総体を意味している。なかでも,資料や情報そのものである一次情報を同定・識別し,それにアクセスするためのツールである二次情報としての書誌を整備し,また書誌作成や提供のためのツール類の標準化を進めることが中心である。さらに一次情報自体の収集・提供など,アクセスを保証するための一連の活動を含めることもある。

書誌コントロールに相当する活動は古くから実践されてきたが,20世紀に専門用語として誕生し,これらの活動を理念的に支えるものとなった。また,図書館以外の主体による活動や,知識社会における情報流通活動を図書館の視点で理解するための手がかりとしても用いられることから,図書館の諸活動を広く社会全体の中で位置づけるときにも有効な用語といえる。

b 機能

書誌コントロールには,次のような機能がある[2]。

(1) 情報資源の存在の同定

情報資源(物理的な情報資源だけでなくそれに含まれる個々の作品も指す)を同定・識別し,入手可能とする機能。情報資源は,存在が知られなければ,それに対する情報要求も生じない。その存在は,出版者による出版情報,レビュー,主題別書誌リスト等の手段により報知される。

(2) 情報資源の把握

書誌コントロール機関が,コントロール対象とする情報資源を把握する機能。図書館では,蔵書として収集対象とすることと,所蔵の有無にかかわらず作成する書誌の収録対象とすることの双方に相当する。

(3) 情報資源のリストの作成

諸標準に従い,情報資源のリストを作成する機能。図書館では,目録や書誌の作成に相当する。

(4) 情報資源への高度なアクセスの提供

情報資源そのままの記述ではなく,付加価値を加え高度なアクセスを提供する機能。図書館では,標目付与,主題分析,典拠コントロールに相当する。

(5) 情報資源の所在の指示や提供

情報資源の入手方法に関する情報,または情報資源自体を提供する機能。図書館で

は，所在情報や資料の提供に相当する。

c 歴史

実践としての書誌コントロールの歴史は，資料組織化の歴史と重なる。ここでは，書誌コントロール概念の誕生と定着の経緯にかかわる諸活動を中心に述べる。

(1) 前史

世界のあらゆる文献に関する書誌である世界書誌の作成は，古くから，書誌編纂に携わる者の夢であり，究極の書誌コントロールともいえる。しかし「世界」や「文献」の意味が拡大するにつれ，一個人による世界書誌の実現はきわめて困難となった。

16世紀のゲスナー（Konrad Gesner）による世界書誌（Bibliotheca Universalis）編纂は，時代による限界はあったものの，世界書誌を意図して作成され，一定の成功を収めた。その後も個人や一機関レベルで，さまざまな書誌や目録が編纂されたが，その範囲や規模は限られたものであった。

1895年にベルギーのオトレ（Paul Otlet）とラ・フォンテーヌ（Henry La Fontaine）が設立した国際書誌協会（IIB: Institut International de Bibliographie）の書誌編纂活動は，最大規模の世界書誌作成の試みであった。IIBは，世界の主要図書館の蔵書目録や販売書誌，各種専門書誌をカード化し，著者および分類順に排列した世界書誌目録（RBU: Repertoire bibliographique universel）を作成し，同時にその分類のために国際十進分類法（UDC: Universal Decimal Classification）を開発した。IIB自体は，組織の改組を経つつ近年まで存続し，ドキュメンテーションと名づけた書誌編纂や標準的なツール類の開発・整備という書誌コントロール活動を継続したが，RBUは，国際的な協力体制の欠如や複製技術が未発達な時代背景のもと，第1次世界大戦の勃発と資金難からその作成が途絶えた。

(2) 第2次世界大戦後

書誌コントロールという言葉は，1940年代後半にLCの書誌サービス事業推進に関する報告書で最初に使用された[3]。当時，アメリカ合衆国は，資本主義社会の盟主として戦後の国際体制を主導し，国際的な文化交流に積極的に関与しつつ，海外の情報収集に努めていた。国内の書誌情報の整備や国際的な書誌情報交換は，海外資料の収集に役立つこともあり，国家的な情報政策の一環として推進され，書誌コントロールという用語もこのような背景のもとで誕生した。この報告書では，LCが図書館協力を通じて行う印刷カードの頒布，総合目録，書誌およびレファレンスサービス，図書館相互貸借などの手段によって提供する書誌サービス活動全般に対して，書誌コントロールという言葉を使用している。図書館協力という複数機関による協力体制や，相互貸借という資料そのものへのアクセスが書誌コントロールの範囲に含まれている点は注目に値する。その後，イーガン（Margaret E. Egan）およびシェラ（Jesse H. Shera），ダウンズ（Robert B. Downs）等が，書誌コントロール概念を，書誌と文献自体のコントロール双方を範疇として論じ，主として国内の書誌サービスを充実するための文脈で使用した[4]。

実践面では，ユネスコ（UNESCO）が「書誌サービス改善に関する国際会議」（UNESCO Conference on the Improvement of Bibliographic Services）を1950年に主催し，各国書誌サービス調整機関の設置，全国書誌の整備，国連関係の国際機関が専門分野の国際的な書誌サービス事業を展開することを合意し，一般資料については各国が責任をもって国内書誌コントロールを進めることになった。上記会議の関連文書において，書誌調整という訳語で日本にも書誌コントロール概念が導入され[5]，この時期に

国立国会図書館の書誌コントロール活動の礎が築かれた。

(3) 1960年代

この時期は，書誌情報を作成するためのツール類の標準化が進んだ。第2次世界大戦前から各国目録法の統一へ向けて努力が重ねられていたが，国際図書館連盟（IFLA: International Federation of Library Associations and Institutions）が1961年に主催した「目録原則国際会議」（ICCP: International Conference on Cataloguing Principles）において，標目部分に関する英米系とドイツ系の目録規則の統一を図るパリ原則が合意され，この原則のもとに各国の目録規則の再検討が行われることになった。1969年には「国際目録専門家会議」（IMCE: International Meeting of Cataloguing Experts）で記述部分に関しても標準化が合意され，70年代以降，国際標準書誌記述（ISBD: International Standard Bibliographic Description）が各資料群別に順次制定された。

(4) 1970年代～1990年代半ば

IFLAは，1973年に，各国が作成した書誌情報を国際的に交換し，世界的な書誌コントロールの実現をめざす計画の名称に，国際書誌コントロール（世界書誌調整）（UBC: Universal Bibliographic Control）という言葉を採用し，この用語が世界的に定着する契機となった。

UBCを実現するには，国内書誌コントロールを改善し，書誌コントロールに関する国際的な標準を開発し普及させることが必要となる。この推進に際しては，IFLAやユネスコ，国際標準化機構（ISO: International Organization for Standardization）などの国際的調整機関が主要な役割を果たした。

1974年に設置されたIFLAのUBC事務局は，ユネスコやIFLAの関係部会と協力し，各国全国書誌の整備および改善，発展途上国の書誌整備事業への支援，文献記述のための国際的な標準であるISBDの制定，研究開発および出版事業などを積極的に推進した。1984年には，IFLAのコアプログラムの一つとしてUBCが取り上げられ，優先的に取り組む課題とされた。その後，コアプログラムとしてのUBCは，機械化の進展にあわせ，1987年に国際MARCプログラムと統合され，国際書誌調整と国際MARC（UBCIM: Universal Bibliographic Control and International MARC）プログラムと改称された。

一方，ユネスコは，IFLAの書誌コントロール活動を支援し協力するほか，自ら科学技術情報に関する国際的書誌コントロール活動に相当するUNISIST（United Nations Information System in Science and Technology）計画や，各国の情報整備を促進する全国情報システム（NATIS: National Information System）計画を推進した。逐次刊行物に関する国際的書誌コントロールを実施する国際標準逐次刊行物番号（ISSN: International Standard Serial Number）ネットワークの前身である国際逐次刊行物データシステム（ISDS: International Serials Data System）は，UNISIST計画により設置されている。

70年代以降の書誌コントロールは，目録の機械化をめぐり標準化が進捗した。1960年代にLCがMARC IIフォーマットを実用化し，70年代には各国でMARCの開発が進んだ。このため，それまで紙媒体を前提としていた書誌情報の記録方法に関する標準化は，コンピュータ目録に記録することを考慮して進められることとなり，同時に書誌情報を交換する媒体そのものの標準化も進んだ。この結果，1977年に，UBCIMは，国際的なコンピュータファイルの交換のための標準フォーマットであるUNIMARCフォーマットを制定している。

(5) 1990年代半ば以降

書誌コントロール概念が提唱された時点

では，図書館による書誌コントロールは未成熟であった。その後，各国の書誌コントロール体制が確立し，コントロール手法である各種基準類の標準化が進み，従来型の書誌コントロールが完成に近づきつつあった時期に，書誌コントロールは新しい局面を迎えることになる。対象の拡大，主体の拡散，手法の多様化である。

書誌コントロールの対象は，図書や学術雑誌を中心とした文献類から，視聴覚資料へ，さらに電子情報資源へと拡大してきた。UBCIMは2003年に終了し，その諸活動は，国際データ流通と通信（UDT: Universal Dataflow and Telecommunications）コアプログラムとととともに，書誌標準のためのIFLA-CDNL（国立図書館長会議）同盟（ICABS: IFLA-CDNL Alliance for Bibliographic Standards）に移管された（現在はIFLAの戦略プログラムである標準委員会）が，それらの掲げる課題からは，近年の国際レベルの書誌コントロールの焦点が，電子情報資源の保存問題を含む書誌コントロールと，書誌や典拠情報の電子的手段による国際的利用にあることがわかる。

なお，2000年代に至り，公共機関によるオープンデータの取り組みを背景に，図書館の書誌データ等のLOD（Linked Open Data）化も進みつつある。このような動きは，ウェブ（Web）環境における新しい形の書誌コントロール活動といえる。

2 国際レベルの書誌コントロール

書誌コントロールには，個別機関における書誌作成と規則類の整備，規則の適用ルールの策定と運用といった活動と，複数機関の協力による分担作業とそのための標準化の活動の双方が含まれる。複数機関による書誌コントロールには，専門性を同じくするものや，地域レベル，国レベル，国際レベルといった地域的な広がりによる協力体制により実施されるものがある。

このうち，国際レベルの書誌コントロールは，国家を単位とした集合概念である国際社会で実施されるものだけではなく，世界的な規模で実施されるものも指す。

一機関であるIIBによる世界書誌編纂が挫折したことからも明らかであるように，対象となる文献の量が爆発的に増大した近代以降，単独機関が世界すべての書誌コントロールを行うのは現実的ではない。そこで，協力体制を前提に，複数機関が分担する必要性が認識されるようになった。

一般資料に関しては，UBC構想のもとに，当時最も効率がよいと考えられた国別による分担体制が進み，一定の成果を得た。この意味での国際レベルの書誌コントロールは，各国の国内書誌コントロールを前提とし，それらを相互に調整することによって実現する国際書誌コントロールが中心を占めることになる。国際書誌コントロールの目的と要件は，UBC計画で掲げられた目標や，その後の関連諸団体による成果や現在の課題から，次のようにまとめられる。

a 目的

各国の実施する国内書誌コントロールのもとで，一国の出版物の記録である全国書誌を国際的な標準に従って作成し，それを相互に交換することにより書誌情報の国際的利用を可能とする（UBC）。同時に一次情報へのアクセスも保障する（UAP: Universal Availability of Publications）。

b 要件
(1) 各国国内書誌コントロールの改善
① 全国書誌作成機関による標準的かつ迅速な書誌情報の作成と提供
〔具体例〕全国書誌の作成と提供，全国書誌作成機関の設置とそれを支える納

本制度の実施，遡及的全国書誌の作成と提供。必要に応じ出版界との協力によるCIP（Cataloging in Publication：出版前に出版者から情報を入手し，基本書誌情報の提供を行う）の導入。

(2) 書誌コントロールに関する国際的な標準化の推進

① 書誌レコードの内容に係る標準化

〔具体例〕著者性に関する標準化（標目形の統一と各国目録規則への反映，典拠レコードや参照形のガイドラインの提示，バーチャル国際典拠ファイルの構想），記述部分に関する標準化（ISBDの制定と各国目録規則への反映），情報資源の一意的な識別子の付与（国際標準図書番号（ISBN: International Standard Book Number），ISSN等の国際的標準識別子の採用）。主題内容に関する標準化（UDC）。国際的に共有できる目録の機能や原則の検討（書誌レコードの機能要件（FRBR: Functional Requirements for Bibliographic Records））や典拠データの機能要件（FRAD: Functional Requirements for Authority Data），主題典拠データの機能要件（FRSAD: Functional Requirements for Subject Authority Data）の策定，国際目録法原則への合意形成），翻字のルール化。

② 書誌レコードの排列に関する標準化

③ 書誌レコード交換のための標準化

〔具体例〕標準的な交換フォーマットの制定（UNIMARCフォーマットの制定），デファクト標準との調整（MARCのXML（Extensible Markup Language）化），プロトコル類の整備（Z39.50）。

逐次刊行物に関しては，ISSNネットワークによる国際レベルの書誌コントロールも実施されている。ISSNネットワークでは，各国のISSN国内センターとの分担・協力のもとに，国際的な逐次刊行物の標準番号であるISSNを付与し，その登録台帳（簡易な書誌データベース）を作成している。共通フォーマットであるISSNフォーマットを制定し，ISSNマニュアルを作成するなどデータの標準化も行う。

論文記事に関しては，民間会社による索引抄録サービスが大きな位置を占める。このため，主題分野別や出版団体別，または国レベルによる書誌コントロールの総体が，国際レベルの書誌コントロールということになる。抄録索引サービスの国際的標準化としては，ユネスコの総合情報計画（PGI: General Information Programme）のもとで制定された，国際交換用フォーマットと目録規則を兼ねるRM（Reference Manual for Machine Readable Bibliographic Descriptions）や抄録索引サービスと図書館界で共通に使用できるフォーマット（CCF: Common Communication Format）の制定などがあげられる。

なお，新たなコントロール対象であるネットワーク情報資源に関しては，奥付と書誌情報双方の意味をもつメタデータの標準化（ダブリンコアの制定など）が進み，全国書誌に収録を開始している国もあるが，書誌コントロール体制や手法はまだ流動的である。この資源に関しては，国別の分担体制による国際書誌コントロールが有効かどうか疑問もあり，世界書誌コントロール実現のために新たな枠組みが必要とされるかもしれない。標準化という点では，情報通信技術界が，文字コードや，表現形式であるHTML（Hyper Text Markup Language）などの情報資源そのものにかかわる部分だけでなく，メタデータの記述内容や記述方法の標準化も主導している。また，近年では，全国書誌データや典拠データのLOD化が進み，それらの連携が仮想的な国際書誌コントロールを実現する事態も生じている。

3 標準化

　標準（Standard：標準規格，規格ともいう）とは，一般に，複数の間で交換や流通を容易にするために合意した基準を指す。書誌コントロール活動を円滑に進め，複数機関が協力して総合的な書誌コントロールを実現するには，合意のもとに標準を定める標準化が不可欠である。元来，書誌コントロールにかかる標準化は，目録作成時に複数職員の間で矛盾が生じないように個々の図書館で目録規則などのツール類を統一したことに始まる。やがて，複数の図書館が協力して総合目録を作成するようになり，使用するツール類の標準化が進んだ。その後，目録の機械化が進むと，書誌レコードを収録し交換するために，より技術的な諸標準が関係することになる。

　標準には，デファクト標準（de facto standard：事実上の標準）とデジュール標準（de jure standard：公的標準）がある。デファクト標準は，競争の結果，市場で認知された標準であり，デジュール標準は，公的に組織された標準化機関により認証された標準とされる。両者の関係は対立的なこともあり，補完的なこともある。デファクト標準の中にも，関係者の合意に基づき策定されるデジュール標準に近いものもあり，標準策定までに時間がかかるというデジュール標準の欠点を補う場合もある。なお，規格や標準規格という場合，デジュール標準を狭義に解釈し，ISOや電気および電子技術分野の国際規格であるIEC（International Electrotechnical Commission）などの国際的規格のみを指すことがある。

　書誌コントロールにおける標準化活動は，デジュール標準化だけでなく，上記のタイプのデファクト標準化も含まれる。標準化の目的は相互協力を可能にする条件づけであるため，関係者の合意という点で，策定には同じようなプロセスを踏む必要があるだろう。一般的には，各活動領域における標準化が進むと，標準規格になじむ部分が，（多分に政治的力学も働きつつ）規格化されるといえる。ただし，デジュール標準規格に定められても実際には普及しないものもある。

　図書館の書誌コントロールに関係するおもな標準を次にあげる。[名称の後の(I)および(J)は，それぞれISOおよび日本工業規格（JIS規格）化されていることを示す。]

a　書誌情報の内容に関する標準
(1)　国際標準
・ISBD（ISBD統合版）
・RM
・ダブリンコアメタデータ基本記述要素集合（The Dublin Core metadata element set）(I) (J)
・国名コード (I) (J)
・UDC（J：分類表自体ではなく，使用法が規格化）
・シソーラスの構成およびその作成方法 (I) (J)

(2)　各国国内標準
・目録規則
・分類法
・件名標目表

　RDA（Resource Description and Access）等，国際的なデファクト標準となっているものもある。

b　書誌情報をコンピュータで処理する際に関係する標準
(1)　国際標準
・情報交換用フォーマットISO2709 (I)（書誌情報の交換フォーマットのレコード構造に関する標準規格。各種MARCの外形式はこれに従う）
・UNIMARC

- XML（インターネット関連規格の標準化団体であるW3Cが制定。W3Cは関連企業からなるコンソーシアムであり，デファクト標準化を進めている）
- UNICODE（コンピュータ産業界で制定された文字コードのデファクト標準）

(2) 各国国内標準
- 各国MARC（MARC21は国際的デファクト標準となっている）
- 7ビットおよび8ビットの2バイト情報交換用符号化漢字集合(J)（2バイト文字（漢字など）にかかわる文字コード）

c 情報資源の一意的な識別子
- ISBN (I) (J)
- ISSN (I) (J)
- 国際標準楽譜番号（ISMN: International Standard Music Number）(I)
- 国際標準レコーディングコード（音源の識別子，ISRC: International Standard Recording Code）(I) (J)
- 国際標準音楽作品コード（音楽作品の識別子，ISWC: International Standard Musical Work Code）(I)
- 国際標準視聴覚作品番号（映像作品の識別子，ISAN: International Standard Audiovisual Number）(I)
- デジタルオブジェクト識別子（DOI: Digital Object Identifier）
- 国際標準名称識別子（創作者等の識別子，ISNI: International Standard Name Identifier）(I)

このほか，情報資源そのものに関する標準や，検索機能やプロトコルに関する標準，資料保存に関する標準など，書誌コントロールには多様な標準が存在している。これらの規格化は，最終的に最も代表的な国際標準化団体であるISOで規格化されることが多い。日本では，国内規格としてJIS化されることになる。JIS規格には，ISO規格をJIS化したものと，日本独自の規格がある。

ISOは，電気および電子工学分野を除く産業分野の国際的標準規格化を推進している非政府機構の標準化団体である。世界各国の代表的な標準化機関が参加し，日本からは経済産業省に設置された日本工業標準調査会（JISC: Japanese Industrial Standards Committee）が参加している。書誌コントロール関連規格は，主として，図書館やデータベース，情報サービス分野の標準化を扱う第46専門部会である情報・ドキュメンテーション専門委員会（ISO/TC46）で制定されている。

4 日本における書誌コントロール

日本における一般資料に関する国内レベルの書誌コントロールは主として，法定納本制度を備えた全国書誌作成機関である国立国会図書館のサービスとして実施されてきた。具体的な活動は，次のとおりである。
① 法定納本制度による網羅的な国内出版物の収集
② 全国書誌作成機関としての全国書誌の作成および提供（日本全国書誌）
③ 国内外の他機関と交換しうる標準的なフォーマットで作成した基本的書誌情報の作成と提供（印刷カード，JAPAN/MARC）
④ 書誌レコードの一意的な識別番号の付与（全国書誌番号。JP番号ともいう）
⑤ 典拠コントロールの実施と典拠ファイルの作成および提供（国立国会図書館著者名典拠録，JAPAN/MARC(A)）
⑥ 国内の標準的な書誌情報交換フォーマットの制定（JAPAN/MARCフォーマット）
⑦ 蔵書目録による所在情報の提供（NDL-OPAC）

⑧ 総合目録の作成および提供（全国総合目録，児童書総合目録，点字図書・録音図書全国総合目録，全国新聞総合目録データベース，新収洋書総合目録）
⑨ ISSN日本センターとしてISSNの付与およびISSNデータの作成
⑩ 雑誌記事索引の作成および提供

また，日本には，国立国会図書館のほかにも多くの書誌コントロール機関がある。代表的な活動は次のとおりである。
① 国内出版物の存在の迅速な同定および報知　出版者，取次等による出版情報や，民間MARCの提供など
② 全国書誌の網羅性の補完　映画フィルムに関する国立近代美術館フィルムセンター，地方出版物に関する各地域の図書館による書誌作成および提供など
③ 集中／分担目録の作成・総合目録の作成・相互貸借　学術・情報機関を中心とする国立情報学研究所によるNACSIS-CAT等の総合目録の作成および提供ならびに相互貸借，公共図書館を中心とする目録作成のソースとしての民間MARCの利用など
④ 標準化　日本図書館協会（JLA）による書誌情報作成にかかわる日本国内の標準的なツール類である日本目録規則，日本十進分類法，基本件名標目表の維持・管理，日本図書コード管理センターによるISBNおよびISMNの維持・管理，科学技術振興機構（JST）による科学技術情報に関する標準である科学技術情報流通技術基準（SIST: Standards for Information of Science and Technology）の維持・管理（2011年度末終了），JISCによるJIS規格の審議および主務大臣による制定など
⑤ 論文記事レベルの書誌コントロール　大宅壮一文庫による一般雑誌，JSTによる科学技術情報に関する雑誌記事索引の提供など

このほか，主題分野別の国内レベルの書誌コントロールとしては，科学技術情報の全国的流通システム構想（NIST: National Information System for Science and Technology）による科学技術分野の書誌コントロールや，国文学研究資料館による古典籍の書誌コントロールなどがあげられる。

（上保佳穂）

C. 書誌情報の作成・流通・管理

　図書館は，資料そのもののほかにも，数多くの館内外の情報資源をさまざまな形で活用して自館のサービスを展開している。そのような情報資源の中でとくに重要なものが，この節で取り扱う「書誌情報」である。収集資料の選択，目録作成，レファレンス業務，他館・他機関との資料の相互利用，資料の分担保存など，図書館活動のあらゆる場面で書誌情報が活用されている。
　書誌情報の作成，流通の担い手は，出版物のフローとストックの担い手と重なっている。フローの担い手である出版者や流通業者（取次業者等）が自社の販売目録を作成し，それを個人，小売店（書店），図書館が利用する。また，ストックと活用の担い手である図書館が目録を作成する。学術機関（学会等）が特定の主題領域について専門書誌を作成するなど，さまざまな主体がさまざまな書誌情報の作成，流通，管理にかかわっている。
　本節では，上述した多様な書誌情報の作成，流通，管理過程のうち，前節で概説し

た書誌コントロールの具体的な展開として，図書館コミュニティにおける書誌情報の作成，流通，管理に絞って，事例をまじえ概説する．

1 MARC

a MARCとは

今日の図書館目録はコンピュータ目録が主流であり，目録データの作成，流通に何らかの形でMARCがかかわっている．

MARCとはMAchine Readable Catalogingの略であり，「機械可読目録」と訳されている．字義通りでは「コンピュータで処理可能な形式の目録」という意味であるが，より正確には以下を意味している．
① 書誌データの記録形式を定めたMARCフォーマット
② 書誌データベース頒布サービスとしてのMARC

b MARCフォーマット

書誌情報を構成するデータ要素をどのような構造と識別要素をもって媒体に記録するか，コンピュータどうしで書誌データをやりとりする際に必要な標準，規約であり，書誌情報流通の「基盤」となるものである．

お互いに異なる図書館システムどうしでデータのやりとりを可能にするためには，やりとりの方法，データの「入れもの」を共通化，標準化する必要がある．この共通化，標準化された書誌データの「入れもの」がMARCフォーマットである．

書誌データには以下のような特性がある．
① 繰り返し項目が存在する．しかも，その回数が不定であることもある．
② いつも存在するとは限らない項目がある．
③ データ長が不定である．また，長さに上限がない場合もある．
④ データの関連づけが必要な場合がある．

このような特性に対応するために，MARCフォーマットは以下の要素から構成されており，入れ子構造になっている．

また，MARCレコードの構造は図Ⅴ-2のようになっている．
① レコードの構造　一つの書誌単位，目録記入に相当するデータの集まりをレコードとよぶ．レコードはレコードラベル，ディレクトリ，レコードセパレータをもっている．この構造はレコードの物理的な取り扱いに関係するもので，「外形式」ともよばれており，ISO2709：1996 Format for Information Exchangeで定められている．
② レコードの内容識別子　レコードの内容である実際の書誌データの各要素を識別するために記録されている特定の文字列．フィールド識別子とサブフィールド識別子があり，後者は前者の構成要素をさらに細分化し識別するものである．内容識別子の定義は書誌データの内部構造の取り扱いに関係するもので，「内形式」ともよばれている．
③ データ内容　目録規則等に基づき入力された実際のデータ，その他のルールに基づき入力されたコード化情報など．上記の①，②に従って，データ内容が処理される．

上記のようなMARCフォーマットの基本的な枠組みは，1965年から数次にわたってLCが実施したMARC開発プロジェクトにおいて形づくられた．その後，1980年代にかけて，この基本的な枠組みを何らかの形で踏襲しながら，各国ごとに全国書誌作成機関（多くの場合，国立中央図書館）がMARCフォーマットを制定し，そのフォーマットを使用して書誌データ頒布サービ

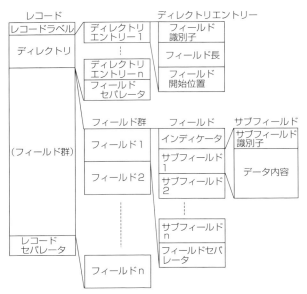

図V-2　MARCレコードの構造

を行うようになった。

　また，書誌データのみならず，各種の典拠データ（著者名典拠，件名典拠，統一タイトル典拠，シリーズ名典拠，分類表）などについてもMARCフォーマットを定め，データ頒布を行っている全国書誌作成機関も存在する。

c　日本のMARC

(1) JAPAN/MARC

　JAPAN/MARCフォーマットは，国立国会図書館が図書のためのMARCフォーマットとして1980年に制定したものである。UNIMARCフォーマット第1版（1977）に準拠し，漢字，カナ読みデータを扱えるようにするとともに，当時適用していた「日本目録規則　新版予備版」に適合するよう，UNIMARCフォーマット第1版に拡張，変更を加えた。その後，逐次刊行物のためのフォーマットをJAPAN/MARC(S)，著者名典拠のためのフォーマットをJAPAN/MARC (A)，図書・逐次刊行物共通のフォーマットを新JAPAN/MARCとして定めた。

　国立国会図書館によるJAPAN/MARCのデータ頒布サービスは，図書が1981年から，逐次刊行物が1988年から，著者名典拠が1997年から行われている。2012年には国内刊行資料の書誌データをOPACからダウンロードできるようになり，提供フォーマットもMARC21（後述）ベースのものに変更された。また，過去のカード目録や冊子体目録の遡及入力も実施しており，明治期以降の全所蔵資料の入力が完了し，データが提供されている。

(2) 民間MARC

　日本の出版流通において，大手取次や出版関連団体は出版者と書店，図書館の間をつなぐ物流，情報提供などの重要な役割を果たしてきた。書誌情報についても，戦後の早い時期から，商業出版物に関して新刊

```
0…  識別ブロック
1…  コード化情報ブロック
2…/3…  記述ブロック
  251～259  書名と著者に関する事項
  265      版に関する事項
  270      出版に関する事項
  275      形態に関する事項
  280      叢書名に関する事項
  291～299  多巻ものの各巻の書名と著
           者に関する事項
              :
  350      一般注記
5…/6…/7…  アクセスポイントブロック
  551～559  書名標目
  580      叢書名標目
  581～599  多巻ものの各巻の書名標目
  751～759  著者標目
  791～799  多巻ものの各巻の著者標目
9…  ユーザーブロック
```

図V-3　JAPAN/MARCのデータ要素

情報や入手可能な既刊出版物の情報を提供していた。1980年代に入ると，図書館流通センター（TRC）や取次の日販などが，書誌情報をMARCの形で図書館に提供するサービスを開始した。さらに，選書のための新刊情報誌の提供，オンライン発注，各図書館の所蔵データのMARCへの付加，納入資料の装備など，図書館の収集業務，目録作成・提供業務への支援と一体となったサービスを提供するようになった。

国立国会図書館のJAPAN/MARCは出版物が出版されてから書誌データが利用可能になるまでにタイムラグがあり，新刊書の選書・発注での利用が難しいが，民間MARCにはこのような問題がなく，加えて上記のような図書館業務支援サービスを提供していることもあり，国内の公共図書館において圧倒的なシェアを占めている。現在，流通している民間MARCには，TRC MARC（TRC），NS-MARC（日販図書館サービス），OPL MARC（大阪屋）等がある。

また，新刊情報の提供だけでなく，複数館の目録カードの遡及入力を受託し，入力した書誌データの共有・再利用（コピーカタロギング）を図るなど，一種の書誌ユーティリティ的な機能も担う民間MARC会社もあらわれている。

d　外国のMARC

(1) MARC21

LCは，1965年にMARC開発プロジェクトを開始して以来，1970年代末まで順次，単行資料，地図，逐次刊行物など資料種別ごとにフォーマットを定めた。これらの資料種別ごとのフォーマットは，その後一つのフォーマットに統合され，全資料群共通のものとなっている。

このMARCは当初，LC/MARC，次いで，書誌ユーティリティや各図書館システムでの採用拡大に伴い，USMARCとよばれていたが，カナダのCANMARCを統合するに至り，1999年にフォーマットの名称をMARC21に改称している。また，イギリスのUKMARCとの統合作業も行われた。その後，MARC21は，上記以外の各国においても利用されるようになり，デファクト標準のMARCフォーマットになっている。

現在，以下のフォーマットがある。

・Bibliographic Data
・Authority Data
・Classification Data
・Community Information
・Holdings Data

このフォーマットを利用して，LCが外国語資料も含む所蔵資料の目録や，共同目録作成事業（後述）で作成された書誌データ，典拠データの頒布サービスを行っている。

(2) UNIMARC

UNIMARCは，IFLAが，国際的な書誌データの交換・提供のための国際標準フォー

マットとして定めたものである。1977年にUNIMARC Manual第1版が，その後の拡張を経て，2008年に第3版が刊行されている。さらに，典拠ファイルのフォーマットとして，1991年にUNIMARC / Authoritiesが発表され，2009年に第3版が公開された。

(3) その他

各国の国立図書館等がMARCを提供している。独自のMARCフォーマットとして，フランス国立図書館のINTERMARC，韓国国立中央図書館のKORMARC，中国国家図書館のCNMARCなどがある。英国図書館，ドイツ図書館では，データ提供フォーマットを旧来の独自のものから変更し，MARC21を採用している。

e　MARCの活用

全国書誌作成機関等が作成・頒布しているMARCデータベースは，図書館で以下のように利用されている。

(1) コピーカタロギングソースとしての利用

それまで自前で行ってきた目録作成作業を，MARCから書誌データをコピーする，自館の所蔵情報を付加するといった作業に置き換えることにより，大幅に合理化することができる。また，全国書誌作成機関等が作成した質が高く，情報量が豊富な書誌データを使って，多様な検索項目と詳細な情報を自館のOPACにおいて提供することが可能になる。

(2) 資料の収集ツールとしての利用

一部の国の全国書誌作成機関が実施しているCIPによる出版前情報がMARCで提供される場合や，日本の民間MARCに見られるように出版後迅速に情報が提供される場合には，図書館等が日常的に収集資料を選定する際のツールとしてMARCを利用することができる。また，全国書誌作成機関が提供しているMARCでは，非商業出版物を

はじめとする通常の流通ルートに載らない資料の情報を得ることができる。

(3) 図書館間協力の基盤としての利用

MARCに収録されている書誌レコードには固有の識別番号が付与されている（例：JAPAN/MARCにおける全国書誌番号（JP番号））。また，MARCには資料に付与されている標準番号（ISBN，ISSN等）が記録されている。MARCを利用して目録作成を行っている機関間では，こういった番号を利用することにより，資料の識別・同定が容易になり，総合目録の作成，資料の所在の確認，資料の分担保存といった活動をより円滑に展開することができる。

f　MARCの拡張と展開

近年，MARCの枠組みに大きな影響を及ぼす利用環境の変化が起きている。

各種のデジタル資料（パッケージ系電子資料，ネットワーク情報資源など）の増加に伴って，これらの目録にも対応する必要が生じた。例えば，MARC21フォーマットでは，ネットワーク情報資源の属性を記述することができるように，フィールドを拡張・追加するといった対応がとられた。

また，コンピュータの処理性能の劇的な向上とインターネットの普及・拡大といったコンピュータおよびネットワーク環境の変化は，メインフレームとバッチ環境での利用を前提にし，可変長データの取り扱いに特別な配慮が必要だった時代のMARCの設計コンセプトを古めかしいものにしている。

こうした環境の変化に対応して，MARCフォーマットに代わる書誌情報流通の新たな「枠組み」を模索する動きが出てきた。従来の図書館のニーズを満たすとともに，ウェブを中心としたインターネット環境において，より多様でオープンな書誌情報の活用を図ることを目指す新たな「枠組み」

として，BIBFRAME（Bibliographic Frameworkの略称）がLCによって提案され，国際的なプロジェクトとして，複数の図書館が仕様の検討，検証に参加している。

2 全国書誌

a　全国書誌とは

全国書誌とは，ある一国において出版された出版物を網羅した書誌である。書誌の作成対象となる資料自体を網羅的に把握する必要があることから，法定納本制度により出版者から納本を受ける国立図書館が作成していることが多い。

全国書誌は冊子体の印刷物の形で出版，頒布されていたが，その後，累積版も含めた配布の便を考慮し，マイクロフィッシュの形で提供されたり（例：アメリカの全米総合目録 NUC: National Union Catalog），書誌のコンピュータ処理が一般化すると，書誌データの多様な活用，利用を目的として，磁気テープ（例：かつてのJAPAN/MARC），CD-ROM（例：J-BISC）などのメディアで提供されるようになった。さらに，インターネットが普及すると，FTP（File Transfer Protocol）やウェブを通じた提供が主流になっていった。

一般的な全国書誌の要件として，以下のものが考えられる。

① 網羅性　ある出版物の存否そのものを確認する手段であることから，過去から現在に至るまで一国における出版物を網羅的に収録していること。
② 速報性　さまざまな文献提供機関，個人の資料収集・入手の拠りどころであるところから，出版物が刊行された後，できるだけ早期にその書誌情報が収録，提供されること。
③ 正確さ　異版を正しく識別するために，書誌記述が正確であること。
④ 付加情報の豊富さ　書誌情報にさまざまな観点からアクセスでき，また，書誌情報から原資料自体の特徴を把握できることが望ましいことから，各種アクセスポイント（典拠コントロールされた著者標目，主題アクセスのための分類・件名標目），当該資料の内容細目（目次情報）などが豊富であること。
⑤ 入手可能性　図書館，情報センターなどに限らず，原資料を入手，利用する必要があるあらゆる利用者が利用できるよう，誰でも容易に入手可能であること。
⑥ 活用可能性　後述するとおり，全国書誌により提供される書誌情報は各図書館のコピーカタロギング，参考書誌の作成など多様な形で活用される。そのような活用が容易である方法で提供されること。

このような要件は，いずれの国の全国書誌においてもすべてを満たしているわけではない。各国の出版事情，出版物の流通機構，全国書誌作成機関や法定納本を受ける機関と出版者，流通業者との関係などによって，書誌情報の作成・流通にかかわっているさまざまな主体間で政策的あるいは実質的に棲み分けが行われている結果，要件充足の度合いは一様ではない。

b　日本の全国書誌

日本においては，国立国会図書館が「日本全国書誌」を週次で刊行していたが，冊子体は2007年6月をもって終了した。その後，同館ホームページでオンライン版の「日本全国書誌」（週刊）を提供していたが，2011年12月に掲載を終了し，2012年1月，OPACから書誌データを一括ダウンロードする機能を提供し，利用者自らがデータ抽出条件などを指定して情報を取得するサービスに変更された。同じ内容の書誌データは，JAPAN/MARCやCD-ROM製品等としても

提供されている。

c　外国の全国書誌

(1) アメリカ

アメリカには日本の「日本全国書誌」に該当する全国書誌は存在しない。その代わりに，LCが刊行する全米およびカナダの総合目録であるNUCがその役割を果たしていた。冊子体とマイクロフィッシュの形で刊行されていたが，その役割を書誌ユーティリティやLCのオンライン目録に譲り，2003年に刊行が打ち切られた。

(2) イギリス

英国図書館がBritish National Bibliography（BNB）のサービスとして，書誌リストをインターネットで公開している。MARCフォーマット等でのダウンロードも可能である。

(3) ドイツ

ドイツ図書館がDeutsche Nationalbibliografieのオンライン版を刊行している。MARCフォーマット等でのダウンロードも可能である。

3　総合目録と共同目録事業

a　総合目録とは

総合目録（union catalog）とは，複数の資料所蔵機関（図書館，資料センターなど）の蔵書を一覧できるようにした目録である。図書館間の資料相互貸借（ILL: inter-library loan）を行うために資料の所在を確認するツールとして作成する。また，資料の分担収集，分担保存などの図書館協力活動を行う際に必要な情報を提供する。

このことから，どのような参加組織により相互貸借をはじめとする図書館協力活動を行うのか，図書館協力ネットワークの構成原理は何かによって，館種別，地域別，主題別，資料形態別といった異なるタイプの総合目録が作成されることになる。例えば，ある大学図書館の中央館と各学部図書館（室）の全学総合目録，○○県内の公共図書館の総合目録，○○県内の（館種を問わない）新聞総合目録，といったようなものがあげられる。

総合目録の媒体としては，単館の目録と同様，カード，冊子体，マイクロ形態（マイクロフィルム，マイクロフィッシュ），オンライン目録，CD-ROMなどがあるが，総合目録の参加組織の目録作成業務自体が機械化されていること，また，編纂の容易さから，オンライン目録やCD-ROMなどのコンピュータ目録が主流になっている。

総合目録の個々の目録記入は以下の構成要素からなる。

① 書誌情報　単館の蔵書目録と同様，タイトル，責任表示，出版者など，資料を同定・識別するための情報。
② 所在情報　単館の蔵書目録の場合，所蔵資料の請求記号が記載・記録されるが，総合目録の場合は資料の所蔵機関名などの情報。

b　総合目録の作成

過去には，各参加機関から目録カードのコピーあるいは調査票などを収集した後，これらを排列し，同一書誌に対する複数機関の所蔵を「名寄せ」する作業を行い，これをもとに原稿を作成して活字組版により印刷するか，並べたカードを写真撮影したものからオフセット印刷する方法がとられていた。この方法では，参加機関の数が多い場合や総合目録の規模が大きい場合に，作成コストが著しく高くつくので，現在では何らかの形で編集と提供にコンピュータを活用することが一般的になっている。

また，大規模な総合目録の形成，維持を核として，図書館協力活動の情報基盤を構築，管理し，各種情報サービスを提供する主体として書誌ユーティリティが登場して

いる。

以下に，総合目録の作成・実現方法を示す。

(1) 書誌ユーティリティでのオンライン入力

各参加機関が総合目録データベースを管理しているセンターに接続し，オンライン端末を通じて書誌情報や自館の所蔵情報を入力する。書誌の重複を許容するか否かのポリシーによって，書誌共有型と書誌並列型に分かれる。書誌共有型では，ある資料に対応する総合目録データベース上の書誌は一つである。重複書誌の入力を回避するため，各参加機関に総合目録データベースを検索し，書誌が未入力であることを確認した後に書誌を入力することを求められる。書誌並列型では，上記のような厳格な運用は必要ないが，総合目録を利用する際に，同一資料に対して複数書誌が検索されることになり，利用者が書誌を同定しなければならない欠点がある。

(2) 所蔵情報の電子的収集・編集

センター機関が各参加機関から所蔵情報を電子ファイルの形で収集し，それに必要な編集を加えて総合目録データベースを作成する。ファイルの収集は，媒体（磁気媒体，CD-Rなどの光ディスクなど）の授受かファイル転送（FTP）などにより行う。編集プロセスとしては，各種標準番号（ISBN，ISSN，MARC番号，全国書誌番号など）を利用して書誌を機械的に同定する，あるいは人が同定することにより名寄せを行う，などが考えられる。前者のみの場合，各参加機関のデータ入力にかかわる運用が異なる（例：標準番号の入力が必須ではないなど）と完全な同定が不可能なことがあるので，重複書誌が登録されることになる。

(3) オンライン目録の横断検索

上述の(1)，(2)が総合目録のセンター機関にデータベースを構築するものであるのに対して，そのようなデータベースを構築せず，各参加機関の既存のオンライン目録を横断検索することにより，仮想的に総合目録を実現する。インターネット上に公開されているウェブベースのOPACを横断検索したり，専用の検索プロトコル（ANSI Z39.50，SRU/SRWなど）を利用して横断検索を実現するなどの事例がある。

c 総合目録の実例

(1) NACSIS-CAT

国立情報学研究所が提供しているわが国最大の総合目録データベースである。大学図書館を中心とした参加機関（2015年3月末現在1,263機関）が書誌・所蔵情報をオンライン入力している。大学図書館のほか，短期大学，高等専門学校，大学共同利用機関，公的試験研究機関の図書館，都道府県立・政令指定都市立図書館などが参加しており，国内の学術系・調査研究図書館を網羅している。その収録範囲は和書・洋書，刊行時期，資料種別の区別を問わない網羅的なものである。作成された総合目録データベースは，ウェブベースのインターフェースでCiNii Booksなどにより，インターネットを通じて無料で利用者に提供されている。なお，以前は，逐次刊行物の所蔵情報が冊子体の『学術雑誌総合目録』として和文編と欧文編それぞれ4年に1回刊行されていたが，2001年の和文編刊行をもって刊行を終了した。

(2) 国立国会図書館総合目録ネットワーク（ゆにかねっと）

国立国会図書館が運営している都道府県立図書館と国立国会図書館の総合目録データベース。参加機関数は都道府県立・指定都市立・市区町村立図書館1,121館，このうち所蔵データを提供しているデータ提供館は67館（いずれも2015年3月末現在）。収録資料は和図書。各参加機関は自館の所蔵

情報を所定のフォーマットに変換した後，国立国会図書館のシステムにファイル転送する。国立国会図書館側では，各参加機関から送付された所蔵情報に対してISBN，MARC番号などによる機械的な同定処理を行って総合目録データベースを更新する。データベースは，「国立国会図書館サーチ」で公開されている。

(3) 新収洋書総合目録

国立国会図書館が刊行していた全国レベルの洋書総合目録である。1967年に刊行を開始したが，その後，NACSIS-CATの本格運用開始をもって役割を終えたとの判断のもと，1987年版を最後に刊行中止になった。参加機関は国立国会図書館とその支部図書館33館，主要大学図書館15館，公共図書館3館（1987年版時点）。各参加機関の所蔵情報はカードの形で収集され，これを排列し，オフセット印刷により出版されていた。

(4) 全米総合目録

LCと北米（アメリカ，カナダ）の主要図書館の総合目録。NUCと略称される。1956年に冊子体の刊行を開始し，英語以外の言語の資料も含めて参加機関の所蔵状況を網羅的に知ることができる。冊子体，マイクロフィッシュで刊行されていたが，1983年以後はマイクロフィッシュのみでの刊行になった。その後，北米におけるOCLC等の書誌ユーティリティの発展，LCのオンライン目録公開に伴い，NUCは役割をそれらに譲り，収録範囲の縮小（書誌ユーティリティに登録されている情報は除外する措置）がまず行われ，2003年にはマイクロフィッシュによる刊行も打ち切られた。

(5) その他

日本においては，1867年以前の書籍の総合目録として『国書総目録』（岩波書店），『古典籍総合目録』（国文学研究資料館編，岩波書店刊）がある。国文学研究資料館では古典籍資料の総合目録のデータベース化作業を進め，『国書総目録』『古典籍総合目録』をさらに発展させたものとして，2006年に「日本古典籍総合目録」を公開した。

また，地域の図書館協力ネットワークを基盤として，郷土資料総合目録や分担保存を前提とした新聞・雑誌総合目録が各地域で編纂されている。

d 共同目録事業

書誌ユーティリティを基盤とした総合目録ネットワークの進展により，書誌コントロールにおける全国書誌作成機関の役割が変わりつつある。

従来の全国書誌作成機関の役割は，納本制度により網羅的に収集した資料をもとに高度な教育・訓練を受けた目録スタッフが書誌データ，典拠データを作成し，各図書館にそれを頒布するというものであり，全国書誌作成機関による「集中目録作業」が書誌コントロールの根幹であった。これに対して，総合目録ネットワークのもとでは，複数あるいはすべての参加館が書誌データ，典拠データを作成し，ある参加館が作成した書誌データ，典拠データは他のすべての参加館によって共有される「共同分担目録作業」「分散型目録作業」の形をとる。

アメリカではLCがこのような書誌情報流通の変化に対応し，PCC（Program for Cooperative Cataloging）という共同目録作成事業を行っている。これは，LCが従来担っていた「権威ある書誌レコード（あるいは典拠レコード）」を作成する権限を事業に参加する図書館に与え，同時に各種研修プログラム，ツール類（適用細則，典拠データベースなど）を提供する一方で，事業に参加する各図書館は自館が参加している総合目録ネットワークなどにおいて，LC並みのルールに基づき書誌データを作成するか，既存データを修正，認証する。この

データはUSMARCとしても頒布される。これによって，共同分担型，分散型目録作業でありながら，各図書館はLCによる集中目録作業で作成されたデータと同等の高い品質の書誌データ，典拠データを利用できるようになる。PCCは，BIBCO（単行資料），CONSER（Cooperative Online Serials，逐次刊行物），NACO（Name Authority Cooperative Program，名称典拠），SACO（Subject Authority Cooperative Program，件名典拠）といったサブプログラムからなっている。

4 書誌ユーティリティ

a 書誌ユーティリティとは

書誌ユーティリティ（bibliographic utility）とは，図書館間の協力関係と資源共有を背景として，オンラインによる更新，提供が可能な書誌データベースを中心にさまざまな情報サービスを提供する事業体をいう。書誌ユーティリティが提供するサービスは，参加機関に対して一方的に提供されるものではない。各参加機関間の互助的，相補的な協力関係を前提としており，そのような関係を可能にする技術的，制度的な基盤を提供しているのが書誌ユーティリティのサービスであるといえる。具体的には以下のようなサービスを提供している。

(1) オンライン分担目録（online shared cataloging）

オンラインでの更新が可能で，各参加機関によって共有される書誌データベースを提供し，各参加機関はそのデータベースを利用して目録作業を行う。データベース上に目録対象資料に該当する書誌データが存在する場合は，自館の所蔵情報を付加し，自館のシステムに取り込む（コピーカタロギング）。該当する書誌データが存在しない場合は，新しい書誌をデータベース上に登録する。ある参加機関が一度登録した書誌データは，それ以降，他の参加機関はコピーカタロギングで利用することができる。また，各参加機関がデータベースの書誌データに修正，データの付加を行うことにより，個々の書誌データの品質と情報量を高め，それを参加機関で共有することも可能である。さらに，多くの書誌ユーティリティでは，全国書誌作成機関などが作成したMARCデータも搭載し，これも上記の目録作業に利用できるようにしている。

参加機関が多ければ多いほどスケールメリットが働き，また，取り込み可能なMARCが充実していると，書誌のヒット率が上がり，コピーカタロギングで目録作業が完結する割合が高まる。このようなしくみで書誌データを参加機関の共有資源として扱うことによって，各参加機関の目録作業の効率化を図り，質の高い書誌情報を利用できる機会を高めることができる。

(2) 総合目録データベース

書誌データの新規登録，取り込みを行う際に，各参加機関が所蔵情報を一緒に登録することにより，自ずと総合目録データベースが作成される。オンライン分担目録システムによって各参加機関の目録業務の省力化を図る一方で，従来その作成に大きな手間がかかっていた総合目録が日常の目録作業の結果として形成され，しかも，オンラインでリアルタイムに更新されるため，常時，最新の所蔵状況を知ることができるというのが大きな特色になっている。

総合目録データベースで相互貸借に必要な所蔵情報を瞬時に知ることができ，各参加機関の蔵書を全参加機関の共有資源として扱うことによって，(3)のサービスとあわせて，文献の入手機会を高め，入手にかかるコストを低減させることにつながる。また，総合目録データベースが提供する所蔵情報をもとに資料の分担収集，分担保存を計画し，資料の有効利用を図ることも可

(3) 図書館間相互貸借（ILL）サービス

従来，郵便やFAXにより行われていた資料の貸借依頼・複写依頼を，総合目録データベースと結合した電子的なメッセージ交換により実現する。これにより，総合目録データベースの検索，依頼先の選定，依頼，処理状況の確認，料金の決済などがシステム上で実現でき，ILL業務が合理化される。

また，原文献の送付自体についても，書誌ユーティリティが資料や複写物の物流手段を用意する，電子的な文献送付手段（複写物を電子化し，文献複写の依頼者に転送するなどの仕組みが一例）を用意するなどの形でサービスを提供している事例がある。

(4) 情報検索サービス／ゲートウェイサービス

参加機関の図書館業務やレファレンスに有用なデータベースを購入あるいは作成し，検索システム上に搭載・提供したり，他機関が提供しているデータベースへのゲートウェイを用意することによって，各参加機関もしくはエンドユーザーにデータベースを提供するサービスである。各種の専門書誌，論文・記事索引，抄録，ディレクトリなど二次情報を主体としたデータベースを提供する。

(5) 電子文献提供サービス

原資料を電子化したものやオンラインジャーナルなどの一次情報を提供するサービス。一種の電子図書館サービスといえる。

(6) レファレンス業務支援

レファレンス質問およびその回答と管理を電子的に行う，レファレンス事例をデータベース化することにより参加機関で共有するなどのサービス。

(7) 教育・研修

オンライン共同分担目録やILLシステムの運用ルール，サービスの利用方法に関する研修を参加組織の職員や利用者に対して行う。また，参加組織自らユーザーグループを組織するなどして，このような活動を行っている事例がある。

(8) 技術開発

参加機関のコンピュータ化を集約して推進することが設立当初の目的であり，大規模システムを開発・維持・管理し，多様な情報サービスを展開していることから，書誌ユーティリティは常に何らかの形で新しい技術的課題に取り組んでおり，技術的なノウハウを集積している。また，それを生かして，参加組織，国立図書館，関係機関・企業と共同でパイロットプロジェクトを実施する例も見られる。

従来，上記の(1)～(3)のような図書館業務を支援するサービスが書誌ユーティリティのサービスの中心であり，そのサービス対象は図書館（の職員）であったが，上記の(4)，(5)，さらにはインターネット上のポータルサービスのようなエンドユーザー向けサービスにまでサービス範囲が拡大するとともに，一種の総合情報企業体とよびうるものに変貌しつつある。

b 国内外の主要書誌ユーティリティ

(1) 国立情報学研究所（NII）

日本では，NIIが国内の大学図書館などに対して書誌ユーティリティのサービスを行っている。サービス名に冠されている「NACSIS」の名称は，NIIの前身である学術情報センター（National Center for Science Information Systems）に由来するものである。

① NACSIS-CAT　オンラインによる共同分担目録，総合目録形成・提供サービス。1984年サービスを開始し，2015年3月末現在で参加機関数は1,263機関。そのほとんどは国公私立大学図書館であるが，短期大学図書館，高等専門学校図書館，都道府県立図書館，公的研究機関も

参加している。作成された総合目録は，CiNii Booksなどを通じてインターネットで一般の利用者も検索可能である。

② NACSIS-ILL　NACSIS-CATで作成された総合目録データベースを利用して，参加機関間で相互貸借，文献複写の依頼，料金決済などを行うサービス。

③ CiNii　学術論文や図書・雑誌の所蔵情報などを検索できるサービス。CiNii Articles，CiNii Booksの2つのサービスからなる。CiNii Articlesは，学術論文の書誌情報を提供するほか，機関リポジトリ，外部機関のサービスと連携し，論文本文の閲覧も可能。CiNii Booksでは，NACSIS-CATに登録された図書・雑誌の所蔵情報を検索できる。

④ その他　SINETという大学，研究機関を対象としたインターネット基幹網サービス，機関リポジトリのポータルやクラウドサービスなども提供している。

(2) OCLC

1967年に設立されたオハイオ州の大学図書館ネットワークから発展したアメリカの世界最大の書誌ユーティリティである。1971年にオンライン共同分担目録システム，1979年にILLシステムのサービスを開始し，2014年現在で参加機関数は113か国の16,857機関。2006年には，1974年設立のアメリカのRLG（Research Libraries Group）を吸収している。アメリカのみならず，カナダ，イギリスなどの英語圏，さらには日本を含むその他の言語圏の世界各国にも参加機関が広がり，世界規模の書誌ユーティリティとなっている。オンライン共同目録のWorldCat（書誌データ約3億件，所蔵データ約20億件以上）は，一般公開されており，最近はより広範なスケールでデータを利用できるWorldCat Discovery Servicesも提供している。

オンライン共同分担目録，ILL，ディスカバリーサービス，電子図書館サービス，資料の電子化と保存支援，デジタル情報資源の管理・組織化，レファレンスサービス支援などのさまざまなサービスを提供するとともに，デューイ十進分類表（DDC）の維持・管理，メタデータにかかわる標準化活動，国際的な名称典拠（VIAF）の構築・管理などにおいても主導的な役割を担っている。

(3) その他

その他，フランス，ドイツ，オーストラリアなど各国に国内レベルの書誌ユーティリティが存在している。

（相原信也）

D. 目録法

1　記述目録法と主題目録法

図書館（もしくはその集合体）は自館がどのような資料を所蔵しているかを記録したもの，すなわち目録を，資料そのものとは別に保持し，蔵書管理や利用者の検索の手がかりとして用いてきた。

この目録作成の方法を目録法とよび，一般に記述目録法と主題目録法の二つに大別される。

記述目録法とは，資料をその特性や内容の列記により識別できるようにし，タイトルや著者名などからアクセスする手段を提供する方法をいい，それを定めたものが目録規則である。

一方の主題目録法は主題から資料にアクセスする手段を提供する方法をいい，主題を体系をもった何らかの記号によって表現する分類法と，言葉によって表現する件名法とがある。なお記述目録法，主題目録法の詳細については，「E　記述目録法」，「F　主題目録法」を参照されたい。

2　目録の意義，目的，機能

　図書館においては利用者が資料に直接接して求める資料のありかを発見する物理的アクセスを支援するのみならず，資料の代替物としての目録を検索することによって求める資料の有無やその所在，利用可能な状態にあるかどうかなどを正確に確認する知的アクセスの支援も必要とされる。

　目録の目的について記述目録法および主題目録法の観点から包括的に述べたものとして，カッター（Charles Ammi Cutter）が1876年の著作において示した3点が広く知られている。その要点をまとめると，次のようになる。

① ある図書について(A)著者，(B)タイトル，(C)主題のいずれかを手がかりに，その図書を発見できるようにすること。
② その図書館が(D)著者，(E)主題，(F)文献の種類，の観点から何を所蔵しているか示すこと。
③ (G)版（書誌的），(H)性質（文献またはトピック）の観点からの図書の選択を援助すること。

　カッターは，目録法が規則のための規則に陥るのではなく，利用者の利便を最優先に考えるべきであるとの考えに基づき，上記3点を目録の目的として掲げた。この記述は以降の目録規則にも大きな影響を与え，1961年の「目録原則国際会議」（ICCP）で採択された標目と記入語の選定と形式に関する原則（パリ原則）へと受け継がれていった。目録の機能について国際的なレベルで検討する試みは，後述するように，さらに1971年の「国際目録専門家会議」（IMCE）を通じて国際標準書誌記述（ISBD）の制定へと結実していく。

　しかしながら，その後新たな形態の資料が登場するたびに，そのつど修正を積み重ねてきた目録規則も，電子資料，とりわけネットワーク情報資源の登場による劇的な変化を機に，従来の目録規則の枠組みの中ではさまざまな矛盾や不備が感じられるようになり，目録規則の構造自体を見直す必要性が広く認識されるに至った。それと同時にインターネット情報資源も含めて図書館がますます多くの多様な資料を取り扱う必要にせまられ，また利用者の資料へのニーズが多様化する一方で，より効率的な目録作成が求められるという現実にも直面した。

　目録作成の費用対効果を高めるという問題をつきつけられる中，IFLAのUBC事務局が中心となって1990年に開催されたストックホルムセミナーを発端として，多様なメディアや利用形態に対応した書誌レコードの機能要件を再検討することにより，必要最小限の機能要件を探り出そうとする試みが開始された。その最終報告書が1997年に発表された「書誌レコードの機能要件」（FRBR）である[1]。

　FRBRは実体関連（entity-relationship）分析の手法を用いて，利用者が目録に求める実体を取り出し，それらの関係を整理した。すなわち著作を抽象から具体へと四つの段階で捉え，著作に責任を負う主体を個人と団体の二つに分け，著作の主題の種類を整理した。

　なかでも知的芸術的に生み出された抽象的な存在である「著作」（work），「著作」を何らかの方法で表現した「表現形」（expression），「表現形」に物理的な形態を

もたせた「体現形」(manifestation)，通常複製物として配布される「体現形」のうち手元にある一つを指す「個別資料」(item)の四つの実体およびそれらの関係は，FRBRの中心をなす概念である。

　FRBRではさらにこの四つの実体に対する知的責任性（responsibility）の関係として「個人」（person）と「団体」（corporate body）の二つの実体が取り上げられた。

　上記六つの実体は，ある「著作」(work)に対する主題（subject）としても機能する。主題関係を示す実体にはこのほか「概念」(concept)，「物」(object)，「出来事」(event)，「場所」(place)がある。

　FRBRは目録規則に含まれているおもな規定をさまざまな実体のうちのどれかにあてはめた上で，さらにそれらの規定が利用者側の「発見」（find），「識別」（identify），「選択」（select），「入手」（obtain）のどの行動を支援するか分析して，必要最小限の機能要件を提示した。

　FRBRは，目録規則やMARCレコードの構造，OPACの表示方法など幅広く各所に影響を与えている。

　パリ原則についても，これらの変化に対応すべく，見直しの必要性が広く認識されるにいたった。その結果，IFLAの専門家会議によりパリ原則に代わる新たな原則の検討が進められ，2009年2月に「国際目録原則覚書」[2]として完成された。この原則はあらゆる資料について，書誌レコードのみならず典拠レコードを含む目録のあらゆる側面に適用されることを意図し，FRBRなどの新たな概念枠組みにも準拠している。

3　目録の歴史

a　目録の起源

　ある程度のまとまった量の記録物が保持されるようになると，必然的にそれらの大量の記録物を効率的に管理し，必要なときにただちに取り出せるような手段，すなわち一種の財産目録が求められる。その意味では目録の歴史は記録物の起源にまで遡ることができる。ニップール遺跡では紀元前2000年頃のバビロニア時代のもの，ニネヴェでは紀元前600年代のものと推定される粘土板の破片が多数出土しており，その中に財産目録に相当するものが発見されている。

　紀元前3世紀初頭，プトレマイオス朝エジプトで古代ギリシャ文化の一大コレクションとして名を馳せたアレクサンドリア図書館では，カリマコス（Callimachus）の指示により解題書誌「ピナケス」（Pinakes）が作成された。

　その後，中世における目録の多くは，書架上の資料の配置をそのまま写した書架目録（shelf list）であった。

b　英語圏の目録法

　ここでは西洋圏の目録法のうち，日本の目録法にも多大な影響を与えてきた英語圏の目録規則を中心に，そのおもなものを取り上げる。各国の現行規則および近年の動向については「E　記述目録法」「特論　情報資源組織化をめぐる最新動向」を参照されたい。なおISBDなどの国際標準化活動についての言及もここでは必要最小限とする。

（1）パニッツィの『目録編纂規則』

　大英博物館の館長であったパニッツィ（Antonio Panizzi）が中心となって1839年に作成した目録規則は，「パニッツィの91か条の規則」として知られている。パニッツィは，一貫性をもった目録を作成するには，主題の体系による分類目録よりもアルファベット順の著者目録の方が適していると考え，近代目録法の礎を築いた。

(2) ジューエットの規則　1852年

パニッツィの規則に基づき33の規則をうち立てたジューエット（Charles C. Jewett）は，すべての図書館が共通の（stereo-typed）目録記入を提供すべきであるとして，後の目録共有の考え方に大きな影響を与えた。

(3) カッターの辞書体目録　1876年

前節で示したように，カッターは従前の諸規則をふまえて目録の目的を大きく三つに整理した。このことは目録法の標準化を推し進める上で多大な貢献をした。初版は冊子目録を対象としたものであったが，第2版からはカード目録をも含めたものとなった。

(4) 英米合同目録規則　1908年版

アメリカ図書館協会（ALA: American Library Association）は，カッターの考えを受け継ぎ作成した目録規則を，1901年から印刷カードの頒布を始めたLCの規則との調整も図りつつ，米国標準の目録規則として進化させていたが，同様の試みを進めていた英国図書館協会（LA: Library Association）の規則との統合をデューイ（Melvil Dewey）が提案したことにより，はじめて国を越えた共通の目録規則が作成された。ただし米国版と英国版とは別々に出版された。

(5) ALA目録規則　第2版　1949年

英米合同目録規則の改訂の必要性が認識される中，1941年にALAが改訂草案を発表した。しかしLCが『LC記述目録規則』を作成したことにより，改訂草案から記述目録にかかわる部分を省いて完成されたものが1949年版である。したがってこの目録規則はLCの目録規則とあわせて使用しなければならなかった。

(6) 英米目録規則　1967年版（AACR1）

1949年のALA目録規則には，規則の重複や冗長性が多く見られ，ルベツキー（Seymour Lubetzky）によって強い批判を受けた。これを受けてルベツキーを中心に改訂版の検討が進められた。改訂途上の1961年に発表されたパリ原則に基づいて策定された。

(7) 英米目録規則　第2版　1978年版（AACR2）

1969年にコペンハーゲンで開催された「国際目録専門家会議」（IMCE）ではパリ原則に含められなかった書誌記述の国際標準化について議論され，それをもとにして国際標準書誌記述（ISBD）の策定が開始された[3]。目録の機械化や書誌ユーティリティの進展をもふまえたISBDに対応することを目的としてAACR1の改訂が行われた。改訂においてはパリ原則を尊重するAACR1の精神を受け継ぎつつ，北米版と英国版の文言を統一すること，AACR1において不十分であった非図書資料関連の規則を充実させること，などが盛り込まれた。

(8) 英米目録規則　第2版　2002年改訂版

AACR2は，1988年に改訂版，1993年にはその修正事項，1998年改訂版，1999年および2001年にはその修正事項が刊行されてきた。さらに，2002年には，1999年以降の改訂を統合し，『英米目録規則第2版2002年改訂版』[4]が刊行された。ここでの大きな変更点は第3章「地図資料」と第9章「コンピュータファイル」，第12章「逐次刊行物」の全面改訂である。第9章，第12章は章の名称もそれぞれ「電子資料」，「継続資料」と変更された。また，記述の対象を現にある資料の種別（type of materials）とし，それに対応した章を適用することを定めた条項0.24は，多様なメディアに対応するため，"資料のあらゆる側面を明らかにすることが重要"という表現に改められた。

(9) RDA（Resource Description and Access）[5]

制定の経緯については，「E-2　目録規

則」の「b−(2) RDAの制定に向けて」および「G−2 ネットワーク情報資源」の「b 目録規則等をめぐる動向」を，制定については「特論　情報資源組織化をめぐる最新動向」を参照されたい。

c　その他西洋の目録法

ドイツ語圏において標準的に使用されている目録規則として，「アルファベット順目録規則」(RAK: Regeln für die alphabetische Katalogisierung) がある。ドイツにおいては1899年にプロイセン目録規則とよばれるアルファベット順の目録規則が作成され，1908年に改訂された。この1908年版に批判的検討を加え，パリ原則やISBDの知見を取り入れて改訂されたものがRAKである。ドイツにおいてはRAKで初めて団体著者の概念と書名記入の自然排列が導入された。さらにRAKは国際標準，MARC21，AACR2との調整を段階的に進めてきたほか，継続資料等のための改訂も行った。

フランス，ロシアにおいても基本的にはパリ原則に基づき，ISBDとの協調のもとに規則制定を行ってきている。

d　日本の目録法

日本図書館協会の前身である日本文庫協会が1893年に制定した「和漢図書目録編纂規則」が，和漢書目録規則の起源とされる（この規則は1900年文部省編纂の『図書館管理法』に附録として掲載されている）。当時の和漢書目録は，明治期以前からの伝統を引き継ぎ書名記入が基本とされていた。それに対して，洋書目録法の影響を受け1932年に公表された「和漢図書目録法（案）」は基本記入を書名，著者のいずれとも決定しなかったため，論争を引き起こした。その後，「日本目録規則」(NCR: Nippon Cataloging Rules) の名称で作成されてきている。

(1) 日本目録規則　1942年版

「英米目録規則　1908年版」に基づき，青年図書館員聯盟が和漢書および洋書に共通の目録規則として，著者を基本記入とした規則を完成させた。

(2) 日本目録規則　1952年版

1949年に日本図書館協会に設けられた目録委員会は，1942年版の著者基本記入の原則を引き継いで1952年版を作成した。1952年版は和漢書の取扱いを主とし，洋書については和漢の翻訳書を取り扱う上で必要な程度に簡略化したものであった。

(3) 日本目録規則　1965年版

著者基本記入の原則が引き続き維持された。1952年版との違いは和漢書と洋書を区別しないことを明言している点である。また標目関連の規則は1961年のパリ原則にそって改訂された。わが国における標準目録法としての位置づけを強く志向している。

1970年にはマイクロ写真資料，レコードおよび録音テープなどの資料に関して1965年版への追加規則が制定され，また修正・増補事項が示された。

(4) 日本目録規則　新版予備版（1977年）

1965年版までの著者基本記入方式から，標目を記述から分離して基本記入を定めない記述ユニットカード方式に移行した。ただし，単一記入制目録のための標目選定表も付録として掲載された。以後の版においてもこの記述ユニット方式が維持された。また新版予備版のもう一つの特徴は，「1冊ずつ」の物理単位ごとの記述を原則とした点である。

そのほかにも，主として明治以後に刊行された図書を取り扱うこととした点，準備期間が短かったことから非図書資料は除外された点でも特異な版である。

(5) 日本目録規則　1987年版

1987年版でははじめて目録の機械化への

対応について言及された。これにより個々の書誌的事項の同定・識別を明確にする必要性から「書誌階層」の概念が導入されるとともに，原則として「単行資料または逐次刊行物」を記述の対象とする規定が盛り込まれた。またISBD区切り記号法の採用や記述の精粗も導入された。図書に関しては日本語で書かれたものを主としつつも漢籍および洋書も規定している。非図書資料についても一部を除いて規定が完成された。

(6) 日本目録規則 1987年版改訂版（1994年）

1987年版において準備中となっていた「静止画像」「三次元工芸品，実物」「非刊行物」の規則を完成させることと並行して，各章の規則の構成等に整合性をもたせることを目的とした改訂が行われた。

(7) 日本目録規則 1987年版改訂2版（2001年）

1987年版改訂版以後，多様な形態の電子資料が利用に供されるようになるとともに，第9章「コンピュータファイル」の改訂作業が進められた。ISBD(CF)の同(ER)への改訂の成果も取り入れられ，章の名称も「電子資料」と変更された。

(8) 日本目録規則 1987年版改訂3版（2006年）

インターネット情報資源の登場によりこれまでの図書・逐次刊行物の二分法によっては捉えきれない資料群をうまく収めるための改訂が，ISBD(S)の同(CR)への改訂を基礎として実施された[6]。詳細は，「E 記述目録法」を参照されたい。さらに現在も，FRBRに基づく抜本的な改訂への検討が重ねられている。新しい『日本目録規則』の策定に向けた近年の動向は，「特論 情報資源組織化をめぐる最新動向」を参照されたい。

4 目録の形態・種類

a 目録の形態

現在利用されている目録のおもな形態には以下のものがある。

(1) 冊子目録（book catalog）

冊子形態で作成された目録で，カード目録が登場するまで最も古くから多く用いられていた記録方法である。一度作成されるとデータの修正や追加などが困難であることから更新に時間がかかる。また限定されたアクセスポイント[7]からしか検索できない。その一方で通覧性にすぐれ，比較的かさが低く，再生機器を要しないことから，現在でもある程度のデータ量であれば配布目的で作成されることが多い。コンピュータ目録を出力して作成される場合も多くなっている。

(2) カード目録（card catalog）

1枚以上のカードに一つの記入を記録し，標目の種類ごとに一定順序でカードボックスに排列する形態の目録で，19世紀後半ごろにあらわれた。冊子目録に比べてデータの新規追加や差し替えが容易であること，多くの人が同時利用できることもあり急速に普及した。しかし冊子目録のように複製配布できないために利用場所が制約されるほか，冊子目録同様アクセスポイントは限定的である。カードの排列に手間がかかる。

(3) コンピュータ目録（computer catalog）

20世紀後半になると，冊子目録やカード目録のデータを作成するための手段としてコンピュータが用いられ，やがてコンピュータで作成されたデータをそのまま利用する方法が追求され，磁気テープに目録データを記録するMARCが開発された。利用に際して再生機器が必要であり，ハードウェアやソフトウェアの導入や維持・管理の経

費はかなり大きいが，アクセスポイントが多様であり柔軟な検索が可能であることや，コンピュータさえ使えればデータの新規追加や修正が容易であることなどから，コンピュータのダウンサイジングが進むにつれて急速に普及してきた。磁気テープよりも取扱いの簡便なCD-ROMやDVDの登場もその流れを加速した。

磁気テープなどの物理媒体を介してデータをやりとりするのではなく，ネットワークで接続されたコンピュータにより直接アクセスできるようにしたものはオンライン目録とよばれる。とくに利用者が直接的に目録用端末から検索できるようにした閲覧用目録をOPAC（online public access catalog）と称する。近年インターネットの普及にともない蔵書目録をウェブで公開するものが増加している。これはWeb OPACとよばれ，基本的には場所と時間を問わずアクセスが可能であり，目録の利便性が大幅に拡大した（詳細は「H　オンライン閲覧目録」を参照されたい）。

(4) その他

その他，ルーズリーフ式のシーフ目録や，冊子体やカード形態の目録をマイクロフィルムやマイクロフィッシュに記録するマイクロ形態目録（コンピュータ目録からマイクロ形態に出力するものはCOM（computer output microform）目録とよばれる）がある。

b　目録の種類

目録には，形態以外にも編成方法や用途から見た次のような種類がある。

冊子体目録やカード目録を編成する場合，目録はその編成方法により，個別型目録（divided catalog）と複合型目録（composite catalog）に大別できる。個別型目録とは同種の標目をもつもののみを集めて編成した目録で，タイトル目録，著者目録，件名目録，分類目録の四つがある。複合型目録は著者・タイトル目録，件名・タイトル目録など，異なる種類の標目をもつものを複数組み合わせて編成した目録である。タイトル目録，著者目録，件名目録をまとめて音順に編成した辞書体目録や著者標目および個人・団体の固有名をもつ件名標目をまとめて音順に編成した固有名目録も複合型目録の一種といえる。

冊子体目録やカード目録においては，その物理的制約から，閲覧用目録と事務用目録とを別に作成する必要があった。事務用目録としては，書架上の資料配置をそのまま反映した書架目録が，請求記号の決定や蔵書構成の把握のために作成されるなどしていた。会計上の扱いに関するデータやすでに除籍となった資料のデータなど，閲覧用目録では必要とされないデータも含まれる。コンピュータ目録においては，そのシステム構成によっても異なるが，閲覧用と事務用とで書誌データや所蔵データを共有しつつ，閲覧用のファイルと事務用目録のファイルとは別々に出力・管理される傾向にある。

（村上泰子）

E. 記述目録法

1　記述目録法の概要

a　目録の構成要素

目録は，「目録記入」（単に「記入」ともいう）と，その目録記入を相互に関連づけ

E　記述目録法……309

る各種の「参照」とによって構成される。
(1) 目録記入（entry）
目録記入とは，図書館が所蔵する資料一つずつの記録をいい，カード目録における1枚ごとの目録カード，冊子体目録における1件ごとの記録に相当する。

なお，同じ資料1件の記録について，機械可読形の目録では「MARCレコード」という語が用いられる。記録媒体を問わず，両者を包含する総称的な表現としては，「書誌的記録」（bibliographic record）という語が用いられる。

(2) 参照（reference）
参照とは，ある標目から別の標目へと導いたり（を見よ参照），複数の標目の間に密接な関係があることを示す（をも見よ参照）ものをいう。

b 記述と標目
目録記入は主として「記述」と「標目」からなる。

(1) 記述（description）
記述は目録記入の本体をなす部分であり，目録対象資料それ自体に表示されている情報やその資料の外観的特徴を「書誌的事項」として組織的に記録したものである。

おもな書誌的事項としては，タイトルと責任表示，版，資料（または刊行方式）の特性，出版・頒布等，形態，シリーズ，注記，標準番号，入手条件等がある。

(2) 標目（headings）
標目とは，目録記入に対する検索の手がかり（アクセスポイント）であると同時に，目録記入を排列する第一の要素となるものをいう。

標目には，タイトル標目，著者標目，分類標目，件名標目の4種類があり，各々を標目とする記入を，それぞれタイトル記入，著者記入，分類記入，件名記入とよぶ。

(3) 所在記号（location mark），標目指示（tracing）
目録記入を構成するその他の要素としては，所在記号（図書館における資料の排架場所を表す記号），標目指示（図書館で標目として何を付与するかを指示する情報），等がある。

2 目録規則

ここでは，日本および海外の目録規則の改訂をめぐる近年の動向を見ておくこととする（各国の目録規則の歴史および概要については，「D 目録法」を参照されたい）。

a 日本
「日本目録規則　1987年版改訂3版」におけるおもな改訂内容を，以下に要約する。

(1) 第2〜3章
国立情報学研究所の要請に基づいて検討を行い，第2章（図書）・第3章（書写資料）で扱われている和古書と漢籍に関する諸規定を詳細化した。おもな改訂のポイントは次のとおりである。
・和古書・漢籍は記述対象ごとに別個の記述を作成する。
・出版・書写事項については，和古書・漢籍の特徴を考慮した詳細な記述を行う。
・資料の巻数（書誌的巻数）は，タイトルの後，スペースに続けて記録する。

(2) 第13章
ISBD(S)から(CR)への改訂，「英米目録規則　第2版」（AACR2）の第12章（逐次刊行物）の改訂といった国際動向をふまえつつ，第13章が改訂された。おもな改訂点は以下のとおりである。
・章名を「逐次刊行物」から「継続資料」に変更し，扱う資料として，完結を予定しない更新資料を加えた（更新資料とは，ルーズリーフ，データベース，ウェブサ

イト等，継続して刊行される資料のうち，内容が更新されていくものを指す）。記述の基盤は，逐次刊行物では従来どおり初号とするのに対し，更新資料では最新号とした。
・逐次刊行物における本タイトルの重要な変化（変更）と軽微な変化の区分についての規定を詳細化した。
・「巻次，年月次に関する事項」をISBD(CR)に合わせて「順序表示に関する事項」と改めた。

b 英語圏

AACR2の改訂版が2002年に刊行され，それ以降もさらなる改訂に向けた検討が継続的に行われている。

(1) 英米目録規則 第2版 2002年改訂版

「D 目録法」において述べたとおり，2002年改訂のおもなポイントは第3章，第9章，第12章の変更であり，ネットワーク情報資源を目録の対象に加えたことによる改訂が中心となっている。
・第3章（地図資料）：電子資料にかかわる事項を中心に全面的に改訂した。
・第9章（コンピュータファイル）：ISBD(ER)に合わせて章名を「電子資料」と改め，従来のパッケージ系資料に加え，ネットワーク情報資源を新たに対象範囲とした。
・第12章（逐次刊行物）：章名を「継続資料」と改め，逐次刊行物に加えて更新資料を新たに対象範囲とした。また，本タイトルの重要な変化と軽微な変化の区分を見直し，後者の範囲を拡大した。

(2) RDAの制定に向けて

AACR改訂合同運営委員会は，英米目録規則の新版を2006年に刊行すると予告していたが，検討は大幅に遅れ，全体草案が公開されたのは2008年11月である。電子資料を含むあらゆる種別の資料に対応し，図書館以外のコミュニティにも適用可能な規則として，タイトルをRDA（Resource Description and Access）に変更し，構成もFRBR（『書誌レコードの機能要件』）をもとに一新している。その後，紆余曲折を経て，RDAは，2010年6月に制定，刊行された。詳細は，「特論 情報資源組織化をめぐる最新動向」を参照されたい。

c ドイツ語圏

ドイツのおもな図書館や学術振興会，オーストラリア・スイスの代表等によって構成され，RAKの維持・管理を担う標準化委員会（Standardisierungsausschuss）は，2001年，目録規則とMARCフォーマットをRAK・MAB2からAACR2・MARC21に移行することをめざして「国際フォーマット・規則（MARC21，AACR2）への移行プロジェクト」（Projekt Umstieg auf internationale Formate und Regelwerke (MARC21, AACR2)）を決定した。この目的に向け，両者の目録規則およびフォーマットの相違点，ISBD・AACR2・MARC21の改訂との調整，切り換えのタイミングや費用といった問題を検討し，移行がなされた。また現在，ドイツ国立図書館がRDAの採用に向けて準備を行っている。

3 目録作業

a 目録の作成

(1) 目録政策

目録政策はある図書館が目録作業を行うための前提として必要であり，図書館ごとに，自館の規模や種類，蔵書構成などに基づいて定められる。

目録政策において決定すべきおもな事項を，以下にあげる。

(a) 目録の種類

その図書館で編成する目録の形態と編成

を決定する。
- 媒体：記録媒体として何を採用するか（コンピュータ目録か，カード目録か，冊子体目録か）。コンピュータ目録の場合，閲覧目録はオンライン目録か，冊子体・カードへの出力とするか
- 編成方法：個別型目録とするか，複合型目録とするか。前者の場合，何を標目とする目録を編成するか（著者目録か，タイトル目録か，分類目録か，件名目録か）

(b) 規則・基準の選定ないし作成

その図書館で採用する目録規則，分類表，件名標目表を選定するとともに，それらを適用するにあたっての運用ルールや細則を作成する。
- 記述：採用すべき目録規則の決定，適用細則の作成
- タイトル標目：読みと分かち書きに関する基準の作成
- 著者標目：個人および団体名著者標目に関する形式・選択の基準の作成
- 分類標目：採用すべき分類表の決定，適用細則の作成
- 件名標目：採用すべき件名標目表の決定

(c) 書誌水準と整理区分

その図書館で作成する目録の詳細度を決定する。
- 記述：記録すべき書誌的事項の選択，記述の精粗の決定
- 標目：基本記入方式か，非基本記入方式か。後者の場合，標目指示の範囲・数などの決定
- 整理区分の決定：資料の内容や形態によって書誌水準に段階を設ける場合は，その区分および各段階ごとの詳細度を決定

(d) 作成方式

自館において目録作成を行うか，他の目録作成機関が作成したデータを利用するかを決定する。

(2) 目録作成の流れ

① 記述目録作業
- 記述：目録規則および各図書館で定めた適用細則に基づいて書誌的事項を記録する。
- 標目：著者標目およびタイトル標目を選定・記録する。

② 主題目録作業（F-2およびF-3参照）

③ 目録の編成
- 各図書館の採用する排列規則に従って目録記入を排列し，目録として編成する。

なお，コンピュータ目録の場合，カード目録のように目録記入をファイルに組み込む排列作業はなくなる一方，コンピュータプログラムに排列の原則や規則を反映させる作業が必要となる。

こうしたコンピュータ時代の要請に応えるべく，例えば「ALA排列規則」（ALA filing rules）は，「file-as-is」（表記どおりに排列）を原則として掲げるとともに，煩瑣な規定を避けて全体を簡素化するなど，機械処理に適した規則となっている。

b 記述作業

「日本目録規則 1987年版改訂3版」の内容に即して記述の概要を述べる。

(1) 記述の対象

記述の対象となるのは，原則として「単行資料」ないし「継続資料」である。

単行資料とは，固有のタイトルを有する単独に刊行された資料をいう。2冊以上からなるが，それぞれに固有のタイトルがない資料は，全体として一つの単行資料として捉える。

一方，継続資料とは，完結を予定せずに継続刊行される資料をいい，逐次刊行物と更新資料に分けられる。逐次刊行物には，雑誌，新聞，年報，年鑑，団体の紀要等があり，更新資料には，加除式資料，更新されるウェブサイト等がある。

(2) 記述の情報源と転記の原則

　書誌的事項を記録する際の拠りどころとなるものを「情報源」という。主たる情報源とその優先順位は，図書では①標題紙，②奥付，③背，④表紙，逐次刊行物では①表紙，②標題紙，③背，④奥付，更新資料では①標題紙，②奥付，③背，④表紙，である（ただし，表紙および標題紙のない継続資料は題字欄等とする。また，印刷形態以外の継続資料では，関連する各章の規定に従う）。

　タイトルと責任表示，版，出版・頒布など，シリーズの四つの書誌的事項は，原則として記述対象資料に表示されているままに記録しなければならない。これを「転記の原則」という。

　ただし，外国の文字に関する大文字使用法やISBD区切り記号以外の句読点の使用法は，その言語の慣行に従うこととする。また，数字については，タイトルと責任表示に関する事項ではそのままの形で転記するが，それ以外の書誌的事項では，数量・順序などを示す場合はアラビア数字で記録する。

(3) 記述の範囲

　各資料の同定識別に必要な書誌的事項を記録する。以下，図書を中心とし，記録すべき書誌的事項とその順序を示す。

① タイトルと責任表示に関する事項

　【本タイトル】
　　書名。ある資料を他の資料から同定識別する第1の要素となる。

　【資料種別】（任意規定）
　　印刷された文字資料では記録しない（書写資料，地図資料，楽譜，録音資料，映像資料，静止画資料，電子資料，博物資料，点字資料，マイクロ資料の10の種別について記録する）。

　【並列タイトル】
　　本タイトルとして選定するタイトルの別言語および（または）別の文字によるタイトル。

　【タイトル関連情報】
　　本タイトルを限定，説明，補完する情報。サブタイトルやタイトル先行事項を含む。

　【責任表示】
　　著作の知的・芸術的内容の創造・具現に責任を有するか，寄与するところがある個人・団体。著作への関与のしかたや役割などを示す語とともに記録する。異なる役割を果たしている場合は役割ごとに別個の責任表示とし，一つの責任表示に記録する個人・団体は2までとする。

② 版に関する事項

　【版表示】
　　記述対象資料の属する版を記録する。印刷原版やマスターなどは同一であっても，外装に差があり，かつ特定の版として表示されているものは版とする。

　【特定の版にのみ関係する責任表示】
　　版表示に続けて記録する。

　【付加的版表示】
　　ある版のグループの中で，さらに特定の版を表す版表示がある場合に記録する。

　【付加的版にのみ関係する責任表示】
　　付加的版表示に続けて記録する。

③ 資料（または刊行方式）の特性に関する事項

④ 出版・頒布等に関する事項

　【出版地，頒布地等】
　　2以上の出版地がある場合は，顕著なもの，最初に表示されているものの順で一つを記録し，出版地の表示がなければ頒布地を記録する。日本の出版地は市町村名を記録する。

　【出版者，頒布者等】
　　2以上の出版者がある場合は顕著なもの，最初に表示されているものの順で一

つを記録し，出版者の表示がなければ頒布者を記録する。
　【出版年，頒布年等】
　　その出版物が属する版が最初に刊行された年を西暦紀年で記録する。出版年の表示がなければ頒布年を記録する。
　【製作項目（製作地，製作者，製作年）】
⑤　形態に関する事項
　【特定資料種別と資料の数量】
　　特定資料種別：図書では記録しない（地図資料，楽譜，電子資料，博物資料，逐次刊行物について記録する）。
　　数量：ページ数・丁数・枚数・欄数と，本文一連のページ付けに含まれていない図版のページ数・枚数を記録する。
　【その他の形態的細目】
　　本文のページ付けに含まれている挿図，肖像，地図などを記録する。
　【大きさ】
　　資料の高さを記録する。
　【付属資料】
　　出版物の本体と同時に刊行され，本体とともに利用する付属物。
⑥　シリーズに関する事項
　　集合書誌単位の書誌的事項はシリーズに関する事項として記録する。
　【本シリーズ名】
　　シリーズに固有の名称を記録する。
　【並列シリーズ名】
　　本シリーズの別言語および（または）別の文字によるタイトル。
　【シリーズ名関連情報】
　　本シリーズ名を限定，説明，補完する情報。
　【シリーズに関係する責任表示】
　　総称的なシリーズ名の場合は記録し，それ以外の場合は，識別上必要でかつ資料中に表示されていれば記録する。
　【シリーズのISSN】
　　シリーズに対してISSNが付与されて
いるときは記録する。
　【シリーズ番号】
　　資料中に表示されている形を記録する。
　【下位シリーズの書誌的事項】
　　本シリーズよりも下位の書誌レベルのシリーズがある場合は，その書誌的事項を本シリーズに関する事項の後に記録する。
⑦　注記に関する事項
　　タイトルと責任表示に関する事項からシリーズに関する事項までの記述の中で記録しきれなかった情報を補足する。
⑧　標準番号，入手条件に関する事項
　【標準番号】
　・ISBN：国際標準図書番号を記録する。
　【入手条件・定価】（任意規定）

(4) 継続資料の記述
　継続資料のうち逐次刊行物の記述に特有の事項について，以下に要点を整理する。
①　タイトルの変化
　　本タイトルに重要な変化が生じた場合は，別途新しい記録を作成する。本タイトルが総称的な語の場合は，本タイトルの範囲に責任表示も含める。
　　本タイトルに重要な変化があったと見なされるのは，主要な語を他の語に変えたり，追加・削除した場合，語順に変化が生じた場合などである。なお，軽微な変化とみなした場合は注記とし，新たに書誌的記録を作成しない。
②　記述の基盤
　　逐次刊行物では初号（本タイトルに重要な変化が生じた場合は，変化後の最初の号）とする。
③　記録すべき情報源とその順序
　（ア）タイトルと責任表示に関する事項
　（イ）版に関する事項
　（ウ）順序表示に関する事項
　　　順序表示（巻次，年月次）は初号と

終号について記録する．刊行中のものは初号についてのみ記録する．完結した刊行物の場合は，初号と終号の順序表示をハイフンで結んで記録し，刊行中の場合は初号の順序表示にハイフンを付して記録する．
- (エ) 出版・頒布等に関する事項
- (オ) 形態に関する事項
- (カ) シリーズに関する事項
- (キ) 注記に関する事項
  ・図書にない注記として，記述の基盤に関する注記，刊行頻度の注記がある．
- (ク) 標準番号，入手条件に関する事項
    ISSN，ISBNなどの国際標準番号等を記録する．
  ・ISSN：国際標準逐次刊行物番号
  ・キイ・タイトル（任意規定）：ISSNネットワークによって付与された個別化のためのタイトル．
④ 所蔵事項の記録
記述の本体とは別に，所蔵している順序表示や合綴製本の数量，保存期間等の情報を記録する．

(5) 記述の精粗
記述の精粗が三つの段階に分けて設定され，目録作成機関は自館の規模や方針に応じて，これらの水準の中から記録すべき書誌的事項を取捨選択することができる．
① 第1水準：必須の書誌的事項
本タイトル ／ 最初の責任表示． ― 版表示． ― 資料（または刊行方式）の特性に関する事項． ― 出版者または頒布者等，出版年または頒布年等． ― 特定資料種別と資料の数量． ― （本シリーズ名）
② 第2水準：標準の書誌的事項
本タイトル ［資料種別］ ： タイトル関連情報 ／ 責任表示． ― 版表示 ／ 特定の版にのみ関係する責任表示． ― 資料（または刊行方式）の特性に関する事項． ― 出版地または頒布地等 ： 出版者または頒布者等，出版年または頒布年等． ― 特定資料種別と資料の数量 ： その他の形態的細目 ； 大きさ ＋ 付属資料． ― （本シリーズ名 ／ シリーズに関係する責任表示，シリーズのISSN ； シリーズ番号．下位シリーズの書誌的事項）． ― 注記． ― 標準番号
③ 第3水準：NCRにおいて規定するすべての書誌的事項

(6) 書誌階層と書誌単位
(a) 書誌階層
一つの記述における書誌的事項が，互いに上位関係をもついくつかのグループに分かれる場合がある．

現代伝奇集 ／ 大江健三郎著． ― 東京 ： 岩波書店，1980． ― 271p ； 19cm． ― （岩波現代選書 ； 46）． ― 内容： 頭のいい「雨の木」．身がわり山羊の反撃．『芽むしり仔撃ち』裁判． ― ISBN 4-00-004715-9

上記例において，記述の対象となっている「現代伝奇集」という短編集は，より上位の集合である「岩波現代選書」というシリーズに属している．また，「頭のいい『雨の木』」や「身がわり山羊の反撃」，「『芽むしり仔撃ち』裁判」といった個々の短編は，いずれも短編集としての「現代伝奇集」に含まれている．

このような関係を記述において捉えた場合，「岩波現代選書」というシリーズのタイトルは「現代伝奇集」に対する上位の書誌レベル（＝集合レベル）として，「頭のいい『雨の木』」や「身がわり山羊の反撃」といった内容細目のタイトルは下位の書誌レベル（＝構成レベル）として，把握することができる．

ある記述を構成する書誌的事項がこうした複数の書誌レベルに分かれているとき，

それぞれのレベルに属する書誌的事項のグループを,「書誌単位」とよぶ。
　また, これらの書誌単位の間に上位－下位の関係として認められる階層性のことを,「書誌階層」という。
　(b) 書誌単位
　それぞれの書誌レベルのもとに, 以下の書誌単位がある。
(ア) 基礎書誌単位 (基礎単位): 基礎レベルの書誌単位。「単行書誌単位」と「継続刊行書誌単位」がある。
　・単行書誌単位 (単行単位): 単行レベルに属する単位。単行資料の本体を形成する書誌単位。
　・継続刊行書誌単位 (継続刊行単位): 継続刊行レベルに属する単位。継続刊行資料の本体を形成する書誌単位。
(イ) 集合書誌単位 (集合単位): 基礎レベルから見て上位レベルの書誌単位。
(ウ) 構成書誌単位 (構成単位): 基礎レベルから見て下位レベルの書誌単位。
(7) 記述の記載様式
　書誌的記録は原則として基礎書誌単位で作成するが, 集合書誌単位や構成書誌単位も記述の対象とすることができる。
① 単行レベル・継続刊行レベルの記録
　基礎書誌単位を本体として書誌的記録を作成する。
② 集合レベルの記録
　グループ全体に共通する固有のタイトルがあるセットものやシリーズを記述の対象とすることができる。集合書誌単位を記述の本体として記録を作成する。記載の方法としては,「多段階記述様式」と「簡略多段階記述様式」の２種類の方式がある。
【多段階記述様式】
・以下の順序で記載する。
(ア) 最上位の集合単位の書誌的事項
(イ) 巻次・回次・年次等

(ウ) 第２レベル以下の書誌単位の書誌的事項 (上位→下位の順に記載。下位の書誌レベルの書誌的事項のうち, 上位と重複するものは省略)
【簡略多段階記述様式】
・以下の順序で記載する。
(ア) 選択した書誌レベルの本タイトル〜版に関する事項
(イ) 巻次・回次・年次等
(ウ) アの直下位の書誌レベルの本タイトル〜形態に関する事項
(エ) アの属するシリーズに関する事項
(オ) 注記, 標準番号・入手条件に関する事項
(カ) ウより下位の書誌レベルの書誌的事項
③ 構成レベルの記録
　固有のタイトルがあり, 形態的に独立していない著作などを記述の対象とすることができる。構成単位を記述の本体として記録を作成する。
・記録の構成:「分出記録様式」に従い, 以下の順序で記載する。
(ア) 構成書誌単位の本タイトル〜責任表示
(イ) アを収載する書誌単位の書誌的事項
(8) 物理単位の記録
　基礎書誌単位や集合書誌単位を, 形態的に独立した資料１点ごとに分割した単位を「物理単位」という。
　物理単位は基礎書誌単位と一致する場合もあり, しない場合もある。１冊で完結する図書であれば, 両者は一致する。しかし, 例えば上下巻で各巻に固有のタイトルがない場合では, 単行書誌単位を記述の対象とするのなら, 上下巻を合わせて一つの記録を作成するのに対し, 物理単位を記述の対象とするのであれば, 上巻と下巻についてそれぞれ別の記録を作成することになる。
　「日本目録規則　新版予備版」は物理単位を記述の対象としていたが, 1987年版以降は書誌単位が記述の対象となり, 物理単

位の記録は別法として扱われている。

以下,「分割記入様式」に基づいた記録の構成を示しておく。

【分割記入様式】
・以下の順序で記載する。
（ア）選択したレベル（単行の本タイトル）～タイトル関連情報
（イ）巻次・回次・年次等
（ウ）分割部分の責任表示～形態に関する事項
（エ）分割部分の属するシリーズに関する事項
（オ）巻次・回次・年次等（再度記録）
（カ）物理単位が集合書誌単位の分割である場合は，下位レベルの本タイトル～版に関する事項を記録（版に関する事項はタイトル関連情報として記録）
（キ）注記，標準番号・入手条件に関する事項

c　標目作業

以下，記述目録法の対象となるタイトル標目と著者標目について，選定および表記のしかたを述べる（分類標目と件名標目については，「F　主題目録法（主題アクセス）」を参照されたい）。

なお，標目の表記については，文字のほかに「分かち書き」も考慮する必要がある。日本目録規則では規定していないが，読みやすさなどを考慮し，語と語の間に1字分の空白を挿入する「分かち書き」を通例として行うこととなっている。

(1) タイトル標目
(a) タイトル標目の選定

タイトル標目は記述中に記録されているタイトルから選ぶ。本タイトルをタイトル標目とするほか，並列タイトル，タイトル関連情報，シリーズ名，注記中のタイトル，内容細目のタイトルなども，必要に応じて標目とすることができる。

(b) タイトル標目の表記

原則として和資料は片かな，洋資料はローマ字で表記する。

(2) 著者標目
(a) 著者標目の選定

著者標目は記述中に記録されている著者名から選ぶ。

記述における著者名の位置を選定の基準とした場合，著者標目となるのは本タイトルの責任表示として記録した個人・団体であるが，特定の版または付加的版に関する責任表示や，シリーズに関する責任表示として記録した個人・団体，あるいは出版・頒布等に関する事項に記録した出版者についても，必要に応じて標目とすることができる。

また，著者標目を，記述上の位置ではなく著作への関与のしかたによって選択することもできる。その場合，著者，編纂者，翻案者，作曲者などを主たる著作関与者として標目とするほか，編者，訳者，注釈者，挿絵画家，監修者，演奏者などの副次的な著作関与者を，必要に応じて標目とすることができる。特定の資料を編纂・刊行するために設けられた編集委員会などは，原則として標目としない。

著者名は統一標目とし，原則として最初に目録記入を作成する際，その資料に表示されている形を記録する（著名な，ないし著作の多い著者は，典拠録等を参考に統一標目を決定する）。

改姓・改名した著者で新旧の姓名による著作がある場合，および同一著者が著作内容によって二つ以上の名称を使い分けている場合については，それぞれの名称を標目とする。

・辻井喬→ツジイ，タカシ
・堤清二→ツツミ，セイジ
・瀬戸内晴美→セトウチ，ハルミ
・瀬戸内寂聴→セトウチ，ジャクチョウ

同名異人は，区別のために生没年を付記し，生没年だけで区別できない場合は，さらに職業，専門分野，世系なども付加する。

　(b)　著者標目の表記

原則として片かなで表記（姓名の形をもつ人名は，姓と名の間をコンマで区切る）し，標目が記述中の表示によらない場合は，必要に応じて該当する漢字やローマ字などを付記する。

同名異人や同名異団体を識別するための付記事項には，漢字・ローマ字・数字などを用いる。

　(3)　統一タイトル標目

　(a)　統一タイトル標目の選定

「日本目録規則　1987年版」は，任意規定として統一タイトル標目に関する規定を設けている。統一タイトルは，ある著作がさまざまなタイトルで刊行される場合に目録記入を集中するために用いるもので，無著者名古典，聖典，音楽作品において適用する。

標目は「無著者名古典・聖典統一標目表」や，典拠となる参考資料から選定する。

・宇治大納言物語→今昔物語
・アラビアンナイト→千一夜物語

　(b)　統一タイトル標目の表記

標目の形には，単独形（統一タイトルを単独で用いる）と複合形（著者名のもとに統一タイトルを続けて用いる）の2種類がある。前者の場合は片かなで表記し，後者の場合はそのタイトルに固有の文字で表記する。

　(4)　参照

参照には，ある標目から別の標目へと導く「を見よ参照」と，複数の標目間に深い関係があることを示す「をも見よ参照」とがある。以下，著者名を例とし，この二つの参照について述べる。

　(a)　を見よ参照（see reference）

ある標目（ないし標目として採用しなかった形や読み）を，別の標目へと導く参照。

例えば著者名において，複数の形や読みの中から一つを選んで統一標目とした場合，目録記入が1か所に集中するという利点がある反面，そのままでは，統一標目以外の形や読みによる検索が妨げられてしまうという問題が生じる。

「を見よ参照」の役割は，このような不都合を排し，ある形や読みから統一標目形へと利用者を導くことにある。

・モリ，リンタロウ（森林太郎）
　　→モリ，オウガイ（森鷗外）を見よ
・カイコウ，ケン（開高健）
　　→カイコウ，タケシ（開高健）を見よ

　(b)　をも見よ参照（see also reference）

ある標目と別の標目との間に，互いに深い関係があることを示す参照。

著者名の場合，著作内容によって二つ以上の名称を使い分けている著者や，改姓・改名した著者，名称変更した団体については，それぞれの名称が標目となる。両者は標目としては別々であるが，実質的には同じ著者であって，同一著者に対する網羅的な検索を可能とするためには，相互に密接な関係があることを目録上で示す必要がある。

こうした標目相互の関連づけに用いられるのが「をも見よ参照」である。

・ツジイ，タカシ（辻井喬）
　　→ツツミ，セイジ（堤清二）をも見よ
・ツツミ，セイジ（堤清二）
　　→ツジイ，タカシ（辻井喬）をも見よ

　(5)　典拠コントロール

例えば，著者標目作業を行う際，目録作成者は，手元にある資料中の著者について統一標目がすでに作成されているのか，それとも初出なのかを知らなければならない。同一の著者名で統一標目が作成されていた場合でも，それが当該資料の著者と同一人物なのか，あるいは同名異人なのかを的確に見分ける必要がある。同一著者の表記や

読みに揺れがあったり，複数の同名異人が著者として存在したりするとき，こうした確認作業はしばしば煩雑なものとなる。

こうした標目作業の補助ツールとして用いられるのが，統一標目形および標目の統制に必要な情報を記録・蓄積した「典拠ファイル」である。

典拠ファイルには，著者名や件名等の標目形のほか，その形の根拠とした情報源，をみよ参照形，をもみよ参照形，著者名であれば他の著者と識別するための情報（生没年や職業・専攻・著作分野など），初出の書名，などの情報を記録しておく。

典拠ファイルを目録作業と並行して維持・管理することにより，各目録作成機関において一貫した標目の統制が可能となる。

このように，典拠ファイル等を通じて標目を統制，維持・管理することを「典拠コントロール」(authority control) とよぶ。

d 目録の編成

目録作業の最終的な段階として，作成した記入を一定の順序に従って順序づけ，目録として編成する作業が必要である。以下「日本目録規則　1987年版改訂3版」の「第Ⅲ部　排列」に従い，記入の排列法について要点を述べる。

(1) 総則
- 和資料と洋資料は，別個に目録を編成する。
- 排列の原則：「無は有に先行する」。
- 濁音，半濁音，長音符は無視する。小文字は直音と見なす。
- 排列要素：標目を第一次排列要素，所定の書誌的事項を第二次以下の排列要素とする。
- 排列単位：字順排列（標目の文字を単位とし，1字ごとに排列）。別法として，洋資料は語順排列（語を単位とし，1語ごとに排列）。
- 音順：片かな表記の標目は五十音順，ローマ字表記の標目はアルファベット順で排列する。
- 標目が同一順序となる場合は，標目となった書誌的事項（または付記事項）に使用されている文字が①片かな，②ひらがな，③漢字（画数の小さい順），④ローマ字，の順で排列する。
- 同一標目内の排列順序：目録の種類ごとに異なる。同一著作の諸版は，版次（または出版年）の順とし，巻次が付されている場合は巻次の順に排列する。
- 参照は同一標目の最初に排列する。

(2) タイトル目録
- 同一標目内の排列順序：①責任表示の著者名，②出版者名，③本シリーズ名，④出版年，の順。

(3) 著者目録
- 個人名は姓・名を各々1単位とし，姓名に分かれていない個人名および団体名は全体を1単位として，字順で排列する。
- 個人名・団体名が同一排列順位となる場合は，①個人名，②団体名の順とする。
- 同名異人や同名異団体は付記事項の順により排列する。
- 同一標目内の排列順序：①本タイトル，②出版者名，③本シリーズ名，④出版年，の順。

(4) 件名目録（「F-3　件名法」参照）
(5) 分類目録（「F-2　分類法」参照）

（鈴木智之）

F. 主題目録法

1 主題目録法の概要

a 主題目録法の意義

図書館における検索は,特定資料検索と主題検索に分かれる。特定資料検索は,求める資料が特定されている場合に(つまり資料が既知の場合に),その特定資料を検索するためになされるものである。これに対して,主題検索は,求める資料が特定されていない場合に(つまり資料が未知の場合に),主題を手がかりとして,ある主題について記されている資料を検索するためになされるものである。

特定資料検索では,通常,責任者名(著者名),タイトルが検索の手がかりとされる。記述目録法は,記述のほか,これらを対象とする標目をも扱うので,この目録法により,特定資料検索が可能となる。

しかし,記述目録法では,主題検索に対応できない。そこで,主題検索に対応できるよう,主題目録法が必要になる。

もちろん,図書館は資料を分類して書架上に並べる書架分類(法)によって,主題からの検索に,一応は対応できるようになっている。しかし,書架分類には次の限界がある。すなわち,①複数の主題を有し,それゆえ複数個所に分類されるべき資料であっても,1か所にしか分類できない,②閉架書庫の資料は検索できない,③閲覧中や,貸出中の資料は検索できない,④別置により,同一個所に分類されるべき図書が,複数個所に分散する。

したがって,書架分類のみでは,図書館は,主題検索を十分にサポートしているとはいえない。そこで,主題目録法が求められる。主題目録法によって(主題目録を構築することによって),上記の書架分類の限界はカバーされ,図書館は,主題検索を十分にサポートすることができるのである。

しかしながら従来,日本の図書館界は,主題目録法に対する取り組みが弱かった。それゆえ,主題目録は十分に組織化されず,その機能は貧弱なものであった。

OPACでは,主題検索が中心になるといわれている。OPACが主流となった現在,OPACによる主題検索にも十分にたえうる主題目録(法)が求められている。

b 主題分析法

資料の主題を明確に把握し,これに分析を加えて,これを分類記号や件名標目などの索引言語へ変換可能(翻訳可能)にする方法が,主題分析法である。

図書の場合,主題の把握は,おもにタイトルやタイトル関連情報(サブタイトルなど)に目を通すことでなされる。これで主題を把握できない場合は,目次,まえがき・あとがき,ブックジャケットや帯などに目を通すことになる。また,図書の本文にも目を通さねばならないこともある。さらに著者の専門分野の調査も,主題把握に役立つことがある。

雑誌記事の場合も,主題の把握は,おもにタイトルやタイトル関連情報に目を通すことでなされる。また,雑誌記事に抄録が記載されていれば,これが主題把握のための重要な情報源となる。

主題は,最終的に何らかの索引言語(システムの語彙)に翻訳される。したがって,主題分析法は採用予定の索引言語システムに影響を受けることになる。

図書の場合，一般に事前組み合わせ索引法を前提とする索引言語システムが採用され，雑誌記事の場合，多くは事後組み合わせ索引法を前提とする索引言語システムが採用される。したがって，図書の主題分析法と雑誌記事の主題分析法は，採用される索引言語システムの違いを反映して，通常，異なったものとなる。なお，索引言語システム，および事前組み合わせ索引法，事後組み合わせ索引法については，次項を参照されたい。

　図書の主題分析では，一般には要約化（summarization）が用いられる。要約化とは，資料の主題を，「〜について」というふうに，一つの句に要約することを指す。

　一つの資料は，中心的な主題のほかに，いくつかの副次的な主題を有することがある。そのような場合でも，要約化においては，副次的な主題に無視されて，中心的な主題のみが取り上げられる。

　一方，雑誌記事の主題分析では，要約化は用いられず，副次的な主題も取り上げられることが多い。

　要約化を用いる（事前組み合わせ索引法を前提とする）主題分析の場合，主題を構成する名辞どうしの関係を，しっかりと把握せねばならない。例えば，同じく，「教師，生徒，態度」という名辞で構成される主題でも，これら三つの名辞が，「教師の生徒に対する態度について」という関係にある主題と「生徒の教師に対する態度について」という関係にある主題とでは，意味がまったく異なる。それゆえ，名辞と名辞の関係把握は重要であり，これが主題を索引言語に翻訳する際の鍵を握ることになる。なお，このような名辞と名辞の関係は，統語的関係（文法的関係）といわれる。

c　索引言語システム

　索引語の付与（目録の場合なら，標目の付与）に用いる名辞や記号（通常は分類記号）の体系が，索引言語システムである。

　広義には，索引言語システムは二つに大別される。一つは，おもに資料中の（タイトルなどに含まれる）名辞をそのまま索引に用いるものであり，これは自然（言）語システム（非統制語システム）とよばれている。もう一つは，資料中の名辞を何らかの名辞や記号に変換するものであり，これは統制語システムとよばれている。狭義には，とくに後者を指して索引言語システムとよぶ。

　自然語では，同様な概念を表す名辞が，さまざまに表現されうる。それゆえ，自然語システムの場合，同義語・類義語の問題が生じる。例えば，『本の歴史』，『書物の歴史』というタイトルの資料を考えよう。この場合，「本」と「書物」は，同様な概念を表す名辞である。それにもかかわらず，自然語システムでは，「本」，「書物」というように，別々の索引語が付与される。

　したがって，このような索引言語システムの利用者は，同義語・類義語を網羅的に用いて検索せねば，求める資料を十分には検索できない。同義語・類義語を網羅的に思い浮かべるには限界があるので，自然語システムの場合，検索漏れの生じる確率が高くなる。

　これに対して，統制語システムでは，同義語・類義語は何らかの名辞や記号で代表させられる。例えば，「本」，「書物」を「図書」という名辞で代表させるということが行われる。この場合，「本」や「書物」には，いずれも「図書」という名辞が索引語として付与される。統制語システムの利用者は，当該概念を代表する名辞や記号を用いて検索すれば，理論的には，検索漏れなく検索を遂行することができる。

　図書館では，伝統的に統制語システムを利用してきた。分類表や件名標目表は，図

F　主題目録法…………321

書館で用いられてきた統制語システムの代表例である。また，抄録・索引サービスの世界では，多くの場合シソーラスという統制語システムが用いられてきた。

索引言語システムは，事前組み合わせ索引法（事前結合索引法，pre-coordinate indexing）を前提とするものと，事後組み合わせ索引法（事後結合索引法，post-coordinate indexing）を前提とするものに二分することもできる。前者の索引法は，検索要求を受ける事前に，索引語を組み合わせておく索引法であり，後者の索引法は，検索要求を受けた事後に，索引語を組み合わせる索引法である。

事前組み合わせ索引法は，検索目的から見て有意味な順序で，索引語を一列に並べることを前提とする索引法である。この索引法の利用者は，この並びの順序に導かれて，自身の求める資料（の索引や目録）を検索することができる。通常，並べる順序には分類順や名辞の音順が採用される。カード目録における分類目録や件名目録は，事前組み合わせ索引法による索引（目録）の代表例である。

並べるためには，複合主題の問題を解決せねばならない。例えば，「教師の生徒に対する態度について」という主題は，「教師－生徒－態度」という順で名辞を組み合わせて索引づけするのと「生徒－教師－態度」という順で名辞を組み合わせて索引づけするのとでは，排列位置がまったく異なってくる。

このような名辞の組み合わせ順序は，引用順序（citation order）などとよばれている。事前組み合わせ索引法において，引用順序を規定するための規則――これは統語規則とよばれる――は，非常に重要である。

事前組み合わせ索引法による索引（目録）の代表例が，分類目録や件名目録であることから理解できるように，図書館における索引（目録）では，伝統的に事前組み合わせ索引法が採用されてきた。

前項で，図書の主題分析では一般に要約化が用いられることを述べたが，要約化は基本的に，事前組み合わせ索引法を意識した主題分析法といえる。

事後組み合わせ索引法では，通常，統語規則（や引用順序）は関係しない。上述の「教師の生徒に対する態度について」という主題であれば，「教師」，「生徒」，「態度」という名辞（もしくは索引言語システムによって，これらを何らかの名辞や分類記号に変換したもの）が，個別に（組み合わされずに），索引語として付与される。

事後組み合わせ索引法では，検索要求を受けた後，通常，情報検索でいうところのブール演算を利用して，索引語が組み合わされる。例えば，上述の主題の資料を検索するのであれば，「教師and生徒and態度」というように索引語が組み合わされて，検索が行われる。これは，索引語に「教師」と「生徒」と「態度」を含む資料を検索することを意味している。

事後組み合わせ索引法では一般に，中心的な主題を表す概念のみならず，副次的な主題を表す概念にも，索引語が付与される。このような，副次的な主題を表す概念にも索引語を付与する索引法は，深い索引法（depth indexing）とよばれることがある。

事後組み合わせ索引法は，抄録・索引サービスの世界でよく利用されてきた。したがって，雑誌記事などはこの索引法を前提として，主題分析がなされることが多い。

ブール演算はコンピュータと相性がよいので，データベースでは通常，事後組み合わせ索引法が採用される。OPACもコンピュータによるシステムである。したがって，今後は図書館でも事後組み合わせ索引法が模索されるべきであろう。

d　分類法

分類法は、分類することによって検索を可能にするものである。

例えば十進分類法の場合、あらゆる主題が、まず大きく10項目に分類（区分）される。10項目に分類された各主題は、さらに10項目に分類される。このような分類が繰り返されて、最下位の項目に至る。

この分類法の利用者は、最初の10項目のうち、対象とする資料の主題がどの項目に属するのかを探し出す。その項目は、さらに10項目に分類されているので、これの利用者は、対象とする資料の主題がこの10項目のうちのどれに属するのかを探し出す。このような作業を繰り返して、これの利用者は最終的に、対象とする資料の主題の分類項目に到達するのである。

分類法の要点は、一度の分類によって生じる分類項目（区分肢）は、せいぜい数十以内という点にある。なぜなら、一度の分類によって生じる分類項目が、数百も数千もあったら、対象とする資料の主題が属する分類項目を探し出すことが困難になるからである。

伝統的な分類法は、事前組み合わせ索引法を前提としているので、主題を一列に並べるという機能を有さねばならない。このために、等位の分類項目間に排列順序がつけられる。すべての等位の分類項目間に排列順序がつけば、分類項目は一列に並ぶ（通常、この並びを維持する便のために、分類項目には、分類記号が付与される）。

ただし、カード目録時代は、主題を一例に並べる機能は重要（というか必須）であったが、OPACが主流となった現在、この機能の重要性は減じている。

なお、分類法について詳しくは、「F－2　分類法」を参照されたい。

e　件名法

件名法は、名辞を統制することによって、検索を可能にするものである。

件名法では、同義語・類義語のうち当該概念を代表する名辞が選ばれ、これが件名標目とされる。そのほかの同義語・類義語は、参照語などとよばれ、これには件名標目への「を見よ」参照が付される。また、ある件名標目に関連する件名標目へは、「をも見よ」参照が付される。

件名法は、一般に事前組み合わせ索引法を前提とする。したがって、複合主題の場合、名辞が組み合わさった形で、索引語が付与される。例えば、「日本語の方言」という主題であれば、「日本語－方言」などという形で、索引語が付与される。

事前組み合わせ索引法では、主題を一列に並べることが前提になる。したがって、件名法では、上述の「日本語の方言」という主題を、「日本語－方言」という引用順序で索引づけるのか、「方言－日本語」という引用順序で索引づけるのかが、大問題となる。というのは、引用順序によって排列位置が変わり、どのような主題が集中して並ぶかが異なってくるからである。

ただし、分類法のところで触れたように、OPACが主流となった現在、カード目録を意識した、一列に並べるという機能の重要性は減じている。

なお、件名法について詳しくは、「F－3　件名法」を参照されたい。

f　シソーラス

シソーラスは、件名法と同様に、名辞を統制することによって検索を可能にするものである。件名法との違いは、①関連名辞間の関係をより厳密に定義（分析）していること、②主として事後組み合わせ索引法を前提としていること、である。

まず、①について述べる。件名法では、

関連名辞（件名標目）間の関係づけは，伝統的に「をも見よ」参照によってなされてきた。そこでは，どういう意味で名辞が関係しているのかまでは分析されなかった。一方，シソーラスでは，関連名辞間の関係が，上位語（BT: broader term），下位語（NT: narrower term），関連語（RT: related term）に分析される。

ただし，最近の件名法は，シソーラス的に，関連名辞間の関係を分析する方向にある。この意味では，件名法とシソーラスの差はなくなってきているといえる。

②については，シソーラスはおおむね，事後組み合わせ索引法を前提としているので，主題を一列に並べる機能を捨象している，ということができる。したがって，シソーラスでは，通常，統語規則は不要であり，引用順序の問題も生じない。例えば，「日本語の方言」という複合主題の場合，「日本語」という名辞と「方言」という名辞が，組み合わされることなく別々に索引語として付与される。したがって，シソーラスには，件名標目表でいうところの細目つき件名に相当するものはない。

また，件名標目表では，"animals in art"のように，事前組み合わせ的な句形式をとる件名標目がよく採用されるが，シソーラスではあまり採用されない。複合語も単一語に分解される傾向にある。例えば，"buildings construction"は，"buildings"と"construction"に分解される。

OPACには，事前組み合わせ索引法的な件名法よりも，事後組み合わせ索引法的なシソーラスの方がなじむ。今後，件名標目表は，よりいっそうシソーラス化され，事後組み合わせ索引法にも対応できるものとなることをめざすべきであろう。

なお，シソーラスの構築法については，国際規格であるISO 25964（Thesauri and Interoperability with Other Vocabularies）や国内規格であるJIS X 0901（シソーラスの構成およびその作成方法）などがある。

g　主題索引法

図書館の世界では，主題検索は伝統的に，物理的なまとまり（例えば図書の1冊1冊）以上のレベルを対象にして行われてきた。このようなレベルの主題検索を実現するためのもの（方法）が，主題目録法である。

これに対して，抄録・索引サービス（ドキュメンテーション）の世界では，物理的なまとまりの中身にまで踏み込んだ主題検索を可能にしてきた。このようなレベルの主題検索を実現するためのもの（方法）が，主題索引法である。

主題索引法による索引の例としては，雑誌記事索引や新聞記事索引などの記事索引（文献索引）をあげることができる。これらの索引は，雑誌や新聞という物理的なまとまりに含まれる，個々の記事レベルの検索を可能にするものである。

また，図書の巻末にある事項索引（内容索引）も，図書という物理的なまとまりに含まれる，個々の事項レベルを対象としているので，主題索引法による索引といえる。

合集など多著作からなる図書の場合，目録法では，これに含まれる個々の著作ごとに分出記入を作成することがある。このような分出記入を含む主題目録は，主題索引の世界に一歩踏み出した主題目録と見なすこともできよう。

（田窪直規）

2　分類法

a　総論
(1) 意義

図書館における分類法の意義とは，図書館資料を分類することによって，利用者が

図書館資料へアクセスできるようにするしくみを構築することにある。

　分類とは，まずは共通の性質をもつものを集めること，また，異なる性質のものを分離することである。図書館資料のもつ性質は，形態，媒体，出版者，刊行年などさまざまである。分類法においてまず着目する性質は，資料が有する情報内容，知識である。つまり，分類とは，知識の総体をいくつかの知識分野でまとめることでクラス（類）を認識することである。かつまた，分類とは，こうして得られたクラスどうしの関係性を把握することである。

　このクラスの概念および関係性を，分類法ではとくに記号によって明示する。この記号の一覧表を分類表といい，分類表から選択して，あるいは組み合わせて用いる記号を分類記号という。この分類記号を図書館資料や文献に対して与えることを，分類作業という。分類表は分類記号を与える際の土台となる。

(2) 目的・種類・機能

　分類法の目的は，大別すれば，図書館資料へ物理的に直接的なアクセスを可能にすることと，図書館資料のいわば「身代わり」である目録を介してのアクセスを可能にすることである。前者の目的を果たすための機能を書架分類，後者の目的を果たすための機能を書誌分類という。

　知識の分類と資料の分類とは本質的には共通だが，必ずしもイコールではない。分類法は，知識一般を直接的にその対象とするのではなく，資料にあらわれる形での知識を対象とする。

　また，理論より実用性を優先することもありうる。例えば，書架分類においては，資料の物理的形態，資料媒体，対象読者層などに鑑みて，排架や利用のための利便性を考慮する場合もある。

b　分類表
(1) 基本的要件

　分類表を形成するために必要となるのが，区分と体系化である。

　区分する際に着目する性質のことを区分原理あるいは区分特性という。また，区分によって得られるものを区分肢，区分される対象を被区分体という。被区分体が同一でも，適用される区分原理が違えば，得られる区分肢は異なる。また，区分を繰り返す場合は，一般から特殊へと進む。

　区分に際しては，次の原則が適用される。
① 　一貫性：1 回の区分では，一貫して一つの区分原理のみを適用しなければならない。
② 　相互排他性：①の帰結として，区分肢は相互に排他的なものでなければならない。逆に言えば，区分原理の適用に一貫性がないと，一つの対象が複数の区分肢に属することになる。これを交叉分類という。
③ 　網羅性：得られる区分肢の総和が被区分体となるように，区分は網羅的であるべきである。
④ 　漸進性：区分を繰り返す場合，飛躍してはならず，一般的なものから順次特殊なものへと区分を行う。

　これらの原則によって行われる区分を，表の形にまとめるのが体系化である。区分によって得られた区分肢の並べ方や示し方を定め，分類記号の仕組みを構築し，分類表を作成する。

　また，通常，分類表は区分と体系とを示す主表のほかに，主表を補う補助表および言葉から対応する分類記号へ導く索引を備える。

(2) 記号法

　分類記号に関して，構成，順序，合成方法などを定めるしくみを記号法という。

　分類記号は，資料に付与されることで，

その内容を示す機能を果たす。書誌的記録として記入された分類記号を分類標目といい、主題からの検索を可能にする。また、資料そのものに分類記号を付与し、その記号体系どおりに排架することで、資料を体系的に排列できる。

こうした機能を果たすために分類記号に求められる基礎的条件としては、順序性（誰にも自明な順序）、単純性、簡潔性、助記性（記憶しやすい性質）、受容性（新主題を体系の中に適切に位置づけられること）などがあげられる。

通常、数字、アルファベットその他の文字、コロンやピリオドなどの符号が用いられる。数字のみ、あるいはアルファベットのみというように一種からなるものを純粋記号法、数字と文字、あるいはそれらと符号とを組み合わせたものを混合記号法という。また、数字を十進法的に用いるものを十進分類法という。

(3) 種類

分類表の種類については、何を区分特性とするかにより、いくつかの類型化が可能である。

① 対象主題領域：知識の全分野を対象とする分類表を一般分類表といい、特定主題分野を対象とするものを専門分類表という。
② 使用する図書館の範囲：多くの図書館で共通に採用されている分類表を標準分類表といい、一館独自に使用するものを一館分類表という。
③ 表の構成方式：すべての主題に対応する分類記号を、あらかじめ表中に用意したものを列挙型分類表という。分類作業の際は、作業対象となる資料の主題に対応した記号を、列挙されたものの中から選択して与える。ただし、すべての主題をあらかじめ列挙しておくことは実際的には無理なので、多かれ少なかれ補助表などを使用して記号を形成することにもなる。一方、すべての分類項目をあらかじめ列挙するのではなく、各主題分野を分析して得られる基本的な要素と、その要素どうしの結びつけ方を示したものを分析合成型分類表という。分類作業の際は、資料の主題に応じて、記号を合成して与えることとなる。

(4) 世界の分類表

(a) デューイ十進分類法（DDC）

DDC（Dewey Decimal Classification）は、1876年にM.デューイが公刊した分類法である。現在普及している分類法の中でも最初期のものであり、また、その後の分類法への影響は多大である。

デューイ自身は13版まで改訂に携わり、彼の死後も版を重ね、現在は23版（2011）である。OCLCが版権をもち、米国ほか数か国からのメンバーによる編集政策委員会（EPC: Editorial Policy Committee）が改訂方針を示し、LC内の十進分類担当部署（Decimal Classification Division）が編集実務を担っている。米国をはじめとする英語圏を中心に世界的に普及し、各国語に翻訳されている。また、ウェブ版（Web Dewey 2000〜）も刊行されている。

主類の配置は、ベーコン（Francis Bacon）の知識分類を逆順にしたハリス（William Torrey Harris）の分類の主類区分（いわゆる逆ベーコン式）に基づく。以下、各クラスは、区分段階ごとに十進法のごとく10区分される。

デューイが確立した十進分類法は、記号法が備えるべき順序性、単純性、助記性を有しており、その実用性ゆえにDDCは広く普及した。また、記号の受容性ゆえに、改訂ごとに記号を展開して新主題をとりこみ、主類、補助表とも非常に詳細である。

補助表は、22版以降一つ減り、標準区分、地理区分など6表である。また23版におけ

表V-1　DDCの主類

000	コンピュータサイエンス，情報および総記
100	哲学および心理学
200	宗教
300	社会科学
400	言語
500	自然科学および数学
600	技術
700	芸術
800	文学および修辞学
900	歴史および地理

る主要な改訂の一つとして，「人々（社会集団）」や「叢伝」の区分が新たな観点から設定された。DDCは基本的に列挙型ではあるが，補助表を使用しての記号合成が可能であり，また三表内部でも合成手法が取り入れられている。

また，デューイが考案した相関索引は，主表においては観点によって分散してしまう主題を，索引上一つの語のもとに集中するしくみをもっている。

(b)　国際十進分類法（UDC）

UDC（Universal Decimal Classification）は，オトレとラ・フォンテーヌが1895年に設立した国際書誌協会（IIB）が，世界書誌作成の目的で編纂した。DDCを範としながらも，学術論文など詳細レベルの主題への対応を想定し，多数の共通補助表を備えている。

1905年に国際第1版（フランス語）が刊行され，その後，英語，ドイツ語などの各言語版が出されている。また，分類表の詳細度別に，詳細版，中間版および簡略版があり，このほか建築分野などの専門版がある。中間版とは，詳細版と簡略版との中間の詳細度のものである。維持管理については，IIBの後，国際ドキュメンテーション連盟（FID: Fédération Internationale de Documentation）を経て，1993年からUDCコンソーシアム（UDC Consortium）があたっている。

日本語で利用できるのは，中間版第3版（1994）およびCD-ROM版（2002）である。出版していた情報科学技術協会が2004年8月にUDC事業から撤退したため，新たに入手することはできない。なお，日本語版では，分類記号を標数とよんでいる。

主類の配置はDDCを踏襲しつつ，4類（言語）を8類（文学）へ移行し，4類は空き項目となっている。以下，下位クラスは十進的に展開し，3桁ごとにピリオドを入れる。

主標数（主表）のほかに，共通補助標数および固有補助標数をもつ。主標数どうし，あるいは主標数と補助標数とを連結記号（＋/：＝など）によって組み合わせて記号を形成する。これにより，DDCと同じく十進記号法を基礎としながら，より多面的で詳細な主題表現を可能にしている。

ごく単純な例ではあるが，物理学と数学という複数の主題が並列して扱われている文献について，DDCとUDCとを比較してみよう。DDCでは物理学は530，数学510であるが，この場合，DDCでは規程により本表上の先にくる項目に位置づけるので，分類記号は510となる。一方，UDCでは，物理学53と数学51とを並置を示す連結記号「＋」を使って合成し，分類記号（標数）は53＋51となる。

(c)　アメリカ議会図書館分類表（LCC）

LCC（Library of Congress Classificaion）は，LCが自館の蔵書を分類排架するために考案した分類表である。非常に大部な分類表で，1901年以降，主題分野ごとに順次刊行されてきた。全体としての調整はとられてはいるものの，むしろ専門分類表の集積であるともいえる。

数字とアルファベットを使用した混合記号法であり，非十進分類法である。

主類は1桁のアルファベットで表され，

カッターの展開分類法（EC: Expansive Classification）を基礎としながら，21に区分されている（うち，アメリカ史を二区分に割り当てている）。

典型的な列挙型であるとされ，補助表については，分類表全体に使用するものはなく，特定主題ごとに適用するものが用意されている。

LCCは本来，LCのための一館分類表ではあったが，LC印刷カードやLC/MARC（現在のMARC21）に採用されたことなどから，大規模な学術・研究図書館を中心に米国およびカナダで多く採用されている。項目の追加，変更は随時なされており，その最新の情報は，LCのウェブサイトによって周知されている。

(d) コロン分類法（CC）

CC（Colon Classification）は，ランガナタン（S.R. Ranganathan）が1933年に公刊した分類法である。現在，第7版が最新版である。一般分類法であり，記号は混合記号法である。

普及はわずかで，ランガナタンの母国インドの大学図書館等で使用されているにすぎない。しかし，理論的影響は大きく，その考え方はUDCやDDCなどの改訂時に取り入れられている。

ランガナタンが導入し，後の分類法に影響を与えた考え方として，ファセットおよびそれらを結びつける順序としてのファセット式がある。

ファセットとは，基本的な区分原理によって区分したときに得られる区分肢全体をいう。各主題領域の基本的な構成要素ともいえよう。

ところで，ファセットを得るための区分特性は各主題領域によって異なる。例えば，建築では様式，建築物の種類，構造，時代などがある。文学では言語や文学形式などがあろう。

ランガナタンは，こうした構成要素を分析する過程で，各主題分野に共通の基本的なカテゴリーを見出し，かつ，それらカテゴリーの適用順序（ファセット式）を提示した。これはPMEST（パーソナリティ（Personality），マター（Matter），エネルギー（Energy），空間（Space），時間（Time））として示され，具体的なものから抽象的なものへと並んでいる（具体性減少の原則）。

CC以前の分類法は，基本的に，知識一般から順次区分を展開し，得られたクラスから下位クラスまでのすべてにあらかじめ記号を与えて示す列挙型であった。これに対し，CCでは，分類対象の資料に応じて基本的要素を分析し，その要素に対して与える記号を，先のファセット式に従って連結記号を用いて合成することで，最終的な分類記号を与えることになる。いわゆる分析合成型である。

なお，コロン分類表という名称は，要素を組み合わせる際の連結記号として初版で唯一用いられたコロン（：）に由来する。

(e) その他

ランガナタンの理論をさらに発展させ，かつまた，数々の分類表を考案したのが，1950年代から活躍し始めた英国の分類研究グループ（CRG: Classification Research Group）である。

メンバーの一人であるミルズ（J. Mills）は，ブリス（H.E.Bliss）が1940年から53年にかけて刊行した書誌分類法（BC: Bibliographic Classification）の改訂に携わり，1977年から第2版（BC2）の刊行を開始した。また，同じくCRGのメンバーであるコーツ（E.J.Coates）は，UNISIST計画のために，1970年代初め，ユネスコとFIDとの共同企画として始まった分類表（BSO: Broad System of Ordering）の開発において，主導的な役割を果たした。

なお，多くの一般分類表が事象より主題

分野を優先する観点分類法であるのに対し,1906年ブラウン(J.D. Brown)が刊行した件名分類法(SC: Subject Classification)は,具体的な主題は分野や観点によって分散されるより,同一個所に集中すべきであるとの考え(one-place theory)に基づいている。

c 日本十進分類法(NDC)

(1) 沿革

NDC(Nippon Decimal Classification)は,1929年に森清(もり・きよし)による編集で初版が刊行された。5版(1942)までは森清の個人編著であったが,1948年,日本図書館協会に分類委員会が設置され,NDCの改訂を行うこととなった。新訂6版が1950年に刊行され,以後,日本図書館協会が維持管理を行い,最新版は2014年刊行の新訂10版[1]である。

「日本全国書誌」およびJAPAN/MARC,さらにはまた,各種民間MARCに付与されており,公共図書館および学校図書館では100%に近い採用率を示すなど,国内的に広く普及していて,日本の標準分類表であるといえる。

NDC新訂10版は,新訂9版と同じ2巻からなるが,「本表・補助表編」「相関索引・使用法編」と構成を変えた。抜本的な体系や構造上の変更はないものの,新設項目,多数の別法の導入,名辞の追加・修正,注記・参照の定型化,相関索引の増強がなされた。分類法の正確な理解と運用に資するため,本表・補助表編の序説および各類概説ならびに相関索引・使用法編の使用法および用語解説が新たに充実した。機械可読版(MRDF)は現在準備中である[2]。

(2) 分類体系

主類の排列は,カッターのECを参考にしている。しかしながら,項目全体は日本の学問・出版状況を考慮して構成されている。例えば,キリスト教は神道や仏教と同

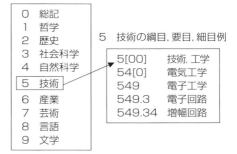

表V-2 NDCの類目

0 総記
1 哲学
2 歴史
3 社会科学
4 自然科学
5 技術
6 産業
7 芸術
8 言語
9 文学

5 技術の綱目,要目,細目例
5[00] 技術,工学
54[0] 電気工学
549 電子工学
549.3 電子回路
549.34 増幅回路

列に配置され,日本史・日本地方史は細分化され,また,語学・文学においては,日本語および中国語を英・独・仏語などと同格にしている。

(3) 記号法

DDCにならって十進記号法を採用している。知識の総体を9区分して,1から9までの記号を当て,0を総記とする。以下,各区分肢について同様に繰り返す。1桁および2桁の場合には0を補って3桁にし,3桁を超える場合には,3桁目にピリオドをおく。数字は大きさを表す自然数ではなく,また,ピリオドは記号を見やすくするための便宜的なものである。記号の読み方は540「ゴヨンレイ」となる。

記号の桁数は,概念の深度を示している。例えば,549.3(電子回路)は,549(電子工学)と比べ桁数が多いゆえに,下位概念であると判断できる。ただし,表全体を通じて必ずしも徹底しているわけではない。また,DDCと比較した場合,記号の特定性の度合いは低く,また,注記などによる表の説明が不十分である。

(4) 補助表

補助表は,本表のみでは主題を表現し尽くせない場合に,本表の記号に付加して用いる記号の表である。補助表には,一般補助表と固有補助表とがある。

新訂10版ではその再編が行われ,一般補

助表は，全分野に適用可能なものから，特定の類に限定されるものまで含むが，部分的であっても二つ以上の類で使用されるものに限定し形式区分，地理区分，海洋区分，言語区分の3種4区分とした。これに対し，固有補助表は，ひとつの類またはその一部分についてのみ共通に使用されるものである。新訂9版では一般補助表であった「言語共通区分」「文学共通区分」を移すとともに，新設1表を加え10種類とした。

(5) 相関索引

相関索引は，言葉から分類記号を探すためのものである。また，本表においては観点や分野によって分散してしまう主題を，一つに集中するしくみをもっている。逆にいえば，主題が各種の観点によって分類記号を異にすることを示している。

表V-3　NDCの相関索引

カルシウム	（医化学）	491.46
	（栄養学）	498.55
	（化学）	436.23

d　国立国会図書館分類表（NDLC）

NDLC（National Diet Library Classification）は，国立国会図書館が自館の蔵書を分類排架するために適用する分類表である。同館は当初，和漢書にNDC，洋書にはDDCを使用していたが，蔵書運用の便宜から，和洋を一本化した独自分類表の作成計画を立てた。1962年から作成に着手し67年に完成，刊行は1963年から68年にかけてなされた。1968年には新受入全洋書に，69年には同全和書に適用を開始した。書架分類を主眼とする分類表ではあるが，書誌分類としての特性にも配慮している。

記号法はアルファベットと数字による混合記号法である。分類表全体に共通の補助表はないが，特定分野で使用する国名記号表が用意されている。

主類は，社会科学（とくに，政治・法律・行政）を最初に配置した点に特色があり，以下，人文科学，科学技術，総記，形式類の順に並ぶ。

1987年に改訂版を刊行して以後，主題によらない部門（形式類）については逐次改訂されてきたが，書誌分類としても使用される部門（A～U部門）はほとんど改訂されていない。また，JAPAN/MARCに付与されてはいるが，LCCとは違って普及率は低く，大学図書館など数館が採用しているにとどまる。なお，最新版は国立国会図書館のウェブサイトに掲載されている。

e　分類作業

所定の分類表に則り，資料に対して分類記号を与えることを，分類作業という。図書記号を付与し，請求記号を形成するまでの作業をも含めて捉える場合もある。

作業の前提として，分類表の選定がある。選定には，館種，規模，蔵書構成などを考慮する。

日本の図書館では，一般的には，その標準分類表としての実質ゆえ，NDCの採用が妥当であるといえる。また，その場合でも，必ずしも細目表どおりに適用する必要はない。記号を3桁にとどめる，あるいは部分的に細目表まで展開するなど，館種や蔵書構成に応じた適用のしかたがあろう。

以下，基本的にNDCに則して，分類作業について述べる。

(1) 分類作業の過程

分類作業の過程は，資料の主題を把握すること（主題分析）と，把握された主題に対応する分類記号を分類表から選択・形成することとに大別できる。主題分析については，「F－1b　主題分析法」を参照されたい。

主題が把握されたなら，対応する分類記号を与えることになる。その前提として，

分類表の理解が必要である。序説，各類概説，使用法および用語解説は一読すべきであろう。相関索引も記号選択の手助けとなる。ただし，索引のみによる作業は慎むべきである。

(2) 分類規程

首尾一貫した分類作業を行うための指針を成文化したものを，分類規程または分類コードという。分類表全体に適用されるものを一般分類規程，特定主題について適用されるものを特殊分類規程という。

NDCの一般分類規程では，主題と形式との関係（主題を優先し，その上で形式によって細分）や複数・並列主題のほか，影響関係や比較関係など，いわゆる相関関係にある主題への対処方法などをあげている。

ただし，分類規程は一般的な指針にすぎないことも忘れてはならない。例えば，分類規程では，影響関係を扱っている資料は影響を受けた側へ分類する。しかしながら，影響を及ぼした側に明らかに重点をおいているなら，その資料は，影響を及ぼした側へ分類することも考えなければならない。

(3) 分類目録

分類標目と参照とが分類記号順に排列された目録を分類目録という。同一標目内の排列順序は，①本タイトル，②責任表示の著者名，③出版者名，④本シリーズ名，⑤出版年，の順である。

分類目録は，主題からの検索を可能にする。とくに，分類体系に基づいて関連する主題が目録ファイルの中で集中する利点がある。ただし，検索には，使用されている分類体系の理解が必要とされる。よって，利用者が求める主題に対応する分類記号を言葉から検索できる索引が必要である。

(4) 図書記号

同一分類記号をもつ資料を個別化するための記号を，図書記号という。分類記号と図書記号とを合わせた記号を請求記号という。

図書記号の種類には，受入順記号（受入順の一連番号），年代記号（出版年順），著者記号などがある。著者記号については，単に著者名の頭文字をそのまま使用する場合や，著者記号表（カッター・サンボーン表や日本著者記号表など）による方法などがある。

なお，図書記号の付与および管理については，コンピュータによる自動化も行われている。

3 件名法

a 総論

記述目録法については，国際的な会議などの場で合意された指針があるが，主題目録法についてはそのようなものはないといえよう。例えば，著者標目についてはパリ原則があり，記述規則についてはISBDがあって，各国の目録規則は，バリエーションをもちつつも，それらの国際的な合意に基づいて標準化されている。しかしながら，主題目録法については，そのような意味での標準化は図られてはいない。

例えば，DDC，LCCおよびCCを比べた場合，それらはある種の原則に則ってはいるものの，何らかの国際的な指針に基づいているわけではなく，等しく分類表とはいえ，相互間の構造上の相違ははなはだ大きい。そして，分類法というものを体系化しようとするなら，それは幾多の学説や各種分類法のエッセンスを抽出して示すことになろう。

同様に，件名法というものがあるとしたら，やはり諸々の学説や各種件名標目表による実践を，最大公約数的に集約するほかあるまい。その意味では，アメリカ議会図書館件名標目表（LCSH: Library of Congress Subject Headings）は世界の件名標目表の標

準である，とされるが，正しくは「事実上の標準」（デファクト標準）というべきであろう。

また，日本の目録法の流れを概観した場合，主題目録法の発展の度合は相対的に低かったといえる。分類法はまだしも，件名目録については，理論・実践の両面でそのようにいわざるを得ない。

b 件名標目

件名標目とは，資料の主題を言葉によって表したものであり，言葉から主題検索をする際に用いられる。

件名標目は，索引語の一種である。索引語とは，文献検索で使用されるもので，文献の内容を抽出して表現する言葉である。索引語にはキーワードやディスクリプタなどとよばれるものがあり，図書館目録の領域において伝統的に使用されてきたのが件名標目である。主題を記号によって表す分類記号も，広義の索引語の一つである。

(1) 用語の意味（セマンティクス）

件名標目は，まず，用語の意味的な側面をコントロールするという点において統制語である。

同一主題を表す言葉が何種類か存在する場合（同義語），そのうちの一つを選択して件名標目とする。その他の選択されなかった言葉は参照語として，件名標目へ導く役割，「を見よ参照」の機能を果たす。例えば，「図書」を件名標目とした場合，「本」や「書物」などの語は参照語となる。

こうした同義関係のみならず，件名標目相互の関係性（階層関係，連想関係）を示すことで，件名標目の概念をより明確にすることもある。さらに，個々の件名標目についての概念規定や使用方法をとくに明示する注記として，スコープノート（scope note）がある。

また，件名標目の意味的な側面としては，その特定性があげられる。すなわち，件名標目の概念の範囲は，それが付与される資料の主題内容より広すぎもせず狭すぎもせず，同一の広がりを有するべきである。

(2) 用語の組み合わせ（シンタックス）

統制語である件名標目は，用語どうしの結びつけ方もコントロールする。

件名標目の場合，事前に，すなわち標目付与の段階で，資料に含まれる概念に対応する用語を組み合わせ，一つのつながりを形成する。例えば，「アメリカ合衆国の自動車産業」を主題とする資料に対しては，「自動車産業－アメリカ合衆国」という形に件名標目を形成して付与する。なお，この場合，先頭にくる標目（自動車産業）をとくに主標目とよび，後ろに続く部分（アメリカ合衆国）を細目という。細目には，主題細目，地理細目，時代細目，形式細目などがある。

細目の連結順序については，ランガナタンのファセット式PMESTや，それをさらに発展させてCRGが提唱した引用順序など，分類法における理論を，広く索引語の標準引用順序として件名標目にも適用できよう。これらを相当簡略化してではあるが集約するなら，「主題（事象）－地理（場所）－時代（時間）－形式」となろう。

なお，事前には索引語を結合せずに提示し，検索時に利用者がand/or検索などの検索式を用いて索引語を組み合わせることを前提とした方式を，事後結合方式という。一般に，事前結合方式の方が検索時のノイズは減少する。

(3) 標目の使用法（プラグマティクス）

件名標目と目録作成者などその使用者との関係についてもコントロールする必要がある。すなわち，件名標目の付与作業の一貫性を保つことや，件名標目の維持・管理に関係することである。これらは，件名規程やマニュアルなどの形で示される。

c 件名標目表

件名標目の一覧表を件名標目表という。通常，音順に排列した一覧表で，件名標目としては使用しない言葉である参照語も含む。件名標目の付与作業や維持管理に不可欠のものである。なお，一般に，特定の個人，団体などを表す固有名の件名標目は，件名標目表には収載されない。

各種の件名標目表において，近年，参照表示についてはシソーラスにおける方式が準用されている。

参照表示を示す方式としては通常，①同義関係：USE（を見よ参照），UF（used for，を見よ参照あり），②階層関係：BT（broader term，上位語），NT（narrower term，下位語），TT（top term，最上位語），③連想関係：RT（related term，関連語）がある。

この他，参照する件名標目が多数で，例示・省略して示す場合に用いられるSA（see also，をも見よ参照注記），件名標目の適用範囲を注記するためのSN（scope note）などがある。

代表的な件名標目表として，LCSHがある。LCSHは，英語圏を中心に世界に広まっており，また，各国の件名標目表の編集・改訂の際のモデルともなっている。最新版はPDF形式による37版（2015年1月）であり，標目33万7354件および参照が収録されている。毎年刊行されており，11版（1988）からは参照表示にシソーラスの形式を準用している。件名標目の新設・変更については，LC以外の図書館からのリクエストも受け入れている。新設・変更の結果については，週単位でLCのウェブサイト上で周知しており，また，同サイトでは，件名標目の典拠ファイルも公開している。なお，LCSHは本質的には件名典拠表であり，書誌記述における目録規則に対応するような規則はないが，LCからはマニュアルが刊行されており，個々の図書館においてLCSHを適用する際の指針とすることができる。

近年，件名標目表については，とくにネットワーク情報資源への対応および多言語主題アクセスに関して，いくつかの試みがある。

例えば，OCLCはLCの協力を得て，FAST（Faceted Application of Subject Terminology）を開発した。これは，ネットワーク情報資源のメタデータ（ダブリンコア）に適用するために，LCSHの豊富なセマンティクスはそのままに，複雑なシンタックスを簡略化したものである。

また，欧州では，MACS（Multilingual Access to Subject）プロジェクトがある。これは，ドイツ語圏の標準的な件名標目表SWD/RSWK，フランス語圏の標準的な件名標目表RAMEAUおよびLCSHを使って，多言語による主題アクセスを行う試みである。なお，RAMEAUでは，個々の件名標目に対応するLCSHが表示されている。

d 基本件名標目表（BSH）

(1) 沿革

BSH（Basic Subject Headings）は，日本図書館協会が編集・刊行する日本の代表的な件名標目表である。『日本件名標目表』（加藤宗厚編，1930）を，青年図書館員聯盟件名標目委員会が改訂したことに端を発し（1944），1956年に日本図書館協会より初版が刊行された。

最新版は第4版（1999）で，収録数は，標目数7,847，参照語2,873，説明つき参照93，細目169である。全体は，序説，音順標目表，分類記号順標目表および階層構造標目表からなる。

(2) 標目の採録方針

日本の公共図書館，高等学校の図書館および大学一般教育レベルの図書を収集する図書館において必要とされる件名標目を中心に採録している。

対象とする資料は図書に限定し，雑誌論文や新聞記事などに必要なものは採録していない。

個人名，団体名などの固有名の件名については，原則として省略している。また，基礎的な標目であっても，例示的に掲げるにとどめたものもある。これらについては，各図書館が必要に応じて補充していくものとされている。

(3) 標目の表現形式

標目の表現形式については，次の方針によっている。

① 常用語を優先的に採用する。
② 複合語・熟語はできるだけそのままの形を標目とする。
③ 検索の便宜上表現の統一が適切な場合は，主標目のあとにダッシュを用いて細目を付加し表現する（例：英語－会話，英語－語彙）。
④ 標目の意味を限定するために，丸括弧で限定語を付記する（例：価値（経済学），価値（哲学））。
⑤ 形容詞的に用いられる地名は，地名を冠する形とする（例：日本建築）。
⑥ 比較関係や影響関係を示す件名標目は「と」で結ぶ形とする（例：宗教と科学）。
⑦ 複数の主題が同時に扱われるのが常態であるものは，連辞や中点で結ぶ形を用いる（例：折紙・切紙）。
⑧ 形式標目は慣用されている固有の表現を件名標目とする（例：人名辞典，法令集）。

また，細目については，一般細目，分野ごとの共通細目，言語細目，地名のもとの主題細目，地名細目，時代細目および特殊細目がある。

(4) 参照

参照には，直接参照（を見よ参照：UF），連結参照（をも見よ参照）および参照注記（SA）がある。第4版からシソーラスの表示形式を準用しており，連結参照には，TT（最上位標目），BT（上位標目），NT（下位標目）およびRT（関連参照）がある。

(5) 分類記号順標目表と階層構造標目表

分類記号順標目表と階層構造標目表は別冊に収められている。これらは，学問分野別に件名標目を通覧できるように編成されている。前者はNDCの分類体系の中で，後者は件名標目間の階層表示の中で，個々の件名標目の把握がしやすくなっている。

e 国立国会図書館件名標目表（NDLSH）

NDLSH（National Diet Library Subject Headings）は，国立国会図書館が自館の蔵書に対して付与した件名標目を収録した表である。1991年刊行の第5版には，件名標目17,133，参照形5,391を収録する。

BSHと比較した場合，常用語よりも学術用語を採用しているとされる（例，BSH：環境ホルモン／NDLSH：内分泌撹乱物質）。また，「を見よ参照」しかなく，「をも見よ参照」をもたないのが欠点であったが，2004年度から抜本的な改訂作業に着手，「をも見よ参照」を付加するとともにシソーラスの表示形式の準用，細目の使用法や参照注記の充実など全面的な見直しが進められた。そして「2008年度版」（2009年3月末で件名標目17,953件，参照を含めて47,816件を収録）とその追録が随時，PDFによりホームページで提供されてきた。2010年からはWeb版，2011年からは名称典拠を加えてWeb NDL Authorities（国立国会図書館典拠データ検索・提供サービス）が提供されている。

「日本全国書誌」およびJAPAN/MARCに付与されている。なお，国立国会図書館では，かつては洋図書にも付与していたが，現在は和図書のみの適用となっている。

件名の新設・変更等については，国立国会図書館のウェブサイトに掲載されてい

る。

f 件名作業

個々の資料の主題を把握し（主題分析），適切な件名標目を与える作業を件名作業という。以下，基本的にBSHに則して，件名作業について述べる。

まず，件名作業にあたっては，件名標目表の十分な理解が必要である。主題分析については，「F-1b 主題分析法」を参照されたい。把握した内容を，概念化・言語化，すなわち，言葉によって表現してみる。次に，その表現した言葉に最も適合する件名標目を標目表から選択する。合致したのが参照語なら，それが導く件名標目を選択する。適合する件名標目が存在しないならば，件名標目の追加を検討する。

(1) 件名規程

首尾一貫した件名作業を行うための指針を成文化したものを，件名規程または件名コードという。件名標目表全体に適用されるものを一般件名規程，特定分野について適用されるものを特殊件名規程という。

BSHの一般分類規程としては，

① 資料の主題を適切に表現する件名標目を与える。
② 資料が扱っている主題の数に応じて，必要な数の件名標目を与える。
③ 必要に応じ，資料全体に対する標目とともに，資料の一部分を対象とする件名標目を与えることができる（件名分出）。
④ 各種の細目は，主標目を限定し特殊化するために用い，また，必要に応じて重ねて用いることができる。
⑤ 特定の人物，団体，事物，地域，著作などを主題とする資料には，固有名を件名標目として与える。

などがある。

なお，NCR1987年改訂版における件名標目の条項では，主題の明確でない資料，文学・芸術作品には件名標目を与えない，としている。一方，BSHの規程では，多人数の文学・芸術作品の集成には形式標目を与える，また，主題が明らかな文学・芸術作品には件名標目を与えることができる，としている。

なお，世界的に代表的な件名標目表であるLCSHについては，分類規程にほぼ該当するものとして，マニュアルが公刊されている（ルーズリーフ形式，4分冊）。特定性，標目の数・順序，新設・変更，細目など全般に関するものから主題分野ごとのものまで，詳細な作業指針が示されている。LCSHにおいても，資料の内容全体を要約化した上で標目を与えることには変わりはないが，以前よりやや深く網羅的なしかたで標目を付与している傾向がうかがえる。

(2) 件名目録

件名標目と参照とが音順に排列された目録を件名目録という。排列順序は，以下のとおりである。

・標目と細目は各々を1単位とし，字順で排列する。
・同一標目内の排列順序：①本タイトル，②責任表示の著者名，③出版者名，④本シリーズ名，⑤出版年，の順。

主題からの検索を可能にし，分類目録と合わせて主題目録とよばれる。記号によって検索する分類目録と異なり，利用者が求める主題に対応する言葉から直接アプローチできる利点がある。ただし，関連主題が分散するという短所がある。

(3) 件名典拠ファイル

件名標目の維持管理には，件名標目表自体を利用する方法もあるが，近年は，典拠レコードのためのMARCフォーマットに従って構築されたファイルを利用することが多い。これを件名典拠ファイルという。

ファイルには，使用するすべての件名標目と参照などのデータを入力し，追加・変

更についても補充して記録し管理する。件名標目の維持管理とともに，典拠コントロールには不可欠のファイルである。

LCSHの機械可読ファイルが国際的に広く利用されている。Web NDL Authoritiesについては，既に述べた。BSH第4版にも，機械可読ファイルが用意されている。

（大柴忠彦）

G. 各種メディアの組織化

図書館で扱う資料は，図書や雑誌・新聞などの紙媒体の資料が中心であるが，近年は多種多様なメディアの資料が存在し，図書館でもそのような資料群を収集し利用に供するようになっている。とくに最近は電子媒体の資料も加わり，ネットワーク上の情報資源も図書館サービスの対象として組み入れることが求められている。

多種多様なメディアの資料を組織化するにあたっては，メディアによって異なる特性に適切な対処を図ることと，メディアを問わないアクセスを保証することが最も重要である。

ここでは，それら各種メディアをパッケージ系およびネットワーク系に大別し，組織化の考え方について述べる。

1 パッケージ系メディア

図書館資料のメディアによる分類にもいろいろな視点が存在する[1]。ここでは，資料組織化のツールである目録規則の区分に従って各種メディアの資料の特徴を理解しておきたい。

NCRにおいては，図書と継続資料のほかに，書写資料，地図資料，楽譜，点字資料，静止画資料，映像資料，録音資料，マイクロ資料，電子資料，博物資料をあげている[2]。この区分は，図書館が資料を扱う際の便宜を考慮した伝統的な区分方法である。資料種別を記録する点で，紙媒体の図書および継続資料と異なっている。

これら各種資料と紙媒体の資料で最も異なる特徴は，形態に関する事項である。紙媒体であれば，資料種別と同様に，特定資料種別は記述する必要がない。しかし，各種メディアの資料にとっては，特定資料種別は重要な情報であり，その数量の表現方法もそれぞれ異なる。「その他の形態的細目」としてさらに詳細な内容が規定されていることもある。

記述の情報源も資料種別により，多様である。非刊行物の場合には，記述の対象自体が出版物の場合とは異なるし，所蔵情報も重要である。

a 書写資料

書写資料とは非刊行物であり，日記や手書き原稿など近現代の手稿，写本とよばれる古書，それに文書・記録類が中心となる。この3種の資料は，いずれも印刷された出版物ではないという点は共通しているものの，その特徴はそれぞれに異なり，組織化する際の手法もかなり異なる。

非刊行物は1点1点すべて異なる資料であり，目の前に存在する資料のみを記述対象とすることになる。したがって，対象とした資料に存在する書き込みや破損などの情報も記録することがある。刊行物ではないため，出版に関する事項は存在せず，製作事項を記録する。これらは，書写資料の共通の特性である。

資料種別は「［書写資料］」と記録する。

写本については，古書としての扱いが求められる。和古書・漢籍には書写資料だけでなく出版された資料も含めて，特有の記述のポイントが存在し，資料に対する知識と伝統的な整理手法に対する知識が必要である。国立情報学研究所が2003年6月に「和漢古書に関する取扱い及び解説」「コーディングマニュアル（和漢古書に関する抜粋集）」を公開し，書誌データ作成の本格稼働を開始した。それを受けて，NCRも第2章および第3章の和古書・漢籍に関する条項を改訂した[3]。

歴史的な文書・記録類は，資料を作成した組織構成や資料の機能や形成に基づく秩序によって資料を整理する文書館・史料館の整理基準を参考にすることが有効である。

b　地図資料

地図には，冊子体の資料と，一枚もの，立体の地球儀などがある。冊子体のものは図書として扱い，一枚ものや地球儀などを地図資料として扱う。図書館によっては，冊子体資料を含めて地図コレクションとすることもある。

資料種別は「［地図資料］」と記録する。

地図資料の形態は，地図だからというより，一枚ものあるいは立体資料としての特徴の方が大きい。形態に関する事項で記録する特定資料種別には，一般的な「地図」のほかに，「ダイアグラム，断面図，対景図，リモート・センシング図，地球儀，天球儀，模型」があがっている。

地図資料は，地図特有の情報が多い。地図資料は対象地域の地名をタイトルとすることが多く，同じタイトルの地図が複数存在する。また，シリーズ形式で刊行されることも多い。利用者が書誌情報をみて必要な地図を選択するには，地域，主題，作成者，縮尺，年代などが必要な基礎的な情報となる。このうち，地図特有の情報を，NCRでは「数値データに関する事項」としてまとめている。内容は，縮尺，投影図法，地図が包摂する地域の範囲である。

地図が包摂する地域の範囲を示すには，経緯度と分点表示を記録する。その他にも標準地域メッシュコード，UTM区画番号，国内海図番号，国際海図番号など多様な記号による表示方式があるが，いずれも地図の利用者にとって有効な情報である。

地図の書誌情報は，国際的にみるとかなり充実しているが，日本では詳細度や包括性が不足していた。日本における地図資料の専門家の育成は，資料組織化の課題の一つであろう。「日本全国書誌」でも，2003年より，一枚ものの地図の収録を開始している。

c　楽譜

楽譜にも，冊子体の資料と一枚ものが存在する。ここでは両者を楽譜として扱う。楽譜は，図書館によっては，録音資料とともに音楽資料として扱うこともある。楽譜は，多くは印刷資料であるが，図書との最大の違いは，その記述手段が言語ではないことである。楽譜という独特の記述手法により成立した資料であり，伝えるべき内容は音声情報である。その点では，録音資料のうちの音楽を内容とする資料と近しい関係にあり，利用者にとってもそれらの書誌情報をともに利用できれば便利である。

資料種別は「［楽譜］」と記録する。楽譜特有の書誌的事項として，「楽譜の種類」を記録することになっている。例えば，スコア，パート譜など音楽作品の楽譜形式あるいは判型を資料に表示されているままに記録する。これは，同一の音楽作品であっても，楽譜の種類により相互を区別することが，利用者にとって重要だからである。

楽譜の形態は，普通の図書にかなり近い。

異なっているのは，特定資料種別として楽譜の種類を記録する点である。使用する用語は，「ヴォーカルスコア，合奏譜，クロススコア，コーラススコア，コンデンススコア，スコア，パート譜，ピアノスコア，ミニチュアスコア」とパターン化されており，どれにも該当しない場合には「楽譜」とするか特定資料種別を記録しない。

本タイトルやタイトル関連情報の形に，音楽作品特有の形がある。例えば，図書の総称的なタイトルに対応するものとして，楽曲の形式名あるいはジャンル名だけからなるものがある。調，番号などは，総称的なタイトルの場合には本タイトルの一部として扱うが，普通はタイトル関連情報として記録する。

標準番号として記録するものには，ISBNや国際標準楽譜番号(ISMN)のほかに，楽譜出版者がつけた販売目録のための出版者番号や楽譜同定のためのプレート番号などがある。また，注記に演奏時間を記録することがある。

d　点字資料

点字資料は，原則として，原本ではなくその資料自体を記述の対象とする。点字図書だけでなく，点字による地図資料，楽譜，逐次刊行物なども存在するが，資料種別は「［点字資料］」とする。

形態に関する事項は，図書に準ずる。

記述の情報源は，点字資料に墨字で表示されているものを優先するが，墨字による情報源がない場合には，点字を読解して書誌的事項を記録する。

墨字本から点訳されたものではなく，点字による著作物である場合は，注記に「点字書き下ろし」と記録する。原本がある場合には，資料に表示されているときは，点訳者，校正者を注記する。また，原本の書誌的事項が点字資料と異なる場合には，これを注記する。

e　静止画資料

NCRでは，静止画資料は画像資料のうち再生装置を必要としないもの，映像資料は再生装置を必要とするものとしている。AACR2では，静止画か動画かによって区分している。両者で異なるのは再生装置を必要とする静止画をいずれに入れるかである。ここでは，NCRの区分により，再生装置を必要としない静止画資料を対象として，組織化についての特徴を述べる。

資料種別には「［静止画資料］」と記録する。

静止画資料が具体的にどんな資料を含むかは，特定資料種別にあげられているものをみると理解しやすい。つまり，「絵図，絵図帳，絵はがき，掛図，掛図帳，紙芝居，写真，設計図，版画，美術原画，複製画，墨蹟，ポスター」などである。資料の数量の単位は，「冊」「枚」「巻」「軸」「曲」「隻」「双」を使用する。絵はがきや紙芝居などセットものの資料には「組」を使用する。また，写真，版画，美術原画，複製画では「額装」「屏風」といった装丁状態を示す語を付記することもある。

その他の形態的細目として，印刷の方法（グラビア，コロタイプなど），絵具の種類（油彩，水彩など），基盤体の種類（紙，麻布，絹布，板など），版画の技法（木版，銅版，石版など），色彩（カラー，白黒など）などを記録することもできる。

静止画資料の資料組織化における最大の特徴は，本タイトルが必ずしも明確でない資料が多いことである。美術作品であれば作品のどこか（裏書や装丁など）に記されていることや，発表されたときのタイトルが明確なこともあるが，資料自体には記されていなくて伝来のタイトルによる場合，箱書のタイトルによる場合，所蔵機関がタ

イトルをつけている場合もある。タイトルが本来存在しない写真やポスターなどについては，資料組織化にあたって適切な語句を選んで本タイトルとして補記する。

資料の大きさは，画面の高さと幅の寸法を記録する。

これまで図書館で扱う静止画資料といえば，紙芝居，絵はがき，ポスターなどが中心であったかもしれない。しかし，画像のデジタル化が普及している現在では，映像資料や電子資料とも統合して利用できる書誌情報をめざして静止画資料の扱いを検討する必要がある。また，図書館の枠内だけでなく，美術館，博物館での組織化の手法とも連携していく必要があるだろう。

f　映像資料

映像資料とは，再生装置を使用して利用する動態あるいは静態の画像資料である。具体的には，映画フィルム，ビデオ録画，スライド，フィルムストリップ，トランスペアレンシーなどである。動画である映画フィルムやビデオ録画と静態映像であるスライド，フィルムストリップ，トランスペアレンシーでは，その特性に違いもある。

資料種別には「［映像資料］」と記録する。特定資料種別としては，「映画カセット，映画カートリッジ，映画リール，スライド，トランスペアレンシー，ビデオカセット，ビデオカートリッジ，ビデオディスク，ビデオフロッピー，ビデオリール，フィルムストリップ」がある。数量の単位には「巻」「枚」を使用する。

動画については，特定資料種別とその数量に続けて，再生時間を分単位で端数を切り上げて，丸がっこに入れて記録する。

その他の形態的細目として，映写特性（映画フィルムの幅と標準比でない場合の形式，映画カセット・映画カートリッジの映写形式，組スライド・フィルムストリッ

プの同調方式など），録画特性（VHS，ベータ，Uマチック，LDなど），録音特性（光学録音，磁気録音，同調録音，無声，ステレオなど），色彩（カラー，白黒など），映写速度，再生速度（3倍速など）などを必要に応じて記録する。

大きさは，資料そのものの寸法を記録する。リールおよびディスクは直径，カセットおよびカートリッジは長い辺の寸法，スライドはマウント縦横の寸法，フィルムストリップは容器の高さと上面の直径を記録する。ただし，いずれも標準サイズの場合には記録を省略する。トランスペアレンシーの大きさは記録しない。

タイトルに関する事項，版，出版（発行）事項，シリーズに関する事項については，記述の情報源は，タイトルフレーム（タイトル，スタッフ，出演者などが表示されている画面），ラベル（カセット，カートリッジなどに直接表示されている情報を含む），付属資料（台本，解説書など），容器（箱，缶など）の優先順位とする。書誌レコード作成者が再生機器を使用できない場合は，タイトルフレームから情報を得ることができないので，ラベルなどから情報を得る。ラベルのみでは情報が不足するので，付属資料や容器からも情報を補足する。

そのほかに，動画には次のような特徴がある。

① ビデオ録画では，発行地の表示がないことが多い。発行者と頒布者が異なることが多い。また，発行者・頒布者等（製作者を含む）が多数存在することもめずらしくない。

② ビデオ録画では，資料の特定に際して，発売番号の重要性が非常に高い。

③ 責任表示および注記に記録する人名として作画者，撮影者，原作者，原案者，演技者，演奏者，語り手，出演者などがあり，種類も多く人数も多数にわたるこ

とが多い。

g　録音資料

　録音資料は，音声を記録した資料であり，再生装置によって再生するものである。具体的には，テープやディスクの形態をとる。テープにはカセットやカートリッジ，リールなど，ディスクにはアナログディスク（いわゆるレコード）やデジタルディスク（CDなど）がある。録音資料は，再生装置を使用するという点で映像資料と共通の特性をもっており，とくに形態に関する事項では共通点が多い。

　内容からみれば，録音資料は音楽録音資料，朗読もの（原作が存在する），語りもの（落語など），講演記録，語学研修用資料などが中心となる。

　音楽録音資料については，楽譜とまとめてコレクションとして扱うこともある。

　資料種別には「［録音資料］」と記録する。特定資料種別としては，「録音カセット，録音カートリッジ，録音ディスク，録音リール」などがある。数量の単位には「巻」「枚」を使用する。

　特定資料種別とその数量に続けて，映像資料と同様に，分単位で端数を切り上げて，再生時間を丸がっこに入れて記録する。

　その他の形態的細目として，音の記録方式（アナログ，デジタル），再生速度（33 1/3rpm，1.4m/sなど），音溝（アナログの録音ディスクの場合に標準規格以外の音溝の方向を記録），トラック数（標準以外のトラック数のときに2トラックなどと記録），録音チャンネル数（モノラル，ステレオ）などを必要に応じて記録する。

　大きさは，資料そのものの寸法を記録する。ディスクとリールは直径，カセットとカートリッジは縦横の寸法を記録する。ただし，標準サイズの場合には記録を省略する。

　記述の情報源として最も優先順位が高いのは，レーベル（ディスクやカセットなど資料本体に貼りつけられた紙，あるいは直接印字された情報で映像資料のラベルに相当する）であるが，多くの録音資料はレーベルのみでは情報が不足することが多い。付属資料（解説資料など文字資料の場合が多い）や容器からも補足して情報を採用することになる。なお，映像資料と異なりタイトルフレームは存在しない。

　そのほかに，録音資料には次のような特徴がある。

① 発行地の表示がないことが多い。発行者と頒布者が異なることが多い。また，発行者・頒布者等（製作者を含む）が多数存在することもめずらしくない。

② レーベル名（商標名）という独特な情報が存在する。発行者等が正確に表示されておらずレーベル名のみの表示の場合も多い。レーベル名は，発売番号とともに標準番号として記録するか，シリーズ表示として記録する。また，発行者等が資料に表示されていないときはレーベル名を発行者名として記録する。

③ 資料の特定に際して，発売番号の重要性が非常に高い。

④ 音楽録音資料では，内容細目に記録すべき各曲名などの情報の重要性が非常に高い。

h　マイクロ資料

　マイクロ資料とは，あらゆる種類のマイクロ形態の資料である。マイクロ資料を利用するには，リーダー等の拡大装置が必要である。

　マイクロ資料は，縮小複製する技術により出現した資料である。紙メディアをメディア変換して作成することが多い。電子資料と共通性があると捉えることもできる。

　資料種別は「［マイクロ資料］」と記録す

る。特定資料種別には、「マイクロフィルム，マイクロフィッシュ，アパーチュアカード，マイクロオペーク」がある。数量の単位には、「巻」「枚」を使用する。

その他の形態的細目として、極性（ネガまたはポジ），挿図等，色彩（カラー，白黒など）を必要に応じて記録する。

大きさは，マイクロフィルムはリールの直径とフィルムの幅，マイクロフィッシュとマイクロオペークは縦横の寸法，アパーチュアカードは台紙の縦横の寸法を記録する。

記述の情報源は，タイトルフレーム，ヘッダー，資料のその他の部分，付属資料，容器の優先順位とする。

そのほかに，製作上の瑕疵があるときの注記，形態細目として記録しなかった縮率，リーダー仕様，フィルム特性，世代等についての注記などがマイクロ資料独特の情報である。

i 電子資料（パッケージ系）

電子資料は，コンピュータによって利用可能となるデータ，プログラム，または両者の組み合わせである。

電子資料にはパッケージ系，つまりキャリア（物理的メディア）のある資料と，ネットワーク系またはオンライン系とよばれる無体の資料（情報資源）がある。ここでは，おもにパッケージ系電子資料について述べる。ネットワーク系情報資源の組織化については「G-2 ネットワーク情報資源」を参照されたい。最近は「メタデータ」が普及してきているが，ここでは従来の目録規則に従った書誌データの作成法について述べる。

電子資料は資料種別に「［電子資料］」と記録する。電子資料には，その利用方法により，ローカルアクセスとリモートアクセスの場合がある。ネットワーク系情報資源は後者であり，パッケージ系電子資料は，ネットワークシステムで利用すれば，両方のアクセスが可能となる。ローカルアクセスの場合には，利用者はキャリアを直接に操作できるが，リモートアクセスの場合にはキャリアに直接触れることはできない。この両者の違いは，形態に関する事項においてとくに明確である。つまり，リモートアクセスのみ可能な資料であれば，キャリアについての記述はできないため，形態に関する事項は記録しないからである。

では，パッケージ系電子資料の形態に関する事項はどのように記述するのだろうか。特定資料種別は，「磁気ディスク，磁気テープ，光ディスク」といった用語による第1レベルと「フレキシブル・ディスク，DAT，CD-ROM，DVD」などより詳細化された第2レベルに段階を設けた用語表による。次々と新しいメディアが出現する電子資料においては，この表中に適切な用語がない事態も予想される。まず，各図書館で適用するレベルを定め，新しいメディアにはそれを統一していく必要があるだろう。

その他の形態的細目としては，キャリアの仕様の表示項目として，総記憶容量，記録密度，ディスク面数，トラック数，セクタ数，記録方式などを必要に応じて記録する。

大きさは，容器ではなくキャリアそのものの寸法を記述する。ディスク類は直径を記録する。

付属資料は，レファレンスマニュアル，ユーザーズマニュアル，ガイドブック，解説書，操作手引書，利用手引書などの種別も含めて記録すると利用者に便利である。

記述の情報源は，内部情報源を優先し，内部情報源の確認が困難な場合に外部情報源による。ローカルアクセスが可能な資料では，多量の資料を整理する場合には内部情報源まで確認せずに外部情報源によるこ

とも多いかと思われるが，リモートアクセスの場合にはキャリアは直接確認できないので，内部情報源のみが情報源となる。

電子資料では，版次についての考え方がほかの資料とはかなり異なっている。まず，リモートアクセスの場合で内容の更新が随時行われるようなときは，版に関する事項は記録しない。版次を記録する場合には「版」だけでなく，「バージョン」「リリース」などの表現をすることがある。プログラミング言語の違い，アップグレードを示すもの，オペレーティングシステム（OS）の修正等を示す名称なども版次として記録する。さらに，利用に必要な応用プログラムやOS自体の名称も版表示として扱うことがある。

電子資料のキャリアではないが，形式に関する事項として重要なのは，電子的内容とシステム要件である。電子的内容は，電子資料の特性に関する事項に記録する。具体的には，データなのか，プログラムなのかに関する記述である。これも図書館によってレベルを選択できるようになっている。第1レベルは，「データ，プログラム，データおよびプログラム」の三つの区分からなる。第2レベルは，「画像データ，数値データ，地図データ，テキスト・データ」などに詳細化されていて，第3レベルは「テキスト・データ」がさらに「書誌データベース，電子ジャーナル，電子新聞，文書」などに特定化されている。電子的内容については，各図書館で自館に適切なレベルを選択し記述することが重要である。また，この項目に記録するだけでなく，HTML形式等について説明が必要な場合は注記することができる。利用者にとって必要と思われる事項はできるだけ注記すべきであろう。

システム要件は注記として記録する。ローカルアクセスの場合には，内容の再生に必要な要件はできるだけ注記した方がよい。システム要件の種類には，ハードウェア，OS，ソフトウェア，周辺装置の種類と特徴などがあるが，種類の区別にこだわらず，必要な事項を記録することが大切である。

その他に，電子資料に特徴的な注記として，リモートアクセスの場合のアクセス方法（URLやID・パスワードの必要性など），目録を作成する際の最新アクセス日時などを記録することがある。

j その他

以上に述べてきた資料種別のほかに，NCRでは「博物資料」の章も存在する。博物資料とは，地図資料を除いた立体的な資料すべてを含んでおり，その内容は多種多様である。ここでは説明を省略する。

図書館によっては，これまで述べてきた資料種別でなく，視聴覚資料（静止画資料，映像資料，録音資料など），視覚障害者用資料（点字資料，録音資料，電子資料など），音楽資料（楽譜，録音資料など）といった区分で扱う場合がある。地域資料（郷土資料），行政資料といった区分で資料を組織化することもある。また，何らかの枠組み（テーマや寄贈者など）による特別コレクションを設けることもある。

こういった場合には，次のようなことに留意する必要がある。

① 各資料の資料種別や特徴が利用者にわかるように記録すること。
② 提供する資料群の単位で利用者が検索できること。
③ 他の資料群とも横断して検索できること。

検索方法がカードや冊子によっていた時代には，資料群やコレクション別の目録が一般的であった。OPACが一般的になっている現在では，一つの書誌レコードを作成し，このような複数の要件を満たすことが

容易になった。

(原井直子)

2 ネットワーク情報資源

ネットワーク情報資源の書誌データについては、パッケージ系電子資料と同様に、目録規則に基づきMARCデータとして作成しOPACで提供する方法もあるが、近年、ネットワーク上に存在する情報資源を識別・記述・探索するための道具として、メタデータの重要性が認識されるようになっている。以下では収集・蓄積、保存、提供という広い観点から、ネットワーク情報資源の組織化について概説する。

a メタデータ

メタデータとは、「データに関するデータ」や「データに関する構造化されたデータ」であり、広義には、目録、書誌、索引、抄録、辞書、書評などを含むが、一般には、ネットワーク上の情報資源の書誌的事項やその他の情報などを、目的に応じて複数の項目により記述したもの、およびその記述の枠組みということができよう。

(1) ダブリンコア

これまでに数多くのメタデータ規則が提案されているが、なかでもネットワーク情報資源を記述する共通のメタデータ要素の策定をめざしたダブリンコア・メタデータエレメントセット(DCMES: Dublin Core Metadata Element Set、通称ダブリンコア)[4]が注目を集めてきた。ダブリンコアは、各種メタデータ間の相互運用性を高める位置づけを与えられ、図書館においてもこれを核としたより適切なメタデータの開発が模索されている。

ダブリンコアは1994年の「ワールドワイドウェブに関する国際会議」での議論から生まれ、1995年にNCSA(National Center for Supercomputing Applications)とOCLCが主催したワークショップで提案されたものである。ダブリンコアは、15項目の要素(エレメント)から構成されており、2003年、ISOの規格(ISO15836)に制定された[5]。15の要素名は、タイトル(Title)、作成者(Creator)、主題およびキーワード(Subject and Keywords)、内容記述(Description)、公開者(Publisher)、寄与者(Contributor)、日付(Date)、内容の性質もしくはジャンルである資源タイプ(Type)、物理的形態ないしデジタル形態での表現形式(Format)、資源識別子(Resource Identifier)、源になった情報資源への参照(Source)、言語(Language)、関連情報資源への参照(Relation)、内容が表す範囲あるいは領域(Coverage)、権利管理(Rights Management)である。これはシンプルDCとよばれる。

ダブリンコアの特徴として、記述の柔軟性をあげることができる。すなわち、15の基本要素のいずれに対しても入力必須項目を定めず、すべてが任意項目であり、繰り返し可能である。また、要素の順序についてもとくに制約がない。

もう一つの特徴として、拡張性が指摘できる。15要素の記述をさらに詳細化するために、限定子を定めることができた。

さらに、各コミュニティがダブリンコアに準拠してメタデータの運用を行う場合には、コミュニティが扱う情報資源の特性に応じてさらに詳細な規定が求められることがある。こうした拡張のための枠組みとして、応用プロファイルが用意されている。図書館界では、ダブリンコア図書館ワーキンググループ(Dublin Core Libraries Working Group)が、図書館応用プロファイル[6]を定めている。しかし、情報環境が変化するなか、2008年には各コミュニティが応用プロファイルを定めるために依拠すべき枠組みが提案された。また、将来のセマンティッ

クウェブに対応するためより厳密で精緻なメタデータ記述が必要とされたことから，DCMIメタデータ語彙（DCMI Metadata Terms）[7]が制定され，DCMESの15要素とは別に，それを含む55要素（プロパティー）に拡張された。

(2) その他のメタデータ規則

現在，ダブリンコア以外にも適用に応じて多様なメタデータ規則が提案されている。その代表例を以下に示す。

① CSDGM（Content Standard for Digital Geospatial Metadata）：地理情報のためのメタデータ
② IEEE LOM（IEEE Learning Object Metadata）：学習・教育情報資源に関するメタデータ
③ MPEG-7：オーディオビデオテープのためのメタデータ
④ ONIX（Online Information Exchange）：主に欧米の書籍出版・販売業界で利用されているメタデータ規則

(3) メタデータの共有

こうしたさまざまなメタデータ規則の流通性を高めるために，各種メタデータ規則のレジストリの構築をめざしたCORESというプロジェクトが活動を開始している。また，各機関が作成したメタデータを共有するしくみとして，OAI（Open Archives Initiative）がメタデータハーベスティングプロトコル[8]という規約を提唱している。

b 目録規則等をめぐる動向

ネットワーク情報資源の進展に伴い，伝統的な目録規則も，目録とはどのような実体に対するものか，また，どのような情報をどのように記録するものか，という根本的な問題の見直しを迫られることとなった。

こうした背景のもと，1997年にその後の目録のあり方について，「書誌的記録の機能要件に関するIFLA研究グループ」によ

り重要な勧告が提示され，翌1998年に『書誌レコードの機能要件』（FRBR）と題されて刊行されている。FRBRについての詳しい説明は，「特論　情報資源組織化をめぐる最新動向」を参照されたい。

FRBRは，国際標準書誌記述（ISBD）やAACR2をはじめとする目録規則のその後の改訂作業に大きな影響を与えることとなった。ISBDでは，電子資料は「非図書資料」（NDM）として扱われていたが，1988年に「コンピュータファイル」（CF）として独立した。さらに1997年には，電子資料の激増に対応するために，「電子資料」（ER）として改訂された。一方，ウェブページ，データベース，電子ジャーナル等のように継続して刊行される性質（逐次性）を有する情報資源の取扱いについては，2002年に，従来の「逐次刊行物」（S）を「逐次刊行物およびその他の継続資料」（CR）に改訂し対応を図っている。さらに2011年に，これまでの資料種別ごとの7種類のISBDを統合し，FRBR対応としてエリア0を設定した「統合版」を制定した。

AACR2については，2002年に『英米目録規則　第2版2002年改訂版』が刊行され，第9章「電子資料」，第12章「継続資料」などが全面的に改訂された。詳細は，「D－3b(8)　英米目録規則第2版　2002年改訂版」および「E－2b(1)　英米目録規則第2版　2002年改訂版，(2)　RDAの制定に向けて」および「特論　情報資源組織化をめぐる最新動向」を参照されたい。

国内に目を転じると，『日本目録規則1987年版改訂版』（NCR1987R）の第9章改訂案が1999年に「電子資料の組織化：日本目録規則1987年版改訂版第9章の改訂とメタデータ検討会」で公表され，その後若干の修正を加え，2001年に『日本目録規則1987年版改訂2版』として刊行された。第9章の改訂は，ISBD(ER)に準拠したもので

あり，電子資料をローカルアクセス資料とリモートアクセス資料に二分し，それぞれに対応した記述の情報源と記述要素を整理した。第13章「逐次刊行物」についても，ISBD(CR)やAACR2第12章の改訂の動きに歩調を合わせ，逐次刊行物や更新資料をはじめとする，終期を予定せずに継続して刊行される資料をすべて包括する方向で検討が行われ，『改訂3版』に盛り込まれた。詳細は「E-2a(2) 第13章」を参照されたい。その後，FRBR，さらに今後の新たな書誌情報のあり方に対応した新しい目録規則の検討が進められている。

c　電子情報資源の組織化

ネットワーク上に存在する膨大な情報の探索のツールとしては，サーチエンジンとよばれているツールが存在している。しかしながら，サーチエンジンを使った情報検索には，精度の点で問題があり，調査研究や教育学習に役に立つ質の高い資源の探索に関してはあまり効果的ではない。こうした状況を改善するために，1990年代から，図書館を中心としてネットワーク情報資源を組織化し，高品質な情報の探索・利用を支援することを目的としたサービスが構築されるようになった。

(1) サブジェクトゲートウェイ

サブジェクトゲートウェイとは，一般に，インターネットでアクセスできる情報資源（文献，コレクション，サイト，サービスなど）へのリンクを提供する主題別の情報資源案内といわれている。特定主題ではなく全領域を対象とするものは，情報ゲートウェイとよばれることもある。

サブジェクトゲートウェイの構築からサービスへの流れは以下のとおりである。

まず，図書館員がインターネット上の膨大な情報資源の中から，一定の選定基準に基づき適切な資源を選び出す。次に，あるメタデータ基準に従って，情報資源の書誌的情報を記述する。分類法や件名標目表などによる主題分析もこの過程に含まれる。最後に，完成したメタデータをデータベースに登録する。利用者は，このメタデータデータベースをキーワードで検索したり，主題項目等によってブラウジングしたりすることによって，インターネット上の良質な情報資源を効率的に発見し，それにアクセスすることが可能となる。

(2) 電子情報資源の構築

OCLCのCORC（Cooperative Online Resource Catalog）は，1999年にネットワーク情報資源の共同目録作成のために始められた研究プロジェクトであり，2000年に本稼働している。情報資源の記述はMARCまたはダブリンコアによって行い，両者の互換性も実現されている。CORCは，2002年にオンライン総合目録のWorldCatと統合して，Connexionという新たなサービスに生まれ変わった。WorldCatは，新たな情報環境に対応してさらに進化している。

日本では，国立情報学研究所が，2002年からメタデータデータベース構築事業を正式に開始した。これは，CORCと同様に，教育・研究に資するネットワーク情報資源のメタデータを共同分担作成方式によって構築していこうという試みであった。この事業は，2008年に「学術機関リポジトリ構築連携支援事業」に発展解消がなされた。さらに国立国会図書館でも，インターネット上のさまざまなデータベースのメタデータを作成し，それを基にしてDnaviとよばれるデータベースナビゲーションサービスを提供していたが，現在は国立国会図書館デジタルコレクションで公開されている。

なお最近は，世界各国において各機関で電子化した情報資源の連携を目指したプロジェクトが進められている。図書館，博物館，文書館，大学，研究機関等のデジタルコレ

クションを閲覧し，データを利活用できるプラットフォームが設置されている。例えば，海外ではEUが運営するEuropeana，ドイツのドイツデジタル図書館（DDB），英国のCulture Gridなど，日本では「国立国会図書館サーチ」がある。

d　保存（アーカイビング）
(1) ウェブアーカイビング
　資料を保存し，それを後世の人々に伝えていくことは，図書館の基本的な責務の一つである。保存という観点からみると，ネットワーク情報資源，とりわけウェブ情報には，いくつかの厄介な問題がある。その一つは，内容が日々刻々と変化するという点である（時間的不安定性）。また，仮に内容が同じであっても，所在場所が頻繁に変更されるという問題も抱えている（空間的不安定性）。
　こうしたウェブ情報の保存をめざして，ウェブアーカイビングとよばれる取り組みが世界各国で進められている。ウェブアーカイビングとは単なるリンク集ではなく，ウェブ情報そのものを収集し，それを自館のサーバー等に固定化し，保存することを指す。
　ウェブアーカイビングの中心的な担い手は，これまで各国の伝統的な情報資源の保存を使命としてきた国立図書館である。1990年代後半から，米国，北欧，英国，オーストラリアの国立図書館では，自国のウェブ上の情報資源を保存する取り組みを進めている。わが国においても，国立国会図書館がネットワーク情報資源の制度的収集について検討するとともに，ウェブ上の資料を収集，蓄積，保存し利用提供するための事業（WARP）を2002年から開始している。
　ウェブアーカイビングには世界的にみて二つのアプローチが存在する。それは，「選択的収集」と「バルク収集」である。選択的収集とは，ある選択基準に従って，個々のウェブ情報を資料単位，サイト単位で収集していく方法である。一方，バルク収集とは，一国全体，あるいは世界全体のウェブ情報を一括して収集する方法である。前者は，きめ細かいアーカイブの構築が可能であるが，1点ずつの収集に膨大なコストを必要とするために，膨大なウェブ情報のごくわずかな部分しか保存できない。それに対して，バルク収集は作業のほとんどを自動化できるために，低コストで大規模なアーカイブを構築できるというメリットがあるものの，著作権などの法的問題やアーカイブ全体の品質が低下するという欠点も内包している。
　こうしたウェブアーカイビングの国際的な協調をめざした試みも始まっている。世界最大のウェブアーカイブを構築している米国のインターネットアーカイブは，2003年に各国の国立図書館によびかけて，IIPC（International Internet Preservation Consortium）を設立した。参加館も増え，日本の国立国会図書館も2008年に加盟している。

(2) LOCKSS
　他方，ウェブアーカイビングとはまったく異なる手法によって，ネットワーク情報資源を保存しようという試みがスタンフォード大学を中心として行われている。それは，LOCKSS（Lots of Copies Keep Stuff Safe）とよばれる電子ジャーナルの分散型保存システムである。各図書館から電子ジャーナルにアクセスするとき，閲覧のためのコピーがキャッシュ（一時ファイル）としてそれぞれのパソコンに作成される。LOCKSSは，このコピーを閲覧終了後も消去せずに保存し，自館の利用者に提供するとともに，適宜内容を他のサーバーと比較することによってチェックするというシステムである。

どこかに中心となるサイトをおき，そこに情報を集中して保存するのではなく，多くの図書館がそれぞれ自館に必要なものを保存することで十分な数のコピーを確保し，必要に応じて他のサイトにも提供するというしくみである。「多くのコピーがモノを安全に保つ」というプロジェクト名が示すとおり，複数のコピーを多数保存することにより安全性を高めるという思想は，同じ資料が多くの図書館に分散保存されているという図式に着想を得たものといえよう。

(3) 保存のためのメタデータ

ネットワーク情報資源を含む電子情報の保存のためのメタデータの開発についても，活発な動きが認められる。「開放型アーカイブ情報システムのための参照モデル」(OAIS: Reference Model for an Open Archival Information System)[9]は，電子情報を長期保存するための基本的枠組みを規定したものである。CEDARS(CURL Exemplars in Digital Archives)プロジェクトは，2000年にOAISモデルに準拠したメタデータ要素を公表している。OCLCとRLGも，2000年に保存メタデータに関するワーキンググループを発足させ，2002年に「OAIS参照モデル」に基づいたメタデータを規定した報告書[10]を発表し，さらにPREMIS(Preservation Metadata: Implementation Strategies)作業グループにより，2005年に『PREMIS保存メタデータ辞書』を，2007年にその第2版[11]を作成している。

(尾城孝一)

H. オンライン閲覧目録

図書館がコレクションの書誌情報をデータベース化し，利用者がそれを直接検索できるようにした目録を「オンライン閲覧目録」(OPAC)という。ただし，利用者向けには「OPAC」という言葉を前面に出さず「蔵書検索」「本を探す」としたり，または「OPAC」の前後に「蔵書検索」の語を付して案内している図書館も多い。

インターネットの普及に伴い，利用者が来館しなくてもインターネットを通じてOPACにアクセスできるようになった。この場合のOPACを指す言葉として，ここではWeb OPACとよぶことにする。

1 OPACの発展過程

OPACの歴史は，アメリカでは1970年代，ヨーロッパでは80年代，日本では80年代後半に始まった。

OPACの世代進化のポイントは，次のように示すことができる[1]。

第1世代OPAC：カード目録の物理的置き換えとしてのOPAC。対象資料も紙媒体資料に各種媒体資料が加わっていった。ホストコンピュータによって管理される自館閉鎖ネットワークで，発展形として書誌，ILLなど書誌ユーティリティに接続していった。

第2世代OPAC：分散型コンピュータにより管理され，インターネットの空間に存在する。他のOPAC，商用データベース，その他へのゲートウェイ機能をもつが，

まだそれらは個別な存在であり，それぞれの検索特性等を利用者が意識する必要がある。対象資料にはデジタル資料が加わってくる。

第3世代OPAC：さらに発展したOPAC。利用者にとってのシームレス化が進む。

また，検索機能からみれば，次のように三つの世代に分けて示すことができる[2]。

第1世代は目録カードを機械化したイメージである。すなわち，目録へのアクセスはタイトル・著者名での検索に限られ，検索方式は完全一致のみ，検索結果は簡略な書誌レコードを目録カードに似たフォーマットで表示する。主題からのアクセスもブラウジング機能もなく，伝統的な（機械化されていない）目録より劣ると見なされた。

第2世代では，キーワード検索やブール演算子を用いた検索式の加工ができるようになり，索引語のブラウジングもできる。さらに，ステータス（貸出中など）情報の表示，他館資料へのアクセス，ヘルプ機能の充実など，従来の目録よりユーザーフレンドリーなものとなっている。現在の多くの図書館が提供するOPACは，この第2世代に位置づけられるだろう。

第3世代になると，次のような機能が加わるという。自然語での検索語表現，スペル訂正などの自動用語変換，あいまい検索，重みづけによる検索結果一覧，コレクションすべてに対するアクセスツールへの対象範囲拡大，などである。

2 OPACの特徴（形態）

検索手段としてのOPACは，多様なアクセスポイントから検索できるという利点がある一方で，ブラウジングによる「意外な発見」が得られないという短所もある。ただしこの点は，OPAC検索の結果得られた件名や分類によって再検索するなど，検索の工夫によってカバーできる。

メンテナンスについては，データベースを更新すれば，訂正が反映される。更新頻度はデータ容量やシステムの規模，各館の事情などによって決まる。

また，書誌情報の表示だけではなく，書影や資料のステータス情報を表示したり，検索結果から資料の申込や予約または一次資料にアクセスができるようなOPACもあり，単なる検索手段から資料入手に結びついている。

3 OPACの特徴（利用）

OPACには，館内のみで提供するOPAC（館内OPAC）とWeb OPACの二つの形態が考えられるが，それぞれに長短がある。

館内OPACの場合，パソコンなどに不慣れな利用者のためにタッチパネルを用いたり，初期画面からメニューを選択することで検索を誘導したりといった工夫が可能である。図書館によっては検索結果のプリントアウトも提供し，資料を書架から探す一助としているところもある。その反面，検索項目が書名と著者名に限られるなど，複雑な検索や結果の掛け合わせができないことが多い。検索画面を初心者向けと上級者向けに分け，後者では多くの項目から演算子を使った検索もできるようにするという方法が考えられる。

一方，Web OPACの場合は，メンテナンス時間帯を除けばいつでも，インターネットに接続したパソコンがあればどこからでも，パソコンを使うスキルがある人は誰でも利用できるという，条件つきの長所がある。その一方で，館内OPACのようにその場で図書館員に質問できないので，手引きやヘルプを充実させたり，メールでの質問を受け付けたりという工夫が必要となる。

4 OPACの問題点

　従来の標目検索に代わり，キーワード検索や全文検索方式を採用するOPACがほとんどである。全文検索方式を採用したOPACの場合，関連情報がヒットする率が高まる一方で，ノイズも多くなる。また，同名異人による著書を区別できないことが多い。同名異人の問題は，OPACに著者名典拠を組み込むことによって回避できる。

　さらに，利用者から見て検索方式が図書館ごと，システムごとに異なるという問題点がある。複数の図書館を利用する利用者は，個々の図書館のOPACにそれぞれ習熟する必要に迫られる。ただし，複数のOPACを横断検索できるようにすることで，この問題を軽減することができる。

　もう一つ大きな問題点をあげると，OPACがブラックボックス化しているということがある。OPACの場合，検索結果が0件だとしても本当に所蔵していないのか，検索方法に問題があるのかの判断がつきにくい。入力語の綴りが間違っている場合もあるし，書誌情報に間違いがあってヒットしない場合もある。したがって，図書館員がOPACの検索の仕組みについて，ある程度の知識をもつことが必須である。同時に，単に「検索結果は0件」と表示するだけではなく，考える原因を知らせるメッセージを表示して，利用者を効果的な検索に誘導することも必要であろう。

5 OPACの展望

　図書館が提供するコンテンツが多様化したことに伴い，それを検索するためのしくみも変化している。2005年頃から北米で登場し，2008年頃から日本でも紹介され始めたのが，いわゆる「次世代OPAC」[3),4),5)]である。検索システムの操作性の改善，利用者による情報入力，表示によるサポート（タグクラウド・ワードクラウド，重みづけ，FRBR表示，ファセット型ブラウジング），マッシュアップ機能，表示後のリコメンド機能，統合検索，電子資料へのリンク等が盛り込まれた。その後，次世代OPACは「ディスカバリーサービス」や「ウェブスケールディスカバリー」等とも呼ばれるようになった。その特徴から，もはや従来のOPACの枠を超えているとの考えからである[6)]。ディスカバリーサービスの詳細や最新動向については，「特論　情報資源組織化をめぐる最新動向」を参照されたい。

（清水悦子）

注
<A　総論>
1)　丸谷治一 "受入から排架まで" 日本図書館協会図書館ハンドブック編集委員会編『図書館ハンドブック』第5版，日本図書館協会，1990，p.220-229.

<B　書誌コントロール>
1)　根本彰『文献世界の構造：書誌コントロール論序説』勁草書房，1998，第5章.

2)　機能の類型はHagler, Ronald. *The bibliographic record and information technology.* 3rd ed. Chicago, American Library Association, 1997, p.13.
Taylor, Arlene G. *The organization of information.* Englewood, Colo., Libraries Unlimited, 1999, p.3-5および根本，p.17

3)　初出の報告書中の原語はbibliographical controlsである。その後も，controlのもつ検閲的な響きが忌避されたこともあり，documentationやbibliographic organizationという言葉が使用されたこともある（根本序章，第5章）。なお，イーガンおよびシェラは，アメリカ合衆国で生まれた「書誌コントロール」とは，ヨーロッパにおける「ド

キュメンテーション」に相当すると定義している。Egan, Margaret E.and Shera Jesse H.,"Prolegomena to bibliographic control" *Journal of Cataloging and Classification* 5(2), 1949, p. 17-19.
4) 根本第1章, 第5章。イーガンおよびシェラは, 書誌コントロール概念を, 書誌整備やツール類の標準化という実践面だけでなく, 社会認識論的なコミュニケーション論の文脈でも使用していた。その後, 図書館界では実践面に関して実務者を中心に進捗し, 本稿でも前者にそって記述するが, 1970年代のウィルソン（Patrick Wilson）等の著作に見られるように, 後者の文脈も受けつがれた。わが国に書誌コントロール概念を本格的に紹介し, 図書館サービス再構築のための方法論的概念として着目している根本も, 両者の文脈を踏まえた独自の書誌コントロール論を展開している。
5) ユネスコ米国議会図書館文献書目計画班編, 国立国会図書館受入整理部訳『ユネスコ米国議会図書館文献書目計画班中間報告書』第1, 2回, 国立国会図書館受入整理部, ［1949］等

＜D 目録法＞
1) IFLA. *Functional Requirements for Bibliographic Records: Final Report.* Munchen, K.G. Saur, 1998, 136p. 邦訳：『書誌レコードの機能要件 IFLA書誌レコード機能要件研究グループ最終報告』和中幹雄［ほか］訳 日本図書館協会, 2004, 121p.
2) IFLA Cataloguing Section. Statement of International Cataloguing Principles. (online), available from http://www.ifla.org/files/cataloguing/icp/icp-2009_en.pdf（accessed 2010.7.22） 邦訳：「国際目録原則覚書」（online）http://www.ifla.org/files/cataloguing/icp/icp-2009_ja.pdf（accessed 2010.7.22）
3) IFLAは, 1970年代以降ISBDの制定と改訂に取り組んできている。現在, (M)単行書, (CR)逐次刊行物およびその他の継続資料, (G) 総合, (CM) 地図資料, (NBM) 非図書資料, (A) 古典籍, (PM) 楽譜, (ER) 電子資料が制定され, 5～10年ごとにISBD検討グループによって改訂維持されている。
4) ALA et al. *AACR2. 2002 revision*. Chicago, ALA, 2002, 772p.
5) *RDA Toolkit*. http://www.rdatoolkit.org/（accessed 2016.1.10）
6) 日本図書館協会目録委員会編『日本目録規則：1987年版』改訂3版,日本図書館協会, 2006, 445p.
7) アクセスポイントとは, 目録や書誌を検索する際のてがかりとなる名称, 用語, コードなどを指す。カード目録では, 目録規則で規定される標目（タイトル, 著者名, 分類, 件名）がアクセスポイントであったが, コンピュータ目録では, そのほかにキーワード, ISBN, ISSN, 全国書誌番号など検索の幅が広がった。

＜E 記述目録法（書誌記述）＞
1) 古川肇"RDA全体草案とその前後"『カレントアウェアネス』No.299, 2009, p17-19.

＜F 主題目録法＞
1) もり・きよし原編, 日本図書館協会分類委員会改訂『日本十進分類法』新訂10版, 日本図書館協会, 2014, 2冊.
2) 大曲俊雄"NDC10版の変わったところ"『専門図書館』No.272, 2015, p.32-36.
　髙橋良平"『日本十進分類法』新訂10版の概要"『カレントアウェアネス』No.324, 2015, p.11-14.
　那須雅煕"『日本十進分類法（NDC）新訂10版』の刊行によせて"『図書館雑誌』vol.109, no.2, 2015, p.96-97.
　藤倉恵一"日本十進分類法（NDC）新訂10版を概観する"『大学図書館問題研究会誌』40号, 2015, p.11-24.

藤倉恵一 "『日本十進分類法』新訂10版のあとさき"『現代の図書館』vol.53, no.1, 2015, p.39-46.

藤倉恵一 "「日本十進分類法」新訂10版の刊行"『大学の図書館』vol.34, no.5, 2015, p.69-72.

＜G　各種メディアの組織化＞
1) 例えば,『図書館情報学ハンドブック』第2版. 丸善, 1999 「2.2 メディアの分類」(p.166-176) においていくつかの視点からの分類がされている。
2) NCRにおいては, 第3章～第12章に,「書写資料, 地図資料, 楽譜, 録音資料, 映像資料, 静止画資料, 電子資料, 博物資料, 点字資料, マイクロ資料」の順で扱われているが, ここでは, 後述の説明順序にあわせた順で列記した。
3) 日本図書館協会目録委員会編『日本目録規則：1987年版』改訂3版, 日本図書館協会, 2006, 445p.
4) Dublin Core Metadata Initiative. (online), available from http://dublincore.org （accessed 2003.12.15）
5) International Organization for Standardization. *Information and documentation - The Dublin Core metadata element set*, ISO 15836:2003.
6) DC-Library Application Profile. http://dublincore.org/documents/abstract-model/ （accessed 2016.1.5）
7) DCMI Metadata Terms http://dublincore.org/documents/dcmi-terms/
8) Open Archives Initiative. *The Open Archives Initiative Protocol for Metadata Harvesting*. Version 2.0. 2002. (online), available from http://www.openarchives.org/OAI/openarchivesprotocol.html （accessed 2003.12.15）
9) Consultative Committee for Space Data Systems. Reference Model for an Open Archival Information System (OAIS). available from http://public.ccsds.org/publications/archive/650x0m2.pdf （accessed 2016.1.5）
10) OCLC/RLG Working Group on Preservation Metadata. Preservation metadata and the OAIS information model: a metadata framework to support the preservation of digital objects. 2002, 51p. (online), available from http://www.oclc.org/research/projects/pmwg/pm_framework.pdf （accessed 2003.12.15）
11) PREMIS Editorial Committee『PREMIS保存メタデータのためのデータ辞書』第2.0版, 栗山正光訳, 日本図書館協会, 2010, 219p.

＜H　オンライン閲覧目録＞
1) 「『マルチメディアと図書館』研究グループ第16回研究例会報告」 http://webt.baika.ac.jp/~yasuko/multim/mu1997/mul16.html （accessed 2004.3.5）
2) Hildreth, Charles R. Online catalog design models: are we moving in the right direction? A Report Submitted to the Council on Library Resources August, 1995 http://phoenix.liu.edu/~hildreth/clr-opac.html （accessed 2004.3.5）
3) 工藤絵里子, 片岡真 "次世代OPACの可能性：その特徴と導入への課題"『情報管理』vol.51, no.7, 2008, p.480-498.
4) 久保山健 "次世代OPACを巡る動向：その機能と日本での展開"『情報の科学と技術』58巻12号, 2008, p.602-609.
5) 渡邉隆弘 "「次世代OPAC」への移行とこれからの目録情報"『図書館界』Vol.61, No.2, 2009, p.146-159.
6) 飯野勝則 "ウェブスケールディスカバリの衝撃"『カレントアウェアネス』No.312, 2012, p.18-22.

VI

図書館職員

A 図書館員の専門性..............354
B 人事制度..............364
C 労働..............372
D 図書館員養成教育と研修..............376

この章では，図書館のはたらきを支える職員について，
司書という専門職の意義，実際に図書館職員が働く環境，
専門職になるための教育と
研鑽を積むための仕組みや課題を解説しています。
図書館員とはどういうものか，
図書館員として働き続けるためには
何が必要かを指摘するとともに，
専門職の今後を考えるための材料を提供しています。

A. 図書館員の専門性

1 図書館員の役割，業務

a 図書館員とは何か

図書館が自らの社会的機能を果たすには，施設・資料・職員が必要となる。このうち，施設については，電子図書館に関する議論の中で，すべての資料が電子化されてしまえば施設（建物）は不要であるというようなことがいわれたこともあったが，現実の世界にあっては，建物はそのシンボル性ともあいまって，図書館の構成要件として欠くべからざるものである。

また，資料については，これなくしては図書館が図書館として期待されている機能を果たすことができないという意味で最も基本的な構成要件である。

では，図書館において職員とは何だろうか。図書館という建物に資料（その多くは書籍であることが多い）をおいてあるだけでは，図書館は図書館として機能しない。それだけであれば，図書館は本の倉庫というものでしかない。図書館は人々に利用されてこそ存在意義をもつ。図書館が利用されるとは，基本的にはそこにある資料を媒介として，人々の知的欲求，情報へのニーズといったものに応えることである。そのために，図書館は資料を選択し，それを収集する。さらに，その資料の目録を作成し，分類をし，請求記号をつけ，必要な装備をほどこす。さらには，利用者が利用しやすいように並べたり，貸出・返却の手続き（処理）を行ったり，利用者の資料・情報探索の支援を行ったりする。さらにまた，図書館が利用者にとって快適な場所であるように環境の維持・管理と改善を行う。これらのことは，いずれも人によって行われるものである。

b 専門的業務と非専門的業務

図書館にはいま見たようなさまざまな業務があるが，それらは一定の訓練を受けた者こそができる専門的業務と，専門的な能力がなくとも行える非専門的業務に分けられる。このうち，図書館における専門的業務は，一定の専門的知識と技能をもった人間が行うことによって滞りなく実行されるし，またそのような人間が行うことによって，より利用者の利益となる（なりうる）。図書館に発生する業務のすべてが専門的職員によって行われる必要はないが，その一方で，ある部分のものは専門的職員によって行われないと，図書館はその求められている機能を果たすことができなくなるのである。すなわち図書館には，特別な専門的知識・技能を必要としない非専門的業務と，そうではない特別な専門的知識・技能を要する専門的業務が混在している。さらに，その専門的業務には，比較的低度の専門的業務と高度な専門的業務がある。

図書館の現場では，これが渾然一体となって遂行されている実情があり，職務の区分が明確にされていないケースが少なくない。このことは，専門的職員が専門的業務に集中できないという状況を生み出し，結果として図書館のパフォーマンスを引き上げることができず，図書館の評価を高める機会を失することにつながっている。何が専門的業務で何がそうでないかということは，時代や環境によって異なってくる。かつて専門的業務の最たるものとされた目録業務は，今日においてはその地位を失って

いる。

何が専門的業務であるかを明らかにするには，業務分析という作業が必要となる。近年における業務分析の事例として，日本図書館協会の「専門性の確立と強化を目指す研修事業検討ワーキンググループ」による，公共図書館ならびに大学図書館の業務分析がある[1]。

c 図書館員と組織

さまざまなレベルの業務が存在する図書館には，それらをしかるべくこなすために，適切なスタッフが配置される必要がある。高度な専門性を備えた職員，ある程度の専門性を備えた職員，そして専門性をもたない職員を適正なバランスで配置することが必要なのである。

また，このことと関連するが，図書館はほとんどの場合，複数の職員によって運営される。複数の職員がいるということは，そこに組織が発生するということである。その組織は，図書館の業務を適切かつ効率よく遂行できるよう構成されなくてはならない。この組織をつくる際に，どのような組織をつくり，どのようなスタッフをそこに配置するかといったことを考えなくてはならなくなる。

従来，図書館員の問題が論じられる際には，人が備えるべき要件（専門性）を論じることが主たる関心事となり，そうした専門性をもった職員を，非専門的職員とあわせてどう組織するかということが関連深い事柄として論じられてこなかった。そのため，日本の図書館は，それぞれのおかれた環境（館種，規模等）の中で，どれだけのスキルをもった職員がどれだけ必要なのかということについて，明確な指針をもてずにきたといってよい。このことは，専門的業務と非専門的業務の区分が明確になされていないという問題ともあいまって，図書館における専門職制度確立を難しくしている要因となっている。

d 司書資格

日本において，図書館の専門的職員の資格として代表的なものは，図書館法に規定された「司書」資格である。図書館法は第4条に，"図書館に置かれる専門的職員を司書及び司書補と称する"とし，その第2項で"司書は，図書館の専門的事務に従事する"と定めている。すなわち，司書資格は「図書館法」第2条で図書館と定義された図書館（地方公共団体が設置する公立図書館，日本赤十字社・一般社団法人・一般財団法人が設置する私立図書館）における専門的職員ということである。しかし実際のところ，司書資格は，館種を問わず図書館の専門的職員としての要件を一定程度示すものとしての性格を併せもってしまっている。大学図書館などの求人にあっても，司書資格を保持していることが応募の条件となることが少なくない。

もともと図書館の専門的業務には，館種を横断した共通なものと，その館種に特有なものがある。このうち館種に特有なものについては，それをどういった能力をもつ者が担当していくのか，といったことが明確にされていない。例えば，大学図書館において特有な，研究活動の支援といった専門的業務は，司書資格をもつことによっては必ずしも適切に行われることが保証されない。それができることは別の形で証明されなくてはならないのであるが，現実の資格制度としては存在していない。「司書資格」というものが唯一，図書館員の専門的能力を証明する証として，公共図書館の枠を越えて流通してしまっているのである。

また，公共図書館においても，その司書資格によって，公共図書館に求められているサービスを遂行するのに必要な能力が十

分保証されるということにはなっていない。司書資格は，大学・短大で所定の単位を取得するか，司書講習を受講することによって取得できる。そして，一度取得してしまえば「生涯の資格」として保持することができる。司書資格がそのようなものである一方，図書館の職務能力は，利用者とのかかわりの中で，経験を蓄積することによって涵養される部分が少なくない。また，変化の激しい現代にあっては，司書資格取得の際に習得した知識・技能は時間とともに陳腐化する。このように，図書館の仕事は，実務の場での経験がその質の向上に大きな影響をもつし，また習得した知識を常に最新のものにしていくことが必要なのである。

このような意味で，現在の司書資格は，図書館員としての基礎的な専門的知識・技能を証明する資格であるといった性格を実際には有している，というのが実情であろう。

また，司書資格は，弁護士や医師のように，それをもっていなくてはその仕事につくことができないという意味での資格ではない。さらに，図書館にいったいどういった，どれほどの水準のサービスを期待するのかということが，図書館がおかれるコミュニティの中であいまいであることも手伝って，図書館に司書が必要な理由が図書館の設置者に対して明確に提示されずにいる。そのことは，司書の図書館現場への正規職員としての入職を難しいものとしている一因となっている。さらに，上で述べたように，専門職をおいた場合の組織をどう構成するかという点についても十分な指針が出されていない。そのことは，仮に司書有資格者として入職しても，その後の評価・処遇を不明確なものとすることにつながりやすい。

しかし，それでは図書館に専門的職員は必要ないのか，といえば，そうではない，

と多くの人が考えていることも確かである。実際，非正規職員については，司書有資格者であることを求められる場合は多い。求められることは，すでに述べたように，どのような専門的職員がどのような組織構成をもつ中でどれほど必要なのか，そしてその一方，非専門的業務をどのような形で実行するか，といったことを具体的な形で示し，それに見合う形での養成，採用，評価，処遇に関する合意の形成を，図書館界およびその関連する領域（図書館の設置者等）との間で形成することである。

e 親機関との関係

図書館運営の中核を担う職員は，その図書館を設置している機関（地方公共団体，大学，企業等）の正規職員である場合が多い。図書館は一個の経営体であるとともに，そのような親機関の下に附属する組織でもある。したがって，そこの職員は図書館の職員であると同時にその親機関の職員でもあることになる。日本の組織はこれまで，基本的にジェネラリスト志向をもって運営されてきている。そのような風土があるがゆえに，図書館に限らず，それぞれの職業の自立度は決して高くないのが実情である。そうした中で，構成員はまず職業人であるよりもその組織の一員であることを最優先するよう求められるのであり，図書館のように専門職志向をもつ組織は，そうした価値観との間で軋轢を生むことが少なくない。図書館員の専門職制度を検討する際にも，こうした風土を無視して構想することはできないであろう。

2 図書館員の専門職性

a 日本図書館協会の専門職論

図書館界の人々は，自らを「専門職」たらしめるべく，その要件，処遇の制度，評

価等，さまざまな点について議論をしてきた。

かつて，日本図書館協会図書館員の問題調査研究委員会（以下，「職員問題委員会」）は，1974年に公表した最終報告において，図書館員の専門性を三つの要件としてまとめたことがある。それによれば，図書館員の「専門性の要件」とは，(1)利用者を知ること，(2)資料を知ること，(3)利用者と資料を結びつけること（これは，「利用のための整理技術」として，一般性をふまえた上での自館に最適な資料組織化の創造のことを指す，という点に力点がおかれている），ということになる。この要件はその後，四半世紀後の今日まで，図書館員の専門性を言い表した言葉として一般には受け止められてきた。しかし，実際にはこれが公にされた当時，報告は多くの批判にさらされ，委員会は改訂版を出すことにも言及していた[2]。

その後，職員問題委員会は，1990年代半ばになって，この「要件」の再検討を行った。当時は公立図書館の業務委託問題がいくつももち上がっており，現実の図書館が直面するさまざまな課題に対して司書は適切な対処ができているのか，ということが問題となった。そこから専門性の3要件は十分なのか，という問題がもち上がり，委員会は「第4の要件」として，図書館経営能力を掲げる方向で検討を行った。しかし，結局これは公にしないまま現在に至っている。

職員問題委員会の最終報告には，その要件としたものの当否を含めて，図書館員の専門性にかかわるさまざまな問題が指摘されているにもかかわらず，具体性をもったその後の展開へとつながらず，「専門性」の論議はその後十分な深化を見ることはなかった。

図書館界は現在においても，図書館員の専門性について関係者が共通了解しうるような像は描けていないといえよう。次節では代表的な二つの専門職像について検討する。

b　専門職としての図書館員像
(1) 反省的実践家

教育学者の佐藤学は，米国の哲学者ショーン（Donald A. Schön）の『専門家の知恵：反省的実践家は行為しながら考える』[3]の序文の中で，「専門職」について概略次のように述べている。

専門職とは，もともと「神の宣託」を受けたものである。つまり，専門職は神の意思を代行するものとみなされる。したがって，最初に専門職とよばれたのは牧師であり，ついで大学教授，医師，弁護士がそのようによばれるようになった。いずれも公共的使命と社会的責任においてその職務は定義される。近代に入って，「神の宣託」は，実証的な科学と技術に置き換えられ，近代の専門職は，「技術的合理性」を根本原理として成立する。この「技術的合理性」は，専門家と実践との間にヒエラルキーを生み出す（ここから，基礎科学がまずあり，応用科学はそれに従属するものという考え方が導かれる）。そしてもう一つ，「技術的合理性」は専門職間にヒエラルキーを生み出している。"基礎科学と応用技術の体系が整備された医者や弁護士は「メジャーな専門職」として認知され，看護婦や教師や福祉士のような複雑な実践の性格上，基礎科学や応用技術を厳密化することが困難な領域の専門職は「マイナーな専門職」として地位も待遇も低く扱われてきた。"

要するにこれは，その職業の知的基盤を提供する学問体系が体系的であればあるほど，それに依拠する職業はより専門職的であり，その体系化が弱いほど，それに依拠する職業の専門職度は低い，という考え方

A　図書館員の専門性………357

である。近代社会ではこのような考え方が一般的であった。

私たちの社会において「専門職」の代表的なものは，医師，法律家であるとされる。彼らは，高度に体系化された専門的知識・技術をもとにしたサービスを，顧客の求めに応じて独占的に提供するという点で共通する。「独占的に」というのは，その職務を行う資格をもたなければそれに従事できないということであり，かつ顧客に対して原則として選択の自由を与えないという意味での独占でもある。さらに，そのサービスは公共性の高いものとみなされ，社会的な尊敬も受ける。また彼らはそのような公共性を維持するために，自らの職務内容・水準を自主的に管理し，質の維持・向上のための努力をする。そして一方でそれを社会から義務づけられる。そのような活動は，当該職務に従事する者たち自身がメンバーとなって構成される職能団体によってなされることが多い。

それに対して，教師，看護師，そして図書館員などは「準専門職」というカテゴリーで捉えられてきた。この準専門職は，医師・法律家といった伝統的専門職ほどの高度な専門的知識・技能はもたない。そのため，自立の度合いも「半自立的」である，とされる。これら準専門職は，「発展途上の専門職」として，自らを伝統的専門職に近づけるべく，さまざまな努力を展開することが多い。日本の図書館界における「図書館員の専門職化」という活動・運動も，おおむねこのような枠組みの中で行われてきたといってよいであろう。

佐藤が紹介するショーンの専門職の捉え方は，このようなヒエラルキー的な考え方とは異なる。ショーンによれば，現代の専門職は，「「技術的合理性」の原理の枠を越えたところで専門家としての実践を遂行している"。つまり，技術的合理性に依拠する

だけで解決しようとするには，クライアント（顧客）が直面している問題はあまりにも複雑で複合的であるため，専門家は自らの領域を越える課題にクライアントとともに立ち向かっているという。"「技術的合理性」を固守し専門分化した役割に自己の責任を限定する専門家は，クライアントが格闘している泥沼を山の頂から見下ろす特権的な存在に過ぎない。クライアントの泥沼を引きうけ，クライアントと共に格闘する新しい専門家たちは「技術的合理性」とは異なる原理で実践を展開しており，そこに専門家としての見識を形成している"。ショーンは，この新しい専門家を，「行為の中の省察」に基づく「反省的実践家」(reflective practitioner) として提示している。従来ヒエラルキーの下位に位置するとされた専門職ほど，クライアント（顧客）は複雑な課題をもち困難な実践を余儀なくされることが多いため，このこと（＝自らの領域を越える課題にクライアントとともに立ち向かうこと）はとくに要請される。

(2) 人間志向的サービス専門職

ショーンの提示した「反省的実践家」という専門職像は，バーゾール（William F. Birdsall）が『電子図書館の神話』[4]で示した専門職像「人間志向的サービス専門職」とも多分に重なってくる。バーゾールは，図書館専門職を20世紀に出現した新しい専門職，すなわち「人間志向的サービス専門職」と表現する。

宗教的権威が失墜し，代わって世俗主義の台頭した20世紀の米国では，人々の不安に対するケアは宗教に代わって心理学，とくにセラピーによって行われるようになった。ロジャーズ（Carl R. Rogers）によって提唱された非指示的来談者中心セラピーという方法は，クライアントとセラピストを対等な立場におくという意味で，従来のセラピストに権威をもたせる考え方とは大き

く異なるものであった。すなわち，人間志向的サービス専門職とは，医者のように"クライアントの抱える問題に対する解決法が，疑いもなく受け入れられるものとして処方する"のではなく，"情報を伝え所見を共有することを通じて，クライアントの自助を手助けする触媒として機能する"存在である。

この考え方は社会の多くの領域に浸透していき，図書館員の中にもこの考え方に影響を受けた人々が多くあらわれるようになった。バーゾールは，図書館に関する職業を，非専門職，半専門職，ないしは発展段階にある専門職といった枠組みで論じることの不毛さを指摘し，"図書館員は人間志向的サービス専門職として，その職業の発展や目標や方法が旧来の職業のそれと異なっていることを認める必要がある"という。

すなわち，ショーンとバーゾールが述べていることはいずれも，専門職としての図書館員は，「典型的専門職」とされてきた類型との比較の中で，従来いわれてきたような専門性の劣る専門職などではなく，固有の存在意義をもつ，もちうる存在であるということである。

現代においては，伝統的専門職である医師でさえ，患者との間にインフォームドコンセントを形成し，患者に選択の権利を与えることが求められるようになってきた。また法律の世界においても，裁判員制度の導入によって「市民の常識」を裁判の世界に導入する必要性が指摘されるようになってきた。このように伝統的専門職にあっても権威の独占が一定程度崩れつつある状況を見ると，ショーンやバーゾールによる専門職の捉え方は，今後の専門職をめぐる議論に多大な示唆を与えるであろう。

c　図書館経営における専門職性

バーゾールは，図書館員は官僚制的機関としての図書館に所属しているがゆえに，専門職としての地位や能力の大半を獲得できる，としている。これは，すでに述べたように，図書館員という立場が「組織を前提にして」成立するということである。そうである以上，組織がいかに適切に機能するか，さらにはいかにイノベーティブであり続けるか，そして組織をそのようなものとしてデザインし，いかに維持・発展させていくかということが，この変化の時代にあってはとりわけ重要なポイントとなってくる。図書館員の専門職としての能力はここに発揮されなくてはならない。

環境変化の激しい現代の図書館では，「図書館経営」という言葉に表される，図書館をマネージメントする能力が，図書館員の専門的能力としていずれの館種でも強く求められている。すなわち，図書館を一個の経営体として捉え，それをどうマネージメントしていくか，そのことに対して図書館員はどういった高い対応能力をもたねばならないか，ということが課題となってきた。これについては1980年代までは必ずしも十分には議論されてこなかった。

『ALA図書館情報学辞典』では，「専門職」(professional positions) を次のように定義している。"図書館において，管理上の責任のほか，独自の判断，規則や手続きの解釈，図書館が直面する問題の分析，こうした問題に対する独創的で創造的な解法の形成といったことに責任を持つ地位。定常的な仕事や事務的な仕事とは区別し，図書館業務の理論的科学的側面についての専門的な職業訓練と技術を必要とする。"[5]「管理上の責任」は，図書館の専門的職員が，その図書館の運営を所管する機関・団体（地方公共団体，大学，企業等）の正規職員であれば当然のことであるし，図書館経営の観点から見れば，その経常的な部分（日常の運営——例えば，コミュニティのニー

ズを捉えた資料収集はできているか，滞貨のない迅速な資料組織は行われているか，利用者への適切な資料・情報提供は行われているか）における管理責任（これを便宜的に「狭義の図書館経営」としておく）を負うというのも当然のことである。

　このことを前提としながら，環境変化が激しい今日の図書館にあって，図書館員の専門性を論じるにあたってとくに重視されるべきは，上記定義のうち"図書館が直面する問題の分析，こうした問題に対する独創的で創造的な解法の形成"（これを「広義の図書館経営」とよんでおく）をなしうる専門性ということであろう。

　かつて，その仕事がほとんど手作業で行われていた時代には，図書館員の専門性は目録業務において発揮されるといわれた。しかし，公共図書館においては目録業務の外部委託化が早くより進行し，市区町村立図書館が自前で目録をとることは，地域資料など一般に流通しない一部の資料を除いて，ほぼなくなったといってよい。大学図書館にしても，1980年代の半ば以降，学術情報センター（現・国立情報学研究所）による分担共同目録システムNACSIS-CATの立ち上げと普及によって，目録業務の多くはコピーカタロギングとして行われるようになった。代わって，図書館資料の目録のオリジナルデータ作成のおもな部分（とくに和書について）は，日本にあっては，民間MARC（機械可読目録）作成会社にシフトしていった。この背景には，環境変化，とりわけ，①情報技術の進歩とその図書館への浸透，②図書館の親機関のおかれた経営環境の変化，といったことがある。

　①の情報技術との関連では，上で述べた大学図書館における資料組織化プロセスの変化がわかりやすい例を提供している。コンピュータテクノロジーとネットワーク技術を基本としたシステムの構築とその図書館現場への導入により，印刷体資料を対象とした目録業務のかなりの部分は，それまでの「専門家」から，それほどの専門的能力を有しない（必要最低限の目録規則を理解している，コンピュータの操作ができる，書誌同定ができる，といったレベルの）職員でもこなせるようになった。つまり，目録をとる能力は，図書館においては必ずしも図書館員の専門性を示すものとはなりえなくなったのである。

　②については，図書館を設置する親機関（地方公共団体，大学等）はその少なくない部分が，財政難，想定できる顧客の長期漸減という（結果として財政難・経営難を引き起こす）状況の中で，経営環境が悪化している。それは図書館に対し，資料購入費の削減，職員の人件費を含んだ運営コストの削減といったことを余儀なくさせている。こうした中にあって，図書館が果たすべき役割を果たし，その存在意義を示すためには，組織としての適切な経営が図書館においてなされなくてはならない。ここでいう「適切な経営」は，上でいう「狭義の経営（＝日常業務の適切な維持・管理）は当然のこととして，「広義の経営」（＝図書館が直面する問題への独創的で創造的な対応）をも含んでいる。そうした適切な経営をなしうる能力，これがこれからの専門職としての図書館員がもつべき能力の重要な領域を占めることになるであろう。

　「図書館が直面する問題」とは，館種・時代・地域等によって当然一様ではない。そもそも「何が問題であるか？」ということを把握すること自体が，場合によっては容易ではないであろう。問題を適切に把握するためには，図書館員の視線の及ぶ範囲が自らの職場に限定されていてはならない。公共図書館であれば，親機関である地方公共団体の財政状況，経営方針，組織の意思・動向，図書館が立地するコミュニティの特

徴，といったことを理解していなくてはならない。また大学図書館であれば，これらに加えて，高等教育行政の方向性，学術研究の動向といったことも不可欠な要素である。さらには，これらの館種に共通するものとして，出版流通の問題，電子出版などに代表される出版物生産の技術的動向，著作権法等規定類の動向など，その領域は多方面に広がっていく。とくに現代にあっては情報技術が，利用者への直接のサービス面だけでなく，図書館のテクニカルサービスとよばれる準備的な業務プロセスに与える影響に大きなものがあるため，十分な目配りが必要となる。

3 倫理綱領

倫理綱領（code of ethics）とは，"専門職団体が，専門職としての社会的責任，職業倫理を行動規範として成文化したもの"[6]とされる。専門職の職務は公共性を帯びているため，その任務を遂行するための倫理的規範を成文化して公開するということが行われるのである。日本図書館協会は，1980年の総会において「図書館員の倫理綱領」を採択した[7]。これは，前文と12の項目によって構成されている。

倫理綱領について，石塚栄二は"本来，プロフェッショナルコード（倫理綱領を指す：引用者）は，専門職業集団としての組織によって制定され，その専門職業従事者の行動を拘束し，違反者に対しては一定の制裁を課すことができるもの"[8]と述べている。この点で，日本の場合は，倫理綱領が対象とする範囲を"図書館に働くすべての職員"としており，結果として，拘束性をもたない"自律的規範"（綱領前文）としての性格をもたざるをえなかった。図書館員の専門職制度が確立していない日本では，図書館の現場には，さまざまな立場の職員が混在して働いている。また制定主体である日本図書館協会も，会員構成からして専門職団体としての性格は十分もっていない。日本の倫理綱領の性格は，そのような図書館現場，図書館界の現状を背景にしている。

制定当時，職員問題委員会の委員長を務めた久保輝巳は，制定20年後，『図書館雑誌』に寄せた記事の中で，制定当時の委員会の様子を伝えている[9]。それによれば，当初委員会では，米英の倫理綱領のように専門職のみを対象とした綱領を考えた。しかし，職員構成が複雑で専任職員に占める司書資格取得者の割合が高くない，専門職制度が成立していない，日本図書館協会が専門職団体としての実質をもちえていない，という状況の中で，現実に即した内容の「綱領」にしていくよう方針を転換した。制定当時，20年後には制定した「綱領」とは別の，専門職だけを対象とした，拘束力もある厳しい「綱領」を制定する必要が出てくるだろうと構想していた。そのころには職員の状況は改善され，行政的な司書制度確立の度合いも進み，司書有資格者も職場で80〜90％くらいを占めるようになっているであろう，という予測をもとにしての構想であった。

薬袋秀樹は，倫理綱領について包括的に検討した論文[10]の中で，倫理綱領は，"図書館のすべての職員が守るべき倫理規定と努力すべき職務・学習内容を簡潔に整理したもの"であり，"その意味では評価できる"とした上で，図書館員の義務や責任が不明確であること，倫理綱領の前提として専門性の確立が必要であるがそれがなされていないこと，日本図書館協会が会員および図書館員への規制力をもち得ないため，倫理綱領の影響力が低くなっている，などの問題点を指摘している。そして今後の課題として，①「倫理綱領」の名称は適切ではないものの，すべての図書館員の努力目標と

してはすぐれているので，もっと活用されるべきであること，②そのためには，図書館員の専門性と専門的職務を明確にし，サービス基準，職務区分表，教育（学習）基準を整備し，その実行に努めること，の2点をあげている。

久保も，先に引用した記事の中で，倫理綱領への関心の低さを指摘している。20年前以上に職場環境が複雑化している中にあって，図書館現場で，これが職員の努力目標として一定の役割を果たすような努力・工夫が求められよう。

4 図書館長

図書館長は，改めて言うまでもなく図書館の人的資源の中核をなす立場である。図書館長がいかなる見識・知識・実行力をもつかは，その図書館のサービス提供能力を大きく左右することになる。『公立図書館の任務と目標　解説』改訂版増補[11]では，図書館長の任務として，①図書館経営・業務の計画を立てる，②計画実行に必要な条件（予算・人員など）を獲得する，③職員を指導し，その資質・能力を向上させ，計画を実行する，の3点が示されている。その上で，この任務を遂行するためには，管理者としての能力と，専門職としての能力・経験がともに必要であるとしている。

図書館法では，もともと第13条第3項で，図書館の施設・設備に要する経費の補助を国から受ける条件として，図書館長となる者は司書となる資格を有するものでなければならないと規定していた。しかし，1999年にこの規定は廃止された。この措置は，1990年代に入って一気に加速した「地方分権」「規制緩和」の流れの中で，法による規定の緩和が進められた結果と捉えることができる。

一方，大学図書館の館長は，ごく一部の例外を除いて，教員の兼務職である。そのため，ともすれば図書館長は名誉職的なものと捉えられ，組織の実質的な意思決定，実務の采配は，その下にいる司書系（事務系）管理職によって行われるという状態が国公私立を問わず続いてきた。しかし，1990年代後半になると，いくつかの国立大学で，館長の強力なリーダーシップによって図書館の改革が大きく進み，注目されるようになった。このことは，当該館長の個人的資質に負うところが大きく，館長の交替などによってどう推移するか，不確かな部分がある。このうちの一人は自らの姿勢・職責を次のように述べている。"附属図書館をとりまく環境があまりに厳しいので，明るい展望を描くことは難しいですが，諦めず，附属図書館を良くすることは，大学を良くすることであるという信念に基づいて，たゆまぬ図書館の改革と再設計を行いたいと思っています"[12]。ここに示された図書館の使命に関する認識と自らの役割に対する理解は，図書館長に求められる最も基本的なものであろう。もちろん，これは大学という，教育研究を旨とするコミュニティの中で，その中核的な役割を担う大学教員という立場がもっている地位の高さというものを抜きにしては考えることはできず，その意味で（行政機構上は出先機関の長という）公立図書館の館長と同列に論ずることはできない。

ただその公立図書館長についても，次のような研究が存在する[13]。すなわち，必ずしも有資格者が館長となるわけではなく，また在職期間も決して長くないという（おおむね3年程度か）現在の図書館長をめぐる環境においては，司書資格は図書館長の「専門職意識」に影響を与える要因の一つではあるものの，その意識に大きく影響するのは図書館勤務経緯に見られる積極性（自分の公務員としてのキャリアの中で，

図書館という職場をどのように位置づけていたか，など）と図書館での経験年数である，とするものである。経験年数は5年を超えたあたりから専門職意識が高まるという結果が出ている。有資格者であってもそれは司書講習で取得した場合が多く，専門教育機関で学んだ人は極端に少ないという現状では，座学によって身につけた基礎的専門知識とは別の'より実践的で高度な専門的知識の必要性の認識からくる，自己啓発努力の結果"によって専門職意識が高まってくるというのが，現代の図書館長の良質な部分の意識といえるのではないだろうか，と結論づけている。この研究は，図書館長には司書資格が必要である，という図書館界の主張に対し，個人の中で専門職としての意識を実質的に担保するものは何か，ということを明らかにしようとしたものであった。

このことは，図書館長に限らず，他の図書館員にもかかわってくる問題である。すなわち，すでに述べたことであるが，図書館の専門職としての力量は，現在ある「司書資格」によって証明されるのか，という問題である。

5 専門職団体

専門職は自らが準拠し，その社会的地位の向上，職務遂行能力の向上といった目的を果たすために職能団体を形成する。このような団体の有無は，倫理綱領とともに，ある職業の専門職化の指標とみなされる。

日本にも，個人加盟のもの，団体加盟のものをあわせると，図書館関係の団体は数多く存在する。それらは，館種，主題，それらを問わないジェネラルなものなどさまざまある。専門職団体は職能団体ともよばれ，それは通常，当該の専門的職業従事者によって組織されるものである。この点から考えると，例えば全国組織である日本図書館協会にしても，個人会員の入会の制限は事実上ないに等しく，専門職団体といえる状況ではない。このことは，日本のいずれの館種においても図書館員の専門職制度が成立していないことと密接な関係がある。

しかし，専門職団体としての実質を備えていないとしても，そのこととその団体の存在意義は別のものである。事実，それぞれの団体は，それぞれの団体の目的を実現すべく，研修・研究活動，その他傘下の個人・図書館等の機関の成長・発展を図るべく活動を行っているからである。そのような，図書館というものを軸においたある種のコミュニティの存在は，図書館および図書館員の発展・成長にとって欠くべからざるものである。図書館と他部署間での人事異動が頻繁に行われる近年の状況の中にあって，個人加盟の団体は，会員数の維持・拡大，運営主体となるメンバーの確保等について多くの課題を抱えている。また，機関加盟の団体にしても，その団体を担う機関，人材の確保には一様に頭を悩ませているのが実情であろう。団体間の連携による環境の改善などの工夫も望まれるところである。

（鈴木正紀）

B. 人事制度

1 司書職制度

a 司書職制度とは何か

　司書職制度とは，公立図書館に図書館法に規定された司書・司書補の有資格者をおく人事制度である。その要件としては，次の6項目があげられる[1]。
① 自治体ごとに司書有資格者の採用制度が確立されていること
② 本人の意思を無視した他職種への配転が行われないこと
③ 一定の経験年数と能力査定（昇任試験）のもとに，司書独自の昇進の道が開かれていること
④ 館長および他の司書業務の役職者も原則として司書有資格者であること
⑤ 自主研修の必要性が確認され，個人・集団の双方にわたり研修制度が確立していること
⑥ 司書その他の職員の適正数配置の基準が設けられていること

　つまり，司書職制度とは"司書有資格者で図書館員として働く意欲と適性と能力を持った者が，図書館に司書として採用され，そこで定着して働き，成長していけるようなしくみ"[2]であり，"図書館の管理・運営を専門職の責任に委ね，専門職が職務に専念できるよう制度的に保障すること"[3]に，その意義がある。

b 日本における現状

　図書館員を専門的な資格職種として法律の上で位置づけているのは，公共図書館における司書・司書補（図書館法）のほか，学校図書館における司書教諭および学校司書（学校図書館法）のみである。公共図書館のうち公立図書館の司書，司書補および学校司書は自治体の一般行政職として位置づけられ，司書教諭は教育職とされている。ただし，大学図書館など他の館種においても，図書館業務に専門性のあることを認め，公共図書館の資格である司書の有資格者を配属したり，図書館職員の実態調査の際司書有資格者数を問うことも多い。

　上記の司書職制度の要件は，公立図書館に限らず他の館種にも共通するものとして捉えることができる条件であり，どの館種においても専門職制度が確立しているとは言い難い状況のもとでは，共通の目標ともなる。

　それぞれの館種の専門的業務内容に応じた専門的技能，資格を求める動きや意見は多くある。大学図書館については，大学設置基準（文部科学省令）において"図書館には，その機能を十分に発揮させるために必要な専門的職員その他の専任の職員を置くものとする"（第38条第3項）とあるほか，医学や法律など主題専門の図書館職，あるいは「学術司書」などの設置が主張されている。また国立大学等の図書館員を対象とした独自の採用試験制度も実施され，これは大学図書館員の資格試験的な役割も果たしてきた。情報処理技術の試験合格を要件に採用したり，これを職員実態調査の項目としていることもある。学校図書館においては司書教諭とは別に，「学校司書」とよばれる職員を独自におく自治体が増え，政府も人件費を地方交付税措置するなどの経緯を経て，2014年度「学校司書」を位置づける改正学校図書館法が成立した。これら

は図書館に専門的な知識，能力，資格をもつ職員をおくことの意義が，一定程度認知されていることのあらわれである。

それら職員の処遇については，例えば公立図書館の司書は自治体の行政職員と同等に扱われているなど，図書館の設立母体の一般的職員と同等に処遇することが通常である。専門性を認めつつも，人材確保の上で，一般よりも厚遇するほどの必要性は認められていないとも言える。

c　人事異動と雇用形態の変化

上記の司書職制度の要件の第2項目に他の職種への配転を行わないこと，とある。専門職制度において，それはあげる必要もない前提ともいうべき要件であるが，それをあえて1項目とするところに，現在の司書職制度確立をめぐる状況の深刻さがあらわれている。司書資格を要件に採用されても，一定の年限を経ると他の職種・職場に異動することや，昇任・昇格に際して職種転換が行われることが常態となっている。この6項目の要件は，職名「司書」として発令されない状況，発令されても配転がある状況，つまり職階制度としての司書職制度が確立されない中で示されたものなのである。

一方，公立図書館，学校図書館，公立大学図書館のほか議会図書室など，同一自治体内の異なった館種相互の異動もみられる。さらに，行政職場の中で司書が活躍している例も少なからずある。これらは，政策立案や調査など行政事務の中で，資料・情報を扱う業務が増えている状況の反映であると思われる。

司書職制度は専門性の蓄積と向上を保障するものであり，したがって長期安定雇用が前提とされる，いわゆる正規の職員を対象とした制度である。しかし，現在すべての館種の図書館において，非常勤・嘱託・臨時の職員のほか，派遣職員や「有償ボランティア」と称する職員など，さまざまな

表Ⅵ-1　図書館職員数

館種	正職員			非常勤・臨時・派遣等			正職員の率
	総数	司書	司書率	総数	司書	司書率	
公共図書館	10,878	5,695	52.4%	25,935	14,693	56.7%	29.5%
大学図書館	4,719			7,922			37.3%
短大図書館	205			206			49.9%
高専図書館	71			163			30.3%

・典拠：「日本の図書館―統計と名簿」2014
・調査時：公共図書館2014年4月現在、大学図書館等2014年5月現在
・司書：司書・司書補有資格者数
・非常勤等：年間実働1500時間を1人と換算
・正職員の率：正職員／正職員＋非常勤等。推定値

	学校数	司書教諭発令校数	学校司書配置校数	学校司書数	
				常勤職員数	非常勤職員数
学校図書館	35,767	24,045	19,797	6,308	14,986
小学校	20,431	13,534	11,097	2,065	9,573
中学校	10,370	6,465	5,499	1,417	4,482
高等学校	4,966	4,046	3,201	2,826	931

・典拠：文部科学省「平成26年度学校図書館の現状に関する調査」
・調査時：2014年5月現在

雇用形態の職員が混在しており，例えば公共・大学図書館でみると，表Ⅵ-1のようにその比率は低くない。しかも一概に短期雇用とはいえず，数年にわたって継続して専門的業務に従事する実例が多くなっている。加えて，公立図書館においては図書館の運営管理を外部に「丸投げ」する指定管理者制度の導入も図られている。図書館の設立母体で正職員の削減が続いている影響が図書館にも及び，正規雇用の司書採用を手控えさせている。その結果，後にみるように，これら司書有資格の不安定雇用職員が増加しており，「正職員の非専門職化，非正規職員の専門職化」ともいえる状況が生まれている。こうした状況の変化にあった専門職のあり方も課題となっている。専門的業務を担う職員の不安定雇用の実状を変えることは，今後の図書館振興の鍵とも言える。

2 地方公務員の人事制度

公立図書館における人事管理制度は，他の館種の図書館にも少なくない影響をもたらしており，対比して論じられることも多い。そこで地方公務員の人事管理について概括しておく。

公立図書館は，自治体が設置し運営するものであるため，その職員に対しては地方公務員制度の一環として人事管理がなされる。昨今の行政改革，構造改革による公務員の人事管理の方針は，しばしば図書館法が期待する制度との矛盾をもたらしている。司書職制度は地方公務員制度でいう任用制度，職階制度である。しかし後にみるように司書職制度を採用している自治体は多くはない。その要因として職階制度の未確立があるが，それに触れる前にまずその制度について解説する。

a 職階制度：職種と職級

任用制度とは，任命権者が特定の者を特定の職につけることであり，採用，昇任，降任，転任の方法により行われる。任用にあたっては，その職に応じた能力の実証に基づく成績主義により行われることが原則である。職階制度とは，職員の職を仕事の種類（職種）と仕事の程度（職級）によって分類し，科学的な人事管理を意図する任用制度である。地方公務員法第23条において"人事委員会は，職員の職を職務の種類及び複雑と責任の度に応じて分類整理しなければならない"と職階制の根本基準が示されている。しかし，これを具体化する法律や制度はつくられないまま推移していたところ，2014年この条文を廃止する改正地方公務員法が成立した。国家公務員の職階制に関する法律も2009年廃止されており，公務における特定の職の専門性を保障するための制度としての職階制度は，日本において事実上導入されなかったのである[4]。

職級とは，職務の複雑，責任の度合いを分類するもので，職制上の上下関係をあらわす。上級職になれば責任が重くなり，それに応じた処遇を図るものであり，職層名が発令される。職種とは，職務の種類であり，図書館，博物館，公民館，学校，保育園，福祉，医療など，公務として行われているさまざまな業務に応じた職種で，これを職として位置づけ，職務名として発令されることにつながる。自治体には多様な業務があり，それぞれの分野のことを学んできた人，あるいは必要な資格を取得してきた人を採用・配置して，その専門性に着目した人事管理を行うものである。自治体任せにせず，政府が法や基準を示し，必置職として義務づけていることもある。

しかし，これまでの人事管理制度をみると，それぞれの業務に応じた専門家をおき，その専門性を高める配慮は，全体としてき

わめて希薄であったといわざるを得ない。専門性が高い職種ほど，外部に委ねる方向が強くなってきている。とりわけ「官から民へ」とする構造改革がそれを促進している。ところが一方で職級については，非常に熱心に取り組まれてきており，給与表はかつて6段階くらいであったものが，最近では10もの級に細分化され，さまざまな職層名がつけられている。

　公務員制度改革の論議の中では，これらが反映して職種の拡大につながるような職階制は廃止する論調が強くなり，ついに廃止に至る状況になったのである[5]。人事制度が比較的整備されている東京都特別区は1996年，44あった職種を22に半減させたが，その理由は「細分化された職種では職域が限定され，円滑な異動管理が困難である」というものであった。また，図書館法に基づく補助金交付基準としての館長の司書有資格要件や人口規模に応じて司書を配置することは，分権化を妨げる国の必置規制であるとの理由で1999年廃止された。これらは，それぞれの職務の専門性を担保する職階制をなくす動きの一つであった。

b　経歴管理システム

　人事管理の見直しとして，経歴管理システムの導入が推進され，専門性の蓄積の上で困難をもたらしている。経歴管理システム（career development program）とは，"ジョブ・ローテーションを通じて様々な職場をバランスよく経験することで，視野や知識・技術を幅広く深いものとしていくと同時に，その時々に応じて適切な研修を提供することにより，スキルアップを図り，能力開発や人材育成の度合いをチェックして次のステップへと進むといった複合的な取組みであり，職員の多様な適性等を生かした人材育成が可能となる"[6]というものである。特定分野の専門職員ではなく，複数分野の専門的知識・経験を有する「複合型専門職員の育成」を図るために異動を計画的に行うという。新たに採用した公務員については，最初の10年間を「能力・適性等評価期間」として位置づけて，3から4か所の職場を経験させ，その後の10年間を「管理能力等開発期間」として位置づけて，その人物の能力・適性等をもとに，さらに3から4か所異動させて管理能力を身につけさせ，その後は「管理能力発揮期間」とする。この結果，機械的な人事異動が通例のものとなり，特定分野に長けたベテランは尊重されないしくみとなる。これは1984年，自治省内の公務能率研究部会の報告書「地方公共団体における職員の士気高揚策」の中で出されたものである。これ以降，政府の人事管理の方針にはこれが1項目加えられ，その徹底を図るためのマニュアルも用意されている。ベテラン司書有資格者が図書館に勤め続けられない理由の一つともなっている。

3　公立図書館

a　採用

　公立図書館の職員採用試験，選考は人事委員会，人事委員会のない市町村においては市町村長が実施する。教育委員会が行う場合もあるが，現在では人事委員会，もしくは市町村長が行うことが通例となっている。非常勤・臨時の職員として採用する場合は，教育委員会または図書館長が採用することが多い。

　後にみるとおり，多くの自治体で司書有資格者が司書職として発令されない。そのような場合には，実質的に司書有資格者を図書館に配置・配属し円滑な運営を図るため，①司書有資格者を対象とした採用試験を実施するが，職名は一般職とする，②一般の採用試験合格者または在職者から司

書有資格者を配置する，③司書資格取得のために司書講習に派遣する，などによるところが少なくない。

b　実態

　公立図書館の専任職員は2014年現在10,878人，そのうち司書・司書補有資格者は5,695人となっており，司書率は52.4％である。職員数15,429人，司書数7,894人はピークであった1998年当時の職員数であるが，その後減少し続け上記のとおりである。現在1図書館当たり職員3.4人，司書1.8人であるが，1998年当時それぞれ6.2人，3.2人であった。司書有資格者のいない図書館は2003年当時419館，24.7％であったものが，1,643館，50.6％と過半数となり，3割近くいた司書有資格図書館長は666人，20.6％にすぎない[7]。

　一方，非常勤・臨時職員数は正職員を上回る実状となっている。合わせて16,000人を超えている（年間実働1500時間を1人と換算）。公務の職場での非常勤・臨時職員は3割を占めている（自治労　2008年6月調査）と言われているが，図書館の場合は6割を占め異常とも言える。これに加えて「請負契約や派遣契約に基づいて図書館に配置され業務を行う者」，いわゆる派遣職員が専任職員数に匹敵する9,700人以上いる（年間実働1500時間を1人と換算）。

　これらの動向は，地方公務員の削減政策と公務の外部化が図書館にも及んでいることのあらわれである。

　図書館法は，任用制度としての司書職の設置を求めている。図書館法第4条では図書館の専門的職員を司書・司書補と称することを明らかにし，第5条でその司書・司書補となる資格取得の方法を述べ，附則では法制定前の専門的職員に関する経過措置を明らかにし，第13条で，"公立図書館に館長並びに……教育委員会が必要と認める専門的職員，……を置く"と規定している。『図書館法』[8]で，"新たに，司書及び司書補という職名を規定した"ことを述べているように，これらの規定は，「司書」「司書補」の発令を図書館の設置者に求めているものである。司書あるいは司書補として発令されていない場合は，それは司書となる資格を保持しているにすぎない。

　図書館法第13条第1項の"教育委員会が必要と認める専門的職員，……を置く"について，「図書館の設置及び運営上の望ましい基準」（2012年文部科学省告示）では"図書館が専門的なサービスを実施するために必要な数の司書及び司書補を確保する"と，その配置数にあることを明示している。

　2008年の図書館法改正をめぐる国会審議では，司書の役割について政府は，"図書館がその地域の知の拠点としての役割を果たすことがますます高まってきているから，専門性を備えた司書が，多様化高度化する利用者のニーズに適切に対応して，その専門的な知識や経験を十分に発揮することがますます求められており，役割の重要性については多言を要しない。司書が配置された方が図書館におけるサービス向上につながる，メリットが大きい"とより具体的に述べた。

　しかし，司書職の制度は主要な流れとはなっていない。例えば全国公共図書館協議会が行った1982年の調査[9]によれば，「司書」職名（職務名）が「あり」（一部ありも含む）と答えた図書館は43.3％と半数に満たなかったが，国立教育政策研究所社会教育実践研究センターが行った2003年調査[10]で，「司書又は司書補として発令する制度がある」と答えた自治体は34.1％となっている。司書職制度が比較的整備されている都道府県立図書館は65.2％であるが，1982年当時より16ポイントほど減少している。行革の影響があることを裏づけたといえる。

司書職制度があると答えた416自治体のうち，1998年以降2003年までに司書として発令した自治体は261（うち都道府県は26）である[11]。制度があっても6割程度しか発令されなかった。この間採用がなかったことも原因と思われるが，"近年専門職規定がありながらも司書発令がなされず，一般事務職発令とする傾向が著しい"[12]との側面も無視できない。

　人口10万人以上の市区および都道府県を対象とした2002年の調査（日本図書館協会図書館学教育部会）では，2001年度に新規採用された職員161人のうち司書有資格者は81人と半数であったが，司書資格を要件に採用された者は59人，36.7％，うち司書として発令された者は31人と半数である。また，当該図書館の職員総数10,144人のうち司書資格を要件に採用された者は948人，9.4％であり，司書として発令された者は878人，8.7％である。司書発令の規定をもちながらも，昨今の人事管理方針から，その発動を忌避する傾向の結果であることも否定できない。

　採用時には司書として発令されていても，例えば管理職に任圧された時点で職名「司書」が消えるところも少なくない。採用時と異なった職種に転じさせることは，客観的・合理的な理由がない限り原則としてできないが，先にみた経歴管理システムの考え方が昇任・昇格時に実施に移されているともいえる。司書として発令する制度があっても不安定なものとなっているのである。

　毎年1万人もの司書有資格者が輩出しているが，以上のデータは，図書館に職を得ることはきわめて困難であり，先の2002年調査では，1％程度であることを示している。このことは，1991年の文部省学習情報課調べ[13]でも明らかとなっている。197大学で司書資格を取得した8,769人の卒業生のうち，公共図書館に就職できた者は161人，1.8％，学校・大学等の図書館関係を含めても396人，4.5％であった。

　公務職場における正規職員の削減，「専門性の高い職種，業務のアウトソーシング，外部化」との「構造改革」は，図書館において不安定雇用労働者の増加，その専門性の蓄積に深刻な事態を招いている。2008年の図書館法改正をめぐる国会審議では，司書の役割，その専門性，およびその実態について政府は正確な認識を示したが，その実現のための施策については最後まで「地方分権」を理由に自ら実施することを明言しなかった。

4　高等教育機関の図書館

a　採用

　大学，短期大学，高等専門学校など高等教育機関の図書館員の採用方法は，その設立母体により異なる。

　国立大学では2004年の法人化により，これまで人事院により行われていた国家公務員採用Ⅱ種試験「図書館学」区分が廃止された。これは，1963年度から開始された国立学校図書専門職員採用上級試験以来続いていた，国による専門職員試験の廃止である。試験合格者は国立大学，高等専門学校，大学共同利用機関等の図書館だけでなく，政府の省庁・研究機関等の図書室等の職員もここから採用されていた。また，大学図書館等の専門的職員の資格制度がない中で，大学図書館における一種の資格を示す役割もあった。法人化前の10年ほどを見ると，最も多いときで78人，少ないときで29人，平均50人程度の合格者があり，平均40人程度の採用がなされてきた。法人化以降は，ブロック（北海道，東北，関東甲信越，東海・北陸，近畿，中国・四国，九州）ごとの国立大学法人が共同して，採用試験を行うことになった。全校が1法人となった国

立高等専門学校をはじめ，大学共同利用機関などもこれを活用し採用する。

公立大学は，その設置する地方公共団体の人事委員会が採用試験を実施する。公立図書館の司書と共通した制度になっているところも少なくない。また，法人化により独自採用をするところもある。

私立大学の場合は，設置法人により採用方法が異なる。ただし，大学事務局職員とは別に，専門的職員として採用することが少なくなっている。

日本図書館協会による「大学図書館職員の採用・異動等に関する実態調査の概要」[14]によれば，1992年度から94年度の3年間の採用は大学，短期大学，高等専門学校合わせて1,010人あり，うち図書館職員採用試験によるものは344人で採用総数の34.1％であり，6割以上が一般職員採用試験等によっている。とりわけ私立大学（4年制）では専門試験採用は22％にすぎない。一方，司書有資格者の採用は合わせて591人で，採用者の58.5％を占める。専門試験採用では88％を占めている。

b　実態

大学，短期大学，高等専門学校など高等教育機関の図書館職員数は，表Ⅵ-1のとおりである。専従職員は合わせて4,995人であるが，ほかに8,291人の非常勤・臨時・派遣職員（年間実働1500時間を1人と換算）がいる[15]。文部科学省の「平成26年度学術情報基盤実態調査結果報告」によれば2014年5月現在，大学図書館には合わせて11,114人の図書館職員がおり，うち専任は5,359人いる一方，臨時は5,755人と51.8％を占めている。司書有資格者は合わせて5,970人で53.7％の司書率である。専任職員のみでは3,421人，63.8％と公立図書館よりも高い率を示している。国立大学図書館職員のうち，「国立大学法人等職員採用試験・事務系（図書）」の合格者は919人で24.9％である。ほかに情報処理技術者の資格をもつ者は271人，2.4％いる。

先に紹介した「大学図書館職員の採用・異動等に関する実態調査」では，異動等の状況について，1992年度から94年度にかけての異動等の状況を調べている[16]。この間合わせて2,230人の転入，2,884人の転出・退職があった。転入では，「他の図書館から」が791人で35.4％，「図書館以外から」が1,365人で61％，転出では，「他の図書館へ」が753人，37.9％，「図書館以外へ」が1,232人，62.1％である。これらを司書有資格者に限ってみてみると，図書館からの転入は700人で69.1％，図書館への転出が670人，60.5％である。以上のデータから，大学等の図書館職員の異動は，総じて一般職員同様に行われていると見られるが，司書有資格者については相対的に配慮されているといえる。

以上のような現状は望ましいものではない。例えば，「大学図書館基準」（大学基準協会）では，職員について次のように示している（第3項）。

1　大学図書館には，その使命の遂行と機能の発揮に必要かつ十分な職員を適正に配置しなければならない。
2　大学図書館に課せられた高度の専門的業務を処理するためには，特に専門職員を配置することが必要である。専門職員には，原則として大学院において図書館・情報学等を専攻した者を充てなければならない。
3　専門職員，その他図書館の専門的業務に従事する職員に対しては，広く研修または再教育の機会とともに，その資格，能力，経験等にふさわしい処遇が与えられなければならない。

さらに「大学図書館機能の強化・高度化の推進について（報告）」（学術審議会学術

情報資料分科会学術情報部会、1993年12月）は、「大学図書館員の育成・確保」の章において、"司書資格とは別に、大学図書館の専門的職員として必要な高度の知識・技能を修得するシステムの整備"、"学内外の情報機関との人事交流や専門分野の学部・学科等との連携等の促進"などを提言し、これに応えて「大学図書館員の育成・確保に関する調査研究班－最終報告書」（国立大学図書館協議会研究班、1996年3月）では、研修機会の充実、専門スタッフの交流・活用、大学図書館の研究開発機能の整備を提起した。しかし、この方向の充実・強化は、大学図書館の設立母体の変化、統合化などの動きが著しい中で難しいものとなっている。

5 学校図書館

a 採用

学校図書館の専門的職務をつかさどる職員として、学校図書館法は司書教諭をおくことを求めている。1997年の法改正により12学級以上の学校におくことが義務づけられたが、11学級以下の学校に司書教諭を配置することは任意とされている。司書教諭資格は、教員免許をもち司書教諭講習を修了することにより取得でき、自治体の教育委員会や国立大学法人、学校法人による教員採用試験を経て、採用・配置される。

司書教諭の大多数が兼務で、実質的な役割が果たせないこともあって、自治体独自に学校司書（学校図書館担当事務職員）の配置が進められてきた。学校司書の配置は、高等学校を中心に進められ、近年は子どもの読書環境を整備する運動の高まりの中で、小・中学校への配置を求める運動と、それに応える自治体の施策により、5割を超える学校で実現し、2014年の学校図書館法改正により、法的にも位置づけられるようになった。その採用は、公立図書館と共通に行政職の司書採用試験として行われることがあるが、学校事務職員の中で図書館担当に充てることも多い。1993年に文部省は"学校図書館の重要性とその事務量を考慮"して、大規模校に事務職員を加配措置するという、公立義務教育諸学校教職員配置改善計画を出し、日本図書館協会はその有効活用を訴えた。学校司書は非常勤・嘱託として雇用されることも多く、その場合は教育委員会が採用し配置する。

司書教諭および学校司書の職務内容については、上記の経緯や実態から明確ではない。両者の役割の違いは、それぞれの地域や現場の実情に即した実践の蓄積により、自ずと明らかになっていくものである。何よりも両者の協同によって展望を開くことが必要で、そのような立場で日本図書館協会は1999年、「学校図書館専門職員の整備・充実に向けて－司書教諭と学校司書の関係・協同を考える」を発表した。

「子どもの読書活動の推進に関する基本的な計画」（2002年閣議決定）では、"司書教諭は、学校図書館資料の選択・収集・提供や子どもの読書活動に対する指導等を行うなど、学校図書館の運営・活用について中心的な役割を担うものである"としており、また学校司書は"司書教諭と連携・協力して、学校図書館に関する諸事務の処理に当っている。今後、学校図書館の活用を更に充実するため、各地方公共団体における事務職員の配置の取組を紹介して、学校図書館の諸事務に当たる職員の配置を促していく"と位置づけている。

b 実態

学校図書館の職員数について、文部科学省「平成26年度学校図書館の現状に関する調査」によれば、次のような実態にある。司書教諭は、全国の学校の65.3％に発令されている。発令が義務づけられている12学

級以上の学校では94.9％，11学級以下では27.6％である。学校司書は55.3％の学校に配置されており（特別支援学校，中等教育学校除く），それぞれ小学校54.3％，中学校53.0％，高等学校55.3％となっている。その配置状況が9割以上の県がある一方，1割未満の県も少なからずあり，地域間格差が著しい。雇用形態別をみると，常勤職員は6,308人，非常勤職員は14,986人であり，常勤職員を配置している学校は17.0％である。

地域において，子どもたちに豊かな読書を保障するために，学校図書館に人を専任の専門職員をおく取組みが，住民，図書館員，教員などにより進められている。1990年以降各地で急速に運動が展開され，そのための全国組織や連絡協力網ができてきた。これに応える行政施策を実現しつつある。

しかし学校図書館においても，司書教諭発令による学校司書の配置解消，退職者不補充，派遣の導入などの動きが顕著となっている。

6 専門図書館

専門図書館は，設立母体が多様であり，規模もさまざまで，その差も著しい。総じて小規模なものが多く，昨今の経済状況が影響して閉鎖・廃止されるところも顕著となっている。雇用形態も多様である。それぞれの設立母体の目的に資する資料情報提供を目的としており，IT技術や主題を中心とした技能習得の要求も高く，研修や専門的資格に対する関心は高い。

『専門情報機関総覧　2015』（専門図書館協議会）による調査では，職員について回答のあった1,607機関のうち専任職員がいる機関は72.1％，兼任職員がいる機関は52.4％，常時雇用のパート・アルバイト，派遣等がいる機関64.4％，同じく一時的雇用職員がいる機関21.7％である。司書・司書補有資格者のいる機関は32.4％である。

7 国立国会図書館

国立国会図書館の職員の定数は888人（2015年度）で，館務は調査業務，司書業務，一般事務に分けられている。国会職員であるため，国家公務員法にいう特別職国家公務員として位置づけられているが，その処遇は国会職員法により国家公務員一般職に準じている。

その採用は人事院ではなく独自に実施されており，2012年度以降採用試験は，総合職，一般職（大学卒業程度），一般職（高等学校卒業程度）に分けられている。司書等の資格は要件とされていない。総合職，一般職（大学卒業程度）の専門試験の選択科目には図書館情報学，情報学がある。

東京本館，関西館，国際子ども図書館の三施設による一体的な業務運営が行われているほか，内外の図書館との研修的人事交流も行われている。

（松岡　要）

C. 労働

1 図書館労働の意義

図書館司書は，統計基準の「日本標準職業分類」（2009年12月21日総務省告示第555号），職業紹介の「厚生労働省職業分類」

(2012年3月改訂)のいずれにおいても「専門的技術的職業従事者」とされている。

利用者を知り,資料を知り,利用者と資料を結びつけること,利用者から求められた資料,情報を確実に提供する仕事は知的労働であり,精神的労働である。利用者のおかれている環境,関心事,社会の動き,個々の利用者の具体的な要求とレベル,図書館が所蔵している資料・情報源のほか,他の図書館での所蔵状況,出版や情報生産の状況,また個別の資料・情報の内容など,これらを業務として把握し,両者を的確に結びつけることは,かなり高度な知識,技能と意欲が必要とされる。

司書の具体的業務としては,所蔵資料の構築(資料の選択・収集など),所蔵資料の組織化(分類・目録など),資料・情報の提供などのサービスなどがある。収集した資料を分析し,分類,件名,キーワードなどを付与したり,内容細目の抽出や資料の梗概を目録に表現することは,多様に利用される可能性を拡大する行為ともいえる。それらの行為を経た資料は単独に存在するだけでなく,所蔵資料として体系立てて図書館において構築され,具体的な排架作業により利用者を刺激する。これらの図書館業務は,著作者も意図しない幅広い利用をもたらす。またその利用により,新たな著作の生産の可能性も起こす。

さらに司書には,資料・情報の提供だけでなく,住民自らが資料・情報を活用することができるよう,支援が求められている。情報の選択・活用能力習得への支援であり,これは適切な資料・情報の提供・案内の延長線上のサービスといえる。子どもに対して,「有害」情報だとして規制するよりも,自ら適切な資料・情報を選ぶ力をつけるために司書が援助することが必要となっている。

総合的学習,調べ学習が学校教育の一環に位置づけられ,また高等学校の科目に「情報」が加わり,より高度な調べる技法や技術を学んだ利用者が増えてくることが予想される。これに的確に対応することが求められている。これらは公共図書館に限らず,すべての館種に必要とされることである。

図書館労働は以上のような精神的労働であるが,デスクワークよりも身体を動かす時間の長い肉体労働でもある。図書などの移動,点検,排架,資料探し,利用者などとの対応などで,持つ,運ぶ,歩くなど体を動かすことが多い。また,勤務形態は不規則である。開館時間と開館日の拡大により,1日の労働時間帯は日によって異なり,週の勤務日・休務日が周期的ではない。

図書館員の業務は,少数の専門職員の下で行われるというよりは,集団的に行われることにより専門性が発揮されるという特徴をもっている。業務分析は図書館業務を,「根幹的なもの」と「非根幹的なもの」,あるいは「専門性の高いもの」と「一般的なもの」とに分ける議論につながるが,分かちがたいものが多くある。業務の分離は雇用形態の分離,多様化による側面をもつが,それは業務処理や運営が複雑なものとする危険性をはらんでいることも認識すべきであろう。

2 要員,労働の実態

先にみたように,いずれの館種においても正職員の減少,その不足を補う非常勤・臨時職員の増加がみられる。また,業務の委託による派遣職員の増加も顕著となっている。このような人員構成の急速な変化のもとでは,適切な要員を確保するための基準設定は重要な課題である。

総務省は定員管理調査を毎年行い,その結果に基づく定員適正化計画の策定・実施を求める通知をほぼ毎年示し,またそれを

促進するために，省内の研究会により人口規模ごとの「定員モデル」の提示も行っている。

1999年の図書館法改正により廃止された国庫補助金交付要件としての「最低基準」は，司書について人口規模に応じた数値を示していた。

地方交付税の積算内訳では，給与費として職員数を明らかにしている。標準団体の道府県（人口170万人）には館長のほか26人の職員，市町村（10万人）には職員のみ8人が計上されている。その職層別人数も示されていたが，2003年以降は地方を縛るものとして明示されなくなった。

以上は定数を検討するよりどころとなる政府の「基準」であるが，実質的な用をなさない。日本図書館協会による「図書館労働実態調査」（1978），全国公共図書館協議会の「公共図書館のサービス指標及び整備基準試案」（1985），図書館問題研究会の「住民の権利としての図書館を」（1982）などのほか，1972年に社会教育審議会図書館専門委員会が示した「公立図書館の望ましい基準（案）」は自治体や図書館づくり運動の中では活用された。これらは，貸出冊数を基礎にして算定したり，最も高いところを目標値にすることなどを提案しており，現場に資する役割を果たしてきた。また2001年の「公立図書館の設置及び運営上の望ましい基準」を検討した生涯学習審議会図書館専門委員会は，その報告の中で，参考資料として，貸出密度上位の公立図書館の職員数および司書有資格者数を指標としてあげた。

最近は，行政評価の一環としての行政サービスのコスト把握の視点からの問題提起がある。「サービス原価」から人件費を見直すABC分析，作業工程数を把握して積算する方法，他の類似規模の図書館との比較により検討するものなどである。現場にいる職員の雇用形態が多様になってきていること，司書有資格者も他の職種への異動が行われていること，さまざまな業務委託が導入されていること，業務やサービスが量的・質的に変化していることなどから，要員数の標準化が難しくなっている。図書館サービスの自己点検・評価の手法を追求する中から，要員算定に資する提言が求められる。

ところで，図書館は女性職員が多い職場の一つであり，非常勤・臨時職員において比率がとりわけ高い。公共図書館の専任職員では合わせて7,202人で57.9％，非常勤職員では15,891人，89.6％を占めている[1]。

情報技術の進展は，図書館労働を変化させた。VDT（Video [Visual] Display Terminal：画面端末装置）作業抜きの業務は相対的に減少しており，これはすべての館種に共通している。図書館を対象としたVDT作業基準策定の試みや健康調査などは1980年代になされたが，現在はその改善・追究が希薄となっている。労働災害が減少しているわけではなく，職員数，労働時間などの基本的要件の複雑さが，その顕在化を妨げているのではないかと思われる。

3 非常勤・臨時職員

公立図書館の場合，非常勤・嘱託・臨時職員等は地方公務員の特別職として位置づけられる。専任職員の場合は地方公務員法第17条の一般職であるが，非常勤職員の場合は第3条第3項第3号，あるいは第28条の2，臨時職員の場合は第22条第2項，および同条第5項の特別職として位置づけられている。

現場での業務の拡大，要員の不補充，削減は非常勤・嘱託・臨時職員の増大となってあらわれている。本来自発的意思に基づく社会参加であるボランティア活動が，要

員不足や経費節減を目的として導入されていることもめずらしくない。

先にみたように，一般職では専門性を重視しない人事管理の影響から，司書有資格者がなかなか採用されない。非常勤職員等については，教育委員会や図書館などの現場が事実上採用できる職であるため，独自に採用の要件が決めやすい。その結果，司書資格を要件に採用するなど独自の採用基準を設けることが少なからずある。不規則な勤務時間や土・日出勤などの勤務形態により，結果として非常勤・臨時職員の司書有資格者が多くなっている。また，非常勤職員が増えた要因には，1985年の公務員の定年制実施にともなう再雇用の制度化がある。その後の高齢者の雇用促進政策や，年金受給年齢の引き上げなど，制度改革の影響も大きい。

非常勤・臨時職員の労働時間は正規職員よりも短時間とされることが通常であり，1日6時間，週4日程度である。また，雇用期間は単年度契約が通例であり，複数年にわたる雇用の場合も3年あるいは5年で雇い止めとなることが多い。これは図書館事業の継続性から見て問題がある。

こういった状況はすべての館種に共通している。国立大学の場合，1967年の国家公務員の総定員法により，定数が抑制された結果，図書館現場には10年以上にわたって働く臨時的雇用の職員が多数いる状況が続いている。学校図書館においては，学校司書の多くは不安定雇用の身分の職員が多い。

公務員制度改革の中で，短時間の期間を限った任用制度導入が提案されている。図書館業務に合った職員制度の検討も必要とされる。

4 派遣・委託職員

図書館の業務および管理を他に委ねる手法が顕著となっている。業務委託，管理委託，指定管理者制度などである。

業務委託は民法上の契約により行われるものであり，庁舎管理，コンピュータ保守・点検などのほか，資料の整理業務など多岐にわたって行われている。

指定管理者制度は2003年の地方自治法改正で導入されたもので，公の施設の管理を民間企業も含め団体に代行させるものである。この制度化により地方自治法に基づく管理委託は廃止された。

業務処理が複雑になる一方，特定の業務について民間において実績をもつ企業が出現し，社会的分業の成立する状況が出てくることにより，図書館業務の委託は広く進む様相をみせている。文部科学省が2001年に調査したものによれば，17.5％の図書館が業務委託をしていると答えている。図書館固有の業務である書誌データの作成の委託などは，民間の企業による供給が進むことにより，かなり広がっている。また，利用者に直接サービスを行う窓口業務，資料の提供，資料相談・案内などの業務について，民間企業などと請負契約をする例がある。これらは図書館職員が責任をもって行う業務であり，偽装した労働者供給であるとの批判が強い[2]。

管理委託は図書館の場合，1980年代以降20例ほどあったが，その受託者のいずれもが自治体出資の地方公社（財団等）であった。またそのすべてが，館長や選書やレファレンスなど，司書の業務とされているものを除く業務の委託であった。文部省（当時）は図書館法の規定により「館長や司書の業務は委託になじまない」という見解を示していた。教育委員会が任命した館長が

おかれ，教育委員会が派遣した司書をおくこともあった。管理委託は，もっぱら開館時間の延長や通年開館を目的とするものであったが，そうしたことは委託によらなければ実現できないことではない。他の公の施設の管理委託がかなり進んだ中で，図書館のそれは，総務省の調査によっても3％にすぎなかった（2003年調査）。

　管理委託はもとより，業務委託もしばしば管理運営の二重構造を招く。指揮命令が複線となり，組織運営が複雑化して，職員が一体となった業務処理を困難にさせる。管理委託の場合，教育委員会職員である館長や司書が財団雇用の職員への指揮命令はできない。業務委託の場合も，委託した業務が受託企業において自己完結的に処理されるものであれば問題にならないが，利用者への対応など教育委員会職員とともに渾然一体となって行う業務については，適切に行うことは困難である。

　指定管理者制度は全面的な代行ができるので，こういった二重構造は生じない。しかし，代行させる業務の範囲を条例で定めることになっているため，指揮命令の複線化という問題は残る。何よりも，教育委員会が責任をもって図書館を管理するという原則にかかわる管理形態であり，重大な問題を内包している。

　図書館法改正をめぐる国会審議においても，この問題が取り上げられ，政府は「図書館の管理運営になじまない」との見解を明らかにし，また「指定管理者制度導入による弊害」に配慮し，専門職員による運営を求める国会附帯決議がなされた。

　図書館の管理・運営形態の問題は，公立図書館だけでなく，すべての館種に共通しており，その設立母体の変化も要因となっている。利用者の要求に応えることのできる図書館の管理・運営の形態，そこで働く職員のあり方について創造的な対応をすることが必要である。

（松岡　要）

D. 図書館員養成教育と研修

1 養成教育の意義と形態

a　図書館員養成の意義

(1) 図書館の資源として

　図書館という組織，機構を成り立たせている要素の一つとして，人的資源は欠かすことができない。利用者に対する人的援助においては言うまでもないが，そればかりではなく，資料の収集，組織，保存といった間接サービスにおいても，図書館員による計画的な営みが効果的になされてこそ，質の高い図書館経営がなされるものと考えられている。

　したがって，図書館経営に関する評価を行う際には，図書館員の位置づけ，とりわけ図書館員の知識と技術のあり方を重視することになる。すなわち，どのような知識と技術が，現在の図書館員に必須となるのか，またどのような方法によって知識や技術を修得し向上させていくのか，さらにはどのようなしくみ，制度を整えれば効果的な知識や技術の伝達が可能となるのか，といった点に対する検討が求められるのである。こうした諸点は，図書館員養成教育の主要課題となる。

　図書館員の知識と技術に関する理解を深める場合，とりわけ実践される図書館サー

ビスとの関係を考慮する必要がある。図書館サービスの中には，専門的な業務と専門的とは必ずしもいえない業務があり，図書館員養成においては，前者にかかわる知識と技術を取り扱うことが優先されるからである。言い方を換えれば，業務を行うにあたって，網羅的な知識を前提としていたり，高度な技術が必要であったり，豊富な実務経験の蓄積が求められたりしているものを選別し，それらを図書館員養成における教授内容の中核としていくことが必要なのである。

(2) 水準の維持

現在の日本を例にとれば，図書館員養成の中で司書と司書教諭の養成は，所定の教育課程（カリキュラム）を修了した者に対する，資格を付与する制度として成立している。諸外国においても，養成の形態は異なるものの，図書館員の能力を「担保」するしくみがあり，そのしくみの意義に関する社会的合意が形成されている。日本における資格付与の制度も，図書館員に所定の知識があり，一定の技術を身につけていることを証明するしくみといってよい。すなわち，図書館サービスの水準を，人的側面から維持するための方策として機能するよう期待されているのである。

したがって，図書館員養成の問題を検討する際には，どのような制度を設ければ，図書館サービスの水準が維持され，向上につながるのか，といった問題意識をもつ必要がある。また，どのような教育課程を設け，そこにおいてどのような教育内容を盛り込み，どのような教育方法を採用すれば，図書館サービスを実践する図書館員の能力の質が保たれるのか，といった議論を展開することが求められる。

(3) 理論と実践

図書館サービスが，比較的単純な知識と技術を適用すれば済む程度のものならば，そうした知識と技術は経験だけで修得することができるであろう。また，教育課程を用意するにしても，短期間で修める程度の簡単なものに留まるであろう。しかし，図書館サービスの構造が複雑になり，高度な技術が導入され，さらには図書館で扱う資料（メディア）が量的に増大し，かつ多様化することによって，図書館員養成においても，それらに対応したさまざまな変化が求められることになる。そして，いっそう体系的な教育課程を整える必要が生じる。

さらに，体系化を行う場合でも，現行の図書館サービスを遂行するに必要な最低限の知識や技術を後進に伝達すること，すなわち，今実践されているサービスができるだけの人材を育成する「再生産的教育」を行ったのでは，社会の変容に応じて，図書館サービスの水準を維持していくことは難しい。それゆえ，図書館サービスを成り立たせている「原理」を学ぶことが，図書館員養成では強調される。図書館サービスを構成する諸要因を分析し，要因間の関係を考察し，構造を明確にしていく作業が重要となる。したがって，図書館員養成のための教育課程は，学術研究の成果に基づいたものでなくてはならない。

現在，世界的に図書館員養成は大学で行われている。図書館員の知識と技術が体系的に教授され，しかも，学術的手法を用いて分析される必要があるとの認識に基づいている。しかし，それぞれの教育課程を眺めてみると，ただ単に理論面だけが扱われるのではなく，演習あるいは実習といった教授形態が適切に組み込まれ，実践的な知識と技術も教育内容の一部に位置づけられている。すなわち，図書館員養成においては，理論的な面と実践的な面とが均衡よく扱われてこそ，教育上の効果が高まると考えられているのである。

b　図書館員養成の形態

　図書館員養成の形態は，大学を基盤としながらも，制度そのものは，国によって異なっている。歴史的にみると，専門的な資格（職種）としての図書館員を養成する際には，以下の諸形態が関係していることが確認できる。そして，現在の諸制度においては，これらの形態を組み合わせた構造となっている。
① 　実務経験
② 　試験制度
③ 　専門機関
④ 　高等教育機関

　①は，実務の経験を一定年数蓄積させることによって，「一人前」の図書館員を育てる形態である。現代社会においても，技能的な職種では，とくに資格や免許制度がない職業の場合には，いわゆる「徒弟制度」に類した人材養成を行っていることが少なくない。図書館員養成においては現在，実務経験だけで育成できるものとは考えられないが，一方で，実務経験の蓄積によって高められ，また深められる知識や技術もあると考えられており，実務経験は図書館員養成の一形態として位置づけられている。例えば，英国の場合，大学における教育に加えて，一定期間の実務経験を積むことを要件とした教育課程を設けることが行われてきた。

　②は，国もしくは社会的に権威のある専門団体が認定試験を実施し，図書館員の能力を「担保」するものである。この形態は，教育課程そのものではないが，試験の内容に沿った教育が行われることにつながるため，養成制度の一環として位置づけることができる。英国図書館協会（LA，現・CILIP：英国図書館・情報専門家協会）では，1970年代まで認定試験を行っており，その合格者が英国図書館協会の正会員となることが許され，図書館員として認められるという制度となっていた。

　③は，おもに国が設置する図書館員養成を目的とした専門機関を指す。かつて日本にあった「図書館職員養成所」は，これに相当する。高等教育機関でもあるフランスの国立情報科学図書館高等学院（ENSSIB）も，これとなる。

　④は，学術機関である大学における養成を意味する。しかし，注意しなければならない点が二つある。一つは，大学での図書館員養成といっても，学部レベルと大学院（修士）レベルがあることである。アメリカでは，専門職としての図書館員養成は大学院レベルで行われている。しかし，英国では，制度的には学部レベルと大学院レベルの双方で教育が行われている。日本においては，制度化された図書館員養成は，司書資格ならびに司書教諭資格であるが，これらはともに大学（短期大学を含む）の学部レベルでの教育となっている。

　もう一つは，大学での教育課程に対する「認定制度」の有無である。すなわち，国もしくは専門団体が認定機関として教育課程を審査し，図書館員養成にふさわしいと考えられる教育課程のみを選別し，その課程を修了した者だけが，専門職としての図書館員と認められるしくみがあるかどうかである。ちなみに，認定を受けた大学の課程を指して，「図書館学校」（library school）とよぶことが多い。

　この制度の例として，アメリカではアメリカ図書館協会（ALA）が認定機関となり，アメリカおよびカナダの大学の教育課程の審査を行っている。英国では，CILIPが認定機関となるが，この団体は2002年にLAと英国情報専門家協会（IIS）が合併したものであり，それゆえに図書館員を含む「情報専門職」の専門団体という性格をもつ。したがって，現在では認定する対象も情報専門職を養成する教育課程となる。

このように，図書館員養成，正確には専門職としての図書館員を養成する教育と図書館情報学教育とは，重なるわけでは必ずしもない。例えば，アメリカでは，学部レベルにおいて図書館情報学を教育する大学があるが，それは専門職としての図書館員養成の課程とは認められていない。また，アメリカおよび英国において，認定の対象とならなかった教育課程を開設している大学もある。複数の教育プログラムを提供している大学の場合，特定のプログラムだけが認定されていることも少なくない。

2　日本の図書館員養成

a　養成教育の制度と変遷
(1) 司書資格
　日本における図書館員の資格制度は，厳密に言えば，公共図書館および学校図書館においてのみとなる。公共図書館は，「図書館法」において，第4条で司書および司書補という職種を認め，司書を専門的職種と位置づけている。また，第5条では，司書および司書補の資格についての要件を，次のように定めている。
　まず，第5条第1項では，司書となる三つの方法が示されている。すなわち，同項第1号で"大学を卒業した者で大学において文部科学省令で定める図書館に関する科目を履修したもの"，第2号で"大学又は高等専門学校を卒業した者で次条の規定による司書の講習を修了したもの"，同項3号で"次に掲げる職にあつた期間が通算して3年以上になる者で次条の規定による司書の講習を修了したもの"としており，これらのいずれかによって，司書の資格が得られるのである。
　ただし，第3号規定は，"イ　司書補の職""ロ　国立国会図書館又は大学若しくは高等専門学校の附属図書館における職で司書補の職に相当するもの""ロに掲げるもののほか，官公署，学校又は社会教育施設における職で社会教育主事，学芸員その他の司書補の職と同等以上の職として文部科学大臣が指定するもの"のいずれかにあったものが，司書になるための経路であり，基本的には，2号規定と同様の方法となる。したがって，実質的には，大学において図書館に関する科目を履修するか，講習を修了するかのいずれかと考えてよい。
　なお，これらの内容は，2008年の「図書館法」改正（施行は，2010年4月1日）によるものであるが，改正前と改正後では，二つの点で大きな違いがある。一つは，大学における図書館に関する科目の履修と講習の順位である。改正前は，第5条第1項が講習について規定しており，同第2項は，図書館に関する科目の履修が規定とされていた。これに対し，改正後は，この順序が逆になっている。すなわち，改正前は講習が基本であったが，改正後は大学における図書館に関する科目の履修が基本となった。
　もう一つは，第5条第1項第1号において，大学における図書館に関する科目について，文部科学省令で定めることが明記されたことである。改正前は，講習に関しては，この旨が示されていたが，大学における図書館に関する科目については，示されていなかった。したがって，この改正に基づき，「図書館法施行規則（文部科学省令）」において，大学における図書館に関する科目と講習の科目の双方が定められ，標準的な教育課程として明示されたのである。

(2) 司書教諭資格
　学校図書館に関しては，「学校図書館法」において，第5条に司書教諭に関する規定がある。第1項では，専門的職務を掌らせるための職種として，司書教諭を位置づけている。また，第2項において，司書教諭は教諭をもって「充てる」こととされてお

り，また司書教諭講習の修了者とすることが規定されている。この講習に関する規定は，第4項において文部科学省令で定めることとされ，これに基づき「学校図書館司書教諭講習規程」が制定されている。

ここで注意すべきは，司書教諭は教諭である必要があり，単に講習の修了者ではないことである。すなわち，「教育職員免許法」に基づいて，初等教育もしくは中等教育の教員免許を有していることが，資格の前提条件となる。また，司書資格とは異なり，司書教諭資格は，「学校図書館司書教諭講習」の修了だけが要件とされている。それゆえ，大学において，学校図書館司書教諭講習に規定される科目に「相当する」課程の開設がなされなくてはならない。また学生が科目を履修した後に，講習開催機関に申請し，講習を修了したものとみなす手続を行うことが必要になる。

(3) 教育課程の変遷

日本における図書館員養成の特徴の一つは，その教育課程が法律上定められていること，すなわち，国の標準的な教育課程（national curriculum）であるとみなせることである。すなわち，司書資格に関しては，「図書館法」の第5条第1項第1号および第6条第2項に基づき「図書館法施行規則」が設けられ，履修すべき科目と単位その他必要な事項が定められている。また，司書教諭資格に関しても，「学校図書館法」の第5条第4項に基づき「学校図書館司書教諭講習規程」が定められ，司書と同様に，履修すべき科目と単位その他必要な事項が明示されている。

「図書館法施行規則」は，これまで数次にわたる改正を経てきているが，教育課程に直接かかわる改正は，1968年，1996年，2009年に行われている。したがって，最新の教育課程は，「四代目」となる。ただし，2009年の改正前までは，「図書館法施行規則」では，司書の講習の科目が定められていたが，改正後は，大学における図書館に関する科目と講習の科目の双方を定めるものとなった。このうち，大学における図書館に関する科目の施行は2010年度（ただし，移行の猶予期間を2012年度までおいている）からであり，講習の科目の施行は2012年度からとなっている。

いずれの改正においても，科目内容，単位数，必修・選択の組み立てなどについて見直しが行われており，2009年の改正において，下表の11の必修科目と2以上の選択科目，合計で24単位以上を修得することが司書資格の要件となった。これは，改正前の履修単位数が20単位であったことと比較すると，司書養成の充実に向けての措置が講じられたと判断することができる。

表Ⅵ-2　図書館法施行規則科目

甲群（必修）	
生涯学習概論	2単位
図書館概論	2単位
図書館制度・経営論	2単位
図書館情報技術論	2単位
図書館サービス概論	2単位
情報サービス論	2単位
児童サービス論	2単位
情報サービス演習	2単位
図書館情報資源概論	2単位
情報資源組織論	2単位
情報資源組織演習	2単位
乙群（2科目選択）	
図書館基礎特論	1単位
図書館サービス特論	1単位
図書館情報資源特論	1単位
図書・図書館史	1単位
図書館施設論	1単位
図書館総合演習	1単位
図書館実習	1単位

「学校図書館司書教諭講習規程」における科目の改正は，1998年に行われており，現行では，5科目10単位が，司書教諭資格を得るための要件となっている。

(4) 教育課程の理解

教育課程をとらえる際には，科目の性格と教授形態，開設形態と単位数（時間数）といった面についての理解が重要となる。

まず，科目の性格と教授形態であるが，2009年に改正された「図書館法施行規則」を例にとると，11の必修科目の中には，概説科目と各論科目，基礎科目と応用科目，講義科目と演習科目がある。これらは，それぞれ異なる教授方法を用いることが期待されているものである。例えば，「情報サービス論」は講義科目であり，講義形式で知識や技術の伝達が行われることが期待されている。一方，これに対応する「情報サービス演習」は，演習科目であり，作業を通しての知識や技術の習得が目指される。

次に，「図書館法施行規則」では，各科目について単位数が示されているが，教育内容との関係で実質的な意味を持つのは，時間数である。なぜならば，講義科目と演習科目とでは，単位数と時間数との換算方法が異なるからである。すなわち，講義科目は，1単位は15時間と計算されるが，演習科目は，1単位は30時間と計算されるのである。大学の教育課程においては，単位数と時間数との換算は，それぞれの大学の裁量であるが，上記の換算は，「大学設置基準」にも明示されていた内容であり，現在でも多くの大学で採用されている。また，司書講習科目に関する換算については，「図書館法施行規則」第7条に示されている。

b 養成教育の実施形態

(1) 図書館員養成の変遷

日本の図書館員養成のはじまりは，日本文庫協会（現・日本図書館協会）が，1903年に実施した「図書館事項講習会」に遡り，その後講習会形式による養成が，各地で実施された。専門機関は，1921年に設けられた「文部省図書館員教習所」（その後，文部省図書館講習所，図書館職員養成所と名称変更）が最初であり，1950年の「図書館法」および「図書館法施行規則」に基づく司書養成が確立するまで，各地で開かれた講習会とともに，日本の図書館員養成の基軸となっていた。

また，1954年には，「学校図書館法」ならびに「学校図書館司書教諭講習規程」が施行され，司書と同じく講習会形式での司書教諭養成が始まった。

「図書館法」に基づく司書養成は，形式的には講習会となっているものの，養成の場は大学となり，高等教育レベルでの図書館員養成が基本となった。

一方，専門の養成機関としては，1951年，慶應義塾大学にJapan Library School（日本図書館学校），すなわち，同大学文学部図書館学科（後に，図書館・情報学科と改称，現在は，図書館・情報学専攻に改組）が設置され，専門的な図書館員養成が行われた。

さらに，図書館職員養成所は戦後，その位置づけ上の変遷があったものの，「図書館法」に基づいて司書養成を継続して行い，1964年に図書館短期大学となった後，1979年に図書館情報大学（現在の筑波大学情報学群図書館・情報専門学類）へと改組され，日本の図書館員養成機関として中心的な役割を果たしてきた。

(2) 司書養成の場

前述したように，司書の資格の付与は，基本的には，大学における教育課程と司書講習の二つとなる。後者については，「図書館法」第6条第1項に基づき，文部科学大臣より開催を申請した大学に対して委嘱が行われ，夏期に集中して実施されている。一方，前者の教育課程の開設形態は，必ず

しも一様ではない。

まず，教育課程の大学内での位置づけが多様である。これは，教育の担当者である教員の所属とも連動している。最も数が多いのは，大学の学部・学科とは別の独立した課程として設けられている場合であり，「司書課程」あるいは「図書館学課程」と称されている。この形態では，学生は所属の学部・学科の科目とは別に，司書資格を修得するための科目を「プラスアルファ」で履修することになる。ただし，大学によっては「司書課程」の開設科目の一部を，学部・学科の科目と一致させたりもしており，すべての科目が「プラスアルファ」とはならず，状況は多様である。

次に，大学の中には，図書館情報学（もしくはそれを中核とした領域）の専門学部・学科あるいは専攻課程が存在し，多数の科目を開設している場合がある。こうした大学では，開設科目の一部が司書資格を修得するための科目となる。

さらに，特定の専門学科内に，一領域として図書館情報学を位置づけている大学もある。領域としての独立性は高くないが，専門科目の一部として，学生は履修することになる。

なお，教育形態として，通学課程とは別に通信教育課程として「司書課程」を開講している大学もある。また，e-learningによる教育については，欧米ですでに開始されており，日本においても，すでに取り組みが始められており，将来的に拡大・伸展する可能性がある。

(3) 司書教諭養成の場

司書教諭の養成教育の開設形態は，多くの場合，司書養成のそれと共通している。しかし，講習に関してだけは教育の主体が異なっている。すなわち，1997年までは司書教諭講習の委嘱先は大学だけとなっていたが，「学校図書館法」が改正され，大学以外の機関への委嘱が可能となった。すなわち，各都道府県および政令指定都市の教育委員会管轄の諸機関が講習を実施できるようになったのである。

大学における開設形態は，司書養成とほぼ同様である。すなわち，専門学部・学科とは独立した「司書教諭課程」，図書館情報学の専門学部・学科ないし専攻課程，そして専門学科の一領域という形態である。また，通信教育課程の存在も司書養成と共通している。ただし，司書教諭養成に関しては，資格の前提として教員免許が必要となることから，教職のための課程や教育学の専門学部・学科との関係が深く，大学内での位置づけが司書養成の場合と異なることもある。

(4) 専門教育

上述したように，大学の中には，図書館情報学の専門学部・学科ないし専攻課程を設け，資格にとどまらない人材養成が行われているところがある。筑波大学，東京大学，京都大学，慶應義塾大学，愛知淑徳大学，駿河台大学などの例がこれに相当し，多数の図書館情報学の関連科目が開設されている。こうした大学では，専門教育として図書館情報学が行われていることになる。

また，専門学科内の一領域に図書館情報学が位置づけられている例としては，中央大学，青山学院大学，同志社大学などがある。これらの大学では，担当教員もそれぞれの学部・学科に所属し，演習（ゼミナール）指導や卒業論文指導を行っていることが多い。したがって，学生の一部に対して図書館情報学の専門教育を行っていると認識することができる。

また，こうした大学の多くは大学院課程を設けている。すなわち，学部における教育と同様に，図書館情報学の専攻課程が設けられている場合もあれば，特定領域の専攻科目群の一部に図書館情報学の科目が設

けられている場合もある。

c 図書館員養成の動向
(1) 他館種における資格援用
公共図書館及び学校図書館以外の館種では，資格制度は存在しない。それゆえ，そうした館種においては，上記の資格，とりわけ司書資格を援用した職員採用を行っていることが多い。すなわち，司書資格を図書館に関する基礎資格とみなし，有資格者であることを条件に，大学図書館や専門図書館で採用が行われるのである。

また，従来，司書教諭とは別に，「学校司書」と呼ばれるる職員を雇用することが行われていた。この職種に関しては，法的根拠がなかったが，2014年に改正された「学校図書館法」（施行は2015年度）において，専門的業務を行う職員として，この名称が明記されることになった。しかし，その独自の養成のしくみについては，2016年5月時点で未定であり，今後の検討を待たねばならない状況にある。したがって，「学校司書」に関しても，司書資格が雇用の条件とされる状況が多くみられる[1]。

(2) 専門的技能の認定
図書館員の資格制度の確立という課題とは別に，専門的技能（コンピテンシー）の形成・向上という視点に基づく取り組みが，2010年前後から現れている。

一つは，専門的技能の保持者を認定しようとする取り組みである。日本図書館協会が2010年度に開始した認定司書制度は，司書資格の上級資格となることを目指したものであり，同協会認定司書事業委員会のもとでの審査に基づき，専門的技能を有している証として，認定が行われる。また，更新制度を採用しており，時宜にかなった専門的技能の向上が必要となっている。

専門図書館協議会は，専門図書館員のための認定資格制度を検討するための委員会を2013年に設置し，2016年に至るまで検討を行なった。最終的に，認定資格制度の設立にまでは至っていないが，その検討の過程で，専門的知識・技術を明確にしたこと，すなわち，専門的技能リスト（コンピテンシーリスト）の策定が進められたことは，特記すべきことである。このリストを活用することにより，今後の専門図書館員の養成・研修の開発に資することが期待される。

(3) 試験による専門的技能の保証
専門的技能（コンピテンシー）の形成・向上という視点に基づくもう一つの取り組みは，試験の実施が模索されていることである。

日本図書館情報学会は，同学会の構成員による，「情報専門職の養成に向けた図書館情報学教育体制の再構築に関する総合的研究」（通称，LIPER）[2]の提言に基づき，2007年からの準備段階を経て，2010年度から「図書館情報学検定試験」を実施した。この試験は，すべての館種の図書館員を含む「情報専門職」に求められる知識・技術を，八つの基礎領域として明確にし，それらが獲得できているかを試そうとするものである。残念なことに，運営組織と財政面に関して再検討することが余儀なくされ，2013年度をもって休止しているが，試験という方法で，専門的技能を認定しようとした取り組みとして，貴重と言えよう。

また，NPO法人大学図書館支援機構（IAAL）は，「IAAL大学図書館業務実務能力認定試験」を，2014年以降実施している。この試験は，大学図書館員の専門的技能に限定したものであり，しかも，「総合目録」と「情報サービス」という二つの領域を，現在の大学図書館実務のコア技能として位置づけ，それらに焦点を合わせた内容としていることに特徴がある。

3 図書館員の研修

a 研修の意義

　図書館員に研修を行う意義は，おおむね三つあると考えられる。第1は，個別の環境への適応との関係である。図書館とひとことで言っても，そのおかれている環境はさまざまである。公立図書館ならば，地方自治体に応じて，図書館サービスを提供するための前提条件が大きく異なるし，大学図書館ならば，大学の設立理念に応じて，あるいは設置されている学部・学科の主題領域に応じて，提供される図書館サービスが異なることになる。それゆえに，養成教育においては基本的な原理を学ぶことが優先されるわけであるが，個別の図書館の環境にかかわる諸事情を，研修によって理解することは欠くことができない。言わば，養成教育と図書館現場をつなぐ役割が，とくに初任者に対する研修にある。

　第2は，知識や技術の最新化，すなわちリカレント教育としての意義である。養成教育で学んだ知識や技術の中には，時間の経過とともに役立たなくなるものがあり，それらを最新の水準に引き戻していくことが必要となる。また，新たな技術が開発されたり，従来とは異なる社会状況のもとで新しい知見が示されたりすることも少なくない。そうしたことに適応するため，図書館員は，研修によって，かつて学んだ知識や技術をカレントなものにしていく必要が生じるのである。

　第3は，キャリア教育の観点がかかわる。図書館の専門的業務に必要な知識と技術の中には，経験の蓄積とともに高められ，深められる性質のものがある。しかし，ただ経験を積めばよいのではなく，図書館員のキャリア形成において，経験年数との関係を考慮し，そうした知識や技術を計画的に修得することが望まれるのである。したがって，経験年数に応じて研修内容を位置づけ，図書館員としての能力を段階的に向上させていくことが必要になる。このことは，図書館員の待遇や職位の向上（ステップアップ）とも関係する。

　なお，2008年に改正された「図書館法」においては，新設された第7条において，"文部科学大臣及び都道府県の教育委員会は，司書及び司書補に対し，その資質の向上のために必要な研修を行うよう努めるものとする"と定めている。これは，研修環境の醸成に関する努力義務を，国と都道府県に対して求めたものである。しかし，このことは当然ながら，司書という職業が，能力向上を不断に行う必要があることを意味している。したがって，司書自身が，研修に対して前向きに取り組むことの意義を喚起しているといえよう。

b 研修の視点と実際

(1) 主体（主催者）

　研修の主体は，主催者ということになる。さまざまな研修主体があり，しかも館種ごとに活動が行われている。国や地方自治体が主催するものとしては，公立図書館員向けに，国立教育政策研究所社会教育実践研究センターの「図書館司書専門講座」や文部科学省よる「地区別研修」，都道府県立図書館による各種研修がある。司書教諭を対象にした研修も始められている。

　また，各地域・県単位での図書館協会や図書館団体が，研修に相当する行事を主催している。日本図書館協会，全国学校図書館協議会，私立大学図書館協会など，全国レベルで活発な研修活動を実践している団体も少なくない。複数の団体が共催することも行われている。

(2) 目的と対象

　研修の目的は，抽象的な理念として示さ

れる場合もあれば，具体的な到達目標（水準）として提示されることもある。また，目的は想定される参加者の範囲や備えている能力などの参加条件や前提と，密接にかかわる。一般的に，参加者の範囲や諸条件が均質であれば，研修の効果が高いと期待されている。しかし，実際の研修活動では，所属している館種を問わなかったり，経験年数や勤務状態などの要件を設定しない場合も多い。

(3) 研修内容

研修内容は，研修のテーマということにもなるが，体系化され，計画的に実施されることが，とりわけ望まれる。しかし，実態としては単発的な研修が多く，個別の研修と研修との連関を意識した活動を行っている例は必ずしも多くない。また，対象者の勤務年数との関係においては，コアとなるテーマを固定して毎年実施することが望ましいはずであるが，研修機会が少ないことも影響し，毎回のようにテーマを変える例も少なくない。

(4) 研修の方法

研修の方法とは，研修内容との関係で取捨選択される知識や技術の教授方法である。例えば，講義（講演）による知識伝達，シンポジウム形式による討議，演習あるいは実習形式による技術の洗練，ワークショップ形式による個別テーマの深化や事例研究など，さまざまな方法が用いられている。

(5) 研修の形態

一般に研修では，実務に就きながら進められるOJT（On-the-Job Training）形態と，実務を離れて行うOff-JT（Off-the-Job Training）の形態がある。キャリア形成の視点を含め，継続的な専門職としての向上を図るCPD（Continuing Professional Development）という考え方も登場している。就業と学習を一体化させたワークプレイスラーニング（workplace learning）といった観点も広まっている。

また，特定の主体が開催する研修とは別に，一人一人の図書館員が自らの問題意識に基づいて行う「自己研修」という形態も存在する。さらに，現在の研修の多くは「集合研修」の形態をとるが，将来的には，ネットワークを介した「遠隔研修」あるいは「個別研修」が普及する可能性も高い。

なお，目的の点からは，必ずしも研修として位置づけることができないものの，実質的には研修に相当する内容や方法を含んでいる会合も少なくない。例えば，全国図書館大会の分科会におけるプログラムは，研修としての意義を持ち合わせていると判断される。

(小田光宏)

注

＜A　図書館員の専門性＞

1) 「専門性の確立と強化を目指す研修事業検討ワーキンググループ（第2次）報告書」http://www.jla.or.jp/portals/0/html/kenshu/kenshuwg/index.html（accessed 2017.4.27）

2) 日本図書館協会図書館員の問題調査研究委員会"図書館員の専門性とは何か（最終報告）"『図書館雑誌』vol.68, no.3, 1974.3, p.104-111.

3) ショーン，ドナルド『専門家の知恵：反省的実践家は行為しながら考える』佐藤学，秋田喜代美訳，ゆみる出版，2001，229p.

4) バーゾール，ウィリアム『電子図書館の神話』根本彰ほか訳，勁草書房，1996，254p.

5) 丸山昭二郎ほか監訳『ALA図書館情報学辞典』丸善，1985，p.132.

6) 日本図書館情報学会『図書館情報学用語辞典』第2版，丸善，2002，p.216.

7) 日本図書館協会図書館員の問題調査研究委員会『「図書館の倫理綱領」解説』増補版，日本図書館協会，2002，p.52.

8) 高山正也［ほか］『図書館概論』雄山閣，

1992，p.163．（講座図書館の理論と実際 1 ）
9) 久保輝巳"「倫理綱領」制定20年"『図書館雑誌』vol.94，no.7，2000.7，p.474-475．
10) 薬袋秀樹"日本図書館協会「図書館員の倫理綱領」（1980）の考察"『図書館学会年報』vol.42，no,3，1996.3，p.32-48．
11) 日本図書館協会図書館政策特別委員会編『公立図書館の任務と目標　解説』改訂版増補，日本図書館協会，2009．p.64-65．
12) 伊藤義人"附属図書館長に再任されて" http://www.nul.nagoya-u.ac.jp/koho/director/director/aisatsu_2006.html（accessed 2017.4.27）
13) 大島敏洋，杉村優"公立図書館長の専門職意識とその規定要因：日本の公立図書館長の属性分析(1)"『図書館情報大学研究報告』vol.13, 1994.10，p.25-58．

＜B　人事制度＞
1) 日本図書館協会職員の問題調査研究委員会『すべての公共図書館に司書の制度を』1984，p.10-11．
2) 前掲書　p.9．
3) 伊藤松彦"司書職制度の要件"『図書館ハンドブック』第 5 版．1991．p.292．
4) 橋本勇『新版逐条地方公務員法』（第 2 次改訂版）学陽書房，2009．p.326．
5) 例えば臨時行政調査会第 3 次答申(1982)。
6) 「地方自治・新時代における人材育成基本方針策定指針」自治省行政局長通知，1997.10．
7) 『日本の図書館　統計と名簿2014』日本図書館協会，2015．
8) 西崎恵『図書館法』（復刻版）日本図書館協会，1970．p.76．
9) 全国公共図書館協議会『「公共図書館のサービス指標及び整備基準」策定のための実態調査報告書』1983．
10) 社会教育実践研究センター『図書館及び図書館司書の実態に関する調査研究報告書』2003．
11) 前掲書
12) 山口源治郎・広井ひより"図書館条例・規則の研究（1）"『図書館研究・三多摩』第 2 号，1997，p.54．
13) "大学における資格取得者の卒業後の状況"『社会教育主事,学芸員及び司書の養成,研修等の改善方策について（報告）』生涯学習審議会社会教育分科審議会，1996.
14) JLA図書館員の問題調査研究委員会"大学図書館職員の採用・異動等に関する実態調査の概要　大学図書館編"（『日本の図書館』附帯調査概要報告）『現代の図書館』vol.34, no.4，1996.12，p.217-227．
　"同　短大・高専図書館編"（『日本の図書館』1995年付帯調査概要報告 2 ）『現代の図書館』vol.36, no.3，1998.9，p.205-213．
15) 数値は『日本の図書館　統計と名簿2014』による。
16) 注14)参照

＜C　労働＞
1) 文部科学省『平成23年度社会教育調査』
2) 職業安定法第 4 条第 6 項，「労働者派遣事業と請負により行われる事業との区分に関する基準」（労働省告示第37号）

＜D　図書館員養成教育と研修＞
1) 学校図書館の整備充実に関する調査研究協力者会議の報告（「これからの学校図書館の整備充実について（報告）」）に基づき，文部科学省は，2016年11月に，10科目20単位からなる学校司書モデルカリキュラムを公表した。これに基づき，2017年度以降，高等教育機関における，学校司書養成課程の開設への取り組みが進められている。
2) 上田修一ほか『情報専門職の養成に向けた図書館情報学教育体制の再構築に関する総合的研究』2006，456p．

図書館施設

- A 図書館施設の概況…………388
- B 図書館網計画の進め方…………393
- C 図書館建設の進め方…………401
- D 図書館の建築計画…………404
- E 家具・備品などの計画…………418
- F 施設計画上の課題…………427

この章では，図書館の整備計画，
建物を建てるときに検討すべき事項，家具や備品導入の留意点など，
図書館の施設全般についてていねいに解説しています。
図書館は多くの人々が気軽に利用できなくてはならない施設ですから，
だれにとっても利用しやすい環境を整えることが大切です。
この章でその詳細を知ることができます。

A. 図書館施設の概況

1 図書館の館種と施設

　図書館は館種によって奉仕対象者や扱う資料の種類、サービス内容が異なる。館種は一般的に奉仕対象によって分類され、公共図書館、大学図書館、学校図書館、専門図書館、国立図書館に分けられる。これらのほかに、特定の機能に特化した図書館があり、資料の保存を主とした保存図書館や、収集・提供する資料の範囲を限定した視聴覚ライブラリー・点字図書館・音楽図書館、特定の対象に奉仕する病院患者図書館・刑務所図書館などがある。
　各館種別の施設内容は、図書館としての共通的事項をもちつつ、それぞれ奉仕対象の利用特性や立地条件、規模等を反映したものとなる。

2 公共図書館

a 設置状況と施設の動向

　公共図書館は図書館法に基づいて設置、運営され、地方公共団体が設置するものを公立図書館、日本赤十字社または一般社団法人もしくは一般財団法人が設置するものを私立図書館と称する。公共図書館の概況は表Ⅶ-1のとおりである。
　これまで図書館数は着実に増え、自治体での設置率も上がってきた。その結果、図書館の建設は、未設置自治体での新設が主であった普及期に比べて、既存施設の建替え更新と地域（区）館、分館の新設が中心となっている。施設の規模は拡大傾向にあり、建築・設備や家具の質も向上してきた。
　なお、市町村合併により市区町村数は3,258（1999年4月1日）から1,811（2008年4月1日）になった。その間、図書館設置率は見かけ上高くなり、町村立では36.8％から52.3％になった。

b 利用と施設の要件

　図書館が主たる収集対象としてきた印刷資料や視聴覚資料の量は依然増え続けてい

表Ⅶ-1　公共図書館の概況[注]

		都道府県立	市区立	町村立	広域市町村立	私立	計
自治体数		47	806	1,005	ー	ー	1,858
図書館設置自治体（設置率％）		47 (100)	791 (98.1)	526 (52.3)	ー	ー	1,364 (73.4)
図書館数（館／自治体）		62 (1.3)	2,433 (3.0)	610 (1.2)	1 (ー)	20 (ー)	3,126 (ー)
1館当たり平均値	蔵書冊数（千冊／館）	653	119	70	111	93	120
	個人貸出数（千点／館）	303	240	88	241	6	210
	延床面積（㎡／館）	8,743	1,329	883	1,578	1,183	1,388

資料：日本図書館協会編『日本の図書館　統計と名簿　2008』より作成

注：自治体数は2007年3月末現在数
　　図書館数、蔵書冊数は2008年4月1日現在数
　　個人貸出数は2007年度実績

る上，電子媒体による資料・情報など新しいメディアによる資料が次々に出現し，資料の種類も多様化してきた。一方，IT（情報技術）の発達，とりわけインターネットを利用した資料検索や情報サービスの提供・利用が急速に進展しつつある。

　来館利用においては，かつて子どもと主婦が主流で，貸出中心であったサービスが，社会人の利用が増え，資料・情報のニーズは多様化・高度化してきた。館内では，長時間調べものをする人から読書を楽しむ人まで，さまざまな利用が見られる。また，来館者は土・日曜日に集中する傾向があり，資料の豊富な中央館に家族が車で来館するケースが増えている。

　公共図書館のサービスはすべての住民が等しく享受できるものでなければならない。利用対象者には，乳幼児から高齢者まで，さらに利用に障害をもった人を含むあらゆる人々が含まれる。それらの住民が日常的に利用しやすくするためには，中央館（本館）のほかに地域（区）館や分館，ブックモビル（BM）などによって全域にサービス網をめぐらすことが目標とされる。

　施設に求められる要件は，さまざまな利用者が，絵本から高度な資料・情報まで，それぞれが求める資料を幅広く使いやすく準備することである。

3 大学図書館

a　設置状況と施設の動向

　大学図書館は，大学，短期大学，高等専門学校に附属し，それぞれの教育・研究に資するとともに，国の学術情報機関としての役割を担うものである。それぞれに設置基準や施設計画要綱などが示されている。

　組織・機構上は，全学に対して総合的な管理および連絡調整を行う中央図書館およびその管理下にある分館，大学院研究科等の部局の下で運営される部局図書館（室）から構成される。また機能的には，学習図書館，研究図書館，保存図書館，これらを統括する総合図書館の各機能からなっている。小規模な大学では総合図書館としての中央図書館がすべての機能をもつのが一般的であるが，規模が大きく学部学科数が多くなるにしたがい，またキャンパスが分散するほど分館等が増える。大学図書館の概況は表Ⅶ-2のごとくである。

　施設の建設は既存施設の更新や増改築，新設大学での新築のいずれかのケースである。設置に際しては，情報処理・提供サービス，コンピュータリテラシー教育等を併せ一体化もしくは複合化して，情報センターなどの名称を用いる傾向がある。

表Ⅶ-2　4年制大学図書館の概況[注)]

		国立大学	公立大学	私立大学	計
大学数		87	76	571	734
図書館数（館／大学）		290 (3.3)	125 (1.6)	964 (1.7)	1,379 (1.9)
1大学当たり平均値	蔵書冊数（千冊／校）	1,082	247	304	390
	貸出冊数（年間千冊／校）	81	25	36	39
	延床面積（㎡／校）	10,826	3,699	4,290	5,003

資料：文部科学省『平成18年度大学図書館実態調査結果報告』より作成

注：大学数・図書館数・延床面積は2006年5月1日現在数
　　蔵書冊数は2006年3月末現在数
　　貸出冊数は教職員・学生・学外者の合計，2005年実績（有効回答）

b 利用と施設の要件

大学図書館の来館利用の特徴は，①館内利用は学生が中心で自習的利用が多い，②館内での長時間利用が多い，③来館利用の季節変動や時刻変動が大きく，試験期に集中する一方，休暇期間中は閑散となる，④研究者の来館利用は少なく，研究者がよく使う資料は研究室に長期貸出され常置される傾向がある，⑤社会人の受入れが増えるとともに地域開放を行う大学が増加しており，来館者はこれまで以上に多様化することが予想される，などがあげられる。また一般的な特徴として，⑥資料の量が多く，一般教養書から高度な専門書，貴重書，各種目録，参考図書類，特殊資料，電子メディア情報，等々さまざまな主題・種類・形態にわたる，⑦資料は学術資料として保存されるものが多く限りなく増え続ける，⑧一般的に文系分野では図書の利用が多く理系分野では雑誌が多い，⑨主題分野に関する高度なレファレンスサービスが求められる，⑩電子出版等が急速に普及しつつあり電子図書館機能が重視されるようになってきている，などである。

このような特徴に対して施設に求められる要件は，①まず学生・教職員等が日常的に使いやすいようにキャンパス内の中心部や主動線にそって配置すること，②学部学生・大学院生・教員等の来館利用の特性をよく考慮すること，③とくに資料の配置については図書館への集中と研究室等への分置のバランスを考えること，④スペースの構成では主題部門を明確にし，資料排架と閲覧スペースの関係を密にすること，⑤蔵書は増え続けるので効率よく保存し，保存スペースの増築（設）についてあらかじめ考慮しておく必要があること，⑥閲覧スペースは自習から高度な研究まで，また教養・娯楽にも対応できるように数人掛け平机，個席，研究個室，グループ室，など多様な準備が求められること，などである。

4 学校図書館

a 設置状況と施設の動向

学校図書館は，小・中・高等学校において学校教育に必要な図書・視聴覚資料等を収集・整理・保存し，児童・生徒ならびに教員に提供する施設として，学校図書館法によって設置が義務づけられている。学校図書館の概況は表Ⅶ-3のとおりである。

これまで，学校図書館は十分機能しているとはいいがたい状況にあった。しかし教育改革の流れに沿って，小・中学校の子どもたちが自ら学び行動できる確かな学力を身につけるようにするため，新しい学習指導要領が示され(2003年12月一部改訂)，「総合的な学習の時間」が設けられた。そこでは体験学習や問題解決的な学習などを積極的に取り入れるものとされている。そんな中で図書館はより重要な役割を負うものと認識され，2003（平成15）年4月から12学

表Ⅶ-3 学校図書館（公立）の概況[注]

	小学校	中学校	高等学校	特別支援学校
学校数	22,028	10,062	3,901	2,312
1校当たりの蔵書冊数（冊／校）	7,398	9,322	21,816	1,561
1校当たりの増加冊数（冊／校）	142	203	161	42

資料：文部科学省「平成19年度・学校図書館の現状に関する調査結果」より作成
注：学校数は2006年5月現在数。特別支援学校は小学・中学・高等の各部の合計値
　　蔵書冊数は2007年3月末現在数
　　年間増加冊数は購入・寄贈の合計、2006年度実績。前年度蔵書冊数との差で求めた値

級以上の小・中・高等学校に司書教諭の配置が義務づけられた。

近年，学校建築にさまざまな工夫がなされるようになり，多様化・個性化が進んでいる。授業を必要に応じてスペースやコーナーを適宜可変的に構成できるオープンスクールの試みもなされるようになってきた。こういった傾向の中で，図書館の施設は，位置的に学校の中心にあって，児童生徒の多様な利用を想定した，快適で魅力的なスペースであることが求められている。

b 利用と施設の要件

学校図書館は本来，調べ学習，読書活動，情報リテラシー教育，子どもたちの個人的利用など多岐にわたる活動の支援を使命とするものである。

学校図書館のあり方については，従来からの図書を中心とした図書館機能に限るものとするか，米国などで普及している教材の作成・提供も含めたメディア（またはラーニング）リソースセンターとするのか，二つの考え方がある。後者はより積極的にカリキュラムに関与していく方向といえるが人手などが必要となり，日本ではいまだ普及に至っていない。

計画にあたっては，小学校の場合，低学年から高学年への発達段階に応じた，資料配置や家具寸法について配慮が求められる。平面構成においては，開架スペースを中心に自由な読書スペースを配置するとともに，1クラスを同時に収容できる調べ学習席が必要となる。放課後の利用を含め，いつでも気軽に利用できる魅力ある空間づくりが重要である。

5 専門図書館

専門図書館は，特定の主題，種類の資料を収集するものや，母体となる企業，官公庁，研究機関，学協会等の中にあって業務上・研究上の目的をもった利用者に奉仕する図書館（室）をいう。それらの形態はさまざまであるが一般的に情報サービスを重視する傾向が強い。専門図書館の設置主体別の概況は表Ⅶ-4のとおりである。

多くの場合，比較的小規模で，資料は高度に専門的であり，利用は当該機関等に所

表Ⅶ-4 専門情報機関[注1]の概況[注4]

設置主体	回答機関数[注2] （機関）	図書所蔵数 （千冊／館）	資料室面積 （㎡／館）
国（政府）関係機関・独立行政法人	166	101	1,405
地方議会・地方自治体	247	32	286
学界・協会・団体	178	40	297
民間企業	201	23	304
その他[注3]	947	222	2,312
合　計	1,739	147	1,609

資料：専門図書館協議会編『専門情報機関総覧　2009』より作成

注1：専門情報機関とは，①特定分野の資料を重点的に収集・整理・保管し，一定の人々の利用に供する図書館や機関，または②事業組織（官公庁・団体・民間企業・大学・学協会・調査研究機関等）の中の資料・情報部門，（図書館，機関，資料室，情報センター等）
注2：該当すると考えられる機関に対してアンケート調査票2,887通を発送，1,781通の回収（回収率61.7％）から，重複・記載不十分なもの等を除く有効な機関データ1,761機関を収録されたもの
注3：公共図書館，大学・大学院（付属研究所を含む），国際機関，外国政府機関，美術館・博物館（国公私立），その他を含む
注4：データは2008年5月現在数

属する特定の人に限定する場合がある。サービスは目録・二次資料，検索ツールを活用したレファレンスサービスが重視され，資料・情報提供では迅速性が求められる。企業図書室では限られたスペースでの資料の収蔵効率を高めることが必要とされる。

6 国立図書館

日本における国立図書館は，国立国会図書館である。それは国立国会図書館法によって設置され，国会の附属図書館として国会議員および行政・司法の諸機関にサービスを行うとともに，国立中央図書館として日本国民にサービスをする。またあらゆる国内出版物を納本制度によって網羅的に収集している。概況は表Ⅶ-5のごとくである。

国立国会図書館は，本館のほかに，関西館，国際子ども図書館の3館と，国会分館，ならびに行政・司法の各部門に26の支部図書館（2009年4月）をおいている。膨大な資料をもった高度な調査図書館として専門的なレファレンスサービスを提供するものであり，機能や構成が最も高度化・分化した形態の図書館である。納本制度による資料収集とそれらの永久的な保存を行うため，スペースは限りなく増え続けていく。

7 特定の機能をもった図書館

a 保存図書館

資料の保存を確実なものとし，収蔵効率を高め，それらの利用を図ることを目的とした保存図書館の設置と共有化は，図書館共通の課題解決に対して合理的といえる。保存図書館と類似の機能に分担収集・分担保存があり，大学図書館や大学共同利用機関等では，外国雑誌センターや主題部門別の資料センター等として設置されている。保存図書館には，滋賀県立図書資料保存セ

表Ⅶ-5 国立国会図書館の概況[注1]

	蔵書冊数[注2]（万冊）	年間受入冊点数（万冊）	延床面積（㎡）
東京本館	665.9	22.5	147,853
関西館	199.4		59,311
国際子ども	27.6		6,671
国会分館	（本館に含む）		1,331
行政司法各部門[注3]	311.5	5.0	24,924
合計	1,204.4	27.5	240,090

資料：国立国会図書館編『国立国会図書館年報 平成19年度』より作成
注1：数値は2007年3月末現在
注2：蔵書冊数は和漢書・洋書の合計冊数。この他に逐次刊行物，地図，レコード，マイクロフィルム等の非図書資料を所蔵
注3：省庁単位26館の合計

ンター，立教大学図書館新座保存書庫などがあるが，保存問題への対処は今後の大きな課題といえる（F-3参照）。

b 視聴覚ライブラリー

視聴覚資料は図書館で扱う場合と，独立した視聴覚ライブラリーとして設置する場合がある。マルチメディア化が進み家庭内に機器が普及していく状況にあっては，ありようについての再検討が必要とされる。

c 点字図書館

点字図書や録音図書を収蔵する点字図書館および社会福祉施設は全国に101館ある（『図書館年鑑2009』）。これらは社会福祉施設として扱われており，運営はさまざまな設置主体によって行われている。

（冨江伸治）

B. 図書館網計画の進め方

1 図書館網計画の考え方

　公立図書館の地域に対するサービス目標は，「誰でも，どこに住んでいても，どんな資料でも利用できる」ようにすることである。このような状態をつくっていくためには，一つだけの図書館がこの働きをするのではなく，複数の地域図書館（分館）さらには移動図書館を配置し，地域中心館（中央館）と密接に結ばれた組織体（図書館システム）を形成する必要がある。システムを構成する三者の機能は以下のとおりである。

(1) 地域図書館（分館）
　住民の身近にあって，直接的に貸出，予約，読書案内，軽易なレファレンス質問への回答などのサービスを行うとともに，読書会などの集会活動を実施し，催しを開催する。

(2) 移動図書館
　人口密度が低く，地域図書館を設置できない地域に対して，サービスステーションを設置し，貸出・予約サービスを行う。

(3) 地域中心館（中央館）
　図書館システムの中心館として，貸出とともにレファレンスサービスを提供する。また，地域図書館や移動図書館の活動が円滑に進められるように支援する。

2 地域に対する計画の進め方

a 図書館施設の配置計画の条件設定

　図書館の地域システムの計画では，まず，図書館サービスの奉仕区域全体に対しての計画条件を設定することが必要である。

(1) サービス目標水準の設定
　サービス目標の水準は，住民の資料や情報に対する要求をどの程度まで図書館で満たすのかなどについて定め，指標として示す。この指標の基本となるものは，通常住民1人当たり年間貸出冊数とそのために必要となる1人当たり年間受入冊数である。

(2) 地域の特性の把握
　図書館は住民の日常生活の中で便利のよい位置になければならない。図書館の配置を定めるために，地理地形的条件をはじめ，街の中心部と周辺部との関係など自治体の地域構造を把握する。中でも，住民の通勤・通学や買物動線など，日常の生活動線に関するデータが重要となる。

(3) サービス対象人口とその将来予測
　人口とその構成は，利用量を推定する上で基本となる要素である。そのために，まず人口の現況を知るとともに，その将来についての見通しをもっておくことが不可欠である。

b 地域図書館の規模別利用圏域モデル

　住民の図書館利用は，図書館からの距離が遠くなるにつれて，急速に減少していくが，その減り方は同心円的な形ではなく，一般に住民の日常生活における通勤や買物動線を主軸にした卵型になる。このとき利用が一定の値以上となる範囲を利用圏域とすれば，その範囲を示すことができる。

(1) 市部における利用圏域モデル
　近年の調査研究の結果は，開架規模の大きい図書館ほど利用圏域は広く，図書館近

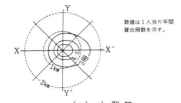

(a) 小型館

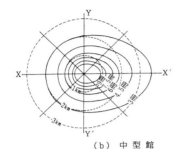

(b) 中型館

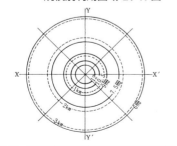

(c) 大型館

図Ⅶ-1 市部における地域図書館の規模別利用圏域モデル図

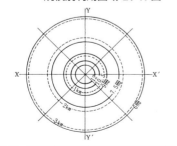

図Ⅶ-2 町村立図書館の利用圏域モデル図

傍における1人当たりの貸出冊数の値が大きくなることを明らかにした。

図Ⅶ-1は，市部における地域図書館を開架蔵書規模に応じて小型館（開架冊数1万冊以上5万冊未満），中型館（5～10万冊未満），大型館（10万冊以上）の三つのタイプに分け，それぞれの利用圏域をモデル図として示したものである。

この利用圏域モデルは，住民の日常の生活動線（x－x´）に対して，その途中に図書館がある場合には利用が高くなるけれども，生活動線と反対方向に図書館がある場合には，距離的に近くてもなかなか図書館へ行かないことを物語っている。

この利用圏域モデルを用い，計画地域内をあるレベル以上の1人当たり貸出冊数で保障するという考え方に立てば，計画地域に対する地域図書館群の配置を立案することができる。すなわち，計画地域がある値以上の貸出冊数で覆われるように図書館配置を行うのである。

(2) 町村部における利用圏域モデル

人口の密な市部に比べて，行政区域が広く人口密度の疎な町村部では，図書館などの公共施設は役場などに近い町村の中心部に集中している例が多く，住民の生活動線はそれを中心として求心的である。このため図書館の利用圏域は一般に市部より広く，同心円的な広がりを見せることが調査によっても明らかになっている。

利用圏がかなり大きい理由としては，自家用車による利用者の比率がきわめて高いこと，地域に書店などの情報源が少なく情報入手手段も限られていることなどにより，図書館の果たす役割が大きいこともあると思われる。調査データをもとに町村立図書館の利用圏域をモデル化したものが図Ⅶ-2である。

c　地域図書館の規模計画
　(1)　奉仕対象人数の算定
　個々の地域図書館の奉仕対象人数は，地域図書館群の配置計画に基づき隣接地域図書館との受持ち境界を便宜的に想定した上で，その境界内の人口を数えて算出する。奉仕圏域の境界の設定については，例えば隣接館間を距離的に二等分する点の軌跡によって行うものとする。

　(2)　サービス目標水準の設定
　住民1人当たりの年間平均貸出冊数を，例えば6冊，3冊と設定する。
　図Ⅶ-3は縦軸に1人当たり年間貸出冊数を，横軸に1人当たり年間受入冊数をとり，1自治体を1点としてプロットして，両者の関係を示したものである。1人当たり年間貸出冊数は1人当たり年間受入冊数と強い相関関係にあること，すなわち新刊書を多く揃えることが高い利用を生むことがわかる。図中の実線はこれらの平均的な値を示したものである。
　なお，縦軸に図書館受持率として百分率の値が併記してあるのは，住民の読書量を1人当たり年間30冊と想定した上で，図書館の貸出冊数の値が，それに対してどのくらいの割合になるかを示したものである。住民の読書方法のうちの図書館に依存している割合を表したものでもある。
　実際の計画にあたっては，まず目標値としての縦軸の住民1人当たり貸出冊数を定め，次いでそれだけの貸出成績をあげるためには1人当たり受入冊数の水準はどれほどであればよいかを，図中の実線を用いて読み取り，その数値を圏域内の奉仕人口に乗ずることによって貸出用の必要受入冊数規模を算出するものとする。

　(3)　開架蔵書規模の算定
　地域図書館の開架蔵書は，貸出用とレファレンス用蔵書から構成されるものと考え，それぞれに必要量を算定する。
　貸出用開架蔵書数は，年間受入冊数の何年分を排架するかによって定める。このとき一般書の利用は刊行後年月を経ると次第に減り，6～7年でほぼゼロとなる。したがって生きた図書を開架に出しておくものとすれば，その冊数は年間受入冊数の7倍も見込んでおけば十分といえる。
　他方，レファレンス用蔵書数の算定については，貸出用蔵書数の10%程度を見込むこととする。したがって，開架蔵書規模としてはこの分を加算するものとする。

d　移動図書館の計画
　ブックモビル（以下BM）ステーションにおける利用圏域はほぼ250mとみなす。人口分布図において，半径250m以内に200人以上の人口集積が認められる地区に対して，ステーションを設置することとする。BMの必要台数については，40ステーションごとに1台とする。
　また，BM用蔵書規模については，1台当たりの積載冊数を3,000冊とし，積載冊数の10倍程度が必要であるものとして，BM1台当たり必要蔵書数を3万冊とする。

e　地域中心館（中央館）の計画
①　地域図書館のうち，規模が大きく立地もよい特定館を地域中心館とする。この場合，当該館は地域中心館としての機能

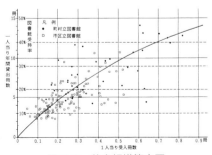

図Ⅶ-3　蔵書規模算定図

のほかに，周辺に対する地域図書館としての貸出機能を併せもつ形になる。

② 蔵書規模としては，サービス圏全域に対するレファレンス用蔵書（開架）と保存用の蔵書（閉架）を見込むほかに，周辺地域に対する貸出用図書（開架）を備えるものとする。数の目安としては，

開架分：レファレンス用図書数（当該市区町村に計画される全図書館の貸出用・BM用図書数合計の10％）＋周辺地域に対する貸出用図書数

閉架分：開架分と同一量とするほかBM用図書分を見込む

f 市部に対する地域図書館網計画

ここでは，地域図書館網計画の実際を東京都日野市の1995年時点におけるケーススタディをもとに示していきたい。日野市は東京都の西南部に位置し，人口166,537人（1995年10月1日現在），面積27.53km^{2}を有し，東京のベッドタウンとなっている。

日野市の図書館活動は1965年に1台のBMから出発し，1973年に中央図書館の完成を経て，現在9館とBM1台で全市にわたるサービスを展開している。

(1) 計画条件の設定

計画適用時点の人口分布状況は図Ⅶ-4のごとくである。奉仕水準については，1人当たり貸出冊数にして大型館または中型館の成立を優先した場合は6冊（ただし小型館しか成立しない地域については3冊），小型館を基本とした場合には3冊とする。

(2) 地域図書館網計画

計画に際しては，地域を大規模図書館の少数配置によって考えるのがよいか，規模の小さなものを数多く設置するのがよいのかを，比較検討した上で選択できることが望ましい。

ここでは，大型館成立を優先した場合と中型館成立を優先した場合および小型館を基本とした場合について，それぞれの利用圏域モデル（図Ⅶ-1）を用い，市域に対して配置計画を行った結果を以下に示す（図Ⅶ-5〜Ⅶ-7）。

配置計画にあたっては，日野市には住民の生活の流れが集まる都心的な核はなく，各駅勢圏の駅・駅前商店街への流れが日常の主動線となっていると考えられたので，駅と図書館を結ぶ線を利用圏域モデルの主軸とし，図Ⅶ-4の人口分布図をベースに敷いて，計画対象範囲をなるべく効率よく覆うことのできるところを図書館の位置として選定している。

この際，利用圏域の広がりは貸出冊数の目標設定によって異なり，図書館の規模別

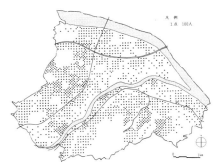

図Ⅶ-4 日野市の人口分布図

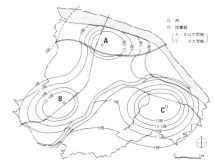

図Ⅶ-5 大型館成立を優先した場合の図書館網計画図[1人当り年間貸出冊数6冊保障]

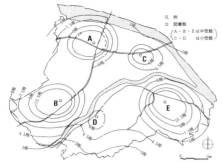

図Ⅶ-6 中型館成立を優先した場合の図書館網計画図 [1人当り年間貸出冊数6冊(中型館)・3冊(小型館)保障]

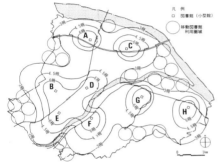

図Ⅶ-7 小型館を基本とした場合の図書館網計画図 [1人当り年間貸出冊数3冊保障]

タイプごとに設定目標レベルで地域を保障するためには，必要とする図書館数とその位置はそれぞれ異なったものとなる。まず，

① 大型館成立を優先した場合には，図書館数3館が想定されるが，それぞれの圏域内人口から蔵書規模を算出してみると，A館およびB館では10万冊未満となり，大型館規模に達しないことがわかる。その結果として，大型館1館(C館)・中型館2館(A館・B館)の提案となる(図Ⅶ-5)。

② 中型館成立を優先した場合は，5館が想定されるが，同様に蔵書規模を算出してみるとC館およびD館では5万冊未満となり，この両館は小型館の適用となる。結果として，中型館3館・小型館2館の提案となる（図Ⅶ-6)。

③ 小型館を基本とした場合は，小型館8館とBMステーション20か所が想定される（図Ⅶ-7)。

(3) 地域図書館等の規模算定

図Ⅶ-5～Ⅶ-7に示した図書館網計画図における個々の地域館について，年間受入冊数・貸出用蔵書数および必要蔵書量の算定を行い，これらの地域館の中で規模が一番

表Ⅶ-6 日野市に対する地域図書館網規模計画

計画	1人当り年間貸出冊数（図書館受持率）	図書館名	圏域内奉仕人口（人）	奉仕形態	年間受入冊数（冊）	開架蔵書数			閉架蔵書数 保存用（冊）	必要蔵書規模（冊）
						貸出用（冊）	レファレンス用（冊）	小計（冊）		
大型館成立を優先	6冊 (20%)	A	28,100	中型館	7,590	53,100	5,300	58,400	—	58,400
		B	42,120	中型館	11,370	80,000	8,000	88,000	—	88,000
		C	56,100	大型館（地域中心館）	15,100	105,700	23,900	129,600	129,600	259,200
		計	126,300	—	34,060	238,800	37,200	276,000	129,600	405,600
中型館成立を優先	6冊(20%)「ただし，C・D館は3冊(10%)」	A	30,800	中型館	8,320	58,200	5,800	64,000	—	64,000
		B	40,700	中型館（地域中心館）	10,990	76,900	23,600	100,500	100,500	201,000
		C	14,500	小型館	1,740	12,200	1,200	13,400	—	30,000
		D	24,200	小型館	2,900	20,300	2,000	22,300	—	30,000
		E	36,200	中型館	9,770	68,400	6,800	75,200	—	75,200
		計	146,400	—	33,720	236,000	39,400	275,400	105,500	400,200
小型館を成立優先	3冊 (10%)	A	18,200	小型館	2,180	15,300	1,500	16,800	—	30,000
		B	18,700	小型館	2,240	15,700	1,600	17,300	—	30,000
		C	13,400	小型館	1,610	11,300	1,100	12,400	—	30,000
		D	13,100	小型館	1,570	11,000	1,100	12,100	—	30,000
		E	13,400	小型館	1,610	11,300	1,100	12,400	—	30,000
		F	15,800	小型館	1,900	13,300	1,300	14,600	—	30,000
		G	20,300	小型館（地域中心館）	2,440	17,100	10,800	27,900	30,000 (30,000)	90,000
		H	15,500	小型館	1,860	13,100	1,200	14,300	—	30,000
		計	128,400	—	15,410	108,000	19,800	127,800	60,000	300,000

大きく算定されるものを地域中心館と設定し，この館についてはレファレンス用，保存用をも加えて必要蔵書規模を算定して一覧したものが表Ⅶ-6である。

(4) 評価

上記三者の結果を比較した場合，

① 大型館成立を優先した場合では，個々の図書館の蔵書規模は大きく魅力的なものとなっている反面，個々の図書館の利用圏域が大きく，利用者にとって利用しづらいエリアもみられる。

② 中型館成立を優先した場合では，圏域内奉仕人口として想定される人口数，すなわち市域内人口に対するカバー率が最も高くなっている。小型館が2館含まれるものの，図書館数と個々の蔵書規模においてバランスのとれた計画と考えられる。

③ 小型館を基本とした場合では，数多くの図書館配置となりきめ細かなサービスが可能となるものの，1人当たり貸出冊数を低く設定することになるため，個々の蔵書規模が小さく魅力に欠け，市域内の人口に対するカバー率もむしろ低くなり，BMサービス必要地域が生じる。

これらを比較して，総合判断としての選択をすることができよう。

3 広域に対する計画の進め方

a 広域を対象とした地域図書館の設置計画の方法

ここでは，前記の市部における地域図書館の設置計画の方法の延長として，県あるいはそれ以上の広域に対する簡便法について述べ，より上位の図書館の設置体系のあり方を含めて，マクロ的レベルでの計画の実際をケーススタディとして示したい。

具体的な手順としては，2に示した市町村に対する図書館網計画の手法について，

大幅な簡略化・単純化を行うが，その主要点は以下のごとくである。

(1) 基準メッシュによる人口資料の借用

計画のベースとなる人口分布の把握については，総務省統計局による地域メッシュ統計結果データのうちの「基準メッシュによる人口資料」を借用することとする。この基準メッシュは，一辺が約1kmの方形であり，各メッシュ内に人口が記載されたものである。

(2) 利用圏域モデルのメッシュへの変換

上記メッシュを用いて計画を進めるには，図Ⅶ-1，図Ⅶ-2の市部および町村部における図書館の利用圏域モデル自体をメッシュ単位に変換する必要がある。ここでは，地域図書館の大中小の規模別に貸出冊数水準ごとの圏域面積を求め，これを近似的な面積をもつメッシュモデルに置き換えることとする。これが図Ⅶ-8である。

計画にあたっては，奉仕水準としての貸出冊数と圏域の大きさ（メッシュ数）のバ

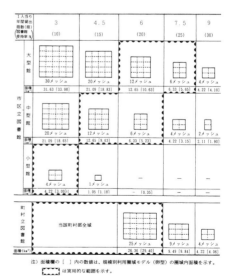

図Ⅶ-8 利用圏域の図書館規模別メッシュモデル

ランスについて，実用的な見地からの考慮を加えて採用モデルの範囲を決めることになり，その範囲を図Ⅶ-8の中に示している。

(3) 蔵書規模算定図

利用圏域メッシュモデルごとの人口に対応する個々の地域図書館の蔵書規模算定を行うにあたっては図Ⅶ-3を用いる。

(4) 地域図書館の成立条件についての人口換算

メッシュモデルに対応させた小・中・大型館が成立するか否かは，当該メッシュモデル内の合計人口によるが，それぞれの図書館が成立するのに必要な人口を，図Ⅶ-3によって1人当たり貸出冊数水準ごとに求めて一覧したのが表Ⅶ-7である。計画に際しては，当該利用圏域メッシュ内の人口をこの値と照合させることにより，ただちに成立・非成立を知ることができよう。

(5) 広域市町村圏のエリア設定

人口の密な都市部では，日常生活圏内に図書館をもつことは十分に可能なことであり，中心館のもとに図書館システムをつくることも容易にできる。しかしながら，人口や財政規模の小さな町村では，たとえ小さな図書館が設置されたとしても，それだけで十分な図書館サービスが提供できるとは考えにくい。このとき近傍の有力市町村が核となる図書館をもち，これを中心にいくつかの市町村が連合して一つのシステムを組み，それによって一定水準以上の図書館サービスを展開していくことが，一つの方法として考えられる。

ここでは，都道府県と市町村との間に，地方都市を中心に新しい生活圏行政を展開する目的で設定された広域市町村圏のエリア設定を借用・挿入して計画を進めることとする。

b 広域に対する図書館網計画

広域に対する図書館網計画の具体的な方法を，愛知県を例にとって示す。愛知県は，名古屋市を中心に31市47町10村からなり，面積は5,144km²，人口は6,770,293人（1996年3月末現在）を有する。県内の公立図書館は県立図書館のほかに31市22町村に設置されており，76館を数える（1995年4月1日現在）。

図Ⅶ-9は，愛知県全体を図書館システムとして，その構成部分となる尾張北部広域市町村圏について，基準メッシュごとに集計した人口（1990年国勢調査結果）の一部を示したもので，表Ⅶ-7の図書館成立人口と対照して，圏域内ごとの図書館成立の可能性を検討する際に用いるものである。

図Ⅶ-10は，同広域市町村圏の各図書館設置計画の細部を示したものである。サービス目標水準については貸出冊数6冊保障とした上で，まず中型館成立を優先して，図Ⅶ-8の利用圏域メッシュモデル図（6メ

表Ⅶ-7　図書館成立人口

	1人当り年間貸出冊数(冊)	3	4.5	6	7.5	9
	(図書館受持率:%)	(10)	(15)	(20)	(25)	(30)
グラフ読値	1人当り年間受入冊数(冊)	0.12	0.19	0.27	0.36	0.45
	蔵書数(冊)	0.84	1.33	1.89	2.52	3.15
図書館成立人口	大型館(人)	119,048	75,188	52,911	39,683	31,747
	中型館(人)	59,524	37,594	26,456	19,842	15,874
	小型館(人)	11,905	7,519	—	—	—

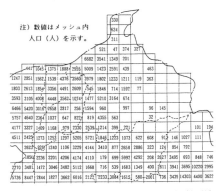

図Ⅶ-9　基準メッシュによる人口資料（部分）

ッシュ)を図Ⅶ-9の基準メッシュによる人口資料に重ねて尾張北部広域市町村圏を覆い,各圏域ごとに人口を集計して表Ⅶ-7から求めた6メッシュ内に26,456人以上のところを,中型館の成立するところと判定し,その館ごとに図Ⅶ-3によって蔵書数の規模を算出したものである。

その上で,人口分布が密で算出した蔵書数が10万冊以上となったところは大型館成立地域と見なし,当該地域に対して改めて12メッシュを適用して,蔵書規模の算出を行う。次いで,中型館・大型館の成立する圏域以外のところで,貸出水準を3冊に下げた場合で,小型館(4メッシュで11,905人以上)が成立するところを探し,同様に蔵書数を算出する。

図Ⅶ-11は,貸出冊数6冊(〜3冊)と設定したサービス目標水準に対応して,愛知県において設置されるべき図書館の配置を示し,広域市町村ごと(太線で囲った部分)

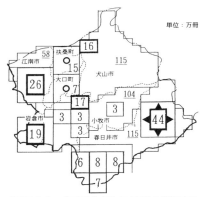

図Ⅶ-10 [尾張北部] 図書館網計画図

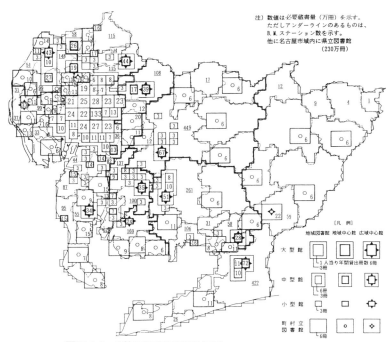

図Ⅶ-11 愛知県図書館網計画図
(地域中心館・広域中心館の全必要蔵書量の算定)

に中心となる市町村における最大規模の図書館を広域中心館として設定し，地域図書館・地域中心館・広域中心館の各図書館の蔵書規模（BM用蔵書数も含む）を算出したものである。これをもって愛知県の図書館網計画図とする。

（中村恭三）

C. 図書館建設の進め方

1 企画から開館まで

新しく図書館をつくろうとするときには，図書館建設の目的や施設の機能，運営の方法などをあらかじめ決めておき，十分な準備期間をもって計画を進めていくことが重要となる。図書館の建設計画を進めるに際して基本的な考え方と建設の手順について紹介しておきたい。

図書館をつくることを意図してから，竣工・開館に至るまでの過程は，「企画」→「計画」→「設計」→「施工」の四つの段階からなると考えられる。

「企画」は，一般に工事発注者が自ら行うもので，建設の意図を明確にした上で，図書館サービスの目標を定め，図書館の役割，施設の機能，運営方法，予算の裏づけ等を総合的に検討する段階である。「基本構想」「基本計画」などとしてまとめられる。

「計画」段階では，企画で設定された目標の達成に向けて条件を整理し，図書館サービスの具体的な内容，そのために必要なスペースや設備，所要面積など設計の条件を施主が中心となり，専門家や建築家が協力して作成する。設計者に対する要望事項や制約事項などの諸条件をまとめた「建築計画書」を作成するのもこの段階である。

「設計」では，まず，設計者を中心に建築計画書に示された条件・要求を再構成し，それを建築空間として具体的な形にまとめる「基本設計」作業が行われる。基本設計の内容が発注者の要求に合致していると確認されると，「実施設計」に着手する。実施設計は，設計者の意図を施工者に伝えるものである。基本設計図書に基づいてさらに詳細な設計を進めたもので，工事の実施に必要な設計図，仕様書，工事予算書などが作成される。これをもとに入札，工事契約を行う。「設計者の選定」ができあがる建築の質を大きく左右するので，よい図書館建築をつくるためには，すぐれた設計者を選ぶことが大切である。

次いで，「施工」は工事施工者による建設工事の段階である。設計図に示された内容を実際の建物につくり上げる建設工事を経て，建築物の引き渡し，そして開館・運営に至る。

2 建築計画書の構成とつくり方

どのような図書館サービスをめざすのか，そのために必要な建築の機能と規模，さらにそれぞれのスペースの内容はどうあるべきかなど，図書館サービスを行うための器（施設）として備えているべき内容について詳細に記述したものが建築計画書である。

a 計画書の内容と構成

計画書に盛り込む事項のうち，一般的なものを以下に示す。

(1) 図書館の役割

図書館の機能は，資料を求めるあらゆる人たちに，これを提供しすべての住民の知る自由を保障することであるとされている。資料要求を触発し，図書館機能の普及を図るための活動をするなど図書館の役割についての考えを述べる。

(2) 図書館のサービス目標

資料提供という図書館の基本的な役割を果たすため，貸出とレファレンスサービスなど，図書館サービスの目標を立て，それを達成するための具体的な方策をまとめる。

(3) 図書館システム

図書館は一つの建物のことではなく，地域全体に張りめぐらせた地域図書館（分館）や移動図書館などからなる一つの組織であることなど，図書館システムの考え方と全域へのサービスのあり方について述べる。

(4) 図書館の地域計画

人口分布ほか地理的・社会的条件を考慮して，計画地域に最もふさわしい図書館システムを立て地域図書館，移動図書館，地域中心館の配置を行い，それぞれに対する規模を算出する。

(5) 建築計画の基本

図書館の位置と敷地，構造・規模などの設計条件を示す。利用しやすく運営しやすい空間づくりとともに，蔵書の増加と利用の変化に対応しうる建築計画の基本方針について述べる。

(6) 必要な施設機能とスペース

開架室は，住民が自由に出入りし，本を選びそれを借り出すところで，図書館の最も重要な部分であり，入口に接して設けるなど，各部門の構成と内容さらには必要面積などを提示する。

(7) 家具・設備などの計画

資料と利用者を結びつけるのに重要な役割を果たす図書館家具の選択や設計の基本方針をまとめる。冷暖房方式，照明・採光方法での留意事項を述べる。

(8) 資料整備計画

住民の求める資料を確保するために，質・量とも一定水準の新鮮な資料を購入しなければならない。単行書・雑誌・AV資料などの資料タイプごとの年次別収集計画と必要な蔵書収容力の見込みを提示する。

(9) 運営組織

開館日と開館時間，資料の受入れから排架までの手順，運営に必要な職員の配置計画などを述べる。

建築計画書の具体的な参考例を表Ⅶ-8に示しておきたい。

b 図書館建設準備室の設置

図書館づくりの早い段階から，図書館に関する豊かな経験や専門的な知識をもつ図書館長または館長予定者を中心に，図書館建設準備室を設けて計画を進めていくことが望ましい。計画書をまとめるにあたっては建設検討委員会を設置して，準備室を支援する体制をつくり，事業の進捗を図ることが必要である。

① 建設検討委員会は，公立図書館では基本的に行政職員，議会代表，住民代表，図書館専門家などで構成される。大学図書館の場合は，理事者，図書館，教員，そして学生がかかわるのが望ましい。

② 住民の代表としては，図書館を利用する人が加わることが大切である。

③ 図書館サービスに明るく，図書館の計画・建設に経験と識見のある専門家を，コンサルタントに起用し，専門的・技術的問題についての指導・助言を得ることも有効である。

3 設計者の選定

設計者の選定にあたっては，図書館建築の特殊性，専門性なども十分に考慮し，信

表Ⅶ-8 藤枝市図書館基本計画（目次部分）

```
はじめに                              4-5 地域中心館（中央館）の計画 ……28
第1章 変容する図書館サービス ……1         4-6 藤枝市図書館網計画 ……………29
  1-1 「中小レポート」から40年 ……1    第5章 図書館の建築計画 …………………33
  1-2 40年前の図書館 ………………1       5-1 計画の基本方針 ………………33
  1-3 変容する図書館 ………………2       5-2 図書館の位置と敷地 …………34
  1-4 図書館にとって大切なこと …3       5-3 全体の構成 ……………………34
  1-5 まちづくりと図書館 …………3       5-4 各部の構成と計画 ……………34
第2章 藤枝市立図書館の現況と課題 …5      5-5 構成要素と各部の面積 ………40
  2-1 藤枝市の概要 …………………5       5-6 複合施設の考え方 ……………41
  2-2 藤枝市立図書館の現況 ………5       5-7 家具・設備などの計画 ………42
  2-3 図書館施設の現状と課題 ……9       5-8 設計者の選定 …………………43
第3章 図書館サービス計画 ……………10    第6章 図書館の管理運営計画 …………45
  3-1 資料整備計画 …………………10      6-1 基本的な考え方 ………………45
  3-2 貸出サービス …………………12      6-2 職員体制 ………………………45
  3-3 レファレンスサービス ………13      6-3 館長の役割と専門職員の必要性 …46
  3-4 児童サービス …………………13      6-4 職員の研修体制の確立 ………47
  3-5 各種サービス …………………14   第7章 計画推進のための課題 …………48
  3-6 特色を生かしたサービス ……18      7-1 新図書館建設準備室の設置 …48
第4章 図書館網の計画 …………………20      7-2 コンピュータ・システムとＩＴ化に
  4-1 図書館計画の範囲 ……………20          向けた対応 ……………………49
  4-2 図書館サービス・ポイントの配置計画…20   7-3 市民参加による図書館づくり …49
  4-3 地域図書館（分館）の規模計画 …26      7-4 市町村合併への対応 …………50
  4-4 移動図書館（B.M.）の計画 ……28
```

頼しうるすぐれた設計者を得るように努める。すぐれた設計者を選ぶことは，よい図書館建築を得ることにつながる。設計者を選ぶ方法のいくつかをあげておきたい。

(1) 特命方式

図書館建設の関係者によって，望ましいと思われる図書館建築例を選び，その設計者と面接・協議した上で，特定の人あるいは組織を選任し設計を委託する方式。手続きに要する手間や時間も少なくてすむという利点もあるが，特命にする合理的・客観的理由を見出すことができるかどうか公平性に問題が残る。

(2) 設計競技方式

広く一般から公募する「公開」とよい作品例をもっている複数の設計者を指名する「指名」の二通りがある。建築計画書に従った設計案の提出を求め，審査委員会によって優秀作品を選び，その設計者に設計を委嘱する方式。図書館建築のわかる専門家を加えた公正な審査機構をつくり，その審査を公開し，結果を公表する。応募に十分な期間を用意し，かつ参加報酬を支払う。自治体，応募者とも経費と労力の負担が大きく，また，入選作に対して大幅な設計変更を求めることができないのが難点とされている。

(3) プロポーザル方式

公募または複数の設計者を指名し，建築計画書の概要に対する設計の方針とアイディアを，文書を主体とした提案（プロポーザル）として求める。その資料をもとに審

査して最も適任と判断した設計者を選定する方法。設計案ではなく人（設計者）を選ぶ方式で，候補者の選定から審査までの期間が短くてもよく，時間と費用・労力の負担が少なく実施できる。

(4) 設計入札方式

設計料の多寡を入札や見積り合わせによって決める方式。設計能力が判断できず，地域特性をふまえた提案が実現できるかどうかが問題となる。設計料が安いだけで決める安易な方法で，それに見合った成果しか手にすることができず，よい建築は得られない。

公共建築の設計者選定の方法としては，1980年代までは特命方式によるものが数多くみられたが，近年は設計入札方式が増え一般化しつつある。しかしながら，この入札による方式が，わが国の公共建築の質的水準を高いものにすることのできない要因の一つであるとの指摘もなされている。設計入札に代わる方法として，1990年以降，全国の官公庁施設の設計業務委託にプロポーザル方式の導入が図られ，それに伴って図書館建設に際してもこの方式が採用されるようになった。とくに，公正な判断のできる選定委員会を設け，審査過程を公開したプロポーザル方式が，個性的で質の高い図書館をつくり出すのによい方法の一つであると評価され注目されている。

（中村恭三）

D. 図書館の建築計画

1 全体計画の構成

図書館の建築計画は，敷地の決定後に，それに従って設計者が設計を進められるような内容で策定されなければならない。

全体計画の内容は以下である。

(1) 敷地利用計画

敷地の使い方に関する計画。敷地の形状と方位，周辺の環境と道路の状況，利用者の主なアクセス方向，増築の可能性などから，どの位置に歩行者，自転車，車の入口を設けるか，どの範囲に建物，駐車場，駐輪場を配置するか，などについて計画する。

(2) 構成要素の計画

図書館が備えるべき機能と運営方針に基づくサービス計画，資料整備計画，職員の計画などから，図書館のサービスと活動の場である室・スペースすなわち建物の構成要素について計画する。

(3) 規模計画

資料の収集・整備計画，想定利用者数などから，構成要素のそれぞれに，配置される資料の種類と量，座席の種類と数，職員数など，サービス・活動の展開にかかわる具体的な数量や家具類を決定して，各部の必要面積および全体面積を算出する計画。

(4) 平面計画

室・スペース相互の関係の強さ，人・物の移動量などから，それぞれの望ましいつながり方，相互の位置関係についての計画。

(5) 断面計画

階ごとの構成要素の配置計画。図書館は一般に平屋建てであることが望ましいが、必ず実現できるとはいえない。とくに、利用者の出入口の置かれる階は、利用者にとって最も利用しやすい階であるから、この階に何を配置するかは重要である。

(6) 室内環境計画

室・スペースごとの家具類の並べ方や温度湿度、明るさ、仕上げ材、雰囲気などについての計画。

(7) 外構計画

造園・緑化および屋外サインの設置位置などについての計画。

a 図書館の立地条件と敷地条件

図書館は基本的に来館した利用者に対してサービスを提供する施設であるから、これが立地を決定する最大の要件となる。すなわち、多くの利用者が来館しやすい、交通の便がよく人々が集まりやすい、周辺の人口密度が高い、障害者や児童・高齢者でも安全に来館できる場所であることがおもな要件である。

とくに中央図書館は、分館・分室や学校図書館等への支援サービスなど、域内の図書館サービスの中核としての機能発揮のため、すべての住民がすぐわかる場所、駅などに近く交通の便のよい場所、分館・分室の職員が来館しやすい場所、自家用車での来館ならびに巡回車の運行に好都合な道路交通網の結節点に近い場所であることなどが条件である。

具体的な配置計画は、前節の図書館網計画において、図書館の利用圏域の設定、地域特性の把握、サービス対象人口の分布状況とその将来予測、図書館相互の位置関係などを勘案して策定する。

建設用地は都市計画法、建築基準法などの制約の中で、計画している規模の建物が建設できる十分な面積が確保されることがまず条件となるが、同一面積でも不整形の土地より正方形に近い形、周辺道路に対して二面以上で接している土地、傾斜地より平坦地など設計上の自由度の高い土地が望ましい。

b 基本的な考え方

公立図書館は、①あらゆる年齢層を対象、②無料で開放され、③利用者が自由な時間に訪れ好きなだけいられる、④館内の室・スペースが自由に利用できる、という他の公共施設にはない特質を有している。

大学図書館にあっても、すべての構成員が気軽に利用でき、自由に動き回ることで知的活動に専念できることは欠かせない要件である。また現在、大学図書館には地域住民への公開の促進が要請されており、公立図書館と同等の性格をおう部分が拡大する傾向にある。

そのため図書館の建築は館種と規模を問わず、以下のような基本的要件を満たしている必要がある。

(1) 安全であり、快適である建築

安全で快適であることは、古来から人間が建築物をつくってきた理由の一つであり、建物性能の最も基本の要件である。安全では日常安全の延長上に災害時の安全があるといえる。高齢者や児童の床での転倒や階段からの転落、家具や壁への衝突、ドアに手が挟まれるなどのおそれがないこと、そして、防災設備など災害に対する備えが万全であり、その適正な維持管理が容易にできるようになっていることが必要である。

温度・湿度、空気の質、照明・採光、音などの室内環境が、省エネルギーと快適さの両立したシステムであること。その上で、今後は高齢の利用者の増加が見込まれることから、できる限り個人個人の快適レベルに応じて個別に調節が可能であることが望

ましい。

図書館の安全では資料管理の安全という側面もある。あるべき資料がきちんと所定の位置にあることは，利用者に信頼される図書館の要件である。蔵書管理，貸出・返却管理を厳正に行うことに加えて，資料の亡失を防ぐためにブックディテクションシステム（BDS: Book Detection System）など機械式の管理システムによる資料管理を行うことが必要となっている。しかし，これだけに頼るのではなく，利用者が自然にモラルを守るようなゾーンレイアウトや雰囲気をつくることも大切である。

(2) 入りやすく，親しみやすい建築

図書館はあらゆる人々が，気軽に利用できる施設でなければならない。入りやすさには，入口がわかりやすい，アプローチ路と段差がない，自動ドアであるなど物理的な入りやすさと，建物が威圧的でなく人を引きつける魅力をもつ，館内の様子が外からうかがえるなど，心理的な入りやすさの両面を満たす必要がある。

親しみやすさのためには，館内が十分に明るく，見通しがきいて，自分のいる所，行きたい所がわかりやすいこと，ゆったりとした中に適当なにぎわいがあることなどが求められる。とくに，館内で過度に静粛を強いる必要がないように，動的な行動のスペースと静的な行動のスペースとのメリハリをつける。また，できるだけゆとりのスペースを設け，居心地のよい空間とする。雰囲気をやわらげるためには観葉植物や絵画，彫刻を適宜配置することも効果的であり，このようなことをあらかじめ想定したスペースをつくりたい。

(3) 使いやすく，働きやすい建築

第1にできる限り一層当たりの面積を大きくして，全体として低層の建物とする。階数を減らすことで，館内がわかりやすくできる。階段などの面積が減り，それだけ有効に利用できる部分が多くとれる。また，職員の目が行き届きやすくなり，サービスの向上と管理のための人手の削減が期待できる。

第2に機能的であること。室・スペースの相互の位置関係を合理的に，かつコンパクトに配置する。これにより利用者と館員の歩行距離を短くすることができ，使いやすさ，働きやすさが向上する。無駄を排したコンパクトな建物は建設費や維持管理費を減らす効果をもつ。

第3に，できるだけ多くの資料が探しやすく取り出しやすいよう開架式で並べられ，それをすぐに読めるように書架と座席とが適度に融合していることが望ましい。

第4に，職員用の諸室など間接サービスのための室やスペースが適正な広さと構成でなければ十全な機能は発揮できない。職員が効率的に働け，知的労働に専念できる作業・執務環境の形成が求められる。

(4) あらゆる人が魅力を感じる建築

図書館には人々が本を借りる，雑誌を読む，調べものをする，ビデオをみたり音楽を聴く，集会に参加するなどさまざまな目的で来館する。

単に読書といっても，ゆったりとしたソファで読みたい，広い机にいろいろな本を広げて読み比べたい，個人席や個室で読書に没頭したい，グループで読書会をもちたい，などいろいろである。

図書館建築にはこれら来館者がそれぞれの目的を満たし，かつ館内で快適に過ごすことができるように多様性と豊かな空間性への配慮が必要である。

同時に，人と人との出会いや交流の場となる地域コミュニティのサロンとして，特段の目的をもたなくても来館したくなるような雰囲気をもたせたい。

(5) 身体障害者が支障なく利用でき働ける建築

図書館は障害をもつ利用者も職員も，健常者と変わらぬ行動ができるバリアフリー環境を実現したものでなければならない。「高齢者，障害者等の移動の円滑化の促進に関する法律」（通称：バリアフリー法，2006年）では，図書館の出入口，廊下，階段，昇降機，便所，駐車場，敷地内の通路について配慮を求めている。各自治体も個別に条例などで建築上のバリアフリー基準を定めており，これらの要件を満たすことは不可欠である。しかし，この法や条例自体は図書館としての「使いやすさ」を保障するものではないことも認識すべきで，図書館ごとにきめ細かな配慮が必要である。

また，これまでバリアフリーというと目に見えやすい車いす障害者だけの問題としてとらえられがちであったが，視覚・聴覚障害者，高齢者，妊婦などさまざまなハンディをもった人が利用することを忘れてはならない。

さらに，身体に障害を有する職員でも支障なく働ける建築でなければならない。

(6) 図書館の成長・変化に対応できる長寿命型の建築

図書館の資料は定常的に増加し続け，利用者も増加する。資料の形態や図書館サービスの内容，利用者が図書館に求めるものは時代とともに変化する。このように質と量からなる成長と変化に対応して，長年月にわたって耐用性を保ち続けるためには，建設時から変化をできる限り受け入れることができるようスペースの融通性と拡張性を考慮しておく。そのため，どの場所に，どのような変化に対する，どのような対応を準備するかについて検討し，妥当な範囲で備えておく必要がある。しかし，すべてのスペースについてこれを実現することは難しい。固定の壁を最小限にしたり，床に段差をつくらないことで融通性の高い建築としておくことが大切である。

(7) 美しく，格調の高い建築

利用したり働くことが誇りに感じられるような建物，地域の気候や風土，周辺の雰囲気とよく調和した建物，長年月をかけて風格を増していくような建物，実用性と美しさの調和した建物，このような建物は利用者からも愛され，職員の熱意を持続させる。

c 既存施設の図書館への転用

自然環境や資源の保護，資金の適正配分などから，今後は施設要求が新規建設だけではなく，欧米のように既存施設の改修や転用により満たされることも多くなるであろう。すでに企業や大学ではオフィスや研究室を図書館（室）に転用する例は多数あり，公立図書館では県議会議場棟を転用した茨城県立図書館の例がある。

しかし，耐震性など建物全体にかかわる問題と図書館特有の大きな床荷重の問題とがあり，専門家による事前の慎重な検討が必要である。建築設計構造基準では，一般のオフィスなどの床の積載荷重が300kg／m^2とされているのに対し，開架書架スペースで800kg／m^2，集密書架スペースには1.2t／m^2の床強度が要求されている。

茨城県立図書館のように既存施設を全体として転用する際には，対象建物が1981年の新耐震設計法適用以前の建物か否かでとるべき対策が異なる。新耐震設計法に基づき設計された建物であれば，床が書架の配置に十分な強度で設計されているかの確認を行い，必要な場合には床の補強工事を行う。1981年以前に建設された建物（既存不適格建築物）の場合には，まず耐震診断に基づく耐震補強設計と補強工事が求められる。

既存施設の一部を転用する場合には，当

該面積が建物全体に占める比率により対策が異なる。小さな面積を開架閲覧室に転用する場合は、積載荷重増に対応した床の補強工事が必要であり、面積が大きな場合や書庫への転用には前記の局部的な検討と対応のほかに建物全体の耐震診断を要する。

いずれにしても、既存建物は経年劣化が進んでいることがあるので、専門家による劣化診断などが必要である。

2 図書館の構成要素

公立図書館は、①地域社会と市民の要求を正確に把握し、それに基づいて適切な資料や情報を収集すること、②貸出、読書案内、リクエスト、レファレンスのサービスによって、利用者の求める資料や情報を提供すること、③これらの充実をふまえて、集会活動など市民の利用を促す活動を展開することが必要である。

こうした活動を展開するために必要となる室・スペースすなわち構成要素は、それぞれの図書館が果たすべき機能の違いを反映して異なるから、それぞれに応じた慎重な検討が求められる。

最も単純な構成である地域図書館（分館）では、地域住民の日常的な貸出利用および館内閲覧要求に応えられる厳選された一定量の資料を開架で提供する一般書コーナー、新聞・雑誌コーナー、児童書コーナーなどに分節された開架書架スペースが、ほとんどの部分を占め、これにサービス職員のワークスペースのみで構成される。

地域中心館クラスでは、貸出および館内閲覧に加えて調査・研究利用に対応でき、開架閲覧に関連した多様な利用部門の独立した室ないし半独立のスペースと、集会・会議・展示部門、保存機能に対応した閉架書庫、ならびに業務部門の諸室、移動図書館関連室などが必要となる。

広域参考図書館クラスでは、調査・研究利用が主体となるため、個別性の高い開架閲覧室を複数設ける。

上記2種について、機能と室構成の例をまとめたものが表Ⅶ-9である。

3 利用部門の計画

(1) 入口まわり

図書館への利用者用の入口はわかりやすく、入りやすいことが原則である。規模の小さな図書館では、玄関ホールを設けることをせずに、すぐに開架閲覧室へと導きたい。しかし入口に、館の案内、新着図書の案内や行政情報などの掲示スペース、市民の作品などの展示スペース、場合によっては談話スペースや喫茶コーナーなどを設けることは、親しみやすさの増加につながる。

集会室等を設ける場合には、集会の終了後の人の流れに伴う騒音が閲覧室内の利用者への支障になりやすいので、玄関ホールを設けて利用者の流れを分離する必要がある。とりわけ閉館後にも集会室の使用を許す場合には、閲覧部分を仕切ることができる玄関ホールは不可欠である。

入口近傍には外部に接して休館時の図書返却用にブックポストを、内部には大きな手荷物を持参した来館者用のロッカースペースを設ける。

管理上の見地から、玄関ホールからチェックゾーンである開架閲覧室への利用者用の入口は1か所とするのがよい。

(2) 開架閲覧室

開架閲覧室は図書館において最も重要な要素であり、主要な空間である。将来の内部機能の変更に備えるなどの目的から、一般に、細かく部屋に分割せずに、天井が高く柱や固定の壁の少ない大きなワンルーム空間とし、家具のレイアウト等により分節化するのがよい。分節化の基準には、①一

表Ⅶ-9　図書館の構成要素

機　能		地域中心館クラス	広域参考図書館クラス
入口	エントランスホール	総合案内，掲示，新刊展示，ブックポスト（展示スペースを設けることも多い）	総合案内，ラウンジ，喫茶，ロッカー室，ブックポスト
利用部門	貸出 検索 閲覧 参考調査	総合サービスカウンター，貸出事務室 資料検索スペース 開架閲覧室 （細かく区切らずに，主な利用対象者別や資料の内容，形態別にコーナーとして分節化する） ・資　料：開架資料群 　　　　　（分節化要素の例） 　　　　　・児童，ヤングアダルト，成人，高齢者等主な利用集団別 　　　　　・一般図書，雑誌・新聞，視聴覚資料，児童図書，青少年図書，参考図書，郷土資料，行政資料等資料の形態や種類別 　　　　　・ポピュラー図書，実用書，調査研究図書等資料の内容別 　　　　　・ブラウジングスペース 　　　　　・お話し室（コーナー） 　　　　　・視覚障害者サービススペース 　　　　　・対面朗読室 ・利　用：ソファ席や閲覧席を適宜分散配置 　　　　　インターネット端末スペース ・館　員：参考調査相談・案内デスク 　　　　　児童司書デスク	貸出センター 資料検索スペース（館内に分散配置） 開架閲覧室 （主題部門別や資料種別，資料の内容別にそれぞれ開架閲覧室を設けるなど，個別性を高めて構成する） ・資　料：開架資料群 ・利　用：閲覧席（情報コンセント付き） 　　　　　研究個室，グループ室 　　　　　視聴覚資料視聴ブース 　　　　　ブラウジングスペース 　　　　　ラウンジ（休憩スペース） 　　　　　お話し室 　　　　　コピー室（ブース） 　　　　　インターネット端末 　　　　　（公開庫） ・館　員：参考調査相談デスク 　　　　　児童司書デスク 　　　　　部門別作業室 （館内での視覚障害者へのサービス） ・資　料：開架書架群 ・利　用：閲覧席，対面朗読室 ・館　員：受付カウンター，作業室
	集会・研修	集会室・研修室，グループ活動室	視聴覚ホール（映写室など関連諸室） 集会室・会議室，保育室 グループ活動室，ボランティアルーム
	展示	展示スペース	展示室（スペース）
業務部門	企画調整	館長室兼応接室 管理事務室	館長室，附属諸室 管理事務室
	資料整備	整理作業コーナー	資料整備作業室 選書室，受入・整理部門作業室
	情報管理	コンピュータコーナー	コンピュータ室，複写室，スタジオ，録音室
	会議・厚生	会議室，スタッフラウンジ，更衣室	会議室，スタッフラウンジ，更衣室
	移動図書館の基地など	移動図書館書庫，配送・仕分け作業室 移動図書館車庫など	移動図書館書庫，配送・仕分け作業室 移動図書館車・巡回車車庫など
保存		保存書庫	保存書庫，新聞庫 貴重書庫，貴重書閲覧室
建物として機能するためのスペース		廊下，階段，エレベータ，便所，倉庫，授乳室 空調機械室，電気室，中央監視室，清掃作業室など	

般成人,高齢者,児童,ヤングアダルトなどおもな利用対象者別,そしてとくに利用の中心となる一般成人部門では,②図書,雑誌・新聞,視聴覚資料など資料の形態別,③人文科学,社会科学,自然科学・工学などや地域・行政資料など資料の主題や内容別,④おもに貸出に供されるポピュラーな資料と調査・研究に利用されるレファレンス資料など,利用のされ方に応じてなどの例がある。さらに,⑤「暮らし」「環境」など特定のテーマを設定して日本十進分類法(NDC)などの分類によらず関連資料を集めたコーナーを形成する方式もある。このいずれかまたは組み合わせて採用するかは,図書館の運営方針,排架すべき資料数,資料の内容,面積,階構成,利用者の特性などから決定されるべきである。

(a) 一般利用者用開架スペース

書架レイアウトは図書館の使い勝手を左右するから,資料排架計画との整合を図り慎重に検討する必要がある。高書架・低書架を適宜まじえたレイアウトを基本とし,書架間隔は資料種別・内容,書架間に滞留する利用者数,連の長さなどを勘案してゾーンごとに選択する。

書架を並列配置する場合,通路の幅に書棚の奥行きを加えた書架の芯々距離を書架間隔という。直立型書架の標準的な奥行きは20cm前後であるから(書架間隔-40cm)程度が有効通路幅となる。書架間隔は利用者の使い勝手と職員の働きやすさ,単位面積当たりの図書の収蔵力,開架室の雰囲気,そして柱の間隔など,建築の設計までを左右するものであるから,これを設定するにあたっては慎重な検討が必要である(表VII-10)。

書架間隔を決定する第1のポイントは通路部分でどのような行為が行われるかである。ポピュラーな図書を並べた書架列の間には多くの利用者が立ち止まり,その背後を別の利用者やブックトラックを押した職員が通るだけの間隔が必要である(図VII-12)。利用者の滞留の少ない書架では書架間隔は狭くても支障はない。したがって同一の閲覧室内で複数の書架間隔をとることもありうる。第2は使用する書架の形状である。書架の奥行きが深ければ有効通路幅は狭くなる。下段が突き出している書架も同様である。第3は書架の連数であり,長く連結する場合には,書架間隔を広く設定

表VII-10 書架間隔と書架間における行為

書架間隔	適用箇所	書架間における利用者・館員の行動など
1.2m	閉架実用　最小	最下段の資料を取り出す際には膝をつく
1.35	閉架常用	最下段の資料を腰を曲げて取り出すことができる
1.5	利用者の入る閉架 開架実用　最小	接架している人の背後を通行できる
1.65	開架実用	接架している人の背後をブックトラックが通行できる
1.8	開架常用	人と車椅子がすれ違うことができる
2.1	利用者の多い開架	車椅子同士でもすれ違うことができる
2.4	利用者の多い開架	下段が突き出している書架が使用できる

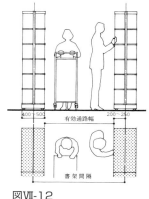

図VII-12

する方が使い勝手は向上する。そして，複合施設などですでに建築の柱間隔が決定している場合には，書架間隔の整数倍が柱間隔となるように設定すると配置効率が高くなる。

　壁付書架を設置する場合に，天井までなど利用者が手に取れない高さにまで設けるのは，利用者の便，職員の手間などから好ましいとはいえない。

　閲覧座席スペースは1か所にまとめて設けるのではなく，さまざまな場所に，いくつかの形式のものを分散して配置し，利用者の利用目的や好みに応じられるようにする。

　小規模図書館で書架にキャスターを付けて可動とし，広間をつくってミニコンサートなどを開催している例もある。

　(b)　児童書開架スペース

　児童スペースを区画された室として設けるか否かは図書館ごとの判断による。専用室であれば子どもらしい雰囲気をもたせた部屋とすることができるし，ある程度の騒音は容認される。逆に一般開架と一室形式とすれば，将来の改変に対する空間の融通性が高くなる，高学年の子どもたちや親子連れの利用に好都合，などが利点である。しかし，やはり児童は騒音を発しやすいから，入口から成人部分を通らずに行ける位置に，レファレンススペースなど静けさを必要とする部分とは離して配置する，上部に吹抜けを設けない，などの配慮も必要である。

　児童スペースには，幼児から中学生程度まで幅広い年齢層の利用者があるから，絵本・紙芝居，読み物，調べ学習用資料の3群に分けてゾーニングし，それぞれの資料群と利用対象者にふさわしい形状の書架と机・いすを配置する。とくに，絵本は表紙を見せる形式の展示型書架を基本とする。

　ストーリーテリングなどおはなし会用のスペースを，利用時のみ可動間仕切りなど

で仕切るコーナー方式とするか，遮音できる専用室とするかは，それぞれに利点があり，個々の図書館のサービス方針に基づき選択すべきである。

　児童部門には専任の職員のためのデスクを，全体が見通せる位置に設ける。

　児童用の便所は幼児から小学校低学年程度を対象として，上記のデスクの近傍に専用で設けることが望ましい。

　いくつかの図書館では，児童書研究の室またはコーナーを児童スペースに隣接させて設けている。

　(c)　学級訪問対応スペース

　学校図書館と公立図書館の連携の強化が課題となっている。館内に学級単位での調べ学習利用に対応する学級訪問対応スペースを設ける例が増えてきている。

　1学級規模の児童・生徒が一度に図書館のガイダンスを受けたり，調べ学習ができる机および白板や映写設備など関連機器を備える。

　(d)　青少年コーナー（ヤングアダルトコーナー）

　児童スペースの延長と位置づけるか，一般開架への入門と位置づけるかで館内における位置は異なるが，後者の方が一般化しつつある。とくに設けないとする考え方もある。図書館離れ・活字離れが著しいとされる中学生から高校生の図書館利用習慣を継続させる意味からは，コーナーという形で専用の領域を形成して，対象者にふさわしい資料と座席を用意するのが望ましい。閲覧席のほかに，グループで会話のできるコミュニケーションルームを設けるなどサロン的な要素を加えることも考えられる。

　(e)　参考資料，地域・行政資料コーナー

　市民の調査研究活動のための参考資料と専門雑誌，地域・行政資料，地図等を排架する。静かに調べものに専念できる環境とする。オンライン閲覧目録（OPAC）兼インタ

D　図書館の建築計画……411

ーネット端末を複数配置する。閲覧座席にはノートパソコンが利用できるように情報コンセントを設置する。座席スペース部分はフリーアクセスフロアとする。研究個室やグループ研究室を設けることも考慮する。

レファレンスデスクは，利用者の目に付きやすい位置に配置し，利用者の相談・質問に答え，調査・研究の支援をするとともに，利用者と向き合って資料を広げたり，パソコンでCD-ROMやインターネットが利用できる形態とする。

コピー機やプリンターは騒音を発するので，遮音の間仕切りをめぐらしたブースを設けるのがよい。

(f) 視覚障害者サービススペース

入口からわかりやすく，行きやすい位置に，視覚障害者のための大活字本や録音資料，点字資料などの資料と，利用座席のスペースを設ける。対面朗読室，録音室，点字用パソコンのプリンターなどを備えた作業室を設ける。対面朗読室にあっても外部の光が取り入れられる位置とする。

(g) 新聞・雑誌スペース

新聞およびポピュラーな雑誌は，利用のされ方や資料の形態，そして整理・管理方式が一般図書とは異なるので，分けて扱うのが通例である。開架閲覧室内の環境のよい場所，例えば窓外の緑が眺められる所に設ける場合と，利用者が多いことから入口から近い位置に配置する場合とがある。ゆったりとしたソファなどをおき，くつろいだ雰囲気で利用できるようにする。なお，ソファやベンチを並べる際には，図書館は個人利用の場であるから対面式ではなく，他の利用者と視線が合わないように工夫すべきである。雑誌の展示架は表紙を見せる形式のものがよく，新着と一定期間の未製本の巻号とを同時に見つけられるような形式のものが望ましい。

また，ポピュラーな雑誌や新聞を研究目的で利用する人もいるから，このスペース内にも閲覧机を用意するのがよい。

(h) 視聴覚資料コーナー

ビデオ，CDなどの視聴覚資料はマイクロ資料などと同様に，資料の形態が図書と異なることや，利用に際しては機器を必要とすることから，まとめてコーナーを形成することが多い。しかし，資料のマルチメディア化への対応として，これらを主題別に分けて他の資料と混配させるとともに，再生機器についてもそれに応じて適度に分散配置するのがよいとする考え方もある。

コーナーを設ける場合には，視聴覚資料を陳列する家具とこれらを視聴するためのブース群とで構成する。提供方式には，①展示架には空のケース等を並べてカウンターでの出納を伴う一種の閉架式，②このコーナーまたは図書館の出口に検知ゲートを設けることを前提に実物を展示架に並べる一種の開架式，および館内での利用に限定して③自動送り出し装置に納める方式がある。ブースでの視聴には，①カウンター内に再生装置をおく送り出し方式，②利用者に再生装置を操作させるセルフサービス方式，そして③自動送り出し方式がある。いずれの方式をとるかは管理のしやすさ，職員の作業量，予約方式の運用のしやすさなどを勘案して館ごとに決定すべきである。

とくにビデオなど映像資料の場合にテレビを机の上におくなど，画面を他の利用者からも見える状態で設置することが多いが，実用的な映像資料が増えてきている今日，プライバシーにも配慮すべきである。また，ビデオがDVDに，カセットテープがCDにというように資料の形態の変化は急速であるから，視聴機器の机への組み込みは避けるべきである。

さらに，借り出す資料を短時間だけ試視聴したいという利用者用のために，専用のコーナーを設けることも考えられる。

(i) インターネットサービスコーナー

公立図書館でもインターネットに接続できるパソコンを利用者に開放する図書館が増えてきている。現時点ではまだ試行的な扱いで、1ないし2台をカウンターの前やごく近傍に設置している館が圧倒的多数であり、開架書架群の中や専用室に設置する例はごくわずかである。予約と利用状況の把握がしやすいこと、不適切なサイトへのアクセスを監視しやすいこと、利用者が困ったときに助言しやすい、などがその理由とされている。比較的人通りの多いところに設置することで、インターネットサービスを実施していることを宣伝したい、利用を喚起するという効果への期待もあろう。また、他の利用者が通りすがりにパソコン画面をのぞける状態にしておくことで、不適正なサイトへのアクセスの誘惑の芽を摘むという配慮でもあろう。設置テーブルはパソコン1台が乗るだけの広さのものが多く、活字資料を広げながらインターネットも利用できるという環境を提供している館は少ない。

これからの公立図書館が、貸出サービスに加え住民の調査研究活動に資することに重点をおくためには、多くの大学図書館がそうであるように館内にインターネット端末を分散配置して、活字資料を閲覧している過程でインターネットからも情報を得るといった利用ができるようにすべきである。その際には、プライバシーに配慮した設置や活字資料との併用に適した広さの机など、利用環境に注意する必要がある。

今後の方向としては、インターネット利用に習熟した利用者が増加するであろうから、館が提供するパソコンは初心者用および短時間利用用として手助けしやすいカウンターの近くなどに配置するとともに、調べもの利用者には持込みパソコンを接続できる環境を用意することが適当であるといえる。

(j) OPAC端末の配置

OPAC端末の利用のされ方には、大きく二つのパターンがある。一つは、来館してただちにOPACを利用し求める資料の書架へと向かう利用者、第2は、開架書架群の中で求める資料が見つけられないとか、他の資料の閲覧中に新たな資料を求めてOPACで検索を行う利用者である。したがって、OPACは入口近傍と開架書架群や座席群の中に分散して配置するのが合理的である。Web OPACを提供している館にあっても、児童やキーボードに不慣れな人のために、タッチパネル形式のOPACを配置する必要がある。

(k) 読書室

高齢社会への移行に伴い、時間に余裕のある利用者が増大することが予想される。また、調査研究的な利用はレファレンススペースのみに限られることなく、静かな部屋で長時間の読書をしたいという利用者は増加している。さらに、自身のキャリアアップや資格取得のための勉強をしたいという世代の利用者も、図書館に静かな読書室を求めている。

従来は館内全体に静けさを求めていたが、今日の先進図書館のように常に多数の在館者がいる館内には、常時一定の騒音があると考えた方がよい。そのため、北欧などでは「静けさを求める人が利用する読書室」とよばれる区画された部屋を設けている。机だけが並ぶ部屋と割り切ってよい。

(l) 公開書庫

書架を順に眺めながら手に取り拾い読みすることで、思いがけない発見をすることは開架式の大きな効用であり、開架書架に多数の資料が排架されていることは図書館の大きな魅力である。閉架式では出納に時間がかかることからも、できる限り多数の資料を開架式で提供することが求められる。

しかし，開架書架スペースは書架間隔を広くとること，主題ごとに書棚に余裕を残して排架する必要があるため面積効率が低い。多数の利用者により，排架の乱れが生じやすく維持管理の手間がかかる。図書館にあまり慣れていない利用者にとっては，あまりに多数の資料の存在は逆に探しづらさが増すともいえる。かつ書棚に新しい本と古い本が混排されると魅力が低下する。

このようなことから，ある程度利用頻度の低下した資料のために，閉架書庫とは別に利用者の自由なアクセスを許す公開書庫を設けることが，一部の図書館で試みられている。千葉県浦安市立中央図書館の「本の森」が代表例である。これにより，広い書架間隔が必要な開架書架には利用頻度の高い資料だけを並べることで，必要面積の縮小を図り，同時に閉架書庫からの出納量を軽減させる効果が期待できる。

(3) カウンターの配置

図書館の案内・登録や貸出・返却の処理，リクエストの受付・読書相談，レファレンスサービス，障害者サービスなど，図書館における利用者と職員の接触のほとんどすべてがカウンターにおいて行われる。

カウンターの配置および数を考える場合，一つの例として一般カウンター，レファレンスカウンター，児童カウンター，視聴覚資料カウンター，そして地域・行政資料カウンターのように，サービスごとに独立したカウンターを設置し運用することで，よりきめ細かなサービスを提供する方法がある。しかし，多くのカウンターを設置すれば，それぞれに職員を配置しなければならない。効率的な運用を図るには，できるだけカウンターの機能と数を集約して，集中管理ができる体制をつくることが必要である。とはいえ，今後の図書館サービスのあり方を考えた場合，中小図書館であっても児童サービスとレファレンスサービスには専用のカウンターを設ける必要があり，その上でそれ以外の役割をまとめた総合サービスカウンターを設けることとしたい。

総合サービスカウンターの役割はたいへん重要である。ここでは，あらゆる資料の貸出と返却処理を行うとともに，利用登録の受付，クイックレファレンス，読書相談，予約サービスといった業務を行う。その位置は開架室全体が見わたせ，人の出入りや動きが把握でき，利用者からもわかりやすく近づきやすい位置が望ましい。また，背後には，返却された本のためのブックトラック置き場，予約本のための書棚など，作業と収納のための十分な広さのスペースを確保する。

総合サービスカウンターの背後に事務作業室が設けられていれば，業務の繁閑に応じた体制がとりやすく好都合である。隣接しない場合には，カウンター業務に関連する業務処理のための作業室が必要である。

返却だけの来館者にも対応できるように返却処理専用のカウンターをBDSのゲートの内と外との境界に設置すれば，ゲートが警告を発した際も，返却担当職員が容易に対応できる。

最近の先進的な図書館では資料に関する相談にあたる専任のデスクを独立させて設け，利用者が声をかけやすいようにしている。まずこの相談デスクで利用者の求めるものを把握し，初期的な対応をする。そしてレファレンスや障害者サービスなど，より高度な対応が求められる場合には，その都度それぞれ適切な職員に引き継ぐことにする。このためにはサービス全体を熟知した職員が，相談デスクに常に配置されていることが前提である。

なお，カウンターやデスクは連結された長大なものとせず，利用者が親しみやすい個別形式のものを複数用意するのがよい。

(4) 集会室・研修スペース

集会部門は，図書館の利用を促進させるために館が主催する各種の催しや講座，市民団体の学習会や講習，研修などの場として設けられる。具体的には館ごとに異なるが，多目的に利用できる視聴覚ホール，複数の集会室・研修室などであり，ロビーや便所，湯沸かし室，倉庫なども付設する必要がある。利用者のグループの図書館資料を活用した活動のためにグループ活動室をこのゾーンに設ける例も増えてきている。

この部門の室構成と収容人数規模，映写機器など各室の設備内容などは，開館後に図書館の運営上の負担とならないよう，周辺の類縁施設での設置状況なども勘案して，慎重に決定すべきである。

集会部門の平面計画にあたって注意すべきは，利用者動線の問題である。一般に，集会部門はいわゆるノーチェックゾーンに配置すべきである。とくに大きな集会室を設ける場合には，集会の前後に多数の人の流れに伴う騒音が発生しがちであるから，閲覧部分との動線の分離は欠かせない。

しかし，小集会室で図書館の資料を利用した読書会を行いたい，集会終了後の閲覧部門の利用を促したいなどの理由から，集会部門から開架閲覧室へ直接出入りできる利用者用動線を設けることがあるが，ここにチェックの要員・設備を配置しなければならないことになり，実質的に使用禁止となってしまっている例が少なくないことを指摘しておきたい。

(5) ボランティアルーム

図書館ボランティアの活動拠点となる部屋である。複数のグループが使用することもあるので，鍵のかかるロッカーや物入れ，机・いす，ミニキッチンなどを備える。この部屋はグループ活動室の一種と位置づけ，集会・研修ゾーンに設けるべきで，業務部門の中に設けてはならない。

4 書庫および業務部門の計画

a 書庫の計画
(1) 基本事項

開架スペースの有効利用を維持するためには，新規受入資料数に応じて，比較的利用頻度の低下した資料を書庫に収容する必要がある。書庫の建築計画における検討課題の第1は，適正規模（収容能力，面積）の計画である。毎年発生する保存すべき資料の数量予測と保存年限とから，収納家具の必要量を算出し，面積規模を設定するのが算定手順である。なお，多くの場合書庫の後々の増設は困難であるから，当初の建設時に少しでも容量を大きく設定しておくのがよい。

書庫の館内における位置については，レファレンスデスクなど出納請求の発生する個所とのつながりに留意する。とりわけカウンターやデスクを担当している職員が書庫に出向いて資料を取り出してくる方式をとる場合には，職員の動線ができるだけ短くなる位置に設ける必要がある。

書庫内のステーションと請求カウンター間を何らかの搬送設備で結ぶ場合には，書庫はどこにあってもよいことになるが，その設備費および保守管理の容易さからも，搬送経路が複雑にならないような位置関係で配置することが望ましい。

(2) 書庫の形状と収容力

書庫は資料を長期間にわたり安定的に保存する機能と，利用者に請求された資料を迅速に提供する機能の両方を満たす必要があるから，収蔵効率が高く，職員が探しやすく作業しやすいものでなければならない。そのため形状としては，いたずらに多層化しないこと，正方形に近い形とすること，出納ステーションを書架群の重心近くに設けるのがよい。通路の配置，書架間隔，書

架の連数についても両機能を勘案して設定する。

書庫の収容力は資料の種類，書架の形状，書架間隔，段数，排架方式で決定される。一連寸法90cmの棚板は一般図書で30冊程度の収納力をもつとされる。書架間隔1.35mで並列配置した6段の複式書架に余裕度30％で排架した場合，収容力は冊数（$2 \times 6 \times 30 \times 0.7$）÷面積（$1.35 \times 0.9$）で200冊／$m^2$程度であり，通路部分や作業スペースを含んだ書庫全体の有効率は80％程度である。

集密書架は収容力を高めるために使われる。収納効率は上記に比べ2～3倍になるが，作業性，探しやすさは低下するから，利用頻度の低い資料や特殊な資料向きと考えるべきである。また，集密書架スペースの床は大きな荷重への対策が必要である。

鉄骨支柱を用いた書架の上に鉄板床をおき，その上に書架を積み重ねる構造形式の書庫を積層（式）書庫という。1層分の階高を書架最上段に手の届く2.2m前後にし，5m程度の階高に2層分を納めることができるので容積的には効率がよい。2層目に集密書架を設置した例もある。しかし，現在，国土交通省は積層書庫に建築基準法を厳正に適用するよう指導を行っている。これは，積層書架を主要構造部に耐火被服を施したものとすべきことを意味し，事実上の禁止措置に近い。

(3) 書庫の室内環境

本の保存にとって温湿度の変化，直射日光やほこりは有害である。書庫内の温度を変化させる要因は外部からの熱の侵入である。このため，直接外気に接しない場所に書庫を設けるか，断熱性の高い外壁による無窓建築とし，空調により恒温恒湿に近い環境を得るのが理想といえる。

書庫内環境の制御が容易であり，構造力学上重いものは下にある方が有利であることから，地下書庫の実施例が増加している。地下書庫で問題とすべきは建築費が高くなること，将来の増築が不可能なことである。しばしば防水，防湿対策が課題とされるが，洪水等で建物が浸水する危険性のある場所でない限り，壁面の防水対策の建築技術は十分に確立されている。

貴重書については書庫内にさらに特別区画を設け，その中だけ室内環境条件の水準を高めること，ガス消火設備を装備することなどの措置が必要である。

(4) 自動出納書庫形式

請求された資料を，コンピュータで制御された機械力により自動的にステーションに送り届ける，自動出納書庫システムが実用化されてきている。資料を入れたコンテナを積み上げる鉄骨造のラックと，コンテナの取り出しを行う自走式クレーンおよび自動搬送設備の組み合わせからなる。初期投資は大きいものの面積当たりの収納効率が高い，出納員を必要としない，書庫部分に人が立ち入らないため災害時の危険性が少ない，照明や冷暖房設備を必要最小限にできる，そして利用者の待ち時間が短い，などが利点である。

b　業務部門の計画

(1) 事務室

図書館の事務室には執務スペースと作業スペースとが必要である。小規模図書館では，これらをすべて一室で行えるようにするのがよい。規模が大きくなるにつれ，それぞれが独立した部屋を備えたり，部門ごとに専用室をもつこともある。作業系のスペースはブックトラックなどが多数おかれるので，7～10m^2／人程度が必要である。

小規模図書館では総合サービスカウンターの背後に事務室を設けることが効率的であるが，中規模以上にあっては絶対的な条件とはいえない。

わが国では事務室に職員全員の机をおくことが慣例となっているが，サービス系の職員は勤務時間の多くをカウンターなどで仕事をするので，千葉県市川市中央図書館のように，事務室には鍵のかかる個人用キャビネットといくつかの共用の机をおくことで面積効率を上げることも考慮すべきである。そうして得られた面積を広い作業スペースとして活用したり，職員用の研究個室を設けることも今後は必要となろう。

事務・作業室内ではブックトラックなどが動き回る一方で，執務はパソコンなどいわゆるOA機器に強く依存しているので，電源と情報コンセントの位置および配線の経路には十分な配慮が必要であり，全面的にフリーアクセスフロア方式を採用するのが望ましい。

なお，中規模以上の館にあっては職員専用の会議室を設けることが望ましい。

(2) 館長室

館長室の計画は，その図書館における館長の位置づけに左右される。大学図書館で教授館長の場合には，館長室は執務室というよりは応接室的な位置づけが要請される。公立図書館では館長の行政部局内での職階により個室とすることの是非につき議論されることがあるが，その職務内容から応接室を兼ねることがあっても個室として設置すべきであろう。館長室は，サービスと管理運営の責任者として，事務室に近く，かつ館内の主要室が直接見える位置におくことが望ましい。

(3) 移動図書館関連室

移動図書館用の図書は，開架室の図書と別扱いにして移動図書館用書庫におく方式と，別扱いにせず開架室の図書の中から積み込んでいく方法とがあるが，前者の方が多い。団体貸出用図書の書庫を兼ねることも多い。

移動図書館の作業室は，移動図書館用書庫と車庫に隣接している位置に設ける。車庫と作業室との間に段差があってはならない。積み下ろし時には大きく開放され一体として作業できることが望ましいが，一方で，車の出入り時に車庫には外気が吹き込むので，他の部屋の環境条件に影響を与えない配慮が必要である。また，寒冷地において冬期に車庫内で暖気運転を行う場合には，排気ガスの処理装置を設ける。

車庫は分館との物流を担う巡回車の駐車場としても，また作業室は配送センター機能を兼ねることも多い。

(4) スタッフラウンジ

食事や休憩，小規模な会議のためにスタッフラウンジは必ず設ける。必ずしも事務作業室に隣接させる必要はなく，自然光の入る環境のよい場所に配置するのがよい。くつろいだ雰囲気としキッチン，テーブル，ソファ，収納等の設備を備える。一部を区切って畳敷きとすることも多い。とくに，事務・作業室内に全職員の机をおかない場合や，事務・作業室が複数の部屋で設けられる場合には，職員相互のコミュニケーションに重要な部屋となるので，面積や位置について特段の配慮が必要である。

(5) その他

職員用には上記のほかに，更衣室，職員用便所，移動図書館職員のためのシャワー室などが設けられる。また，館内清掃など一部の業務を委託する場合にはその職員の控室が必要である。

（植松貞夫）

E. 家具・備品などの計画

1 図書館家具

　図書館の家具は，資料利用の便・不便に直接かかわると同時に，室内空間の重要な構成要素となる。つまり，書架や閲覧用の机・いす，カウンターなどの図書館家具は，利用者の，その図書館に対する印象を決定づけるものであり，単なる建築空間を図書館たらしめているものである。したがって，実用性はもとより美しさ，堅牢性，使い勝手などが十分に考慮されたものを備えたい。また，これらが家具全体としての調和，建築との統一感を総合的に判断して設計・選択されることが大切である。

　その意味で図書館職員は業務上の使い勝手という視点，例えばカウンターであればさまざまな利用の場面を想定して使い方の細かな検討を行い，設計者に具体的な指示を与える必要がある。

　一般的には，図書館家具はよい既製品があればそれが一番望ましい。目で見，手で触れて使い勝手を確かめられるし，価格も安く追加購入も容易である。評価が定まっている既製品家具は，多くの人々によって実際的なテストを経て改良されてきている。しかし図書館家具のように生産規模の小さな分野では，書架やいすなどごく一部のものを除き，既製品といえども通常はすべて受注生産品である。家具を特注しても仕様や材料が既製品に準じていれば，それに要する費用は既製品の場合とほとんど変わらないので，既製品の機能・形状に不満があれば，設計し新たな工夫を加えた特注品とすべきである。

　家具の密度が高いこと，専門家具であることなどから，通常の公共建築物の新築時に措置される家具費を上回る予算額を確保しておくことが必要であり，設計・選択にあたっては単に価格を優先するようなことがあってはならない。

　家具の購入にあたっては，アフターサービスや保守管理のことも考慮すべきであり，一部については保守契約の必要もある。

2 書架・机・いす・カウンターなど

a 書架

　最も多い図書の判型はA5判（21cm×14.8cm）で次がB6判とB5判である。A4判は最近その数が増加する傾向にあるが，絵本や図鑑類，公的機関の報告書などが主で一般書には少ない。美術書などA4判より大きい大型本の図書全体に占める割合は低い。児童室の数量的に最も多い物語の本でのこの比率も，一般成人用図書とだいたい同じといえる。

　この図書構成からみると，棚板有効高さと奥行を各々28cm，18cmとすればほとんどの図書が収納できる。棚板から図書がはみ出している方が好ましいとの考え方をすれば，さらに奥行きを浅くすることもできる。なお，棚板有効高さを，レファレンス用資料で30cm，百科事典用33cmとすれば棚板の位置が調整可能である必要はほとんどない。

　一連寸法90cmの棚板は一般書30冊，児童書50冊程度の収納力をもつとされているが，実際には一部は借出されていることと余裕度を勘案して，一般書で35冊，大学図書館などの学術書では30冊前後が想定収容力として妥当な数といえよう。

一般成人が無理なく手の届く高さは180cm前後で，これは前記の棚板間隔約30cmの書架では6段に相当する。これは図書館の一般的な開架書架スペースでは7段以上の書架は使用してはならないことを意味している（図Ⅶ-13）。

　書架に並べられた資料の中で，利用者の眼前の数段に納められているものは，他の資料と比べはるかに高い利用率をもつことは実証されている。一部に，低書架をおくことによる空間的な開放感を，書架としての使いやすさと誤解している人もいるが，目よりも低い位置に図書が並び，取り出しに腰をかがめる必要のある低書架は人間工学的には必ずしも使いやすいものとはいえない。低書架は，辞典など重い図書や大型図書などを納め，天板上で拾い読みや筆記をする際に便利なもので，そのような利用が考えられる場所や，カウンター前などで視線を通す必要のある場合などに使用を限定すべきである。

　下段の図書を見やすくする工夫として，下段を前方に突き出すことが行われている。傾斜角度を大きくすれば下段は見やすくなるが，その分広い書架間隔が必要となる。

　これらから，人間工学的に好ましい書架の形状は，高さ180cm，6段程度の直立型書架で最下段は使わないものといえる。児童用の書架は120cm，4段程度を上限とする。児童は自由な姿勢で利用する傾向にあるので下段まで使用してよい。また，大学図書館などでは収納効率を優先して最下段まで使用して問題はない。

　書架の素材としては木とスチールとがある。スチール製は安価で強度と耐久性もあり自由に塗色が選べる。わが国では木製書架が好まれる傾向が強い。木に対する親しみ，下段を突き出したり特殊な形状の絵本架など個別注文に応じやすいことなどがその理由である。木の質感とスチールの強度という両方の利点を生かした書架も存在する。通常のスチール書架の側面や上部に木製のパネルを取り付けたものや，スチールの構造体を木材で被覆するものなどである。

　強い地震に対する書架の転倒防止策としては，高書架の場合には，①頭つなぎを用いて互いを緊結する，②床に打ち込むアンカーボルトを用いて書架支柱を床に固定する方法のいずれかまたは両方を施す必要がある。頭つなぎがうっとうしいとの理由から床固定のみに頼る場合には，書架そのものを剛性の高いものとする必要がある。書架がその連続方向に崩れた例もあるように，書架の十分な強度は固定の際の前提条件である。強い地震時には低書架も動き回る危険性があるので床に固定する。壁際に立てる書架の場合には壁との間を緊結する。

　書架の固定によって，その配置替えに際しては大規模な補修が必要となり，書架を自由に移動することはできなくなる。しかし安全性を保つという目的のために，配置替えの自由度がある程度制限されることはやむを得ないといえる。なお，木製書架が耐震上有利な根拠はない。木製書架を使用する場合にも，床固定や頭つなぎなどの耐震対策を必ず行う必要がある。

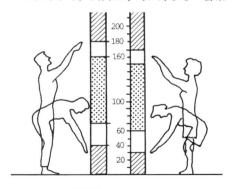

図Ⅶ-13
取りだしやすい高さ
取りだしにくい高さ

b 雑誌架

　雑誌は種類も非常に多く形状も多様であり，表紙は総じて紙質が薄く自立しにくいため扱いが難しい。また，利用は最新のものから数号前までに集中する。そのため，雑誌は新着および未製本バックナンバーと，製本されたものとを分けて扱うのが通例である。後者は，一般の図書と同様に通常の書架に収納してよく，困難さは前者に集約している。その一つは利用者の探しやすさのためにタイトルを見せる工夫と収納効率が両立しないことである。タイトルを認識させるためには一般に表紙を見せなくてはならないが，単位長さ当たりの収納数（タイトル数）は大幅に少なくなる。表紙面の重なりを多くして収納種数を増やす型式や，利用者に直交する形で雑誌を排架し横からそのタイトルを見せるものなどさまざまな形態のものが考案されている。

　また，未製本バックナンバーをわかりやすく管理しやすい状態で排架することも容易ではない。ふた付き棚型やピジョンホール型などが用いられているが，探しやすく雑誌を傷めないという点からは，通常の書架または展示架に平置きする形式の方がまさっている。その意味から雑誌架については，まだまだ改良の余地が残されている。

c 閲覧机

　閲覧机の形態や寸法にはさまざまなものがあるが，一般的には矩形の1人掛け，4人掛け，6人掛けが用いられる。図書館利用者は個別の人の集合であり，机の端部を占める傾向が強いという観察結果からは1人掛けまたは4人掛けがよい。しかし，1人掛けは広い面積（$3.3m^2$／人，6人掛けで$1.6m^2$／人）を必要とするだけでなく，空いているときはいろいろな資料を広げて使える多人数掛けを好む利用者も少なくないので，種々の机を組み合わせて利用者の選択の余地のある机配置をすることが望ましい。

　机面寸法としては1人掛け$105 \times 60cm$，4人掛け$180 \times 120cm$，6人掛け$240 \times 120cm$を標準とする。高さは70cm程度である。視線を遮るための隔てを設ける際にはその高さが机上面から50cm以上ないと効果がない。

　1人掛けの机の周囲に隔てのスクリーンをめぐらせたものがキャレルである。本棚を設けたり，いくつかを組み合わせたものなど多くのバリエーションがある。隔てによるプライバシー保護効果は高いが，内部の圧迫感は強いので，寸法は1人掛けより大きくしたい。

　机の使用条件は書架に比べると過酷ではないので，材料選択の自由度は大きい。

　最近では，全般照明は暗めにして必要な個所だけ照明することで省エネルギーを図る照明方式の採用や，高齢者など高い照度を求める人の増加などから，閲覧机にデスクランプを装備する例が増えている。また，利用者が机上でパソコンを利用できるように情報コンセントを装備することも普及してきている。

　児童スペースの机，いすは，年齢層ごとに利用のされ方，体格にふさわしい形状のものを選択する。傾斜机とベンチの組合せは低年齢層，とくに幼児用として絵本架の近くにおくことが定着している。

　机の形は長方形，正方形，円形をはじめ種々の組合せができるような変型が考えられているが，あまり不整形のものより単純な形の方が使い勝手がよい。

d いす

　いすに関しては，図書館だからといって特別な要件はない。長時間の読書，筆記などの行為に適するためには，座面が適度に堅く平らなことが条件であるが，あとは美しさ，耐久性，コストなどの点から選んで

よい。いすは定評ある既製品から選ぶことがよく，その選択にあたってはできる限り実際に使用してみることが望ましい。

e　カウンター

利用者との接点であり，職員の活動の中心，資料の集結場所であるカウンターの機能・形状は，その図書館の特質にあったものでなくてはならず，この意味で，建物と同様に一品生産的なものである。カウンターの高さ，甲板の広さ，引き出し等の形状は，職員の作業効率と快適性，利用者の使いやすさに大きくかかわるため，それごとに慎重な検討が必要であり，その決定には職員が積極的に関与すべきである。

目に付きやすい位置におかれるものであり，大勢の人が使うものであるから，使い勝手がよく，堅牢で安定感があり美しいデザインのものがよい。その上カウンターに要求される機能，周辺の機器類も時代とともに変化するから，可変性への対応力も求められる。

(1)　大きさ

カウンターの奥行きは対面する館員と利用者の会話距離と，資料を手渡す距離を考慮して決定する。一般には55～60cmが適当とされている。幅は職員1人当たり2.5m程度が適当とされているが，個々に設定すべきものである。

(2)　高さ

カウンターの高さは，作業に適していることはもとより，利用者と職員の目の高さができる限り一致するように設定するのがよい。作業量の多い貸出カウンターでは，立ち姿勢の利用者に対し職員も立ち姿勢で作業するから，高さは1m前後とし，閑散時に腰かけられる座面の高いいすを用意しておくのが適当である。レファレンスデスクなどで利用者も着席する場合の高さは70cm程度を標準とする。児童や車いす利用者に対する配慮も忘れてはならない。

職員が着席し利用者が立ち姿勢という場合には，70cm程度の高さを基本とし，必要に応じ立ち姿勢の利用者が筆記できる部分を設ける。その際に，利用者側を一段高くするいわゆる2段カウンターとする例があるが，図書の受け渡しに労力を要するので貸出・返却カウンターには不適当である。

(3)　甲板の素材

手触りのよさ，清掃の容易さ，筆記のしやすさ，見た目の美しさ，安定感なども要求されるため，材料の選択には慎重でありたい。最近では木材だけでなく石やプラスチックなども使われている。貸出・返却カウンターの甲板の素材または塗装には，耐摩耗性が求められる。また，すべりの悪さは館員の疲労を増す原因となる。相談業務を行うカウンターには手触りのよさを優先したい。

f　書架以外の収納家具

絵本は形や大きさが一定せず，しかも薄く自立せず，背からは内容がつかみにくいなど，排架の難しい資料である。雑誌架と同様に，表紙を見せることと収納効率を両立させる工夫が必要になる。幼児の体格に合わせた高さ120cm程度の範囲内で，全面的に表紙を見せるものから，普通の書架を主体として限られた数の表紙を見せるものまで種々の形式が使われている。表紙を見せるものは，階段状の棚に絵本を立てかける形式が多い。通常型の書架を使用する場合は，絵本は倒れやすいので，棚板を20cm程度の間隔で区切るべきである。

紙芝居はほぼ一定の形と大きさをしているので対応しやすい。紙芝居架には，上からの差し込み式で，1枚ずつ表紙を見ていく形式のものが一般的である。これは絵本架としても使用できる。

新聞架には，当日の新聞を台に乗せ利用

させる新聞閲覧台方式，仮止めして箱状のものに納める方式，数日分をホルダーにはさみラックに架ける方式がある。また，1年分程度を月別に棚に分けて納める新聞収納棚も必要である。その他には，一枚ものの地図を収納する地図ケース，冊子体の地図を納めるアトラス台などがある。

3 開発途上の機器とシステム

a 自動貸出装置

欧米の図書館において，職員の作業量軽減や利用者の便を目的に普及しているのが，貸出の手続きをセルフサービスで行う装置で，国内でも設置例が増えてきている。一般的には利用者自身が装置の指示に従って，個人カードと図書のバーコードを機械に読み取らせるものである。ビデオやCDなどは読み取ることができないものとそれをも可読のものとがある。

貸出カウンターの近辺だけではなく，館内の各地に点在させている館もある。北欧にはセルフ式を原則とし，利用者がとまどったときだけ職員が補助する方式をとる館もある。

b ICチップを用いた資料管理

図書館ではコンピュータを用いた貸出・返却の処理などのために，バーコードラベルを図書に貼付している。また，いわゆる不正帯出などを検知する機械を用いたシステムのために特別の検出キーを貼付している。

近年，この両者を含めた蔵書の総合管理システムとしてICチップを用いたシステムが実用化されている。

(1) ICカード

ICチップが内蔵されたカードをICカードと総称すると，ICカードはチップへの電力供給とデータのやりとりの方法により接触型と非接触型に分けられる。前者はカードの一部に外部端子がつき，リーダー／ライター装置に差し込まれると，端子を介して電力が供給されてチップが起動し，データの読み書きが可能になる。後者はカードにチップとアンテナが内蔵されていて，非接触で外部のリーダー／ライター装置からの無線通信による電磁誘導により，チップが電力の供給を受けデータの交信をする方式である。通信距離により密着型＝2mm以下，近接型＝10cm以下，近傍型＝70cm以下，遠隔型の4種類に区分され，それぞれに国際標準化機構（ISO）で規格が定められている。すでに実用化されているJR東日本のSuicaは非接触の近接型である。

電池がなくても半永久的に情報を保存可能であるICチップメモリの容量は，現状では500文字から8,000文字で，将来はさらに大容量になるとされる。

ICカードは接触型，非接触型ともに，それ自体がCPUとメモリを備えた，いわば小型のコンピュータである。そのためカード自体が計算や判断・照合等の認証機能をもち不正な読み取りを拒否したり，読む相手に応じて読み取らせるデータの範囲を制限するなど，従来の磁気ストライプカードに比べれば，格段に多様なアクセス制御ができるためセキュリティ性能が高い。

(2) RFIDタグとRFIDシステム

ICチップを用い非接触により個別のものを識別することを，無線通信を利用した自動認識技術（RFID: Radio Frequency Identification）という。ICチップとアンテナを粘着シートに貼り付けるなどして物に貼れるようにしたものをRFIDタグとよぶ。RFIDシステムは資料等にRFIDタグを貼付して，必要に応じタグが保持している情報を非接触で読み書きするシステムである。

RFIDタグとバーコードの最も大きな違いは，バーコードラベルはリーダーで一つ

ずつ読まなければならないのに対し，同時に複数のタグを読める。また，タグが外から見えている必要はない。さらに，タグとリーダーとが正対する必要がなく不整形や動くものでも読み取れる，などである。このシステムは単にバーコード時代の終焉だけではなく，今後のネットワークコンピューティングの基盤技術となって，社会を大きく変えるだろうと予測されている。

　図書館において利用登録カードをICカードとし，RFIDタグを図書に貼付するのがICチップを用いた資料管理システムである。これにより，識別番号，書誌情報そして各種の業務上の情報などを図書が所有し必要に応じて書き替えることができるから，①出版・流通段階から図書館の日常業務まで一貫してそれを利用できる，②相互貸借の借受館でもデータがそのまま利用できる。移管などの際にも一部を書き替えるだけでよい，などが実現できる。

　また，①タグを表紙面に貼る必要はないので汚損のおそれがない，②複数の図書の貸出・返却を一度に処理できるため，セルフサービス化しても利用者の手間が少ない，③ある程度離れた距離から読み取れるので，ワイアレススキャナーを向けながら書架の間を歩くだけで棚管理ができ，蔵書点検が短時間で終了する，④機械式検知システムのための付加的な仕組みを必要としないため，経費削減と貸出・返却の手間および処理ミスの節減が図れること，などが期待されている。

　(3) 問題点
　図書館での実用化には解決すべき課題も多く残されている。第1はICチップの価格が高いことであるが，普及が進めば安価なものとなろう。第2はわが国における使用周波数帯の規格化が遅れているため，メーカー別に周波数の異なる専用のリーダー／ライターを用いていることで，タグに互換性がなく，後々のタグメーカーの変更が許されないことや，他図書館の図書を読めない可能性がある。第3は半永久的とされているICチップの寿命と，情報の受け渡しを繰り返すことに伴うタグの劣化のおそれに対する保証がない。

　加えて，貸出・返却処理，検知ゲート，蔵書点検のためのハンディスキャナー，セルフ式貸出の機器など，総合システムのための周辺機器を，精度の高いもの，使いやすいものとすることも今後の課題である。

4　サイン計画

a　基本

　サイン計画は図書館の使いやすさにかかわる重要な要素であるが，最も忘れられがちな事項の一つでもある。

　サイン計画は建築デザインから，家具設備そしてパンフレット類に至る各種デザインの統合の中で考えるべきであり，サインの設置個所については，図書館側のサービス方針などからの慎重な検討に基づき決定する必要がある。

　人に情報を伝えるサインの要素をまとめれば表Ⅶ-11のようになる。このうち臭覚的要素以外が図書館のサインに使用できる。

表Ⅶ-11　サインの要素

要素	例
視覚的要素	文字，ピクトグラフ（絵文字），色彩，光など
聴覚的要素	ことば（アナウンス），サイレン，ベル，音楽など
触覚的要素	点字プレート，手触り（椅子の張り布，壁仕上げなど）など
臭覚的要素	都市ガスの臭いなど
その他	柵，遮断機，ランドマーク（目印的建物）など

b　サインの種類

図書館でのサインはその表示する内容によって大きく次の5種に分類できる。
① 案内：全館や階別に全体像を示し，各部の位置関係を明らかにする総合案内，各階案内，掲示板など
② 誘導：目的事物への方向を示す矢印サインなど
③ 識別（定点）：事物の名称や場所を示して他と識別させる館名，階数，室・コーナー名，書架内容サインなど
④ 指示（規制）：禁止・規制，避難・誘導など
⑤ 説明：利用説明，操作法説明など

また，設置方法別に分類すれば，常時表示する固定的なものと必要なときにだけ表示するものとに分けられる。

c　サイン計画における留意点

サイン計画の際は，下記に留意する。
① システムとしての統一性・連続性を確保する：入口から目的の場所へ，そして書架から閲覧スペースやカウンターへという利用者の行動をスムーズに誘導し，利用者が必要なときに必要な情報を容易に得られるよう計画する。
② サインの設置個数は少なくする：情報伝達を文字や絵文字だけと考えない。例えば階やゾーンごとに基調色を決めて，壁や床の色，いすの張り地などに使えば，どこにいるかの識別は容易になる。革張りのソファをおけば，そこが他と異なる雰囲気の場であることを伝える。
③ 見やすくわかりやすい表現をする：サインは見やすくわかりやすいことが大切である。専門用語は少なくする。文字や絵文字は，奇をてらわず読みやすくわかりやすいものを使う。
④ サインは生産が容易で互換性が高いものにする：図書館の成長・変化に伴い指示すべき内容も変わってくる。開館してからサインの必要性に気づく場合もある。このことが，図書館において館員手書きの貼り紙サインがあちこちで見られる原因でもある。後々の書き加え，書き替えへの対応が容易であること，新たな制作に多くの費用がかからないことが，サインシステムを維持する上で大切である。そのためには，各種の文字，表記方法，寸法，取り付け方法等を規格化し，書き加えや新たな制作の際にも統一が保たれるように仕様書を作成しておく必要がある。

5　設備計画

a　光環境計画

太陽光により明るさを得ることを採光といい，人工光源により明るさを得ることを照明という。快適な室内環境を得るためにも省エネルギーからも，採光と照明を調和させ適正な明るさを得るように計画する。太陽光は時刻や天候により安定しないことや到達範囲に限界があること，そして直射光は読書や図書に悪影響を与えるおそれが強いことから適切な制御が必要であり，照明設備の適正な配置計画が欠かせない。

また，照明は単に読み書きに必要な明るさを提供するのみでなく，空間の雰囲気づくりに寄与する。全般照明と局部照明を適切に併用したり，直接照明と間接照明を組み合わせる，蛍光灯と白熱ランプの使い分けなどの工夫も効果的である。

よい照明計画の条件は，①用途に適した適正な照度，②ムラのない明るさの分布，とくにグレア（明るい光源が視野に入るなどまぶしさによる見えにくさ）の防止，③望ましい光色と演色性，④設置費および維持管理費の経済性，⑤器具自体の美しさの確保である。

日本工業規格（JIS）には作業に要する

適正な明るさ（推奨照度）が示されており，読書のそれは500〜750Lx（ルクス）程度とされているが，高齢の利用者が多いことなどからより高い照度が推奨されている。

開架書架スペースにおける照明計画では，書架最下段まで均等に明るさを得られるようにすることが大切である。具体的には，通常の天井高の下での直接照明方式として，①書架間隔の中央に書架列と並行に配置：均等な照度が得やすいが書架間隔の変更への対応が難しい，②書架列に直交に配置：書架間隔の変更には対応できるが明るさのムラが生じがちである，③書架列とは無関係に配置：千鳥模様状に配置するなどで，前記と同様の課題がある，④光天井方式：ルーバー天井の裏に照明器具を設置し天井面全体を光源とする，などの例がある。

また，梁の上側や書架上部などに乗せた照明器具から天井面を照らし反射光により室内を照明する間接照明方式は，照明効率は低くなるものの，おだやかで均等な明るさを得る手法である。

吹抜け下など天井が高い場合には，高輝度ランプを用いたスポット型器具の使用や天井面から照明器具を吊り下ろす方法のほか，書架の頭つなぎに照明器具を取り付ける方式などがあり，近年，書架の上部に照明器具を設置して書架面を照明する書架付け照明方式も実施例が増えている。

b 温湿度環境計画

要求される室内条件の違いから，温湿度環境の計画では，閲覧室・事務室と書庫とを分けて考える必要がある。

室内の温湿度は常に一定であることが望ましい。それには完全空調方式が最も適している。温度・湿度・空気の浄化が制御できるから窓を開ける必要はなく，屋外騒音や汚染空気の侵入を防げる。しかし，省エネルギーや開放感の点から，中間期にはできる限り自然の通風をとり入れることも必要である。

まず閲覧室，事務室では用途に即した生理上の要件を満たすことにつきる。室温は18〜22℃を基準とし，女性や高齢者が多い場合には若干高めに設定する。また，夏季には戸外温度に準じて室温を上げる。なお，図書館は幼児から高齢者まで多様な年齢層の利用者があること，人によって快適と感ずる温度は異なることに配慮する。

同一の室内ではできる限り均一の温度分布とする。とくに出入り口での外気の吹き込みや窓付近での温度変化に注意する必要がある。そのため，部分的にコントロールできるシステムとする。

吹抜けはそれを介して暖めた空気は上階に冷気は下階に集まるから，ランニングコストの点からも，床面暖房や床下からの吹出し冷房などいわゆる「生活域暖冷房」方式により，必要な部分にコントロールされた空気が行きわたるように計画する。

在室者の存在によって空気は汚染されるので，適量の新鮮な空気を供給する。室内の空気がよどみなく循環するよう吹出し口，吸込み口の位置に注意する。

書庫では恒温恒湿に近い状態が望ましく，室外の温度変化に影響されない位置や床・壁仕上げとすべきで，書庫にはガラス窓を設けてはならない。書庫と閲覧室・事務室との温湿度の差が著しいと本を傷めることになるし，出納にあたる職員の健康にも不適当である。そのため，厳重な保管を要する一部の資料を除いた一般書庫の室内環境は，閲覧室などと同じかあまり差がないように設定する。

そのほか，館内の空調は事務室内などで集中的に管理できることが必要であるが，集会室などは使用時間帯だけ空調できるようにするなど，部分ごとにコントロールできるシステムとすることが欠かせない。

c　音環境計画

　音環境の計画に関しては，まずコンクリートやレンガなど重い外壁材，気密性の高いサッシュによって外からの騒音の侵入を防ぎ，次に図書館内での騒音の発生と拡散を防ぐことで良好な音環境をつくり出す。

　館内の騒音源とおもな対策は次の3種である。①歩行音：床と履物とが発する音には柔らかな床材の選択につきる。②会話音：利用者どうしの会話はモラルの問題である。職員と利用者間の会話は，ある程度容認されるべきであるが，レファレンス室などで，それが他の利用者の支障になる場合には相談デスクの配置などに工夫する。相談デスク付近に遮音できる相談ブースを設けている例もある。③機器からの発生音：コピー機のモーター音，プリンターの音，電話のベル，空調の吹出し音などがある。騒音発生の少ない機種の選択やコピー機やプリンターは衝立をめぐらせたブースの中に設置するなど，やむを得ず発生した音は拡散する前に吸音するか遮音することが対策である。

　これまで図書館では静けさを強く求める傾向があったが，在館者数の増加した今日の図書館では，特別な閲覧室を除いて，適度な騒音の分布は親しみやすさを増すと考えるべきである。低音量で音楽を流すBGM（バックグラウンドミュージック）は，音で騒音を聞こえなくするマスキング効果を意図した手法である。

　閲覧室に吹抜けを設けるのは空間の開放感や視認性を増す魅力的な方法であるが，騒音が上の階へと拡散するので，設置にあたっては十分な配慮が必要である。

d　防災計画

　建物における災害は非常災害と日常災害に，またその原因から自然災害と人為的災害とに大別できる。床での転倒や階段での転落，ドアに手を挟むなど日常の事故の危険性の少ない建築とすることによって，非常時の安全が確保される。

　火事など人命にかかわる災害への対策は法令により細かく規定されている。とくに図書館は館内を熟知していない人も含め不特定多数の利用者がいる施設として，屋内外の建築要素，設備，仕上げ材などについて高い安全性が求められている。法規制により必要な設備には，火災報知設備，消火設備，非常照明設備，非常放送設備および非常電源設備などがある。

　しかしこれらは最低基準と考えるべきで，実際にはより高い安全性を追究していかなければならない。その上で，職員の安全性への認識および災害時の避難誘導訓練，そして防災設備の点検など日常的な努力が求められる。

　建築基準法では，火災の拡大を防ぐために1,500m^{2}以内ごとに防火区画を設けるよう定められている。そのため広い面積の開架閲覧室を設けたり，吹抜けを介して上下階への延焼が可能な場合には，不燃の壁や有事に自動的に作動する防火シャッターや鉄扉などを設置して区画できるようにしなければならない。この場合でもシャッターの下にブックトラックを放置するなど，作動の支障となることがあってはならない。

　火災時における消火方法としては，書庫以外は水消火が一般的であり，書庫は水消火または炭酸ガスを用いるガス消火のいずれかである。水による消火設備のうちスプリンクラーは，火災を検知すると自動的に散水する装置である。これを設置することにより防火区画の面積を拡大できる。しかし，スプリンクラーは配管からの漏水のおそれがあることから，図書館には望ましい設備とはいえない。ガス消火設備に用いられる炭酸ガスはきわめて毒性が強いので，大学図書館など一部の利用者に入庫を許す

安全開架式をとる書庫にガス消火方式を選択する場合には，装置そのものの誤作動のおそれを排除することや，万が一の際に残存者がいないことの確認を厳正に行うことを条件にする必要がある。

e　搬送設備計画

搬送・運搬のための設備は，建築の平面・断面計画に直接関係するので，図書館計画の当初から建築設計と一体で考える必要がある。

階を重ねる場合には，エレベータの設置は不可欠である。業務用でも人が乗れないリフトは用いるべきではない。

また，高層ビルの中間階に図書館がおかれる場合には，利用者が職員のチェックを経ずにエレベータでチェックゾーン外に出られてしまうことのないようにしなければならない。

大規模図書館でに，書庫と出納カウンター，事務室などの間に適切な搬送設備を導入して省力化を図ることが考えられる。書類だけをケースに入れて管の内部を空気を利用して搬送するニューマティックシュート，図書を連続的に搬送するベルトコンベア，水平垂直方向とも自由に走行できる制御および動力機構を内蔵したバケット型搬送機などの中から，目的に適したものを選択する。導入にあたっては目的を明確にし，必要度とコストとを慎重に比較検討する必要がある。

最近では，ブックトラックごと搬送する自走式ロボット（大阪市立大学学術情報総合センターで導入）や，閉架書庫からの出納自体を自動化した自動出納書庫（国立国会図書館関西館，国際基督教大学図書館，千葉市立中央図書館などで導入）も実用化されている。

（植松貞夫）

F. 施設計画上の課題

1　館内スペースづくりでの課題

a　来館利用の多様化と高度化への対応

高度情報社会の進展や生涯学習社会への移行等々は，図書館に対するニーズを多様化・高度化させている。それはまた，社会人をはじめ多様な来館者が館内で長時間調べものをしたり，読書を楽しむ利用を増やしている。将来，地域への情報提供機能の強化などサービスの拡張が進むにつれ，その傾向はますます強くなると考えられる。

図書館の資料に電子媒体情報が増えていくにしたがい，図書館の形が従来型図書館と電子図書館の混在したメディアミックス型またはハイブリッド図書館といわれる形に移行していくものと想定される。オンラインによる情報検索を駆使した高度なレファレンスサービスや，紙資料を用いながらパソコンを使った調べものなど，利用の形も変わっていくことが予想される。館内LAN（Local Area Network）の設置，多様な閲覧デスク等家具の準備，カウンターの形の工夫，さらには長時間過ごせる快適な空間づくりなどがいっそう求められよう。

b　電子化・機械化への対応

図書館の電子化が進む中で，館内でのコンピュータ使用などがますます増えていく。一方，BDSによる入退館管理や，カウンター業務の機械化，自動貸出装置，視覚障害者用等の読書支援装置，自動出納書庫，資

料の自動搬送装置など，業務の電子化，機械化がいっそう進展し，電子機器が増えていく。それらに対して，電源確保や床下などからのフリーアクセス配線をはじめ，建築や設備の対応が必要となる。

c　生涯学習ニーズへの対応

生涯学習の中核施設に位置づけられる図書館は，資料・情報の提供はもとより，図書館主催の企画や場所の提供など，サービスやスペースの広がりがいっそう必要となる。公共図書館では，社会人や大学生が大学の履修単位取得や論文作成，キャリアアップを目的とした学習や研究などを行う利用が増えるなど，来館利用はますます多様化していくものと思われる。大学図書館においても地域開放が進み，学外から社会人の利用なども増えていく。このようなニーズに対応したサービスと施設の整備が求められる。

d　家族利用に対するスペースづくり

近年の公共図書館における来館利用では，家族が一緒に土・日曜日に来館し，長時間過ごす使い方が増え，館内で親が子どもに読み聞かせをするケースなどがよく見かけられる。このような家族利用にはさまざまな行動パターンが観察され，成人部門と児童部門との行き来が行われることも多い。両部門の位置関係やそれぞれのスペースの設け方などの検討が課題となっている。

e　調べ学習等のスペース

総合学習の時間などのために図書館で調べ学習を行う機会が増えてきた。学校図書館の充実とともに，公共図書館等の支援・協力が求められており，学級単位の来館利用への対応や図書館の利用教育も積極的に行えるようなスペースの準備が求められている。

2　図書館の設置・配置計画の再考

a　公共図書館の設置・配置の再考

公共図書館の設置・配置についてはこれまで徒歩圏を中心に考えられてきた。しかし，自動車利用の日常化によって利用圏域は広がり，資料が豊富で快適な図書館に来館が集中する傾向が強くなってきた。公共図書館の場合，子どもや高齢者などの徒歩による日常的な利用を考慮しつつ，中央図書館と分館，地域館の配置について再検討が必要になっている。

市町村合併によって新しく広がった奉仕対象区域を持つことになった市では，図書館のサービスシステムや施設の配置を見直しさらなる充実を目指す機会としたい。一方，依然残る約50％の町村での図書館未設置状態の解消が課題として残っている（本章A.2a参照）。

インターネットの発展により，情報ネットワークの密度が高くなっていく中で，資料の検索や相互協力がいっそう容易になり，促進できると考えられる。それを前提に，資料・情報の入手を一定の予算内で考えるとき，各図書館がコレクションの一部の個性化，専門化を図っていけば（一種の分担収集），図書館群全体の資源の奥行きを深くすることが期待できよう。各館ではそれぞれの得意分野の資料やサービスの提供に努めるとともに，施設的にも各々の立地条件に応じた個性化を図ることが望まれる。

b　大学図書館の再考

かつて大学図書館の設置に関して，資料の管理を集中化するか分散化するかについての議論があった。近年，資料が電子化され，OPACが一般化し，情報検索や所在確認が容易にできるようになってきたことや，電子ジャーナルなど電子出版物が増えてい

ることから，この集中化・分散化の問題は，紙資料などの一次資料の配置の問題に加えて，電子資料の配置・保存についての検討が課題となってきた。

学術情報のデジタル化の進展によって，学習・研究活動における図書館利用の形が変化しつつある。とくに来館利用については，学生の自習利用や居場所としての図書館の存在など，学習図書館機能の強化を検討するべきであろう。

さらに，2004（平成16）年度からの国立大学の法人化を契機に「個性の輝く大学づくり」が叫ばれている。それに呼応して図書館のいっそうの充実が求められる。

c 学校図書館の整備・充実

学校図書館の重要性の認識が高まりつつあるなかで（本章A.4a参照），児童生徒の自主的学習の支援，活発な読書活動や読書指導の場として「読書センター」「学習センター」などの機能の充実が期待されている。

3 保存システムの確立

a 紙資料の保存とスペース

図書館資料の保存は，人類の知的記録を後世に確実に伝えるために，それら資料を消失や損壊等から守るとともに，常に使えるように維持する，ということである。そのため限りなく増え続ける資料の保存スペースを確保し続けていかねばならない。

紙資料は依然増え続けているうえ，これまでの膨大な資料を保存し続けねばならない。資料を効率的に収蔵するための手段としては，集密書架等を用いて収蔵効率を高めたり，不必要になった資料を廃棄したり，残すべき資料をマイクロフィルムや電子媒体へ転換して資料サイズを縮小すること，などがある。近年，紙資料の電子媒体への転換に期待がかけられているが，そのためにはハードやソフトの保存・維持・移転などの方法について課題が多く，研究開発が進められている。

b 電子メディア資料の保存

急速に増加しつつある電子媒体は，オンライン型電子出版物と，CD-ROMやフロッピーディスク（FD）など形のあるパッケージ型電子出版物に分けて考えられている。これらの資料・情報の保存についてはハード・ソフトが急速に進歩・変化する状況にあって，いかに再生可能な状態で長期間保存するかが課題となる。そのために，①現状のままで記録・保存し将来の技術開発に期待してハード（再生機器・読取装置など）とソフト（記録媒体・OSなど）ともに保存しておく，②常に資料にアクセス可能なように新しい媒体に転換（migration）し，新しい環境に適応できるようにする，③安定した媒体（紙やマイクロフィルム等）に転写していつでも読める状態にして保存する，などが考えられている。またオンライン型電子出版物についてはインターネットのウェブ上の情報を誰が管理し，版の認証などに誰が責任をもつのか，といった課題がある。

c 保存の共同化

保存は図書館共通の問題である。保存に際しては，無駄な重複保存を避けるため交換や除籍を行ったり，傷んだ資料の修繕などが必要になる。さらには電子資料の保存に関する戦略や媒体変換を確実に行うための組織・方法・技術，保存場所の確保などについて，協同で検討する必要に迫られる。

保存の集約化には，独立的な専門機関を設置するか，図書館どうしが共同で行うか，が考えられる。共同で行う場合，分担収集・分担保存の段階があるが，経費の負担，収納スペースの保障などに関して合意が必

要となり，全体の調整機能がいる。さらに分担保存を行っても，やがて書庫は満杯になり，いずれ共同保存図書館の設置を考えることになろう。なお共同保存図書館では，各図書館が保存を寄託する方法（deposit library）が一般的である。

4 施設の安全管理と危機対応

a 安全管理の対象と対応の原則

災害は，自然災害と日常活動の中で発生する火災や事故等に分けられる。自然災害には地震・台風・水害・津波などがあり，被害の態様は多様である。

災害や事故等への対処は，まず遭わないようにすること（防災），遭った場合に被害を最小限に抑えること（危機対応），そして迅速な被害の復旧，の一連の行為の準備を行うことである。また，災害時には，まず人命の安全，次に資料の保全，そして図書館機能の維持，という優先順位が原則とされている。

b 災害への対応と安全管理

建物は本来，構造上災害に安全なようにつくられているはずであるが，しばしば不測の被害を受けてきた。さらに施設は経年とともに老朽・汚染・損壊などが発生する。

大きな震災では，建物の倒壊，ガラス面の破損・落下，避難路の遮断・閉じ込めなどによる被害が起きる。さらに，二次被害として火災，漏電・停電，爆発，水損，その他の被害が発生するおそれがある。図書館では書架の転倒や図書の落下，家具等が移動・衝突して凶器と化す場合がある。

火災については，自館からの出火をなくし，延焼を防ぐことにつきる。発生時には人の安全確保が第一となり，避難通路の確保と在館者の誘導が優先されるが，資料の焼失を防ぐことも重要である。

水損は資料に深刻な被害をもたらす。原因には，豪雨等による浸水，火災時の消防放水，貯水槽の破壊，漏水などがある。図書に関しては，ページの癒着，カビの発生，資料の膨張などで損なわれる。

一方，館内の日常活動において人の転倒等の事故が発生することがある。これらの事故に対しては，段差をできるだけ設けないことや，すべらない床仕上げ，子どもがよじ登れない手すりなど，設計時の配慮が基本になる。

c 犯罪・迷惑行為等への対処

図書館には不特定多数の人が出入りすることから，窃盗・暴力行為などの犯罪，迷惑行為・嫌がらせ，館内での急病やトラブル，感染症患者の来館などの不測の事態が発生する。そのほか，館内禁止行為の違反，飲食，喫煙，騒音発生，器物の破損等への対処が必要なことがある。

明らかな犯罪行為は警察に対処を求めることができるが，迷惑行為等の場合は根気よく説得せざるを得ない。そのために，館員どうしが共通理解をもって，問題が起こった場合のガイドラインや想定問答を作成し，対応の訓練等を行って備えておきたい。

d 資料の保全

資料の保全には，災害から守ることのほかに，人為的な亡失・切取り，コピー等による損壊，シミや害虫による被害，経年および不適切な保存環境による劣化，電子情報（電子機器・電子媒体を含む）に対する危害，などからの保護・保全を図らねばならない。これらに対しては，温湿度調整など保存環境の維持が必要である。人為的な資料の消失に対しては，BDS，監視カメラや監視用鏡の設置などが有効であるが，館内に死角となる場所をつくらないことも重要である。

なお万一，火災や水害によって資料が被害を被った場合，館員が基礎的な措置方法を知っておくとともに，専門家に連絡し適切な対処を求める。

e 安全管理・危機発生時の対処

災害やトラブルが発生した場合は，①利用者の保護，②冷静に事態を観察，③ほかの館員等に連絡・相談，④関係機関に通報・援助を待つ（警察・消防・精神医療機関等），⑤それらのことが徹底できるように職員が日頃から安全管理意識の涵養（講習会・事例検討等による）に努めること，が基本である。

安全・危機管理には，ガイドブックや他館のマニュアルを参考にして自館に適した災害対策マニュアルを作成しておき，緊急連絡網，災害非常用品の準備，定期的な訓練の実施，警報装置のチェックリストの作成などを行っておく。

図書館のような公共施設は，災害時に避難場所などに使われることがある。そのような場合はむしろ，図書館の専門性を活かした災害情報の収集・提供機能を果たすことを想定し，本来業務の早期の復旧に努めることを考えたい。

5 建築技術上の課題

a 成長・変化への対応

図書館の拡張性と融通性の確保は普遍的な課題である。近年では，新しい情報媒体の出現，提供サービスならびにニーズの多様化に対応した変更を考慮しておくとともに，読書席の増設や快適なスペースのための模様換えなども想定しておきたい。

b 施設の複合・併設化への適切な対応

図書館は複合施設として建てられるケースが多い。この場合，単なる合築に終わらせず，複合する施設と図書館とが対になることで利用の相乗効果を活かせるような施設構成としたい。また，図書館の集客力を利用した街の活性化も考慮すべきであろう。

c 維持管理と省エネルギー

建築では持続可能なつくり方が共通テーマになって久しい。そのためには，堅牢で維持管理が容易なことが基本となり，日常点検，定期点検を励行し，早めの修繕等の対処を行うのが効果的である。

また，照明や空調等の光熱水料は経常経費の大きな比率を占める。省エネルギー対策は設計時から考慮されねばならない。

d アメニティの向上と景観への配慮

図書館施設全般について，建築空間の質は向上し，スペースのゆとり，家具の水準ともに良質なものが増えてきた。利用者の意識も高くなってきた中で，さらに利用者それぞれが自分たちの図書館という意識と愛着がもてるような快適な空間であって，コミュニティのシンボルとなるようなデザインが求められる。それはまた，環境への配慮や街の景観構成に寄与することも求められているということである。

（冨江伸治）

VIII

特　論

- A　学校図書館法の改正と職員制度の整備……………434
- B　多様化する図書館づくり……………438
- C　多様化,流動化する図書館職員……………442
- D　オープンアクセス……………446
- E　著作権の動向……………450
- F　東日本大震災からの復興,図書館の危機管理……………455
- G　情報資源組織化をめぐる最新動向……………459

この章では,図書館をめぐる新しい話題を取り上げ,
解説を加えています。
図書館が現在直面している課題を的確に理解し,
適切に対応していくために読んでいただくよう,
この章を設けました。

A. 学校図書館法の改正と職員制度の整備

1 はじめに

　学校図書館法（以下，学図法）は，1953年に議員立法により3章15条からなる法律として制定された。それ以降何度か改正され，現在8条からなるシンプルな法律となっている。本法が議員立法によって制定されたことは，学校図書館のその後の発展に大きな影響を与えることになった。とりわけ学校図書館の「人」の問題に大きな課題を残すことになる。こうした学校図書館の人については，これまで学校教育法体系にどのように位置づけていくかという法的側面やどのように運用していくかという制度的側面から，さまざまな検討がなされてきた。

　学図法における人に関する規定の大きな改正は，1997年の司書教諭の配置に関する改正と，2014年の学校司書の法制化に関する改正の二度行われている。これらの改正によって司書教諭と学校司書の二職種の配置に法的な根拠が与えられた。しかし，学校司書の制度化への道筋はいまだ漠然としている。また司書教諭を含めた今後の学校図書館の職員制度の全体像も明確に示されてはいない。そこで，本稿では学校図書館の職員に着目し，学図法の改正の意義とその課題を検討し，学校図書館の職員制度の在り方を考察することを目的としたい。

2 学校図書館の現代化の流れ

　学図法の改正や職員制度の在り方を考えるうえで，重要になってくるのはその背景となる近年の学校図書館の整備充実の動きである。そこでまず学校図書館の動きを概観する。

　近年の学校図書館の整備充実の動きは，「学校図書館図書標準」の制定や「学校図書館図書整備新5か年計画」の策定等，文部省（当時）が学校図書館の施策を積極的に開始する1993年以降を契機と見ることができる。その背景には，1980年代の教育改革による児童生徒の主体的な学びを重視する教育の実現や情報化への対応を挙げることができる。こうした教育観は，現在の「生きる力」の育成を重視する教育へとつながっていく。1996年の中央教育審議会答申では，学校図書館について"高度情報通信社会における学習情報センターとしての機能の充実を図っていく必要がある"とし，その整備充実が図られていく。一方，こうした学習情報センターの運営を担う司書教諭については，1998年の調査研究協力者会議の報告において必要な資質能力として，新たに学校図書館経営能力，情報教育の担い手としての力量，コミュニケーション能力等が挙げられ，その育成のための司書教諭講習の改善方策が示された。

　そして，2000年代に入ると児童生徒の読書離れや読解力低下が学校教育の重要な課題として注目されるのに伴い，学校図書館の読書センター機能の充実が図られるようになる。2001年には「子どもの読書活動の推進に関する法律」，2005年には「文字・活字文化振興法」が制定され，学校図書館は学校だけでなく，地域の読書センターとしての役割も期待されるようになり，学校内外の児童生徒の言語活動の充実を支援す

る役割の重要性が高まっている。

こうした1990年代以降の学校図書館の整備充実の一連の動きは，学校図書館の現代化と総称することができるが，その根底にあるのが，学校を一つのシステムと捉え，学校図書館をそのサブシステムとする機能論的視点である。そこでは学校教育と学校図書館の有機的連携が重視される。その特徴は学校図書館のセンター機能にある。センター機能を有する学校図書館とは，利用者への情報・資料の提供を受動的に行うだけの静的な学校図書館ではなく，企画・調整・相談の機能を通じて学校の学習や読書の司令塔としての役割の一端を担う能動的な学校図書館である。こうした読書・学習・情報センターとしての学校図書館の経営には，高い専門性が求められることになる。

3 学図法改正と学校図書館の「人」

1997年の学図法の改正では，2点の改正が行われた。一つは"当分の間司書教諭を置かないことができる"としていた附則第2項（司書教諭の配置の特例）を改め，省令により12学級以上の学校に2003年3月までに必置としたことである。もう一つは，第5条（司書教諭）の第3項で大学以外の他の教育機関でも司書教諭講習を行うことができるようにしたことである。これらの改正により，司書教諭の発令が促進され，必要な司書教諭数の確保が図られた。この改正については，"司書教諭配置を制度化することはしたといえるが本来の学校図書館の機能を十分に果たす推進力になったとはいえない"[1]との指摘も見られるように，職員制度の確立という点からは否定的な意見も少なくない。それは衆参両議院の附帯決議の中にも現れている。そこでは，司書教諭の11学級以下の小規模校への配置，担当時間数の軽減，専任化，また学校司書の失職への配慮等の課題が挙げられた。

次の2014年の学図法の改正では，1997年の法改正で取り残される形となった学校司書の法制化が行われ，学図法の第6条（学校司書）の規定が新たに設けられた。これは学校図書館界の長年の宿願ともいうべきものであったが，この改正において重要な点は，学校司書が"専ら学校図書館の職務に従事する職員"として学校図書館の専任職員とされたことである。また附則においてではあるが，その職務が，"専門的知識及び技能を必要とするものである"として，専門的職務とされた点である。これらは評価できる点であるが，肝心の学校司書の配置は努力義務とされた。また，この改正でも衆参両議院の附帯決議がなされた。そこでは前回の改正時とほぼ同様な事項が挙げられ，依然として多くの課題が残されていることが明らかとなった。

こうした学校図書館の人の法的位置づけを見ると，司書教諭や学校司書の職名は学図法に記載されるのみで，学校教育法等への記載はない。司書教諭は司書教諭資格を有する現職の教員が発令される充て職（任用制）であり，基本的には兼任司書教諭である。その「専門的職務」の具体的な内容は，学図法第4条（学校図書館の運営），学習指導要領，学校図書館の手引き等の記述を根拠としており，その解釈は個々の自治体や学校現場に委ねられている。また学校司書は，学図法第6条で"学校図書館の運営の改善及び向上を図"ること，"学校図書館の利用の一層の促進に資する"ことがその役割に新たに挙げられている。特に前者の文言は，学校司書職の専門性の根拠となる重要な役割であるが，その職務の具体的な内容はやはり司書教諭と同様に現場の解釈に委ねられている。

つまり，これらの職務内容は，地域や学校現場に依存する部分が大きく，その職務

分担を明確に区分することが実際には大変難しい。しかし，理念的には，学校図書館に必要な職務の全体像を下図のように捉えることができるであろう。学校図書館の職務区分については，1952年に文部省が「小・中・高等学校の司書および司書補の職務内容」で示した総務的職務，整理的職務，奉仕・指導の職務の3区分が知られているが，ここでは職種と対応させて教育的職務，事務的職務，司書的職務の3区分として捉える。司書教諭は教育的職務を中心に，また学校司書は司書的職務を中心に，それぞれ他の職務を従とすると考えられる。

これらの3職務の交差領域は，学校図書館の位置づけや職員の構成，資質等によって変わってくる。その中で教育的職務と司書的職務の交差領域は，学校司書の「教育指導への支援」に関する職務に相当する領域であると考えられる。この職務は2014年「学校図書館担当職員の役割及びその資質の向上に関する調査研究協力者会議」の報告で新たに提示された職務内容であるが，ティームティーチング等のより質の高い教育的活動が含まれてくる。この領域における司書教諭と学校司書の効果的な分担と協働の生み出す成果が，今後の二職種配置の発展の重要な鍵となるであろう。そのためには，司書教諭と学校司書の職務上の連携をよりいっそう深めると同時に，学校の構成員全体の学校図書館活動への参加の機会を創生していくための両者の主体的な取り組みが大切である。

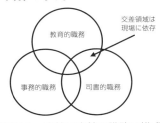

図Ⅷ-1　学校図書館の職務の構成

4　学校図書館職員制度とその課題

日本の学校図書館の制度は，学図法だけでなく文部省（当時）の刊行した一連の学校図書館の手引きや，近年は文部科学省の設置する調査研究協力者会議の報告等によって主に形づくられてきた。学図法成立後の最初の手引きである1959年『学校図書館運営の手びき』に掲載された「学校図書館基準」では，学校図書館職員として"司書教諭および事務職員を置く"としている。ここでいう事務職員とは"専門の知識技術を修得"した職員で，学図法でいう学校司書に相当する職員である。したがって，学図法の規定とは別に，行政的には二職種からなる職員制度も当初から想定されていたことがわかる[2]。しかし，学校司書の配置は，学図法の附則第2項による司書教諭の不在を埋めるために，自治体や学校ごとに独自に配置を進めてきたという苦しい実情が生み出したものでもあった。またその一方では，学校図書館に一職種の学校図書館専門職員（専任の教育職）を配置すべきとする考え方も一貫して見られ，その養成を教員資格ベースとするか，司書資格ベースとするかで見解が分かれてきた[3]。

いずれにしても，このような制度化と現実との齟齬が生み出した二職種配置が，他の館種と異なる学校図書館特有の人の問題を生み出す要因ともなってきたのである。2014年の学図法の改正は，こうした議論に一つの区切りをつけるものである。そこで，ここでは学校図書館職員制度を，学校図書館に関する専門的知識・技能を有する職員の特徴に即した管理や育成を行うための制度で，司書教諭と学校司書の二職種によって構成されると定義したい。

では，こうした学校図書館職員制度が制度として成り立つためには，どのような要

件の確立が必要となってくるのであろうか。その制度的要件については，経営学の知見を援用し，任用，職務，評価，処遇および養成の要件を挙げる[4]。これらを学校図書館の現状に落とし込むと，任用では採用条件・配置，職務では専門的職務の内容・職業倫理，処遇では雇用形態・昇任，評価では職務区分・基準，養成では資格・研修等が課題となってくると考えられる。

　これらの制度的要件の確立には，今後二つの方向性が考えられるであろう。

　一つは，国レベルの取り組みとして学校教育法への二職種の記載とそれに伴う関連法令の改正，および学校図書館法の趣旨をより具体化し，円滑に運用するための学校図書館法施行規則や基準の制定である。これらを通して学校図書館職員の法的位置づけを明確化し，その不備を補う。しかし，法令の改正を一朝一夕に実現するのは難しく，その実現には学校図書館活動の成果が社会的に厳しく問われることになり，学校図書館職員の担う責務は大きいといえる。

　もう一つは，自治体レベルの取り組みとして，学校図書館職員の制度的要件の実質化のための施策の充実である。学校図書館職員制度の要件の多くは自治体の専権事項であるが，2004年度から国庫負担制度に新たに総額裁量制等が導入され，公立学校の教職員の給与や配置に関する自治体の裁量の範囲が拡大してきている。それに対応するために，自治体への学校図書館活用の司令塔となる部門（仕組み）の設置の必要性が増大してきている。近年の学校図書館専任の指導主事や学校図書館支援室（学校図書館支援センター）等の設置の今後の進展がその鍵となるものと思われる。

　こうした制度化の動きをより確かなものにしていくには，学校教育において能動的な役割を担う学校図書館を経営できる，新たな学校図書館の専門職員像の構築が必要

であろう。こうした専門職員像の形成にこれまで影響を与えてきたものに，1991年の全国学校図書館協議会の「学校図書館憲章」や，1999年のユネスコ・国際図書館連盟（IFLA）共同「学校図書館宣言」等がある。後者では，学校図書館職員を"可能な限り十分な職員配置に支えられ，学校構成員全員と協力し，公共図書館その他と連携して，学校図書館の計画立案や運営に責任がある専門的資格を持つ職員である"（長倉美恵子，堀川照代共訳）としている。これを具体化するために2015年「IFLA学校図書館ガイドライン」（第2版）が策定され，学校図書館の職員配置の根拠，必要な能力，専門職と補助職員の役割と能力，倫理規範等について詳述されている。こうした考え方は，学校図書館の専門職員像の構築に有意な示唆を与えてくれるものである。

　日本においても2015年「学校図書館の整備充実に関する調査研究協力者会議」が設置され，学校図書館職員の制度化を含めた総合的な学校図書館の在り方の検討も始められており，その成果が期待される。ただそこでは，何よりも学習者の視点が尊重されなければならないであろう。　（平久江祐司）

注

1) 根本彰"学校図書館における「人」の問題：教育改革における学校図書館の位置づけの検討を通して"『学校図書館メディアセンター論の構築に向けて：学校図書館の理論と実践』勉誠出版，2005，p.35.
2) 安藤友張"戦後初期（1952-1953）の日本における学校図書館法の成立過程：諸法案の特徴および比較考察を中心に"『日本図書館情報学会誌』vol.59, no.2, 2013, p.82-83.
3) 塩見昇"学校図書館専門職員制度化の課題"『図書館界』vol.66, no.6, 2015, p.385-387.
4) 奥林康司ほか『入門人的資源管理』第2版，中央経済社，2010, p.131-132.

B. 多様化する図書館づくり

　1981年，京都市で新しく建設した中央図書館の管理運営を社会教育振興財団に委託することになり，図書館界で大きな話題になった。その後，1993年に調布市立図書館の新館建設にあたって財団委託の提案がなされたが，反対運動によって撤回され，図書館の管理運営の委託については，各地で徐々に進んだが，大きな流れには至っていなかった。

　しかし，業務の一部委託，特に窓口業務を中心とした直接サービスにかかわる業務の委託が，2002年から東京23区を中心に急速に広がった[1]。また，2004年には山中湖情報創造館で指定管理者による管理運営がスタートし，同年10月にはPFIによるはじめての図書館が桑名市で開館した。さらに2010年度からは大阪府立図書館で市場化テストが実施されている。

　このように1980年頃から徐々に進んできた業務の外部化の動きは，次のような新たな法的整備により，大きく変わってきた。

　まず1998年にNPO法（特定非営利活動促進法）ができ，翌1999年にはPFI法（民間資金等の活用による公共施設等の整備等の促進に関する法律）が制定された。2003年に地方自治法が改正されて「指定管理者制度」がスタートした。さらに2006年には市場化テスト法（競争の導入による公共サービスの改革に関する法律）が成立した。

　このように見てくると，90年代後半以後の外部化の特徴は，「民間能力」の活用が主題となってきたことである。このようにして公立図書館の管理運営が設置者の手を離れるとき，公立図書館のもつ公共性や専門性，さらに設置者としての責任の担保がどのようになされるのか危惧されるところである。

1　「民間能力」の活用

　かつての地方自治法では，公の施設の管理を委託できる範囲は，一定の条件を満たす出資法人および公共団体ならびに公共的団体であり，民間企業等は含まれていなかったが，2003年の改正による指定管理者制度では，「法人その他の団体」となり，民間企業等も受託できるようになった。

　1981年に発足した第2次臨時行政調査会の答申では，"真に必要な施策以外は民間の自由な活動に委ねるとの立場での行政の見直しは，特殊法人改革，公社民営化等による国のスリム化であると同時に「外交，防衛は国，内政は地方へ」という国家機構の再編であった。"[2]

　その後，3次にわたる行政改革推進審議会を経て，1995年に地方分権推進法が成立した。そこで設置された地方分権推進委員会が4次にわたる勧告を行い「地方分権」「規制緩和」が実施段階に移っていった。

　1997年に出された政府の行政改革会議の最終報告で"国の行政の役割を見直す基本的視点は「官から民へ」「国から地方へ」にある"と言い切っている。そして1998年の生涯学習審議会答申「社会の変化に対応した今後の社会教育行政の在り方について」は，社会教育施設の管理の民間委託の検討を積極的に行うべきことを述べている。

　その後，PFI法が成立し，地方自治法改正で指定管理者制度が導入され，さらに市場化テスト法が公布され，公の施設の管理に民間企業や各種団体が参入する道が法的に整備された。それまで社会教育施設の全

面委託に慎重であった文部科学省も，2003年11月ついに決定的な方向転換を行った。経済財政諮問会議において河村建夫文部科学大臣（当時）は"指定管理者制度が導入されたことを受けて，今後は館長業務も含めた全面的な民間委託が可能であることをあらためて明確に周知する"と表明した。

2　業務委託の拡大

地方自治法に基づく公の施設の管理委託以外に，個々の業務を請負委託契約によって外部に委託することは，図書館においては施設の維持管理のほか，MARCの作成委託や本の装備委託などの形で一般的に行われてきた。しかし利用者に直接サービスを行う窓口業務等は，従来は慎重に避けられていた。ところが2002年にはじまる東京都江東区，墨田区，台東区などにおける窓口業務の委託化が，特に東京23区においては一気に拡大し，全国的に広がった。

日本図書館協会（日図協）が2008年度に実施した「公立図書館の業務委託に関する調査の結果報告」[3]によると，「日本の図書館2007」の調査項目で職員の項目中「委託・派遣」の欄に記載のあった420館のうち，すでに指定管理者導入が判明していうる館を除く356館に調査票を送り，得られた回答の中から新たに指定管理者が導入されていると判明した館を除いた275館について分析を行った。

この275館のうち，業務委託契約による委託を行っている214館について導入の目的をたずねた（複数回答可）ところ，「専任職員の定数削減」というのが最も多く191（89％），次いで「人件費の圧縮」が158（74％）である。また，委託業務の内容では，最も多いのが貸出・返却業務205館（96％）である。以下75％以上の館が委託している業務の内容は，多い方から利用登録，配架，書庫出納，利用案内，予約受付・処理の順である。いわゆる窓口業務といわれる部分が中心であることがわかる。また委託先は，民間企業が75％を占めている。

回答を得られなかった館もあり，正確に全体を把握できたとはいえないが，少なくとも205以上の図書館で窓口等業務委託が行われていることが明らかとなった。2008年4月1日現在の全国の公立図書館数は3,106館[4]で，その6.6％にあたる。

3　PFIによる図書館づくり

1999年にPFI法が成立し，いち早く検討に入ったのは三重県桑名市である。2001年8月PFI法に基づく特定事業の決定を行い，2004年10月に開館の運びとなった。

2003年12月に出された政府の総合規制改革会議の「規制改革の推進に関する第3次答申」で，「規制改革推進のためのアクションプラン」の適切な実行の項目に，「PFI選定事業者による公共施設等の管理，運営の拡充＜16年度中に措置＞」というのがあるが，図書館分野ではさほど進んでいるという状況ではない。2015年まででPFIの手法で図書館を整備したのは，桑名市，埼玉県杉戸町，稲城市，府中市（東京都），さいたま市，長崎市，富士見市，仙台市，吹田市，香川県まんのう町，大府市，東根市（2016年予定）である[5]。PFIは施設の新設にあたって採用される手法であり，また契約期間がこれまでの事例では15年～30年と比較的長期にわたっているため，採用に当たっては慎重な検討が求められ，事例が急激に増加するということではなさそうである。

4　指定管理者制度の動向

a　概要

2003年6月，地方自治法第244条の2（公

の施設の設置,管理及び廃止)が改正され,第3項以下は下記のようになった。施行は2003年9月2日である。
(第1項,第2項　略)
　3　普通地方公共団体は,公の施設の設置の目的を効果的に達成するため必要があると認めるときは,条例の定めるところにより,法人その他の団体であって当該普通地方公共団体が指定するもの(以下本条及び第244条の4において「指定管理者」という。)に当該公の施設の管理を行わせることができる。
　4　前項の条例には,指定管理者の指定の手続,指定管理者が行う管理の基準及び業務の範囲その他必要な事項を定めるものとする。
　5　指定管理者の指定は,期間を定めて行うものとする。
　6　普通地方公共団体は,指定管理者の指定をしようとするときは,あらかじめ,当該普通地方公共団体の議会の議決を経なければならない。(以下略)

この改正のおもな点は,①受託者の範囲が広げられ,法人その他の団体であれば民間事業者も含めて指定管理者となることが可能となったこと。②使用許可権や館長業務など権力的色彩の強い事務は従来委託できなかったが,この改正により指定管理者に委ねることができるようになったこと。③指定の期間が定められ,有期限であること,などである。

b　現況

2015年5月に日図協が全国の都道府県立図書館に依頼して行った調査によると,2014年度までに指定管理者制度を導入した市区町村立図書館数は下記のとおりである。都道府県立図書館は表にはないが,4館である[6]。

全国の市区町村立図書館数は2014年4月1日現在3,166館[4]であるから,導入率は13.5%である。

表Ⅷ-1　2014年度までに導入した館数と指定管理者の性格

		特別区	政令市	市	町村	合計
図書館数		99	56	216	55	426
指定管理者の性格	①民間企業	95	44	162	20	321
	②NPO	2	1	22	15	40
	③公社財団	0	11	24	15	50
	④その他	2	0	8	5	15

また指定管理者の性格を見ると,①民間企業が75.4%,③公社財団が11.7%,②NPOが9.4%で,残り3.5%が④その他の団体である。

c　新たな動き

2003年にスタートしたこの制度は,開始から5年を経て指定替えが行われる館もでてきた。この間の経験からいくつかの問題点が明らかになり,国の対応にも変化が見られた。

その一つは,2008年の社会教育法等改正の国会審議の場で,指定管理者制度導入に伴う図書館運営上の弊害が指摘され,衆参ともに附帯決議として"指定管理者制度の導入による弊害についても十分配慮し……"という文言が盛り込まれた。

いま一つは,2008年6月に総務省が都道府県知事宛に発した「平成20年度地方財政の運営について」の通知の中で,「地方分権改革,市町村合併及び行政改革の推進等」の項目のひとつに「指定管理者制度の運用」を設け,運用にあたっての見直しの留意点を"公共サービスの水準の確保""委託料

については，適切な積算に基づくものであること"など4点指摘し，19項目にわたって具体的な見直し項目を列挙している。

さらに，2010年12月に，地方自治法に基づく助言として，総務省自治行政局長名の「指定管理者制度の運用について」の文書が発せられた。そこでは，管理者の選定は単なる価格競争ではないこと，指定の期間は施設の適切かつ安定的な運営の要請を勘案して自治体で決めること，雇用・労働条件への適切な配慮など，8項目にわたって「弊害」への対応を助言している。

2003年7月の「地方自治法の一部を改正する法律の公布について」（総務省自治行政局長通知）では，"今般の改正は，（中略）公の施設の管理に民間の能力を活用しつつ，住民サービスの向上を図るとともに，経費の削減を目的とするもの"とあり，このように明記したことが"指定管理者制度導入による弊害"を生む一因になったのではないかと思われる。

5 図書館づくりの多様化と今後の課題

これまで見てきたように，1990年代後半以降，図書館の整備や管理に「民間能力」を活用する流れが強まり，法的な整備も進められてきた。

「民間能力」といえば聞こえはいいが，それは「公」のサービスを「私」が担うことであり，市場原理が前提となっている。

従来「公」すなわち地方公共団体が図書館を設置し，管理してきたが，「公」が図書館サービスの現場から撤退することで，住民に対する直接的な責任が果たせなくなるおそれがある。

「民間」といわれる中でも特に民間企業は，収益確保が企業活動の目的であり，その目的にそぐわないサービスは切り捨てられる可能性が高い。例えば，多くの人手と経費を要する障害者サービスなどは省みられなくなるおそれがある。誰もが何の制約もなく必要とする資料や情報にアクセスできるという公立図書館がもつ「公共性」が危機に瀕することになる。

いま一点は，市場原理の導入＝経費の削減である。先に見たように業務委託にしても，指定管理者にしても経費削減が導入の目的とされることが多い。先の国会審議で指定管理者制度の弊害として指摘されたが，"経費削減が人件費の削減"につながり，"安定した長期雇用が保障されなく"なれば，経験と知識をもつ優れた専門職員を確保することは難しくなり，運営の継続性や一貫性のある資料構成が求められる長期的な営為としての図書館事業は維持できなくなる。

地方自治法第244条の2第3項は，指定管理者が許されるのは"公の施設の設置の目的を効果的に達成するため必要があるとき"と条件を付している。そのことがないがしろにされて，効果的＝効率的と読み替えたかのごとく，民間能力活用の手段として導入されてきた。公の施設の管理にあたっては，指定管理者制度のみならず，業務委託やPFIにしても，この法律の趣旨を十分わきまえて検討がなされるべきである。

（山本宏義）

注
1) 大橋直人 "東京23区立図書館のカウンター業務委託"『図書館雑誌』2002.12，"東京23区立図書館の窓口業務委託"『図書館雑誌』2003.3
2) 宍戸伴久 "地方分権関連文献解説"『図書館年鑑1998』日本図書館協会，1998
3) 日本図書館協会図書館政策企画委員会 "公立図書館の業務委託に関する調査の結果報告"『現代の図書館』vol.46, no.4, 2008.12

4) 『日本の図書館　統計と名簿2014』日本図書館協会, 2015
5) 『PFI年鑑2015年版』日本PFI・PPP協会, 2016
6) 日本図書館協会図書館政策企画委員会「図書館における指定管理者制度の導入の検討結果について　2015年調査（報告）」2015年9月，日本図書館協会ホームページ

C. 多様化，流動化する図書館職員

急速に変化する図書館をめぐる動きの中で，図書館職員にかかわる変化は，とりわけ激しく，厳しい。どの種類の図書館にあっても，設置母体の財政状況の厳しさが，職員（人件費）の見直しにまずは向かわざるを得ないという事情が共通するが，その背景には，国の行財政構造改革・規制緩和の方針があり，労働者の雇用に関する日本の社会の全体的な構造の変化がある。専門職が担ってきた業務を外部に委ねる行政運営もあって，図書館職員もその例外ではあり得ない。

1 図書館職員の動態

2000年代に入ってからの公立，大学図書館（4年制）の職員数の推移を表Ⅷ-2に整理してみた。この間，公立の場合，図書館数は微増（2014年に初めて微減，15年には増加）しているにもかかわらず，専任職員は激減しており，激増する非常勤・臨時職員，さらには委託・派遣職員の占める割合が大きくなっている（日本図書館協会（日図協）の調査で委託・派遣職員を取り上げたのは2005年以降）。2014年の内訳では，専任29.5％，非常勤・臨時44.0％，委託・派遣26.5％であり，専任はわずかに3割にとどまる。

大学図書館の場合は，大学進学世代数の頭打ちもあって，大学数（図書館数）そのものが減少に向かうという事情もあるが，専任の激減は公立と同様であり，それを埋める非常勤・臨時さえもが最近は減少傾向にある。委託・派遣の増加が経営形態の外部化へのシフトを明確にしている。2014年の職員の構成比は，専任37.3％，非常勤・臨時35.5％，派遣・委託27.2％となっている。

表Ⅷ-2　雇用形態別にみた近年の職員数の変化

	2000	2005	2010	2011	2012	2013	2014
[公立図書館]							
図書館数	2,613	2,931	3,168	3,190	3,214	3,228	3,226
専任職員	15,175	14,206	12,036	11,678	11,579	11,105	10,878
非常勤・臨時	9,861	13,257	15,296	15,686	15,789	15,918	16,193
委託・派遣	—	2,358	7,193	7,982	8,671	9,731	9,742
[大学図書館]							
図書館数	1,195	1,325	1,396	1,404	1,404	1,425	1,353
専任職員	7,575	6,379	5,223	5,007	4,919	4,764	4,719
非常勤・臨時	4,497	4,401	4,500	4,479	4,532	4,447	4,488
委託・派遣	—	—	2,778	2,792	3,046	3,287	3,434

（『日本の図書館』各年版による）
非常勤・臨時，委託・派遣職員は実働1500時間を1名と換算した推定値

2 雇用に関する政策動向

　職員雇用の多様化，流動化が図書館職員にのみ見られるわけではなく，日本の社会全体に共通する問題であり，政策的に生み出されていることを確かめるため，はじめに国の雇用に関する政策動向の概略を見ておこう。

　正規の専任職員が大きく減少している背景には，2001年12月の閣議決定「公務員制度改革大綱」を基調に，総務省を中心に進めてきた「分権型社会における地方公務員の任用制度の在り方」，任期付き採用の拡大と任期付短時間勤務職員制度の創設などの施策がある。自治体において急増する臨時・非常勤職員の雇用実態が問題化する中で，総務省は2014年に「臨時・非常勤職員及び任期付職員の任用等について」の通知を出して適切な運用に注意を喚起している。

　厚生労働省の2014年「就業形態の多様化に関する総合実態調査」は日本の労働者に占める非正規社員の比率が初めて4割を超えたと伝えている。その人たちの雇用が不安定かつ劣悪な勤務状態にあることの改善として，「労働者派遣事業の適正な運営の確保及び派遣労働者の保護等に関する法律」(いわゆる労働者派遣法)の改正が2015年9月に成立した。しかし，人を変えればその業務に派遣を使い続けることが可能であることなど，かえって生涯派遣で低賃金の不安定雇用を増大させるのではないか，という批判や危惧の多い内容となっている。

3 多様化する職員構成

　先にみたように，いま図書館で働く非正規・派遣職員の比率は職員全体の7割を占め，本来正規の専任職員によって担われるべき管理運営の根幹的な業務にも従事することが珍しくなくなっている。非正規職員の職務は「臨時的・補助的職務」という本来の意味を越え，非正規の中での主任制，職階制が敷かれ，正職員と同等の職務を低い身分保障で担わされることにより，マスコミが雇用の問題を取り上げる報道において，公務員のワーキングプアの典型職場として公立図書館が紹介されることが多い。

　そうした非正規・派遣職員の処遇に一石を投じたのが，東京都足立区の受託会社に雇用された副館長の解雇をめぐる2015年の東京地裁，高裁による原告全面勝訴の判決である。判決は雇用企業の不当性だけでなく，委託者である設置自治体の責任をも厳しく問い，法令，契約書通りに事業が誠実に実施されているかどうかを点検確認する義務を確認している。判決では「専門性の維持のために司書を配置する図書館の役割」にも言及している。

　非正規職員の占める割合が高まり，基幹的職務に従事することが広がる現実を直視すれば，先に日図協が提起した「図書館事業の公契約基準」を実質化することの意味がいっそう大きくなっている。

　非正規職員に依拠する実態が強まり，彼(女)らの業務遂行の意欲にこたえる研修機会を設ける取り組みが日図協の事業として各地で広がっている。非正規身分で日図協の認定司書に応募し，認定を受ける人も生まれている。雇用の不備，不安定性の問題はありつつも，図書館事業に従事する人の資質向上の方策は，図書館サービスの中身を担保するために重要な課題である。

4 大学図書館の場合

　大学そのものの存続，めまぐるしい改革・再編の動きが図書館の位置づけを揺るがす事態を生み出す大学図書館にあって，業務委託が一段と進行している。そのことが事

業の活性化に欠かせない人材育成，人事の交流を困難にしているという観点から，国立大学図書館協会人材委員会が2014年に「業務委託と人事交流」についての報告をまとめている。その中で，計画的，継続的な人事マネジメント，大学図書館界全体で人が育つ場をつくることの重要性を指摘している。

国立大学法人の図書館職員は，ブロック別の試験制度で任用が定着しているが，私立大学では大学職員としての人事がより一般化し，図書館員としての定着が希薄化することで，専門性に係る経験の継承が困難になっている。

5 学校図書館の場合　学校司書の法制化

2014年6月の学校図書館法改正により，初めて学校図書館の職員として「学校司書」が法制化され，新たな図書館専門職が公式に認知された。法の制定当初から法に定めはあったものの附則の猶予規定によって発令が緩和されてきた司書教諭が，2003年にようやく一定規模以上の学校への配置が義務づけられて以降も，教諭の充て職発令で，図書館の仕事に従事する余裕がほとんどない実態の中で，実際に図書館業務の担い手として「学校司書」は存在してきた。各地における住民主体の「学校図書館を考える会」などの強い要求もあり，その配置は公立義務教育学校の約半数近くにまで広がってきているが，制度的には影の存在であり続けた。それがようやく法的に認知されたのは画期的なことである。

しかしその規定は，配置の努力義務を示すにとどまり（第6条第1項），その職が"専門的知識及び技能を必要とするもの"（附則第2項）であると明記したものの，その配置，職務，資格取得，養成教育等についてはすべてを改正法の施行以降の速やかな検討課題として残した。改正法はすでに2015年4月に施行されており，この課題に向けて文部科学省（文科省）は8月に協力者会議を設置し，検討に着手している。

改正法案を審議・決定した国会の附帯決議に，"政府及び地方公共団体は，……学校司書の配置を進めること。その際，現在の配置水準が下がることのないよう留意する"とある。しかしその「現在の水準」自体がどういう状態かが把握されていないのが実態である。文科省の全国調査で，対象とする学校図書館事務職員を"専ら学校図書館に関する業務を担当する職員をいい，教員を除いています。また，ボランティア（無償で活動を行う者）についても除いています"と規定してはいるが，全国からの回答が何をもって当該者としているかは不分明で，県域で見ると，配置の実態に最もよく精通しているのは地域の市民活動（考える会）ではないか，と言っても過言でないくらいの状況にある。

自治体が配置する「司書」として，公立図書館と同様に学校においても委託や派遣という形を採ることがある。法改正後にその内容を伝える『改正学校図書館法Q&A』（学校図書館議員連盟等編）で，学校図書館業務の受託者が学校に派遣しているものも「学校司書」に該当するか，という質問（Q）に対し，「校長の指揮下にないことから法に規定する学校司書には当たらない」という回答（A）を示している。これは文科省の見解を踏まえたものと思われる。この趣旨を生かすことが重要である。

義務教育学校における「学校司書」の配置が増えていることは確かだが，その内実となると，その自治体の公立図書館の専任の司書と同等の位置づけをもつ者から，一人で複数校を担当したり，限りなくボランティアに近い程度の非正規・短期雇用に至るまで，多様化が激しい。そうした現況の

もとで，法制化を受けての学校司書をどのような内容，レベルで制度化していくかはこれからの学校図書館のありようを左右する大きな課題である。

6 司書の資格と採用

これまで見てきたような図書館職員をめぐる多様化・流動化の現状は，これから図書館員になりたいと考える若い人たちにとって，非常に厳しくつらい状況を呈している。日図協では図書館員の求人・求職の窓口を設けて，事業として情報提供を行っている。求人情報が網羅的に寄せられるわけではなく，あくまで寄せられた情報の限りで，ということだが，近年は寄せられる情報のほとんどが期限つきの非正規，嘱託，臨時職員に関する求人であり，正規の司書採用というのはこれまでから司書採用を行ってきた都道府県などごく一部の自治体のケースが散在する程度である。

「司書」の資格は図書館法に基づく専門職員を指しており，直接には公共図書館を念頭に置いたものである。しかし，図書館の専門的職務に当たる職員に関する法的な資格が，図書館法の司書と学校図書館法による司書教諭（それに新たに認知された学校司書）しかないことから，公私立の大学・短大図書館，学校図書館，専門図書館で職員を採用する場合，「司書資格を持つ者」を要件とすることが少なくない。司書資格取得の教育においてこれらの館種についてさほど深く学んでいるとは言えないが，図書館について学んだ者，ということで司書資格を準用しているわけで，図書館の専門家としての「司書」有資格者についての緩やかな社会的認知をそこに見ることができよう。

正規職員として司書に採用されることが一段と厳しくなる状況下で，皮肉なことに，要員確保の厳しさ，多様な「司書」の増加が，司書の存在なり，司書資格への需要を高めているという現象が生まれているのも事実である。

司書有資格者の比率が格段に低かった東京23区の図書館で，正規職員が臨時職員に代わったり，派遣が増えることで，職員の司書資格保持率が高くなっている。ある派遣業者のPR文書に，「業務推進の基本姿勢として，貴自治体の図書館運営方針並びに"図書館員の倫理綱領"を遵守します。各業務の責任者には，司書有資格者を配置します」とうたっており，それが「司書」を下支えしているといって過言でない。しかし単年度雇用が通例で，長期安定雇用が保障されず，専門性の蓄積が困難である。

7 多様化，流動化がもたらす課題

図書館職員をめぐるこうした動向は，図書館事業の基盤として最も重要な司書の専門性の現場における蓄積，継承を非常に難しくしている。図書館員の専門性は，個々の司書の力量もさることながら，日々の利用者との対応を通じて得た経験を組織的に蓄積し，計画的な事業遂行・発展に活かす職員集団によって担われるという特徴がある。多様な身分の違い，労働内容と処遇の不一致，先の保障がない有期雇用等の要素が，先輩による後輩の育成を妨げ，学びあいつつ創造的に仕事をつくる職場を困難にしている。

そこではこれまで重視し，共有されてきた，利用者の参加を得つつ進める「図書館づくり」という概念が空洞化し，マニュアルにそった型通りの応対，サービスの供与にとどまってしまいかねない。

図書館現場の活性化には新たな人材の継続的な補完が欠かせない。しかしいま，新たに図書館に職を得たいという人にとって，

最も確かな道が図書館業務受託の企業等に雇用され，求められた図書館に派遣されることだ，というのは厳しく辛いことである。図書館の仕事を通じて人々の学びを支え，暮らしを豊かにすることに情熱を向けたいと願う若い人材を迎え，長期的な視野で育てることのできる職場環境を整えることが，これからの図書館事業の進展にとって何よりも重要な課題である。

(塩見　昇)

D. オープンアクセス
大学図書館の動向を中心に

1 はじめに

大学は教育・研究・社会貢献をその活動目的としている。そして大学図書館はそれを支援する組織である。

21世紀に入り，大学図書館の研究支援にかかわる課題としてオープンアクセス(OA)運動が登場した。OAは学生が学術論文のアクセスの容易化を果たした点で大学教育にもかかわってきている。今日，OAは政策課題にも取り上げられている。本稿ではこの点について述べる。

OAの定義は以下である。

インターネット上において誰もが読み，ダウンロードし，コピーし，再配付し，印刷し，検索し，それらの論文のフルテキストにリンクを貼り，サーチエンジン等の索引付けのためにクロールし，データとしてソフトウェアに流し込み，その他あらゆる合法的な目的のために，インターネットにアクセスできることさえできれば，経済的，法的，技術的な障壁なく文献を利用できるようにすること。

このOAを推進しようとするものがOA運動である。OA運動は複数の起源と推進者を持つ。2001年，ハンガリーのブダペストにて関係者が会議を行った。それを受け翌年に宣言されたものがBOAI (Budapest Open Access Initiative)であり，これがその後の普及につながった。

OAの動きは全世界的に広まっている。日本においても大学研究機関を中心にOAを目的とした機関リポジトリが多数構築された。OA運動の成果として，今日，インターネットを通じてOA化された情報資源が世界中の人に利用されるようになっている。

2 学術情報流通の進展

大学の根幹にあるものは学問である。学問はその時代の社会と技術を反映してきた。

15世紀半ば，活版印刷技術がグーテンベルクによって開発された。この技術はヨーロッパ社会に大きな影響を及ぼすとともに学術世界にも変革をもたらすことになった。大量で安価なテキストの生産と流通は，知的学問的営みのあり方を根本的に変革した。

この技術を利用し1665年，英国王立協会から初の学術雑誌とされる*Philosophical Transaction*誌が刊行された。

この印刷メディアの登場とその後の発展は，科学者の間での活発な議論・論争を促進させた。学術雑誌はそれまでの書写と暗記の過程を大幅に短縮させ，知識と情報の蓄積を可能にさせた。

学術雑誌の量的成長は当初，遅々としたものであった。19世紀初め，その数は100に過ぎなかった。その後, 学問は近代化し，

学術雑誌に掲載される論文の査読制度が普及し，掲載論文の水準が保たれること，それにより研究者の業績認定手段となりえることが浸透していった。論文を発表することが研究者の地位の確保，昇進，名誉となり，次第に科学研究を通して国家の栄光と国益にまで寄与することとなった。学術成果の先取権獲得と業績認定のバランスの上に機能した学術雑誌は，その数が増加していった。19世紀半ばに300を数えた学術雑誌は，19世紀後半の米国での学術振興，20世紀に入り，欧米でのビッグサイエンスの興隆とともに急速に増加する。1963年，この増加量を調査したプライスは世界の学術雑誌の増加趨勢を年約7％の比率で増加，約15年間で倍増する指数関数の関係を示すと記している（図Ⅷ-2）。

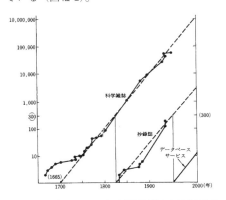

図Ⅷ-2　プライスによる科学雑誌と抄録誌の増加

出典：Price, D.J.de Solla. *Little Science, Big Science.* New York, Colombia University Press. 1963, p.118を改変

　20世紀後半になると商業出版社がM&Aを中心に学術雑誌出版に乗り出してきた。学術出版はビジネスになる，と判断されたためである。学術雑誌は「代替のきかない」商品であるため，全世界的な科学技術の振興から増加を続け，またその価格は1960年代から一貫して上昇を続けた。大学図書館は，学術雑誌購入予算の確保に追われることになった。ついには値上がりに追いつかず，雑誌の削減に踏み切る大学図書館も多くなった。これを「雑誌の危機」（Serials Crisis）と呼んだ。日本においては，学術政策として「外国雑誌センターとILL制度の構築」が行われ，また円高により外国雑誌購入に恩恵があり，1980年代後半までは雑誌の危機はそれほど問題にならなかった。しかし，1990年頃から顕在化した予算不足による外国雑誌購読数の大幅減少は，日本の学術情報流通に大きな打撃を与えることが明らかになった。学術雑誌購入のための経費上昇は，さらに学術図書の購入予算減少にもつながることとなった。

3　電子ジャーナルとコンソーシアム

　日本において雑誌の危機が顕在化しつつあった20世紀末から，インターネットを基盤に急速に電子ジャーナル（EJ：Electronic Journal）が普及した。1995年時点でのEJ数は約500であったが，その後増加を続け，21世紀に入るとほぼすべてのSTM（科学技術医学）系学術雑誌はEJになり，印刷体を持たない電子版のみの学術雑誌も増加した。EJは情報通信技術を次々と取り入れ，プラットフォーム，検索機能，アラート機能の整備など，冊子体利用を上回る利便性で研究者の支持を勝ちえた。予算とスペース不足から学内経費の集中化を行ったり，冊子体を打ち切り，EJのみの購読に切り替える図書館が急増した。

　学術雑誌値上がりに対処するため，コンソーシアムを組んで出版社と直接交渉を行い，価格抑制に努めることも行われた。2000年には国立大学図書館協議会に「電子ジャーナル・タスクフォース」が組織され，その後，公私立大学図書館コンソーシアム

が設置された。それらは2011年には「大学図書館コンソーシアム連合」(JUSTICE：Japan Alliance of University Library Consortia for E-Resources) [1]に統合された。JUSTICEは成立以来，日本の大学における教育・研究活動に必須である電子ジャーナルをはじめとした学術情報を，安定的・継続的に確保して提供するための活動を推進している。しかし，なお学術雑誌の値上がりは続いており，抜本的な解決には至っていない。

4 オープンアクセスの現状

a OAと学術政策

日本において，OAが本格的に検討されたのは2004年11月，文部科学省科学技術・学術審議会学術分科会学術研究推進部会の元に設置された学術情報基盤作業部会においてである。そこでの審議の結果，2006年3月にまとめられた『学術情報基盤の今後の在り方について（報告）』ではOA推進の立場で「セルフアーカイビング」と「オープンアクセス雑誌」(OAJ)が説明されている[2]。「セルフアーカイビング」によるOAをグリーンロード，「OAJ」によるOAをゴールドロードと呼び対比されることもある。

b 機関リポジトリ

「セルフアーカイビング」には2種類あり，一つは研究者個人が研究成果をWWW上で公開することであり，もう一つは研究者が所属する大学研究所などの機関が機関リポジトリを構築してWWW上で公開することである。セルフアーカイビングのために論文を公開するには，刊行元の学会あるいは出版社の同意が必要となる。今日では，国際有力学術雑誌の多くは，著者が自身で自著論文をウェブ公開することを認めている。これは機関リポジトリにも援用される。

『学術情報基盤の今後の在り方について（報告）』に前後して，国立情報学研究所（NII）では2005年度から学術機関リポジトリ構築連携支援事業を展開し，大学が機関リポジトリを構築するのを財政的・技術的に支援した。機関リポジトリとは，大学とその構成員が創造したデジタル資料の管理や発信を行うために，大学がそのコミュニティの構成員に提供する一連のサービスである。これらの支援をもとに2017年3月末には681の機関リポジトリが日本国内に設置されており，その多くは大学図書館が運営している[3]。

NIIが支援した学術機関リポジトリ構築連携支援事業は2005-2007年，2008-2009年，2010-2012年の三期に分けられ，下記報告書が公開されている。

・『学術コミュニケーションの新たな地平：学術機関リポジトリ構築連携支援事業 第1期報告書』[4]
・『変容する学術情報流通，進展する機関リポジトリ：学術機関リポジトリ構築連携支援事業 第2期報告書』[5]
・『未来への飛躍 機関リポジトリの更なる発展を目指して：学術機関リポジトリ構築連携支援事業 第3期報告書』[6]

機関リポジトリは世界中で構築が進んでおり，「The Directory of Open Access Repositories - OpenDOAR」には3,000を超える機関リポジトリが登録されている[7]。

c オープンアクセス雑誌

OAJとは，図書館などが費用を払うのではなく，論文を掲載されることが決定した著者が費用を負担する形式となっている。その経費はAPC（Article Processing Charge, 論文作成加工料）と呼ばれる。

OAJは現在,数千誌刊行されている。学会，OAJ専門出版団体，従来からある伝統的な学術出版社もOAJ出版に加わっている。

学術出版同様，OAにはコストがかかる。

編集進行管理，オンライン出版システム維持，新しい技術開発などである。そのコスト回収の主流がAPCである。APCは一論文あたり数万円から約50万円と幅広い。

OAJがコスト的に成立することが明らかになり，中小から大手の出版社の手により刊行されるOAJが増えた。その中にはオープンアクセスメガジャーナルと呼ばれる年30,000本以上の論文を掲載するPLOS ONEもある。

一方，APCを目的に査読の手を抜き，低品質の論文をOAとして刊行する「ハゲタカ出版社」(predatory publishers) の問題も顕在化している。この点は図書館としての注意が肝要である。

d　その他のオープンアクセスの話題

OAには「グリーンロード」，「ゴールドロード」以外の手段も存在する。

その一つはSCOAP[3] (Sponsoring Consortium for Open Access Publishing in Particle Physics) である[8]。これは高エネルギー物理学分野 (High Energy Physics: HEP) の査読付きジャーナル論文のOA化を実現することを目的とした国際連携プロジェクトである。スイスCERN (欧州原子核研究機構) が中心となり，HEP分野の研究者の所属する研究機関，大学図書館等に協力を呼びかけている。

SCOAP[3]においては，大学図書館等が「購読料」として支払っていた金額を対象雑誌の「出版料」に振り替えることで，世界中の誰もが無料でそれらの学術雑誌の論文を読むことができるOA化を目指すものである。各国に割り振られる財政的支援の期待額は，対象雑誌に掲載された国別の論文数から試算される。日本はHEP分野の論文数が世界全体の約7％を占めるとされている。

また，別の形態にPeerJがある。これは軽量な査読を行う編集方針のもと，論文単位のAPC支払いではなく，「生涯100ドルの会員料」によって論文の投稿を受け付けるというものである。こうなると伝統的な雑誌とは異なるものとなってきている。

これらの動きに即し，各大学においてOA方針が公表されている。2015年4月には京都大学オープンアクセス方針の公表があった[9]。同様の方針はその後，筑波大学，九州大学と続いている。

5　オープンアクセスの今後

OAの潮流は論文だけでなく，「オープンデータ」に進みつつある。オープンデータとは，実験データを論文とセットで公開するのが基本である。公開されるデータは，観測データ，実験データ，ゲノムデータや質問紙調査の回答や統計記録，実験や調査で撮影した画像動画データなどであり，その形式はさまざまである。こうしたデータを再利用して効率的に新たな研究を進めたり，追試を行って研究内容の再分析，間違いや不正がないかどうかを確認したりすることができる。

また，国や資金援助団体の要請や政策的にデータの公開を迫られている情勢もある。2003年，米国では国立衛生研究所 (NIH) がデータ共有方針を導入した。2007年，英国のWellcome Trustが，そして2011年には米国科学財団 (NSF) ほか各国の助成機関が次々とデータ公開を義務化した。日本においては義務化は進んでいないが，内閣府は2015年3月『国際的動向を踏まえたオープンサイエンスに関する検討会』の報告書を公開した[10]。

科学技術・学術審議会学術分科会学術情報委員会 (学術情報基盤作業部会の後継) は，2016年2月『学術情報のオープン化の推進について (審議まとめ)』を公開した[11]。

これらにおいては，研究成果の公開につ

いての基本的方策や基盤整備の方向性が示され，大学図書館への期待も記述されている。

大学図書館等がデータをまとめ，検索して利用できるように公開するためには，以下の要素が必要になる。
・メタデータ：そのデータがどのようなものであるかを統一フォーマットで記述する。
・DOI（デジタルオブジェクト識別子）：インターネット上で論文やデータを識別するための固有番号。登録先やURLが変わっても，恒久的にアクセスできる。

データの形式は多様なものが認められており，実験データ・画像データ・プログラムコードのほか，論文や図表など，すべてのものにDOIを与えることが可能になっている。

これらのデータを誰がどのように保存，再利用できるようにするか，それを担当する組織人材はどのように確保できるか，機関リポジトリとの関係はどうするのか，課題は多々存在する。

OAの理念は「インターネットを利用してすべての人に必要な情報を」である。これ図書館の存在理由としても正しい。一方，査読制度を中心とする学術情報流通の質の確保には一定のコストが発生する。今日の研究はその多くを税金を源とする研究費が担っている。そのことを図書館は忘れてはならない。

技術と社会の変化のスピードは急速である。OAも変化し続けている。大学図書館はそれにどう対応するかがポイントになる。

本稿では研究面を中心に記したが，OA論文，データは教育面においても多大な影響を及ぼしつつある。良質の情報源提供は大学図書館の基本であり，いっそうの対応が必要である。　　　　　（逸村　裕）

注
1) http://www.nii.ac.jp/content/justice/
2) http://www.mext.go.jp/b_menu/shingi/gijyutu/gijyutu4/toushin/1213896.htm
3) https://www.nii.ac.jp/irp/list/
4) https://www.nii.ac.jp/irp/archive/report/pdf/csi_ir_h17-19_report.pdf
5) https://www.nii.ac.jp/irp/archive/report/pdf/csi_ir_h20-21_report.pdf
6) https://www.nii.ac.jp/irp/archive/report/pdf/csi_ir_h22-24_report.pdf
7) http://www.opendoar.org/
8) https://www.nii.ac.jp/sparc/scoap3/
9) http://www.kulib.kyoto-u.ac.jp/uploads/oapolicy.pdf
10) http://www8.cao.go.jp/cstp/sonota/openscience/index.html
11) http://melmaga.mext.go.jp/c/7qw00yQ001uD

E.
著作権の動向
障害者サービス・アーカイブ事業をめぐる法的整備を中心に

本稿では，第6版補訂版以降の著作権の動向，すなわち，おおむね2009年ごろから2016年7月ごろまでの動向を扱う。

この時期は，障害者サービスをめぐる法的整備とアーカイブ事業とその利活用のための法的整備が進んだ。そこで本稿では，この2つの法的整備の動向を解説するとともに，その他の動向についても触れることとする。

1 障害者サービスをめぐる法的整備に関する動向

a 第37条第3項ガイドラインの策定

2009年の著作権法（以下「法」という）の改正により，法第37条第3項が全部改正され，①適用可能な施設の範囲を，公立図書館や大学図書館等を含む"視覚による表現の認識に支障のある者の福祉に関する事業を行う者"まで，②サービスを受ける対象者を，ディスレクシア等を含む"視覚による表現の認識に障害のある者"（視覚障害者等）まで，③利用方法を，録音等の"当該視覚障害者等が利用するために必要な方式"による複製全般とネット配信まで，それぞれ拡大した。ただ，この改正においては，複製等の対象となる著作物について，④"視覚によりその表現が認識される方式により公衆に提供され，又は提示されているもの"（視覚著作物）に限定し，さらに⑤その方式によるものが市販等で流通している場合を対象外としている。

図書館における著作物の利用に関する当事者協議会（以下，当事者協議会）では，「障害者サービスワーキングチーム」を置き，以前から障害者への情報保障という観点で共通の認識を持った上で，具体的に何ができるかを話し合ってきた。そのような中で，前述の内容を有する法第37条第3項の改正が行われ，図書館が法改正の目的を達成し，法の的確な運用を行うためには，ガイドラインの策定が必要との意見でまとまったことから，これまでの協議で検討した結果をまとめた。これが，「図書館の障害者サービスにおける著作権法第37条第3項に基づく著作物の複製等に関するガイドライン」（以下「37条3項ガイドライン」という）である。

このガイドラインは，2004年4月30日に日本図書館協会と日本文藝家協会との間で締結された「公共図書館等における音訳資料作成の一括許諾に関する協定書」および「障害者用音訳資料ガイドライン」をもとに重ねられた実績を踏まえて策定されたものであり，10の項目と3つの別表から構成されている。すなわち，ガイドラインの目的（第1項），ガイドライン策定の経緯（第2項）の後，前述の①から⑤までに対応する指針が定められている。①に対応して，ガイドラインの対象となる図書館について，"著作権法施行令第2項各号に定める図書館"と定めている（第3項）。②に対応するものとして，サービスを受けることができる者につき，別表1に例示する障害の状態（視覚障害，発達障害，学習障害等の8つの障害種と，寝たきり状態，一過性の障害，入院患者，その他図書館が認めた障害が掲げられている）であって，かつ，"視覚著作物をそのままの方式では利用することが困難な者"と定める。さらに，これらの者に対して，"一般の利用者登録とは別の登録"を行うこと，さらにその際には，別表2に掲げる「利用登録確認項目リスト」を用いて確認することを定めている（第5項）。また，③に対応するものとして，利用方法につき，録音，拡大文字，テキストデータ，マルチメディアデイジー等の10種類を掲げ，さらに，"視覚障害者等が利用しようとする当該視覚著作物にアクセスすることを保障する方式"であればよいと定める（第6項）。次の2項では，製作した視覚障害者等用資料の図書館間の相互貸借を積極的に行うこと（第7項）と，製品等の品質の向上に努めること（第8項）を掲げ，⑤に対応するものとして，第9項において，法第37条第3項ただし書に該当しないもの（第1号），該当するものが市販等されていないかの確認方法（別表3の確認）の提示（第2号），販売予告日と製作開始日との関係（第3号・第4号）を定めている。

このように、このガイドラインにおいては、法第37条第3項を適用するにあたっての具体的な判断基準や手順を定めているため、円滑な運用が可能となったものと思われる。なお、その後、2013年になり、法第37条第3項ただし書に該当するかどうかの確認方法を定める別表3を修正するとともに、「障害者サービスワーキングチーム」が終了となった。

b マラケシュ条約の批准をめぐる動向

視覚障害者等への情報保障のための著作権制度の見直しの動きは、このような国内の動きと並行して、世界知的所有権機関（WIPO）を舞台とした世界規模での動きも見られた。すなわち、2000年から世界盲人連合（WBU）を推進役とする「本の飢饉」への取り組みが始まり、2002年からWIPOでも取り組みを開始し、2013年6月に開かれたWIPOの外交会議において、「盲人、視覚障害者その他の印刷物の判読に障害のある者が発行された著作物を利用する機会を促進するためのマラケシュ条約」（以下「マラケシュ条約」という）が採択された。

この条約は、国内法令における著作権の制限に関する規定が、著作物をアクセシブルなフォーマットにするために必要な利用を認めることと、このような形で製作された複製物を国を超えてやりとりすることを認めることが内容となっている。前者については、前述の2009年の著作権法の改正でごく一部を除き適用可能であることから、文化庁では早期の批准を目指していた。ところが、条約への対応については、障害者団体から、①法第37条第3項の適用により複製等を行える主体の拡大、②同項の受益者の拡大、③同項および法第37条の2において適用される利用行為の拡大の3点に対応することが求められ、さらに、マラケシュ条約締結のためだけの法改正を先行実施することへの反対の意見が出された。これに対して権利者団体からは、37条3項ガイドラインや、その前身ともいえる「障害者用音訳資料ガイドライン」でも含まれており、また、マラケシュ条約批准のため必要となる②については賛同する意見が出される一方、①と③については慎重な意見が出された。

このため、2016年7月現在、文化庁によるコーディネートのもと、それぞれの要望事項ごとに、両者の意見集約に向けた取り組みが行われており、条約の批准まではしばらくかかる見込みである。

2 アーカイブ事業のための法的整備に関する動向

アーカイブ事業のための法的整備については、2007年から検討が始められ、2009年の文化審議会著作権分科会報告書において、①権利者不明の場合の利用の円滑化と、②次代の文化の土台となるアーカイブの円滑化の2点についての結果がまとめられた。以下では、この2つを柱として動向をまとめる。

a 権利者不明の場合の利用の円滑化

2009年の報告書では、法第76条第1項の「相当な努力」の内容の明確化、裁定申請中の利用を認めること、さらに著作隣接権についても対象とすることが適当とされた。そして、2009年法改正により、裁定手続における「相当な努力」の明確化（第67条の改正）、裁定申請中の著作物の利用（第67条の2の新設）、著作隣接権への拡大（第103条の改正）がなされた。

その後、2013年6月7日に知的財産戦略本部が決定した「知的財産政策ビジョン」において、孤児著作物を含む過去の膨大なコンテンツ資産の権利処理の円滑化による利用促進のため、手続のさらなる簡素化や

迅速化を推進することとされたことを受け，同分科会法制・基本問題小委員会で検討されることとなった。その結果，2014年に告示が改正され，「相当な努力」の簡素化と，運用の改善が行われた。さらに2016年にも告示が改正され，文化庁が構築した過去に裁定を受けた著作物等に関するデータベースの閲覧等を活用できる仕組みが導入された。

b アーカイブの円滑化
(1) 国立国会図書館のアーカイブ事業に関連した動向

2009年の報告書では，国立国会図書館が行う図書館資料のデジタル化が権利制限の対象となることを明確にすることが適当とされた。このことを踏まえ，2009年法改正により，国立国会区書館における所蔵資料のデジタル化に関する規定（法第31条第2項）が設けられた。

その後，2010年3月に設置されたいわゆる「三省懇」（総務省，文部科学省および経済産業省による「デジタル・ネットワーク社会における出版物の利活用の推進に関する懇談会」）による検討結果を踏まえ，同年11月に文部科学省に設置された「電子書籍の流通と利用の円滑化に関する検討会議」において主に検討がなされ，2011年12月，国立国会図書館がデジタル化した資料の送信につき，送信先を図書館等に，対象出版物を絶版等資料にそれぞれ限定し，同時閲覧や送信先図書館でのプリントアウト提供を可とする内容で意見の一致が見られた。このことを受け，翌年の文化審議会法制問題小委員会の審議経過のまとめによる提言を経て，同年の法改正において法第31条第3項が新設され，「図書館向けデジタル化資料送信サービス」を国立国会図書館が行うための法的基盤が整えられた。

さらに，2014年の同小委員会の審議経過のまとめでは，国立国会図書館以外の図書館がデジタル化した絶版等資料であって，国立国会図書館が所蔵していないものについては，法第31条第1項第3号により記録媒体に記録して同館に提供すれば，この「図書館向けデジタル化資料送信サービス」において送信することが可能という解釈が示された。

また，これと並行して，国，地方公共団体，独立行政法人等の提供するインターネット資料を国立国会図書館が収集するための制度が設けられることに伴い，この収集に伴う複製に係る権利制限規定が，2009年の国立国会図書館法の改正に伴う著作権法の改正により設けられた（現在の第42条の4の新設）。さらに，2012年に，収集対象を無償かつDRM（技術的制限手段）のない「オンライン資料」（電子書籍，電子雑誌等）まで拡張するための国立国会図書館法の改正が行われた際，同条の改正も行われた。

(2) その他

国立国会図書館以外の図書館が行うアーカイブ事業については，以前から図書館界から要望が出されていたが，2009年の報告書において，法第31条第1項第2号の規定に該当するのであれば，その所蔵する資料を複製することができることが明記された。また，損傷・紛失の防止等のためにデジタル化することや，記録のための技術・媒体の旧式化により媒体の内容を再生するために必要な機器が市場で入手困難となり，事実上閲覧が不可能となる場合において，新しい媒体への移し替えのためにデジタル化することにつき，同号の解釈として「不可能ではない」という見解が初めて示された。この見解について，2014年の「法制・基本問題小委員会の審議の経過等について」では，さらに進めて，これら2つの場合において，法第31条第1項第2号により許容されると解することが妥当とされ，より安定

的な解釈が可能となった。

また，2016年6月，登録博物館・博物館相当施設であって，非営利法人により設置されたものを，法第31条を適用できる施設とする旨の告示を制定し，博物館等によるアーカイブ活動の円滑化のための措置が講じられた。

3 その他の動向

a 「図書館における著作物の利用に関する当事者協議会」の動向

2004年に始まった「当事者協議会」による協議の枠組みは，本稿の扱う期間においては，37条3項ガイドラインの策定を除けば，これといった成果は見られない。

この時期は，権利者団体から，法第31条第1項第1号の「発行後相当期間」の解釈と「著作物の一部分」の解釈に関して改善要望が出されたものの，両者の主張が平行線をたどり，結局，法第31条を超える利用について，包括的な許諾システムに関して大学図書館側と権利者側とで進めている協議の進捗を待ち，その結果を参考に検討を進めることとなった。ただ，この協議会自体が2014年以来開かれていないため，進捗は見られない。

一方，図書館側からも，2013年の第36回会議において，「図書館側の当面の要望事項」として，①学術論文に掲載されている個々の論文について全文複写可能とすること，②絶版等により入手可能な資料について，全ページ複写可能とすること，③「一部分」を超え，「最新号」の複写についてのより簡便な包括許諾，④借り受けガイドラインの対象に雑誌を加えること，⑤書籍雑誌の付録DVD等の貸出のための簡便な手続，⑥看護専門学校・病院の図書室を31条図書館に，⑦法38条5項の補償金制度の確立と映像資料購入のための使用料の引き下げ，⑧法38条5項に大学図書館が含まれる活動への協力の8項目が出された。これらについては，①は「学術論文」の想定範囲の提示が困難なため見送ることとなり，②は該当資料の確認や利用者への提供方法について図書館側でさらに確認が必要となるため保留となり，④は図書館側で実態把握をすることととなり，⑤はイメージを権利者側が掴むため，図書館側で近年のものから400件程度の参考データを提示することに，⑥は要望当時と状況が変わっているため，一旦保留に，⑦⑧は権利者側から経緯や現状の説明を受けた上で検討を進めることとなった。なお③は権利者側の要望のところで述べたとおりである。

b その他のトピック

以上で取り上げたほか，この時期に目立ったトピックには，次のものがある。

(1) 被災者支援のための図書館活動のための協力依頼

2011年3月11日に発生した東日本大震災における被災者支援の活動を図書館界で取り組む際，著作権者からの許諾が必要となることがある。具体的には，①図書館の文献複写サービスによるコピーをメールやFAXなどにより被災者や被災地の図書館等に送信すること，②被災地における乳幼児への絵本の読み聞かせや高齢者向けのお話し会の実施のために必要となる資料の複製や拡大写本の製作，また，各図書館で実施した様子の配信や録音録画したものの配信，絵本の版面の公衆送信などが考えられる。

このため，同年3月24日に開催された「電子書籍の流通と利用の円滑化に関する検討会議」において提案したところ，権利者側委員から賛同の発言があったことを踏まえて，その翌日，日本図書館協会から権利者団体あてに「被災者を支援する図書館活動についての協力依頼－被災地域への公衆送

信権の時限的制限について」を発出した。

内容は，前述の2つのような事例について，著作権者に著作物の利用の許諾を求めるものである。また，許諾の期間や地域については，震災被害により資料や情報の入手が困難な期間・地域に限定し，被災地の復興がある程度なされた段階で複製物等は廃棄することとしている。

(2) 公立図書館における複写サービスガイドラインの策定

このガイドラインは，公立図書館が複写サービスを実施する際の参考となるような標準的な基準を示すため，2012年7月6日に全国公共図書館協議会によって策定されたものである。

構成は，図書館における複写サービスの基本的な性格や位置づけについて説明した後，複写サービスの一般的基準について，標準的な見解に基づき示している。また，その他留意すべき事項として，7つの項目をあげて説明している。

(3) 大学紀要等の最新号に関する大学図書館における扱い

国公私立大学図書館協力委員会大学図書館著作権検討委員会では，2013年10月に大学図書館を通じて大学関係者から意見収集を行い，その結果を踏まえ，大学が刊行する定期刊行物については，原則として，各大学が受け入れした時点をもって，「発行後相当期間を経過」したことを見なすこととし，その旨を2014年7月1日付けで公表した。これにより，大学図書館で大学紀要の最新号の複写提供を早い時期に行うことができるようになった。　　　　（南　亮一）

F. 東日本大震災からの復興，図書館の危機管理

2011（平成23）年3月11日午後2時46分。三陸沖を震源とするマグニチュード9.0の地震が発生，揺れは国内各地で観測された。特に宮城県栗原市では震度7，宮城県，福島県，茨城県，栃木県では震度6強が観測され，これらの県を含む広範囲の地域で建物の倒壊や道路の損壊，ライフラインの寸断等，甚大な被害をもたらした。

同時に大津波も発生し，沖縄から北海道の太平洋沿岸まで到達，南北アメリカ大陸の太平洋沿岸部においても観測された。特に関東から東北の太平洋沿岸の地域の被害は甚大であった。津波による被害で正確な観測ができなかった地点もあるほどのすさまじい力であり，多くの自治体，住民が被害に遭った。その爪痕は各地に見ることができる。東北地方太平洋沖地震と名づけられたこの巨大地震は1万5894人の生命を奪い，2016年3月時点で2,561人が行方不明（警察庁発表）のままであり，17万4千人が現在も避難生活を余儀なくされている。さらに，津波の襲来や地震による建物の倒壊，火災などに加え，東京電力福島第一原子力発電所の1，3，4号機が水素爆発を起こし，放射能汚染が深刻化した。2016年現在も原発の廃炉作業や汚染地域の除染作業が継続している。原発事故による避難指示の出た福島県内の富岡町，大熊町，浪江町，双葉町，南相馬市（一部），飯舘村，川俣町（一部）の市町村は避難指示が2017年春までに解除される予定の地域もあれば，解除のめどがまったく立っていない地域もある。

このように，東日本大震災の甚大な被害によって，地域が大きく変わり，そして人々の生活や人生すらも一変してしまった。故郷に帰れない人，故郷を離れねばならない人も多く，大切な人を失い，未だに深い悲しみや心の傷から癒えない人たちもいることも踏まえておかなければならない。

もちろん，復興は進んでいるものの，5年経った2016年現在もこの大震災は終わっていないのだ。余震活動も依然続いており，引き続き注意が必要である。

地震発生時は週末の金曜日ということもあり，多くの図書館では通常に開館していた。個々の図書館の動向を示すにはスペースが限られているため，おもな動向や復興状況，危機管理への取り組み等を示したい。

1 東日本大震災における図書館の被害

東日本大震災の発生時は，どの図書館も通常に開館していた時間帯であり（それまでは，比較的夜間や月曜日といったタイミングで地震が発生していた），発生時にはフロア内に携帯端末からの緊急地震速報が鳴り響き，開館時における大地震の発生という事態に職員も戸惑ったに違いない。

特に岩手，宮城の沿岸部の図書館については津波の被害が報告された。岩手県では，陸前高田市立図書館（全員行方不明または死亡。建物は壊滅状態）。大槌町立図書館（壊滅状態）。野田村立図書館（壊滅状態）。宮城県では，南三陸町図書館（すべて流出）。建物自体は持ちこたえたが，津波により資料が浸水したという事例もある（岩手県立図書館，宮城県図書館のホームページ参照）。

建物に関しても，壁の崩落やひび割れ，天井からのボードの落下，スプリンクラーの誤作動，水道管の破裂等の被害が多く，震源に近い地域の図書館は閉館，あるいは活動をしたくても余震や建物の被害，人的損失によってそれどころではなかった。

福島第一原発の30km圏内にある浪江，双葉，大熊，富岡の各町立図書館は現在（2016年4月）も閉館中である。町全体が避難指示を受け，他自治体に避難している状態である。

どの地域でも利用者が借りていた資料が被災したケースが多数あり，図書館の蔵書の損失数は計り知れない。阪神・淡路大震災においても図書館は被災したが，それ以降発生した地震被害の中で最も広域で，大規模なものであった。殊に津波の被害，原発事故という想定外の事態も，図書館が経験したことのない災害だった。

急ぎ足で被災地域における被害をみてきた。この紙面では捉えきれないことがさまざまに発生しており，報告も多数出ている。被災地からの報告として『東松島市図書館3.11からの復興』（加藤孔敬著，日本図書館協会，2016.3）を挙げておく。

では，震源から遠い，それ以外の地域はどうだったか。地震直後，交通網がストップし徒歩で帰宅したり，駅や役所に一時的に避難したりする「帰宅困難者」が増え，図書館によってはそうした人たちを受け入れる館もあった。また，3月14日からは関東地方で計画停電が実施されたが，その際図書館の対応が分かれた。通常に開館した館と停電を理由に閉館した館とがあり，このケースは地震がもたらすさまざまなトラブルに対して図書館がどのように対処していったらよいのかの試金石となった。

計画停電によって休館をすることが正しいことなのか。建物の中は暗く暖房も効かない。図書館サービスに欠かせないシステムも使えない。さらに大きな余震が発生するかもしれない。それらの要因から，来館者の安全を考えて休館措置を実施した館もあった。それとは逆に，連日発生する余震や，マスコミが連日報道する津波や大地震発生

の生々しい映像や原発事故の続報を繰り返し見て，自宅にいるのが不安になり，せめて日中は図書館へと逃れて来た利用者が少なからずいた。停電中にもかかわらず，新聞や雑誌を読み，職員との会話を楽しもうという思いもあった。図書館側としても計画停電の予定や交通情報，役所からのお知らせ等，地域の情報を伝える場として機能させていくねらいもあった。

このようなことからも，災害時の図書館のあり方は，一つの物差しでは測ることができない。地震の規模や震源からの距離，被害状況等々を的確に判断し，図書館のサービスが可能か否かを判断していかなくてはならない。

2 事業継続計画と危機管理マニュアル

災害が発生した際，図書館へのダメージ，地域の被災の程度にもよるが，タイミングを見て図書館を早期に開館させる必要がある。館内が落下した本であふれ整理がつかなければ，どこかその整理に影響のないところを見つけ，限定的でも開館を行うことも大切だろう。住民が一日も早い日常生活に復帰するためのきっかけにもなる。また，復興関連の行政サービスや，ライフラインの復旧といった生活関連の情報，新聞，雑誌，図書等を提供し各種の情報提供を行うことも，復興の一助になるはずである。もちろん，混乱の中で忘れてしまいがちだが，災害関係の資料収集も欠かせない。

ただ，一つ忘れてはならないことは，利用者および職員の命を守ることを念頭に置かなければならないことである。早急に開館しなければならないという意識を持つことも大切だが，地震の場合は大規模な余震が頻発することもあるため，二次災害の恐れが多分にあることは忘れてはならない。余震によって職員が被災したり，図書館の建物にさらなる被害が出たりするケースもある。そして，職員が災害対策本部等に配置されたりすることもあるので，図書館の復旧や開館には時間と的確な判断が求められる。

図書館をスムーズに開館させるためには，図書館の役割を住民に理解してもらうことも大切である。被災時に「このようなときに開館して不謹慎だ」という声が出ることもあるため，平時から情報提供や災害関連の資料の収集等を行い，住民に活動を理解しておいてもらうことも大切だろう。

"今，目の当たりにしていること"をしっかりと捉えて，判断を下すことが求められる。そのためのマニュアルとして，事業継続計画を策定することも大切だろう。『公立図書館における危機管理（震災対策等）に関する実態調査報告書』（全国公共図書館協議会，2012）における調査では，事業継続計画を策定している館はごく少数であるという調査結果も出ており，災害時から復興に向かう過程での図書館の姿勢や動きを明確にするためのものとして，策定を考えてもらいたい。

危機に直面した際に利用者，施設を守るための「危機管理マニュアル」の策定状況（策定率）も高いとは言えない。マニュアルの策定は望ましいが，策定するのが厳しいようなら，定期的な避難訓練，地震発生時の対応訓練等を行うことも効果的だろう。職員の意識を向上させることが求められており，現在の図書館界では，問題利用者や日々発生する問題に重きが置かれがちだが，災害発生時に多くの利用者を安全に避難させなくてはならない。そのための心構えは常に持っていなければならない。

3 地震に備えるために

地震被害で最も一般的なものには，書架

からの図書等の落下が挙げられる。場合によっては書架の倒壊（将棋倒し）なども発生するが，現在ほとんどの館が安全対策（書架の固定）を実施している。図書の落下防止のためのさまざまな工夫が施された商品が，図書館用品を扱う企業から販売されている。施設の安全管理についても，耐震工事などを実施する館が増えており，一定の安全策を講じている。

しかし，地震の規模や図書館の立地によって，いくら対策を講じたとは言っても通用しない場合もあることは想定しておく必要がある。安全対策が逆効果になり得る可能性もある。そして，大地震や津波，火災に対してはどんな対策も通用しないことは，東日本大震災の被害状況を見ても明らかだろう。そのためにも，日頃から地震発生時の対処法をさまざまな想定でシミュレーションしておく必要がある。

近年の図書館は，開館時間の延長や祝日開館など，「いつでも開館」している状況にある。さらに，多くの立場の異なる職員がおり，顔を合わせたことのない職員がいる場合もある。職員間のコミュニケーションが成り立たないことや，危機発生時の対処が的確にでき得るかが大きな課題となる。危機発生時，立場は「図書館側」と「利用者側」の2つしか存在しないものと考え，図書館は一丸となって，いかに利用者を守れるかを考える必要がある。もちろん，自身の命や仲間の命を守ることも重要だ。

東日本大震災から5年が経過し，大きな被害を蒙らなかった地域では記憶の風化が進んでいる。しかし，地震がなくなったわけではなく，全国各地で発生するリスクはあると認識しておくことも大切だろう。

また，地震以外の災害によっても図書館が大きなダメージを受けるケースもある。2015年9月の関東・東北豪雨水害によって，多くの蔵書が水損し建物も甚大な被害を受けた茨城県常総市立図書館は，2016年3月からプレハブの仮設図書館として再開したものの，完全な復旧にはまだ時間を要する。

地震とともに，火山活動も見逃すことができない。東日本大震災による大地震によって火山への影響も懸念されている。火山はその周辺地域の自治体だけが注意し，安全対策を行っていればよいと思われがちだが，大規模噴火の場合は，火山灰や噴石，泥流，火砕流等が広範囲に及び，被害が拡大する恐れがある。

地震に話を戻そう。大地震が発生した際，発生したことは報道やインターネットで瞬時に捉えることが可能である。しかし，図書館の被害状況となると話は別となる。現地の実情は詳細には伝わらない。被災自治体の県立図書館や，規模の大きな市の中央館などに情報収集を期待するものの，大地震発生から，即すべての被害の把握は不可能に近い。そのためにも平時からの情報連絡体制の構築が求められよう。

また，災害発生時に情報収集・提供→具体的な支援メニューの公開→支援の実現，この一連の動きを円滑に進めるため，災害発生時に立ち上がる多くの支援組織を一本化することも，考えなくてはならないのではないだろうか。

東日本大震災のような大災害の場合，図書館の被害状況をリアルタイムに知ることや，そこで働く職員の消息を知ることは非常に難しい。通信の制限などもある。現地の電力供給も不安定であり，停電は必ず発生する。被災していない立場からすれば，一刻も早く安否を知りたいが，それは困難なことを理解しなければならない。

図書館を何とかしたいという気持ちが働いてしまいがちだが，大地震が発生すればまずは自身の身の安全の確保，次いで周囲，そして地域の安全が重要である。

もちろん，被災していない地域の関係者

にとっては図書館の被災が最も関心の高いことなのだが，現地では少し認識が異なるはずである。被害状況にもよるが発災直後は人命優先となる。公務員ならば役所での業務の一員として避難所の開設や運営，行方不明者の探索等にあたらなくてはならない。

4 おわりに

2016年4月にも，熊本で大きな地震が発生した。4月14日21時26分，熊本県熊本地方を震源とする震度7の地震が発生，16日1時25分には再び震度7の揺れが襲った。気象庁は前者が前震，後者が本震と発表した。大規模な地震が2回続き，以後も余震が頻発していることが，今回の地震の特徴と言える。熊本だけではなく大分県においても地震が発生しており，今後も注意が必要だろう。

震度7の地震が発生したのは夜間だったため，熊本県内の図書館では人的被害は報告されなかったものの，図書の落下等が報告され始めている。被害状況は発災時よくわからなかったが，復興が進むと県内各図書館での被害状況も明らかになり，津波，火事の被害はなかったものの書棚から本が落下するなどの被害が出ている。

震源付近の自治体や図書館では被害状況を集約したり，発表したりすることが難しいことは，東日本大震災からの教訓で明らかである。時間の経過とともに被害が明らかになってくる状況に対して，被害状況の調査や支援の方針をできるだけ早く（現地の負担をかけずに）行う仕組みづくりも必要であり，その中心を日本図書館協会が担うことも検討していかなくてはならない。その一環として，2015年12月に日本図書館協会内に災害対策委員会が組織され，活動を始めている。

（中沢孝之）

G. 情報資源組織化をめぐる最新動向

1 はじめに

情報通信技術の発展とインターネットの普及，メディアの多様化，そして図書館における電子図書館機能の展開により，目録をとりまく環境は激変した。ウェブやサーチエンジンの普及に伴い，目録があまり使われないという危機が訪れた。しかしながら，サーチエンジンを使った情報検索には，精度の点で問題があり，調査研究や教育学習に役に立つ質の高い資源の探索に関してはあまり効果的でない。このため図書館は，ネットワーク情報資源を組織化し，高品質な情報の探索・利用を支援することが課題となった。このような課題に対して図書館が取り組んできた経緯については，本論V章の「G. 各種メディアの組織化 2 ネットワーク情報資源」において述べた。ところが，その後の電子資源をめぐる環境の変化はすさまじく，政策的，技術的発展により，これまでの考え方や枠組みを変革する必要が生じている。さらにデジタル，非デジタルを問わない広範な情報資源に対する総合的な組織化を実現するために，新たなメタデータの開発を行い，新たな書誌情報システムの構築が求められているのである（G節については，歴史的な理解に資するため，あえて部分的な補訂に留めた）。

この間，世界の国立図書館等を中心に所蔵資料の精力的な電子化やネットワーク情報資源を収集・保存するウェブアーカイブ

が推進され,それぞれの電子図書館ポータルサイトを通じて公開されてきた。また図書館のみならず多くの機関(政府機関,大学,博物館,文書館,出版界等)が単独または連携してデジタルアーカイブを構築しており,文化・学術情報資源として一括して検索できるようなポータルサイトやプラットフォームが構築されている。従来のOPACも電子図書館システムや機能の一部に取り込まれ,さまざまな電子図書館サービスと結びついた情報探索の「ディスカバリーサービス」へと進化し発展してきている。

図書館においては,こうした情報環境に適合し,作成のコストや労力にも配慮した機能的,合理的な書誌情報の作成と,相互運用性が高く,他の情報コミュニティとも共有できる書誌情報の提供が求められている[1]。

2 FRBR,RDAの制定

1997年には「書誌レコードの機能要件」(FRBR: Functional Requirements for Bibliographic Records)という新しい概念モデルや,2009年には「国際目録原則覚書」が公表されたことは「D. 目録法」において既に述べた。FRBRの制定に続いて,典拠ファイルの領域においてもその開発がすすめられ,2009年に「典拠データの機能要件」(FRAD: Functional Requirements for Authority Data)が公表された[2]。またこれに続いて,2010年には「主題典拠データの機能要件」(FRSAD: Functional Requirements for Subject Authority Data)[3]も公表されている。これらの考え方に基づき,「E. 記述目録法 2 目録規則 b 英語圏 (2) RDAの制定に向けて」で述べたように,2010年半ばまでにこれまでの事実上の国際標準であった英米目録規則第2版(AACR2: Anglo-American Cataloguing Rules, 2nd edition)が「資源の記述とアクセス」(RDA: Resource Description and Access)[4]に改訂された。

RDAは2010年6月に,これまでの目録規則とは異なりウェブ上の使用を前提としてToolkitの形式で刊行され,2010年7月から米国議会図書館(LC)等の米国の3つの国立図書館の主導のもとに導入テストを通じて詳細な評価が行われた。その結果,目標未達成の事項があるものの,LC等の米国の3つの国立図書館はいくつかの改善を条件にRDAを採用すべきとの導入勧告がなされた。それを受け,LCは2013年3月31日に導入したほか,米国の2つの国立図書館,英国図書館(BL),オーストラリア国立図書館,カナダ国立図書館・文書館などが採用している。さらに多数の国立図書館も準備中,検討中である。

RDAが事実上の国際標準(デファクトスタンダード)になっていく中で,目録規則を規制する書誌記述標準であった従来のISBD(国際標準書誌記述)も,2011年には,ISBD統合版(International Standard Bibliographic Description Consolidated Edition)[5]が刊行された。これまで資料種別ごとに存在していた7種類のISBDを一つに統合するとともに,エリア0を新設して9つのエリアとした。FRBR対応として,エリア0には,「内容形式(content form)および内容説明(content qualification)ならびに機器タイプ(media type)」を置き,内容形式に「表現形」(画像,テキスト,プログラム,音声等),機器タイプエリアに「体現形」(オーディオ,電子,複合機器,映写,ビデオ等)にかかわる記述,すなわち内容とキャリアの明確な区分による記述を行えるようにしている。RDAにおいてもISBDの基本的枠組みは維持されていくであろう。

●FRBRモデル

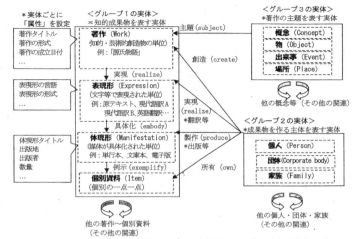

図Ⅷ-3　FRBRモデル

●RDAの規則構成　＊ページ数は目安程度（初期の印刷版から）

序論　15p	セクション5：著作～表現形の主要な関連 　17章　ガイドライン　　　　　　10p
セクション1：体現形・個別資料の属性 　1章　ガイドライン　　　　　　15p 　2章　体現形・個別資料の識別　133p 　3章　キャリアの記述　　　　　88p 　4章　入手・アクセス情報　　　5p	セクション6：資源と個人・家族・団体の関連 　18～22章　　　　　　　　　計55p セクション7：著作と主題の関連 　23章（未刊）
セクション2：著作・表現形の属性 　5章　ガイドライン　　　　　　7p 　6章　著作・表現形の識別　　163p 　7章　内容の記述　　　　　　37p	セクション8：著作～個別資料どうしの関連 　24～28章　　　　　　　　　計24p
セクション3：個人・家族・団体の属性 　8章　ガイドライン　　　　　　11p 　9章　個人の識別　　　　　　60p 　10章　家族の識別　　　　　　12p 　11章　団体の識別　　　　　　75p	セクション9：個人・家族・団体の間の関連 　29～32章　　　　　　　　　計13p セクション10：概念～場所の間の関連 　33～37章（未刊）
セクション4：概念・物・出来事・場所の識別 　12～16章（場所以外は未刊）計17p	付録　　　　　　　　　　　　　計204p 用語集　　　　　　　　　　　　44p 索引　　　　　　　　　　　　　49p

図Ⅷ-4　RDAの規則構成
＊日本図書館情報学会研究大会シンポジウム「情報資源組織化が切り開く未来：RDA，新NCR，BIBFRAME，Linked Dataがもたらすもの」（2015.10.18）における渡邊隆弘（日本図書館協会目録委員会委員長）の配布資料から引用

3　MARCからBIBFRAMEへ

一方でLCは2011年5月13日に「書誌フレームワークの変革」に関する声明を発表し，MARC21フォーマットを新たな時代のフォーマットに変更するための検討を開始した。2011年10月30日には「デジタル時代の書誌フレームワーク」に関する基本計画を公表し，「書誌フレームワークの変革イニシアチブ」（Bibliographic Framework transition initiative）を推進している。2012年11月には，ウェブ上でのより広い書誌情報の活用に向けた「データのウェブとしての書誌フレームワーク：リンクトデータモデルと支援サービス」[6]を提示した。

RDAにより作成される書誌データを，デジタル環境に適合したメタデータとして提供するために，RDF（Resource Description Framework）という情報資源の標準的記述方式でもって記述し，さらにFRBRやRDAのデータ構造に基づき書誌レコードを断片化し，それらを適宜組み合わせて提供するというシステムに変革することを目指している。

ウェブでデータの流通や交換を促進するためには，MARCのようにレコードを単位とするのでなく，レコードを構成する各データを関連づける必要がある。そのためデータの作成に関する基準として，意味的側面（語彙やエレメントの定義）と構文的側面（記述し表現する方法や形式）を分離することが推奨されている。RDAは前者，BIBFRAMEは後者の役割を負う。そのことによって，他のコミュニティが採用する基準や書誌フレームワークとの間に柔軟に対応でき，相互運用性が高まる。

「MARCからBIBFRAME（新しい書誌データモデルであるBibliographic Frameworkの略称）へ」の移行は，このような情報環境に適合したメタデータの提供・流通に寄与する。LCを中心に世界各国でBIBFRAMEの語彙の定義やモデルの検討，実験プロジェクトやその他の関連プロジェクトが推進されており，それらの成果が盛り込まれ改善が加えられている[7]。

4　書誌・典拠データのLD/LOD化

ウェブは，今後メタデータの活用によりコンピュータがウェブ情報の意味（semantics）を検知して情報収集・利用の高度な自動化を図る技術であるセマンティックウェブに発展していくことが予想される。その中で文書やドキュメントだけでなくデータを共有する新しい方法として，Linked Dataやデータの公開（LOD: Linked Open Data）が推進されている[8]。LODとは，コンピュータが理解できる形式であるとともに，他のデータにリンク付けられた形式によりウェブに公開されたデータのことである。RDFによる記述およびURI（Uniform Resource Identifier）による識別と参照を通してデータが自由にリンクされ，データの集約や加工が容易になっている。

欧米の国立図書館は，LODに関する先進的な取り組みを行っている。欧州では，書誌データおよび典拠データをLOD化している。米国では，LCが典拠データ（LCSHを含む）と各種コード類（LCCを含む）のLODを提供している。OCLCは件名標目表のFAST（Faset Application of Subject Terminology），バーチャル国際典拠ファイル（VIAF），デューイ十進分類表（DDC）のLOD化を実施するとともにLinked Dataに関する研究事業も実施しており，WorldCatの書誌レコードの一部もLOD化し提供した。

日本の国立国会図書館は，典拠データ（Web NDL Authorities「国立国会図書館典拠データ検索・提供サービス」）や「国立

国会図書館サーチ」の書誌データのデータ提供形式としてLODを採用するとともに，日本図書館協会と共同で日本十進分類法（NDC）の新訂8版，新訂9版のLOD化に関する研究も行っている[9]。なお，新訂10版は2014年に刊行されている（Ⅴ章F．主題目録法　2　分類法　c　日本十進分類法（NDC）参照）[10]。LOD化が新訂10版の準備中であるMRDFや，今後の改訂に大きな影響をもたらすことは間違いない。

5　日本におけるRDAの受容と新しい日本目録規則

RDAについては，国立国会図書館が2013年4月から外国刊行の洋図書に適用したのを皮切りに，大学図書館等でも注目しており調査研究を続けている。

また，日本図書館協会と国立国会図書館は2013年8月に「『日本目録規則』改訂の基本方針」[11]に合意し，同年10月から新しい『日本目録規則』の策定に向けて連携し作業を行っている。既に全体構成案や改訂の主な内容が提示されている。2015年度に規則案の一部，2016年度に規則案全体を公開し，国立国会図書館と関連機関でデータの作成と評価を行うとともに規則案を見直し，2017年度に新規則を公開する予定である。

全体構成案は，「第1部　総説」，「第2部　属性（属性の記録，アクセスポイントの構築）」，「第3部　関連」，「付録」となっている。RDAに準拠しつつも，アクセスポイントは記録された個々のエレメントの組合せであることに鑑み，エレメントの記録とアクセスポイントの構築に関する条項を峻別している。

6　書誌情報と図書館システム

図書館が提供する情報資源は従来の資料やメディアに加えて電子資料・情報の割合が増え，ハイブリッド・ライブラリーとして機能しなくてはならない。そのような機能を支援する図書館システムも，当然，従来のものから大きく変化してきている。

電子情報資源やそのメタデータを組織化する支援システムは作成・流通・管理という観点から「メタデータ構築システム」，「電子情報資源管理システム」（ERMS），「検索システム」，「図書館サービスシステム」[12]に大別される。

日本では，メタデータの構築については，国立国会図書館の「インターネット資料収集保存事業」，「オンライン資料収集制度」や国立情報学研究所の「学術機関リポジトリ構築連携支援事業」に基づくメタデータの作成支援がある。その他に各種の民間の「文献管理ツール」が存在している。

電子情報資源管理システムは，「第三者が電子的に出版し図書館で契約した情報資源を，図書館が管理する」ために支援するシステムで，書誌情報と各館の契約情報等を一元的に管理することができる。日本では，国立情報学研究所が「ERDBプロジェクト」を推進している。

検索システムでは，新たな情報環境におけるOPACの改善や課題については，既に「次世代OPAC」として展望を述べた（H．オンライン閲覧目録　5．OPACの展望）。

これまで高機能のOPACを実現する実験的な試みを「次世代OPAC」と総称していたが，その後「ディスカバリーサービス」と呼ばれるようになった。また最近は，「横断検索」や「統合検索」に加えて，検索モードを設定して狭い領域から広大な領域までを包摂するとともに，電子コンテンツの提供を含む図書館や各種の商用データベースをクラウドサービスとして提供するような「ウェブスケール・ディスカバリー」（Web Scale Discovery）[13]が次世代型のディスカバ

リーサービスとして登場している。統合検索の速度を改善するため，セントラルインデックス（世界中の膨大なデータベースから事前に検索インデックスを作成）を整備し，「5．OPACの展望」で述べたような高機能な手法により，必要な情報を効率的に探索することができる。

　図書館サービスシステムについても，現状では従来の図書館統合システム，ERMS，ナレッジベース（世界中の出版社や情報システムベンダーなどの提供するメタデータや電子情報資源を網羅的に収集し保持しているデータベース）など複数のシステムを組み合わせて業務を行わなければならない。欧米ではこれらを統合し，複数のデータベースを集約したメタデータをAPI等を通じて提供するとともに，クラウドサービスも可能な次世代型の「図書館サービス・プラットフォーム」（LSP）も登場してきている。日本でも電子情報資源の作成・流通・管理について，早期に関係機関が基盤整備を行うとともに，図書館は新たなシステム構築の課題に取り組む必要があろう。

（那須雅熙）

注

1) 国立国会図書館は2013年2月にこれまでの書誌データ作成・提供の方針を抜本的に見直し，「国立国会図書館の書誌データ作成・提供の新展開」（2013）を策定し，国立情報学研究所では2009年3月に「次世代目録所在情報サービスの在り方（最終報告）」，大学図書館との連携によるこれからの学術情報システム構築検討委員会がNACSIS-CAT/ILLの軽量化・合理化の検討を続け，2016年6月に基本方針を策定した。

　なお，学界でも日本図書館研究会の情報組織化研究グループを中心にした研究活動の成果が，以下の報告書にまとめられている。

　渡邊隆弘編著『情報環境の変化に適切に対応する目録規則の在り方に関する研究：研究成果報告書』科学研究費基盤研究（C），課題番号22500223，渡邊隆弘（帝塚山学院大学），2013.3，286p.

　和中幹雄編著『情報環境の変化に適切に対応する書誌コントロールの在り方に関する研究：研究成果報告書』科学研究費基盤研究（C），課題番号25330391，和中幹雄（大阪学院大学），2016.3，251p.

2) IFLA Working Group on Functional Requirements and Numberring of Authority Records. Functional Requirements for Authority Data: a Conceptual Model. K.G. Saur, 2009, 101p.

3) IFLA Working Group on Functional Requirements for Subject Authority Records. Functional Requirements for Subject Authority Data: a Conceptual Model. De Gruyter Saur, 2011, vi, 74p.

4) RDA Toolkit. http://www.rdatoolkit.org/ (accessed 2016.1.10)

　上田修一，蟹瀬智弘『RDA入門：目録規則の新たな展開』日本図書館協会，2014，205p.（JLA図書館実践シリーズ　23）

　Tillett, Barbara B., Library of Congress『RDA資源の記述とアクセス：理念と実践』酒井由紀子［ほか］共訳，樹村房，2014，383p.

5) ISBD Review Group and Standing Committee of the IFLA Cataloguing Section. ISBD: International Standard Bibliographic Description, Consolidated Edition. De Gruyter Saur, 2011, xvii,284p.

6) 渡邊隆弘"ウェブ時代の新しい書誌データモデル"BIBFRAME""『カレントアウェアネス・ポータル』no.230，2013.1.24

7) 柴田洋子"ウェブで広がる図書館のメタデータを目指して：RDAとBIBFRAME"『カレントアウェアネス』no.322，2014.12，p.18-22.

8) 橋詰秋子"なぜ図書館はLinked Dataに取

り組むのか：欧米の事例から"『情報管理』vol.58, no.2, 2015, p.127-134.

橋詰秋子"欧米の国立図書館におけるLinked Open Data：目録変革の視点による考察"池谷のぞみ，安形麻理，須賀千絵編著『図書館は市民と本・情報をむすぶ』勁草書房，2015，p.99-107.

9) 中井万知子"日本十進分類法（NDC）のLinked Data形式化に関する共同研究：NDCの新しい動き"『図書館雑誌』vol.110, no.2, 2016. p.68-69.

橋詰秋子"ウェブ時代の図書館分類法：Linked Dataの可能性"『現代の図書館』vol.53, no.3, 2015, p.143-148.

中井万知子ほか"日本十進分類法のLinked Data化：セマンティックWebへの対応を目指して"『情報管理』vol.59, no.4, 2016, p.209-217.

10) 『日本十進分類法（NDC）』新訂10版　日本図書館協会，2014.12

11) 日本図書館協会目録委員会，国立国会図書館収集書誌部「『日本目録規則』改訂の基本方針（2013.8 22）/国立国会図書館収集書誌部「新しい『日本目録規則』の策定に向けて」（2013.9.30）/日本図書館協会目録委員会「『日本目録規則』改訂におけるNDLとの連携について」（2013.9.30）

12) 林豊"最近の図書館システムの基礎知識：リンクリゾルバ，ディスカバリーサービス，文献管理ツール"『専門図書館』no.264, 2014.3, p.2-8.

13) 飯野勝則"ウェブスケールディスカバリーの誕生と展開：情報検索ツールの歴史的変遷とスケーラビリティーの視点から"『大学図書館研究』102号，2015.8, p11-21.

資料編

参考文献……………468
図書館関係法規・基準等……………489
年表　日本編……………553
年表　外国編…………615
索引…………663

参考文献

凡例
- 司書等養成のためのテキスト類は最新の版のみを掲げた。
- 科研報告書，雑誌論文，入手困難な私家版などは省略した。
- 同じ資料が複数の領域で参考となる場合も一カ所にのみ掲載した。
- 概ね2000年以前の刊行物は省略した。
- 重要なものでも本書「第6版補訂版」以前に紹介されたものは省略したので，それらも併せて利用してほしい。

本書全般に関するもの

「図書館情報学研究文献要覧」編集委員会編 『図書館情報学研究文献要覧 1991-1998』 日外アソシエーツ発行，紀伊國屋書店発売，2008．724p．

「図書館情報学研究文献要覧」編集委員会編 『図書館情報学研究文献要覧 1999-2006』 日外アソシエーツ発行，紀伊國屋書店発売，2009．991p．

図書館情報学ハンドブック編集委員会編 『図書館情報学ハンドブック』 第2版 丸善，1999．1145p．

図書館用語辞典編集委員会編 『最新図書館用語大辞典』 柏書房，2004．643p．

日本図書館協会編 『図書館法規基準総覧』 第2版 日本図書館協会，2002．1814p．

日本図書館協会図書館ハンドブック編集委員会編 『図書館ハンドブック』 第6版補訂版 日本図書館協会，2010．673p．

日本図書館協会用語委員会編 『図書館用語集』 四訂版 日本図書館協会，2013．74，368p．

日本図書館情報学会用語辞典編集委員会編 『図書館情報学用語辞典』 第4版 丸善，2013．284p．

藤野幸雄編著 『世界の図書館百科』 日外アソシエーツ発行，紀伊國屋書店発売，2006．845p．

ヤング，H．編 『ALA図書館情報学辞典』 丸山昭二郎ほか監訳 丸善，1988．328p．

I 総論

＜A　図書館とはなにか＞

猪谷千香著 『つながる図書館：コミュニティの核をめざす試み』 筑摩書房，2014．238p．

大串夏身著 『これからの図書館：21世紀・知恵創造の基盤組織』 増補版 青弓社，2011．228p．

大串夏身著 『挑戦する図書館』 青弓社，2015．202p．

大串夏身編著 『読書と図書館』 青弓社，2008．236p．（図書館の最前線；4）

大串夏身著 『図書館の可能性』 青弓社，2007．216p．（図書館の最前線；1）

大串夏身，常世田良著 『図書館概論』 第2版 学文社，2014．162p．（ライブラリー図書館情報学；2）

大串夏身［ほか］著 『触発する図書館：空間が創造力を育てる』 青弓社，2010．141p．

河井弘志，宮部頼子編 『図書館概論』 改訂2版 教育史料出版会，2009．221p．（新編図書館学教育資料集成；1）

酒井邦秀，西澤一編著 『図書館多読への招待』 日本図書館協会，2014．186p．（JLA図書館実践シリーズ；25）

塩見昇編著 『図書館概論』 四訂版 日本図書館協会，2015．284p．（JLA図書館情報学テキストシリーズⅢ；1）

高山正也，岸田和明編 『図書館概論』 樹村

房，2011．195p．（現代図書館情報学シリーズ；1）

竹内悊編 『「図書館学の五法則」をめぐる188の視点：『図書館の歩む道』読書会から』 日本図書館協会，2012．160p．（JLA図書館実践シリーズ；20）

竹内悊編訳 『図書館のめざすもの』 新版 日本図書館協会，2014．83p．

菱川廣光著 『図書館を読む』 日本文教出版，2012．249p．

藤野幸雄著 『図書館この素晴らしき世界』 勉誠出版，2008．214p．

宮沢厚雄著 『図書館概論』 理想社，2011．215p．

山崎久道著 『情報貧国ニッポン』 日外アソシエーツ発行，紀伊國屋書店発売，2015．223p．

山本順一著 『図書館概論：デジタルネットワーク社会に生きる市民の基礎知識』 ミネルヴァ書房，2015．269p．（講座図書館情報学；2）

＜B　図書館と社会＞

1　社会と図書館

朝比奈大作著 『図書館員のための生涯学習概論』日本図書館協会，2013．254p．（JLA図書館情報学テキストシリーズⅢ；別巻）

池谷のぞみ，安形麻里，須賀千絵編著 『図書館は市民と本・情報を結ぶ』 勁草書房，2015．363,9p．

石山洋著 『源流から辿る近代図書館』 日外アソシエーツ発行，紀伊國屋書店発売，2015．264p．

岩猿敏生著 『日本図書館史概説』 日外アソシエーツ，2007．248p．

小川徹ほか著 『公共図書館サービス・運動の歴史　1：そのルーツから戦後にかけて』 日本図書館協会，2006．266p．（JLA図書館実践シリーズ；4）

小川徹ほか著 『公共図書館サービス・運動の歴史　2：戦後の出発から現代まで』 日本図書館協会，2006．276p．（JLA図書館実践シリーズ；5）

奥泉和久編著 『近代日本公共図書館年表：1867～2005』 日本図書館協会，2009．467p．

小黒浩司編著 『図書・図書館史』 日本図書館協会，2013．158p．（JLA図書館情報学テキストシリーズⅢ；11）

川崎良孝編著 『図書館・図書館研究を考える：知的自由・歴史・アメリカ』 京都大学図書館情報学研究会発行，日本図書館協会発売，2001．278p．

川崎良孝編著 『図書館トリニティの時代から揺らぎ・展開の時代へ』 京都図書館情報学研究会発行，日本図書館協会発売，2015．497p．

川崎良孝著 『図書館の歴史：アメリカ編』 増訂第2版　日本図書館協会，2003．291p．（図書館員選書；31）

川崎良孝，吉田右子著 『新たな図書館・図書館史研究：批判的図書館史研究を中心にして』 京都大学図書館情報学研究会発行，日本図書館協会発売，2011．402p．

今まど子，高山正也編著　小出いずみ［ほか執筆］ 『現代日本の図書館構想：戦後改革とその展開』 勉誠出版，2013．350p．

鈴木眞理，馬場祐次朗，薬袋秀樹編著　岩佐敬昭［ほか］著 『生涯学習概論』 樹村房，2014．206p．

佃一可編，久野淳一［ほか］共著 『図書・図書館史』 樹村房，2012．227p．（現代図書館情報学シリーズ；11）

日本図書館協会編 『近代日本図書館の歩み：日本図書館協会創立百年記念』 日本図書館協会，1992～1993．2冊．

根本彰著 『情報基盤としての図書館』 勁草書房，2002．255p．

根本彰著 『続・情報基盤としての図書館』 勁草書房，2004．199p．

根本彰著 『理想の図書館とは何か：知の公共性をめぐって』 ミネルヴァ書房，2011．208p．

原田安啓著 『図書・図書館史；此処に無知終わり，「知」始まる』 学芸図書，2013．143p．（実践図書館情報学シリーズ；9）

ブラック，A.，マディマン，D.著 『コミュニティのための図書館』 根本彰，三浦太郎訳　東京大学出版会，2004．252p．

前川恒雄，石井敦著　『図書館の発見』　新版　日本放送出版協会，2006．237p．（NHKブックス；1050）

前平泰志監修，渡邊洋子編著　『生涯学習概論：知識基盤社会で学ぶ・学びを支える』　ミネルヴァ書房，2014．261p．（講座図書館情報学；1）

文部科学省生涯学習政策局編集協力　『生涯学習政策研究：生涯学習をとらえなおす地域づくりを支える社会教育』　悠光堂，2013．61p．

山梨あや著　『近代日本における読書と社会教育：図書館を中心とした教育活動の成立と展開』　法政大学出版局，2011．362p．

和田敦彦著　『読書の歴史を問う：書物と読者の近代』　笠間書院，2014．286p．

渡部幹雄著　『地域と図書館：図書館の未来のために』　慧文社，2006．235p．

綿抜豊昭著　『図書・図書館史』　学文社，2014．138p．（ライブラリー図書館情報学；10）

2　知的自由と図書館

アメリカ図書館協会知的自由部編纂　『図書館の原則：図書館における知的自由マニュアル（第8版）』　改訂3版　川崎良孝［ほか］訳　日本図書館協会，2010．585p．

アメリカ図書館協会知的自由部編著　『21世紀の図書館におけるプライヴァシーと情報の自由』　高鍬裕樹［ほか］訳　京都大学図書館情報学研究会発行，日本図書館協会発売，2012．117p．（KSPシリーズ；13）

ウィーガンド，ウェイン・A. 編　『「図書館の権利宣言」を論じる』　川崎良孝，薬師院はるみ訳　京都大学図書館情報学研究会発行，日本図書館協会発売，2000．195p．

川崎良孝著　『アメリカ図書館協会『倫理綱領』の歴史的展開過程』　京都図書館情報学研究会発行，日本図書館協会発売，2015．247p．

川崎良孝編著，高鍬裕樹，川崎智子著　『秘密性とプライヴァシー：アメリカ図書館協会の方針』　京都大学図書館情報学研究会発行，日本図書館協会発売，2012．139p．（KSPシリーズ；14）

塩見昇，川崎良孝編著　『知る自由の保障と図書館』　京都大学図書館情報学研究会発行，日本図書館協会発売，2006．423p．

長岡義幸著　『マンガはなぜ規制されるのか：「有害」をめぐる半世紀の攻防』　平凡社，2010．262p．（平凡社新書；556）

西河内靖泰著　『知をひらく：「図書館の自由」を求めて』　青灯社，2011．368p．

日本図書館協会図書館の自由委員会編　『「図書館の自由に関する宣言　1979年改訂」解説』　第2版　日本図書館協会，2004．127p．

日本図書館協会図書館の自由に関する調査委員会編　『表現の自由と「図書館の自由」』　日本図書館協会，2000．188p．（図書館と自由；16）

福井佑介著　『図書館の倫理的価値「知る自由」の歴史的展開』　松籟社，2015．254p．

松井茂記著　『図書館と表現の自由』　岩波書店，2013．260p．

マッカロン，マーク編　『図書館と知的自由についての新たな展望』　川崎良孝，福井佑介，嶋崎さやか訳　京都図書館情報学研究会発行，日本図書館協会発売，2015．165p．

3　法と図書館

後藤敏行著　『図書館の法令と政策』　樹村房，2015．138p．

塩見昇，山口源治郎編著　『新図書館法と現代の図書館』　日本図書館協会，2009．442p．

新保史生著　『情報管理と法：情報の利用と保護のバランス』　勉誠出版，2010．187p．

日本図書館研究会編集委員会編　『構造的転換期にある図書館：その法制度と政策』　日本図書館研究会，2010．277p．

鑓水三千男著　『図書館と法：図書館の諸問題への法的アプローチ』　日本図書館協会，2009．290p．（JLA図書館実践シリーズ；12）

4　テクノロジーと図書館

阿濱茂樹著　『図書館と情報モラル』　青弓社，2013．169p．

大串夏身編著　『最新の技術と図書館サービス』　青弓社，2007．256p．（図書館の最前

線；2）

河島茂生編著　『図書館情報技術論：図書館を駆動する情報装置』　ミネルヴァ書房，2013．273p．（講座図書館情報学；4）

斎藤ひとみ，二村健編著　『図書館情報技術論』　学文社，2012．135p．（ベーシック司書講座・図書館の基礎と展望；2）

杉本重雄，阪口哲男，永森光晴，原田隆史，藤田岳久編　『図書館情報技術論』　樹村房，2014．208p．（現代図書館情報学シリーズ；3）

スミス，マーク著　『インターネット・ポリシー・ハンドブック：図書館で利用者に提供するとき考えるべきこと』　戸田あきらほか訳　日本図書館協会，2003．221p．

長尾真著　『電子図書館』　新装版　岩波書店，2010．127p．

日高昇治著　『図書館情報技術論』　学文社，2013．190p．（ライブラリー図書館情報学；3）

三輪眞木子著　『情報行動：システム志向から利用者志向へ』　勉誠出版，2012．205p．（ネットワーク時代の図書館情報学）

＜C　図書館情報学＞

上田修一，倉田敬子編著　『図書館情報学』　勁草書房，2013．292p．

中村百合子，松本直樹，三浦太郎，吉田右子編著，根本彰監修　『図書館情報学教育の戦後史』　ミネルヴァ書房，2015．1039p．

根本彰編　『図書館情報学基礎』　東京大学出版会，2013．267p．（シリーズ図書館情報学；1）

三田図書館・情報学会編　『図書館・情報学研究入門』　勁草書房，2005．226p．

山本順一編　『新しい時代の図書館情報学』　有斐閣，2013．226p．（有斐閣アルマInterest）

ルービン，リチャード著　『図書館情報学概論』　根本彰訳　東京大学出版会，2014．356p．

＜E　図書館関係団体＞

金容媛著　『図書館情報政策』　丸善，2003．234p．

Feather, J. & Sturges, P., *International encyclopedia of information and library science*, second edition, London / New York, Routledge, 2003. 688p.

II　図書館サービス

＜章全体にかかわるもの＞

石川徹也［ほか］編　『つながる図書館・博物館・文書館：デジタル時代の知の基礎づくりへ』　東京大学出版会，2011．272p．

小田光宏編著　『図書館サービス論』　日本図書館協会，2010．246p．（JLA図書館情報学テキストシリーズⅡ；3）

金沢みどり著　『図書館サービス概論』　学文社，2014．232p．（ライブラリー図書館情報学；5）

塩見昇編　『図書館サービス論』　新訂版　教育史料出版会，2011．246p．（新編図書館学教育資料集成；3）

志保田務［ほか］編著　『図書館サービス概論』　学芸図書，2013．261p．（実践図書館情報学シリーズ；3）

日本図書館情報学会研究委員会編　『図書館・博物館・文書館の連携』　勉誠出版，2010．186p．（シリーズ・図書館情報学のフロンティア；no.10）

前園主計編著　『図書館サービス論』　東京書籍，2009．223p．（新現代図書館学講座；4）

水谷長志編著　『MLA連携の現状・課題・将来』　勉誠出版，2010．296p．

宮部頼子編集，逸村裕［ほか］共著　『図書館サービス概論』　樹村房，2012．214p．（現代図書館情報学シリーズ；4）

＜A　図書館サービスの意義＞

近江哲史著　『図書館でこんにちは：本に出会い，人に出会える楽しい場所へ』日外アソシエーツ，2007．246p．（日外選書fontana）

金沢みどり著　『生涯学習社会における情報活用能力の育成と図書館』　学文社，2012．199p．

国際図書館連盟公共図書館分科会ワーキン

グ・グループ編 『理想の公共図書館サービスのために：IFLA/UNESCOガイドライン』 山本順一訳 日本図書館協会，2003. 156p.

＜B　資料提供サービス＞

大串夏身編著 『課題解決型サービスの創造と展開』 青弓社，2008. 261p.（図書館の最前線；3）

ケニヨン，アンドレア，カシーニ，バーバラ著 『公共図書館員のための消費者健康情報提供ガイド』 野添篤毅監訳，公共図書館による医学情報サービス研究グループ訳 日本図書館協会，2007. 262p.（JLA図書館実践シリーズ；6）

日本医学図書館協会健康情報サービス研修ワーキンググループ編著 『やってみよう図書館での医療・健康情報サービス』 改訂版　日本医学図書館協会，丸善学術情報ソリューション事業部発売，2013. 183p.

牧野雄二，川嶋斉著 『新着雑誌記事速報から始めてみよう：RSS・APIを活用した図書館サービス』 日本図書館協会，2012. 161p.（JLA図書館実践シリーズ；21）

丸山修企画・編集 『図書館による課題解決支援サービスの動向：地域を支える公共図書館』 高度映像情報センター，2007. 159p.（AVCCライブラリーレポート；2007）

＜C　情報サービス＞

石井保廣，工藤邦彦著 『情報検索演習：フリーサイトでスキルアップ』 佐伯印刷，2014. 172p.

市古みどり編著 『資料検索入門：レポート・論文を書くために』 慶應義塾大学出版会，2014. 151p.（アカデミック・スキルズ）

伊藤民雄著 『インターネットで文献探索 2013年版』 日本図書館協会，2013. 197p.（JLA図書館実践シリーズ；7）

指宿信編 『法情報サービスと図書館の役割』 勉誠出版，2009. 223p.（情報とメディア）

Ingwersen, Peter, Jarvelin, Kalervo著 『情報検索の認知的転回：情報捜索と情報検索の統合』 細野公男［ほか］共訳　丸善，2008. 316p.

大串夏身編著 『情報サービス論』 新訂版　理想社，2008. 253p.（新図書館情報学シリーズ；5）

大串夏身編著 『レファレンスサービス演習』 日本図書館協会，1997. 138p.（JLA図書館情報学テキストシリーズ；5）

大串夏身，齊藤誠一編 『情報サービス論』 理想社，2010. 253p.

大串夏身，田中均著 『インターネット時代のレファレンス：実践・サービスの基本から展開まで』 日外アソシエーツ，2010. 216p.

大谷康晴編，安形輝［ほか］共著 『情報検索演習』 日本図書館協会，2011. 142p.（JLA図書館情報学テキストシリーズⅡ；6）

緒方良彦著 『情報検索の歴史：日本語処理を乗り越えて』 日外アソシエーツ，2010. 145p.（日外選書fontana）

小田光宏編著 『情報サービス論』 日本図書館協会，2012. 254p.（JLA図書館情報学テキストシリーズⅢ；5）

木本幸子著 『図書館で使える情報源と情報サービス』 日外アソシエーツ，2010. 197p.

斎藤文男，藤村せつ子著 『実践型レファレンス・サービス入門』 補訂版　日本図書館協会，2014. 203p.（JLA図書館実践シリーズ；1）

齊藤泰則著 『利用者志向のレファレンスサービス：その原理と方法』 勉誠出版，2009. 182p.（ネットワーク時代の図書館情報学）

齊藤泰則，大谷康晴編著 『情報サービス演習』 日本図書館協会，2015. 258p.（JLA図書館情報学テキストシリーズⅢ；7）

阪田蓉子編 『情報サービス論』 新訂2版　教育史料出版会，2015. 239p.（新編図書館学教育資料集成；4）

志保田務，平井尊士編著，西田文男監修 『情報サービス：概説とレファレンスサービス演習』 第3版　学芸図書，2007. 205p.

高鍬裕樹著 『デジタル情報資源の検索＝Digital Information Resources : Search and

Retrieval』 京都大学図書館情報学研究会発行，2014．94p．（KSPシリーズ；18）

高田高史編著 『図書館のプロが伝える調査のツボ』 柏書房，2009．310p．

竹之内禎編著 『情報サービス論』 学文社，2013．122p．（ベーシック司書講座・図書館の基礎と展望；4）

田村俊作編著 『情報サービス論』 新訂 東京書籍，2010．214p．（現代図書館学講座；5）

殿崎正明著 『情報検索・サービス演習』 第10版 恒星社，2012．134p．

長澤雅男著 『レファレンスサービス：図書館における情報サービス』 丸善，1995．245p

長澤雅男，石黒祐子共著 『問題解決のためのレファレンスサービス』 新版 日本図書館協会，2007．294p．

長澤雅男，石黒祐子共著 『レファレンスブックス：選びかた・使いかた』 新訂版 日本図書館協会，2015．242p．

中西裕［ほか］著 『情報サービス論及び演習』 学文社，2012．159p．（ライブラリー図書館情報学；6）

西岡達裕著 『オンライン情報の学術利用：文献探索入門 論文・レポートの手引に！』 日本エディタースクール出版部，2008．64p．

日本図書館情報学会研究委員会編 『情報アクセスの新たな展開：情報検索・利用の最新動向』 勉誠出版，2009．204p．（シリーズ・図書館情報学のフロンティア；no.9）

ハーツ，ノリーナ著 『情報を捨てるセンス 選ぶ技術』 中西真雄美訳 講談社，2014．382p．

原田智子編，江草由佳，小山憲司共著 『情報サービス演習』 樹村房，2012．213p．（現代図書館情報学シリーズ；7）

藤田節子著 『図書活用術：情報リテラシーを身につけるために』 新訂第3版 日外アソシエーツ発行，紀伊國屋書店発売，2011．225p．

松本勝久著 『情報検索入門ハンドブック：データベース，Web，図書館の利用法』 勉誠出版，2008．283p．

三輪眞木子著 『情報検索のスキル：未知の問題をどう解くか』 中央公論新社，2003．214p．（中公新書）

毛利和弘著 『文献調査法：調査・レポート・論文作成必携 情報リテラシー読本』 第6版 毛利和弘発行，日本図書館協会発売，2014．238p．

山崎久道編，大庭一郎［ほか］共著 『情報サービス論』 樹村房，2012．209p．（現代図書館情報学シリーズ；5）

ロー・ライブラリアン研究会編 『法情報の調べ方入門：法の森のみちしるべ』 日本図書館協会，2015．202p．（JLA図書館実践シリーズ；28）

鷲見克典，四谷あさみ著 『調べるためのウェブサイト評価：インターネット時代の情報リテラシー 調べるサイト評価尺度WEI』 三恵社，2007．144p．

<D 利用教育>

近江哲史著 『図書館力をつけよう：憩いの場を拡げ，学びを深めるために』 日外アソシエーツ，2005．260p．

菊地登志子ほか著 『情報リテラシーの扉をひらく！』 共立出版，2005．175p．

佐藤章，神沼靖子共著 『情報リテラシ』 第4版 共立出版，2005．212p．

造事務所編集・構成，金中利和監修 『本のさがし方がわかる事典：図書館の達人！ 調べるのがおもしろくなる』 PHP研究所，2007．79p．

日本図書館協会図書館利用教育委員会編 『情報リテラシー教育の実践：すべての図書館で利用教育を』 日本図書館協会，2010．180p．（JLA図書館実践シリーズ；14）

<E 図書館の文化活動>

ちばおさむ著 『図書館長の仕事：「本のある広場」をつくった図書館長の実践記』 日本図書館協会，2008．172p．（JLA図書館実践シリーズ；10）

西田清子著 『図書館をPRする』 日本図書館協会，1997．175p．（図書館員選書；13）

ビブリオバトル普及委員会編著,吉野英知[ほか]監修 『ビブリオバトル入門：本を通して人を知る・人を通して本を知る ビブリオバトル公式ガイドブック』 情報科学技術協会，2013．158p.

＜F　利用者別の図書館サービス＞

赤星隆子著 『児童図書館の誕生』 理想社，2007．287p.

赤星隆子，荒井督子編著 『児童図書館サービス論』 新装版 理想社，2010．237p.

IFLA児童・ヤングアダルト図書館分科会編著 『児童図書館サービスのためのガイドライン』 国立国会図書館国際子ども図書館編訳 国立国会図書館国際子ども図書館，2007．16p.

植松貞夫，鈴木佳苗編集，岩崎れい［ほか］共著 『児童サービス論』 樹村房，2012．191p.（現代図書館情報学シリーズ；6）

NPOブックスタート編著 『「ブックスタートがもたらすもの」に関する研究レポート』 ブックスタート，2014．205p.

金沢みどり著 『児童サービス論』 学文社，2012．187p.（ライブラリー図書館情報学；7）

菊池佑著 『病院患者図書館：患者市民に教育・文化・医療情報を提供』 出版ニュース社，2001．366p.

京都ブックトークの会編 『あなたもブックトーク』 連合出版，2009．198p.

グリーン，エリン著 『ストーリーテリング：その心と技』 芦田悦子［ほか］訳 こぐま社，2009．311p.

公共図書館で働く視覚障害職員の会編著 『見えない・見えにくい人も「読める」図書館』 読書工房，2009．239p.

国際図書館連盟児童・ヤングアダルト図書館分科会編 『IFLA乳幼児への図書館サービスガイドライン』 日本図書館協会児童青少年委員会訳 日本図書館協会，2009．42p.

国際図書館連盟児童・ヤングアダルト図書館分科会編 『IFLAヤングアダルトへの図書館サービスガイドライン2008年』 日本図書館協会児童青少年委員会訳 日本図書館協会，2013．34p.

国際図書館連盟多文化社会図書館サービス分科会編 『多文化コミュニティ：図書館サービスのためのガイドライン』 第3版 日本図書館協会多文化サービス委員会訳・解説 日本図書館協会，2012．71p.

国際図書館連盟特別なニーズのある人々に対する図書館サービス分科会編 『読みやすい図書のためのIFLA指針（ガイドライン）』 日本図書館協会障害者サービス委員会監訳，日本障害者リハビリテーション協会訳 日本点字図書館，2013．129p.

小林卓，野口武悟共編 『図書館サービスの可能性：利用に障害のある人々へのサービス その動向と分析』 日外アソシエーツ発行，紀伊國屋書店発売，2012．217p.

佐藤聖一著 『1からわかる図書館の障害者サービス』 学文社，2015．160p.

佐藤凉子編 『児童サービス論』 改訂版 教育史料出版会，2009．229p.（新編図書館学教育資料集成；6）

汐﨑順子著 『児童サービスの歴史：戦後日本の公立図書館における児童サービスの発展』 創元社，2007．213p.

全国視覚障害者情報提供施設協会サービス委員会音声パソコンサポート・プロジェクト編 『視覚障害者ICTサポートガイドブック：基礎・導入のためのQ&A』 全国視覚障害者情報提供施設協会発行,大活字発売，2007．181p.

ときわひろみ著 『手づくり紙芝居講座』 日本図書館協会，2009．194p.（JLA図書館実践シリーズ；11）

難波博孝［ほか］編著 『読書で豊かな人間性を育む児童サービス論』 学芸図書，2012．258p.（実践図書館情報学シリーズ；4）

日本図書館協会児童青少年委員会児童図書館サービス編集委員会編 『児童図書館サービス 1 運営・サービス論』 日本図書館協会，2011．310p.（JLA図書館実践シリーズ；18）

日本図書館協会児童青少年委員会児童図書館サービス編集委員会編 『児童図書館サービス 2 児童資料・資料組織論』 日本

図書館協会, 2011. 322p.（JLA図書館実践シリーズ；19）

日本図書館協会障害者サービス委員会編『障害者サービス』補訂版　日本図書館協会, 2003. 316p.（図書館員選書；12）

日本図書館協会多文化サービス研究委員会編『多文化サービス入門』　日本図書館協会, 2004. 198p.（JLA図書館実践シリーズ；2）

日本盲人社会福祉施設協議会情報サービス部会編　『高齢者と障害者のための読み書き支援：「見る資料」が利用できない人への代読代筆』　小学館, 2014. 176p.

二村晃著　『耳で読む読書の世界：音訳者とともに歩む』　東方出版, 2010. 170p.

藤澤和子, 服部敦司編著『LLブックを届ける：やさしく読める本を知的障害・自閉症のある読者へ』　読書工房, 2009. 327p.

藤野寛之編著, 伊est左和子監修　『アメリカの児童図書館・学校図書館』　日外アソシエーツ発行, 紀伊國屋書店発売, 2015. 238p.

堀川照代編著　『児童サービス論』　日本図書館協会, 2014. 270p.（JLA図書館情報学テキストシリーズⅢ；6）

松本なお子著　『これから昔話を語る人へ：語り手入門』　小澤昔ばなし研究所, 2012. 187p.

溝上智恵子［ほか］編著　『高齢社会につなぐ図書館の役割　高齢者の知的欲求と余暇を受け入れる試み』　学文社, 2012. 168p.

村上淳子編著　『だれでもできるブックトーク：「読みきかせ」から「ひとり読み」へ』　国土社, 2008. 175p.

メイツ, バーバラ・T. 著　『高齢者への図書館サービスガイド：55歳以上図書館利用者へのプログラム作成とサービス』　高島涼子ほか訳　京都大学図書館情報学研究会発行, 日本図書館協会発売, 2006. 233p.

望月道浩, 平井歩美編著　『児童サービス論』　学文社, 2015. 124p.（ベーシック司書講座・図書館の基礎と展望；7）

渡辺暢恵［ほか］著　『学校司書と先生のためのすぐできるブックトーク：小・中学校・高等学校のわかりやすいシナリオ集』　ミネルヴァ書房, 2012. 165p.

＜G　図書館サービスと著作権＞

岡本薫著　『著作権の考え方』　岩波書店, 2003. 226p.（岩波新書）

加戸守行著　『著作権法逐条講義』　四訂新版　著作権情報センター, 2003. 900p.

黒澤節男著『Q&Aで学ぶ図書館の著作権基礎知識』　第2版　太田出版, 2008. 186p.（ユニ知的所有権ブックス；no.8）

黒澤節男著　『図書館と著作権』　改訂　著作権情報センター, 2007. 34p.（ケーススタディ著作権；3）

小泉直樹［ほか］著　『激動する世界の状況：クラウド時代の著作権法』　勁草書房, 2013. 174p.（KDDI総研叢書）

後藤敏行著　『著作権法：著作物, 権利, 図書館資料のデジタル配信』　図書館情報メディア研究会, 2012. 76p.

情報サービス産業協会編　『情報サービスと著作権』　改訂第2版　情報サービス産業協会, 2012. 55p.（JISAブックレッツ；6）

全国視覚障害者情報提供施設協会サービス委員会著作権プロジェクト編　『著作権マニュアル：見えない・見えにくい人への情報提供サービス 2008』　日本盲人社会福祉施設協議会情報サービス部会, 2008. 194p.

専門図書館協議会著作権委員会著　『専門図書館と著作権Q&A 2012』　専門図書館協議会, 2012. 38p.

日本図書館協会障害者サービス委員会, 著作権委員会編　『障害者サービスと著作権法』　日本図書館協会, 2014. 131p.（JLA図書館実践シリーズ；26）

日本図書館協会著作権委員会編　『図書館サービスと著作権』　改訂第3版　日本図書館協会, 2007. 282p.（図書館員選書；10）

日本図書館協会著作権問題委員会編著　『図書館活動と著作権Q&A』　日本図書館協会, 2000. 64p.

日本図書館情報学会研究委員会編　『図書館を支える法制度』　勉誠出版, 2002. 151p.

（シリーズ・図書館情報学のフロンティア；2）

森田盛行著 『気になる著作権Q&A：学校図書館の活性化を図る』 全国学校図書館協議会，2013．51p．（はじめよう学校図書館；8）

Ⅲ 図書館経営

＜A　総論＞

安藤友張編著 『図書館制度・経営論：ライブラリー・マネジメントの現在』 ミネルヴァ書房，2013．194p．（講座図書館情報学；3）

糸賀雅児，薬袋秀樹編，市川恵理［ほか］著 『図書館制度・経営論』 樹村房，2013．216p．（現代図書館情報学シリーズ；2）

大串夏身編著 『図書館の活動と経営』 青弓社，2008．286p．（図書館の最前線；5）

手嶋孝典編著 『図書館制度・経営論』 学文社，2013．152p．（ベーシック司書講座・図書館の基礎と展望；5）

永田治樹編著 『図書館制度・経営論』 日本図書館協会，2016．278p．（JLA図書館情報学テキストシリーズⅢ；2）

根本彰編 『情報資源の社会制度と経営』 東京大学出版会，2013．286p．（シリーズ図書館情報学；3）

Herron, Peter, Dugan, Robert E.［著］ 『図書館の価値を高める：成果評価への行動計画』 永田治樹ほか訳　丸善，2005．268p．

三村敦美編 『図書館経営論』 改訂版　教育史料出版会，2009．230p．（新編図書館学教育資料集成；2）

柳与志夫著 『図書館制度・経営論』 学文社，2013．147p．（ライブラリー図書館情報学；4）

柳与志夫著 『文化情報資源と図書館経営：新たな政策論をめざして』 勁草書房，2015．363,7p

＜B　公立図書館の計画と評価＞

尾林芳匡，入谷貴夫編著 『PFI神話の崩壊』 自治体研究所，2009．212p．

神奈川県図書館協会図書館評価特別委員会編 『公共図書館の自己評価入門』 日本図書館協会，2007．142p．（JLA図書館実践シリーズ；9）

国際図書館連盟公共図書館分科会ワーキング・グループ編 『理想の公共図書館サービスのために：IFLA/UNESCOガイドライン』 山本順一訳　日本図書館協会，2003．156p．

図書館総合研究所編，新谷良文［ほか］執筆，高山正也，南学監修 『市場化の時代に生き抜く図書館：指定管理者制度による図書館経営とその評価』 時事通信出版局発行，時事通信社発売，2007．251p．

「図書館評価のためのチェックリスト」改訂版　日本図書館協会図書館政策特別委員会編 『公立図書館の任務と目標：解説』 改訂版増補　日本図書館協会，2009．p.89-107．

日本図書館協会編 『豊かな文字・活字文化の享受と環境整備：図書館からの政策提言』 改訂版　日本図書館協会，2012．16p．

日本図書館協会図書館政策企画委員会望ましい基準検討チーム編 『図書館の設置及び運営上の望ましい基準活用の手引き：平成24年12月19日文部科学省告示第172号』 日本図書館協会，2014．112p．

日本図書館協会図書館政策特別委員会編 『公立図書館の任務と目標：解説』 改訂版増補　日本図書館協会，2009．107p．

日本図書館情報学会研究委員会編 『図書館の経営評価』 勉誠出版，2003．170p．（シリーズ・図書館情報学のフロンティア；3）

藤谷幸弘著 『公共図書館の利用をめぐる評価』 あるむ，2008．191p．

＜C　公立図書館の運営＞

伊藤昭治，山本昭和編 『公立図書館の役割を考える』 日本図書館研究会，2000．251p．

内野安彦著 『図書館長論の試み：実践からの序説』 樹村房，2014．222p．

大串夏身編著 『図書館の活動と経営』 青弓社，2008．286p．（図書館の最前線；5）

大澤正雄著 『公立図書館の経営』 補訂版

日本図書館協会，2005．274p．（図書館員選書；21）

大澤正雄著　『図書館づくり繁盛記』　日外アソシエーツ発行，紀伊國屋書店発売，2015．237p．

岡本真，森旭彦著　『未来の図書館，はじめませんか？』　青弓社，2014．194p．

神奈川県図書館協会図書館評価特別委員会編　『公共図書館の自己評価入門』　日本図書館協会，2007．142p．（JLA図書館実践シリーズ；9）

小山永樹著　『地方自治と公立図書館経営』　筑波大学大学院図書館情報メディア研究科図書館流通センター図書館経営寄付講座，2009．214p．（図書館流通センター図書館経営寄付講座・調査研究報告；1）

ダグラス，スコット著　『どうか，お静かに：公立図書館ウラ話』　宮澤由江訳　文芸社，2012．551p．

田中均著　『図書館を変える広報力：Webサイトを活用した情報発信実践マニュアル』日外アソシエーツ発行，紀伊國屋書店発売，2012．197p．

田村俊作，小川俊彦編　『公共図書館の論点整理』　勁草書房，2008．228，37p．（図書館の現場；7）

ちばおさむ著　『図書館長の仕事：「本のある広場」をつくった図書館長の実践記』　日本図書館協会，2008．172p．（JLA図書館実践シリーズ；10）

常世田良著　『浦安図書館にできること：図書館アイデンティティ』　勁草書房，2003．270p．（図書館の現場；1）

仁上幸治著　『図書館員のためのPR実践講座：味方づくり戦略入門』　樹村房，2014．119p．

日本図書館協会図書館政策企画委員会『こんなときどうするの？』　改訂版編集チーム編　『みんなで考えるこんなときどうするの？：図書館における危機安全管理マニュアル作成の手引き』　日本図書館協会，2014．244p．

日本図書館情報学会研究委員会編　『変革の時代の公共図書館：そのあり方と展望』

勉誠出版，2008．202p．（シリーズ・図書館情報学のフロンティア；no.8）

『みんなで考える図書館の地震対策』　編集チーム編　『みんなで考える図書館の地震対策：減災へつなぐ　マニュアル作成の手引き』　日本図書館協会，2012．127p．

森川世紀著　『地方分権時代の公立図書館経営論』　筑波大学大学院図書館情報メディア研究科図書館流通センター図書館経営寄付講座，2011．137p．（図書館流通センター図書館経営寄付講座・調査研究報告；3）

柳与志夫著　『知識の経営と図書館』　勁草書房，2009．254p．（図書館の現場；8）

吉井潤著　『29歳で図書館長になって』　青弓社，2015．222p．

＜D　図書館づくりと住民参加＞

扇元久栄ほか著　『図書館づくり運動実践記：三つの報告と新・図書館づくり運動論』　緑風出版，1997．348p．

西田博志著　『図書館員として何ができるか：私の求めた図書館づくり』　教育史料出版会，1997．204p．

山本哲生著　『図書館の時代がやってきた』教育史料出版会，1999．211p．

＜E　大学図書館の運営＞

逸村裕，竹内比呂也編　『変わりゆく大学図書館』　勁草書房，2005．232p．

井上真琴著　『図書館に訊け！』　筑摩書房，2004．253p．（ちくま新書）

岩猿敏生ほか著　『大学図書館の管理と運営』　日本図書館協会，1992．247p．

加藤信哉，小山憲司編訳　『ラーニング・コモンズ：大学図書館の新しいかたち』　勁草書房，2012．290p．

加藤好郎著　『大学図書館経営論』　勁草書房，2011．202p．

日本私立大学協会大学図書館研修委員会編『大学図書館の理論と実践　2』　日本私立大学協会，2005．481p．

日本図書館情報学会研究委員会編　『学術情報流通と大学図書館』　勉誠出版，2007．

217p.（シリーズ・図書館情報学のフロンティア：no.7)

日本図書館情報学会研究委員会編　『電子図書館：デジタル情報の流通と図書館の未来』　勉誠出版，2001．204p.（シリーズ・図書館情報学のフロンティア；no.1）

根岸正光ほか著　『電子図書館と電子ジャーナル：学術コミュニケーションはどう変わるか』　丸善，2004．157p.（情報学シリーズ；8）

溝上智恵子編著　『世界のラーニング・コモンズ＝LEARNING COMMONS IN THE WORLD：大学教育と「学び」の空間モデル』　樹村房，2015．292p.

＜F　学校図書館の運営＞

赤木かん子著　『読書力アップ！学校図書館のつかい方』　光村図書出版，2012．128p.

赤木かん子著　『読書力アップ！学校図書館のつくり方』　光村図書出版，2010．128p.

赤木かん子著　『読書力アップ！学校図書館の本のえらび方：赤木かん子の』　光村図書出版，2013．144p.

赤木かん子，塩谷京子著　『しらべる力をそだてる授業！』　ポプラ社，2007．159p.

朝比奈大作，米谷茂則著　『読書と豊かな人間性』　新版　放送大学教育振興会，2015．222p.（放送大学教材）

熱海則夫，長倉美恵子編著　『子どもが生きる学校図書館』　ぎょうせい，1999．384p.

アメリカ・スクール・ライブラリアン協会（AASL）編　『学校図書館メディアプログラムのためのガイドライン』　全国SLA海外資料委員会訳，渡辺信一［ほか］監訳　全国学校図書館協議会，2010．67p.（シリーズ学習者のエンパワーメント；第2巻）

有元秀文著　『PISAに対応できる「国際的な読解力」を育てる新しい読書教育の方法：アニマシオンからブッククラブへ』　少年写真新聞社，2009．141p.（シリーズ学校図書館）

五十嵐絹子，藤田利江編著　『学校図書館の力を活かす』　国土社，2013．190p.（学校図書館から教育を変える；2）

五十嵐絹子，藤田利江編著　『学びを拓く授業モデル』　国土社，2014．205p.（学校図書館から教育を変える；3）

植松雅美編著　『学校図書館活用の新しい授業：思考力・判断力・表現力が育つ　小学校』　学事出版，2014．111p.

大串夏身編著　『学習指導・調べ学習と学校図書館』　改訂版　青弓社，2009．190p.（学校図書館図解・演習シリーズ；3）

小川三和子著　『読書の指導と学校図書館』　青弓社，2015．211p.（学校図書館学；2）

学校図書館研究会編　『新学習指導要領と学校図書館』　日本学校図書館学会学校図書館研究会，2009．136p.

学校図書館スタートガイド編集委員会編著　『学校司書・司書教諭・図書館担当者のための学校図書館スタートガイド』　少年写真新聞社，2015．119p.

学校図書館ネットワーク委員会編　『すすめよう学校図書館ネットワーク』　全国学校図書館協議会，2002．47p.

門脇久美子，実重和美，漆谷成子，堀川照代著　『学校図書館は何ができるのか？その可能性に迫る：小・中・高等学校の学校司書3人の仕事から学ぶ』　国土社，2014．223p.

金沢みどり著　『学校教育における図書館と情報教育』　青山社，2008．119p.

神代浩，中山美由紀編著　『学校図書館の挑戦と可能性』　悠光堂，2015．206p.（困ったときには図書館へ；2）

北克一編著　『学校経営と学校図書館，その展望』　改訂版　青弓社，2009．189p.（学校図書館図解・演習シリーズ；4）

黒古一夫，山本順一編著　『読書と豊かな人間性』　学文社，2007．185p.（メディア専門職養成シリーズ；4）

黒沢浩編著　『新学校図書館入門：子どもと教師の学びをささえる』　草土文化，2001．207p.

古賀節子編著　『学校経営と学校図書館』　樹村房，2002．193p.（司書教諭テキストシリーズ；1）

後藤敏行著　『学校図書館概論』　図書館情報

メディア研究会，2013．79p．

坂田仰，河内祥子編著 『教育改革の動向と学校図書館』 八千代出版，2012．259p．

坂田仰［ほか］編著 『学校図書館の光と影：司書教諭を目指すあなたへ』 八千代出版，2007．242p．

塩見昇編 『学校教育と学校図書館』 新訂2版 教育史料出版会，2012．230p．（新編図書館学教育資料集成；10 学校図書館論－1）

塩見昇編著 『教育を変える学校図書館』 風間書房，2006．253p．

塩見昇，北村幸子編著 『学校図書館メディアと読書教育』 教育史料出版会，2007．214p．（新編図書館学教育資料集成；11 学校図書館論－2）

志保田務［ほか］編著 『学校教育と図書館：司書教諭科目のねらい・内容とその解説』 第一法規，2007．345p．

「シリーズ学校図書館学」編集委員会編 『学校経営と学校図書館』 全国学校図書館協議会，2011．205p．（シリーズ学校図書館学；第1巻）

「シリーズ学校図書館学」編集委員会編 『学習指導と学校図書館』 全国学校図書館協議会，2010．229p．（シリーズ学校図書館学；第3巻）

「シリーズ学校図書館学」編集委員会編 『読書と豊かな人間性』 全国学校図書館協議会，2011．175p．（シリーズ学校図書館学；第4巻）

全国学校図書館協議会監修 『司書教諭・学校司書のための学校図書館必携』 悠光堂，2015．255p．

天道佐津子編著 『読書と豊かな人間性の育成』 改訂版 青弓社，2011．229p．（学校図書館図解・演習シリーズ；5）

同学研（同志社大学学校図書館学研究会）編 『アメリカの学校図書館基準に学ぶ：IPおよびKnow It Allを中心に』 ［同学研］，2009．447p．

德田悦子著 『小学校における学び方の指導：探究型学習をすすめるために』 全国学校図書館協議会，2009．127p．（新しい教育をつくる司書教諭のしごと 第2期；1）

図書館教育研究会編著 『新学校図書館通論』 3訂版 学芸図書，2009．295p．

中村百合子編 『学校経営と学校図書館＝School Library and School Management』 樹村房，2015．224p．（司書教諭テキストシリーズ；2-1）

中山伸一編著 『情報メディアの活用と展開』 改訂版 青弓社，2009．194p．（学校図書館図解・演習シリーズ；1）

成田康子［著］ 『高校図書館：生徒がつくる，司書がはぐくむ』 みすず書房，2013．252p．

日本図書館協会図書館利用教育委員会図書館利用教育ハンドブック学校図書館（高等学校）版作業部会編著 『問いをつくるスパイラル：考えることから探究学習をはじめよう！』 日本図書館協会，2011．123p．

日本図書館情報学会研究委員会編 『学校図書館メディアセンター論の構築に向けて：学校図書館の理論と実践』 勉誠出版，2005．233p．（シリーズ・図書館情報学のフロンティア；no.5）

野口武悟，成松一郎編著 『多様性と出会う学校図書館：一人ひとりの自立を支える合理的配慮へのアプローチ』 読書工房，2015．183p．

野口武悟，前田稔編著 『学校経営と学校図書館』 新訂 放送大学教育振興会，2013．332p．（放送大学教材）

福岡淳子著 『司書と先生がつくる学校図書館』 玉川大学出版部，2015．311p．

福永義臣編著，紺野純子共著 『学校経営と学校図書館』 樹村房，1999．218p．（学校図書館実践テキストシリーズ；3）

堀川照代著 『学習指導と学校図書館』 新訂 放送大学教育振興会，2010．282p．（放送大学教材）

山本順一編著 『学校経営と学校図書館』 第2版 学文社，2008．172p．（メディア専門職養成シリーズ；1）

渡邊重夫著 『学校経営と学校図書館』 青弓社，2015．200p．（学校図書館学；1）

渡邊重夫著 『学習指導と学校図書館』 第3版 学文社, 2013. 179p.（メディア専門職養成シリーズ；3）
渡邊重夫著 『学校図書館の対話力：子ども・本・自由』 青弓社, 2014. 241p.
渡邊重夫著 『学校図書館の力：司書教諭のための11章』 勉誠出版, 2013. 264p.
渡邊重夫著 『司書教諭のための学校経営と学校図書館』 学文社, 2003. 215p.
渡辺暢恵著 『子どもが生き生きする学校図書館づくり』 改訂版 黎明書房, 2008. 141p.
渡辺暢恵著 『実践できる司書教諭を養成するための学校図書館入門』 ミネルヴァ書房, 2009. 210p.

＜G　専門図書館の運営＞

緒方良彦, 柴田亮介著 『情報センターの時代：新しいビジネス支援』 日外アソシエーツ, 2005. 194p.
専門図書館協議会調査分析委員会編 『専門情報機関総覧2015』 専門図書館協議会発行, 図書館流通センター発売, 2015. 136, 838, 22p.
豊田恭子ほか著 『専門図書館のマネジメント』 日本図書館協会, 2000. 215p.（図書館員選書；22）
山崎久道著 『専門図書館経営論：情報と企業の視点から』 日外アソシエーツ, 1999. 169p.

＜H　図書館の統計と調査＞

岸田和明著 『図書館情報学における統計的方法』 樹村房, 2015. 252p.
Srikantaiah, Tavarekere & Hoffman, Herbert H. 著 『ライブラリアンのためのやさしい統計学』 三浦逸雄訳 丸善, 1994. 181p.
日本図書館協会図書館の基準のあり方を検討するワーキング・グループ編 『公立図書館の設置及び運営上の望ましい基準活用の手引き』 日本図書館協会, 2001. 46p.
『図書館パフォーマンス指標』 日本規格協会, 2007. 56p.（JIS X-0812：2007）
Hernon, Peter & Whitman, John R. 著 『図書館の評価を高める：顧客満足とサービス品質』 永田治樹訳 丸善, 2002. 225p.

Ⅳ　図書館資料

＜A　総論＞

伊藤昭治, 山本昭和編著 『公立図書館の役割を考える』 日本図書館研究会, 2000. 251p.
伊藤民雄著 『図書館情報資源概論』 学文社, 2012. 180p.（ライブラリー図書館情報学；8）
小黒浩司編著 『図書館資料論』 新訂 東京書籍, 2008. 231p.（新現代図書館学講座；8）
郡司良夫著 『図書館資料論』 勉誠出版, 2003. 213p.（図書館情報学の基礎；7）
小島浩之編, 安形麻里［ほか］著 『図書館資料としてのマイクロフィルム入門』 日本図書館協会, 2015. 180p.（JLA図書館実践シリーズ；27）
後藤暢, 松尾昇治編著 『図書館資料論』 改訂版 教育史料出版会, 2007. 234p.（新編図書館学教育資料集成；5）
志保田務, 山本順一監修・編著, 中村惠信［ほか］編著, 平井尊士［ほか］著 『資料・メディア総論：図書館資料論・専門資料論・資料特論の統合化』 第2版 学芸図書, 2007. 226p.
高山正也, 平野英俊編, 岸田和明［ほか］共著 『図書館情報資源概論』 樹村房, 2012. 192p.（現代図書館情報学シリーズ；8）
ディオダート, ヴァージル著 『計量書誌学辞典』 芳鐘冬樹［ほか］訳 日本図書館協会, 2008. 211p.
馬場俊明編著 『図書館情報資源概論』 日本図書館協会, 2012. 270p.（JLA図書館情報学テキストシリーズⅢ；8）
平野英俊編著 『図書館資料論』 改訂版 樹村房, 2004. 182p.（新・図書館学シリーズ；7）
堀川貴司著 『書誌学入門：古典籍を見る・

知る・読む』 勉誠出版, 2010. 263,10p.
三浦逸雄, 野末俊比古共編著 『専門資料論』 新訂版 日本図書館協会, 2010. 140p.（JLA図書館情報学テキストシリーズⅡ；8）
宮沢厚雄著 『図書館情報資源概論』 全訂第3版 理想社, 2015. 281p.
山岸徳平著 『書誌学序説』 岩波書店, 2008. 303p.（岩波全書セレクション）
山本順一編著, 沖日克夫［ほか］著 『情報の特性と利用：図書館情報資源概論』 創成社, 2012. 213p.

＜B　出版流通＞

蔡星慧著 『出版産業の変遷と書籍出版流通：日本の書籍出版産業の構造的特質』 増補版 出版メディアパル, 2012. 230p.
鈴木俊幸著 『書籍流通史料論序説』 勉誠出版, 2012. 448, 29p.
長岡義幸著 『出版と自由：周縁から見た出版産業』 出版メディアパル, 2009. 334p.
湯浅俊彦著 『日本の出版流通における書誌情報・物流情報のデジタル化とその歴史的意義』 ポット出版, 2007. 369p.

＜C　蔵書構成方針＞

伊藤昭治, 山本昭和編著 『本をどう選ぶか：公立図書館の蔵書構成』 日本図書館研究会, 1992. 256p.
内野安彦編著 『ちょっとマニアックな図書館コレクション談義』 大学教育出版, 2015. 164p.
『絵本の選び方：子どもも大人も楽しめる』 梛出版社, 2013. 125p.
河井弘志著 『図書選択論の視界』 日本図書館協会, 2009. 371p.
東京子ども図書館編 『私たちの選んだ子どもの本』 改訂新版 東京子ども図書館, 2012. 251p.
日本図書館協会図書館の自由に関する調査委員会編 『収集方針と図書館の自由』 日本図書館協会, 1989. 225p.（図書館と自由；10）
日本図書館情報学会研究委員会編 『情報の評価とコレクション形成』 勉誠出版, 2015. 173p.（わかる！図書館情報学シリーズ；第2巻）
安井一徳著 『図書館は本をどう選ぶか』 勁草書房, 2006. 164p.（図書館の現場；5）

＜D　収集の実際＞

ヴィランコート, ルネ・J. ほか著 『ヤングアダルト・サービスの秘訣：公共図書館ジェネラリストへのヒント』 井上靖代訳 日本図書館協会, 2004. 191p.
大阪国際児童文学振興財団編 『子どもの本100問100答：司書, 読書ボランティアにも役立つ』 創元社, 2013. 223p.
草谷桂子著 『はじまりは図書館から：絵本は語る』 子どもの未来社, 2013. 141p.
佐藤凉子編 『児童サービス論』 補訂2版 教育史料出版会, 2004. 238p.（新編図書館学教育資料集成；6）
日本図書館学会研究委員会編 『児童・ヤングアダルトサービスの到達点と今後の課題』 日外アソシエーツ, 1997. 205p.（論集・図書館情報学研究の歩み；17）
半田雄二著 『ヤングアダルトサービス入門』 教育史料出版会, 1999. 206p.
ヤングアダルト図書館サービス協会著 『ヤングアダルトに対する図書館サービス方針』 ヤングアダルト・サービス研究会訳 日本図書館協会, 1999. 67p.

＜E　印刷資料・映像資料＞

石井保志著 『闘病記文庫入門：医療情報資源としての闘病記の提供方法』 日本図書館協会, 2011. 212p.（JLA図書館実践シリーズ；17）
京都大学人文科学研究所附属漢字情報研究センター編 『漢籍はおもしろい』 研文出版, 2008. 188p.
光斎重治編著 『逐次刊行物』 改訂第2版 日本図書館協会, 2000. 290p.（図書館員選書；5）
三多摩郷土資料研究会編 『地域資料入門』 日本図書館協会, 1999. 287p.（図書館員選書；14）
菅原孝雄著 『本の透視図：その過去と未来』

国書刊行会, 2012. 316p.

高井昌史著 『本の力：われら、いま何をなすべきか』 PHP研究所, 2014. 204p.

東京大学東洋文化研究所図書室編 『はじめての漢籍』 汲古書院, 2011. 202p.

永江朗著 『本の現場：本はどう生まれ, だれに読まれているか』 ポット出版, 2009. 223p.

中川李枝子著 『本・子ども・絵本』 新版 大和書房, 2013. 237p.

永田桂子著 『絵本という文化財に内在する機能：歴史・母子関係・現代社会からの総合的考察を通して』 風間書房, 2013. 161p.

日本エディタースクール編 『本の知識：本に関心のあるすべての人へ！』 日本エディタースクール出版部, 2009. 64p.

原田健一, 石井仁志編著 『懐かしさは未来とともにやってくる：地域映像アーカイブの理論と実際』 学文社, 2013. 278p.

福岡貞子, 伊丹弥生, 伊東正子, 池川正也編著 『多文化絵本を楽しむ』 ミネルヴァ書房, 2014. 116,3p.

藤森馨著 『図書学入門』 成文堂, 2012. 156p.

松居直著 『声の文化と子どもの本』 日本キリスト教団出版局, 2007. 239p.

松居直著 『翻訳絵本と海外児童文学との出会い』 ミネルヴァ書房, 2014. 260,13p.（松居直の世界；3）

脇明子著 『読む力が未来をひらく：小学生への読書支援』 岩波書店, 2014. 204p.

和田敦彦著 『越境する書物：変容する読書環境のなかで』 新曜社, 2011. 362p.

＜F　電子資料＞

岡本真, 柳与志夫編 『デジタル・アーカイブとは何か：理論と実践』 勉誠出版, 2015. 295p.

小川千代子編 『デジタル時代のアーカイブ』 岩田書院, 2008. 109p.（岩田書院ブックレット　アーカイブズ系；A-11）

スミス, マーク著 『インターネット・ポリシー・ハンドブック：図書館で利用者に提供するとき考えるべきこと』 戸田あきらほか訳　日本図書館協会, 2003. 221p.

知的資源イニシアティブ編 『デジタル文化資源の活用：地域の記憶とアーカイブ』 勉誠出版, 2011. 233p.

津野海太郎著 『電子本をバカにするなかれ：書物の第三の革命』 国書刊行会, 2010. 287p.

『デジタル・アーカイブ要覧』 編集委員会編　後藤忠彦監修 『デジタル・アーカイブ要覧』 教育評論社, 2007. 174p.

日本図書館情報学会研究委員会編 『電子書籍と電子ジャーナル』 勉誠出版, 2014. 174p.（わかる！図書館情報学シリーズ；第1巻）

山崎博樹［ほか］著 『図書館と電子書籍：ハイブリッド図書館へ』 教育出版センター, 2012. 160p.

湯浅俊彦著 『電子出版学入門：出版メディアのデジタル化と紙の本のゆくえ』 出版メディアパル, 2009. 118p.（本の未来を考える＝出版メディアパル；no.17）

＜G　資料の維持・更新・保持＞

アドコック, エドワード・P.編 『IFLA図書館資料の予防的保存対策の原則』 国立国会図書館訳　日本図書館協会, 2003. 155p.（シリーズ・本を残す；9）

奥村弘著 『大震災と歴史資料保存：阪神・淡路大震災から東日本大震災へ』 吉川弘文館, 2012. 217p.

奥村弘編 『歴史文化を大災害から守る：地域歴史資料学の構築』 東京大学出版会, 2014. 422,23p.

國學院大學研究開発推進機構日本文化研究所総合プロジェクト「デジタル・ミュージアムの構築と展開」編 『写真資料デジタル化の手引き：保存と研究活用のために』 國學院大學研究開発機構日本文化研究所, 2008. 82p.

国立国会図書館編 『資料保存とメディアの変換：マイクロフォーム化を中心に　第4回資料保存シンポジウム講演集』 日本図書館協会, 1994. 162p.（資料保存シンポ

国立文化財機構東京文化財研究所保存修復科学センター近代文化遺産研究室編 『音声・映像記録メディアの保存と修復』 国立文化財機構東京文化財研究所保存修復科学センター近代文化遺産研究室訳 国立文化財機構東京文化財研究所，2012．83p．（未来につなぐ人類の技；11）

全国歴史資料保存利用機関連絡協議会編 『劣化する戦後写真：写真の資料化と保存・活用』 岩田書院，2009．133p．（岩田書院ブックレット　アーカイブズ系；A-15）

園田直子編 『紙の本の保存科学』 第2版　岩田書院，2010．227p．

地方史研究協議会編 『歴史資料の保存と地方史研究』 岩田書院，2009．194p．

日本図書館協会資料保存委員会編 『災害と資料保存』 日本図書館協会，1997．159p．

「防ぐ技術・治す技術－紙資料保存マニュアル」編集ワーキング・グループ編著 『防ぐ技術・治す技術：紙資料保存マニュアル』 日本図書館協会，2005．123p．

日本図書館協会資料保存委員会編集企画，安江明夫監修 『資料保存のための代替』 日本図書館協会，2010．130p．

日本図書館協会資料保存委員会編集企画，安江明夫監修 『資料保存の調査と計画』 日本図書館協会，2009．141p．

松下正和，河野未央編 『水損史料を救う：風水害からの歴史資料保全』 岩田書院，2009．158p．（岩田書院ブックレット　アーカイブズ系；A-12）

安江明夫ほか編著 『図書館と資料保存：酸性紙問題からの10年の歩み』 雄松堂出版，1995．453p．

Ⅴ　資料・メディアの組織化

<A　総論>

石井保廣著 『図説情報資源組織演習：分類・目録からメタデータまで』 第2版　佐伯印刷，2011．139p．

石井保廣著 『図説資料組織の実際』 第2版　佐伯印刷，2008．123p．

榎本裕希子［ほか］著 『情報資源組織論』 学文社，2012．153p．（ベーシック司書講座・図書館の基礎と展望；3）

大城善盛ほか著 『資料組織概説』 改訂　樹村房，2002．217p．（新・図書館学シリーズ；9）

岡田靖編　岡田靖［ほか］共著 『資料組織演習』 3訂　樹村房，2007．183p．（新・図書館学シリーズ；10）

北克一，平井尊士著 『学校図書館メディアの構成』 新訂　放送大学教育振興会，2012．258p．（放送大学教材）

木原通夫［ほか］著 『資料組織法』 第6版　第一法規出版，2007．316p．

木原通夫ほか著 『分類・目録法入門：メディアの構成：NDC新訂9版・NCR1987年版改訂3版・BSH4版準拠』 新改訂第5版　第一法規出版，2007．182p．

児玉孝乃編 『情報資源組織演習　演習問題集』 ふくろう出版，2014．59p．

小西和信，田窪直規編，川村敬一［ほか］著 『情報資源組織演習』 樹村房，2013．263p．（現代図書館情報学シリーズ；10）

志保田務編著 『情報資源組織論：よりよい情報アクセスを支える技とシステム』 ミネルヴァ書房，2014．201p．（講座図書館情報学；10）

志保田務，高鷲忠美編著，平井尊士共著 『情報資源組織法：資料組織法・改』 第一法規，2012．315p．

柴田正美著 『情報資源組織論』 新訂版　日本図書館協会，2016．270p．（JLA図書館情報学テキストシリーズⅢ；9）

志村尚夫編著 『学校図書館メディアの構成とその組織化』 改訂版　青弓社，2009．196p．（学校図書館図解・演習シリーズ；2）

「シリーズ学校図書館学」編集委員会編 『学校図書館メディアの構成』 全国学校図書館協議会，2010．199p．（シリーズ学校図書館学；第2巻）

田窪直規編，小林康隆［ほか］共著 『情報

資源組織論』　樹村房，2011．209p．（現代図書館情報学シリーズ；9）

高鷲忠美，佐藤翔，中園長新著　『図書館情報資源組織論』　学芸図書，2014．199p．（実践図書館情報学シリーズ；7）

長田秀一著　『情報・知識資源の組織化』　サンウェイ出版，2011．254p．

那須雅煕著　『情報資源組織論及び演習』　第2版　学文社，2016．227p．（ライブラリー図書館情報学；9）

二村健編著　『情報メディアの活用』　第2版　学文社，2010．180p．（メディア専門職養成シリーズ；5）

根本彰，岸田和明編　『情報資源の組織化と提供』　東京大学出版会，2013．198p．（シリーズ図書館情報学；2）

根本彰著　『文献世界の構造：書誌コントロール論序説』　勁草書房，1998．273p．

堀込静香著　『書誌と索引：情報アクセスのための機能と使い方』　補訂版　日本図書館協会，1996．306p．（図書館員選書；19）

緑川信之編　『学校図書館メディアの構成』　第2版　学文社，2008．168p．（メディア専門職養成シリーズ；2）

山本順一，気谷陽子編著　『情報メディアの活用』　改訂新版　放送大学教育振興会，2010．276p．（放送大学教材）

和中幹雄，山中秀夫，横谷弘美共著　『情報資源組織演習』　新訂版　日本図書館協会，2016．278p．（JLA図書館情報学テキストシリーズⅢ；10）

＜B　書誌コントロール＞

谷口祥一著　『メタデータの「現在（いま）」：情報組織化の新たな展開』　勉誠出版，2010．154p．（ネットワーク時代の図書館情報学）

谷口祥一，緑川信之著　『知識資源のメタデータ』　勁草書房，2007．248p．

長田秀一著　『知識組織化論：利用者志向のアプローチ』　サンウェイ出版，2007．263p．

根本彰著　『文献世界の構造：書誌コントロール序説』　勁草書房，1998．273p．

＜C　書誌情報の作成・流通・管理＞

学術基盤推進部学術コンテンツ課編　『目録システム利用マニュアル』　第6版　国立情報学研究所，2011．285p．

国立国会図書館編　『JAPAN/MARC MARC21フォーマット　マニュアル　単行逐次刊行物資料編』　国立国会図書館，2012．（国立国会図書館のサイトからPDFで入手できる）

国立国会図書館編　『JAPAN/MARC MARC21フォーマット　マニュアル　典拠編』　国立国会図書館，2012．（国立国会図書館のサイトからPDFで入手できる）

日本図書館研究会編　『図書館資料の目録と分類』　増訂第5版　日本図書館研究会，2015．245p．

宮澤彰著　『図書館ネットワーク：書誌ユーティリティの世界』　丸善，2002．193p．（情報学シリーズ；5）

湯浅俊彦著　『日本の出版流通における書誌情報・物流情報のデジタル化とその歴史的意義』　ポット出版，2007．369p．

＜D　目録法＞

IFLA　『書誌レコードの機能要件：IFLA書誌レコード機能要件研究グループ最終報告』　和中幹雄ほか訳　日本図書館協会，2004．121p．

志保田務著　『日本における図書館目録法の標準化と目録理論の発展に関する研究』　学芸図書，2005．238p．

＜E　記述目録法＞

上田修一，蟹瀬智弘著　『RDA入門：目録規則の新たな展開』　日本図書館協会，2014．205p．（JLA図書館実践シリーズ；23）

国立情報学研究所学術基盤推進部学術コンテンツ課編　『目録システム利用マニュアル』　第6版　国立情報学研究所学術基盤推進部学術コンテンツ課，2011．285p．

志保田務ほか著　『NCRプログラム式演習と基本概念の分析：日本目録規則1987年版改訂版への手引き』　学芸図書，2000．217p．

新藤透著　『情報資源組織演習　目録編』　誠

道書店，2012．104p．（誠道学術叢書；3）
新藤透著 『情報資源組織目録法演習』 誠道書店，2015．122p．（誠道学術叢書wide版；2）
Tillett, Barbara B, Library of Congress著 『RDA資源の記述とアクセス：理念と実践』 酒井由紀子，鹿島みづき，越塚美加共訳 樹村房，2014．383p．
日本図書館協会目録委員会編 『日本目録規則』 1987年版改訂3版 日本図書館協会，2006．445p．
ALA et al. *AACR2*. 2002 revision. Chicago, ALA, 2002. 772p.
IFLA Cataloguing principles: steps towards an international cataloguing code. Report from the 1st Meeting of Experts on an International Cataloguing Code, Frankfurt 2003. Munchen, K.G. Saur, 2004. 286p.
RDA Toolkit. http://www.rdatoolkit.org（accessed 2016.1.10）

＜F 主題目録法＞

愛知淑徳大学図書館インターネット情報資源担当編，鹿島みづきほか著 『パスファインダー・LCSH・メタデータの理解と実践：図書館員のための主題検索ツール作成ガイド』 愛知淑徳大学図書館発行，紀伊國屋書店発売，2005．175p．
愛知淑徳大学図書館編，鹿島みづき著 『レファレンスサービスのための主題分析・統制語彙』 勉誠出版，2009．203p．
赤木かん子著 『赤木かん子の図書館員ハンドブック 分類のはなし：学校図書館で働く人のために 誰でも使えるユニバーサル図書館を目指して』 埼玉福祉会，2012．128p．
近江哲史著 『図書分類からながめる本の世界』 日本図書館協会，2010．201p．（JLA図書館実践シリーズ；16）
鹿島みづき著 『主題アクセスとメタデータ記述のためのLCSH入門』 樹村房，2013．223p．
蟹瀬智弘著 『NDCへの招待：図書分類の技術と実践』 樹村房，2015．293p．

今まど子，西田俊子著 『資料分類法及び演習』 第2版 樹村房，1999．192p．（新図書館学シリーズ；14）
新藤透著 『情報資源組織演習 分類編』 誠道書店，2013．68p．（誠道学術叢書；5）
新藤透著 『情報資源組織分類法演習』 改訂第2版 誠道書店，2015．85p．（誠道学術叢書wide版；3）
日本図書館協会件名標目委員会編 『基本件名標目表：BSH』 第4版 日本図書館協会，1999．2冊（別冊とも）．
日本図書館協会分類委員会改訂，もりきよし原編 『日本十進分類法』 新訂10版 日本図書館協会，2014．2冊．
緑川信之著 『本を分類する』 勁草書房，1996．224p．
宮沢厚雄著 『分類法キイノート：日本十進分類法〔新訂10版〕対応』 樹村房，2015．88p．
Chan, L. M. *Library of Congress subject headings: principles and application*. 4th. ed. Westport, Conn., Libraries Unlimited, 2005, 549p.
Dewey Decimal Classification, DDC23 OCLC Online Computer Library Center, 2011. 4v
Olson, Hope A. & Boll, John J. *Subject analysis in online catalogs*. 2nd ed. Englewood, Colo., Libraries Unlimited, 2001. 333p.

＜G 各種メディアの組織化＞

AIDOS編著 『オントロジ技術入門』 東京電機大学出版局，2005．142p．
木野主計著 『古文献整理法：和漢古資料組織法』 樹村房，2008．146p．
国文学研究資料館編 『アーカイブズの構造認識と編成記述』 思文閣出版，2014．391,3p．
上代庸平編 『アーカイブズ学要論』 中京大学社会科学研究所，尚学社発売，2014．325p．（中京大学社会科学研究所叢書；33）
菅真城著 『大学アーカイブズの世界』 大阪大学出版会，2013．296p．
曽根原登〔ほか〕編著 『メタデータ技術とセマンティックウェブ』 東京電機大学出版局，2006．233p．

谷口祥一著 『メタデータの現在：情報の組織化の新たな展開』 勉誠出版, 2010. 154p.（ネットワーク時代の図書館情報学）

谷口祥一, 緑川信之著 『知識資源のメタデータ』 勁草書房, 2007. 248p.

知的資源イニシアティブ編 『アーカイブのつくりかた：構築と活用入門』 勉誠出版, 2012. 249p.

日本図書館情報学会研究委員会編 『図書館目録とメタデータ』 勉誠出版, 2004. 218p.（シリーズ・図書館情報学のフロンティア；no. 4）

Heath, Tom, Bizer, Christian著 『Linked Data：Webをグローバルなデータ空間にする仕組み』 武田英明監訳 近代科学社, 2013. 139p.

Ⅵ 図書館職員

＜A 図書館員の専門性＞

ウインター, マイケル・F.著 『技量の統制と文化：司書職の社会学的理解に向けて』 川崎良孝訳 京都大学図書館情報学研究会発行, 日本図書館協会発売, 2005. 209p.

大島真理著 『司書はゆるりと魔女になる』 郵研社, 2015. 159p.

河井弘志編訳 『司書の教養』 京都大学図書館情報学研究会発行, 日本図書館協会発売, 2004. 127p.（KSPシリーズ；2）

川崎良孝編著 『技量の継続的向上を求めて：図書館員の研修に関する国際動向』 京都大学図書館情報学研究会発行, 日本図書館協会発売, 2004. 129p.（KSPシリーズ；1）

後藤敏行著 『司書もん：図書館職員採用試験対策問題集. 第3巻』 図書館情報メディア研究会, 2015. 100p.

日本図書館協会図書館員の問題調査研究委員会編 『「図書館員の倫理綱領」解説』 増補版 日本図書館協会, 2002. 87p.

日本図書館情報学会研究委員会 『21世紀の図書館と図書館員』 日外アソシエーツ, 2001. 186p.（論集・図書館情報学の歩み；20）

ボビンスキー, ジョージ著 『図書館と図書館職：挑戦と変革の60年, 1945－2005』 田口瑛子, 川崎良孝訳 京都大学図書館情報学研究会発行, 日本図書館協会発売, 2010. 212p.

薬袋秀樹 『図書館運動は何をのこしたか：図書館員の専門性』 勁草書房, 2001. 248p.

山内薫著 『本と人をつなぐ図書館員：障害のある人, 赤ちゃんから高齢者まで』 読書工房, 2008. 191p.

＜B 人事制度＞

IAAL認定試験問題集編集委員会編 『IAAL大学図書館業務実務能力認定試験問題集：専門的図書館員をめざす人へ 2014年版』 樹村房, 2013. 161p.

青柳英治著 『専門図書館の人的資源管理』 勉誠出版, 2012. 231p.

五十嵐絹子, 藤田利江編著 『学校司書たちの開拓記：学校図書館から教育を変える』 国土社, 2012. 198p.

岩崎久美子著 『フランスの図書館上級司書 ＝ Les conservateurs des bibliotheques en France：選抜・養成における文化的再生産メカニズム』 明石書店, 2014. 385p.

塩見昇編著 『図書館員への招待』 4訂版 教育史料出版会, 2012. 223p.

全国学校図書館協議会フランス学校図書館研究視察団編 『フランスに見る学校図書館専門職員』 全国学校図書館協議会, 2012. 119p.

DAI-X出版編集部 『なりたい!! 学芸員・司書』 第6版 DAI-X出版, 2002. 175p.（ライセンス・ライブラリー；24）

マックック, キャスリーン・デ・ラ・ベーニャ編著 『アメリカ公立図書館職入門』 田口瑛子ほか訳 京都大学図書館情報学研究会発行, 日本図書館協会発売, 2008. 445p.

森智彦著 『司書・司書教諭になるには』 ぺりかん社, 2002. 153p.（なるにはbooks；19）

＜C　労働＞

赤木かん子著　『赤木かん子の図書館員ハンドブック：はじめて図書館で働く人のために　for a school library』　埼玉福祉会，2011．128p．

学校図書館問題研究会編　『学校司書って，こんな仕事：学びと出会いをひろげる学校図書館』　かもがわ出版，2014．135p．

『図書館におけるボランティアの実態に関する調査報告書』　文部科学省国立教育政策研究所社会教育実践研究センター，2011．150p．

図書館ボランティア研究会　『図書館ボランティア』　丸善，2002．236p．

日本医学図書館協会教育・研究委員会監修・編集　『医学図書館員の基礎知識』　日本医学図書館協会，2009．147p．

根本彰［ほか］共著　『図書館情報学検定試験問題集』　日本図書館協会，2010．163p．

広瀬恒子著　『読書ボランティア活動ガイド：どうする？スキルアップ　どうなる？これからのボランティア』　一声社，2008．173p．

渡辺重夫著　『司書教諭という仕事』　青弓社，1999．169p．

＜D　図書館員養成教育と研修＞

川原亜希世［ほか］著　『図書館実習Q&A』　日本図書館協会，2013．97p．

塩見昇著　『学校区書館職員論：司書教諭と学校司書の協同による新たな学びの創造』　教育史料出版会，2000．207p．

新藤透著　『図書館情報学教科書と司書課程に関する研究』　誠道書店，2012．111p．（誠道学術叢書；4）

デジタル・ライブラリアン研究会企画・編集　『情報化に対応した公共図書館職員の研修の在り方に関する調査報告書』　デジタル・ライブラリアン研究会，2003．114p．

日本図書館情報学会研究委員会編　『図書館情報専門職のあり方とその養成』　勉誠出版，2006．250p．（シリーズ・図書館情報学のフロンティア；no.6）

長谷川昭子著　『専門図書館における現職者教育と個人の能力開発』　風間書房，2013．388p．

Ⅶ　図書館施設と設備

＜章全体にかかわるもの＞

植松貞夫，木野修造著　『図書館建築：施設と設備』　樹村房，1986．180p．（図書館学シリーズ；9）

植松貞夫著　『図書館施設論』　樹村房，2014．186p．（現代図書館情報学シリーズ；12）

植松貞夫［ほか］著　『よい図書館施設をつくる』　日本図書館協会，2010．125p．（JLA図書館実践シリーズ；13）

根本彰著　『場所としての図書館・空間としての図書館：日本，アメリカ，ヨーロッパを見て歩く』　学文社，2015．125p．

福本徹著　『図書館施設特論』　学文社，2012．122p．（ベーシック司書講座・図書館の基礎と展望；9）

＜A　図書館施設の概況＞

キャンベル，ジェームズ・W・P．著，プライス，ウイル写真　『世界の図書館：美しい知の遺産』　桂英史日本語版監修，野中邦子，高橋早苗訳　河出書房新社，2014．327p．

西川馨著　『図書館建築発展史：戦後のめざましい発展をもたらしたものは何か』　丸善プラネット，2010．291p．

＜B　図書館網計画の進め方＞

小川俊彦著　『図書館を計画する』　勁草書房，2010．202,7p．（図書館の現場；9）

栗原嘉一郎，中村恭三著　『地域に対する公共図書館網計画』　日本図書館協会，1999．62p．

＜C　図書館建設の進め方＞

空気調和・衛生工学会編　『学校・図書館』　オーム社，2011．317p．（建築設備集成）

日本図書館協会編　『図書館建築・既存施設

からの転用を考える：学校から図書館にみる現状と課題』 日本図書館協会，2008．62p．（図書館建築研修会；第30回）

日本図書館協会町村図書館活動推進委員会編『町村図書館建築マニュアル』 日本図書館協会，1998．74p．

＜D　図書館の建築計画＞

植松貞夫著　『建築から図書館をみる』 勉誠出版，1999．225p．（図書館・情報メディア双書；10）

建築思潮研究所　『建築設計資料97：図書館3』 建築資料研究所，2004．208p．

図書館計画施設研究所編　『図書館建築22選』 東海大学出版会，1995．165p．

日本建築学会編　『建築設計資料集成：総合編』 丸善，2001．669p．

日本建築学会編　『建築設計資料集成：教育・図書』 丸善，2003．186p．

日本図書館協会編　『来館を促す建築的魅力：非来館型利用が増える中で"場としての図書館"を考える』 日本図書館協会，2009．59p．（図書館建築研修会；第31回）

堀場弘，工藤和美編著，浅川敏（写真）『図書館をつくる』 彰国社，2014．151p．

＜E　家具・備品などの計画＞

天野克也ほか著　『図書館』 市ヶ谷出版社，2001．141p．（建築計画・設計シリーズ；13）

高木任之著　『用途別消防・建築法規のドッキング講座　下　図書館・博物館，ほか』 最新版　近代消防社，2007．422p．

益子一彦著　『図書館空間のデザイン：デジタル化社会の知の蓄積』 丸善出版，2011．272p．

＜F　施設計画上の課題＞

小野哲郎著　『地震と建築防災工学』 理工図書，2001．323p．

日本図書館協会編　『東日本大震災に学ぶ』 日本図書館協会，2012．103p．（図書館建築研修会；第33回）

日本図書館協会資料保存委員会編　『災害と資料保存』 日本図書館協会，1997．159p．

日本図書館協会図書館経営委員会危機・安全管理特別検討チーム編　『こんなときどうするの？：利用者と職員のための図書館の危機安全管理作成マニュアル』 日本図書館協会，2004．122p．

日本図書館協会図書館政策企画委員会『こんなときどうするの？』改訂版編集チーム編『みんなで考えるこんなときどうするの？：図書館における危機安全管理マニュアル作成の手引き』 日本図書館協会，2014．244p．

マクニール，ベス，ジョンソン，デニス編　『図書館の問題利用者：前向きに対応するためのハンドブック』 中野捷三訳　日本図書館協会，2004．231p．

図書館関係法規・基準等

図書館法

昭和25年4月30日法律第118号
最終改正：平成23年 2月14日法律第122号

第1章　総則

（この法律の目的）

第1条　この法律は，社会教育法（昭和24年法律第207号）の精神に基き，図書館の設置及び運営に関して必要な事項を定め，その健全な発達を図り，もつて国民の教育と文化の発展に寄与することを目的とする。

（定義）

第2条　この法律において「図書館」とは，図書，記録その他必要な資料を収集し，整理し，保存して，一般公衆の利用に供し，その教養，調査研究，レクリエーション等に資することを目的とする施設で，地方公共団体，日本赤十字社又は一般社団法人若しくは一般財団法人が設置するもの（学校に附属する図書館又は図書室を除く。）をいう。

2　前項の図書館のうち，地方公共団体の設置する図書館を公立図書館といい，日本赤十字社又は一般社団法人若しくは一般財団法人の設置する図書館を私立図書館という。

（図書館奉仕）

第3条　図書館は，図書館奉仕のため，土地の事情及び一般公衆の希望に沿い，更に学校教育を援助し，及び家庭教育の向上に資することとなるように留意し，おおむね次に掲げる事項の実施に努めなければならない。

一　郷土資料，地方行政資料，美術品，レコード及びフィルムの収集にも十分留意して，図書，記録，視聴覚教育の資料その他必要な資料（電磁的記録（電子的方式，磁気的方式その他人の知覚によつては認識することができない方式で作られた記録をいう。）を含む。以下「図書館資料」という。）を収集し，一般公衆の利用に供すること。

二　図書館資料の分類排列を適切にし，及びその目録を整備すること。

三　図書館の職員が図書館資料について十分な知識を持ち，その利用のための相談に応ずるようにすること。

四　他の図書館，国立国会図書館，地方公共団体の議会に附置する図書室及び学校に附属する図書館又は図書室と緊密に連絡し，協力し，図書館資料の相互貸借を行うこと。

五　分館，閲覧所，配本所等を設置し，及び自動車文庫，貸出文庫の巡回を行うこと。

六　読書会，研究会，鑑賞会，映写会，資料展示会等を主催し，及びこれらの開催を奨励すること。

七　時事に関する情報及び参考資料を紹介し，及び提供すること。

八　社会教育における学習の機会を利用して行つた学習の成果を活用して行う教育活動その他の活動の機会を提供し，及びその提供を奨励すること。

九　学校，博物館，公民館，研究所等と緊密に連絡し，協力すること。

（司書及び司書補）

第4条　図書館に置かれる専門的職員を司書及び司書補と称する。

2　司書は，図書館の専門的事務に従事する。

3　司書補は，司書の職務を助ける。

（司書及び司書補の資格）

第5条　次の各号のいずれかに該当する者は，司書となる資格を有する。

一　大学を卒業した者で大学において文部科学省令で定める図書館に関する科目を履修したもの
　二　大学又は高等専門学校を卒業した者で次条の規定による司書の講習を修了したもの
　三　次に掲げる職にあつた期間が通算して3年以上になる者で次条の規定による司書の講習を修了したもの
　　イ　司書補の職
　　ロ　国立国会図書館又は大学若しくは高等専門学校の附属図書館における職で司書補の職に相当するもの
　　ハ　ロに掲げるもののほか，官公署，学校又は社会教育施設における職で社会教育主事，学芸員その他の司書補の職と同等以上の職として文部科学大臣が指定するもの
2　次の各号のいずれかに該当する者は，司書補となる資格を有する。
　一　司書の資格を有する者
　二　学校教育法（昭和22年法律第26号）第90条第1項の規定により大学に入学することのできる者で次条の規定による司書補の講習を修了したもの
（司書及び司書補の講習）
第6条　司書及び司書補の講習は，大学が，文部科学大臣の委嘱を受けて行う。
2　司書及び司書補の講習に関し，履修すべき科目，単位その他必要な事項は，文部科学省令で定める。ただし，その履修すべき単位数は，15単位を下ることができない。
（司書及び司書補の研修）
第7条　文部科学大臣及び都道府県の教育委員会は，司書及び司書補に対し，その資質の向上のために必要な研修を行うよう努めるものとする。
（設置及び運営上望ましい基準）
第7条の2　文部科学大臣は，図書館の健全な発達を図るために，図書館の設置及び運営上望ましい基準を定め，これを公表するものとする。
（運営の状況に関する評価等）
第7条の3　図書館は，当該図書館の運営の状況について評価を行うとともに，その結果に基づき図書館の運営の改善を図るため必要な措置を講ずるよう努めなければならない。
（運営の状況に関する情報の提供）
第7条の4　図書館は，当該図書館の図書館奉仕に関する地域住民その他の関係者の理解を深めるとともに，これらの者との連携及び協力の推進に資するため，当該図書館の運営の状況に関する情報を積極的に提供するよう努めなければならない。
（協力の依頼）
第8条　都道府県の教育委員会は，当該都道府県内の図書館奉仕を促進するために，市（特別区を含む。以下同じ。）町村の教育委員会に対し，総合目録の作製，貸出文庫の巡回，図書館資料の相互貸借等に関して協力を求めることができる。
（公の出版物の収集）
第9条　政府は，都道府県の設置する図書館に対し，官報その他一般公衆に対する広報の用に供せられる独立行政法人国立印刷局の刊行物を2部提供するものとする。
2　国及び地方公共団体の機関は，公立図書館の求めに応じ，これに対して，それぞれの発行する刊行物その他の資料を無償で提供することができる。

第2章　公立図書館

（設置）
第10条　公立図書館の設置に関する事項は，当該図書館を設置する地方公共団体の条例で定めなければならない。
第11条及び第12条　削除
（職員）
第13条　公立図書館に館長並びに当該図書館を設置する地方公共団体の教育委員会が必要と認める専門的職員，事務職員及び技術職員を置く。
2　館長は，館務を掌理し，所属職員を監督して，図書館奉仕の機能の達成に努めなければならない。
（図書館協議会）
第14条　公立図書館に図書館協議会を置く

ことができる。
2　図書館協議会は，図書館の運営に関し館長の諮問に応ずるとともに，図書館の行う図書館奉仕につき，館長に対して意見を述べる機関とする。

第15条　図書館協議会の委員は，当該図書館を設置する地方公共団体の教育委員会が任命する。

第16条　図書館協議会の設置，その委員の定数，任期その他必要な事項については，当該図書館を設置する地方公共団体の条例で定めなければならない。この場合において，委員の任命の基準については，文部科学省令で定める基準を参酌するものとする。

（入館料等）

第17条　公立図書館は，入館料その他図書館資料の利用に対するいかなる対価をも徴収してはならない。

第18条及び第19条　削除

（図書館の補助）

第20条　国は，図書館を設置する地方公共団体に対し，予算の範囲内において，図書館の施設，設備に要する経費その他必要な経費の一部を補助することができる。
2　前項の補助金の交付に関し必要な事項は，政令で定める。

第21条及び第22条　削除

第23条　国は，第20条の規定による補助金の交付をした場合において，左の各号の一に該当するときは，当該年度におけるその後の補助金の交付をやめるとともに，既に交付した当該年度の補助金を返還させなければならない。
　一　図書館がこの法律の規定に違反したとき。
　二　地方公共団体が補助金の交付の条件に違反したとき。
　三　地方公共団体が虚偽の方法で補助金の交付を受けたとき。

第3章　私立図書館

第24条　削除

（都道府県の教育委員会との関係）

第25条　都道府県の教育委員会は，私立図書館に対し，指導資料の作製及び調査研究のために必要な報告を求めることができる。
2　都道府県の教育委員会は，私立図書館に対し，その求めに応じて，私立図書館の設置及び運営に関して，専門的，技術的の指導又は助言を与えることができる。

（国及び地方公共団体との関係）

第26条　国及び地方公共団体は，私立図書館の事業に干渉を加え，又は図書館を設置する法人に対し，補助金を交付してはならない。

第27条　国及び地方公共団体は，私立図書館に対し，その求めに応じて，必要な物資の確保につき，援助を与えることができる。

（入館料等）

第28条　私立図書館は，入館料その他図書館資料の利用に対する対価を徴収することができる。

（図書館同種施設）

第29条　図書館と同種の施設は，何人もこれを設置することができる。
2　第25条第2項の規定は，前項の施設について準用する。

　　　附　則　抄

1　この法律は，公布の日から起算して3月を経過した日から施行する。但し，第17条の規定は，昭和26年4月1日から施行する。
2　図書館令（昭和8年勅令第175号），公立図書館職員令（昭和8年勅令第176号）及び公立図書館司書検定試験規程（昭和11年文部省令第18号）は，廃止する。
4　この法律施行の際，現に公立図書館，旧図書館令第4条若しくは第5条の規定により設置された図書館，国立国会図書館又は学校に附属する図書館において館長若しくは司書又は司書補の職務に相当する職務に従事する職員（大学以外の学校に附属する図書館の職員にあつては，教育職員免許法（昭和24年法律第147号）第4条に規定する普通免許状若しくは仮免許状を有する者又は教育職員免許法施行法（昭和24年法律第148号）第1条の規定により普通免許状若しくは仮免許状を有するものとみなされる

者に限る。）は，第5条の規定にかかわらず，この法律施行後5年間は，それぞれ司書又は司書補となる資格を有するものとする。
5　この法律施行の際，現に公立図書館又は私立図書館において館長，司書又は司書補の職務に相当する職務に従事する職員は，別に辞令を発せられない限り，それぞれ館長，司書又は司書補となつたものとする。
6　第4項の規定により司書又は司書補となる資格を有する者は，この法律施行後5年間に第6条の規定による司書又は司書補の講習を受けた場合においては，この法律施行後5年を経過した日以後においても，第5条の規定にかかわらず，司書又は司書補となる資格を有するものとする。但し，第4項の規定により司書補となる資格を有する者（大学を卒業した者を除く。）が司書の講習を受けた場合においては，第5条第1項第3号の規定の適用があるものとする。
7　旧図書館職員養成所を卒業した者は，第5条の規定にかかわらず，司書となる資格を有するものとする。
8　旧国立図書館附属図書館職員養成所又は旧文部省図書館講習所を卒業した者及び旧公立図書館司書検定試験規程による検定試験に合格した者は，第6条の規定による司書の講習を受けた場合においては，第5条の規定にかかわらず，司書となる資格を有するものとする。
9　教育委員会は，この法律施行後3年間に限り，公立図書館の館長となる資格を有する者が得られないときは，図書館に関して学識経験のある者のうちから，館長を任命することができる。但し，その者は，当該期間内に公立図書館の館長となる資格が得られない限り，この法律施行後3年を経過した日以後は，館長として在任することができない。
10　第5条第1項並びに附則第4項及び第6項の大学には旧大学令（大正7年勅令第388号），旧高等学校令（大正7年勅令第389号），旧専門学校令（明治36年勅令第61号）又は旧教員養成諸学校官制（昭和21年勅令第208号）の規定による大学，大学予科，高等学校高等科，専門学校及び教員養成諸学校並びに文部科学省令で定めるこれらの学校に準ずる学校を含み，第5条第2項第2号に規定する学校教育第90条第1項の規定により大学に入学することのできる者には，旧中等学校令（昭和18年勅令第36号），旧高等学校令若しくは旧青年学校令（昭和14年勅令第254号）の規定による中等学校，高等学校尋常科若しくは青年学校本科又は文部科学省令で定めるこれらの学校に準ずる学校を卒業し，又は修了した者を含むものとする。
11　この法律施行の際，現に市町村の設置する図書館に勤務する職員で地方自治法（昭和22年法律第67号）施行の際官吏であつたものは，別に辞令を発せられない限り，当該図書館を設置する市町村の職員に任命されたものとする。
12　この法律施行の際，現に教育委員会の置かれていない市町村にあつては，教育委員会が設置されるまでの間，第7条，第8条，第13条第1項，第15条，第18条及び附則第9項中「市（特別区を含む。以下同じ。）町村の教育委員会」，「市町村の教育委員会」又は「教育委員会」とあるのは，「市町村長」と読み替えるものとする。

図書館法施行令

昭和25年9月20日政令第293号
全部改正：昭和34年4月30日政令第158号

　図書館法第20条第1項に規定する図書館の施設，設備に要する経費の範囲は，次に掲げるものとする。
一　施設費　施設の建築に要する本工事費，附帯工事費及び事務費
二　設備費　図書館に備え付ける図書館資料及びその利用のための器材器具の購入に要する経費
　　　附　則
この政令は，公布の日から施行する。

図書館法施行規則

昭和25年9月6日文部省令第27号
最終改正：平成23年12月1日文部科学省令第43号

第1章　図書館に関する科目

第1条　図書館法（昭和25年法律第118号。以下「法」という。）第5条第1項第1号に規定する図書館に関する科目は、次の表に掲げるものとし、司書となる資格を得ようとする者は、甲群に掲げるすべての科目及び乙群に掲げる科目のうち2以上の科目について、それぞれ単位数の欄に掲げる単位を修得しなければならない。

群	科目	単位数
甲群	生涯学習概論	2
	図書館概論	2
	図書館制度・経営論	2
	図書館情報技術論	2
	図書館サービス概論	2
	情報サービス論	2
	児童サービス論	2
	情報サービス演習	2
	図書館情報資源概論	2
	情報資源組織論	2
	情報資源組織演習	2
乙群	図書館基礎特論	1
	図書館サービス特論	1
	図書館情報資源特論	1
	図書・図書館史	1
	図書館施設論	1
	図書館総合演習	1
	図書館実習	1

2　前項の規定により修得すべき科目の単位のうち、すでに大学において修得した科目の単位は、これをもつて、前項の規定により修得すべき科目の単位に替えることができる。

第2章　司書及び司書補の講習

（趣旨）
第2条　法第6条に規定する司書及び司書補の講習については、この章の定めるところによる。

（司書の講習の受講資格者）
第3条　司書の講習を受けることができる者は、次の各号のいずれかに該当するものとする。

一　大学に2年以上在学して、62単位以上を修得した者又は高等専門学校若しくは法附則第10項の規定により大学に含まれる学校を卒業した者
二　法第5条第1項第3号イからハまでに掲げる職にあつた期間が通算して2年以上になる者
三　法附則第8項の規定に該当する者
四　その他文部科学大臣が前三号に掲げる者と同等以上の資格を有すると認めた者

（司書補の講習の受講資格者）
第4条　司書補の講習を受けることができる者は、学校教育法（昭和22年法律第26号）第90条第1項の規定により大学に入学することのできる者（法附則第10項の規定により大学に入学することのできる者に含まれる者を含む。）とする。

（司書の講習の科目の単位）
第5条　司書の講習において司書となる資格を得ようとする者は、次の表の甲群に掲げるすべての科目及び乙群に掲げる科目のうち2以上の科目について、それぞれ単位数の欄に掲げる単位を修得しなければならない。

群	科目	単位数
甲群	生涯学習概論	2
	図書館概論	2
	図書館制度・経営論	2
	図書館情報技術論	2
	図書館サービス概論	2
	情報サービス論	2
	児童サービス論	2
	情報サービス演習	2
	図書館情報資源概論	2
	情報資源組織論	2
	情報資源組織演習	2

乙群	図書館基礎特論	1
	図書館サービス特論	1
	図書館情報資源特論	1
	図書・図書館史	1
	図書館施設論	1
	図書館総合演習	1
	図書館実習	1

2　司書の講習を受ける者がすでに大学（法附則第10項の規定により大学に含まれる学校を含む。）において修得した科目の単位であつて，前項の科目の単位に相当するものとして文部科学大臣が認めたものは，これをもつて前項の規定により修得した科目の単位とみなす。

3　司書の講習を受ける者がすでに文部科学大臣が別に定める学修で第1項に規定する科目の履修に相当するものを修了していると文部科学大臣が認めた場合には，当該学修をもつてこれに相当する科目の単位を修得したものとみなす。

（司書補の講習の科目の単位）

第6条　司書補の講習において司書補となる資格を得ようとする者は，次の表に掲げるすべての科目について，それぞれ単位数の欄に掲げる単位を修得しなければならない。

科　　目	単位数
生涯学習概論	1
図書館の基礎	2
図書館サービスの基礎	2
レファレンスサービス	1
レファレンス資料の解題	1
情報検索サービス	1
図書館の資料	2
資料の整理	2
資料の整理演習	1
児童サービスの基礎	1
図書館特講	1

2　司書補の講習を受ける者がすでに大学（法附則第10項の規定により大学に含まれる学校を含む。）において修得した科目の単位であつて，前項の科目の単位に相当するものとして文部科学大臣が認めたものは，これをもつて前項の規定により修得した科目の単位とみなす。

3　司書補の講習を受ける者がすでに文部科学大臣が別に定める学修で第1項に規定する科目の履修に相当するものを修了していると文部科学大臣が認めた場合には，当該学修をもつてこれに相当する科目の単位を修得したものとみなす。

（単位の計算方法）

第7条　講習における単位の計算方法は，大学設置基準（昭和31年文部省令第28号）第21条第2項各号及び大学通信教育設置基準（昭和56年文部省令第33号）第5条第1項第3号に定める基準によるものとする。

（単位修得の認定）

第8条　単位修得の認定は，講習を行う大学が，試験，論文，報告書その他による成績審査に合格した受講者に対して行う。

（修了証書の授与）

第9条　講習を行う大学の長は，第5条又は第6条の規定により，司書の講習又は司書補の講習について，所定の単位を修得した者に対して，それぞれ修了証書を与えるものとする。

2　講習を行う大学の長は，前項の規定により修了証書を与えたときは，修了者の氏名等を文部科学大臣に報告しなければならない。

（講習の委嘱）

第10条　法第5条第1項第1号の規定により文部科学大臣が大学に講習を委嘱する場合には，その職員組織，施設及び設備の状況等を勘案し，講習を委嘱するのに適当と認められるものについて，講習の科目，期間その他必要な事項を指定して行うものとする。

（実施細目）

第11条　受講者の人数，選定の方法，講習を行う大学，講習の期間その他講習実施の細目については，毎年官報で公告する。ただし，特別の事情がある場合には，適宜な方法によつて公示するものとする。

第3章 図書館協議会の委員の任命の基準を条例で定めるに当たつて参酌すべき基準

第12条 法第16条の文部科学省令で定める基準は、学校教育及び社会教育の関係者、家庭教育の向上に資する活動を行う者並びに学識経験のある者の中から任命することとする。

第4章 準ずる学校

（大学に準ずる学校）

第13条 法附則第10項の規定による大学に準ずる学校は、次の各号に掲げるものとする。
一 大正7年旧文部省令第3号第2条第2号により指定した学校
二 その他文部科学大臣が大学と同等以上と認めた学校

（高等学校に準ずる学校）

第13条 法附則第10項の規定による中等学校、高等学校尋常科又は青年学校本科に準ずる学校は、次の各号に掲げるものとする。
一 旧専門学校入学者検定規程（大正12年文部省令第22号）第11条の規定により指定した学校
二 大正7年旧文部省令第3号第1条第5号により指定した学校
三 その他文部科学大臣が高等学校と同等以上と認めた学校

　　附　則　抄

この省令は、公布の日から施行する。

　　附　則（平成21年4月30日文部科学省令21号）

1　この省令は、平成22年4月1日から施行する。ただし、第4条第1項の表及び第3項を改正する規定、第5条第2項を改正する規定及び同条に第3項を追加する規定並びに附則第5項から第11項までの規定は平成24年4月1日から施行する。

2　平成22年4月1日から平成24年3月31日までの改正後の図書館法施行規則（以下「新規則」という。）第1条及び第5条の適用については、これらの規定中

群	科目	単位数
甲群	生涯学習概論	2
	図書館概論	2
	図書館制度・経営論	2
	図書館情報技術論	2
	図書館サービス概論	2
	情報サービス論	2
	児童サービス論	2
	情報サービス演習	2
	図書館情報資源概論	2
	情報資源組織論	2
	情報資源組織演習	2
乙群	図書館基礎特論	1
	図書館サービス特論	1
	図書館情報資源特論	1
	図書・図書館史	1
	図書館施設論	1
	図書館総合演習	1
	図書館実習	1

とあるのは、

群	科目	単位数
甲群	生涯学習概論	1
	図書館概論	2
	図書館経営論	1
	図書館サービス論	2
	情報サービス概説	2
	児童サービス論	1
	レファレンスサービス演習	1
	情報検索演習	1
	図書館資料論	2
	専門資料論	1
	資料組織概説	2
	資料組織演習	2
乙群	図書及び図書館史	1
	資料特論	1
	コミュニケーション論	1
	情報機器論	1
	図書館特論	1

とする。

3　平成22年4月1日前に、社会教育法等の一部を改正する法律（平成20年法律第59号）第2条の規定による改正前の図書館法（第10項において「旧法」という。）第5条第1項第2号に規定する図書館に関する科目

を修得した者は，当該科目に相当する前項の規定により読み替えて適用される新規則第1条第1項に規定する図書館に関する科目（以下「経過科目」という。）の単位を修得したものとみなす。
4　平成22年4月1日から平成24年3月31日までに，経過科目（前項の規定により修得したものとみなされた科目を含む。以下同じ。）の単位のうち，司書となる資格に必要なすべての単位を修得した者は，平成24年4月1日以後は，新規則第1条第1項に規定する図書館に関する科目（以下「新科目」という。）の単位のうち，司書となる資格に必要なすべての単位を修得したものとみなす。
5　平成24年4月1日前から引き続き大学に在学し，当該大学を卒業するまでに経過科目の単位のうち，司書となる資格に必要なすべての単位を修得した者は，新科目の単位のうち，司書となる資格に必要なすべての単位を修得したものとみなす。
6　平成24年4月1日前から引き続き大学に在学し，当該大学を卒業するまでに次の表中新科目の欄に掲げる科目の単位を修得した者は，当該科目に相当する経過科目の欄に掲げる科目の単位を修得したものとみなす。ただし，平成24年4月1日前に経過科目の「専門資料論」の単位を修得した者であつて，新科目の「図書館情報資源特論」を修得した者はこの限りでない。
7　平成24年4月1日前から引き続き大学に在学し，当該大学を卒業するまでに新科目の乙群の欄に掲げる科目の単位を修得した者は，経過科目の乙群の科目の単位を修得したものとみなす。
8　平成22年4月1日以後に附則第6項の表中経過科目の欄に掲げる科目の単位を修得した者が，平成24年4月1日以後に新たに司書となる資格を得ようとする場合には，既に修得した経過科目の単位は，当該科目に相当する新科目の単位とみなす。
9　平成22年4月1日以後に経過科目の乙群の欄に掲げる科目の単位を修得した者が，平成24年4月1日以後に新たに司書となる資格を得ようとする場合には，既に修得した経過科目の単位は，新科目の乙群の単位とみなす。
10　旧法第5条第1項第1号に規定する司書の講習を修了した者の司書となる資格については，なお従前の例による。
11　平成24年4月1日前にこの規則による改正前の図書館法施行規則第4条第1項に規定する司書の講習の科目の単位を修得した者については，附則第8項及び第9項の規定を準用する。

新科目	単位数	経過科目	単位数
生涯学習概論	2	生涯学習概論	1
図書館概論	2	図書館概論	2
図書館制度・経営論	2	図書館経営論	1
図書館サービス概論	2	図書館サービス論	2
情報サービス論	2	情報サービス概説	2
児童サービス論	2	児童サービス論	1
情報サービス演習	2	レファレンスサービス演習	1
		情報検索演習	1
図書館情報資源概論	2	図書館資料論	2
情報資源組織論	2	資料組織概説	2
情報資源組織演習	2	資料組織演習	2
図書館情報資源特論	1	専門資料論	1

図書館の設置及び運営上の望ましい基準

平成24年12月19日文部科学省告示第172号

第一　総則

一　趣旨

1　この基準は，図書館法（昭和25年法律第118号。以下「法」という。）第7条の2の規定に基づく図書館の設置及び運営上の望ましい基準であり，図書館の健全な発展に資することを目的とする。
2　図書館は，この基準を踏まえ，法第3条に掲げる事項等の図書館サービスの実施に努めなければならない。

二　設置の基本

1　市（特別区を含む。以下同じ。）町村は，住民に対して適切な図書館サービスを行う

ことができるよう，住民の生活圏，図書館の利用圏等を十分に考慮し，市町村立図書館及び分館等の設置に努めるとともに，必要に応じ移動図書館の活用を行うものとする。併せて，市町村立図書館と公民館図書室等との連携を推進することにより，当該市町村の全域サービス網の整備に努めるものとする。
2　都道府県は，都道府県立図書館の拡充に努め，住民に対して適切な図書館サービスを行うとともに，図書館未設置の町村が多く存在することも踏まえ，当該都道府県内の図書館サービスの全体的な進展を図る観点に立って，市町村に対して市町村立図書館の設置及び運営に関する必要な指導・助言等を行うものとする。
3　公立図書館（法第2条第2項に規定する公立図書館をいう。以下同じ。）の設置に当たっては，サービス対象地域の人口分布と人口構成，面積，地形，交通網等を勘案して，適切な位置及び必要な図書館施設の床面積，蔵書収蔵能力，職員数等を確保するよう努めるものとする。

三　運営の基本

1　図書館の設置者は，当該図書館の設置の目的を適切に達成するため，司書及び司書補の確保並びに資質・能力の向上に十分留意しつつ，必要な管理運営体制の構築に努めるものとする。
2　市町村立図書館は，知識基盤社会における知識・情報の重要性を踏まえ，資料（電磁的記録を含む。以下同じ。）や情報の提供等の利用者及び住民に対する直接的なサービスの実施や，読書活動の振興を担う機関として，また，地域の情報拠点として，利用者及び住民の要望や社会の要請に応え，地域の実情に即した運営に努めるものとする。
3　都道府県立図書館は，前項に規定する事項に努めるほか，住民の需要を広域的かつ総合的に把握して，資料及び情報を体系的に収集，整理，保存及び提供すること等を通じて，市町村立図書館に対する円滑な図書館運営の確保のための援助に努めるとともに，当該都道府県内の図書館間の連絡調整等の推進に努めるものとする。
4　私立図書館（法第2条第2項に規定する私立図書館をいう。以下同じ。）は，当該図書館を設置する法人の目的及び当該図書館の設置の目的に基づき，広く公益に資するよう運営を行うことが望ましい。
5　図書館の設置者は，当該図書館の管理を他の者に行わせる場合には，当該図書館の事業の継続的かつ安定的な実施の確保，事業の水準の維持及び向上，司書及び司書補の確保並びに資質・能力の向上等が図られるよう，当該管理者との緊密な連携の下に，この基準に定められた事項が確実に実施されるよう努めるものとする。

四　連携・協力

1　図書館は，高度化・多様化する利用者及び住民の要望に対応するとともに，利用者及び住民の学習活動を支援する機能の充実を図るため，資料や情報の相互利用などの他の施設・団体等との協力を積極的に推進するよう努めるものとする。
2　図書館は，前項の活動の実施に当たっては，図書館相互の連携のみならず，国立国会図書館，地方公共団体の議会に附置する図書室，学校図書館及び大学図書館等の図書施設，学校，博物館及び公民館等の社会教育施設，関係行政機関並びに民間の調査研究施設及び民間団体等との連携にも努めるものとする。

五　著作権等の権利の保護

図書館は，その運営に当たって，職員や利用者が著作権法（昭和四十五年法律第四十八号）その他の法令に規定する権利を侵害することのないよう努めるものとする。

六　危機管理

1　図書館は，事故，災害その他非常の事態による被害を防止するため，当該図書館の特性を考慮しつつ，想定される事態に係る危機管理に関する手引書の作成，関係機関と連携した危機管理に関する訓練の定期的な実施その他の十分な措置を講じるものとする。
2　図書館は，利用者の安全の確保のため，

防災上及び衛生上必要な設備を備えるものとする。

第二　公立図書館
一　市町村立図書館
1　管理運営
（一）基本的運営方針及び事業計画

1　市町村立図書館は，その設置の目的を踏まえ，社会の変化や地域の実情に応じ，当該図書館の事業の実施等に関する基本的な運営の方針（以下「基本的運営方針」という。）を策定し，公表するよう努めるものとする。

2　市町村立図書館は，基本的運営方針を踏まえ，図書館サービスその他図書館の運営に関する適切な指標を選定し，これらに係る目標を設定するとともに，事業年度ごとに，当該事業年度の事業計画を策定し，公表するよう努めるものとする。

3　市町村立図書館は，基本的運営方針並びに前項の指標，目標及び事業計画の策定に当たっては，利用者及び住民の要望並びに社会の要請に十分留意するものとする。

（二）運営の状況に関する点検及び評価等

1　市町村立図書館は，基本的運営方針に基づいた運営がなされることを確保し，その事業の水準の向上を図るため，各年度の図書館サービスその他図書館の運営の状況について，（一）の2の目標及び事業計画の達成状況等に関し自ら点検及び評価を行うよう努めなければならない。

2　市町村立図書館は，前項の点検及び評価のほか，当該図書館の運営体制の整備の状況に応じ，図書館協議会（法第14条第1項に規定する図書館協議会をいう。以下同じ。）の活用その他の方法により，学校教育又は社会教育の関係者，家庭教育の向上に資する活動を行う者，図書館の事業に関して学識経験のある者，図書館の利用者，住民その他の関係者・第三者による評価を行うよう努めるものとする。

3　市町村立図書館は，前二項の点検及び評価の結果に基づき，当該図書館の運営の改善を図るため必要な措置を講ずるよう努め

なければならない。

4　市町村立図書館は，第1項及び第2項の点検及び評価の結果並びに前項の措置の内容について，インターネットその他の高度情報通信ネットワーク（以下「インターネット等」という。）をはじめとした多様な媒体を活用すること等により，積極的に公表するよう努めなければならない。

（三）広報活動及び情報公開

市町村立図書館は，当該図書館に対する住民の理解と関心を高め，利用者の拡大を図るため，広報紙等の定期的な刊行やインターネット等を活用した情報発信等，積極的かつ計画的な広報活動及び情報公開に努めるものとする。

（四）開館日時等

市町村立図書館は，利用者及び住民の利用を促進するため，開館日・開館時間の設定に当たっては，地域の実情や利用者及び住民の多様な生活時間等に配慮するものとする。また，移動図書館を運行する場合は，適切な周期による運行等に努めるものとする。

（五）図書館協議会

1　市町村教育委員会は，図書館協議会を設置し，地域の実情を踏まえ，利用者及び住民の要望を十分に反映した図書館の運営がなされるよう努めるものとする。

2　図書館協議会の委員には，法第16条の規定により条例で定める委員の任命の基準に従いつつ，地域の実情に応じ，多様な人材の参画を得るよう努めるものとする。

（六）施設・設備

1　市町村立図書館は，この基準に示す図書館サービスの水準を達成するため，図書館資料の開架・閲覧，保存，視聴覚資料の視聴，情報の検索・レファレンスサービス，集会・展示，事務管理等に必要な施設・設備を確保するよう努めるものとする。

2　市町村立図書館は，高齢者，障害者，乳幼児とその保護者及び外国人その他特に配慮を必要とする者が図書館施設を円滑に利用できるよう，傾斜路や対面朗読室等の施設の整備，拡大読書器等資料の利用に必要な機器の整備，点字及び外国語による表示

の充実等に努めるとともに，児童・青少年の利用を促進するため，専用スペースの確保等に努めるものとする。

2　図書館資料
（一）図書館資料の収集等
1　市町村立図書館は，利用者及び住民の要望，社会の要請並びに地域の実情に十分留意しつつ，図書館資料の収集に関する方針を定め，公表するよう努めるものとする。
2　市町村立図書館は，前項の方針を踏まえ，充実した図書館サービスを実施する上で必要となる十分な量の図書館資料を計画的に整備するよう努めるものとする。その際，郷土資料及び地方行政資料，新聞の全国紙及び主要な地方紙並びに視聴覚資料等多様な資料の整備にも努めるものとする。また，郷土資料及び地方行政資料の電子化に努めるものとする。

（二）図書館資料の組織化
　市町村立図書館は，利用者の利便性の向上を図るため，図書館資料の分類，配架，目録・索引の整備等による組織化に十分配慮するとともに，書誌データの整備に努めるものとする。

3　図書館サービス
（一）貸出サービス等
　市町村立図書館は，貸出サービスの充実を図るとともに，予約制度や複写サービス等の運用により利用者の多様な資料要求に的確に応えるよう努めるものとする。

（二）情報サービス
1　市町村立図書館は，インターネット等や商用データベース等の活用にも留意しつつ，利用者の求めに応じ，資料の提供・紹介及び情報の提示等を行うレファレンスサービスの充実・高度化に努めるものとする。
2　市町村立図書館は，図書館の利用案内，テーマ別の資料案内，資料検索システムの供用等のサービスの充実に努めるものとする。
3　市町村立図書館は，利用者がインターネット等の利用により外部の情報にアクセスできる環境の提供，利用者の求めに応じ，求める資料・情報にアクセスできる地域内外の機関等を紹介するレフェラルサービスの実施に努めるものとする。

（三）地域の課題に対応したサービス
　市町村立図書館は，利用者及び住民の生活や仕事に関する課題や地域の課題の解決に向けた活動を支援するため，利用者及び住民の要望並びに地域の実情を踏まえ，次に掲げる事項その他のサービスの実施に努めるものとする。
　ア　就職・転職，起業，職業能力開発，日常の仕事等に関する資料及び情報の整備・提供
　イ　子育て，教育，若者の自立支援，健康・医療，福祉，法律・司法手続等に関する資料及び情報の整備・提供
　ウ　地方公共団体の政策決定，行政事務の執行・改善及びこれらに関する理解に必要な資料及び情報の整備・提供

（四）利用者に対応したサービス
　市町村立図書館は，多様な利用者及び住民の利用を促進するため，関係機関・団体と連携を図りながら，次に掲げる事項その他のサービスの充実に努めるものとする。
　ア　（児童・青少年に対するサービス）児童・青少年用図書の整備・提供，児童・青少年の読書活動を促進するための読み聞かせ等の実施，その保護者等を対象とした講座・展示会の実施，学校等の教育施設等との連携
　イ　（高齢者に対するサービス）大活字本，録音資料等の整備・提供，図書館利用の際の介助，図書館資料等の代読サービスの実施
　ウ　（障害者に対するサービス）点字資料，大活字本，録音資料，手話や字幕入りの映像資料等の整備・提供，手話・筆談等によるコミュニケーションの確保，図書館利用の際の介助，図書館資料等の代読サービスの実施
　エ　（乳幼児とその保護者に対するサービス）乳幼児向けの図書及び関連する資料・情報の整備・提供，読み聞かせの支援，講座・展示会の実施，託児サービスの実施

オ （外国人等に対するサービス）外国語による利用案内の作成・頒布，外国語資料や各国事情に関する資料の整備・提供

カ （図書館への来館が困難な者に対するサービス）宅配サービスの実施

（五）多様な学習機会の提供

1 市町村立図書館は，利用者及び住民の自主的・自発的な学習活動を支援するため，講座，相談会，資料展示会等を主催し，又は関係行政機関，学校，他の社会教育施設，民間の関係団体等と共催して多様な学習機会の提供に努めるとともに，学習活動のための施設・設備の供用，資料の提供等を通じ，その活動環境の整備に努めるものとする。

2 市町村立図書館は，利用者及び住民の情報活用能力の向上を支援するため，必要な学習機会の提供に努めるものとする。

（六）ボランティア活動等の促進

1 市町村立図書館は，図書館におけるボランティア活動が，住民等が学習の成果を活用する場であるとともに，図書館サービスの充実にも資するものであることにかんがみ，読み聞かせ，代読サービス等の多様なボランティア活動等の機会や場所を提供するよう努めるものとする。

2 市町村立図書館は，前項の活動への参加を希望する者に対し，当該活動の機会や場所に関する情報の提供や当該活動を円滑に行うための研修等を実施するよう努めるものとする。

4 職員

（一）職員の配置等

1 市町村教育委員会は，市町村立図書館の館長として，その職責にかんがみ，図書館サービスその他の図書館の運営及び行政に必要な知識・経験とともに，司書となる資格を有する者を任命することが望ましい。

2 市町村教育委員会は，市町村立図書館が専門的なサービスを実施するために必要な数の司書及び司書補を確保するよう，その積極的な採用及び処遇改善に努めるとともに，これら職員の職務の重要性にかんがみ，その資質・能力の向上を図る観点から，第一の四の2に規定する関係機関等との計画的な人事交流（複数の市町村又は都道府県の機関等との広域的な人事交流を含む。）に努めるものとする。

3 市町村立図書館には，前項の司書及び司書補のほか，必要な数の職員を置くものとする。

4 市町村立図書館は，専門的分野に係る図書館サービスの充実を図るため，必要に応じ，外部の専門的知識・技術を有する者の協力を得るよう努めるものとする。

（二）職員の研修

1 市町村立図書館は，司書及び司書補その他の職員の資質・能力の向上を図るため，情報化・国際化の進展等に留意しつつ，これらの職員に対する継続的・計画的な研修の実施等に努めるものとする。

2 市町村教育委員会は，市町村立図書館の館長その他の職員の資質・能力の向上を図るため，各種研修機会の拡充に努めるとともに，文部科学大臣及び都道府県教育委員会等が主催する研修その他必要な研修にこれら職員を参加させるよう努めるものとする。

二 都道府県立図書館

1 域内の図書館への支援

1 都道府県立図書館は，次に掲げる事項について，当該都道府県内の図書館の求めに応じて，それらの図書館への支援に努めるものとする。

ア 資料の紹介，提供に関すること
イ 情報サービスに関すること
ウ 図書館資料の保存に関すること
エ 郷土資料及び地方行政資料の電子化に関すること
オ 図書館の職員の研修に関すること
カ その他図書館運営に関すること

2 都道府県立図書館は，当該都道府県内の図書館の状況に応じ，それらの図書館との間における情報通信技術を活用した情報の円滑な流通や，それらの図書館への資料の貸出のための円滑な搬送の確保に努めるものとする。

3　都道府県立図書館は，当該都道府県内の図書館の相互協力の促進等に資するため，当該都道府県内の図書館で構成する団体等を活用して，図書館間の連絡調整の推進に努めるものとする。

2　施設・設備

都道府県立図書館は，第二の二の6により準用する第二の一の1の(六)に定める施設・設備のほか，次に掲げる機能に必要な施設・設備の確保に努めるものとする。

ア　研修
イ　調査研究
ウ　市町村立図書館の求めに応じた資料保存等

3　調査研究

都道府県立図書館は，図書館サービスを効果的・効率的に行うための調査研究に努めるものとする。その際，特に，図書館に対する利用者及び住民の要望，図書館運営にかかわる地域の諸条件，利用者及び住民の利用促進に向けた新たなサービス等に関する調査研究に努めるものとする。

4　図書館資料

都道府県立図書館は，第二の二の6により準用する第二の一の2に定める事項のほか，次に掲げる事項の実施に努めるものとする。

ア　市町村立図書館等の要求に十分に応えるための資料の整備
イ　高度化・多様化する図書館サービスへの要請に対応するための，郷土資料その他の特定分野に関する資料の目録・索引等の整備及び配布

5　職員

1　都道府県教育委員会は，都道府県立図書館において第二の二の6により準用する第二の一の4の(一)に定める職員のほか，第二の二の1，3及び4に掲げる機能を果たすために必要な職員を確保するよう努めるものとする。
2　都道府県教育委員会は，当該都道府県内の図書館の職員の資質・能力の向上を図るため，それらの職員を対象に，必要な研修を行うよう努めるものとする。

6　準用

第二の一に定める市町村立図書館に係る基準は，都道府県立図書館に準用する。

第三　私立図書館

一　管理運営

1　運営の状況に関する点検及び評価等

1　私立図書館は，その運営が適切に行われるよう，図書館サービスその他図書館の運営に関する適切な指標を選定し，これらに係る目標を設定した上で，その目標の達成状況等に関し自ら点検及び評価を行うよう努めるものとする。
2　私立図書館は，前項の点検及び評価のほか，当該図書館の運営体制の整備の状況に応じ，図書館の事業に関して学識経験のある者，当該図書館の利用者その他の関係者・第三者による評価を行うことが望ましい。
3　私立図書館は，前二項の点検及び評価の結果に基づき，当該図書館の運営の改善を図るため必要な措置を講ずるよう努めるものとする。
4　私立図書館は，第1項及び第2項の点検及び評価の結果並びに前項の措置の内容について，積極的に公表するよう努めるものとする。

2　広報活動及び情報公開

私立図書館は，積極的かつ計画的な広報活動及び情報公開を行うことが望ましい。

3　開館日時

私立図書館は，開館日・開館時間の設定に当たっては，多様な利用者に配慮することが望ましい。

4　施設・設備

私立図書館は，その設置の目的に基づく図書館サービスの水準を達成するため，多様な利用者に配慮しつつ，必要な施設・設備を確保することが望ましい。

二　図書館資料

私立図書館は，当該図書館が対象とする専門分野に応じて，図書館資料を計画的かつ継続的に収集・組織化・保存し，利用に供することが望ましい。

三　図書館サービス

私立図書館は，当該図書館における資料及

び情報の整備状況，多様な利用者の要望等に配慮して，閲覧・貸出・レファレンスサービス等のサービスを適切に提供することが望ましい。
四　職員
1　私立図書館には，専門的なサービスを実施するために必要な数の司書及び司書補その他職員を置くことが望ましい。
2　私立図書館は，その職員の資質・能力の向上を図るため，当該職員に対する研修の機会を確保することが望ましい。

国立国会図書館法

昭和23年2月9日法律第5号
最終改正：平成27年7月17日法律第59号

　国立国会図書館は，真理がわれらを自由にするという確信に立つて，憲法の誓約する日本の民主化と世界平和とに寄与することを使命として，ここに設立される。

第1章　設立及び目的
第1条　この法律により国立国会図書館を設立し，この法律を国立国会図書館法と称する。
第2条　国立国会図書館は，図書及びその他の図書館資料を蒐集し，国会議員の職務の遂行に資するとともに，行政及び司法の各部門に対し，更に日本国民に対し，この法律に規定する図書館奉仕を提供することを目的とする。
第3条　国立国会図書館は，中央の図書館並びにこの法律に規定されている支部図書館及び今後設立される支部図書館で構成する。

第2章　館長
第4条　国立国会図書館の館長は，1人とする。館長は，両議院の議長が，両議院の議院運営委員会と協議の後，国会の承認を得て，これを任命する。
②　館長は，職務の執行上過失がない限り在職する。館長は，政治活動を慎み，政治的理由により罷免されることはない。館長は，両議院の議長の共同提議によつては罷免されることがある。
第5条　館長は，図書館事務を統理し，所属職員及び雇傭人の職務執行を監督する。
②　館長は，事前に，時宜によつては事後に，両議院の議院運営委員会の承認を経て図書館管理上必要な諸規程を定める。
③　前項の規程は公示によつて施行される。
第6条　館長は，毎会計年度の始めに両議院の議長に対し，前会計年度の図書館の経営及び財政状態につき報告する。
第7条　館長は，1年を超えない期間ごとに，前期間中に日本国内で刊行された出版物の目録又は索引を作成し，国民が利用しやすい方法により提供するものとする。
第8条　館長は，出版に適する様式で日本の法律の索引を作るものとする。

第3章　副館長並びにその他の職員及び雇傭人
第9条　国立国会図書館の副館長は，1人とする。副館長は，館長が両議院の議長の承認を得て，これを任命する。副館長は，図書館事務につき館長を補佐する。館長に事故があるとき，又は館長が欠けたときは，副館長が館長の職務を行う。
第10条　国立国会図書館のその他の職員及び雇傭人は，職務を行うに適当な者につき，国会職員法の規定により館長が，これを任命する。その職員及び雇傭人の職責は館長が，これを定める。
②　図書館の職員は，国会議員と兼ねることができない。又，行政若しくは司法の各部門の地位を兼ねることができない。但し，行政又は司法の各部門の支部図書館の館員となることは，これを妨げない。

第4章　議院運営委員会及び国立国会図書館連絡調整委員会
第11条　両議院の議院運営委員会は，少くとも6箇月に1回以上これを開会し，図書館の経過に関する館長の報告，図書館の管理上館長の定める諸規程，図書館の予算及

びその他の事務につき審査する。
② 各議院の議院運営委員長は前項の審査の結果をその院に報告する。
第12条　国立国会図書館に連絡調整委員会を設ける。この委員会は，4人の委員でこれを組織し，各議院の議院運営委員長，最高裁判所長官の任命する最高裁判所裁判官1人及び内閣総理大臣が任命する国務大臣1人をこれに充てる。委員長は委員の互選とする。
② 委員長及び委員は，その職務につき報酬を受けない。
③ 館長は，委員会に出席できるが，表決に加わることができない。
第13条　連絡調整委員会は，両議院の議院運営委員会に対し，国会並びに行政及び司法の各部門に対する国立国会図書館の奉仕の改善につき勧告する。

第5章　図書館の部局
第14条　館長は，管理事務を効率化するに必要とする部局及びその他の単位を図書館に設ける。

第6章　調査及び立法考査局
第15条　館長は，国立国会図書館内に調査及び立法考査局と名附ける一局を置く。この局の職務は，左の通りである。
一　要求に応じ，両議院の委員会に懸案中の法案又は内閣から国会に送付せられた案件を，分析又は評価して，両議院の委員会に進言し補佐するとともに，妥当な決定のための根拠を提供して援助すること。
二　要求に応じ，又は要求を予測して自発的に，立法資料又はその関連資料の蒐集，分類，分析，飜訳，索引，摘録，編集，報告及びその他の準備をし，その資料の選択又は提出には党派的，官僚的偏見に捉われることなく，両議院，委員会及び議員に役立ち得る資料を提供すること。
三　立法の準備に際し，両議院，委員会及び議員を補佐して，議案起草の奉仕を提供すること。但し，この補佐は委員会又は議員の要求ある場合に限つて提供され，調査及び立法考査局職員はいかなる場合にも立法の発議又は督促をしてはならない。
四　両議院，委員会及び議員の必要が妨げられない範囲において行政及び司法の各部門又は一般公衆に蒐集資料を提供して利用させること。
第16条　この局に必要な局長，次長及びその他の職員は，政党に加入していても加入していなくても，その職務を行うに適当な者につき，国会職員法の規定により館長がこれを任命する。
② 館長は，更にこの局の職員に，両議院の常任委員会の必要とする広汎な関連分野に専門調査員を任命することができる。

第6章の2　関西館
第16条の2　中央の図書館に，関西館を置く。
② 関西館の位置及び所掌事務は，館長が定める。
③ 関西館に関西館長1人を置き，国立国会図書館の職員のうちから，館長がこれを任命する。
④ 関西館長は，館長の命を受けて，関西館の事務を掌理する。

第7章　行政及び司法の各部門への奉仕
第17条　館長は，行政及び司法の各部門に図書館奉仕の連繋をしなければならない。この目的のために館長は左の権能を有する。
一　行政及び司法の各部門の図書館長を，これらの部門を各代表する連絡調整委員会の委員の推薦によつて任命する。但し，国家公務員法の適用を受ける者については，同法の規定に従い，且つ，当該部門の長官の同意を得なければならない。
二　行政及び司法の各部門の図書館で使用に供するため，目録法，図書館相互間の貸出及び資料の交換，綜合目録及び綜合一覧表の作成等を含む図書館運営の方法及び制度を定めることができる。これによつて国の図書館資料を行政及び司法の各部門のいかなる職員にも利用できるようにする。
三　行政及び司法の各部門の図書館長に年

報又は特報の提出を要求することができる。

第18条　行政及び司法の各部門に在る図書館の予算は当該各部門の予算の中に「図書館」の費目の下に，明白に区分して計上する。この費目の経費は，行政及び司法の各部門を各々代表する連絡調整委員会の委員及び館長の承認を得なければ他の費目に流用し又は減額することができない。

第19条　行政及び司法の各部門の図書館長は，当該各部門に充分な図書館奉仕を提供しなければならない。当該各図書館長は，その職員を，国会職員法又は国家公務員法若しくは裁判所法の規定により任免することができる。当該各図書館長は，国立国会図書館長の定める規程に従い，図書及びその他の図書館資料を購入その他の方法による受入方を当該各部門の長官若しくは館長に勧告し，又は直接に購入若しくは受入をすることができる。

第20条　館長が最初に任命された後6箇月以内に行政及び司法の各部門に現存するすべての図書館は，本章の規定による国立国会図書館の支部図書館となる。なお，現に図書館を有しない各庁においては1箇年以内に支部図書館を設置するものとする。

第8章　一般公衆及び公立その他の図書館に対する奉仕

第21条　国立国会図書館の図書館奉仕は，直接に又は公立その他の図書館を経由して，両議院，委員会及び議員並びに行政及び司法の各部門からの要求を妨げない限り，日本国民がこれを最大限に享受することができるようにしなければならない。この目的のために，館長は次の権能を有する。
　一　館長の定めるところにより，国立国会図書館の収集資料及びインターネットその他の高度情報通信ネットワークを通じて閲覧の提供を受けた図書館資料と同等の内容を有する情報を，国立国会図書館の建物内で若しくは図書館相互間の貸出しで，又は複写若しくは展示によつて，一般公衆の使用及び研究の用に供する。かつ，時宜に応じて図書館奉仕の改善上必要と認めるその他の奉仕を提供する。
　二　あらゆる適切な方法により，図書館の組織及び図書館奉仕の改善につき，都道府県の議会その他の地方議会，公務員又は図書館人を援助する。
　三　国立国会図書館で作成した出版物を他の図書館及び個人が，購入しようとする際には，館長の定める価格でこれを売り渡す。
　四　日本の図書館資料資源に関する総合目録並びに全国の図書館資料資源の連係ある使用を実現するために必要な他の目録及び一覧表の作成のために，あらゆる方策を講ずる。
②　館長は，前項第1号に規定する複写を行つた場合には，実費を勘案して定める額の複写料金を徴収することができる。
③　館長は，その定めるところにより，第1項第1号に規定する複写に関する事務の一部（以下「複写事務」という。）を，営利を目的としない法人に委託することができる。
④　前項の規定により複写事務の委託を受けた法人から複写物の引渡しを受ける者は，当該法人に対し，第2項に規定する複写料金を支払わなければならない。
⑤　第3項の規定により複写事務の委託を受けた法人は，前項の規定により収受した複写料金を自己の収入とし，委託に係る複写事務に要する費用を負担しなければならない。

第22条　おおむね18歳以下の者が主たる利用者として想定される図書及びその他の図書館資料に関する図書館奉仕を国際的な連携の下に行う支部図書館として，国際子ども図書館を置く。
②　国際子ども図書館に国際子ども図書館長1人を置き，国立国会図書館の職員のうちから，館長がこれを任命する。
③　国際子ども図書館長は，館長の命を受けて，国際子ども図書館の事務を掌理する。

第9章　収集資料

第23条　館長は，国立国会図書館の収集資料として，図書及びその他の図書館資料を，次章及び第11章の規定による納入並びに第

11章の2及び第11章の3の規定による記録によるほか，購入，寄贈，交換，遺贈その他の方法によつて，又は行政及び司法の各部門からの移管によつて収集することができる。行政及び司法の各部門の長官は，その部門においては必ずしも必要としないが，館長が国立国会図書館においての使用には充て得ると認める図書及びその他の図書館資料を国立国会図書館に移管することができる。館長は，国立国会図書館では必ずしも必要としない図書及びその他の図書館資料を，行政若しくは司法の各部門に移管し，又は交換の用に供し，若しくは処分することができる。

第10章 国，地方公共団体，独立行政法人等による出版物の納入

第24条 国の諸機関により又は国の諸機関のため，次の各号のいずれかに該当する出版物（機密扱いのもの及び書式，ひな形その他簡易なものを除く。以下同じ。）が発行されたときは，当該機関は，公用又は外国政府出版物との交換その他の国際的交換の用に供するために，館長の定めるところにより，30部以下の部数を直ちに国立国会図書館に納入しなければならない。

一　図書
二　小冊子
三　逐次刊行物
四　楽譜
五　地図
六　映画フィルム
七　前各号に掲げるもののほか，印刷その他の方法により複製した文書又は図画
八　蓄音機用レコード
九　電子的方法，磁気的方法その他の人の知覚によつては認識することができない方法により文字，映像，音又はプログラムを記録した物

② 次に掲げる法人により又はこれらの法人のため，前項に規定する出版物が発行されたときは，当該法人は，同項に規定する目的のため，館長の定めるところにより，5部以下の部数を直ちに国立国会図書館に納入しなければならない。

一　独立行政法人通則法（平成11年法律第103号）第2条第1項に規定する独立行政法人
二　国立大学法人法（平成15年法律第112号）第2条第1項に規定する国立大学法人又は同条第3項に規定する大学共同利用機関法人
三　特殊法人等（法律により直接に設立された法人若しくは特別の法律により特別の設立行為をもつて設立された法人又は特別の法律により設立され，かつ，その設立に関し行政官庁の認可を要する法人をいう。以下同じ。）のうち，別表第1［略］に掲げるもの

③ 前二項の規定は，前二項に規定する出版物の再版についてもこれを適用する。ただし，その再版の内容が初版又は前版の内容に比し増減又は変更がなく，かつ，その初版又は前版がこの法律の規定により前に納入されている場合においては，この限りでない。

第24条の2 地方公共団体の諸機関により又は地方公共団体の諸機関のため，前条第1項に規定する出版物が発行されたときは，当該機関は，同項に規定する目的のため，館長の定めるところにより，都道府県又は市（特別区を含む。以下同じ。）（これらに準ずる特別地方公共団体を含む。以下同じ。）の機関にあつては5部以下の部数を，町村（これに準ずる特別地方公共団体を含む。以下同じ。）の機関にあつては3部以下の部数を，直ちに国立国会図書館に納入するものとする。

② 次に掲げる法人により又はこれらの法人のため，前条第1項に規定する出版物が発行されたときは，当該法人は，同項に規定する目的のため，館長の定めるところにより，都道府県又は市が設立した法人その他の都道府県又は市の諸機関に準ずる法人にあつては4部以下の部数を，町村が設立した法人その他の町村の諸機関に準ずる法人にあつては2部以下の部数を，直ちに国立国会図書館に納入するものとする。

一　港湾法（昭和25年法律第218号）第4条第1項に規定する港務局
二　地方住宅供給公社法（昭和40年法律第124号）第1条に規定する地方住宅供給公社
三　地方道路公社法（昭和45年法律第82号）第1条に規定する地方道路公社
四　公有地の拡大の推進に関する法律（昭和47年法律第66号）第10条第1項に規定する土地開発公社
五　地方独立行政法人法（平成15年法律第118号）第2条第1項に規定する地方独立行政法人
六　特殊法人等のうち，別表第2［略］に掲げるもの
③　前条第3項の規定は，前二項の場合に準用する。

第11章　その他の者による出版物の納入

第25条　前二条に規定する者以外の者は，第24条第1項に規定する出版物を発行したときは，前二条の規定に該当する場合を除いて，文化財の蓄積及びその利用に資するため，発行の日から30日以内に，最良版の完全なもの1部を国立国会図書館に納入しなければならない。但し，発行者がその出版物を国立国会図書館に寄贈若しくは遺贈したとき，又は館長が特別の事由があると認めたときは，この限りでない。
②　第24条第3項の規定は，前項の場合に準用する。この場合において，同条第3項中「納入」とあるのは「納入又は寄贈若しくは遺贈」と読み替えるものとする。
③　第1項の規定により出版物を納入した者に対しては，館長は，その定めるところにより，当該出版物の出版及び納入に通常要すべき費用に相当する金額を，その代償金として交付する。

第25条の2　発行者が正当の理由がなくて前条第1項の規定による出版物の納入をしなかつたときは，その出版物の小売価額（小売価額のないときはこれに相当する金額）の5倍に相当する金額以下の過料に処する。
②　発行者が法人であるときは，前項の過料は，その代表者に対し科する。

第11章の2　国，地方公共団体，独立行政法人等のインターネット資料の記録

第25条の3　館長は，公用に供するため，第24条及び第24条の2に規定する者が公衆に利用可能とし，又は当該者がインターネットを通じて提供する役務により公衆に利用可能とされたインターネット資料（電子的方法，磁気的方法その他の人の知覚によつては認識することができない方法により記録された文字，映像，音又はプログラムであつて，インターネットを通じて公衆に利用可能とされたものをいう。以下同じ。）を国立国会図書館の使用に係る記録媒体に記録することにより収集することができる。
②　第24条及び第24条の2に規定する者は，自らが公衆に利用可能とし，又は自らがインターネットを通じて提供する役務により公衆に利用可能とされているインターネット資料（その性質及び公衆に利用可能とされた目的にかんがみ，前項の目的の達成に支障がないと認められるものとして館長の定めるものを除く。次項において同じ。）について，館長の定めるところにより，館長が前項の記録を適切に行うために必要な手段を講じなければならない。
③　館長は，第24条及び第24条の2に規定する者に対し，当該者が公衆に利用可能とし，又は当該者がインターネットを通じて提供する役務により公衆に利用可能とされたインターネット資料のうち，第1項の目的を達成するため特に必要があるものとして館長が定めるものに該当するものについて，国立国会図書館に提供するよう求めることができる。この場合において，当該者は，正当な理由がある場合を除き，その求めに応じなければならない。

第11章の3　オンライン資料の記録

第25条の4　第24条及び第24条の2に規定する者以外の者は，オンライン資料（電子的方法，磁気的方法その他の人の知覚によ

つては認識することができない方法により記録された文字，映像，音又はプログラムであつて，インターネットその他の送信手段により公衆に利用可能とされ，又は送信されるもののうち，図書又は逐次刊行物（機密扱いのもの及び書式，ひな形その他簡易なものを除く。）に相当するものとして館長が定めるものをいう。以下同じ。）を公衆に利用可能とし，又は送信したときは，前条の規定に該当する場合を除いて，文化財の蓄積及びその利用に資するため，館長の定めるところにより，当該オンライン資料を国立国会図書館に提供しなければならない。
② 前項の規定は，次の各号に掲げる場合には，適用しない。
　一　館長が，第24条及び第24条の2に規定する者以外の者から，当該者が公衆に利用可能とし，又は送信したオンライン資料を，前項の規定による提供を経ずに，館長が国立国会図書館の使用に係る記録媒体に記録することを求める旨の申出を受け，かつ，これを承認した場合
　二　オンライン資料の内容がこの条の規定により前に収集されたオンライン資料の内容に比し増減又は変更がない場合
　三　オンライン資料の性質及び公衆に利用可能とされ，又は送信された目的に鑑み前項の目的の達成に支障がないと館長が認めた場合
　四　その他館長が特別の事由があると認めた場合
③ 館長は，第1項の規定による提供又は前項第1号の承認に係るオンライン資料を国立国会図書館の使用に係る記録媒体に記録することにより収集することができる。
④ 第1項の規定によりオンライン資料を提供した者（以下この項において「提供者」という。）に対しては，館長は，その定めるところにより，同項の規定による提供に関し通常要すべき費用に相当する金額を交付する。ただし，提供者からその交付を要しない旨の意思の表明があつた場合は，この限りでない。

第12章　金銭の受入及び支出並びに予算

第26条　館長は，国立国会図書館に関し，その奉仕又は蒐集資料に関連し，直ちに支払に供し得る金銭の寄贈を受けることができる。
② この場合には両議院の議院運営委員会の承認を得なければならない。
第27条　国立国会図書館に充当されているあらゆる経費は，館長の監督の下に，その任命した支出官によつて支出される。
第28条　国立国会図書館の予算は，館長がこれを調製し，両議院の議院運営委員会に提出する。委員会はこの予算を審査して勧告を附し，又は勧告を附さないで，両議院の議長に送付する。

　　　附　則
第29条　この法律は，公布の日から，これを施行する。
② 昭和22年法律第84号国会図書館法は，これを廃止する。
第30条　この法律施行の日に，両議院の図書館は各々分離した図書館としての存在を終止し，その蒐集資料は，国立国会図書館に移管される。
第31条　国立国会図書館の各種の地位への任命に完全な有資格者が得られない場合には，館長は，2年を越えない期間内で，臨時にその職員を任命することができる。その期間終了の際，その地位に優れた有資格者が得られるならば，その臨時の任命は更新せられないものとする。
別表（略）

学校図書館法

昭和28年8月8日法律第185号
最終改正：平成27年6月24日法律第46号

（この法律の目的）
第1条　この法律は，学校図書館が，学校教育において欠くことのできない基礎的な設備であることにかんがみ，その健全な発達を図り，もつて学校教育を充実することを

目的とする。
　（定義）
第2条　この法律において「学校図書館」とは，小学校（義務教育学校の前期課程及び特別支援学校の小学部を含む。），中学校（義務教育学校の後期課程，中等教育学校の前期課程及び特別支援学校の中学部を含む。）及び高等学校（中等教育学校の後期課程及び特別支援学校の高等部を含む。）（以下「学校」という。）において，図書，視覚聴覚教育の資料その他学校教育に必要な資料（以下「図書館資料」という。）を収集し，整理し，及び保存し，これを児童又は生徒及び教員の利用に供することによつて，学校の教育課程の展開に寄与するとともに，児童又は生徒の健全な教養を育成することを目的として設けられる学校の設備をいう。
　（設置義務）
第3条　学校には，学校図書館を設けなければならない。
　（学校図書館の運営）
第4条　学校は，おおむね左の各号に掲げるような方法によつて，学校図書館を児童又は生徒及び教員の利用に供するものとする。
　一　図書館資料を収集し，児童又は生徒及び教員の利用に供すること。
　二　図書館資料の分類排列を適切にし，及びその目録を整備すること。
　三　読書会，研究会，鑑賞会，映写会，資料展示会等を行うこと。
　四　図書館資料の利用その他学校図書館の利用に関し，児童又は生徒に対し指導を行うこと。
　五　他の学校の学校図書館，図書館，博物館，公民館等と緊密に連絡し，及び協力すること。
2　学校図書館は，その目的を達成するのに支障のない限度において，一般公衆に利用させることができる。
　（司書教諭）
第5条　学校には，学校図書館の専門的職務を掌らせるため，司書教諭を置かなければならない。
2　前項の司書教諭は，主幹教諭（養護又は栄養の指導及び管理をつかさどる主幹教諭を除く。），指導教諭又は教諭（以下この項において「主幹教諭等」という。）をもつて充てる。この場合において，当該主幹教諭は，司書教諭の講習を修了した者でなければならない。
3　前項に規定する司書教諭の講習は，大学その他の教育機関が文部科学大臣の委嘱を受けて行う。
4　前項に規定するものを除くほか，司書教諭の講習に関し，履修すべき科目及び単位その他必要な事項は，文部科学省令で定める。
　（学校司書）
第6条　学校には，前条第1項の司書教諭のほか，学校図書館の運営の改善及び向上を図り，児童又は生徒及び教員による学校図書館の利用の一層の促進に資するため，専ら学校図書館の職務に従事する職員（次項において「学校司書」という。）を置くよう努めなければならない。
2　国及び地方公共団体は，学校司書の資質の向上を図るため，研修の実施その他の必要な措置を講ずるよう努めなければならない。
　（設置者の任務）
第7条　学校の設置者は，この法律の目的が十分に達成されるようその設置する学校の学校図書館を整備し，及び充実を図ることに努めなければならない。
　（国の任務）
第8条　国は，第6条第2項に規定するもののほか，学校図書館を整備し，及びその充実を図るため，次の各号に掲げる事項の実施に努めなければならない。
　一　学校図書館の整備及び充実並びに司書教諭の養成に関する総合的計画を樹立すること。
　二　学校図書館の設置及び運営に関し，専門的，技術的な指導及び勧告を与えること。
　三　前各号に掲げるもののほか，学校図書館の整備及び充実のため必要と認められる措置を講ずること。
　　　附　則　抄

（施行期日）
1 この法律は，昭和29年4月1日から施行する。
（司書教諭の設置の特例）
2 学校には，平成15年3月31日までの間（政令で定める規模以下の学校にあつては，当分の間），第5条第1項の規定にかかわらず，司書教諭を置かないことができる。

　　附　則（平成26年6月27日法律第93号）
（施行期日）
1 この法律は，平成27年4月1日から施行する。
（検討）
2 国は，学校司書（この法律による改正後の学校図書館法（以下この項において「新法」という。）第6条第1項に規定する学校司書をいう。以下この項において同じ。）の職務の内容が専門的知識及び技能を必要とするものであることに鑑み，この法律の施行後速やかに，新法の施行の状況等を勘案し，学校司書としての資格の在り方，その養成の在り方等について検討を行い，その結果に基づいて必要な措置を講ずるものとする。

学校図書館司書教諭講習規程

昭和29年8月6日文部省令第21号
最終改正：平成19年3月30日文部科学省令第5号

（この省令の趣旨）
第1条　学校図書館法第5条に規定する司書教諭の講習（以下「講習」という。）については，この省令の定めるところによる。
（受講資格）
第2条　講習を受けることができる者は，教育職員免許法（昭和24年法律第147号）に定める小学校，中学校，高等学校，若しくは特別支援学校の教諭の免許状を有する者又は大学に2年以上在学する学生で62単位以上を修得した者とする。
（履修すべき科目及び単位）
第3条　司書教諭の資格を得ようとする者は，講習において，次の表の上欄に掲げる科目について，それぞれ，同表の下欄に掲げる数の単位を修得しなければならない。

科目	単位数
学校経営と学校図書館	2
学校図書館メディアの構成	2
学習指導と学校図書館	2
読書と豊かな人間性	2
情報メディアの活用	2

2 講習を受ける者が大学において修得した科目の単位又は図書館法（昭和25年法律第118号）第6条に規定する司書の講習において修得した科目の単位であつて，前項に規定する科目の単位に相当するものとして文部科学大臣が認めたものは，これをもつて前項の規定により修得した科目の単位とみなす。
（単位計算の基準）
第4条　前条に規定する単位の計算方法は，大学設置基準（昭和31年文部省令第28号）第21条第2項に定める基準によるものとする。
（単位修得の認定）
第5条　単位修得の認定は，講習を行う大学その他の教育機関が，試験，論文，報告書その他による成績審査に合格した受講者に対して行う。
（修了証書の授与）
第6条　文部科学大臣は，第3条の定めるところにより10単位を修得した者に対して，講習の修了証書を与えるものとする。
（雑則）
第7条　受講者の人数，選定の方法並びに講習を行う大学その他の教育機関，講習の期間その他講習実施の細目については，毎年官報で公告する。但し，特別の事情がある場合には，適宜な方法によつて公示するものとする。

　　附　則
この省令は，公布の日から施行する。

子どもの読書活動の推進に関する法律

平成13年12月12日法律第154号

（目的）
第1条　この法律は，子どもの読書活動の推進に関し，基本理念を定め，並びに国及び地方公共団体の責務等を明らかにするとともに，子どもの読書活動の推進に関する必要な事項を定めることにより，子どもの読書活動の推進に関する施策を総合的かつ計画的に推進し，もって子どもの健やかな成長に資することを目的とする。

（基本理念）
第2条　子ども（おおむね18歳以下の者をいう。以下同じ。）の読書活動は，子どもが，言葉を学び，感性を磨き，表現力を高め，創造力を豊かなものにし，人生をより深く生きる力を身に付けていく上で欠くことのできないものであることにかんがみ，すべての子どもがあらゆる機会とあらゆる場所において自主的に読書活動を行うことができるよう，積極的にそのための環境の整備が推進されなければならない。

（国の責務）
第3条　国は，前条の基本理念（以下「基本理念」という。）にのっとり，子どもの読書活動の推進に関する施策を総合的に策定し，及び実施する責務を有する。

（地方公共団体の責務）
第4条　地方公共団体は，基本理念にのっとり，国との連携を図りつつ，その地域の実情を踏まえ，子どもの読書活動の推進に関する施策を策定し，及び実施する責務を有する。

（事業者の努力）
第5条　事業者は，その事業活動を行うに当たっては，基本理念にのっとり，子どもの読書活動が推進されるよう，子どもの健やかな成長に資する書籍等の提供に努めるものとする。

（保護者の役割）
第6条　父母その他の保護者は，子どもの読書活動の機会の充実及び読書活動の習慣化に積極的な役割を果たすものとする。

（関係機関等との連携強化）
第7条　国及び地方公共団体は，子どもの読書活動の推進に関する施策が円滑に実施されるよう，学校，図書館その他の関係機関及び民間団体との連携の強化その他必要な体制の整備に努めるものとする。

（子ども読書活動推進基本計画）
第8条　政府は，子どもの読書活動の推進に関する施策の総合的かつ計画的な推進を図るため，子どもの読書活動の推進に関する基本的な計画（以下「子ども読書活動推進基本計画」という。）を策定しなければならない。

2　政府は，子ども読書活動推進基本計画を策定したときは，遅滞なく，これを国会に報告するとともに，公表しなければならない。

3　前項の規定は，子ども読書活動推進基本計画の変更について準用する。

（都道府県子ども読書活動推進計画等）
第9条　都道府県は，子ども読書活動推進基本計画を基本とするとともに，当該都道府県における子どもの読書活動の推進の状況等を踏まえ，当該都道府県における子どもの読書活動の推進に関する施策についての計画（以下「都道府県子ども読書活動推進計画」という。）を策定するよう努めなければならない。

2　市町村は，子ども読書活動推進基本計画（都道府県子ども読書活動推進計画が策定されているときは，子ども読書活動推進基本計画及び都道府県子ども読書活動推進計画）を基本とするとともに，当該市町村における子どもの読書活動の推進の状況等を踏まえ，当該市町村における子どもの読書活動の推進に関する施策についての計画（以下「市町村子ども読書活動推進計画」という。）を策定するよう努めなければならない。

3　都道府県又は市町村は，都道府県子ども読書活動推進計画又は市町村子ども読書活

動推進計画を策定したときは，これを公表しなければならない。
4　前項の規定は，都道府県子ども読書活動推進計画又は市町村子ども読書活動推進計画の変更について準用する。
　　（子ども読書の日）
第10条　国民の間に広く子どもの読書活動についての関心と理解を深めるとともに，子どもが積極的に読書活動を行う意欲を高めるため，子ども読書の日を設ける。
2　子ども読書の日は，4月23日とする。
3　国及び地方公共団体は，子ども読書の日の趣旨にふさわしい事業を実施するよう努めなければならない。
　　（財政上の措置等）
第11条　国及び地方公共団体は，子どもの読書活動の推進に関する施策を実施するため必要な財政上の措置その他の措置を講ずるよう努めるものとする。
　　　附　則
この法律は，公布の日から施行する。

文字・活字文化振興法

平成17年7月29日法律第91号

　　（目的）
第1条　この法律は，文字・活字文化が，人類が長い歴史の中で蓄積してきた知識及び知恵の継承及び向上，豊かな人間性の涵養並びに健全な民主主義の発達に欠くことのできないものであることにかんがみ，文字・活字文化の振興に関する基本理念を定め，並びに国及び地方公共団体の責務を明らかにするとともに，文字・活字文化の振興に関する必要な事項を定めることにより，我が国における文字・活字文化の振興に関する施策の総合的な推進を図り，もって知的で心豊かな国民生活及び活力ある社会の実現に寄与することを目的とする。
　　（定義）
第2条　この法律において「文字・活字文化」とは，活字その他の文字を用いて表現されたもの（以下この条において「文章」という。）を読み，及び書くことを中心として行われる精神的な活動，出版活動その他の文章を人に提供するための活動並びに出版物その他のこれらの活動の文化的所産をいう。
　　（基本理念）
第3条　文字・活字文化の振興に関する施策の推進は，すべての国民が，その自主性を尊重されつつ，生涯にわたり，地域，学校，家庭その他の様々な場において，居住する地域，身体的な条件その他の要因にかかわらず，等しく豊かな文字・活字文化の恵沢を享受できる環境を整備することを旨として，行われなければならない。
2　文字・活字文化の振興に当たっては，国語が日本文化の基盤であることに十分配慮されなければならない。
3　学校教育においては，すべての国民が文字・活字文化の恵沢を享受することができるようにするため，その教育の課程の全体を通じて，読む力及び書く力並びにこれらの力を基礎とする言語に関する能力（以下「言語力」という。）の涵養に十分配慮されなければならない。
　　（国の責務）
第4条　国は，前条の基本理念（次条において「基本理念」という。）にのっとり，文字・活字文化の振興に関する施策を総合的に策定し，及び実施する責務を有する。
　　（地方公共団体の責務）
第5条　地方公共団体は，基本理念にのっとり，国との連携を図りつつ，その地域の実情を踏まえ，文字・活字文化の振興に関する施策を策定し，及び実施する責務を有する。
　　（関係機関等との連携強化）
第6条　国及び地方公共団体は，文字・活字文化の振興に関する施策が円滑に実施されるよう，図書館，教育機関その他の関係機関及び民間団体との連携の強化その他必要な体制の整備に努めるものとする。
　　（地域における文字・活字文化の振興）
第7条　市町村は，図書館奉仕に対する住民の需要に適切に対応できるようにするため，

必要な数の公立図書館を設置し，及び適切に配置するよう努めるものとする。
2　国及び地方公共団体は，公立図書館が住民に対して適切な図書館奉仕を提供することができるよう，司書の充実等の人的体制の整備，図書館資料の充実，情報化の推進等の物的条件の整備その他の公立図書館の運営の改善及び向上のために必要な施策を講ずるものとする。
3　国及び地方公共団体は，大学その他の教育機関が行う図書館の一般公衆への開放，文字・活字文化に係る公開講座の開設その他の地域における文字・活字文化の振興に貢献する活動を促進するため，必要な施策を講ずるよう努めるものとする。
4　前三項に定めるもののほか，国及び地方公共団体は，地域における文字・活字文化の振興を図るため，文字・活字文化の振興に資する活動を行う民間団体の支援その他の必要な施策を講ずるものとする。
（学校教育における言語力の涵養）
第8条　国及び地方公共団体は，学校教育において言語力の涵養が十分に図られるよう，効果的な手法の普及その他の教育方法の改善のために必要な施策を講ずるとともに，教育職員の養成及び研修の内容の充実その他のその資質の向上のために必要な施策を講ずるものとする。
2　国及び地方公共団体は，学校教育における言語力の涵養に資する環境の整備充実を図るため，司書教諭及び学校図書館に関する業務を担当するその他の職員の充実等の人的体制の整備，学校図書館の図書館資料の充実及び情報化の推進等の物的条件の整備等に関し必要な施策を講ずるものとする。
（文字・活字文化の国際交流）
第9条　国は，できる限り多様な国の文字・活字文化が国民に提供されるようにするとともに我が国の文字・活字文化の海外への発信を促進するため，我が国においてその文化が広く知られていない外国の出版物の日本語への翻訳の支援，日本語の出版物の外国語への翻訳の支援その他の文字・活字文化の国際交流を促進するために必要な施策を講ずるものとする。
（学術的出版物の普及）
第10条　国は，学術的出版物の普及が一般に困難であることにかんがみ，学術研究の成果についての出版の支援その他の必要な施策を講ずるものとする。
（文字・活字文化の日）
第11条　国民の間に広く文字・活字文化についての関心と理解を深めるようにするため，文字・活字文化の日を設ける。
2　文字・活字文化の日は，10月27日とする。
3　国及び地方公共団体は，文字・活字文化の日には，その趣旨にふさわしい行事が実施されるよう努めるものとする。
（財政上の措置等）
第12条　国及び地方公共団体は，文字・活字文化の振興に関する施策を実施するため必要な財政上の措置その他の措置を講ずるよう努めるものとする。
　　　附　則
この法律は，公布の日から施行する。

ユネスコ公共図書館宣言 1994年

1994年11月採択

　社会と個人の自由，繁栄および発展は人間にとっての基本的価値である。このことは，十分に情報を得ている市民が，その民主的権利を行使し，社会において積極的な役割を果たす能力によって，はじめて達成される。建設的に参加して民主主義を発展させることは，十分な教育が受けられ，知識，思想，文化および情報に自由かつ無制限に接し得ることにかかっている。

　地域において知識を得る窓口である公共図書館は，個人および社会集団の生涯学習，独自の意思決定および文化的発展のための基本的条件を提供する。

　この宣言は，公共図書館が教育，文化，情報の活力であり，男女の心の中に平和と精神的な幸福を育成するための必須の機関である，

というユネスコの信念を表明するものである。

したがって，ユネスコは国および地方の政府が公共図書館の発展を支援し，かつ積極的に関与することを奨励する。

公共図書館

公共図書館は，その利用者があらゆる種類の知識と情報をたやすく入手できるようにする，地域の情報センターである。

公共図書館のサービスは，年齢，人種，性別，宗教，国籍，言語，あるいは社会的身分を問わず，すべての人が平等に利用できるという原則に基づいて提供される。理由は何であれ，通常のサービスや資料の利用ができない人々，たとえば言語上の少数グループ（マイノリティ），障害者，あるいは入院患者や受刑者に対しては，特別なサービスと資料が提供されなければならない。

いかなる年齢層の人々もその要求に応じた資料を見つけ出せなければならない。蔵書とサービスには，伝統的な資料とともに，あらゆる種類の適切なメディアと現代技術が含まれていなければならない。質の高い，地域の要求や状況に対応できるものであることが基本的要件である。資料には，人間の努力と想像の記憶とともに，現今の傾向や社会の進展が反映されていなければならない。

蔵書およびサービスは，いかなる種類の思想的，政治的，あるいは宗教的な検閲にも，また商業的な圧力にも屈してはならない。

公共図書館の使命

情報，識字，教育および文化に関連した以下の基本的使命を公共図書館サービスの核にしなければならない。
1　幼い時期から子供たちの読書習慣を育成し，それを強化する。
2　あらゆる段階での正規の教育とともに，個人的および自主的な教育を支援する。
3　個人の創造的な発展のための機会を提供する。
4　青少年の想像力と創造性に刺激を与える。
5　文化遺産の認識，芸術，科学的な業績や革新についての理解を促進する。
6　あらゆる公演芸術の文化的表現に接しうるようにする。
7　異文化間の交流を助長し，多様な文化が存立できるようにする。
8　口述による伝承を援助する。
9　市民がいかなる種類の地域情報をも入手できるようにする。
10　地域の企業，協会および利益団体に対して適切な情報サービスを行う。
11　容易に情報を検索し，コンピューターを駆使できるような技能の発達を促す。
12　あらゆる年齢層の人々のための識字活動とその計画を援助し，かつ，それに参加し，必要があれば，こうした活動を発足させる。

財政，法令，ネットワーク

＊　公共図書館は原則として無料とし，地方および国の行政機関が責任を持つものとする。それは特定の法令によって維持され，国および地方自治体により経費が調達されなければならない。公共図書館は，文化，情報提供，識字および教育のためのいかなる長期政策においても，主要な構成要素でなければならない。

＊　図書館の全国的な調整および協力を確実にするため，合意された基準に基づく全国的な図書館ネットワークが，法令および政策によって規定され，かつ推進されなければならない。

＊　公共図書館ネットワークは，学校図書館や大学図書館だけでなく，国立図書館，地域の図書館，学術研究図書館および専門図書館とも関連して計画されなければならない。

運営と管理

＊　地域社会の要求に対応して，目標，優先順位およびサービス内容を定めた明確な方針が策定されなければならない。公共図書館は効果的に組織され，専門的な基準によって運営されなければならない。

＊　関連のある協力者，たとえば利用者グループおよびその他の専門職との地方，地域，全国および国際的な段階での協力が確保されなければならない。

* 地域社会のすべての人々がサービスを実際に利用できなければならない。それには適切な場所につくられた図書館の建物、読書および勉学のための良好な施設とともに、相応な技術の駆使と利用者に都合のよい十分な開館時間の設定が必要である。同様に図書館に来られない利用者に対するアウトリーチ・サービスも必要である。
* 図書館サービスは、農村や都会地といった異なる地域社会の要求に対応させなければならない。
* 図書館員は利用者と資料源との積極的な仲介者である。適切なサービスを確実に行うために、図書館員の専門教育と継続教育は欠くことができない。
* 利用者がすべての資料源から利益を得ることができるように、アウトリーチおよび利用者教育の計画が実施されなければならない。

宣言の履行

　国および地方自治体の政策決定者、ならびに全世界の図書館界が、この宣言に表明された諸原則を履行することを、ここに強く要請する。

　この宣言は、国際図書館連盟（IFLA）の協力のもとに起草された。

（訳：長倉美恵子,日本図書館協会国際交流委員会）

ユネスコ学校図書館宣言

1999年11月26日　第30回ユネスコ総会採択

　学校図書館は、今日の情報や知識を基盤とする社会に相応しく生きていくために基本的な情報やアイデアを提供する。学校図書館は、児童生徒が責任ある市民として生活できるように、生涯学習の技能を育成し、また、想像力を培う。

学校図書館の使命

　学校図書館は、情報がどのような形態あるいは媒体であろうと、学校構成員全員が情報を批判的にとらえ、効果的に利用できるように、学習のためのサービス、図書、情報資源を提供する。学校図書館は、ユネスコ公共図書館宣言と同様の趣旨に沿い、より広範な図書館・情報ネットワークと連携する。

　図書館職員は、小説からドキュメンタリーまで、印刷資料から電子資料まで、あるいはその場でも遠くからでも、幅広い範囲の図書やその他の情報源を利用することを支援する。資料は、教科書や教材、教育方法を補完し、より充実させる。

　図書館職員と教師が協力する場合に、児童生徒の識字、読書、学習、問題解決、情報およびコミュニケーション技術の各技能レベルが向上することが実証されている。

　学校図書館サービスは、年齢、人種、性別、宗教、国籍、言語、職業あるいは社会的身分にかかわらず、学校構成員全員に平等に提供されなければならない。通常の図書館サービスや資料の利用ができない人々に対しては、特別のサービスや資料が用意されなければならない。

　学校図書館のサービスや蔵書の利用は、国際連合世界人権宣言に基づくものであり、いかなる種類の思想的、政治的、あるいは宗教的な検閲にも、また商業的な圧力にも屈してはならない。

財政，法令，ネットワーク

　学校図書館は、識字、教育、情報提供、経済、社会そして文化の発展についてのあらゆる長期政策にとって基本的なものである。地方、地域、国の行政機関の責任として、学校図書館は特定の法令あるいは施策によって維持されなければならない。学校図書館には、訓練された職員、資料、各種技術および設備のための経費が必要かつ継続的に調達されなければならない。

　学校図書館は、地方、地域および全国的な図書館・情報ネットワークを構成する重要な一員である。

学校図書館が，例えば公共図書館のような他館種図書館と設備や資料等を共有する場合には，学校図書館独自の目的が認められ，主張されなければならない。

学校図書館の目標

学校図書館は教育の過程にとって不可欠なものである。

以下に述べることは，識字，情報リテラシー，指導，学習および文化の発展にとって基本的なことであり，学校図書館サービスの核となるものである。
・学校の使命およびカリキュラムとして示された教育目標を支援し，かつ増進する。
・子ども達に読書の習慣と楽しみ，学習の習慣と楽しみ，そして生涯を通じての図書館利用を促進させ，継続させるようにする。
・知識，理解，想像，楽しみを得るために情報を利用し，かつ創造する体験の機会を提供する。
・情報の形式，形態，媒体が，地域社会に適合したコミュニケーションの方法を含めどのようなものであっても，すべての児童生徒が情報の活用と評価の技能を学び，練習することを支援する。
・地方，地域，全国，全世界からの情報入手と，さまざまなアイデア，経験，見解に接して学習する機会を提供する。
・文化的社会的な関心を喚起し，それらの感性を錬磨する活動を計画する。
・学校の使命を達成するために，児童生徒，教師，管理者，および両親と協力する。
・知的自由の理念を謳い，情報を入手できることが，民主主義を具現し，責任ある有能な市民となるためには不可欠である。
・学校内全体および学校外においても，読書を奨励し，学校図書館の資源やサービスを増強する。

以上の機能を果たすために，学校図書館は方針とサービスを樹立し，資料を選択・収集し，適切な情報源を利用するための設備と技術を整備し，教育的環境を整え，訓練された職員を配置する。

職員

学校図書館員は，可能なかぎり十分な職員配置に支えられ，学校構成員全員と協力し，公共図書館その他と連携して，学校図書館の計画立案や経営に責任がある専門的資格をもつ職員である。

学校図書館員の役割は，国の法的，財政的な条件の下での予算や，各学校のカリキュラム，教育方法によってさまざまである。状況は異なっても，学校図書館員が効果的な学校図書館サービスを展開するのに必要とされる共通の知識領域は，情報資源，図書館，情報管理，および情報教育である。

増大するネットワーク環境において，教師と児童生徒の両者に対し，学校図書館員は多様な情報処理の技能を計画し指導ができる能力をもたなければならない。したがって，学校図書館員の専門的な継続教育と専門性の向上が必要とされる。

運営と管理

効果的で責任のもてる運営を確実にするためには，
・学校図書館サービスの方針は，各学校のカリキュラムに関連させて，その目標，重点，サービス内容が明らかになるように策定されなければならない。
・学校図書館は専門的基準に準拠して組織され，維持されなければならない。
・サービスは学校構成員全員が利用でき，地域社会の条件に対応して運営されなければならない。
・教師，学校管理者幹部，行政官，両親，他館種の図書館員，情報専門家，ならびに地域社会の諸団体との協力が促進されなければならない。

宣言の履行

政府は，教育に責任をもつ省庁を通じ，この宣言の諸原則を履行する政策，方針，計画を緊急に推進すべきである。図書館員と教師の養成および継続教育において，この宣言の周知を図る諸計画が立てられなければならない。

（訳：長倉美恵子，堀川照代）

図書館の権利宣言

アメリカ図書館協会評議会1948年6月18日採択
1961年2月2日，1967年6月27日，1980年1月23日改正

　アメリカ図書館協会は，すべての図書館が情報や思想のひろばであり，以下の基本方針が，すべての図書館のサービス指針となるべきであるということを確認する。

　第1条：図書およびその他の図書館資源は，図書館が奉仕するコミュニティのすべての人びとの関心，情報，啓蒙に役立つように提供されるべきである。資料の創作に寄与した人たちの生まれ，経歴，見解を理由として，資料が排除されてはならない。

　第2条：図書館は，今日および歴史上の問題に関して，どのような観点に立つ資料あるいは情報であっても，それらを提供すべきである。党派あるいは主義の上から賛成できないという理由で，資料が締め出されたり取り除かれたりすることがあってはならない。

　第3条：図書館は，情報を提供し，啓蒙を行うという図書館の責任を達成するために，検閲を拒否すべきである。

　第4条：図書館は，表現の自由や思想へのフリー・アクセスの制限に抵抗することにかかわる，すべての人およびグループと協力すべきである。

　第5条：図書館の利用に関する個人の権利は，その人の生まれ，年齢，経歴，見解のゆえに，拒否されたり制限されることがあってはならない。

　第6条：展示空間や集会室を，その図書館が奉仕する［コミュニティの］構成員（public）の利用に供している図書館は，それらの施設の利用を求める個人やグループの信条や所属関係にかかわりなく，公平な基準で提供すべきである。

（「年齢」挿入の再確認：1996年1月23日）
　（訳：川崎良孝）

図書館の自由に関する宣言

日本図書館協会　1954年5月28日採択，
1979年5月30日改訂

　図書館は，基本的人権のひとつとして知る自由をもつ国民に，資料と施設を提供することをもっとも重要な任務とする。
1　日本国憲法は主権が国民に存するとの原理にもとづいており，この国民主権の原理を維持し発展させるためには，国民ひとりひとりが思想・意見を自由に発表し交換すること，すなわち表現の自由の保障が不可欠である。
　　知る自由は，表現の送り手に対して保障されるべき自由と表裏一体をなすものであり，知る自由の保障があってこそ表現の自由は成立する。
　　知る自由は，また，思想・良心の自由をはじめとして，いっさいの基本的人権と密接にかかわり，それらの保障を実現するための基礎的な要件である。それは，憲法が示すように，国民の不断の努力によって保持されなければならない。
2　すべての国民は，いつでもその必要とする資料を入手し利用する権利を有する。この権利を社会的に保障することは，すなわち知る自由を保障することである。図書館は，まさにこのことに責任を負う機関である。
3　図書館は，権力の介入または社会的圧力に左右されることなく，自らの責任にもとづき，図書館間の相互協力をふくむ図書館の総力をあげて，収集した資料と整備された施設を国民の利用に供するものである。
4　わが国においては，図書館が国民の知る自由を保障するのではなく，国民に対する「思想善導」の機関として，国民の知る自由を妨げる役割さえ果たした歴史的事実があることを忘れてはならない。図書館は，この反省の上に，国民の知る自由を守り，ひろげていく責任を果たすことが必要である。
5　すべての国民は，図書館利用に公平な権利をもっており，人種，信条，性別，年齢

やそのおかれている条件等によっていかなる差別もあってはならない。
　外国人も，その権利は保障される。
6　ここに掲げる「図書館の自由」に関する原則は，国民の知る自由を保障するためであって，すべての図書館に基本的に妥当するものである。

この任務を果たすため，図書館は次のことを確認し実践する。

第1　図書館は資料収集の自由を有する

1　図書館は，国民の知る自由を保障する機関として，国民のあらゆる資料要求にこたえなければならない。
2　図書館は，自らの責任において作成した収集方針にもとづき資料の選択および収集を行う。その際，
　(1)　多様な，対立する意見のある問題については，それぞれの観点に立つ資料を幅広く収集する。
　(2)　著者の思想的，宗教的，党派的立場にとらわれて，その著作を排除することはしない。
　(3)　図書館員の個人的な関心や好みによって選択をしない。
　(4)　個人・組織・団体からの圧力や干渉によって収集の自由を放棄したり，紛争をおそれて自己規制したりはしない。
　(5)　寄贈資料の受入にあたっても同様である。
　図書館の収集した資料がどのような思想や主張をもっていようとも，それを図書館および図書館員が支持することを意味するものではない。
3　図書館は，成文化された収集方針を公開して，広く社会からの批判と協力を得るようにつとめる。

第2　図書館は資料提供の自由を有する

1　国民の知る自由を保障するため，すべての図書館資料は，原則として国民の自由な利用に供されるべきである。
　図書館は，正当な理由がないかぎり，ある種の資料を特別扱いしたり，資料の内容に手を加えたり，書架から撤去したり，廃棄したりはしない。
　提供の自由は，次の場合にかぎって制限されることがある。これらの制限は，極力限定して適用し，時期を経て再検討されるべきものである。
　(1)　人権またはプライバシーを侵害するもの。
　(2)　わいせつ出版物であるとの判決が確定したもの。
　(3)　寄贈または寄託資料のうち，寄贈者または寄託者が公開を否とする非公刊資料。
2　図書館は，将来にわたる利用に備えるため，資料を保存する責任を負う。図書館の保存する資料は，一時的な社会的要請，個人・組織・団体からの圧力や干渉によって廃棄されることはない。
3　図書館の集会室等は，国民の自主的な学習や創造を援助するために，身近にいつでも利用できる豊富な資料が組織されている場にあるという特徴を持っている。
　図書館は，集会室等の施設を，営利を目的とする場合を除いて，個人，団体を問わず公平な利用に供する。
4　図書館の企画する集会や行事等が，個人・組織・団体からの圧力や干渉によってゆがめられてはならない。

第3　図書館は利用者の秘密を守る

1　読者が何を読むかはその人のプライバシーに属することであり，図書館は，利用者の読書事実を外部に漏らさない。ただし，憲法第35条にもとづく令状を確認した場合は例外とする。
2　図書館は，読書記録以外の図書館の利用事実に関しても，利用者のプライバシーを侵さない。
3　利用者の読書事実，利用事実は，図書館が業務上知り得た秘密であって，図書館活動に従事するすべての人びとは，この秘密を守らなければならない。

第4　図書館はすべての検閲に反対する

1　検閲は，権力が国民の思想・言論の自由

を抑圧する手段として常用してきたものであって，国民の知る自由を基盤とする民主主義とは相容れない。

　検閲が，図書館における資料収集を事前に制約し，さらに，収集した資料の書架からの撤去，廃棄に及ぶことは，内外の苦渋にみちた歴史と経験により明らかである。

　したがって，図書館はすべての検閲に反対する。

2　検閲と同様の結果をもたらすものとして，個人・組織・団体からの圧力や干渉がある。図書館は，これらの思想・言論の抑圧に対しても反対する。

3　それらの抑圧は，図書館における自己規制を生みやすい。しかし図書館は，そうした自己規制におちいることなく，国民の知る自由を守る。

図書館の自由が侵されるとき，われわれは団結して，あくまで自由を守る。

1　図書館の自由の状況は，一国の民主主義の進展をはかる重要な指標である。図書館の自由が侵されようとするとき，われわれ図書館にかかわるものは，その侵害を排除する行動を起こす。このためには，図書館の民主的な運営と図書館員の連帯の強化を欠かすことができない。

2　図書館の自由を守る行動は，自由と人権を守る国民のたたかいの一環である。われわれは，図書館の自由を守ることで共通の立場に立つ団体・機関・人びとと提携して，図書館の自由を守りぬく責任をもつ。

3　図書館の自由に対する国民の支持と協力は，国民が，図書館活動を通じて図書館の自由の尊さを体験している場合にのみ得られる。われわれは，図書館の自由を守る努力を不断に続けるものである。

4　図書館の自由を守る行動において，これにかかわった図書館員が不利益をうけることがあってはならない。これを未然に防止し，万一そのような事態が生じた場合にその救済につとめることは，日本図書館協会の重要な責務である。

図書館員の倫理綱領

日本図書館協会　1980年6月4日総会決議

　この倫理綱領は，「図書館の自由に関する宣言」によって示された図書館の社会的責任を自覚し，自らの職責を遂行していくための図書館員としての自律的規範である。

　1　この綱領は，「図書館の自由に関する宣言」と表裏一体の関係にある。この宣言に示された図書館の社会的責任を日常の図書館活動において果たしていくのは，職業集団としての内容の充実によらなければならない。この綱領は，その内容の充実を目標とし，図書館員としての職責を明らかにすることによって，自らの姿勢をただすための自律的規範である。したがってこの綱領は，単なる徳目の列挙や権利の主張を目的とするものでなく，すべての館種に共通な図書館員のあり方を考え，共通な基盤を拡大することによって，図書館を社会の有用な機関たらしめようという，前向きでしかも活動的なものである。

　この綱領でいう図書館員とは，図書館に働くすべての職員のことである。綱領の各条項の具体化に当たっては，図書館長の理解とすぐれた指導力が不可欠である。

　2　綱領の内容はこれまでの図書館活動の実践の中から生まれたものである。それを倫理綱領という形にまとめたのは，今や個人の献身や一館の努力だけでは図書館本来の役割を果たすことができず，図書館員という職業集団の総合的な努力が必要となり，かつ図書館員のあるべき姿を，図書館員と利用者と，図書館を設置する機関または団体との三者が，共に考えるべき段階に立ち至ったからである。

　3　この綱領は，われわれの図書館員としての自覚の上に成立する。したがってその自覚以外にはいかなる拘束力もない。しかしながら，これを公表することによって，われわれの共通の目的と努力，さらにひとつの職業集団としての判断と行動とを社会に誓約することになる。その結果，われわれはまず図書

館に大きな期待を持つ人びとから，ついで社会全体からのきびしい批判に自らをさらすことになる。

この批判の下での努力こそが，図書館員という職業集団への信頼を生む。図書館員の専門性は，この信頼によってまず利用者に支えられ，さらに司書職制度という形で確認され，充実されねばならない。そしてその専門性がもたらす図書館奉仕の向上は，すべて社会に還元される。そうした方向へわれわれ図書館員全体が進む第一歩がこの倫理綱領の制定である。

4　この綱領は，すべての図書館員が館種，館内の地位，職種及び司書資格の有無にかかわらず，綱領を通して図書館の役割を理解し，綱領実現への努力に積極的に参加することを期待している。さらに，図書館に働くボランティアや図書館同種施設に働く人びと，地域文庫にかかわる人びと等による理解をも望んでいる。

綱領の構成は，図書館員個人の倫理規定にはじまり，組織体の一員としての図書館員の任務を考え，ついで図書館間および図書館以外の人びととの協力に及び，ひろく社会における図書館員の果たすべき任務に至っている。

（図書館員の基本的態度）

第1　図書館員は，社会の期待と利用者の要求を基本的なよりどころとして職務を遂行する。

図書館は社会の期待と利用者の要求の上に成立する。そして，ここから国民の知る自由の保障という図書館の目的も，またすべての国民への資料提供という基本機能も導き出される。したがって，図書館へのあらゆる期待と要求とを的確に把握し，分析し，かつ予測して，期待にこたえ，要求を実現するように努力することこそ，図書館員の基本的な態度である。

（利用者に対する責任）

第2　図書館員は利用者を差別しない。

国民の図書館を利用する権利は平等である。図書館員は，常に自由で公正で積極的な資料提供に心がけ，利用者をその国籍，信条，性別，年齢等によって差別してはならないし，図書館に対するさまざまな圧力や干渉によって利用者を差別してはならない。また，これまでサービスを受けられなかった人びとに対しても，平等なサービスがゆきわたるように努力すべきである。

第3　図書館員は利用者の秘密を漏らさない。

図書館員は，国民の読書の自由を保障するために，資料や施設の提供を通じて知りえた利用者の個人名や資料名等をさまざまな圧力や干渉に屈して明かしたり，または不注意に漏らすなど，利用者のプライバシーを侵す行為をしてはならない。このことは，図書館活動に従事するすべての人びとに課せられた責務である。

（資料に関する責任）

第4　図書館員は図書館の自由を守り，資料の収集，保存および提供につとめる。

図書館員は，専門的知識と的確な判断とに基づいて資料を収集し，組織し，保存し，積極的に提供する。そのためには，資料の収集・提供の自由を侵すいかなる圧力・検閲をも受け入れてはならないし，個人的な関心や好みによる資料の収集・提供をしてはならない。図書館員は，私的報酬や個人的利益を求めて，資料の収集・提供を行ってはならない。

第5　図書館員は常に資料を知ることにつとめる。

資料のひとつひとつについて知るということは決して容易ではないが，図書館員は常に資料を知る努力を怠ってはならない。資料についての十分な知識は，これまでにも図書館員に対する最も大きな期待のひとつであった。図書館に対する要求が飛躍的に増大している今日，この期待もいちだんと高まっていることを忘れてはならない。さらに，この知識を前提としてはじめて，潜在要求をふくむすべての要求に対応し，資料の収集・提供活動ができることを自覚すべきである。

（研修につとめる責任）

第6　図書館員は個人的，集団的に，不断の研修につとめる。

図書館員が専門性の要求をみたすためには，①利用者を知り，②資料を知り，③利用者と資料を結びつけるための資料の適切な組織化

と提供の知識・技術を究明しなければならない。そのためには，個人的，集団的に日常不断の研修が必要であり，これらの研修の成果が，図書館活動全体を発展させる専門知識として集積されていくのである。その意味で，研修は図書館員の義務であり権利である。したがって図書館員は，自主的研修にはげむと共に研修条件の改善に努力し，制度としての研修を確立するようつとめるべきである。

（組織体の一員として）

第7　図書館員は，自館の運営方針や奉仕計画の策定に積極的に参画する。

個々の図書館員が積極的な姿勢をもたなければ，図書館は適切・円滑に運営することができない。図書館員は，その図書館の設置目的と利用者の要求を理解し，全員が運営方針や奉仕計画等を十分理解していなければならない。そのためには，図書館員は計画等の策定にたえず関心をもち，積極的に参加するようつとめるべきである。

第8　図書館員は，相互の協力を密にして，集団としての専門的能力の向上につとめる。

図書館がその機能を十分に果たすためには，ひとりの図書館員の力だけでなく，職員集団としての力が発揮されなければならない。このためには，図書館員は同一職種内の協調と共に，他職種の役割をも正しく理解し，さらに，地域および全国規模の図書館団体に結集して図書館に働くすべての職員の協力のもとに，それぞれの専門的知識と経験を総合する必要がある。図書館員の専門性は，現場での実践経験と不断の研修及び職員集団の協力によって高められるのであるから，図書館員は，経験の累積と専門知識の定着が，頻繁すぎる人事異動や不当配転等によって妨げられないようつとめるべきである。

第9　図書館員は，図書館奉仕のため適正な労働条件の確保につとめる。

組織体の一員として図書館員の自覚がいかに高くても，劣悪な労働条件のもとでは，利用者の要求にこたえる十分な活動ができないばかりか，図書館員の健康そのものをも維持しがたい。適正数の職員配置をはじめ，労働災害や職業病の防止，婦人図書館員の母性保護等，適切な図書館奉仕が可能な労働条件を確保し，働きやすい職場づくりにつとめる必要がある。

図書館員は図書館奉仕の向上のため，図書館における労働の独自性について自ら追求すべきである。

（図書館間の協力）

第10　図書館員は図書館間の理解と協力につとめる。

図書館が本来の目的を達成するためには，一館独自の働きだけでなく，組織的に活動する必要がある。各図書館は館種・地域・設置者の別をこえ，理解と協力につとめるべきである。図書館員はこのことをすべて制度上の問題に帰するのでなく，自らの職業上の姿勢としてとらえなければならない。図書館間の相互協力は，自館における十分な努力が前提となることを忘れてはならない。

（文化の創造への寄与）

第11　図書館員は住民や他団体とも協力して，社会の文化環境の醸成につとめる。

図書館は孤立した存在であってはならない。地域社会に対する図書館の協力は，健康で民主的な文化環境を生み出す上に欠くことができない。他方，この文化環境によって図書館の本来の機能は著しい発達をうながされる。図書館員は住民の自主的な読書運動や文庫活動等をよく理解し，図書館の増設やサービス改善を求める要求や批判に，謙虚かつ積極的にこたえなければならない。さらに，地域の教育・社会・文化諸機関や団体とも連携を保ちながら，地域文化の向上に寄与すべきである。

第12　図書館員は，読者の立場に立って出版文化の発展に寄与するようつとめる。

出版の自由は，単に資料・情報の送り手の自由を意味するのではなく，より根本的に受け手の知る自由に根ざしている。この意味で図書館は，読者の立場に立って，出版物の生産・流通の問題に積極的に対処する社会的役割と責任を持つ。また図書館員は，「図書館の自由に関する宣言」の堅持が，出版・新聞放送等の分野における表現の自由を守る活動と深い関係を持つことを自覚し，常に読者の立場に立ってこれら関連分野との協力につと

めるべきである。

　日本図書館協会は，わが国の図書館の現状にかんがみこの倫理綱領を作成し，提唱する。本協会はこの綱領の維持発展につとめると共に，この綱領と相いれない事態に対しては，その改善に向って不断に努力する。

公立図書館の任務と目標

日本図書館協会図書館政策特別委員会
1989年1月確定公表　2004年3月，2009年4月改訂

はじめに

　日本図書館協会は，1979年の総会において採択した「図書館の自由に関する宣言　1979年改訂」において，「すべての国民は，いつでもその必要とする資料を入手し利用する権利を有する」こと，そして「この権利を社会的に保障することに責任を負う機関」が図書館であることを表明した。また，「すべての国民は，図書館利用に公平な権利をもっており，人種，信条，性別，年齢やそのおかれている条件等によっていかなる差別もあってはならない」とも述べており，われわれは，これらのことが確実に実現されるよう，図書館サービスの充実に努めなければならない。

　日本の公立図書館サービスは，1950年の図書館法によって「図書館奉仕」の理念を掲げはしたものの，その具現化には相当の年月を要し，ようやく1960～70年代に，『中小都市における公共図書館の運営』（1963年），『市民の図書館』（1970年）を指針として発展の方向を見いだした。図書館を真に住民のものにしようという意欲的な図書館員の努力，読書環境の整備充実を求める住民要求の高まり，それを受け止める自治体の積極的な施策と対応によって，図書館サービスは顕著な発展を遂げてきた。

　1980年代になると，いわゆる行政改革により，図書館はつくっても十分な職員を配置せず，その不足を嘱託，臨時職員などで補う自治体，さらには図書館法の精神に反して，公立図書館の管理運営を公社・財団等に委託するケースや司書を派遣会社に求める自治体が現れる。その上，1990年代には，生涯学習体系への移行，情報ネットワークの整備という，国の政策レベルの動向，さらには90年代以降構造改革，分権推進，規制緩和という政治や経済の動きを受けて，図書館経営に一段と複雑かつ厳しい様相が広がっている。

　先に述べたとおり，すべての国民に図書館利用の権利を保障することは，民主主義国家においては必須の条件であり，それは公の責任で果たされなければならない。こうした観点から，地方自治体が無料公開の図書館を設置し，管理運営することは，欧米先進諸国においては19世紀半ばに確立された伝統である。日本は，いまだこの原理に則った近代図書館を整備する途上にある。今なお図書館をもたない町村が半数近くにも及ぶという事実があるし，先進的な市町村といえども，すべての住民のニーズに応えられるという域には遠く，あるべき図書館サービスは形成過程だと認識することが至当である。

　もちろん，公立図書館の維持発展を図ることは，地方自治体及び地域住民の発意と責任に帰することであるが，「図書館事業の進歩発展を図り，わが国文化の進展に寄与する」という本協会の目的にてらして，協会会員の関心を喚起するとともに，それぞれの地域・職域における図書館サービス計画の立案に資することを願って，「公立図書館の任務と目標」を策定し公表することにした。

　当初，この文書の策定は，公立図書館である以上，少なくともこのレベル程度の活動は，という「基準」を提起することを意図して始められた。しかし，「基準」といえば図書館法にいう基準との混同を招く恐れもあること，さらに「基準」という言葉には数量的なものが意識される傾向が強いので，この語を使用しないことにした。

　すべての図書館が，この内容を達成し，さらに高いレベルの新たな目標を掲げ得る状況の速やかな到来を強く望むものである。

第1章　基本的事項

（公立図書館の役割と要件）

1　人間は，情報・知識を得ることによって成長し，生活を維持していくことができる。また，人間は文化的な，うるおいのある生活を営む権利を有する。

　公立図書館は，住民がかかえているこれらの必要と欲求に応えるために自治体が設置し運営する図書館である。公立図書館は，乳幼児から高齢者まで，住民すべての自己教育に資するとともに，住民が情報を入手し，芸術や文学を鑑賞し，地域文化の創造にかかわる場である。公立図書館は，公費によって維持される公の施設であり，住民はだれでも無料でこれを利用することができる。

　公立図書館は，図書館法に基づいて地方公共団体が設置する図書館であり，教育委員会が管理する機関であって，図書館を設置し図書館サービスを実施することは，地方公共団体の責務である。また，公立図書館は住民の生活・職業・生存と精神的自由に深くかかわる機関である。このような基本的性格にてらして，公立図書館は地方公共団体が直接経営すべきものであり，図書館の運営を他へ委託すべきではない。

（知る自由の保障）

2　住民は，あらゆる表現の記録（資料）に接する権利を有しており，この住民の知る自由を保障することは，公立図書館の重要な責務である。この責務を果たすため，公立図書館は，住民の意思を受けて図書その他の資料を収集し，収集した資料を住民に提供する自由を有する。住民の中には，いろいろな事情で図書館利用から疎外されている人びとがおり，図書館は，すべての住民の知る自由の拡大に努めなければならない。

（図書館の利用）

3　住民は，図書館の利用を通じて学習し，情報を入手し，文化的な生活を営むことができる。図書館の活用によって達成できることは多様であり，限りない可能性をもっているが，おおむね次のようなことである。

　1　日常生活または仕事のために必要な情報・知識を得る。
　2　関心のある分野について学習する。
　3　政治的，社会的な問題などに対するさまざまな思想・見解に接し，自分の考えを決める糧にする。
　4　自らの住む地域における行政・教育・文化・産業などの課題解決に役立つ資料に接し，情報を得る。
　5　各自の趣味を伸ばし，生活にくつろぎとうるおいをもたらす。
　6　子どもたちは，読書習慣を培い，本を読む楽しさを知り，想像力を豊かにする。
　7　講演会・読書会・鑑賞会・展示会などに参加し，文化的な生活を楽しむ。
　8　人との出会い，語りあい，交流が行われ，地域文化の創造に参画する。

（図書館計画）

4　公立図書館は，本来住民のために住民の意思を受けて設置され運営される民主的な機関であり，住民要求の多様化と増大，それに応える資料の増加にともなって成長発展するものである。したがって，図書館は長期・短期の計画を立案・作成し，その計画が自治体の施策として実行されなければならない。

（住民参加）

5　公立図書館は，住民の要求あるいはニーズに応える機関であって，その創設・増改築にあたっては，地域の住民の意向が十分に反映されなければならない。単に施設の面ばかりではなく，年次計画の策定，日常の図書館活動の企画についても，住民の参加が欠かせない。

　図書館の発展をはかることは，まず図書館員の責任であるが，それとともに，住民の提起が図書館をより有意義な機関に育て，図書館の可能性を拡大していく。住民の制度的参加としては，図書館協議会が活用されるべきである。そういう公的な場も重要であるが，日常的な活動の中での利用者との対話，あるいは利用者との懇談会などを通じて，住民の要求をとらえ，その提案をいかす努力と工夫が肝要である。

　図書館員は，住民参加の意義を正しく認

識し，住民の要望・提案に誠実に対応しなければならない。
（図書館相互の協力）
6　住民が必要とする資料は多種多様であるために，単独の図書館が所蔵する資料だけでは，要求に応えられないことがある。一自治体の図書館はもちろんのこと，設置者を異にする図書館が相互に補完し協力することによって，住民の多様な要求を充足することが可能となる。
（図書館職員）
7　住民と資料を結びつけるための知識と技術を習得している専門職員を配置することは，図書館として不可欠の条件である。
　図書館職員は，「図書館の自由に関する宣言」及び「図書館員の倫理綱領」を十分によく理解し，これらの宣言・綱領に則って業務を遂行することによって，住民の信頼を獲得し図書館の発展をはかることができる。

第2章　市（区）町村立図書館
1　図書館システム
8　住民はだれでも，どこに住んでいても，図書館サービスを受ける権利をもっている。自治体は，その区域のすみずみまで図書館サービスが均質に行きわたるように努めなければならない。
9　一つの自治体が設置する複数の図書館施設は，図書その他の資料の利用または情報入手に関する住民の要求を満たすために有機的に結ばれた組織体でなければならない。このような組織を図書館システムという。
　図書館システムは，地域図書館（以下「地域館」という）と移動図書館，これらの核となる中央図書館（以下「中央館」という）から成る。
　自治体は，すべての住民の身近に図書館のサービス・ポイントを配置する。
10　住民はだれでも，身近にあるサービス・ポイントを窓口として，必要とする図書その他の資料を利用することができる。
11　住民はだれでも，身近なサービス・ポイントを通じて，レファレンス・サービスを受け，生活に必要な情報や文化情報などを得る。
12　図書館システムを構成するそれぞれは，独自に活動するのではなく，中央館をかなめとし，統一されたサービス計画のもとに，組織全体として最大の効果をあげるように活動する。
13　住民の大多数が地域館または中央館のサービス圏内におさまるように，必要数の図書館を設置しなければならない。その規模は，サービス圏内の人口に応じて定められる。
　地域館及び中央館のサービス圏内に含まれない地域の住民に対しては，移動図書館の巡回を行う。
　移動図書館は，図書館のはたらきを住民にとって身近なものとし，図書館システムの形成を促進するために重要な役割をもっている。
14　図書館は，地域館と中央館及び地域館相互間の図書館資料の円滑な流れを確保するために，必要な物流体制を整備する。

2　図書館サービス
15　図書館サービスの基本は，住民の求める資料や情報を提供することである。そのために，貸出，レファレンス・サービスを行うとともに，住民の資料や情報に対する要求を喚起する働きかけを行う。住民の図書館に寄せる期待や信頼は，要求に確実に応える日常活動の蓄積によって成り立つ。その基礎を築くのは貸出である。
16　図書館は，資料提供の機能の展開として，集会・行事を行うとともに，図書館機能の宣伝，普及をはかるための活動や，利用案内を行う。
　席借りのみの自習は図書館の本質的機能ではない。自習席の設置は，むしろ図書館サービスの遂行を妨げることになる。
17　さまざまな生活条件を担っている地域住民がひとしく図書館を利用できるためには，その様態に応じてサービスの上で格別の工夫と配慮がなされなければならない。
18　乳幼児・児童・青少年の人間形成において，豊かな読書経験の重要性はいうまでもない。生涯にわたる図書館利用の基礎を形

づくるためにも，乳幼児・児童・青少年に対する図書館サービスは重視されなければならない。
　　また，学校図書館との連携をすすめ，児童・生徒に対して利用案内を行うとともに，求めに応じて学校における学習や読書を支援する。
19　高齢者の人口比や社会的役割が増大しているいま，高齢者へのサービスについては，その要望や必要に応じた資料，施設，設備，機材の整備充実に努める。さらに図書館利用の介助等，きめこまかなサービスの提供に努める。
20　障害者をはじめとして図書館の利用を疎外されてきた人びとに対して，種々の方途を講じて図書館を利用する権利を保障することは，図書館の当然の任務である。
21　被差別部落の住民への図書館サービスは，文化的諸活動や識字学級に対する援助などによってその範囲を広げる。
22　アイヌ等少数民族並びに在日朝鮮・韓国人その他の在日外国人にとって，それぞれの民族文化，伝統の継承，教育，その人びとが常用する言語による日常生活上の情報・資料の入手は重要である。図書館は，これらの人びとへの有効なサービスを行う。
23　開館日，開館時間は，地域住民が利用しやすい日時を設定する。
（貸　出）
24　貸出は，資料提供という図書館の本質的機能を最も素朴に実現したものであり，住民が図書館のはたらきを知り，図書館サービスを享受し得る最も基本的な活動である。したがって図書館は，すべての住民が個人貸出を受けられるように条件を整える。
　　そのために利用手続は簡単で，どのサービス・ポイントでも貸出・返却ができるようにする。貸出方式は，利用者の秘密が守られるものにする。一人に貸出す冊数は，各人が貸出期間内に読み得る範囲で借りられるようにする。
　　貸出には，資料案内と予約業務が不可分のものとして含まれる。
25　図書館は，一人ひとりの利用者と適切な資料を結びつけるために資料案内を行う。その一環として，フロア・サービスが有効である。
26　図書館は，住民が求めるどんな資料でも提供する。そのためには，所蔵していない資料も含めて予約に対応できる体制を整える。
27　求めに応じて，読書グループや文庫などの団体や施設に対して貸出を行う。
（レファレンス・サービス）
28　図書館は，住民の日常生活上の疑問に答え，調査研究を援助するためにレファレンス・サービスを行う。
29　中央館や大きな地域館には，参考資料室を設ける。他のサービス・ポイントもレファレンス・サービスの窓口を開く。
30　レファレンス・サービスは，図書館システム全体で，また相互協力組織を通じてあたるほかに，類縁機関，専門機関と連携して行う。
31　資料に基づく援助のほか，レファレンス・サービスの制限事項とされることが多い医療・法律相談などや資料提供を越える情報サービスも，専門機関や専門家と連携することによって解決の手がかりを供することができる。
（複　写）
32　図書館は，資料提供の一環として複写サービスを行う。
（集会・行事）
33　資料提供の機関である図書館が，住民の自主的な学習活動を援助するために集会機能をもつことの意義は大きい。自由な談話の場，グループ活動の場と，学習を発展させるための設備，用具を提供する。
34　資料提供の機能の展開として，展示，講座，講演会その他の行事を行う。
（広　報）
35　図書館の役割を住民に周知するため，館報，広報等によって宣伝するとともに，マスコミ等を通じて住民の理解を深めるよう努める。

3　図書館資料

36　図書，逐次刊行物，視聴覚資料，電子資料などは，人類の知識や想像力の成果を集

積したものであり，人びとの生活に欠くことのできない情報伝達の手段である。図書館は，すべての住民の多様な資料要求に応えるため，これらの資料を幅広く，豊富に備える。

　図書館は，住民が外部ネットワークの情報資源へ自由にアクセスできる環境を整備する。

37　資料構成は，有機的なつながりをもち，住民のニーズと地域社会の状況を反映したものでなければならない。とくに地域館では，児童用資料を豊富に備える必要がある。

38　資料は，図書館の責任において選択され，収集される。

　図書館は，資料の収集を組織的，系統的に行うため，その拠りどころとなる収集方針及び選択基準を作成する。これらは，資料収集の面から図書館サービスのあり方を規定するものであり，教育委員会の承認を得ておくことが望ましい。

　収集方針及び選択基準は，図書館のあり方について住民の理解を求め，資料構成への住民の参加と協力を得るために公開される。

39　住民に適切な判断材料を提供するため，政治的，社会的に対立する意見のある問題については，それぞれの立場の資料を収集するよう努める。図書館の収集した資料がどのような思想や主張をもっていようとも，それを図書館が支持することを意味するものではない。

40　地域館では，住民の身近な図書館として，日常の問題解決に役立つ参考図書，教養書，実用書，読み物など，その地域に適した図書を備える。また地域の事情に応じて外国語図書を収集する。

41　図書館は，住民の関心に沿って，幅広く多様な雑誌を選んで備える。また，地域の状況に応じて外国雑誌も備える。

42　図書館は，全国紙，地方紙，政党機関紙のほか，それぞれの地域の状況に応じて専門紙を備える。

43　図書館は，図書，雑誌，新聞のほか，CDや録音テープなどの音声資料，フィルムやビデオソフトなどの映像資料，CD-ROMなどの電子資料や写真，地図などを備える。また，視覚・聴覚障害者のために，点字図書，録音図書，大活字本，字幕付映像資料などの資料の収集にも努める。

44　それぞれの地域に関する資料や情報の収集・提供は，図書館が住民に対して負っている責務である。そのため図書館は，設置自治体の刊行物及びその地域に関連のある資料を網羅的に収集するほか，その地域にかかわりのある機関・団体等の刊行物の収集にも努める。また，その地方で刊行される一般の出版物についても収集に努める。

　図書館が収集したそれぞれの地域に関する資料・情報については，より有効に活用できるよう，目録やデータベースの作成を行う。

45　住民の多様な資料及び情報の要求に応えるためには，公刊される資料の収集だけでは不十分である。図書館は，ファイル資料を編成したり写真資料，録音・録画資料を作成し，図書，小冊子などを出版する。あわせて，資料の電子化をすすめネットワークなどを通じて公開する。さらに，障害者のために，それぞれの必要な資料の製作に努める。

46　図書館は，すべての資料が利用者の求めに応じて迅速，的確に提供できるよう，統一的にその組織化を行う。

47　図書館は，住民がどのサービス・ポイントからでも，すべての所蔵資料を一元的に検索できるよう目録を整備する。目録は，常に最新の情報が提供できるよう維持されなければならない。

48　利用者が直接，自由に求める資料を手にすることができるよう，日常的に利用される資料を中心に，可能な限り多くの資料を開架にする。その排列にあたっては，利用者が資料をみつけやすく，利用しやすいような配慮が必要である。

49　図書館は，常に新鮮で適切な資料構成を維持し，充実させるために資料の更新及び除籍を行う。広域的に再利用が見込める資料については，県立図書館等への譲渡によ

って活用をはかる。
4 相互協力
50 図書館は，住民の要求する資料を必ず提供するために，各市町村の図書館が相互に協力しあうことが必要である。
51 相互協力は，資料の相互貸借，複写，レファレンス業務などサービス面で協力するほかに，資料の分担収集，保存及び索引の作成なども共同で行うものである。ときには職員研修，採用試験などにも及ぼすことができる。
52 図書館はまた，同じ地域内の他館種の図書館や類縁機関，専門機関と連携して，住民の資料要求に応えるよう努める。

第3章 都道府県立図書館
1 役割と機能
53 都道府県立図書館（以下「県立図書館」という）は，市町村立図書館と同様に住民に直接サービスするとともに，市町村立図書館の求めに応じてそのサービスを支援する。
　大多数の住民にとって，身近にあって利用しやすいのは市町村立図書館である。したがって県立図書館は市町村立図書館への援助を第一義的な機能と受けとめるべきである。
　県立図書館であるということを理由に，全く個人貸出を行わないとか，児童サービスを実施しないということがあってはならない。
54 県立図書館が有する資料と機能は，多くの場合，市町村立図書館を通じて住民に提供される。
55 市町村立図書館を利用するか，直接に県立図書館を利用するかは，住民各自がそのときの事情に応じて選択することであって，住民がいずれの方法をとった場合にも，図書館は十全に対応すべきである。
56 県立図書館と市町村立図書館との関係は，前者が後者を指導するとか調整するという関係ではない。
57 県ないし県教育委員会が図書館振興のための施策を立案する際には，県立図書館は，県内図書館の現状に関する資料及び図書館振興に関する資料を提供し，県としての政策立案に協力する。
58 県立図書館は，県内公立図書館の協議機関に加わり，その活動を援助する。
2 市町村立図書館への援助
59 県立図書館は，市町村立図書館の求めに応じて，資料を貸出す。この場合，原則として要求された資料は，すべて貸出すべきである。
　貸出期間は，市町村立図書館の貸出に支障がないように定める。貸出す冊数は無制限とすることが望ましい。
60 求められた資料を県立図書館が所蔵せず，しかも入手不可能な場合は，可能な範囲で所蔵館を調査し，請求館に通知する。
61 小図書館または創立時の図書館に対しては，一括して相当量の図書を貸出す。
62 市町村立図書館において調査不可能な参考質問を，県立図書館は調査し回答する。
63 県立図書館においても調査不可能な参考質問で，他館または類縁機関において回答可能と思われる場合は，その館・機関を紹介する。
64 市町村立図書館の児童サービスの発展のために，県立図書館は，選択のための児童書常設展示，児童サービスに関する情報の収集と伝達などの援助を行う。
65 県立図書館は，県域に関する書誌・索引あるいはデータベースを作成し，利用に供する。
66 市町村立図書館間の相互協力のために，市町村立図書館の求めに応じて，県立図書館はあらゆる援助を行う。
67 県立図書館は資料の提供，市町村立図書館間協力への援助，県内資料の収集，そうして市町村立図書館を知るために，定期的に巡回車を運行する。
68 県立図書館は資料保存の責任を果たすため，市町村立図書館の求めに応じて，それらの館の蔵書の一部を譲り受けて，保存し，提供する。
69 県立図書館は，県の刊行物を市町村立図書館に配布する。
70 県内公立図書館職員の資質・能力向上の

ため，県立図書館は，研究資料，研修の場を提供し，可能なかぎり経費を負担する。
71　県立図書館は，求めに応じて図書館，読書，郷土研究，その他の全県的な団体の活動を援助する。

3　図書館資料

72　県立図書館は，住民のあらゆる資料要求に応える責任と，市町村立図書館の活動を支える資料センターとしての役割を果たすため，図書，逐次刊行物，電子資料，マイクロ資料，視聴覚資料のほか，障害者用資料など，多様な資料を豊富に収集し，保存する。あわせて，住民や市町村立図書館が外部ネットワークの情報資源へ自由にアクセスできる環境を整備する。

73　県立図書館の資料は，児童用資料を含み，すべての主題分野を包括するとともに，それぞれの分野では有機的なつながりをもった構成でなければならない。

74　県立図書館は，資料の収集を組織的，系統的に行うため，収集方針及び選択基準を作成し，公開する。

75　県立図書館は，国内で出版される図書，とりわけ県内の出版物を網羅的に収集するほか，外国で発行される図書についても広く収集に努める。

76　県立図書館は，外国で発行のものも含め，あらゆる主題の雑誌を収集する。また，新聞についても，全国紙，地方紙，政党機関紙のほか，専門紙をできるかぎり幅広く収集するとともに，外国の新聞の収集にも努める。
　　これら逐次刊行物の保存については，県立図書館はとくに留意する必要がある。

77　県立図書館は，その県及び関係機関，団体の発行する資料の収集に責任をもつほか，市町村立図書館の協力を得て，各地の地域資料も収集する。

78　県立図書館は，地域の要求に応えるため，ファイル資料，写真資料，録音・録画資料を作成し，図書，小冊子などを出版する。あわせて，資料の電子化をすすめネットワークなどを通じて公開する。さらに，障害者のために，それぞれの必要な資料の製作に努める。

79　日々の増加図書を含むすべての所蔵資料の検索を容易にして，その円滑な利用をはかるため，県立図書館は自館所蔵資料のデータベースを作成し，維持する。また，郷土資料目録など必要な総合目録の作成にも努める。

80　県立図書館は，所蔵資料の充実に努め，除籍は最小限にとどめる。

4　相互協力

81　県立図書館は，市町村立図書館に充実した援助ができるように，近隣の県立図書館，及び各種図書館・類縁機関と常に連絡を保ち，協力する態勢をつくる。そのために，それらの機関の所蔵資料，保有情報の実態を把握し，協力を得られるよう努める。

82　県立図書館は，自館所蔵資料のデータベースを公開するとともに，県内の市町村立図書館や大学図書館等のデータベースとの横断的な検索も容易にできるようにする。

83　県立図書館は，関連する近隣地域の情報を提供できるように，近隣の県立図書館及び類縁機関と，それぞれの地域に関する資料及び書誌，索引を交換，収集する。

第4章　公立図書館の経営

1　公立図書館経営の理念

84　公立図書館の経営は，図書館計画に基づき職員，経費，施設の適切な措置の上で，継続的・安定的になされる必要がある。
　　運営においては，不断に計画・評価を組み込んで，地域住民の要求に応える体制を維持しなければならない。

2　職　員

85　公立図書館の職員は，住民の知る自由を保障し，資料と人とを結びつける使命を自覚し，住民の資料に対する要求に応え，資料要求を拡大するために，最善の努力をはらう。

86　職員は，図書館運営に参画し，自由に意見を述べるよう努める。館長は，職員のさまざまな意見・発想をまとめ，館運営に生かすよう努めなければならない。

87　専門的な資質・能力をもった専門職員が中心となって運営することによって，図書

館は住民の生活に不可欠な施設となることができる。

　図書館を設置する自治体は，司書（司書補）を専門職種として制度化すべきである。その内容は次のとおりである。
　1　司書（司書補）資格をもつ者を，公開公募の試験によって採用する。
　2　専門職員は，本人の希望または同意によるほかは，他職種へ異動されない。
　3　専門職員には，昇任の機会が適正に与えられる。
88　館長は，公立図書館の基本的任務を自覚し，住民へのサービスを身をもって示し，職員の意見をくみあげるとともに，職員を指導してその資質・能力・モラールの向上に努める。
　このため，館長は専任の経験豊かな専門職でなければならない。
89　図書館の専門職員となろうとするもののため，資格取得に多様な道が開かれていることが望ましい。
90　図書館職員としての能力を高めるため，すべての職員に研修の機会が与えられる。とくに専門職員は自ら学習に努め，基礎的教養と専門的技量を高める努力を怠ってはならない。
　館長は研修・学習のための便宜をはかり，各専門団体の行う研究会等への職員の参加を奨励する。
91　夜間開館や祝日開館への住民の要求が強くなってきている。これに応えるためには，開館時間内でのサービスに格差が生じないよう，職員体制の整備が必要である。

3　経　費

92　公立図書館の予算は，その果たすべき任務に比して，一般にあまりにも過少である。予算の拡大充実は住民の要求と支持，それを背景にした図書館の強い確信と実践によって達せられる。
93　公立図書館は，住民の納める税によって維持される。したがって図書館の予算は最大限に効果をあげるよう編成されるべきである。
94　過少な経費は，住民に失望感を与える図書館をつくり，結果として無駄となる。一定水準以上のサービスを維持するに足る経費を予算化することによって，住民に役立つ図書館となることができる。
95　委託などによって，予算額が縮小し，節約されたかのようにみえる場合がある。しかし現実にはサービスの遅れや質の低下が現れたりする例が多い。
　予算の効率は，住民サービスの質と量を基準に測るべきであり，最終的には住民の評価がその適否を決定する。

4　施　設

96　図書館建築には，図書館側の構想が反映されていなければならない。そのためには，住民の意向もとりいれた図書館建築計画書を設計者に提示することが不可欠である。
97　図書館は，単独施設であることが望ましい。立地条件・地理的事情や運営方法により複合施設となる場合は，図書館の理念及び運営方針を設計に反映させ，図書館施設としての機能を損なわないよう，また，独立して管理・運営ができるようにしなければならない。
98　図書館は住民の生活動線上にあり，立地条件のよいことが重要である。建物は明るく，親しみやすく，利用者が気軽に使える施設でなければならない。
99　館内は，利用者にとってわかりやすい構成であり，図書館員にとっても働きやすい施設でなければならない。また，館内全体にわたって障害者が利用できる施設にすべきである。

第5章　都道府県の図書館振興策

100　すべての市町村に，計画性に裏づけられた公立図書館サービスの実態をつくりだすことは，それぞれの自治体の責任であり，広域自治体である都道府県及び都道府県教育委員会（以下「県」という）は，すべての県民が十分な図書館サービスを享受できるよう，その振興をはかる責務を負っている。
101　県は，県下の図書館振興をはかる行政の所管を明確にし，施策にあたっては県立図書館との連絡を密にし，県図書館協会な

どの協力を得る。

102　県は，県下すべての市町村に図書館が設置され，そのサービスが一定の水準以上に達するよう助成する県としての図書館振興策を策定する。
　振興策の策定にあたっては，県下の図書館専門職員，専門家，市町村関係者の協力を得るとともに，住民の意思を反映したものとなるよう努める。

103　県が策定する図書館振興策には，おおむね次のような内容が考えられる。
(1) 市町村における図書館サービスの望ましい目標の設定。
(2) 市町村に対する図書館施設（移動図書館を含む）整備補助制度の設定。その実施にあたっては，図書館法に基づく国の基準や県が独自に定める一定の要件を満たしていることを条件として，補助を行う。
(3) 市町村立図書館の活動が一定の水準以上を達成できるための資料購入費補助制度の設定。
(4) 市町村立図書館の活動の充実に役立つ設備・機器等の購入の助成。
(5) 県下公立図書館職員の研修と交流の機会の設定とそれに要する経費助成。
(6) 県民に対する図書館に関する情報・資料の提供。
(7) 公立図書館未設置自治体に対する啓蒙，情報・資料の提供。
(8) 市町村立図書館の活動を援助するための県立図書館の整備・充実。

104　県下の図書館振興のために県立図書館は，第3章第2節に掲げる援助を行うとともに，図書館についての情報・資料を県民，市町村及び市町村立図書館に提供する。

105　未設置自治体，とりわけ設置率が低位にとどまる町村に対して県立図書館は，図書館設置を促すような計画的働きかけを行う。未設置自治体の住民を対象とする補完的サービスを行う場合は，それが県の振興策の一環としての位置づけをもち，市町村独自の図書館サービスの始動によい刺激となるようなものでなければならない。

106　県または県立図書館が，子ども文庫など県民の読書活動を助成する場合は，当該の市町村または市町村立図書館と連携して行う。

著作権法　抄

昭和45年5月6日法律第48号
最終改正：平成27年6月24日法律第46号

第1章　総則
第1節　通則
（目的）
第1条　この法律は，著作物並びに実演，レコード，放送及び有線放送に関し著作者の権利及びこれに隣接する権利を定め，これらの文化的所産の公正な利用に留意しつつ，著作者等の権利の保護を図り，もつて文化の発展に寄与することを目的とする。
（定義）
第2条　この法律において，次の各号に掲げる用語の意義は，当該各号に定めるところによる。
　一　著作物　思想又は感情を創作的に表現したものであつて，文芸，学術，美術又は音楽の範囲に属するものをいう。
　二　著作者　著作物を創作する者をいう。
　五　レコード　蓄音機用音盤，録音テープその他の物に音を固定したもの（音を専ら影像とともに再生することを目的とするものを除く。）をいう。
　七の二　公衆送信　公衆によつて直接受信されることを目的として無線通信又は有線電気通信の送信（電気通信設備で，その一の部分の設置の場所が他の部分の設置の場所と同一の構内（その構内が二以上の者の占有に属している場合には，同一の者の占有に属する区域内）にあるものによる送信（プログラムの著作物の送信を除く。）を除く。）を行うことをいう。
　八　放送　公衆送信のうち，公衆によつて同一の内容の送信が同時に受信されることを目的として行う無線通信の送信をいう。
　九の四　自動公衆送信　公衆送信のうち，

公衆からの求めに応じ自動的に行うもの（放送又は有線放送に該当するものを除く。）をいう。

九の五　送信可能化　次のいずれかに掲げる行為により自動公衆送信し得るようにすることをいう。
　イ　公衆の用に供されている電気通信回線に接続している自動公衆送信装置（公衆の用に供する電気通信回線に接続することにより，その記録媒体のうち自動公衆送信の用に供する部分（以下この号及び第47条の5第1項第1号において「公衆送信用記録媒体」という。）に記録され，又は当該装置に入力される情報を自動公衆送信する機能を有する装置をいう。以下同じ。）の公衆送信用記録媒体に情報を記録し，情報が記録された記録媒体を当該自動公衆送信装置の公衆送信用記録媒体として加え，若しくは情報が記録された記録媒体を当該自動公衆送信装置の公衆送信用記録媒体に変換し，又は当該自動公衆送信装置に情報を入力すること。
　ロ　その公衆送信用記録媒体に情報が記録され，又は当該自動公衆送信装置に情報が入力されている自動公衆送信装置について，公衆の用に供されている電気通信回線への接続（配線，自動公衆送信装置の始動，送受信用プログラムの起動その他の一連の行為により行われる場合には，当該一連の行為のうち最後のものをいう。）を行うこと。

十　映画製作者　映画の著作物の製作に発意と責任を有する者をいう。

十の二　プログラム　電子計算機を機能させて一の結果を得ることができるようにこれに対する指令を組み合わせたものとして表現したものをいう。

十の三　データベース　論文，数値，図形その他の情報の集合物であつて，それらの情報を電子計算機を用いて検索することができるように体系的に構成したものをいう。

十一　二次的著作物　著作物を翻訳し，編曲し，若しくは変形し，又は脚色し，映画化し，その他翻案することにより創作した著作物をいう。

十二　共同著作物　二人以上の者が共同して創作した著作物であつて，その各人の寄与を分離して個別的に利用することができないものをいう。

十三　録音　音を物に固定し，又はその固定物を増製することをいう。

十四　録画　影像を連続して物に固定し，又はその固定物を増製することをいう。

十五　複製　印刷，写真，複写，録音，録画その他の方法により有形的に再製することをいい，次に掲げるものについては，それぞれ次に掲げる行為を含むものとする。
　イ　脚本その他これに類する演劇用の著作物　当該著作物の上演，放送又は有線放送を録音し，又は録画すること。
　ロ　建築の著作物　建築に関する図面に従つて建築物を完成すること。

十六　上演　演奏（歌唱を含む。以下同じ。）以外の方法により著作物を演ずることをいう。

十七　上映　著作物（公衆送信されるものを除く。）を映写幕その他の物に映写することをいい，これに伴つて映画の著作物において固定されている音を再生することを含むものとする。

十八　口述　朗読その他の方法により著作物を口頭で伝達すること（実演に該当するものを除く。）をいう。

十九　頒布　有償であるか又は無償であるかを問わず，複製物を公衆に譲渡し，又は貸与することをいい，映画の著作物又は映画の著作物において複製されている著作物にあつては，これらの著作物を公衆に提示することを目的として当該映画の著作物の複製物を譲渡し，又は貸与することを含むものとする。

二十二　国内　この法律の施行地をいう。

2　この法律にいう「美術の著作物」には，美術工芸品を含むものとする。

3　この法律にいう「映画の著作物」には，映画の効果に類似する視覚的又は視聴覚的

効果を生じさせる方法で表現され，かつ，物に固定されている著作物を含むものとする。

4　この法律にいう「写真の著作物」には，写真の製作方法に類似する方法を用いて表現される著作物を含むものとする。

5　この法律にいう「公衆」には，特定かつ多数の者を含むものとする。

6　この法律にいう「法人」には，法人格を有しない社団又は財団で代表者又は管理人の定めがあるものを含むものとする。

7　この法律において，「上演」，「演奏」又は「口述」には，著作物の上演，演奏又は口述で録音され，又は録画されたものを再生すること（公衆送信又は上映に該当するものを除く。）及び著作物の上演，演奏又は口述を電気通信設備を用いて伝達すること（公衆送信に該当するものを除く。）を含むものとする。

8　この法律にいう「貸与」には，いずれの名義又は方法をもつてするかを問わず，これと同様の使用の権原を取得させる行為を含むものとする。

9　この法律において，第1項第7号の2，第8号，第9号の2，第9号の4，第9号の5若しくは第13号から第19号まで又は前二項に掲げる用語については，それぞれこれらを動詞の語幹として用いる場合を含むものとする。

（著作物の発行）

第3条　著作物は，その性質に応じ公衆の要求を満たすことができる相当程度の部数の複製物が，第21条に規定する権利を有する者又はその許諾（第63条第1項の規定による利用の許諾をいう。以下この項，次条第1項，第4条の2及び第63条を除き，以下この章及び次章において同じ。）を得た者若しくは第79条の出版権の設定を受けた者若しくはその複製許諾（第80条第3項の規定による複製の許諾をいう。第37条第3項ただし書及び第37条の2ただし書において同じ。）を得た者によつて作成され，頒布された場合（第26条，第26条の2第1項又は第26条の3に規定する権利を有する者の権利を害しない場合に限る。）において，

発行されたものとする。

（著作物の公表）

第4条　著作物は，発行され，又は第22条から第25条までに規定する権利を有する者若しくはその許諾（第63条第1項の規定による利用の許諾をいう。）を得た者若しくは第79条の出版権の設定を受けた者若しくはその公衆送信許諾（第80条第3項の規定による公衆送信の許諾をいう。次項，第37条第3項ただし書及び第37条の2ただし書において同じ。）を得た者によつて上演，演奏，上映，公衆送信，口述若しくは展示の方法で公衆に提示された場合（建築の著作物にあつては，第21条に規定する権利を有する者又はその許諾（第63条第1項の規定による利用の許諾をいう。）を得た者によつて建設された場合を含む。）において，公表されたものとする。

2　著作物は，第23条第1項に規定する権利を有する者又はその許諾を得た者若しくは第79条の出版権の設定を受けた者若しくはその公衆送信許諾を得た者によつて送信可能化された場合には，公表されたものとみなす。

（条約の効力）

第5条　著作者の権利及びこれに隣接する権利に関し条約に別段の定めがあるときは，その規定による。

第2節　適用範囲

（保護を受ける著作物）

第6条　著作物は，次の各号のいずれかに該当するものに限り，この法律による保護を受ける。

一　日本国民（わが国の法令に基づいて設立された法人及び国内に主たる事務所を有する法人を含む。以下同じ。）の著作物

二　最初に国内において発行された著作物（最初に国外において発行されたが，その発行の日から30日以内に国内において発行されたものを含む。）

三　前二号に掲げるもののほか，条約によりわが国が保護の義務を負う著作物

第2章　著作者の権利
第1節　著作物

（著作物の例示）

第10条　この法律にいう著作物を例示すると，おおむね次のとおりである。
一　小説，脚本，論文，講演その他の言語の著作物
二　音楽の著作物
三　舞踊又は無言劇の著作物
四　絵画，版画，彫刻その他の美術の著作物
五　建築の著作物
六　地図又は学術的な性質を有する図面，図表，模型その他の図形の著作物
七　映画の著作物
八　写真の著作物
九　プログラムの著作物
2　事実の伝達にすぎない雑報及び時事の報道は，前項第1号に掲げる著作物に該当しない。

（二次的著作物）

第11条　二次的著作物に対するこの法律による保護は，その原著作物の著作者の権利に影響を及ぼさない。

（編集著作物）

第12条　編集物（データベースに該当するものを除く。以下同じ。）でその素材の選択又は配列によつて創作性を有するものは，著作物として保護する。
2　前項の規定は，同項の編集物の部分を構成する著作物の著作者の権利に影響を及ぼさない。

（データベースの著作物）

第12条の2　データベースでその情報の選択又は体系的な構成によつて創作性を有するものは，著作物として保護する。
2　前項の規定は，同項のデータベースの部分を構成する著作物の著作者の権利に影響を及ぼさない。

（権利の目的とならない著作物）

第13条　次の各号のいずれかに該当する著作物は，この章の規定による権利の目的となることができない。
一　憲法その他の法令
二　国若しくは地方公共団体の機関，独立行政法人（独立行政法人通則法（平成11年法律第103号）第2条第1項に規定する独立行政法人をいう。以下同じ。）又は地方独立行政法人（地方独立行政法人法（平成15年法律第118号）第2条第1項に規定する地方独立行政法人をいう。以下同じ。）が発する告示，訓令，通達その他これらに類するもの
三　裁判所の判決，決定，命令及び審判並びに行政庁の裁決及び決定で裁判に準ずる手続により行われるもの
四　前三号に掲げるものの翻訳物及び編集物で，国若しくは地方公共団体の機関，独立行政法人又は地方独立行政法人が作成するもの

第2節　著作者

（著作者の推定）

第14条　著作物の原作品に，又は著作物の公衆への提供若しくは提示の際に，その氏名若しくは名称（以下「実名」という。）又はその雅号，筆名，略称その他実名に代えて用いられるもの（以下「変名」という。）として周知のものが著作者名として通常の方法により表示されている者は，その著作物の著作者と推定する。

（職務上作成する著作物の著作者）

第15条　法人その他使用者（以下この条において「法人等」という。）の発意に基づきその法人等の業務に従事する者が職務上作成する著作物（プログラムの著作物を除く。）で，その法人等が自己の著作の名義の下に公表するものの著作者は，その作成の時における契約，勤務規則その他に別段の定めがない限り，その法人等とする。
2　法人等の発意に基づきその法人等の業務に従事する者が職務上作成するプログラムの著作物の著作者は，その作成の時における契約，勤務規則その他に別段の定めがない限り，その法人等とする。

（映画の著作物の著作者）

第16条　映画の著作物の著作者は，その映画の著作物において翻案され，又は複製された小説，脚本，音楽その他の著作物の著作者を除き，制作，監督，演出，撮影，美

術等を担当してその映画の著作物の全体的形成に創作的に寄与した者とする。ただし，前条の規定の適用がある場合は，この限りでない。

第3節　権利の内容
第1款　総則
（著作者の権利）

第17条　著作者に，次条第1項，第19条第1項及び第20条第1項に規定する権利（以下「著作者人格権」という。）並びに第21条から第28条までに規定する権利(以下「著作権」という。）を享有する。

2　著作者人格権及び著作権の享有には，いかなる方式の履行をも要しない。

第2款　著作者人格権
（公表権）

第18条　著作者は，その著作物でまだ公表されていないもの（その同意を得ないで公表された著作物を含む。以下この条において同じ。）を公衆に提供し，又は提示する権利を有する。当該著作物を原著作物とする二次的著作物についても，同様とする。

（氏名表示権）

第19条　著作者は，その著作物の原作品に，又はその著作物の公衆への提供若しくは提示に際し，その実名若しくは変名を著作者名として表示し，又は著作者名を表示しないこととする権利を有する。その著作物を原著作物とする二次的著作物の公衆への提供又は提示に際しての原著作物の著作者名の表示についても，同様とする。

2　著作物を利用する者は，その著作者の別段の意思表示がない限り，その著作物につきすでに著作者が表示しているところに従つて著作者名を表示することができる。

3　著作者名の表示は，著作物の利用の目的及び態様に照らし著作者が創作者であることを主張する利益を害するおそれがないと認められるときは，公正な慣行に反しない限り，省略することができる。

（同一性保持権）

第20条　著作者は，その著作物及びその題号の同一性を保持する権利を有し，その意に反してこれらの変更，切除その他の改変を受けないものとする。

2　前項の規定は，次の各号のいずれかに該当する改変については，適用しない。
　一　第33条第1項（同条第4項において準用する場合を含む。），第33条の2第1項又は第34条第1項の規定により著作物を利用する場合における用字又は用語の変更その他の改変で，学校教育の目的上やむを得ないと認められるもの
　二　建築物の増築，改築，修繕又は模様替えによる改変
　三　特定の電子計算機においては利用し得ないプログラムの著作物を当該電子計算機において利用し得るようにするため，又はプログラムの著作物を電子計算機においてより効果的に利用し得るようにするために必要な改変
　四　前三号に掲げるもののほか，著作物の性質並びにその利用の目的及び態様に照らしやむを得ないと認められる改変

第3款　著作権に含まれる権利の種類
（複製権）

第21条　著作者は，その著作物を複製する権利を専有する。

（上演権及び演奏権）

第22条　著作者は，その著作物を，公衆に直接見せ又は聞かせることを目的として（以下「公に」という。）上演し，又は演奏する権利を専有する。

（上映権）

第22条の2　著作者は，その著作物を公に上映する権利を専有する。

（公衆送信権等）

第23条　著作者は，その著作物について，公衆送信（自動公衆送信の場合にあつては，送信可能化を含む。）を行う権利を専有する。

2　著作者は，公衆送信されるその著作物を受信装置を用いて公に伝達する権利を専有する。

（口述権）

第24条　著作者は，その言語の著作物を公に口述する権利を専有する。

（展示権）

第25条　著作者は，その美術の著作物又は

まだ発行されていない写真の著作物をこれらの原作品により公に展示する権利を専有する。

（頒布権）

第26条　著作者は，その映画の著作物をその複製物により頒布する権利を専有する。

2　著作者は，映画の著作物において複製されているその著作物を当該映画の著作物の複製物により頒布する権利を専有する。

（譲渡権）

第26条の2　著作者は，その著作物（映画の著作物を除く。以下この条において同じ。）をその原作品又は複製物（映画の著作物において複製されている著作物にあつては，当該映画の著作物の複製物を除く。以下この条において同じ。）の譲渡により公衆に提供する権利を専有する。

2　前項の規定は，著作物の原作品又は複製物で次の各号のいずれかに該当するものの譲渡による場合には，適用しない。
一　前項に規定する権利を有する者又はその許諾を得た者により公衆に譲渡された著作物の原作品又は複製物
二　第67条第1項若しくは第69条の規定による裁定又は万国著作権条約の実施に伴う著作権法の特例に関する法律（昭和31年法律第86号）第5条第1項の規定による許可を受けて公衆に譲渡された著作物の複製物
三　第67条の2第1項の規定の適用を受けて公衆に譲渡された著作物の複製物
四　前項に規定する権利を有する者又はその承諾を得た者により特定かつ少数の者に譲渡された著作物の原作品又は複製物
五　国外において，前項に規定する権利に相当する権利を害することなく，又は同項に規定する権利に相当する権利を有する者若しくはその承諾を得た者により譲渡された著作物の原作品又は複製物

（貸与権）

第26条の3　著作者は，その著作物（映画の著作物を除く。）をその複製物（映画の著作物において複製されている著作物にあつては，当該映画の著作物の複製物を除く。）の貸与により公衆に提供する権利を専有する。

（翻訳権，翻案権等）

第27条　著作者は，その著作物を翻訳し，編曲し，若しくは変形し，又は脚色し，映画化し，その他翻案する権利を専有する。

（二次的著作物の利用に関する原著作者の権利）

第28条　二次的著作物の原著作物の著作者は，当該二次的著作物の利用に関し，この款に規定する権利で当該二次的著作物の著作者が有するものと同一の種類の権利を専有する。

第4款　映画の著作物の著作権の帰属

第29条　映画の著作物（第15条第1項，次項又は第3項の規定の適用を受けるものを除く。）の著作権は，その著作者が映画製作者に対し当該映画の著作物の製作に参加することを約束しているときは，当該映画製作者に帰属する。

第5款　著作権の制限

（私的使用のための複製）

第30条　著作権の目的となつている著作物（以下この款において単に「著作物」という。）は，個人的に又は家庭内その他これに準ずる限られた範囲内において使用すること（以下「私的使用」という。）を目的とするときは，次に掲げる場合を除き，その使用する者が複製することができる。
一　公衆の使用に供することを目的として設置されている自動複製機器（複製の機能を有し，これに関する装置の全部又は主要な部分が自動化されている機器をいう。）を用いて複製する場合

（図書館等における複製等）

第31条　国立国会図書館及び図書，記録その他の資料を公衆の利用に供することを目的とする図書館その他の施設で政令で定めるもの（以下この項及び第3項において「図書館等」という。）においては，次に掲げる場合には，その営利を目的としない事業として，図書館等の図書，記録その他の資料（以下この条において「図書館資料」という。）を用いて著作物を複製することができる。

一　図書館等の利用者の求めに応じ，その調査研究の用に供するために，公表された著作物の一部分（発行後相当期間を経過した定期刊行物に掲載された個々の著作物にあつては，その全部。第3項において同じ。）の複製物を一人につき一部提供する場合
二　図書館資料の保存のため必要がある場合
三　他の図書館等の求めに応じ，絶版その他これに準ずる理由により一般に入手することが困難な図書館資料（以下この条において「絶版等資料」という。）の複製物を提供する場合
2　前項各号に掲げる場合のほか，国立国会図書館においては，図書館資料の原本を公衆の利用に供することによるその滅失，損傷若しくは汚損を避けるために当該原本に代えて公衆の利用に供するため，又は絶版等資料に係る著作物を次項の規定により自動公衆送信（送信可能化を含む。同項において同じ。）に用いるため，電磁的記録（電子的方式，磁気的方式その他人の知覚によつては認識することができない方式で作られる記録であつて，電子計算機による情報処理の用に供されるものをいう。以下同じ。）を作成する場合には，必要と認められる限度において，当該図書館資料に係る著作物を記録媒体に記録することができる。
3　国立国会図書館は，絶版等資料に係る著作物について，図書館等において公衆に提示することを目的とする場合には，前項の規定により記録媒体に記録された当該著作物の複製物を用いて自動公衆送信を行うことができる。この場合において，当該図書館等においては，その営利を目的としない事業として，当該図書館等の利用者の求めに応じ，その調査研究の用に供するために，自動公衆送信される当該著作物の一部分の複製物を作成し，当該複製物を一人につき一部提供することができる。

（引用）

第32条　公表された著作物は，引用して利用することができる。この場合において，その引用は，公正な慣行に合致するものであり，かつ，報道，批評，研究その他の引用の目的上正当な範囲内で行なわれるものでなければならない。
2　国若しくは地方公共団体の機関，独立行政法人又は地方独立行政法人が一般に周知させることを目的として作成し，その著作の名義の下に公表する広報資料，調査統計資料，報告書その他これらに類する著作物は，説明の材料として新聞紙，雑誌その他の刊行物に転載することができる。ただし，これを禁止する旨の表示がある場合は，この限りでない。

（教科用拡大図書等の作成のための複製等）

第33条の2　教科用図書に掲載された著作物は，視覚障害，発達障害その他の障害により教科用図書に掲載された著作物を使用することが困難な児童又は生徒の学習の用に供するため，当該教科用図書に用いられている文字，図形等の拡大その他の当該児童又は生徒が当該著作物を使用するために必要な方式により複製することができる。
2　前項の規定により複製する教科用の図書その他の複製物（点字により複製するものを除き，当該教科用図書に掲載された著作物の全部又は相当部分を複製するものに限る。以下この項において「教科用拡大図書等」という。）を作成しようとする者は，あらかじめ当該教科用図書を発行する者にその旨を通知するとともに，営利を目的として当該教科用拡大図書等を頒布する場合にあつては，前条第2項に規定する補償金の額に準じて文化庁長官が毎年定める額の補償金を当該著作物の著作権者に支払わなければならない。
3　文化庁長官は，前項の定めをしたときは，これを官報で告示する。
4　障害のある児童及び生徒のための教科用特定図書等の普及の促進等に関する法律（平成20年法律第81号）第5条第1項又は第2項の規定により教科用図書に掲載された著作物に係る電磁的記録の提供を行う者は，その提供のために必要と認められる限度において，当該著作物を利用することが

できる。
(学校その他の教育機関における複製等)

第35条 学校その他の教育機関（営利を目的として設置されているものを除く。）において教育を担任する者及び授業を受ける者は、その授業の過程における使用に供することを目的とする場合には、必要と認められる限度において、公表された著作物を複製することができる。ただし、当該著作物の種類及び用途並びにその複製の部数及び態様に照らし著作権者の利益を不当に害することとなる場合は、この限りでない。

2　公表された著作物については、前項の教育機関における授業の過程において、当該授業を直接受ける者に対して当該著作物をその原作品若しくは複製物を提供し、若しくは提示して利用する場合又は当該著作物を第38条第1項の規定により上演し、演奏し、上映し、若しくは口述して利用する場合には、当該授業が行われる場所以外の場所において当該授業を同時に受ける者に対して公衆送信（自動公衆送信の場合にあつては、送信可能化を含む。）を行うことができる。ただし、当該著作物の種類及び用途並びに当該公衆送信の態様に照らし著作権者の利益を不当に害することとなる場合は、この限りでない。

(視覚障害者等のための複製等)

第37条　公表された著作物は、点字により複製することができる。

2　公表された著作物については、電子計算機を用いて点字を処理する方式により、記録媒体に記録し、又は公衆送信（放送又は有線放送を除き、自動公衆送信の場合にあつては送信可能化を含む。）を行うことができる。

3　視覚障害者その他視覚による表現の認識に障害のある者（以下この項及び第102条第4項において「視覚障害者等」という。）の福祉に関する事業を行う者で政令で定めるものは、公表された著作物であつて、視覚によりその表現が認識される方式（視覚及び他の知覚により認識される方式を含む。）により公衆に提供され、又は提示されているもの（当該著作物以外の著作物で、当該著作物において複製されているものその他当該著作物と一体として公衆に提供され、又は提示されているものを含む。以下この項及び同条第4項において「視覚著作物」という。）について、専ら視覚障害者等で当該方式によつては当該視覚著作物を利用することが困難な者の用に供するために必要と認められる限度において、当該視覚著作物に係る文字を音声にすることその他当該視覚障害者等が利用するために必要な方式により、複製し、又は自動公衆送信（送信可能化を含む。）を行うことができる。ただし、当該視覚著作物について、著作権者又はその許諾を得た者若しくは第79条の出版権の設定を受けた者若しくはその複製許諾若しくは公衆送信許諾を得た者により、当該方式による公衆への提供又は提示が行われている場合は、この限りでない。

(聴覚障害者等のための複製等)

第37条の2　聴覚障害者その他聴覚による表現の認識に障害のある者（以下この条及び次条第5項において「聴覚障害者等」という。）の福祉に関する事業を行う者で次の各号に掲げる利用の区分に応じて政令で定めるものは、公表された著作物であつて、聴覚によりその表現が認識される方式（聴覚及び他の知覚により認識される方式を含む。）により公衆に提供され、又は提示されているもの（当該著作物以外の著作物で、当該著作物において複製されているものその他当該著作物と一体として公衆に提供され、又は提示されているものを含む。以下この条において「聴覚著作物」という。）について、専ら聴覚障害者等で当該方式によつては当該聴覚著作物を利用することが困難な者の用に供するために必要と認められる限度において、それぞれ当該各号に掲げる利用を行うことができる。ただし、当該聴覚著作物について、著作権者又はその許諾を得た者若しくは第79条の出版権の設定を受けた者若しくはその複製許諾若しくは公衆送信許諾を得た者により、当該聴覚障害者等が利用するために必要な方式によ

る公衆への提供又は提示が行われている場合は，この限りでない。
一　当該聴覚著作物に係る音声について，これを文字にすることその他当該聴覚障害者等が利用するために必要な方式により，複製し，又は自動公衆送信（送信可能化を含む。）を行うこと。
二　専ら当該聴覚障害者等向けの貸出しの用に供するため，複製すること（当該聴覚著作物に係る音声を文字にすることその他当該聴覚障害者等が利用するために必要な方式による当該音声の複製と併せて行うものに限る。）。

（営利を目的としない上演等）

第38条　公表された著作物は，営利を目的とせず，かつ，聴衆又は観衆から料金（いずれの名義をもつてするかを問わず，著作物の提供又は提示につき受ける対価をいう。以下この条において同じ。）を受けない場合には，公に上演し，演奏し，上映し，又は口述することができる。ただし，当該上演，演奏，上映又は口述について実演家又は口述を行う者に対し報酬が支払われる場合は，この限りでない。

3　放送され，又は有線放送される著作物（放送される著作物が自動公衆送信される場合の当該著作物を含む。）は，営利を目的とせず，かつ，聴衆又は観衆から料金を受けない場合には，受信装置を用いて公に伝達することができる。通常の家庭用受信装置を用いてする場合も，同様とする。

4　公表された著作物（映画の著作物を除く。）は，営利を目的とせず，かつ，その複製物の貸与を受ける者から料金を受けない場合には，その複製物（映画の著作物において複製されている著作物にあつては，当該映画の著作物の複製物を除く。）の貸与により公衆に提供することができる。

5　映画フィルムその他の視聴覚資料を公衆の利用に供することを目的とする視聴覚教育施設その他の施設（営利を目的として設置されているものを除く。）で政令で定めるもの及び聴覚障害者等の福祉に関する事業を行う者で前条の政令で定めるもの（同条第2号に係るものに限り，営利を目的として当該事業を行うものを除く。）は，公表された映画の著作物を，その複製物の貸与を受ける者から料金を受けない場合には，その複製物の貸与により頒布することができる。この場合において，当該頒布を行う者は，当該映画の著作物又は当該映画の著作物において複製されている著作物につき第26条に規定する権利を有する者（第28条の規定により第26条に規定する権利と同一の権利を有する者を含む。）に相当な額の補償金を支払わなければならない。

（政治上の演説等の利用）

第40条　公開して行われた政治上の演説又は陳述及び裁判手続（行政庁の行う審判その他裁判に準ずる手続を含む。第42条第1項において同じ。）における公開の陳述は，同一の著作者のものを編集して利用する場合を除き，いずれの方法によるかを問わず，利用することができる。

2　国若しくは地方公共団体の機関，独立行政法人又は地方独立行政法人において行われた公開の演説又は陳述は，前項の規定によるものを除き，報道の目的上正当と認められる場合には，新聞紙若しくは雑誌に掲載し，又は放送し，若しくは有線放送し，若しくは当該放送を受信して同時に専ら当該放送に係る放送対象地域において受信されることを目的として自動公衆送信（送信可能化のうち，公衆の用に供されている電気通信回線に接続している自動公衆送信装置に情報を入力することによるものを含む。）を行うことができる。

3　前項の規定により放送され，若しくは有線放送され，又は自動公衆送信される演説又は陳述は，受信装置を用いて公に伝達することができる。

（時事の事件の報道のための利用）

第41条　写真，映画，放送その他の方法によつて時事の事件を報道する場合には，当該事件を構成し，又は当該事件の過程において見られ，若しくは聞かれる著作物は，報道の目的上正当な範囲内において，複製し，及び当該事件の報道に伴つて利用する

ことができる。

（裁判手続等における複製）

第42条　著作物は，裁判手続のために必要と認められる場合及び立法又は行政の目的のために内部資料として必要と認められる場合には，その必要と認められる限度において，複製することができる。ただし，当該著作物の種類及び用途並びにその複製の部数及び態様に照らし著作権者の利益を不当に害することとなる場合は，この限りでない。

（行政機関情報公開法等による開示のための利用）

第42条の2　行政機関の長，独立行政法人等又は地方公共団体の機関若しくは地方独立行政法人は，行政機関情報公開法，独立行政法人等情報公開法又は情報公開条例の規定により著作物を公衆に提供し，又は提示することを目的とする場合には，それぞれ行政機関情報公開法第14条第1項（同項の規定に基づく政令の規定を含む。）に規定する方法，独立行政法人等情報公開法第15条第1項に規定する方法（同項の規定に基づき当該独立行政法人等が定める方法（行政機関情報公開法第14条第1項の規定に基づく政令で定める方法以外のものを除く。）を含む。）又は情報公開条例で定める方法(行政機関情報公開法第14条第1項(同項の規定に基づく政令の規定を含む。）に規定する方法以外のものを除く。）により開示するために必要と認められる限度において，当該著作物を利用することができる。

（公文書管理法等による保存等のための利用）

第42条の3　国立公文書館等の長又は地方公文書館等の長は，公文書管理法第15条第1項の規定又は公文書管理条例の規定（同項の規定に相当する規定に限る。）により歴史公文書等を保存することを目的とする場合には，必要と認められる限度において，当該歴史公文書等に係る著作物を複製することができる。

2　国立公文書館等の長又は地方公文書館等の長は，公文書管理法第16条第1項の規定又は公文書管理条例の規定（同項の規定に相当する規定に限る。）により著作物を公衆に提供し，又は提示することを目的とする場合には，それぞれ公文書管理法第19条（同条の規定に基づく政令の規定を含む。以下この項において同じ。）に規定する方法又は公文書管理条例で定める方法（同条に規定する方法以外のものを除く。）により利用をさせるために必要と認められる限度において，当該著作物を利用することができる。

（国立国会図書館法によるインターネット資料及びオンライン資料の収集のための複製）

第42条の4　国立国会図書館の館長は，国立国会図書館法（昭和23年法律第5号）第25条の3第1項の規定により同項に規定するインターネット資料（以下この条において「インターネット資料」という。）又は同法第25条の4第3項の規定により同項に規定するオンライン資料を収集するために必要と認められる限度において，当該インターネット資料又は当該オンライン資料に係る著作物を国立国会図書館の使用に係る記録媒体に記録することができる。

2　次の各号に掲げる者は，当該各号に掲げる資料を提供するために必要と認められる限度において，当該各号に掲げる資料に係る著作物を複製することができる。

一　国立国会図書館法第24条及び第24条の2に規定する者　同法第25条の3第3項の求めに応じ提供するインターネット資料

二　国立国会図書館法第24条及び第24条の2に規定する者以外の者　同法第25条の4第1項の規定により提供する同項に規定するオンライン資料

（翻訳，翻案等による利用）

第43条　次の各号に掲げる規定により著作物を利用することができる場合には，当該各号に掲げる方法により，当該著作物を当該各号に掲げる規定に従つて利用することができる。

一　第30条第1項，第33条第1項（同条第4項において準用する場合を含む。），第34条第1項又は第35条　翻訳，編曲，変形又は翻案

二　第31条第1項第1号若しくは第3項後段，第32条，第36条，第37条第1項若しくは第2項，第39条第1項，第40条第2項，第41条又は第42条　翻訳
三　第33条の2第1項　変形又は翻案
四　第37条第3項　翻訳，変形又は翻案
五　第37条の2　翻訳又は翻案

（美術の著作物等の原作品の所有者による展示）
第45条　美術の著作物若しくは写真の著作物の原作品の所有者又はその同意を得た者は，これらの著作物をその原作品により公に展示することができる。
2　前項の規定は，美術の著作物の原作品を街路，公園その他一般公衆に開放されている屋外の場所又は建造物の外壁その他一般公衆の見やすい屋外の場所に恒常的に設置する場合には，適用しない。

（公開の美術の著作物等の利用）
第46条　美術の著作物でその原作品が前条第2項に規定する屋外の場所に恒常的に設置されているもの又は建築の著作物は，次に掲げる場合を除き，いずれの方法によるかを問わず，利用することができる。
一　彫刻を増製し，又はその増製物の譲渡により公衆に提供する場合
二　建築の著作物を建築により複製し，又はその複製物の譲渡により公衆に提供する場合
三　前条第2項に規定する屋外の場所に恒常的に設置するために複製する場合
四　専ら美術の著作物の複製物の販売を目的として複製し，又はその複製物を販売する場合

（美術の著作物等の展示に伴う複製）
第47条　美術の著作物又は写真の著作物の原作品により，第25条に規定する権利を害することなく，これらの著作物を公に展示する者は，観覧者のためにこれらの著作物の解説又は紹介をすることを目的とする小冊子にこれらの著作物を掲載することができる。

（複製権の制限により作成された複製物の譲渡）
第47条の10　第31条第1項（第1号に係る部分に限る。以下この条において同じ。）若しくは第3項後段，第32条，第33条第1項（同条第4項において準用する場合を含む。），第33条の2第1項若しくは第4項，第34条第1項，第35条第1項，第36条第1項，第37条，第37条の2（第2号を除く。以下この条において同じ。），第39条第1項，第40条第1項若しくは第2項，第41条から第42条の2まで，第42条の3第2項又は第46条から第47条の2までの規定により複製することができる著作物は，これらの規定の適用を受けて作成された複製物（第31条第1項若しくは第3項後段，第35条第1項，第36条第1項又は第42条の規定に係る場合にあつては，映画の著作物の複製物（映画の著作物において複製されている著作物にあつては，当該映画の著作物の複製物を含む。以下この条において同じ。）を除く。）の譲渡により公衆に提供することができる。ただし，第31条第1項若しくは第3項後段，第33条の2第1項若しくは第4項，第35条第1項，第37条第3項，第37条の2，第41条から第42条の2まで，第42条の3第2項又は第47条の2の規定の適用を受けて作成された著作物の複製物（第31条第1項若しくは第3項後段，第35条第1項又は第42条の規定に係る場合にあつては，映画の著作物の複製物を除く。）を，第31条第1項若しくは第3項後段，第33条の2第1項若しくは第4項，第35条第1項，第37条第3項，第37条の2，第41条から第42条の2まで，第42条の3第2項又は第47条の2に定める目的以外の目的のために公衆に譲渡する場合は，この限りでない。

（出所の明示）
第48条　次の各号に掲げる場合には，当該各号に規定する著作物の出所を，その複製又は利用の態様に応じ合理的と認められる方法及び程度により，明示しなければならない。
一　第32条，第33条第1項（同条第4項において準用する場合を含む。），第33条の2第1項，第37条第1項，第42条又は第47条の規定により著作物を複製する場合
二　第34条第1項，第37条第3項，第37条

の2，第39条第1項，第40条第1項若しくは第2項又は第47条の2の規定により著作物を利用する場合
　三　第32条の規定により著作物を複製以外の方法により利用する場合又は第35条，第36条第1項，第38条第1項，第41条若しくは第46条の規定により著作物を利用する場合において，その出所を明示する慣行があるとき。
2　前項の出所の明示に当たつては，これに伴い著作者名が明らかになる場合及び当該著作物が無名のものである場合を除き，当該著作物につき表示されている著作者名を示さなければならない。
3　第43条の規定により著作物を翻訳し，編曲し，変形し，又は翻案して利用する場合には，前二項の規定の例により，その著作物の出所を明示しなければならない。

（複製物の目的外使用等）
第49条　次に掲げる者は，第21条の複製を行つたものとみなす。
　一　第30条第1項，第30条の3，第31条第1項第1号若しくは第3項後段，第33条の2第1項若しくは第4項，第35条第1項，第37条第3項，第37条の2本文（同条第2号に係る場合にあつては，同号。次項第1号において同じ。），第41条から第42条の3まで，第42条の4第2項，第44条第1項若しくは第2項，第47条の2又は第47条の6に定める目的以外の目的のために，これらの規定の適用を受けて作成された著作物の複製（次項第4号の複製物に該当するものを除く。）を頒布し，又は当該複製物によつて当該著作物を公衆に提示した者
2　次に掲げる者は，当該二次的著作物の原著作物につき第27条の翻訳，編曲，変形又は翻案を行つたものとみなす。
　一　第30条第1項，第31条第1項第1号若しくは第3項後段，第33条の2第1項，第35条第1項，第37条第3項，第37条の2本文，第41条又は第42条に定める目的以外の目的のために，第43条の規定の適用を受けて同条各号に掲げるこれらの規定に従い作成された二次的著作物の複製物を頒布し，又は当該複製物によつて当該二次的著作物を公衆に提示した者

（著作者人格権との関係）
第50条　この款の規定は，著作者人格権に影響を及ぼすものと解釈してはならない。

第4節　保護期間
（保護期間の原則）
第51条　著作権の存続期間は，著作物の創作の時に始まる。
2　著作権は，この節に別段の定めがある場合を除き，著作者の死後（共同著作物にあつては，最終に死亡した著作者の死後。次条第1項において同じ。）50年を経過するまでの間，存続する。

（無名又は変名の著作物の保護期間）
第52条　無名又は変名の著作物の著作権は，その著作物の公表後50年を経過するまでの間，存続する。ただし，その存続期間の満了前にその著作者の死後50年を経過していると認められる無名又は変名の著作物の著作権は，その著作者の死後50年を経過したと認められる時において，消滅したものとする。
2　前項の規定は，次の各号のいずれかに該当するときは，適用しない。
　一　変名の著作物における著作者の変名がその者のものとして周知のものであるとき。
　二　前項の期間内に第75条第1項の実名の登録があつたとき。
　三　著作者が前項の期間内にその実名又は周知の変名を著作者名として表示してその著作物を公表したとき。

（団体名義の著作物の保護期間）
第53条　法人その他の団体が著作の名義を有する著作物の著作権は，その著作物の公表後50年（その著作物がその創作後50年以内に公表されなかつたときは，その創作後50年）を経過するまでの間，存続する。
2　前項の規定は，法人その他の団体が著作の名義を有する著作物の著作者である個人が同項の期間内にその実名又は周知の変名を著作者名として表示してその著作物を公表したときは，適用しない。

3　第15条第2項の規定により法人その他の団体が著作者である著作物の著作権の存続期間に関しては，第1項の著作物に該当する著作物以外の著作物についても，当該団体が著作の名義を有するものとみなして同項の規定を適用する。
（映画の著作物の保護期間）
第54条　映画の著作物の著作権は，その著作物の公表後70年（その著作物がその創作後70年以内に公表されなかつたときは，その創作後70年）を経過するまでの間，存続する。
2　映画の著作物の著作権がその存続期間の満了により消滅したときは，当該映画の著作物の利用に関するその原著作物の著作権は，当該映画の著作物の著作権とともに消滅したものとする。
3　前二条の規定は，映画の著作物の著作権については，適用しない。
（継続的刊行物等の公表の時）
第56条　第52条第1項，第53条第1項及び第54条第1項の公表の時は，冊，号又は回を追つて公表する著作物については，毎冊，毎号又は毎回の公表の時によるものとし，一部分ずつを逐次公表して完成する著作物については，最終部分の公表の時によるものとする。
2　一部分ずつを逐次公表して完成する著作物については，継続すべき部分が直近の公表の時から3年を経過しても公表されないときは，すでに公表されたもののうちの最終の部分をもつて前項の最終部分とみなす。
（保護期間の計算方法）
第57条　第51条第2項，第52条第1項，第53条第1項又は第54条第1項の場合において，著作者の死後50年，著作物の公表後50年若しくは創作後50年又は著作物の公表後70年若しくは創作後70年の期間の終期を計算するときは，著作者が死亡した日又は著作物が公表され若しくは創作された日のそれぞれ属する年の翌年から起算する。
（保護期間の特例）
第58条　文学的及び美術的著作物の保護に関するベルヌ条約により創設された国際同盟の加盟国，著作権に関する世界知的所有権機関条約の締約国又は世界貿易機関の加盟国である外国をそれぞれ文学的及び美術的著作物の保護に関するベルヌ条約，著作権に関する世界知的所有権機関条約又は世界貿易機関を設立するマラケシュ協定の規定に基づいて本国とする著作物（第6条第1号に該当するものを除く。）で，その本国において定められる著作権の存続期間が第51条から第54条までに定める著作権の存続期間より短いものについては，その本国において定められる著作権の存続期間による。

第5節　著作者人格権の一身専属性等
（著作者人格権の一身専属性）
第59条　著作者人格権は，著作者の一身に専属し，譲渡することができない。
（著作者が存しなくなつた後における人格的利益の保護）
第60条　著作物を公衆に提供し，又は提示する者は，その著作物の著作者が存しなくなつた後においても，著作者が存しているとしたならばその著作者人格権の侵害となるべき行為をしてはならない。ただし，その行為の性質及び程度，社会的事情の変動その他によりその行為が当該著作者の意を害しないと認められる場合は，この限りでない。

第6節　著作権の譲渡及び消滅
（著作権の譲渡）
第61条　著作権は，その全部又は一部を譲渡することができる。
2　著作権を譲渡する契約において，第27条又は第28条に規定する権利が譲渡の目的として特掲されていないときは，これらの権利は，譲渡した者に留保されたものと推定する。
（相続人の不存在の場合等における著作権の消滅）
第62条　著作権は，次に掲げる場合には，消滅する。
　一　著作権者が死亡した場合において，その著作権が民法（明治29年法律第89号）第959条（残余財産の国庫への帰属）の規定により国庫に帰属すべきこととなるとき。

二　著作権者である法人が解散した場合において，その著作権が一般社団法人及び一般財団法人に関する法律（平成18年法律第48号）第239条第3項（残余財産の国庫への帰属）その他これに準ずる法律の規定により国庫に帰属すべきこととなるとき。
2　第54条第2項の規定は，映画の著作物の著作権が前項の規定により消滅した場合について準用する。

第7節　権利の行使
（著作物の利用の許諾）

第63条　著作権者は，他人に対し，その著作物の利用を許諾することができる。
2　前項の許諾を得た者は，その許諾に係る利用方法及び条件の範囲内において，その許諾に係る著作物を利用することができる。
3　第1項の許諾に係る著作物を利用する権利は，著作権者の承諾を得ない限り，譲渡することができない。
4　著作物の放送又は有線放送についての第1項の許諾は，契約に別段の定めがない限り，当該著作物の録音又は録画の許諾を含まないものとする。
5　著作物の送信可能化について第1項の許諾を得た者が，その許諾に係る利用方法及び条件（送信可能化の回数又は送信可能化に用いる自動公衆送信装置に係るものを除く。）の範囲内において反復して又は他の自動公衆送信装置を用いて行う当該著作物の送信可能化については，第23条第1項の規定は，適用しない。

第8節　裁定による著作物の利用
（著作権者不明等の場合における著作物の利用）

第67条　公表された著作物又は相当期間にわたり公衆に提供され，若しくは提示されている事実が明らかである著作物は，著作権者の不明その他の理由により相当な努力を払つてもその著作権者と連絡することができない場合として政令で定める場合は，文化庁長官の裁定を受け，かつ，通常の使用料の額に相当するものとして文化庁長官が定める額の補償金を著作権者のために供託して，その裁定に係る利用方法により利用することができる。
2　前項の裁定を受けようとする者は，著作物の利用方法その他政令で定める事項を記載した申請書に，著作権者と連絡することができないことを疎明する資料その他政令で定める資料を添えて，これを文化庁長官に提出しなければならない。
3　第1項の規定により作成した著作物の複製物には，同項の裁定に係る複製物である旨及びその裁定のあつた年月日を表示しなければならない。

（裁定に関する手続及び基準）

第70条　第67条第1項，第68条第1項又は前条の裁定の申請をする者は，実費を勘案して政令で定める額の手数料を納付しなければならない。
4　文化庁長官は，第67条第1項，第68条第1項又は前条の裁定の申請があつた場合において，次の各号のいずれかに該当すると認めるときは，これらの裁定をしてはならない。
　一　著作者がその著作物の出版その他の利用を廃絶しようとしていることが明らかであるとき。
　二　第68条第1項の裁定の申請に係る著作権者がその著作物の放送の許諾を与えないことについてやむを得ない事情があるとき。

第4章　著作隣接権
第1節　総則
（著作隣接権）

第89条　実演家は，第90条の2第1項及び第90条の3第1項に規定する権利（以下「実演家人格権」という。）並びに第91条第1項，第92条第1項，第92条の2第1項，第95条の2第1項及び第95条の3第1項に規定する権利並びに第94条の2及び第95条の3第3項に規定する報酬並びに第95条第1項に規定する二次使用料を受ける権利を享有する。
2　レコード製作者は，第96条，第96条の2，第97条の2第1項及び第97条の3第1項に規定する権利並びに第97条第1項に規定する二次使用料及び第97条の3第3項に

規定する報酬を受ける権利を享有する。
3　放送事業者は，第98条から第100条までに規定する権利を享有する。
4　有線放送事業者は，第100条の2から第100条の5までに規定する権利を享有する。
5　前各項の権利の享有には，いかなる方式の履行をも要しない。
6　第1項から第4項までの権利（実演家人格権並びに第1項及び第2項の報酬及び二次使用料を受ける権利を除く。）は，著作隣接権という。
（著作者の権利と著作隣接権との関係）
第90条　この章の規定は，著作者の権利に影響を及ぼすものと解釈してはならない。

第2節　実演家の権利
（貸与権等）
第95条の3　実演家は，その実演をそれが録音されている商業用レコードの貸与により公衆に提供する権利を専有する。
2　前項の規定は，最初に販売された日から起算して1月以上12月を超えない範囲内において政令で定める期間を経過した商業用レコード（複製されているレコードのすべてが当該商業用レコードと同一であるものを含む。以下「期間経過商業用レコード」という。）の貸与による場合には，適用しない。
3　商業用レコードの公衆への貸与を営業として行う者（以下「貸レコード業者」という。）は，期間経過商業用レコードの貸与により実演を公衆に提供した場合には，当該実演（著作隣接権の存続期間内のものに限る。）に係る実演家に相当な額の報酬を支払わなければならない。
4　第95条第5項から第14項までの規定は，前項の報酬を受ける権利について準用する。この場合において，同条第10項中「放送事業者等」とあり，及び同条第12項中「第95条第1項の放送事業者等」とあるのは，「第95条の3第3項の貸レコード業者」と読み替えるものとする。
5　第1項に規定する権利を有する者の許諾に係る使用料を受ける権利は，前項において準用する第95条第5項の団体によつて行使することができる。
6　第95条第7項から第14項までの規定は，前項の場合について準用する。この場合においては，第4項後段の規定を準用する。

第3節　レコード製作者の権利
（貸与権等）
第97条の3　レコード製作者は，そのレコードをそれが複製されている商業用レコードの貸与により公衆に提供する権利を専有する。
2　前項の規定は，期間経過商業用レコードの貸与による場合には，適用しない。
3　貸レコード業者は，期間経過商業用レコードの貸与によりレコードを公衆に提供した場合には，当該レコード（著作隣接権の存続期間内のものに限る。）に係るレコード製作者に相当な額の報酬を支払わなければならない。

第6節　保護期間
（実演，レコード，放送又は有線放送の保護期間）
第101条　著作隣接権の存続期間は，次に掲げる時に始まる。
　一　実演に関しては，その実演を行つた時
　二　レコードに関しては，その音を最初に固定した時
　三　放送に関しては，その放送を行つた時
　四　有線放送に関しては，その有線放送を行つた時
2　著作隣接権の存続期間は，次に掲げる時をもつて満了する。
　一　実演に関しては，その実演が行われた日の属する年の翌年から起算して50年を経過した時
　二　レコードに関しては，その発行が行われた日の属する年の翌年から起算して50年（その音が最初に固定された日の属する年の翌年から起算して50年を経過する時までの間に発行されなかつたときは，その音が最初に固定された日の属する年の翌年から起算して50年）を経過した時
　三　放送に関しては，その放送が行われた日の属する年の翌年から起算して50年を経過した時
　四　有線放送に関しては，その有線放送が

行われた日の属する年の翌年から起算して50年を経過した時

第8節　権利の制限，譲渡及び行使等並びに登録

（著作隣接権の制限）

第102条　第30条第1項，第30条の2から第32条まで，第35条，第36条，第37条第3項，第37条の2（第1号を除く。次項において同じ。），第38条第2項及び第4項，第41条から第42条の4まで，第44条（第2項を除く。）並びに第47条の4から第47条の9までの規定は，著作隣接権の目的となつている実演，レコード，放送又は有線放送の利用について準用し，第30条第2項及び第47条の10の規定は，著作隣接権の目的となつている実演又はレコードの利用について準用し，第44条第2項の規定は，著作隣接権の目的となつている実演，レコード又は有線放送の利用について準用する。この場合において，同条第1項中「第23条第1項」とあるのは「第92条第1項，第99条第1項又は第100条の3」と，同条第2項中「第23条第1項」とあるのは「第92条第1項又は第100条の3」と読み替えるものとする。

2　前項において準用する第32条，第37条第3項，第37条の2若しくは第42条の規定又は次項若しくは第4項の規定により実演若しくはレコード又は放送若しくは有線放送に係る音若しくは影像（以下「実演等」と総称する。）を複製する場合において，その出所を明示する慣行があるときは，これらの複製の態様に応じ合理的と認められる方法及び程度により，その出所を明示しなければならない。

3　第33条の2第1項の規定により教科用図書に掲載された著作物を複製することができる場合には，同項の規定の適用を受けて作成された録音物において録音されている実演又は当該録音物に係るレコードを複製し，又は同項に定める目的のためにその複製物の譲渡により公衆に提供することができる。

4　視覚障害者等の福祉に関する事業を行う者で第37条第3項の政令で定めるものは，同項の規定により視覚著作物を複製することができる場合には，同項の規定の適用を受けて作成された録音物において録音されている実演又は当該録音物に係るレコードについて，複製し，又は同項に定める目的のために，送信可能化を行い，若しくはその複製物の譲渡により公衆に提供することができる。

5　著作隣接権の目的となつている実演であつて放送されるものは，専ら当該放送に係る放送対象地域において受信されることを目的として送信可能化（公衆の用に供されている電気通信回線に接続している自動公衆送信装置に情報を入力することによるものに限る。）を行うことができる。ただし，当該放送に係る第99条の2第1項に規定する権利を有する者の権利を害することとなる場合は，この限りでない。

6　前項の規定により実演の送信可能化を行う者は，第1項において準用する第38条第2項の規定の適用がある場合を除き，当該実演に係る第92条の2第1項に規定する権利を有する者に相当な額の補償金を支払わなければならない。

7　前二項の規定は，著作隣接権の目的となつているレコードの利用について準用する。この場合において，前項中「第92条の2第1項」とあるのは，「第96条の2」と読み替えるものとする。

8　第39条第1項又は第40条第1項若しくは第2項の規定により著作物を放送し，又は有線放送することができる場合には，その著作物の放送若しくは有線放送について，これを受信して有線放送し，若しくは影像を拡大する特別の装置を用いて公に伝達し，又はその著作物の放送について，これを受信して同時に専ら当該放送に係る放送対象地域において受信されることを目的として送信可能化（公衆の用に供されている電気通信回線に接続している自動公衆送信装置に情報を入力することによるものに限る。）を行うことができる。

9　次に掲げる者は，第91条第1項，第96条，第98条又は第100条の2の録音，録画又は

複製を行つたものとみなす。
一　第1項において準用する第30条第1項，第30条の3，第31条第1項第1号若しくは第3項後段，第35条第1項，第37条第3項，第37条の2第2号，第41条から第42条の3まで，第42条の4第2項，第44条第1項若しくは第2項又は第47条の6に定める目的以外の目的のために，これらの規定の適用を受けて作成された実演等の複製物を頒布し，又は当該複製物によつて当該実演，当該レコードに係る音若しくは当該放送若しくは有線放送に係る音若しくは影像を公衆に提示した者
二　第1項において準用する第44条第3項の規定に違反して同項の録音物又は録画物を保存した放送事業者又は有線放送事業者
三　第1項において準用する第47条の4第1項若しくは第2項の規定の適用を受けて同条第1項若しくは第2項に規定する内蔵記録媒体以外の記録媒体に一時的に記録された実演等の複製物を頒布し，又は当該複製物によつて当該実演，当該レコードに係る音若しくは当該放送若しくは有線放送に係る音若しくは影像を公衆に提示した者
四　第1項において準用する第47条の4第3項又は第47条の5第3項の規定に違反してこれらの規定の複製物を保存した者
五　第1項において準用する第30条の4，第47条の5第1項若しくは第2項，第47条の7又は第47条の9に定める目的以外の目的のために，これらの規定の適用を受けて作成された実演等の複製物を用いて当該実演等を利用した者
六　第1項において準用する第47条の6ただし書の規定に違反して，同条本文の規定の適用を受けて作成された実演等の複製物を用いて当該実演等の送信可能化を行つた者
七　第1項において準用する第47条の8の規定の適用を受けて作成された実演等の複製物を，当該実演等の同条に規定する複製物の使用に代えて使用し，又は当該実演等に係る同条に規定する送信の受信（当該送信が受信者からの求めに応じ自動的に行われるものである場合にあつては，当該送信の受信又はこれに準ずるものとして政令で定める行為）をしないで使用して，当該実演等を利用した者
八　第33条の2第1項又は第37条第3項に定める目的以外の目的のために，第3項若しくは第4項の規定の適用を受けて作成された実演若しくはレコードの複製物を頒布し，又は当該複製物によつて当該実演若しくは当該レコードに係る音を公衆に提示した者

（実演家人格権との関係）

第102条の2　前条の著作隣接権の制限に関する規定（同条第7項及び第8項の規定を除く。）は，実演家人格権に影響を及ぼすものと解釈してはならない。

第7章　権利侵害

（差止請求権）

第112条　著作者，著作権者，出版権者，実演家又は著作隣接権者は，その著作者人格権，著作権，出版権，実演家人格権又は著作隣接権を侵害する者又は侵害するおそれがある者に対し，その侵害の停止又は予防を請求することができる。

2　著作者，著作権者，出版権者，実演家又は著作隣接権者は，前項の規定による請求をするに際し，侵害の行為を組成した物，侵害の行為によつて作成された物又は専ら侵害の行為に供された機械若しくは器具の廃棄その他の侵害の停止又は予防に必要な措置を請求することができる。

（侵害とみなす行為）

第113条　次に掲げる行為は，当該著作者人格権，著作権，出版権，実演家人格権又は著作隣接権を侵害する行為とみなす。

一　国内において頒布する目的をもつて，輸入の時において国内で作成したとしたならば著作者人格権，著作権，出版権，実演家人格権又は著作隣接権の侵害となるべき行為によつて作成された物を輸入する行為

二　著作者人格権，著作権，出版権，実演家人格権又は著作隣接権を侵害する行為によつて作成された物（前号の輸入に係る物を含む。）を情を知つて，頒布し，頒布の目的をもつて所持し，若しくは頒布する旨の申出をし，又は業として輸出し，若しくは業として輸出の目的をもつて所持する行為

6　著作者の名誉又は声望を害する方法によりその著作物を利用する行為は，その著作者人格権を侵害する行為とみなす。

（名誉回復等の措置）

第115条　著作者又は実演家は，故意又は過失によりその著作者人格権又は実演家人格権を侵害した者に対し，損害の賠償に代えて，又は損害の賠償とともに，著作者又は実演家であることを確保し，又は訂正その他著作者若しくは実演家の名誉若しくは声望を回復するために適当な措置を請求することができる。

（無名又は変名の著作物に係る権利の保全）

第118条　無名又は変名の著作物の発行者は，その著作物の著作者又は著作権者のために，自己の名をもつて，第112条，第115条若しくは第116条第1項の請求又はその著作物の著作者人格権若しくは著作権の侵害に係る損害の賠償の請求若しくは不当利得の返還の請求を行なうことができる。ただし，著作者の変名がその者のものとして周知のものである場合及び第75条第1項の実名の登録があつた場合は，この限りでない。

2　無名又は変名の著作物の複製物にその実名又は周知の変名が発行者名として通常の方法により表示されている者は，その著作物の発行者と推定する。

第8章　罰則

第119条　著作権，出版権又は著作隣接権を侵害した者（第30条第1項（第102条第1項において準用する場合を含む。第3項において同じ。）に定める私的使用の目的をもつて自ら著作物若しくは実演等の複製を行つた者，第113条第3項の規定により著作権若しくは著作隣接権（同条第4項の規定により著作隣接権とみなされる権利を含む。第120条の2第3号において同じ。）を侵害する行為とみなされる行為を行つた者，第113条第5項の規定により著作権若しくは著作隣接権を侵害する行為とみなされる行為を行つた者又は次項第3号若しくは第4号に掲げる者を除く。）は，10年以下の懲役若しくは千万円以下の罰金に処し，又はこれを併科する。

2　次の各号のいずれかに該当する者は，5年以下の懲役若しくは500万円以下の罰金に処し，又はこれを併科する。

一　著作者人格権又は実演家人格権を侵害した者（第113条第3項の規定により著作者人格権又は実演家人格権を侵害する行為とみなされる行為を行つた者を除く。）

二　営利を目的として，第30条第1項第1号に規定する自動複製機器を著作権，出版権又は著作隣接権の侵害となる著作物又は実演等の複製に使用させた者

三　第113条第1項の規定により著作権，出版権又は著作隣接権を侵害する行為とみなされる行為を行つた者

四　第113条第2項の規定により著作権を侵害する行為とみなされる行為を行つた者

第120条　第60条又は第101条の3の規定に違反した者は，500万円以下の罰金に処する。

第121条　著作者でない者の実名又は周知の変名を著作者名として表示した著作物の複製物（原著作物の著作者でない者の実名又は周知の変名を原著作物の著作者名として表示した二次的著作物の複製物を含む。）を頒布した者は，1年以下の懲役若しくは100万円以下の罰金に処し，又はこれを併科する。

第122条　第48条又は第102条第2項の規定に違反した者は，50万円以下の罰金に処する。

第123条　第119条，第120条の2第3号及び第4号，第121条の2並びに前条第1項の罪は，告訴がなければ公訴を提起することができない。

2　無名又は変名の著作物の発行者は，その著作物に係る前項の罪について告訴をすることができる。ただし，第118条第1項た

だし書に規定する場合及び当該告訴が著作者の明示した意思に反する場合は、この限りでない。

第124条 法人の代表者（法人格を有しない社団又は財団の管理人を含む。）又は法人若しくは人の代理人、使用人その他の従業者が、その法人又は人の業務に関し、次の各号に掲げる規定の違反行為をしたときは、行為者を罰するほか、その法人に対して当該各号に定める罰金刑を、その人に対して各本条の罰金刑を科する。
一　第119条第1項若しくは第2項第3号若しくは第4号又は第122条の2第1項　3億円以下の罰金刑
二　第119条第2項第1号若しくは第2号又は第120条から第122条まで　各本条の罰金刑

2　法人格を有しない社団又は財団について前項の規定の適用がある場合には、その代表者又は管理人がその訴訟行為につきその社団又は財団を代表するほか、法人を被告人又は被疑者とする場合の刑事訴訟に関する法律の規定を準用する。

3　第1項の場合において、当該行為者に対してした告訴又は告訴の取消しは、その法人又は人に対しても効力を生じ、その法人又は人に対してした告訴又は告訴の取消しは、当該行為者に対しても効力を生ずるものとする。

　　　附　則　抄
（施行期日）
第1条　この法律は、昭和46年1月1日から施行する。
（自動複製機器についての経過措置）
第5条の2　著作権法第30条第1項第1号及び第119条第2項第2号の規定の適用については、当分の間、これらの規定に規定する自動複製機器には、専ら文書又は図画の複製に供するものを含まないものとする。

著作権法施行令　抄

昭和45年12月10日政令第335号
最終改正：平成28年1月22日政令第11号

第1章の2　著作物等の複製等が認められる施設等

（図書館資料の複製が認められる図書館等）

第1条の3　法第31条（法第86条第1項及び第102条第1項において準用する場合を含む。）の政令で定める図書館その他の施設は、次に掲げる施設で図書館法（昭和25年法律第118号）第4条第1項の司書又はこれに相当する職員として文部科学省令で定める職員（以下「司書等」という。）が置かれているものとする。
一　図書館法第2条第1項の図書館
二　学校教育法（昭和22年法律第26号）第1条の大学又は高等専門学校（以下「大学等」という。）に設置された図書館及びこれに類する施設
三　大学等における教育に類する教育を行う教育機関で当該教育を行うにつき学校教育法以外の法律に特別の規定があるものに設置された図書館
四　図書、記録その他著作物の原作品又は複製物を収集し、整理し、保存して一般公衆の利用に供する業務を主として行う施設で法令の規定によつて設置されたもの
五　学術の研究を目的とする研究所、試験所その他の施設で法令の規定によつて設置されたもののうち、その保存する図書、記録その他の資料を一般公衆の利用に供する業務を行うもの
六　前各号に掲げるもののほか、国、地方公共団体又は一般社団法人若しくは一般財団法人その他の営利を目的としない法人（次条から第3条までにおいて「一般社団法人等」という。）が設置する施設で前二号に掲げる施設と同種のもののうち、文化庁長官が指定するもの

2　文化庁長官は、前項第6号の指定をしたときは、その旨を官報で告示する。

（視覚障害者等のための複製等が認められる者）
第2条 法第37条第 3 項（法第86条第 1 項及び第 3 項並びに第102条第 1 項において準用する場合を含む。）の政令で定める者は，次に掲げる者とする。
一 次に掲げる施設を設置して視覚障害者等のために情報を提供する事業を行う者（イ，ニ又はチに掲げる施設を設置する者にあつては国，地方公共団体又は一般社団法人等，ホに掲げる施設を設置する者にあつては地方公共団体，公益社団法人又は公益財団法人に限る。）
　イ　児童福祉法（昭和22年法律第164号）第 7 条第 1 項の障害児入所施設及び児童発達支援センター
　ロ　大学等の図書館及びこれに類する施設
　ハ　国立国会図書館
　ニ　身体障害者福祉法（昭和24年法律第283号）第 5 条第 1 項の視聴覚障害者情報提供施設
　ホ　図書館法第 2 条第 1 項の図書館（司書等が置かれているものに限る。）
　ヘ　学校図書館法（昭和28年法律第185号）第 2 条の学校図書館
　ト　老人福祉法（昭和38年法律第133号）第 5 条の 3 の養護老人ホーム及び特別養護老人ホーム
　チ　障害者の日常生活及び社会生活を総合的に支援するための法律（平成17年法律第123号）第 5 条第11項に規定する障害者支援施設及び同条第 1 項に規定する障害福祉サービス事業（同条第 7 項に規定する生活介護，同条第12項に規定する自立訓練，同条第13項に規定する就労移行支援又は同条第14項に規定する就労継続支援を行う事業に限る。）を行う施設
二 前号に掲げる者のほか，視覚障害者等のために情報を提供する事業を行う法人（法第 2 条第 6 項に規定する法人をいう。以下同じ。）のうち，視覚障害者等のための複製又は自動公衆送信（送信可能化を含む。）を的確かつ円滑に行うことができる技術的能力，経理的基礎その他の体制を有するものとして文化庁長官が指定するもの
2 　文化庁長官は，前項第 2 号の指定をしたときは，その旨を官報で告示する。

（聴覚障害者等のための複製等が認められる者）
第2条の2　法第37条の 2 （法第86条第 1 項及び第 3 項並びに第102条第 1 項において準用する場合を含む。）の政令で定める者は，次の各号に掲げる利用の区分に応じて当該各号に定める者とする。
一 法第37条の 2 第 1 号（法第86条第 1 項及び第 3 項において準用する場合を含む。）に掲げる利用　次に掲げる者
　イ　身体障害者福祉法第 5 条第 1 項の視聴覚障害者情報提供施設を設置して聴覚障害者等のために情報を提供する事業を行う者（国，地方公共団体又は一般社団法人等に限る。）
　ロ　イに掲げる者のほか，聴覚障害者等のために情報を提供する事業を行う法人のうち，聴覚障害者等のための複製又は自動公衆送信（送信可能化を含む。）を的確かつ円滑に行うことができる技術的能力，経理的基礎その他の体制を有するものとして文化庁長官が指定するもの
二 法第37条の 2 第 2 号（法第86条第 1 項及び第102条第 1 項において準用する場合を含む。）に掲げる利用　次に掲げる者（同号 の規定の適用を受けて作成された複製物の貸出しを文部科学省令で定める基準に従つて行う者に限る。）
　イ　次に掲げる施設を設置して聴覚障害者等のために情報を提供する事業を行う者（(2)に掲げる施設を設置する者にあつては国，地方公共団体又は一般社団法人等，(3)に掲げる施設を設置する者にあつては地方公共団体，公益社団法人又は公益財団法人に限る。）
　　(1)　大学等の図書館及びこれに類する施設
　　(2)　身体障害者福祉法第 5 条第 1 項の視聴覚障害者情報提供施設

(3)　図書館法第2条第1項の図書館（司書等が置かれているものに限る。）
　(4)　学校図書館法第2条の学校図書館
　ロ　イに掲げる者のほか，聴覚障害者等のために情報を提供する事業を行う法人のうち，聴覚障害者等のための複製を的確かつ円滑に行うことができる技術的能力，経理的基礎その他の体制を有するものとして文化庁長官が指定するもの
2　文化庁長官は，前項第1号ロ又は第2号ロの指定をしたときは，その旨を官報で告示する。

（映画の著作物の複製物の貸与が認められる施設）
第2条の3　法第38条第5項の政令で定める施設は，次に掲げるものとする。
　一　国又は地方公共団体が設置する視聴覚教育施設
　二　図書館法第2条第1項の図書館
　三　前二号に掲げるもののほか，国，地方公共団体又は一般社団法人等が設置する施設で，映画フィルムその他の視聴覚資料を収集し，整理し，保存して公衆の利用に供する業務を行うもののうち，文化庁長官が指定するもの
2　文化庁長官は，前項第3号の指定をしたときは，その旨を官報で告示する。

第7章　著作物の利用の裁定に関する手続

（著作権者と連絡することができない場合）
第7条の7　法第67条第1項の政令で定める場合は，著作権者の氏名又は名称及び住所又は居所その他著作権者と連絡するために必要な情報（以下この条において「権利者情報」という。）を取得するために次に掲げるすべての措置をとり，かつ，当該措置により取得した権利者情報その他その保有するすべての権利者情報に基づき著作権者と連絡するための措置をとつたにもかかわらず，著作権者と連絡することができなかつた場合とする。
　一　広く権利者情報を掲載していると認められるものとして文化庁長官が定める刊行物その他の資料を閲覧すること。
　二　著作権等管理事業者（著作権等管理事業法（平成12年法律第131号）第2条第3項に規定する著作権等管理事業者をいう。）その他の広く権利者情報を保有していると認められる者として文化庁長官が定める者に対し照会すること。
　三　時事に関する事項を掲載する日刊新聞紙への掲載その他これに準ずるものとして文化庁長官が定める方法により，公衆に対し広く権利者情報の提供を求めること。
2　文化庁長官は、前項各号の定めをしたときは、その旨を官報で告示する。

（著作権者不明等の場合における著作物の利用に関する裁定の申請）
第8条　法第67条第2項の政令で定める事項は、次に掲げる事項とする。
　一　申請者の氏名又は名称及び住所又は居所並びに法人にあつては代表者（法人格を有しない社団又は財団の管理人を含む。以下同じ。）の氏名
　二　著作物の題号（題号がないとき又は不明であるときは、その旨）及び著作者名（著作者名の表示がないとき又は著作者名が不明であるときは、その旨）
　三　著作物の種類及び内容又は体様
　四　補償金の額の算定の基礎となるべき事項
　五　著作権者と連絡することができない理由
　六　法第67条の2第1項の規定により著作物を利用するときは、その旨
2　法第67条第2項の政令で定める資料は、次に掲げる資料とする。
　一　申請に係る著作物の体様を明らかにするため必要があるときは、その図面、写真その他当該著作物の体様を明らかにする資料
　二　申請に係る著作物が公表され、又は相当期間にわたり公衆に提供され、若しくは提示されている事実が明らかであることを疎明する資料

（手数料）

第11条　法第70条第1項の政令で定める手数料の額は、1件につき1万3千円とする。

　　　附　則　抄
（施行期日）
第1条　この政令は、法の施行の日（昭和46年1月1日）から施行する。

身体障害者福祉法　抄

昭和24年12月26日法律第283号
最終改正：平成26年6月13日法律第67号

（法の目的）
第1条　この法律は、障害者の日常生活及び社会生活を総合的に支援するための法律（平成17年法律第123号）と相まつて、身体障害者の自立と社会経済活動への参加を促進するため、身体障害者を援助し、及び必要に応じて保護し、もつて身体障害者の福祉の増進を図ることを目的とする。

（自立への努力及び機会の確保）
第2条　すべて身体障害者は、自ら進んでその障害を克服し、その有する能力を活用することにより、社会経済活動に参加することができるように努めなければならない。

2　すべて身体障害者は、社会を構成する一員として社会、経済、文化その他あらゆる分野の活動に参加する機会を与えられるものとする。

（国、地方公共団体及び国民の責務）
第3条　国及び地方公共団体は、前条に規定する理念が実現されるように配慮して、身体障害者の自立と社会経済活動への参加を促進するための援助と必要な保護（以下「更生援護」という。）を総合的に実施するように努めなければならない。

2　国民は、社会連帯の理念に基づき、身体障害者がその障害を克服し、社会経済活動に参加しようとする努力に対し、協力するように努めなければならない。

（身体障害者）
第4条　この法律において、「身体障害者」とは、別表（略）に掲げる身体上の障害がある18歳以上の者であつて、都道府県知事から身体障害者手帳の交付を受けたものをいう。

（施設）
第5条　この法律において、「身体障害者社会参加支援施設」とは、身体障害者福祉センター、補装具製作施設、盲導犬訓練施設及び視聴覚障害者情報提供施設をいう。

（施設の設置等）
第28条　都道府県は、身体障害者社会参加支援施設を設置することができる。

2　市町村は、あらかじめ厚生労働省令で定める事項を都道府県知事に届け出て、身体障害者社会参加支援施設を設置することができる。

3　社会福祉法人その他の者は、社会福祉法の定めるところにより、身体障害者社会参加支援施設を設置することができる。

4　身体障害者社会参加支援施設には、身体障害者の社会参加の支援の事務に従事する者の養成施設（以下「養成施設」という。）を附置することができる。ただし、市町村がこれを附置する場合には、あらかじめ、厚生労働省令で定める事項を都道府県知事に届け出なければならない。

5　前各項に定めるもののほか、身体障害者社会参加支援施設の設置、廃止又は休止に関し必要な事項は、政令で定める。

（施設の基準）
第29条　厚生労働大臣は、身体障害者社会参加支援施設及び養成施設の設備及び運営について、基準を定めなければならない。

2　社会福祉法人その他の者が設置する身体障害者社会参加支援施設については、前項の規定による基準を社会福祉法第65条第1項の規定による基準とみなして、同法第62条第4項、第65条第3項及び第71条の規定を適用する。

（視聴覚障害者情報提供施設）
第34条　視聴覚障害者情報提供施設は、無料又は低額な料金で、点字刊行物、視覚障害者用の録音物、聴覚障害者用の録画物その他各種情報を記録した物であつて専ら視

聴覚障害者が利用するものを製作し、若しくはこれらを視聴覚障害者の利用に供し、又は点訳(文字を点字に訳すことをいう。)若しくは手話通訳等を行う者の養成若しくは派遣その他の厚生労働省令で定める便宜を供与する施設とする。(以下略)

　　　附　則　抄
(施行期日)
第49条　この法律は、昭和25年4月1日から施行する。(以下略)

障害を理由とする差別の解消の推進に関する法律　抄

平成25年6月26日法律第65号

(目的)
第1条　この法律は、障害者基本法(昭和45年法律第84号)の基本的な理念にのっとり、全ての障害者が、障害者でない者と等しく、基本的人権を享有する個人としてその尊厳が重んぜられ、その尊厳にふさわしい生活を保障される権利を有することを踏まえ、障害を理由とする差別の解消の推進に関する基本的な事項、行政機関等及び事業者における障害を理由とする差別を解消するための措置等を定めることにより、障害を理由とする差別の解消を推進し、もって全ての国民が、障害の有無によって分け隔てられることなく、相互に人格と個性を尊重し合いながら共生する社会の実現に資することを目的とする。

(社会的障壁の除去の実施についての必要かつ合理的な配慮に関する環境の整備)
第5条　行政機関等及び事業者は、社会的障壁の除去の実施についての必要かつ合理的な配慮を的確に行うため、自ら設置する施設の構造の改善及び設備の整備、関係職員に対する研修その他の必要な環境の整備に努めなければならない。

(行政機関等における障害を理由とする差別の禁止)
第7条　行政機関等は、その事務又は事業を行うに当たり、障害を理由として障害者でない者と不当な差別的取扱いをすることにより、障害者の権利利益を侵害してはならない。

　　　附　則　抄
(施行期日)
第1条　この法律は、平成28年4月1日から施行する。(以下略)

公共サービス基本法

平成21年5月20日法律第40号

　第1章　総則
(目的)
第1条　この法律は、公共サービスが国民生活の基盤となるものであることにかんがみ、公共サービスに関し、基本理念を定め、及び国等の責務を明らかにするとともに、公共サービスに関する施策の基本となる事項を定めることにより、公共サービスに関する施策を推進し、もって国民が安心して暮らすことのできる社会の実現に寄与することを目的とする。

(定義)
第2条　この法律において「公共サービス」とは、次に掲げる行為であって、国民が日常生活及び社会生活を円滑に営むために必要な基本的な需要を満たすものをいう。
一　国(独立行政法人(独立行政法人通則法(平成11年法律第103号)第2条第1項に規定する独立行政法人をいう。)を含む。第11条を除き、以下同じ。)又は地方公共団体(地方独立行政法人(地方独立行政法人法(平成15年法律第118号)第2条第1項に規定する地方独立行政法人をいう。)を含む。第11条を除き、以下同じ。)の事務又は事業であって、特定の者に対して行われる金銭その他の物の給付又は役務の提供
二　前号に掲げるもののほか、国又は地方公共団体が行う規制、監督、助成、広報、

公共施設の整備その他の公共の利益の増進に資する行為

（基本理念）

第3条　公共サービスの実施並びに公共サービスに関する施策の策定及び実施（以下「公共サービスの実施等」という。）は，次に掲げる事項が公共サービスに関する国民の権利であることが尊重され，国民が健全な生活環境の中で日常生活及び社会生活を円滑に営むことができるようにすることを基本として，行われなければならない。

一　安全かつ良質な公共サービスが，確実，効率的かつ適正に実施されること。
二　社会経済情勢の変化に伴い多様化する国民の需要に的確に対応するものであること。
三　公共サービスについて国民の自主的かつ合理的な選択の機会が確保されること。
四　公共サービスに関する必要な情報及び学習の機会が国民に提供されるとともに，国民の意見が公共サービスの実施等に反映されること。
五　公共サービスの実施により苦情又は紛争が生じた場合には，適切かつ迅速に処理され，又は解決されること。

（国の責務）

第4条　国は，前条の基本理念（以下「基本理念」という。）にのっとり，国民生活の安定と向上のために国が本来果たすべき役割を踏まえ，公共サービスに関する施策を策定し，及び実施するとともに，国に係る公共サービスを実施する責務を有する。

（地方公共団体の責務）

第5条　地方公共団体は，基本理念にのっとり，公共サービスの実施等に関し，国との適切な役割分担を踏まえつつ，その地方公共団体の実情に応じた施策を策定し，及び実施するとともに，地方公共団体に係る公共サービスを実施する責務を有する。

（公共サービスの実施に従事する者の責務）

第6条　公共サービスの実施に従事する者は，国民の立場に立ち，責任を自覚し，誇りを持って誠実に職務を遂行する責務を有する。

（必要な措置）

第7条　政府は，この法律の目的を達成するため，必要な措置を講ずるよう努めるものとする。

第2章　基本的施策

（公共サービスを委託した場合の役割分担と責任の明確化）

第8条　国及び地方公共団体は，公共サービスの実施に関する業務を委託した場合には，当該公共サービスの実施に関し，当該委託を受けた者との間で，それぞれの役割の分担及び責任の所在を明確化するものとする。

（国民の意見の反映等）

第9条　国及び地方公共団体は，公共サービスに関する施策の策定の過程の透明性を確保し，及び公共サービスの実施等に国民の意見を反映するため，公共サービスに関する情報を適時かつ適切な方法で公表するとともに，公共サービスに関し広く国民の意見を求めるために必要な措置を講ずるものとする。

2　国及び地方公共団体は，前項の国民の意見を踏まえ，公共サービスの実施等について不断の見直しを行うものとする。

（公共サービスの実施に関する配慮）

第10条　国及び地方公共団体は，公共サービスの実施が公共サービスによる利益を享受する国民の立場に立ったものとなるよう，配慮するものとする。

（公共サービスの実施に従事する者の労働環境の整備）

第11条　国及び地方公共団体は，安全かつ良質な公共サービスが適正かつ確実に実施されるようにするため，公共サービスの実施に従事する者の適正な労働条件の確保その他の労働環境の整備に関し必要な施策を講ずるよう努めるものとする。

附　則

この法律は，公布の日から起算して6月を超えない範囲内において政令で定める日［平成21年7月1日］から施行する。

年表

日本編

　この年表は，明治以降におけるわが国の図書館の歩みを概観するために，関係する主要事項について収録したものである。作成にあたっては，小川徹氏ほかの協力を得た。
(1) 図書館開館日：公共図書館は原則として開館日によって記し，図書館法公布以前については設置認可日などを（　）内に補記した。大学・専門図書館などは，代表的な図書館について記載した。
(2) 図書館や団体などの名称の変遷：設置者や組織の変更などにより，館名や団体名が変更したものは，「→」印でその変遷を示した。ただし，市制により館名が大きく変更した場合を除き変遷の記載を省略した。また，数回にわたる名称の変更については，中間の過程を省略したものもある。
(3) 図書館サービス・主要行事など：図書館サービスについては，館界における先駆的，特徴的な活動と思われるものを記述した。主要行事は開催地および会期が数日にわたる場合は，その終了日を項目の終わりに記した。事業，会議などの開催年次，回次の多くは第2回目以降を省略した。
(4) 出版物，図書館関係団体機関誌：出版物などは主要なものを採録，必要に応じて版の変遷についても表記した。
(5) 図書館関係者：図書館関係物故者については，没年を記し，（　）内に生年と主な図書館歴を付記した。
(6) 一般事項：館界の動向と関係する出版・情報などに関する主要な事項や政治・経済および社会的な諸事項を素描的に記載した。
(7) 表記について：年代については西暦を用いた。1872年までは旧暦で表記した。年月日はわかる範囲で記し，月や日にちを特定できない事項については，「－－」のように示し，その年や月の末尾に記載した。また，一般的な略記のほかに，館界で通称として知られているJLA（日本図書館協会），全国SLA（全国学校図書館協議会）などを使用した。　　　　　　　　（奥泉和久）

外国編

　国際的な事項(例えば国際会議,ユネスコ関係等)があるときは,まずこれを掲げ,次に図書館法,国立図書館関係，初期においては主要都市公共図書館関係，図書館学教育，図書館（員）協会関係，図書館学重要著作，図書館関係雑誌，図書館人動静，等の順序で記載することを原則とした。
　同種事項内における国の排列順序については特にルールを定めていない。また，厳密に事項順序を守ることにより，同一国の事項が分離し，繁雑になる場合は，主要事項（例えば国立図書館法関係等）に続けて，その他の事項も記した。
　定説とすべき典拠が得られない場合は，やむを得ず異説を記してある。
　なお，1989年以前の事項は基本的に第5版の年表（高橋重臣編）を踏襲し，第6版では1990年以降について加筆した。　　　　　　　　　　　　　　　　　　　　　　　　　　　（三浦太郎）

日本編（明治以降）

年	月日	●図書館界		月日	●一般事項
1866年 (慶應2)	12月	福沢諭吉『西洋事情』（初編）刊			
1867年 (慶應3)				10月	『西洋雑誌』（柳川春三編）創刊（〜1869）
1868年 (慶應4／明治元)	5月	慶應義塾，芝新銭座に発足，講堂に図書を備える		3月14日 6月20日	五箇条の誓文を発布 新政府，出版書籍の原稿事前検閲を定める
1869年 (明治2)	5月 1日	（大阪）舎密局，大阪城西追手門前に開講，博物館を置く，1874大阪英学校となり書籍覧所を設ける		1月 1日 1月27日 2月 8日 5月13日 6月17日 6月	東京丸屋商社（丸善の前身）開業 新政府，納本手続きを規定 新聞紙印行条例を定め，言論を統制 出版条例を定め，政治批判を禁圧 版籍奉還 本木昌造，活版伝習所設立
1870年 (明治3)	2月22日 2月	紅葉山文庫を太政官大史局の所管とする 大学南校「生徒心得」に「書籍局」，10.-大学東校「規則」に「典籍局」を明記		2月 12月 8日	大学規則および中小学規則を制定 『横浜毎日新聞』創刊（最初の日刊紙）
1871年 (明治4)	4月 8月25日 8月	慶應義塾（3.16三田に移転），「慶應義塾社中之約束」を版行，「書籍出納」の規則あり，「書籍修履料」（利用料）を定める ケプロン，開拓次官黒田清隆に書簡を送り「文房（ライブラリー）及ヒ博物院」の開設を建言 京都の書肆大黒屋太郎右衛門，書籍会社（貸本業）開業		1月24日 7月14日 7月18日 11月12日	東京，京都，大阪間に郵便開始 廃藩置県，国家統一の実現 文部省設置 文部大丞田中不二麻呂，欧米教育制度調査のため岩倉使節に随行
1872年 (明治5)	3月 4月25日 4月28日 4月 5月 6月13日 8月 9月29日 9月 10月 3日	「京都府御雇英学教師米国ホールレン建言の訳書」に図書館の必要性が説かれる（『京都新聞』19号） 京都の書肆村上勘兵衛らが集書会社を設立（5.-開業）→ 1873.5.15集書院 文部省，博物局所管の下に書籍館設立（湯島旧大学講堂を仮庁として8.1開館，有料公開） 岡山県庁内に新聞紙縦覧所設置，9.-愛知県，11.4福岡県などに公設の新聞縦覧所がつくられる 市川清流，書籍院建設の建白書を『新聞雑誌』に公表 (東京)京橋の書肆近江屋半七（後の吉川弘文館），「和漢書西洋飜訳来読貸覧所」開業の届け（広告，仮名垣魯文述） 大阪の書肆河内屋喜兵衛ら（5.-集書会社創立出願），集書局を設け，図書閲覧業務を開始 山梨県，新聞解話会の設置を布達，規則公布 この頃，横浜に新聞縦覧館，西洋各国種々の新聞を備える（無料） 滋賀県に集書館開館		2月21日 5月29日 8月 3日 9月12日 11月28日	『東京日日新聞』創刊 東京に師範学校設立開校 学制頒布 新橋・横浜間鉄道開業式 徴兵の詔書

年	月日	事項	月日	事項
	11月	この頃，東京浅草の新聞茶屋で諸府県の新聞を置き見料を取る		
	－－	湯浅治郎，（群馬）安中に便覧舎開設		
1873年(明治6)	1月16日	石川県金沢長町に叢書堂開設（有志の醵金により運営，有料）	7月28日	地租改正条例を布告
	3月19日	書籍館，正院博覧会事務局と合併	8月	森有礼，学社の結成をはかり，1874.2六社発足
	3月	陸軍文庫設置		
	5月15日	京都府，集書院を開院（集書会社の出願により府はその事務経営を会社に委託，有料）→ 1882.廃止	10月19日	新聞紙条目を制定
	10月	工部大学校に「書房」が設けられる → 1885.12工部省廃止，1886.3帝国大学に合併		
	12月	文部省『理事功程』刊（責任表示：田中不二麻呂，～巻之6，1875.5）		
	12月	この頃，静岡県下富士郡大宮町で開化講，新聞，翻訳書類を置く		
1874年(明治7)	5月13日	東京開成学校（東京大学），校舎の一室を改装して書籍縦覧室を置く	1月17日	民撰議院の設立を建白
	7月30日	浅草八番堀米蔵の地所を博覧会事務局に付し，湯島聖堂より書籍館蔵書を移し浅草文庫と称する（1885.11借覧規則を定め公開）	4月10日	板垣退助，立志社を創立
			6月	有恒社，洋紙製造
			9月20日	小野梓ら共存同衆を結成
	－－	東京外国語学校，約7千冊の蔵書，1879「書器局規則」，1883書籍庫，縦覧室を有す → 1885.9.22東京商業学校（一橋大）に合併	11月2日	『読売新聞』創刊
1875年(明治8)	2月9日	書籍館，博覧会事務局と分離，再び文部省所轄	1月4日	『文部省第1年報』刊
	4月8日	書籍館，東京書籍館と改称（湯島大成殿を仮館とし5.17開館，1885.10まで無料公開）	2月22日	立志社，愛国社創立
	7月1日	（京都）丹後宮津に天橋義塾（自由民権結社）開業式，1881.2.15改正社則には，社有新聞・書籍の閲覧，貸出（社員は無料）の定め	6月28日	讒謗律・新聞紙条例公布
			9月3日	出版条例を改正
	－－	文部省所管の准刻課へ納本の全国出版図書は東京書籍館に交付されてきたが，6.28准刻事務が内務省所管となったため，7.10東京書籍館が内務省に要求，9.15内務省へ納本2部のうち1部納本の交付継続	－－	原亮三郎，横浜に金港堂創業（1876.8東京日本橋に移転，明治期の代表的出版社）
1876年(明治9)	3月22日	文部大輔田中不二麻呂，教育事務取調のため渡米（～1877.1）	2月10日	『大阪日報』創刊
	3月25日	大阪府，府費支弁で2書籍館（大阪府書籍館）開館（3.17設置，11.27移転合併）→ 1888.2廃館	5月8日	上野公園開園
	6月	東京書籍館『東京書籍館書目　内国新刊和漢書之部』（第1輯）刊（六門分類）		
	7月1日	東京書籍館，夜間開館開始（午後10時まで）		
	8月14日	札幌農学校（北海道大），書籍室を有し，12.-書庫新築		
	9月22日	東京書籍館，東京開成学校構内に法律書庫を開館 → 1877.3.29廃止		
	9月	同志社英学校（同志社大）校舎新築，校舎の一室に図書室が置かれる		
	12月11日	埼玉県立学校内に浦和書籍館開設（有料），「借覧人心得規則」公布 → 1886廃館		

年	月日	事項	月日	関連事項
1877年（明治10）	1月	文部省『米国百年期博覧会教育報告』刊（責任表示：田中不二麻呂）	2月15日	西南戦争始まる
	2月4日	東京書籍館廃止	4月12日	東京大学設立
	5月4日	文部省所管の東京書籍館，東京府へ移管，東京府書籍館と改称5.5開館（無料）	8月21日	第1回内国勧業博覧会（〜11.30）
	10月	東京大学，法理文の3学部に附属図書館を設け，1878.6医学部，書籍展覧室を設立		
	10月	『東京大学法理文学部図書館和漢書目録』刊（八門分類）		
	12月	文部大輔田中不二麻呂，「公立書籍館ノ設立ヲ要ス」を『文部省第4年報』に発表		
1878年（明治11）	10月	文部省『米国学校法』刊（フランクリン・ビー・ホー編，責任表示：田中不二麻呂）	7月22日	郡区町村編制法・府県会規則・地方税規則の3新法制定
	10月	久米邦武編『特命全権大使米欧回覧実記』刊（博聞社）		
1879年（明治12）	5月4日	大教校（龍谷大学）開場式，蔵書を有す → 1889.3伝導会，雑誌閲覧所を開設	1月25日	『朝日新聞』創刊
	8月1日	高知公園内懐徳館に高知書籍館を設置（県立，無料） → 1888.10.31（教育会）高知図書館 → 1916.3.25県立	9月29日	教育令公布
	10月26日	京橋区に小野梓らによる共存同衆が共存文庫を落成		
	10月	石川県勧業博物館内に図書室設置（〜1908.9）		
	11月12日	文部省「公立幼稚園書籍館等ノ設置或ハ廃止」は，「府知事県令ノ認可」を必要とする（文部省布達第5号），「私立幼稚園書籍館等設置或ハ廃止」は，「府知事県令ニ開申」するとの布達（文部省布達第6号）		
1880年（明治13）	3月13日	文部大輔田中不二麻呂，司法卿に転出	3月17日	国会期成同盟を結成
	5月	（長野）松本農事会設立，農事会試験場「書籍縦覧規則」あり	4月5日	集会条例公布
	6月	（高知）立志社，書籍館設立の届出	4月8日	府県会規則改正，区町村会法制定
	7月1日	東京府書籍館，文部省所轄に復し東京図書館と改称 7.8開館（無料）	12月28日	教育令改正
1881年（明治14）	1月31日	文部省，「府県立学校幼稚園書籍館等設置廃止規則」（文部省達第4号），「町村立私立学校幼稚園書籍館等設置廃止規則起草心得」（文部省達第5号）を定める	5月4日	小学校教則綱領制定
			6月18日	小学校教員心得制定
			8月19日	師範学校教則大綱制定
	7月25日	宮城書籍館開館式（7.12設立） → 1907.4県立（改称）	10月12日	1890年に国会開設の詔書が発せられる
	8月29日	茨城県，「教員集会規定」「教員集会場書籍取扱概則」制定	10月18日	自由党の結成
	—	（東京）西多摩郡五日市町の深沢家において法律書，新聞・雑誌などを自由民権結社員に公開		
1882年（明治15）	10月	東京専門学校（早稲田大学）創立とともに図書室を設ける	1月4日	軍人勅諭発布
	11月29日	文部省，「府県立学校幼稚園書籍館等設置廃止規則（中略）ニ関スル府県会ノ議決ヲ認可セントスルトキハ予メ当省ヘ可伺出（以下略）」（文部省達第11号）を発す	3月1日	『時事新報』創刊
			6月3日	集会条例改正
			12月1日	福島事件
	12月5日	文部省，地方学務官（府県学務課長や学校長）を召集して教育施設に関する注意を与え，書籍館のことに及ぶ（示諭事項）	12月3日	幼学綱要頒布

年	月日	事項	月日	事項
1883年 (明治16)	5月10日	太政官達第22号により，官報発行のため太政官に文書局設置　→　1884.1.24太政官文庫	4月16日 7月 2日 9月 9日	新聞紙条例改正 『官報』発行開始 大日本教育会結成
1884年 (明治17)	1月24日 5月20日 7月19日	太政官文庫設立，各官庁所蔵の図書を収蔵（紅葉山文庫・浅草文庫などが入る）　→　1885.12.24内閣文庫　→　1971.3.31国立公文書館 内務省，千代田文庫を設け，図書局保存課及び図書室を移す 文部省，府県立町村立私立書籍館に対して「書籍館図書目録」1884年末調査分を1885.6迄に編製して差出すよう達し（文部省達第7号）	5月13日 10月29日 10月31日	群馬事件 自由党解党 秩父事件
1885年 (明治18)	6月 2日 9月19日 9月22日 12月24日	東京図書館，東京教育博物館と合併，9.18上野へ移転，10.2開館（無料公開制から有料に転じる） 英吉利法律学校（中央大）開校，設立趣意書中に「法律書庫」設立を明記 東京商業学校（一橋大），書籍庫，書籍閲覧所を設ける 内閣に記録・会計・官報の3局設置，文庫局文庫課は記録局図書課となり，図書課に内閣文庫を置く	4月18日 8月12日 12月22日	専売特許条例公布 教育令の再改正 太政官制を廃止し，内閣制を布く，初代文部大臣に森有礼
1886年 (明治19)	3月 10月14日 12月11日 － －	文部省会計次長手島精一，東京教育博物館・東京図書館主幹を兼務（～1889.3） 帝国大学図書館規則制定 明治法律学校（明治大学）文庫設置 田中稲城，「書籍館ニ就キテノ卑見」（草稿，文部省に稟申したものと推察しうる）	2月27日 3月 2日 4月10日 7月 5日	文部省官制公布 帝国大学令公布 小学校令・中学校令および諸学校通則など公布 東京電燈会社開業
1887年 (明治20)	1月 3月21日 11月25日	長崎県有志教育会，図書縦覧室を設置，会員の縦覧に供す 大日本教育会，神田一ツ橋に附属書籍館開館，10.-小学生図書閲覧規則を制定　→　1896.12帝国教育会 『東京図書館四季報』創刊（八門分類表を採用）	6月15日 8月 12月26日 12月28日	大橋佐平，博文館を創業 条約改正運動高まる 保安条例公布，一切の集会禁止 新聞紙条例・版権条例改正
1888年 (明治21)	1月 6日 2月 9日 4月 7月 6日 8月 3日	大日本教育会附属書籍館，夜間開館実施 佐崎済美社，書籍覧観場設立　→　1905.5佐賀商業会議所図書室 鄭永慶，上野西黒門町に可否茶館を開店（室内に内外の新聞，雑誌を置く） 東京図書館規則改正（はじめて年齢制限を設け，入館資格を15歳以上とする） 田中稲城，文部省より図書館に関する学術修業のため米英に留学（～1890.3.11）	1月 4日 4月25日 5月 7日 7月10日 8月16日	時事通信社創立 市制・町村制公布 帝国大学，はじめて博士号を授与 『東京朝日新聞』創刊 東京市区改正条例公布
1889年 (明治22)	3月 2日 3月25日 4月22日 5月17日	東京図書館官制公布（勅令第21号），東京教育博物館と分離 文部省，東京図書館を参考図書館に，大日本教育会附属書籍館を普通図書館とする旨を同教育会に諭旨 海軍中央文庫官制公布（勅令第55号） 和仏法律学校（東京法学校と東京仏学校が合併，後の法政大），この年ボアソナード文庫設立　→　翌1890図書を大日本教育会附属書籍館に委託（1911明治大学移管，関東大震災で焼失）	2月11日 2月11日 5月15日 5月20日 10月 9日	大日本帝国憲法発布 『日本』創刊 大槻文彦『言海』刊（～1891.4，4冊） 『日本紳士録』刊（交詢社） 文部省，直轄学校教員学生の政事演説禁止

年	月日	事項	月日	事項
1890年(明治23)	1月	慶應義塾大学部発足，大学部に「書館」を置く	2月 1日	『国民新聞』創刊
	3月24日	帝国大学文科大学教授田中稲城，東京図書館館長を兼任（1893.9～東京図書館館長専任）	5月17日	府県制・郡制公布
			5月30日	国家教育社設立
	3月24日	明治学院（明治学院大学），神学部校舎兼図書館竣工棟献式	7月 1日	第1回総選挙
			7月25日	集会及び政社法公布
	3月28日	官立学校及図書館会計法（法律第26号），官立学校及図書館会計規則（勅令第53号）公布	9月	田口卯吉『日本社会事彙』刊（下，1891.6，経済雑誌社）
	12月 1日	京都府教育会図書館開館 → 1898.6.21府立	10月 7日	小学校令公布（1886年の小学校令は廃止）
	12月10日	東京図書館，「図書掛事務取扱心得」を定め，目録出納掛は「閲覧室来館人ノ質疑ヲ弁明シ且其目録検索上ニ助力ヲ与フルコト」となす	10月30日	教育勅語発布
			11月25日	第1回帝国議会召集，大日本帝国憲法施行
1891年(明治24)	7月27日	東京図書館官制改正公布（勅令第138号）（職名に「司書」をはじめて規定）	1月 9日	内村鑑三不敬事件
			5月11日	大津事件
	9月21日	石川県勧業博物館『勧業諸報標目』刊行開始（有隣堂）		
	11月17日	「幼稚園図書館盲唖学校其他小学校ニ類スル各種学校及私立小学校等ニ関スル規則」公布（文部省令第18号）		
1892年(明治25)	3月26日	日本文庫協会創立，第1回例会を開き，発会式	1月28日	予戒令公布，施行
	6月15日	千葉県教育会附属書籍館開館（5.-設立）→ 1924.3.28県立	10月29日	伊沢修二ら国立教育期成同盟会結成
	6月23日	信濃教育会事務所に信濃教育会員図書縦覧所開設 → 1907.5信濃図書館 → 1929.9.4長野県立	11月 1日	『万朝報』創刊
	12月10日	西村竹間『図書館管理法』刊（金港堂書籍）		
1893年(明治26)	9月30日	日本文庫協会，「和漢図書目録編纂規則」（太田為三郎案）を審議決定し，印刷頒布	4月14日	出版法・版権法公布
			8月11日	帝国大学令を改正，帝国大学官制公布
			10月28日	文部省，箝口訓令を発す
1894年(明治27)	6月11日	『帝国議会図書館和漢図書目録』刊	6月25日	高等学校令公布
	12月	大日本教育会附属書籍館，「館外図書貸出」を開始，規則を定め，広告	8月 1日	日清戦争起こる
1895年(明治28)	10月	関西法律学校（関西大学），文庫を設置	1月	『太陽』創刊
			4月17日	日清講和条約調印
1896年(明治29)	2月13日	重野安繹，外山正一，「帝国図書館ヲ設立スルノ建議」案を貴族院（第9回帝国議会）に提出	4月26日	社会政策学会設立
	3月25日	鈴木充美ほか3名，「帝国図書館設立ノ建議案」を衆議院（第9回帝国議会）に提出	12月18日	高等教育会議設置
	9月25日	熊本県観聚館構内に同館附属閲覧室，書庫開室 → 1912.4.1熊本県立熊本		
1897年(明治30)	2月26日	外山正一，「公立図書館費国庫補助法」案を貴族院（第10回帝国議会）に提出，特別委員付託となる	3月 1日	片山潜，キングスレー館を開く
	4月27日	帝国図書館官制（勅令第110号）（東京図書館官制廃止），「帝国図書館長司書長及司書任用ノ件」公布（勅令第114号），田中稲城，帝国図書館初代館長に就任（～1921.11.29）	6月 1日	八幡製鉄所開庁
			6月22日	京都帝国大学設立
	6月22日	東京帝国大学官制公布（勅令第210号）（図書館長の文部大臣任命制化，教授，助教授の兼補廃止等を制定）		

年	月日	図書館関連事項	月日	一般事項
	6月28日	東京帝国大学附属図書館初代館長に，文科大学助教授和田万吉就任（～1923.11）		
	11月6日	京都帝国大学附属図書館初代館長に，法科大学助教授島文次郎就任（～1910.7）		
1898年（明治31）	4月17日	日州教育会附属図書館開館（有料）→ 1902.5.18 宮崎県立	4月27日	片山潜，横山源之助ら貧民研究会を結成
	5月14日	日本文庫協会春季例会，図書館従事者合同懇話会を開催（全国図書館大会の起源）	10月18日	社会主義研究会結成 → 1900.1 社会主義協会
	6月21日	京都府立図書館開館式（4.1設立，有料）← 1890.12.1京都府教育会		
1899年（明治32）	7月	立教学院（立教大学）新校舎竣工，図書館が置かれる	1月	『中央公論』創刊（『反省会雑誌』改題）
	10月1日	和仏法律学校（法政大），図書閲覧室開室	2月7日	中学校令・実業学校令・高等女学校令公布
	10月8日	私立松江図書館開館（9.20設立）→ 1919.11.24松江市立 → 1946.12.5島根県立松江	3月4日	著作権法公布
	11月1日	秋田県立秋田図書館開館（4.14設立）	8月3日	私立学校令公布
	11月11日	図書館令公布（勅令第429号）	11月20日	選挙法改正全国各市連合会結成
	12月11日	京都帝国大学附属図書館設立		
	12月20日	「公立学校職員ト教官其ノ他教育事務ニ従事スル文官トノ間ノ転任ニ関スル件」公布（勅令第456号）		
1900年（明治33）	1月5日	関西文庫協会設立（2.4発会式）	3月7日	産業組合法公布
	4月	佐野友三郎，県立秋田図書館長に就任（～1903.2.21）	3月10日	集会及び政社法を廃止し，治安警察法を公布
	5月10日	哲学館（東洋大）図書館開館（土蔵に閲覧室を増築）	3月16日	市町村立小学校教育費国庫補助法公布
	5月19日	日本文庫協会春季例会，初代会長に田中稲城（帝国図書館長）を選任	8月20日	小学校令改正（義務年限4年）
	6月15日	県立秋田図書館，閉館日を毎月曜に定める		
	7月26日	文部省（田中稲城）『図書館管理法 全』刊（金港堂書籍）		
	10月21日	山梨教育会附属図書館開館（8.31設立）→ 1931.4.1県立		
	10月	帝国図書館で「問答板」により閲覧者同士が質問，回答しあうとの記事（深見洗鱗『風俗画報』218）		
1901年（明治34）	4月	関西文庫協会『東壁』創刊（4号で廃刊）	2月24日	愛国婦人会設立
	5月16日	県立秋田図書館，夜間閲覧開始（午後10時まで）	5月18日	社会民主党結成
1902年（明治35）	2月1日	成田山貫首石川照勤，成田図書館開館，2.2一般閲覧開始，（無料，1901.1.11設立）→ 1988.3(財)成田山仏教図書館	1月30日	日英同盟協約
	4月12日	南葵文庫開庫式（1908.10公開式）	12月16日	丸善『大英百科全書』（全25巻，月賦販売で予約開始）
	5月18日	宮崎県立図書館開館（4.12設立）← 1898.4.17日州教育会附属	12月17日	教科書疑獄事件起こる
	5月24日	大分県共立教育会附属図書館開館 → 1904.10.27福沢記念 → 1931.4.1県立		
	5月	京都市生祥尋常高等小学校，生祥児童文庫を開設		
	6月15日	大喬図書館開館（満12歳以上の者に閲覧を許す）		
	6月	成田図書館『私立成田図書館報告』創刊		
	8月11日	鹿児島県私立教育会附属図書館開館（10.25開館式）→ 1909.1私立鹿児島 → 1912.4.7県立		
	8月	湯浅吉郎，図書館に関する事項の研究のため渡米（～1903.8）		

年	日付	事項	日付	事項
	10月23日	県立秋田図書館,「図書館経営」と題し『官報』(第5792号)に掲載		
	10月25日	県立秋田図書館, 4郡立図書館に巡回文庫開始		
1903年(明治36)	3月3日	佐野友三郎, 県立山口図書館長に就任 (〜1920.5.13)	3月27日	専門学校令公布
	4月3日	山形県連合教育会, 私立山形図書館開館 → 1910.5.22県立	3月	『医学中央雑誌』創刊
			4月13日	国定教科書制度成立 (1904.4.1施行)
	7月6日	山口県立山口図書館開館式(1902.12.23設立, 児童閲覧室を置き400冊を自由開架式閲覧とする)	6月1日	日比谷公園開園
	8月1日	日本文庫協会, 第1回図書館事項講習会開催(東京・〜8.14)	8月22日	東京電車鉄道, 新橋, 品川駅前開営業開始
			9月12日	大阪市営電気軌道開業
	10月6日	京都府立図書館, 巡回図書館制度を設ける	10月1日	東京浅草の電気館開場 (常設映画館の初め)
	10月14日	愛媛教育協会記念図書館開館式 → 1935.8.15県立		
	10月27日	県立山口図書館, 夜間開館開始(午後9時まで)	11月15日	平民社結成
	11月	京都市淳風小学校児童図書館設立(湯浅吉郎による)		
	12月	宮城書籍館, 男子児童閲覧室を開設		
1904年(明治37)	1月4日	阿波(徳島県)教育会図書閲覧所設立 → 1917.6.24県立	2月10日	日露戦争始まる
			2月23日	日韓議定書調印
	1月13日	岐阜県教育会附属貸付図書館開館 → 1909.10.13 岐阜県教育会附属 → 1937.6.5岐阜県立	8月22日	日韓条約(第1次)
			11月16日	社会主義協会に結社禁止命令
	1月23日	県立山口図書館,「巡回書庫」回付開始		
	1月	好本督, 東京盲学校同窓会誌『むつぼしのひかり』(6,7号)にイギリスにおける盲人図書館の報告, 日本での必要性を唱える		
	2月25日	大阪図書館開館式, 3.1一般公開(1903.3.28設立), 初代館長に今井貫一就任(1903.4.1〜1933.9) → 1906.12大阪府立(改称)		
	4月1日	大阪図書館, 夜間開館開始(午後10時まで)		
	4月1日	湯浅吉郎, 京都府立図書館長に就任(〜1916.5)		
	4月26日	茨城県立図書館開館(1903.2.21設立)		
	10月	京都府立図書館, 書目分類の変更(十進分類表)に着手(〜1906.3)		
	11月6日	早稲田大学図書館, 一般公開を始める		
	12月12日	『山口県立山口図書館和漢図書分類目録』刊(八門分類)		
	12月	大阪図書館, 日本特許公報類の収集開始		
1905年(明治38)	2月10日	香川県教育会図書館開館 → 1934.4.1県立	9月5日	日露講和条約調印
	4月15日	京都府立図書館, 児童閲覧室を設け無料公開	9月29日	内務省,「地方青年団体向上発達ニ関スル件」通牒
	4月	京都に私立修道児童文庫設立		
	4月	慶應義塾,「書館」を「図書館」に改称, 田中一貞が監督に就任	12月27日	文部省, 各地方長官あてに青年団体の奨励に関する最初の通牒を発する
	5月31日	私立京都法政大学(立命館大学)図書室附設		
1906年(明治39)	3月20日	帝国図書館開館式 3.23開館	2月24日	日本社会党第1回大会
	3月20日	日本文庫協会, 第1回全国図書(員)大会を開催(東京・〜3.22)	3月31日	鉄道国有法公布
	9月6日	山縣五十雄,『万朝報』に「日本現時の盲人社会」(盲人図書館の必要に言及)	6月9日	牧野伸顕文相, 社会主義などを危険とし, 注意するよう訓令を発す
	10月7日	竹貫直人, 自宅に私立少年図書館を設立 → 後年, 日比谷図書館に寄付	11月26日	南満州鉄道株式会社設立

	10月 9日	図書館令改正（勅令第274号）		
	11月 1日	「公立図書館職員ノ俸給ニ関スル件」公布（勅令第282号）		
	11月 1日	（山口）明木村立図書館開館式，11.8一般閲覧開始（10.5設立）→ 旭村立明木		
	12月14日	「図書館ニ関スル規程」公布（文部省令第19号）		
1907年(明治40)	4月	広野貞助，（宮城）気仙沼町に児童図書館を設置 → 1916.3町立	3月21日	小学校令改正（義務年限6年）
	4月	県立山口図書館，書記1名を減じ，司書1名を置く，2540冊の図書で公開書架実施（硝子戸付書函，1928年新館移転まで実施，1952.8再現）	4月23日	満鉄調査部設置（本社大連）
	4月	満鉄営業開始，調査部に図書室を置く → 後に大連図書館	7月30日	日露協約
	5月 1日	青森市立図書館開館（4.24設立）→ 1928.9.1県立		
	6月 4日	千葉県，巡回文庫奨励のため県諭告第1号を発し，「千葉県通俗巡回文庫規則」を制定		
	10月 1日	（新潟）積善組合巡回文庫設立，1908.5.19私立図書館として開申，6.17発送開始 → 1919.5.29積善組合解散		
	10月17日	日本文庫協会『図書館雑誌』創刊		
	10月	この頃，京都府立図書館，閲覧机上に「目隠」を立て，目録室には「鉄網張書架中」に新着図書を展示		
	10月	成田図書館，閲覧室に投書函を置き閲覧者より設備，図書購入について要望を受け付ける		
1908年(明治41)	3月 4日	岡山県立戦捷記念図書館開館式（1906.3.24設立）→ 1923.4岡山県立（改称）	9月29日	文部省，学生生徒の風紀取締強化につき通牒
	3月29日	日本文庫協会春季総会，日本図書館協会と改称	10月13日	戊申詔書を発布
	4月 1日	明治大学，図書館を一般に公開	11月13日	政府，著作権保護のベルヌ条約に調印，1910.9.8批准公布
	5月	『帝国図書館報』創刊		
	6月 1日	和歌山県立図書館開館式（2.19設立）← 1903.5私立和歌山図書館	11月22日	『日本百科大辞典』刊（～1919.4，10巻　三省堂）
	6月 2日	東京帝国大学官制改正（勅令第142号）（司書官および司書を置く）		
	6月16日	「帝国大学事務官，帝国大学司書官及帝国大学司書特別任用令」公布（勅令第154号）		
	7月25日	文部省が図書館事項夏期講習会を初めて開催（東京・～8.14）		
	9月15日	福島市立図書館開館式，10.1閲覧開始（2.27設立）→ 1929.3蔵書を福島県に寄附，廃館		
	11月12日	京都市，学校図書館の設置について通牒（市学第475号）		
	11月16日	東京市立日比谷図書館開館式，11.21閲覧開始（1906.11.30設立，有料，児童室を置き8歳以上の児童に閲覧を許す）→ 1943.7.1都立日比谷		
1909年(明治42)	2月11日	私立函館図書館会員制図書館として開館，3.1一般公開（2.1創立総会）→ 1926.9市立	1月	委託配本制開始
	3月	伊藤伊太郎，図書館用品販売開始，1951.6伊藤伊に改紐改称 → 2001.12伊藤伊新社	3月31日	井上友一『救済制度要義』刊（博文館）
			5月 6日	新聞紙条例を廃し，新聞紙法を公布

	4月13日	福井市立図書館開館式（1908.8.7設立）→ 1950.4.1県立	7月12日	内務省，東京で第1回地方改良事業講習会を開催
	7月1日	県立山口図書館で十進分類法を採用（著者記号法を用いる）	12月1日	井上友一『自治要義』刊（博文館）
	7月11日	和田万吉，欧米へ図書館事業視察（〜1910.4.12)		
	8月2日	東京市教育会主催，図書館科講習会を開催（〜8.11)		
	8月5日	東京市立牛込，12.1日本橋の各市立簡易図書館開館（無料）		
	8月	県立山口図書館，ニューアーク式「カード貸出処理法」を採用		
	9月27日	東京市立深川図書館閲覧開始（1.25設立），準開架式閲覧を採用		
	10月1日	富山市立図書館開館式，11.-閲覧開始（9.29設立）→ 1943.3.31富山県立図書館へ移管，廃止		
	10月1日	山口県内図書館関係者大会開催，10.3山口県図書館協会結成（1県を単位とした図書館員の集まりとしては初，1942.4再編，1953.4再発足）（〜10.3)		
	10月13日	岐阜県教育会附属図書館開館（10.22開申）→ 1937.6.5岐阜県立		
	11月1日	奈良県立戦捷紀念図書館開館式，11.2一般閲覧開始（1906.2.23設立）→ 1923.4.1奈良県立奈良（改称）		
1910年 (明治43)	2月3日	文部大臣小松原英太郎，地方長官にあて「図書館施設ニ関スル訓令」を発す	3月	文部省，地方青年団を表彰
	3月	JLA,「和漢図書目録編纂概則」を『図書館雑誌』（8号）に公表	5月25日	大逆事件の検挙始まる
			6月14日	著作権法改正
	5月22日	行啓記念山形県立図書館落成・開館式，5.25一般閲覧開始（1909.5.13設立）← 1903.4.3私立山形	8月22日	韓国併合条約調印
	6月1日	東京市立日比谷図書館，館外貸出開始	11月15日	農商務省，帝国農会の設立を許可
	6月20日	図書館令改正（勅令第278号）		
	6月30日	図書館令施行規則公布（文部省令第18号）		
	8月1日	沖縄県立沖縄図書館開館（1909.9伊江普猷が初代館長に就任（嘱託），1921館長〜1924.12)		
	9月30日	JLA評議員会，万国書誌学協会（国際書誌学会）に正式加盟を報告		
	9月	満鉄図書館，図書閲覧場規定及び社告45号により奉天など8か所に閲覧場設置		
1911年 (明治44)	5月10日	文部省官制改正，図書局設置	3月29日	工場法公布
	8月	佐野友三郎『師範学校教程図書館管理要項』（米国教育会図書部特別報告）を翻訳，自費出版	5月17日	文部省，通俗教育調査委員会設置
	10月10日	文部省通俗教育調査委員会，「通俗図書審査規程」（告示第237号），「幻灯映画及活動写真『フイルム』審査規程」公布（告示第238号）	8月1日	東京市，東京鉄道を買収，東京市電経営
			8月21日	警視庁，特別高等課を設置
	10月27日	文部省編『図書館書籍標準目録』刊	10月	大阪の立川文明堂，立川文庫刊行開始
	10月	県立山口図書館，利用者に書庫に入る自由選択を許可（優待券，特別券保持者など)	11月	『講談倶楽部』創刊
	11月10日	神戸市立図書館開館，一般閲覧開始（4.18設立，無料（〜1912.4))		

年	日付	事項	日付	事項
1912年 (明治45／大正元)	1月17日	石川県立図書館開館式, 1.23閲覧開始（1910.11設立, 無料, 児童室を設置）	3月1日	美濃部達吉『憲法講話』, これを上杉慎吉が批判, 上杉・美濃部論争
	3月22日	今井貫一, 図書館管理法研究のため英米独図書館視察（～1913.2.14）	6月26日	富山県下で米騒動
	4月1日	熊本県立熊本図書館発足（改称）6.-開館式 ← 1896.9.25熊本観聚館附属閲覧室	7月30日	天皇没, 大正と改元
	4月7日	鹿児島県立図書館開館（4.1設立）← 1909.1私立鹿児島		
	5月16日	文部省『図書館管理法 全』（改訂版）刊（金港堂書籍）		
	5月	JLA,「図書館員養成所設置建議」趣旨書および同規則案を文部省に提出		
	6月1日	県立長崎図書館開館		
	11月1日	慶應義塾五十周年記念図書館開館（5.18開館式）, 塾外者に公開		
1913年 (大正2)	2月25日	東京市立麻布図書館, 安全開架式閲覧を採用（東京で初）	2月10日	大正政変
	7月26日	文部省,「通俗図書認定規程」（文部省令第22号）および「幻灯映画及活動写真『フィルム』認定規程」制定（文部省令第23号）	7月12日	京大沢柳事件
	7月31日	茗溪会, 読書調査部を設置,「優良図書」の推奨を開始	8月5日	岩波書店開業
	8月1日	（福岡）八幡製鉄所簡易図書館開館（製鉄所従業員, 家族の閲覧のため）→ 1970廃止		
	8月	東京市立日比谷図書館, 児童に館外貸出を実施		
	9月21日	近畿図書館倶楽部設立 → 1922.5近畿図書館協議会		
	9月	石川県立図書館, 児童室にて週1回「ストーリー・アワー」を実施		
1914年 (大正3)	2月11日	（私立）佐賀図書館開館式, 2.12一般公開（1913.11.10落成式）→ 1929.4.1県立	4月	『中央公論』特集「民衆の勢力によって時局を解決せんとする風潮を論ず」（吉野作造, 浮田和民ら執筆）
	2月20日	JLA『日本図書館協会選定新刊図書目録』創刊（月刊）		
	3月28日	「府県郡ニ於テ学校図書館設立ノ為ニ設クル基本財産又ハ積立金ニ関スル件」公布（勅令第42号）	8月23日	第1次世界大戦起こり, 日本参戦
	4月14日	台湾総督府図書館設立		
	9月14日	図書館用品販売を業とする鬼原正三堂創業, 1951.1.19木原正三堂（株）→ 1986.7.1キハラ	9月18日	「新潮文庫」刊行開始
	11月10日	九州図書館連合会結成 → 1915.11.28日本図書館協会九州支部	11月	『少年倶楽部』創刊
	12月25日	今沢慈海, 東京市立日比谷図書館長に就任 → 1915.4.1東京市立図書館館頭（～1931.3）		
1915年 (大正4)	1月	県立熊本図書館,「婦人ノ夜間閲覧ヲ開始」	9月15日	内務文部両大臣, 青年団体に関する第1回訓令
	3月31日	東京市立図書館処務規程改正（日比谷を中央図書館とする図書館体制が確立）	10月8日	上田万年, 松井簡治『大日本国語辞典』刊（～1928.10, 5巻 冨山房）
	3月	県立山口図書館「通俗図書館の経営」（『山口県立山口図書館報告』第20）		
	4月	東京市立日比谷図書館, 児童閲覧を無料化, 印刷目録カードを作成し各館に配布		
	5月8日	佐野友三郎, 米国図書館事情調のため渡米（～9.7）		
	5月	東京市立図書館同盟貸付開始（相互貸借制度）		

	8月1日	JLA，『図書館小識』（10.23刊）を会員・府県知事・県会議長並びに人口2万以上の市町村に配布，府県知事にあて大礼記念図書館設立要請		
	−−	東京市立日比谷図書館，「図書問答用箋」を置き，研究・調査の問い合わせに回答		
1916年 （大正5）	3月7日	（山口）室積師範学校教諭市毛金太郎，「図書館管理法」を開講，3.-『図書館管理法講習要目』（謄写版）発行	1月	吉野作造「憲政の本義を説いて其有終の美を済すの途を論ず」（『中央公論』）
	3月25日	高知県立図書館開館（1915.1設立）← 1888.10.31（教育会）高知	9月1日	工場法施行
	5月3日	この頃，東京市小石川の住人，点字図書を備えるよう交渉，9.-本郷図書館が点字図書約200冊を備える	10月10日	憲政会結成
	5月18日	福岡県，「公立図書館補助ニ関スル件」公布（県通牒学第3525号）		
	8月1日	JLA，第2回図書館事項講習会開催（東京・〜8.14）		
	11月1日	東京の盲人教育会に盲人図書館開館		
	12月8日	明治記念新潟県立図書館落成開館式（1915.3.24設立）→ 1951.3.23新潟県立新潟（改称）		
1917年 （大正6）	2月	この頃，京都府立図書館で質問応答規定を定める	3月15日	ロシア2月革命
	5月14日	東京市内図書館従事者有志談話会開催（第1回）	9月12日	金輸出禁止
	6月24日	徳島県立光慶図書館開館式，6.27一般閲覧開始（1916.7.24設立）← 1904.1.4県教育会図書閲覧部	9月21日	臨時教育会議設置
	9月	『東京市立図書館報』創刊（〜1920.4）	11月7日	ロシア10月革命
	9月	モリソン文庫成立（1924.11.19（財）東洋文庫設立）		
	11月6日	JLA，山口支部を設置		
	12月21日	山口県，「図書館普及改善ニ関スル訓令」公布（訓令第55号），12.22郡市長にあて通牒「図書館経営ニ関スル注意要項」を発す		
1918年 （大正7）	4月	和田万吉，書史学講座開設	3月27日	市町村義務教育費国庫負担法公布
	4月	鳥取市立図書館設立 → 1931.7.19県立	4月17日	軍需工業動員法公布
	5月1日	福岡県立図書館開館（1915.12.25設立，無料（〜1934.4））	5月3日	内務文部両大臣，青年団に関する第2回訓令
	6月1日	文部省，第1回全国府県立図書館長会議開催，文部大臣諮問「青年ノ為ニ備付クベキ適当ナル図書ノ選択方法如何」（東京・〜6.3）	7月	『赤い鳥』創刊
	6月5日	JLA新潟支部設立 → 1931.3.31廃止	8月2日	シベリア出兵宣言
	10月30日	JLA，恤兵調査委員会を置き，シベリア出征軍人慰問図書の募集を開始，12.-1万冊余を送る	8月3日	富山県で米騒動起こる
	12月18日	今沢慈海・竹貫直人『児童図書館の研究』刊（博文館）	12月6日	大学令・高等学校令公布
			12月24日	臨時教育会議，通俗教育の改善に関し答申
1919年 （大正8）	2月9日	大原社会問題研究所設立，1924.4一般研究者のために図書閲覧室を開館 → 1949.7法政大学と合併	1月18日	パリ講和会議
	4月16日	府県立図書館協議会開催，山口県図書館十進法を標準分類として採用を決定（〜4.17）	2月7日	改正帝国大学令公布
	4月	岡山県立図書館，「図書館指導者」を置き，一般公衆並びに児童の質問・案内を開始	4月5日	都市計画法公布
	6月11日	文部省普通学務局第4課において，図書館など社会教育事務を所掌（分課規程改正）	5月23日	臨時教育会議を廃止し，臨時教育委員会設置
	7月15日	新潟県立図書館，盲人閲覧室を開室	6月28日	ベルサイユ講和条約調印

	8月 1日	和田万吉，東京帝国大学文学部公開講座「図書館管理法要綱」を講義（～8.6）		
1920年(大正9)	5月10日	JLA，図書館員待遇問題に関する委員会を設置	1月10日	東大，森戸事件
	5月13日	佐野友三郎 没（1864年生，県立秋田，県立山口図書館長）	1月16日	内務省文部両大臣，青年団体に関する第3回訓令，11.24第4回訓令
	5月15日	佐野友三郎『米国図書館事情』刊（文部省）		
	6月29日	JLA，図書館員待遇問題委員会，「図書館員待遇案覚書」を決定，7.7衆議院に文部次官を訪ね提出	1月31日	全国普選連合会成立
			2月26日	衆議院，普選法案討議中に解散
	9月18日	和歌山県図書館協会設立 → 1950.10再発足	5月 2日	第1回メーデー
	12月	（新潟）柏崎市で県盲人協会の経営による点字巡回文庫開始	5月 6日	文部省，地方学務課に，社会教育主事の特設を通牒
1921年(大正10)	3月10日	間宮不二雄，大阪北区で独立営業（M・フヤセ商会） → 1922.8間宮商店開業	4月11日	市制・町村制改正公布，4.12郡制廃止に関する法律公布
	3月	文部省，初の全国図書館調査を実施		
	4月 1日	東京市立日比谷図書館，新聞・雑誌の閲覧料を無料化	6月23日	文部省，普通学務局所掌の通俗教育を社会教育と改称
	4月	東京市立日比谷図書館，調査係を置く		
	4月	奈良県図書館協会発足 → 1957.10戦後再発足		
	6月 1日	文部省図書館員教習所開設（東京美術学校構内） → 1925.4.1文部省図書館講習所（1945.3.10閉鎖）	7月 9日	臨時教育委員会を廃し教育評議会設置
			7月23日	臨時教育行政調査会設置
	6月 5日	横浜市図書館設立（関東大震災で閲覧所を焼失，初代館長に伊東平蔵就任（～1926.12）	11月 1日	長野県上田で信濃自由大学開講（以降，長野，新潟，福島県などに広がる）
	6月20日	大阪市立阿波座，西野田図書館開館（1920.1.23設立，無料，開館時より巡回文庫制度を定める）		
	6月	下伊那郡青年会，郡立図書館建設計画案作成（今沢慈海設計による安全開架式閲覧も実現せず）		
	7月21日	公立図書館職員令公布（勅令第336号）		
	9月22日	田中一貞 没（1872年生，慶應義塾図書館初代監督）		
	10月	東京市立図書館報『市立図書館と其事業』創刊 → 『東京市立図書館と其事業』（1928.7～1939.5）		
	11月29日	帝国図書館長田中稲城退官，松本喜一帝国図書館司書官を兼任，館長事務取扱に就任		
	11月	図書館員教習所同窓会が芸艸会を組織		
	11月	東京市立図書館，市内の電車内などに図書館絵入り広告		
1922年(大正11)	1月10日	岡山図書館，岡山婦人読書会設立	2月25日	『旬刊朝日』創刊（4.2『週刊朝日』と改題）
	4月 1日	東京市立京橋図書館新築開館，開架式閲覧採用		
	4月20日	岩手県立図書館開館，5.1開館式（1921.10.10設立）	4月 2日	『サンデー毎日』創刊
	4月21日	JLA，第17回全国図書館大会開催，文部大臣諮問「図書館をして社会教化の中心たらしむるに適切なる方案如何」（東京・～4.25）	4月 9日	日本農民組合創立
			7月15日	日本共産党を非合法に結成
			9月24日	長野県下伊那郡自由青年連盟結成（全国に自主的青年運動活発化）
	4月	芸艸会『芸艸会会報』創刊 → 『芸艸会雑誌』（1923.4～） → 『図書館研究』（1924.7～）		
	7月13日	竹貫直人 没（1875年生，竹貫少年図書館）		
	10月 1日	埼玉県教育会立埼玉図書館開館（9.26開申） → 1924.4.1県立		
	10月 8日	第1回北陸四県有志図書館員事務打合会開催（富山市） → 1934.8.22北信五県図書館聯合会（北信五県図書館大会）		
	10月17日	和田万吉『図書館管理法大綱』刊（丙午出版社）		

年	月日	事項	月日	事項
	10月	東京市立深川図書館に図書館閲覧人の会設立		
	－ －	東洋大学文化学科に司書学を新設		
	－ －	大阪商工会議所（1879設立），図書室を一般公開		
1923年（大正12）	1月11日	帝国図書館長に松本喜一就任（〜1945.11.13）	1月	『アサヒグラフ』創刊
	1月31日	大阪府立図書館，外国特許公報の寄贈はじまる	2月2日	婦人参政権同盟成立
	4月1日	郡制廃止，郡立図書館は市町村立に転換，廃止	9月1日	関東大震災
	5月9日	公立図書館職員令改正（勅令第230号）	11月10日	国民精神作興に関する詔書発布
	6月25日	熊本県図書館協会発足 → 1932.5.20再発足		
	7月14日	埼玉県図書館協会設立 → 1949.11再発足		
	9月1日	関東大震災により東大附属，大橋など多数の図書館焼燼，焼失図書約120万冊		
	9月4日	東京市立日比谷図書館，震災に関する案内および質問の受付開始，9.20閲覧再開		
	9月22日	群馬県図書館協会発足 → 1952.7戦後再発足		
	10月10日	（長野）下伊那郡上郷村青年会上郷文庫開館 → 1941.7村立（飯田市立上郷）		
	11月1日	JLA，全国図書館週間を開始（以後毎秋実施，この年は震災のために関西以西地区で実施，〜11.6）		
	11月30日	朝鮮総督府図書館設立（1925.4開館）		
	12月16日	横浜市図書館，仮閲覧所で閲覧開始		
1924年（大正13）	2月10日	愛知県図書館協会設立 → 1950.6再発足	1月	『大阪毎日新聞』『大阪朝日新聞』ともに100万部を突破
	2月	田嶋恩，東京鋼鉄家具製作所を創設（日本ファイリング），この年特許田嶋式総鋼鉄製彎型書架1号を製作発売	4月15日	文政審議会設置
	3月28日	千葉県立図書館開館（3.8設立） ← 1892.6.15千葉県教育会附属書籍館	7月24日	森澤信夫・石井茂吉協力して邦文写真植字機を発明，特許を得る
	3月31日	帝国図書館，初めて女性職員を採用（中木美智枝，1925.3.31には河野不二を初の女性司書として採用）	10月	『朝日年鑑』刊行開始
	4月1日	埼玉県立埼玉図書館開館（3.10設立） ← 1922.10.1県教育会立		
	4月22日	JLA，第18回全国図書館大会開催，文部大臣諮問「国民思想善導ニ関シ図書館ノ採ルベキ最良方案如何」（福岡，長崎・〜4.27）		
	4月	長崎県図書館協会設立 → 1950.8県図書館協議会		
	5月14日	文部次官，各地方長官にあて副読本使用禁止を求める通牒を発す（発図第18号）		
	6月5日	帝国大学附属図書館協議会開催，帝国大学附属図書館協議会設立（東京・〜6.7） → 1948.9国立大学附属図書館協議会 → 1950.10国立七大学附属図書館協議会		
	9月28日	市立名古屋図書館開館式，10.1無料で閲覧開始（1916.9.20設立） → 1952.8.1名古屋市鶴舞		
	11月13日	全国専門高等学校図書館協議会発足 → 1927.11全国高等諸学校図書館協議会		
	11月19日	東洋文庫設立，12.1一般公開		
	11月20日	岡山県立図書館内に岡山県図書相談所を設置		
	11月	この頃から神戸市立図書館，「図書相談票」を置き，利用者の質問に答えた		
	12月22日	文部省普通学務局に社会教育課を設置		

年	月日	事項	月日	事項
	－ －	間宮商店，1924年型F-M式鉄枠書架を創案発売		
1925年(大正14)	2月22日	田中稲城　没（1856年生，東京図書館長，帝国図書館長）	1月 1日	『キング』創刊
	2月28日	大阪図書館協会発足　→　1952.7図書館協議会	1月10日	文政審議会，「学校における軍事教育訓練実施案」を答申
	3月28日	静岡県立葵文庫開式式，4.1一般閲覧開始（1922.11.17設立，調査室あり17歳以上に利用を認め室内は自由閲覧）　→　1970.4県立中央	2月20日	『理科年表』刊行開始
			4月22日	治安維持法公布
	5月20日	徳川頼倫　没（1872年生，南葵文庫創設，JLA初代総裁）	5月 1日	『家の光』創刊
			5月 5日	普選法公布
	6月26日	官庁図書館協議会成立	7月12日	ラジオ本放送開始
	7月10日	山形県図書館協会設立　→　1965.6.10再発足	12月14日	地方社会教育職員制公布（道府県に社会教育主事の配置）
	8月	天理外国語学校（天理大）内に天理図書館設置		
	11月	市立名古屋図書館，読書相談係設置		
1926年(大正15／昭和元)	1月 9日	文部省，図書認定規程公布（文部省令第2号）	4月 9日	治安維持法改正
	3月25日	東京市立日比谷図書館『児童読物』刊行開始	5月	文部大臣，高校・高専の学生の社会科学研究の禁止を通達
	3月	島根県図書館協会設立　→　1947.11再発足		
	4月	東京商業会議所（東京商工会議所）図書室を設置	8月 6日	日本放送協会設立
	6月15日	大橋図書館復興開館（児童室は開架）　→　1996.10.12(財)三康文化研究所附属三康図書館	11月11日	内務文部両大臣，初の女子青年団の組織化に関する訓令・通牒を発す
	9月 4日	松本喜一（帝国図書館長），欧米図書館管理法研究のため差遣（～1927.4.12）		
	11月18日	千葉県図書館協会結成　→　1957.7県公共図書館協会	12月 3日	改造社『現代日本文学全集』刊行開始（円本時代始まる）
	11月25日	北海道庁立図書館開館式，12.1閲覧開始（1924.3.29設立）　→　1951.4道立		
	11月28日	（広島）私立浅野図書館開館式，12.5一般閲覧開始　→　1931.10.1市に移管，広島市立浅野図書館発足	12月25日	天皇没，昭和と改元
1927年(昭和2)	2月	文部省，紀元節（2.11）に優良図書館24館を選び，奨励金を交付	3月15日	金融恐慌始まる
			4月	『日本化学総覧』刊行開始
	3月23日	青木精一ほか1名，衆議院（第52回帝国議会）に「図書館普及ニ関スル建議案」を提出（3.25採択）	7月10日	「岩波文庫」刊行開始
	5月 1日	愛媛県図書館協会設立　→　1950.5再発足		
	6月16日	岩手県図書館協会設立（1947.1再発足）　→　1954.5戦後再発足		
	11月10日	官立医科大学附属図書館協議会開催，官立医科大学附属図書館協議会発足（～11.11）　→　1929.5.10医科大学附属図書館協議会　→　1949.10.20日本医学図書館協議会　→　1954.10.18日本医学図書館協会　→（2003.11.20 NPO法人）		
	11月15日	青年図書館員聯盟設立，「宣言」を発表		
1928年(昭和3)	1月	青年図書館員聯盟『圕研究』創刊（季刊）	2月20日	第16回総選挙（初の普通選挙）
	3月 2日	文部次官，各地方長官にあて「御大礼記念事業勧奨ニ関スル件依命通牒」（発普第28号）を発する	3月15日	3.15事件
	3月 8日	神奈川県図書館協会設立　→　1947.3再発足	6月 4日	張作霖爆死事件
	3月31日	JLA，文部省から助成金500円交付（以後毎年交付）	6月29日	治安維持法改正（死刑・無期追加）
	4月15日	JLA年次総会，第2代理事長に松本喜一就任（～1939.8）	7月 3日	未設置の全県警察部に特高警察設置を公布
	4月29日	第1回関東北図書館大会開催，東北北海道図書館連盟成立（仙台・～4.30）	10月30日	文部省，思想善導機関「学生課」を新設

	7月	東京市立日比谷図書館『伝記資料索引』刊行開始（5冊，～1938.3）		
	9月1日	青森県立図書館開館（4.12設立）← 1907.5.1市立		
	9月6日	東京市立深川図書館新築開館，有料化，安全開架閲覧を採用，下足のまま入館が可能に（東京市内で初）		
	11月16日	宮城県図書館協会設立 → 1950.2再発足		
	12月1日	東京帝国大学附属図書館復興開館		
	12月3日	JLA，第22回全国図書館大会開催，文部大臣諮問「輓近我カ国ニ於ケル思想ノ趨向ニ鑑ミ図書館ニ於テ特ニ留意スヘキ事項如何」（京都・～12.7）		
	－ －	1928年から30年にかけて秋田県立，市立函館，山形県立などが郷土資料を編纂し『図書館叢書』を刊行		
1929年 (昭和4)	1月6日	鹿児島県立図書館，盲人文庫，盲人閲覧室を開設	4月16日	4.16事件
	1月	石川県図書館協会設立 → 1950.4.29再発足	7月1日	改正工場法施行（婦人・少年の深夜労働禁止）
	2月7日	JLA理事会，国際図書館協会（国際図書館連盟：IFLA）に加盟を決定	9月10日	文部大臣，教化総動員に関する訓令を発す
	4月1日	県立佐賀図書館発足 ← 1914.3.21私立佐賀	10月24日	ニューヨーク株式市場大暴落（暗黒の木曜日），世界恐慌はじまる
	5月2日	伊東平蔵 没（1856年生，横浜市立図書館館長）	11月21日	大蔵省，金解禁に関する省令を公布
	5月11日	JLA，第23回全国図書館大会開催，文部大臣諮問「労働者教育ニ関シ図書館トシテ施設スヘキ事項如何」（東京・～5.13）	12月26日	憲兵司令部，思想研究班を編成
	7月1日	文部省官制改正，社会教育局設置（図書館に関する事務，図書認定および推薦に関する事項などを所掌）		
	8月25日	森清編『日本十進分類法』刊（訂正増補第2版：1931.6.10，訂正増補第3版：1935.7.15，訂正増補第4版：1939.1.1，訂正増補第5版：1942.1.1，以上間宮商店，抄録第6版：1947.2.25，明和書院，改訂増補第7版：1947.9.15，増補再版第8版：1949.3.1，以上宝塚文芸図書館）		
	9月4日	県立長野図書館開館（2.7設立）← 1907.5私立信濃		
	10月14日	福島県立図書館開館，10.15閲覧開始（2.11設立）← 1908.9.15市立		
	11月1日	東京市立京橋図書館新築開館，安全開架式閲覧を採用，実業図書室を兼ねた参考部を設ける		
1930年 (昭和5)	4月2日	文部次官，各地方長官にあて「教化振興方ニ関スル件」通牒（発社第73号）	1月11日	金輸出解禁実施（金本位制に復帰）
	5月10日	JLA，第24回全国図書館大会開催，文部大臣諮問「図書館ト学校トノ連絡ニ関スル最適ナル方法如何」（東京・～5.12）	4月22日	ロンドン（海軍軍縮）条約に調印
	6月16日	東京私立大学図書館協議会結成 → 1943.5私立大学図書館協会	－ －	昭和恐慌
	8月10日	加藤宗厚編『日本件名標目表』刊（改訂第2版：青年図書館員聯盟編，1944.6.20，間宮商店，改訂版1949：1949.7.15，青年図書館員聯盟）		
	9月1日	文部省，図書推薦規程公布（文部省令第22号）		
	11月4日	JLA，社団法人の設立認可		
1931年 (昭和6)	3月9日	石川県図書館協会（中田邦造），読書学級開始	7月1日	文部省学生思想問題調査委員会設置
	4月1日	山梨県立図書館開館（3.11設立）← 1900.10.21山梨県教育会附属	9月18日	満州事変始まる

	4月 1日	東京市立図書館処務規程改正，市立全館が市教育局長の直接監督下に置かれ，後に児童の閲覧料有料化（1936.5本所），公開書架の非公開化（1937.4四谷）などサービスが後退		11月25日	『大百科事典』刊（〜1935.10，28巻，平凡社）
				12月13日	金輸出再禁止
	4月 1日	大分県立大分図書館設立　←　1904.10.27福沢記念		－ －	労働組合の組織率7.9%，戦前の最高
	4月 2日	帝国図書館長松本喜一，御進講「図書館の使命」			
	5月27日	公立図書館職員令改正（勅令第118号）			
	7月19日	県立鳥取図書館開館（1929.8.10設立）　←　1918.4市立			
	10月 6日	帝国図書館主催全道府県図書館長会議開催，10.7中央図書館長協会設立（1943.5.19解散）（〜10.7）			
	10月 9日	JLA，第25回全国図書館大会開催，文部大臣諮問「図書館ノ附帯事業トシテ適当ナル社会教育施設如何」（金沢・〜10.11）			
	11月 6日	兵庫県図書館協会発足　→　1949.7再発足			
	11月29日	富山県図書館協会設立			
1932年 (昭和7)	4月 8日	文部次官，各地方長官にあて「社会教育振興ニ関スル件」（発社第51号）を発す		1月28日	上海事変
				3月 1日	満州国成立
	4月	JLA，「和漢図書目録法」を『図書館雑誌』（26-4）に発表		5月15日	5.15事件
				7月31日	ドイツ総選挙でナチス第1党となる
	5月11日	JLA，第26回全国図書館大会開催，文部大臣諮問「図書館相互ノ連絡上最モ適当ナル法案如何」（東京・〜5.13）		10月 5日	農林省，農山漁村経済更正計画助成規則を公布
	5月23日	佐賀県図書館協会結成　→　1967.4県公共図書館協議会		10月28日	大槻文彦『大言海』刊（〜1937.11.3，4巻・別巻，冨山房）
	5月27日	文部省社会教育局長，各地方長官にあて「社会教育委員設置ノ趣旨徹底方ノ件」（発社第87号）を発す			
	8月 5日	南満洲鉄道『全満二四図書館共通満洲関係和漢書件名目録』刊（右文閣）			
	8月13日	秋田県図書館協会設立　→　1951.5再発足			
	11月 2日	岐阜県図書館連盟結成　→　1952.10協会再発足（1971.4再々編成）			
	11月11日	静岡県図書館協会設立　→　1951.6再建			
1933年 (昭和8)	2月28日	千葉県図書館協会編『和漢洋図書分類表』刊（宝文堂書店）		2月 4日	長野県で教員などの一斉検挙始まる（長野県教員赤化事件）
	4月 2日	JLA，第1回図書館記念日実施			
	4月12日	台湾愛書会発足		3月27日	日本，国際連盟脱退を通告
	5月11日	JLA，第27回全国図書館大会開催，文部大臣諮問「非常時局ニ際シ特ニ留意スヘキ事項如何」，また「非常時局ニ際シ図書館員奮励宣言」緊急決議を可決（名古屋・〜5.13）		4月22日	滝川事件
				10月14日	ドイツ，国際連盟脱退を通告
	7月 1日	図書館令改正（勅令第175号）および公立図書館職員令改正公布（勅令第176号）			
	7月26日	図書館令施行規則公布（省令第14号）			
	9月14日	「送回書庫」の鉄道運賃半額に（鉄道省告示第416号）			
	11月 1日	JLA，第1回図書祭実施（東京出版協会，全国書籍商組合連合会共催）			
	11月16日	西村竹間　没（1850年生，帝国図書館）			
	11月20日	天野敬太郎編『本邦書誌ノ書誌』刊（間宮商店）			

年	月日	図書館関連事項	月日	一般事項
1934年 (昭和9)	1月12日	(香川) 丸亀市議会において社会科学系の本 (河上肇ほか) に関し市立図書館館長が追及される	3月	『国民百科大辞典』刊 (〜1937, 冨山房)
	1月25日	福岡県,「図書館令施行細則」公布 (県令第3号) (改正図書館令公布後最初の「細則」)	5月2日	出版法改正および著作権法改正公布
	1月	中田邦造と松尾友雄,『図書館雑誌』誌上で「附帯施設論争」(〜4月号)	6月1日	文部省, 学生部を拡張して思想局を設置
	2月21日	JLA, 図書館社会教育調査委員会を設置		
	3月31日	東京市立駿河台図書館『調査資料』刊行開始 (〜第6, 1941.3)		
	4月1日	香川県立図書館開館 (3.31設立) ← 1905.2.10香川県教育会		
	5月2日	文部次官通牒「図書館令及同施行規則並公立図書館職員令改正ニ付実施上ニ関スル注意事項」(発社第22号) を各地方長官あてに発す		
	5月7日	第1回中央図書館長会議開催 (〜5.8)		
	5月16日	宮城県図書館協会設立		
	6月20日	文部省主催, 良書普及協議会開催		
	7月	山梨県図書館協会発足 → 1951.12再発足		
	10月29日	文部省主催, 第1回読書指導講習会開催 (仙台, 名古屋・〜11.1)		
	11月21日	和田万吉 没 (1865年生, 東京帝国大学図書館館長)		
	11月	福島県図書館協会結成 → 1950.11県公共図書館協会		
1935年 (昭和10)	3月7日	JLA, 第28回全国図書館大会決議による公共図書館費国庫補助法制定請願の件, 貴衆両院に請願書を提出, 3.25本会議で可決	2月18日	美濃部達吉の天皇機関説問題起こる
	3月15日	香川県図書館協会設立 → 1949.10再結成	4月1日	青年学校令公布, 全国に青年学校を設置
	4月11日	(長野) 上伊那図書館に伊奈警察署特高係官来館, 美濃部達吉の著書を差押え	4月10日	文部省, 各学校に対して国体明徴に関する訓令を発する
	4月20日	岡山県図書館協会設立 → 1951.10再発足		
	8月15日	愛媛県立図書館開館 (4.1設立) ← 1903.10.14愛媛県教育会記念	11月18日	文部省に教育学刷新評議会設置
	8月31日	「貨物運送規則」改正 (鉄道省告示第339号) (官公立図書館など貨物便による貸出文庫運賃が3割減, 10.1施行)		
	10月15日	岩橋武夫, 大阪に日本ライトハウス開設, 点字図書の出版, 無料貸出などを行う		
1936年 (昭和11)	2月21日	太田為三郎 没 (1864年生, 東京図書館, 帝国図書館)	2月26日	2.26事件
	5月14日	私立図書館懇話会発足	3月24日	全国のメーデー禁止を通達
	5月	青年図書館員聯盟,「日本図書目録法案」を発表	5月29日	思想犯保護観察法公布
	9月25日	新潟県図書館協会成立 → 1958.4再発足	6月15日	不穏文書臨時取締法公布
	10月7日	鳥取県図書館協会発足 → 1990.12再発足	11月25日	日独防共協定成立
	10月30日	公立図書館司書検定試験規程公布 (文部省令第18号) (1937.2.22〜25, 第1回試験実施) → 1943.3.26改正		
	11月23日	村島靖雄 没 (1885年生, 帝国図書館司書官)		
1937年 (昭和12)	1月1日	朝鮮読書連盟設立	3月	『日本読書新聞』創刊
	1月26日	(青森) 弘前市立図書館に憲兵隊が閲覧調査に来館	5月26日	文教審議会設置 (12月廃止)
	2月18日	東京市児童読物研究会設立 (東京市立図書館)	5月31日	文部省『国体の本義』刊
	4月25日	日本大学図書館, 一般に公開	7月7日	日中戦争始まる

	4月	大分県図書館協会発足		7月21日	文部省,思想局を拡充,教学局を設置
	4月	『小学校国語読本』巻9第17に「図書館」の一課挿入			
	5月	福井県図書館協会結成　→　1950.10再結成		8月24日	閣議,国民精神総動員実施要綱を決定
	6月5日	JLA,「図書館社会教育調査委員会報告」を発表(『図書館雑誌』31-9)		9月25日	内閣情報部を設置
	6月5日	岐阜県立岐阜図書館開館式,6.10一般公開(1934.3.28設立)　←　1909.10.13県教育会		12月10日	教育審議会設置
	9月10日	文部省,JLAに「国民精神総動員ニ関スル件」通牒			
	9月18日	「図書館記念日」が「国民教化運動ニ関スル宣伝実施基本計画」に「採択」される			
	11月1日	三重県立図書館閲覧開始(1.16設立)			
	11月	図書館週間行事の童話会,軍国童話会,愛国童話会などと戦時色が濃くなる			
	11月	五大都市市立図書館長会議結成			
1938年(昭和13)	3月31日	文部省,中央図書館14館に対し奨励金500円を交付		4月1日	国家総動員法公布
	3月	広島県図書館協会発足		6月9日	勤労動員はじまる
	5月10日	JLA,第32回全国図書館大会開催,文部大臣諮問「国民精神総動員ノ徹底ヲタメノ図書館ノ採ルヘキ具体的方策如何」(東京・～5.12)		10月5日	河合栄治郎事件
				10月	内務省,「児童読物改善ニ関スル指示要綱」
	9月16日	文部大臣,道府県中央図書館を有する地方長官に対し国民精神総動員文庫用350円交付		11月3日	近衛首相,東亜新秩序建設の声明
	11月1日	大橋図書館,図書予約閲覧の制度を設ける		11月7日	国民精神作興週間開始
				11月20日	「岩波新書」刊行開始
1939年(昭和14)	5月9日	東京市主催全国市立図書館大会開催		3月30日	大学の軍事教練,必修科目となる
	6月	文部省,児童読物の推薦を始める			
	7月12日	「文部省推薦図書ノ周知徹底方ニ関スル件」(発社第233号),各地方庁へ社会教育局長通牒		4月5日	映画法公布
				4月12日	米穀配給統制法公布
	9月18日	文部省主催中央図書館司書講習会開催(長野県菅平・～9.23)		5月12日	ノモンハン事件
				5月22日	青少年学徒に勅語
	9月21日	浪江虔,(東京)南多摩郡鶴川村に私立南多摩農村図書館仮開館　→　1968.1私立鶴川(1989.9閉館)		7月8日	国民徴用令公布
				9月1日	第2次世界大戦始まる
	9月	東京市図書館研究会発足			
	11月8日	JLA,文部省の指示により従来の全国図書館週間を読書普及運動の名で実施(～11.12)			
1940年(昭和15)	1月15日	中央図書館司書会結成		5月17日	閣議,内閣に新聞雑誌用紙統制委員会の設置決定
	3月2日	石川県図書推薦委員会,1940年度「甲種図書群目録」を決定			
	3月18日	今井貫一　没(1870年生,大阪府立図書館初代館長)		6月24日	近衛文麿,新体制運動推進の決意を表明
	5月	三重県図書館協会発足　→　1952.6再発足		9月11日	内務省,部落会,町内会などの設置要領を府県に通達
	7月18日	東京市,各図書館長にあて「左翼出版物ニ関スル件」通達			
	9月7日	JLA理事会,全国図書館大会中止を決定		9月27日	日独伊3国同盟調印
	9月27日	長野県図書館協会発足　→　1950.12再発足		10月12日	大政翼賛会発足
	10月22日	文部省主催中央図書館司書講習研究会開催(成田市・～10.26)		11月23日	大日本産業報国会成立
				12月6日	情報局官制公布
	10月	文部省通牒により,帝国大学附属図書館協議会など会合を中止		12月19日	出版諸団体解散し,日本出版文化協会設立
	11月10日	本間一夫,日本盲人図書館設立　→　1948.4日本点字図書館			

	11月30日	富山県立図書館開館式，12.2閲覧開始（2.11設立）		
1941年(昭和16)	1月26日	沖縄県図書館協会設立　→　1973.4再発足	1月16日	大日本青少年団結成
	3月18日	JLA，（全国図書館大会に代えて）第1回全国図書館綜合協議会を開催（東京・～3.19）	3月 1日	国民学校令公布
			5月 5日	日本出版配給（株）成立
	4月 2日	同志社大学図書館学研究会結成，講習会実施（～4.5）　→　1952.4同志社大学図書館学会	6月16日	教育審議会「社会教育ニ関スル件」答申
	5月10日	JLA，滋賀支部を設置	7月21日	文部省『臣民の道』刊
	11月 3日	日本出版文化協会，第1回推薦図書を発表(以後毎月)	10月18日	東条内閣成立
		JLA，香川支部を設置	12月 8日	太平洋戦争始まる
	11月29日	県立山口図書館，時局に利用しがたい図書約3万冊を廃棄	12月19日	言論出版集会結社等臨時取締法公布
	11月			
1942年(昭和17)	3月17日	文部省主催道府県中央図書館貸出文庫研究協議会開催（和歌山・～3.19）	2月 2日	大日本婦人会発足
			4月18日	米陸軍機，東京，名古屋，大阪などを初空襲
	3月24日	文部省機構改革，図書館は文化施設課所管に		
	5月19日	JLA，第1回部会綜合協議会を開催，文部大臣諮問「大東亜共栄圏建設ニ即応スベキ国民読書指導ノ方策如何」などを協議（東京・～5.20）	12月23日	大日本言論報国会発足
	7月 2日	新刊図書の公共図書館への優先配給実施を決定（新刊図書優先配給要綱），1943.2配給を開始		
	9月25日	文部省主催，読書会指導に関する研究協議会開催（金沢・～9.27），JLA・文部省共編『読書会指導要綱』刊		
	11月 1日	文部省社会教育局廃止，図書館は教化局の所管に		
	11月	帝国大学附属図書館協議会，「帝国大学附属図書館協議会制定和漢書目録規則　第1編」発表		
1943年(昭和18)	2月	湯浅吉郎　没（1858年生，京都府立図書館長）	1月21日	大学令，高等学校令改正
	3月10日	青年図書館員聯盟編『日本目録規則"NCR"昭和17年（1942）』刊（間宮商店）	2月18日	出版事業令公布，3.11日本出版会設立
	3月26日	公立図書館司書検定試験規程改正（文部省令第14号）	6月25日	「学徒戦時動員体制確立要綱」を決定（勤労動員を徹底）
	6月20日	滋賀県立図書館開館（1942.5.12設立）		
	6月22日	青年図書館員聯盟理事会，解散を宣言（1943.9日本図書館研究会の名称で例会を継続）　→　1944.7.16解散式	9月23日	閣議，国内必勝勤労対策決定（17種の男子就業禁止）
	10月 4日	波多野賢一　没（1896年生，東京市立日比谷，駿河台図書館長）	12月11日	出版社整備され195社残存
			12月24日	徴兵適齢臨時特令公布
	11月20日	満州開拓読書協会発足		
	11月	帝国図書館，貴重書などを長野県立図書館に疎開(以降1944.5，1944.8にも)		
1944年(昭和19)	4月21日	市島謙吉　没（1860年生，早稲田大学図書館長）	1月29日	『中央公論』『改造』の編集者検挙，1945.4～6にかけて多数の言論知識人が検挙される（横浜事件）
	4月30日	JLA臨時総会，（財）大日本図書館協会に改組することを議決　→　1945.3.15認可		
	4月	東京都立図書館28館中13館が休館		
	4月	大阪市立阿波座，御蔵跡，城東，西野田の各館を教育局から社会局に移管して戦時託児所に転用	7月10日	情報局，中央公論社，改造社に自発的廃業を指示，両社月末に解散
	5月	京都帝国大学附属図書館，参考事務のため「文献調査掛」を置く	8月23日	女子挺身勤労令公布
	7月	豊橋市立，西宮，8.-埼玉県立，長野県立，9.-成田図書館などで『日本地理風俗体系』等が憲兵隊，警察署から防諜上の理由につき閲覧禁止，没収	8月23日	学徒勤労令公布
			11月24日	B29，東京初空襲

	8月10日	東京帝国大学附属図書館蔵書，山梨県へ疎開（1945.6第2次）			
	9月	『図書館雑誌』(38-5) 休刊 → 1946.6復刊 (40-1)			
	12月21日	岡田健蔵　没（1883年生，市立函館図書館長）			
1945年 (昭和20)	1月	鹿児島県立，4.-市立小樽，長崎県立，5.-前橋市立図書館などが軍関係の施設に転用	3月 9日	B29，東京を大空襲（～3.10），23万戸焼失
	3月 9日	東京大空襲で都立両国・浅草・本所などの各館焼失	3月13日	大阪空襲，13万戸焼失
	3月13日	大阪大空襲で大阪市立育英・今宮などの各館焼失	8月 6日	広島に，8.9長崎に原爆投下
	3月15日	大日本図書館協会，財団法人改組認可，元文部大臣岡部長景が会長に就任，大日本教化報国会の一部として統制を受ける	8月15日	天皇，戦争終結の詔書を放送，第2次世界大戦終わる
	3月	都立日比谷図書館，民間重要図書の買い上げ，疎開開始	9月10日	GHQ，言論及び新聞の自由に関する覚書，検閲開始
	5月25日	空襲により（東京）日比谷，淀橋などの各館全焼	9月15日	文部省「新日本建設の教育方針」発表
	7月	空襲により青森，宮城，岐阜，香川，高知県立，8月には茨城県立など多数の図書館焼失	10月22日	GHQ，「日本教育制度に対する管理政策」を指令
	8月 6日	広島市に原爆投下，広島市立浅野図書館全焼	10月24日	国際連合成立
	8月 9日	長崎市に原爆投下，県立長崎図書館本館庁舎罹災	10月25日	文部省社会教育局設置
	10月 1日	県立山口図書館，占領軍司令による指示で図書廃棄開始，翌年末までに1万4千冊を廃棄	12月 4日	女子教育刷新要綱を閣議決定
	10月10日	島文次郎　没（1871年生，京都帝国大学図書館長）	12月17日	衆議院議員選挙法改正公布（婦人参政権など）
	10月	和歌山，愛媛，11.-宮城，山形，1946.8山梨県立などの図書館が，アメリカ軍政部に館舎を接収される	12月22日	労働組合法公布
	11月13日	松本喜一　没（1881年生，帝国図書館長）	12月29日	第1次農地改革
	11月15日	東京にCIE図書館開館（以降，全国23か所に開設，1952.5.10アメリカ文化センター）	12月31日	GHQ，修身・日本歴史・地理の授業停止を命令
	12月 9日	法政大学図書館，一般市民を対象に日曜開館実施（有料，～1952.6）		
1946年 (昭和21)	2月	キーニー，CIE図書館担当官に着任 → 1947.5.2解任，帰国	1月 1日	天皇神格否定宣言
	3月15日	図書館における図書，出版物閲覧禁止解除に関する件，文部省局長通達	1月 1日	『世界』(岩波書店)，『展望』(筑摩書房) 創刊
	3月17日	GHQ指令，宣伝刊行物を没収，以降追加覚書により没収	1月 4日	GHQ，軍国主義者公職追放
	3月23日	植松安　没（1885年生，東京帝国大学図書館司書官）	2月28日	公職追放令公布施行
	4月 1日	公立図書館職員令改正（勅令第214号）	3月 5日	第1次米国教育使節団来日，3.31報告書提出，4.7発表
	4月20日	大日本図書館協会理事会，衛藤利夫が理事長兼事務局長に就任	4月10日	新選挙法による総選挙実施
	4月	「日本に対する統一ある図書館組織」(キーニー・プラン) 発表	5月 1日	戦後第1回メーデー
	6月25日	文部省，全国都道府県中央図書館長会議を開催（～6.26）	7月	公民館の設置運営について（文部次官通達）
	7月12日	私立大学図書館協会再出発，第7回総会開催（高野山大学・～7.13）	11月 3日	日本国憲法公布
	8月30日	文部省社会教育局長，各地方長官・中央図書館長宛てに「出版物没収ニ関スル件」	12月27日	教育刷新委員会，義務教育の9年制，教育委員会の設置などを建議
	10月 9日	同志社大学に図書館学講習所開設		
	10月15日	大日本図書館協会，理事会，財団法人としての協会を解散することを議決		

	11月 1日 栃木県立図書館開館（10.19設立）	
	11月23日 日本図書館研究会設立，1947.5『図書館界』創刊	
	12月 5日 島根県立松江図書館落成式（7.22設立）← 1899. 10.8私立松江（1919.11.24松江市立）	
	12月12日 東京図書館員連盟発足	
	12月 大日本図書館協会，図書斡旋配給事業を開始	
1947年 (昭和22)	1月30日 日本図書館協会，社団法人の定款を決定（8.-認可），創立総会に代える	1月31日 マッカーサー，2.1スト中止指令
	4月17日 地方自治法公布（法律第67号），同法の施行にともない地方議会に図書室の設置が義務づけられる	3月31日 教育基本法・学校教育法公布
	4月30日 国会図書館法公布（法律第84号）（5.3施行，1948.2.9廃止）	4月 1日 新学制による小学校，中学校が発足
	5月 5日 （岡山）金光図書館開館（1943.9.8設立）	4月 5日 第1回統一地方選挙
	5月15日 帝国図書館附属図書館職員養成所開校，12.4国立図書館附属 → 1949.4.1文部省図書館職員養成所	4月 7日 労働基準法公布
	5月24日 鹿児島県図書館協会発足 → 1952.8再発足	4月14日 独占禁止法公布
	5月30日 東北地方大学高等専門学校図書館協議会発足 → 1953.11東北地区大学図書館協議会	4月17日 地方自治法公布
		5月 3日 日本国憲法および地方自治法施行
	9月 3日 JLA，戦後第1回定期総会開催，理事長に衛藤利夫就任	6月 8日 日本教職員組合（日教組）結成
	10月27日 文部省主催図書館講習会開催（鶴岡市・〜10.31，別府市・11.21〜25）	7月 8日 大学基準協会創立
		10月21日 国家公務員法公布
	11月17日 JLA，戦後第1回の読書週間を実施（〜11.23）	11月11日 文部省，視学制度の廃止と指導主事の設置を通達
	11月20日 京都図書館協会発足	
	12月 4日 帝国図書館を国立図書館と改称	12月12日 児童福祉法公布
	12月14日 米国図書館使節クラップおよびブラウン来日（〜1948.1.6），12.17覚書を発表	12月22日 改正民法公布
1948年 (昭和23)	1月13日 大学基準協会，大学図書館基準作成のための図書館研究委員会関西地区委員会設置（東京地区：1.27，いずれも1951.9.25廃止）	3月25日 文部省，キリスト教系，女子系を中心に公私立12新制大学を認可
	2月 9日 国立国会図書館法公布（法律第5号），同日施行	6月19日 衆参両院，教育勅語などの失効を確認
	2月25日 金森徳次郎，国立国会図書館（NDL）館長に就任（〜1959.5.2）	6月22日 文部省1府県に1大学の設置など，国立大学設置の11原則を発表
	3月 9日 京都大学内に京都図書館学校設置認可（〜1949.3）	
	4月 9日 教育刷新委員会第64回総会で「社会教育振興方策案」の審議，修正の上採択	7月10日 日本学術会議法公布
	4月16日 中井正一，NDL副館長に就任（〜1952.5.18）	7月15日 教育委員会法公布
	4月28日 近畿図書館員組合第1回総会を開催，「公共図書館法制定に関する要求」決議	7月 『現代用語の基礎知識』刊行開始
	5月21日 JLA，「公共図書館法制定促進」に関する進言書を文部大臣に提出	11月30日 国家公務員法改正公布（人事院設置）
	6月 5日 国立国会図書館開館式，6.7一般公開	
	6月14日 JLA，戦後初の第34回全国図書館大会を開催（東京・〜6.25）	
	7月 1日 NDL，支部図書館設置，8.25には行政・司法支部図書館18館設置	
	7月 1日 高知県立図書館，BM開設	
	7月 7日 NDL顧問ダウンズ来日，9.11報告書提出	

	7月20日	神戸市立図書館,読書相談部テレフォンサービス開始			
	7月24日	文部省,学校図書館協議会を設置			
	9月27日	JLA,第1回公共図書館法委員会開催(〜9.28)			
	9月	NDL『雑誌記事索引 人文科学編』創刊(「人文・社会編」1965.1〜),1950.1『自然科学編』創刊(「科学技術編」1965.1〜) → 1996.5以降CD-ROM版			
	11月3日	JLA,「公共図書館法案-日本図書館協会」文部省に提出			
	12月15日	文部省『学校図書館の手引』刊(師範学校教科書)			
1949年 (昭和24)	1月15日	JLA,図書館法制定促進のため「図書館デー」を全国一斉に実施	1月12日	教育公務員特例法公布	
	2月15日	文部省,学校図書館の充実と『学校図書館の手引』趣旨の徹底のため学校図書館講習会議会を開催(東日本:千葉県鴨川町・〜2.17,西日本:天理図書館・3.2〜3.4)	1月	『世界年鑑』および『読売年鑑』刊行開始	
			3月7日	ドッジライン発表	
			3月29日	日本出版配給解体(9.19東京出版販売(現トーハン)および日本出版販売など設立)	
	4月1日	国立図書館,NDL支部上野図書館となる			
	4月23日	関西大学図書館学講習所開校,第1回講習(〜11.12)			
	5月31日	文部省設置法公布(社会教育施設課が図書館を所管)	4月4日	団体等規正令公布	
	5月31日	図書館職員養成所規程公布(文部省令第20号)	4月12日	大学基準協会,大学院基準制定	
	6月6日	国立国会図書館法改正(法律第194号)(民間出版物の代償金制度,地方公共団体出版物の納本制度新設など,7.1施行)	5月3日	教職員免許法公布	
			5月31日	国立学校設置法公布	
	6月9日	JLA事務局長に有山崧就任(〜1966.3.31)	6月1日	日本工業規格(JIS)制定	
	6月23日	NDL,印刷カード作成開始(1950.12頒布) → 1998.3作成・頒布事業終了	6月10日	社会教育法公布	
			6月	『図書新聞』創刊	
	6月27日	IFEL(教育指導者講習会),図書館運営者に関する講習開催(東京学芸大・〜7.9)	7月5日	下山事件,7.15三鷹事件,8.17松川事件	
	7月28日	東京都図書館協会設立	8月26日	シャウプ,税制改革について日本政府に勧告	
	8月5日	学校図書館協議会,「学校図書館基準」を文部大臣に上申			
	9月14日	千葉県立図書館,訪問図書館(BM)「ひかり1号」巡回開始(個人貸出,1人1冊1期間5円)	12月15日	私立学校法公布	
			12月20日	日本著作権協議会結成	
	9月20日	東京都学校図書館協議会設立	12月26日	身体障害者福祉法公布	
	9月25日	高知市立市民図書館開館	− −	労働組合,組織率戦後最高55.8%	
	11月8日	全国学校図書館連絡協議会開催,全国組織結成促進を決議(東京・〜11.10)			
	11月10日	広島県公立図書館協議会結成 → 1952.2県公共図書館協会			
	12月13日	近畿図書館協会連絡協議会発足			
1950年 (昭和25)	2月27日	全国学校図書館協議会(全国SLA)結成,第1回学校図書館研究大会開催(〜3.1)	3月15日	原子兵器の絶対禁止を求めるストックホルム=アピール発表	
	3月18日	UDC研究会発足 → 1958.9日本ドクメンテーション協会 → 1986.6情報科学技術協会	5月19日	岡山県議会,青少年保護育成のための初のエロ本取締条例を可決	
	3月20日	NDL官庁図書館研究会設立,1950.4『びぶろす』創刊			
	4月1日	福井県立図書館開館(3.29設立) ← 1908.8.7市立	6月25日	朝鮮戦争起こる	
	4月1日	東洋大学,図書館学講座開講 → 1959.4社会学部応用社会学科に図書館学専攻設置 → 2000.4メディアコミュニケーション学科	7月11日	日本労働組合総評議会(総評)結成	

	4月25日	大学基準協会，図書館員養成課程基準制定　→　1953.4.21改訂		7月24日	レッドパージ始まる
	4月30日	図書館法公布（法律第118号）（7.30施行，第17条を除く）		7月	東京通信工業，日本初のテープレコーダーを発売
	5月	（大阪）豊中市立図書館，「動く図書館」（BM）巡回開始（1951.10個人貸出開始）		9月22日	第2次米国教育使節団報告書提出（9.30発表）
	6月17日	大学図書館東海地区協議会設立　→　1952.10東海地区大学図書館協議会		10月17日	文部省，学校の祝日行事に国旗掲揚，君が代斉唱を通達
	6月26日	竹内善作　没（1855年生，東京市立日比谷図書館）		12月13日	地方公務員法公布
	7月15日	森清原編，JLA分類委員会改訂『日本十進分類法』（新訂第6版第1分冊）刊（第2分冊1950.12.25，新訂6-A版：1951.7.15，新訂第7版：1961.4.15，新訂第8版：1978.5.5，新訂第9版，1995.8.25，新訂10版，2014.12.25，JLA）			
	7月25日	徳島県立図書館，「文化バス」（BM）巡回開始　→　1955.4.1「やまなみ」と改称			
	8月29日	東京都立図書館廃止，9.30都立31館を各区に委譲			
	9月6日	図書館法施行規則公布（文部省令第27号）			
	9月18日	IFEL，第1回図書館学科開講（東京学芸大学・～12.8）			
	9月20日	図書館法施行令公布（政令第293号）			
	9月20日	信州大学教育学部附属長野小学校PTA，長野県立図書館によるPTA母親文庫の利用開始			
	9月	文部省「司書および司書補の職務内容」（文社施第370号）を通牒（文部事務次官）　→　1998.12廃止			
	9月	全国SLA『学校図書館』創刊			
	10月30日	福岡県図書館協会結成　→　1953.3各館種別協議会			
	11月20日	JLA，図書館法実施運用のため，中国四国地区図書館ワーク・ショップを開催（岡山・～11.25，以降各地で開催）			
	11月20日	福島県公共図書館協会結成　←　1950.3県図書館協会			
	11月27日	九州地区大学図書館協議会設立			
	12月5日	映画『格子なき図書館』（日本映画社）発表			
	12月28日	JLA，事務局をNDL支部上野図書館内に移転			
1951年（昭和26）	2月5日	全国SLA，図書選定委員設置，図書選定を開始		4月16日	マッカーサー罷免，帰国
	2月28日	人事院，公務員「司書」の「職種及び職級」について公示（人事院公示第18号）		4月20日	出版ニュース社『出版年鑑』刊行開始
	4月1日	図書館法第17条施行（入館料無料化）		5月5日	児童憲章制定
	4月1日	慶應義塾大学文学部に図書館学科（大学課程）を開設（Japan Library School）　→　1968.4図書館・情報学科　→　2000.4人文社会学科図書館・情報学系図書館・情報学専攻		6月16日	日本新聞学会創立
				6月21日	ユネスコ，日本の加盟正式承認
	4月1日	東京大学図書館学講座を開設		9月1日	ラジオの民間放送開始
	4月26日	愛知県移動図書館開設（設立1950.12.7），6.-巡回開始　→　1959.4.5愛知県文化会館愛知図書館		9月8日	サンフランシスコ講和条約・日米安全保障条約調印
	4月	高知市立市民図書館，BM開設		12月1日	博物館法公布
	5月26日	東京大学図書館学会発足			
	6月7日	文部省図書館専門職員養成講習指導者講習会開催（東大・～7.30）			

	7月11日	文部省図書館専門職員養成講習第1回指導者講習会を東北大・東大・京大・名大・九大で開講（〜9.10, 以後1955まで全国各地の大学で開講）			
	7月	文部省大学学術局に国立大学図書館改善研究会を設け研究を開始			
	10月 8日	全国SLA, 学校図書館振興対策協議会開催, 司書教諭養成の問題を検討			
	11月 3日	広島県立児童図書館設立　→　1954.4.1県立			
	11月10日	青森県図書館協会成立			
	− −	東京都公立図書館長協議会（東公図）発足			
1952年（昭和27）	2月14日	JLA常務理事会, 国際図書館連盟（IFLA）への再加盟を決定	2月28日	日米行政協定調印	
	3月 8日	金森好子, 郡山の自宅に（財）クローバー子供図書館設立　→　（財）金森和心会	4月28日	対日平和条約, 日米安全保障条約発効	
	3月20日	図書館職員養成所第3回卒業生有志による「50ねん会」発足	5月 1日	血のメーデー事件	
	3月28日	専門図書館協議会設立	5月17日	日本子どもをまもる会結成	
	4月 1日	栃木県公共図書館連絡協議会発足　→　1967.4公共図書館協会	6月 6日	中央教育審議会（中教審）設置	
	4月 6日	宮崎県図書館協会発足	7月21日	破壊活動防止法公布	
	5月18日	中井正一　没（1900年生, NDL副館長）	7月31日	保安庁法公布, 8.1警察予備隊を保安隊に改組	
	5月23日	国公立大学図書館協議会結成			
	6月12日	図書館法一部改正（法律第185号）	8月13日	日本, IMF（国際通貨基金）・世界銀行に加盟	
	6月17日	大学基準協会, 大学図書館基準を決定			
	7月 3日	北海道図書館協会設立	11月 1日	市町村教育委員会, 全国一斉に発足	
	7月31日	図書館法一部改正（法律第270号）			
	7月	鹿児島県立図書館, 農業文庫設置, 配本開始			
	8月14日	図書館法一部改正（法律第305号）			
	8月14日	文部省,「学校図書館の育成指導について」通達			
	8月	JLA,『図書館雑誌』（46-8）で,「図書館の中立について」の誌上討論を提案			
	9月	慶應義塾図書館, レファレンスルーム新設			
	11月26日	国立大学図書館改善研究委員会,「国立大学図書館改善要項及びその解説」を発表（1953.1通達）			
	11月30日	埼玉県公共図書館大会開催, 12.5埼玉県公共図書館協議会,「日本図書館憲章（仮称）制定促進について」JLAへ申し入れ（浦和・〜11.31）			
	12月 5日	JLA『図書館ハンドブック』刊（改訂版：1960.2.20, 増訂版：1960.7.20, 第4版：1977.3.25, 第5版：1990.4.30, 第6版：2005.5.25）			
1953年（昭和28）	1月10日	大阪公共図書館協会発足	2月 1日	NHKテレビ本放送開始	
	1月20日	JLA『日本の公共図書館』刊　→　『日本の図書館』（1954〜）	3月14日	吉田内閣不信任案衆議院可決, 衆議院解散	
	1月25日	JLA『日本目録規則　1952年版』刊（1965年版：1965.5.25, 新版予備：1977.12.6, 1987年版：1987.9.21, 1987年版改訂版：1994.4.5, 1987年版改訂2版：2001.8.10, 1987年版改訂3版：2006.6.20）	7月 5日	文部省『学術雑誌総合目録』刊行開始	
			7月 8日	文部省,「教育の中立性維持について」次官通達	
	1月	文部省大学学術局,「国立大学図書館改善要項」を発表	7月27日	朝鮮休戦協定調印	
			8月 5日	スト規制法成立	

	2月23日	文部省，第1回全国移動図書館運営協議会開催（岐阜・～2.24）		8月28日	日本テレビ，本放送開始（民放初のテレビ放送）
	3月	JLA，『図書館雑誌』(47-3)で「図書館法改正について」問題提起		9月1日	町村合併促進法公布
	4月27日	大阪府立図書館，本館の一室に商工図書室を開設(主題別閲覧室試行)		10月2日	池田・ロバートソン会談，日本の防衛問題につき会談
	6月4日	日本図書館学会設立　→　1998.10日本図書館情報学会			
	6月24日	大学図書館職員制度改善促進実行委員会，第1回会合を開く			
	6月	高知県図書館協会発足　→　1966.7再発足			
	6月	高知市立市民図書館，『市民叢書』刊行開始			
	7月7日	衛藤利夫　没（1883年生，満鉄奉天図書館長，JLA理事長）			
	7月11日	地方税法第5条第1項第5号の改正により地方公共団体における公共施設建設事業費(図書館建築など)起債が認められることとなる			
	8月8日	学校図書館法公布（法律第185号）（1954.4.1施行）			
	8月31日	北海道図書館研究会発足			
	9月1日	NDL，PBリポート閲覧室開設			
	9月2日	国立大学図書館研究集会開催（第1回：東京・～9.4，第2回：京都・10.6～10.7）			
	9月12日	群馬県立図書館開館（4.1設立）			
	10月10日	中国四国地区連合大学図書館協議会設立　→　1957.9中国四国地区大学図書館協議会			
	10月22日	児童図書館研究会発足，1954.1『こどもの図書館』創刊			
	11月13日	西日本図書館学会設立，1954.6『図書館学』創刊			
	11月26日	JLA，全国公共図書館研究集会開催（開架：11.25～27・神奈川県湯河原町，財政：11.25～27・金沢市，レファレンス：～11.28・神戸市）			
1954年（昭和29）	1月	日本医学図書館協議会『医学図書館』創刊		3月1日	ビキニ水爆実験で第五福竜丸被災
	3月18日	学校図書館設備基準研究会発足		3月8日	日米相互防衛援助（MSA）協定調印
	3月31日	学校図書館審議会令公布（政令第61号）			
	4月8日	広島県立図書館開館　←　1951.11.3広島県立児童		4月26日	ジュネーブ会議
	4月27日	大学基準協会，「図書館学教育基準」を決定		6月3日	教育2法公布
	5月26日	JLA，第40回全国図書館大会開催，「図書館の自由に関する宣言」（主文のみ）「原子兵器禁止に関する各図書館への訴え」採択（東京・～5.28）		6月9日	防衛庁設置法・自衛隊法公布（自衛隊発足）
	5月28日	JLA，昭和29年度定期総会開催，「図書館の自由に関する宣言」を採択		10月10日	光文社，「カッパブックス」刊行開始
	6月1日	図書館法施行規則改正（文部省令第13号）		10月16日	日本社会教育学会設立
	7月	茨城県公共図書館連絡協議会発足（1958.7.8再発足）→　1967.6.6協会			
	8月6日	学校図書館司書教諭講習規程公布（文部省令第21号）			
	8月15日	文部省第1回司書教諭講習（東京学芸大学・大阪学芸大学・～8.31）			
	9月6日	文部省，学校図書館審議会発足			

	10月 5日	第3回関東地区（市）区立図書館協議会開催，町村合併に伴い，図書館拡充及び図書館設置に関する要望書を採択（群馬県水上温泉・〜10.6）
	10月11日	第1次全国国立大学図書館長会議開催，全国国立大学図書館長会議発足　→　1968.6.7国立大学図書館協議会
	11月 4日	神奈川県立図書館開館式，11.10一般閲覧開始
	11月	日本図書館学会『図書館学会年報』創刊　→　『日本図書館情報学会誌』（1999.3〜）
	12月16日	学校図書館法施行令公布（政令第313号）　→　2001.3.30廃止
	12月28日	学校図書館法施行規則公布（文部省令第33号）　→　2001.4.2廃止

1955年(昭和30)					
	1月 4日	図書館員のメモ同好会発足		5月25日	新村出『広辞苑』刊（岩波書店）
	2月17日	林靖一　没（1894年生，朝鮮総督府鉄道局鉄道図書館，東京都立日比谷図書館）		6月 7日	第1回日本母親大会開催
	4月 9日	日本薬学図書館協議会設立，1956.3『薬学図書館』創刊		8月 6日	原水爆禁止世界大会広島で開かれる
	4月21日	神奈川県図書館学会発足		10月13日	社会党統一大会
	5月23日	図書館問題研究会結成大会（〜5.24）		11月 3日	諸橋轍次『大漢和辞典』刊（13巻，〜1960.5，大修館書店）
	6月	神奈川県婦人図書館員研究会発足　→　1980解散			
	6月	NDL『納本週報』創刊　→　『日本全国書誌　週刊版』（1981.1〜）　→　『日本全国書誌』（1988.1〜2007.6）		11月15日	自由・日本民主党両党合同，自由民主党結成
	7月18日	文部省，青少年巡回文庫実施要項を発表（局長通達）		12月19日	原子力基本法，原子力委員会設置法公布
	11月 7日	徳島県図書館協会発足		－ －	悪書追放の世論高まる
	11月16日	JLA，全国公共図書館研究集会開催，児童に関する図書館奉仕（神戸市・〜11.18）			

1956年(昭和31)					
	2月13日	都立日比谷図書館長，「図書館専門職員（司書・司書補）の特別任用について」都教委，人事委あて提出　→　1957.3.1司書補3名を採用		1月28日	万国著作権条約公布（©記号付記，4.28日本国について発効）
	2月25日	JLA『基本件名標目表』刊（改訂版：1971.10.29，第3版：1983.9.12，第4版：1999.7.30）		1月30日	日本雑誌協会設立
				2月19日	『週刊新潮』創刊（出版社による最初の週刊誌）
	3月15日	JLA，図書館法改正委員会を設置			
	3月29日	伊藤新一　没（1885年生，山口県県明木村立図書館館長）		6月11日	憲法調査会法公布
	3月31日	人事院通達により司書及び司書補資格者の初任給基準改正（4.1施行）		6月30日	地方教育行政の組織及び運営に関する法律公布
	5月22日	私立大学図書館協会，「私立大学図書館改善要項」発表		6月30日	新教育委員会法公布（公選制を任命制に改める）
	5月24日	公立大学図書館連絡会発足　→　1957.6公立大学図書館協議会（1969.5解散）		7月17日	経済白書，「もはや戦後ではない」と規定
	5月29日	文部省，「司書及び司書補の資格を有する者の初任給基準の取扱について（通知）」（国人第40号）		10月12日	砂川闘争
	6月 1日	（東京）大田区立池上図書館開館（司書3名採用）		10月19日	日ソ国交回復に関する共同宣言調印
	6月12日	図書館法一部改正（法律第148号）		12月18日	日本，国連加盟承認される
	6月30日	図書館法一部改正（法律第163号）			
	7月19日	日本医学図書館協会，「日本医学図書館協会相互貸借規約」制定			
	9月29日	図書館法施行規則一部改正（文部省令第24号）			

	10月22日	大学設置基準公布（文部省令第28号）		
	11月15日	中田邦造　没（1897年生，石川県立，都立日比谷図書館館長）		
	11月15日	JLA，公共図書館部会に児童図書館分科会を設置		
	11月15日	専門図書館協議会『調査機関図書館総覧』刊　→　『専門情報機関総覧　1969』（1969.6～）		
	11月15日	児童図書館研究会『年鑑こどもの図書館　1956年版』刊（以降5，6年ごとに刊行，1963年版からJLA刊）　→　『年報　こどもの図書館』（1969年版～）		
	12月17日	高知市立市民図書館，ユネスコ協同図書館事業に加入承認される（1968年事業終了）		
1957年(昭和32)	1月27日	毛利宮彦　没（1887年生，早稲田大学図書館）	3月13日	チャタレー裁判最高裁判決（上告棄却，訳者・出版者の有罪確定）
	4月10日	（東京）大田区立池上図書館，無記名式の貸出券および入館票採用		
	5月 2日	文部省初等中等教育局長，「司書教諭の発令について」（委初第165号）各都道府県教委あて通達	3月29日	日本書籍出版協会設立
	5月10日	群馬県図書館連絡協議会結成	10月 4日	ソ連人工衛星第1号打上げ成功
	6月	鹿児島県立図書館，農業文庫発送開始	10月24日	愛知県教育委員会，勤務評定実施を通知
	8月 8日	文部省社会教育局長，各都道府県教育委員会にあて「国家公務員の司書，司書補及び学芸員相当者の給与の取扱い等について」（文社施第251号）	12月28日	NHK（東京）・日本テレビ，カラーテレビ実験局開局　→　1960.9.10本放送
	8月16日	日本科学技術情報センター（JICST）設立　→　1996.10.1科学技術振興事業団（JST）　→　2003.10.1科学技術振興機構（JST）		
	8月	家庭文庫研究会設立　→　1965児童図書館研究会に合流		
	11月 9日	アジア図書館協会連盟（AFLA）創立大会開催（東京）		
	12月	JLA図書館法改正委員会，「図書館法改正草案」を『図書館雑誌』（51-12）に発表		
1958年(昭和33)	3月 1日	石井桃子，（東京）杉並区の自宅にかつら文庫を開く	3月18日	文部省，小中学校における道徳教育実施要項について通達
	4月15日	アジア太平洋地域公立図書館長会議開催（東京・～4.19）		
	4月	宮崎県公共図書館連絡協議会発足	4月15日	日韓全面会談開かれる
	5月 9日	仏教図書館協会結成	5月16日	テレビ受信契約数100万突破
	8月27日	田中敬　没（1879年生，東北大学図書館司書官）	8月 1日	ビクター，初の国産ステレオレコード発売
	10月27日	JLA，他団体と共同発起して児童図書日本センター設立	10月28日	日教組，勤評闘争
	11月 7日	特殊文庫連合協議会発足	11月 5日	警職法改悪反対闘争
	12月 3日	JLA，公共図書館部会に参考事務分科会を設置	12月19日	（財）アジア経済研究所設立（2003.10.1独立行政法人）
	12月20日	神奈川県立川崎図書館開館式（10.6設立），1959.1.12開館		
1959年(昭和34)	1月	文部省『学校図書館運営の手びき』刊（明治図書出版），「学校図書館基準」を改訂	4月13日	改正特許法など公布
	3月 3日	中部図書館学会結成　→　2008解散，1959.5『中部図書館学会誌』創刊	4月30日	社会教育法一部改正（市町村に社会教育主事必置など）
	4月 9日	「青少年の読書指導のための資料の作成等に関する規程」公布（文部省令第10号）	5月13日	日本書籍出版協会，文部省の図書選定制度に反対声明
	4月30日	図書館法一部改正（法律第158号）および図書館法施行令改正（政令第158号）		

	5月26日	JLA，第13回定期総会を名古屋で開催，図書館学教育部会を設置		6月 1日	朝日新聞社，東京・札幌でファクシミリ電送受像による印刷発行開始
	5月28日	JLA，公共図書館部会に視聴覚分科会を設置 → 1987廃止		8月29日	三池闘争始まる
	6月16日	金森徳次郎 没（1886年生，NDL初代館長）		9月 7日	文部省『青少年向け図書目録』（第1集）発表
	9月20日	本を読む母親の全国大会開催（長野市・〜9.21）		9月30日	中ソの意見対立激化
	10月25日	東京区立図書館，はじめて司書昇任選考試験実施		11月10日	読書週間実行委員会発展的に解消し，読書推進運動協議会発足
	10月28日	JLA公共図書館部会参考事務分科会，全国研究集会を開催（神戸市）			
	12月28日	神戸市立図書館，「神戸市立図書館相談事務規程」制定		11月11日	貿易自由化開始
				12月28日	文部省，公民館の設置及び運営に関する基準を告示
1960年(昭和35)	1月21日	文部省，国立大学図書館専門職員採用試験要綱制定		3月15日	日本科学技術振興財団設立
	4月 1日	東京大学附属図書館長に文学部教授岸本英夫就任（〜1964.1）		4月15日	安保阻止国民会議第15次統一行動，5.14国会請願
	5月 1日	鹿児島県立図書館，親子20分読書運動開始		4月22日	情報処理学会設立
	9月 1日	東京都，各都立高等学校に司書教諭を配置（発令・着任，〜1963年全校配置，1968年度採用中止）		5月19日	衆議院安保特別委員会，新安保条約強行可決
	9月 7日	国際基督教大学図書館新館開館（全館開架式）		6月19日	新安保条約自然成立
	10月14日	JLA，中小公共図書館運営基準委員会を設置		7月 1日	自治省設置
	10月28日	竹林熊彦 没（1888年生，京都大学図書館司書官）		11月 1日	経済審議会，国民所得倍増計画を答申
1961年(昭和36)	3月15日	JLA公共図書館部会参考事務分科会，「参考事務規程」制定		1月 3日	米国，キューバとの国交断絶
	5月13日	日本学術会議，「大学図書館の整備拡充について」（勧告）		2月 1日	嶋中事件
	5月18日	日本学術会議，「科学技術会議の『10年後を目標とする科学技術振興の総合的基本方策について』（諮問第1号）に対する答申に関して」（勧告）		6月12日	農業基本法公布
				8月13日	東ドイツ，「ベルリンの壁」を構築
	5月25日	郵便法の一部を改正する法律（法律第93号）（盲人用郵便物（点字図書，録音図書など）の郵送料，指定施設に限り無料となる，6.1施行）		10月31日	ソ連共産党第22回大会，党新綱領を採択（20年間に共産主義社会を実現すると展望）
	5月	東京大学附属図書館改善計画案発表 → 1963.11 改善記念式典			
	6月17日	図書館法一部改正（法律第145号）			
	6月	熊本県図書館研究会発足 → 1963.5熊本県図書館連絡協議会			
	8月30日	高等専門学校設置基準制定（文部省令第23号）			
	9月	山梨県公共図書館協会発足			
	10月10日	文部省主催第1回ドキュメンテーション講習会開催（東京地区・〜10.13，大阪地区・11.7〜11.10）			
	10月28日	日本私立短期大学協会，「私立短期大学図書館改善要項」発表			
	11月 1日	NDL新庁舎開館披露，11.21閲覧業務開始			
	11月 1日	大阪市立中央図書館開館式（11.4閲覧業務開始，主題別部門制を採用）			
	11月 8日	公立大学図書館協議会，「公立大学図書館改善要項」発表			

年	月日	図書館関連事項	月日	一般事項
1962年(昭和37)	4月	文部省補助事業による農村モデル図書館を開始（1962年度は茨城県出島村立図書館，1966年までに8館）	2月27日	日本電気，国産初の大型電子計算機を発表
	4月	島根県公共図書館協議会発足	3月1日	テレビの受信契約数1000万突破（普及率48.5%）
	5月1日	国際文化会館『日本の参考図書』刊（改訂版：1965.9.1以降JLA刊，補遺版：1972.9.15，解説総覧：1980.1.30，第4版：2002.9.1）	4月16日	日本出版取次協会「出版物取次倫理綱領」制定
	5月15日	図書館法一部改正（法律第133号）	9月29日	富士ゼロックス，初の国産電子複写機を完成
	10月7日	名古屋市立大学附属病院で　名古屋国際婦人クラブによるボランティア活動「愛の図書室」開設	10月22日	キューバ危機
	10月31日	NDL職員組合主催，図書館研究集会開催（～11.2）	11月5日	文部省，教育白書『日本の成長と教育』発表
	11月	大分県図書館学会発足	12月30日	朝日新聞マイクロ版発売
1963年(昭和38)	1月23日	新潟県公共図書館協議会連絡協議会発足	2月21日	毎日新聞マイクロ版発売
	1月28日	中央教育審議会，文部大臣にあて「大学図書館の改善について」答申	7月20日	中ソ会談決裂，対立激化
	3月20日	NDL『国立国会図書館分類表』（政治・法律・行政）刊（～1968，改訂版：1987.3）	9月6日	中国，ソ連共産党批判の論文を発表
	3月25日	JLA『現代の図書館』創刊（季刊）	10月	悪書追放運動拡大
	3月31日	JLA『中小都市における公共図書館の運営』刊	10月18日	出版販売倫理綱領制定
	4月1日	三田図書館学会設立　→　1968.4三田図書館・情報学会	11月18日	『国書総目録』刊行始まる（～1976.12.14，全9巻，岩波書店）
	4月	人事院，1963年度から国立学校図書専門職員採用試験実施（上級・中級）　→　1972年度国家公務員採用上級乙種および中級に「図書館学」区分　→　1985年度Ⅱ種「図書館学」に統合（2003.10.15廃止の発表）	11月22日	ケネディ米大統領暗殺される（11.23初の日米間テレビ宇宙中継受信実験）
	7月8日	私学研修福祉会・日本私立大学連盟主催，第1回大学図書館研究集会を開催（～7.11）	12月21日	教科書等無償措置法公布
	7月	三田図書館学会『Library Science』創刊　→　『Library and Information Science』（1968.7～）		
	11月3日	日本薬学図書館協議会，1963年度総会で「薬学関係学部図書館設置基準」制定　→　1981.5.18改正		
	11月15日	京都府立総合資料館開館式，11.16閲覧業務開始（10.28設立）		
1964年(昭和39)	1月25日	岸本英夫　没（1903年生，東京大学図書館館長）	2月23日	国鉄，みどりの窓口開設（電子式座席指定装置運転開始）
	4月1日	国立学校の附属図書館に置く分館を定める訓令（文部省訓令第11号）	4月28日	日本，経済協力開発機構（OECD）に加盟
	4月1日	図書館短期大学設置　→　1981.3閉校	7月3日	憲法調査会，最終報告を内閣に提出
	5月26日	文部省主催大学図書館職員講習会開催（東京地区：～5.29，西日本地区：大阪・6.2～6.5，東日本地区：仙台・6.9～6.12）	8月1日	東京都青少年健全育成条例公布（10.1施行）
	10月1日	（東京）区立練馬図書館開館（新装），貸出にブラウン方式を採用，自由開架式閲覧	10月10日	第18回オリンピック東京大会開催
	11月5日	東公図主催，第1回東京都公立図書館研究発表会開催	10月15日	フルシチョフ，ソ連首相解任，コスイギン首相就任
	11月17日	日本学術会議，「大学における図書の近代化について」政府へ勧告	11月17日	公明党結成大会
	－ －	（福岡）大牟田市立図書館，業務改善開始（受付，入館票の廃止，7,000冊を自由開架など）		

1965年 (昭和40)	2月10日	鹿児島県立図書館，心に火をたく献本運動推進会発足，5.-活動開始		1月11日	中教審，「期待される人間像」中間草案発表
	3月31日	図書館法一部改正（法律第15号）		1月20日	日外アソシエーツ設立
	3月31日	大学基準等研究協議会大学図書館特別部会，「大学図書館設置基準要項」答申		2月 7日	米，ベトナムで北爆を開始
	4月 1日	文部省，大学学術局に大学図書館を所管する情報図書館課を設置		4月 1日	東京大学に大型計算機センター設立
	5月10日	JLA図書館学教育改善委員会，改善試案を発表		5月17日	ILO87号条約，衆院に引き続いて参院で承認
	5月11日	文部省，大学図書館視察委員規程公布（文大情第289号）		6月12日	家永三郎，教科書検定を違憲として，国に対し賠償請求の民事訴訟を起こす
	5月20日	石井桃子『子どもの図書館』刊（岩波書店）			
	6月10日	山形県図書館協会発足　←　1953.11県公共図書館協議会		6月22日	日韓基本条約と関係協定・議定書調印行われる
	6月20日	（東京）日野市立図書館設置条例制定		11月 1日	文部省，教育白書『わが国の社会教育』刊
	7月 1日	京都大学東洋学文献センター発足			
	7月26日	JLA，会員の問題別グループ結成			
	8月 5日	JLA保存図書館調査委員会，報告書を提出			
	9月21日	（東京）日野市立図書館，BM「ひまわり号」貸出業務開始（この年リクエストサービス，本にビニールカバー装着実施）　→　1973.4中央図書館開館			
	12月16日	日本学術会議，「科学研究計画第1次5カ年計画について」勧告			
	－－	この年ブックポスト（1962津田良成考案）が北里記念医学図書館（慶應義塾大学医学メディアセンター）に設置			
1966年 (昭和41)	3月14日	図書館活動推進全国労働組合協議会（図全協）発足		1月18日	早大学生，授業料値上げ反対・学生会館参加要求でスト（6.22終結）
	3月31日	図書館法施行規則一部改正（文部省令第10号）			
	3月31日	JLA事務局長有山崧辞任		4月 1日	総理府に青少年局設置
	3月	文部省学校施設基準規格調査会大学図書館施設小委員会，「大学図書館施設計画要項」を発表		5月16日	中国文化大革命はじまる
	4月	文部省，国立大学図書館を対象に指定図書制度実施のため1966年度特定大学10大学・1短大に予算措置を講じ，2年次にわたり配分（1967年度，11大学）		6月25日	国民祝日法改正公布
				10月31日	中教審，「期待される人間像」を含めて最終答申
	4月	（東京）町田市立図書館，1966年度予算に「地域文庫用図書購入費」として30万円を明記			
	5月11日	国立社会教育研修所，第1回図書館職員研修を実施（～5.24）			
	6月10日	（東京）調布市立図書館開館，全館開架，ブラウン方式貸出を採用			
	6月23日	文部省，大学図書館実態調査実施（調査は5.1現在，以後継続して実施）			
	6月30日	学校図書館法一部改正（法律第98号）			
	7月 9日	日本農学図書館協議会設立			
	7月	京都南病院，開院時から患者のための図書室を開設			
	10月27日	大阪赤十字病院，ボランティアによる「愛の移動図書館」サービス開始			
	－－	1956，67頃，（東京）大田区立蒲田図書館で本にビニールカバー装着をはじめる			

年	日付	図書館関連事項	日付	一般事項
1967年 (昭和42)	1月11日	鈴木賢祐　没（1897年生，県立山口図書館館長）	2月11日	初の建国記念の日
	1月30日	東公図「都区立図書館の司書職制度確立に関する要望」（要望書）都に提出を決める　→　10.15提出	3月27日	文部省『ドキュメンテーションハンドブック』刊（東京電機大学出版局）
	3月	（東京）府中市立図書館新築開館，入館ノーチェック，全館開架，ブラウン方式貸出を採用	4月15日	東京都知事選で，美濃部亮吉当選
	4月1日	慶應義塾大学大学院，図書館・情報学専攻（修士課程）を文学研究科に設置	6月5日	イスラエル・アラブ連合交戦（第3次中東戦争）
	4月16日	日本親子読書センター設立	6月6日	閣議，資本取引自由化基本方針を決定
	5月30日	全国公立図書館長協議会発足　→　1970.6全国公共図書館協議会	7月25日	住民基本台帳法公布
	6月13日	練馬テレビ事件（練馬区立練馬図書館前でNET（現テレビ朝日系）テレビドラマの撮影，シナリオ（貸出カードを犯罪捜査に利用）の一部を書き換えて7.19放送）	8月3日	公害対策基本法公布
			12月28日	灘尾文相，国防意識育成の教育が必要と強調
	6月23日	文部省社会教育審議会，「公立図書館の設置および運営に関する基準案」を文部大臣に報告（告示はせず）	12月31日	テレビ受信契約数2000万を突破
	7月	川島恭子，（東京）東村山市の自宅にけやき文庫を開く		
	8月1日	図書館法一部改正（法律第120号）		
	8月15日	（東京）くめがわ電車図書館開館		
	8月17日	新村出　没（1876年生，京都大学図書館館長）		
	9月19日	国際ドキュメンテーション会議開催（東京・〜9.22）		
	10月7日	日本子どもの本研究会発足		
	11月26日	婦人司書の会発足		
	12月3日	大佐三四五　没（1899年生，満鉄図書館，京都学芸大学附属図書館）		
1968年 (昭和43)	1月25日	日本私立大学協会，「私立大学図書館運営要項」を発表	1月15日	原子力空母エンタープライズ佐世保寄港阻止で学生と警官隊激突（〜1.17）
	2月20日	長崎県公立図書館長協議会発足　→　1971.4県公共図書館協議会	2月26日	成田空港阻止集会
	2月	京都産業大学図書館，コンピュータによる洋書目録作成，5.-発注・受入業務開始	5月30日	消費者保護基本法公布
	3月15日	国立大学附属図書館指定図書制度実施要項制定（文大情第37号）	6月10日	大気汚染防止法，騒音規制法公布
	3月29日	図書館法施行規則一部改正（文部省令第5号）（司書講習科目などを改正）	6月15日	文部省に文化庁設置
	3月	東大医学部図書館にコンピュータ導入	6月17日	東大に警官隊，安田講堂占拠の学生排除
	4月	JLA，公共図書館振興プロジェクトの実施を公表	7月1日	62か国，核拡散防止条約調印（日本は1970.2.3調印）
	5月1日	慶應義塾大学医学部，東京医科大学，東京女子医科大学図書館，テレックスによる文献相互利用開始	8月20日	ソ連軍チェコに侵入
	5月21日	国立国会図書館の児童図書の公開を要請する会発足	10月23日	明治百年記念式典行われる
	6月5日	全国国立大学図書館長会議（司書職制度に関する特別委員会）『大学図書館の業務分析』刊（JLA）	11月6日	米大統領選挙でニクソン当選
	6月7日	国立大学図書館協議会（国大図協）発足　←　1954.10.11全国国立大学図書館長会議		
	8月	JICST，文献速報自動作成システム業務開始		
	9月22日	科学読物を読む会発足　→　10.20科学読物研究会		
	10月11日	全国国立教育系大学附属図書館協議会発足		
	11月21日	NDL全館完成・開館20周年記念式典挙行		

	11月22日	東大紛争により総合図書館など閉鎖		
	12月23日	国立国会図書館の児童図書の公開を要請する会，NDL所蔵の児童図書公開閲覧について衆参両院議員運営委員会図書館小委員あてに陳述書を提出		
	12月31日	今沢慈海 没（1882年生，東京市立図書館館頭）		
	－ －	（東京）品川区立図書館，児童にビニールの手さげ袋を配布		
1969年(昭和44)	1月 1日	都立日比谷図書館長に杉捷夫就任（～1972.7）	1月19日	東大に機動隊出動，安田講堂の封鎖解除
	3月16日	有山崧 没（1911年生，JLA事務局長）	3月 1日	京大に機動隊出動，学生を排除
	5月15日	第1回日米大学図書館会議開催（東京・～5.19）（～第5回，1992.10）	3月10日	佐藤首相，沖縄問題で「核抜き，本土並み」を言明
	5月15日	公立大学協会図書館協議会設立	3月14日	日本出版学会設立
	6月 5日	（東京）ねりま地域文庫読書サークル連絡会発足	4月21日	全国の国立大学長に文部次官通牒「大学内における正常な秩序の維持について」
	6月	日本盲大学生会等が都立日比谷図書館とNDLに対し，視覚障害者への図書開放を訴える		
	8月 1日	文部省・図書館短期大学共催，大学図書館専門職員長期研修開始（～8.23）	5月23日	政府『公害白書』を発表
	8月 5日	JICST『科学技術文献速報』のコンピュータ編集による発行を開始	6月 8日	南ベトナム共和国臨時革命政府樹立
	9月	大学図書館の問題を語る会発足 → 1970.10.25大学図書館問題研究会（大図研）	8月 7日	「大学の運営に関する臨時措置法案」公布
	10月13日	渋谷国忠 没（1906年生，前橋市立図書館館長）	10月29日	ソニー・松下電器，家庭用ビデオテープレコーダー開発を発表（2つの規格）
	10月31日	科学技術会議，諮問第4号「科学技術情報の流通に関する基本方策について」答申（NIST計画発表）		
	11月	都立日比谷図書館，対面朗読開始	11月21日	日米共同声明
	12月	都立多摩3館連絡会共通貸出制度発足		
1970年(昭和45)	1月	都立日比谷図書館，視力障害者用読書室を設置，4.-視覚障害者に対する朗読・録音業務開始	1月14日	第3次佐藤栄作内閣成立
			3月14日	大阪万国博覧会開催（～9.13）
	3月13日	日仏図書館研究会発足 → 1991.5日仏図書館情報学会	3月31日	赤軍派学生，日航機よど号をハイジャック
	3月17日	（東京）町田市立図書館，市役所分室を改築開館（乳母車のまま入れる図書館）	4月17日	国民生活審議会「情報化時代の国民生活」を発表
	3月31日	NDL支部静嘉堂文庫廃止，財団法人に移行	5月 6日	著作権法改正公布（著作権保護死後50年，写真は35年に延長）
	4月12日	親子読書・地域文庫全国連絡会（親地連）発足		
	4月18日	静岡県立中央図書館開館 ← 1925.3.28県立葵文庫		
	4月	東京都図書館振興対策プロジェクトチーム，「図書館政策の課題と対策（東京都の公共図書館の振興施策）」を知事に提出	6月23日	日米安保条約自動延長に入る
	5月30日	JLA『市民の図書館』刊（増補，1976.5.1）	7月 1日	日本私学振興財団発足（国の私学助成を拡大）
	6月 5日	JLA，第1回整理技術全国会議開催（東京）		
	6月18日	東京都，「図書館政策の課題と対策」を都民生活会議に諮り承認	7月17日	東京地裁，家永教科書（第2次訴訟）に対し，国の不当介入を認め家永勝訴判決（杉本判決）
	6月25日	全国公共図書館協議会設立 ← 全国公立図書館協議会，全国図書館協議会連合会を統合		
	6月	視覚障害者読書権保障協議会（視読協）結成 → 1998.4解散	7月18日	都内光化学スモッグ発生
	7月 6日	都立日比谷図書館，図書館協力車の運行開始	12月18日	参議院本会議，公害関係法案14件可決，成立
	7月 6日	中川徳子，（大阪）松原市の自宅に雨の日文庫を開く		

年	日付	事項	日付	事項
	10月24日	間宮不二雄 没（1890年生，間宮商店創業）		
	11月30日	（大阪）図書館をみんなのものにする会，BMの増車，更新などを大阪市議会に請願（採択）		
	11月	（東京）くめがわ電車図書館，「東村山市立図書館設置に関する請願」を市議会に提出，採択される		
	11月	（東京）豊島区立図書館，ひかり文庫（点字図書館）開設，郵送とBMによる個人貸出開始		
1971年（昭和46）	1月	文部省，全国社会教育主管課長会議で社会教育法改正案（試案）を示す	3月31日	国立公文書館設立（7.2開館）
	4月 1日	公立短期大学図書館協議会発足	4月11日	美濃部都知事再選，黒田大阪府知事当選
	4月 1日	長崎県公共図書館協議会発足 ← 1968.2.20県公立図書館長協議会	6月 1日	日本特許情報センター（JAPATIC）設立 → 1985.8日本特許情報機構（JAPIO）
	4月30日	社会教育審議会，「急激な社会構造の変化に対処する社会教育のあり方について」答申		
	4月	文部省，図書館業務の機械化について大阪大学にはじめて予算を配当（以降，1972群馬大，1973東京工大，1974福井大，小樽商科大など）	6月11日	中教審「今後における学校教育の綜合的な拡充整備のための基本的施策」について答申
	4月	1971年度，東京都の図書館振興計画，東京都中期計画（シビルミニマム達成のための都の総合計画）へ組み込まれ実施（〜1976年度）	6月17日	沖縄返還協定
	4月	岡山市立図書館，図書館巡回車により家庭配本開始（身障者を対象）	7月 1日	環境庁発足
			8月15日	ドルショック
	6月 2日	国大図協司書職制度調査研究班，「大学図書館における専門職制度の研究」を報告	8月28日	円の変動相場制実施
	6月13日	森博 没（1923年生，大田区立洗足池図書館長）	10月25日	中国，国連復帰
	6月16日	音楽図書館協議会発足		
	9月 3日	東洋大学図書館司書生野幸子，東京地裁に配転無効確認請求を提訴 → 1974.4裁判長による和解成立		
	9月13日	柿沼介 没（1884年生，満鉄大連図書館長）		
	10月11日	社会教育審議会施設分科会図書館部会発足		
	11月17日	JLA，第57回全国図書館大会開催，図書館法公布の日である4.30を「図書館記念日」，5月を「図書館振興の月」とすることを決議，視読協から「視覚障害者の読書環境整備について」アピール提出（岐阜・〜11.19）		
1972年（昭和47）	1月10日	北九州市立小学校学校司書3名が不当解雇を理由に福岡地裁に行政訴訟 → 1983.11福岡地裁原告の請求を棄却	2月19日	連合赤軍あさま山荘事件
			2月25日	日本特許情報センター，検索サービス提供開始
	3月	文部省の図書館関係予算5億円，前年の5.6倍となる	5月15日	沖縄返還，沖縄県発足
	4月 1日	（財）国際医学情報センター発足	6月17日	ウォーターゲート事件
	4月28日	JLA『みんなに本を 図書館白書1972』刊（初の図書館白書，以降不定期刊行）	7月 7日	田中内閣発足
	4月	都立中央図書館，中国語図書の購入について初めて予算措置（1,582冊），1973.9サービス開始	7月	情報誌『ぴあ』創刊
			9月29日	日中共同声明（国交正常化）
	4月	（大阪）松原子ども文庫連絡会発足，9.7松原市議会にあて図書費増額，BMの設置などを陳情（採択）	10月 5日	日本経済新聞社，NEEDS-TS/1サービス開始
	6月 1日	JICST，文献検索サービス提供開始	12月 1日	『日本国語大辞典』刊（〜1976.3.1，20巻，小学館）
	6月 2日	京阪神点字図書館連絡協議会発足 → 1996.11近畿視覚障害者情報サービス研究協議会（近畿視情協）	− −	国連 国際図書年

	7月 1日	大阪市立図書館，貸出の年齢制限を撤廃		
	7月 3日	国際図書年記念大会を東京で開く		
	9月12日	社会教育審議会施設分科会図書館専門委員会，「公立図書館の望ましい基準（案）」を発表		
	12月	国大図協『大学図書館研究』創刊		
1973年 (昭和48)	1月16日	都立中央図書館開館（1972.12.1設立）	1月27日	ベトナム和平協定調印
	1月	（大阪）枚方市こどもの本をひろめる会(1972.7発足)，市に対し市立図書センターの資料費の増額などを要望，4.1枚方市立図書館発足	2月14日	日本，変動相場制に移行
			3月20日	熊本地裁，水俣病裁判でチッソの過失責任を認定
	4月16日	NDL，業務機械化室設置	4月27日	閣議，第5次資本自由化を決定（例外，期限付きを除き100％自由化）
	4月30日	JLA，図書館会館竣工式		
	5月12日	（東京）昭島市民図書館，フォトチャージ式貸出を採用		
	6月13日	（東京）荒川区立荒川図書館陰山三保子，不当配転を理由に都人事委員会に不服申立 → 1978.10都人事委員会裁決「転任処分を承認」，1980.4荒川図書館に復帰	8月 8日	金大中事件
			10月 6日	第4次中東戦争勃発
			10月	第1次石油危機はじまる
			12月22日	国民生活安定緊急措置法・石油需給適正化法公布，施行
	6月14日	公明党，図書館法の一部改正法案を参議院に提出（都道府県，市に図書館を義務設置），文教委付託		
	6月21日	学校図書館法改正案，社会党が衆議院に提出（司書教諭の必置と学校司書の制度化）	－ －	科学技術庁，「科学技術情報流通技術基準」（SIST）作成に着手，(1980.7.31基準制定)
	7月 1日	徳島県公共図書館協議会設立		
	7月12日	社会教育審議会施設分科会，「公立図書館の設置及び運営上の望ましい基準（案）」を発表（8月の総会で承認，告示はせず）	－ －	卸売物価指数15.9％上昇，消費者物価11.7％上昇
	7月13日	文部省情報図書館課，大学図書館改善協議会を設置，「大学図書館の改善に関する調査研究の実施について」文部次官裁定		
	8月 4日	長崎県図書館協会発足		
	8月28日	山口県立山口図書館図書抜き取り放置事件発覚（反戦・平和関係図書の書庫内放置が発覚）		
	8月	（東京）多摩市立図書館，公立図書館ではじめてコンピュータを導入		
	10月 3日	学術審議会，「学術振興に関する当面の基本的な施策について」第3次答申		
	10月 5日	『目黒区史』回収問題発覚（『読売新聞』10.5）		
	10月23日	大学基準協会，大学基準分科会および図書館学教育基準分科会，図書館員養成課程基準分科会を設置		
	11月27日	（北海道）小樽市立病院小児科プレイルームに病院内「ふきのとう文庫」第1号開設		
1974年 (昭和49)	1月31日	(財)東京子ども図書館設立	4月 1日	朝日カルチャーセンター開講
	1月	国大図協，「大学図書館改善」調査研究班発足		
	3月30日	（東京）東村山市立図書館，利用者の秘密を守る義務を明記した設置条例を制定（市条例第18号）（5.6開館）	4月11日	公労協，官公労，民間ら81単産・600万人ゼネスト（国鉄初の全面運休）
	4月	日本病院図書館研究会設立 → 1996.12日本病院患者図書館協会	7月 1日	東京都人口，戦後初めて減少
	4月	むつき会，「さわる絵本」の制作を開始，10.-品川区図書館で，さわる絵本の貸出開始		

	4月	日本私立短期大学協会,「私立短期大学図書館改善要項　昭和49年改訂版」公表	7月16日	東京地裁, 家永三郎の国家賠償請求訴訟で教科書検定制度は適法, 検定内容は一部不当と判決
	5月27日	IFLA理事会を東京で開く（～5.30）		
	6月18日	文部省設置法一部改正, 学術国際局設置（情報図書館課所管）	8月5日	ニクソン大統領, ウォーターゲート事件もみ消し工作を認め, 8.8辞任
	7月	（東京）昭島市民図書館, 3総合病院に隔週で入院患者にサービス開始	12月9日	三木内閣発足
	10月1日	兵庫県立図書館開館（最後に設置された県立図書館）	− −	経済成長率−1.4％, 名目19.1％（戦後初のマイナス成長）
	11月6日	JLA, 第60回全国図書館大会開催, 障害者サービスについての部会設立（後年,分科会）（東京・～11.8）		
	11月8日	武田虎之助　没（1897年生, 東京大学図書館, 文部省）		
	11月16日	近畿病院図書室協議会設立		
	11月20日	日本学術会議,「人文社会科学系外国図書に関する大学共同利用図書館の設備について」を政府に勧告		
	11月28日	国公私立大学図書館連絡懇談会設立		
	12月18日	JLA, 図書館の自由に関する調査委員会を設置		
	− −	大阪市立中央図書館,「あっぷるコーナー」開設（後にヤング・コーナー）		
1975年(昭和50)	1月17日	滋賀県公共図書館協議会発足	4月30日	ベトナム戦争終結
	3月31日	筑波大学附属図書館・体育芸術図書館に, 無断帯出防止装置（BDS：Book Detection System）導入	7月10日	学校教育法の一部改正（専修学校制度の新設）
	4月1日	慶應義塾大学, 図書館・情報学専攻の大学院博士課程を文学研究科に設置	7月11日	私立学校振興助成法公布
	4月1日	図書館科学会設立	8月19日	三木首相, 生涯設計（ライフサイクル）計画構想を提唱
	4月28日	短期大学設置基準（文部省令第21号）		
	4月	都立中央図書館, 1975年度から韓国・朝鮮語図書の収集開始, 1986.12サービス開始	10月	東京大学大型計算機センター, オンライン情報検索システムTOOL-IRによるデータベースサービス本格稼働
	5月28日	JLA理事会,「病院・盲人へのサービスは公共図書館がその機能を果たす」ことを確認		
	6月6日	全国SLAと日教組, 日高教（一橋派）, 日高教（麹町派）との間で学校図書館法改正運動について覚え書を交換（四者合意）	11月15日	第1回主要先進国首脳会議（サミット）開催
	8月15日	JICST『JICST科学技術用語シソーラス』刊	− −	国連　国際婦人年
	10月11日	（東京）東村山市立図書館, 地方出版物を展示（～10.30）		
	10月20日	NDL, 学術文献の録音サービス開始　→　1981.4.1視覚障害者図書館サービス協力室に改組		
	10月27日	佐藤仁　没（1927年生, NDL, 横浜国立大学教授）		
	11月3日	蒲池正夫　没（1907年生, 徳島県立, 熊本県立図書館長）		
1976年(昭和51)	1月20日	郵便法（法律第3号）および郵便規則一部改正（郵政省令第1号）（図書館が重度身障者向けに郵送する書籍小包郵便は通常の半額に）	2月6日	ロッキード社献金問題表面化する
	3月6日	病院図書室研究会（病図研）設立　→　2006.5日本病院ライブラリー協会	2月21日	歴史資料保存利用機関連絡協議会設立　→　1984.10全国歴史資料保存利用機関連絡協議会（全史料協）
	5月10日	東京大学情報図書館学研究センター設立　→　1986.4.5学術情報センターとして発展的解消		
	5月31日	IFLAセミナーを韓国ソウルで開催（～6.5）		
	6月6日	近代情報文献研究会設立		

6月25日	京都府図書館等連絡協議会発足	
6月	(東京)日野市立図書館,コンピュータ導入にあたって3原則を確認	
7月14日	山口県公共図書館協議会発足	
7月21日	NDL,戦後に米軍が持ち帰った戦時中発禁本を米議会図書館から返還収納(1978.12.26,6回目の返還をもって終わる,計1,062冊)	
9月1日	JICST東京支所,実験オンライン情報サービス「JOIS-I」サービス開始(10.1大阪,名古屋支所サービス開始)	
11月26日	「障害者」差別の出版物を許さない!まず「ピノキオ」を洗う会,アピール「『障害者』差別の童話『ピノキオ』の全面回収を求める」を発表	
11月27日	名古屋市立図書館,14館で児童室の『ピノキオ』を閲覧・貸出を中止	
		2月25日 地方・小出版流通センター設立
		5月 日本書籍出版協会『これから出る本』創刊
		6月15日 民法改正公布(離婚後の姓の自由など)
		7月27日 ロッキード事件で田中前首相逮捕される
		10月29日 政府,1977年度以降の防衛計画の大綱を決定,11.5防衛費をGNPの1%以内と決定

1977年(昭和52)

2月9日	日本索引家協会発足(→1997.3.24解散),1977.5『書誌索引展望』創刊(~1997.3)	
2月15日	大学基準協会,「図書館学・情報学教育基準」,「図書館・情報学教育の実施方法について(案)」制定	
3月17日	(東京)三多摩の図書館を考える会発足	
3月26日	仙田正雄 没(1901年生,奈良県立図書館)	
4月30日	国立国会図書館を考える会結成	
3月	1976年度(北海道)置戸町立図書館,住民1人当たりの貸出冊数7.4冊を記録(全国1位)	
8月	図問研『みんなの図書館』創刊	
9月29日	私立短期大学図書館協議会設立	
10月1日	日本書籍出版協会『日本書籍総目録 '77-'78』(全2冊)刊行開始(2002年版から『出版年鑑』へ統合,CD-ROM版,2005~刊行中止)	
10月27日	全国SLA,日教組,日高教(一橋派)・日高教(麹町派)との合意による「学校図書館法改正法律案要綱」をまとめる	
10月31日	JICST『科学技術情報ハンドブック』刊	
12月1日	(東京)日野市市政図書室開室	
12月8日	国立大蔵病院小児病棟で,ボランティアによる入院児のための読み聞かせなどのサービス開始	
12月15日	全国SLA,「学校図書館数量基準(図書資料)」を制定	
		7月23日 文部省,小中学校の学習指導要領改正,「君が代」を国歌と規定
		8月3日 原水禁統一世界大会国際会議を広島で開催
		11月4日 閣議,第3次全国総合開発計画を閣議決定(定住圏構想を提起,図書館の整備に言及)

1978年(昭和53)

1月27日	NDL,コンピュータ編集による『納本週報』刊行開始 → 1981.1『日本全国書誌 週刊版』(~2007)	
2月26日	川崎操 没(1904年生,東京商大(一橋大学)図書館)	
3月20日	菅原峻,図書館計画施設研究所設立	
4月1日	公立短期大学図書館協議会『公立短期大学図書館改善要項 1978』刊	
4月27日	JLA,障害者サービス委員会を設置	
5月9日	京都のボランティアグループどらねこ工房『星の王子さま』刊(本格的な大活字本出版のはじめ)	
5月12日	衆参両院議員による図書議員連盟発足	
7月	(東京)大田区立大森南図書館,2病院に隔週で患者サービスを開始	
		3月22日 電電公社,光ファイバーによる海底ケーブル通信実験に成功と発表
		4月7日 郵政省,家庭用データバンク(キャプテンシステム)公開
		5月20日 新東京国際空港(成田空港)開港
		8月3日 日本経済新聞社,「NEEDS-IR地域情報」提供開始(1981.4.1全国オンラインサービス開始)

	日付	事項	日付	事項
	8月 1日	東京都公立図書館長協議会,「区立図書館に司書職制度を導入することについての要望書」を特別区長会などに提出	8月12日	日中平和友好条約調印
			9月18日	八重洲ブックセンター開店
	10月 1日	名古屋市立図書館,『ピノキオ』を検討するため別置,検討期間を1年とし「ピノキオ・コーナー」を設ける → 1979.10児童室・児童コーナーへ戻す	12月 1日	日本特許情報センター,オンライン検索システムPATOLIS提供開始
	10月29日	視覚障害者の読書権をよくする会結成	－ －	東芝,日本最初の日本語ワープロ機JW-10発売
	12月19日	「国立大学等図書館相互における文献複写業務実施要項」制定（1979.4.1実施）		
1979年(昭和54)	2月14日	日本端末研究会設立	1月13日	国公立大学入試の共通1次学力試験はじめて実施
	3月	横浜市に図書館をつくる住民運動連合会,「わたしたちの望む横浜市の図書館」公表	4月 8日	統一地方選挙,東京,大阪で革新知事敗退
	4月23日	山下栄 没（1907年生,尼崎市立図書館館長）		
	4月29日	点字図書館問題研究会発足	4月17日	自治省「新広域市町村圏計画策定要綱」を事務次官名で各都道府県知事あてに通達
	5月25日	図問研東京支部主催,東京23区司書職制度要求実現大集会を開催		
	5月30日	JLA,昭和54年度定期総会,「図書館の自由に関する宣言 1979年改訂案」を承認,同日付で「知る自由を保障するための図書館の任務に関する声明」	5月 8日	日本電気,パーソナルコンピュータPC-8001発表（9月発売,パソコンブームの口火に）
	6月 1日	国際児童文庫協会（ICBA）設立	5月25日	中野区,教育委員の準公選条例を公布 → 1994.1.31廃止条例可決
	6月19日	学術審議会,「今後における学術情報システムの在り方について」学術情報資料分科会がまとめた中間報告を承認し発表	6月 8日	中教審「地域社会と文化について」答申
	7月 9日	国際音楽資料情報協会（IAML）日本支部設立		
	8月 1日	全国SLA,第1回学校司書全国研究集会開催（東京・～8.3）	9月	日本都市センター「新しい都市経営の方向」最終報告（図書館は直営とし,司書は基準に従って配置することとした）
	9月	内閣官房広報室,「読書・公共図書館に関する世論調査」を実施		
	10月 1日	図書館情報大学設立 → 2002.10.1筑波大学		
	10月25日	JLA,第65回全国図書館大会開催,「図書館の自由に関する宣言 1979年改訂」を支持する決議を採択（10.27）（東京・～10.27）	－ －	国連 国際児童年
	11月 7日	国公私立大学図書館協力委員会設立		
	12月10日	JLA『図書館の自由に関する宣言 1979年改訂』刊		
	12月12日	図書館流通センター（TRC）設立		
	12月	名古屋市立図書館,図書館の自由問題検討委員会設置		
1980年(昭和55)	1月29日	学術審議会,「今後における学術情報システムの在り方について」文部大臣に答申	1月17日	日本図書コード管理委員会発足 → 1991日本図書コード管理センター
	2月18日	JLA,第1回児童図書館員養成講座を開催（以後毎年実施）	5月 7日	富士通,日本語電子タイプライター発売
	3月25日	滋賀県図書館振興対策委員会『図書館振興に関する提言』をまとめる	6月22日	史上初の衆参同時選挙,自民党の圧勝
	4月15日	土岐善麿 没（1885年生,都立日比谷図書館館長）		
	4月	1980年度から9国立大学によって外国雑誌センターとして分担収集開始	7月 4日	中野区議会,教育委員準公選条例改正案を満場一致で可決,7.7公布
	6月 4日	JLA,昭和55年度定期総会開催,「図書館員の倫理綱領」承認		
	7月	都立江東図書館でヤングアダルトコーナー開設	11月28日	日本生涯教育学会（1979設立）第1回大会開催（～11.29）
	9月15日	全国SLA,「学校図書館図書選定基準」を制定		

	9月18日	JLA大学図書館部会，第1回大学図書館研究集会を開催（横浜・〜9.19）		
	10月 1日	（東京）墨田区立八広図書館開館（「本のある広場」として）		
	11月28日	京都市委託3条例公表（「市図書館条例」「市社会教育総合センター条例」「市社会教育振興基金条例」）		
	12月21日	日図研・図問研主催，JLA後援，京都市の委託を考える図書館員と市民の全国集会開催（京都市）		
1981年 (昭和56)	4月 1日	ジャパンマーク頒布開始（NDL発行，JLA発売）	1月 5日	自治省「地方公共団体における行政改革の推進について」を通達
	4月 6日	JICST，オンライン情報検索システム「JOIS-Ⅱ」のサービス開始	3月16日	臨時行政調査会（第2次臨調）発足
	4月13日	京都市中央図書館，（財）社会教育振興財団へ委託して開館	4月 1日	中学校，新学習指導要領を実施
	4月	都立立川図書館，都立三多摩地区逐次刊行物センターとして発足	4月 4日	国家公務員の週休2日制，4週5休でスタート
	4月	滋賀県教育委員会，市町村立図書館振興策として図書館建設費補助・図書資料購入補助を開始	5月 9日	社教審「青少年の徳性と社会教育」を答申
	5月12日	（東京）三鷹トイライブラリーがオープン（三鷹市ボランティアセンター，日本初おもちゃの図書館）	6月11日	中教審「生涯教育について」文相に答申
	5月18日	日本薬学図書館協議会，昭和56年度総会，「薬学関係学部図書館設置基準」改訂案を制定	10月30日	レコードメーカー13社「貸しレコードは著作権侵害」と東京地裁に提訴
	5月	視覚障害児のための「わんぱく文庫」大阪市内の盲人情報文化センターの一室に開設（〜1996.5，1996.6〜大阪府立中央図書館こども資料室）	11月16日	出版情報ネットワークシステムについて答申（書籍・出版資料情報問題製作委員会）
	6月12日	体育図書館協議会発足 → 1981.11日本体育図書館協議会	－ －	国連　国際障害者年
	6月23日	国大図協総会，「国立大学図書館間相互利用実施要項」決定（1982.1.15施行）（沖縄・〜6.24）		
	9月11日	図書館事業振興法（仮称）検討委員会，「図書館事業の振興方策について（第1次案報告）」を図書議員連盟事務局長へ提出 → 1983.3図書議員連盟総会，図書館事業振興法の取扱いを延期		
	9月22日	加藤宗厚　没（1895年生，NDL支部上野図書館長）		
	10月21日	鳥取県公共図書館協議会設立		
	10月27日	NDL，点字図書の納本を再開（国立国会図書館告示第1号）		
	10月28日	JLA『図書館員の倫理綱領　解説』刊（増補版：2002.4.5）		
	10月29日	JLA，第67回全国図書館大会開催，10.30第8分科会で「貸出業務へのコンピュータ導入に伴う個人情報の保護に関する基準（案）」を配布（→ 1982.5理事会，評議員会で検討，1984年総会採択）（浦和・〜10.31）		
	11月 5日	企業史料協議会発足		
	11月20日	アジア資料懇話会発足		
	11月21日	私工大懇話会図書館連絡会発足		
	11月	愛知県立高等学校教職員組合，「愛知県立高校図書館で管理職の一方的介入によって購入禁止となった図書リスト」をマスコミに公開		

年	日付	事項	日付	事項
1982年(昭和57)	1月9日	西藤寿太郎　没（1908年生，大阪市立中央図書館館長）	1月20日	文学者が核戦争の危機を訴える声明発表
	3月5日	NDL『点字図書・録音図書全国総合目録 No.1-1981』刊行開始	3月11日	（山形）金山町「公文書公開条例」可決，全国で初
	3月	学図法改正をめざす全国学校司書の会設立　→　1990.8.2日本学校図書館教育協議会設立	5月6日	富士通，「マイ・オアシス」発売（ワープロ普及始まる）
	3月11日	立教大学図書館，「保存書庫」を新座市内に落成	6月26日	新聞各紙，明春使用の歴史教科書で「侵略」を「進出」などする文部省検定結果を報道
	3月31日	全公図『図書館全国計画（試案）－公共図書館の広域システム計画－』公表		
	4月	さわる絵本連絡協議会発足	7月20日	歴史教科書検定について，中国，韓国から抗議
	5月18日	大学基準協会，「大学図書館基準」および「図書館・情報学教育に関する基準およびその実施方法」を発表	8月24日	公職選挙法改正公布（参議院全国区，拘束名簿式比例代表制導入）
	5月21日	JLA『図書館年鑑　1982』刊行開始（以後年刊）		
	5月22日	生物医学図書館研究会設立		
	6月6日	札幌市に(財)ふきのとう子ども図書館開館（全国で初めての障害児のための図書館）	9月24日	閣議，臨調基本答申を受け，行政改革の具体的方策「行革大綱」を決定
	7月5日	JLA，町村図書館活動振興方策検討臨時委員会を設置		
	10月20日	秋岡梧郎　没（1895年生，東京市立京橋，深川図書館館長）	10月7日	神奈川県議会，神奈川県公文書公開条例可決，（都道府県では初）
	10月	かなやひろたか（金谷博雄）『本を残す　用紙の酸性問題資料集』刊		
	11月11日	（東京）目黒区議会で目黒本町図書館の「戦争と平和資料展示コーナー」が問題となる	11月27日	中曽根内閣発足
	12月12日	図書館史研究会発足　→　1995.9日本図書館文化史研究会		
1983年(昭和58)	2月	おもちゃの図書館全国連絡協議会発足	3月14日	臨時行政調査会「行政改革に関する第5次答申」（最終答申）
	4月1日	東京大学情報図書館学研究センター，東京大学文献情報センターに改組（学内共同教育研究施設）		
	4月23日	日教組・日高教「学校図書館司書の制度化等に関する要請書」を文部大臣に提出	3月	『データベース台帳総覧』刊行開始
	4月	（東京）板橋区立図書館，祝日開館実施	5月24日	新行革大綱（臨時行政調査会の最終答申後における行政改革の具体化方策について）閣議決定
	5月27日	公立大学協会図書館協議会，「公立大学図書館間相互利用実施要項」施行		
	9月1日	JLA短大図書館部会，図書館利用指導ワークショップ（第1回）開催（東京・〜9.2）	5月30日	郵政省，大規模・都市型有線テレビ（CATV）事業を民間に許可する方針を通達
	9月22日	文部省，「国立大学の図書館専門員の配置について」を通知		
	9月	（東京）品川区立大崎図書館で区議が蔵書構成の偏向を指摘，品川区立全館の社会科学関係の蔵書リスト提出を要求　→　11.1に一部の館がリストを提出	7月15日	任天堂，ファミコン発売
			10月12日	東京地裁，ロッキード裁判で田中元首相に実刑判決
	10月26日	JLA，第69回全国図書館大会開催，「図書館3大ツールおよび『図書館雑誌』『現代の図書館』の点訳あるいは音訳を求める決議」採択（山口・〜10.28）	10月12日	情報通信学会設立
			11月28日	日本学術会議法改正公布
	10月28日	大分県公共図書館等連絡協議会発足	12月2日	商業用レコード貸与著作者権利暫定措置法公布（貸しレコード規制）
	12月26日	三宅千代二　没（1900年生，愛媛県立図書館館長）		
	12月	（滋賀）甲西町，まちづくり意識調査で図書館設置要望が，教育・文化・体育施設部門で1位　→　1989.6.11甲西町立図書館開館	－－	パソコン・ワープロ急速に普及

1984年(昭和59)	1月29日	東京都，都立図書館の定数削減と休館日廃止・開館時間延長など7項目を発表	
	3月22日	（東京）世田谷区議会予算特別委員会で区議が読書会団体貸出図書について質疑（以降，数回にわたる）	
	3月30日	私立大学図書館協会，「私立大学図書館協会文献複写業務マニュアル」作成	
	3月	（千葉）浦安市立図書館，1983年度年間貸出冊数市民1人当たり11.4冊（市民1人当たり初めて2桁台達成）	
	4月1日	日本カトリック大学連盟図書館協議会発足	
	4月1日	図書館情報大学，大学院修士課程（図書館情報学研究科）設置	
	4月11日	東京大学文献情報センターが全国共同利用施設に改組（7.7開所式）	
	4月	広島県立図書館蔵書破棄事件が明らかに（1977年以降，「表現・内容に問題がある」とする図書を別置，除籍，廃棄）	
	4月	点訳絵本の会，岩田文庫開設（大阪）→ 1991.4 ふれあい文庫	
	5月25日	JLA 昭和59年度定期総会開催，「貸出業務へのコンピュータ導入に伴う個人情報の保護に関する基準」を採択	
	5月28日	森戸辰男 没（1888年生，JLA会長）	
	5月	札幌市中央図書館，公共図書館としてはじめて蔵書の劣化調査を実施	
	6月2日	第1回図書館情報サービス研究大会開催（～6.3）	
	7月1日	文部省の機構改革により，公立図書館は学習情報課所管，大学図書館は学術情報課所管となる	
	7月13日	FLINT（女性と図書館・ネットワーク）結成 → 2002 8.7解散	
	8月	図書館史研究会『図書館研究』創刊 → 『図書館文化史研究』（1996.12～）	
	9月7日	長野市で「図書館の管理及び運営は公共的団体に委託することができる」条例を可決（1985.4.1施行）→ 1985.3運営委託の制限を施行規則で規定	
	9月28日	核兵器をなくし平和を求める図書館関係者の会（図書館反核平和の会）結成	
	10月25日	JLA，第70回全国図書館大会開催，第10分科会に資料保存がはじめて置かれる，「『自由宣言』30年にあたり，国民の知る自由を守るため，図書館の自由の実践を強めることを求める決議」（10.27）を採択（大阪・～10.27）	
	10月	大阪市立図書館電話交換手中山八重子，頸肩腕障害の労災申請を却下した行政処分の取り消しを求めて提訴 → 1989.3大阪地裁公務外認定の処分取り消しを命じる判決（1991.5大阪高裁原告勝訴）	
	12月15日	図問研ほか主催「図書館の委託問題を考える集い」開催	
	2月	自民党，青少年向けの図書規制へ法試案公表	
	3月	国土地理院発行1万分の1の地形図に図書館マークが表示	
	4月2日	日本経済新聞社，オンライン情報サービスNIKKEI TELECOM（日経テレコン）提供開始	
	4月16日	データベース振興センター設立	
	5月12日	NHK，衛星テレビ放送開始	
	5月25日	国籍法・戸籍法改正公布	
	5月25日	「著作権法の一部を改正する法律」公布（貸しレコードなどを規定）	
	7月25日	臨時行政改革推進審議会，1985年度予算編成，地方行革の推進など意見書提出	
	8月8日	臨時教育審議会（臨教審）設置法公布	
	8月14日	健康保険法改正公布（本人医療費1割負担）	
	10月1日	東京都公文書の開示等に関する条例公布	
	10月	地方自治経営学会「自治体行革を阻害する国の側の要因」を発表（司書必置規制などの廃止を勧告）	
	10月	地域雑誌『谷中・根津・千駄木』（谷根千）創刊	
	11月30日	電電公社，首都圏・近畿圏でキャプテンシステムの営業開始	
	12月19日	アメリカ，ユネスコ脱退を確認（1985.1.1）	
	12月25日	電気通信事業法電電改革3法公布（電電公社の民営化）

年	月日	図書館関連事項	月日	一般事項
	12月21日	東京大学文献情報センター，東京工業大学との間で目録システム接続開始，1985.4目録・所在情報サービスとして本格的運用開始　→　1986.4 NACSIS-CAT		
	－　－	和歌山県公共図書館協議会結成		
1985年(昭和60)	2月28日	読書の自由・世田谷問題協議会発足，「もっと本を！読む自由を！（世田谷アピール）」を採択　→　1987.8.30解散	1月22日	自治省「地方公共団体における行政改革推進の方針（地方行革大綱）について」
	3月 4日	（大阪）茨木文庫連絡会，「茨木市立図書館の整備充実に関する請願書」市議会議長あてに提出（3.28市議会採択）　→　1992.3.27茨木市立中央図書館開館	3月10日	ソ連共産党書記長にゴルバチョフ
	3月22日	元大阪大学附属図書館事務補佐矢崎邦子（非常勤職員，1984.3解雇），地位確認を求めて大阪地裁へ提訴　→　1990.11大阪地裁原告の請求を棄却（1992.2大阪高裁控訴棄却）	3月22日	日本で初めてのエイズ患者が確認
	3月	全公図，『公共図書館のサービス指標及び整備基準試案』公表	4月 1日	日本電信電話（NTT），日本たばこ産業（JT）がスタート
	4月 1日	神奈川県立川崎図書館，ファクシミリサービス開始	4月24日	改正国民年金法公布
	4月 3日	香川県図書館学会発足	6月 1日	改正男女雇用機会均等法成立
	4月19日	中村祐吉　没（1901年生，大阪府立図書館長）	6月14日	著作権法の一部改正公布（コンピュータプログラムを保護対象）
	4月28日	都立日比谷，立川，青梅，八王子図書館で通年開館実施		
	4月	滋賀県立図書館，県立図書館として初の総合的なコンピュータ・システムを稼働	6月25日	衆議院，国家機密法案を継続審議
	4月	愛知淑徳大学，文学部図書館情報学科設置（1989大学院修士課程，1991博士課程設置）	6月26日	臨教審「教育改革に関する第1次答申について」を発表
	5月29日	仙台にもっと図書館をつくる会（1982.4発足），「図書館をもっと身近に暮らしの中に－仙台にもっと図書館をつくる会図書館構想－」を仙台市に提出	9月 5日	文部省，「日の丸」掲揚，「君が代」実施の徹底について初の通達
	6月 1日	『大宅壮一文庫雑誌記事索引総目録』（全13冊）刊（～8.1，以降「1985-1987」「1988-1995」）	10月14日	『東京ブックマップ』刊行開始（書籍情報社）
	6月	（神奈川）藤沢市図書館，「藤沢市総合市民図書館収集方針案」を作成，市民に公開（1986.10開館）	10月23日	文部省，いじめ，登校拒否が激増していることを発表
	7月12日	図書館法一部改正（法律第90号）	11月29日	NHKテレビ，文字多重放送開始
	7月24日	（滋賀）八日市市立図書館新館開館，7.25一般公開，1986.5街づくり情報誌『筏川』創刊	11月	日本データベース協会結成（データベース・サービス業連絡懇談会改称）
	7月	神戸市立図書館で「貸出を増やさないための具体的方策」なる中央図書館長通達が出される		
	8月 9日	（東京）足立区，「足立区行政改革大綱（案）」を提示，地域図書館の公社委託を打ち出す	12月 5日	英国，ユネスコ脱退決定
	8月 9日	学校図書館問題研究会（学図研）結成	12月28日	郵便貯金残高，100兆円を突破
	10月	早稲田大，慶應大図書館の相互利用協定（「早慶図書館相互協力」）成立（1986.4実施）		
	11月10日	日本ドキュメンテーション協会，第1回データベース検索技術者試験（2級）実施		
1986年(昭和61)	1月24日	グリコ・森永事件でNDLが大阪府警による（任意）捜査を受け，複写申込書を提示（～1.25）	4月23日	臨教審「教育改革に関する第2次答申」

3月 6日	衆院予算委員会で海部文部大臣「公立図書館の基幹的な業務については，これは民間の委託にはなじまない」と答弁	
3月28日	エンクトロニック・ライブラリー（EL）研究会設立準備会発足	
3月28日	（東京）足立区議会，図書館の委託条例を可決	
3月31日	（神奈川）藤沢市，図書館に関する条例を全面改正し，プライバシー保護についての条項を新たに盛り込む	
4月 1日	都立中央図書館通年開館実施	
4月 3日	近畿点字図書館研究協議会，視覚障害者図書館サービス網（NLB）を発足させる	
4月 5日	学術情報センターが国立大学共同利用機関として設立（東京大学文献情報センターの廃止・転換）	
4月	コデックス会『コデックス通信』創刊	
8月20日	富山県立図書館，『'86富山の美術』を当分の間，非公開の取扱いに決定 → 1990.3.22閲覧再開	
8月24日	第52回国際図書館連盟（IFLA）東京大会を開催（東京，～8.29）	
8月25日	全国SLA，まんが選定基準（第1次案）を発表 → 1988.9追加発表	
8月29日	（岐阜）各務原市少女誘拐事件で，各務原市立図書館は貸出記録を警察の要請で提示，新聞各社も「図書館ラベルを追え」と報道	
9月 1日	NDL新館開館，11.17新館開館記念式典	
10月23日	国大図協「国立大学図書館における公開サービスに関する当面の施策について（報告）」を発表	
11月17日	沖縄県公共図書館連絡協議会発足	
11月24日	裏田武夫 没（1924年生，東京大学図書館館長）	
1987年（昭和62）	1月14日	市村新 没（1915年生，石川県立図書館館長）
	2月 6日	国大図協，公立大学協会図書館協議会，私立大学図書館協会「国公私立大学間文献複写に関する協定」施行 → 2000.10.12改訂
	3月20日	高等専門学校図書館協議会設立
	3月31日	東京都立青梅，立川，八王子図書館廃止（3館を統合し都立多摩図書館として5.10開館）
	4月 1日	学術情報センター，学術情報ネットワーク，情報文献サービス（NACSIS-IR）開始
	4月	早稲田大学図書館，明治期出版物マイクロ化事業に着手
	5月15日	八木町立中央公民館図書室専任職員早川幸子（臨時職員），解雇を不当として京都地裁園部支部に地位確認を求め提訴 → 1，2審とも訴えを却下，原告最高裁に上告，1994.6和解
	5月16日	小野則秋 没（1906年生，同志社大学図書館）
	6月13日	白山情報図書館学会設立
	7月 8日	JLA，町村図書館活動推進委員会を設置
	7月24日	村上青造 没（1901年生，富山県立図書館主席司書）
	7月24日	郵務部長通知（点訳絵本，点訳データ入りFDの郵送料が無料となる，7.27施行）

4月26日	ソ連チェルノブイリ原子力発電所で原発事故発生
5月23日	著作権法改正（データベースの保護）
5月27日	日本を守る国民会議編集の日本史教科書が検定合格
6月10日	臨時行革審が最終答申
7月22日	第3次中曽根内閣発足
9月12日	日本電子出版協会設立
9月30日	労働省，85年の働く女性1548万人（内パート333万人）で専業主婦を20万人上回ると発表
11月27日	三菱高島砿山閉山
11月28日	国鉄分割・民営化関連法案参議院本会議可決成立
11月	ヤマト運輸と栗田出版販売，ブックサービス設立，「本の宅急便」開始
12月 3日	社会教育審議会社会教育施設分科会，「社会教育施設におけるボランティア活動の促進について（報告）」を発表
12月30日	政府，1987年度予算案決定，防衛費5.2％，GNP1％枠を突破
－ －	国連 国際平和年
1月30日	東証平均株価，初の2万円台
2月23日	日銀，公定歩合を0.5％引き下げ2.5％（史上最低，超低金利時代）
4月 1日	国鉄分割・民営，JR6社等発足
4月21日	臨時行政改革推進審議会（新行革審）発足
5月18日	国立学校設置法施行規則改定（民間出資による寄付講座開設の途を開く）
6月30日	閣議，第4次全国総合開発計画（4全総）決定
7月14日	新行革審，「当面の行財政改革の推進に関する基本方策について（答申）」
8月 7日	臨教審，「教育改革に関する第4次答申」（最終答申）を内閣総理大臣に提出

9月20日	JLA図書館政策特別委員会，「公立図書館の任務と目標」最終報告を発表
10月20日	全国点字図書館協議会，日盲社協，点字・録音・拡大資料等の相互貸借に関する申合せを確認
12月5日	富山大学小倉利丸助教授，富山県立図書館で『'86富山の美術』の閲覧を請求，県立図書館から閲覧を拒否され，同県知事に閲覧禁止処分の取り消しを申し立てる → 1988.4.30審査請求棄却の裁決（5.27再審査請求，1990.4請求者が請求を取り下げ）
12月27日	久保田彦穂（椋鳩十）没（1905年生，鹿児島県立図書館長）
10月19日	ニューヨーク株式市場大暴落（ブラックマンデー）
11月18日	日航が民営化発足
11月20日	全日本民間労働組合連合会（連合）結成
12月8日	米ソ首脳，INF全廃条約に調印
12月10日	公文書館法成立
12月21日	書籍データセンター設立

1988年（昭和63）

1月10日	朝日新聞社，全国主要図書館などに同社「新聞縮刷版閲覧についてのお願い」を送付（「3億円事件」の誤認逮捕事件に関する記事につき）
2月9日	社会教育審議会社会教育施設分科会，「新しい時代に向けての公共図書館の在り方について－中間報告」を発表
2月18日	（東京）多摩地域公立図書館相互貸借希望情報「探しています」開始
3月12日	文部省，生涯学習関連施設ネットワーク形成に関する懇談会を設置
3月25日	『図書館情報学ハンドブック』刊（第2版：1999.3.20，丸善）
4月1日	文部省，国立大学図書館の事務部課名を変更（関係訓令の一部改正），管理課を情報管理課，運用課を情報サービス課，学術情報課を情報システム課など
4月8日	書籍データセンター，JLA監修で「標準MARC」データ作成を開始
4月25日	JLA，J-BISCの頒布を開始（2013.3.31事業終了）
4月	滋賀県教育委員会『市町村立図書館の建設に向けて』刊
6月1日	大阪市立生野図書館，韓国・朝鮮図書コーナーを開設
6月17日	私立大学図書館協会相互協力委員会，「『図書・資料の貸借に関する協定』作成のためのガイドライン」制定
7月1日	文部省，社会教育局を改組し，筆頭局として生涯学習局を設置，発足
7月7日	生涯学習関連施設のネットワーク形成に関する懇談会，「生涯学習推進のためのネットワーク形成について－中間まとめ－」を発表
8月26日	NDL，関西学術研究都市に第2図書館（関西館）建設の第1次基本構想を公表
8月	（神奈川）厚木市立中央図書館，「国際資料コーナー」設置
10月1日	滋賀県図書館振興懇談会『湖国の21世紀を創る図書館整備計画』公表
10月3日	美術図書館を考える会（仮称）第1回会合 → 1989.4アート・ドキュメンテーション研究会 → 2005.4アート・ドキュメンテーション学会
1月4日	東京外国為替市場の円相場，1ドル120円45銭を記録（戦後最高）
4月19日	NTT，総合デジタル通信（ISDN）のサービス開始
6月18日	川崎市助役，リクルートより関連会社の未公開株を入手，公開時に利益取得が判明（リクルート事件の発端）
7月2日	日本子どもの本学会創立会議開催
8月20日	イラン・イラク戦争，8年ぶりに停戦
9月19日	天皇病状急変の報道
9月20日	衆議院本会議，コメ自由化に反対の国会決議を全会一致で採択
9月	点訳オンラインデータベース「IBMてんやく広場」開始（2001.4ないーぶネット）
11月10日	自民党，衆議院税制特別委員会で税制改革関連6法案（消費税）強行採択
12月7日	本島等長崎市長，市議会で天皇に戦争責任があると答弁（右翼が攻撃）
12月12日	岩波書店，絵本『ちびくろさんぽ』絶版
12月24日	参議院本会議，消費税導入を柱とする税制改革関連6法案を可決（12.30公布，1989.4.1施行）

	10月27日	広島県立図書館，(財)広島教育事業団に委託（県立で初）
	11月 1日	渡辺正亥　没（1905年生，新潟県立図書館館長）
	12月 1日	日教組など，専任司書教諭制度の確立等に関する要望書を文部大臣に提出
	12月 9日	文部大臣，社会教育審議会に対し「新しい時代に向けての社会教育施設の整備・運営の在り方について」を諮問

1989年 (昭和64 ／平成元)				
	3月14日	松尾弥太郎　没（1911年生，全国SLA事務局長）	1月 7日	昭和天皇　没，平成と改元
	3月17日	文部省，「国立大学附属図書館の文献複写料金について」（通知）（文学情第106号）	1月14日	国の行政機関，第2・第4土曜閉庁実施
	3月18日	記録管理学会設立	2月10日	文部省，新学習指導要領の改訂案を公表（君が代，日の丸掲揚を義務づける）
	3月29日	JLA『公立図書館の任務と目標　解説』刊（増補版：1995.6.15，増補修訂版：2000.12.25，改訂版：2004.9.10，改訂版増補：2009.4.30）	2月24日	昭和天皇大喪の礼
	3月	JLA『つくりませんか図書館を－すべての町村に図書館を』作成	4月 1日	消費税実施（3％）
	3月	福島市立図書館を育てる市民の会，「福島市の図書館基本計画案　2000年をめざして」公表	6月 4日	天安門事件
	4月20日	宮田平三　没（1904年生，大阪商工会議所図書館長）	6月27日	第2次家永教科書訴訟，東京高裁差し戻し判決，訴えの利益なしとして却下
	4月27日	JLA，児童図書館研究会主催，「ちびくろサンボ」問題を考えるシンポジウム開催	7月23日	第15回参院選，自民党大敗，与野党の議席数逆転
	5月 1日	日本私立短期大学協会，「私立短期大学図書館改善要項」（1989年版）を公表	8月 1日	NHK衛星放送有料化実施
	5月24日	文部省，「国立大学附属図書館における文献複写料金徴収予取扱要項について（通知）」（文学情第145号）	10月	地方自治経営学会，「ふるさと創生と地方分権」について報告（図書館長資格および司書の設置義務などの資格要件の廃止，図書館管理の民間委託をすすめるとするもの）
	6月23日	「週刊フライデー」肖像権侵害事件東京地裁判決，原告が判決内容を告知する付箋を資料に貼り付けするよう依頼する文書を全国の主要図書館に送付するよう求めたが採用されなかった　→　1990.7.24控訴審も原告の要求を認めず	11月 6日	郵便規則の一部を改正する省令（郵政省令第70号）（聴覚障害者用小包郵便物通常の半額となる）
	7月 8日	久米井束　没（1894年生，全国SLA初代会長）	11月 9日	「ベルリンの壁」撤去はじまる
	7月25日	国大図協，「学術情報システムの整備拡充に関する要望書」を文部省へ提出	11月20日	国連総会，子どもの権利条約を採択（1994.4.22日本批准）
	7月	JLA，「公立図書館に対する国からの補助金の交付を受けるために必要な条件・『館長の司書資格』（図書館法第13条3項）の改正の動向について〈反対意見〉」を文部省および図書議員連盟に提出	12月22日	改正厚生年金・国民年金法公布
	9月 1日	NDL，IFLA PAC（保存コアプログラム）アジア地域センターに指定される		
	9月10日	公共図書館で働く視覚障害者職員の会・なごや会発足		
	9月18日	NDL，明治期刊行図書マイクロ化開始　→　1991.5終了		
	9月	著作権法改正時の付帯決議に基づき，文部省はJLAに委託して「公共図書館の利用に障害のある人々へのサービス調査」を実施（翌年報告書が公表される）		

	10月25日	JLA，第75回全国図書館大会開催，「公立図書館に対する国庫補助条件にかかわる『館長の司書資格要件の廃止ならびに司書配置基準の緩和』に強く反対する」決議を採択（宮崎・〜10.27）			
1990年(平成2)	1月8日	JICST，オンラインシステム情報検索「JOIS-Ⅲ」サービス開始	1月18日	本島等長崎市長，市庁舎前で狙撃され重傷
	1月	NDL，保存協力プログラムを策定	1月30日	中央教育審議会，「生涯学習の基盤整備について（答申）」
	2月28日	文部省生涯学習局学習情報課「社会教育審議会社会教育施設分科会図書館に関するワーキンググループによる検討会」を設置	4月18日	臨時行政改革推進審議会（新行革審），最終答申
	3月22日	富山県立図書館『'86富山の美術』館内閲覧を開始，初日に一利用者（神社神職）が，図録を閲覧，大浦作品掲載頁を破り捨てる	5月	ブックオフ（新古書店）直営1号店が神奈川県相模原市にオープン
	3月28日	NDL，第1回資料保存シンポジウム開催（以降毎年開催，1999（第10回）で終了）	6月29日	生涯学習の振興のための施策の推進体制等の整備に関する法律（生涯学習振興法）公布
	4月1日	JLA，資料保存委員会を設置		
	4月1日	熊本県図書館活動振興協議会設立 ← 熊本県公共図書館協会，熊本県移動図書館連絡会が統合		
	4月	中央大学文学部社会学科社会情報学コース設置（1995.4大学院修士課程，1997.4博士課程設置）	7月6日	川崎市議会，行政監査制度「市民オンブズマン制度条例」案を可決
	5月12日	（福岡）苅田町立図書館開館（1987.6町長が校区単位に地域の文化の核となる図書館づくりを提唱）	8月2日	イラク，クウェートに侵略，全土を制圧
	6月28日	国大図協，「国立大学と大学共同利用機関等との相互利用実施要項」制定	8月	生涯学習審議会発足
	6月29日	身体障害者福祉法一部改正，第33条の点字図書館が「視聴覚障害者情報提供施設」へ変更（1991.4施行）	10月1日	東証株価2万円を割り，バブル経済崩壊へ
	7月27日	自治省，図書館・情報館ネットワークシステム検討会を設置	10月3日	東西ドイツ，国家統一
	8月1日	全国SLA，「学校図書館施設基準」制定 → 1999.2.25改訂	10月31日	臨時行政改革審議会（第3次行革審）発足
	10月31日	長野市，「人種差別にかかわる『ちびくろサンボ』廃棄について（依頼）」を市内各図書館などに送付 → 12.3行き過ぎを認め，一部撤回	- -	国連 国際識字年
	11月14日	もり・きよし 没（1906年生，帝国図書館，NDL）	- -	『広辞苑』など電子ブックの出版相次ぐ
	11月	自治省，「地方公共団体間における図書館の相互利用等について」発表		
	12月5日	鳥取県図書館協会設立		
	12月10日	杉捷夫 没（1904年生，都立日比谷図書館長）		
1991年(平成3)	1月25日	JLA，IFLAアジア視覚障害者セミナーを開催（東京・〜1.31）	1月17日	多国籍軍，イラクを攻撃（湾岸戦争，4.11終結）
	1月30日	電子ライブラリーコンソーシアム（ELICON）結成	3月20日	児童書の絶版・品切れを考える会発足
	2月8日	大学審議会，「大学教育の改善について（答申）」，「短期大学教育の改善について（答申）」	4月19日	中央教育審議会，「新しい時代に対応する教育の諸制度の改革について（答申）」
	5月22日	全国SLA第42回総会，学校図書館憲章制定		
	5月29日	文部省，「公立図書館の設置及び運営に関する基準（案）」を発表		
	5月29日	廿日出逸暁 没（1901年生，千葉県立図書館長）	4月24日	閣議，自衛隊のペルシャ湾への掃海艇派遣を決定
	5月	JLA障害者サービス委員会に多文化・識字ワーキンググループ発足	5月15日	育児休業法公布

	日付	事項	日付	事項
	6月3日	大学設置基準一部改正（文部省令第24号），短期大学設置基準一部改正（文部省令第28号）	6月30日	文部省，教科書検定結果公表，「君が代」は国歌，「日の丸」は国旗と明記
	6月7日	自治省，「地域情報ネットワーク整備構想の推進について（通知）」を発表	7月30日	米ソ首脳会議，戦略兵器削減条約（START）調印
	6月19日	図書館法施行規則一部改正（文部省令第33号）	8月24日	ソ連共産党書記長ゴルバチョフが辞任，8.25ソ連共産党解散
	7月27日	図書館と在住外国人をむすぶ会（むすびめの会）発足　1994.10.29むすびめの会	8月26日	バルト三国独立承認
	8月8日	『'86富山の美術』破損裁判判決，富山地裁が被告に有罪判決 → 1992.11.13名古屋高裁金沢支部，1995.10.3最高裁いずれも上告を棄却	9月30日	日本複写権センター発足
	10月12日	看護図書館研究会設立 → 1991.12看護図書館協議会 → 2003.4日本看護図書館協会	10月30日	中東和平会議開催
	10月19日	記録史料の保存を考える会設立	12月11日	欧州連合（EU）創設
	11月2日	NDL，保存協力プログラムの一環として図書館資料保存協力懇談会開催	12月26日	ソ連最高会議，ソ連邦消滅を宣言
	－－	ファッションドキュメンテーション研究会発足		
1992年 (平成4)	3月	都立多摩図書館参考調査季報『しらべま専科』テスト版発行（6.-創刊）	3月11日	日本複写権センター，「出版物の複写利用規程」を制定
	4月1日	学術情報センター，ILLシステムを利用した図書館間相互貸借の運用開始	5月	『朝日ジャーナル』休刊
	5月15日	大学基準協会「大学の自己点検・評価の手引き」公表	6月5日	参議院国際平和協力特別委員会，PKO協力法案を可決，6.15衆議院本会議で可決，成立，8.10施行
	5月21日	生涯学習審議会社会教育分科審議会施設部会図書館専門委員会，「公立図書館の設置及び運営に関する基準について」（報告）	6月19日	行革審「国際化対応，国民生活重視の行政改革に関する第3次答申」
	6月	慶應義塾大学医学情報センター，インターネット接続開始（Eメール，Telnetによる目録検索）	7月29日	生涯学習審議会，「生涯学習の振興方策」に関する最終報告を答申
	7月29日	文部省生涯学習審議会「今後の社会の動向に対応した生涯学習の振興方策について」答申	9月8日	閣議，PKO実施計画を決定，9.17自衛隊のカンボジア派遣部隊第1陣出発
	8月6日	天野敬太郎　没（1901年生，京都大学図書館，関西大学図書館）	9月12日	公立学校で週5日制（月1回土曜日休日）スタート
	9月	地方自治情報センター，「図書館情報ネットワークシステム概要設計」最終報告まとまる	12月8日	「地方分権特例制度について」閣議決定
	10月	視聴協を含む7団体で国立国会図書館の視覚サービスを考える連絡会結成		
	11月5日	森耕一　没（1923年生，大阪市立中央図書館館長）		
	11月17日	JLA，第78回全国図書館大会，EYEマーク・音声訳推進協議会発足（11.17），「障害者への図書館サービスの充実をめざす宣言」（11.19）（名古屋市・～11.19）		
1993年 (平成5)	1月15日	全国SLA，「学校図書館図書廃棄規準」発表	1月3日	米ロ首脳会議，第2次戦略兵器削減条約（START II）調印
	3月29日	文部省，「『学校図書館図書標準』設定について（通知）」（文初小第209号）	3月10日	子どもと本の出会いの会発足
	4月1日	文部省教育助成局長，「公立義務教育諸学校の学級編制及び教職員定数の標準に関する法律及び公立高等学校の設置，適正配置及び教職員定数の標準等に関する法律の一部改正等について（通知）」を各都道府県教委あて通知		
	4月28日	（東京）調布市，新図書館を財団委託にする方針を発表（市職労に提案） → 1994.8.30全面委託撤回		

	5月	学校図書館の充実を求める有志によって『ぱっちわーく』創刊		4月 5日	臨時行革審「地方分権特例制度実施要領」(別紙として公立図書館長等職務資格に係わる司書資格取得のための講習科目の緩和など)
	6月10日	文部省,「公立義務教育諸学校図書館の図書の購入に要する経費の地方財源措置について」通知(5年間で総額500億円を見込む)			
	6月29日	(佐賀)伊万里市民図書館(仮称),図書館づくり伊万里塾第1回開催(～第8回,1994.2)		7月18日	第40回総選挙,自社両党主導の「55年体制」崩壊
	6月	(千葉)浦安市立中央図書館,「本の案内」コーナー設置		8月28日	社会教育推進全国協議会,第33回社会教育研究全国集会「社会教育施設の民間委託に反対するアピール」採択(～8.30)
	7月 6日	(東京)調布の図書館をもっともっとよくする会発足			
	8月 1日	学術情報センター,各種サービスの利用者範囲を大幅に拡大(NACSIS-CAT/ILLが専門図書館,公共図書館も利用可能に)			
	11月 1日	学術情報センター,JICSTとゲートウェイによるデータベースの相互利用に関する協定を締結		10月27日	第3次行革審最終答申,「規制緩和」と「地方分権」に重点
	11月24日	図書館の運営委託を考える全国連絡会発足		11月19日	環境基本法公布
	12月 3日	(東京)世田谷の図書館を考える会,区議会にあて「学校図書館に専任職員を配置することについての陳情書」を提出(1993.4継続審議扱い)		12月 3日	障害者基本法改正公布
				12月 9日	子どもと本の議員連盟発足
	12月16日	学術審議会学術情報資料分科会学術情報部会,「大学図書館機能の強化・高度化の推進について(報告)」		12月24日	「身体障害者用小包郵便物」の制度改正,利用対象者数拡大
	－ －	図書館業務委託の動きに対し,調布市,守口市,静岡市などで図書館の直営を求める住民運動が起こる			
1994年 **(平成6)**	1月29日	国立国会図書館の障害者サービスを考える連絡会のNDLへの視覚障害者採用を求める「請願」,衆議院で採択(6.29参議院採択)		2月15日	「今後における行政改革の推進方策について」閣議決定
	1月30日	全国患者図書サービス連絡会設立		3月	地方自治情報センター,「図書館情報ネットワークシステム概要計画」発表
	2月17日	図書館員有志による「三多摩レファレンス探検隊」発足			
	4月14日	(東京)調布市職員労働組合,文部省学術情報課と会見,図書館は管理運営委託になじまないことを確認		4月22日	日本,子どもの権利条約を批准(5.22発効)
	4月23日	NHK朝の連続ドラマ『ぴあの』で図書館の自由に反するシーンが放映される		6月15日	文部省「マルチメディアの発展に対応した文教施策の総合的な推進方策について」公表
	4月	駿河台大学文化情報学部設置			
	6月14日	福島市立図書館を育てる市民の会,「福島市立図書館条例の改正を願う陳情」,「福島市に職名『司書』の確立を願う陳情」(司書の配置などを盛り込んだ条例改正の陳情が6月議会で採択,1996.3議会で司書職制度が確立)		6月27日	松本サリン事件
				6月29日	高齢者,身体障害者等が円滑に利用できる特定建築物の建築の促進に関する法律(ハートビル法)公布
	6月23日	和歌山県公共図書館協会設立			
	7月29日	松本サリン事件にかかわり,松本市図書館がサリン製造を描写した図書の貸出しを停止したと新聞報道		11月22日	第24次地方制度調査会,地方分権の推進に関する答申
	8月 7日	(埼玉)鶴ヶ島市図書館市民懇談会発足 → 1996.10.1鶴ヶ島市立中央図書館開館と同時に解散			
	8月31日	ディジタル図書館学会,第1回ワークショップ開催		12月25日	地方分権の推進に関する大綱方針閣議決定
	9月18日	(千葉)市川図書館友の会設立			
	12月 1日	(東京)三多摩図書館研究所発足			
	12月13日	沖縄図書館協会設立(再建)			

1995年 (平成7)	1月17日	阪神・淡路大震災により兵庫県内の多数の館に深刻な被害，閉館，大阪府などの図書館にも被害	1月17日	今井書店グループ「本の学校」をオープン（米子市）
	1月18日	神戸市須磨，新長田図書館避難所となる	1月17日	阪神・淡路大震災
	1月31日	兵庫県立図書館，震災後開館	3月20日	地下鉄サリン事件
	2月3日	日英ライブラリアン・クラブ発足	5月19日	地方分権推進法公布
	2月5日	神戸市立図書館，紙芝居，お話キャラバン隊などを市内小学校に派遣，避難所への配本開始	6月5日	介護休業法成立
	2月17日	文化庁ほか4団体で「阪神・淡路大震災被災文化財等救援委員会」発足	9月22日	文部省，「社会教育法における民間営利社会教育事業者に関する解釈について（通知）」を都道府県教育長あてに通知
	4月28日	神戸市立中央図書館など再開		
	4月28日	志智嘉九郎 没（1909年生，神戸市立図書館館長）		
	4月	阪神・淡路大震災被災地の図書館員が，震災記録を残すライブラリアン・ネットワーク発足	9月	TRCと丸善がインターネット書店を開始（全国で初）
	5月26日	地下鉄サリン事件捜査に関連して，警視庁が被疑者を特定した捜査差押令状にもとづき，NDL資料請求約75万件他を押収 → 6.22返還	11月23日	米マイクロソフト社製基本ソフト「Windows95」の日本語版発売
	9月	神戸市立中央図書館，HP（1994.10開設）試行的に運用開始（1996.6以降定期的に更新）	12月14日	政府がオウム真理教に破防法適用を決定
	10月12日	富山県立図書館，蔵書破棄事件の証拠品として裁判所に提出していた図録『'86富山の美術』の所有権を放棄と新聞報道	− −	パソコン，インターネットへの接続で急上昇，出荷570万台（70%増）
	10月24日	（東京）特別区区長会，「司書職種」の廃止を含む「特別区人事制度の見直し」を特区連（特別区職員労働組合）に提起		
	12月22日	文部省生涯学習審議会社会教育分科審議会計画部会，「社会教育主事，学芸員及び司書等の養成及び研修の充実の在り方についての意見照会について（依頼）」により改善案を発表，司書養成科目の改訂案を示す		
	12月	この頃，千葉大学附属図書館，HP開設		
1996年 (平成8)	1月20日	弥吉光長 没（1900年生，満州国立中央図書館）	2月16日	厚相，HIV訴訟の原告らに国の法的責任を認め謝罪，3.29東京・大阪地裁で和解成立
	3月14日	（長野）松本市教育委員会，「松本市図書館利用者のプライバシー保護に関する運用方針」を承認		
	3月	国立大学図書館協議会，「大学図書館員の育成・確保に関する調査研究班−最終報告書−」		
	4月24日	生涯学習審議会社会教育分科審議会，「社会教育主事，学芸員及び司書の養成，研修等の改善方策について（報告）」を発表	7月19日	中央教育審議会，「21世紀を展望した我が国の教育の在り方について（第1次答申）」
	4月26日	東京23区の図書館をもっとよくする会発足集会，「区立図書館に専門職員を充実するためのアピール」採択	7月29日	地方六団体分権推進本部，地方分権推進委員会に「国庫補助負担金及び地方税財源について」を提出，図書館建設補助金等の撤廃を掲げる
	4月	福岡市民図書館，業者と契約し，カウンター業務等を含む派遣司書の受け入れ開始		
	6月6日	東京特別区（23区）の司書職廃止が決定		
	6月	秋田県立図書館に，「警告書」が届けられる（地域雑記『KEN』が個人のプライバシー侵害を理由に頒布禁止の仮処分が決定され，同誌の利用禁止を求めたもの）	8月4日	新潟県巻町で原発建設計画の是非を問う住民投票実施（全国初）
			9月28日	民主党結成大会
	7月25日	私立大学図書館協会，第57回総大会において「新私立大学図書館改善要項」の最終案を承認	10月20日	第41回総選挙（初の小選挙区比例代表並立制）

	7月29日	学術審議会,「大学図書館における電子図書館的機能の充実・強化について（建議）」をまとめる	11月16日	日本社会情報学会設立
	8月1日	（東京）「町田市立図書館の自由に関する委員会設置要領（内規）」施行	12月20日	地方分権推進委員会第1次勧告
	8月28日	図書館法施行規則一部改正（文部省令第27号）（司書・司書補講習の科目・単位が変更）	12月26日	「著作権法の一部を改正する法律」（法律第117号）公布
	12月24日	文部省，1997年度公立図書館関係予算案で，施設整備補助金を1998年度から廃止することを明言		
1997年 （平成9）	1月24日	文部省，「教育改革プログラム」を発表，社会教育関係法令の見直しを提起（8.5主な改訂点，1998.4.28改訂）	4月1日	消費税の税率3％から5％に引き上げ
	2月3日	JLA,「図書館長の司書資格要件（図書館法第13条第3項）について」を発表，2.24地方分権推進委員会に提出	5月30日	日本学術会議,「計算機科学研究の推進について」（勧告）
	3月	学校図書館を考える全国連絡会結成	6月18日	男女雇用機会均等法・労働基準法改正公布
	6月3日	学校図書館法改正案，衆議院本会議で可決成立，（附則第2項を原則撤廃）附帯決議を全会一致で可決	6月26日	中央教育審議会,「21世紀を展望した我が国の教育の在り方について（第2次答申）」
	6月11日	学校図書館法の一部を改正する法律公布（法律第76号）	7月2日	『フォーカス』（7.9号）神戸連続児童殺傷事件（6.28）の少年被疑者の写真を掲載
	7月4日	JLA,「『フォーカス』（7.9号）の少年法第61条に係わる記事の取り扱いについて（見解）」を発表		
	12月8日	日本学校図書館学会設立	7月8日	地方分権推進委員会第2次勧告（必置規制の見直し，補助金廃止など）
	12月18日	大学審議会,「高等教育の一層の改善について（答申）」	8月29日	最高裁，第3次家永訴訟，検定意見を違法と判断（家永訴訟終わる）
			9月23日	日米防衛新指針（新ガイドライン）決定
1998年 （平成10）	1月14日	学術審議会,「情報学研究の推進方策について」（建議）	3月25日	特定非営利活動促進法（NPO法）公布（12.1施行）
	1月30日	日本私立短期大学協会『私立短期大学図書館改善要項（1998年版）』刊	3月31日	公取委,「著作物再販制度の取扱いについて」を発表（再販制度廃止を見送り）
	2月13日	JLA,「『文藝春秋』（1998年3月号）の記事について」を各都道府県立図書館に送付		
	3月16日	NDL，科学技術振興事業団（JST），相互協力に関する協定を締結	4月28日	閣議，新ガイドラインに伴う周辺事態法案など関連3法案を決定
	3月18日	学校図書館司書教諭講習規程の一部を改正する省令公示（文部省令第1号）	5月2日	EU，単一通貨（ユーロ）統合を決定
	3月23日	生涯学習審議会社会教育分科審議会,「社会の変化に対応した今後の社会教育行政の在り方について（中間まとめ）」答申	6月12日	経済企画庁発表，97年度GDP 0.7％で戦後最悪のマイナス成長
	4月1日	NDL，NDL-ILLの本格運用を開始	6月22日	金融監督庁発足
	4月27日	文部省生涯学習局,「子どもの心を育てる図書館活動推進事業要綱」を裁定	6月23日	中央省庁等改革推進本部発足
	4月	学術情報センター，総合データベースWWW検索サービス（WWWcat）本格運用開始		
	6月12日	図書館法一部改正（法律第101号）		

8月4日	JLA,「公立図書館の無料原則についての見解」を発表
9月17日	生涯学習審議会,「社会の変化に対応した今後の社会教育行政の在り方について（答申）」
9月22日	全公図理事会,「公共図書館資料相互貸借指針（修正案）」を公表
10月26日	大学審議会,「21世紀の大学像と今後の改革方策について－競争的な環境の中で個性が輝く大学（答申）」
10月27日	生涯学習審議会社会教育分科審議会計画部会図書館専門委員会,「図書館の情報化の必要性とその推進方策について－地域の情報化推進拠点として－（報告）」を発表
10月30日	自治労連ほか,すべての学校に「学校司書」を配置し,学校図書館の充実をめざす全国交流会,「集会アピール」を採択（10.31）（大阪市・～10.31）
11月17日	図書館法施行規則一部改正（文部省令第38号）
12月4日	NDL,第1回電子図書館全国連絡会議開催
12月10日	文部省,「通知・通達等の見直しについて（通知）」により「司書及び司書補の職務内容」廃止
12月16日	富山県立近代美術館・県立図書館の図録問題について,富山地裁判決（特別観覧不許可は知る権利を不当に制限する,一方作品の売却,図録焼却は行政の裁量の範囲内とし,原告,被告とも控訴）
12月24日	国立国会図書館納本制度調査会法制部会,「パッケージ系電子出版物の納入に係る法的諸問題」を発表
7月29日	教育課程審議会,「幼稚園,小学校,中学校,高等学校,盲学校,聾学校及び養護学校の教育課程の基準の改善について（答申）」
9月21日	中央教育審議会,「今後の地方教育行政の在り方について（答申）」を発表
11月	11月の失業率4.4％で1953年以来最悪に
12月14日	文部省,「小学校学習指導要領」,「中学校学習指導要領」告示

1999年（平成11）

1月17日	清水正三 没（1918年生,中央区立京橋図書館館長）
1月28日	浪江虔 没（1910年生,私立南多摩農村（鶴川）図書館館長）
2月22日	国立国会図書館納本制度調査会,「答申 21世紀を展望した我が国の納本制度の在り方－電子出版物を中心に－」を館長に提出
3月29日	JLA学校図書館問題プロジェクトチーム,「学校図書館専門職員の整備・充実に向けて－司書教諭と学校司書の関係・協同を考える－」をまとめ,解散
3月	全国SLA,「夢のある理想的な学校図書館施設」発表
4月1日	文部省,「公立義務教育諸学校の学校図書館の整備について（通知）」を都道府県教委教育長に通知
4月20日	日本複写権センター,JLAおよび横浜市中央図書館にあて「公立図書館におけるコピーサービスについて」（横浜市中央図書館の問題を指摘）
6月22日	『新潮』掲載の柳美里著「石に泳ぐ魚」の公表差し止めを命じた東京地裁判決（原状回復としての図書館あて通知書の送付などについては,雑誌の発行から相当期間が経過しているなどの理由で認められず）
6月23日	全公図1999年度定期総会,「公共図書館間資料相互貸借指針」承認
7月16日	図書館法一部改正（法律第87号）（図書館法第13条第3項（館長資格要件）,19・21条（補助金交付要件）などの削除,2000.4.1施行）
2月22日	NTTドコモ,「iモード」開始
3月29日	文部省,「高等学校学習指導要領」告示
5月7日	情報公開法成立
5月24日	新ガイドライン3法成立
6月23日	国立公文書館法公布
6月23日	男女共同参画社会基本法公布
6月29日	学術審議会,「科学技術創造立国を目指す我が国の学術研究の総合的推進について（答申）」発表
7月8日	中央省庁改革関連法・地方分権一括法成立
7月16日	文部科学省設置法,独立行政法人通則法公布
7月30日	「民間資金等の活用による公共施設等の整備等の促進に関する法律」（PFI法）公布（9.24施行）
8月9日	国旗・国歌法成立

	8月27日 宮崎市立図書館のNPOによる運営をめざし,「図書館運営NPO等導入検討委員会」発足	8月 9日 参議院本会議で「子ども読書年に関する決議」採択(8.10衆議院採択)
	10月31日 私大図協,『私立大学図書館自己点検・評価方法ガイドライン』刊	8月12日 通信傍受法,改正住民基本台帳法成立
	11月17日 文部省,生涯学習審議会に「新しい情報通信技術を活用した生涯学習の推進方策について」諮問	12月 1日 改正労働者派遣法施行(派遣対象業務を原則自由化)
	12月12日 NPO法人高知こどもの図書館開館(3.25設立)	－ － インターネット利用人口,前年比6割増2700万人に(郵政省推計)
	12月21日 JLA,「NPO(民間非営利法人)への図書館運営委託について」発表	
	12月22日 図書館法一部改正(法律第160号)	
2000年(平成12)	2月 1日 JLA・DAISY利用促進ワーキンググループ,報告書をまとめる	3月30日 身体障害者更生援護施設の設備及び運営に関する基準公布
	2月29日 「図書館法施行規則の一部を改正する省令」公布(文部省令第6号)(公立図書館の最低基準に関する規定削除)	4月 1日 介護保険制度スタート
	3月15日 山手線沿線私立大学図書館コンソーシアム発足	4月 6日 3月末の携帯電話台数5000万台を超え固定電話を抜く
	3月17日 永井道雄 没(1923年生,JLA会長)	
	3月21日 全国SLA,「学校図書館メディア基準」を制定	4月28日 3月の完全失業率が4.9%,男性は過去最悪の5.2%
	3月22日 NDL,HP改訂,蔵書目録と貴重書画像のDBを公開	
	3月31日 大学共同利用機関組織運営規則の一部を改正する省令公布(文部省令第32号)	7月21日 九州・沖縄サミットで「グローバルな情報社会に関する沖縄憲章」(IT憲章)採択
	3月31日 宮崎県,宮崎市立図書館の運営を担うNPO法人MCLボランティア設立認証書交付(4月業務開始)	
	3月 (東京)東村山市定例議会で図書館設置条例,館長有資格条項などが盛り込まれた改正案が採択	10月26日 改正公職選挙法成立(参議院比例代表選の非拘束名簿式導入)
	4月 1日 学術情報センターが改組され,国立情報学研究所(NII)発足	11月 「amazon.com」日本語サイト開始
	4月 1日 図書館情報大学大学院区分制博士課程情報メディア研究科設置	12月 1日 BSデジタル放送開局
	4月 7日 国立国会図書館法の一部を改正する法律公布(法律第37号)(パッケージ系電子出版物を納本対象に加える)	12月 6日 高速情報通信ネットワーク社会形成事業法(IT基本法)公布
	4月 8日 (東京)東大和市立桜ヶ丘図書館で,同市利用者が『新潮45』(1998.3)の閲覧を請求したが認められず(1998.2.18閲覧禁止措置),閲覧解除を求め提訴 → 2001.9.12東京地裁原告の請求を棄却(2002.1.29東京高裁控訴を棄却)	12月 6日 少年法等の一部を改正する法律公布
		12月 6日 人権教育及び人権啓発の推進に関する法律公布
	5月 5日 NDL国際子ども図書館開館式,5.6一般公開 → 2002.5.5全面開館	12月22日 教育改革国民会議,「教育改革国民会議報告－教育を変える17の提案」を内閣総理大臣に提出
	6月 7日 文部科学省組織令公布(政令第251号),公共図書館は生涯学習政策局社会教育課,大学図書館は研究振興局学術機関課所管となる(2001.1.6施行)	－ － 子ども読書年
	6月10日 情報メディア学会設立	
	6月26日 叶沢清介 没(1906年生,県立長野図書館館長,JLA事務局長)	

	9月25日	文部省コンピュータ，インターネット等を活用した著作物等の教育利用に関する調査研究協力者会議，「コンピュータ，インターネット等を活用した著作物等の教育利用について（報告）」を発表		
	9月	国立大学図書館協議会，電子ジャーナルタスクフォースを設置		
	10月31日	図書館法施行規則一部改正（文部省令第53号）		
	11月 7日	（東京）杉並区内の保健所でブックスタート試行 → 2001.4 12市町村で実施		
	11月28日	生涯学習審議会，「新しい情報通信技術を活用した生涯学習の推進方策について（答申）」		
	12月 8日	生涯学習審議会社会教育分科審議会計画部会図書館専門委員会，「公立図書館の設置及び運営上の望ましい基準について（報告）」をまとめる		
	12月18日	国立国会図書館職員倫理規程公示		
	12月21日	文部省地域電子図書館構想検討協力者会議，「2005年の図書館像－地域電子図書館の実現に向けて（報告）」をまとめる		
	12月28日	ビジネス支援図書館推進協議会設立		
2001年(平成13)	2月19日	（三重）桑名市，「図書館等複合公共施設におけるPFI導入可能性検討調査について」を市議会に提出（8.28 PFI法に基づく特定事業を決定，2002.6.26事業契約）	1月 6日	中央省庁新体制スタート（1府12省庁体制），文部科学省発足
	3月30日	地方交付税法の一部を改正する法律公布（法律第9号）（学校図書館法改正，学校図書館設備等に関する国庫補助廃止）	3月23日	公取委，「著作物再販制度の取扱いについて」再販制度の存続を容認
	3月30日	文部科学省，「小学校施設整備指針」，「中学校施設整備指針」を一部改正	4月 3日	新しい歴史教科書をつくる会の歴史教科書が文部科学省の検定に合格
	3月30日	学校図書館法改正（法律第9号）	5月23日	「科学技術基本計画」告示
	4月 4日	文部科学省，「公立義務教育諸学校の学校図書館の整備について（通知）」を都道府県教委教育長に通知	6月15日	日本ペンクラブ，「著作者の権利への理解を求める声明」発表，公立図書館のベストセラー複本購入を問題視
	4月26日	岡田温 没（1902年生，帝国図書館館長，図書館短大学長）		
	5月10日	新京都府立図書館開館（5.11一般公開）	8月28日	7月の完全失業率が過去最悪の5.0%
	6月27日	国大図協第48回総会，「今後の国際ILL/DDの推進方策について」承認，「ドキュメント・デリバリー・サービスの運用について（申し合わせ）」承認（札幌・～6.28）	9月11日	米で大規模同時テロ
			10月29日	テロ3法案，参議院で可決成立
	7月13日	東京都教育庁，「都立図書館のあり方について（通知）」を都立図書館3館に通知	11月26日	文部科学大臣，「新しい時代にふさわしい教育基本法の在り方について」など中央教育審議会に諮問
	7月18日	「公立図書館の設置及び運営上の望ましい基準」告示（文部科学省告示第132号）		
	7月20日	JLA『図書館による町村ルネサンス Lプラン21 21世紀の町村図書館振興をめざす政策提言』刊	12月 7日	文化芸術振興基本法公布
	8月20日	ブックスタート支援センター設立	12月 7日	改正PKO協力法成立
	9月29日	（千葉）浦安市立図書館，ビジネス支援サービス開始	12月12日	子どもの読書活動の推進に関する法律公布（法律第154号）
	10月 1日	「国立情報学研究所・科学技術振興事業団の情報関係事業の連携協力について」発表		

	11月	文部科学省,「大学(国立大学)の構造改革の方針について」公表		12月25日	公務員制度改革大綱(閣議決定)
2002年(平成14)	1月4日	NII, スーパーSINET(Science Information Network)の運用開始		2月15日	「著作権に関する世界知的所有権機関条約」公布(条約第1号, 3.6発効)
	1月24日	東京都教育庁, 都立図書館あり方検討委員会報告「今後の都立図書館のあり方－社会経済の変化に対応した新たな都民サービスの向上を目指して」発表		2月21日	中央教育審議会,「新しい時代における教養教育の在り方について」などを答申
	3月12日	科学技術・学術審議会研究計画・評価分科会情報科学技術委員会デジタル研究情報基盤ワーキング・グループ,「学術情報の流通基盤の充実について(審議のまとめ)」公表		3月4日	文部科学省,「完全学校週5日制の実施について(通知)」を都道府県教委に通知
	3月31日	国立国会図書館法の一部を改正する法律公布(法律第6号)(関西館に関する規定, 複写業務の委託を盛り込む)		3月7日	中央教育審議会,「大学設置基準等の改正について」答申
	4月1日	国大図協の電子ジャーナルに関するコンソーシアム発足		3月29日	「小学校設置基準」「中学校設置基準」告示
	4月10日	国立学校設置法の一部を改正する法律公布(法律第23号)(図書館情報大学と筑波大学の統合が決定)		5月31日	日韓共催サッカーW杯開催
	4月12日	『産経新聞』に2001年8月「新しい歴史教科書をつくる会」会員の著書を含む蔵書100冊以上を(千葉)船橋市西図書館が廃棄と報道 → 5.10船橋市教育委員会, 廃棄の事実を市議会に報告, 公表		6月4日	日本, 京都議定書を批准
				7月5日	郵便関連法案が衆議院で可決, 盲人用郵便物の扱いについて「日本郵政公社法案及び日本郵政公社施行法案に対する附帯決議」採択
	4月15日	NII-OCLCシステム間リンクの運用開始			
	4月15日	文部科学省,「公立義務教育諸学校の学校図書館の図書の購入に要する経費の地方財源措置について(通知)」都道府県教育長あて通知(5年間で総額約650億円の地方交付税措置)			
				7月26日	医療制度関連法が成立
	4月	(東京)江東区立, 墨田区立図書館, 窓口業務の委託開始		8月5日	住基ネット稼働開始(2003.9.25本格稼働)
	5月5日	NDL国際子ども図書館全面開館		8月8日	人事院初めてのマイナス勧告
	5月10日	図書館法一部改正(法律第41号)			
	6月6日	日本文藝家協会, 公共図書館における図書の貸出しについて「公貸権」の確立と基金の創設を求める要望書を文部科学省に提出		8月9日	「子どもの読書活動の推進に関する基本的な計画」告示(文部科学省告示第163号)
	9月6日	静岡県立静岡がんセンターあすなろ図書館開館, 専任司書を配置(全国初)		9月17日	日朝平壌宣言に調印
	9月27日	文化庁著作権課,『『教育』『図書館』に係る権利制限の見直しについて(案)」発表		9月24日	柳美里『石に泳ぐ魚』がプライバシーを侵害しているとする出版差し止め訴訟で最高裁判決, 著者・出版社側の敗訴が確定
	9月	「図書館等における著作物等の利用に関する検討結果」が著作権分科会法制問題小委員会に提出			
	10月1日	筑波大学図書館情報専門学群など設置 ← 1979.10.1図書館情報大学		10月15日	北朝鮮による拉致被害者24年ぶりに帰国
	10月1日	NDL, HP改訂, 蔵書検索・申込システム(NDL-OPAC), 近代ライブラリー, アジア言語OPAC等提供開始		11月23日	『ハリー・ポッター』史上最高の初版部数(230万セット)
	10月7日	NDL関西館開館(京都・精華町)			
	10月12日	(東京)多摩地域の図書館をむすび育てる会(多摩むすび)発足		12月24日	「障害者基本計画」閣議決定

	10月18日	JLA図書館の自由委員会,「『新潮』1994年9月号所収の柳美里『石に泳ぐ魚』の閲覧禁止措置について（お尋ね）」をNDLに提出 → 11.1 NDL回答			
	10月	NII, メタデータ・データベース共同構築事業の開始			
	11月1日	NDL, インターネット資源選択的蓄積実験事業（WARP）, データベース・ナビゲーション・サービス（Dnavi）をHPに公開,「雑誌記事索引」をNDL-OFAC上で全件提供開始			
	11月2日	東京都立中央図書館,『新潮』掲載の柳美里著「石に泳ぐ魚」閲覧禁止措置			
	－ －	この年, 出版不況から公立図書館のベストセラー本の大量貸出しへの反発が拡大, マスコミに報道され, 図書館側もこれに反論			
2003年（平成15）	1月9日	東京都,「司書教諭の設置等に関する基準について（通知）」を都立学校長に通知	2月15日	世界中でイラク戦争反対の平和デモ	
	1月21日	文部科学省,「学校図書館司書教諭の発令について（通知）」を各都道府県教委に通知	3月20日	イラク戦争勃発（5.1戦争終結宣言）	
	1月28日	東京都教育庁,「学校図書館の運営について」を都立高等学校長に送付, 司書教諭と学校司書の業務内容を規定	4月1日	日本郵政公社発足, 盲人郵便物の表示が「盲人用」から「点字用郵便」に変更（「内国郵便約款」4.1実施）	
	2月14日	大阪府教委,「司書教諭の発令等について（通知）」を各市町村教委に通知			
	2月20日	山口県図書館協会『山口県の未来をひらく やまぐち2010年の図書館像』刊	5月30日	個人情報の保護に関する法律など関連法公布	
	3月6日	JLA,「柳美里著『石に泳ぐ魚』（『新潮』1994年9月号所収）の利用禁止措置の見直しについて（要望）」をNDLに提出	6月6日	有事関連3法成立	
			6月13日	地方自治法一部改正（公の施設について地方公共団体の指定を受けた指定管理者が管理を代行できる旨を規定）	
	3月17日	文部科学省研究振興局情報課,「学術情報発信に向けた大学図書館機能の改善について（報告書）」発表			
	3月31日	埼玉県立川越図書館廃止, 県立図書館は3館体制に			
	3月	秋田県図書館振興調査研究委員会『あきたLプラン15 秋田県公立図書館振興のための提言と設置及び運営に関するガイドライン』刊	7月6日	イラク復興支援特別措置法成立	
			7月9日	国立大学法人法成立	
	4月1日	広島県立図書館, 窓口業務を人材派遣会社に委託	7月24日	国会議員による活字文化議員連盟設立	
	4月1日	12学級以上の小・中学校に司書教諭が配置	7月30日	少子化社会対策基本法公布	
	4月	NII, 諸研究機関と協力して, 国際学術情報流通基盤整備事業（SPARC/JAPAN）開始	9月29日	米, 19年ぶりにユネスコ復帰	
	5月12日	文部科学省社会教育課,「平成15年度『学習拠点施設情報化等推進事業』の運用について（依頼）」を各都道府県教委担当者に送付	11月11日	国土地理院, 2万5千分の1地形図に公立図書館の記号を表示	
	5月19日	NDL, 本館目録ホールのカードを撤去			
	5月	国立大学図書館協議会図書館高度情報化特別委員会ワーキンググループ,「電子図書館の新たな潮流」公表	11月21日	経済財政諮問会議で河村文部科学大臣, 図書館など「全面的な民間委託が可能であることを改めて明確に周知」と表明	
	6月26日	都立中央図書館, 医療情報サービス開始			
	6月30日	JLA, 日本書籍出版協会, 公立図書館貸出実態調査を実施（ベストセラー, 主要な作品についての所蔵冊数, 予約件数, 貸出回数など）（10月中間報告）	12月1日	テレビ地上デジタル放送開始	
	8月2日	本間一夫 没（1915年生, 日本点字図書館館長）			

年	月日	事項	月日	事項
	9月4日	（東京）多摩地域の図書館をむすび育てる会，「東京にデポジット・ライブラリーを作ろう－多摩発，共同保存図書館基本構想－」を発表	12月9日	政府，自衛隊のイラク派遣の基本計画を決定，12.26先遣隊が出発
	9月9日	東京地裁，（千葉）船橋市西図書館の蔵書破棄問題裁判で，被告職員の単独行為と認定，原告請求を棄却	12月22日	総合規制改革会議，「規制改革の推進に関する第3次報告答申」
	10月29日	都立中央図書館，「都立図書館間における重複雑誌の除籍について」を区市町村立図書館長あてに通知		
	10月30日	国立大学図書館協議会改組，国立大学図書館協会会則を制定		
	11月23日	情報科学技術協会，データベース検定技術者認定試験を情報検索応用能力試験と改称，1次試験実施		
	12月1日	文部科学省社会教育課，中央教育審議会生涯学習分科会第26回会議で，図書館・公民館・博物館の民間委託について「今後は，教育委員会の任命を行わずとも民間への全面的な管理委託が行えるよう（中略）明確に周知していく」と見解		
	12月26日	学習指導要領の一部を改正する告示（文部科学省告示第173号），学習指導要領に総合学習に関連して図書館の位置づけを明確化		
2004年（平成16）	3月15日	JLA，日本書籍出版協会『公立図書館貸出実態調査2003 報告書』刊（ベストセラーの貸出状況に関する初の調査）	2月19日	日書連，「出版販売倫理綱領」を40年ぶりに改訂
	3月29日	図書館情報大学閉学式	3月16日	『週刊文春』（3月25日号）掲載の記事に関し，東京高裁が販売差し止めの仮処分を決定
	4月1日	国立大学図書館協会発足（国立大学図書館協議会を改組）		
	4月1日	岡山県立図書館条例施行（3.31岡山県総合文化センター閉館）	3月31日	「高等学校設置基準」公布
	4月1日	図書館友の会全国連絡会（図友連）発足	5月21日	裁判員法成立
	4月25日	（山梨）山中湖村，山中湖情報創造館開館（指定管理者制度による，指定期間は3年間）	6月4日	「障害者基本法の一部を改正する法律」公布（「公共施設」「情報の利用」のバリアフリー化を規定）
	7月30日	文部科学省，「これからの図書館の在り方検討協力者会議」設置		
	7月	NDL，「NDLビジョン2004」公表	6月9日	「著作権法の一部を改正する法律」公布（雑誌・書籍の貸与権稼働）
	9月9日	「図書館九条の会」発足		
	9月	鳥取県・総務部行政経営推進課，「指定管理者制度の導入等に関する基本的考え方について」公表（直営方式にすべき施設例として図書館をあげる）	6月10日	文化人による「九条の会」発足
	10月1日	（北海道）置戸町生涯学習情報センター条例施行（置戸町立図書館条例廃止，2005.1.18開館）	10月23日	新潟県中越地震発生，川口町で震度7，十日町情報館など図書館にも多くの被害
	10月1日	（三重）桑名市立中央図書館開館（初のPFI手法による運営）		
	10月4日	ロバート・L・ギトラー没（1909年生，Japan Library School創設者）	11月1日	市町村合併に伴い，全国の市町村が2,939となり3千を割る
	12月10日	岡山県公共図書館協議会発足		
2005年（平成17）	1月1日	福岡県立図書館，行政支援サービス実施，県庁へ連絡車を運行	3月29日	総務省，「地方公共団体における行政改革の推進のための新たな指針」発表
	1月25日	文部科学省，「社会教育施設における指定管理者制度の適用について」発表		
	3月11日	福岡県図書館協会発足		

3月30日	神奈川県立図書館，図書館活動を自己評価し，HPで公表，6.24図書館活動の数値目標を設定しHPで公表
3月25日	東京都公立図書館長協議会(東公図)解散(1951発足)
3月31日	(大阪)豊中市立図書館協議会，「これからの豊中市立図書館の運営のあり方について（提言）」(「現状においては，当市の図書館運営への指定管理者制度の導入にはなじまない」)
4月1日	(福岡)北九州市立図書館，6館で指定管理者制度を導入(2008年度には7館が導入)
7月1日	東京都公立図書館長連絡会設立
8月1日	長野県図書館協会，改組・再発足
8月4日	JLA，「公立図書館の指定管理者制度について」見解を発表
9月21日	(東京)調布市立図書館条例が改正，管理委託条項を削除，図書館の管理は教育委員会が行うことを明記
10月	鳥取県立図書館，県庁本庁舎に職員のための図書室「県庁内図書室」を開室
11月3日	奈良県立図書情報館開館
11月24日	東京高裁，船橋市西図書館蔵書廃棄事件差戻し判決で，控訴人に賠償金3,000円の支払いを命じる(2006.4.7原告の再上告が棄却され，東京高裁差し戻し控訴審判決が確定)
5月25日	「刑事施設及び受刑者の処遇等に関する法律」公布(受刑者の読書の権利を認める)
6月20日	政府，「骨太の方針」を閣議決定，小さくて効率的な政府の実現を掲げ，公務員の純減目標を明記
6月23日	パソコン用ファイル交換ソフト「ウィニー」を使っている多くのパソコンがウイルスに感染し，個人情報がインターネット上に流出する事件が発生
7月29日	「文字・活字文化振興法」公布
8月8日	郵政民営法案が参議院本会議で否決，小泉首相は衆議院解散を断行，9.11衆院選で自民党296議席を獲得
10月14日	「郵政民営化法」公布
10月26日	中教審，「新しい時代の義務教育を創造する（答申）」発表
11月7日	「障害者自立支援法」公布
― ―	アスベスト被害が多数発生していたことが判明

2006年(平成18)		
	2月10日	自民党行政改革推進本部総会，「国会事務局等改革に関する提言」を協議(NDLの独立法人化を盛り込む)
	2月24日	NDL，「国会サービスの指針」策定
	3月23日	科学技術・学術審議会学術分科会研究環境部会学術情報基盤作業部会，「学術方法基盤の今後の在り方について（報告）」公表(大学図書館のあり方を検討)
	3月	文部科学省「これからの図書館の在り方検討協力者会議」，「これからの図書館像：地域を支える情報拠点をめざして（報告）」公表
	4月1日	群馬県公共図書館協議会発足
	5月8日	岩手県立図書館，指定管理者制度を導入して全面開館
	5月17日	「NPO共同保存図書館・多摩」任意団体として発足(2008.5.25法人認可)
	7月1日	(東京)稲城市立中央図書館，PFI事業を導入して開館
	7月22日	文部科学省，社会教育調査の中間発表を公表(2005.10現在)，社会教育施設への指定管理者制度の導入は14.3%，うち図書館は1.8ともっとも低い54館
	7月26日	群馬県図書館協会発足
	4月1日	現在の自治体数1,821団体に再編(7年前には3,232団体)
	5月12日	児童書四者懇談会，「読み聞かせ団体等による著作物の利用について：お話会でも，作者の許可がいるの？」手引きを作成(2007.4.2改訂)
	6月2日	「競争の導入による公共サービスの改革に関する法律」（市場化テスト法）公布
	6月21日	「高齢者，障害者等の移動等の円滑化の促進に関する法律」公布(図書館は同法に関係する施設と該当，「ハートビル法」は廃止，12.20施行)

年	月日	事項	月日	事項
	10月27日	JLA図書館の自由委員会，「加害少年推知記事の扱い（提供）について（自由委員会検討素案）」をHPに掲載（犯罪少年の推知報道については提供することを原則とする」ことが妥当との見解）	9月7日	『週刊新潮』（9月14日号）が徳山工業高専の学生殺人事件容疑者の19歳学生の実名と顔写真を掲載
	11月20日	（北海道）夕張市，市の財政破綻に伴い図書館を廃止すると新聞報道	12月22日	教育基本法公布
			12月22日	「著作権法の一部を改正する法律」公布（視覚障害者に対する録音図書のインターネット送信などが可能に）
			－ －	有川浩『図書館戦争』（メディアワークス）が話題に
2007年（平成19）	1月16日	（福島）矢祭町に全国からの寄贈本とボランティアで運営する公立図書館「矢祭もったいない図書館」開館，話題に	2月16日	公的年金保険料納付記録，5000万件の不明が発覚
	4月1日	NDL館長に長尾真が任命される（議会関係者以外から初の登用）	6月19日	参議院文教科学委員会，学校教育法，地方教育行政の組織及び運営に関する法律，教育職員免許法を改正する「教育再生3法」可決
	4月3日	（北海道）市立夕張図書館廃止に伴い，夕張保健福祉センター内に図書コーナーを開設		
	4月6日	文部科学省，「公立義務教育諸学校の学校図書館の図書の購入に関する経費の地方財政措置について（通知）」を都道府県教育委員会教育長に通知	7月16日	新潟県中越沖地震，柏崎刈羽原発で放射能漏れと火災
	5月7日	（東京）千代田区立千代田図書館，指定管理者制度によりリニューアル開館	7月29日	第21回参議院選挙，民主党61議席獲得，参院第1党となる
	6月8日	大阪地裁，熊取町の図書館における除籍図書の予約拒否をめぐる裁判判決言い渡し，被告の図書館は利用者の要求に応じるべきと判示	9月10日	社会保険庁，該当者不明の年金記録，大量の未登録が顕在化
	11月26日	（東京）千代田区立図書館，インターネット上で電子図書の貸出・返却を行う「千代田Web図書館」開設	10月24日	（財）文字・活字文化推進機構設立
	11月30日	中央教育審議会生涯学習分科会，「生涯学習・社会教育関係制度の検討の方向性について」発表（省令科目の見直し，研修，自己点検・評価を図書館法に盛り込む方向）		
2008年（平成20）	4月11日	大阪府，「財政再建プログラム試案資料（公の施設）」を発表，府立中央図書館・中之島図書館について「集約・多機能化」，国際児童文学館の機能を中央図書館に「移設」すると提言	2月	福田内閣，日本初の公文書管理担当大臣を発令
	5月25日	NDL，納本受付開始日を「納本制度の日」に制定，シンボルマーク決定	3月28日	文部科学省，「幼稚園教育要領」「小学校学習指導要領」「中学校学習指導要領」を告示（小学校は2011年度から，中学校は2012年度から全面実施）
	5月27日	衆議院文教科学委員会，図書館法改正を含む「社会教育法等の一部を改正する法律案」可決，附帯決議採択（6.3参議院文教科学委員会，採択）	5月12日	中国・四川省でマグニチュード8.0の大地震
	6月3日	参議院文教科学委員会，図書館における指定管理者制度について文部科学大臣が「なじまない」とする答弁	6月14日	岩手・宮城でマグニチュード7.2の地震発生

	6月11日	NDL, 法務省の申し出に従い「合衆国軍隊構成員等に対する刑事裁判権関係実務資料」(法務省刑事局, 1972.3)の閲覧禁止, OPAC掲載情報の削除を決定	9月15日	アメリカの証券会社リーマン・ブラザースが連邦破産法の適用を申請, 経営破たん(以後,「リーマンショック」で株価急落, 金融危機が全世界へ広がる)
	6月11日	図書館法改正を含む「社会教育法等の一部を改正する法律案」公布・施行(法律第59号)		
	9月29日	大阪国際児童文学館を育てる会ほか19団体,「大阪府立国際児童文学館の存続に関する請願書」を府議会に提出(10.15本会議で採択)	9月15日	総務省, 日本の70歳以上の人口が2000万人を超えたと発表
	10月14日	東京都教育委員会・千代田区教育委員会,「都立日比谷図書館の千代田区移管に向けた基本的な方向性の合意について」発表(2009.7.1千代田区に移管)	9月24日	自治労,「自治体臨時・非常勤職員の実態調査」中間集約を公表, 図書館職員のうち非常勤・臨時職員が61.6%を占めることが明らかに
	11月29日	NDL, 政府職員録の利用について「緊急避難的な措置として, 当面, 停止すること」に決定		
	12月17日	大阪府,「大阪版市場化テストの新たな対象業務の決定について」発表,「府立図書館管理運営業務」が加わる	11月4日	アメリカ大統領選挙, バラク・オバマが当選
			11月18日	元厚生事務次官等の連続殺傷事件発生(22日に男が出頭, 逮捕)
2009年 (平成21)	4月30日	「図書館法施行規則の一部を改正する省令」公布(文部科学省令第21号), 司書課程科目の制定(13科目24単位へ, 2012年4月1日施行)	1月20日	アメリカ・オバマ大統領就任
	4月	公立図書館の2009年度予算, 1990年以降初めて総額2000億円台, 1館当たり1000万円未満に	5月20日	「公共サービス基本法」公布
	5月25日	図書館友の会全国連絡会(図友連), 第3回総会,「私たちの図書館宣言」を採択	5月21日	裁判員制度がスタート, 8.3最初の事件の公判が開かれる
	6月19日	「著作権法の一部を改正する法律」公布(法律第53号), NDLにおいて著作権者に無許諾で資料の電子化が可能, 障害者のための著作物の複製について権限を強化	6月11日	世界保健機関(WHO), 新型インフルエンザの警戒基準を世界的大流行(パンデミック)に引き上げ宣言
	7月1日	文部科学省,「これからの図書館の在り方検討協力者会議」を設置,「図書館の設置及び運営上望ましい基準」の検討を開始(7.23, 第1回会議)	7月1日	「公文書等の管理に関する法律」公布
	7月1日	東京都立日比谷図書館, 東京都から千代田区に移管	8月30日	第45回衆議院議員選挙, 民主党が過半数を超える議席を獲得, 政権交代
	7月10日	「国立国会図書館法の一部を改正する法律」公布(法律第73号), 国・地方自治体等の提供するインターネット資料を収集できる制度が発足		
			9月1日	消費者庁が発足
	7月	科学技術・学術審議会,「大学図書館の整備及び学術情報流通の在り方について(審議のまとめ):電子ジャーナルの効率的な整備及び学術情報発信・流通の推進」を発表	11月20日	厚生労働省, 日本の貧困率を15.7%と発表(先進国中で最大)
			12月21日	総務省統計局,「日本標準職業分類」改定,「図書館司書」が初めて位置づけられる(2010.4.1適用)
	9月24日	大阪府, 大阪版市場化テストにより「府立図書館管理運営業務」の一部を2010年度から民間開放することに決定		
2010年 (平成22)	1月5日	文部科学省,「図書館海援隊」プロジェクト(図書館による貧困・困窮者支援)の開始を公表	1月1日	日本年金機構発足

	2月18日	JLAなど，「図書館の障害者サービスにおける著作権法第37条第3項に基づく著作物の複製等に関するガイドライン」を発表	3月10日	過疎対策自立促進特別法の一部改正，図書館を整備対象とすることを明記
	3月3日	小河内芳子　没（1908年生，品川区立図書館）	4月1日	子ども手当法・高校無償化施行
	4月1日	改正国立国会図書館法施行，国等のインターネット資料の制度的収集「インターネット資料収集保存事業」（旧WARP）提供開始	4月23日	宮崎県で口蹄疫発生
	4月1日	視覚障害者情報総合ネットワーク「サピエ」がスタート	5月	アップル社，日本でiPad発売
	7月20日	文部科学省，「国民の読書推進に関する協力者会議」の設置を決定	9月7日	尖閣諸島沖で中国漁船が海保巡視船と衝突
	9月10日	矯正と図書館サービス連絡会発足	12月15日	東京都議会，「東京都青少年の健全な育成に関する条例の一部を改正する条例」可決
	10月13日	国公私立大学図書館協力委員会，NII，電子ジャーナル・コンソーシアムの包括的な連携，協力に向け協定書を締結	12月28日	総務省，「指定管理者制度の運用について」を各都道府県・県議会等に通知
	10月26日	2010年度補正予算が閣議決定，「地域活性化交付金」（住民生活に光をそそぐ交付金）に3500億円が盛り込まれ，総務大臣が会見で図書館事業への活用を期待すると発言	－－	国際読書年，また電子書籍元年も話題に
	11月1日	JLA，第1回日本図書館協会認定司書の申請受付を開始，54人が応募　→　2011.5に37人を認定（第1期）		
	12月	文部科学省，「大学図書館の整備について（審議のまとめ）：変革する大学にあって求められる大学図書館像」を発表		
2011年（平成23）	1月5日	指定管理者制度に関する総務省通知について，片山善博総務大臣が記者会見で，図書館は「指定管理になじまない」と発言	1月20日	中国，2010年の国内総生産（GDP）を発表，日本を抜き世界2位に
	3月11日	東日本大震災により（岩手）陸前高田市立図書館，（宮城）南三陸町図書館などが全壊，岩手，宮城，福島県内の図書館に甚大な被害，東北，関東の一部ではぼすべての館が休館	3月11日	東日本大震災による地震・津波で岩手，宮城，福島の3県に壊滅的な被害，東京電力福島第一原発の炉心冷却システムの停止で初の「原子力緊急事態発生」
	4月1日	国立大学図書館協会コンソーシアム，公私立大学図書館コンソーシアムが協同し，「大学図書館コンソーシアム連合」（JUSTICE）発足	3月12日	福島第一原発で爆発，多量の放射能物質が拡散（東京電力は1～3号機のメルトダウンを5月に認める）
	4月11日	東日本大震災被災地支援のために「saveMLAK」が発足		
	4月21日	JLA，緊急常務理事会，対策委員会の設置，被災情報の収集と伝達などによる，Help-Toshokan活動を起動（2012年3月まで）	3月14日	東京電力，震災に伴う電力不足により，管内の計画停電実施（4月8日終了）
	4月28日	文部科学省，「教育の情報化ビジョン：21世紀にふさわしい学びと学校の創造を目指して」を発表	6月20日	復興基本法が成立，復興庁を新設
	8月30日	「地域の自主性及び自立性を高めるための改革の推進を図るための関係法律の整備に関する法律」公布（法律第105号），図書館協議会委員の任命について条例委任とする		
	9月1日	電子書籍の流通と利用の円滑化に関する検討会議，「デジタル・ネットワーク社会における図書館と公共サービスの在り方に関する事項」を公表		

	10月 5日	（宮城）南三陸町図書館の仮設図書館が開館	7月11日	シャンティ国際ボランティア会，「いわてを走る移動図書館プロジェクト」運行開始
	11月13日	栗原均 没（1926年生，JLA理事長）		
	12月24日	総務省，「平成24年度地方財政への対応について」公表，学校図書館図書整備5か年計画の継続（5年で1000億円），学校司書の配置（150億円）などの措置を明示	8月 5日	障害者基本法改正公布・施行
			9月20日	ウィキリークス，米公電全25万件を暴露
	－ －	作家から図書館で購入した新刊本を貸出猶予・禁貸出とする要請，これに応じる図書館があり，図書館の自由との関係が問題となる	11月11日	日米首脳会議でTPP（環太平洋連携協定）参加意向を表明
2012年(平成24)	1月10日	NDL，「国会サービスの指針」策定 「国会と国民をつなぐ役割」などを加える	2月10日	復興庁発足
	3月	全国調査集計結果によると前年度比で増加を続けてきた公共図書館の個人貸出点数が初めて減少	5月 5日	北海道電力，泊原発定期点検のため中止，「原発ゼロ」に
	6月19日	大阪府市統合本部，「基本的方向性（案）」を公表 府立中之島図書館を廃止，別施設に転用することを表明 → 2013.11.20大阪府知事，中之島図書館を存続させる方針を表明，正式決定は12月の戦略対策本部会議	7月 1日	関西電力，大飯原発を再稼働
			7月 5日	東京電力福島第一原発事故を検証する国会の事故調査委員会，最終報告を決定
	6月22日	「国立国会図書館法の一部を改正する法律」公布（法律第32号），オンライン資料も納本対象とする規定の整備	7月	文部科学省，「学術情報の国際発信・流通力強化に向けた基盤整備の充実について」発表
	6月27日	「著作権法の一部を改正する法律」公布，NDLによる絶版等資料の図書館等への自動公衆送信が可能に		
	9月	神奈川県緊急財政対策本部，「神奈川県緊急財政対策案」を発表，県立図書館を含む施設の廃止，移譲，民間活力の導入などの方向性の検討を明示 → 2013.12.2神奈川県知事，県立図書館を再整備，県立川崎図書館を移転する方針を明示	8月10日	社会保障・税一体改革関連法案成立
			9月11日	閣議で，尖閣諸島の国有化を決定（日中関係が悪化）
	12月 1日	（岩手）陸前高田市立図書館，仮設で開館	12月16日	第46回衆議院議員選挙，自民党が単独で安定多数を確保，民主党は惨敗
	12月19日	「図書館の設置及び運営上の望ましい基準」告示（文部科学省告示第172号）		
	－ －	NDL，大学図書館，県立図書館など，東日本大震災関係の資料や記録を収集し，アーカイブを構築する活動を展開		
2013年(平成25)	3月13日	文部科学省，各都道府県教育委員会にあて「学校図書館関係の地方財政措置について」送付	4月 4日	日銀，異次元の量的・質的緩和を決定
	4月 1日	カルチュア・コンビニエンス・クラブ（CCC）を指定管理者とする最初の図書館として，（佐賀）武雄市図書館が開館	4月27日	映画『図書館戦争』公開
			6月	「障害を理由とする差別の解消の推進に関する法律」（「障害者差別解消法」）が成立（2016.4.1施行）
	5月10日	NDL，「戦略的目標」を策定		
	5月28日	「子どもの読書活動の推進に関する基本的な計画（第三次）」公示（文部科学省告示第83号）		
	6月14日	2013〜2017年度の5年間を対象とする第2期教育振興基本計画が閣議決定	8月 9日	財務省，国の借金が1000兆円を突破と発表
	6月24日	神奈川の県立図書館を考える会，「民間からの政策提言：これからの県立図書館像」を発表	8月15日	映画『疎開した40万冊の図書』公開

8月16日	漫画「はだしのゲン」について，松江市教育委員会が2012年12月に市立小中学校に対し，閉架措置と貸出閲覧制限を求めていたことを，地元紙「山陰中央新報」が報道 → 8.26松江市教育委員会，市内各校への要請を撤回	
8月	文部科学省，「学修環境充実のための学術情報基盤の整備について」公表	
10月 1日	横浜市，学校司書125人の採用式，小・中学校に各1名学校司書を配置	
11月21日	（神奈川）海老名市，市立図書館2館の指定管理者としてCCCと図書館流通センター（TRC）共同事業体を選定したと発表	
− −	JLA図書館の自由委員会などの団体，特定秘密保護法に対し，反対・批判の声明など	
10月	NHK「みんなのうた」で「図書館ロケット」（作詞・作曲，畑亜貴）が放送
12月 4日	「障害者の権利に関する条約」が国会承認（2014.1.22批准, 2.19発効）
12月13日	「特定秘密の保護に関する法律」公布（2014.12.10施行）
− −	ホテルなどで食材偽装の発覚が相次ぐ

2014年（平成26）

1月21日	JLA，公益社団法人への移行登記完了，「公益社団法人日本図書館協会」となる	
1月31日	JLA，『図書館の設置及び運営上の望ましい基準活用の手引き』発行	
2月24日	東京都内の公立図書館で『アンネの日記』などの破損事件が相次ぎ，警視庁が捜査本部を設置（被害冊数約300冊） → 3.14容疑者を逮捕	
3月25日	文部科学省，「アクティブ・ラーニング・スペース」を整備する大学図書館は306館で前年より35％増加と報告	
3月31日	文部科学省，「これからの学校図書館担当職員に求められる役割・職務及びその資質能力の向上方策等について」を公表	
4月25日	学校図書館議員連盟，設立総会	
5月14日	「地方公務員法及び地方独立行政法人法の一部を改正する法律」公布（法律第34号），公立図書館に職名「司書」を置くことつながる職制の廃止	
6月20日	参議院本会議，「学校図書館法の一部を改正する法律案」を全会一致で可決成立，「学校司書」を法律上に位置づけ	
10月31日	JLAほか，第100回全国図書館大会開催（明治大学・〜11.1）	
4月 1日	消費税率8％に増税
4月 4日	政府，「地方教育行政の組織及び運営に関する法律」改正法案を閣議決定
5月14日	「著作権法の一部を改正する法律」公布，現行の出版権を電子書籍にも適用するよう整備
6月11日	「少年院法」および「少年鑑別所法」公布，書籍等の整備に言及
7月 1日	政府の臨時閣議，集団的自衛権行使を限定容認する新政府見解を決定
11月28日	「まち・ひと・しごと創生法」公布
12月14日	第47回衆議院議員選挙，与党が325議席を獲得，定数の3分の2を上回る

外国編（1800年以降）

年	国	●図書館界		●一般事項
1800年	(米)	議会図書館（Library of Congress）設立（1802開館）	(米)	ジェファソン大統領に当選，首都ワシントンに移る
1801年	(伊)	ボローニャに公共図書館設立	(スイス)	ペスタロッチ『ゲルトルートはいかにその子を教えるか』刊
1802年	(ハンガリー)	国立セーチェーニ図書館（ブダペスト）設立 →1985	(英)	ロゼッタ石大英博物館に搬入
	(米)	フィラデルフィアのLaw Association図書館設立		
1803年	(米)	C. Bingham寄贈の図書により図書館設立のためSalisbury (Conn.) は市費支出を決める →1807	(英)	長網抄紙機開発
	(独)	帝国代理首脳決議により教会，修道院の図書押収され，ミュンヘン，ヴュルツブルク等の図書館に納められる		
	(仏)	ヴェルサイユに市立図書館設立		
	(ベルギー)	ブリュッセルとリエージュに市立図書館設立		
1804年	(伊)	カルロス3世創立（1734）の文庫をもとにナポリに国立図書館設立	(仏)	ナポレオン法典編纂（～1810），学制，行政，司法を再編成
1805年	(仏)	国立図書館は重複本を他館の図書と交換しその集書をできるだけ完全にすべき法令が発せられる	(墺)	教育令制定
			(独)	シラー（1759～）没
1806年	(独)	M. Schrettinger（1772～1851）バイエルン王立図書館（ミュンヘン）の司書となる（1823～1844：副館長）→1808	(独)	M.F. イリッヒ，紙に機械で「どうきがけ」する
1807年	(米)	Boston Athenaeum設立	(独)	ラム姉弟『シェークスピア物語』刊
	(米)	Bingham Library for Youth開館 ←1803		
1808年	(墺)	ウィーン宮廷図書館，国内出版物の納本権を獲得	(英)	蒸気機関車ロンドンで走る
	(仏)	リヨン市立図書館設立（1693創立）	(独)	ブロックハウス，百科事典刊行事業を譲り受ける
	(独)	M. Schrettinger『図書館学全教程試論』（Versuch eines voˡlständigen Lehrbuchs der Bibliothek-Wissenschaft. Bd. 1.）刊（Bd. 2:1829）→1835	(独)	ゲーテ『ファウスト』第1部刊
	(独)	兄グリム（1785～1863），カッセルのヴェストファリア宮廷司書となる →1812，1814，1829		
1809年	(仏)	ルーアン市立図書館設立（1791創立）	(独)	ブロックハウス常用百科事典刊行開始
1810年	(アルゼンチン)	ブエノスアイレス公共図書館設立（1884国立図書館に改組）	(仏)	ナポレオン全盛時代（～1812）
	(ブラジル)	リオデジャネイロに亡命のポルトガル摂政王子，宮廷文庫設立（1882ブラジル王立図書館に改組）	(独)	ベルリン大学開設
	(仏)	J.C. Brunet（1780～1867）『書籍商書物愛好家提要』（Manuel du libraire et de l'amateur de livres）刊	(英)	スコット『湖上の美人』刊
1811年	(ノルウェー)	オスロ大学図書館設立（1814以後国立図書館を兼ねる）	(独)	F. ケーニヒ，輪転式印刷機を開発
	(ポルトガル)	エヴォラ公共図書館・文書館設立		
	(独)	F.A. Ebert『公開の図書館について』（Über öffentliche Bibliotheken）刊 →1820		

	(仏)	『フランス書誌』(*Bibliographie de la France*)刊行開始		
	(米)	Massachusetts General Hospital, Bostonに患者用図書室設立		
1812年	(英)	Roxburgh Club設立（T.F. Dibdin等）	(仏)	ナポレオン，ロシア遠征敗退
			(米)	英米戦争（〜1814）
			(独)	グリム兄弟『子どもと家庭の童話』（2巻，1812〜1814）
1813年	(チリ)	国立図書館（サンチアゴ）設立（翌年閉館，1818再設）	(仏)	欧州列国連合してナポレオンと戦う
	(英)	大英博物館蔵書目録（*Librorum Impressorum*）刊行開始（7巻，1813〜1819）→1881		
1814年	(露)	エカテリーナ2世創設の帝室文庫は帝国図書館として公開される（サンクトペテルスブルク）（1932：サルティコフ・シチェドリン図書館と改称）（レニングラード）	(墺)	ウィーン会議開催（〜1815）
			(仏)	ナポレオン，エルバ島に流される
	(米)	議会図書館英国軍に焼かれる	(英)	「タイムズ」紙，ケーニヒ式高速度印刷機で印刷
	(独)	弟グリム（1786〜1859），カッセルの宮廷図書館書記に任命される →1830		
	(独)	F.A. Ebert，ドレスデン宮廷図書館に就職 →1828		
1815年	(蘭)	王室図書館（1798創立）が国立図書館（ハーグ）となる	(仏)	ナポレオン，ワーテルローで敗れセントヘレナに流される
	(伊)	Ricardiana図書館（フィレンツェ）設立		
	(米)	議会図書館，前大統領ジェファソン（1743〜1826）の蔵書を購入して再建	(仏)	神聖同盟組織される
1816年	(ウルグアイ)	J.M.P. Castellanoの遺志によりその蔵書・住居・遺産により公開の図書館設立される（モンテビデオ）（1840頃国立図書館として公開される）		アルゼンチン独立
			(独)	ケーニヒとバウエル，両面同時印刷機を開発
	(米)	インディアナ州，郡立図書館設立について法令を定める		
	(米)	ハーヴァード大学に医学図書館設立		
1817年	(チェコ)	ボヘミアのツロニスに公共図書館設立	(独)	学生組合の自由主義運動起こる
	(英)	スコットランドのHaddington市長S. Brown，巡回図書館を開始	(独)	『グメーリン無機化学文献総覧』刊行開始
	(英)	T.F. Dibdin, *The Bibliographical Decameron*刊		
	(独)	マールブルク大学の提唱で学術図書館の相互利用協会（Akademischer Tauschverein）設立		
	(米)	ハーヴァード大学に法律図書館設立		
1818年	(英)	下院図書館設立 →1826		チリ独立
	(仏)	上院図書館設立	(独)	A. ゼーネフェルダー『石版印刷学習書』刊
	(米)	ニューハンプシャー州立図書館について法令通過		
	(米)	ニューヨーク州立図書館（オルバニー）設立	(米)	フィラデルフィア市で学童に教科書無料供給
	(米)	Bristol (Conn.) にMechanics' Library設立		
	(アイスランド)	国立図書館（レイキャビク）設立（1825開館）		
	(南アフリカ)	South Africa Public Library（ケープタウン）設立（1948：国立図書館，1967：South African Libraryと改称）		
1819年	(独)	ダルムシュタット候図書館，ヘッセン州立図書館となる	(独)	新聞等の言論の自由に対して監督すべきことを決める（カールスバート決議）

1820年	(米)	Mercantile Library Association, Boston; New York設立	(伊)		炭焼党ナポリに結成，革命を起こす
	(米)	Mechanics' Apprentices' Library, Boston設立			
	(独)	F.A. Ebert『図書館員の教育』(*Die Bildung des Bibliothekars*, 2 Aufl.) 刊	(西・ポルトガル)		革命起こる
1821年	(ペルー)	国立図書館（リマ）設立（1822開館）			メキシコ，ペルー独立
	(仏)	国立古文書学校（École Nationale des Chartes (Paris)) 設立 →1963	(ギリシャ)		独立戦争（～1829）
			(仏)		ナポレオン（1769～）没
1822年	(ブラジル)	宮廷文庫を王立図書館に改組（1878：国立図書館）			ブラジル独立
	(仏)	図書館視察官制を創設（1839実施）	(英)		C. バベッジ計算機を構想
1823年	(英)	グラスゴーにMechanics' Institute設立	(米)		モンロー主義宣言
	(英)	リバプールにMechanics' Apprentices' Library設立			
	(独)	F.A. Ebert，ウォルヘンビュッテル図書館長に就任			
	(コロンビア)	国立図書館（ボゴタ）設立［異説：1777］			
1824年	(米)	議会図書館（議事堂内）図書館設備新装 →1851			
	(英)	London Guildhall Library再建される →1974			
1825年	(英)	エディンバラにMechanics' Subscription Library設立			ボリビア独立
1826年	(英)	上院図書館設立	(英)		ロンドン大学設立
	(米)	Massachusetts State Library（ボストン）設立			
	(独)	Ludwig Hain（1781～1836）『15世紀印刷本の書誌学的総合目録』(*Repertorium Bibliograhicum ad annum MD*, ～1838) 刊			
1827年	(米)	ニューヨーク州知事DeWitt Clinton，州立法部に対し学校に小図書館の設置提案 →1835	(英)		W. ブレーク（1757～）没
			(仏)		出版検閲制を敷く
	(仏)	この頃N.M.A. Vattemare（1796～1864）は図書館の重複本の国際交換事業に着手 →1840，1847	(独)		ベートーヴェン（1770～）没
1828年	(英)	大英博物館キングス・ライブラリー完工	(米)		N. ウェブスター英語辞典刊
	(独)	F.A. Ebert，ドレスデン宮廷図書館長に就任 →1834	(独)		レクラム出版社設立
			(独)		シューベルト（1797～）没
1829年	(ギリシャ)	国立博物館の一部として国立図書館設立（Aegina）（1834首都移転によりアテネへ）→1834，1903	(仏)		ブライユ，点字法発明
			(米)		『アメリカーナ百科事典』(13巻，1829～1833) 刊
	(独)	兄グリム，ゲッティンゲン大学図書館就職 ←1808			
	(ウクライナ)	オデッサ市立図書館設立（ウクライナ独立後国立図書館となるが，1957キエフ地方公共図書館が国立図書館となる）	(米)		W.A. Burt，タイプライターの特許を得る
	(デンマーク)	C. Molbech『公開図書館』(*Om offentlige Bibliotheker*) 刊（独訳：*Über Bibliothekswissenschaft, oder Einrichtung und Verwaltung öffentlicher Bibliotheken*, 1833)			
1830年	(米)	議会図書館蔵書目録（*Catalogue of the Library of Congress*) 刊 →1942			ベルギー独立
			(仏)		7月革命
	(米)	ハーヴァード大学図書館蔵書目録（*A Catalogue of the Library of Harvard University in Cambridge, Massachusetts*, 1830～31. 3 vols.）刊	(独)		『薬学中央雑誌』創刊
	(独)	弟グリム，ゲッティンゲン大学図書館就職 ←1814			
1831年	(英)	A. Panizzi（1797～1879），大英博物館の司書補に就職 →1856	(英)		ファラデー電磁誘導現象を発見（1833ファラデーの法則）
	(独)	ベルリン大学図書館設立			
1832年	(仏)	市立図書館は公衆教育省所管となる	(独)		ゲーテ（1749～）没

年表(外国編)…………617

年	国	事項	国	事項
	(独)	ミュンヘン市立図書館設立（1843開館）	(英)	有用知識普及協会の支援で*Penny Magazine*刊行開始
	(ユーゴスラビア)	セルビア国立図書館（ベオグラード）設立	(仏)	最初の通信社アバス社創立
	(米)	シカゴの日曜学校に図書館をもつものあり		
1833年	(メキシコ)	国立図書館設置法　→1857	(英)	初等教育に国庫補助を始める
	(ベネズエラ)	国立図書館（カラカス）設立［異説：1841］	(仏)	初等教育の組織がつくられる（文相ギゾー）
	(米)	Peterborough, N.H. 町立無料図書館設立		
	(独)	Grossenhain（Sachsen）に市民図書館設立		
	(ポルトガル)	Porto市立公共図書館設立		
	(デンマーク)	C. Molbech『図書館学』(*Ueber Bibliothekswissenschaft*) 刊		
1834年	(ギリシャ)	国立図書館（アテネ）開館	(中)	淫書小説の販売を禁ず
	(独)	F.A. Ebert (1791〜) 没　←1811, 1820		
	(仏)	*Bulletin du Bibliophile*創刊（1858：*Bulletin du Bibliophile et du Bibliothécaire*と改題）		
1835年	(米)	ニューヨーク州は学区が図書館建設のために課税することを承認する条例を定める　←1827	(デンマーク)	アンデルセン『子どものためのお話集』刊行開始
	(米)	フィラデルフィアLibrary Company蔵書目録刊	(独)	ハイネの全著作発禁
	(アルジェリア)	アルジェ図書館設立　→1960		
	(独)	M. Schrettinger『図書館学ハンドブック』(*Handbuch der Bibliothek-wissenschaft*) 刊		
1836年	(西)	王立文庫（1712設立）に基づき王立図書館（マドリッド）設立　→1896	(英)	ロンドン労働者協会設立
	(ポルトガル)	王立文庫（1796設立）に基づき国立図書館（リスボン）設立　→1969	(英)	ディケンズ『ピックウィック・クラブ』分冊週刊で刊行開始（20分冊、〜1837）
	(印)	カルカッタ公共図書館設立（1948王立図書館）	(西)	書籍狂神父ドン・ビンセンテ死刑宣告される
	(ボリビア)	国立図書館（スクレ）設立［異説：1836］		
	(米)	Surgeon-General's Officeに図書館設立（1922：Army Medical Libraryを経て、1956：国立医学図書館（National Library of Medicine）となる）		
1837年	(ベルギー)	王室図書館（ブリュッセル）設立（1839開館）	(英)	ヴィクトリア女王即位
	(英)	A. Panizzi, 大英博物館刊本部長就任　→1856	(独)	プロシャ著作権法制定
1838年	(米)	ニューヨークにAstor図書館設立（1854開館）　→1895	(英)	国立公文書館設立
	(英)	ロンドン大学図書館設立		
1839年	(仏)	公共図書館網の整備について法令公布	(仏)	ダゲール, ダゲールタイプカメラを完成
	(独)	K. Preusker, 民衆図書館の設立案提唱		
	(英)	E. Edwards (1812〜1886), 大英博物館刊本部に入る　→1841	(独)	マイヤー百科事典（〜1852）
1840年	(米)	議会図書館、A. Vattemare (←1827) の国際交換組織に加わるため重複図書交換の権限, 国際交換用の官庁出版物（50部）獲得など認められる	(英)	郵便制度設置, 普通切手発行
			(独)	F.G. Keller, 木材を砕いて紙を作る機械を発明
	(独)	*Serapeum: Zeitschrift für Bibliothekswissenschaft...*創刊（1870終刊）	(中)	アヘン戦争（〜1842）
	(仏)	サント・ブーブ, マザラン図書館に就職（1848退職）		
1841年	(英)	E. Edwards等の協力を得たPanizziのいわゆる91条目録規則（*Rules for Compilation of the Catalogue of Printed Books in the British Museum*）刊	(英)	W.H.K. トールボット, カロタイプ写真術を発明
			(英)	『パンチ』誌創刊

	(英)	会員制のLondon Library, T. カーライル（1795～1881）らによって設立される　→1843	(独)	C.B. タウフニッツ, ペーパーバックの廉価版刊行開始
	(仏)	L.A.C. Hesse『図書館経営』(*Bibliothéconomie*) 刊		
	(独)	『図書館学文献通報』(*Anzeiger für Literatur der Bibliothekswissenschaft*) 創刊　→1845		
	(米)	ハーヴァード大学図書館本館 (Gore Hall) 竣工 (1841開館)　→1902, 1915		
	(英)	G. Birkbeck (1776～) 没		
1842年	(英)	C.E. Mudie (1819～1890), 貸本屋Select Library開業 (1937閉鎖)	(英)	『絵入ロンドン・ニューズ』誌創刊
1843年	(英)	London Library (1841設立) 閲覧室開設		
	(独)	バイエルン王立図書館 (ミュンヘン, 1558設立) 本館竣工 (1832着工)		
	(仏)	H. Labrouste (1801～1875) サント・ジュヌヴィエーブ図書館 (1624創立) を設計　→1850, 1854		
	(米)	ブラウン大学図書館蔵書目録 (C.C.Jewett編) 刊		
1844年	(仏)	C. Nodier (1780～) 没 (1824～アルスナル図書館長)	(米)	モールス電信成功
	(独)	C. ティシェンドルフは聖カタリナ僧院で「シナイ写本」を発見, ライプツィヒ大学図書館に寄託　→1933		
1845年	(ポルトガル)	ポンタ・デルガダ公共図書館 (アゾレス諸島) 設立	(独)	ホフマン『もじゃもじゃペーター』(Struwwelpeter) 刊
	(独)	『図書館学通報』, *Anzeiger der Bibliothekswissenschaft* と改題 (1850～55: *Anzeiger für Bibliographie und ..*) (1886終刊)		
1846年	(米)	Smithsonian Institutionとその図書館 (ワシントン) 設立	(米)	メキシコ戦争 (～1848)
	(仏)	ソルボンヌ大学図書館完工		
	(独)	E. Zoller『図書館学概要』(*Die Bibliothekwissenschaft im Umrisse*) 刊		
1847年	(仏)	L'Academie de Médecine図書館 (パリ) 設立	(仏)	2月革命
	(米)	ボストン市はパリからの図書の寄贈を受け (←1827) 市会は無料公開図書館設立のための徴税につき請願書を州立法部に提出 (1848認可)	(英)	マルクス, エンゲルス, ロンドンで『共産党宣言』刊
	(米)	C.C. Jewett (1816～1868), スミソニアン協会の図書館長就任		
	(英)	T.F. Dibdin (1776～) 没　←1817		
1848年	(英)	大英博物館本館竣工	(独)	3月革命, 1819年の検閲規定廃止
	(米)	マサチューセッツ州はボストン図書館法を通過　←1847	(米)	カリフォルニアで金鉱発見
	(米)	W.F. Poole (1821～1894)『雑誌記事索引』(*An Alphabetical Index to Subjects Treated in the Reviews and Other Periodicals* (2nd ed: *An Index to Periodical Literature*, 1853)) 刊		
1849年	(デンマーク)	王室図書館 (1673創立) は国立の施設となる	(米)	E.A. ポー (1809～) 没
	(英)	W. Ewart (1798～1869) を委員長として公共図書館委員会が下院に設けられる. *Report from the Select Committee on Public Libraries*刊	(波)	ショパン (1810～) 没
	(米)	ニューハンプシャー州図書館法通過		
1850年	(英)	Ewart提案による公共図書館法裁可	(英)	英仏間に海底電線敷設

	(独)	ベルリンに民衆図書館 4 館設立　←1839	(中)	長髪賊の乱起こる（～1864）
	(仏)	サント・ジュヌヴィエーヴ図書館（H. Labrouste設計）竣工　←1843	(仏)	バルザック（1799～）没
	(イラク)	A.H. Layardによるニネヴェ発掘（1845～47）再開（1854アシュルバニパル王（紀元前7世紀）の図書館発見）		
1851年	(英)	E. Edwards（←1839），マンチェスター図書館（1852開館）長に就任（1858退職）	(英)	ロンドン国際博覧会開催
	(米)	議会図書館火災（3万5千冊焼失）（1852再建，1853再開）	(米)	『ニューヨーク・タイムズ』紙創刊
	(米)	マサチューセッツ州図書館法通過		
	(米)	C.C. Jewett，アメリカ最初の包括的な図書館統計 *Notices of Public Libraries in the United States*刊		
	(独)	M. Schrettinger（1772～）没　←1808，1835		
1852年	(英)	マンチェスター，リバプール公共図書館開館	(米)	マサチューセッツ州義務教育制実施
	(英)	A. PanizziとSidney Smirkeによる円形閲覧室の設計が大英博物館理事会の承認を得る（1854着工）	(米)	ストー夫人『アンクル・トムズ・キャビン』刊
	(米)	ボストン公共図書館設立（1854開館）　→1894，1972	(独)	グリム兄弟『ドイツ語辞典』刊行開始（32巻，1852～1961）
	(米)	ボストン公共図書館理事会，*Report of the Trustees of the Public Library of the City of Boston*刊		
	(米)	C.C. Jewett, Panizzi規則に基づいて『39条の目録規則』（*Code of 39 Rules*）刊	(英)	ロジェ『シソーラス』刊
	(伊)	Perugiaに市立図書館設立		
1853年	(英)	公共図書館法はアイルランド，スコットランドにも適用される	(独)	楔形文字解読者グローテフェント（1775～）没
	(米)	図書館員会議（議長：C.C. Jewett）が開催されたが，図書館協会の設立に至らなかった（ニューヨーク）→1876		
	(豪)	ヴィクトリア州立図書館（メルボルン）設立		
1854年	(米)	ニューヨークにAstor Library開館（←1838），初代館長は作家W. Irving（1783～1858）　→1895	(露)	クリミア戦争（～1865）
	(米)	『ボストン公共図書館蔵書目録』（*Catalogue of the Public Library of the City of Boston*）刊	(仏)	コロタイプ印刷法発明
	(仏)	H. Labrouste（←1843，1850）国立図書館設計着手　→1864，1875		
1855年	(アイルランド)	イギリスによる公共図書館法公布　→1947	(仏)	パリ国際博覧会開催
	(米)	C.C. Jewett，ボストン公共図書館に入り目録を担当，カードを用いる　→1858	(英)	『デイリー・テレグラフ』紙創刊
			(米)	ホイットマン『草の葉』刊
1856年	(英)	A. Panizzi，大英博物館の館長就任（1866退任）→1879	(エジプト)	スエズ運河会社設立（1869開通）
	(英)	Hertford公共図書館開館（1855設立）	(仏)	パリ平和条約
	(米)	W.F. Poole，Boston Athenaeum館長就任（→1868），Mrs. A.B. Harnden同館に就職（はじめての女性図書館員）	(中)	アロー号事件起こる
	(米)	シンシナティ公共図書館開館	(独)	ハイネ（1797～）没
	(独)	J. Petzholdt（1812～1891）『図書館学入門』（*Katechismus der Bibliothekslehre*）刊　→1866	(独)	シューマン（1810～）没

年	国	事項	国	事項
1857年	(英)	大英博物館の円形閲覧室（1854着工）完成，開館 ←1852	(印)	ムガール帝国滅ぶ
	(英)	マンチェスター，リバプール公共図書館は分館を設置，リバプールは点字図書を備えつける	(仏)	ボードレール『悪の華』刊，一部削除と罰金を命ぜられる
	(メキシコ)	メキシコ・シティ図書館（1867国立図書館）設立	(仏)	モニエ『俗人プリュドムの思い出』（漫画集）刊
	(デンマーク)	C. Molbech（1783〜）没 ←1829		
1858年	(仏)	国立図書館組織改革	(印)	東インド会社の手を離れて英国管轄，ヴィクトリア女王インド王となる
	(米)	C.C. Jewett，ボストン公共図書館館長就任		
	(米)	C.A. Cutter（1837〜1903），ハーヴァード大学神学部に入り学生兼図書員として図書界入り →1868		
1859年	(英)	『大英博物館閲覧室参考図書目録』（*A List of Books of Reference in the Reading Room*）刊	(英)	チャンバース百科事典刊行（10巻，〜1868）
	(英)	E. Edwards『図書館覚書』（*Memoirs of Libraries*）刊	(英)	ダーウィン『種の起源』刊
	(米)	W.J. Rhees『公共図書館便覧』（*Manual of Public Libraries... in the United States...*）刊	(英)	ミル『自由論』刊
			(独)	W. グリム（1786〜）没
1860年	(英)	バーミンガム公共図書館設立（1861開館）	(伊)	イタリア統一ほぼなる
	(フィンランド)	ヘルシンキ市立図書館設立	(米)	リンカーン大統領に当選
			(米)	政府印刷局設立
	(米)	C.A. Cutter，ハーヴァード大学図書館に就職（←1858）→1868	(独)	ショーペンハウエル（1788〜）没
	(中)	英仏軍の北京侵攻により翰林院の「永楽大典」四散		
1861年	(伊)	マリアベーキアーナ図書館（フィレンツェ，1714設立），パラティナ図書館と合併，国立図書館となる（1885国立中央図書館）	(伊)	イタリア王国建設
			(米)	南北戦争起こる（〜1865）
			(露)	農奴開放宣言
	(伊)	Prato市にイタリアで最初の通俗図書館設立	(英)	新聞税廃止
	(英)	マンチェスター公共図書館，児童部設置		
	(米)	ハーヴァード，閲覧用に初めてカード目録を設ける		
1862年	(英)	遣欧日本使節団（福沢諭吉，市川清流ら），大英博物館訪問	(独)	ビスマルク，プロシア宰相となる（〜1890）
	(露)	ルミヤンツェフ博物館図書館（モスクワ）公開（1925：レーニン国立図書館）	(ギリシャ)	ギリシャ革命
	(仏)	公立学校にはすべて図書館を設置すべき法令公布		
	(米)	農務省に図書館設立（1962国立農学図書館）		
1863年	(チェコスロバキア)	スロバキア国立図書館（マルチン）設立	(独)	J. グリム（1785〜）没
1864年	(仏)	国立図書館がH. Labrouste（1801〜1875）の設計により大閲覧室建築，書庫改築着工（1875完成）←1854		万国赤十字連盟結成
			(英)	ロンドンで第一インターナショナル結成
	(独)	バイエルン州，図書館員の資格および養成規程を公布	(中)	太平天国の乱平定
	(英)	シェークスピア記念図書館（バーミンガム）設立		
	(米)	A.R. Spofford（1825〜1908），議会図書館館長就任 →1897		
1865年	(英)	バーミンガム公共図書館，児童に図書の貸出を開始	(露)	トルストイ『戦争と平和』（4部 1865〜1869）
	(伊)	ナポリ大学，図書館学開講		
	(仏)	パリ公共図書館開館	(墺)	メンデル，遺伝法則発表
	(米)	セント・ルイス，デトロイト公共図書館設立	(米)	南北戦争終わる
			(英)	キャロル『不思議の国のアリス』刊

1866年	(米)	議会図書館にスミソニアン研究所の図書約4万冊移管される	(独)		普墺戦争，ドイツ連邦解散
	(米)	議会図書館年報刊行を始める	(露)		ドストエフスキー『罪と罰』発表
	(独)	J. Petzholdt『書誌総覧』（*Bibliotheca bibliographica*）刊　←1856			
1867年	(伊)	修道院廃止（1866）により押収本を入手した自治体はこれを利用できるようにすることを義務化する法律通過	(独)		マルクス『資本論』第1巻刊（2：1885，3：1894）
	(ルーマニア)	ルーマニア・アカデミー図書館（ブカレスト）設立	(独)		レクラム文庫創刊
	(仏)	『フランス出版物総目録』（*Catalogue général de la librarie française*）刊行始める　←1811	(墺)		オーストリア・ハンガリア連合帝国成立
	(伊)	『イタリア書誌』（*Bibliografia Italiana*）刊行始める	(仏)		パリ万国博覧会開催
1868年	(米)	C.A. Cutter, Boston Athenaeum館長就任（1893退任）→1903	(西)		スペイン革命
	(米)	ボストン公共図書館，点字図書8点の寄贈を受け視覚障害者に対するサービス開始，同館2代館長C.C. Jewett（1816〜）没，後任にJ. Winsor就任	(英)		ロンドンのタイムズ社巻取紙式輪転機設置
1869年	(ニュージーランド)	公共図書館法成立			スエズ運河開通
	(エクアドル)	国立図書館（Quito）設立	(米)		太平洋鉄道開通
	(米)	クリーヴランド公共図書館設立			
	(パラグアイ)	市立図書館設立［異説：1887］（1909：国立図書館）			
	(英)	William Ewart（1798〜）没			
1870年	(アルゼンチン)	図書館法成立	(独)		普仏戦争起こる（〜1871）
	(エルサルバドル)	国立図書館（サンサルバドル）設立	(伊)		イタリア統一完成
			(墺)		普通教育法制定
	(エジプト)	国立図書館（カイロ）設立	(英)		ディケンズ（1812〜）没
	(米)	ニューヨークにLenox Library設立　→1895			
	(米)	W.T. Harris（1835〜1909），分類表を発表（*Essay on the System of Classificaion*）			
	(仏)	ストラスブール大学図書館，プロシア軍により焼かれる			
1871年	(独)	ストラスブルク，Bibliothèque nationale et universitaire設立	(独)		ドイツ帝国成立
	(独)	コメニウス図書館（ライプツィヒ）設立	(仏)		パリ・コミューンの乱，第3共和制成立
	(米)	ボストン公共図書館，東ボストンに分館設置	(伊)		首都をフィレンツェよりローマに移す
	(米)	シンシナティ公共図書館（W.F. Pool館長），日曜開館制を実施	(ギリシャ)		独シュリーマン，トロイ遺跡を発掘
	(米)	ウースター公共図書館長にS.S. Green就任			
	(英)	カーライル，ロンドン図書館（1841設立）館長就任			
	(独)	K. Preusker（1786〜）没			
	(米)	G. Ticknor（1791〜）没（ボストン公共図書館設立委員）			
1872年	(仏)	大学図書館につき学生の図書館負担金を制度化する法律を公布	(露)		バクーニン，無政府党を組織（〜1877）
	(独)	議会図書館設立	(中)		『申報』創刊
	(米)	ロスアンゼルス公共図書館開館			
	(米)	シカゴ公共図書館設立（翌年開館）			

	（米）	ボストン公共図書館，印刷カード目録使用を開始		
1873年	（スウェーデン）	ウィーン世界博にスウェーデン・モデル図書館を出品	（米）	金融恐慌，欧州に普及，独占資本主義を促進
	（米）	Amherst CollegeでM. Dewey（1851〜1931）の十進分類法使用が承認される	（墺）	ウィーン世界博覧会
	（米）	シカゴ公共図書館長にW.F. Poole就任		
1874年	（米）	C.A. Cutterによる辞書体のCatalogue of the Library of the Boston Athenaeum, 1807-1871. 5 vols.刊行始まる（1882刊了）		万国郵便同盟成立
	（仏）	国立図書館（館長L. ドリール），印刷カード配布を始める	（中）	台湾事件起こる
	（独）	F. Rullmann（1846〜1904）『ドイツにおける大学教育としての図書館学』（Die Bibliothekseinrichtungskunde ...aie Bibliothekswissenschaft als solche einem besondern Universitätsstudium in Deutschland unterworfen（英訳 Outlines of Library Science, 1876））刊	（米）	スタンリー，アフリカ横断
	（独）	K. Dziatzko『カード目録編制規則教程』（Instruction für die Ordnung der Titel...）刊		
	（スウェーデン）	ストリンドベリ（1849〜1912），王室図書館に就職（〜1883）		
1875年	（仏）	国立図書館増改築竣工 ←1864	（英）	R. バークリー，オフセット印刷法を完成
	（米）	Caroline M. Hewins（1846〜1926），青年会図書館（Young Men's Institute Library, Hartford (Conn.)（1893：Hartford public library））で児童サービスを始める →1882	（デンマーク）	アンデルセン（1805〜）没
1876年	（伊）	ローマ国立中央図書館設立 →1976	（米）	フィラデルフィア大会で第1インターナショナル（←1864）解散
	（米）	図書館員大会開催（フィラデルフィア），American Library Association結成		
	（米）	Public Libraries in the United States of America... Special Report発行（C.A. Cutter, Rules for a Dictionary Catalogueを含む）	（米）	フィラデルフィア万国博覧会開催
	（米）	M. Dewey『十進分類法』（Decimal Classification）刊	（米）	G. ベル，電話機を発明
	（米）	American Library Journal（1877：Library Journalと改題）創刊		
	（仏）	A. フランス（1844〜1924），上院付属図書館に就職（〜1890）		
1877年		国際図書館員会議初めて開催（ロンドン）	（露）	露土戦争（〜1878）
	（アイルランド）	国立図書館（ダブリン）設立 →1890	（米）	エジソン，蓄音機を発明
	（スウェーデン）	三室図書館竣工（1956〜1971増築）		
	（英）	図書館協会（Library Association of the United Kingdom）結成（1896：Library Association: LAと改称）		
1878年	（ブルガリア）	キリル・イ・メトディウス図書館（ソフィア）設立（1879国立図書館）	（独）	社会主義取締法公布
	（ブラジル）	王立図書館（←1822）を国立図書館に改める →1910		
	（英）	Index Society結成		

	(独)	ゲッチンゲン大学図書館，雑誌閲覧室を設ける			
1879年	(グアテマラ)	国立図書館（グアテマラ）設立			独墺同盟
	(仏)	司書資格試験制始まる →1893	(独)	ベーベル『婦人論』刊
	(米)	Pawtucket, (R.I) Free Libraryで開架Open shelvesを実施	(米)	エジソン，炭素線白熱電球を発明
	(米)	C.A. Cutter, Expansive Classificationを発表（*Library Journal*, vol.4）	(ノルウェー)	イブセン『人形の家』刊
	(米)	*Index Medicus*創刊		
	(英)	A. カーネギー，Dunfermlineに図書館建設のため8,000ポンド寄付（1883開館）		
	(英)	A. Panizzi（1797〜）没（1856〜1866：大英博物館館長）		
1880年	(シリア)	Zahiriah図書館（ダマスカス）設立（1919：国立図書館）	(仏)	フローベール（1821〜）没
	(ホンデュラス)	国立図書館（テグシガルパ）設立		
	(英)	図書館協会会誌*Monthly Notes*刊行始まる		
	(英)	W. Blades『書物の敵』（*The Enemies of Books*）刊		
	(米)	New York Free Circulating Library設立（1901：NYPLと合併）		
	(米)	J.S. Billings編*Index-Catalogue of the Library of the Surgeon-General's Office, U.S. Army*刊行始まる（16巻，1880〜1895）		
1881年	(英)	大英博物館蔵書目録刊行始まる（95巻，1900完結）→1931	(英)	大衆週刊誌『*Tit-Bits*』創刊
			(英)	T. カーライル（1795〜）没
	(独)	ヴォルフェンビュッテル大公図書館新築着工（1886竣工）	(独・米)	マイゼンバハ，アイヴズ，網目印刷法発明
	(米)	A. カーネギー，ピッツバーグに図書館を寄付申入れ（1890受入，1895開館）	(独)	『バイルシュタイン有機化学文献総覧』刊行開始
1882年	(英)	Incorporated National Lending Library for the Blind設立（後にNational Library for the Blind）		独・墺・伊三国同盟
	(英)	Nottingham公共図書館制度の中に独立した児童図書館を設立	(仏)	初等教育を義務教育化
			(英)	ダーウィン（1809〜）没
	(ブルガリア)	国立図書館（Plovdiv）設立	(米)	エマーソン（1803〜）没
	(ニカラグア)	国立図書館（Managua）設立［異説：1881］	(伊)	ガリバルディ（1807〜）没
	(仏印)	国立図書館（ハノイ）設立 →1959		
	(タイ)	ワチャラヤーン図書館設立（1903：国立図書館）→1966		
	(米)	ボルチモアにEcoch Pratt Free Library設立（1886開館）		
	(米)	ブルックリン公共図書館にMusic Library設置		
	(米)	フィラデルフィアにFree Circulating Library for the Blind設立（1899：Free Library of Philadelphiaに併合）		
	(米)	Caroline M. Hewins編, *Books for the young*刊		
1883年	(米)	ALA「著者書名簡易目録規則」発表（*Library Journal*）	(独)	ダイムラー，自動車製作
	(米)	M. Dewey，コロンビア大学の初代図書館長に就任	(英)	スティーブンソン『宝島』刊
	(米)	ミシガン大学にBibliography開講される	(仏)	モーパッサン『女の一生』刊
	(加)	トロント公共図書館設立（1884開館）	(露)	ツルゲーネフ（1818〜）没
1884年	(アルゼンチン)	国立図書館（ブエノスアイレス）設立 ←1810		グリニッジ子午線を万国共通の子午線と定める

	(イスラエル)	Beth Sepharim le-Bnai Yisrael（エルサレム）設立（1926：Beth ha-Sefarim ha-Leumi we-ha-Universitai ユダヤ国立・大学図書館）	(英)	オックスフォード英語辞典第1巻刊（13巻，1884～1928）
	(米)	コロンビア大学，図書館学校設立を決める（→1887），同図書館にレファレンス部設置	(米)	万年筆実用化する
	(独)	Zentralblatt für Bibliothekswesen創刊		
1885年	(伊)	マリアベーキアーナ図書館（1747創立，フィレンツェ）が国立図書館となる	(米)	メルゲンターラー，ライノタイプを開発
	(チュニジア)	国立図書館（チュニス）設立	(加)	カナダ太平洋鉄道完成
	(英)	図書館協会の司書資格認定試験開始　→1904		
	(米)	ニューヨーク市に児童専用の図書館（館長E.S. Hanaway）設置（Y.M.C.A内）		
	(米)	ミルウォーキー公共図書館（1875設立）蔵書分類目録Systematic Catalogue of the Public Library［デューイ分類］刊		
1886年	(独)	ゲッチンゲン大学図書館長K. Dziatzko（1842～1903），目録規則を考案（1890英訳，Eclectic Card Catalogue Rules刊）	(米)	アメリカ労働総同盟結成
	(独)	K. Dziatzkoゲッチンゲン大学で図書館学講座開講（R. Peissによる，Graeselは1887とする）	(米)	イーストマン，ロールフィルムを完成
	(米)	M. Dewey，3インチ×5インチカードを標準カードとして提唱	(英)	R. Caldecott（1846～）没
	(米)	Enoch Pratt Free Library（Baltimore）開館　←1882	(スイス)	ベルヌで著作権条約創設
	(英)	E. Edwards（1812～）没　←1851，1859	(独)	L. v. ランケ（1795～）没
1887年	(米)	議会図書館建築着工（1897竣工）（300万冊収容）	(英)	第1回植民地会議開催
	(米)	コロンビア大学にSchool of Library Economy開校（校長M. Dewey）→1889	(米)	ランストン，モノタイプ印刷機を発明
	(米)	シカゴにNewberry Library設立（館長W.F. Poole）（1893閉館）（主題別制）	(ポーランド)	ザメンホフ，エスペラント語創案
	(米)	Newark公共図書館設立（1889開館）	(エジプト)	エル・テル・アマルナで粘土板多数発見さる
	(米)	ニューヨークで児童図書館協会結成	(英)	A.C.ドイル『緋色の研究』刊
	(米)	C.A. Cutter, Alfabetic Order Table刊		
	(独)	ベルリン王立図書館，アルファベット順カード目録を設置		
	(独)	Sammlung Bibliothekswissenschaftlicher Arbeiten刊行開始（50巻，1887～1941）		
	(独)	J. Petzholdt（1812～）没		
	(南アフリカ)	公共図書館（プレトリア）設立（後，国立となる）		
1888年	(伊)	ヴァチカン図書館公開される	(米)	H. パイル『不思議な時計』刊
	(コスタリカ)	聖トマス大学図書館（サン・ホセ）設立（1910：国立図書館）		
	(独)	ハレ大学図書館長O. Hartwig『主題目録基準』（Schemas des Realkatalog）発表		
	(米)	M. Dewey，ニューヨーク州立図書館理事会事務局長兼州立図書館長に選任決定（1905退任）		
1889年	(米)	コロンビア大学図書館学校閉鎖	(仏)	パリで第2インターナショナル結成（～1914）
	(米)	M. Dewey，コロンビア大学辞職	(仏)	パリ万国博覧会開催，エッフェル塔建設
	(米)	New York State Library School（Albany）開校（校長M. Dewey）（1926コロンビア大学へ）		

	(米)	Association of Colleges and Research Libraries（ACRL）結成		
	(英)	*The Library*創刊		
1890年	(米)	マサチューセッツ州Library Commission設立（無料図書館設立自治体に図書費援助）	(独)	ベルリンで国際労働者会議開催
	(米)	クリーヴランド公共図書館（館長W.H. Brett, 1846〜1918），全館を開架にする	(仏)	ロートレック，ムーランルージュのためにポスターを描く
	(米)	カーネギーの寄付によりアルジェニ（ピッツバーグ郊外）公共図書館開館　←1879		
	(アイルランド)	国立図書館（ダブリン）新館竣工　←1877		
	(南アフリカ)	ヨハネスブルク公共図書館設立		
	(独)	A. Graesel(1849〜1917)『図書館学綱要』(*Grundzüge des Bibliothekslehre*) 刊		
1891年	(米)	Philadelphia Free Public Library，カーネギーの援助を得て設立（1894開館）	(英)	W. モリス（1834〜1891）ケルムスコット・プレスを設立
	(米)	C.A. Cutter『展開分類法』(*Expansive Classification*) 刊（2巻, 1891〜1893）	(英)	ドイル『シャーロック・ホームズの冒険』刊
	(米)	コーネル大学竣工		
	(独)	C. Wilhelm Berghoeffer（1859〜1938），フランクフルト大学図書館でドイツ図書館総合目録Frankfurter Sammelkatalog編成を開始		
	(チェコスロバキア)	プラハ市図書館設立		
	(仏)	*Revue des Bibliothèques*創刊（1936終刊）		
1892年	(英)	Bibliographical Society結成（ロンドン）	(米)	カーネギー鋼鉄会社設立
	(独)	ベルリン王立図書館，カード目録用受入速報*Berliner Titeldrucke*（週刊）刊行開始	(米)	ホイットマン（1819〜）没
	(イスラエル)	ヘブライ大学Jewish National and University Library [国立図書館]（エルサレム）設立（1895開館）		
	(パナマ)	コロン図書館（パナマ市）設立（1942国立図書館）		
1893年		世界図書館会議（World's Library Congress）開催（アメリカ・シカゴ）	(米)	エジソン，活動写真を発明
			(独)	ディーゼル，ディーゼル機関を発明
	(英)	図書館協会，初めて夏期講習会開催	(露)	シベリア東部鉄道開通
	(英)	大英博物館で南方熊楠日本書籍目録（→1898）編纂始める	(露)	チャイコフスキー（1840〜）没
	(独)	ベルリン王立図書館，各大学図書館と相互貸借を開始	(英)	コブデン・サンダーソン，Doves製本所を開設
	(独)	ベルリン図書館学校設立，（プロシア）学術図書館員登用試験令制定		
	(仏)	司書資格免許を定める　→1932		
	(米)	ニューヨーク公共図書館（M. Dewey館長）巡回文庫traveling libraries開始（1889条令）[異説：1892]		
	(米)	H. Putnam，ボストン公共図書館長就任　→1899		
	(米)	ALA編*Catalog of "A.L.A." Library*刊		
1894年	(スイス)	国立図書館（ベルン）設立（1895開館）　→1931	(仏)	ドレフュス大尉事件
	(英)	Clerkenwell Public Library（J.D. Brown, 1862〜1914, 館長），開架制を採用	(仏)	ルミエール兄弟，映画撮影機を発明
	(独)	ライプチヒに盲人図書館Zentralbücherei für Blinde設立		

	(米)	John Crerar Library（シカゴ）設立（1897開館）　→1984	(英)	ビアズリー『サロメ』『イエロウ・ブック』の挿絵を描く
	(米)	ボストン公共図書館本館竣工	(英)	ホーンビー，アッシェンデン・プレス設立
	(米)	デンバー公共図書館，児童部門設置		
	(米)	W.F. Poole（1821〜）没（1873〜1894：シカゴ図書館長）		
1895年	(英)	Library Assistants' Association結成	(独)	レントゲン，X線発見
	(独)	『プロシア図書館総合目録』（Gesamtkatalog der Preussischen Bibliotheken）編纂開始（1931刊行開始，第9巻よりDeutscher Gesamtkatalogと改題，14巻で中絶）	(伊)	マルコーニ，無線電信装置を発明
	(ベルギー)	国際書誌協会（Institut International de Bibliographie）創立（ブリュッセル）　→1938，FID	(英)	ペンローズ年鑑創刊
			(ノルウェー)	ナンセン北極を探検
	(米)	Astor Library（←1854），Lenox Library（←1870），Tilden Trustが統合され，New York Public Library設立　→1911	(米)	ナイヤガラ発電所開業
	(米)	ALA，List of Subject Headings for use in Dictionary Catalog刊		
1896年	(米)	シカゴ公共図書館，Newberry, John Crerar Libraryで集書の専門別化を協定		第1回オリンピック大会開催（ギリシャ・アテネ）
	(米)	A.C. Moore（1871〜1961），Pratt Instituteで児童図書館について講義を始める　→1900	(英)	大衆新聞『デイリー・メール』紙創刊
	(米)	Public Libraries創刊	(独)	風刺雑誌『ジンプリチシムス』創刊
	(西)	国立図書館（マドリッド）本館完工　←1836		
	(墺)	図書館員協会結成　→1945		
1897年		第2回International Libraries Conference開催（イギリス・ロンドン）　←1893		ギリシャ・トルコ戦争
	(ルクセンブルク)	Athenaeum図書館（1815設立）が国立図書館となる	(独)	K.F. ブラウン，ブラウン管を発明
	(デンマーク)	国立図書館（Aarhus）設立（1902開館）	(比)	アギナルド，フィリピン独立を宣言
	(独)	第1回ドイツ学術図書館員大会開催　→1900		
	(仏)	『国立図書館蔵書目録』（Catalogue général des livres imprimés de la Bibliothèque Nationale）刊行開始		
	(スイス)	図書館員協会結成		
	(米)	議会図書館本館完成，視覚障害者用の読書室を備える（1939：別館増築）		
	(英)	J.D. Brown『調整分類法』（Adjustable Classification for Libraries）発表（1898刊）　→1906		
	(米)	J. Winsor（1831〜）没（1868〜1877：ボストン公共図書館長，1877〜1897：ハーヴァード大学図書館長）		
1898年	(米)	Medical Library Association結成	(米)	米西戦争，米はフィリピン，ハワイを併合
	(米)	ブルックリン公共図書館（N.Y.）設立		
	(米)	Cumulative Book Index創刊	(仏)	キュリー夫妻，ラジウム発見
	(米)	Library World創刊	(英)	フリーズ・グリーン，写真植字法を発明
	(英)	大英博物館『日本書籍目録』（Catalogue of Japanese Printed Books and Manuscripts in the Library of the British Museum）刊（南方熊楠編纂協力）		
1899年	(英)	マンチェスターにJohn Rylands Library設立　→1972		国際平和会議開催，常設国際仲裁裁判所設置（オランダ・ハーグ）
	(独)	『プロシア図書館アルファベット順目録規則』（Instruktionen für die alphabetischen Kataloge der Preussischen Bibliotheken...）刊（1909：第2版）	(英)	南アフリカ戦争（〜1902）

	（米）	H. Putnam（1861〜1955），議会図書館館長に就任（1939退職）	（中）	この年あるいは1900年，敦煌莫高窟の石室遺書発見される
	（米）	ピッツバーグのカーネギー図書館West End分館でStorytellingの定期実施開始	（中）	義和団の乱起こる（〜1901）
	（米）	バッファロー公共図書館（1897開館），Story-hoursの定期実施開始		
	（英）	*Library Association Record*創刊		
1900年		International Congress of Librarians開催（パリ）　←1897	（中）	北清事変
	（独）	ドイツ学術図書館員協会（Verein deutscher Bibliothekare）結成　→1948	（ギリシャ）	エヴァンス，クレタ島クノーソス遺跡を発掘，線文字Bの粘土板多数発見
	（独）	ベルリン市図書館設立	（独）	グーテンベルク博物館（マインツ）設立
	（米）	ALAに児童部会設立	（独）	ニーチェ（1844〜）没
	（米）	ピッツバーグのカーネギー図書館，児童図書館員養成コースを始める　→1901		
	（米）	ニューワーク公共図書館（1889開館），ニューワーク式貸出システムを開始		
1901年	（比）	American Circulating Library（マニラ）設立（後にフィリピン公共図書館，フィリピン図書館，1964国立図書館）		オーストラリア連邦成立
	（露）	サンクトペテルスブルク帝国図書館（後にレニングラード図書館）本館竣工　→1932	（英）	ヴィクトリア女王（1819〜）没
	（キューバ）	米軍政官L. Wood将軍によって国立図書館（ハバナ）設立　→1958	（英）	K. グリーナウェイ（1846〜）没
	（米）	議会図書館，印刷カード目録配布サービス，図書館間貸出サービスを開始	（仏）	ロートレック（1864〜）没
	（米）	*LC Classification System*発表	（独）	著作権法制定
	（米）	ピッツバーグのカーネギー図書館に児童図書館員養成の図書館学校開校（1916：カーネギー図書館学校，1962：ピッツバーグ大学図書館学校）		
	（英）	J.W. Clark『蔵書の歴史と保存』（*The Care of Books*）刊（1902第2版）		
1902年	（米）	議会図書館，印刷カード目録を寄託図書館に配布開始		日英同盟成立
	（米）	ハーヴァード大学総長C.W. Eliot（1834〜1926），"little used book" の保存図書館を提案（*Library Journal*, vol.28）	（英）	ポター『ピーター・ラビット』（1901私家版）刊行始まる
	（米）	J.C. Dana（1856〜1909），ニューワーク公共図書館（1889開館）館長に就任	（露）	シベリア鉄道完成
	（米）	A.B. Kroeger（1864〜1909）『参考図書利用手引き』（*Guide to the Study and Use of Reference Books*）刊（1908：2版，3〜6版：I.G. Mudge編，7〜8版：C.M. Winchell編 *Guide to Reference Books*, 9〜10版：E.P. Sheehy編）	（仏）	ゾラ（1848〜）没
	（独）	A. Graesel『図書館学提要』（*Handbuch der Bibliothekenlehre*）刊		
	（豪）	オーストラリア議会図書館（メルボルン）設立　→1923		
	（中）	M.E. Wood（米），武昌に文華公書林（図書館）を設立（1910公開）　→1920		
1903年	（ギリシャ）	国立図書館本館竣工　←1829		パナマ独立宣言

	(タイ)	国立図書館設立（←1882）→1905	(米)	ライト兄弟，飛行に成功
	(印)	インド帝国図書館（カルカッタ）開館 →1948	(独)	マン『トニオ・クレーゲル』刊
	(英)	J.D. Brown『図書館経営入門』（Manual of Library Economy）刊		
	(米)	C.A. Cutter（1837〜）没 ←1868，1874，1891		
	(米)	C. Evans『アメリカ書誌』（American Bibliography）刊行始まる（14巻，1903〜1959）		
	(独)	K. Dziatzko（1842〜）没（ゲッチンゲン大学図書館長）		
	(独)	O. Hartwig（1830〜）没（ZfB創刊者）		
1904年	(英)	図書館協会，司書資格認定試験（←1885）のための通信教育を始める	(米)	パナマ運河起工（〜1914）
			(米)	ルーベル，オフセット印刷機を発明
	(米)	ALA Catalog: 8,000 Volumes for a Popular Library, prepared by N.Y. State Library and the Library of Congress... editor Melvil Dewey刊	(仏)	ロマン・ロラン『ジャン・クリストフ』刊（〜1912）
	(米)	議会，図書館の視覚障害者に対するサービスの郵税を無料にすることを承認	(露)	チェーホフ（1860〜）没
	(米)	ニューヨーク公共図書館，ビジネス図書館サービス開始		
	(アイルランド)	図書館協会結成 →1928		
1905年	(スウェーデン)	図書館法公布，公共図書館に対する国の補助始まる →1955		ノルウェー，スウェーデンより分離，独立
	(タイ)	国立図書館（旧王立図書館）公開（バンコク）→1966	(露)	血の日曜日革命起こる
	(独)	バイエルン州立図書館（ミュンヘン）に司書課程設置	(仏)	議会で政教分離可決
	(米)	Washington County, Md.のFree Library（Hagerstown）はbookwagon（図書館馬車）の使用を始める	(仏)	J. ヴェルヌ（1828〜）没
			(英)	ペトリ，シナイ石碑発見
	(米)	M. Dewey，ニューヨーク州立図書館長，同図書館学校長を辞職 →1931	(独)	アインシュタイン「特殊相対性理論」発表
	(デンマーク)	民衆図書館協会結成 →1916，1918		
	(ベルギー)	Classification Decimale（CD）刊（1927：UDC）		
1906年	(仏)	国立図書館増改築開始（1938竣工）	(英)	Everyman's Library刊行開始
	(仏)	図書館員協会結成	(独)	H. ヴィンクラー，ボガズケイのヒッタイト遺跡発掘
	(英)	J.D. Brown『主題分類法』（Subject Classification）刊		
	(英)	R. Garnett（1835〜）没（1890〜1899：BM刊本部長）	(ノルウェー)	イプセン（1828〜）没
	(米)	American Association of Law Libraries結成		
	(米)	ニューヨーク公共図書館に児童サービス部門設立，A. Caroll Moore就任（〜1941）		
1907年	(英)	Wales国立図書館（Aberystwyth）設立（1909開館）		世界経済恐慌
	(アイスランド)	国立図書館設立		第2回国際平和会議開催（オランダ・ハーグ）←1899
	(仏)	図書館員協会報Bulletin d'informations創刊	(英)	スタイン探検隊，敦煌で古写経等入手
	(ベルギー)	図書館員文書館員協会結成		
	(独)	ベルリン市立図書館，中央図書館となり中央図書館制が実施される		
	(米)	ALA Bulletin創刊 →1970		
	(米)	International Index of Periodicals創刊		
	(米)	国際十進分類法刊行始まる		
1908年	(英)	スコットランド図書館協会結成		ブルガリア独立宣言

	(英)	『大英博物館蔵十五世紀刊本目録』（Catalogue of Books Printed in the XVth Century Now in the British Museum）刊行始まる		(仏)	ペリオ探検隊，敦煌で古写経等入手
	(英)	英米目録規則完成，ALA: Cataloging Rules for Author and Title Entries刊			
	(米)	クリーヴランド公共図書館パーキンス分館（児童専用図書館）設立			
	(伊)	公衆図書館連盟結成			
	(アルゼンチン)	図書館員協会結成			
	(仏)	Eugène Morel『図書館』（Bibliothèques）刊			
	(米)	A.R. Spofford（1825〜）没（1865〜1897：LC館長）			
1909年	(中)	公立図書館設立に関する法令公布，北京に国立図書館設立を決める　→1910			ハレー彗星あらわれる
				(米)	ピアリ北極に到達
	(米)	専門図書館協会結成		(米)	著作権法制定
	(独)	『プロシア図書館アルファベット順目録規則』第2版（Instruktionen für die alphabetischen Kataloge der Preussischen Bibliotheken vom 10. Mai 1899 Ausg in der Fassung vom 10. August 1908）刊		(英)	ラッカム絵『グリム童話集』刊
	(独)	ベルリン王立図書館本館着工（→1904），印刷カード頒布開始			
	(米)	議会図書館件名標目表（List of Subject Headings）刊			
	(米)	カリフォルニア州郡図書館法通過			
1910年	(中)	京師図書館（北京）設立（1912開館，1928：国立北京図書館）　→1931			南アフリカ連邦成立
				(ポルトガル)	ポルトガル革命，共和制成立
	(フィンランド)	図書館協会結成		(独)	リルケ『マルテの手記』刊
	(ニュージーランド)	図書館協会結成		(露)	トルストイ（1828〜）没
	(ベルギー)	国際図書館員会議開催（ブリュッセル）			
	(ブラジル)	国立図書館（リオデジャネイロ）本館竣工　←1822，1878			
	(米)	Special Libraries創刊			
	(仏)	L.V. Delisle（1826〜）没（1874〜1905：国立図書館長）			
1911年	(米)	ニューヨーク公共図書館本館竣工，図書館学校設立（校長：Mary W. Plummer）　→1926		(中)	辛亥革命起こる
				(英)	著作権法制定
	(仏)	ソルボンヌ大学図書館に録音文庫設立		(ノルウェー)	アムンゼン南極に到達
	(独)	プロシア図書館長会議で総合目録の印刷刊行を決議（大戦勃発で実現せず）　→1931		(印)	インド首府カルカッタからデリーに移る
	(ブラジル)	図書館学校設立（国立図書館付設）			
1912年	(中)	京師図書館（北京）開館		(中)	清朝滅び中華民国成立
	(独)	Deutsche Bücherei（ライプツィヒ）設立（1913開館）		(近東)	第1次バルカン戦争
	(蘭)	オランダ図書館員協会結成		(英)	スコット大尉南極に到達
	(英)	W.C.B. Sayers『児童図書館』（The Children's Library）刊		(露)	『プラウダ』創刊
	(米)	メリーランド州ワシントン郡で自動車文庫始まる			
	(メキシコ)	国立定期刊行物図書館設立			
1913年	(ノルウェー)	図書館協会結成		(中)	第2革命，孫文日本に亡命
	(仏)	国立図書館（パリ）が図書館友の会結成		(米)	ロックフェラー財団設立

	(英)	Wellcome医学史図書館（ロンドン）設立	(近東)	第2次バルカン戦争
	(米)	クリーヴランド公共図書館（館長W.H. Brett, 1884～1918）旧本館竣工，主題別制全館開架 →1925	(印)	タゴール，ノーベル文学賞
	(米)	M.W. Plummer『図書館員の訓練』(*Training for Librarianship*) 刊		
	(米)	J.S. Billings（1838～）没（1896～1913：ニューヨーク公共図書館長）		
1914年	(独)	ベルリン王立図書館（ベルリン）本館竣工（1919：国立図書館）		第1次世界大戦起こる（～1918）
	(独)	ライプツィヒのBucherhallenに公共図書館員養成の図書館学校付設（校長W. Hofman, 1879～1952）		パナマ運河開通
	(米)	カリフォルニア州立図書館，『地域総合図書目録』編纂を始める	(露)	オルデンブルグ探検隊，敦煌文書を入手
	(米)	Johns Hopkins大学図書館（Baltimore）竣工		
	(米)	W.S. Merrill『分類規定』(*Code for Classifiers*) 発表（謄写版）（初版1928）		
	(米)	*Wilson Library Bulletin*創刊		
	(米)	Katharine Sharp（1865～）没		
	(英)	J.D. Brown（1962～）没 ←1897		
	(ベルギー)	Louvain Catholic大学図書館（1627創立），ドイツ軍に焼かれる		
1915年	(中)	図書館令を公布，通俗図書館設立奨励	(英)	モーム『人間の絆』刊
	(スウェーデン)	図書館協会結成	(仏)	ファーブル（1823～）没
	(英)	赤十字社病院図書館部設立		
	(米)	American Association of School Librarians結成		
	(米)	Association of American Library Schools結成（1983～：Association of Library and Information Science Education）		
	(米)	ハーヴァード大学ワイドナー図書館開館（書庫内にキャレルを設置）		
1916年	(英)	Central Library for Students（ロンドン）設立（1931：National Central Library）→1933		ポーランド独立宣言
			(独)	アインシュタイン『一般相対性理論』発表
	(独)	Deutsche Bücherei（ライプツィヒ）本館竣工 ←1912		
	(デンマーク)	図書館協会結成 ←1905，→1918	(独)	フロイト『精神分析入門』発表（1916～1918）
	(米)	P. Butler（1886～1953）Newberry Libraryに就職（1931～1953：シカゴ大学図書館学校教授）	(露)	レーニン『帝国主義論』刊
			(スイス)	ツアラ等ダダイズム創始
	(米)	Margaret Mann『児童図書用件名標目表』(*Subject Headings for Use in Dictionary Catalogs of Juvenile Books*) 刊		
	(米)	Mary W. Plummer（1856～）没 ←1911, 1913		
1917年	(ポーランド)	図書館法公布，図書館員協会結成 →1968		フィンランド独立宣言
	(蘇)	レーニン，サンクトペテルブルク公共図書館の任務について指示	(露)	ロシア革命，レーニン，ソヴィエト政府樹立
	(蘇)	ロシア書籍院（モスクワ）設立（1935全ソ書籍院）		
	(独)	A. Graesel（1849～）没 ←1890		
1918年	(ウクライナ)	国立図書館設立		第1次世界大戦終結
	(蘇)	クループスカヤ図書館学校（レニングラード）設立	(独・墺)	共和国宣言

	(デンマーク)	図書館協会改組　←1916		(独·墺)	シュペングラー『西洋の没落』刊（2巻, 1918〜1922）
	(デンマーク)	デンマーク図書館学校（コペンハーゲン）設立　→1956		(チェコ)	チェコスロバキア独立宣言
	(中)	毛沢東, 北京大学図書館（館長：李大釗）に勤める			
	(英)	W.C.B. Sayers『分類法入門』(An Introduction to Library Classification) 刊			
	(米)	W.H. Brett（1846〜）没（クリーヴランド図書館長　←1890）			
	(米)	Samuel Green（1837〜）没			
1919年	(英)	国際連盟図書館（ロンドン）設立（1920〜ジュネーブ）			パリ講和会議, ヴェルサイユ講和条約
	(英)	公共図書館法改正（課税制限を除く）			第3インターナショナル結成（〜1943）
	(英)	University College（ロンドン）にSchool of Librarianship開校			アイルランド独立宣言
	(独)	ベルリン王立図書館, プロシア国立図書館と改称　→1954		(独)	ワイマール憲法制定
	(独)	バイエルン王立図書館, バイエルン国立図書館と改称		(伊)	ファシスト党結成
	(チェコ)	公共図書館法公布　→1959		(印)	ガンジー, 不服従運動を全国的に展開
	(ポーランド)	国民図書館（ワルシャワ）設立			
	(シリア)	Zahiriah図書館, 国立図書館となる		(蘭)	ホイジンガー『中世の秋』刊
	(米)	ハンティントン図書館（San Marino, Calif.）設立			
	(米)	ニューヨーク公共図書館, ヤングアダルトに対するサービス開始			
	(米)	全国児童図書館週間開始			
	(米)	スタンフォード大学にHoover Library on War設立			
	(米)	A. カーネギー（1835〜）没（カーネギー財団は1923までに2,800館の建設に援助）			
1920年	(蘇)	レーニン, 図書館事業の中央集権化についての法令公布			国際連盟成立
	(ベルギー)	図書館法公布		(独)	ナチス党綱領発表
	(デンマーク)	公共図書館法公布（1950, 1964改正）		(独)	M. ウェーバー（1864〜）没
	(仏)	アルスナル図書館（パリ）, 国立図書館となる		(米)	ピッツバーグでラジオ放送開始
	(スイス)	国際連盟図書館（ジュネーブ）設立		(英)	ウェルズ『世界文化史大系』刊
	(チェコ)	国立図書館学校（プラハ）開校		(英)	ゴールデン・コッカレル・プレス設立（E. ギル, 活字をデザイン）
	(英)	David Copperfield Library（ロンドン）設立			
	(米)	クリーヴランド公共図書館, Young People's Room設置			
	(米)	デトロイト公共図書館本館完工			
	(中)	M.E. Wood（米）, 武昌図書館学校設置　→1984			
1921年	(英)	スコットランド中央図書館（エディンバラ）設立			ワシントン軍縮会議開催
	(蘇)	国立外国文献図書館（モスクワ）設立		(独)	ナチス党結成
	(レバノン)	国立図書館（ベイルート）設立		(中)	中国共産党成立
	(蒙)	モンゴル国立総合図書館（ウランバートル）設立			
	(米)	Library Literature編集始める（1934創刊）			
	(米)	Newbery児童図書館賞設立			
	(米)	John Crerar Library（1894設立）本館竣工　→1984			
	(独)	プロシア国立図書館長にF. Milkau就任　→1931			
	(独)	P. Schwenke（1853〜）没（ベルリン王立図書館長）			
1922年	(アルバニア)	国立図書館（チラナ）設立		(英)	BBC放送開始
	(米)	軍医監図書館（←1836）, Army Medical Libraryとなる　→1956		(英)	J. ジョイス『ユリシーズ』刊

	（加）	トロント公共図書館，少年少女の家設立	（仏）	マルタン・デュ・ガール『チボー家の人々』刊（12巻, 1922～1940）
	（独）	ドイツ民衆図書館員協会結成　→1949		
	（ギリシャ）	Gennadius図書館（アテネ）設立（1926開館）		
	（中）	杜定友『世界図書分類法』刊		
1923年		国際図書館会議開催（フランス・パリ）	（独）	インフレ，マルク暴落，ヒトラー，ミュンヘンに暴動を起こして失敗
	（豪）	議会図書館（←1902），オーストラリア共和国立図書館となる　→1927		
	（カンボジア）	国立図書館（プノンペン）設立	（トルコ）	トルコ共和国宣言
	（比）	図書館協会結成	（米）	『タイム』誌創刊
	（米）	Training for Library Service, いわゆるWilliamson's Report刊		
	（米）	M.E. Sears編『件名標目表』(List of Subject Headings...)刊（4～5版:I.S. Monro編, 6～8版:B.M. Frick編, 9～12版:B.M. Westby編, 6版(1950)よりSears List of Subject Headings）		
	（伊）	ボロニア大学図書館学部設立（1924開校）		
	（独）	G. Schneider『書誌学提要』(Handbuch der Bibliographie)刊		
1924年	（イラク）	国立図書館（バグダッド）開館　→1975		モンゴル人民共和国成立
	（英）	公共図書館調査委員会（委員長F.G. Kenyon, 1863～1952, 1909～1930大英博物館館長）設置	（蘇）	レーニン（1870～）没
	（英）	Association of Special Libraries and Information Bureaux（ASLIB）結成（1949～Aslib）	（独）	T. マン『魔の山』刊
	（独）	図書館相互貸借規則を定める	（米）	写真電送始まる
	（伊）	パドゥア大学図書館学部設立（1925開校）		
	（蘇）	第1回全ロシア図書館大会開催		
	（米）	ALA図書館学教育委員会（BEL）がアメリカ図書館学校認定権者となる		
	（米）	P. モルガン図書館（ニューヨーク）公開		
	（仏）	ALAによってパリに図書館学校設立（1929閉校）		
	（仏）	ニューヨーク児童図書館委員会によってパリに「たのしいひととき図書館」設立		
	（メキシコ）	図書館員協会結成　→1932		
	（印）	S.R. Ranganathan, マドラス大学図書館長就任		
	（米）	Horn Book Magazine創刊		
1925年	（蘇）	ルミヤンツェフ博物館（←1862）をレーニン国立図書館と改称　→1957	（英）	J.L. ベアド，テレビジョン装置を発明
	（英）	スコットランド弁護士会図書館（創立1682）が寄贈されて国立スコットランド図書館（エディンバラ）設立	（独）	W.K. ハイゼンベルク，量子力学の理論発表（1930刊）
	（米）	ALA, 図書館学校基準を定める	（独）	ヒトラー『わが闘争』刊
	（米）	ALAと全米教育協会（National Education Association: NEA），初等学校図書館基準を定める	（独）	カフカ『審判』刊
	（米）	クリーヴランド公共図書館本館竣工（主題別全館開架，青年室を設ける）	（中）	孫文（1866～）没
	（独）	A. Hessel『図書館史』(Geschichte der Bibliotheken)刊		
	（中）	故宮博物院図書館（北京）設立		
	（中）	中華図書館協会結成　→1953		
	（中）	杜定友『図書分類法』刊		

年	国	事項	国	事項
1926年		International Congress of Librarians and Bibliophiles 開催（プラハ）（IFLA組織提唱）→1927	（英）	選挙法改正（男女参政権平等）
	（米）	ニューヨーク州立図書館学校とニューヨーク公共図書館付属図書館学校を，コロンビア大学School of Library Serviceに改組　←1889，1911	（米）	ニューヨークでトーキー映画公開
	（米）	シカゴ大学にGraduate Library School設立（1928開学）	（米）	Book of the Month Clib, Literary Guildなどブッククラブ始まる
	（米）	ミシガン大学に図書館学部（Department of Library Science）設立	（独）	R. オイケン（1846〜）没
	（米）	ロスアンゼルス公共図書館（1872設立）本館竣工（主題別）	（独）	リルケ（1875〜）没
	（英）	W.C.B. Sayers『分類手引』（*A Manual of Classification for Librarians*）刊	（独）	『グーテンベルク年鑑』創刊
	（英）	Pollard & Regrave: *STC*刊（2版：1976〜）	（中）	蒋介石，国民革命軍総司令官に就任，北伐開始
	（米）	C.M. Hewins（1846〜）没　←1882		
1927年		国際図書館および書誌委員会（International Library and Bibliographical Committee）設立（エディンバラ）→1929		国際経済会議開催（ジュネーブ）
	（中）	図書館条令公布		英米日三国海軍縮会議開催（ジュネーブ）
	（英）	ケニヨン委員会報告*Report on Public Libraries*刊		世界新聞専門家会議開催（ジュネーブ）
	（豪）	オーストラリア共和国図書館（←1923），キャンベラに移転（1961：オーストラリア国立図書館）	（英）	イギリス放送協会設立
	（蘇）	国立中央書籍院（のち全蘇連邦書籍院），印刷カードを始める	（米）	リンドバーグ大西洋単独無着陸飛行に成功
	（ドミニカ）	国立博物館図書館（サントドミンゴ）設立　→1971	（独）	プロシア義務教育法制定
	（米）	ハーヴァード大学にChinese-Japanese Library設立	（独）	ハイデッガー『存在と時間』刊
	（米）	*Union List of Serials in Libraries of the United States and Canada*刊		
	（米）	H.G.T. Cannons編*Bibliography of Library Economy*刊		
	（中）	李大釗（1888〜）没　←1918		
1928年	（フィンランド）	公共図書館法公布　→1961		パリ不戦条約成立
	（中）	京師図書館，国立北京図書館と改称　→1931	（英）	T. ハーディー（1840〜）没
	（ポーランド）	国立図書館（ワルシャワ）設立（1935開館）→1973	（米）	ディズニー映画『ミッキーマウス』（劇画は1930〜）
	（比）	フィリピン図書館（←1901），国立図書館となる→1964	（仏）	『ラルース二十世紀百科事典』刊（6巻，1928〜1933）
	（アイルランド）	図書館協会改組　←1904		
	（独）	ベルリン大学に図書館研究所（所長F. Milkau）設立		
	（米）	議会図書館に東洋部設置		
	（加）	トロント大学図書館学部設立		
	（中）	王雲五『中外図書統一分類法』刊		
1929年		国際図書館および書誌委員会の大会World Congress of Librarianship and Bibliography開催（ローマ，フィレンツェおよびヴェニス）「国際図書館協会連盟」（International Federation of Library Associations：IFLA）が正式名称に決定される　→1976	（独）	世界経済恐慌（〜1931）
			（独）	飛行船ツェッペリン号世界を一周する
	（米）	ニューヨーク公共図書館，*Book for the Teen Age*刊	（米）	バード隊南極探検
	（米）	J.C. Dana（1856〜）没（1902〜1929：Newark公共図書館長）	（伊）	『イタリア百科事典』刊（39巻，1929〜1939）

	(中)	劉国鈞『中国図書分類法』刊（1957修訂版）		
	(印)	マドラス図書館学校設立　→1931		
	(デンマーク)	A.S. Steenberg（1854〜）没		
1930年	(スウェーデン)	公衆図書館法公布（←1905）→1955	(西)	ロンドン海軍軍縮会議開催 オルテガ『大衆の蜂起』刊
	(蘇)	モスクワ図書館大学開設，レーニン国立図書館新築着工（1957竣工）		
	(仏)	マザラン図書館が国立図書館となる		
	(伊)	図書館協会結成		
	(ユーゴスラビア)	図書館員協会結成		
	(米)	J.I. Wyer『参考業務』（*Reference Work*）刊		
1931年	(スイス)	国立図書館（ベルン）新館竣工	(米)	リンドバーグ夫妻，ハーンドンとパングボーン，太平洋横断飛行に成功
	(中)	国立北京図書館本館竣工　←1910, 1928　→1981, 1987		
	(英)	大英博物館蔵書目録（*General Catalogue of Printed Books*）刊行始まる（51巻，1954で中絶，写真版：263巻，1959〜1966）	(米)	P. バック『大地』刊
			(米)	エジソン（1847〜）没
	(英)	ケンブリッジ大学図書館竣工　→1934	(仏)	ブリュノフ『象さんババール』刊
	(英)	Pratt-Smoot法通過，議会図書館は国立図書館として視覚障害者へのサービス開始		
	(米)	Folger-Shakespeare Library（ワシントンD.C.）設立（1932開館）		
	(米)	M Dewey（1851〜）没　←1876, 1905		
	(米)	*Library Quarterly*創刊		
	(米)	『ヴァチカン図書館目録規則』刊		
	(伊)	『プロシア図書館総合目録』刊行開始（Bd. 9 より『ドイツ総合目録』*Deutscher Gesamt-Katalog*. 1939：Bd. 14で中絶）		
	(独)			
	(独)	F. Milkau『図書館学提要』（*Handbuch der Bibliothekswissenschaft*）刊行開始（Bd. 2：1933, Bd. 3：1942）→1950		
		*Index Bibliographicus*刊（1952：UNESCO刊）		
	(独)	マドラス図書館学校開校（校長S.R. Ranganathan）		
	(印)	S.R. Ranganathan『図書館学の五法則』（*The five laws of library science*）刊（2版：1957）		
	(印)			
1932年		ユネスコ『世界翻訳書誌』（*Index Translationum*）創刊		ローザンヌ賠償会議開催 総選挙でナチス第1党となる
	(ルーマニア)	公共図書館法公布	(独)	
	(蘇)	レニングラード国立公共図書館，サルティコフ・シチェドリン図書館と改称　←1901	(英)	ロレンス『チャタレイ夫人の恋人』刊
	(仏)	図書館員免許状制度設立　←1893		
	(米)	Folger-Shakespeare Library（ワシントンD.C.）開館		
	(メキシコ)	図書館協会改組　←1924　→1954		
1933年	(中)	国立中央図書館設立籌備処設立（1940国立中央図書館）	(独)	ヒトラー，内閣を組織，総選挙でナチス過半数獲得，ヒトラー独裁権を得る
	(英)	National Central Library（ロンドン）開館　←1916		
	(英)	大英博物館，ソ連から「シナイ写本」（4世紀）を購入	(独)	ナチスの焚書始まる
	(米)	ALA，公共図書館基準を定める（改訂：1944, 1956, 1966）	(米)	ルーズベルト，大統領就任
	(米)	図書館学校認定の最低基準を定める　→1951	(蘇)	第2次5カ年計画

年表(外国編)……………635

	（米）	Enoch Pratt Free Library（Baltimore）竣工　←1886	（仏）	マルロー『人間の条件』刊
	（米）	P. Butler『図書館学序説』（*An Introduction to Library Science*）刊		
	（仏）	*Bulletin des Bibliothèques* 創刊（1936終刊）		
	（印）	全インド図書館協会結成		
	（印）	S.R. Ranganathan, *Colon Classification* 刊		
	（米）	M.E. Sears（1873～）没　←1923		
1934年	（中）	国立中央図書館（南京）設立を決定　←1933　→1940	（独）	ヒトラー，総統となる
	（英）	マンチェスター中央図書館新館開館　←1852	（英）	トインビー『歴史の研究』刊（6巻，1934～1939）
	（英）	ケンブリッジ大学図書館新館開館　←1931		
	（英）	カーネギー児童図書館賞設立		
	（伊）	ヴァチカン図書館学校設立		
	（米）	国立公文書館設立		
	（米）	コロンビア大学図書館新館開館		
	（独）	『書籍百科事典』（*Lexikon des Gesamten Buchwesens*）刊行始まる（3 Bde. 1934～1937）　→1985		
	（独）	F. Milkau（1859～）没（1921～1925：プロシア国立図書館長）　←1931		
	（仏）	Eugene Morel（1869～）没　←1908		
	（蘇）	N.K. クループスカヤ（1869～1939），図書局長就任		
1935年		International Library Congress 開催（スペイン・マドリッド）		フィリピン共和国成立
	（西）	オルテガ「司書の使命」（講演）	（伊）	エチオピアに出兵
	（ノルウェー）	図書館法公布（改正：1947，1955）　→1971	（蘇）	スターリン憲法採用
	（ハンガリー）	図書館員協会結成	（中）	中国共産党8・1宣言
	（米）	H.E. Bliss（1870～1955）『書誌分類の組織』（*A System of Bibliographic Classificaion*）刊	（英）	ペンギン文庫創刊
1936年	（英）	British Museum: *Rules for Compiling the Catalogues of Printed Books...Rev. ed.* 刊（初版：1920）	（米）	ミッチェル『風と共に去りぬ』刊
	（米）	I. Mudge『参考図書案内』（*Guide to Reference Books*, 6 ed.）刊　←1902　→1951	（米）	『ライフ』誌創刊
			（中）	魯迅（1881～）没
1937年	（イラン）	教育省公共図書館（テヘラン）設立　→1939	（米）	ロックフェラー（1839～）没　→1913
	（豪）	図書館員協会結成（1949図書館協会）		
	（米）	アメリカ・ドキュメンテーション協会（American Documentation Institute）結成　→1968	（米）	『ルック』誌創刊
	（米）	*Bibliographic Index* 創刊		
	（米）	Caldecott Medal 絵本賞設立		
	（独）	C. Norrenberg（1862～）没		
1938年	（ベルギー）	国際書誌学会より FID 分離独立　←1895		独墺合邦
	（ボリビア）	国立図書館設立　←1836	（米）	カールソン，ゼログラフィを発明
	（米）	ALA，図書館員倫理綱領を採択（原案：1929）		
	（米）	Wilson Co., 印刷カード業務開始		
	（キューバ）	図書館協会結成（1948改組）		
1939年	（コロンビア）	国立図書館（ボゴタ）設立	（独）	チェコスロバキア併合，ポーランド占領
	（イラン）	教育省公共図書館，国立図書館（テヘラン）となる　←1937		第2次世界大戦勃発（～1945）
	（米）	ALA，「図書館の権利宣言」（Library Bill of Rights）を承認（改訂：1948，1961，1967，1980）	（西）	スペイン内乱終結

	(米)	議会図書館別館竣工　→1980	(独)	フロイト（1856～）没
	(米)	F.D. Roosevelt Library設立（1940竣工）	(仏)	サルトル，兵として召集され，翌1940捕虜となる
	(米)	*College and Research Libraries*創刊		
	(英)	T.D.N. Besterman『世界書誌の書誌』（*A World Bibliography of Bibliographies*. 2v. 1939～1940）（2版：1947～1949, 3版：1955～1956, 4版：1965～1966）		
	(蘇)	N.K. クループスカヤ（1869～）没		
	(伊)	Pius XI（1857～）没（1907～：アンブロジアナ，1914～1917：ヴァチカン図書館長）		
1940年	(ハイチ)	国立図書館（ポート・プランス）設立		日独伊三国間同盟成立
	(中)	国立中央図書館（南京→重慶）設立　→1948	(仏)	ドイツに降伏，レジスタンス起こる（マルロー等）
	(米)	ALA，知的自由委員会（Committee on Intellectual Freedom to Safeguard the Rights of Library Users to Freedom of Inquiry, 1948年～：Committee on Intellectual Freedom）設置	(米)	ヘミングウェイ『誰がために鐘は鳴る』刊
	(米)	H.E. Bliss（1870～1955）『書誌分類法』（*A Bibliographic Classification* 4v. in 3. 1940～1953）刊		
1941年	(英)	大英博物館，ドイツ軍の爆撃を受け図書25万冊を失う		太平洋戦争起こる（～1945）
	(米)	New England Deposit Library設立（1942開館）	(蘇)	スターリン人民委員会議長となる
	(米)	クリーヴランド公共図書館，家庭閉塞児に対する訪問サービス開始	(仏)	ベルグソン（1859～）没
	(蘇)	レニングラード図書館大学開設	(印)	タゴール（1861～）没
1942年	(パナマ)	国立図書館（パナマ市）設立　←1892	(独)	T. マン『ドイツの聴取者諸君』刊
	(英)	マッコルビン委員会報告*The Public Library System of Great Britain*刊	(独)	ムージル（1880～）没
	(米)	Farmingtonで開かれた議会図書館主宰の館長協議会運営委員会でFarmington Plan提案　→1948		
	(米)	『議会図書館目録』（*A Catalog of Books Represented by L.C. Printed Cards Issued to July 31, 1492*）刊行始まる（167v. 1942～1946）　→1958		
	(米)	A.E. Bostwick（1860～）没		
	(メキシコ)	ベンジャミン・フランクリン図書館設立（ALAによる）		
1943年	(米)	ALA『図書館用語解説』（*Glossary of Library Terms*）刊		連合軍「カイロ宣言」
	(米)	P. Butler(ed)『図書館の参考機能』（*The Reference Function of the Library*）刊	(英)	H. ラスキ『現代革命の考察』刊
	(ペルー)	国立図書館焼失　→1947	(独)	ヘッセ『ガラス玉遊戯』刊
	(ベルギー)	Henri La Fontaine（1854～）没	(独)	マン『養い人ヨーゼフ』刊
1944年	(エチオピア)	国立図書館（アジスアベバ）設立	(仏)	ロマン・ロラン（1866～）没
	(米)	ALA『公共図書館の戦後基準』（*Post-War Standards for Public Libraries*）刊	(米)	マンフォード『人間の条件』刊
	(米)	病院図書館協会結成	(英)	S. モーム『剃刀の刃』刊
	(英)	L.S. Jast（1868～）没（1915～1931：マンチェスター図書館長）		
	(英)	A.W. Pollard（1859～）没		
	(ベルギー)	P.M.G. Ottlet（1868～）没		
1945年	(墺)	ウィーン宮廷図書館，オーストリア国立図書館と改称		第2次世界大戦終結
	(墺)	図書館員協会改組　←1896		国際連合発足
	(韓)	朝鮮図書館協会結成（1955改組：韓国図書館協会）	(仏)	カミュ『ドイツ人への手紙』刊

	（メキシコ）	国立図書館文書学校設立	（仏）	サルトル『自由への道』刊（3部，1945〜1949）
	（ペルー）	図書館員協会結成		
	（英）	*Journal of Documentation*創刊		
1946年	（韓）	中央国立図書館（ソウル）設立（1923〜1945：朝鮮総督府図書館）		ユネスコ設立 パリ平和会議開催
	（独）	Deutsche Bibliothek（フランクフルト）設立		ニュルンベルク軍事裁判
	（デンマーク）	著作家貸出権補償法（公共貸出権）通過	（米）	EIAC（コンピュータ）開発
	（エジプト）	文書館・図書館協会結成	（英）	ウェルズ（1866〜）没
	（トルコ）	国立図書館（アンカラ）設立 →1948	（英）	ケインズ（1883〜）没
1947年	（アイルランド）	公共図書館法公布 ←1855		インド独立，パキスタンと分離
	（西独）	West-Deutsche Bibliothek（マールブルク）設立（1964改称：Staatsbibliothek Preussischer Kulturbesitz in Berlin）→1978		パレスチナで死海文書発見
			（仏）	ジイド，ノーベル文学賞
			（独）	T.マン『ファウスト博士』刊
	（ペルー）	国立図書館新館（リマ）竣工		
	（加）	カナダ図書館協会法人公認（1946結成）		
	（仏）	*UNESCO Bulletin for Libraries*創刊		
1948年	（印）	マドラス州公共図書館法公布		世界人権宣言
	（印）	国立図書館（カルカッタ）設立（1836〜カルカッタ市立，1903〜インド帝国図書館）		朝鮮民主主義人民共和国，大韓民国成立
	（朝）	朝鮮国立図書館（平壌）設立（旧平壌府立図書館）	（ベルギー）	ベルヌ条約（1886）改正会議（ブリュッセル）→1971
	（中）	国立中央図書館（南京）台湾へ移る →1954		
	（トルコ）	国立図書館（アンカラ）開館		
	（西独）	学術図書館員協会VDB（←1900）再建	（印）	ガンジー（1869〜）殺される
	（米）	ALA「図書館の権利宣言」（←1939）改訂 →1961	（米）	トランジスタ，長時間レコード開発
	（米）	Farmington Plan実施（1972終結）	（英）	トインビー『試練に立つ文明』刊
	（米）	ALA, *A National Plan for Public Library Service*刊	（英）	T.S.エリオット，ノーベル文学賞
1949年		ユネスコ公共図書館宣言（Public Library Manifesto）（1972：改正）		北大西洋条約成立 インドネシア独立
		ユネスコ国際科学文献抄録会議開催（パリ）	（中）	中華人民共和国成立
		ユネスコ・ブック・クーポン・プログラム始まる	（独）	フランクフルト書籍市再開
	（米）	Midwest Inter-Library Center（MILC）（シカゴ）設立（開館：1951）→1965	（仏）	ボーヴォアール『第二の性』刊
	（英）	『英国書誌』（*British National Bibliography*）編纂開始（1950：週刊版創刊）	（英）	オーウェル『1984年』刊
			（米）	フォークナー，ノーベル文学賞
	（西独）	ドイツ民衆図書館協会（Deutscher Büchereiverband）改組（DBV）→1968		
	（西独）	国際青少年図書館（International Youth Library，ミュンヘン）開館（1948設立）→1983		
	（西）	図書館員・文書館員協会結成		
	（ユーゴスラビア）	図書館員協会連合結成		
	（コスタリカ）	図書館員協会結成		
	（トルコ）	図書館員協会結成		
	（米）	ALA, LC目録規則刊		

	(米)	ハーヴァード大学Lamont図書館（学部学生専用）開館		
	(米)	J.H. Shera『公共図書館の基礎』（*Foundations of the Public Library*）刊		
1950年		ユネスコ書誌サービス改善会議開催（パリ）		朝鮮動乱起こる（～1953）
	(仏)	上級司書免許（DSB）の制度を設ける	(英)	B. ショー（1856～）没
	(パキスタン)	国立図書館(カラチ)設立(後イスラマバードへ移転)	(英)	H. ラスキ（1893～）没 ←1943
	(ジャマイカ)	図書館協会結成	(仏)	G. マルセル『存在の神秘』刊
	(英)	*Library Science Abstracts*刊（1969～LISA）		
	(米)	*American Documentation*創刊　→1970		
	(独)	H. Bohatta『国際書誌の書誌』（*Internationale Bibliographie der Bibliographien*）刊		
	(独)	G. Leyh改訂『図書館学提要』（*Handbuch der Bibliothekswissenschaft* 2 版）刊（3v. in 4. 1950～1965）←1931		
	(スイス)	L.N. Malclès『書誌作業の資料』（*Les sources du travail bibliographique*. 3 v. in 4. 1950～1958）→1963		
	(デンマーク)	*Libri*創刊		
	(デンマーク)	V. Grundvig（1868～）没		
1951年	(韓)	韓国図書館協会（ソウル）設立		リビア独立
	(印)	インド政府とユネスコの協力によりDelhi図書館設立		サンフランシスコ対日講和会議開催
	(イスラエル)	Central Library for the Blind（Nathanya）設立		国際児童図書評議会（IBBY）設立
	(仏)	International Association of Music Libraries結成		
	(米)	図書館学校認定基準（←1933）を改訂　→1972	(米)	CBSカラーテレビ放送開始
	(米)	American Association of School Librarians改組	(仏)	ジイド（1869～）没 ←1947
	(米)	C.M. Winchell『参考図書案内』（*Guide to Reference Books*. 7 ed.）刊		
	(米)	H. Hains（1872～）没		
	(パナマ)	図書館員協会結成		
	(ホンデュラス)	図書館文書館員協会結成		
1952年	(ビルマ)	国立図書館（ラングーン）設立		万国著作権条約成立
	(イスラエル)	図書館協会結成	(仏)	モーリヤック，ノーベル文学賞
	(印)	ユネスコ・パイロット・ライブラリー（デリー）開館	(伊)	B. クローチェ（1866～）没
	(インドネシア)	図書館学校（ジャカルタ）開校	(米)	ジョン・デューイ（1859～）没
	(中)	『中国人民大学図書館図書分類法』刊		
	(米)	*Library Trends*創刊		
	(米)	*School Library*創刊		
	(英)	F.G. Kenyon（1863～）没　←1924		
1953年	(加)	国立図書館（オタワ）設立　→1967		朝鮮休戦協定
	(中)	中国図書館学会［協会］（台湾）結成　←1925	(米)	J.R. マッカーシー，政府活動特別調査委員長に就任，マッカーシー旋風を起こす
	(北朝鮮)	朝鮮図書館協会結成		
	(米)	ALA，Freedom to Read声明を出す		
	(米)	S. Lubetzky『目録規則と原則』（*Cataloging Rules and Principles*）刊	(英)	ヴェントリス，チャドウィックはクレタ文字を解読
	(米)	M. Tauber『図書館における技術的サービス』（*Technical Services in Libraries*）刊	(独)	ロロロ文庫創刊
	(米)	P. Butler（1886～）没　←1916，1933		

	（仏）	ユネスコ『図書館用語集』（Vocabrarium Bibliotecarii）刊		
1954年		IFLA「国際相互貸借協定」発表		世界平和会議開催（ストックホルム）
	（中）	台湾国立中央図書館（台北）設立 ←1940, 1948	（中）	中華人民共和国憲法公布
	（インドネシア）	図書館・文書館・ドキュメンテーション協会結成		
	（タイ）	図書館協会結成		
	（独）	アメリカ記念図書館（西ベルリン）設立		
	（独）	プロシア国立図書館はドイツ国立図書館と改称 ←1919		
	（独）	Zeitschrift für Bibliothekswesen und Bibliographie創刊		
	（スウェーデン）	公共図書館公共貸出権法を施行		
	（メキシコ）	図書館協会結成 ←1924, 1932		
	（アフリカ）	西アフリカ図書館協会結成		
	（米）	School Library Journal創刊		
1955年		International Library Congress開催（ブリュッセル）		国際原子力会議開催（ジュネーブ）
		国際農学図書館協会（IAALD）結成（ロンドン）		世界人口会議開催（ジュネーブ）
		国際工科大学図書館協会（IATL）結成		
		Scandia Plan設立（1959より実施）		
	（スウェーデン）	図書館法改正 ←1905, 1930 →1985	（米）	アインシュタイン（1879～）没
			（独）	T. マン（1875～）没
	（中）	国立中央図書館（台北）再開 ←1954	（西）	オルテガ（1883～）没
	（中）	『図書館工作』『図書館学通訊』創刊		
	（ルーマニア）	国立中央図書館（ブカレスト）設立		
	（ネパール）	国立図書館（Pulchok）設立		
	（韓）	韓国図書館協会改組 ←1945		
	（マレーシア）	図書館協会結成		
	（東独）	フンボルト大学（ベルリン）に図書館学科開設		
	（スイス）	国際アンデルセン賞設立		
	（英）	グリーナウェイ賞設立		
	（トルコ）	アンカラ大学に図書館学科開設		
	（米）	H. Putnum（1861～）没（1899～1939：議会図書館長）		
	（米）	W.W. Bishop（1871～）没（ミシガン大学図書館長）		
	（英）	H.E. Bliss（1870～）没（BC編者）		
1956年	（ハンガリー）	図書館法公布（1976改正）		スーダン，チュニジア，モロッコ独立
	（デンマーク）	図書館学校法公布		
	（中）	国立中央図書館（台北）公式開館 ←1933, 1940, 1948		スエズ動乱，ハンガリア動乱起こる
	（ネパール）	国立図書館（カトマンズ）設立	（中）	百花斉放・百家争鳴運動起こる
	（米）	Library Services Act公布 →1964		
	（米）	国立医学図書館（National Library of Medicine: NLM, Bethesda, Md.）設立 ←1836, 1922 →1962		
	（米）	ALA, Public Library Service: a Guide to Evaluation with Minimum Standards刊 →1966		
	（ルーマニア）	図書館員協会結成		
	（ベネズエラ）	図書館員協会結成		
	（イスラエル）	ヘブライ大学図書館学校（エルサレム）開校		
	（コロンビア）	図書館員協会結成		

	(アルゼンチン)	国立図書館学校（ブエノスアイレス）設立		
	(アフリカ)	東アフリカ図書館協会結成		
	(仏)	*Bulletin des Bibliothèques de France*創刊		
	(独)	Albert Predeek（1883〜）没		
1957年	(蘇)	レーニン国立図書館本館竣工　←1925		国際原子力機関（IAEA）発足
	(ラオス)	国立図書館（ビエンチャン）設立［異説：1959］		ガーナ独立
	(米)	政府刊行物寄託法公布		
	(米)	*Library Resources and Technical Services*創刊	(蘇)	人工衛星第1号（スプートニク）打上げ成功
	(独)	G. Leyh編『図書館学提要』(*Handbuch der Bibliothekwissenschaft*)第2版（初版：1930）刊，Bd. 1-3, 1957〜1965		
	(コロンビア)	図書館員協会結成		
	(パキスタン)	図書館協会結成		
1958年	(チェコ)	ユネスコ国立図書館会議開催（ウィーン）		アラブ連合共和国成立
	(チェコ)	国立図書館（プラハ）設立		ローマ教皇ピウス12世（1876〜）没
	(キューバ)	国立図書館竣工　←1901		
	(米)	*National Union Catalog*刊行開始　→1968		米ソ文化交換協定
	(米)	S. Lubetzky『目録規則』(*Rules for a Cataloging Code*)刊	(米)	人工衛星第1号打上げ
			(米)	国防教育法公布
	(ビルマ)	図書館協会結成	(仏)	第5共和制
	(マレーシア)	Raffles図書館（シンガポール）を国立図書館に改組（1960：シンガポール国立図書館）		
	(マラヤ)	シンガポール図書館協会結成		
	(香港)	図書館協会結成		
	(中)	『中国科学院図書館図書分類法』刊		
	(中)	劉国鈞『中国書史簡編』刊		
	(仏)	フェーブル，マルタン『書物の出現』(*L'apparition du libre*)刊		
1959年		国際法律図書館協会（IALL）結成（マールブルク）		国際情報処理連盟(IFIP)設立
	(チェコ)	全国図書館組織法公布　←1919	(蘇)	宇宙ロケット月面到着
	(ベトナム)	国立図書館（サイゴン，ハノイ）設立　→1971	(キューバ)	革命起こり，カストロ首相就任
	(ラオス)	国立図書館（ビエンチャン）設立		
	(英)	ロバーツ委員会報告 *The Structure of Public Library Service in England and Wales*刊		
	(独)	技術情報図書館（Technische Informationsbibliothek, ハノーバー）設立		
	(米)	書籍用紙の劣化実態調査報告 *Deterioration of Book Stock*（W.J. Barrow）刊		
	(チリ)	チリ大学図書館学校設立		
	(ブラジル)	図書館協会結成		
1960年	(蘭)	書籍博物館（Museum van het Boek，ハーグ）開館		コンゴ，ナイジェリア，マダガスカル等アフリカ諸国続々独立
	(豪)	国立図書館設立　→1961		
	(マレーシア)	国立図書館（シンガポール）本館竣工（1965シンガポール国立図書館）		ローマ・オリンピック開催
	(アルジェリア)	国立図書館（アルジェ）設立　←1835	(韓)	4月革命，憲法改正
	(ギニア)	国立図書館（コナクリ）設立		
	(スリランカ)	図書館協会結成		

	（英）	W.C.B. Sayers（1881～）没　←1912, 1926		
	（米）	*Journal of Education for Librarianship*創刊		
	（米）	C.B. Joeckel（1882～）没		
	（米）	Margaret Mann（1873～）没　←1916		
	（蘇）	『ソ連学術図書館分類法』（BBK）刊行始まる		
1961年		IFLA目録原則国際会議（ICCP）開催（パリ）(1963レポート刊)		経済協力開発機構（OECD）設立
	（フィンランド）	図書館法公布　→1986		タンザニア独立
	（豪）	国立図書館（キャンベラ），議会図書館から分離　←1923, 1927	（蘇）	ガガーリン，人工衛星で地球を回る
	（米）	国連図書館（ニューヨーク），Dag Hammarskjöld Libraryと改称（1946設立）	（独）	東西ベルリン境界閉鎖される
	（米）	ALA,「図書館の権利宣言」改訂　←1939, 1948　→1967		
	（米）	議会図書館，MARC計画準備開始		
	（中）	台湾大学図書館学系設置		
	（比）	フィリピン図書館本館竣工　→1964		
	（米）	A. Carroll Moore（1871～）没　←1906		
1962年		ユネスコ，A. Thompson編*Vocabularium bibliothecarii*刊		アルジェリア，ウガンダ，ジャマイカ独立
	（米）	Depository Library Act公布（1968改正）	（米）	通信衛星テルスター打上げ
	（米）	国立医学図書館（National Library of Medicine）本館竣工　←1956	（独）	グーテンベルク博物館復興，再開
	（米）	国立農学図書館設立　←1862		
	（英）	National Lending Library for Science and Technology（NLL）（ボストン・スパ）設立		
	（英）	*Standards of Public Library Service in England and Wales*（Bourdillon Report）刊		
	（英）	ABLS図書館学校協会結成		
	（独）	農学中央図書館（Zentralbibliothek der Landbauwissenschaft, ボン）設立		
	（ナイジェリア）	国立図書館（ラゴス）設立，ナイジェリア図書館協会結成		
	（インドネシア）	国立博物館図書館（ジャカルタ）設立　→1980		
1963年	（韓）	韓国図書館法公布		マレーシア，ケニア独立
	（サウジアラビア）	国立図書館（リヤド）設立		ベトナム政情悪化
	（米）	図書館とオートメーションについての会議開催（Warrenton, Virginia）（1964：議事録*Libraries and Automation*刊）	（米）（仏）	ケネディ大統領暗殺されるコクトー（1889～）没
	（米）	議会図書館，*Automation and the Library of Congress*刊		
	（米）	議会図書館データ処理室設置		
	（仏）	国立高等図書館学校（パリ）設立　→1974		
	（仏）	L.N. Malclès, *Manuel de Bibliographie*刊　←1950		
	（デンマーク）	Svend Dahl（1887～）没		
1964年	（米）	図書館サービス建設法公布（修正：1966, 1970）　←1956		マルタ，ザンビア独立モンブラン・トンネル開通
	（米）	議会図書館コンピュータ導入	（中）	簡化字総表発表

	(米)	MEDLARSサービス開始（*Index Medicus*をコンピュータによって編集）	(米)	ニューヨーク万国博
	(英)	Public Libraries and Museums Act通過（1965施行）	(米)	N. ウィーナー（1894～）没
	(デンマーク)	公共図書館法公布（←1920）→1983	(蘇)	マルシャーク（1887～）没
	(デンマーク)	デンマーク図書館協会『デンマーク公共図書館における作業の簡易化』刊	(印)	ネール（1889～）没
	(イラン)	公共図書館法公布		
	(比)	フィリピン図書館（国立）をあらためて国立図書館（マニラ）とする　←1901，1928，1961		
	(東独)	東独図書館協会（DBV）結成		
	(加)	トロント公共図書館少年少女の家（←1922）新館竣工		
1965年		IFLA, *Handbook on the International Exchange of Publications*刊		ローデシア，ガンビア，シンガポール独立
	(米)	高等教育法，初等及中等教育法，医学図書館援助法公布	(仏)	シュバイツァー（1875～）没
	(米)	MILC（←1949），Center for Research Libraries（CRL）と改称		
	(米)	Charles C. Williamson（1877～）没　←1923		
	(米)	*Library Technology Reports*創刊		
	(ノルウェー)	Wilhelm Munthe（1883～）没		
1966年	(米)	図書館サービス建設法改正　←1964	(蘇)	月9号月面軟着陸
	(米)	National Advisory Committee on Library設立	(中)	紅衛兵北京で反ソ集会，文化大革命始まる
	(米)	収書目録全国計画NPAC（Shared Cataloging Program）発足		
	(米)	議会図書館，MARCのPilot Project開始		
	(米)	ALA，「公共図書館システムの最低基準」「視覚障害者に対する図書館のサービス基準」を定める（1967刊）		
	(米)	*Guide to Japanese Reference Books*刊		
	(独)	西独全国書誌の編纂を機械化（1971：MARC IIと互換性のあるフォーマットに改める）		
	(独)	経済学中央図書館（Zentralbibliothek der Wirtschaftwissenschaft，キール）設立		
	(英)	National Central Library新館竣工　←1933		
	(伊)	フィレンツェ国立図書館洪水被害		
	(ポルトガル)	国立図書館（リスボン）新館竣工		
	(タイ)	国立図書館（バンコク）本館竣工　←1905		
	(ニュージーランド)	国立図書館（ウェリントン）設立		
	(イラン)	図書館協会結成		
	(英)	E.A. Savage（1877～）没		
	(英)	Arthur D. Waley（1889～）没		
1967年		国際オリエンタリスト図書館員協会結成（アンナーバ）		イエメン独立
		世界知的所有権機関（WIPO）設立（1970発足）		ヨーロッパ共同体（EC）発足
		国際学術会議連合（ICSU）とユネスコ，世界学術情報システム（UNISIST）をめざす合同委員会を設立，第1回会議開催（パリ）		アラブ石油産出国会議，敵対国に石油供給禁止を決定
		International Association of Metropolitan City Libraries（INTAMEL）開催（トロント）		ベルヌ著作権条約ストックホルム改正会議開かれる
	(加)	国立図書館（オタワ）新館完工（1953設立）		

	（英）	Committee on Libraries『Parry報告書』刊		
	（英）	*Library History*創刊		
	（米）	ALA，「図書館の権利宣言」（←1961）改訂　→1980		
	（米）	Ohio College Library Center（OCLC）設立承認（1971開業）　→1981		
	（米）	*Anglo-American Cataloging Rules, North-American Text*刊　←1908（1978：AACR2）		
	（米）	『公共図書館システムの最低基準』（*Minimum Standards for Public Library Systems*, 1966）刊		
	（タンザニア）	国立図書館（1963設立，ダルエスサラーム）開館		
	（ザンビア）	図書館協会結成		
	（パキスタン）	図書館協会結成		
	（中）	杜定友（1898〜）没		
1968年		北欧で*Scandinavian Public Library Quarterly*創刊		宇宙平和利用会議開催（ウィーン）
	（ポーランド）	図書館法改正　←1917		
	（豪）	オーストラリア国立図書館本館竣工（キャンベラ）		ソ連軍チェコ侵入
	（米）	議会図書館，MARC II, Format刊	（仏）	大学改革基本法公布
	（米）	*National Union Catalog: Pre-1956. Imprints*刊行開始（←1958）→1981		
	（米）	American Documentation Institute，アメリカ情報科学協会（American Society for Information Science）と改称　←1937		
	（米）	『図書館・情報学百科事典』（*Encyclopedia of Library and Information Science*）刊行始まる		
	（西独）	民衆図書館協会（DBV）改組（←1949）		
	（ギリシャ）	図書館協会結成		
	（イラク）	図書館協会結成		
	（独）	Georg Leyh（1877〜）没		
1969年	（英）	国立図書館調査委員会『Dainton報告書』刊	（米）	人類初の月面到達
	（米）	議会図書館，MARCテープ配布サービス開始	（蘇）	ソルジェニーツィン，ソ連作家同盟から除名される
	（米）	『学校メディア・プログラム基準』（*Standards for School Media Programs*）刊　→1975		
	（ベルギー）	王室図書館新館竣工　←1837		
	（ポルトガル）	国立図書館新館竣工　←1836		
	（独）	医学中央図書館（Zentralbibliothek der Medizin, ケルン）設立		
	（独）	H. Kunze編『図書館事典』（*Lexikon des Bibliothekswesens*）刊（第2版：1974〜1975）		
	（エチオピア）	図書館協会結成		
	（デンマーク）	*Restaurator*創刊		
	（英）	*Journal of Librarianship*創刊		
	（英）	『図書館学抄録』（LSA）（←1950），LISAと改題　→1987		
1970年		東南アジア図書館会議（CONSAL）発足	（蘇）	ソルジェニーツィン，ノーベル文学賞
		世界知的所有権機関（WIPO）発足		
	（セイロン）	国立図書館サービス局（コロンボ）設立　→1979	（韓）	金芝河『五賊』を発表して逮捕される
	（韓）	韓国図書館学会設立		
	（米）	図書館および情報学に関する全国評議会（NCLIS）設立		

	（米）	アメリカ図書館協会報ALA Bulletin, American Librariesと改題		
	（米）	ニューヨーク公共図書館分館システム中心館Mid-Manhattan Library新館竣工		
	（米）	Joseph L. Whieeler（1884～）没（1926～1945：E. Pratt Free図書館長）		
	（米）	American Documentaion（←1950），Journal of the American Society for Information Scienceと改題		
	（英）	Advances in librarianship刊行始まる		
1971年		ユネスコ，「図書憲章」（Charter of the Book）を決める		ベルヌ万国著作権条約パリ改正会議開催
		国際学校図書館協会（IASL）結成		
		IFLA，ISBD案発表（1974刊）	（英）	通貨改革
		ABHB: Annual Bibliography of the History of the Printed Book and Libraries編集始まる（刊行：1973～）		
	（ノルウェー）	公共図書館，学校図書館法公布 ←1935 →1985		
	（仏）	モデル図書館としてマシー市公共図書館（1970設立，パリ郊外）開館 →1984		
	（米）	CIP（Cataloging in Publication）始まる		
	（米）	DDC 18版刊 →1979		
	（マレーシア）	国立図書館（クアラルンプール）設立		
	（ベトナム）	国立図書館（ハノイ）本館竣工 ←1959		
	（アンゴラ）	国立図書館（ルアンダ）設立		
	（ドミニカ）	国立図書館（サントドミンゴ）設立 ←1927		
	（アフガニスタン）	図書館協会結成		
1972年		ユネスコ公共図書館宣言（1949）改訂		国際図書年始まる
		国際学校図書館協会第1回大会開催（ロンドン）	（国連）	人間環境宣言
	（英）	British Library Act可決される	（米）	『ワシントン・ポスト』紙，国防省秘密文書を報道
	（英）	John Rylands Library（←1899），マンチェスター大学に併合される	（米）	『ライフ』誌廃刊
	（米）	Farmington Plan終結	（中）	馬王堆古墳発掘
	（米）	CRL（←1965）にNational Lending Library for Journal設置（シカゴ）		
	（米）	ALA図書館学校認定委員会（COA），認定基準を定める（←1951）		
	（米）	ボストン公共図書館新館竣工		
	（米）	V.W. Clapp（1901～）没		
	（米）	R.R. Shaw（1907～）没		
	（マレーシア）	国立図書館竣工		
	（ニカラグア）	国立図書館設立		
	（ユーゴスラビア）	セルビア国立図書館（←1832）（ベオグラード）再建		
	（ラオス）	図書館協会結成		
	（スウェーデン）	国立図書館学校設立		
	（印）	S.R. Ranganathan（1892～）没 ←1931		
1973年		IFLA『公共図書館基準』刊		アラブ石油輸出国機構の戦略本格化
	（英）	British Museum Libraryほかが改組されて，British Library発足 ←1972	（蘇）	万国著作権条約に参加

	（英）	Audio-visual librarian創刊	（蘇）	ソルジェニーツィン『収容所列島』刊
	（西独）	全国図書館計画Bibliotheksplan'73が全国図書館会議で承認される		
	（ポーランド）	国立図書館（ワルシャワ）新館竣工　←1928		
	（ポルトガル）	図書館員協会結成		
	（加）	国立科学図書館（オタワ）設立		
	（ケニア）	図書館協会結成（1953〜1973：東アフリカ図書館協会ケニア支部）		
1974年		『国際標準書誌記述』標準第 1 版ISBD（M）刊　←1971	（独）	E. ケストナー（1899〜）没
		ユネスコ，ドキュメンタリスト，図書館員および文書館員の養成の方法とカリキュラムの調和に関する審議会開催（パリ）	（仏）	ポンピドー（1911〜）没　→1977
	（韓）	国立中央図書館本館竣工，開館	（蘇）	ソルジェニーツィン，国外追放される
	（ドミニカ）	図書館員協会結成		
	（英）	Guildhall Library新館竣工		
	（米）	ALA『知的自由マニュアル』（Intellectual Freedom Manual）刊		
	（米）	RLG（Research Libraries Group）結成		
	（仏）	国立高等図書館学校（ヴィユルバンヌ）移転　←1963		
	（仏）	Julien Cain（1887〜）没（1930〜1964：国立図書館長）		
1975年		ユネスコ，図書館建築国際会議開催（ヘルシンキほか）		国連大学設立
		国立図書館長協会結成		スエズ運河再開
	（米）	『図書館情報サービスの全国計画』（Toward a National Program for Library and Information Services: Goals for Action）刊	（中）	馬王堆墓から古佚書発見される
			（西）	フランコ将軍（1892〜）没
	（米）	学校図書館基準改訂，Media Programs刊　←1969	（米）	インドシナ戦争終結宣言
	（中）	北京大学図書館新館完工		
	（中）	『中国図書館図書分類法』刊		
	（イラク）	国立図書館新館（バグダッド）竣工　←1924		
	（米）	Leon Carnovsky（1903〜）没		
	（米）	Ralph Munn（1894〜）没		
1976年		IFLA，名称をInternational Federation of Library Associations and Institutionsに変更　←1927，1929		国連人間居住会議開催（バンクーバー）
		IFLAセミナー開催（ソウル），テーマ「図書館資料と国家の発展」	（米）	バイキング 1 号火星に軟着陸
			（米）	サン・シャイン法公布
	（伊）	国立中央図書館（ローマ）本館竣工　←1876	（独）	ハイデッガー（1889〜）没
	（米）	議会図書館，接収発禁図書を日本の国立国会図書館に返還	（仏）	マルロー（1901〜）没
			（中）	毛沢東（1893〜）没
	（米）	ALA Yearbook創刊		
	（米）	C. Steel, Major Libraries of the World刊		
	（英）	L.R. McColvin（1896〜）没（1938〜1961：ウェストミンスター市立図書館長）		
	（英）	Theodore Besterman（1904〜）没　←1939		
1977年		IFLA，50周年式典（ブリュッセル）	（中）	文化大革命終結
		ユネスコ，全国書誌に関する国際会議（パリ）		
		ユネスコ，UNIMARC Format（IFLA）刊		
		国際標準書誌記述（総合）ISBD (G) 刊　←1974		

	（英）	図書館協会100年式典　←1877		
	（英）	L.J. Taylor編, *A Librarian's Handbook*, 2 vols. 1977～1980刊		
	（仏）	ポンピドー・センター公共情報図書館（パリ）開館		
	（独）	『アルファベット順目録規則』（*Regeln für die alphabetische katalogisierung*）刊		
	（米）	議会図書館にCenter for the Book設立, リーディング・マシン設置		
	（米）	ALA, *Directions for Library Service to Young Adults*刊		
	（加）	メトロポリタン・トロント図書館開館		
	（独）	*Bibliothek: Forschung und Praxis*創刊		
	（英）	Raymond Irwin（1902～）没		
1978年		ユネスコ「マス・メディア宣言」	（中）	文化大革命見直し始まる, 新憲法公布
		UNISIST書誌情報フォーマット国際シンポジウム開催（ユネスコ協賛, シシリア）	（米）	カリフォルニア州Proposition 13により州憲法修正
	（米）	Federal Information Center Act成立		
	（米）	RLIN: Research Library Information Network設立		
	（西独）	プロシア文化財国立図書館新館（1967着工）竣工（ベルリン）　←1947		
	（パプア・ニューギニア）	国立図書館（ポートモレスビー）開館		
	（米）	*AACR2: Anglo American Cataloging Rules*, 2 ed.刊		
	（米）	J.H. Shera, *Introduction to Library Science*刊		
	（米）	*The Dictionary of American Library Biography*刊		
1979年		*UNESCO Journal of Information Science, Librarianship and Archives Administration*創刊		イラン・イスラエル国交断絶 米・中国国交回復
		アジア・オセアニア地域における図書館資源の相互利用に関する国立図書館長会議開催（オーストラリア・キャンベラ）	（ベトナム）	新憲法公布
		専門図書館世界会議開催（ホノルル）	（カンボジア）	人民共和国樹立宣言
	（英）	Public Lending Right Act可決される　→1983		
	（ジャマイカ）	国立図書館（キングストン）設立		
	（スリランカ）	国立図書館（コロンボ）設立　←1970		
	（米）	ホワイトハウス図書館情報サービス会議（WHCLIS）開催		
	（米）	J F. Kennedy Library開館（ボストン）		
	（中）	中国図書館学会設立大会（太原市）, 機関誌『図書館学通訊』New Series創刊　→1991		
	（米）	ALA『公共図書館の使命宣言』（*The Public Library Mission Statement and Its Imperatives for Service*）刊		
	（米）	*Public Library Quarterly*創刊		
	（米）	DDC 19版刊　←1876, 1971		
	（米）	Louis Round Wilson（1876～）没		
1980年		EURONETサービス開始	（仏）	サルトル（1905～）没
		第46回IFLA大会開催（フィリピン・マニラ）		
	（韓）	国会図書館を国家防衛立法会議図書館と改称　→1981		
	（韓）	言論基本法公布		

	（米）	ALA，「図書館の権利宣言」改訂　←1939，1948，1961，1967		
	（米）	議会図書館マジソン館竣工		
	（インドネシア）	国立図書館（ジャカルタ）設立　←1962		
	（ネパール）	図書館協会結成		
	（米）	*ALA World Encyclopedia of Library and Information Service*刊　→1986		
	（米）	議会図書館『件名標目表』9版刊		
	（米）	*Journal of Information Science*創刊		
	（中）	『図書館情報工作』（*Library and Information Science*）創刊		
	（中）	劉国鈞（1899〜）没		
	（ナイジェリア）	John Harris（1903〜）没		
1981年	（韓）	国会図書館，旧称に復す　←1980		イラン軍イラクへ侵攻
	（中）	国立北京図書館を中国国家図書館（National Library of China）と改称　←1928	（仏）	ミッテラン，大統領に就任
	（英）	英国図書館貸出部門（BLLD）新館竣工	（米）	レーガン，大統領に就任
	（西独）	図書館ドキュメンテーション大学（Fachhochschule für Bibliotheks- und Dokumentationswesen，ケルン）設立	（韓）	全斗煥，大統領に就任
	（加）	国立図書館，大量脱酸設備運転を開始		
	（米）	議会図書館，カード目録を凍結		
	（米）	フィラデルフィア図書館会社開館250年記念行事		
	（米）	Dewey没後50年記念セミナー（オルバニー）		
	（米）	OCLC新館竣工，Online Computer Library Centerの略称OCLCとフルネーム変更　←1967		
	（米）	John Crerar Library，シカゴ大学と併合（実施は新館竣工時−1984）		
	（米）	*National Union Catalog Pre-1956 Imprints,* 755vols. 刊了　←1968		
1982年		ユネスコ，UAP（出版物の世界的利用に関する）国際会議開催（パリ）	（中）	新憲法を採択（全国人民代表大会）
		ユネスコ国際図書会議World Congress on Books開催（ロンドン）	（中ほか）	歴史教科書問題で日本政府に抗議
	（デンマーク）	公共貸出に対する著者保護法を定める（1983実施）	（米）	レーガン大統領「国家宇宙政策」発表
	（英）	英国図書館新館定礎石式典		
	（蘭）	王立図書館新館竣工（ハーグ）		
	（加）	モントリオール市立地下鉄図書館Metro McGill Library開館		
	（中）	中国国家図書館創立70周年式典		
	（朝鮮）	平壌人民大学習堂（中央図書館）開館		
	（米）	*The Reference Librarian*創刊		
	（米）	Archibald MacLeish（1892〜）没		
	（米）	Quincey Mumford（1903〜）没		
	（米）	Jesse Hauk Shera（1903〜）没		
1983年		First Asian Pacific Conference on Library Science 開催（台北）	（独）	『シュテルン』誌連載のヒトラーの日記偽物とわかる

	（英）	Public Lending Right Act発効（初年度予算：200万ポンド）	（米）	テレビ映画The Day After視聴率40％
	（英）	最初のカーネギー図書館Dunfermline Public Library開館100年記念式典（1883開館）	（英）	ケストラー夫妻安楽死
	（デンマーク）	公共図書館法改正　←1964	（米）	ハーマン・カーン（1922〜）没
	（西独）	国際青少年図書館（ミュンヘン）新館完工　←1949		
	（中）	全国図書館文献縮微複製中心（マイクロ複製センター）設立		
	（米）	ALA Glossary of Library and Information Science刊		
	（ケニア）	Kenya National Bibliography［1980］創刊		
	（米）	Keyes Dewitt Metcalf（1889〜）没		
	（英）	Kenneth Clark（1903〜）没		
	（加）	Lilian Helena Smith（1887〜）没		
1984年		第50回IFLA大会開催（ケニア・ナイロビ）	（米）	ユネスコ脱退表明
		ユネスコ，CCF: The Communication Format刊	（中）	新石器時代の住宅遺跡で絵画符号等発見される（甘粛省大地湾）
	（米）	図書館サービス建設法（LSCA）修正（1985〜1989，5年延長）追加（タイトルIV-6）		
	（米）	議会図書館，Standard Network Interconnection（SNI）を完成，館長D. Boorstin『未来の書物』（Books in our Future）刊	（印）	ガンジー首相暗殺される
			（仏）	ミシェル・フーコー（1926〜）没
	（米）	John Crerar Library図書館，シカゴ大学科学図書館として新館開館　←1894	（蘇）	ショーロホフ（1905〜）没
	（英）	Johnstone Information and Leisure Library（スコットランド）がTeenage Libraryとして設立		
	（仏）	全国公共図書館協力センター（マシー市）設立		
	（中）	武漢図書館情報学院設立　←1920		
1985年	（スウェーデン）	公共図書館補助法公布　←1930，1955	（蘇）	書記長にゴルバチョフ選ばれる
	（ノルウェー）	公共図書館法改正　←1971		
	（仏）	国立図書館（パリ）別館竣工		
	（ハンガリー）	国立セーチェーニ図書館新館竣工		
	（独）	『書籍百科事典』（Lexikon des Gesamten Buchwesens）2版刊行始まる　←1935		
1986年		図書館資料の保存に関する国立図書館長会議（ウィーン）		ハレー彗星大接近
		IFLA『資料保存の原則』刊	（蘇）	チェルノブイリ原発事故
	（フィンランド）	図書館法改正　←1961		
	（米）	議会図書館大量脱酸処理法実験事故		
	（アルゼンチン）	国立図書館（ブエノスアイレス）新館竣工　←1884		
	（アルゼンチン）	J L. Borges（1899〜）没（1955〜1973：国立図書館長）		
	（西独）	学術審議会「学術図書館の書庫需要に関する勧告」公表		
	（米）	ALA World Encyclopedia of Library and Informaton Services, 2 ed. 刊　←1980		
	（米）	E.P. Sheehy 編 Guide to Reference Books, 10 ed. 刊		

年				
1987年	(中)	中国国家図書館（北京）新館竣工	(独)	高温超電導物質発見
	(英)	Lisa on CD-ROM刊行始まる		
	(英)	*Walford's Guide to Reference Material*, 4 ed.完結（3巻：1980～1987）		
1988年	(蘇)	ソ連科学アカデミー図書館（レニングラード）火災		イラン・イラク戦争停戦
	(エジプト)	新アレキサンドリア図書館起工　→2002		電子ウィルスネット侵入事件頻発
				パレスチナ独立宣言
			(蘇)	ソルジェニーツィン作品解禁
			(中)	乾隆版大蔵経再刊
1989年	(仏)	フランス革命200周年記念事業として新フランス国立図書館設計まとまる（1991着工）　→1996	(中)	天安門事件
	(米)	サンフランシスコ市図書館地震被災	(独)	東西ベルリンの境界（←1961）開かれる
	(英)	*Walford's Guide to Reference Material*, 5 ed. vol.1刊行		
1990年		ユネスコ『情報政策ハンドブック』（*National Information Policy Handbook*）刊		国際識字年
				イラク軍クウェートへ侵攻
		欧州委員会「図書館活動計画」（*Action Plan for Libraries*）を策定	(独)	東西ドイツ統一
	(ノルウェー)	新納本法公布	(英)	サッチャー首相辞任
	(蘇)	新聞雑誌その他のマスメディアに関する法律（反検閲法）公布	(米)	ARPANET終了
	(蘇)	Margarita Ivanovna Rudomino（1900～）没		
	(米)	議会図書館でアメリカンメモリー・パイロットプロジェクト開始		
	(ルーマニア)	ユネスコなどの援助を受けブカレスト大学中央図書館再開		
	(韓)	韓国社会科学情報資料機関協議会（KOSSIC）発足		
	(ベトナム)	科学技術情報ドキュメンテーションセンター（NACESTID）発足		
1991年		IFLA『聴覚障害者に対する図書館サービスのための指針』を発表		湾岸戦争終結
				南北朝鮮が国連加盟
		ISO 2789「国際図書館統計（第2版）」制定　→2003	(蘇)	ゴルバチョフ大統領が退陣、ソビエト連邦崩壊
	(中)	中華人民共和国著作権法公布		
	(中)	『図書館学通訊』は『中國圖書館學報』と改称される　←1979	(南ア)	アパルト・ヘイト法廃止
			(カンボジア)	和平協定調印
	(韓)	図書館振興法公布　←1963		
	(韓)	国立中央図書館に韓国文献番号センター設置		欧州合同素粒子原子核研究機構（CERN）からWWWが公表される
	(韓)	図書館情報電算網（KOLIS-NET）構築		
	(米)	第2回ホワイトハウス図書館情報サービス会議（WHCLIS）開催　←1979	(米)	高性能コンピューティング法（HPC法）公布
	(米)	議会図書館がデータベースをオンライン提供する「LC Direct」開始		
	(米)	Robert B. Downs（1903～）没		
	(英)	英国図書館にCenter for the Book設立		
	(独)	全国書誌（*Deutsche Nationalbibliographie und Bibliographie der im Ausland erschienenen deutschsprachigen Veroeffentlichungen*）刊行始まる		
	(蘭)	Elsevier社、TULIPプロジェクト開始（～1995）		

		出版大手5社が，CD-ROMで雑誌論文を提供するADONISサービスを開始		
1992年		欧州共同体理事会「貸与権，貸出権，隣接権に関する指令」を発表		ブラジルで地球サミット開催
		ユネスコ，メモリーオブザワールド・プロジェクトを開始		国連，ソマリアへ多国籍軍を派遣
		欧州の図書館情報学研究機関の協力機構BOBCATSSS発足		中韓国交樹立
		欧州図書館・情報・ドキュメンテーション協会連合（European Bureau of Library, Information and Documentation Associations: EBLIDA）設立	(ユーゴスラビア)	内戦激化
	(エストニア)	公共図書館法公布		
	(独)	シュタージ記録法公布		
	(独)	プロイセン文化財団ベルリン国立図書館（SBB）設立　←1947，1978		
	(米)	コロンビア大学図書館学校閉鎖　←1887，1926		
	(米)	Otto Bettmann（1903〜）没		
	(米)	Foster Edward Mohrhardt（1907〜）没		
	(仏)	納本対象に音楽，ビデオ，マルチメディア，ソフトウェアを含めた納本法公布		
	(仏)	国立高等情報科学図書館学校（ENSSIB）が発足　←1963，1974		
	(仏)	高等教育書誌センター（ABES）が大学図書館の総合目録を作成		
	(濠)	オーストラリア国立図書館にNational Preservation Office（NPO）設立		
	(ベラルーシ)	図書館協会設立		
	(伊)	図書館ネットワーク（Servizio Bibliotecario Nazionale: SBN）の本格的稼働開始		
	(タイ)	学術図書館ネットワークTHAILINET（M）の運用開始		
1993年		IFLA『受刑者のための図書館サービスに関する国際指針』を発表		欧州連合（EU）発足
		IFLANET運用開始		チェコとスロバキアが分離独立
		図書館・文書館資料の保存に関する汎アフリカ会議開催（ケニア・ナイロビ）		パレスチナ暫定自治に関するオスロ合意
	(英)	学術図書館整備のための『フォレット報告』（Joint Funding Council's Libraries Review Group: Report）公表	(米)	クリントン，大統領に就任
	(英)	Comedia報告書『借りられた時間』（Borrowed Time: the Future of Public Libraries in the UK）刊	(米)	情報ハイウェー構想（NII）発表
	(韓)	韓国国家標準規格（KSC 5687）KORMARCフォーマット公布		ISO/IEC 10646-1（Unicode）が規格化される
	(独)	ドイツ図書館協会連合（BDB），『図書館'93』（Bibliotheken '93）を発表		
	(南ア)	ケープ図書館協力機構（Cape Library Co-operative: CALICO）設立		
	(アフガニスタン)	国立公文書館閉鎖		
	(米)	ニューヨーク州立大学で電子メール・レファレンスサービスの利用実態調査実施（〜1994）		

年	国	事項	国	一般事項
	(米)	ALA World Encyclopedia of Library and Information Services 3ed. 刊　←1980，1986		
	(米)	Journal of Library Administrationに「総合的品質管理」(TQM) の特集が組まれる		
1994年		第60回IFLA大会開催（キューバ・ハバナ）		ルワンダ内戦勃発
		ユネスコ，公共図書館宣言改訂　←1949，1972		英仏海峡のユーロ・トンネル開通
		欧州連合委員会『バンゲマン報告』(Europe and the Global Information Society) を提出	(北朝鮮)	金日成（1912～）没
		欧州保存・アクセス委員会（European Commission on Preservation and Access: ECPA）創設		W3Cが設立される
		欧州研究図書館コンソーシアム（Consortium of European Research Libraries: CERL）発足		WebブラウザNetscape公表
		欧州図書館協力基金（EFLC）終結		
	(露)	図書館事業に関する連邦法公布		
	(露)	納本法公布		
	(露)	図書館協会設立		
	(韓)	図書館及び読書振興法公布　←1963，1991		
	(シンガポール)	図書館整備計画「Library 2000」発表		
	(米)	議会図書館で電子図書館プロジェクト開始		
	(米)	Wayne A. Wiegandほか編『図書館史百科事典』(Encyclopedia of Library History) 刊		
	(米)	Robert Vosper（1914～）没		
	(独)	欧州マイクロ資料マスター登録簿（EROMM）のホストがゲッティンゲン州立・大学図書館に置かれる		
	(台湾)	全国図書館資訊網路系統が成立		
1995年		欧州連合委員会「INFO 2000」プログラム開始		ボスニア和平協定調印
		国際学校図書館協会（IASL）が雑誌School Libraries Worldwideを創刊		米越国交樹立
		ユネスコ，4月23日を「世界図書・著作権の日」に定める	(露)	ポリャコフが宇宙滞在437日の記録
	(リトアニア)	図書館法公布	(米)	NSFNETが民間に移管される
	(独)	著作権法改正		欧州連合委員会が「EUROPA Website」運用を開始
	(米)	OCLCのワークショップでメタデータの記述規則「Dublin Core」が提案される		
	(米)	全米デジタル図書館連合（NDLF）発足		
	(米)	ALA倫理綱領（Code of Ethics）改定　←1938		
	(英)	外郭公共団体として図書館情報委員会（LIC）設立		
	(英)	イギリス情報管理協会（ASLIB）『公共図書館サービスの再検討』(Review of the Public Library Service in England and Wales for the Department of National Heritage) 刊		
	(ボスニア)	国立・大学図書館再開		
	(中)	上海図書館と上海情報技術研究所が合併		
	(仏)	Marie-Helene Prevoteauほか，Manuel de bibliographie generale 刊		
1996年		欧州評議会「データベースの法的保護に関する指令」を発表		国連，包括的核実験禁止条約を批准

		ユネスコ，科学における電子出版会議を開催		WIPO著作権条約成立
		ユネスコ，報告書『ロストメモリー』(*Lost Memory - Libraries and Archives destroyed in the Twentieth Century*) 刊	(アフガニスタン)	タリバンが首都カブールを占拠
		IFLAと国際文書館評議会（ICA），アフリカの保存に関する共同委員会を設立	（米）	電子情報自由法改正
		デジタル録音図書に関するコンソーシアムDAISY（Digital Audio-based Information System）結成 →2001 Digital Accessible Information System	（米）	トマス・クーン（1922〜）没
	（米）	コンピュータ学会（ACM），第1回デジタルライブラリーに関する国際会議開催		
	（米）	図書館サービス及び技術法（LSTA）施行 ←1956, 1964, 1984		
	（米）	議会図書館と英国図書館の間で「目録方針の統一化に関する協定」成立		
	（米）	サンフランシスコ公共図書館新本館建設		
	（米）	DDC 21版刊 ←1876, 1971, 1979		
	（英）	図書館ネットワークの形成を提言した『アンダーソン報告』(*Report of the Group on a National/Regional Strategy for Library Provision for Researchers*) 公表		
	（英）	英国印刷庁（HMSO）民営化		
	（英）	英国図書館研究開発部（BLR&DD）が，研究イノベーションセンター（BLRIC）に改組される		
	（独）	政府『情報2000：情報社会へのドイツの道』発表		
	（デンマーク）	研究・情報技術省『すべての者のための情報・社会－デンマークモデル』刊		
	（仏）	フランス国立図書館新館（Bibliothèque François Mitterrand, 1995竣工）の一般用閲覧室が公開される		
1997年		国際図書館コンソーシアム連合（ICOLC）が非公式の協議機関として発足	（中）	香港がイギリスから返還される
		IFLAに「情報へのアクセスと表現の自由委員会」(FAIFE) が新設される	（中）	鄧小平（1904〜）没
		国際標準書誌記述（コンピュータファイル）（ISBD (CF)）を改訂し，同（電子資料）（ISBD (ER)）制定	（印）	マザー・テレサ（1910〜）没
		欧州研究図書館コンソーシアム（CERL），Hand Press Book（HPB）データベース公開	（米）	通信品位法に対する最高裁違憲判決
		北欧諸国における協力組織 Nordic Web Archive（NWA）が設立		
	（加）	将来のAACR開発原則に関する国際会議開催（トロント）		
	(ポーランド)	新図書館法公布		
	（独）	「マルチメディア法」(*Gesetz zur Regelung der Rahmenbedingungen für Informations- und Kommunikationsdienste*) 公布		
	（独）	ドキュメントサプライサービスsubito開始		
	（独）	フランクフルトドイツ図書館の新館が完成（1992着工）		
	（加）	ALA, AACRの原則と将来展開に関する国際会議開催（トロント）		
	（米）	研究図書館協会（ARL）が電子雑誌プロジェクトSPARCを開始		

	(米)	カリフォルニア州リバーサイドカウンティ公共図書館が運営を全面的に民間委託する		
	(英)	教育技術省報告書『国家的リテラシー戦略の実施』（*Implementation of the National Literacy Strategy*）刊		
	(英)	図書館情報委員会（LIC）が「Vision 2020」を発表		
	(英)	LIC報告書『新しい図書館：国民のネットワーク』（*New Library: the People's Network*）刊		
	(リトアニア)	学術図書館協会設立		
	(蘭)	雑誌*Open*が*Informatie Professional*に，また，*Bibliotheek en Samenleving*が*Bibliotheekblad*に，それぞれ改称される		
	(南ア)	南アフリカ図書館情報協会（LIASA）設立		
	(露)	Vassily Nalimov（1910〜）没		
1998年		IFLA，「書誌レコードの機能要件」(Functional Requirements for Bibliographic Records（FRBR））を発表 ISO 11620「図書館パフォーマンス指標」制定 Z39.50がISO規格に採用される（ISO 23950）	(英) (英) (印・パキスタン) (韓) (独)	北アイルランド和平合意 グリニッジ天文台閉鎖 核実験実施 金大中，大統領に就任 エルンスト・ユンガー(1895〜)没 eBookが登場する
	(米)	米国図書館情報学教育協会（ALISE）はケロッグ財団の助成を受け，北米の情報専門職教育に関するKALIPER調査を実施		
	(米)	教育資源情報センター情報技術分野クリアリングハウス（ERIC/IT）がバーチャルレファレンスデスク（VRD）プロジェクト開始		
	(英)	データ保護法（DPA）公布		
	(英)	英国図書館新館（St. Pancras）開館（1984着工）		
	(独)	ドイツ図書館（DDB）がオンライン出版物の収集を開始		
	(独)	ドイツェビューヘライから，資料保存を行う図書保存センター（ZfB GmbH）が独立		
	(蘭)	オランダ王立図書館の主導で，欧州寄託図書館ネットワーク（Networked European Deposit Library: NEDLIB）プロジェクト開始（〜2000）		
	(蘭)	Paul Nauta（1932〜）没		
	(中)	北京図書館が中国国家図書館と改称される		
	(中)	北京大学図書館新館が開館		
	(中)	中国高等教育文献保障系統（CALIS）発足		
	(台)	『学習社会推進白書』（邁向学習社会白皮書）刊		
	(タイ)	PULINETとTHAILINET（M）が統合され，「統合的図書館システム」（THAILIS）成立		
1999年		第65回IFLA大会開催（タイ・バンコク） 第1回寄託図書館に関する国際会議開催（フィンランド） IFLA/UNESCO，学校図書館宣言*The School Library in Teaching and Learning for All*を発表 「欧州高等教育圏」構築のための欧州各国の共同宣言（ボローニャ宣言）採択	(中) (パナマ)	マカオがポルトガルから返還される パナマ運河がアメリカから返還される 欧州単一通貨Euro誕生

		欧州評議会『欧州における図書館法制・政策に関する指針』(Guidelines on Library Legislation and Policy in Europe) を発表		NATO軍，ユーゴスラビアを空爆
		北米でUSMARCとCAN/MARCがMARC 21に統合される		
	（米）	OCLCとWestern Library Network（WLN）が合併し，OCLC/WLN Pacific Northwest Service Centerが成立		
	（米）	テキサスA&M大学図書館を中心に，図書館サービスの品質評価プロジェクト開始（SERVQUALをもとに，LibQUAL+™を開発）		
	（韓）	韓国教育学術情報院（KERIS）発足		
	（韓）	国立中央図書館に学位論文館が開館		
	（英）	BLRICがLICと統合		
	（中）	マカオ大学図書館が新館に移転		
	（ノルウェー）	Else Granheim（1926〜）没		
2000年		ユネスコ『法定納本制度のための指針』(Guidelines for legal deposit legislation) を発表		中東和平交渉が決裂する
		IFLA『病人や高齢・障害のために保養施設に入っている人たちへの図書館サービス指針』を発表		南北朝鮮の首脳が初の会談を行う
		欧州連合委員会「電子欧州行動計画」(eEurope2002 Action Plan) を発表	（露）	プーチン，大統領に就任
		OCLC研究部門の調査で，WWWページ数が700万件を超えることが分かる		国際ヒトゲノム解読作業が完了
	（米）	子どもをインターネットから保護する法律（CIPA）施行	（米）	マイクロソフトの独占禁止法違反を連邦地裁が認定
	（米）	連邦政府，FirstGov運用開始		
	（米）	ACRL，「高等教育のための情報リテラシー能力基準」(Information Literacy Competency Standards for Higher Education) を策定		
	（米）	議会図書館，新世紀の書誌コントロールに関する200周年会議開催 ←1800		
	（米）	米国議会図書館（LC）の主導により，「全米デジタル情報基盤整備・保存プログラム」（NDIIPP）開始		
	（英）	英国図書館「eストラテジー」発表		
	（独）	ドイツ図書館研究所（DBI）廃止（1978〜）		
	（独）	フランクフルト図書館学校（←1967）がダルムシュタット専門大学に統合される		
	（独）	ドイツ・ネットワーク情報イニシアチブ（DINI）発足		
	（韓）	インピョ子ども図書館設立		
	（デンマーク）	図書館法が改正され，「図書館サービス方法」施行		
2001年		IFLA『失読症の人びとに対する図書館サービス指針』を発表	（米）	ブッシュ，大統領に就任
		欧州評議会指令「情報社会における著作権及び隣接権」採択	（米）	同時多発テロ（9・11）
		ISO 15489「情報とドキュメンテーション：記録管理」が制定される	（アフガニスタン）	タリバンによるバーミヤン石仏破壊
		SPARC EUROPE発足		WWW上にオープンコンテンツ百科事典 Wikipedia が立ち上がる
	（米）	マサチューセッツ工科大学（MIT），「オープンコースウェア」（OCW）を開始		

	(台)	図書館法公布	
	(英)	文化・メディア・スポーツ省（DCMS）「公共図書館全国基準」（*Comprehensive, Efficient and Modern Public Libraries - Standards and Assessment*）を発表	
	(英)	電子情報保存連合（DPC）設立	
	(英)	ウェブアーカイビングパイロットプロジェクト「Domain.uk」実施	
	(米)	Lawrence Clark Powell（1906～）没	
	(濠)	Allan Percy Fleming（1912～）没	
2002年		IFLA75周年式典（グラスゴー）「図書館，情報サービス，知的自由に関するグラスゴー宣言」を発表	(露) チェチェン勢力によるモスクワ劇場占拠事件
		IFLA公共・学校図書館に関する汎アフリカ・汎アラブ会議開催（モロッコ・ラバト）	インドネシアから東ティモール分離独立
		ISO 14721「OAIS参照モデル」（*Reference Model for an Open Archival Information System*）が制定される	(英) エリザベス皇太后（1900～）没
		国際標準書誌記述（単行書）(ISBD（M））が改訂される ←1974	(西) カミロ・ホセ・セラ（1916～）没
		国際標準書誌記述（逐次刊行物およびその他の継続資料）（ISBD（CR））が冊子体で刊行される	
		ブダペストオープンアクセス運動（BOAI）始まる	
	(米)	*Anglo-American cataloguing rules 2nd ed. 2002 revision*刊	
	(米)	*Library Journal*誌，「図書館界を動かした人，揺るがせた人」を発表	
	(英)	図書館協会（LA）と英国情報専門家協会（IIS）が統合され，図書館情報専門家協会（Chartered Institute of Library and Information Professionals: CILIP）発足	
	(英)	英国読書協会設立	
	(英)	マンチェスター公共図書館150周年記念式典 ←1852	
	(加)	カナダ国立図書館（NLC）とカナダ文書館（NAC）が統合され，カナダ図書館・文書館（Library and Archives of Canada）発足	
	(エジプト)	アレキサンドリア図書館開館 ←1988	
	(米)	Zena Sutherland（1915～）没	
2003年		国連，WSIS世界情報社会サミット開催（スイス・ジュネーブ）	米英軍，イラク攻撃を開始
		第69回IFLA大会「世界図書館・情報会議」開催（ドイツ・ベルリン）	新型肺炎（SARS）が世界的に流行
		ユネスコ「デジタル文化遺産保存憲章」採択	(中) 胡錦濤，国家主席に選出
		IFLAコアプログラム「国際書誌コントロール・国際MARC」（UBCIM）終了（1974～）	
		欧州連合委員会『欧州における調和的電子化』（*Co-ordinating Digitisation in Europe*）を発表	
		国際インターネット保存コンソーシアム（International Internet Preservation Consortium: IIPC）結成	
		ISO 2789「国際図書館統計（第3版）」制定 ←1991	
		ISO 11799「文書館・図書館資料の保管要件」制定	

		ISO 15836「ダブリンコアメタデータ基本記述要素集合」制定		
	(ウズベキスタン)	図書館法公布		
	(米)	「子どもをインターネットから保護する法律(CIPA)」が合衆国最高裁で合憲と判示		
	(米)	OCLCが運営する図書館員向けオンライン学習コミュニティWebJunction始まる		
	(米)	Google Printがテスト運用開始　→2005		
	(英)	法定納本図書館法制定		
	(ニュージーランド)	国立図書館法改正		
	(仏)	図書館協会,倫理綱領を採択		
	(台)	台北公共図書館50周年記念式典		
	(米)	Seymour Lubetzky (1898～) 没		
	(米)	Patrick G. Wilson (1927～) 没		
	(濠)	Warren Horton (1938～) 没		
2004年		第70回IFLA大会「世界図書館・情報会議」開催(アルゼンチン・ブエノスアイレス)	(欧)	EUに10か国が加盟し,25か国となる
		IFLAの目録分科会が『国際標準書誌記述(総則)[ISBD(G)]』2004年改訂版を公表	(ギリシア)	アテネ・オリンピック開幕
		第1回「電子情報保存に関する国際学術会議(iPRES)」開催(中国・北京)	(インドネシア)	スマトラ沖地震とインド洋大津波
	(加)	国立図書館と国立文書館が統合され,カナダ図書館文書館(LAC)が設立される	(米)	ロナルド・レーガン元大統領(1911～) 没
	(米)	ALAなど4団体が「読者のプライバシーのためのキャンペーン」(CRP)を結成	(パレスチナ)	ヤセル・アラファト(1929～) 没
	(米)	Google Scholarベータ版がリリースされる		
	(英)	英国図書館(BL)が「英国新聞1800-1900年プロジェクト」(BN)を開始		
	(ニュージーランド)	図書館が共同で電子資料を購入し,国民に提供する「EPIC」事業を開始		
2005年		第71回IFLA大会「世界図書館・情報会議」開催(ノルウェー・オスロ)		ユネスコが第3回「世界無形遺産」43件を宣言
		国連,第2回WSIS世界情報社会サミット(チュニジア・チュニス)		マレーシアで第1回東アジアサミット開催
		IFLA盲人図書館分科会(LBS)が『情報化時代における視覚障害者図書館サービス整備のためのガイドライン』を刊行	(米)	ハリケーン「カトリーナ」が南部に上陸
		ユネスコ,10月27日を「世界視聴覚遺産の日」に定める	(仏)	国民投票で欧州憲法条約の批准が否決
		欧州図書館(TEL)がウェブ上にポータルを設置	(伊)	ヨハネ・パウロ2世(1920～) 没
	(米)	国立衛生研究所(NIH)による「パブリックアクセス方針」施行		
	(米)	図書館情報資源振興財団(CLIR)が報告書『場所としての図書館』を発表		
	(米)	アメリカ図書館協会(ALA)が「RFID技術及びプライバシー原則に関する決議」を採択		
	(米)	Google PrintがGoogle Book Searchと改称　←2003		

	(英)	下院の文化・メディア・スポーツ特別委員会が「公共図書館」報告書を発表		
	(スウェーデン)	図書館法改正		
2006年		第72回IFLA大会「世界図書館・情報会議」開催（韓国・ソウル）		モンテネグロが国際連合に加盟（全加盟国は192か国に）
		第1回アジア太平洋図書館・情報教育国際会議（A-LIEP）開催（シンガポール）		国際天文学連合（IAU）が惑星の定義を変更，冥王星が除外される
		第9回アジア電子図書館国際会議（ICADL2006）開催（日本・京都）	(タイ)	軍事クーデタによりタクシン首相が亡命
		「ヨーロッパの公共図書館の発展に向けた国家戦略」セミナー開催（英・ロンドン）	(イラク)	サダム・フセイン元大統領に死刑執行
		フランス国立図書館（BnF）を中心に「国立電子図書館フランス語圏ネットワーク（RFBNN）」が結成される		
	(米)	研究図書館グループ（RLG），OCLCと統合		
	(独)	ドイツ国立図書館法公布		
	(仏)	「情報社会における著作権および著作隣接権に関する法律」（通称DADVSI）施行		
	(韓)	図書館および読書振興法改正		
	(韓)	国立子ども青少年図書館開館		
	(米)	Frederick G. Kilgour（1914〜）没		
2007年		第73回IFLA大会「世界図書館・情報会議」開催（南アフリカ共和国・ダーバン）		ブルガリア，ルーマニアがEU加盟（27か国に）
		第2回アジア太平洋図書館・情報教育国際会議（A-LIEP）（台湾・台北）開催	(韓)	イ・ミョンバク大統領就任
		国際標準図書番号（ISBN）が13桁に改訂	(パキスタン)	ベナジール・ブット元首相暗殺
		米国カーネギーメロン大学やエジプトのアレクサンドリア図書館などの共同による"Million Book Project"において，150万冊の書籍がデジタル化・公開される	(米)	サブプライムローンの救済策を発表
		EU欧州委員会が，欧州デジタル図書館"Europeana"を一般公開		
	(米)	米国博物館・図書館サービス機構（IMLS）が「全米博物館・図書館サービスメダル」授与開始		
	(独)	ドイツ国立図書館がWikipediaと連携		
2008年		第74回IFLA大会「世界図書館・情報会議」開催（カナダ・ケベック）	(中)	四川大地震
		ブルーシールド国内委員会協会（ANCBS）設立会議（オランダ・ハーグ）開催	(中)	チベット自治区で暴動
		ISO11620図書館パフォーマンス指標の改訂版が発行される	(ネパール)	王制から連邦共和国制へ移行
		IFLA，「多文化図書館宣言」を制定	(露)	グルジアとロシアが軍事衝突
		国連障害者権利条約発効	(米)	大手証券会社リーマン・ブラザーズが経営破綻
		欧州の図書館・博物館・公文書館，および視聴覚アーカイブズの保有する電子化資料への統合的アクセスを提供するポータルサイトEuropeana公開	(露)	アレクサンドル・ソルジェニーツィン（1918〜）没
		IFLAなど5機関，文化遺産に関する連携協力のためのグループLAMMSを発足		

	(中)	中国国家図書館が第二期新館および国家デジタル図書館を開館		
	(韓)	学校図書館振興法施行		
	(米)	図書館情報学国家委員会（NCLIS）（←1970），博物館・図書館情報サービス機構（IMLS）に統合される		
	(米)	Google Book Searchと出版社・著作者団体との和解案がまとまる		
	(米)	米国の大学図書館，デジタル化資料のリポジトリHathiTrustの運用を開始		
	(独)	公益団体「ドイツの図書館と情報」（BID）が『図書館が良い21の理由』を刊行		
	(西)	スペイン国立図書館，電子図書館「ビブリオテカ・デジタル・イスパニカ」を公開		
2009年		第75回IFLA大会「世界図書館・情報会議」（イタリア・ミラノ）		新型インフルエンザ，世界的大流行（パンデミック）
		オープンアクセス（OA）実現支援に向けた「オープンアクセスリポジトリ連合」（COAR）発足		デンマークで国連の気候変動に関する国際会議（COP15）開催
		IFLA「多言語シソーラスの構築と開発のためのガイドライン」を発表	(中)	新疆ウイグル自治区で暴動
		米国議会図書館（LC），国際連合教育科学文化機関（ユネスコ）等が「ワールド・デジタル・ライブラリー」を公開	(スリランカ)	内戦が25年ぶりに終結
	(米)	米議会，「武力紛争の際の文化財の保護に関する条約」を批准	(米)	バラク・オバマ大統領就任
	(英)	政府のデジタル化政策「デジタル・ブリテン」最終報告書を発表	(米)	ゼネラル・モーターズ（GM）が経営破綻
	(英)	図書館・情報専門家協会（CILIP），公共図書館サービスについてのガイドラインを発表		
	(独)	政府がドイツデジタル図書館（DDB）構築を発表		
	(中)	中国国家図書館創立100周年　←1912		
	(韓)	国立デジタル図書館開館		
	(韓)	図書館法改正		
2010年		第76回IFLA大会「世界図書館・情報会議」（スウェーデン・ヨーテボリ）		カタールで第15回ワシントン条約締約国会議開催
		欧州委員会，「欧州デジタル・アジェンダ」を含む経済戦略"Europe2020"を発表	(中)	上海万博開催
		AACR2の後継規則である「資源の記述とアクセス」（RDA）発表　←1978	(タイ)	バンコクでデモ隊と治安部隊が衝突
		国立国会図書館（NDL），中国国家図書館（NLC），韓国国立中央図書館（NLK）が，日中韓電子図書館イニシアチブ協定を締結	(露)	モスクワで地下鉄テロ事件
			(ハイチ)	大地震，20万人以上が犠牲に
	(米)	オンラインのみで提供される電子出版物の議会図書館への納本制度開始	(アイスランド)	火山噴火
	(米)	米国議会図書館（LC），公開設定のすべてのツイートの保存を公式発表		
	(米)	LC，ガーシュウィン賞をポール・マッカートニー氏に授与		
	(英)	図書館・情報専門家協会（CILIP），図書館利用者のプライバシーに関するガイドラインを発表		

	（英）	博物館・図書館・文書館のコレクションの統合検索が可能なポータルサイト"Culture Grid"が公開される		
	（英）	英国図書館（BL），「2020年ビジョン」を発表		
	（蘭）	スキポール空港に世界初の「空港図書館」開館		
	（フィンランド）	通信市場法の改正により，高速インターネット接続が国民の法的な権利となる		
	（印）	インド国立図書館，OPACを公開		
2011年		第77回IFLA大会「世界図書館・情報会議」（プエルトリコ・サンファン）		北アフリカやアラビア諸国の独裁政権倒れる（「アラブの春」）
		電子書籍の規格であるEPUB3のパブリックドラフト公開		欧州債務危機が深刻化
		OCLC，「図書館の見方2010」を刊行	（タイ）	バンコクで大洪水
	（米）	Googleブックス訴訟，米国連邦地裁が修正和解案を認めず	（パキスタン）	米軍，ウサマ・ビンラディン容疑者を殺害
	（米）	ニューヨーク公共図書館（NYPL）中央館，開館100周年 ←1911	（独）	改正原子力法成立
	（米）	大学・研究図書館協会（ACRL），「高等教育機関における図書館の基準」を発表	（北朝鮮）	金正日労働党総書記（1942～）没
	（米）	「米国デジタル公共図書館」（DPLA），初の総会を開催		
	（英）	イングランド芸術評議会（ACE），博物館・図書館支援方針案を発表		
	（英）	研究情報ネットワーク（RIN），研究者の電子ジャーナル利用行動調査の最終報告書を発表		
	（英）	公共図書館閉鎖の適法性についての司法審査が行われる		
	（西）	電子出版物等の納本を定めた法定納本法成立		
	（クロアチア）	ザグレブ公共図書館，ホームレスのための「屋根としての本」プロジェクトを開始		
2012年		第78回IFLA大会「世界図書館・情報会議」（フィンランド・ヘルシンキ）		ギリシア総選挙で連立協議失敗
		ユネスコ，オープンアクセス（OA）ポリシー策定を支援するガイドラインを発表	（中）	習近平，共産党総書記就任
		欧州文化遺産のデジタル化に関する統計調査プロジェクト"ENUMERATE"が報告発表	（韓）	大統領選挙で朴槿恵が女性として初当選
		欧州委員会，孤児著作物指令を採択	（北朝鮮）	金正恩，労働党第一書記に就任
		ブダペストオープンアクセス運動（BOAI），次の10年に向けた提言（BOAI10）を発表 ←2002	（ミャンマー）	民主化進展，指導者アウン・サン・スー・チー国政復帰
		ReadersFirst，米国・カナダの約70の図書館の連名で共同声明を発表	（イスラエル）	パレスチナのガザ地区空爆
	（米）	調査機関Pew Research Center，電子書籍の利用実態と読書習慣に関する調査報告を発表		
	（米）	米国国立公文書館（NARA），「開かれた政府計画2012-14」を発表		
	（米）	米国議会図書館（LC），ウェブ時代の新たなフォーマットのためのデータモデル"BIBFRAME"を提案		

	（英）	英国図書館（BL）・英国情報システム合同委員会（JISC），博士課程学生（Y世代）の情報探索行動に関する調査報告発表		
	（仏）	20世紀の絶版書籍の電子的利用に関する法律制定		
	（豪）	国民読書年		
2013年		第79回IFLA大会「世界図書館・情報会議」（シンガポール）開催，「トレンド・レポート」を発表	（中）	東シナ海に「防空識別圏」を設定
		世界知的所有権機関（WIPO），「盲人，視覚障害者及び読字障害者の出版物へのアクセス促進のためのマラケシュ条約」成立	（フィリピン）	台風30号が直撃
			（北朝鮮）	張成沢粛清
		LAMMS，グローバルで分野横断的なデジタル化の取り組みに関する原則声明を発表 ←2008	（シリア）	内戦で化学兵器使用
	（米）	政府情報のオープンデータ化に関する大統領令制定	（米）	エドワード・スノーデン容疑者が政府による情報収集活動を暴露
	（米）	米国議会図書館（LC），全米に存在する録音資料の保存計画を発表		
	（米）	テキサス州サンアントニオに，紙の本を所蔵しない公共図書館"BiblioTech"設立	（エジプト）	モルシ政権崩壊
	（英）	2003年法定納本図書館法に基づき，「法定納本図書館（非印刷体）規則」制定 ←2003		
	（英）	欧州最大規模のバーミンガム公共図書館が開館		
	（仏）	「デジタル技術に関する政府ロードマップ」策定		
	（韓）	国立世宗図書館開館		
	（台湾）	台湾国家図書館，開館80周年 ←1933（南京，国立中央図書館）		
2014年		第80回IFLA大会「世界図書館・情報会議」（フランス・リヨン）		イスラム過激組織ISが「イスラム国」樹立を宣言
		欧州委員会，「データ保護規則案」を議会に提出		西アフリカでエボラ出血熱の感染拡大
		欧州司法裁判所，検索エンジンの運営者に対し，EU市民の過去の個人情報へのリンクの削除義務について裁定を行う		マララ・ユスフザイ，ノーベル平和賞受賞
	（加）	プリントディスアビリティのある利用者への公平な公共図書館サービスの提供を目指す非営利組織CELA発足	（韓）	旅客船「セウォル号」沈没事故
	（英）	出版社団体PLSを中心に，オンラインの学術雑誌記事150万件を無料提供する"Access to Research"プロジェクト開始	（中）	香港の民衆派デモ隊，幹線道路占拠
			（英）	スコットランドの住民投票で独立否決
	（台湾）	国立台湾図書館，開館100周年	（露）	クリミア半島に軍事介入
	（ミャンマー）	アジア財団などが，公共図書館と情報ニーズに関する調査報告発表		
	（豪）	オーストラリア図書館協会（ALIA），電子書籍貸出に関する"E-lending Landscape Report 2014"を公開		
	（ニュージーランド）	ニュージーランド国立図書館（NLNZ），利用および再利用についての新方針を公表		

索　引

凡例

　この索引は，漢字，かな書き，数字で始まる見出し語からなる和文索引と，欧語のほか，ローマ字で始まる見出し語からなる欧文索引に分け，それぞれ次の原則にしたがって排列した。

1. 本編各章の本文中に現れた事項名，人名，図書館名，機関・団体名，資料名（書名，紙・誌名），基準名などを見出し語とした。本編の「特論」および資料編は，索引の対象から除いた。
2. 欧米人名は，原綴の見出しからカナ見出しへ参照指示をした。
3. 和訳名で知られている機関・団体名は，原綴の見出しから訳語の見出しへ参照指示をした。なお，頭字語（アクロニム）がある場合には，（　）に付記した。
4. 和訳名で知られている資料名や基準名などは，原綴の見出しから和訳名の見出しへ参照指示をした。
5. 省略語は，完全形へ参照指示をした。ただし，頭字語が広く通用している場合には，完全形の見出しから頭字語の見出しへ参照指示をした。
6. を見よ参照の指示は，→の記号を用いた。
7. 所在指示は，掲載ページ数（ノンブル）で行った。該当する内容が複数のページにわたる場合には，最初のページ数と最後のページ数をハイフンでつないで示した。
8. アメリカ，イギリス関係の見出しには，必要に応じて，それぞれ（米），（英）を付記した。
9. 図表が対象となる見出しには，（図），（表）と付記した。

和文索引

1. 見出し語のかな表記を想定し，そのあいうえお順に排列した。
2. 濁音と半濁音は清音とみなし，拗音，促音，外来語の小字は直音とみなした。
3. 長音記号は，直前の字の母音に相当する音とみなした。
4. 句読記号は無視して排列した。
5. 書名を表す『　』は無視して排列した。

欧文索引

1. 見出し語の語順によるABC順排列とした。
2. 大文字，小文字の区別は無視した。
3. アクサン，ウムラウトなどの発音符号や句読記号は無視した。
4. 頭字語は1語とみなした。
5. 書名はイタリック体で示したが，排列上は区別しなかった。
6. 先頭の冠詞は無視して排列した。

（小田光宏）

和　文　索　引

あ

愛知淑徳大学
　　図書館員養成教育　382
アイマーク　→　EYEマーク
アウトカム指標　138
アウトソーシング　→　委託
アウトプット指標　138
アウトリーチ　12, 66
青山学院大学
　　図書館員養成教育　382
アカウンタビリティ　→　説明義務
赤ちゃん絵本　228-229
秋田県教育委員会　135
アクセス，資料・情報への　9, 18, 71
アクセスポイント　308, 309, 310
アシュルバニパル王　3
明日からの家庭を明るくするための本を読むおかあさん運動　44
アソシエーションネットワーク　173
厚木市立中央図書館　114
アニマシオン　→　読書のアニマシオン
アパーチュアカード　248-249
アメリカ医学図書館協会（MLA）　51
アメリカ議会図書館（LC）　28-29, 90, 203, 282, 286, 287, 293, 297, 298, 300, 333
アメリカ議会図書館件名標目表（LCSH）　331-332, 333, 336
アメリカ議会図書館分類表（LCC）　327-328
アメリカ情報科学技術協会　37
アメリカ情報学会（ASIS）　37
アメリカドキュメンテーション協会　36
アメリカ図書館協会（ALA）　13, 17-18, 50, 51, 55-56, 306, 378
　　社会的責任に関するラウンドテーブル　12, 13
アメリカ図書館協会事件　23
アメリカ法律図書館協会（AALL）　51
有山崧　45
『アルファベット順目録規則』　307
アレクサンドリアの図書館　3
アンケート調査　→　調査票調査
安全管理　129
　　施設　430-431
案内・紹介サービス　84, 93

い

イーガン，M. E.　286
医学図書館　113
移管　262
イギリス情報専門家協会　→　図書館・情報専門家協会（英）
イギリス図書館協会　→　図書館・情報専門家協会（英）
生きる力　98, 165
石川倉次　246
石川県立図書館　44
石塚栄二　361
委託　47, 124, 130, 177, 282, 357, 375-376
　　学校図書館　170
　　公立図書館　145-146
　　大学図書館　160
委託販売制度　208
一夜貸し　71
一館分類表　326
一般成人サービス　108-109
一般総合紙　239
一般分類規程　331
一般分類表　326
移動開架　281-282
伊藤昭治　202, 269
移動図書館　393
　　計画　395
　　施設　417
茨城県立図書館　407
茨木市立図書館
　　収集方針　216-217
異文化理解　114
印刷カード　282, 291, 306
印刷資料　196, 197
インターネット利用　66, 91, 157
　　OPAC　299
　　貸出サービス　75
　　広報活動　102
　　施設　413
　　著作権　120
　　複写サービス　79
　　ヤングアダルトサービス　235
インターネットルート　204
インフォーマルネットワーク　173
インフォメーションファイル　84, 241
インプット指標　138

引用順序　322

う

ウィーヴァー，W.　38
ウィーガンド，W. A.　12, 41
ウィナー，N.　38
ウィリアムソン，C. C.　34
ウィリアムソン報告　34
ウェイプルズ，D.　39
ウェスタン・リザーブ大学　38
ウェブアーカイビング　346
ウェブサーバー　256
ウェブページ（サイト）　255, 257, 258
　　開設　259-260
　　信頼性　259
受入業務　237, 249, 280-281
受入区分　281
浦安市立中央図書館　100, 414
『浦安の図書館と共に』　269
運営規則　143

え

映画フィルム　250
英国図書館　296, 298
英国図書館協会　→　図書館・情報専門家
　協会（英）
映像資料　230
　　課題　250-251
　　組織化　339-340
　　定義　250
　　ヤングアダルト向け　234-235
　　類別　250
『英米合同目録規則』1908年版　306, 307
『英米目録規則』
　　1967年版　306
　　第2版　241, 306, 310
　　第2版2002年改訂版　306, 311, 344
エーベルト，F. A.　33
閲覧サービス　68
　　スペース　71
　　定義　70-71
閲覧席　411
閲覧机　420
閲覧用目録　309
エドワーズ，E.　33
絵はがき　244, 246
絵本　228
　　収納家具　421

遠隔研修　385
延長　74

お

横断検索　299
大きさ，資料の　314
大阪市立生野図書館　114
大阪市立西淀川図書館　46
大阪大学図書館　155
大手町資料室連絡会　173
オーバーナイトローン　→　一夜貸し
オープンアクセス　162
オープンネットワーク　173
大牟田市立図書館　45
大文字使用法　313
置戸町立図書館　99
汚損　75
オックスフォード事件　23
オトレ，P. M. G.　36, 286, 327
おはなし会　103
おもちゃ　247
親子読書運動　46
オリジナルカタロギング　282
オルゴール盤　251
オルタナティブ資料　13
音楽図書館員　251
音声（音響）資料　230
　　課題　252
　　寄贈　252
　　購入　252
　　自館製作　252
　　収集　252
　　定義　251
　　ヤングアダルト向け　234-235
　　利用　252
　　類別　252
温度　425
オンライン閲覧目録　→　OPAC
オンラインオークション　257
オンラインショッピング　257
オンライン書店　206, 208, 224
オンラインデータベース　260
オンライン分担目録　301
オンライン目録　29

か

カード目録　29, 282, 308, 309
カーネギー，A.　21

カーネギー財団　　34
カーノフスキー，L.　　40, 201
会員制図書館　　10
開架　　199, 281
開架蔵書新鮮度　　199, 263
会議録　　238
外形式，MARCの　　293
下位語　　324, 333
外国語資料　　230, 240
外国雑誌センター　　161, 203
回想法　　110
外部委託　　→　委託
会報　　238
開放型アーカイブ情報システムのための参照モデル　　→　Reference Model for an Open Archival Information System
カウンター　　427
科学技術振興機構（JST）　　292
科学技術情報の全国的流通システム構想　　292
科学技術情報流通基準（SIST）　　292
学習参考書　　233
学習指導要領　　165
学習障害　　112
学習・生活支援　　109
学術機関リポジトリ　　→　機関リポジトリ
学術雑誌　　238
『学術雑誌総合目録』　　299
学術情報センター　　→　国立情報学研究所
学術情報の流通基盤の充実について（審議のまとめ）　　157
学術資料　　390
学生新聞　　240
拡大写本　　111, 247
拡大読書器　　112
拡大図書　　247
楽譜　　245
　　　組織化　　337-338
鹿児島県立図書館　　44
貸出カード　　73
貸出業務へのコンピュータ導入に伴う個人情報の保護に関する基準　　73
貸出サービス　　45-46, 65, 66, 68, 69
　　　意義　　72
　　　期間　　74
　　　規程　　72
　　　個人への　　72-73
　　　冊数　　74
　　　著作権　　118
　　　電子出版物の　　75

統計　　181-182
方式　　75
貸出サービス指数　　186
貸出調査法　　266
貸出停止　　75
貸出便益　　186
貸出密度　　186
画像資料　　246
課題解決支援　　66-67
価値論　　201, 202, 227
学科関連指導　　97
学科統合指導　　97
学級訪問　　411
学校教育法施行規則　　163
学校区図書館　　10
学校司書　　48, 164, 165, 166, 364, 371, 372, 383
学校施設のリニューアル　　164
学校図書館　　6
　　　委託　　170
　　　閲覧スペース　　391
　　　学習情報センターとしての　　165
　　　管理　　169-170
　　　管理・運営的職務　　168
　　　技術的職務　　168
　　　基準　　167
　　　規則　　167
　　　機能　　166
　　　協力　　169
　　　コンピュータ化　　170
　　　サービス　　69-70
　　　財政　　169
　　　施設　　167, 390-391, 428
　　　指導的職務　　168
　　　職員　　166-167
　　　職員採用　　371
　　　職員実態　　371-372
　　　資料　　167
　　　組織　　167-168
　　　読書センターとしての　　69, 165
　　　評価　　170
　　　奉仕的職務　　168
　　　法令　　165
　　　メディアセンターとしての　　69
　　　目的　　166
　　　利用教育　　98
　　　歴史　　163-165
学校図書館基準　　163, 165, 167, 169
学校図書館憲章　　165-166
学校図書館支援センター　　106, 169

学校図書館司書教諭講習規程　　380, 381
学校図書館担当職員の役割及びその資質の向
　　上に関する調査研究協力者会議　　165
学校図書館づくり　　48
学校図書館図書整備5か年計画　　164
学校図書館図書標準　　167
学校図書館の整備充実に関する調査研究協力
　　者会議　　165
学校図書館の手引き　　163
学校図書館法　　48
　　1997年改正　　6, 48, 164, 166, 382
　　2014年改正　　165, 383
　　第2条　　69, 98, 166
　　第3条　　166
　　第4条　　98, 168
　　第5条　　166, 379-380, 381
　　第6条　　165. 166
　　第7条　　166
　　第8条　　166
学校図書館メディア基準　　167
学校図書館メディアサービス宣言　　165
学校図書館問題研究会　　48
カッター，C.A.　　304, 306, 328
『カッター・サンボーン表』　　331
神奈川県資料室研究会　　173
神奈川県立川崎図書館　　109
紙芝居　　229-230, 246
　　収納家具　　421
紙資料　　27
　　保存　　429
カリマコス　　3　305
カレントアウェアネスサービス　　93
川本宇之介　　15
官公庁刊行物　　→　政府刊行物
官公庁誌　　238
韓国国立中央図書館　　296
監獄法　　114
間接選択　　221
苅田町立図書館　　100
館長　　→　図書館長
館内利用調査法　　266
館報　　→　図書館報
管理，公立図書館の　　145-148
管理委託　　→　委託
簡略多段階記述様式　　316
関連語　　324, 333

き

機械可読目録　　→　MARC

議会資料　　243
議会図書館(米)　　→　アメリカ議会図書館
機関リポジトリ　　158, 162, 260, 303, 345
危機管理　　→　安全管理
聴き取り調査　　188
記述，目録の　　310, 312
記述目録法　　281, 303, 312, 320
　　構成要素　　309-310
記述ユニットカード方式　　307
基準　　134-136, 140
　　学校図書館の　　165
基準メッシュ　　398, 399
寄贈　　235, 239, 249, 280
規則，公立図書館の　　143
基礎書誌単位　　316
寄託　　280, 430
貴重書　　71
基本記入方式　　312
基本計画　　129-134
『基本件名標目表』(BSH)
　　沿革　　333
　　階層構造標目表　　334
　　細目　　334
　　採録方針　　333-334
　　参照　　334
　　第4版　　91
　　標目の表現形式　　334
　　分類記号順標目表　　334
基本構想　　131
キャリア教育　　384
教育委員会　　144
教育基本法　　5, 26, 141-142
教育職員免許法　　380
教育勅語　　24
教育令　　24
教科書　　245-246
業界誌　　238
行事　　103-104
　　統計　　184
行政支援　　109
行政資料　　243
京都市図書館　　47
京都大学
　　図書館員養成教育　　382
共同受入　　280
共同分担目録作業　　300
共同保存図書館　　430
共同目録作業　　282, 292, 300-301
郷土資料　　243
業務分析　　355

和文索引··········667

記録媒体　　2, 27
近刊案内　　222

く

空気の浄化　　425
クーリー，C. H.　　38
久保輝巳　　361
グラムシ，G.　　11
クリーブランド市立図書館　　12
クリッピング資料　　84, 239
群馬大学図書館　　155

け

経営管理サイクル　　135
経営管理システム　　369
慶應義塾大学　　154
　　HUMIプロジェクト　　156
　　Japan Library School　　381
　　図書館員養成教育　　382
計画行政　　130-131, 133
刑事収容施設及び被収容者等の処遇に関する
　法律　　114
経常的経費　　185
継続刊行書誌単位　　316
継続資料　　310-311, 312
刑務所図書館　　7, 114
ゲートウェイ機能　　347
ゲートウェイサービス　　302
ゲスナー，K.　　286
ゲラー，E.　　12, 17
検閲　　18
研究図書館協会（米）　　→　ARL
健康医療情報提供　　109
検索語　　85, 87, 92
検索式　　92
検索戦略　　84-85
検索プロトコル　　299
検収　　281
研修　　127, 261, 302
　　意義　　384
　　形態　　381-383
　　主体　　384
　　専門図書館　　174
　　対象　　385
　　内容　　385
　　方法　　385
　　目的　　384-385
原資料　　270

建設計画　　151
建築基準法　　426
建築計画
　　外構計画　　405
　　既存施設の転用　　407
　　規模計画　　404
　　構成要素の計画　　404
　　公立図書館　　405
　　敷地条件　　405
　　敷地利用計画　　404
　　室内環境計画　　405
　　全体計画　　404
　　大学図書館　　405
　　断面計画　　405
　　平面計画　　405
　　立地条件　　405
建築計画書　　401-402
ケント，A.　　38
憲法　　→　日本国憲法
件名規程　　335
件名記入　　310
件名作業　　281, 335
件名典拠表　　333
件名典拠ファイル　　335-336
件名標目　　310, 312, 320, 323, 324
　　細目　　333
　　シンタックス　　332, 333
　　セマンティクス　　332, 333
　　プラグマティクス　　332
件名標目表　　91, 333
件名分類法（SC）　　329
件名法　　323
　　件名標目　　332
　　総論　　331-332
件名目録　　309, 322, 335

こ

コアコレクション　　264-265
広域サービス　　76
広域市町村圏　　399
講演会　　104
公開書庫　　413-414
交換　　239, 280
公共貸与権　　→　公貸権
公共図書館　　3, 4-5
　　移動図書館　　389
　　基本計画　　130-134
　　経営計画　　130
　　サービス　　69

施設　　388-389, 428
　　設置・配置の工夫　　428
　　地域館　　389
　　中央館　　389
　　配置計画　　393
　　分館　　389
　　来館利用　　339
　　利用教育　　98-99
講座　　104
更新，蔵書の　　199
更新資料　　310
構成書誌単位　　316
構成レベル　　315, 316
公貸権　　118
公的知識　　82-83
購入　　239
購入資料回転率　　186
公文書館法　　243
広報活動　　95, 128-129
　　意義　　100-101
　　専門図書館　　175-176
　　方法　　101-102
公立義務教育諸学校の学級編成及び教職員定数の標準に関する法律及び公立高等学校の設置，適正配置及び教職員定数の標準等に関する法律の一部改正等について（通知）　　166
公立大学図書館改善要項　　159
公立大学図書館協議会　　160
公立図書館　　11, 14, 21, 69
　　運営　　140
　　管理　　145-148
　　規則　　143
　　基本計画　　132-134
　　経営計画　　130, 132-134
　　経費　　144
　　建築計画　　405
　　構成要素（表）　　409
　　財政　　144-145
　　条例　　142-143
　　職員採用　　367-368
　　職員実態　　368-369
　　組織　　143-144
　　図書館長　　362
　　法令　　141-142
　　無料原則　　25, 31
　　予算　　144-145
公立図書館貸出実態調査　　209
公立図書館職員令　　24
公立図書館のサービス指標及び整備基準試案　　374
公立図書館の設置及び運営上の望ましい基準　　69, 99, 100, 134, 142, 180, 368, 374
公立図書館の設置及び運営上の望ましい基準（案）　　141
『公立図書館の設置及び運営上の望ましい基準活用の手引き』　　263
公立図書館の設置及び運営上の望ましい基準について（報告）　　263, 268
公立図書館の設置及び運営に関する基準　　263
公立図書館の設置及び運営に関する基準について　　263
公立図書館の任務と目標　　47, 69, 134, 139, 151, 200, 211-212, 263, 268
『公立図書館の任務と目標　解説』　　362
公立図書館の望ましい基準（案）　　374
高齢者サービス　　109-110
コーツ，E. J.　　328
顧客主義　　132
国際音楽資料情報協会（IAML）　　51
国際学術情報流通基盤整備事業　　162
国際学校図書館協会（IASL）　　54
国際関係資料　　244
国際基督教大学　　155
　　図書館　　427
国際子ども図書館　　107
国際十進分類法（UDC）　　286, 289, 290, 327
国際児童図書評議会　　54
国際情報学教育協会（米）　　52
国際書誌協会　　36, 286, 288, 327
国際書誌コントロール（UBC）　　287
国際逐次刊行物データシステム（ISDS）　　287
国際データ流通と通信プログラム　→　Universal Dataflow and Telecommunication
国際ドキュメンテーション連盟（FID）　　327
国際図書館連盟（IFLA）　　50, 51, 52, 287
　　コア活動　　52-53
国際標準音楽作品コード（ISWC）　　291
国際標準化機構　→　ISO
国際標準楽譜番号（ISMN）　　291, 338
国際標準視聴覚作品番号（ISAN）　　291
国際標準書誌記述（ISBD）　　287, 290, 304, 306, 344
国際標準逐次刊行物番号（ISSN）　　287, 289, 291, 292, 314
国際標準図書番号（ISBN）　　289, 291, 314,

和文索引　　　　669

338
国際標準名称識別子（ISNI）　291
国際標準レコーディングコード（ISRC）　291
国際フィルムアーカイブ連盟　54
国際フォーマット・規則（MARC21, AACR2）への移行プロジェクト　311
国際文書館評議会　52, 53-54, 250
国際分類学会連盟　54
国際目録原則覚書　305
国際目録専門家会議　287, 304, 306
国文学研究資料館　300
国立学校設置法　154, 158
国立学校設置法施行規則　160
国立教育政策研究所社会教育実践研究センター　364, 368
国立国会図書館（NDL）　4, 29, 68, 90, 120, 224, 282, 294, 297, 346
　　関西館　392, 427
　　国際子ども図書館　392
　　施設　392
　　支部図書館　392
　　職員　372
　　デジタル化資料　260-261
　　図書館向けデジタル化資料送信サービス　261
　　本館　392
『国立国会図書館件名標目表』（NDLSH）　334
国立国会図書館サーチ　300, 346
国立国会図書館総合目録ネットワーク　299-300
国立国会図書館著者名典拠　291
国立国会図書館デジタルコレクション　345
『国立国会図書館分類表』（NDLC）　330
国立情報科学図書館高等学院（フランス）　378
国立情報学研究所（NII）　29, 120, 155, 162, 224, 282, 292, 299, 302, 345
国立大学図書館改善要項　159
国立大学図書館協会　51, 160
国立大学図書館協議会　158
国立大学図書館協議会電子ジャーナルタスクフォース　161
国立大学法人法　153
国立図書館　4
　　サービス　68
　　施設　392
国立七大学附属図書館協議会　160

語順排列　319
個人貸出　72-73
個人情報の保護　73-74
個人情報の保護に関する法律　73
国公私立大学図書館協力委員会　161
固定排架　281
子どもと本の議員連盟　107
子どもと本の出会いの会　107
子ども読書年　107
子どもの読書活動の推進に関する基本的な計画　107, 165, 371
子どもの読書活動の推進に関する法律　107, 165
子どもの読書サポーターズ会議　165
『子どもの図書館』　46
子ども文庫活動　46
子ども向け新聞　240
コピーカタロギング　282, 295, 296, 301
個別型目録　309, 312
個別研修　385
小松原訓令　201-202
コミック　245
コミュニケーション科学　38-39
コミュニティ情報サービス　93
コミュニティペーパー　240
小柳屯　45
固有名目録　309
コロンビア大学
　　応用社会学研究所　39
　　図書館学校　34
コロン分類法（CC）　328
混合記号法　326
今後における学術情報システムの在り方について（答申）　155
コンテンツ　259
コンテンツシートサービス　93
コンビニエンスストアルート　204
コンピュータ目録　308

さ

サーチエンジン　258-259, 345
サービス品質調査　189
再現率　92
財産管理, 公立図書館の　147-148
最小論　87
最上位語　333
再生装置　251
財政, 公立図書館の　144-145
最大論　87

サイト　→　ウェブページ
サイバネティックス　38
再販制　→　再販売価格維持制度
再販売価格維持制度　207-208
財務管理，公立図書館の　147
サイン
　　種類　424
　　要素（表）　423
サイン計画
　　基本　423
　　留意点　424
佐賀市立図書館　100
索引言語　320
索引言語システム　320, 321-322
索引語　322, 332
索引法
　　事後組み合わせ索引法　321, 322, 323, 324, 332
　　事前組み合わせ索引法　321, 322, 323
　　主題索引法　324
　　深い索引法　322
雑誌
　　収集　238-239
　　収納家具　420, 421
　　選択　238-239
　　定義　237
　　特質　238
　　利用　239
　　類別　238
雑誌架　420
雑誌記事索引　292, 324
雑誌の危機　162
冊子目録　308, 309
サブジェクトゲートウェイ　158, 260
サブジェクトライブラリアン　158
さわる絵本　111
参考図書　71
参照，標目の　310, 318
酸性紙　270-271
サンダーランド事件　22
参与観察法　188-189

し

シートミュージック　245
シーフ目録　309
シェラ，J.　11, 41, 286
塩見昇　210
視覚障害者読書権保障協議会　47
視覚障害者誘導ブロック　111

滋賀県図書館振興　141
滋賀県立図書館　44
　　資料保存センター　392
シカゴ学派　36, 39, 40
シカゴ大学図書館学大学院　11, 34, 39
資源共有　8
事項索引　324
事後組み合わせ索引法　→　索引法-事後組み合わせ索引法
事後結合索引法　→　索引法-事後組み合わせ索引法
自己研修　385
字順排列　319
司書　25, 31, 32, 364, 365, 369
　　教育課程　382
　　講習　379
　　資格　355-356, 362, 369, 375, 378, 379
　　職業制度　364, 365
　　養成　379-380, 381-382
　　労働　373
市場化　48
市場主義　132
司書教諭　48, 164, 166, 364, 371-372, 383, 390
　　教育課程　382
　　講習　380, 381
　　資格　378, 379-380
　　養成　379-380, 382
辞書体目録　309
司書補　25
次世代OPAC　349
施設　→　図書館施設
施設図書館　7, 70
施設の提供　68
事前組み合わせ索引法　→　索引法-事前組み合わせ索引法
事前結合索引法　→　索引法-事前組み合わせ索引法
自然語　321
自然語システム　321
シソーラス　91, 322, 323-324
シソーラスの構成およびその作成方法　324
視聴覚障害者情報提供施設　110
視聴覚資料　28
視聴覚ライブラリー　250-251
　　施設　392
市町村立図書館　69
実施計画　131
質志向型　201

実質貸出密度　186
十進記号法　323, 326, 329
実体　304
湿度　425
質問回答サービス　81, 83, 90
指定管理者制度　26, 48, 146, 366, 375-376
私的独占の禁止及び公正取引の確保に関する
　　法律　208
自動貸出機　31, 75, 422
児童サービス　45-46, 65, 103
　　　意義　105
　　　カウンター　414
　　　基本図書　228
　　　現状　106-107
　　　児童室　105
　　　児童書選択　226-227
　　　施設　411
　　　定義　105
　　　歴史　105
児童生徒図書委員会　168
品川区立図書館　212-213
指標　138-140
指標（表）　186
司法資料　243
シミュレーション利用調査　267
『市民の図書館』　16, 45-46, 47, 65, 100,
　　106, 133, 141, 181, 202, 262-263
事務用目録　309
社会教育法　142
社会調査（図）　188
社会的技能　99
写真　244, 246
社内誌　238
社内報　238
シャノン，C.　38
ジャホダ，G.　87
ジューエット，C. C.　306
ジューエットの規則　306
集会活動　104-105
集会施設　104
集会室　415
自由価格本　208
集合研修　385
集合書誌単位　316
集合レベル　315
自由語　91
収集
　　　意義　218-219
　　　音声資料　252
　　　業務　280

雑誌　238-239
小冊子　241
新聞　240
政府刊行物　243
地域資料　244
地図　242
パッケージ系電子資料　253
方針　→　収集方針
マイクロ資料　249
収集方針　201, 209, 210-211, 218, 225, 226
　　　拡張型　210-211
　　　事件　212-213
　　　実例　214-217
　　　抑制型　210
住宅地図　242
集中目録作業　282, 292, 300
集密書架　416
住民参加　149-150
自由民権運動　14, 43
自由利用マーク　116, 119, 248
自由論　87
主題　320
主題検索　320
主題索引法　324
主題知識　176-177
主題典拠データの機能要件（FRSAD）　289
主題部門　390
主題分析　320-321, 322, 330
主題目録作業　281, 304, 312, 320, 331
出版社（者）　204-205, 313-314
出版社11社の会　208
出版社シリーズ　237
出版地　313
出版年　314
出版販売会社　205, 222
出版流通
　　　概況　206-207
　　　概要　204
シュレチンガー，M. W.　33
純粋記号法　326
準専門職　358
上位語　324, 333
上映会　119
生涯学習　428
障害児のための資料　230
障害者サービス　47-48, 110-113
　　　学習障害者　112
　　　現状　111
　　　視覚障害者　111-112
　　　施設　412

肢体不自由者　　112
　　状況（表）　　111
　　聴覚障害者　　112
　　著作権　　119
　　統計　　183
　　歴史　　110-111
障害者差別解消法　　113
商業雑誌　　238
小冊子
　　収集　　241
　　選択　　241
　　定義　　240
　　特質　　240
　　ファイリング　　241
照度　　425
情報科学技術協会（INFOSTA）　　52, 173
情報学　　33, 37-38, 40
情報格差　　→　デジタルデバイド
情報活用能力　　→　情報リテラシー
情報強者　　254
情報源　　85, 87
情報検索　　38, 68, 90-91, 302
情報公開　　147, 244
情報コミュニティ　　257
情報サービス　　68, 70
　　種類　　81-83
　　種類（表）　　82
　　特性　　81-83
情報・システム研究機構　　156
情報弱者　　254
情報処理学会　　52
情報専門職　　31, 32
情報探索過程（図）　　86
情報・ドキュメンテーション専門委員会
　　→　ISO/TC46
情報・メディアを活用する学び方の指導体系
　　表　　98
情報要求　　92, 93
情報リテラシー　　95, 158, 254
照明　　420, 424
ショーン，D. A.　　357, 358, 359
書架
　　間隔　　410-411, 416
　　高書架　　419
　　低書架　　419
　　配置　　410
除架　　262, 263-264
書架上での入手可能性調査　　266-267
書架滞在期間　　265
書架分類　　320, 325, 330

書架目録　　305, 309
職員　　→　図書館員
書庫　　427
　　環境　　416
　　環境　　425
　　計画　　415-416
　　形状　　415-416
　　自動出納書庫　　416
　　集密書架　　416
　　収容力　　416
　　積層式　　416
所在記号　　310
所在情報　　298, 299
書誌階層　　308, 315
書誌コントロール　　280
　　機能　　285-286
　　国際レベル　　288-289
　　定義　　285
　　日本　　291-292
　　標準化　　290-291
　　歴史　　286
書誌サービス改善に関する国際会議　　286
書誌情報　　292, 298, 299, 310
書誌情報交換フォーマット　　291
書誌単位　　316
書誌調査　　280-281
書誌調整　　→　書誌コントロール
書誌的記録　　310
書誌的事項　　→　書誌情報
書誌データ　　→　書誌情報
書誌分類　　325, 328, 330
書写資料　　255
　　組織化　　336-337
書籍館　　2, 14, 24
書誌ユーティリティ　　29, 282, 295, 299, 301-303, 347
書誌レコードの機能要件（FRBR）　　289, 304, 305, 344
除籍　　199
　　基準　　263
書籍縦覧所　　14, 43
ジョッケル，C.　　11
書店　　205
書店ルート　　204
書評紙（誌）　　222-223
処務規則　　143
調べ学習　　→　問題解決学習
シリーズに関する責任表示　　314
シリーズ番号　　314
シリーズ名関連情報　　314

私立学校法　154
私立大学図書館改善要項　159
私立大学図書館協会　51, 155, 160
私立短期大学図書館協議会　160
私立図書館　7-8, 25
資料　→　図書館資料
資料管理規則　143
資料収集　→　収集
資料種別　313
資料選択　→　選択
資料選定委員会，学校図書館の　168
資料組織
　　映像資料　339-340
　　概要　280
　　楽譜　337-338
　　書写資料　336-337
　　静止画資料　338-339
　　地図資料　337
　　手順　280-282
　　手順（図）　283
　　点字資料　338
　　電子情報資源　345-346
　　動画　339
　　博物資料　342
　　パッケージ系電子資料　341-342
　　マイクロ資料　340-341
　　録音資料　340
資料提供サービス　67-68, 70
資料費　145, 169, 185, 209
資料保存　→　保存
資料要求　→　リクエスト
知る権利　→　知的自由
知る自由　→　知的自由
新刊案内　222
人件費　185
新古書店　205
人材育成，専門図書館の　177-178
人事異動　365-366
人事管理，公立図書館の　147
『新収洋書総合目録』　300
新私立大学図書館改善要項　152
深層ウェブ　257
シンタックス　332, 333
新聞
　　収集　240
　　書架　421-422
　　選択　240
　　定義　239
　　保存　240
　　利用　240
　　類別　239
　　特徴　239
新聞記事索引　324
新聞縦覧所　14, 43

す

数量更正　280
スコープノート　332
スタンド販売ルート　204
スタンフォード大学　346
ストーリーテリング　103, 105, 106
スペシャルインタレストネットワーク　173
スポーツ紙　240
墨田区立八広図書館　100
スライド　249, 250
駿河台大学
　　図書館員養成教育　382
スロート，S.J.　263

せ

生活権　25
正規職員　356
請求記号　281
生協ルート　204
生産受入　280
静止画資料　250
　　組織化　338-339
　　本タイトル　338
青少年サービス　→　ヤングアダルトサービス
成人サービス　→　一般成人サービス
精度　92
青年団図書館　43
青年図書館員聯盟　44, 333
政府刊行物
　　収集　243
　　選択　243
　　定義　242
　　利用　243
　　類別　242-243
整理業務　280
世界書誌　36, 286, 288
世界書誌コントロールと国際MARC　287, 288
世界書誌調整　→　国際書誌コントロール
世界書誌目録　286

世界人権宣言　　9
責任表示　　313, 317
世田谷区立図書館　　213-214
設計者の選定
　　設計競技方式　　403
　　設計入札方式　　404
　　特命方式　　403
　　プロポーザル方式　　403-404
設備計画
　　音環境　　425
　　温湿度環境　　425
　　照明　　424-425
　　搬送設備　　426-427
　　光環境　　424-425
　　防災　　426-427
説明義務　　162, 179, 180
説明責任　　→　説明義務
セマンティクス　　332, 333
セレンディピティ　　93
全域サービス　　46, 65
全国SLA　　→　全国学校図書館協議会
全国学校図書館協議会　　51, 164
　　学校図書館施設基準　　167
全国公共図書館協議会　　51, 368
全国紙　　239
全国視覚障害者情報提供施設協会　　113
全国情報ハイウェイ構想　　30
全国書誌　　297
全国書誌作成機関　　288-289, 291, 293, 296, 300
全国書誌番号　　291, 296
戦時図書館サービス　　11
専修大学図書館　　154
全集　　236
選択
　　意義　　218-219
　　映像資料　　230
　　絵本　　228
　　音響資料　　230
　　会議　　222
　　外国語資料　　230
　　紙芝居　　229-230
　　基準　　209-210, 218, 227-228
　　雑誌　　233-239
　　児童書　　226-227
　　障害児のための資料　　230
　　小冊子　　241
　　新聞　　240
　　政府刊行物　　243
　　地域資料　　244

知識の本　　229
地図　　242
　　ツール　　221-224
　　手順　　228
　　電子資料　　230
　　パッケージ系電子資料　　253
　　評価　　230-231
　　方法　　220-221
　　マンガ　　230
　　物語　　229
　　ヤングアダルト向け資料　　232-235
選択者　　219-220
選択的情報提供　　→　SDI
先導的電子図書館プロジェクト　　156
全米研究教育ネットワーク　　30
全米集書目録計画　　203
全米総合目録　　→　National Union Catalog
専門紙　　239
専門職　　143, 147, 355, 356-358
専門職団体　　→　図書館関係団体－専門職団体
専門性，図書館員の　　355, 357, 360
専門性の要件　　357
専門的技術的職業従事者　　373
専門的業務　　124, 354-355, 366
専門的職員　　→　専門職
専門図書館　　7
　　課題　　176-179
　　管理職　　178-179
　　規模　　172
　　業務　　172
　　業務管理　　175
　　業務マニュアル　　174
　　協力　　173, 178
　　広報活動（PR）　　175-176
　　サービス　　70
　　サービス対象　　171-172
　　財政　　174-175
　　施設　　391-392
　　職員　　173-174, 372
　　人材育成　　177-178
　　設置　　171
　　組織　　172-173
　　定義　　171
　　ネットワーク　　173
　　非公開制　　171
　　予算管理　　175
専門図書館協議会　　7, 51, 173, 383
専門分類表　　326
戦略計画　　132, 133, 136

和文索引..........675

そ

相関索引　327
総合計画　132, 133
総合サービスカウンター　414
総合的な学習の時間　98, 391
総合目録　282, 292, 298, 301-302
総合目録ネットワーク　300
相互貸借　76-77, 118, 203, 204, 226, 239, 298, 302
　　　統計　184
総索引　239
叢書　236
蔵書　199-200, 210, 226
　　　更新　261-262
蔵書回転率　186
蔵書基準適用法　268
蔵書規模算定　398
蔵書更新率　262-263
蔵書構成　217-218
　　　方針　200-201, 209-210
蔵書点検　170, 268-269
蔵書評価　262, 265-266
相談デスク　414
装備　199, 281
総目次　239
組織，資料の　→　資料組織
組織，図書館の　126-127, 143-144
　　　学校図書館　167-168
　　　公立図書館　143-144
　　　専門図書館　172-173
　　　大学図書館　159-160
　　　フラット化　132
ソノシート　251

た

ダービン，B.　89
第一次米国教育使節団報告書　163
大学教育の改善について（答申）　158
大学設置基準　158, 159, 162, 364-365, 381
大学図書館　5-6
　　　委託　159-160
　　　閲覧スペース　390
　　　学習図書館　390
　　　管理　162-163
　　　基準　158-159
　　　協力　160-161
　　　研究図書館　390
　　　現状　152-153
　　　建築計画　405
　　　コンピュータ化　155
　　　サービス　69
　　　財政　162
　　　施設　389-390, 428-429
　　　職員採用　369-370
　　　職員実態　370-371
　　　総合図書館　390
　　　組織　159-160
　　　中央図書館　390
　　　図書館員　160
　　　図書館長　160, 362
　　　評価　162-163
　　　部局図書館　390
　　　法令　158-159
　　　保存図書館　390
　　　来館利用　390
　　　利用教育　97-98
　　　歴史　153-154
大学図書館基準　159, 370
『大学図書館機能の強化・高度化の推進について（報告）』　370-371
大学図書館支援機構（IAAL）　383
大学図書館施設計画要項　159
大学図書館著作権検討委員会　161
大学令　154
大活字本　111, 244, 247
代行検索サービス　90
大正デモクラシー　15
対象別サービス　105
タイトル関連情報　313
タイトル記入　310
タイトル標目　310, 312, 317
タイトル目録　309, 319
第二次米国教育使節団報告書　163
対面朗読　110, 112, 119
ダウンズ，R. B.　286
ダウンロード　119
宅配サービス　112
多段階記述様式　316
脱酸処理　271
ダブリンコア　289, 290, 333, 343-344
ダブリンコア図書館ワーキンググループ　343
タブロイド紙　240
タブロイド判　239
多文化サービス　114-115
　　　状況（表）　115
単行書　236, 237
単行書誌単位　316

単行資料　312
団体貸出　69, 72, 75-76
　　　統計　184

㋡

地域資料　242, 244
　　　課題　244
　　　収集　244
　　　選択　244
　　　定義　243-244
地域中心館　393
　　　計画　395-396
　　　施設　408
地域図書館　393
　　　開架蔵書規模　395
　　　規模計画　395
　　　計画　393-394
　　　広域　398-399
　　　施設　408
地域図書館網計画　396-398
地域内出版物　244
地域の情報拠点　99
チェックリスト法　267
逐次刊行物　237, 310
地区別研修　384
知識絵本　229, 231
地図
　　　収集　242
　　　選択　242
　　　組織化　337
　　　定義　241
　　　保存　242
　　　利用　242
　　　類別　241-242
知的所有権の貿易関連の側面に関する協定　116
知的自由　16-21, 64, 211, 244
知的自由委員会，アメリカ図書館協会の　17-18, 19
知的自由部，アメリカ図書館協会の　19
知的自由ラウンドテーブル，アメリカ図書館協会の　19
千葉市立中央図書館　427
地方教育行政の組織及び運営に関する法律　142, 143
地方行政資料　242, 243
地方公務員
　　　経歴管理システム　367-368
　　　職級　366-367
　　　職種　366-367
　　　職階制度　366
　　　人事制度　366-367
地方公務員法　142, 366
地方財政法　142
地方紙　239
地方自治法　142, 146, 217-218, 375
地名索引　242
中央館，公共図書館の　→　地域中心館
中央大学　154
　　　図書館員養成教育　382
中央図書館制度　24
中間論　87
中国国家図書館　296
『中小都市における公共図書館の運営』（中小レポート）　45, 65, 106, 140-141, 198-199, 243, 269-270
中心館　→　地域中心館
中西部図書館相互協力センター　→　Midwest Inter-Library Center
中庸論　87
中立質問法　89-90
帳外受入　280
調査・研究支援　109
調査図書館　392
調査票調査　187-188
重複書誌　299
重複調査　280
直接観察法　267
直接選択　220-221
直販ルート　204
著作権　115-116
　　　譲渡権　117
　　　処理　78, 116-117
　　　頒布権　118
　　　複製権　117
著作権に関する世界知的所有権条約　116
著作権法　78, 79, 112, 113, 115-116, 198, 250
　　　第2条　274
　　　第31条　274
　　　第35条　251
　　　第38条　251
著作者の権利への理解を求める声明　208
著作物　116
著者記号表　331
著者記入　310
著者基本記入方式　307
著者標目　310, 312, 317-318
著者目録　309, 319

和文索引…………677

チラシ 246

つ

通俗教育 15
筑波大学
  図書館員養成教育 382
  図書館・情報専門学群 381
鶴ヶ島市立図書館 100

て

定期刊行物，ヤングアダルト向け 234
帝国大学図書館 154
帝国大学附属図書館協議会 160
帝国大学令 154
デイジー　→　DAISY
ディスレクシア 112
テイラー，R. S. 88
データベース 91
適合性 92
適切性 92-93
テクニカルサービス 64
デジタルオブジェクト識別子 291
デジタル化 120, 271-274
デジタルコンテンツ 158, 257
デジタルレファレンスサービス 90, 158
デジュール標準 290
鉄道弘済会ルート 204
デファクト標準 290, 332
デファクト標準との調整 289
デポジットライブラリー　→　保存図書館
出前サービス 110
デューイ，J. 38
デューイ，M. 34, 50, 306, 326
デューイ十進分類法（DDC） 326-327
  主題（表） 327
展開分類法（EC） 328, 329
転記の原則 313
典拠コントロール 291, 318-319
典拠データ 294
典拠データの機能要件（FRAD） 289
典拠ファイル 319
展示 102-103
点字 246
点字絵本 247
電子化　→　デジタル化
電子化コンテンツ　→　デジタルコンテンツ
電子ジャーナル 157, 161, 238, 247, 256, 259

電子出版 75
点字資料 111, 244, 246
  課題 248
  組織化 338
  定義 246
  図書 246-247
電子資料 198, 230, 284
  ネットワーク系　→　ネットワーク系電子資料
  パッケージ系　→　パッケージ系電子資料
  ヤングアダルト向け 235
電子地図 242
電磁的資料 27
電子図書 247
点字図書館 7, 70, 110
  施設 392
電子図書館 31, 120, 156, 158, 261, 274, 284, 427
電子図書館の新たな潮流（報告書） 158
『点字図書・録音図書全国総合目録』 112
点字プリンター 247
点字ブロック　→　視覚障害者誘導ブロック
電子文献提供サービス 302
点字文庫 110
電子メディア 30, 66
  著作権 119
  保存 429
点訳 119, 246
  絵本 111, 247
  ソフト 247

と

ドイツデジタル図書館 346
ドイツ図書館 296, 298, 311
統一タイトル標目 318
統一標目 317
動画資料 250
  組織化 339
東京医学校 153
東京開成学校 153
東京市本郷図書館 110
東京書籍館 2
東京市立図書館 15
東京大学 153
  図書館 154
  図書館員養成教育 382
  附属図書館ブックコンテンツデータベース 157

法理文学部図書館　　2
東京都特別区人事制度　　367
東京都図書館振興政策　　25, 114, 134
東京都立日比谷図書館　　111
統計
　　意義　　179-180
　　貸出件数　　181
　　貸出統計　　181-182
　　行事・集会の統計　　184
　　計画のための　　180
　　経費統計　　184-185
　　収集統計　　181
　　種類　　180-187
　　障害者サービス統計　　183
　　職員統計　　184
　　除籍統計　　181
　　所蔵統計　　180
　　資料統計　　180
　　精度　　182
　　相互貸借統計　　184
　　団体貸出統計　　184
　　データ統計　　181
　　登録者数　　182
　　入館統計　　183
　　比較統計　　185-187
　　評価のための　　180
　　報告のための　　180
　　予約統計　　182-183
　　利用統計　　181-182
　　レファレンス統計　　183
統語規則　　322, 324
統語的関係　　321
同志社大学　　154
　　図書館員養成教育　　382
同人誌　　238, 239
統制語　　91
統制語システム　　321
闘病記文庫　　109
登録率　　186
ドキュメンテーション　　28, 32-33, 36-37, 40, 286
ドキュメント分析　　189
読字障害　　→　ディスレクシア
特殊分類規程　　331
読書案内　　31, 68, 77-78, 93
読書会　　104
読書権　　25, 47
読書施設　　43
読書室　　413
読書相談　　68

読書のアニマシオン　　106
読書の自由財団，アメリカ図書館協会の　　19
読書普及運動　　44
独占禁止法　　→　私的独占の禁止及び公正取引の確保に関する法律
督促　　74
特定資料検索　　320
特定非営利活動促進法　　146
特定非営利活動法人　　→　NPO
特別貸出　　75
特別コレクション　　342
図書
　　形態　　236
　　定義　　236
　　特質　　236-237
　　ヤングアダルト向け　　233-234
　　利用　　237
図書委員会　　→　児童生徒図書委員会
図書館
　　意義　　2
　　機械化　　28
　　機能　　3
　　構成要件　　354
　　構成要素　　3-4
　　種類　　4-8
　　組織　　355
　　定義　　2
　　広場としての　　10
　　変容　　30
　　読み　　2
図書館員　　4, 18-19, 51, 124-125, 126, 127, 261
　　委託職員　　375-376
　　学校図書館　　166-167, 371-372
　　業務　　354
　　検閲官としての　　17
　　研修　　384-385
　　公立図書館　　367-369
　　国立国会図書館　　372
　　コンピテンシー　　383
　　選択者としての　　219-220
　　専任職員　　374
　　専門職制　　355
　　専門性　　355, 357
　　専門図書館　　173-174, 372
　　大学図書館　　160, 369-370
　　統計　　184
　　派遣職員　　374, 375-376
　　非常勤職員　　374, 375

和文索引………679

役割　　354
　　臨時職員　　374, 375
図書館員の倫理綱領　　16, 47, 64-65, 209, 361
図書館員養成教育
　　意義　　376-377
　　教育課程　　380-381
　　形態　　378-379, 381-382
　　司書　　377, 381-382
　　司書教諭　　382, 379-380
　　専門教育　　382
　　動向　　383
　　変遷　　379-380, 381-383
図書館員養成所　　378
図書館運営委員会，学校図書館の　　168
図書館運動
　　意義　　42-43
　　課題　　48-49
　　戦後期　　44-47
　　戦前期　　43-44
図書館オリエンテーション　　95
図書館家具　　418
　　いす　　420-421
　　閲覧机　　420
　　絵本収納　　421
　　カウンター　　421
　　紙芝居収納　　421
　　キャレル　　420
　　雑誌架　　419
　　書架　　418-419
　　新聞架　　421-422
図書館学　　32, 33-38, 39, 40
『図書館学序説』　　35
『図書館学全教程試論』　　→　Versuch eines Vollständigen Lehrbuchs der Bibliothek-Wissenschaft
『図書館学提要』　　→　Handbuch der Bibliothekwissenschaft
図書館学の五法則　　65, 199
図書館学校　　378
図書館活動　　→　図書館サービス
図書館活動推進10年計画　　34
図書館関係団体
　　意義　　49
　　現状　　57
　　種類　　51-52
　　専門職団体　　49-51, 363
　　定義　　49
図書館間相互貸借　　→　相互貸借
『図書館管理法』　　307

図書館協会　　49
図書館協議会　　25, 148
図書館行事　　→　行事
図書館協力　　8, 298
　　学校図書館　　169
　　専門図書館　　173, 178
　　大学図書館　　160-161
図書館記録の秘密性に関する方針　　18
図書館経営　　124-125, 359-360
　　評価　　376
図書館見学　　102
『圕研究』　　44
図書館建設　　150-151
　　安全管理　　430-431
　　課題　　432
　　企画　　401
　　危機対応　　430-431
　　基本設計　　401
　　計画　　401
　　建築計画書　　401-402
　　実施設計　　401
　　準備室　　402
　　省エネルギー　　431
　　資料整備計画　　402
　　施工　　401
　　設計　　401
　　設計者の選定　　401, 402-404
　　複合化　　432
　　併設化　　432
　　保存システム　　429-430
　　保存スペース　　429
図書館建設委員会　　151
図書館建築
　　OPACの配置　　413
　　アメニティ向上　　431
　　移動図書館関連室　　417
　　入口　　408
　　インターネットサービススペース　　413
　　閲覧座席スペース　　411
　　開架閲覧室　　408-410
　　開架スペース　　410-411
　　カウンター　　414
　　課題　　427-428
　　学級訪問対応スペース　　411
　　館長室　　417
　　行政資料コーナー　　411
　　景観への配慮　　431
　　研修スペース　　415
　　公開書庫　　413-414

参考資料コーナー　411
視聴覚資料スペース　412
児童スペース　411
事務室　416-417
集会室　415
障害者サービススペース　412
書架間隔　410-411
新聞・雑誌スペース　412
スタッフラウンジ　417
地域資料コーナー　411
電子化・情報化　427-428
展示スペース　408
読書室　413
ブックポスト　408
ボランティアルーム　415
ヤングアダルトスペース　411
利用部門　408
レファレンススペース　411
ロッカースペース　408
図書館構想委員会　150-151
図書館サービス　8-9, 25, 64
　一般成人　108-109
　学校図書館　69-70
　管理　125-126
　狭義　64
　矯正施設入所者　114
　広義　64
　公共図書館　69
　高齢者　109-110
　国立図書館　68
　在日外国人　114-115
　施設入所者　113-114
　児童　105-107
　障害者　110-113
　専門図書館　70
　大学図書館　69
　対象　67
　著作権　115-116
　著作権（表）　117
　場所　67
　病院入院患者　113
　評価　151
　品質調査　189
　複写サービス　117-118
　方法　67-68
　ヤングアダルト　107-108
　理念　64-65
　歴史　65-67
　老人ホーム入所者　113-114
図書館サービス技術法（米）　21

図書館サービス法（米）　21
『図書館雑誌』　43
図書館事業基本法　47
図書館資源　197
図書館事項講習会　381
図書館司書専門講座　384
図書館システム　124, 126
図書館施設　3, 4, 125, 388
　学校図書館　390-391
　公共図書館　388-389
　国立図書館　392
　視聴覚ライブラリー　392
　専門図書館　391-392
　大学図書館　389-390
　点字図書館　392
　保存図書館　392
『図書館小識』　42
図書館情報学　382
　研究方法　39-40
　実証主義的アプローチ　40
　質的研究　40
　成立　39
　定義　32-33
　発展　39
　領域　32-33
　理論　39-40
図書館情報学検定試験　383
図書館・情報専門家協会（英）（CILIP）
　51, 56-57, 378
図書館情報大学　381
図書館職員　→　図書館員
図書館職員養成所　381
図書館資料　3
　意義　196
　学校図書館　167
　組織化　198-199
　定義　196-197
　保全　430-431
　類型　197-198
図書館振興　141
図書館政策　140-141
図書館短期大学　381
図書館長　127-128, 145, 159-160, 217-218, 362-363
図書館調査　200
　意義　187
　方法　187-180
図書館づくり　43, 46, 148-149
『図書館づくり運動入門』　43, 46
図書館統計　→　統計

和文索引…………681

図書館統合システム　282
図書館等における複製　117
図書館友の会　48-49, 151
『図書館に関する覚書』　→　Memoirs of Libraries
『図書館による町村ルネサンス』　→　Lプラン21
図書館の権利宣言　12, 13, 17-18, 24, 64, 201
図書館の時間　98
図書館の自由に関する宣言　19, 20, 47, 64, 73, 211-212, 213, 217, 235-236
　　1979年改訂　16
図書館の情報化の必要性とその推進方策について（報告）　109
図書館の設置及び運営上の望ましい基準　5, 66, 100, 142
図書館パフォーマンス指標　139, 162, 179, 200
図書館評価のためのチェックリスト　139, 151-152
図書館法　15, 25, 44-45, 65, 115, 147, 375, 376, 388
　　1999年改正　5, 26, 142, 367, 374
　　2008年改正　5, 7-8, 26-27, 142, 146, 379
　　第1条　142, 198
　　第2条　7, 25, 69, 251, 355
　　第3条　28, 67, 69, 102, 196, 198
　　第4条　355, 368, 379
　　第5条　368, 379, 380
　　第6条　380, 381
　　第7条　134, 137-138, 179, 384
　　第10条　142
　　第13条　5, 142, 217, 362, 368
　　第14条　148
　　第15条　5, 142, 148
　　第17条　26, 198
　　第18条　142
　　第19条　5, 142
　　第21条　142
　　第26条　142
　　第29条　7
図書館報　101
図書館奉仕　→　図書館サービス
図書館法施行規則　379, 380-381
　　科目一覧（図）　380
図書館ポータル　158, 284
図書館ボランティア　→　ボランティア
図書館網計画

意義　393
広域　389-399
『図書館要求（除籍・請願）事例集稿』　46
図書館要覧　101-102
図書館利用案内　→　利用案内［資料］
図書館利用教育　→　利用教育
『図書館利用教育ガイドライン』　95
　　公共図書館版　99
　　大学図書館版　97
図書館令　24
図書館令施行規則　24
図書館労働
　　意義　372-373
　　実態　373-374
図書館労働実態調査　374
『図書館を創るための提言』　→　Advis pur Dresser une Bibliothèque
図書記号　281, 331
　　受入順記号　331
　　著者記号　331
　　年代記号　331
図書原簿　281
図書選択　→　選択
図書選択論　200-202
都道府県立図書館　69, 76
ドメイン　257-258
友の会　→　図書館友の会
トランスペアレンシー　250
取次　→　出版販売会社

な

内形式，MARCの　293
長野県立図書館　44
名古屋大学　159
名古屋柳城短期大学　157
浪江虔　42, 44
名寄せ　298, 299

に

二次資料　71
日本医学図書館協会　51, 160
『日本件名標目表』　333
日本工業標準調査会　291
日本国憲法　9, 15, 20, 141
日本国公私立大学図書館コンソーシアム連合　161
日本古典籍総合目録　300
『日本十進分類法』（NDC）

一般補助表　　329-330
　　沿革　　329
　　海洋区分　　330
　　記号法　　329
　　形式区分　　330
　　言語共通区分　　330
　　言語区分　　330
　　固有補助表　　330
　　相関索引　　330
　　地理区分　　330
　　文学共通区分　　330
　　分類規程　　331
　　分類体系　　329
　　補助表　　329-330
『日本全国書誌』　　297
日本大学図書館　　154
『日本著者記号表』　　331
日本点字図書館　　113
日本図書館協会（JLA）　　50, 51, 54-55, 292, 370, 371
　　公共図書館振興プロジェクト　　45
日本図書館研究会　　52
日本図書館情報学会　　52, 383
日本病院患者図書館協会　　51, 113
日本複写権センター　　117
日本文藝家協会　　208
日本文庫協会　　43, 50
日本ペンクラブ　　208
『日本目録規則』（NCR）
　　1942年版　　307
　　1952年版　　307
　　1965年版　　307
　　1987年版　　307-308
　　1987年版改訂版　　308
　　1987年版改訂2版　　241, 308, 344-345
　　1987年版改訂3版　　250, 255, 254-255, 308, 319, 310-311, 345
　　新版予備版　　307, 316-317
ニュースレター　　238
ニューパブリックマネジメント　　130, 132
ニューメディア　　27
ニューヨーク公共図書館　　34, 109
ニューヨーク・パブリック・ライブラリー事件　　22
認定司書制度　　383
認定制度，図書館学校の　　378

ぬ

布絵本　　111, 247

ね

ネット書店　　206
ネット書店・宅配ルート　　→　インターネットルート
ネットワーク系電子資料　　198
　　種類　　256-257
　　探索　　258-259
　　定義　　255
　　特徴　　255-256
ネットワーク情報資源　　255, 296, 343
年鑑　　238
年間図書購入冊数　　199

の

農村図書館　　44
農村モデル図書館　　99
納本制（度）　　4, 280, 291, 297, 392
ノーデ，G.　　33
望ましい基準　　→　図書館の設置及び運営上の望ましい基準

は

バーゲンブック　　→　自由価格本
バーゾール，W. F.　　31, 358, 359
バーチャル国際典拠ファイル　　289
ハードカバー　　237
バーニングハウゼン，D.　　18
排架　　281-282
排架記号　　281
廃棄　　262
排列，標目の　　319
排列単位　　319
排列要素　　319
博物資料　　251, 254-255
　　組織化　　342
ハザードマップ　　242
パスファインダー　　97
破損　　75
80/20の法則　　264
バックナンバー　　420
バックランド，M. K.　　28, 40, 156
パッケージ系電子資料　　198, 296
　　課題　　254
　　収集　　253
　　選択　　253
　　組織化　　341-342
　　定義　　253

和文索引　　683

特質　253
　　　利用　253-254
パッケージ系メディア　28, 336
発注　281
バトラー，P.　35, 36, 40
パニッツィ，A.　305
パフォーマンス指標　130, 138-139
パフォーマンス評価　138-139
パブリックコメント　151
パブリックサービス　64, 67, 280
パブリックフォーラム　23
パブリックライブラリー　4-5, 11
『パブリック・ライブラリーの成立』　11
バリアフリー　407
パリ原則　287, 304, 305, 306
ハリス，M. H.　11, 31, 41
ハリス，W. T.　326
バルク収集　347
万国著作権条約　116
版表示　313
頒布者　313-314
頒布地　313
頒布年　314
パンフレット　→　小冊子

ひ

ピアノロール　251
非印刷資料　197
比較統計分析法　267-268
東村山市
　　　くめがわ電車図書館　46-47
　　　市立図書館建設基本計画　47
　　　図書館設置条例　21, 26
　　　図書館設置条例（本文）　142-143
東大和市立図書館　218
光ディスク　253
非基本記入方式　312
ピコ事件　22-23
非参与観察法　188
ビジネス支援　100, 109
ビジョン　131
非正規職員　356
非専門的業務　354-355
ピナケス　3, 305
日野市地域図書館網計画　396
日野市立図書館　45, 65, 106
　　　市政図書室　21
ビブリオバトル　106
ビブリオメトリックス　37

病院患者図書館　7, 113
病院図書館　113
評価
　　　学校図書館　170
　　　大学図書館　162-163
　　　図書館サービス　151
　　　図書館の　134-140
評価基準　→　基準
評価指標　→　指標
表記どおりに排列　→　file-as-is
標準番号　314
標準分類表　326, 329
表層ウェブ　257
標目　310
標目作業　317
標目指示　310
ビラ　246
品質調査　→　サービス品質調査

ふ

ファーミントンプラン　203
ファイリング　241
ファイル資料　241
ファセット　328, 332
フィクション論争　201
フィスク，M.　201
フィラデルフィア図書館会社　10
フィルタリングソフトウェア　13, 23-24
フィルムストリップ　249
フィルムライブラリアン　251
フィルムライブラリー　251
フォートワース事件　22
深い索引法　322
複合型目録　309, 312
福島市立図書館　47
複写記録　79
複写サービス　68, 78-79
　　　著作権　117-118
　　　電子資料　79
　　　ネットワーク情報資源　79
複製，学校図書館における　118
複製，図書館等における　117
複製絵画　244, 246
複本　225-226, 230
藤沢総合市民図書館収集方針　214-216
ブックスタート　106
ブックトーク　103, 106
ブックモビル　72, 76, 106
ブックリスト　105

ブックレット　233
ブッシュ，V.　37
船橋市立西図書館　21, 218
プライバシー　20-21, 74, 143, 243
ブライユ，L　246
ブラウジング　71
ブラウン，J. D.　33-34, 329
ブラウン事件　12, 22
プラグマティクス　332
フラット化，組織の　132
フランクリン，B.　10
ブランケット判　239
フランス国立図書館　296
ブリス，H. E.　328
プリントアウト　119
ブルックリン公共図書館　201
プレサーチインタビュー　91
プレジデンツ事件　22
プロセス指標　138
ブロック紙　239
文化遺産保護のための委員会　52
文化活動　99-100
文学的及び美術的著作物の保護に関するベルヌ条約　116
分割記入様式　317
分館　393
文献送付サービス　239
文献利用指導　95, 97
文庫連絡会　46
分散型目録作業　300
紛失　74-75, 268-270
紛失率　269-270
分出記録様式　316
文書管理，公立図書館の　146-147
分析合成型分類表　326
分担収集　203, 429
分担保存　203, 429
分類記号　320, 325-326, 330
分類規程　331
分類記入　310
分類作業　281, 330
分類番号　281
分類表
　　記号法　325-326
　　基本的要件　325
　　種類　326
分類標目　310, 312
分類法　323
　　意義　324-325
　　機能　325

　　種類　325
分類目録　309, 322, 331

【へ】

閉架　72, 281
米国議会図書館　→　アメリカ議会図書館
米国議会図書館分類表　→　アメリカ議会図書館分類表
米国研究図書館協会　→　ARL
並列シリーズ名　314
並列タイトル　313
ベーコン，F.　326
ペーパーバック　237
ベストプラクティス　140
ペリー，J. W.　38
ベル，D.　31
ベルヌ条約　→　文学的及び美術的著作物の保護に関するベルヌ条約
ベレルソン，B. R.　39
返却　74
ベンチマーキング　140
編入　280

【ほ】

報告書　238
防災　426-427
方針　125-126
法政大学図書館　154
法定納本制度　→　納本制
保管換え　280
墨字　246
墨訳　246
保守論　87
ポスター　244, 246
ボストウィック，A.　17
ボストン市立図書館　22
『ボストン市立図書館理事会報告』　17
保存　270-271
　　施設　429-730
　　新聞　240
　　対策（表）　272-273
　　地図　242
　　ネットワーク情報資源の　346-347
　　マイクロ資料　249-250
保存図書館　204
　　施設　392
ボランティア　103, 151, 168, 247, 248, 374, 375

ボルティモア事件　22
本シリーズ名　314
本タイトル　313, 317

ⓜ

マーケティング　162, 176
マイクロ化　271, 429
マイクロ形態目録　309
マイクロ資料　28
　　収集　249
　　組織化　340-341
　　定義　248
　　デジタル化　250
　　特質　249
　　保存　249-250
　　利用　249-250
　　類別　248
マイクロ資料の保存ガイドライン　250
マイクロフィッシュ　248
マイクロリール　248
前川恒雄　202
松本市あがたの森図書館　100
マネジメントサイクル　→　経営管理サイクル
マルチメディア　253, 254
マン，H.　10
マンガ　230, 233-234, 245
満足度調査　→　利用者満足度調査

ⓜ

ミード，G. H.　38
ミナーシニイ事件　22
薬袋秀樹　361
ミニコミ誌（紙）　234, 239
見計らい　220
ミルカウ，F.　33
ミルズ，J.　328
民間MARC　294-295, 296, 360
民間資金等の活用による公共施設等の整備等の促進に関する法律　26, 146

ⓜ

ムーア，C.　38
昔話絵本　229
無著者名古典・聖典統一標目表　318
ムック　233, 237, 238
無は有に先行する　319

無料原則　→　公立図書館－無料原則

ⓜ

明治大学図書館　154
　　電子図書館DL OPAC　156
メタデータ　285, 289, 333, 343-344, 345
メッシュモデル　398, 399
メディアスペシャリスト　251
メディア変換　248, 429
メディアミックス　427
メディアリソースセンター　391
メメックス　37

ⓜ

モールベック，C.　33
目標管理　135-137
目録
　　意義　304-305
　　起源　305
　　記述作業　312
　　基準　312
　　機能　304-305
　　形態　308-309
　　作成　311-312
　　種類　309, 311-312
　　書誌水準　312
　　政策　311
　　整理区分　312
　　媒体　312
　　編成　312, 319
　　目的　304
目録記述
　　継続資料　314-315
　　形態に関する事項　314
　　出版・頒布に関する事項　314
　　情報源　313
　　書誌階層　315-316
　　書誌単位　316
　　シリーズに関する事項　314
　　資料の特性に関する事項　313
　　精粗　315
　　タイトルと責任表示に関する事項　313
　　注記に関する事項　314
　　入手条件に関する事項　314
　　範囲　313-314
　　版に関する事項　313
　　標準番号に関する事項　314

物理単位　　316-317
目録規則　　310-311, 344
目録記入　　310
目録業務（作成）　　199, 280, 281, 284, 360
目録原則国際会議　　287, 304
目録所在情報サービス　　→　NACSIS-CAT
『目録編纂規則』　　305
物語　　229
物語絵本　　228
モノグラフシリーズ　　237
もり・きよし（森清）　　329
モリスタウン事件　　23
問題解決学習　　98
問題解決能力　　98
文部省図書館員教習所　　381
文部省図書館員講習所　　381

や

八尾市図書館　　133
山口県図書館協会　　135
山口県立図書館　　20, 105
山本昭和　　269
ヤングアダルト　　107
ヤングアダルトサービス　　107-108, 232-233
　　施設　　411
　　内容（表）　　108
『ヤングアダルトに対する図書館サービス方針』　　108
ヤングアダルト向け資料　　233-235
　　映像資料　　234-235
　　音声資料　　234-235
　　定期刊行物　　234
　　電子資料　　235
　　図書　　233-234

ゆ

郵送サービス　　112
ゆにかねっと　　→　国立国会図書館総合目録ネットワーク
ユネスコ　　54, 287
ユネスコ学校図書館宣言　　6, 135, 165, 196
ユネスコ公共図書館宣言　　64, 100, 196
ユネスコ総合情報計画　　→　General Information Programme

よ

要求志向型　　201

要求論　　201, 202, 227
要約化　　321
余暇活動支援　　109
読み聞かせ　　103, 106
予約サービス　　68, 80, 81, 202, 223, 224-225

ら

ラーニングリソースセンター　　391
ライダー，F.　　28
ライブラリアンシップ　　32, 34, 35, 36, 40, 41
ライブラリーエコノミー　　33
『ライブラリーエコノミー便覧』　　→　*Manual of Library Economy*
『ライブラリークォータリー』　　→　*Library Quarterly*
『ライブラリーサービスの教育』　　→　ウィリアムソン報告
ライブラリーサイエンス　　35
ライブラリースクール　　→　図書館学校
ラウドン事件　　23
ラザースフェルド，P. F.　　39
ラ・フォンテーヌ，H.　　36, 286, 327
ランカスター，F. W.　　31-32, 264
ランガナタン，S. R.　　65, 129-130, 328, 332

り

リーダーシップ　　128
リーフレット　　240-241
リカレント教育　　384
リクエスト　　211, 223
リクエストサービス　　68, 80-81, 224-225
『理想の公共図書館サービスのために』　　135
立教大学図書館新座保存書庫　　392
立体的読書活動　　44
リテラチャーサークル　　106
リモートアクセス資料　　345
琉球大学附属図書館電子化資料を提供しているサーバー　　157
利用案内［サービス］　　→　利用教育
利用案内［資料］　　97, 101
利用ガイド　　→　利用案内［資料］
利用教育（案内，指導）　　81-82
　　意義　　94-95
　　学校図書館　　98
　　公共図書館　　98-99
　　種類　　95-97

大学図書館　　97-98
　　　定義　　94
　　　内容　　95
　　　方法　　95-97
　　　目標（表）　96
利用圏　393
利用圏域モデル　398
　　　市部　393-394
　　　町村部　394, 398
利用指導　→　利用教育
利用者　3
利用者意見調査法　266
利用者教育　→　利用教育
利用者サービス　→　パブリックサービス
利用者プロフィール　93
利用者満足度調査　189
良書　202
リンク集　84
臨時教育審議会　164
倫理綱領　361-362

る

ルベッキー，S.　306

れ

歴史的資料　244
レコード　251
劣化の要因（図）　270
列挙型分類表　326
レファレンスインタビュー　84, 87-90
レファレンス協同データベース事業　90
レファレンス業務支援　302
レファレンスコレクション　83, 84, 90
レファレンスサービス　66, 68, 77, 81, 83-84, 90, 94, 155, 253, 390
　　　カウンター　414
　　　施設　411
　　　種類（図）　83
　　　統計　183
　　　評価　90
レファレンス質問　84, 85-87
　　　案内指示的質問　85, 87
　　　即答質問　85, 87
　　　探索質問　85, 87
　　　調査質問　85, 87
　　　利用指導質問　85, 87
　　　類型（表）　86
レファレンスプロセス　84-85

レフェラルサービス　70, 82, 84, 93
連携　106
連合軍総司令部民間情報教育局（CIE）図書館　→　CIE図書館

ろ

ローカルアクセス資料　345
ローカルデータ　284
ローカルネットワーク　173
ローリングシステム　131
録音資料　340
録音テープ　251
録音図書　111, 112, 119, 247
ロジャーズ，C. R.　358
論理差　92
論理積　92
論理和　92

わ

ワークプレイスラーニング　385
ワールドワイドウェブに関する国際会議　343
分かち書き，標目の　317
『和漢書目録編纂規則』　307
『和漢図書目録法（案）』　307
早稲田大学　154
和田萬吉　42

を

を見よ参照　310, 318, 323, 332, 333
を見よ参照あり　333
をも見よ参照　310, 318, 323, 324

欧文索引

A

AACR → 『英米目録規則』
Advis pur Dresser une Bibliothèque 33
ALA → アメリカ図書館協会
『ALA蔵書の管理と構成のためのガイドブック』 265-266
『ALA排列規則』 312
『ALA目録規則 第2版』 306
American Documentation Institute → アメリカドキュメンテーション協会
American Library Association → アメリカ図書館協会
American Society for Information Science → アメリカ情報学会
American Society for Information Science and Technology → アメリカ情報科学技術協会
Anglo-American Cataloging Rules → 『英米目録規則』
ARL 159, 161
Ashurbanipal → アシュルバニパル王
Association of Research Libraries → ARL

B

Bacon, Francis → ベーコン, F.
BC → *Bibliographic Classification*
BDS 252-253, 406, 414
Bell, Daniel → ベル, D.
Berelson, Bernard R. → ベレルソン, B. R.
Berninghausen, D. → バーニングハウゼン, D.
BIBFRAME → Bibliographic Framework
Bibliographic Classification 328
Bibliographic Framework 297
Birdsall, W. F. → バーゾール, W. F.
Bliss, H. E. → ブリス, H. E.
BNB → *British National Bibliography*
Bostwick, Arthur → ボストウィック, A.
Braille, Louis → ブライユ, L.
British National Bibliography 298
Broad System of Ordering 328
Brown, James D. → ブラウン, J. D.
BSH → 『基本件名標目表』
BSO → Broad System of Ordering

Buckland, Michael K. → バックランド, M. K.
Bush, Vennevar → ブッシュ, V.
Butler, Pierce → バトラー, P.

C

Callimachus → カリマコス
CANMARC 295
Carnegie, Andrew → カーネギー, A.
Carnovsky, Leon → カーノフスキー, L.
cataloguing in publication → CIP
CC → コロン分類法
CCF → Common Communication Format
CD 251
CD-ROM 253
CEDARS → CURL Exemplars in Digital Archives
Center for Research Libraries 203-204
Chartered Institute of Library and Information Professionals → 図書館・情報専門家協会（英）
CIE図書館 105
CILIP → 図書館・情報専門家協会（英）
CiNii Articles 303
CiNii Books 299, 303
CIP 289, 296
Classification Research Group 328, 332
CNMARC 296
Coates, E. J. → コーツ, E. J.
Colon Classification → コロン分類法
COMCAT 29
Common Communication Format 289
computer output microform catalog → COMCAT
COM目録 309
Content Standard for Digital Geospatioal Metadata 344
Cooley, Charles, H. → クーリー, C. H.
Cooperative Online Resource Catalog 345
CORC → Cooperative Online Resource Catalog
CRG → Classification Research Group
CRL → Center for Research Libraries
CSDGM → Content Standard for Digital Geospatioal Metadata
Culture Grid 346

CURL Exemplars in Digital Archives　347
Cutter, Charles Ammi　→　カッター, C. A.
CVSルート　→　コンビニエンスストアルート

DAISY　112, 113, 230, 247
DCMIメタデータ語彙　344
DDC　→　デューイ十進分類法
Dervin, B.　→　ダービン, B.
Deutsche Nationalbibliographie　298
Dewey Decimal Classification　→　デューイ十進分類法
Dewey, John　→　デューイ, J.
Dewey, Melvil　→　デューイ, M.
Dnavi　345
Downs, Robert B.　→　ダウンズ, R. B.
DVD　253

Eagan, Margaret, E.　→　イーガン, M. E.
Ebert, Friedrich A.　→　エーベルト, F. A.
EC　→　展開分類法
Edwards, Edward　→　エドワーズ, E.
Europeana　346
Expansive Classification　→　展開分類法
EYEマーク　119, 248

Faceted Application of Subject Terminology　333
FAST　→　Faceted Application of Subject Terminology
Fédération Internationale de Documentation　→　国際ドキュメンテーション連盟
FID　→　国際ドキュメンテーション連盟
file-as-is　312
Firmington Plan　→　ファーミントンプラン
Fisk, Marjorie　→　フィスク, M.
The Five Laws of Library Science　→　図書館学の五法則
Foundation of the Public Library　→　『パブリック・ライブラリーの成立』
FRAD　→　典拠データの機能要件
Franklin, Benjamin　→　フランクリン, B.
FRBR　→　書誌レコードの機能要件
FRSAD　→　主題典拠データの機能要件

Funtional Requirements for Authority Data　→　典拠データの機能要件
Functional Requirements for Bibliographic Records　→　書誌レコードの機能要件
Functional Requirements for Subject Authority Data　→　主題典拠データの機能要件

Geller, Evelyn　→　ゲラー, E.
General Information Programme　289
Gesner, Konrad　→　ゲスナー, K.
Gramsci, Antonio　→　グラムシ, G.
Guidelines for the Establishment and Development of Monoligual Thesauri　324

H

Harris, Michael H.　→　ハリス, M. H.
Harris, William Torrey　→　ハリス, W. T.
HTML　289
Handbuch der Bibliothekwissenschaft　33

I & R service　→　案内・紹介サービス
IAAL大学図書館業務実務能力認定試験　383
ICカード　422
ICタグ　→　RFIDタグ
ICチップ　422
ICA　→　International Council on Archives
ICCP　→　目録原則国際会議
ICSBS　→　IFLA-CDNL Alliance for Bibliographic Standards
IEC　→　International Electotechnical Commission
IEEE Learning Object Metadata　344
IEEE LOM　→　IEEE Learning Object Metadata
IFLA　→　国際図書館連盟
IFLA/UNESCO School Library Manifesto　→　ユネスコ学校図書館宣言
IFLA-CDNL Alliance for Biblliographic Standards　288
『IFLA資料保存の原則』　271
『IFLA図書館資料の予防的保存対策の原則』　271
IIB　→　国際書誌協会
IIPC　→　International Internet Preservation

Consortium
IIS → 図書館・情報専門家協会(英)
ILL → 相互貸借
IMCE → 国際目録専門家会議
Institute International de Bibliographie → 国際書誌協会
International Conference on Cataloguing Principles→ 目録原則国際会議
International Council on Archives → 国際文書館評議会
International Electrotechnical Commission 290
International Federation for Information and Documentation → 国際ドキュメンテーション連盟
International Federation of Library Associations and Institutions → 国際図書館連盟
International Internet Preservation Concortium 346
International Meeting of Cataloguing Experts → 国際目録専門家会議
International Organization for Standadization → ISO
International Serials Data System → 国際逐次刊行物データシステム
International Standard Audiovisual Number → 国際標準視聴覚作品番号
Interntinal Standard Bibliographic Description → 国際標準書誌記述
International Standard Book Number → 国際標準図書番号
International Standard Music Number → 国際標準楽譜番号
International Standard Musical Work Code → 国際標準音楽作品コード
International Standard Name Identifier → 国際標準名称識別子
International Standard Serial Number → 国際標準逐次刊行物番号
INTERMARC 296
International Standard Recording Code → 国際標準レコーディングコード
An Introduction to Library Science → 『図書館学序説』
ISAN → 国際標準視聴覚作品番号
ISBD → 国際標準書誌記述
ISBD区切り記号 313
ISBN → 国際標準図書番号
ISDS → 国際逐次刊行物データシステム
ISMN → 国際標準楽譜番号

ISNI → 国際標準名称識別子
ISO 54, 290, 291
　ISO/TC46 291
　ISO11620 → 図書館パフォーマンス指標
　ISO15836 343
　ISO2709 290, 293
　ISO2788 → Guidelines for the Establishment and Development of Monolingual Thesauri
ISRC → 国際標準レコーディングコード
ISSN → 国際標準逐次刊行物番号
ISSN日本センター 292
ISWC → 国際標準音楽作品コード
IT支援 109

Jahoda, G. → ジャホダ, G.
JAPAN/MARC 29, 282, 291, 294, 295, 296
　データ要素(図) 295
Jewett, Cahrles C. → ジューエット, C. C.
JIS 291
　JIS X0812 → 図書館パフォーマンス指標
　JIS X0901 → シソーラスの構成およびその作成方法
Joeckel, Carlton → ジョッケル, C.

Kent, Allen → ケント, A.
KORMARC 296

L

Lプラン21 133, 134-135, 263
LA → 図書館・情報専門家協会(英)
La Fontaine, H → ラ・フォンテーヌ, H.
LAN 427
Lancaster, F.W. → ランカスター, F. W.
Lazarsfeld, Paul F. → ラザースフェルド, P. F.
LC/MARC 295
LCC → アメリカ議会図書館分類表
LCKSS → Lots Of Copies Keep Stuff Safe
LCSH → アメリカ議会図書館件名標目表
『LC記述目録規則』 306
LD 253
LibQUAL+ 163

Library Bill of Rights → 図書館の権利宣言
Library Company of Philadelphia → フィラデルフィア図書館会社
Library of Congress Classification → アメリカ議会図書館分類表
Library of Congress Subject Headings → アメリカ議会図書館件名標目表
Library Quarterly 35
Library Services Act → 図書館サービス法（米）
Linked Open Data 288, 289
LLブック 112
LOD → LInked Open Data
Lots Of Copies Keep Stuff Safe 346-347
Lubetzky, Seymour → ルベッキー，S.

M

machine readable catalog → MARC
MACS → Multilingual Access to Subject
Mann, Horace → マン，H.
Manual of Library Economy 33
MARC 66, 221, 282, 291, 293, 301, 308, 310
　MARC21 294, 295, 296
　構造（図） 294
MARC開発プロジェクト 29, 293
MARCレコード 293, 310
Mead, George H. → ミード，G. H.
Memoirs of Libraries 33-34
Midwest Inter-Library Center 204
MILC → Midwest Inter-Library Center
Milkau, Fritz → ミルカウ，F.
Mills, J. → ミルズ，J.
Molbech, Christian → モールベック，C.
Mooers, Calvin → ムーア，C.
MPEG-7 344
Multilingual Access to Subject 333

N

NACSIS → 国立情報学研究所
NACSIS-CAT 155, 282, 284, 302-303, 360
NACSIS-ILL 303
National Center for Supercomputing Applications 343
National Information System 287
National Program for Acquisition and Cataloging → 全米集書目録計画
National Union Catalog 297, 298, 300
NATIS → National Information System

Naudé, Gabriel → ノーデ，G.
NCSA → National Center for Supercomput-ing Applications
NDC → 『日本十進分類法』
NDL-OPAC 291
NDLC → 『国立国会図書館分類表』
NDLSH → 『国立国会図書館件名標目表』
NII → 国立情報学研究所
NIST → 科学技術情報の全国的流通システム構想
non-profit organization → NPO
NPAC → 全米集書目録計画
NPO 48-49, 146, 151
NSCDIS-CAT 299
NUC → *National Union Catalog*

O

OAI → Open Archives Initiative
OAIS → Reference Model for an Open Archival Information System
OCLC 29, 90, 300, 303, 333, 343, 345
off-the-job training → Off-JT
Off-JT 385
Ohio College Library Center → OCLC
OJT 174, 177, 385
on-the-job training → OJT
ONIX → Online Information eXchange
online public access catalog → OPAC
Online Computer Library Center → OCLC
Online Information eXchange 344
OPAC 29, 156-157, 282-283, 284, 309, 320, 324
　形態 348
　シームレス化 348
　次世代OPAC 349
　第1世代 347
　第2世代 347-348
　第3世代 348
　展望 349
　配置 413
　発展過程 347-348
　ブラックボックス化 349
　問題点 349
　利用 348
Open Archives Initiative 344
Otlet, P. M. G. → オトレ，P. M. G.

P

Panizzi, Antonio　→　パニッツィ，A.
PCC　→　Program for Cooperative Cataloging
Perry, James W.　→　ペリー，J. W.
PFI　　48, 146
PFI法　→　民間資金等の活用による公共施設等の整備等の促進に関する法律
PGI　→　General Information Programme
Pinakes　→　ピナケス
PREMIS　→　Preservation Metadata Implementation Strategies
Preservation Metadata Implementation Strategies　　347
private finance initiative　→　PFI
Program for Cooperative Cataloging　　300-301
PR　→　広報活動
PR誌　　238
PTA母親文庫　　44

R

RAK　→　『アルファベット順目録規則』
RAMEAU　　333
Ranganathan, S. R.　→　ランガナタン，S. R.
RBU　→　国際書誌目録
RDA　　290, 306-307, 311
Reference Manual for Machine Readable Bibliographic Description　　289
Reference Model for an Open Archival Information System　　347
Regein fuer die Alphabetische Katalogisierung　→　『アルファベット順目録規則』
Repetoire Bibliographique Universel　→　世界書誌目録
Research Libraries Group　　303
Resource Description and Access　→　RDA
RFIDシステム　　422-423
RFIDタグ　　422-423
Rider, Fremont　→　ライダー，F.
RLG　→　Research Libraries Group
RM　　290
Rogers, Carl R.　→　ロジャーズ，C. R.

S

SC　→　件名分類法
The Scholarly Publishing and Academic Resources Coalition　　162
Schon, D. A.　→　ショーン，D. A.
School Library Media Service Manifesto　→　学校図書館メディアサービス宣言
Schrentinger, Martin W,　→　シュレチンガー，M. W.
SDI　　93
SERVQUAL　　163
Shannon, Claud　→　シャノン，C.
Shera, Jesse　　11　→　シェラ，J.
SINET　　303
SIST　→　科学技術情報流通基準
Slote, Stanley J.　→　スロート，S. J.
SMIL　　247
SPARC　→　Scholarly Publishing and Academic Resources Coalition, The
SPARC/JAPAN　→　国際学術情報流通基盤整備事業
Subject Classification　→　件名分類法
SWD/RSWK　　333

T

Taylor, R. S.　→　テイラー，R. S.
Training for Library Service　→　ウィリアムソン報告

U

UAP　→　Universal Availability of Publications
UBC　→　国際書誌コントロール
UBCIM　→　世界書誌コントロールと国際MARC
UBC構想　　288
UDC　→　国際十進分類法
UDCコンソーシアム　　327
UDT　→　Universal Dataflow and Telecommunication
UKMARC　　295
UNESCO Conference on the Improvement of Bibliographic Service　→　書誌サービス改善に関する国際会議
UNESCO Public Library Manifesto　→　ユネスコ公共図書館宣言
UNICODE　　291
UNIMARC　　290, 294, 295-296
　フォーマット　　287, 289
UNISIST　→　United Nations Information System in Science and Technology
United Nations Information System in Science and Technology　　287

Universal Availability of Publications 288
Universal Bibliographic Control → 国際書誌コントロール
Universal Bibliographic Control and International MARC → 世界書誌コントロールと国際MARC
Universal Dataflow and Telecommunication 288
Universal Decimal Classification → 国際十進分類法
Universal Declaration of Human Rights → 世界人権宣言
USMARC 295, 301

Versuch eines Vollständigen Lehrbuchs der Bibliothek-Wissenschaft 33

W3C 291
Waples, Douglas → ウェイプルズ, D.
WARP 346
Weaver, Warren → ウィーヴァー, W.
Web OPAC 29, 348
Web患者図書館 113
Wiegand, Wayne A. → ウィーガンド, W. A.
Wiener, Nobert → ウィナー, N.
Williamson, Charles C. → ウィリアムソン, C. C.
WIPO著作権条約 → 著作権に関する世界知的所有権条約
World Cat 303, 345
WTO TRIPS協定 → 知的所有権の貿易関連の側面に関する協定

XML 289, 291

Z39.50 289

視覚障害その他の理由で活字のままでこの本を利用できない人のために,日本図書館協会および著者に届け出ることを条件に音声訳(録音図書)および拡大写本,電子図書(パソコンなど利用して読む図書)の製作を認めます。ただし,営利を目的とする場合は除きます。

図書館ハンドブック　第6版補訂2版

定価:本体5,500円(税別)

2016年9月30日　第1刷発行
2021年6月30日　第3刷発行

編者:日本図書館協会図書館ハンドブック編集委員会
発行者:(公社)日本図書館協会
　　　　〒104-0033　東京都中央区新川1-11-14
　　　　Tel 03-3523-0811(代表)　Fax 03-3523-0841
ブックデザイン:笠井亞子
印刷:アベイズム㈱

JLA202108　　Printed in Japan
ISBN978-4-8204-1609-8

本文の用紙は中性紙を使用しています。

公益社団法人
日本図書館協会
入会のお誘い

　日本図書館協会をご存知ですか？　協会は，明治25年その前身である「日本文庫協会」の設立から約120年の間，日本の図書館事業の発展を願う会員によって，支えられてきた，わが国の図書館界を代表する総合的な全国組織として知られています。2014年1月には公益社団法人の認定を受けました。

　その歴史を振り返ると，わが国のさまざまな図書館界の動きと表裏一体をなしながら，広く社会文化・学術研究の基礎となる図書館の振興運動に努めてきました。

　全国の図書館員が毎年集う「全国図書館大会」は2020年で106回，機関誌『図書館雑誌』は通巻1100号を超えるまでになりました。

　国際的には諸外国の図書館との交流を重ねると共に，国際的な専門職能団体であるIFLA（国際図書館連盟）とは創設以来わが国を代表する機関として深いつながりをもち，1986年には，その世界大会を東京で開催いたしました。

　いま日本図書館協会は，今後の図書館運動を支え，ともに考え，行動し，これからの日本の図書館界に清新な活力を注いで下さるみなさまの参加を求めています。日本図書館協会への入会を心からお願いします。

＊

会費等の詳細は日本図書館協会のホームページをご覧下さい。
入会案内をお送りします。日本図書館協会事務局へお申しつけ下さい。

㈳日本図書館協会　〒104-0033 東京都中央区新川1-11-14
　　　　　　　　　Tel (03)3523-0811／Fax (03)3523-0841
　　　　　　　　　http://www.jla.or.jp/